大理州年鉴

YEARBOOK OF DALI PREFECTURE

2022

［第33卷］

大理白族自治州地方志编纂委员会　编

方志出版社
Publishing House of Local Records

图书在版编目（CIP）数据

大理州年鉴．2022 / 大理白族自治州地方志编纂委员会编．—北京：方志出版社，2022.12
ISBN 978-7-5144-5511-3

Ⅰ．①大… Ⅱ．①大… Ⅲ．①大理白族自治州－2022－年鉴 Ⅳ．① Z527.42

中国国家版本馆 CIP 数据核字（2023）第 000496 号

责任编辑：程 倩
责任校对：刘玉霞
责任印制：梅中英
出 版 者：方志出版社
地 址：北京市朝阳区潘家园东里 9 号（国家方志馆 4 层）
邮 编：100021
网 址：http://www.zgfzcb.cn
发 行：方志出版社图书营销中心（010-67110500）
印 刷：云南速盈印刷有限公司
开 本：889 毫米 ×1194 毫米 1/16
印 张：33.25
字 数：1632 千字
版 次：2022 年 12 月第 1 版
印 次：2022 年 12 月第 1 次印刷
定 价：460.00 元

大理州地方志编纂委员会

顾　　问：杨国宗　张剑萍　朱建斌
主　　任：陈真永
副 主 任：吉向阳　雷家彬　李绍唐　周武军　李炳奇　刘景朝
专职副主任、办公室主任：陈以高
办公室副主任：杨林柏

《大理州年鉴（2022）》编辑部

名誉主编：周武军
主　　编：陈以高
副 主 编：杨林柏（执行）　王超英
终　　审：周武军　李炳奇　杨学泉　陈以高　杨林柏　王超英
州委机要和保密局
编辑校对：陈以高　杨林柏　王超英　杨　姚　冯　燕
策划统稿：杨林柏　杨　姚　冯　燕
图片编辑：杨　姚　冯　燕
英文目录翻译：李星达
封面设计：陈连全
版式设计：杨　姚　冯　燕　孟　霞
图片摄影（提供）：和太宝（封面）　李维江　杨　姚　李志华　赵　渝
苏金泉　大理日报社
编　　务：刘丹霞　黄克超　李建川　孙学江　章　兵　杨亮明
杨训波　杨路璐　马　涛　罗　雪

《大理州年鉴（2022）》特邀撰稿人员

杨国宗　陈真永　张剑萍　朱建斌　童晓宁　崔庆林　管金堂　杨越冰

《大理州年鉴（2022）》分类撰稿人员

杨　虓　张亚红　梅　菊　杨正雄　张红宣　鲁学芬　陈爱民　张家锐
王春荣　肖林安　杨国培　杨雄君　杨金山　赵建伟　施萃珠　邹翼君
周应良　杨向达　宝永斋　杨文彬　冯继张　赵树生　苏丽芬　刘　霆
杨锡林　刘利权　赵　波　张　皓（州人社局）　李智敏　茶志远　罗贵华
冯　燕　苏　雪　王　芳　马智清　李志军　刘文斌　戴建勋　马晓莉
段　祥　李文富　赵文红　杨增铭　杨　雪　代芳芳　杨明月　吴晓凌
杨　涟　李培荣　银　玲　黄舒静　何晋松　黄　萍　李　晨　李建勇
和鲲龙　杨映武　李俊磊　李　鑫　杨炼成　黄学燕　杨云峰　吴　璇
杨　阳　盖玉文　凌　静　杨　盛　李易霖　何训肃　马世姣　王红艳
赵汝璧　董晓鹤　杨本信　刘　涛　杜艳香　王巧怡　李跃武　王正海
杨亦幀　张锋华　段佳璐　李娇雁　王秋丽　杨　杰　杨志洁　杨会仙
吴昭仙　杨雪飞　李鹤松　杨江帆　唐　勇　李盛乾　吴　辉　杨云飞
王　舒　王　鹏　张家云　杨宏彬　董　群　杨艳霞　王永伦　田峥嵘
张利彪　董　钊　王学锋　杨琴珍　李秀汝　张　皓（州教体局）　金方堃
张继彪　汪柯岐　申　路　李　凡　李膺宇　李丽珠　张应军　李贵杰
危国翠　张七霞　阿继萍　刘品林　陈李明

（注：分类撰稿人员名单以内容先后顺序排列）

大理州学习宣传贯彻落实党的二十大精神

①

2022年10月16日，中国共产党第二十次全国代表大会在北京人民大会堂隆重开幕，习近平总书记代表第十九届中央委员会向党的二十大作报告。大理州各族各界对此反响热烈，广大党员干部、学校师生、基层群众在田间地头、街道社区、机关学校、基层站点、工矿企业认真聆听二十大报告，展现了全州各族人民爱党、护党、跟党走的坚定决心和对大理州经济社会发展的坚定信念。

③

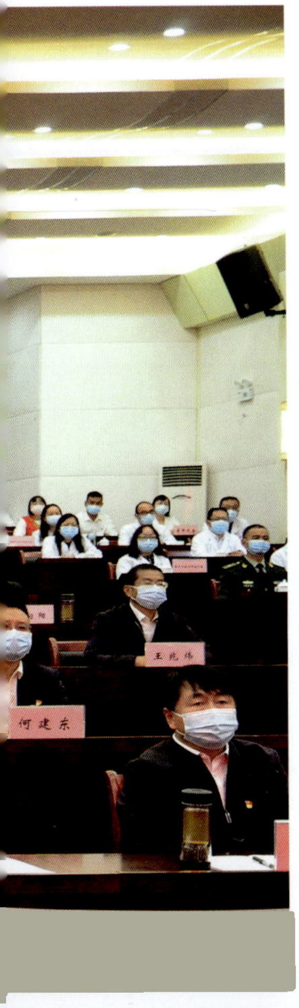

①大理州广大党员干部认真收看党的二十大开幕会盛况

②巍山县税务局的女职工们精心设计制作了一批剪纸作品，热烈庆祝中国共产党第二十次全国代表大会胜利召开

③下关一中高三年级思想政治课上，教师杨建蓉给学生解析二十大精神

④永平县博南镇银江社区各族群众身着盛装，载歌载舞庆祝中国共产党第二十次全国代表大会胜利召开

②

④

①

③

④

②

① 宾川县钟英傈僳族彝族乡唐古地村党员、群众收看党的二十大开幕会

② 南涧县罗伯克茶场职工收看党的二十大开幕会场景

③ 洱源县疾控中心医务工作者收看党的二十大开幕会场景

④ 大理市湾桥镇古生村科技小院师生收看党的二十大开幕会场景

⑤ 大理市公安局古城派出所民警边执勤边聆听党的二十大报告

⑤

保护洱海·造福人民

环境风貌整治提升后的双廊海街

洱海湖滨沼泽湿地

洱海湖湾垃圾清理

2021年，大理州始终牢记习近平总书记“一定要把洱海保护好”和“守住守好洱海”的殷殷嘱托，全面启动实施湖体透明度提升、入湖河流水质改善、城镇污水管网改造、污水集中收集率提升、农业面源污染防治、美丽河湖创建“6个两年行动”，全力推动洱海保护精准治理及流域转型发展取得积极进展。通过努力，洱海全年未发生规模化藻类水华，生态环境部公布的洱海水质评价结果为“优”，连续两年实现水质为“优”，洱海水环境综合整治入选中央生态环境保护督察整改见成效典型案例，作为COP15第一阶段会议重要补充的“2021全球生态文明建设(洱海)论坛”取得圆满成功，“洱海保护日”等活动有序开展，“保护优先、绿色发展”理念更加深入人心，全民共建共治共享格局初步形成。

①

②

④

③

① 太和街道组织干部群众开展莫残溪综合环境整治
② 洱海生态廊道
③ 2021 年 6 月 30 日，洱海流域一、二、三级保护区界桩和标识布设启动仪式现场
④ 新建成的洱海生态廊道及环湖绿化带
⑤ 2021 推进全球生态文明建设（洱海）论坛举行

⑤

乡村振兴

2021 年，大理州坚持把防止返贫摆在压倒性位置来抓，一手抓脱贫攻坚成果巩固，一手抓乡村振兴有效衔接，严格落实“四个不摘”要求，创新实施“三项机制”压实责任，着力构建“五个一措施”强化督促指导，推动脱贫攻坚政策举措和工作体系向乡村振兴平稳过渡，切实把“三农”工作的重心转移到全面推进乡村振兴上来，接续推进脱贫地区经济社会发展和群众生活改善。全年实现农林牧渔业总产值 679.41 亿元，同比增长 11.1%；第一产业增加值为 371.92 亿元，同比增长 8.7%；农村常住居民人均可支配收入为 15023 元，同比增长 10.1%。

①

④

① 祥云县禾甸镇劳动力转移就业培训现场
② 云龙县佬倵茶加工现场
③ 鹤庆县持续打造“鹤庆银匠”品牌，带动转移就业
④ 漾濞县县级乡村振兴试点村漾江镇安南村下坝风光
⑤ 鹤庆县六合乡松园村的“最美乡村公路”

国家方志馆南方丝绸之路分馆建设

2022 年 8 月 29 日，国家方志馆南方丝绸之路分馆在剑川古城开馆。这是中国地方志指导小组批复的第六个国家方志馆分馆，也是西南地区迄今为止唯一一个落成的分馆。该馆以铸牢中华民族共同体意识、构建人类命运共同体和人与自然生命共同体为主题，以南方丝绸之路历史文化为主线，充分体现国际性、国家性、丝路性、方志性和区域性特点，是集丝绸之路沿线国家和地区史志、年鉴、地情资料等编修、收藏、研究、开发利用、展览展示、宣传教育于一体的专业场馆。该馆以剑川古城的 18 个古建筑院落为展馆群，总建筑面积 2.5 万平方米，概算投资 3 亿元。其中，一期以“五馆三配套”为重点，“五馆”即主题馆、综合馆、数字体验馆、茶马古道馆、大理石馆，“三配套”即丝路大门、丝路大道和丝路名人群像雕塑。展馆主要采用实物、沙盘、文献古籍、图片资料展陈，以及 PPT 模型场景、多媒体专题片展示等表现形式，成为弘扬优秀传统文化、宣传国情地情、开展爱国主义教育的重要窗口。国家方志馆南方丝绸之路分馆的建成开馆，为大理州增添了一个高品位的文化新地标，为大理州“历史文化名城带”建设注入了新的文化内涵，也为最终实现“方志事业大州、方志文化名州、方志馆标准化建设示范州”的目标奠定了坚实基础。

开馆仪式现场

丝路大门

游人在综合馆参观

数字馆“人在志中游”展厅

南方丝绸之路国际论坛会场

位于剑川县沙溪古镇的茶马古道馆

茶马古道馆展厅（一）

茶马古道馆展厅（二）

位于大理古城的大理石馆大门

大理石馆展厅内的《凤求凰》作品

目录

特　载

大事记

大理白族自治州概览

中国共产党大理白族自治州委员会

综　述

重要会议

纪检监察

组织工作

宣传思想工作

统战工作

机构编制

机关党建

政策研究

党史研究

军 事

经济管理与监督

综　述

地方经济协作

财　政

税　务

国有资产监督管理

市场监督管理

审计监督

统计管理

海　关

招商引资

农业 农村 农民

综 述

种植业

养殖业

渔 业

农产品质量安全

农业科技推广研究

水 务

乡村振兴

新型农民

工 业

交通运输业

旅游业

综　述

智慧旅游

项目开发

宣传促销

行业管理

行业培训

信息产业

信息化建设

无线电管理

网信工作

通　信

建筑业和房地产业

建筑业

城乡建设与管理

自然资源管理与生态环境保护

文 化

人 物

附 录

Contents

Construction Industry and Real Estate

Rural-urban Construction and Management

Natural Resources Management and Eco-environmental Protection

Ethnic Groups & Religions

Livelihood

Education & Sports

Science

Culture

Health and Wellness

Personages

Appendices

特　载

Special Reports

责任编校　陈以高

乡愁大理·黑白记忆　1973年下关团山俯瞰洱海

展现新气象　实现新作为　奋力开创新时代大理高质量发展新局面

——2022年1月14日在中国共产党大理白族自治州委员会九届二次全体会议上的报告

中共大理州委书记　杨国宗

这次会议的主要任务是：坚持以习近平新时代中国特色社会主义思想为指导，全面贯彻党的十九大和十九届历次全会精神，深入贯彻习近平总书记考察云南重要讲话和对大理工作重要指示批示精神，认真落实中央经济工作会议和省第十一次党代会、省委经济工作会议精神以及州第九次党代会的总体部署，审议《中共大理州委关于推荐云南省出席中国共产党第二十次全国代表大会代表候选人初步人选建议名单》，总结2021年工作，安排2022年任务，进一步团结动员全州各级党组织和广大党员干部群众，勇于担当，奋发有为，奋力开创新时代大理高质量发展新局面。

一、攻坚克难、真抓实干，“十四五”实现良好开局

2021年，是大理发展历程中极不寻常、极不平凡的一年。面对形势环境的复杂性和严峻性、肩负任务的繁重性和艰巨性，在党中央、国务院和省委、省政府的坚强领导下，州委常委会团结带领全州广大党员干部群众，在危机中育先机，于困局中开新局，各项事业取得新的成绩，“十四五”实现良好开局。初步预计，2021年全州地区生产总值1640亿元，同比增长7%左右；规上工业增加值同比增长5%；规上固定资产投资930亿元，同比增长7%；社会消费品零售总额656.2亿元，同比增长8%；一般公共预算收入111.74亿元、支出302.67亿元，同比分别增长3%、0.8%；城乡居民人均可支配收入26196元，同比增长9.8%。

（一）理论武装走深走实。深入学习贯彻习近平新时代中国特色社会主义思想和党的十九届六中全会精神，自觉用创新理论武装头脑、指导实践、推动工作。忠诚核心、拥戴核心、维护核心，始终在思想上政治上行动上同以习近平同志为核心的党中央保持高度一致。把学习贯彻习近平总书记考察云南重要讲话和对大理工作重要指示批示精神作为全部工作的根本遵循，转化到思路举措上、体现到精神状态上、落实到工作成效上，推动党中央决策部署和省委工作要求见行见效。践行“学史明理、学史增信、学史崇德、学史力行”，党史学习教育部署谋划“快”、组织学习“深”、专题宣讲“广”、宣传工作“活”、系列活动“热”、为民办事“实”、督促检查“严”。“行走的思政课”被中央和省委党史学教办列为典型案例，“书记院坝（楼宇）协商会”创新实施，“我为群众办实事”实践活动扎实开展，一大批急难愁盼问题有效解决。

（二）经济运行稳中向好。努力克服疫情反复、自然灾害、要素短缺、能耗“双控”等影响，千方百计稳增长，全力以赴促发展，经济运行总体平稳。“大理之问”发人深省、催人奋进，全州上下思发展、谋发展、抓发展氛围更加浓厚。宾川水果、漾濞核桃列入“一县一业”示范县，弥渡蔬菜、巍山肉牛列入“一县一业”特色县。集中建园迈出实质性步伐，皇氏来思尔乳业菌种搭载神舟十二号完成“航天育种”，嘉士伯智能化高速罐线项目建成投产，鹤庆溢鑫铝业入选国家级两化融合贯标示范试点单位，永平县博南工业（物流）园被认定为国家林业产业示范园区，帝亚吉欧洱源威士忌生产及体验中心启动建设。普德赋云南大理国际度假项目成功签约，大理古城被列为国家级夜间文化和旅游消费聚集区，剑川千狮山（满贤林）被评为国家AAAA级旅游景区。南景高速（南涧至无量山段）建成通车，楚大扩容、大南高速（巍山至南涧段）、宾南高速（宾川至祥云段）即将通车，在建高速公路和大瑞铁路加快推进，全国首个助力乡村振兴特别设立的大临铁路小湾东站正式开通，滇中引水工程大理段首条隧洞贯通，综合交通、水利投资分别突破400亿元、100亿元。鹤庆县、祥云县、弥渡县列入国家整县屋顶分布式光伏开发试点，10个地面集中式光伏发电项目列入全省新能源实施计划。城市大脑项目荣获“2021年IDC未来运营领军者”优秀奖，信创创新中心、“苍洱云”、数据中枢、理政中心投入使用，数据归集扎实开展。与中科院计算所共同搭建中国—东盟工业级5G协同创新中心，工业级5G网联无人机平台发布，科大讯飞南亚东南亚多语言技术大理研究院成立。2021年，全州数字经济核心产业规上在库企业32家，预计实现营业收入37.17亿元，增长11.7%。

（三）生态优势巩固提升。“八大攻坚战”持续深化，

“六个两年行动”系统实施，“六项重点工作”全面推进，“洱海经验”不断丰富完善。深度体检截污治污体系，提升改造工作有力有序。“三禁四推”持续推进，农业面源污染治理取得积极成效。雨水冲击性污染负荷防控扎实有力，岸上污染物旱季“零存”、雨季“整取”问题初步解决。“美丽河湖”创建全面开展，洱海入选全国美丽河湖优秀案例。国家绿色发展基金全国首个项目类投资落地大理，洱海生态廊道工程荣获2021年LA风景园林奖·生态贡献奖。“1806小镇”建设扎实有力。海东停建处置稳妥推进，流域转型发展步伐加快。智慧洱海监管服务体系不断完善。各类巡视、督察、检查、调研反馈问题扎实整改。2021年1月至11月洱海国控断面水质综合评价为优，未发生规模化蓝藻水华。河湖长制深入推进，林长制全面推行，污染防治攻坚战持续深化，洱海流域纳入全国第二批重点流域水环境综合治理与可持续发展试点，苍山生物多样性保护成效明显，南涧县创建为国家生态文明建设示范区，弥渡县被列为全国2022年水系连通及水美乡村建设试点县，祥云县、洱源县被命名为全国节水型社会建设达标县，漾濞县入选全国全域森林康养试点建设县名单。

（四）乡村振兴开创新局。脱贫攻坚政策举措和工作体系向乡村振兴平稳过渡，“云南省政府救助平台”祥云试点和推广运用扎实推进，利益联结、股份合作、扶志扶智长效机制初步形成。防止返贫风险预警、快速反应、责任追溯三项机制创新实施，早发现、早干预、早帮扶措施有效落实，牢牢守住了不发生规模性返贫的底线。粮食生产稳产增收，重要农产品供给有力，大理市、鹤庆县、祥云县入选国家电子商务进农村综合示范县，6个县获得国家和省级生猪调出大县奖补，新认定粤港澳大湾区生产基地2个。洱海海西国家级乡村振兴示范园创建工作高位推进，“十百千”示范工程有序实施，双廊村被认定为“中国美丽休闲乡村”，6个州级试点村镇入选全国乡村振兴典型案例，7个县被确定为省级乡村振兴重点帮扶县，82个村被评为美丽村庄。“2021乡愁中国·大理论坛”成功举办。

（五）城乡区域协同发展。把脉定向区域发展，全州“一城三区四单元”的发展格局更加清晰。12个县（市）城市体检全面完成，城市更新行动扎实推进，老旧小区、棚户区改造和大理市西洱河片区、祥云县彩云路片区城市更新试点项目有序实施，群众居住条件大幅改善，市政基础设施不断完善，城镇品质持续提升。“厕所革命”深入开展，农村人居环境整治三年行动任务全面完成。永平县、鹤庆县被命名为“云南省美丽县城”，沙溪镇被命名为“云南省特色小镇”，新增省级历史文化街区5个。文明城市、文明村镇、文明单位、文明家庭、文明校园创建全面推进，大理市、剑川县被列为全国文明城市提名城市。10个国家卫生县城创建县全部通过省级技术评估，7个县爱国卫生“7个专项行动”工作被省委、省政府表扬。漾濞“5·21”地震、洱源“9·13”大型山洪泥石流灾后恢复重建进展顺利。

（六）改革开放不断深化。农村集体产权制度改革完成阶段性任务。在全省敲响集体经营性建设用地入市第一槌。苍山洱海一体化保护治理体制机制不断健全。“放管服”改革持续深化。国有资产增值保值率高于前三年平均水平。电力市场化交易范围持续扩大。义务教育教师“县管校聘”和基础教育校长职级制全面推行。医药卫生体制改革不断深化。大理机场口岸列入国家“十四五”口岸发展规划，大理云免跨境国际购物中心正式运营，保税物流中心建设启动实施。大理海关成功签发云南省首份中日两国间RCEP原产地证书，首票跨境电商出口货物顺利通关。全省首家成立州委科技创新委员会。发起成立“澜湄国家高等教育联盟”，与柬埔寨暹粒市签订缔结友好城市关系意向书。高水平举办2021推进全球生态文明建设（洱海）论坛，COP15会议前期配套工作顺利完成。新设立外商投资企业19户，外资招商成为新亮点。2021年，预计引进州外到位资金718.9亿元，增长11.5%。

（七）民主法治全面加强。人大工作出新出彩，聚民心、议大事、保落实、促善治作用充分发挥。政协工作有力有效，政治协商、民主监督、参政议政职能有效履行。爱国统一战线持续巩固壮大。民主党派、工商联、党管武装、工会、共青团、妇联等工作持续加强。依法治州全面推进，扫黑除恶专项斗争长效常态开展，政法队伍教育整顿成效明显，市域社会治理现代化试点纵深推进，蝉联全国社会治安综合治理最高荣誉“长安杯”，大理州、鹤庆县分别被命名为平安中国建设示范州、示范县。设立铸牢中华民族共同体意识研究中心、基地，民族团结进步示范创建有序推进，漾濞县、永平县被命名为全国民族团结进步示范县，民族团结、宗教和顺局面进一步巩固。

（八）人民福祉显著提升。疫情防控措施精准有效，疫苗接种全面加强，934名医务人员驰援瑞丽、4000名民兵支援德宏、17名突击队员奔赴陇川助力强边固防。城镇登记失业率3.56%，社会保障安全网扎得更牢。“鹤庆银匠”“巍山乡厨”“剑川木雕工匠”被列入全国典型劳务品牌宣传推广。“双减”工作取得实效，学前教育加快发展，义务教育均衡发展，普通高中扩容提质，职业教育提质培优，大理大学获博士学位授予单位，滇西应用技术大学办学规模快速扩大。健康大理行动全面实施，卫生健康服务水平不断提高，祥云县被列入全国紧密型医共体建设试点县，大理州和4个县被评为全国基层中医药工作先进单位。非遗数字高峰论坛、第九届大理国际影会成功举办，国家方志馆南方丝绸之路分馆建设积极推进，大理州入围“东亚文化之都”2023年度候选城市。

（九）党的建设纵深推进。坚持党建引领、数字赋能，以强化基层党组织政治功能、服务功能为根本，基层党组织政治功能和组织力显著增强，服务高质量发展的战斗堡垒作用充分彰显。党建引领洱海保护治理、乡村振兴、城市基层治理等中心工作扎实有效，大理市全国城市基层党建示范市建设全面深化，洱海流域生态文明党建示范区创建和“牢记嘱托·守护绿水青山”先锋行动创新实施，“苍洱党建长廊”有序推进，“领头雁”培养工程成效初显，村级集体经济发展壮大。庆祝建党100周年系列活动浓墨重彩。2名同志和古生党支部获全国“两优一先”表彰，李桂科、杨国旺先进事迹反响强烈。州、县（市）、乡镇党委和村（社区）“两委”换届圆满完成。干部队伍建设持续加强，各类人才蓬勃发展。1.4万个基层党组织完成达标创建，各领域党建质量不断提升。王复生王德三烈士塑像揭幕，施滉烈士事迹陈列馆开馆。意识形态责任制压紧压实，精神文明建设深化拓展，新闻工作走在前列，苍洱宣讲品牌积极打造，国际传播能力不断加强。巡视整改和巡视巡察指导督导整改取得阶段性成效，涉粮问题专项巡察联动开展。容错纠错、澄清正名常态化开展，整治“四风”不断深化，反腐败斗争压倒性胜利继续巩固，政治生态持续好转。

二、以史为鉴、开创未来，在新时代新征程上展现新气象新作为

党的十九届六中全会是在“两个一百年”奋斗目标交汇的重大历史关头，召开的一次具有重大历史意义的会议。学习宣传贯彻全会精神，是当前和今后一个时期的重大政治任务。全州各级党组织要持续掀起学习宣传贯彻全会精神的热潮，学出政治自觉、学出初心使命、学出历史自信、学出人民情怀、学出责任担当，确保全会精神在大理落地生根、开花结果。

（一）汲取智慧力量，把准前进方向。党的十九届六中全会通过的《中共中央关于党的百年奋斗重大成就和历史经验的决议》，是一篇闪耀着真理光芒的马克思主义纲领性文献。习近平总书记的重要讲话，为我们走好新的赶考之路提供了总遵循。我们要深刻认识党百年奋斗贯穿的“一个主题”就是实现中华民族伟大复兴；深刻认识“两个确立”反映了全党全军全国各族人民共同心愿，对新时代党和国家事业发展、对推进中华民族伟大复兴历史进程具有决定性意义；深刻认识马克思主义中国化“三次历史性飞跃”产生的真理力量和实践伟力；深刻认识党百年奋斗的“四个伟大成就”推动中华民族伟大复兴进入不可逆转的历史进程；深刻认识“五条历史意义”充分彰显了党百年奋斗的价值所在和历史性贡献；深刻认识党百年奋斗形成的“十个坚持”历史经验具有根本性和长远指导意义，从党的百年奋斗中汲取历史养分，增长智慧、增进团结、增加信心、增强斗志，始终沿着习近平总书记指引的方向奋勇前进，以更加昂扬的姿态奋斗新时代、奋进新征程、担当新使命。

（二）保持清醒头脑，正视发展差距。站在“两个一百年”奋斗目标的历史交汇点上，我们要找准大理的历史方位，直面短板弱项，自觉肩负起新时代的历史使命。当前，大理发展速度较慢、发展水平不高、发展质量不优的问题十分突出，具体表现在：产业培植不足，支撑力较弱，经济运行困难，主要指标增速持续低于全省平均水平；工业层次低、短板多、基础弱，农业产业规模效益不足，旅游产业转型升级步伐缓慢，新兴产业发展滞后；项目投资结构失衡，产业项目极为匮乏，重大项目接续乏力；城镇化水平不高，中心城区带动作用不强；农村地区基础薄弱，巩固拓展脱贫攻坚成果任务繁重；流域转型发展推动不力，洱海保护治理任重道远；财政收支矛盾突出，运行风险不容忽视；对外开放水平不高，服务和融入国家发展战略能力不强；营商环境不佳，市场主体培育不足；干部队伍思想解放不够、效率意识不强、担当精神不足，缺乏冲劲、拼劲、闯劲，不作为、慢作为、不敢为、不愿为、不会为不同程度存在；个别地方和领域腐败现象时有发生，反腐败斗争形势依然严峻。对此，我们要保持赶考的清醒和坚定，认真加以解决。

（三）认清发展形势，激发昂扬斗志。当前，大理的发展困难重重，但也面临着诸多机遇。从全球看，世界经济有望保持恢复性增长，但是不稳定、不确定、不平衡特点突出。从全国看，虽然外部环境更趋复杂严峻，但是我国经济韧性强，长期向好的基本面不会改变，随着国家宏观政策、微观政策、结构政策、科技政策、改革开放政策、区域政策、社会政策全面发力，需求收缩、供给冲击、预期转弱三重压力将极大缓解，给我们提供了有力政策支持和广阔发展空间。从全省看，我省正处于新型工业化、信息化、城镇化、农业现代化加速发展阶段，正由市场末梢向辐射前沿转变，必将带动大理实现新的发展。从全州看，大理是习近平总书记关心牵挂的地方，是云南悠久文化的历史根脉、山川风貌的美丽缩影、对外开放的最佳窗口，拥有历史文化的底蕴、美丽山水的底色、区域资源的底气。随着国家、省重大发展战略和政策交会叠加，给我们

带来了重大发展机遇。我们要坚持以经济建设为中心，坚持稳字当头、稳中求进，抢抓国家政策发力适当靠前、基础设施投资适度超前等重大发展契机，把握大局大势，坚定信心决心，以人一我十的拼劲抓经济，以舍我其谁的担当促发展，以知耻后勇的决心干工作，推动经济实现质的稳步提升和量的合理增长，尽快走出困境、摆脱窘境。

三、踔厉奋发、笃行不怠，奋力开创新时代大理高质量发展新局面

没有发展，一切都无从谈起；缺乏高质量，发展将失去意义。我们要扭住发展第一要务，把高质量发展贯穿于经济社会发展全过程各领域，提振精气神，奋力向前冲，大抓产业发展，大抓营商环境，大抓市场主体，大抓改革开放，锐意创新，绿色转型，跑出高质量发展加速度，答好高质量发展新答卷。

2022年将召开党的二十大，保持平稳健康的经济环境、和谐稳定的社会环境、风清气正的政治环境意义重大、使命光荣。做好2022年工作的指导思想是：坚持以习近平新时代中国特色社会主义思想为指导，全面贯彻党的十九大和十九届历次全会精神，深入贯彻习近平总书记考察云南重要讲话和对大理工作重要指示批示精神，认真落实中央经济工作会议和省第十一次党代会、省委经济工作会议精神以及州第九次党代会的总体部署，弘扬伟大建党精神，坚持稳中求进工作总基调，把握新发展阶段，完整、准确、全面贯彻新发展理念，更好服务和融入新发展格局，全面深化改革开放，坚持创新驱动，坚持以供给侧结构性改革为主线，统筹疫情防控和经济社会发展，统筹发展和安全，继续做好“六稳”“六保”工作，加快工业发展和产业培植，推动洱海高水平保护和产业高质量发展，持续改善民生，保持社会大局稳定，以优异成绩迎接党的二十大胜利召开。

贯彻上述指导思想，建议2022年全州经济社会发展主要预期目标为：地区生产总值增长7.5%左右，在实际工作中要尽可能争取更好的结果；规上工业增加值增长9%以上；规上固定资产投资增长8%以上；社会消费品零售总额增长8%以上；一般公共预算收入、支出均增长3%左右；城乡居民人均可支配收入与经济增长同步。实现上述目标，必须着力抓好以下工作：

（一）扛牢产业培植之责，打造高质量发展新引擎。要坚定不移落实产业强州战略，加快建设现代产业体系，系统部署延链补链强链，以工业突破和产业振兴答好“大理之问”。树牢“大抓工业、大抓产业”的鲜明导向，按照“产业攻坚年、产业重塑年、产业振兴年”的时间表和路线图，实施产业高质量发展三年行动，以工业大突破推动经济大提速，以产业大提升促进发展大跨越。推动绿色能源与绿色先进制造业、光伏产业与新一代信息技术深度融合，围绕构建新型电力系统，建设金沙江、澜沧江等流域“风光水储一体化”千万千瓦级多能互补示范基地，以构建智能光伏产业生态体系为目标，加快湖南立新、保利协鑫等项目落地，引进新能源动力电池关键材料产业，推动鹤庆绿色铝产业集群发展，支持祥云打造绿色硅产业链集群化发展基地。加快推进祥云等地集中建园，促进园区优化提升和提质增效。推动烟草、电力、矿冶建材、生物医药等传统产业转型升级，推动工业产品绿色认证，壮大新能源、新材料、信息技术、节能环保等新兴产业。培育数字经济新实体、新业态，建好云南信创（大理）产业园，探索数据要素市场化交易体系，加快城市大脑建设，推进工业级5G创新应用，打造“苍洱数谷”。抓好核桃、蔬菜、水果、中药材、乳业及肉牛、生猪等优势特色产业发展，加快农业生产“三品一标”建设，培育世界级绿色食品产业和名牌产品。加强奶源基地建设，全力建设5个核心牧场，打造乳业强州。提前谋划后疫情时代旅游振兴计划，加快普德赋等重大项目建设，创建一批高A级景区、高星级酒店，完善国际化旅游基础设施，全力打造世界级文旅产业和“一带三道十八廊”——“漫步苍洱”世界级康旅品牌。推进国家文化和旅游消费试点城市创建、国际旅游零售先行试验区建设，打造区域性消费中心。

（二）扛牢保护生态之责，擦亮高质量发展新底色。要牢记习近平总书记“一定要把洱海保护好”“守住守好洱海”的殷殷嘱托，保护好大理的蓝天白云、绿水青山、良田沃土，让大理更美丽。严守苍山洱海生态保护红线、永久基本农田和城镇开发边界三条控制线，推进一体化保护治理，做到全系统生态保护、全流域生态建设、全要素价值实现，全力打造绿水青山就是金山银山的全国示范样板。开展苍山洱海生态资源系统调查，积极申报国家级科考项目，探索国家公园建设路径。持续打好洱海保护精准治理攻坚战，重点解决洱海COD、高锰酸盐等指标长期处于高位和流域截污治污、雨污分流及农业面源污染等问题，大幅削减入湖污染负荷。扎实开展洱海流域水环境综合治理与可持续发展全国试点工作。启动洱海流域农业绿色发展研究院建设及合作计划。加强洱海生态廊道管理，保护沿线村庄风貌，布局高新技术、文化创意、农文旅融合等产业，提升廊道的综合效益。强化河湖长制，统筹抓好水资源、水环境、水生态治理。推行林长制，开展大规模国土绿化行动。启动大理州国家生态文明建设示范区创建工作。推进山水林田湖草沙一体化保

护和修复，打好蓝天、碧水、净土保卫战。抓好中央生态环境保护督察及各类巡视、检查、调研反馈问题整改。探索生态产品价值实现机制，争取成为全国试点。加强长江经济带生态恢复治理，做好长江十年禁渔工作。正确认识和把握碳达峰碳中和，科学制定行动方案，促进经济社会绿色低碳发展。

（三）扛牢乡村振兴之责，强化高质量发展新支撑。要坚持农业农村优先发展，扎实抓好乡村发展、乡村建设、乡村治理，全面推进乡村振兴取得新进展。持续巩固拓展脱贫攻坚成果，集中力量帮扶重点县，深化脱贫村提升行动，加大产业扶持力度，促进脱贫劳动力稳岗就业，落实易地扶贫搬迁后续扶持，让脱贫群众生活更上一层楼。坚决扛牢粮食安全责任，加强耕地保护，遏制耕地“非农化”、防止“非粮化”。推进高标准农田建设，抓好洱源县右所镇、祥云县祥城镇全国全域土地综合整治试点，实施宾川县10万亩土地整治。深入实施种业振兴行动，提高农机装备水平，保障种粮农民合理收益，确保“米袋子”“菜篮子”货足质好价稳。以打造世界一流“绿色食品牌”示范区为引领，以争创国家级农业绿色发展先行区、田园综合体、乡村振兴示范园、现代农业产业园等为抓手，做大做强“一县一业”品牌，做特做精“一村一品”示范，不断提升“苍洱名品”影响力。引进农业龙头企业，培育农产品加工产业集群，做活“农头工尾”文章。全面实施乡村建设行动，开展“干部规划家乡行动”，推进“十百千”示范工程，整治提升农村人居环境，深化乡村治理，培育文明乡风，高水平建设一批美丽村庄。继续办好“乡愁中国·大理论坛”。

（四）扛牢项目建设之责，夯实高质量发展新基础。要树牢“以项目论英雄”的鲜明导向，优化投资结构，扩大工业投资，谋划和实施一批强基础、增功能、利长远的大项目好项目。紧盯“两新一重”、生态环保、基础设施、产业转型、民生保障等重点领域，全力以赴争项目、争资金、争政策、争试点，千方百计破解要素制约，构建谋划一批、储备一批、建设一批、竣工一批的滚动格局。全力推进大漾云、鹤剑兰、云兰、宾鹤、云永、永昌等续建高速公路建设，加快启动大攀、剑洱、弥昌、云泸、南云等高速公路和大理铁路枢纽扩能改造、大理火车站站房提升改造、大丽攀铁路项目建设，做实昆大丽高铁、城市智轨等项目前期工作，力争大理机场三期改扩建项目开工，建设“大祥巍”一体化交通网，推动综合交通适度超前发展。抓实滇中引水、海稍水库扩建、鲁地拉提水等骨干工程建设，加快桃源水库、新兴苴水库扩建、洱海大型灌区等项目前期工作，推进农村供水保障三年专项行动，全面增强城乡供水保障能力。统筹5G网络、工业互联网、物联网、云计算、大数据中心等新型基础设施建设，推进传统基础设施“数字+”“智能+”升级。加强国家物流枢纽和物流基础设施建设，完善农村寄递物流体系，加快建设面向南亚东南亚的商贸服务国际陆港。

（五）扛牢改革开放之责，激发高质量发展新活力。要加快改革和发展深度融合，推进“大祥巍”一体化发展、工业经济、数字经济、乡村振兴、国有企业、电力体制、文化教育、“三医”联动等重点领域和关键环节改革。主动服务和融入“一带一路”、长江经济带、新时代西部大开发等发展战略，抓住RCEP实施、中国—东盟全面战略伙伴关系建立、中老铁路和大临铁路开通、中缅印度洋新通道运营和大瑞铁路加快建设等带来的开放机遇，加强战略谋划，深化政策研究，找准开放合作的功能、布局和定位。探索中缅通道公铁海联运路径，发展跨境贸易、跨境物流、跨境金融、跨境电商，推进大理机场口岸建设前期工作，加快跨境电子商务综合试验区、大理经开保税物流中心申建，以大通道带动大物流、大物流带动大贸易、大贸易带动大发展。积极参与COP15第二阶段活动，争取将“洱海论坛”提升为国家级永久性生态文明论坛。树牢“政府围着企业转、企业有事马上办”的理念，下大力气打通营商环境的“痛点”“难点”“堵点”，打造全省最优、全国一流的营商环境。强化“一把手”招商、产业链招商，瞄准世界500强、中国500强和民企500强，招大引强，招新引优，引进一批“链主”企业、“隐形冠军”企业、“专精特新”企业。重视招才引智，引进一批有情怀、有实力的企业家，一批手握产业化项目的科技工作者，一批解决实际问题的工程师和产业技术工人，一批熟悉国际贸易规则的开放型人才。实施“市场主体倍增”计划，做强做大实体经济。深化政产学研用融合，强化与科研单位、高等院校合作，建设面向南亚东南亚科技创新中心大理分中心，构建一流创新体系和平台，培育更多科技型企业、高新技术企业。

（六）扛牢协同发展之责，构建高质量发展新格局。要推进州、县（市）国土空间总体规划编制，统筹“一城三区四单元”城镇发展空间布局，形成全州统一的国土空间“一张图”。打破行政区划，一体谋划布局，健全协同发展利益共享、工作落实、监督考核机制，探索推进区域协同发展的新路径。全要素推进“大祥巍”空间规划、基础设施、社会事业、公共服务、产业布局协同发展，推动一体化发展取得实质性突破。发挥各县特色优势，加快打造“东部宾鹤工贸协同、南部弥南农旅结合、西部漾永云绿色主导、北部洱剑文旅引领”各具特色的发展格局。实施城市更新行动，启动“两馆一中心”建设。坚持美化亮化绿化畅化“四化并举”，抓实创文创卫创园各项工作，建设一批“干净、宜居、产业、特色、智慧”的美丽县城和特色小镇。加快漾濞“5·21”地震、洱源“9·13”大型山洪泥石流灾后恢复重建，让灾区群众早日住进美丽幸福新家园。以“新城建”对接“新基建”，推进前沿技术和场景的推广应用，提升城市管理智慧化水平。坚持“房住不炒”、租购并举，促进房地产业良性循环和健康发展。

（七）扛牢文化建设之责，提升高质量发展新动力。要增强文化自觉，坚定文化自信，多到大理悠久的历史文化宝藏中去淘宝，多到大理多彩的民族文化富矿中去掘金，推动大理文化创造性转化、创新性发展，为高质量发展提供强大的价值引导力、文化凝聚力、精神推动力。培育和践行社会主义核心价值观，深化拓展新时代文明实践中心建设，广泛开展大理楷模、道德模范、最美人物等评选宣传活动，不断提升社会文明程度。推进世界文化遗产、剑川国家历史文化名城、中国民间文化艺术之乡申报，强化“四名一文一传”保护，加快国家方志馆南方丝绸之路分馆、国家长征文化公园（大理段）等项目建设，争创全国文物保护利用示范区、国家级文化生态保护区、国家级文化和旅游民族民俗示范区。壮大“金木土石布”传统工艺品产业，发展一批文化创意产业园区、文化休闲街区。实施公共文化设施达标建设，让优秀精神产品进入基层、惠及群众。实施文艺精品提升工程和“白州文化名家工程”，不断推出时代气息浓厚、大理特色浓郁的精品力作。发挥大理文化的多样性、开放性和包容性特点，吸引文化名人、艺术大家旅居大理，打造一批创意集镇、文化名镇。承办和组织好中国舞蹈节·大理舞蹈季、大理乡村国际电影周、大理乡村国际音乐节、大理国际诗歌节等活动，不断提高大理的文化影响力。

（八）扛牢团结和谐之责，凝聚高质量发展新合力。要发挥党委总揽全局、协调各方作用，完善议事决策机制，提高把方向、管大局、促改革、抓落实的能力。推进人大“四个机关”建设，支持和保证人大依法履职。发挥人民政协“重要阵地、重要平台、重要渠道”作用，提高政治协商、民主监督、参政议政水平。完善大统战工作格局，支持民主党派、工商联、无党派人士及新的社会阶层人士积极作为。深化党建带群建，发挥好群团组织桥梁纽带作用。促进军政军民双拥共建、融合发展。以铸牢中华民族共同体意识为主线，高质量通过全国民族团结进步示范州重新申报命名，依法加强宗教事务管理。统筹发展和安全，全面贯彻总体国家安全观，坚决守住安全发展底线。深化法治大理、法治政府、法治社会一体建设，推动全面依法治州和“八五”普法工作落实落细，深入推进市域社会治理现代化试点工作。压实信访工作责任，做到为民解难、为党分忧。常态化开展扫黑除恶斗争，打好禁毒防艾人民战争，严厉打击电信网络诈骗活动，建设更高水平的平安大理。加强安全生产、食品药品、森林防火等工作，增强防灾减灾和应急救援能力，维护人民群众生命财产安全。

（九）扛牢改善民生之责，共享高质量发展新成果。要坚持以人民为中心的发展思想，把群众“盼的事”变成我们“干的事”，以党政机关过“紧日子”换取人民群众过“好日子”，以各级干部的“辛苦指数”提升人民群众的“幸福指数”，让大理人民生活更幸福。坚持就业优先，多渠道做好重点群体就业工作，促进更高质量和更充分就业。坚持“做大蛋糕”与“分好蛋糕”并重，鼓励勤劳致富、创新致富，多渠道增加居民收入。加强学前教育普及普惠发展，推进义务教育优质均衡发展，提升高中阶段教育质量和普及水平，谋划国际职教园区建设，规范发展民办教育，办好特殊教育。支持大理大学加快发展，做强做大滇西应用技术大学。慎终如始抓好“外防输入、内防反弹”工作，筑牢疫情防控严密防线。加快推进滇西区域医疗中心等项目，深化医联体和县域紧密型医共体建设，创新发展中医药，推动基层医疗卫生机构服务能力达标升级，不断提升公共医疗卫生能力水平。建设一批体育设施，广泛开展全民健身运动，高水平举办好澜湄——大理国际马拉松赛、格兰芬多国际自行车节（大理站）等品牌赛事。完善三孩生育政策配套措施，促进人口长期均衡发展。健全完善社会保障体系，加强养老、托育服务体系建设，统筹做好医疗保障、社会救助、社会福利和退役军人、妇女儿童、残疾人等权益保障工作。

四、弘扬伟大建党精神，以高质量党建引领高质量发展

打铁必须自身硬。我们要增强忧患意识，勇于自我革命，增强全面从严治党永远在路上的政治自觉，决不能滋生已经严到位的厌倦情绪，以抓铁有痕、踏石留印的坚韧和执着，推进新时代党的建设新的伟大工程，以高质量党建引领高质量发展。

（一）加强政治建设。要切实把“两个确立”的政治成果转化为坚决做到“两个维护”的政治自觉，体现到为党分忧、为国尽责、为民奉献的实际行动上。增强“四个意识”、坚定“四个自信”，不断提高政治判断力、政治领悟力、政治执行力，牢记“国之大者”，时刻听从习近平总书记号令、服从党中央指挥，自觉做“两个确立”的坚决拥护者和“两个维护”的坚定践行者。对

标对表党的理论和路线方针政策、习近平总书记重要指示批示及党中央决策部署确定工作思路、工作部署、政策措施，确保不偏向、不变通、不走样。完善党对经济工作全面领导的体制机制，探索党领导经济工作的有效实现形式。各级领导干部要坚持系统思维、科学谋划，学习历史知识、厚植文化底蕴、强化生态观念，敬畏历史、敬畏文化、敬畏生态，慎重决策、慎重用权。

(二) 坚持思想引领。要深入学习贯彻习近平新时代中国特色社会主义思想，用马克思主义中国化最新成果统一思想、统一意志、统一行动。弘扬伟大建党精神，牢记中国共产党是什么、要干什么这个根本问题，坚定历史自信，不忘初心使命，勇于担当作为，走好新的赶考之路。认真总结党史学习教育的成功经验，建立常态化长效化制度机制，继续把党史总结学习教育宣传引向深入。用好“我为群众办实事”实践活动形成的“书记院坝（楼宇）协商会”等良好机制，开列民生实事清单，满腔热情为群众办实事、解难事。用好红色资源，赓续红色基因，始终听党话、感党恩、跟党走。牢牢把握意识形态领导权、管理权、话语权，巩固壮大主流舆论，创新宣传方式，讲好大理故事，凝聚团结奋进的强大思想共识。加强党委（党组）理论学习中心组规范化建设，完善经常性学习教育机制，分级分类开展好各类培训。

(三) 夯实基层基础。要围绕中心抓党建促发展，健全上下贯通、执行有力的组织体系。实施“党建引领”工程，按照“领导作表率、机关作示范”的要求，启动基层党建高质量发展五年行动计划，深化“大理模范机关创建”和“寻标对标达标创标”行动，推动国有企业党建与生产经营深度融合，抓好“云岭红烛·白州育人先锋”“行走的思政课”和“一校一品”创建，实施医院“双带头人”培养工程，抓好“两新”组织“两个覆盖”。持续整顿软弱涣散基层党组织，实施发展壮大村级集体经济三年行动计划。擦亮“全国城市基层党建示范市”品牌，打造“苍洱党建长廊”品牌，全力铸造大理特色党建品牌。扎实推进“牢记嘱托·守护绿水青山”先锋行动，服务苍山洱海一体化保护治理。持续开展“智慧党建”三年行动，以数字赋能服务决策、推动治理、提升效率。推动组织工作服务优化营商环境、服务经济发展措施落实落细。

(四) 锻造过硬队伍。坚持好干部标准，坚持依事择人，着力建设忠诚干净担当的高素质专业化干部队伍。树立重实干、重实绩的用人导向，以“五个作表率”为标准，以结果论英雄，凭实绩用干部，教育和引导各级干部争当“骏马”，拒做“蜗牛”，大力选拔一批想作为、敢作为、能作为的干将闯将猛将。高质量完成州县乡人大、政府和州县政协换届工作，实施“青苗工程”，培养选拔优秀年轻干部，用好各年龄段干部，统筹做好培养选拔妇女干部、少数民族干部、党外干部工作，关心厚爱基层干部。注重正向激励、优进拙退，对研究政策、谋划工作、善抓落实、推动发展、表现突出的干部及时提拔使用。强化反向问责，让“躺平式干部”躺不住，让“六种类型干部”没有市场。用心用情、精准服务做好新时代老干部工作。深入推进苍洱人才“霞光计划”，打造人才成长“高地”。坚持党管机构编制，严肃纪律下大力气积极稳妥解决机构编制严重超编顽症，控住管好盘活用好机构编制资源。

(五) 强化作风建设。要持之以恒贯彻中央八项规定及其实施细则精神和省州党委实施办法，驰而不息整治“四风”，落实为基层减负各项规定，推动党风政风焕然一新。坚持解放思想、实事求是、守正创新，深入推进“大理之问”大讨论活动，坚决破除墨守成规、思想僵化的束缚，准确把握发展大势，增强全局观念，提升战略思维，敢破敢立、敢想敢干、敢打敢拼，在执行上比精神、见高低、论英雄，在落实上讲速度、讲力度、讲进度，促进大理各项工作全面提速、提质、提效。牢固树立“今天再晚也是早、明天再早也是晚”的效率意识，大力推行项目工作法、一线工作法、典型引路法。坚持“三严三实”，坚决防止简单化、乱作为，坚决反对不担当、不作为，坚决制止“把说了当做了，把做了当做成了”。坚持言必信、行必果，以钉钉子精神抓部署、抓落实、抓督查。

(六) 坚决惩治腐败。要坚持无禁区、全覆盖、零容忍，坚持受贿行贿一起查，一体推进不敢腐、不能腐、不想腐，彻底肃清白恩培、秦光荣、仇和等余毒流毒影响，坚决清除一切损害党的先进性和纯洁性的因素，坚决清除一切侵蚀党的健康肌体的病毒。加强对“一把手”和领导班子的监督，抓住关键少数、管好绝大多数。抓实各类巡视巡察问题整改，做好巡察工作，彰显“利剑”作用。发挥党内监督带动作用，推动各类监督贯通协调、形成合力。精准运用“四种形态”，惩前毖后、治病救人。坚持“三个区分开来”，为担当者担当、为负责者负责、为干事者撑腰。教育引导党员干部明大德、守公德、严私德，清清白白做人、干干净净做事，永葆清正廉洁的政治本色。

同志们，担当成就事业，奋斗赢得未来。全州各级党组织和广大党员干部要更加紧密地团结在以习近平同志为核心的党中央周围，勿忘昨天的苦难辉煌，无愧今天的使命担当，不负明天的伟大梦想，攻坚克难，苦干实干，以优异成绩迎接党的二十大胜利召开！

政府工作报告

——2022年2月15日在大理白族自治州第十五届人民代表大会第一次会议上

大理州人民政府州长　陈真永

一、十四届州人民政府在艰难环境中创造佳绩

2018年以来，我们沿着习近平新时代中国特色社会主义思想指引的方向勇毅前行，在省委、省政府和州委的坚强领导下，在州人大、州政协的监督支持下，通过全州各族人民的共同努力，克服了种种困难，战胜了诸多挑战，保持了经济社会平稳健康发展。

四年来，经济发展取得令人鼓舞的成效。我们在攻坚克难中推动经济发展，地区生产总值年均增长6.1%，一般公共预算收入年均增长6.5%。农业发展优质高效，创建全省“一县一业”示范县、特色县5个，建设认证绿色及有机面积140万亩、“三品一标”农产品658个，建成规模以上生猪肉牛养殖基地506个，农业总产值居全省第二。工业转型数字赋能，新能源、新材料、数字经济等一批头部企业加快落地，实施重大工业发展项目176项，建成76.8万吨绿色水电铝、产值达150亿元。服务业转型加快，大理州列为国家文化和旅游消费试点城市，大理市及大理古城分别创建为国家级全域旅游示范区和旅游度假区，创建国家AAAA级旅游景区5个，接待海内外游客1.8亿人次。金融机构贷款规模居全省第三、增速居全省第二。生鲜超市、新零售、电商惠民便民，社会消费品零售总额年均增长6.3%。

四年来，洱海保护实现令人瞩目的变化。我们认真贯彻落实习近平总书记“一定要把洱海保护好”的重要指示，以最严举措最大力度推进洱海保护治理“八大攻坚战”，19座污水处理厂、4660.7公里管网建成投运，129公里环湖生态廊道全线贯通，洱海水质总体保持优良水平，未发生规模化藻华。启动实施绿色革命“七大行动”，污染防治攻坚战成效明显，生物多样性保护、河湖长制扎实推进，林长制全面推行，空气优良率保持在99%以上，大理的天更蓝、山更绿、水更清。

四年来，脱贫攻坚创造令人振奋的成果。我们聚焦“两不愁三保障”，累计投入资金236亿元，实施各类扶贫项目1.3万个，11个贫困县、34个贫困乡镇、541个贫困村全部出列，42.08万建档立卡贫困人口全部脱贫，如期全面建成小康社会。教育部、浦东新区、奉贤区帮扶卓有成效，央地、沪滇、校地合作成果丰硕，产业帮扶覆盖全部贫困人口。改造农村危房10.32万户、抗震农房4.27万户，17911人通过易地扶贫搬迁过上新生活。巩固拓展脱贫攻坚成果同乡村振兴有效衔接取得初步成效。

四年来，城乡面貌发生令人欣慰的改变。我们全面加强城乡基础设施建设，大理正在变绿、变美、变快捷、变舒适。争取地方政府专项债券309.2亿元，重点投向基础设施建设领域，固定资产投资年均增长8.2%。新增高速公路通车里程435公里，先后开通运营3条动车线，大理迈入“高铁时代”。大理机场完成应急增容改扩建和临时口岸改造，开通航线25条。宾川海稍水库扩建等大中型水利工程有序推进，建成水库20座。“新基建”项目全面启动，建成5G基站2813个。改造老旧小区611.8万平方米，实施棚户区改造4万户，建成保障房3.66万平方米。创建国家园林县城2个和省级美丽县城4个、特色小镇6个，沙溪入选全国“最美小镇”。农村人居环境整治三年行动任务全面完成，大理市、宾川县创建为国家卫生城市（县城）。

四年来，惠民政策得到令人满意的覆盖。我们持续加强“六稳”“六保”工作，城镇、农村居民人均可支配收入年均增长7.1%和9.3%。社会保障体系不断完善，保障水平持续提升，建成各类养老服务机构及设施361个。农村劳动力转移就业135万人，新增城镇就业13.7万人，城镇登记失业率控制在4.2%以内。新增减税降费51亿元，发放“贷免扶补”和创业担保贷款42亿元，新增市场主体8.5万户、年均增长11.2%。发放救助金30.99亿元，惠及困难群众25.68万人。“米袋子”“菜篮子”保得放心，能源消费得到有效保障。持续压减一般性支出，开源节流保住基层运转。

四年来，社会建设体现令人暖心的守护。我们围绕群众期盼营造和谐稳定社会环境，创建全国文明单位、村镇、校园23个，民族团结进步创建加快，安全生产和食品药品监管得到加强。扫黑除恶专项斗争和

反恐、禁毒防艾工作成效明显，市域社会治理现代化试点纵深推进，被命名为“平安中国建设示范州”并蝉联“长安杯”，鹤庆县被命名为“平安中国建设示范县”。学前教育普及加快，县域内义务教育基本均衡，高中阶段教育基本普及，职业教育、高等教育、民办教育等各类教育健康发展。体育工作不断加强，文化事业繁荣发展。医疗卫生条件持续改善，慎终如始抓好常态化疫情防控，1304名医务人员、4000多名民兵及突击队员参加援鄂援瑞抗疫和强边固防工作，牢牢守住了大理安全、守护了群众安康，也为守好国门作出大理贡献。

同时，我们全面加强党的建设，严格落实中央八项规定精神和省州实施办法，廉政建设纵深推进。自觉接受州人大及其常委会法律监督、工作监督和州政协民主监督，累计办理代表建议1127件、政协提案1478件。审计、统计监督不断加强，“三公”经费支出持续下降。“不忘初心、牢记使命”主题教育、党史学习教育、“大理之问”大讨论和政府系统作风整治扎实开展。

刚刚过去的2021年，是极不平凡、极具挑战、极其艰难的一年。面对各种困难和压力，我们坚定目标、迎难而上，在部分领域实现了一些破题，在一些工作上取得了进展，完成地区生产总值1633亿元、增长7%，一般公共预算收入111.78亿元、增长3%，支出302.67亿元，同口径增长0.8%。

过去一年，我们坚持保护第一、守住生态红线，环境问题整治有新突破。统筹推进苍山洱海一体化保护，“1806小镇”顺利交房，洱海流域“三区”划定落地，洱海保护治理“六个两年行动”加快实施，截污治污体系提质增效、面源污染治理等工作稳步开展，海西片区集中流转土地1.85万亩，沿岸违规违建整治有序推进，“洱海论坛”成功举办，洱海流域列入全国第二批流域水环境综合治理与可持续发展试点。持续打好蓝天、碧水、净土保卫战，完成水土流失治理372平方公里，整改生态环境问题339项，洱海水环境综合整治成为中央环保督察整改看成效典型案例。强化国土绿化和森林防火，完成营造林14.4万亩，永平、鹤庆获省级美丽县城命名。爱国卫生“七个专项行动”扎实开展，10个县城达到国家卫生县城标准。

过去一年，我们积极引商引资、全力重构产业，加快发展动能有新积蓄。紧紧围绕新材料、新能源、新基建、新消费、新业态等产业链开展精准招商，法国普德赋国际度假项目、英国帝亚吉欧威士忌生产及体验中心项目落地大理，一批绿色硅、铝材补链项目启动实施，新增外商投资企业19户，引进州外到位资金增长11.5%。持续深化国有企业改革，整合资源资产，创新推出祥云集中建园等系列措施，落地新能源与制造业协同项目14个，嘉士伯9万罐智能化生产线等22个工业项目竣工投产。加快特色农业发展，粮食总产达167万吨，烟草产业提质增效，启动5个万头奶牛牧场建设，皇氏来思尔自主乳酸菌搭载神十二太空舱航天育种，欧亚、来思尔乳业各年产20万吨项目投产。加快推进数字经济创新突破，基于国产PKS技术路线的数字经济发展底座基本建成，城市大脑如期投运，智慧教育、智慧交通等场景应用加快推进，智能工厂、数字矿山等项目稳步实施，数据要素治理试点及数据归集全面展开。

过去一年，我们突出项目攻坚、持续夯实基础，生产生活条件有新改善。启动“十四五”重大项目前期工作两年行动计划，强化土地、林地等要素保障，南景、大南、宾南高速和楚大扩容分段建成，大瑞铁路加快推进，铁路枢纽地方配套工程开工建设。鲁地拉提水工程建成通水，滇中引水大理段首条隧洞贯通，51件在建水源工程稳步推进。11个“保供给促投资”新能源项目全面启动，12个输变电项目有序推进，新建燃气管网85公里。认真实施乡村振兴项目，剑川等7个县列为省级乡村振兴重点帮扶县，喜洲等5个田园综合体建设加快，改建农村公路731公里、卫生户厕4.1万座，农村集体产权制度、供销综合改革取得成效。抓实城市建设和管理，“大祥巍一体化”和“四单元”协同发展有序推进，改造棚户区5320套、城镇老旧小区247个，城市更新试点项目加快推进，新建51公里污水收集管网。完成固定资产投资935.4亿元、增长7.6%。

过去一年，我们应对疫情冲击、提升旅游品质，扩大消费需求有新探索。强化旅游品质提升示范，剑川千狮山评为国家AAAA级旅游景区，建成运营半山酒店50家，评定最佳旅游美宿30家，发布“大理最佳爱情表白地图”，推出A级旅游景区免票、发放旅游消费券等优惠活动，旅游业一度回暖，接待海内外游客4452万人次。全力稳定群众收入提升消费能力，通过持续深化“放管服”“证照分离”改革优化提升营商环境、积极帮助企业解决困难问题等办法稳企稳岗稳收入。持续巩固拓展脱贫攻坚成果，保持过渡期各项政策稳定，返贫致贫监测和帮扶机制全面落地，未发生规模性返贫，群众收入稳定增长。持续推动家电汽车下乡扩内需，农村电商综合示范项目加快推进，大理云免跨境国际购物中心建成运营，优势农产品出口增加，新增限上商贸企业114户，外贸进出口总额增长27.6%，完成社会消费品零售总额651.5亿元、增长7.2%。

过去一年，我们强化民生保障、办好利民实事，社会事业发展有新进步。始终认真解决好群众揪心事，财政资金民生支出占比达75%。持续推动教育事业优质发展，学前三年毛入园率、九年义务教育巩固率、高中阶段毛入学率稳步提升，义务教育“双减”“双升”全面推进，大班额有效化解，校外培训不断规范，普通高中晋级升等扎实推进。实施10个职业学校办学能力提升项目，大理大学博士学位授权获批，滇西应用技术大学在校生突破万人。全民健身运动蓬勃开展。全力提升医疗服务能力，滇西区域医疗中心、州医院医疗核心区加快建设，州传染病医院等28个“双提升工程”稳步推进，紧密型县域医共体建设加快，养老、医疗机构签约服务率达100%。疫情防控扎实精准，建成34个核酸检测实验室，新冠疫苗接种有序推进。全力提升社会保障水平，社会保险参保面扩大，基本医疗保险运行评价全省第一，实现兜底保障对象应保尽保、社会救助应救尽救。漾濞“5·21”6.4级地震、洱源“9·13”山洪泥石流应急抢险救灾及时有序，恢复重建取得阶段性成绩。统筹推进各项事业发展，气象、水文预测预报能力提升。信访问题和矛盾纠纷排查化解及时有效。漾濞、永平创建为全国民族团结进步示范县。宗教和顺局面持续巩固。国家方志馆南方丝绸之路分馆一期建成。国防动员、搬迁安置、妇女儿童、残疾人、红十字、老龄等工作取得进步。10件惠民实事全面完成。

各位代表，四年来，经济社会发展取得的成绩来之不易，这是以习近平同志为核心的党中央坚强领导的结果，是省委、省政府和州委正确领导的结果，是州人大及其常委会、州政协监督支持的结果，是全州人民共同努力的结果。在此，我谨代表州人民政府，向全州各族干部群众、各级各部门、各界人士、驻大理解放军和武警部队官兵、消防救援人员，表示衷心的感谢和崇高的敬意！

各位代表，总结四年来的工作，班子一任接一任苦干实干，但发展速度仍然偏慢、发展质量不高。从客观上看，产业转型升级缓慢，重大项目支撑不足，营商环境不优，洱海保护压力巨大，民生领域存在短板，特别是受洱海流域转型影响和新冠肺炎疫情冲击严重。从主观上看，我们还是担当不足、努力不够、办法不多，工作成效不明显，本届政府主要奋斗目标没有完全实现，2021年部分指标完成情况还有差距。对此，我们将深刻反思，这些短板弱项将在今后五年工作中全力加以补齐、迎头赶上。

二、面临的挑战机遇和今后五年的目标任务

当前，百年未有之大变局与新冠肺炎疫情叠加，基础薄弱与传统产业粗放叠加，全州发展处在突围求变的关键时刻，我们面临诸多不确定性和前所未有的困难压力。

（一）困难压力来自新冠肺炎疫情冲击严重。疫情发生以来，旅游服务业受到沉重打击，去年跨省游熔断4次、98天，酒店最低入住率仅为16%，比2019年低44个百分点，服务业降至冰点。如果疫情持续，旅游业发展仍面临不确定性，影响还将向其他行业蔓延。

（二）困难压力来自一批传统工业倒下归零。全州规模以上工业企业最多时达294户、百亿元产值以上企业1户，受多种因素影响，目前停产及负增长面达37%，特别是汽车制造、矿冶领域的大中型企业相继倒下，百亿元企业产值归零，补上窟窿任务十分艰难。

（三）困难压力来自房地产业全面进入寒冬。房地产企业投资乏力、信心不足，房地产开发土地购置面积同比下降42.1%，商品房库存激增，大理市外销比例从最高53%下滑到去年的23%，波及建材、装饰等众多行业，对发展的影响还将持续。

（四）困难压力来自产业弱小发展后劲不足。全州没有产值超千亿元的产业，超五百亿元的仅有农业、旅游业等4个，生物医药等3个产业产值不足百亿元，基本没有全产业链的产业，新材料等新兴产业处于空白，难以支撑快速发展。

（五）困难压力来自洱海流域转型阵痛持续。保护治理PPP项目每年付费达12亿元，海东停建形成高额债务，洱海流域停批停建项目54个、关停企业及个体工商户972家，新产业培育尚未取得突破，遗留问题化解和流域产业体系重构困难重重。

（六）困难压力来自政府债务风险持续增加。未来5年全州地方政府债券到期还本付息压力巨大，发展还需增加新的专项债。同时，大理市、洱源县政府债务率达到红线边界，国有企业债务沉重，发展与举债的矛盾加深。

从全省发展来看，无论从发展速度、发展质量，还是绝对数量、人均水平，大理横向比、纵向比都落后了，大理固有的优势正在丧失，原来的差距还在扩大，重大发展机遇一再错失。看不到危险就是最大的危险，认识不到差距就是最大的差距。需要警醒的是，我们好多干部对此仍不以为然，自我感觉良好，没有危机感、紧迫感、耻辱感。

越是在困难的时候，我们越要清醒地认识到，黑夜终将过去，寒冬之后便是春天。巨大的困难和挑战往往也蕴藏着巨大的机遇和希望，只有浴火才能重生，大理加快高质量发展具备新的优势条件，迎来新的历史机遇。

——我们有习近平总书记亲切关怀的优势和机遇。习近平总书记十分牵挂洱海保护、关心大理的发展，

两次考察云南并对大理发展和洱海保护作出重要指示，为我们指明了前进方向，洱海保护、项目投资等工作将持续得到中央和省的支持帮助。

——我们有国家宏观经济利好政策的优势和机遇。党中央加强宏观经济调控，积极应对需求收缩、供给冲击、预期转弱三重压力，稳投资、稳增长的措施和惠民政策更有针对性，一批项目已进入国家规划，只要我们前期工作扎实、争取主动，政策红利将进一步释放。

——我们有省州决策部署快速落地的优势和机遇。省、州党代会明确提出了加快发展现代产业体系、加快构筑现代化基础设施体系、推进改革开放等举措，随着RCEP生效以及我们交通基础改善，为我们加快产业发展、增加投资和扩大开放带来了巨大机遇。

——我们有丰富能源可以开发利用的优势和机遇。全州已建成清洁能源装机1548万千瓦，尚有可开发光伏太阳能资源1600万千瓦以上，具备建设“风光水储一体化”基地的良好条件，有利于引进培育硅料加工和光伏电池配套产业，打造绿色硅光伏产业链。

——我们有多年积累攒足发展后劲的优势和机遇。历届州委、州政府在生态保护、基础设施、产业发展等方面打下了坚实基础，全州如期脱贫、全面建成小康，将有效积蓄扩大消费的动力，特别是洱海保护取得阶段性成效，为我们推动高质量发展拓展了空间。

——我们有后疫情时代扩大新消费的优势和机遇。新冠肺炎疫情改变了人们的消费理念和生产生活方式，疫后文旅康养将成为最大的风口，加之昆明和大理已作为全省两大文旅发展核心和枢纽来建设，为我们打造国际一流旅游名城迎来了良好发展机遇。

——我们有广大干部群众思变求变的优势和机遇。经过“大理之问”大讨论，全州干部群众认识到发展的短板和差距，统一了思想，盼发展、思发展、谋发展、促发展、求变化心齐劲足，凝聚力、战斗力空前高涨，汇集起了加快发展的强大合力。

发展最艰难、退无可退的时刻，也是思变求变、创新突破最关键的时刻，特别需要我们背水一战、突出重围，凤凰涅槃、破茧而出。我们要坚定信心和决心，坚守定力和韧劲，增强凝聚力、战斗力、创新力，顺势而谋、应势而动，用奋力拼搏赢得大理灿烂辉煌的明天！

今后五年政府工作的总体要求是：坚持以习近平新时代中国特色社会主义思想为指导，深入贯彻党的十九大和十九届历次全会及习近平总书记考察云南重要讲话和对大理工作重要指示批示精神，全面落实省第十一次党代会和州第九次党代会精神，按照州委确定的今后五年工作总体要求，坚定不移走好产业复兴、绿色发展、文旅融合、城乡协同、创新驱动、共同富裕之路，推进以绿色为底色的高质量发展，力争地区生产总值增速高于全省平均水平，到2026年经济总量突破2400亿元，全力打造名副其实的历史文化名城、国际旅游名城和世界一流“绿色食品牌”示范区，在云南建设民族团结进步示范区、生态文明建设排头兵、面向南亚东南亚辐射中心中走在前列。

今后五年经济社会发展的主要任务是：

（一）坚定不移地走产业复兴之路。没有产业的发展，就没有大理高质量发展。我们要把产业发展作为大理工作的重中之重、第一要务来推动，以祥云产业中心城市打造为牵引，加快建设“445”千百亿级产业集群。着力做大铝、硅等新材料产业链。加快推动光伏新能源建设、先进制造业引进、新一代信息技术深度融合，合力推进贝特瑞、保利协鑫、宸宇新材料、建鸿达、英利、立新等重点项目实施，加快吸引光伏硅下游的拉棒、切片、电池片、组件等精深加工和制造业在大理集聚。积极推进其亚金属再生铝及铝加工、鑫兴铝棒等一批绿色铝深加工项目，推动延长北衙矿业、祥云飞龙、云龙铂翠等资源综合循环利用产业链。尽快做强新能源产业链。加快建设“风光水储一体化”多能互补示范基地，重点实施集中式光伏和风电项目，因地制宜建设分布式光伏电站，推动现有风电厂扩能增效，加快引进发展新能源电池正极、负极，加快新能源基地输出网络配套。积极做优绿色食品产业链。扎实抓好洱海流域绿色农业、有机农业、数字农业发展。全力抓好蔬菜、水果、肉牛、生猪、花卉、中药材、生态茶等优势特色产业发展，加快推进以5个万头奶牛牧场为重点的奶源基地建设，在核桃精深加工和销售上闯出一条新路，完善提升生产、加工、销售产业链。稳定优质烟叶生产，做强卷烟工业。打造好下关沱茶、大理啤酒、大理乳品、大理矿泉等大理制造品牌，建设世界级绿色食品产业。加快做长生物医药产业链。积极发展特色中药、民族药、化学药、生物技术药、医疗器械产业，建设生物医药产业基地和原料药材基地，引进做强一批精深加工企业，开发一批区域优势品种、知名品牌。率先做响数字经济产业链。强化新型基础设施建设，积极推进数字产业化、产业数字化，强力推进云南信创（大理）产业园建设，大力培育信创产业生态链，加强与科技头部企业合作，推进城市大脑建设，着力打造“苍洱数谷”。全力做实招商引资工作。招商引资是产业复兴的基础和前提，没有招商就很难有产业项目。州县市政府和部门领导班子要把主要精力放在招商引资上，请进来与走出去结合开展全产业链招商，瞄准各领域头部企业、领军企业精准对接洽谈，当好“店小二”，破解项目落地问题，加快引进一批重大项目和产业集群。

（二）坚定不移地走绿色发展之路。优美生态是大理最大的底气和比较优势。我们要坚持保护第一、绿色优先，持续推进绿色革命，守护好大理的绿水青山，争当生态文明建设排头兵。实施好苍山洱海一体化保护行动。坚持“山水林田湖草沙冰”和“城村人”一体谋划，保护好苍山生物多样性和海西田园风光，推进洱海“一湖一策”保护治理，统筹抓好截污体系提质增效、农业面源污染治理、生态系统修复等工作。高水平举办“洱海论坛”，高标准建设洱海科研基地。实施好绿色国土行动。着力提升城市绿化品质，加快森林乡村创建，推进洱海流域森林绿廊建设，实施好以国家储备林为重点的工程造林。落实好河湖长制、林长制和长江十年禁渔措施，加快西洱河四级坝断面水质达标，推进剑湖水污染防治和生态修复。实施好绿色开发行动。严格实施生态管控和耕地保护，坚持产业绿色化发展，探索“绿电产品”认证，推广绿色建筑，发展循环经济，加快形成绿色低碳生产生活方式，积极打造低碳州、零碳城市、绿电园区。实施好绿色出行行动。加快建设轨道交通、城市智轨，完善城市慢行交通系统，加快充换电基础设施建设，扩大新能源汽车应用。同时，实施好绿色农业、绿色食品、绿色能源、绿色金融行动，积极探索生态产品价值实现路径。

（三）坚定不移地走文旅融合之路。悠久历史文化是大理旅游的灵魂。我们要坚持以文带旅、以旅促文、融合发展，争创大滇西旅游环线示范区，推动文化旅游产业提升品质、走在前列、独树一帜。着力夯实旅游基础。完善国际化旅游公共设施，积极开拓旅游航线，完善景区景点道路、智慧停车场、旅游公厕等设施，建设一批特色鲜明的旅游民宿、半山酒店、五星级酒店，每年创建一批最佳旅游美宿。加快推进普德赋、“一带三道十八廊”等重大项目建设，建成一批国家级文化产业园和旅游度假区，打造云南文旅核心和枢纽。着力提升旅游品质。高水平编制和实施国际旅游名城规划，抓实大理古城、巍山古城保护提升，完成剑川国家历史文化名城创建。加快景区改造，创建一批国家A级旅游景区，打造一批吸引力强的旅游产品，科学串点形成州内旅游环线。及早建成国家方志馆南方丝绸之路分馆，建好大理国家级文化生态保护实验区，争创“东亚文化之都”。着力创新旅游业态。加快推出文化、体育、爱情、休闲、团建、美食、夜间、购物旅游等业态，开发特色医疗、中医药养生、森林康养等产品，策划举办系列高水平文化演艺、民族节庆活动和体育赛事。着力打造旅游品牌。推进智慧化服务和管理，引进培育做强一批旅游企业，持续优化旅游市场秩序。高标准建设洱海海西国家级乡村振兴示范园，打造生态带、文化带、发展带有机统一的“中国最美乡愁带”，持续打造“漫步苍洱”“有一种生活叫大理”“最佳爱情表白地”等品牌。

（四）坚定不移地走城乡协同之路。好城市是建出来的，更是管出来的。我们要把以人为本的理念贯穿城乡规划、建设、管理全过程各环节，协同推进新型城镇化和乡村振兴。加快补齐基础设施短板。着力构建“四出境三出省”立体交通网，新增高速公路1000公里、铁路110公里，全面实现“县县通高”和“县县联通”，争取尽快开工建设大攀高速公路，储备做好沿金沙江、巍凤等一批高速公路项目前期，启动大理铁路枢纽和大理机场改扩建，及早建成综合交通枢纽。加快推进滇中引水配套工程，启动建设洱海大型灌区、西洱河水资源综合利用等项目，实施农村供水保障三年专项行动。加快骨干电网、农村电网改造升级以及城镇天然气管网覆盖，提升能源保障能力。加快构建“一城三区”格局。抓好国土空间总体规划编制审批，加快“大祥巍”一体化发展，扎实推进祥云先进制造业中心、关巍新区建设，积极处置海东停建遗留问题，推动大理经开区高质量发展，抓实大理市城市更新改造，推进“两馆一中心”建设，打造“美丽湖区、公园城市”。加快提升城乡承载能力。实施城市更新行动，争创卫生城市、园林城市和“美丽县城”“特色小镇”，全力做大做强县域经济，推进农业转移人口市民化。扩大保障性住房供给，发展长租房市场，促进房地产和建筑业健康发展。加强城市管理。加强绿化畅化亮化美化，大力推进城市精细化管理，从严规划管控，强化脏乱治理，管好城市的一路一楼、一砖一瓦、一树一草，提升城市的舒适感、幸福感。全面推进乡村振兴。保持脱贫攻坚帮扶政策总体稳定，确保不发生规模性返贫和新的致贫。实施好乡村振兴“十百千”示范工程和农村人居环境整治提升五年行动，加强乡村建设和治理，稳步提高城乡基本公共服务均等化水平。

（五）坚定不移地走创新驱动之路。创新是大理加快发展的必由之路，是大理换道赶超的关键所在。我们要坚持以创新引领高质量发展，加快补齐对外开放短板。进一步深化重点改革。加快构建有利于区域协调发展的机制制度。扎实推进国有企业改革，加快实体化发展，充分发挥投资主体、融资平台的作用。深化医保、医疗、医药联动改革。推进综合行政执法改革。抓实普通高中招生改革。加快农业水价综合改革，深化农村集体产权制度改革，探索宅基地“三权”分置改革实现形式。深化预算管理制度改革，防范财政运行风险。进一步提升开放水平。主动对接RCEP，加快推动口岸机场建设，积极申建服务贸易创新发展试点、跨境电商综合试验区、经开保税物流中心，加快实施一批建设面向南亚东南亚辐射中心项目。进一步推动创新引领。强化“政校企”全面合作，加大人才引进力度，争取设立一批研究机构及院士专家工作站，加快推进中科院计算所中国—东盟工业级5G协同创新中心、科大讯飞南亚东南亚多语言技术大理研究院、大理地热能科学技术研究院、洱海流域农业绿色发展研究院等项目建设。强化企业创新主体地位，培育一批高新技术企业、创新型中小企业、科技“小巨人”企业等科技创新主体。进一步优化营商环境。加强政务服务能力建设，打造审批最少、流程最佳、时限最短、成本最低、服务最优的办事环境。全力实施市场主体倍增计划，鼓励企业上市融资，力争到2026年市场主体达到47万户。

(六)坚定不移地走共同富裕之路。共同富裕是新时代的新使命。我们要顺应人民期待，带着责任办好民生实事，始终保持民生类重点支出占一般公共预算支出的70%以上。持续增加群众收入。增强发展的平衡性、协调性、包容性，缩小城乡、区域差距，大力发展富民产业，稳定增加农民收入，提高中等收入群体比重。强化就业优先导向，健全促进就业政策措施，以创业带动就业，拓宽高校毕业生、退役军人、农民工、残疾人、城镇就业困难人员等重点群体就业增收渠道。办好人民满意教育。加快学前教育普及普惠，推进义务教育优质均衡发展，实施好高中阶段教育普及和县域普通高中发展提升行动，推进职业院校“双高”“双优”建设，加快大理国际职教城建设。支持大理大学建设区域性高水平综合大学，做强做特滇西应用技术大学。提供美好生活保障。健全完善疫情防控体系，提升科学精准防控能力。完成滇西区域医疗中心、州医院医疗核心区建设，加强县级公立医院提质达标晋级，推进健康大理行动。完善公共文化服务体系，实施好全民健身补短板项目。落实好“三孩”生育政策，加快养老、托育、家政等服务业发展。推动民族团结进步。加快实施创建全国民族团结进步示范县市三年行动计划，确保全国民族团结进步示范州通过重新申报命名，争创铸牢中华民族共同体意识示范州。依法管理宗教事务。建设平安法治大理。全面实施“八五”普法规划，推进市域社会治理现代化试点，健全完善立体化社会治安防控体系，常态化开展扫黑除恶斗争，坚决打赢第五轮禁毒和防艾人民战争。加强安全生产监管，做好防灾减灾救灾工作。

三、2022年工作重点

今年我们将迎来党的二十大召开，扎扎实实做好各项工作，保持全州经济平稳健康发展、社会和谐稳定意义重大。我们一定要扛牢使命担当，在新时代新征程上展现新气象新作为。

经济社会发展的主要预期目标建议为：地区生产总值增长7.5%左右；规上工业增加值增长9%以上；固定资产投资增长8%以上；社会消费品零售总额增长8%以上；一般公共预算收入、支出均增长3%以上；城乡居民人均可支配收入增长与经济增长同步。

实现上述目标，要重点抓好以下工作：

(一)着力推进项目建设，持续夯实发展基础。进一步强化项目支撑。抢抓国家适度超前开展基础设施投资的政策机遇，按照“任务项目化、项目清单化、清单具体化”要求，推进政府工作全面项目化，每个县市谋划储备10个以上重点项目，增强项目可行性、可批性和实效性，力争在上半年实现年度项目开工率达到90%以上。建立重大项目协调推进机制，全力争取地方政府专项债等资金支持，把土地、林地等要素保障到重点地区重大项目。进一步加快项目建设。加速综合交通网建设，完成楚大扩容、大南、大漾云、宾南4个项目扫尾，确保实现“县县通高”；全力推进鹤剑兰等6个高速公路在建项目，力争开工剑洱等4条高速公路；争取大理铁路枢纽扩能改造、火车站站房提升改造、大丽攀铁路、城市智轨开工建设；启动大理机场三期改扩建，新开发航线4条以上，完成综合交通投资300亿元。实施“兴水润滇”工程，加快推进洱海大型灌区等项目前期工作，实施好滇中引水和桃源水库等大中小微水网项目，完成水利投资100亿元。加快“风光水储一体化”建设，启动全州千万千瓦级新能源基地建设三年行动计划，尽快开工一批集中式光伏、分布式光伏及水面光伏项目，有序推进风电建设，加快推进输变电项目建设，完成能源投资50亿元以上。进一步推动消费增长。推动内外贸一体发展，加大新能源汽车推广力度，实施限额以上商贸流通企业培育计划，新增限上批零住餐企业50户。实施好电子商务进农村综合示范项目，完善县域商业体系，活跃夜间经济等消费活动，推动传统商贸转型升级。进一步深化“六稳”“六保”。认真落实一揽子稳增长政策，实行“一企一策”精准帮扶，推动减税降费、财政奖补等“政策红包”落地见效。优化金融服务，帮助各类市场主体纾困。加强能源供应保障，做好粮油、猪肉、蔬菜等民生商品和原材料保供稳价工作。全力保基层运转，持续压减一般性支出，兜实兜牢“三保”底线。

(二) 坚定不移强链补链，加速重构产业体系。努力在现代农业稳总量、促增收上下功夫。加快世界一流“绿色食品牌”示范区建设，稳定粮食播种面积和产量，推进肉牛、生猪标准化规模养殖，提升烟草产业综合效益，实施好5个万头奶牛牧场建设。推进土地经营权流转和规模种植，建设“绿色食品”产业基地10个以上，新增“三品一标”农产品90个以上，打造一批数字农业及一、二、三产业融合发展示范基地。努力在工业经济补链条、聚集群上出实招。推进绿色能源与先进制造业深度融合，推进贝特瑞负极材料、建鸿达单晶硅棒、东营昆宇储能电池、能源重工储能电池、保利协鑫、特变电工等项目开工建设，争取立新、宸宇新材料、英利光伏组件等项目建成投产。抓好5个开发区优化提升，加快集中建园片区基础配套、要素保障，推动绿色硅、新能源电池、铝精深加工等一批项目加快签约、一批项目落地建设。支持一批传统工业加快技术改造，力争能源以外工业投资增长40%以上。努力在文化旅游提品质、树品牌上做文章。加快文旅发展核心和枢纽建设，提升景区品质，深化“有一种生活叫大理”“最佳爱情表白地”策划，推出新的引爆点，开发新业态新产品。加快AAAAA、AAAA级旅游景区创建和五星级酒店、智慧停车场建设，建成100个精品民宿和半山酒店，加快推进普德赋等120个重大旅游项目建设，举办好中国舞蹈节·大理舞蹈季、大理乡村国际电影周、大理国际诗歌节、澜湄国际马拉松等文体赛事活动。持续开展市场整治及涉旅企业诚信评价，广泛开展文明旅游“彩云行动”。努力在数字经济产业化、效能化上求突破。以智慧教育、城市感知、智慧停车、智慧交通等项目为抓手，推进城市大脑建设。抓实数据归集、上云、适配等工作和数据要素治理试点城市建设，谋划数据要素交易中心建设。推进云南信创（大理）产业园建设，深化与中国电子等头部企业合作，吸引更多领军企业落户大理。

(三) 全力以赴保护生态，全面深化绿色革命。狠抓污染防治彰显“生产美”。深入开展“绿色革命”七大行动，全力推进洱海流域生态保护和高质量发展，调整优化产业结构，加快发展以海西片区为重点的规模化绿色生态高效农业。抓实中央生态环境保护督察反馈问题、长江经济带突出生态环境问题整改，持续打好污染防治攻坚战，确保地表水国考断面稳定达标。加强保护治理彰显“生态美”。抓好大理苍山世界地质公园再评估工作，全力冲刺洱海保护治理“六个两年行动”，落细“退、减、调、治、管”举措，统筹推进截污体系提质增效、农村人居环境整治、“厕所革命”等工作，加快洱海湖滨生态红线和湖泊生态黄线落地，健全洱海流域生态监测体系，发挥好洱海科研基地作用，推动洱海水质持续改善，力争不发生规模化藻华。全面落实河湖长制、推行林长制，完成营造林20万亩。强化自然保护地监督管理，从严打击破坏森林、草原、湿地等资源违法违规行为。建设绿色家园彰显“生活美”。坚持绿色低影响开发，推进美丽城市、美丽城镇、美丽乡村、美丽庭院、美丽河湖、美丽公路、美丽走廊建设，启动国家生态文明建设示范州创建工作。倡导绿色生活方式，引导广大群众主动参与绿色消费、绿色出行、低碳生活。

(四) 始终坚持建管并重，统筹推进城乡发展。全力提升城市品质。加快编报国土空间总体规划、洱海流域国土空间保护和科学利用专项规划，开展好“干部规划家乡”行动，合理规划人口、城镇和产业发展，全方位、高水平布局城市框架、推进城市更新、提升城市品质、明确城市色彩、塑造城市形象。加快实施“一城三区四单元”城市道路连通、功能配套、产业转移等支撑项目，启动城市品质提升重大项目，改造城镇老旧小区30万平方米。坚持生态化、景区化、智慧化、特色化方向，巩固提升“美丽县城”“特色小镇”创建成果，力争南涧、宾川、祥云创建为“美丽县城”，剑川木雕小镇创建为“特色小镇”。提升城市综合管理能力，抓实大理市、剑川县全国文明城市创建工作。巩固拓展脱贫成果。集中力量帮扶重点县，实施脱贫村提升行动，抓好易地扶贫搬迁后续扶持，持续增加脱贫人口收入。健全控辍保学机制，落实好医疗保障和分类资助参保政策，加强农村脱贫人口住房安全动态监测，巩固好“三保障”及饮水安全保障成果。深入实施“万企兴万村”行动，抓好“政府救助平台”运用，加快建立稳定的“双绑”利益联结机制、股份合作机制和扶志扶智长效机制。深入推进乡村建设。围绕生活垃圾处理、污水治理、基础设施、教育医疗等重点，加强农村基础设施和公共服务体系建设。加强耕地保护，建设高标准农田35万亩。扎实推进乡村振兴示范乡镇、精品示范村、美丽村庄“十百千”示范工程建设，以洱海海西乡村振兴示范园创建为引领，因地制宜打造一批乡村振兴示范样板。

(五) 不断深化改革开放，持续激发内生动力。突破关键环节改革。深化“放管服”“证照分离”改革，打通企业和群众办事难点堵点痛点，加快推进“一窗办”“一表办”“一网办”“一次办”。推进国资国企、财税金融等重点领域改革，抓好农村改革重点任务落实，深化水利、林业、供销综合改革。激发市场主体活力。实施市场主体倍增计划、龙头企业培育和招大引强专项行动，加强市场主体准入便利化，健全完善负面清单制度，推进涉企审批减环节、减材料、减时限、减费用，让市场主体多起来、活起来、大起来、强起来，力争市场主体数量达到31万户、民营经济比重提高至50%。扩大对外开放合作。启动面向南亚东南亚科技创新中心大理分中心建设，积极建设大理州国际旅游零售先行试验区，推动帝亚吉欧威士忌生产等项目建成投运，积极开拓国际市场，外贸进出口总额增长10%以上，引进州外到位资金增长12%以上。

（六）用情用力办好实事，让群众增加获得感。坚持就业优先。用好用足就业补贴、社保补贴、创业担保贷款、创业培训等激励政策，深化东西部劳务协作促进转移就业，开展好农村劳动力、城镇就业困难人员、高校毕业生等重点群体就业帮扶，托底残疾人、零就业家庭成员就业，新增城镇就业3.4万人，城镇登记失业率控制在4.2%以内。提升教育质量。扩大学前教育资源供给，学前三年毛入园率达92%以上。抓好中小学“双减”“双升”工作。全面提升普通高中教育教学质量，大力发展现代职业教育。加强大理大学“一流大学、最美校园”建设，推进滇西应用技术大学特色化发展。新建一批体育设施，全力争取各项高水平赛事落地大理。挖掘文化魅力。加快历史文化名城示范带建设，启动世界文化遗产申报。实施文艺精品提升和乡村文化振兴工程，推进公共文化服务提质增效。强化健康服务。健全完善疫情常态化防控机制，稳妥有序推进疫苗接种，坚决守住疫情防控底线，全力支持强边固防。加快补齐公共卫生短板，推进滇西区域医疗中心、州医院医疗核心区建设，加强紧密型县域医共体建设，推动中医药事业高质量发展。完善县乡村三级医疗卫生服务体系，加强基层卫生服务人员培养培训。巩固提升国家卫生县城创建成果。兜牢社会保障。落实社保降费减负优惠政策，实施好全民参保扩面行动。创新居家社区养老服务模式，加快构建多层次养老服务体系。完善社会救助制度，关心关爱留守儿童、空巢老人、残疾人等特殊群体。推进保障性住房建设，全面完成漾濞“5·21”6.4级地震、洱源“9·13”山洪泥石流灾后恢复重建任务。实施好10件惠民实事。

（七）增强发展安全意识，促进社会和谐稳定。加强民主法治建设。依法接受州人大及其常委会的法律监督和工作监督，主动接受州政协的民主监督，认真办理人大代表建议和政协提案。重视司法、舆论、社会监督，认真听取各民主党派、无党派人士、工商联和群团组织意见。持续推进依法行政，加强公共法律服务体系建设，推进民法典实施和“八五”普法工作，深化法治政府、法治社会建设。积极防范化解风险。持续推进安全生产整治行动，强化生活用火用气安全宣传，坚决防控重特大事故发生。强化地方政府债务风险防范化解，切实履行到期债务还本付息责任。坚决遏制隐性债务增量，妥善处置化解存量。强化国有企业和地方金融监管，完善金融风险处置机制，确保不发生区域性金融风险。持续创新社会治理。深化平安大理建设，全面强化社会面整体防控，加强矛盾纠纷排查化解，切实做好信访维稳工作，深化禁毒人民战争，严厉打击整治电信网络诈骗等突出违法犯罪。抓实全国民族团结进步示范县市创建，建设更高水平的全国民族团结进步示范州。加强公民科学素质建设，推进文明创建。深化军民融合，加强国防动员、退役军人服务，推进双拥模范州创建。抓好统计调查、气象、侨务、科普、人防等工作，持续发展青少年、妇女儿童、红十字等事业。

各位代表，面对新形势新任务，我们将坚决扛起发展责任，知责尽责、知重负重，以越是艰险越向前的勇气和敢啃硬骨头的韧劲，闯出一条发展新路。我们将始终坚持“政府围着企业转，企业有事马上办”的理念，全力支持、帮助、服务、呵护企业在大理发展壮大，让企业成为推动大理发展的强大力量，让企业家成为大理最受尊敬的人。我们将大力推行“项目工作法、一线工作法、典型引路法”，埋头干事抓落实，不讨论、不争论、不议论，不做看客，当好主人，不断提高谋划项目、推进发展、破解困局的能力和水平。我们将牢固树立“今天再晚也是早、明天再早也是晚”的效率意识，持续推进“大理之问”大讨论暨政府系统作风整治活动，坚决清除形式主义、官僚主义市场，开短会、讲短话、发短文，扭转表格泛滥、过度留痕、层层陪同恶习，根治“慢、绵、躲、推、拖、滑、抢、浮、虚、假”顽症。我们将把廉洁从政作为必须筑牢的防线、坚守的底线、敬畏的红线，始终保持为民情怀，全面加强廉政建设，让权力在阳光下运行，永葆为民务实清廉的政治本色。

各位代表，上下同欲者胜，风雨同舟者兴。一个人的努力只能做好一份工作，全州人民共同奋斗方能成就一番事业。只要我们拧成一股绳向前冲、万众一心去拼搏，任何困难也阻挡不了大理加快发展的步伐。让我们更加紧密地团结在以习近平同志为核心的党中央周围，在省委、省政府和州委的坚强领导下，团结和依靠全州各族人民，坚定信心、迎难而上、背水一战，奋力谱写大理高质量发展新篇章，以优异的成绩迎接党的二十大胜利召开！

大事记

Chronicle of Events

责任编校　杨林柏

1975年苍山小花甸坝牧场牦牛

1月

6日 中共大理州委经济工作会议在下关召开，会议总结2020年全州经济工作并对2021年经济工作作了部署。

△ 中央电视台《焦点访谈》栏目以《像保护眼睛一样保护洱海》为题，对大理州贯彻落实习近平总书记重要指示精神，全力抓好洱海保护治理并取得重大成效进行报道。

12日 设在大理州图书馆的大理州方志馆正式开馆，大理州数字方志馆同时上线。

14日 下关一中与大理州第二人民医院签订协议，合作建设学生心理健康咨询中心。

15日 大理州人民政府召开全州项目工作会议，全力抓项目、稳投资，推动经济高质量发展。

△ 共青团大理州委在州实验中学举行“心理健康校园行”启动仪式，拟组织心理健康志愿服务队深入全州12个县（市）和州属学校推进“心理健康校园行”活动并升级“12355”青少年服务热线平台。

20日 “风花雪月、乡愁大理”中国当代美术名家大理采风作品展在下关开展。

28日 祥云县青海湖水环境综合治理工程开工建设，工程估计总投资3.15亿元，工期1年。

2月

1日 中国人民政治协商会议大理白族自治州第十三届委员会第四次会议在下关开幕，州政协主席朱建斌向大会作工作报告，州政协副主席段玠作提案工作报告。

3日 大理白族自治州第十四届人民代表大会第五次会议在下关开幕，州长杨国宗代表州人民政府向大会作工作报告，大会以书面形式提请代表审查《大理白族自治州国民经济和社会发展第十四个五年规划和二〇三五年远景目标纲要（草案）》等。

5日 大理白族自治州第十四届人民代表大会第五次会议在下关举行第三次全体会议，张剑萍当选州人大常委会主任，童晓宁当选州中级人民法院院长。

△ 大理州大数据中心暨“苍洱云”在大理经济开发区揭牌，该项目是根据大理“城市大脑”总体规划、设计满足大理未来3年信息化发展需求打造的大数据云平台。

8日 大理洱海保护生态搬迁“1806”小镇项目首批安置房正式交房。

△ 大理州人民政府与昆明理工大学签订战略合作协议，就科技、产业、人才教育、乡村振兴和文化旅游等方面进行全方位、深层次合作。

18日 大理州2021年第一季度重大项目集中开工，本次共集中开工83个项目，投资总额281.7亿元，涵盖综合交通、城镇建设、生态保护、产业升级、水电路基础设施、社会事业补短板等多个领域。

本月 大理州祥云县获“2020年全国村庄清洁行动先进县”称号，成为全省4个获此殊荣的县市之一。

3月

5日 大理州与清华大学国有资产管理研究院签订《共建云南研究实践基地合作协议》，双方将就国有资产管理服务顶层设计和制度体系建设、推动国有资产管理服务现代化进程深化交流、务实合作。

△ 全长622米的滇中引水工程大理段窝帚山隧洞贯通，这是滇中引水工程大理段首条贯通的隧洞。

6—7日 临沧市党政代表团到大理州对接巍山至凤庆大滇西环线重要干线建设相关事宜并考察大理州文旅产业，双方签署了《大理白族自治州人民政府　临沧市人民政府深化友好合作框架协议》。

8日 大理大学第十八届“国际日”开幕，来自泰国海上丝绸之路孔子学院、云南大学等30余家单位的嘉宾齐聚云端，共同探讨澜湄高等教育发展。

15日 电影《新·五朵金花》在大理古城开机，影片由中共云南省委宣传部、大理州委和州政府、云南民族电影制片厂、天津世纪乐成等联合摄制，由青年导演王强执导。

△ 南涧县2021年第一季度6个招商引资项目集中签约，总投资约18亿元，涉及养殖、种植、加工、商贸服务等多个行业。

25日 在全州卫生健康工作会议上，79个项目获“大理州卫生健康新技术新项目奖”，其中部分项目填补了大理州技术空白。

26日 云南省委、省政府召开大理现场办公会，强调大理要走一条以绿色为底色的高质量发展之路，在全省经济发展中发挥带头支撑作用。

△ 总投资30亿元，占地面积约20公顷的东方红（云南）核桃产业现代化工业园在大理州漾濞县正式投产。

27日 普洱市党政代表团到大理州考察爱国卫生“7个专项行动”、城市规划建设管理、旅游产业发展和湖泊保护治理等工作。

本月 大理州鹤庆县长江经济带12个生态修复项目通过州级验收。

4月

2日 大理州启动“交地即交证”服务新模式，将交地与领证由原来的两个环节分开办理整合为“零时差同时办理”。

9日 州委召开领导干部大会，宣布中共云南省委关于杨国宗任中共大理州委书记的决定。

△ 中共云南省委第八巡视组对大理州巡视“回头看”工作动员会召开。

14日 《中国人民政治协商会议大理白族自治州委员会专门委员会通则（试行）正式施行》。

15日 大理军分区党委召开任职大会，杨国宗任大理军分区党委委员、常委、第一书记。

19日 国家方志馆南方丝绸之路分馆建设启动大会暨南方丝绸之路国际论坛筹备会议在大理州下关召开。

△ 大理州祥云县人民医院副主任护师高兰英喜获“全国五一巾帼标兵”称号。

20日 云南省信创创新中心运营启动仪式在大理经济技术开发区举行，标志着云南省信创（大理）产业园建设迈出新步伐。

21日 大理州召开洱海保护治理及流域转型发展工作推进视频会议，全面总结“十三五”及2020年工作，深人分析洱海保护治理面临的形势和问题，安排下步工作。

27日 由新华社云南分社、中国网云南频道等中央驻滇主要媒体和省级主要新闻单位组成的报道组，以“奋斗百年路 启航新征程 学党史、悟思想、办实事、开新局·走过来时的路”为主题到大理州开展采访报道。

29日 大理州举行2021年第二季度重大项目集中开工仪式，全州共集中开工200个项目，总投资337.7亿元，年度计划投资76.6亿元，项目涵盖综合交通、城市更新、生态保护、产业发展、社会事业等多个领域。

△ 大理州召开庆祝“五一”国际劳动节暨第六届劳动模范和先进工作者表彰大会。

本月 大理州永平县概算总投资11.76亿元的12个重点项目开工建设，项目涉及房地产、城市更新、产业培植、生态环保、教育教学、医疗卫生、高标准农田建设等领域。

5月

1—5日 大理州假日旅游市场实现回流升温，共接待海内外旅游者89.34万人，同比增长99.3%，可比口径恢复至2019年同期的94%；旅游业总收入11.18亿元，同比增长82.9%。

11日 中国（云南大理）—韩国重点产业线上推介会在大理举行，中韩双方通过网络就产业项目、经贸合作共商合作发展大计。

13日 中共大理州委八届八次全会召开，会议审议通过了《中国共产党大理白族自治州第八届委员会第八次全体会议关于召开中国共产党大理白族自治州第九次代表大会的决议》。

15日 应急管理部、云南省委省政府在大理市全民健身中心广场隆重举行悼念仪式，深切哀悼在大理进行森林消防任务牺牲的刘洪机组4名烈士。

17日 大理州2021年社会科学普及宣传周启动仪式在祥云县举行。

20日 “有一种生活叫大理”——DOU游中国大理首站发布会举行，随着DOU游中国大理首站系列数字文旅推广计划的启动，更多的大理美好故事将被记录。

20—22日 佛得角、巴哈马、约旦、斯洛伐克等多国驻华使节团到大理州大理市、巍山县等地，就美丽乡村建设、生态环境保护、脱贫攻坚和党建工作情况进行考察。

21日 大理州举行“为党颂歌——纪念‘五四’运动102周年暨第四届‘大理青年创业州长奖’颁奖礼”活动。

△ 当晚21时48分34秒，大理州漾濞县境内北纬25.67°、东经99.87°发生6.4级地震，震源深度8千米。地震造成漾濞、大理、洱源、巍山、云龙、永平6个县（市）42个乡镇、3个街道不同程度受灾，3人死亡（其中漾濞县2人，永平县1人），34人受伤，直接经济总损失约32.71亿元。

22日 省委副书记、省长王予波率队赴漾濞县看望慰问地震受灾群众，要求全力以赴做好抗震救灾工作，有力保障群众生命财产安全。

26日 “山海有情 大理等你”大理州青岛专场招商推介会暨特色产品品鉴活动在青岛市举行。

28日 由中国美术家协会、中国美术学院、中共云南省委宣传部、中共大理州委、大理州人民政府共同主办的“风花雪月 乡愁大理”中国当代美术名家大理风采作品展在北京中国美术馆开展，共展出作品75幅。

6月

2日 大理州举行“讲好红色故事，传承红色基因，激发奋进力量”主题故事大赛决赛暨颁奖晚会。

4日 大理州举行“奋斗百年路 启航新征程”文化和旅游专题发布会。

5日 大理州在大理市洱海生态廊道举行2021年科技活动周、科普集中示范暨国际生物多样性日宣传活动。

8—9日 大理白族自治州第十四届人民代表大会第六次会议在下关召开，陈真永当选州人民政府州长。

10日 “奋斗百年路 启航新征程”云南省庆祝中国共产党成立100周年系列新闻发布会大理州专场在昆明举行，州委书记杨国宗作新闻发布。

△ 大理州召开2021年市场化融资项目对接会，银政企协调联动，最大限度解决全州重大项目、重点产业、重点企业融资难题。

11日 大理州乡村振兴局正式挂牌成立。

△ 大理州举行“三个规定”大宣讲暨党政领导干部严格执行“三个规定”公开承诺活动。

12日 大理州人民政府与海南云免实业有限公司、云南隆易企业管理有限公司签署战略合作协议，根据协议，三方将在两个月内合作建成“大理州跨境电商新零售展示店”并投入运营。

15日 由大理州白剧团新创的红色题材大型白剧《白子情怀》在下关公演，该剧讲述了洱源凤羽籍白族共产党员、革命烈士施介的感人故事。

16日 中共大理州委、大理州人民政府在漾濞县举行“5·21”地震灾后恢复重建工作启动仪式。

18日 大理州人民政府与中国农业发展银行云南省分行签订合作专项协议，双方将围绕洱海保护、乡村振兴、产业发展、新型城镇化建设等方面深化银政合作。

19日 由生态环境部主办的致敬“2020最美基层环保人”颁奖典礼在北京人民大会堂举行，全国共有10人受到表彰，大理州环境监察支队支队长黄勤荣“2020最美基层环保人”称号。

20日 花灯剧《王德三》在祥云县祥云会堂首演。

21日 大理州人民政府与华能澜沧江水电股份有限公司签署绿色能源示范基地开发合作框架协议，进一步贯彻落实好国家能源战略和云南省全力打造世界一流“绿色能源牌”的决策部署。

22日 大理州人民政府与国家开发银行云南省分行签订开发性金融助力大理州“十四五”高质量发展合作备忘录。

23日 工业级5G网联无人机平台发布暨大理州无人机产业发展有限公司揭牌仪式在大理国际会议中心举行。

24日 大理州人民政府与中国建设银行云南省分行签订战略合作协议，推进政银合作进一步走深走实。

△ 王复生、王德三烈士塑像在祥云县刘厂镇王复生、王德三烈士故居揭幕。

25日 大理州人民政府与中国出口信用保险公司云南分公司签订战略合作协议，拟通过开展深层次合作，促进大理州出口增长和外向型经济发展。

28日　中国共产党成立100周年大理州“两优一先”表彰大会在大理国际会议中心举行，大会向老党员代表颁发了“光荣在党50年”纪念章，表彰了全州优秀共产党员、优秀党务工作者和先进基层党组织。

△　“百年征程　光耀白州——大理白族自治州庆祝中国共产党成立100周年专场文艺演出”举行。

29日　大理州能源开发有限公司与华能澜沧江新能源有限公司合资成立的华能澜沧江流域（大理段）新能源有限公司揭牌，此举将进一步推动澜沧江流域（大理段）国家级“风光水储”一体化清洁能源示范基地建设。

30日　大理州举行洱海一、二、三级保护区界桩标识布设启动仪式。

△　大理州庆祝中国共产党成立100周年“苍洱丰碑”红色主题展在大理州博物馆开展。

本月　剑川石钟山石窟守护人段金明入选2021年全国“寻找最美文物安全守护人”，成为云南省唯一入选者。

7月

1日　经过1200名施工人员1900多天的艰苦努力，楚大高速公路扩容改造工程全长7500多米的祥云九鼎山隧道全线双幅贯通。

2日　文化和旅游部老艺术家文旅文创基地、国家开放大学老年学院大理研学基地“长者学堂”揭牌仪式在大理国际会议中心举行。

△　最美和声献给党《红色金曲》音乐会暨“苍洱之恋·最美和声赛歌会”启动。

5日　大理州与杭州上呗科技有限公司签署框架合作协议，加快建设云南信创（大理）产业园，推动数字经济上下游产业向大理聚集。

6日　大理州以视频会议形式召开“全国优秀共产党员”李桂科和“全国优秀党务工作者”杨国旺先进事迹宣讲报告会。

12日　由中铁隧道股份有限公司承建，位于鹤庆县松桂镇境内、全长657米的滇中引水工程衍庆村隧洞贯通。

14日　漾濞县“5·21”地震灾后恢复重建农村劳动力省外转移就业“点对点”输送的首批外出务工人员启程前往江苏省昆山市务工，本次共输出108名。

15日　中国农科院刘宏斌专家工作站落户大理州农科院。

16日　大理州人民政府召开全州项目工作现场推进会，强调把项目作为政府工作的主要抓手，以项目高质量建设推动全州经济社会高质量发展。

18日　主题为“养护水生生物资源、促进生态文明建设”的鱼类增殖放流活动在鹤庆县龙开口水电站库区举行，当天共向金沙江投放了50万尾珍稀土著鱼。

20日　南涧县云南天上人间茶叶有限公司登录上海股权托管交易中心展示系统，成为南涧县首家在该中心挂牌的企业。

21—23日　省委副书记、省长王予波在大理调研并强调，以系统观念保护洱海、保护苍山、保护乡愁，努力打造中国最美乡愁带。

23日　大理州人民政府和中国科学院计算机技术研究所在大理共同举办中国—东盟工业级5G场景应用示范区战略发布会，合作推进中国—东盟工业级5G协调创新中心建设。

24—25日　由中国非物质文化遗产保护协会主办，大理州人民政府、中国数字文化集团承办的“中国非物质文化遗产保护协会非遗数字专业委员会成立大会暨2021非遗数字高峰论坛”在大理举办。

△　大理州第十五届少年儿童书信大赛评选结果出炉，本届共评出特等奖7名、一等奖14名、二等奖28名、三等奖56名。

26日　云南省供销社第一个州级放心粮油示范企业（祥云品源贸易有限公司）落户祥云。

28日　大理州成立大理“苍洱品牌”理论宣讲矩阵。

30日　大理州人民政府与杭州五八企服园区发展有限公司、成都大陆希望投资发展有限公司、成都环美园林生态股份有限公司签订战略合作框架协议，助推大理洱海保护、乡村振兴、绿色发展等工作。

本月　祥云县滇龙种植养殖农民专业合作社、祥云县乡土种植农民专业合作社被农业农村部评为“2020年国家农民合作社示范社”；云龙县星翳种植专业合作社获“2020年度供销合作社系统国家级农民专业合作社示范社”称号。

本月　无量山国家级自然保护区成为候鸟监测保护国家创新联盟单位。

本月　总投资1.4亿元，占地1.69公顷，总建筑面积3.5万平方米的弥渡县中医院新院区落成。

本月　大理州洱源县疾控中心名誉主任李桂科获云南省2021年“最美科技工作者”称号。

8月

1日　大理州大病专项救治、慢病健康管理、医疗机构查询3个健康扶贫事项正式上线政府救助平台。

2—4日　中共大理州委、大理州人民政府召开“西部漾永云绿色主导”现场办公会，强调准确把握特点优势，正确认识地位作用，锚定目标、精准发力，推动形成西部单元“绿色主导”发展新格局。

5日　鹤庆县首家农民田间学校在该县松桂镇大石村委会挂牌成立。

6日　大理州举行讯飞读写科技（大理）有限公司、讯飞南亚东南亚多语言大理研究院揭牌暨苍洱人工智能云平台上线、科大讯飞墨水屏终端发布及生产线下线仪式。

13日　2021第九届大理国际影会开幕，本次影会共策划展出展览近600个、作品2万余幅，展览将持续到10月底。

△　大理州举行2021年第三季度重大项目集中开工仪式，全州集中开工项目159个，总投资179.3亿元，涵盖了综合交通、产业发展、城镇建设、生态保护等领域。

16日　大理州公共资源交易网上智能开标系统正式上线，标志着全州公共资源交易实现从“网上开标”到“网上智能开标”转变。

23日　“以赓续红色命脉，铸牢中华民族共同体意识”为主题的大理州2021年民族团结进步创建活动月启动仪式在永平县举行。

26日　以“在乡村振兴中‘记得住乡愁’”为主题的“2021乡愁中国·大理论坛”在大理开幕。

31日 大理州举办首届养老护理职业技能大赛，来自全州19家养老机构的27名养老护理员参加比赛。

本月 大理市公安局指挥中心被公安部表彰为全国公安机关“我为群众办实事”成绩突出集体。

9月

2日 “云觐牌”大理高原特色农产品12个县（市）选销中心揭牌，该中心具有展示和体验、网红直播、商务洽谈及品牌打造“四大功能”。

8日 大理州举行中国特色企业新型学徒制联合培养集中签约暨补贴资金发放仪式，推进政府引导、企业为主、院校参与的人才培养机制。

9日 大理州人民政府与云南省农村信用社联合社签订战略合作协议，双方将深化在乡村振兴、基础设施建设、重点产业发展、重点项目建设、普惠金融服务等领域的合作。

△ 大理州南涧县建成全州首个草原有害生物监测站。

10日 大理州人民政府与中车轨道交通建设投资有限公司、中车株洲电力机车研究所有限公司签订合作框架协议，双方将共同推进智轨快运系统在大理示范应用。

△ 大理州人民政府与中国铁路昆明局集团有限公司签订战略合作框架协议，双方将围绕大理铁路枢纽扩能改造工程、大理站站房提升改造工程等项目建立战略合作关系。

10—12日 由中国人民大学云南校友会、上海交通大学云南校友会牵头的9所全国“双一流”高校云南校友会代表团到大理州考察交流。

11日 大理州人民政府与中国电建集团南方区域总部签署战略合作协议，并举行电建（大理）绿色发展基金合伙企业成立揭牌仪式，双方将以此为契机，进一步加强新能源开发、基础设施、生态环境、乡村振兴、城市更新等领域的合作。

13日 大理州洱源县凤羽镇、茈碧湖镇、炼铁乡等5个乡镇发生山洪泥石流灾害，造成3人失踪、2人受伤、3256名群众受灾。

14日 大理州人民政府与中国旅游集团有限公司签订战略合作框架协议，双方将发挥资源优势、搭建合作平台、细化务实合作。

16日 在2021云南·大理永平第六届博南文化节“美景美食”“吉祥物”发布会上，世界中餐业联合会秘书长尚哈玲宣布世界中餐业联合会认定永平为“中华黄焖鸡美食之乡”的决定，并向永平县授牌。

24日 大理州人民政府与携程集团签订战略合作框架协议，双方将围绕旅游人才培养、乡村振兴示范样板、文旅项目规划、旅游直播营销等方面加强合作。

25日 中国共产党大理白族自治州第九次代表大会在大理开幕，大会号召全州各级党组织和广大党员、干部不忘初心、牢记使命，开拓创新、锐意进取，跑好滚石上山接力赛，交出接续奋斗新答卷，奋力谱写全面建设社会主义现代化国家大理篇章。

28日 中国共产党大理白族自治州第九次代表大会胜利闭幕；中国共产党大理白族自治州第九届委员会第一次全体会议在大理举行，杨国宗当选为州委书记，陈真永、赵国良当选为州委副书记，杨经德等8人当选为州委常委。

△ 大理州国际旅游零售先行试验区暨大理跨境电商新零售项目启动仪式在大理市大理镇举行。

△ 大理州发布“平安法治大理建设十佳先进集体、十大忠诚卫士”。

29日 大理州人民政府与云南报业传媒（集团）有限责任公司签订战略合作框架协议，双方将重点围绕融媒体建设及目的地宣传推介、文旅产业投资基金和大滇西旅游环线样板示范区建设等方面开展深度合作。

△ “苍山为誓　洱海为盟”大理州最佳爱情表白地图发布。

30日 全州各族各界代表在大理人民英雄纪念广场庄严举行烈士纪念日活动，深切缅怀烈士的不朽功绩，祭奠烈士英灵。

本月 大理州漾濞县首个生物多样性监测与社区发展研究站在苍山西镇光明村成立。

本月 云南无量山国家级自然保护区（南涧段）石夹缝干沟、纸场箐、大山河3个地点发现国家一级重点保护野生植物伯乐树4株，无量山伯乐树监测工作取得新突破。

本月 周保中将军纪念馆被中共中央宣传部授予“全国爱国主义教育示范基地”称号，成为大理州首个国家级爱国主义教育示范基地。

10月

1—7日 国庆假日，全州共接待海内外旅游者162.34万人次，同比增长1.12%，恢复至2019年的90.5%；实现旅游业总收入24.28亿元，同比减少7.5%，恢复至2019年的87.2%。

9日 2021推进全球生态文明建设（洱海）论坛在大理举行。该论坛为《生物多样性公约》缔约方大会第十五次会议（COP15）重要配套活动，包括主论坛和4个分论坛。300余名中外嘉宾以线上线下方式，围绕“共建生态文明　共护美丽星球”展开研讨交流。

14日 在《生物多样性公约》第十五次缔约方大会生态文明论坛上，南涧县被生态环境部命名为“国家生态文明建设示范区”。

20日 大理州召开“大理之问”大讨论活动动员大会，对“大理之问”大讨论活动进行全面部署和安排。

△ 由大理州文化和旅游局主办、蚂蚁集团支付宝协办的“GO大理消费季”大理州2021年文旅惠民消费季活动在大理古城正式启动。

21日 以中国国家田径队马拉松运动员、大理云龙姑娘张德顺为原型的励志体育电影《顺子加油》在大理市下关举行大理首映式。

△ 大理州人民政府与亮风台（上海）信息科技有限公司签订合作框架协议，双方将开展数字经济领域的相关合作。

21—22日 由云南省林业和草原局、云南农垦集团、大理州人民政府主办，以“汇绿色精品　享健康生活”为主题的“云南森林生态产品永平县原产地活动”在永平县举行，活动首次与天猫电商平台合作开展线上线下营销。

23日 云南大理生态经济林野外科学观测研究站在漾濞县挂牌。

25日 中共大理州委书记杨国宗带队赴昆明市考察学习湖泊保护治理经验。

27日 大理州以“风花雪月 乡愁大理”为主题，组团参加在昆明国际会展中心举办的“创意云南2021文化产业博览会”。

△ 交通银行首家文旅特色银行——大理文旅支行在大理市下关西洱河畔揭牌。

29日 大理州举行2021第四季度重大项目集中开工仪式，全州共集中开工220个项目，总投资415.4亿元，年度计划投资36.4亿元。

本月 大理州弥渡县苴力镇敬老院获全国“敬老文明号”称号，苴力镇敬老院党支部书记、常务副院长环金宏获全国“敬老爱老助老模范人物”称号。

11月

1日 大理州正式启动3～11岁儿童新冠疫苗接种工作。

△ 大理州人民政府召开半山酒店项目建设现场办公会，强调要加快半山酒店建设，努力把大理旅游产业发展推上一个新高度。

2日 帝亚吉欧洱源威士忌酒厂项目在洱源县凤羽镇举行奠基典礼，该项目是世界五百强企业帝亚吉欧集团在中国投资建设的第一个威士忌酒厂项目。

8日 大理州党政代表团到曲靖市考察学习工业产业发展、工业园区建设、先进制造业培育及医疗教育等方面的先进经验和创新做法。

11日 大理理政中心在大理经济技术开发区建成并投入运营，该中心的建成运营将为全州提供音视频融合通信、协同调度指挥、辅助决策的场所和业务系统支撑，让城市运营管理更高效、便捷、智慧。

△ 大理州漾濞县光明村被授予“全国民主法治示范村”称号。

14日 由中国农业大学国家农业绿色发展研究院、云南农业大学、大理州共同发起的“洱海流域面源污染防控与农业绿色发展研讨会”召开。

16日 大理州与柬埔寨暹粒市签订建立友好城市关系意向书，翻开了大理州与暹粒市友好交往的新篇章。

△ 大理州在大理古城南城门口举行“千里赴山海，只为你而来”欢迎仪式，欢迎为完成母亲“去大理”心愿，带着患有阿尔兹海默病的母亲，徒步7000多千米圆梦大理的彭广华（大鹏）及其母亲潘广云。

△ 大理州党建研究会正式成立，大理州党建研究工作将开启新的篇章。

17日 上海市奉贤区党政代表团到大理州考察，双方当天还召开了奉贤区——大理州2021年东西部协作联席会议。

19日 中国乡建院与大理州大理市、漾濞县、洱源县签订战略合作协议，将分别与3个县（市）就生态文明实践新模式、核桃产业振兴及温泉旅游目的地打造等方面进行合作。

29日 国家知识产权局商标业务大理州受理窗口启动运行。

本月 大理州南涧县被列为国家茶叶产业技术体系西双版纳综合试验站示范县，标志着该县茶叶产业绿色发展水平迈上新台阶。

12月

3日 大理州巍山县人民政府与云南皇氏来思尔智能化乳业有限公司签订协议，启动总投资5亿元的“万头奶牛养殖示范牧场项目”。

9日 大理州集中建园绿色食品制造园区项目在祥云县禾甸镇开工，正式拉开“集中建园”实质性建设的序幕。

△ 大理州以视频方式举办绿色食品产业专题线上招商推介会，重点推进核桃、蔬菜（含食用菌）、水果、乳业及肉牛、生猪、中药材6个特色优势产业，省内外近50家绿色食品产业投资企业、商会协会负责人参会。

△ 大理州农村供水保障3年专项行动项目开工，项目总投资14.52亿元，建设规模化供水工程29件、小型供水工程244件，更新改造工程9件，受益人口138.62万人。

10日 大理州人民政府与中国环境科学研究院召开洱海保护治理战略合作协议线上交流会议，加快推进双方合作协议相关内容落实落地。

11日 大理杨永祥《张胜温画卷》（高清影印版）获海峡论坛两岸寻宝“特殊贡献奖”。

12日 粤港澳大湾区万亩“菜篮子”工程鹤庆县基地项目开工。

△ 南涧县举行招商引资推介洽谈会，与12家企业集中签订招商引资项目投资协议。

16—17日 中共云南省委书记王宁率队到大理州调研生态环境保护治理、文旅产业发展、信访等工作。

17日 大理州与上海交通大学共建云南洱海湖泊生态系统国家野外科学观测研究站签约暨实验办公大楼启用仪式举行。

18日 云南省绿色食品产销对接及项目推介活动在大理州举行，州内78家绿色食品企业参加对接。

22日 大理经开区满江片区铁路枢纽地方配套工程（红山东路）暨大理火车站人行天桥项目开工，其中大理铁路枢纽地方配套工程（红山东路）项目总投资2.4亿元。

23日 大理州剑川县校具产业园、晟虹木业、晟江古建3个项目竣工投产，3个项目总投资约30亿元，位于剑川木雕艺术小镇二期以南及县城规划区。

28日 下关沱茶馆在大理市银桥食品工业园区开馆。

本月 大理州14个文化馆通过文化和旅游部评级，其中一级文化馆4个、二级文化馆6个、三级文化馆4个。

本月 大理州首个国家级消费品标准化试点项目（下关沱茶）立项。

本月 “永平木莲花”注册为国家地理标志证明商标，这是继“永平白木瓜”和“永平白鹅”之后，永平县注册的又一个国家地理标志证明商标。

本月 大理州鹤庆县被命名为平安中国建设示范县。

本月 大理州云龙县与富源县农彬农业发展有限公司、云南鹏欣富盛农业发展有限公司签订48万头肉牛养殖项目协议，两个项目规划总投资58亿元。

（杨虓撰稿）

大理白族自治州概览

A Survey of Dali Bai Autonomous Prefecture

责任编校　杨林柏

乡愁大理·黑白记忆　1981年洱源凤羽白族田家乐

州情概要

【自然概貌】

※ 大理白族自治州位于云南省西部，州府驻地大理市下关，距省会昆明市338千米。

※ 地跨北纬24°41′～26°42′，东经98°52′～101°03′。

※ 东连楚雄州，南接普洱市、临沧市，西与保山市、怒江州接壤，北与丽江市毗邻。

※ 辖区总面积29459平方千米。山区面积占总面积的93.4%，坝区面积占6.6%。

※ 最高峰是北部剑川县海拔4295米的雪斑山主峰，最低点是云龙县怒江边海拔730米的丙栗坝。

※ 境内山脉主要属云岭山脉及怒山山脉，点苍山位于州境中部，金沙江、澜沧江、怒江流经州境，红河发源于州属巍山县境，主要湖泊有洱海、剑湖、海西海、此碧湖等。

※ 气候为亚热带、暖温带高原季风气候。2021年平均降水量657.5毫米，年平均气温17.0℃，年平均日照时数2211.8小时。

※ 金属矿有锰、钛、铁、锡、锑、铅、锌、铜、金、银、铂、钯等矿床矿点200多个；非金属矿有煤、岩盐、大理石、石墨、石膏、硅藻土等，其中大理石蕴藏量丰富，已探明储量1亿立方米；有国家级或省级保护动物51种，其中一级保护动物8种；二级保护动物43种。

【行政区划】 2021年，全州辖大理市、漾濞彝族自治县、祥云县、宾川县、弥渡县、南涧彝族自治县、巍山彝族回族自治县、永平县、云龙县、洱源县、剑川县、鹤庆县12个县（市），112个乡（镇、街道），其中乡44个、镇65个、街道3个。

【人口】

※ 2021年末，全州户籍总人口364.54万人。

※ 男性183.69万人，女性180.85万人。

※ 年内出生人口28958人，出生率为7.95‰；死亡人口25658人，死亡率为7.04‰；人口自然增长率为0.91‰，同比下降0.42个千分点。

【民族】 全州有白族、汉族、彝族、回族、傈僳族、苗族、纳西族、傣族、阿昌族、壮族、藏族、布朗族、拉祜族13个世居民族，少数民族人口191.98万人，占总人口的52.7%，其中白族人口124.99万人，占总人口的34.3%。

【历史沿革】 大理历史悠久，是云南最早的文化发祥地之一。西汉元封二年（前109），汉武帝开始经营西南地区，设置郡县，云南设益州郡。此后，大理境内设有比苏（今云龙）、邪龙（今巍山）、叶榆（今大理以北一带）和云南（今祥云）等县，属益州郡辖，成为中原王朝最早在云南设县的地区。东汉永平十年（67），设益州西部属国都尉，统辖不韦、巂唐、比苏、叶榆、邪龙、云南6县。永平十二年（69），哀牢王柳貌率众附，新设博南（今永平）、哀牢2县，与益州西部属国合并，置永昌郡。三国蜀汉建兴三年（225），诸葛亮南征，分三路进军，杀高定，擒孟获，会师于滇池，调整郡县，境内新设云南郡，辖叶榆、邪龙、云南、遂久（今丽江）、姑复（今永胜）、青岭（今大姚）、弄栋（今姚安）7个县，郡治在云南。西晋太始七年（271），以益州地内原建宁、兴古、云南、永昌四郡设宁州。大理地区分属宁州的云南、永昌二郡。东晋元熙二年（南朝宋永初元年，420年），南朝宋设宁州，领郡15个、县82个，今大理州境均属宁州之云南郡、东河阳郡、西河阳郡。唐武德四年（621），置南宁州总管府，今大理州境辖归南宁州总管府。贞观二十三年（649），南诏第一代王细奴逻即位。开元二十六年（738），蒙舍诏皮逻阁在唐王朝的支持下兼并其他五诏，统一洱海地区，南诏政权从此开始；是年，南诏徙都太和城，唐赐皮逻阁蒙归义，授特进封越国公，又封"云南王"。天复二年（902），清平官郑买嗣杀死隆舜之子舜化贞及其幼子，并诛杀其王室800人于五华楼下，南诏亡，郑氏夺位自立，号大长和国。天成二年（927），东川节度使杨干贞扶持赵善政立大天兴国，10个月后，杨干贞废赵善政，又自立大义宁国。后晋天福元年（936），通海节度使段思平起兵，推翻大义宁国；同年十二月，段思平即位，建大理国，加恩三十七部蛮，颁赐宝贝，大行封赏。北宋开宝四年，大理国布燮段子珍与三十七部盟于石城（今曲靖），立盟碑。南宋淳祐十二年（1252）六月，忽必烈率师渡过金沙江征云南，次年二月，蒙古兵攻入大理，相国高泰祥死，擒段兴智，得五城八府三十七部蛮；是年，忽必烈置上下二万户府。至元七年（1270），并万户、千户、百户府为路，下设府、州、县，大理地区分设大理路、鹤庆路、永昌府、云龙甸军民府，大理路治太和县。基层政权为村、社制，凡50户立一社，若干社为一村，村设里正。明洪武十五年（1382）三月，明军攻克大理，云南悉平，置云南布政使司，废大理等府土官，立洱海道；次年，改大理路，设大理府，领州四、县三、长官司一，设大理、洱海2卫指挥使司，辖赵州（凤仪）、邓川州、云龙州、宾川州、太和县（大理）、云南县、浪穹县（洱源）、十二长官司（弥渡等地）。洪武十九年（1386）九月，明在云南实行屯田制，兵民合一，发展经济，称呼土著曰"民家"，称呼外来者曰"军家"，白族别称"民家"起始于此。洪武二十三年（1390），设置景东、蒙化二卫。正统十三年（1448），设蒙化府。成化十二年（1476），设澜沧兵备道，驻云南县洱海街（今祥云），辖大理、蒙化、鹤庆等10府。清顺治三年（1646），大西农民起义军孙可望进驻大理城。顺治十六年（1659），清军攻入云南，设总兵驻镇大理，裁大理、洱海、大罗指挥使司，专设三卫守备各一人；设分守道布政司参议、分巡道按察司佥事，俱驻大理。是年，清军在铎尼率领下攻陷昆明，李定国和白文选退守大理，清军破大理城。康熙元年（1662），移大理总兵驻镇楚雄，设云南提督驻镇大理。康熙五年（1666），裁洱海、大罗二卫守备以屯赋，归并云南县、宾川州。是年，裁分巡金沧道专设分守，永昌道仍驻大理。康熙二十年（1681），裁大理守备，以分境屯赋，各归州县。咸丰六年（1856）十月，杜文秀占据大理城，称"总统兵马大元帅"，建帅府于大理城，并于此后占据滇西20余个州县直至同治十一年（1872）清军攻克大理。民国2年（1913）二月，云南都督府根据李根源的建议，在蒙化、永平、洱源、云龙4个县接合部设置漾濞县。是年，实行省县两级制，境内设有洱源、邓川、大理、凤仪、蒙化、弥渡、宾川、祥云、云龙、永平、漾濞等县。1949年10月1日，中华人民共和国成立。1950年1月，建立中共大理地方委员会和大理区专员公署，驻大理古城，由滇桂黔边区党委领导，下辖大理、邓川、洱源、宾川、凤仪、漾濞、永平7个县委和县人民政府以及下关特区；是月，成立中共蒙化区地方工作委员会和滇西人民行政专员公署蒙化区办事处，下辖蒙化、顺宁、云县、缅宁、景东5个县；4月30日，地委和专署治所迁下关，从楚雄专区划入祥云、弥渡、蒙化、顺宁、缅宁、云县6个县，从保山专区划入云龙，全区辖14个县、1个区。1956年11月，建立巍山彝族自治县和永建回族自治县，召开州第一届人民代表大会，从丽江专区划入鹤庆、剑川两县，划出云县、凤庆两县归临沧专区，于22日建立大理白族自治州，全州辖13个县1个市。1960年9月13日，合并巍山彝族自治县和永建回族自治县，建立巍山彝族回族自治县。1983年，大理县与下关市合并，设立县级大理市，至此，大理白族自治州辖11个县、1个市延续至今。

【地区生产总值】
※ 2021年，全州地区生产总值（GDP）1633.0亿元，同比增长7.0%。
※ 第一产业增加值371.9亿元，增长8.7%；第二产业增加值461.2亿元，增长4.3%；第三产业增加值799.9亿元，增长7.7%。
※ 三次产业结构为22.8:28.2:49.0。
※ 全州人均生产总值48848元，增长7.1%。
※ 非公有制经济增加值790.2亿元，增长7.3%，占全州地区生产总值的48.4%。

【居民消费价格指数】 2021年，全州居民消费价格指数（CPI）为100.1，同比上涨0.1%，其中食品烟酒价格下降0.8%，衣着价格下降1.1%，居住价格下降0.1%，生活用品及服务价格下降0.6%，交通和通信价格上涨1.7%，教育文化和娱乐价格上涨0.9%，医疗保健价格上涨0.4%，其他用品和服务价格上涨0.1%。

【农业】
※ 2021年，全州农业总产值679.4亿元，同比增长11.1%（可比价）。其中，种植业产值358.1亿元，增长25.9%；林业产值27.1亿元，增长25.9%；牧业产值262.8亿元，下降7.8%；渔业产值8.8亿元，增长16.3%；农林牧渔服务业产值22.6亿元，增长14.7%。
※ 粮食种植面积297020公顷，同比增加199公顷；油料种植面积11130公顷，减少775公顷；糖料种植面积131公顷，减少6公顷；烤烟种植面积32669公顷，增加828公顷；蔬菜与食用菌种植面积58140公顷，增加2706公顷。
※ 粮食总产量167.0万吨，同比增长1.0%；油料产量2.9万吨，下降6.5%；糖料产量1.1万吨，增长64.7%；烤烟产量7.1万吨，增长1.0%；蔬菜产量169.5万吨，增长10.8%；水果产量123.3万吨，增长33.3%；茶叶产量1.2万吨，增长12.0%；核桃产量（干果）46.4万吨，增长8.6%。
※ 生猪年末存栏243.4万头，同比增长5.3%，出栏303.4万头。增长14.8%；牛年末存栏87.1万头，增长1.9%，出栏40.8头，增长2.8%；羊年末存栏152.0万只，下降3.2%，出栏177.6万只，增长1.1%。
※ 猪牛羊禽肉类产量40.8万吨，同比增长15.0%。其中，猪肉产量27.6万吨，增长23.8%；牛肉产量5.0万吨，增长2.8%；羊肉产量3.0万吨，增长2.1%。牛奶产量33.7万吨，下降5.6%；禽蛋产量6.9万吨，增长0.1%。

【工业】
※ 2021年，全州工业增加值316.7亿元，同比增长3.8%，其中规模以上工业增加值增长4.2%。在规模以上工业中，轻工业增长10.3%，重工业增长1.2%。分经济类型看，国有及国有控股企业增长3.3%，股份制企业增长4.9%，私营企业增长2.3%。分门类看，采矿业下降16.8%，制造业增长6.1%，电力、热力、燃气及水的生产和供应业增长4.4%。
※ 规模以上工业中，酒、饮料和精制茶制造业增加值同比增长52.3%，农副食品加工业增加值增长21.2%，食品制造业增加值增长8.4%，非金属矿物制品业增加值增长7.2%，烟草制品业增加值增长4.3%，电力、热力生产和供应业增加值增长4.2%，有色金属矿采选业增加值下降3.9%，有色金属冶炼及压延加工业增加值下降4.6%。
※ 规模以上工业主要产品产量：饲料106.2万吨，同比增长15.3%；乳制品40.5万吨，增长16.9%；饮料酒30.6万千升，增长40.7%；水泥1498.9万吨，增长2.1%；十种有色金属54.7万吨，增长9.1%，其中原铝（电解铝）45.5万吨，增长15.2%；自来水9834万立方米，增长12.8%。
※ 规模以上工业企业实现营业收入765.0亿元，同比增长15.8%；实现利润总额87.4亿元，增长21.3%；实现利税总额154.5亿元，增长16.2%。

【固定资产投资】
※ 2021年，全州固定资产投资（不含农户）完成935.4亿元，同比增长7.6%。分三次产业看，第一产业投资增长12.9%；第二产业投资增长0.5%；第三产业投资增长8.0%。
※ 民间投资增长9.9%，占全州固定资产投资的比重为29.7%。基础设施投资增长23.5%，占全州固定资产投资比重为68.0%。
※ 主要行业投资完成情况：工业投资同比增长0.7%；交通运输、仓储和邮政业投资增长29.1%；水利、环境和公共设施管理业投资增长8.1%；教育行业投资下降30.3%；卫生和社会工作投资增长83.1%。

【建筑业】 2021年，全州全社会建筑业增加值144.8亿元，同比增长5.4%。有资质等级的总承包和专业承包建筑业企业完成产值211.7亿元，同比增长16.2%。房屋建筑施工面积624.1万平方米，竣工面积185.1万平方米。

【房地产】 2021年，全州房地产开发投资完成178.0亿元，同比下降15.5%。其中，住宅投资138.4亿元，下降16.3%；商业营业用房投资19.3亿元，增长0.1%。房屋施工面积1720.7万平方米，同比增长14.9%；房屋竣工面积91.9万平方米，增长10.2%；商品房销售面积153.0万平方米，下降37.9%；商品房销售额124.1亿元，下降39.1%。

【国内贸易】
※ 2021年，全州社会消费品零售总额651.5亿元，同比增长7.2%。
※ 按经营地统计：城镇消费品零售额528.8亿元，增长7.4%；乡村消费品零售额122.7亿元，增长6.3%。
※ 按消费形态统计：商品零售额579.5亿元，增长7.3%；餐饮收入72.0亿元，增长6.8%。
※ 在限额以上批发和零售业零售额中，粮油、食品类零售额同比增长14.6%，饮料类增长19.9%，烟酒类增长12.0%，服装、鞋帽、针纺织品类增长0.2%，化妆品类增长8.1%，金银珠宝类下降55.6%，日用品类增长21.4%，家用电器和音像器材类下降6.0%，中西药品类增长5.9%，文化办公用品类增长119.3%，家具类下降11.5%，通信器材类增长5%，石油及制品类增长21.2%，建筑及装潢材料类下降57.1%，汽车类增长8.7%。

※ 限额以上单位通过公共网络实现零售额4.2亿元，同比增长34.6%。

【对外贸易】
※ 2021年，全州外贸进出口总额完成155272万元，同比增长27.6%。其中，进口22040万元，增长462.2%；出口133232万元，增长13.2%。
※ 2021年，全州实际利用外资2200万美元，同比增长109倍。实际引进州外到位资金718.9亿元，增长11.5%，其中省外到位资金523.9亿元，增长16.8%。

【旅游】 2021年，全州接待海内外旅游人数4451.8万人次，同比增长13.5%。其中，国内旅游人数4450.9万人次，增长13.6%；入境旅游人数9000人次，下降80.2%。实现旅游业总收入539.5亿元，下降10.8%。其中，国内旅游收入539.2亿元，下降11.0%；旅游外汇收入424.5万美元，下降86.4%。

【交通】
※ 2021年，全州交通运输、仓储和邮政业实现增加值85.1亿元，同比增长16.9%。
※ 2021年末，全州民用汽车保有量57.3万辆，同比增长6.5%；民用轿车保有量22.3万辆，增长7.2%。
※ 2021年，全州货物运输总量12662.8万吨，同比增长22.6%；货物运输周转量1588910.2万吨公里，增长27.2%。旅客运输总量8579.7万人，增长3.8%；旅客周转量972143.9万人公里，增长8.0%。

【邮电】
※ 2021年，全州邮电业务总量4200959.9万元，同比增长27.1%。其中，邮政业务总量67931.9万元（含快递业务），增长26.2%；电信业务总量4133028.0万元，增长27.8%。

【财政】 2021年，全州一般公共预算收入完成111.8亿元，同比增长3.0%。其中，增值税完成28.0亿元，增长2.7%；企业所得税完成4.2亿元，增长2.6%。一般公共预算支出完成302.7亿元，同口径增长0.8%。其中，一般公共服务支出31.1亿元；教育支出62.4亿元；社会保障和就业支出45.4亿元；卫生健康支出45.1亿元；农林水支出48.5亿元。

【金融】
※ 2021年，全州金融业实现增加值77.9亿元，同比增长3.9%。
※ 2021年末，全州金融机构人民币各项存款余额2038.9亿元，同比增长4.7%，其中住户存款余额1325.7亿元，增长9.7%。金融机构人民币各项贷款余额1973.2亿元，增长16.2%。

【保险】 2021年，全州保险保费收入47.2亿元，同比增长4.2%。其中，财产保险保费收入20.4亿元，下降0.9%；人寿保险保费收入26.8亿元，增长8.5%。赔款支出17.9亿元，增长18.8%。其中，财产保险赔款支出11.1亿元，增长17.7%；人寿保险赔款支出6.8亿元，增长20.5%。

【教育】 2021年，全州高等教育（大理大学、滇西应用技术大学、大理护理职业学院、大理农林职业技术学院）招生11882人，在校生36801人，毕业生7983人，其中研究生招生1037人，在校研究生2447人，毕业研究生520人；普通本、专科招生10324人，在校生32345人，毕业生6933人。各类中等专业教育（云南建设学校、大理技师学院、大理州财贸学校、大理卫校）招生5228人，在校生15754人，毕业生4492人。职业中学招生6205人，在校生14954人，毕业生7145人。普通高中招生22224人，在校生64426人，毕业生19522人。初中招生37269人，在校生113693人，毕业生40431人。普通小学招生35111人，在校生234724人，毕业生38060人。学前教育幼儿园在园105565人。学龄儿童净入学率99.8%，初中学龄人口净入学率89.7%。

【文化】 2021年末，全州有文化事业机构147个。其中，文化馆14个、图书馆13个。全州有广播电台13座，电视台13座，有线电视用户109.3万户，广播电视人口覆盖率99.9%。

【卫生】 2021年末，全州有医疗卫生机构2078个，拥有床位数23077张，卫生技术人员27614人，其中医院114个，卫生技术人员16526人；疾病预防控制中心13个，卫生技术人员641人；专科疾病防治院（所、站）13个，卫生技术人员300人；妇幼保健机构13个，卫生技术人员2110人；卫生院108个，卫生技术人员4140人。

【资源】 2021年，全州规模以上工业企业工业生产能源消费465.7万吨标准煤（等价热值），同比上升1.8%。其中，原煤消费量176.7万吨（实物量），下降10.7%；焦炭消费量2.3万吨，下降42.1%；电力消费量96.7亿千瓦时，上升9.5%。全州规模以上工业单位增加值能耗同比下降2.3%。

【应急管理】 2021年，全州生产安全事故死亡人数110人，同比上升26.4%。亿元GDP生产安全事故死亡人数0.067人，上升13.6%；工矿商贸企业（不含煤矿）生产安全事故死亡人数24人，上升33.3%。

【人民生活】 2021年，全州居民人均可支配收入26160元，同比增长9.7%。按常住地分，城镇常住居民人均可支配收入41740元，增长8.6%；农村常住居民人均可支配收入15023元，增长10.1%。

【社会保障】 2021年末，全州参加城镇职工基本养老保险人数43.5万人，同比增长3.6%。参加城乡居民基本养老保险人数191.4万人，减少1.9%。全州参加失业保险人数18.1万人，增长5.1%。全州参加工伤保险人数29.0万人，增长11.0%。全州城镇居民最低生活保障人数15473人，保障支出8067.6万元；农村居民最低生活保障人数157076人，保障支出51988.7万元。

（州政府办供稿）

大理市

基本情况

自然概貌

※ 大理市位于大理州中部。

※ 位于北纬25°25′~25°58′，东经99°58′~100°27′。

※ 东与宾川县、祥云县交界，南同巍山县、弥渡县毗邻，西跟漾濞县连接，北和洱源县接壤。

※ 面积1815平方千米。

※ 全境主要由高山分水岭冰蚀地形、高山山麓洪积扇地形、湖滨倾斜坝地形、中山宽谷及盆地复合地形、中山谷地及湖滨复合地形组成。东有玉案山，南有哀牢山，西有点苍山，三山环状相连，中间则有洱海断陷盆地及西高东低的狭长缓坡区。

※ 境内最高峰是海拔4097米的点苍山玉局峰，最低点是海拔1340米的西洱河河谷中的太邑乡坦底摩村。

※ 境内主要山脉苍山属横断山脉云岭余脉，由19座南北走向的山峰组成。境内洱海南北长40.5千米，东西宽3~9千米，湖面面积252.19平方千米，蓄水量27.94亿立方米。大小溪河100余条，主要溪河25条，西洱河是洱海的唯一天然出口。有地热温泉3处。

※ 2021年总降水量为638.2毫米，比历年偏少416.7毫米，偏少接近4成，属雨水特少年份。年平均气温为16.2℃，比历年偏高1.1℃，属温度特高年份。年日照时数为2226.9小时，比历年偏少1.2小时，属光照正常略少年份。

※ 辖内非金属矿产丰富，金属矿产相对短缺。主要矿种有金、铁、锰、铜、镍、钴、铂钯、砷、萤石、大理石、石灰石、石英砂岩、凝灰岩、玄武岩、黏土、火山灰等。大理石储量1.32亿立方米；石灰岩分布范围约57平方千米，储量11.6亿立方米。主产水稻、小麦、玉米及各种蔬菜、水果。

行政区划

※ 2021年末，全市辖下关街道、太和街道、满江街道、大理镇、凤仪镇、湾桥镇、银桥镇、喜洲镇、上关镇、双廊镇、挖色镇、海东镇、太邑彝族乡3个街道、9个镇、1个乡，以及大理经济开发区、大理海开委；下设100个村民委员会和44个城市社区居民委员会。

※ 下关街道辖2个村委会、10个村民小组、20个社区、258个居民小组；太和街道辖5个行政村、27个自然村、60个村民小组、9个社区、134个居民小组；满江街道辖2个村委会、8个社区、8个自然村；喜洲镇辖13个村委会、54个自然村、171个村民小组；大理镇辖11个村民委员会、6个社区居民委员会、61个自然村、200个村民小组、58个居民小组；海东镇辖8个村委会、32个自然村、62个村民小组；挖色镇辖6个村民委员会、15个自然村、56个村民小组；湾桥镇辖7个村民委员会、26个自然村、74个农业社；银桥镇辖8个村委会、32个自然村、94个农业社；双廊镇辖7个村民委员会、41个自然村、78个村民小组；上关镇辖13个村委会、56个自然村、142个村民小组；凤仪镇辖14个行政村、74个自然村、124个村民小组；太邑彝族乡辖5个村民委员会、41个自然村、60个村民小组。

8月6日，大理市学习贯彻习近平总书记“七一”重要讲话精神及党史学习教育大本曲巡回宣讲湾桥镇宣讲会举行（大理市志办　提供）

人口

※ 2021年末，全市户籍总户数222964户，户籍总人口652708人。

※ 男性320888人，女性331820人；城镇人口382110人，乡村人口270598人。

※ 年内出生人口4316人，出生率6.63‰；死亡3380人，死亡率5.2‰。年内自然增长人口936人，人口自然增长率1.43‰。

民族　宗教

※ 境内居住有白族、汉族、彝族、回族等世居民族。2021年末，白族有440583人，占总人口的67.5%；汉族158962人，占24.35%；彝族20859人，占3.20%；回族18784人，占2.90%。

※ 2021年，大理市佛教、道教、伊斯兰教、天主教、基督教五教齐全，民间信仰中儒、释、道三教合一的信仰较为普遍，白族本主崇拜比较广泛。在五大教中，已依法成立市佛教协会、市伊斯兰教协会、市基督教两会（爱国会和协会）3个宗教团体和大理古城天主教堂民主管理委员会、中和寺民主管理委员会。

※ 民族宗教研究机构2个，从业人员52人。有登记在册的宗教活动处所48个，其中佛教20个、道教1个、伊斯兰教18个、天主教2个、基督教3个。有422座小寺小庙统称民族民间信仰活动场所，均没有经过登记认备。

※ 有宗教教职人员178人，其中佛教56人、道教5人、伊斯兰教90人、天主教4人、基督教23人。

经济社会发展情况

主要经济指标

※ 2021年，大理市地区生产总值完成517.5亿元，同比增加6%。

※ 第一产业增加值28.36亿元，同比增长8.7%；第二产业增加值162.38亿元，增加4.5%；第三产业增加值326.7亿元，增长6.5%。

※ 三产业比重为5.48∶31.38∶63.14；全市非公经济完成增加值244.91亿元，同比增速6.4%，增加值占全市GDP比重的47.3%。

※ 全年财政总收入55.27亿元，同比下降3.94%。一般公共预算收入36.85亿元，下降1.8%；在一般公共预算收入中：税收收入26亿元，下降6.95%，非税收入10.84亿元，增长13.23%，其中增值税完成8.56亿元，下降0.63%；企业所得税1.26亿元，下降12.29%。一般公共预算支出45亿元，下降36.19%，其中教育支出10.74亿元，下降15.68%。

※ 全年全社会固定资产投资完成239.25亿元，同比下降14.55%；按构成分：城镇固定资产投资119.74亿元，下降25.87%；房地产开发投资完成119.51亿元，增长0.87%。

2月9日，大理市"消防宣传主题公交专列"首发仪式举行

（大理市志办　提供）

农业经济

※ 2021年，大理市农业总产值42.25亿元，同比增长11.2%，其中种植业产值27.33亿元；林业产值2.29亿元；畜牧业产值10.14亿元；渔业产值1.06亿元。

※ 全年农业总产值42.25亿元，农产品加工现价总产值（含个体和烟草）191.31亿元，农业产业化龙头企业销售收入为111.17亿元，新型经营主体带动农户22.1万户，带动农户增收总额12.1亿元。休闲农业实现营业收入12.2亿元。

※ 农村住户人均可支配收入20960元，同比增长10%。

※ 农作物播种面积25728公顷，粮食作物13974公顷，蔬菜6077.62公顷，水果种植面积2587.7公顷、花卉种植面积1800.8公顷（含折算庭院花卉），茶叶种植面积233.33公顷，肉类总产量2.4万吨，禽蛋产量2.75万吨，鲜奶产量3.43万吨。粮食总产103346吨，平均单产493千克。夏粮播种4684公顷，总产23987吨，平均单产341千克；其中小麦597公顷，总产3514吨，平均单产392千克。大麦677公顷，总产3876吨，平均单产382千克。蚕豆2478公顷，总产10961吨，平均单产295千克。薯类827公顷，总产5082吨，平均单产（折原粮）409千克。秋粮播种9290公顷，总产79359吨，平均单产569千克；其中水稻2971公顷，总产28485吨，平均单产639千克。玉米5771公顷，总产48145吨，平均单产556千克。马铃薯329公顷，总产2011吨，平均单产（折原粮）408千克。大豆和其他杂豆216公顷，总产713吨。

※ 小春粮食：小麦（含大麦）总产7390吨，同比减少12.41%。豆类总产11515吨；下降16.56%。薯类总产5082吨，增加7.22%。大春粮食：稻谷总产28485吨，增加0.71%；玉米总产48145吨，增加7.21%；薯类总产2011吨，减少8.5%；豆类总产713吨，减少17.41%。水果产量2.53万吨，蔬菜产量42.6万吨，蚕桑产量280吨，茶叶产量120吨，花卉产量4346万株。

※ 新培育州级龙头企业3户、县级龙头企业4户，州级休闲农业及乡村旅游示范企业和示范园区2个，双廊镇双廊村申报为2021年中国美丽休闲乡村，大理镇下兑村，喜洲镇桃源村、喜洲村，太邑乡桃树村等14个村列入年度云南省"一村一品"专业村镇目录。

乡村振兴

● **防止返贫动态监测和帮扶情况**　2021年，大理市加强党对"三农"工作的集中统一领导，年内市委常委会8次、政府常务会8次听取巩固衔接工作汇报，召开6次领导组会议和多次专题会议研究部署巩固衔接工作。强化帮扶效果，做到政策稳定不调整。强化担当作为，做到帮扶力度不减弱。向11个脱贫出列村和8个海西乡村振兴示范村选派19支57人的工作队，组织开展为期3天的专题培训并组织参加6期云南省乡村振兴干部培训班。强化顶层设计和指挥调度，编制《大理市巩固脱贫攻坚成果同乡村振兴有效衔接规划（2021—2025）》，待省州相关规划出台，对照修改完善后按程序报审印发。成立巩固脱贫攻坚推进乡村振兴领导小组，建立例会制度和定期调度制度。强化监测，及时研判，加强帮扶。开展年度防返贫动态监测和回头看工作，全年新识别监测对象62户164人，全市监测对象232户751人；其中消除风险107户491人，未消除风险125户336人。落实防止返贫"风险预警""快速反应""责任追溯"工作机制，确保返贫致贫风险早发现、早干预、早帮扶。开展政府救助平台业务培训和应用推广，至12月底，大理市救助平台申请量217件，办结198件。制定《大理市精准防贫专项救助工作方案》，设立200万元基础资金，确保有返贫致贫风险的特殊困难户能得到专项救助。发挥扶贫救助保险保障作用，

2月3日，中国（云南）自由贸易试验区联动创新区授牌仪式上，大理经济技术开发区入列　（大理市志办　提供）

对符合保险理赔条件的99户农户及时进行保险理赔，赔付金额53.6万元；发动挂包干部继续为脱贫户购买救助保险，筹集保险费43.67万元。制定出台《大理市过渡期脱贫人口小额信贷工作实施方案》，放宽脱贫户信贷额度，支持产业发展。

● “两不愁三保障”和饮水安全成果　2021年，大理市围绕“两不愁三保障”和饮水安全的目标标准，持续开展大走访、大排查，确保教育、医疗、社会保障兜底等政策到村到户到人，确保脱贫成果经得起时间的检验。继续开展控辍保学专项行动，强化动态监管，大理市建档立卡贫困户学生2790人全部保障到位。继续做好“三个一批”分类救治、家庭医生签约履约服务、“先诊疗后付费”和“一站式”结算等政策落实，落实贫困人口参保个人缴费定额资助政策。持续巩固产业帮扶全覆盖成果。落实好就业扶贫政策，开展农村劳动力培训99个班、4919人次，全市新增贫困劳动力转移就业9061人，累计建立就业扶贫车间15家，带动就业4680人。开展住房和饮水安全保障彻底大排查。抓实社会救助兜底保障，贯彻落实各项社会救助政策规定，抓好动态管理。易地扶贫搬迁后续工作方面，4个安置区建设完毕，房屋质量安全稳固，入住率100%，加强后续产业扶持，依托新型经营主体鼓励引导搬迁户发展特色种养业，建立利益链接机制，实现搬迁户产业帮扶全覆盖。

● 乡村振兴工作　2021年，大理市完成大理洱海海西国家级乡村振兴示范园总规和3个重点村（凤阳邑、沙栗木、中和邑）详规的编制工作，启动项目招商工作，争取州级财政衔接专项资金2850万元项目，实施3个重点村的乡村振兴示范建设，已开展规划设计和招投标工作。启动大理市“干部规划家乡行动”，印发《大理市开展“干部规划家乡行动”工作方案》，确定编制24个行政村的村庄规划，组建规划编制组，确定规划编制单位，开展规划编制工作。在全省率先开展“名誉村长”聘任，首批聘任18名，“名誉村长”参与本村发展壮大村集体经济、解决剩余劳动力、村庄规划编制、项目建设等乡村振兴工作中。制定《大理市乡村振兴宣传工作方案》。

工业经济

※ 2021年，大理市56户规上工业企业，累计完成工业总产值208.54亿元，增长9.77%；累计完成工业增加值90.13亿元，增长5.6%；累计完成营业收入264.76亿元，增长14.26%；累计实现利税总额69.1亿元，下降6.06%。产值超亿元企业21户，亏损企业13户。减少15户规模以上工业企业。

※ 完成工业增加值107.75亿元，增加5.6%。

※ 规模以上工业企业主营业务收入完成307.53亿元，增加11.2%。

※ 规模以上工业企业实现润税总额25.19亿元，同比增长58.3%。

※ 累计实现规上利税总额74.52亿元，增长19.3%。

※ 主要工业产品产量完成情况　商品混凝土2456626立方米，同比增长24.36%；啤酒304268千升，增长40.82%；饮料291937吨，增长17.31%；中成药1081吨，增加38.61%。

交通　通信

※ 2021年末，大理市公路里程2739.81千米；其中高速公路137.76千米，国道320.26千米，省道89.32千米，县道192.88千米，乡村道1999.59千米（含等外未列养农村公路里程）。全市农村公路列养里程为1209.02千米。

※ 公路客运量873万人，同比增长50.78%；公路客运周转量76106万人千米，同比增长64.15%；公路货运量5213万吨，增长8%，公路货运周转量538758万吨千米，增长14.78%，水路运输完成客运量127.48万人次，下降15.03%，周转量3128.15万人千米，下降14.49%。

● 5G网络建设情况　2021年末，大理市区域内5G站点建设461个，其中移动331个站点，电信（联通）130个站点。大理市辖区内的111个行政村均已实现全部通宽带，行政村通宽带比例达到100%；全市515个自然村（20户以上）通宽带网络504个，比例达到97.86%；全市义务教育学校、普通高中、职业院校全部通宽带网络。

商贸服务

※ 2021年，大理市社会消费品零售总额完成295.32亿元，同比增长7.25%。按销售单位所在地统计：城镇完成266.09亿元，增长7.37%，乡村完成29.33亿元，增长6.18%。按消费形态统计：餐饮收入完成41.38亿元，增长23.65%；商品零售完成253.95亿元，增长4.98%。从27个限上商品销售品类来看，石油及制品零售额完成60.85亿元，增长17.8%；汽车类零售额完成60.80亿元，增长9.6%；粮油、食品类零售额完成5.21亿元，增长8.9%。

※ 全市有82202户工商户；其中个体61762户，私营18458户，其他555户，注册资本1214.74亿元。

※ 全市限额以上商贸企业252户，新增64户，其中批发企业74户、零售企业91户、住宿企业61户、餐饮企业26户，商业零售网点22876个，从业人员6万余人。

※ 全年外贸进出口总值4487万元，同比下降37.5%。其中，出口总值4357万元，下降32.7%；进口总值130万元，同比下降81.7%。

※ 大理市(含“一区一委”)正在实施州内外合作项目81项，州外累计到位资金174.45亿元，完成目标占比100.3%，同比增加8.3%。其中，省外到位资金97.89亿元，完成目标占比75.9%，增加0.5%。大理市利用外资到位1094万美元，完成300万美元目标任务的365%。引进普德赋、苗圃山片区城市更新、蜜月之都等重大项目。

城乡建设

※ 2021年，大理市城镇建成区面积67.89平方千米，城镇建成区绿化覆盖率39.84%，绿地率36.03%。

※ 市本级征收收储土地49.45公顷，供应国有建设用地13宗49.45公顷。

※ 全年发放建设工程施工许可证47件，建筑总面积146.40万平方米。

※ 全市累计建成污水处理厂12座、管网3400千米、村落污水处理设施30座、农户庭院化粪池10万个、生态库塘314个、湿地1913.33公顷，全市污水日处理能力20.7万吨。全市规范运营供水厂12座，日供水能力38万吨，供水总量8612.47万吨；城乡统筹供水二期工程累计完成管道建设41.42万米，路面恢复28.75万米，安装水表12816户。8月，启动大理市城镇污水再生利用工程(一期)。实施泰安中路人行过街天桥、洱河北路、洱河南路、阳南河南路、大关邑周边两条规划道路建设、登龙河节点改造、苍山路和兴盛路雨污提质增效等17个市政基础设施建设项目，新建和提升改造市政道路1142米、雨污提质增效管网建设1730米，亮化2座天桥，累计完成投资11540万元。完成城市中压燃气管道建设573.9千米，供气户数11905户，天然气管道同比增长5.8%，供气户数增长11.6%。

社会民生

※ 2021年，大理市居民消费价格同比上涨2.3%，商品零售价格同比上涨3.2%。

※ 大理市全体居民人均可支配收入为36136元，增幅9.4%。其中城镇居民人均可支配收入为44686元，同比增长8.6%，农村居民人均可支配收入为21054元，增长11%。

※ 线上，“大理市就业局旗舰店”在“就业在线”平台正式获准上线，成为云南首批、滇西首家上线的政府服务机构。通过“大理市就业”“大理融媒”微信公众号和“大理就业通”求职招聘平台举办网络招聘会47期，为1010家企业提供3808个招聘岗位，拟招聘2.28万人；线下，开展6个批次“点对点”有组织输出工作，向省外转移农村劳动力就业179人；开展“大理市人社政策赶街天”现场招聘会56场，组织1142家企业提供就业岗位208971个，达成意向性就业491人。大理市城镇新增就业7625

2021年，双廊镇在传统风貌保护和传承上下功夫，着力打造重要景观节点。图为提升改造后的北入口牌坊
（大理市志办　提供）

人；城镇失业人员再就业3068人；就业困难人员就业2676人；城镇登记失业5075人；城镇登记失业率控制在4.2%以内。开发乡村公益性岗位1214个，开发村庄协管员岗位789个，开发城镇公益性岗位790个，确保困难群体持续就近就地转移就业。

※ 发放创业担保贷款173户4365万元、贷免扶补303户5626万元。

※ 年末，全市参加城镇基本养老保险职工人数178561人，同比增长2.33%，征缴养老保险金总额14.39亿元；参加城乡居民基本养老保险人数224108人，支付城乡居民基本养老保险金总额1.52亿元；参加城镇职工基本医疗保险人数136802人，征缴医疗保险金总额7.18亿元；城乡居民基本医疗保险参保人数463278人（含农村合作医疗参合人数），城乡居民基本医疗保险报销金额4.03亿元；参加失业保险职工人数92291人，征缴失业保险金额4995万元；生育保险参保人数81429人；年末城镇居民最低生活保障发放人数2399人，发放金额1282.2万元；农村居民最低生活保障发放人数3929人，发放金额1423.1万元。

※ 开展农村房屋安全隐患排查整治，完成11854户用作经营个人自建房和94427户非经营自建房的排查，对用作经营自建房中初判存在隐患的853户进行房屋安全鉴定，对其中鉴定为C、D级危房的100户进行整治。开展漾濞"5·21"地震灾后恢复重建，完成全市受损民房应急评估工作，评估民房3749户，其中基本完好或轻微损坏3158栋、中等破坏483栋、严重破坏或倒塌108栋。根据《大理市漾濞"5·21"地震灾后恢复重建实施方案》，分区分类推进实施灾后民房恢复重建工作，3641户修复加固户已全部完工，正推进108户拆除重建。

教育　体育

●**教育事业经费执行情况**　2021年，大理市地方教育经费总收入继续保持平稳发展的态势，达到15.50亿元，同比增加3498万元，增长2.31%。其中，国家财政性教育经费12.83亿元，减少2610万元，降低1.99%；民办学校举办者投入1042万元，减少48万元，降低4.4%；捐赠收入60万元，增加6万元，增长11.11%；事业收入2.43亿元，增加6067万元，增长33.33%；其他教育经费1301万元，增加84万元，增长6.9%。国家财政性教育经费中，一般公共预算安排的教育经费12.83亿元，减少2576万元，降低1.97%。其中，教育事业费拨款11.57亿元，增加3383万元，增长3.01%；基本建设经费1495万元；教育费附加9978万元，增加690万元，增长7.43%；其他一般公共预算安排的教育经费1085万元，减少8140万元，降低88.24%。政府性基金预算安排的教育经费51万元，减少34元，降低40%。

※ 全市地方财政经常性收入12.27亿元，同比增加271万元，增长率0.22%。全市一般公共预算教育经费12.72亿元，增加投入5568万元，增长率4.58%。全市一般公共预算教育经费增长4.58%，财政经常性收入增长0.22%，一般公共预算教育经费增长高于财政经常性收入4.36个百分点。

※ 全市有各级各类学校349所。其中，幼儿园158所；小学130所，校点6个；初中27所；普通高中15所，职业高中3所，中专学校4所；高等院校4所；特校2所。建成国家级足球特色学校22所，2021年新申报6所；国家级足球特色幼儿园2所；全国青少年校园篮球特色学校11所，网球特色学校4所，美育特色学校2所。

※ 全市中小学、幼儿园在校学生111391人，其中幼儿25489人，小学生47241人，初中生19823人，普通高中生16622人，职业高中生1958人，特殊教育学校生258人。中小学、幼儿园专任教师7230人，其中幼儿园1614人，小学2387人，初中1635人，普通高中1361人，职业高中179人，特殊教育54人。

※ 全市各级各类公办学校在编教职工4632人。其中，普通高中794人，职业高中146人；初中1254人，小学2223人，幼儿园146人，其他69人。全市4632名教职工中，专任教师4434人，工勤人员82人，学校的财务人员、校医、图书管理员、实验员等管理人员116人。

※ 全市幼儿园毛入园率96%；小学学龄儿童净入学率99.96%，辍学率为零；初中毛入学率122.64%，辍学率为零。

※ 全市高考（含三校生，即职高、中专、技校三种中等职业教育学校，下同）报名人数为6238人，其中普通高中5555人（文史类1976人、理工类3579人），三校生683人。高考考点设2个片区7个考点，1个备用考点，191个考场，21个备用考场。下关片有5个考点：下关一中、州实验中学、州民中、新世纪中学、下关三中，大理片2个考点：大理一中本部、大理一中分院。

2021年，大理市继续开展技能提升培训，确保困难群体持续就近就地转移就业。图为太邑乡己早村举办的农家菜烹饪培训班　（大理市志办　提供）

●**体育事业经费执行情况** 2021年，大理市体育事业经费收入834.19万元。其中，公共财政预算收入486.39万元，含体育场馆289.69万元、群众体育34.6万元、其他体育支出159.42万元和购房补贴2.68万元；政府性基金（彩票公益金）收入347.8万元。上年结转资金237.21万元。总支出568.32万元，其中公共财政预算支出437.96万元，按功能科目分类为：体育场馆257.61万元、群众体育17.48万元和其他体育支出162.87万元；按基本支出和项目支出分类为：基本支出351.98万元，项目支出85.98万元。彩票公益金支出130.36万元，分别用于体育设施105万元，群众体育10.31万元、竞技体育1900元、青少年体育14.86万元。

※ 全市体育基础设施活动场所1711个。3个街道办、10个乡（镇）、43个社区体育健身设施完成全覆盖，人均覆盖率2.11%。

※ 举办2021大理迎新迷你马拉松赛，以“跑好新时代，奋进新大理”为主题的“2021大理迎新迷你马拉松赛”社会反响良好。受疫情影响，对原计划举办的“2021澜沧江—湄公河合作大理马拉松赛”“七彩云南格兰芬多”国际自行车节（大理站）比赛、大理100雷越野赛、三月街环洱海自行车赛、8月8日国家第13个“全民健身日”系列活动等重大赛事活动进行延期，各项比赛都在筹备，根据疫情形势适时举办。

●**体育人才培养、参赛及获奖情况** 7月10—16日，大理市组队赴开远参加由云南省教育厅主办的云南省校园足球最佳阵容比赛，夺得小学男子甲组第二名、小学女子乙组第三名、小学混合组第四名、小学男子乙组第六名、初中男子乙组第四名、初中男子甲组第五名的成绩，有10名队员入选“云南省校园足球最佳阵容”。4—10月，举办大理市“月辉杯”第六届青少年校园足球联赛暨啦啦操精英赛；组建代表团参加大理州第六届校园足球篮球啦啦操联赛。12月22—29日，大理市组建25个代表队、500人左右的代表团参加大理州第六届校园足球篮球啦啦操联赛。

12月，Ka波段云雷达在大理市气象局综合观测试验场内建成并投入业务运行（大理市志办 提供）

科学

●**科学事业经费执行情况** 2021年，大理市争取到国家、省、州、市级科普行动计划和科普科素项目建设经费371万元，按时限下达到项目实施单位，夯实科普科素工作基础。

※ 科普大篷车开展8场次“进学校”活动，开展5次“进农村”活动。开展社区科普宣传300余场次。

※ 全市境内已公布各级文物保护单位共101项，其中国家级9项、省级17项、州级28项、市级47项。

※ 白族三道茶项目参与“中国传统制茶技艺及其相关习俗”申报联合国“人类口头与非物质文化遗产代表作”，组织拍摄制作纪录片《叁茶百味——白族婚俗中的三道茶》选送到文化和旅游部，申遗材料中有照片、视频入选。

※ 广播电视人口覆盖率100%。

※ 年末拥有公共图书馆1个，年内实行每月分批采购图书，新增图书2950册、报刊55种、电子图书5000册。馆藏资源稳步增加，图书馆藏书量近16.3万册（包括电子书、期刊、古籍、民国文献等）。全年接待各类读者5万余人次，外借书刊3.2万余册。

卫生

※ 2021年，大理市有各级各类医疗卫生机构557个，其中医院51个、基层医疗卫生机构494个、专业公共卫生机构10个、其他卫生机构2个。

※ 全市实有床位9571张，每千人口拥有医院病床数12.41张，每千人口拥有卫生技术人员14.45人，总诊疗663.6万人次。

※ 卫生事业从业人员在岗职工13297人。其中，卫生技术人员11146人：执业（助理）医师3824人、注册护士5662人、药师（士）456人、技师（士）621人、卫生监督员53人、其他530人。

※ 传染病发病率为314.22/10万，产妇住院分娩率100%，婴儿死亡率2.45‰，5岁以下儿童死亡率4.22‰。

※ 大理市基本医疗保险参保601168人，参保率稳定在95%以上。全市城镇职工基本医疗保险基金收入7.29亿元，支出6.89亿元。城镇职工特慢病门诊就诊186524人次，累计报销8262万元；普通住院32683人次，累计报销2.50亿元。城乡居民基本医疗保险基金收入3.94亿元，待遇支出5.94亿元。普通门诊就诊922749人次，累计报销2219万元；特慢病门诊就诊135700人次，累计报销5032万元；普通住院68893人次，累计报销3.27亿元。

（张亚红撰稿）

漾濞彝族自治县

基本情况

自然概貌

※ 漾濞彝族自治县位于大理州中部、点苍山之西。

※ 位于北纬25°12′～25°54′，东经99°36′～100°07′。

※ 东与大理市接壤、与巍山彝族回族自治县隔江相望，南与保山市昌宁县毗邻，西与永平县、云龙县相连，北与洱源县相依。

※ 辖区面积1860平方千米，山区占98.40%，河谷及平坝占1.60%。

※ 全境居横断山脉滇西纵谷区，云岭山脉南段。地势北高南低，主要山脉河流呈北—南走向。为河流深切高山峡谷地形。

※ 县境最高海拔点为4122米的点苍山马龙峰，最低海拔点为1174米的鸡街乡羊街河与漾濞江交汇处。县人民政府驻地苍山西镇海拔1540米。

※ 县境被点苍山、层峦山、白竹山、盘龙寺山及漾濞江、西洱河、顺濞河、吐路河、鸡街河、羊街河“四山六河”环抱。主要河流漾濞江自西北向东南斜贯北部地区后沿东境南流，属澜沧江水系。

※ 2021年，降水量776.6毫米，年平均气温17.3℃，年日照时数2092.5小时。

※ 辖内发现矿产30余种，有铅、锑、铜、大理石、汞、砷、石膏、石墨、无烟煤、镍、瓷土等，其中以大理石、砷、铅和锑矿储量较大。境内已知植物有198科、1542种，有水青树、银杏、漾濞槭等国家级保护珍稀濒危植物26种。花卉资源丰富，其中杜鹃有40余种。境内有黑颈长尾雉、绿孔雀、云豹、滇金丝猴等国家级保护濒危野生动物23种。漾濞是著名的中国核桃之乡，地方名特产品有核桃、松子、李家庄苹果、秀岭玉香梨、枇杷、滇橄榄、野生菌、中草药、苍山彩花石、核桃乳、漾濞雪山清酒、刺绣等。

行政区划

※ 2021年末，全县辖苍山西、平坡、漾江、顺濞4个镇，富恒、太平、龙潭、瓦厂、鸡街5个乡，县城所在地苍山西镇。设65个村委会、1个社区居委会，658个村（居）民小组。

※ 苍山西镇辖16个村委会、1个社区居委会、298个自然村、205个村民小组、10个居民小组；平坡镇辖4个村委会、55个自然村、49个村民小组；漾江镇辖12个村委会、145个自然村、109个村民小组；顺濞镇辖5个村委会、82个自然村、53个村民小组；太平乡辖6个村委会、144个自然村、49个村民小组；富恒乡辖6个村委会、65个自然村、45个村民小组；瓦厂乡辖5个村委会、74个自然村、49个村民小组；龙潭乡辖7个村委会、69个自然村、51个村民小组；鸡街乡辖4个村委会、38个自然村、38个村民小组。

3月26日，东方红（云南）核桃产业现代化工业园在漾濞县投产建设
（漾濞县志办　提供）

人口

※ 2021年末，全县户籍总户数32126户，户籍总人口106424人。常住人口99397人，城镇人口比重33.86%，人口密度每平方千米57人。

※ 男性52282人，女性47115人；农业人口81909人，非农业人口17488人。

※ 年内出生人口623人，出生率6.39‰；死亡670人，死亡率6.89‰。

民族　宗教

※ 境内居住有彝族、汉族、白族、回族、苗族、傈僳族等13个世居民族。2021年末，有少数民族人口64584人，占64.98%。其中，彝族46319人，占46.6%；汉族34813人，占35.02%；白族10014人，占10.07%。

※ 2021年，漾濞县有伊斯兰教协会1个，佛教协会1个。

※ 有相对规模较大的寺观教堂64处，其中登记开放场所10处，佛教6所、道教1所、伊斯兰教3所，基督教临时活动点1个。

※ 有认定备案的宗教教职人员18人，其中佛教3人、道教8人、伊斯兰教7人。

※ 有信教群众12000余人，其中佛教4000余人、道教5000余人、伊斯兰教3000余人。

● **民族团结进步创建**　2021年，漾濞县推进民族团结进步工作并通过省州初验。民族团结进步创建“七进+N”全覆盖，深入开展民族团结进步创建“十进”活动，深入推进省级“十百千万”示范工程建设；铸牢中华民族共同体意识研究中心挂牌成立。创新宣传教育活动，邀请省级媒体记者对漾濞县创建全国民族团结进步示范县工作进行专题报道，在各级媒体报道119篇。其中，在中央媒体报道54篇，省级媒体报道44篇；创建全国民族团结进步示范县网页在国家民委网站链接，多角度宣传漾濞县民族团结进步示范区建设新典型、新亮点、新成果、新经验。协助扶贫办完成省民宗委下达的1200万元资金涉及项目的评估评审工作。加强少数民族干部人才培养；依法妥善处理涉及民族因素的矛盾纠纷，及时处置敏感舆情，维护民族关系和谐，巩固和发展民族团结进步示范成效。年内，漾濞县被评为“全国民族团结进步示范县”。

经济社会发展情况

主要经济指标

※ 2021年，漾濞县完成地区生产总值38.8亿元，同比增长8.2%。增幅分别高于全国、全省、全州0.1、0.9、1.2个百分点，增幅排全州第六位。

※ 第一产业完成12.57亿元，同比增长8.4%；第二产业完成8.95亿元，增长3.3%；第三产业完成17.29亿元，增长10.5%，增幅排全州第二位。

※ 三次产业比值：32:23:45。

※ 财政总收入3.05亿元，同比增长5.07%，增幅排名全州第二位；一般地方公共财政预算收入2.44亿元，增长9.07%；公共财政预算支出12.17亿元，增长38.9%，增幅排全州第一位。

※ 完成规模以上固定资产投资40.82亿元，同比增长34.16%，增幅排全州第三位。

农业经济

※ 2021年，漾濞县农林牧渔业生产总值22.83亿元，同比增长10.04%。其中，农业产值14.25亿元，增长24.39%；林业产值7781万元，减少0.79%；畜牧业产值7.04亿元，减少9.9%；渔业产值364万元，减少7.6%。农林牧渔服务业产值7244万元，增长17.39%。

※ 农村居民人均可支配收入14230元，增长10.7%。

※ 年末耕地面积1.23万公顷，其中水田面积1887.53公顷、旱地1.04万公顷。

※ 全年播种面积2.15万公顷，其中粮食作物1.49万公顷，经济作物6600公顷，其中烤烟种植面积1246.67公顷，核桃种植面积7.13万公顷。

※ 粮食总产量7.2万吨，同比增长0.05%；烤烟总产量2500吨，增长2.67%；核桃总产量10.89万吨；肉类总产量1.08万吨，减少23.44%；奶类总产量415吨，减少21.7%。

●*农业产业化发展情况*　2021年，漾濞县有农业产业化龙头企业19家，其中州级15家，省级5家，县级4家。①核桃产业。全县核桃种植面积6600公顷，年产量10.89万吨，综合产值近20亿元，全县23465户农户种植核桃，占农户总数的94.5%，全国县级人均占有量第一；核桃产业园新增投资1.4亿元，新建标准化厂房9147平方米；兑付核桃加工和销售奖补资金732万元，核桃加工业产值8.2亿元，年内申报云南省坚果类“一县一业”示范创建县。②中药材产业。顺濞镇、富恒乡、太平乡等西部山地生态农业区重点发展当归、黄精、白芨、魔芋等，龙潭乡、鸡街乡、瓦厂乡等南部亚热带特色农业区重点发展滇红花、滇橄榄、魔芋等，年内实现全县种植动态保有量2325.93公顷，覆盖40%以上的脱贫户。③新兴产业。扶持7个新型经营主体发展“四道菜”（工业辣椒、水晶豌豆、贡菜、鱼腥草）、苍山妖鸡等新兴产业，年内种植工业辣椒385.2公顷、贡菜219.3公顷、鱼腥草173公顷、水晶豌豆67公顷；全县扶持2户基础较好的养鸡专业户发展苍山妖鸡品牌，年内已全面投入生产。④绿色食品牌。全县“绿色食品牌”蓬勃发展，漾濞县2021年“一县一业”示范县创建工作涉及6大项目22个子项目，总投资概算3亿元，其中“一县一业”奖补资金3000万元，整合资金5690万元，企业自筹资金2.13亿元。大理漾濞核桃有限公司的“漾宝”果品被云南省打造世界一流绿色食品牌工作领导小组办公室评为年度云南省“10大名品”；农产质量安全检测站“双认证”通过省级评估；“三品一标”新认证11个；申报省级“一村一品”专业村17家。

7月29日，投资1亿元的震后恢复重建公建项目漾濞县城综合农贸市场奠基仪式举行　（漾濞县志办　提供）

乡村振兴

●*脱贫成果巩固*　2021年，漾濞县新识别纳入“三类”监测对象73户241人（其中脱贫不稳定户18户57人、边缘易致贫户10户29人、突发严重困难户45户155人）。经10月动态调整，精准锁定已脱贫户4133户16143人，锁定“三类”监测对象536户1954人（其中脱贫不稳定户194户729人、边缘易致贫户296户1069人、突发严重困难户46户156人），致贫风险占比分别为：因病36.94%、因务工就业不稳29.29%、因学12.31%、因残8.02%、因自然灾害6.9%、因意外事故2.05%、因产业项目失败1.87%、因缺劳动力1.68%、因安全饮水0.56%、因安全住房0.37%。通过“一户一策”精准帮扶，消除返贫致贫风险367户1403人。发放各类教育资助补助1978万元，“雨露计划”覆盖546名贫困家庭学生，全县没有学生因地震、疫情、家庭困难失学辍学。落实医保参保补助，已脱贫户、监测对象及特殊群体实现应保尽保，全县医保参保率为95%以上。医疗救助、“36种大病”集中救治实现全覆盖，慢病患者规范管理率为100%，符合转诊转院规范的住院治疗费用实际补偿比例为90%、门诊补偿比例为80%。推进农村供水保障3年专项行动，全县千人以上供水工程7件、千人以下供水工程262件全部完成定价，水费收缴率分别为97.5%、96.43%。全县有14个易地扶贫搬迁集中安置点，其中6个建设养殖小区，给予搬迁户每户1.5万元养殖建房补助，8个发展种植业和服务业，给予营业搬迁户每户1万元创业补助；易地搬迁人口中从事种养殖业534人、稳定就业829人、公益性岗位安置51人，无零就业家庭。

● **乡村振兴建设情况** 2021年，漾濞县统筹整合涉农资金1.49亿元用于产业发展，占全年涉农资金总额的60%。以苍山西坡漾濞片区保护为重点，深入实施封山育林、退耕还林还草、水土流失综合治理等生态修复工程。调整充实县委农村工作领导小组，加强组织领导。①产业发展。出台多个实施方案，建立农户与合作社、合作社与龙头企业、集体经济与企业（合作社）绑定的“三绑”机制，全县村集体经济收入881.8万元，所有行政村集体经济收入均突破5万元。全年全县农村经济总收入27.1亿元，其中农业14.76亿元、林业8100万元、牧业8.53亿元、务工3亿元，净收入12.01亿元。实施核桃“一县一业”示范创建项目22个，核桃产业实现创收9.35亿元。种植烤烟1246.67公顷，新建可移动式新能源烤房536座，烟农收入7600万元。发展种植工业辣椒、贡菜、鱼腥草、水晶豌豆“四道菜”844.5公顷。“扶贫832”平台认定21家企业186个产品，销售金额为2949万元。实施土地整理、土地增减挂钩项目，全县新增耕地193.33公顷；发放农机购置补贴资金120万元，过渡期脱贫小额信贷累计放贷4462万元。②生态建设。开展小水电站清理整改及“散乱污”企业、农村乱占耕地建房等整治工作，“清四乱”问题全面清零，私挖滥采、乱掘滥伐等破坏生态环境违法行为有效遏制，国家、省、州三级3个考核断面水质稳定达标。实施美翕村滑坡治理等10个地质灾害治理项目。中央环保督察交办信访件已办结13件，省生态环境厅联合执法反馈问题全部整改到位。森林大理建设示范县“八大工程”、省级生态文明县创建、森林草原防灭火等工作深入实施，空气环境质量优良率为99.7%，获2021年全域森林康养试点建设县。③组织建设。调整充实县委农村工作领导小组，成立巩固脱贫攻坚推进乡村振兴领导小组。6月，县政府扶贫开发办公室重组为县乡村振兴局，9个乡（镇）扶贫开发办公室重组为乡村振兴办公室。以换届为契机，选优配强乡（镇）党委班子和66个村（社区）“两委”班子，66个村（社区）“两委”实现年龄学历“一降一升”，加强巩固脱贫攻坚推进乡村振兴工作。

①

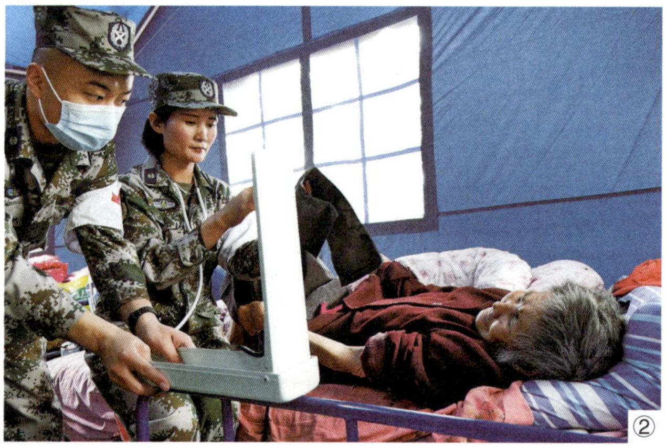
②

③

④

5月21日，漾濞县突发6.4级地震，各级各部门迅速响应投入抗震救灾和灾后恢复重建。①消防人员抢险救灾②大理干休所医疗分队在震中秀岭村为群众开展诊疗③位于苍山西镇初级中学的受灾群众集中安置点④8月31日，举行灾后恢复重建誓师大会

（漾濞县志办　提供）

④灾后恢复重建。漾濞“5·21”地震发生后，17名县处级领导“一对一”包保震中17个村（社区），10名县处级领导挂包18个地震灾后集中搬迁安置点，组建66支灾后恢复重建工作队，向66个村（社区）选派114名第一书记和驻村工作队队长、队员，向灾后恢复重建任务较重的11个村（社区）增派驻村工作队队员26名；104家党政机关、人民团体和企事业单位结对帮扶66个村（社区），3000余名干部职工包保16686户受灾农户，帮助恢复重建，防止因灾返贫。

● 规划修编及主要项目实施情况　2021年，漾濞县编制实施方案巩固拓展脱贫攻坚成果和衔接乡村振兴，中央、上海对口帮扶资金做成许多惠民生、利长远的工程。①编制实施方案。编制印发《漾濞县关于实现巩固拓展脱贫攻坚成果同乡村振兴有效衔接的实施方案》。②中央定点帮扶项目。中央冶金地质总局向漾濞投入帮扶资金651万元，实施基础设施、产业发展、教育扶贫、健康扶贫等13个项目，完成投资513.48万元。③上海对口帮扶项目。安排帮扶资金5855.36万元，实施漾濞县苍山西镇灾后恢复重建、共建园区数字智慧教育等13个项目，完成投资5614.14万元。

2021年，大漾云高速公路建设稳步推进　（漾濞县志办　提供）

工业经济

※ 2021年，漾濞县工业总产值27.34亿元，同比增长0.3%；规模以上工业企业完成工业产值12.75亿元，减少6.49%。

※ 工业增加值4.91亿元，同比减少11.5%，占全县生产总值的12.66%。规模以上工业企业增加值1.93亿元，减少19.5%（可比价）。

※ 规模以上工业企业主营业务收入12.66亿元，增长18.78%。

※ 规模以上工业企业利润总额3499万元，增长36.73%。

※ 规模以上工业企业利税总额4856万元，增长45.52%。

※ 规模以上工业平均用工724人，减少22.15%。

※ 非电力固定资产投资4.27亿元，增长57.8%。

※ 建筑业增加值4.04亿元，增长28.4%，增幅排全州第二位。

※ 白酒4722吨，同比增长2.16%；核桃花生乳系列产品1473吨，减少7.18%；发电量8.52亿千瓦时，减少7.44%；供电量1.61亿千瓦时，减少46.34%；自来水488万吨，增长6.32%；商品混凝土10.79万立方米，减少2.02%；编织袋362吨，减少81.7%；民用燃油2464吨，减少68.28%。

※ 全县工业企业为220户，其中规模以上工业企业24户（含小湾电站），规模以下工业企业196户。规模以上工业企业中核桃加工企业有19户（精深加工2户，初加工17户），水电行业2户，黑色金属冶炼1户，建筑材料加工1户。

交通　通信

※ 2021年末，漾濞县公路通车里程1639.09千米，路网密度0.89千米/平方千米。

※ 全县有营运车辆1428辆，其中道路旅客运输车辆73辆，道路货物运输1355辆；道路货物运输经营业户594户，机动车维修经营业户54户，其中二类汽车维修经营业户2户；有道路运输从业人员2672人，其中旅客运输从业人员180人，货物运输从业人员2205人；旅客运输企业2户；机动车驾驶员培训学校4户，其中摩托车培训学校2家。

※ 客运量14.92万人次，同比减少17.11%；旅客周转量576万人/千米，减少19.33%。

※ 邮电运营收入1.13亿元，增长46.48%；电信运营收入2110.85万元，增长12.1%；移动运营收入5174.77万元，增长9.91%；联通运营收入185万元，减少3.64%；广电运营收入300万元，增长42.9%。至12月底，行政村宽带覆盖率100%，自然村宽带覆盖率76%，行政村宽带4G覆盖率100%，自然村覆盖率100%。漾濞县通信运营物理基站数797个。

※ 固定电话用户3013户，移动电话户91342户，互联网用户53850户，其中移动网络宽带用户11849户、联通网络宽带用户1100户、电信网络宽带用户12638户、广电网络宽带用户28263户。

※ 至12月底，漾濞移动建设5G基站57个，漾濞电信建设5G基站28个，漾濞联通建设5G基站4个。

商贸服务

※ 2021年，漾濞县社会消费品零售总额10.64亿元，同比增长6.3%。按经营地统计：城镇消费品零售额7.45亿元，增长6.3%；乡村消费品零售额3.18亿元，增长6.1%。按消费形态统计：商品零售额8.79亿元，增长6.1%；餐饮收入1.85亿元，增长7%。

※ 全县登记有市场主体6636户，其中个体工商户5212户，企业1424户（内资企业1198户，农民专业合作社226户），注册资本69.16亿元。全县有效商标注册量607件，使用漾濞核桃地理标志证明商标企业34家、个体工商户1家。

※ 烟草企业收购烟叶2500吨；民营企业及个体工商户收购泡核桃10.89万吨。

※ 全县集贸市场10个，其中县城2个，

乡(镇)、村8个;街天设置1个临时市场。集贸市场占地10553平方米,设摊位2059个。集贸市场成交总额1.01亿元,年销售肉类4500万元、水产品120万元,蔬菜、粮食等5500万元。

※ 引进招商引资项目12个。引进省外到位资金44.36亿元,同比增长19%;引进州外到位资金49.31亿元,增长6.8%。

※ 注重培育自营出口企业,为企业营造良好的经营环境。全年外贸出口额完成4535.8万元(人民币),同比增长50.74%。

金融业

※ 2021年末,漾濞县金融机构各项存款余额43.22亿元,增长14.53%。其中,住户存款余额28.93亿元,增长10.45%;非金融企业存款2.72亿元,减少7.89%;机关团体存款余额9.41亿元,增长15.3%;财政性存款2.16亿元,增长400.83%。

※ 全县金融机构各项贷款余额38.47亿元,增长78.85%。其中,住户贷款余额17.46亿元,增长19.99%;非金融企业及机关团体贷款余额21.01亿元,增长201.88%。

城乡建设

※ 2021年,漾濞县人口城镇化率32.21%。

※ 县城建成区面积3.55平方千米。

※ 国有土地使用权登记855本,发放不动产登记证明271本,发放不动产权证书584本。

※ 集体土地使用权登记648本。

※ 土地供应32宗22.52万平方米。收缴土地出让金1.12亿元。

※ 建设项目审核41个,核发许可证17份,审批17个。

● 建筑业　2021年,漾濞县有注册建筑企业9家,有劳务公司3家。建筑业总产值完成5.7亿元。全年房屋施工面积67.44万平方米,住宅施工面积28.79万平方米;房屋竣工面积7.76万平方米,住宅竣工面积3万平方米。年内监管项目数41个。审批建设项目41个,核发施工许可17个,初步设计审批10个,初设备案1个,招投标管理41个,竣工验收备案4个。

● 房地产　2021年,漾濞县有房地产开发公司9个,物业管理企业6家。实施房地产开发项目4个,商品房预售面积2.44万平方米,1.62亿元。主要房地产开发项目建设4个。①漾濞县东方家园住宅小区项目。总投资4.8亿元,建筑面积8.99万平方米,年内完成投资3045.4万元。②漾濞金漾首府项目。总投资5亿元,建筑面积10.4万平方米,年内完成投资8182万元。③雪山彝寨地产项目。总投资12亿元,项目总建筑面积20.05万平方米,年内完成投资2327万元。④漾濞县综合农贸市场项目。总投资6500万元,建筑面积1.07万平方米,年内完成投资5327万元。

社会民生

※ 2021年,漾濞县职工年平均工资99575;城镇居民人均可支配收入37353元,增长8.3%;农村居民人均可支配收入14230元,增长10.7%。

※ 城镇新增就业1272人,失业人员再就业430人,开发公益性岗位540个,新增农村劳动力转移就业5.15万人,城镇登记失业率3.2%,失业率控制在州下达的调控目标4.2%之内。

※ “贷免扶补”扶持创业户数287户,贷款金额3750万元。

※ 养老保险参保69230人,基金收入1.35亿元,支出1.36亿元。基本医疗保险10.16万人,基金收入5774.21万元,支出9547.27万元。失业保险参保4470人,基金收入198.2万元,支出82.07万元。工伤保险参保8102人,基金收入84.5万元,支出185.4万元。

※ 建成保障性住房3130套,面积15.65万平方米、租赁补贴发放139户17.19万元;全年棚户区改造投资2100万元,竣工验收2980户。

※ 农村危房改造完成1778户,厕所改造17751座。

教育　体育

● 教育事业经费执行情况　2021年,漾濞县教育事业经费收入合计2.47亿元,支出2.68亿元。

※ 全县学校135所,其中幼儿园71所(含社会办学)、小学59所(含教学点37个)、初级中学2所、普通高中1所、职业高级中学1所,教师进修学校1所。

※ 在校(园)学生总数15415人。其中普通高级中学在校学生1238人,职业高级中学在校学生258人,初级中学在校学生2835人,小学在校学生8094人,幼儿入园2990人。

※ 有教职工1204人,专任教师1116人。其中,高中教职工107人,专任教师105人;职业高中教职工39人,专任教师35人;初中教职工256人,专任教师252人;小学教职工725人,专任教师654人;幼儿园公办教职工29人,专任教师29人。教师进修学校教职工4人,机关教职工37人。

※ 幼儿园入园率87.12%,小学入学率100%,初中入学率96.63%,高中阶段入学率96.55%。

※ 参加高考294人,上线294人,综合上线率100%,一本上线10人,录取13人,本科录取100人。文史最高分557分,理工最高分561分。

● 体育事业经费执行情况　2021年,漾濞县体育事业经费收入5.18万元,上年结转35万元,支出40.18万元。

※ 有各类文体活动场地375个,其中社会体育场264个、学校体育场111个;人均体育场地面积2.3平方米。

※ 各类体育赛事举办6次,参加1200人次。

※ 各类等级裁判员103人,其中篮球裁判员40人、排球裁判员4人、乒乓球裁判员17人、钓鱼裁判员12人、地掷球裁判员5人、门球裁判员14人、羽毛球裁判员1人、信鸽裁判员3人、气排球裁判员3人、田径裁判4人,三级(及以上)社会体育指导员459名。体育传统项目学校2个,民族体育项目训练点5个,体育协会、俱乐部7个。

● 体育人才培养、输送、参赛及获奖情况　2021年,漾濞县代表大理州参加云南省少数民族传统体育锦标赛,获陀螺男子团体赛第五名;组织参加2021年大理州中长跑比赛,获女子甲组团体总分第六名,个人2人获奖,代表队获体育道德风尚奖;组团参加2021年大理州第六届校园足球篮球啦啦操联赛。

● 群众体育活动开展情况　2021年,漾濞县各类体育赛事举办6次,1200人次参加。举办2021“七彩云南”漾濞县大众篮球争霸赛、钓鱼比赛。举行2021年“敬老节”文体展演活动。全县从城区到各乡

（镇）、村组广泛开展工间操、广场舞、登山、健步走等健身活动。向上级申请体育场地设施受损修复重建项目资金。

科学

※ 2021年，漾濞县专利授权34件。

※ 开展科普活动5次，参与群众5020人次。

● 研究成果（自然科学、社会科学） 2021年，漾濞县完成核桃科研综合试验示范区古树核桃资源调查、核桃科研试验示范区800公顷本底调查，并形成调查报告；完成核桃科研综合示范区建设规划初稿；完成推广项目示范区40公顷轻简化修剪整形工作，实现示范区90%的树体矮化；大树改造3.33公顷；完成2次53.33公顷无人机施叶面肥（含病虫害飞防）；树干涂白66.67公顷，核桃病虫害绿色防控66.67公顷；核桃林下复合经营6.67公顷。新建核桃初加工机械化生产线一条，“云南省核桃产业创新中心”项目已通过省科技厅的初审，申报亚太森林组织项目；“核桃植物蛋白素研究与开发”项目获州科技局立项下达，50万元核桃溯源项目启动。

文化　旅游

● 文化事业经费执行情况 2021年，漾濞县文化事业经费收入271.72万元，其中文物保护经费收入61.9万元。文化经费支出118.81万元，其中文物保护支出42.2万元。

※ 不可移动文物59处，其中文物点43个、文物保护单位16个。文物保护单位中有国家级1个、省级2个、州级5个、县级8个。

※ 有非物质文化遗产名录33项，其中省级5项、州级12项、县级16项。

※ 非物质文化传承人37人，其中省级2人、州级15人、县级20人，创建传习所16个、非遗示范学校1所。

※ 全县广播电视人口覆盖率为100%。

※ 全县有公共图书馆1个，乡（镇）文化站9个，公共图书馆藏书量5.09万册，其中电子文献10万册，借阅3.19万人次。更新流动图书3.94万余册，完成文化惠民演出68场（次）、观众2.24万人，覆盖9个乡（镇）。

※ 新创节目舞蹈《嘎迟尼撒傈僳爬》、歌曲《姑娘我想你》参加录制。发起“众志成城，携手抗震”原创词曲作品征集活动，征集作品20个。

● 旅游业 2021年，漾濞县接待游客131.24万人次，同比增长15%，实现旅游业总收入14.19亿元，同比减少9%。争取2019年“旅游革命”奖补资金200万元。年内，苍山西镇被评为“云南省旅游名镇”，平坡村被评为“云南省旅游名村”。

卫生　健康

● 卫生事业经费执行情况 2021年，漾濞县卫生事业经费收入1.83亿元，其中财政拨款7600万元，事业收入7005.7万元，其他收入3757.9万元；支出2.12亿元，其中基本支出1.68亿元，项目支出4417.63万元。

※ 有各类医疗卫生机构107个，其中有村卫生室65个、个体诊所26个、乡（镇）卫生院10个、社区卫生服务中心1个、县级医疗卫生机构4个、民营医院1个。

※ 全县实有病床538张，每千人拥有病床5.41张。

※ 卫生事业从业人员906人，其中专业卫生技术人员365人、执业医师257人、其他技术人员13人。每千人拥有医务人员9.11人。

※ 有传染病12种，发病总数208例（按发病日期统计），年发病率为196.79/10万。

※ 孕产妇住院分娩率100%、婴儿死亡率9.92‰。

※ 参加职工和城乡基本医疗保险101647人，参合率96.16%、社会保险费收入5774.21万元，报销5.48万人次，金额7476.05万元。

● 卫生基础设施建设情况 2021年，漾濞县完成总投资3765万元、9700平方米的县中医医院业务综合大楼建设项目；完成总投资160万元、700平方米的漾江镇双涧卫生院业务综合楼建设；完成总投资133万元、650平方米的漾江镇中心卫生院业务综合楼建设并投入使用；完成总投资176万元、880平方米的苍山西镇卫生院业务综合楼建设并投入使用；完成总投资280万元、1200平方米的平坡镇、瓦厂乡、龙潭乡和顺濞镇卫生院职工周转房建设并投入使用；完成全县65个标准化村卫生室建设并投入使用。总投资3.7亿元的县人民医院搬迁重建项目、总投资2600万元的县疾控中心搬迁重建项目和总投资2000万元的县中医医院修缮加固及发热门诊大楼恢复重建项目正有序推进中。

● 疫情防控 2021年，漾濞县卫健系统选派医务人员前往瑞丽支援疫情防控工作，帮助边境县（市）取得打好境外疫情输入阻击战的阶段性胜利。

※ 县人民医院和县疾控中心核酸实验室建成并投入使用，设置有6台检测设备，24小时满负荷运转单检可完成3000人份，10:1混检可完成30000人份，5:1混检可完成15000人份。

※ 改建新建新冠疫苗接种点，全县规范设立新冠病毒疫苗接种点12个，新冠病毒疫苗累计入库238864剂，其中已接种234654剂，库存3868剂，耗损342剂。

● 国家卫生县城创建 2021年，漾濞县把创卫工作纳入“十四五”规划，累计投入资金5.4亿元建设家园与美化家园。对县城环境卫生进行综合整治，重点整治“脏乱差”“五堆十乱”等“老大难”问题，在县城周边重点开展“脏、堵、乱、差、污、硬、本”专项行动，实现餐饮店“明厨亮灶”，实行“国家卫生县城”创建网格化管理，落实“门前四包”责任。完成54个园林单位（小区）绿化提升改造。创建179个无烟党政机关。县城区设立灭鼠毒饵站860座，灭鼠率为95%，获省爱国卫生运动委员会命名为省级病媒生物防制（灭鼠、灭蟑）先进城区。清理整治占道经营、私搭乱建、一店多招1000余处。城市道路完好率为96.94%，县城下水道管网覆盖率为85%，县城绿化覆盖率为38.15%，路灯亮灯率为95.34%，垃圾密闭清运率为100%，饮用水水源地和地面水水质达标率均为100%，县城生活垃圾无害化处理率为95%，县城环境空气质量优良率为99%以上，县城声环境噪声值达标率为100%。全县9个乡（镇）均建成省级卫生乡（镇），66个村（社区）均建成省级卫生村。年内，国家卫生县城创建基本达到国家标准，通过省级评估。

（梅菊撰稿）

祥云县

基本情况

自然概貌

※ 祥云县位于大理州东部。

※ 位于北纬25°12′～25°52′，东经100°25′～101°02′。

※ 东与楚雄州大姚、姚安、南华3个县交界，南和弥渡县相连，西与大理市接壤，北和宾川县毗邻。

※ 面积2425平方千米，其中坝区面积442.5平方千米、山区面积1982.5平方千米。

※ 县境内有下川坝、上川坝、禾甸坝、米甸坝4个大的山间盆地，1个宽谷和8个山间谷地，总面积331.5平方千米，占全县土地面积的13.67%。

※ 县境最高点为东北端米甸镇的五顶山，海拔3241米，最低点南部鹿鸣乡高峰岭大河边，海拔1433米，相对高差1808米；县城所在地海拔1996米。

※ 全县山脉系横断山云岭余脉，从西部和北部进入县境，总体呈南—北走向，较为零散，分为东部、南部、西部3个大的山群；祥云地处澜沧江、金沙江分水岭，红河东流源头之上。有河流32条，金沙江水系18条，红河水系14条。境内河流多为时令河，水位随季节变化，夏涨冬枯，多数河流为境外河流的上源。

※ 2021年，降水量572毫米，年平均气温17℃，年日照时数2291.5小时。

※ 辖内有天然林木142种，野生动物37种；金属矿资源有铜、钼、金、银、铅、锌、铁等，非金属矿资源有石灰岩、石英砂、凝灰岩、黏土等。地方名特产品主要有银器、草帽、土锅、土碱、毛驴肉、野生菌等。东山彝族乡“东山百合”被认定为国家地理标志产品。

行政区划

※ 2021年末，全县辖8个镇、1个乡、1个彝族乡，132个村民委员会、7个居民委员会，自然村881个（含社区中9个自然村），村（居）民小组1266个（村民小组1163个、居民小组103个）。县城所在地为祥城镇。

※ 祥城镇辖27个村民委员会（含2个农村社区村民委员会）、7个居民委员会、自然村150个（含社区中9个自然村）、村民小组206个、居民小组103个（城东13、城西21个、城南9个、华严11个、卧龙17个、阳光15个、秀溪17个）；沙龙镇辖7个村民委员会（含2个农村社区村民委员会）、自然村24个、村民小组59个；云南驿镇辖27个村民委员会（含5个农村社区村民委员会）、自然村99个、村民小组204个；下庄镇辖12个村民委员会（含2个农村社区村民委员会）、自然村109个、村民小组130个；普淜镇辖14个村民委员会、自然村164个、村民小组160个；刘厂镇辖8个村民委员会（含5个农村社区村民委员会）、自然村27个、村民小组79个；禾甸镇辖12个村民委员会（含2个农村社区村民委员会）、自然村87个、村民小组114个；米甸镇辖10个村民委员会（含1个农村社区村民委员会）、自然村90个、村民小组72个；鹿鸣乡辖7个村民委员会、自然村56个、村民小组57个；东山彝族乡辖8个村民委员会、自然村75个、村民小组82个。

人口

※ 2021年末，祥云县户籍总户数15.02万户，户籍总人口48.28万人。常住人口40.2万人。常住人口密度165.8人/平方千米。

※ 男性24.37万人，占50.48%；女性23.91万人，占49.52%。

※ 年内出生人口3244人，出生率6.72‰，死亡3127人，死亡率6.48‰，人口自然增长率为0.24‰。

民族　宗教

※ 境内居住有汉族、白族、彝族、苗族、傈僳族、回族6个世居民族，42种少数民族成分。2021年末，少数民族人口为9.49万人，占全县总人口的19.70%。其中，白族49041人，占10.16%；彝族39893人，占8.26%；傈僳族1647人，占0.34%；苗族1001人，占0.21%；回族692人，占0.14%；其他36种少数民族成分占0.59%。

※ 2021年，祥云县有县佛教协会、县道教协会、县基督教协会、基督教三自爱国运动委员会4个宗教团体。

2021年，祥云县创建为国家卫生县城　　（祥云县志办　提供）

※ 全县有依法登记活动场所17处；民间信仰场所242处。
※ 全县有宗教教职人员49名。
※ 全县有信教群众3万余人。

经济社会发展情况

主要经济指标

※ 2021年，祥云县实现生产总值206.36亿元，增长率4.1%。分季度累计看，一季度同比增长18.1%，二季度增长11.5%，三季度增长6.4%，四季度增长4.1%。
※ 第一产业完成增加值51.21亿元，同比增长7.5%；第二产业完成增加值58.72亿元，下降4.2%；第三产业完成增加值96.37亿元，增长7.4%。
※ 三次产业结构24.8:28.5:46.7。
※ 非公有制经济增加值108.47亿元，同比增长3.5%，占全县地区生产总值的52.6%。
※ 全县工业生产者出厂价格总水平同比上升10.0%，建筑安装工程价格总水平同比上升8.3%，商品零售价格总水平上升1.4%，服务项目价格总水平上升0.2%。
※ 全县一般公共预算收入11.04亿元，同比下降2.9%。其中，税收收入完成5.61亿元，下降8.1%；非税收入完成5.43亿元，增长3.2%。非税收入占一般公共预算收入的49.2%。在税收收入中，增值税下降3.1%，企业所得税下降5.1%，资源税增长87.3%，房产税增长2.2%，契税增长28.1%，烟叶税增长6.1%。
※ 全县一般公共预算支出29.3亿元，同口径增长21.2%。
※ 全县规模以上固定资产投资（含房地产投资）完成123亿元，同比下降7.6%。第一产业投资下降16.1%；第二产业投资下降15.2%；第三产业投资下降0.7%。
※ 全县500万元以上固定资产投资（不含房地产项目）有项目86个，同比减少7个，其中本年新开工项目53个，增加8个。

● *主要行业投资完成情况* 2021年，祥云县工业投资同比增长0.1%，其中非电工业投资下降21%，电力工业投资增长347.5%；交通运输、仓储和邮政业投资下降15.3%，其中道路运输投资下降14.6%；水利、环境和公共设施管理业投资增长96.2%；教育行业投资增长149.7%；卫生和社会工作投资增长43.6%。

2021年，祥云县云南驿镇云南驿村获年度“云南省美丽村庄”称号

（祥云县志办　提供）

※ 2021年，全县金融业实现增加值7.29亿元，同比增长2.9%。其中，货币金融业服务实现增加值6.25亿元，增长3.3%；保险业实现增加值8800万元，增长0.7%。年末全县金融机构人民币存款余额205.45亿元，增长9.5%。其中，住户存款余额157.45亿元，增长13.7%；非金融企业存款余额19.6亿元，减少7.2%。
※ 全县金融机构人民币各项贷款余额167.66亿元，同比增长8.9%。其中，住户贷款余额67.31亿元，增长11.6%；企（事）业单位贷款余额100.34亿元，增长7.2%。

农业农村经济

※ 2021年，祥云县农业总产值86.17亿元，同比增长7.7%。其中，种植业产值32.11亿元，增长25.8%；林业产值4.77亿元，增长17.6%；牧业产值43.07亿元，下降3.8%；渔业产值2200万元，下降75.9%。
※ 农村居民人均可支配收入15533元，同比增长10%。
※ 年末耕地面积39893.3公顷。
※ 全县粮食种植面积33431公顷，同比增加1公顷；油料种植面积1751公顷，同比持平；烤烟种植面积5627公顷，减少150公顷；蔬菜种植面积5377公顷，增加22公顷。
※ 全县粮食总产量21.39万吨，同比增长1.2%；油料产量4500吨，增长1.1%；烤烟产量1.56万吨，增长2.6%；蔬菜产量11.34万吨，增长1.7%；水果产量12.38万吨，增长629.8%；蚕茧产量5600吨，下降12.1%。核桃产量2.02万吨，增长22.4%。

● *农业产业化发展情况* 2021年，祥云县农业产业基地规模、畜禽养殖业、新型经营主体发展势头强劲，现代农业产业园发展形势良好。①产业基地。祥云县全面落实“抓有机、创名牌、育龙头、占市场、建平台、解难题”6个方面举措，构建完善的产业体系、生产体系和经营体系，把小农户引入“一县一业”发展大格局。探索发展“蔬菜＋烤烟”“蔬菜＋蚕桑”“蔬菜＋粮食”“蔬菜＋林果”等“蔬菜＋”产业发展新模式，推动高原特色现代农业高质量发展。祥云县龙云经贸有限公司被列为国家南菜北运农产品现代流通综合试点企业，是全县南菜北运农产品流通综合试点项目承办单位。“龙云大有牌”蔬菜、“七彩泰兴牌”蔬菜获云南省“十大名菜”。全县桑园面积6666.67公顷，鲜蚕茧收入3亿余元，被中国蚕学会授予“中国蚕桑之乡”称号。全县有效期内“三品一标”认证产品为38个。②畜禽养殖业。全县生猪年存栏45.11万头，能繁母猪存栏5.32万头，生猪出栏76.96万头；牛存栏6.11万头，出栏2.5万头。家禽存栏862.18万羽（其中蛋鸡存栏577.61万羽），出栏992.47万羽；猪肉产量6.38万吨；禽蛋产量

5.64万吨；奶产量8206吨。培育翼通宏茂、大有林牧2家省级农业产业化重点龙头企业。③新型经营主体。全县培育重点龙头企业国家级1家，省级19家，州级27家；省级现代农业产业园2个；农村创业创新园区国家级1个，省级5个；州级休闲农业与乡村旅游示范园区3个；休闲农业与乡村旅游示范企业省级1家、州级1家；国家级示范社4个，省级示范社13个，州级示范社13个；省级示范家庭农场6个，州级示范家庭农场9个、县级示范农场11个。④现代农业产业园。建成2个省级现代农业产业园和57个“一村一品”村级产业园，10个县级现代农业产业园正有序推进。全面启动祥云经开区绿色食品制造园建设，延长畜牧业后端产业链，提升畜产品附加值。

乡村振兴

※ 2021年，祥云县财政衔接资金总投入7352万元，安排项目60个。其中，用于农村基础设施建设项目26个3016.08万元；农业生产发展项目26个3823.17万元；公共服务项目2个297.75万元；其他类型项目6个215万元。统筹整合使用其他财政涉农资金1.17亿元，安排项目40个，其中用于农村基础设施建设项目19个4936.44万元；农业生产发展项目21个6781.38万元。

※ 沪滇资金总投入3176.16万元。①计划内资金。计划内资金2516.16万元，直接拨付祥云县项目资金2448万元，通过大理州安排拨付祥云县劳务协作资金68.16万元。②计划外资金。计划外资金（携手兴乡村）660万元。安排实施29个项目，其中产业发展项目5个，农村建设项目18个、劳务协作项目1个。

● 规划修编情况　2021年，祥云县编制《祥云县巩固拓展脱贫攻坚成果同乡村振兴有效衔接规划（2021—2025年）》，把到村、到户、到人与巩固脱贫成果密切相关的项目列入项目库，分年度组织项目实施，打牢乡村振兴基础。规划建设项目3555个，计划总投资36.33亿元。完成“三机制”项目库编制，规划实施项目100个，受益35.7万人。

● 主要项目实施情况　2021年，祥云县巩固脱贫成果，过渡期各项政策保持稳定，健全防止返贫致贫监测和帮扶机制。易地扶贫搬迁后续扶持、扶贫项目资产后续管理持续加强。“云南省政府救助平台”建管用扎实开展，办理服务事项3140件。乡村振兴步伐加快。“万企兴万村”行动启动实施。刘厂镇乡村振兴示范镇加快打造，王家庄社区推动红色村组织振兴、建设红色美丽村庄试点项目全面完成。鹿鸣乡桑木箐、东山乡干海等17个村被认定为全省“一村一品”专业村。

工业经济

※ 2021年，祥云县规模以上工业总产值153.75亿元，同比增长9%。

2021年，祥云县重点项目建设不断推进。图为高速公路桥梁架设施工现场
（祥云县志办　提供）

※ 全县全部工业增加值40.7亿元，下降3.1%。

※ 全县规上工业增加值32.82亿元，同比下降6%。在规模以上工业中，轻工业下降13.6%；重工业下降4.5%。分经济类型看，国有及国有控股企业下降15.2%，股份制企业下降5.5%，私营企业下降9%。分门类看，采矿业增加值下降9.1%，制造业增加值下降4.3%，电力、热力、燃气及水的生产和供应业增加值下降9.2%。

※ 规模以上工业中，煤炭开采和洗选业增加值同比下降77.8%，黑色金属矿采选业增加值增长20.5%，有色金属矿采选业增加值下降0.8%，非金属矿采选业增加值下降17.1%，农副食品加工业增加值下降6.6%，纺织业增加值下降46.4%，造纸和纸制品增加值增长20.1%，化学原料和化学制品制造业增加值下降6.6%，橡胶和塑料制品业增加值下降50.8%，非金属矿物制品业增加值增长91.4%，有色金属冶炼和压延加工业增加值下降15.4%，专用设备制造业增加值下降0.8%，电气机械和器材制造业增加值下降21.8%，电力、热力生产和供应业增加值下降10.4%，水的生产和供应业增加值增长12.1%。

※ 全县规模以上工业企业实现营业收入119.99亿元，同比增长15.8%；平均用工6507人，减少924人，下降12.4%；应交增值税完成1.34亿元，增长5.2%。

※ 规上工业主要产品产量：水泥熟料产量同比增长294.1%，水泥产量增长101.1%，硫酸产量增长1.7%，铁矿石原矿增长16.3%，饲料产量增长20.1%，黄金产量增长1.6%，锑产量下降13.2%，蚕丝下降44.6%。

※ 实现非电工业固定资产投资6.7亿元，同比下降21%。

※ 全年全部建筑业增加值18.08亿元，同比下降6.1%。

交通　通信

※ 2021年，祥云县公路通车里程2896.1千米。路网密度按国土面积为每平方千米1.19千米，按人口为每万人70.64千米，其中农村公路2764.63千米、楚大高速公路

69.6千米、楚大高速复线58.57千米、宾南高速3.3千米。

※ 公路客运量630.55万人次，增长25.01%。公路客运周转量20.33亿人/千米，增长12.59%。

※ 货运总周转量23.59亿吨/千米，增长13.6%。

※ 广大铁路通车里程81千米，站点6个；新广大铁路55千米，站点2个。全年客运量为1260.19万人次。

※ 全年邮电业务总量44.41亿元，同比增长24.3%。其中，邮政业务总量4600万元，增长14.7%；电信业务总量43.95亿元，增长24.5%。

※ 全县自然村通信信号覆盖率为100%。

※ 年末全县固定电话用户数2.68万户，同比减少2.6%。移动电话用户数39.74万户，减少2.6%。因特网用户数7.36万户，增长0.3%。

● 5G网络建设情况　2021年，祥云县建设5G基站166个。至12月底，全县有5G基站205个，县城、乡（镇）及水目山风景区全覆盖。

商贸服务

※ 2021年，祥云县社会消费品零售总额完成78.01亿元，同比增长7.5%。①按经营地统计。城镇消费品零售额55.69亿元，增长7.6%；乡村消费品零售额22.32亿元，增长6.9%。②按消费形态统计。商品零售额70.92亿元，增长7.5%；餐饮收入7.09亿元，增长7.4%。

※ 在限额以上批发和零售业零售额中，粮油、食品类零售额同比增长12.2%，饮料类下降0.4%，烟酒类增长7.2%，服装、鞋帽、针纺织品类下降2.6%，化妆品类增长2.9%，金银珠宝类下降44.7%，日用品类增长35.4%，家用电器和音像器材类下降36.3%，中西药品类下降12.1%，文化办公用品类增长33.2%，家具类下降27.6%，通信器材类下降25.5%，石油及制品类增长176.6%，建筑及装潢材料类增长5.8%，汽车类下降19.2%。

※ 全县服务业增加值96.37亿元，同比增长7.4%。其中，批发和零售业增加值20.94亿元，增长12.6%；交通运输、仓储和邮政业增加值13.53亿元，增长14.3%；住宿和餐饮业增加值2.99亿元，增长13.1%；金融业增加值7.29亿元，增长2.9%；房地产业增加值13.57亿元，下降12.4%；信息传输、软件和信息技术服务业增加值3.04亿元，增长18.8%；租赁和商务服务业增加值3.35亿元，增长5.2%；居民服务、修理和其他服务业增加值2.98亿元，增长24.4%；文化、体育和娱乐业增加值4600万元，增长9.1%；其他非营利性服务业增加值25.41亿元，增长9%。

5月，下庄镇开展"栽烟助春耕、党团共行动"文明实践活动帮助各族群众抢抓农时移栽烤烟　　（祥云县志办　提供）

※ 全县纳入社会消费品零售总额统计的限额以上企业（个体）为59户（法人企业56户，个体户3户），其中零售业25户，批发业14户，住宿业7户，餐饮业13户。

※ 全县批发业商品销售额完成104.14亿元，同比增长23.3%；零售业商品销售额完成63.72亿元，增长22.1%；住宿业营业额完成1.85亿元，增长29.1%；餐饮业营业额完成9.97亿元，增长22.9%。

※ 全县外贸进出口总额实现6.04亿元，同比增长35.1%。

※ 申报2021年电子商务进农村综合示范项目。"滇西电商云仓"落地祥云。"祥云县电商直播基地"成立。全县计发展电子商务龙头企业4家，支撑电子商务物流企业7家。全县电子商务交易额4392.53万元。

※ 全县签订正式投资协议20个，项目投资总额427.24亿元。

※ 年内加上往年结转项目全县引进州外国内实际到位资金84亿元，同比增长9.09%，完成州级下达祥云县年度目标任务84亿元的100%，其中引进省外国内实际到位资金60亿元，增长30.55%。

城乡建设

※ 2021年，祥云县常住城镇人口18.79万人，城镇化率46.74%。

※ 县城建成区面积18.2平方千米。

※ 县城建成区绿地率为33.9%。

※ 国有土地使用权登记数2174件，抵押登记数2345件，发证3130本。

※ 集体土地使用权登记102件。

※ 全年供应土地12宗，面积34.02公顷。征收土地出让金8853.64万元。

※ 核发建设工程规划许可证39本，建设用地规划许可证9本，建设项目用地预审与选址意见书1本，乡村建设规划许可证2本。

※ 全年完成建设工程消防设计审查24件，建筑工程施工许可证19个，房屋建筑与市政工程建设项目初步设计审批14件，商品房预售许可证8个，房屋建筑和市政基础设施工程竣工验收备案14件，建设工程消防验收2件，项目配套绿化工程审查10件，项目配套绿化工程验收4件，房屋建筑和市政工程招标备案34件，防空地下室建设审批1件，防空地下室易地建设审批28件，验收防空地下室4件，审批162件行政审批许可事项。

※ 全县具有资质以内建筑企业全年完成产值23.39亿元，同比增长1%。房屋建筑施工面积65.79万平方米，竣工面积25.94万平方米。

※ 全年，全县有房地产开发项目26

祥云县刘厂镇绣球山千亩特色蔬菜标准化生产基地

（祥云县志办　提供）

个，完成投资17.64亿元，同比下降7.4%，其中住宅投资15.38亿元，下降6.2%。房屋施工面积239.47万平方米，增长5.6%；房屋竣工面积12.96万平方米，增长107.7%；商品房销售面积15.84万平方米，下降58.4%，其中住宅销售面积15.77万平方米，下降56.1%；商品房销售额8.54亿元，下降59.7%，其中住宅销售额8.49亿元，下降55.3%。

● 主要项目建设情况　2021年，祥云县实施后备资源补充耕地、耕地提质改造、矿山生态修复治理等10余个项目。①后备资源补充耕地项目。实施干海村、茨芭村、香么所村、大井村、折苴么村5个宜耕后备资源补充耕地项目，建设总规模为465.34公顷，实现新增耕地230.74公顷，总投资4720.94万元。②耕地提质改造项目。实施耕地提质改造项目7个，涉及米甸、禾甸、祥城、下庄、普淜5个乡（镇），总建设规模1273.91公顷，总投资1.08亿元。③生态修复治理项目。实施刘厂镇龙山片区、祥城镇灰窑片区矿山采石场关闭后绿色生态修复治理项目，刘厂镇龙山片区投资估算2.2亿元，建设面积38.52公顷（平面投影面积），祥城镇灰窑片区投资估算5.45亿元，建设面积78.3公顷（平面投影面积）。④规划和文化展示中心。祥云县规划和文化展示中心投入使用，10个片区城改旧改和彩云路片区城市更新试点项目加快推进，“四街八巷”历史文化街区打造和祥云大道综合整治等项目进展顺利。

社会民生

※ 2021年，祥云县全体居民人均可支配收入27316元，同比增长9.7%，其中城镇居民人均可支配收入42811元，增长8.7%。农村居民人均可支配收入15533元，增长10%。城乡居民人均可支配收入比为2.76，同比缩小0.03。

※ 全年实现城镇新增就业4654人，失业人员再就业907人。开发公益性岗位城镇147个，乡村800个。劳动力转移就业171380人次。城镇登记失业率2.85%。

※ “贷免扶补”扶持创业331人，贷款金额6333万元。

※ 全县参加基本养老保险31.07万人，其中城乡居民基本养老保险25.16万人，城镇企业职工基本养老保险2.52万人，机关事业单位职工参保8500人，被征地农民参保2.54万人。基本养老保险基金收入8.72亿元，基金支出7.57亿元。

※ 全县参加职工和城乡居民基本医疗保险44.49万人，其中参加城乡居民基本医疗保险42.29万人。基本医疗保险参保率96.44%。基金收入4.58亿元，支出4.48亿元。

※ 养老保险参保41048人，基金收入4.48亿元，支出5.04亿元。

※ 失业保险参保16203人，基金收入1489.47万元，支出1489.47万元。

※ 工伤保险参保26940人，基金收入1167万元，支出1167万元。

※ 全县有农村低保保障对象1.86万人，城市低保保障对象5500人。全年发放保障资金8534.80万元。

※ 全年保险保费收入4.01亿元，同比增长6.7%，其中财产保险保费收入1.82亿元，减少3.2%；人寿保险保费收入2.19亿元，增长16.5%。全年赔款支出1.19亿元，同比减少5.6%，其中财产险赔款支出9100万元，减少4.2%；人寿保险赔款支出2800万元，减少9.7%。

教育　体育

● 教育事业经费执行情况　2021年，祥云县教育经费总投入9.81亿元，教育经费支出8.16亿元（一般公共预算安排的教育经费支出为8.16亿元，一般公共预算教育支出7.48亿元）。

※ 学校总数为331所，其中幼儿园156所（公办幼儿园75所、民办幼儿园81所）、小学152所、初中17所、高中2所、职业中学1所、民营股份制完全中学1所、特殊教育学校1所、教师进修学校1所。另外，还设有青少年学生校外活动中心1个、祥云县少年儿童业余体育学校（祥云县全民健身中心）1所。

※ 全县有各级各类在校学生63229人，其中在园儿童11461人，小学在校生24643人（含特教学生78人），初中在校生15740人，普通高中在校生9376人，职业高中在校生2039人（含非全日制340人）。

※ 小学生均校舍面积13.54平方米，中学生均校舍面积16.98平方米；小学生均占地34.37平方米，中学生均占地37.65平方米；小学生均图书36.21册，中学生均图书32.11册。

※ 全县有专任教师3476人，其中小学在职专任教师1347人，初中专任教师1203人，普通高中专任教师751人，职业中学专任教师175人。小学、初中、高中教师学历合格率分别达到99.70%、100%、99.60%。

※ 学前儿童三年毛入园率97.07%；小学入学率100%，辍学率为零；初中毛入学率109.98%，辍学率为零，适龄残疾儿童少年入学率98.52%，九年义务教育巩固率109.65%；高中阶段毛入学率93.49%。

※ 普通高考实考3582人，一本上线1081人，免费定向录取5人，提前

本科批录取23人，国家专项批录取363人，地方专项批录取18人，高校专项批录取9人，国家优师批录取5人，一本录取595人，一本预科录取15人，本科录取2377人，专科录取1040人。全县文史类有2名文科考生进入全省前50名，理工类最高分685分。

● 体育事业经费执行情况　2021年，祥云县全民健身中心体育馆免费低收费开放补助资金和奖励资金收入236.8万元，支出158万元；年内彩票公益金收入200.4万元，支出160万元。

※ 全县现有体育场地1433个，各类体育场地面积100.66万平方米，人均体育场地面积2.48平方米。

※ 全年全面免费低收费开放县全民健身中心体育馆、室外篮球场、室外健身路径，接待健身锻炼81万人次。

※ 全县有教练员11人，有篮球裁判员一级1人、二级5人，有足球裁判员二级1人、三级20人，有气排球裁判员一级2人、二级1人，羽毛球裁判员二级3人。

● 大型体育赛事开展情况　2021年，祥云县举办和参加多场赛事活动。①举办乒乓球比赛。12月6—11日，由云南省体育局、云南省教育厅主办的年度云南省青少年U系列乒乓球锦标赛暨云南省第十六届运动会青少年组乒乓球预赛在大理祥云县举行。9个州（市）的202名运动员参加。②五人制足球联赛。7月18日，"阳光城杯"祥云县年度五人制足球联赛在县城祥和广场五人制足球场落幕。比赛从5月29日开始到7月18日结束，利用双休日进行比赛。分为甲、乙级，15支球队，50场比赛。③"贺岁杯"足球赛。12月25日，由祥云县足球协会主办，祥云县满天星体育发展有限公司承办的祥云县第二届"贺岁杯"十一人制足球赛在祥云县程官足球场开幕。10支球队223名队员参赛，比赛场次27场，历时近1个月。

科学

● 科学事业经费执行情况　2021年，祥云县争取国家、省、州科技计划项目11项，扶持项目资金550.52万元。

※ 祥云县科技进步对国民经济增长的贡献率为55.2%。

※ 祥云泰兴农业科技开发有限责任公司、大理州祥云大宇包装有限公司、云南圣比奥建材有限公司、云南华诺工贸有限公司、祥云县原闻塑业有限公司、祥云淇淞工程有限公司6家企业入库国家科技型中小企业；云南龙云大有实业有限公司、云南华诺工贸有限公司、云南杨帆环保设备有限公司3家企业被认定为国家高新技术企业，至此祥云县有有效期内国家高新技术企业15家。祥云泰兴农业科技开发有限责任公司朱红青、张红艳，祥云县杏满园通种植有限公司王家红，祥云县品万农业开发有限责任公司张绍钰4名企业负责人被认定为云南省科技特派员，至此祥云县有云南省科技特派员67人。

● 科研成果　2021年，祥云县组织实施自燃式生活垃圾热解净化系统成果转化及产业化、绿色食品（蔬菜）产业基地发展成果转化及科技扶贫示范、特色畜产品精深加工关键技术研究与产业化示范、农产品绿色生产及质量安全控制关键技术研究与示范应用、祥云冬枣新品种选育及高效栽培技术研究与示范等27个国家、省、州、县科技项目。云南合续环境科技有限公司承担实施的"CHtank600型中国罐"项目，云南祥云圣龙农业庄园有限公司实施的"圣龙生态循环农业引领产品国际化"项目，祥云泰兴农业科技开发有限责任公司实施的国家级项目"绿色食品（蔬菜）产业基地发展成果转化及科技扶贫示范"项目获省级创新创业大赛奖。

文化　旅游

● 文化旅游事业经费执行情况　2021年，祥云县文化旅游系统经费收入1759.01万元，其中基本收入1246.8万元、项目收入512.21万元，以及前年度结转结余经费718.37万元。文化旅游系统经费支出2226.42

近年来，祥云县以高水平规划为引领，加快重大基础设施项目的实施，持续改善城乡人居环境。图为祥云县城祥城镇建成区风貌
（祥云县志办　提供）

2021年，祥云县倾力打造的大型红色花灯剧《王德三》公演12场观众近万人次
（祥云县志办 提供）

万元，其中基本支出1297.47万元，主要用于文化旅游局、文化馆、图书馆、艺术团、文管所人员工资及运行经费支出；项目支出928.95万元，主要用于送戏下乡、庆祝中国共产党成立100周年系列活动等惠民演出支出15.36万元、大型红色花灯剧《王德三》会演支出151.67万元、非遗保护工作支出62.37万元、文化馆图书馆纪念馆文化站免费开放支出41.77万元、公共文化服务体系建设支出32.66万元、三区文化人才支出4.78万元、疫情防控及爱国卫生“七个专项行动”支出11.46万元、文物保护支出590.78万元、旅游基础设施建设支出11.03万元、其他文化和旅游支出7.07万元。

※ 全县有不可移动文物253项。各级文物保护单位46项，其中国家级5项、省级5项、州级15项、县级21项。

※ 全县非物质文化遗产代表性项目73项，其中省级6项、州级15项、县级52项。非物质文化遗产代表性项目代表性传承人170人，其中省级12人、州级13人、县级145人。

※ 广播电视人口覆盖率99.8%。

※ 农村电影放映1589场次，观众人数22.12万人次。

※ 公共图书馆藏书86401册、借阅4662人次，15144册次。

※ 专业文艺团体演出62场次、观众数线上20万余人，线下2.8万人。

●**群众文化活动开展情况** 2021年，祥云县依托“两馆一站”开展文艺活动19场次，举办展览15场次，培训班22期次；为22个贫困村配置价值44万元的投影仪、照相机、便携式音响、乐器等文化设备；开展庆祝中国共产党成立100周年群众文化系列活动，举办红歌广场舞培训、广场舞噪声污染治理、歌咏比赛等活动，服务52542人次；与云南省花灯剧院合作，打造花灯剧《王德三》，完成祥云、下关各6场公演，观众近万人次。

※ 全县接待旅客316.54万次，同比增长25.4%。

※ 旅游总收入36.78亿元，同比减少7.8%。

※ 全县有A级旅游景区2家：祥云水目山文化旅游区为国家AAAA级旅游景区，祥云云南驿景区为国家AA级旅游景区。

卫生与健康

●**卫生事业经费执行情况** 2021年，祥云县卫生健康部门总收入90263.15万元，其中财政拨款收入13975.46万元，事业收入66724.63万元，其他收入9563.06万元。总支出91609.07万元，其中社会保障和就业支出1517.74万元，卫生健康管理事务支出395.97万元，公立医院支出68626.02万元，基层医疗卫生机构支出9611.36万元，公共卫生支出9276.47万元，中医药专项支出135.19万元，计划生育事务支出951.49万元，行政事业单位医疗支出873.82万元，医疗救助支出21.92万元，其他卫生健康支出199.09万元。部门年度收支结余-1345.92万元。

※ 全县有医疗卫生机构210个，其中医院10个，基层医疗卫生机构193个，专业公共卫生机构6个，其他卫生机构1个。三级未定等综合医院1个，二级甲等中医医院1个，二级甲等妇幼保健计划生育服务中心1个，一级甲等乡（镇）卫生院11个，一级综合民营医院7个，一级专科民营医院1个。

※ 全县实有病床数2164张。每千人常住人口医疗卫生机构床位数为5.24张。

※ 全县在岗职工有3622人，其中卫生技术人员2896人。卫生技术人员中执业（助理）医师996人，注册护士1426人，药师（士）84人，技师（士）146人。全县每千常住人口执业（助理）医师数为2.51人，注册护士数为3.5人。

※ 全县乙类传染病发病率为154.18/10万，同比下降9.08%；丙类传染病发病率为143.56/10万，上升62.86%。发病数在前五位的病种依次为：其他感染性腹泻、手足口病、肺结核、流行性出血热、肝炎，占发病总数的62.20%。

※ 全县孕产妇住院分娩率100%，死亡率从2015年至今连续7年为零。婴儿死亡率2.49‰。

※ 全县基本医疗保险参保人数444935人，其中城镇职工基本医疗保险参保人数22054人，城乡居民基本医疗保险参保人数422881人。

※ 全县城乡居民享受医保待遇1960880人次，报销基本医疗资金32466.83万元。大病理赔3203.53万元。

●**卫生基础设施建设情况** 2021年，祥云县卫生基础设施建设项目主要有县人民医院老年医学关爱中心（二期）建设项目以及核酸检测医疗基地、村卫生室建设等。①县人民医院老年医学关爱中心（二期）建设项目。建设医技教学楼1栋，总建筑面积41054.64平方米，总投资1.48亿元，年内完成基坑支护、土方开挖及回填、桩基础、主体结构、二次结构及砌体等工程，进入内部装修及安装施工阶段。②核酸检测医疗基地建设。建成核酸检测医疗机构3家，祥云县新冠病毒核酸检测基地竣工。③村卫生室建设。完成村卫生室改扩建19家，每家州级补助资金5万元。

（杨正雄撰稿）

宾川县

基本情况

自然概貌

※ 宾川县位于大理州东北部。

※ 位于北纬25°32′～26°12′，东经100°16′～100°59′。

※ 东与楚雄州大姚县毗邻，南同祥云县接壤，西和大理市交界，北与鹤庆县、丽江市永胜县相连。

※ 面积2562.67平方千米，其中山区面积2135.63平方千米、坝区面积427.04平方千米。

※ 东、南、西三面高耸，中部、北部低平，由山脉、谷地构成境内10个坝子（盆地），地貌由高山、峡谷、丘陵和盆地构成。

※ 最高海拔木香坪3320米，最低海拔鱼泡江与金沙江交汇处1104米，高差2216米；县域平均海拔2196.3米，县行政办公区所在地海拔1410米。

※ 境内主要山脉有东部的平顶流山、哨房山梁子，南部的罗家山、帽山，西部的老青山，西北部的鸡足山、木香坪等。境内河流众多，多为季节河，较大的有纳溪河、平川河、朵背箐河和清水河，全部属金沙江水系。

※ 2021年降水量为365.8毫米，年平均气温20.8℃，年日照时数2764.6小时。

※ 境内已探明的具有开发价值的矿种有无烟煤、铁矿、锰矿、铜矿、铅锌矿、金矿、硫铁矿、碲矿、硅藻土、石灰岩、大理石、黏土（页）岩等20余种，矿床、矿点64处。硅藻土已探明储量1.4亿吨，是国内稀少的特大型矿床。生物资源有水稻、玉米、小麦、蚕豆等粮食作物。有烤烟、橘果、葡萄、香叶、甘蔗、花生、蔬菜等经济作物，主要物产有水稻、烤烟，以脱水葱蒜为主的系列产品，以柑橘、葡萄、核桃为主的林果产品。有宾川拉乌核桃、宾川朱苦拉咖啡、宾川红提葡萄、宾川柑橘、宾川软籽石榴、宾川冬桃、宾川附子7个地理标志产品。2021年，宾川有7个当地经营主体自主品牌入选云南省绿色食品品牌目录；"宾川柑橘"入选云南省绿色食品公用品牌目录；"云福"牌沃柑入选云南省绿色食品"十大名品"；"七彩云秘"牌阳光玫瑰（葡萄）2018年、2019年、2020年连续3年获云南省十大名果。还有黑腰枣、鸡足山素食、宾鲜猪脚炖草乌、海稍鱼、韭菜腌菜、鸡足山冷菌等特产。其他自然资源有太阳能、风能、林业和中药材等。

行政区划

※ 2021年末，全县辖乔甸、宾居、州城、金牛、鸡足山、大营、力角、平川8个镇和钟英、拉乌2个民族乡，有79个行政村、11个社区、811个自然村、1242个村民小组。

※ 乔甸镇辖6个行政村、65个自然村、79个村民小组；州城镇辖8个行政村、1个社区、64个自然村、189个村民小组；宾居镇辖6个行政村、2个社区、60个自然村、122个村民小组；金牛镇辖11个行政村、7个社区、109个自然村、275个村民小组。鸡足山镇辖9个行政村、65个自然村、110个村民小组；大营镇辖4个行政村、1个社区、49个自然村（含5个居民小组）、82个村民小组；力角镇辖8个行政村、92个自然村、108个村民小组；平川镇14个行政村、167个自然村、182个村民小组（原东升村委会的咪布地下组因异地扶贫搬迁至金牛镇大坪地）；钟英乡辖6个行政村、80个自然村、69个村民小组；拉乌乡辖7个行政村、47个自然村、68个村民小组。

人口

※ 2021年末，宾川县户籍总人口36.78万人，人口密度每平方千米144人。

※ 男性186277人，女性181504人；乡村人口229993人，城镇人口137788人。

※ 年内出生率8.2‰；死亡率9.38‰；人口自然增长率−1.18‰。

6月22日，总投资5.32亿元的宾川县人民医院新区建设完成并投入使用　（宾川县志办　提供）

2021年，宾川县继续推进实施河道治理工程。图为桑园河治理现场
（宾川县志办　提供）

民族　宗教

※ 境内居住有37个民族，世居民族7个。2021年末，境内有汉族276309人，白族52516人，彝族26361人，傈僳族7390人，回族866人，苗族795人，拉祜族301人；其他30个民族人口3243人。少数民族总人口9.15万人，占全县总人口的24.87%。

※ 2021年，宾川县有宗教团体2个。

※ 宗教活动场所29个，其中佛教寺院21个、伊斯兰教清真寺5个、天主教教堂1个、基督教教堂2个（以堂带点管理的聚会点4个）。

※ 宗教教职人员中佛教105人。其中，比丘40人，比丘尼65人。伊斯兰教5人；基督教5人；天主教无教职人员。信教群众4.2万人，其中佛教约4.02万人、伊斯兰教约600人、天主教约400人、基督教约800人。

经济社会发展情况

主要经济指标

※ 2021年，宾川县地区生产总值（GDP）161.19亿元，增长9.6%。人均生产总值（人均GDP）48623元，增长9.6%。

※ 第一产业71.4亿元，增长7.4亿元，增长9.4%；第二产业29.18亿元，增长5.27亿元，增长13.5%；第三产业60.62亿元，增长5.21亿元，增长8%。

※ 三次产业结构比为44.3:18.1:37.6。

※ 县财政总收入9.31亿元，同比增长6400万元，增长7.4%；一般公共预算收入6.02亿元，增长6.7%；一般公共预算支出24.26亿元，增长15.5%；金融机构人民币各项存款余额139.67亿元，增长9.7%；贷款余额134.46亿元，增长13.6%。

※ 固定资产投资总额88.77亿元，增长47.6%；500万元以上项目完成投资84.46亿元，增长74.3%；能源外工业投资1.48亿元，减少67%；房地产开发项目14个，投资4.31亿元，减少63.1%。县域经济省级考核排第20位。

农业经济

※ 2021年，宾川县农业总产值133.19亿元，增长11.42%。其中，种植业产值105.45亿元，增长19.17%；林业产值2.66亿元，增长3.46%；牧业产值20.06亿元，增长17.06%；渔业产值1.38亿元，增长21.61%。农林牧渔服务业产值3.64亿元，增长15.47%。

※ 农村居民人均可支配收入20035元，增长10.2%。城镇居民人均可支配收入41890元，增长9.3%。

※ 集体所有农用地总面积25.97万公顷，其中耕地5.85万公顷，园地93.87公顷，林地19.66万公顷，草地2427.13公顷，养殖水面528.67公顷，农田水利设施用地（沟渠）316.73公顷，其他1143.87公顷。

※ 农作物种植面积4.14万公顷，增582.93公顷，其中粮食作物2.41万公顷，油料1660.4公顷，烟叶2480公顷，香叶529.67公顷，药材501公顷，蔬菜1.15万公顷。

※ 主要农产品产量：粮食15.52万吨，增长0.65%；油料4785吨，减少9.84%；烟叶（烤烟）5025吨，减少15.48%；水果77.15万吨，增长11.2%。

● **农业产业化发展情况**　2021年，宾川县葡萄种植11020公顷、柑橘种植5873.33公顷。

乡村振兴

● **产业发展、生态建设、组织建设情况**　2021年，宾川县投资3.24亿元，实施水果产业“五化”项目8个，带动全县发展以葡萄、柑橘为重点的水果2.17万公顷。宾居镇、拉乌乡、金牛镇被列入国家级一村一品示范镇。发放产业小额信贷1.83亿元，扶持3995户到户增收。培育县级以上龙头企业33户、专业合作社707个，认定庄园26个、家庭农场200个。引导县内168个新型经营主体带动脱贫户9451户35610人增收。

※ 由原县扶贫办重组成立宾川县乡村振兴局，在10个乡（镇）成立乡村振兴办。35名县处级领导挂钩全县10个乡（镇），挂钩巩固拓展脱贫攻坚成果推进乡村振兴任务相对较重的63个村。实行“包乡带村”工作责任制，105家省、州、县、单位对全县90个村（社区）乡村振兴定点帮扶全覆盖，向63个重点村（社区）派出177名驻村第一书记、工作队员。

● **规划修编情况**　2021年，宾川县编制《宾川县巩固拓展脱贫攻坚成果同乡村振兴有效衔接规划（2021—2025年）项目库》，规划总投资80.15亿元，实施项目1825个。

● **主要项目实施情况**　2021年，宾川县投资4800万元，实施30户以上自然村通硬化路80千米，覆盖39个自然村；投资1102万元实施农村安防、桥梁及危桥改造等项目6个。投资2077万元完成新建及改造10kV线路18.8千米，建成董家地和岩淜一期、二期3座光伏电站，完成乔甸、排营2个输变电项目建设。建成29个4G基站、86个5G基站，实现行政村、旅游景点等重点区域4G网络全覆盖，城镇和自然村光纤覆盖率分别为100% 和83.7%。

工业经济

※ 2021年，宾川县工业增加值(原总产值)16.89亿元，增长5.2%。

※ 全县工业总产值75.2亿元，同比增长7.4%。

※ 工业企业利税总额2.35亿元，同比增长50.2%。

※ 固定资产投资总额88.77亿元，增长47.6%。500万元以上项目完成投资84.46亿元，增长74.3%。能源外工业投资1.48亿元，下降67%。

※ 主要工业产品产量：发电量57242万千瓦时，同比下降0.1%；水泥282.77万吨，增长2.3%；陶瓷砖199.1万平方米，下降33.6%；瓦2579万片，增长1450万片。

交通　通信

※ 2021年末，宾川县公路通车里程4622千米，与上年同。公路运输总周转量114623.8万吨千米，同比增长35%；年末车辆拥有量15.5万辆。

※ 全县客运量1509万人次，增长22%；客运周转量86482万人千米，增长16%。

※ 全县货运量3397万吨，增长15%；货运周转量671898万吨千米，增长19%。

※ 全县水上运输总周转量20.21万人/千米，同比增长10.8%。

※ 全县邮电业务总量36.2亿元，增长22.9%。其中，邮政业务总量5280.52万元，下降减41%；电信业务总量35.66亿元，增长24.9%。年末固定电话10543部，增长25%；移动电话355009部，下降9.8%。

● **5G网络建设情况**　2021年，宾川县建成4G基站29个、5G基站86个，行政村、旅游景点等重点区域4G网络全覆盖，城镇和自然村光纤覆盖率分别为100% 和83.7%。

商贸服务

※ 2021年，宾川县社会消费品零售总额完成43.08亿元，增长8.2%。高于全州1个百分点，增幅排名全州第三。

※ 农副产品出口总额6.76亿元，同比增长26.6%。出口量位居全州第一。通过拼多多、淘宝、快手等平台在线上销售大蒜、柑橘、葡萄等农特产品的零售额为2.09亿元，同比增长42.67%。

※ 全县实施招商引资项目38个，州外到位资金57.39亿元，增20.3%，完成州下达任务52亿元的110.4%，增幅排名全州第一；省外到位资金46.7亿元，同比增长33.3%，完成州下达任务43亿元的108.7%，增幅排名全州第一。

城乡建设

※ 2021年，宾川县办理建设工程规划许可证42次，建筑面积15.93万平方米；竣工验收47次，建筑面积56.36万平方米；建设用地规划许可7次，用地面积11.9万平方米；乡村规划许可24次，建筑面积1.09万平方米；办理建设项目用地预审与选址意见书7件，用地面积231.23万平方米。投资2096.11万元完成力角镇大会村土地整治(提质改造)项目，建设规模453.02公顷，新增耕地81.9公顷，增长17.94%。

● **主要项目建设情况**　2021年，宾川县启动总投资1998.22万元的长江流域综合治理宾川县城区污水配

①

②

③

④

2021年，宾川县大力实施高速公路建设。①宾南高速宾川段枢纽立交建设②宾南高速宾川段杨公箐水库大桥建成通车③宾鹤高速宾川段预制梁板施工④宾鹤高速宾川段大桥建设　（宾川县志办　提供）

套管网建设项目，县城区累计配套建设污水管网86.5千米，城市污水集中处理率90.24%，生活污水污泥无害化处理率100%。总投资2922.21万元的宾川县污水处理厂提升改造工程建设完成投入试运行。建成总投资2143.16万元的大营镇、乔甸镇、平川镇、力角镇4个镇集镇污水处理厂，乡(镇)生活污水处理设施覆盖率66.67%，自然村生活污水治理率26.3%。

社会民生

※ 2021年，宾川县事业单位职工年平均工资122103元，同比减8702元，同比减6.65%。公务员年平均工资143807元。城镇居民人均可支配收入41890元；农村居民人均可支配收入20035元。

※ 新增就业3305人，其中城镇下岗失业人员再就业1071人，开发公益岗位386个、农村劳动力转移就业19.36万人次，完成目标任务1.41万人次的138%、城镇登记失业人数799人，失业率3.32%。

※ 全县审核推荐创业担保贷款136户2618万元，完成年度目标任务134户的101.49%，带动就业548人；审核推荐"贷免扶补"创业小额贷款381户6786万元，完成全县"贷免扶补"目标任务381户的100%，带动就业1171人。申报推荐"大学生创业补贴"4户，发放补助10.5万元。

※ 养老保险参保19.39万人、基金收入3.21亿元，支出4.10亿元；医疗保险参保31.93万人、基金收入4.09亿元，支出3.64亿元；城市最低生活保障1924人，农村最低生活保障121871人。失业保险参保799人、基金收入293.89万元，支出69.74万元。工伤保险参保16587人、基金收入225.91万元。

※ 县城建城区面积6.5平方千米；与上年同。常住人口城镇化率31.34%；县城绿地率37.26%，绿化覆盖率为40.61%，人均公园绿地面积为12.08平方米。森林覆盖率56.39%。

※ 全年销售备案商品房814套(幢、间)，建筑面积11.66平方米(全年入统销售面积12.5万平方米)，成交金额6.45亿元，其中住宅销售661套(幢)，建筑面积9.57万平方米，成交金额5.11亿元，均价5337.39元/平方米，非住宅销售153间，建筑面积2.1万平方米，成交金额1.34亿元，均价6402元/平方米。

※ 2021年，完成13个城镇老旧小区改造任务，总投资1450万元。同步配套改造中心街、宏强路等市政道路管网改造强弱电入地及雨污管网分流等，解决老县城区电线"蜘蛛网"及雨污不分流问题。

※ 2021年，大理州下达宾川城镇棚户区改造500户任务数全部开工，建成150户，城镇棚户区改造配套基础设施白羊路南段、桔乡路东段城市道路主体工程建成通车试运行。完成老政府片区棚户区改造一期101户回迁安置户"回迁安置房"抽签和选房。推进总投资630万元的州下达宾川县500户农村房屋抗震加固改造，开工率100%，竣工484户，竣工率96.8%，兑付补助资金539.36万元。发放保障性租赁住房补贴67户13.17万元。

教育　体育

● 教育事业经费执行情况　2021年，宾川县教育总投入7.85亿元。县级财政一般公共预算支出6.33亿元，同比增288.21万元，增0.43%，国家财政性教育经费占全县生产总值的4.73%。

※ 全县有各级各类学校196所，其中普通高完中3所、职业高级中学1所、教师进修学校1所、初级中学17所(含1所民办初级中学)、九年制义务教育学校1所、特殊教育学校1所、完小76所、教学点8个、幼儿园96所。

※ 全县在校学生56632人，初中12792人，小学26358人。

※ 全县在职教职工4059人。

※ 学前三年毛入园率93.7%；小学适龄儿童入学率99.85%，辍学率为零；残疾儿童入学率100%；初中毛入学率102.25%，辍学率为零；九年义务教育巩固率104.77%；高中阶段毛入学率90.90%。

※ 参加普通高考1416人，上线1416人，上线率100%。一本上线214人，一本率15.11%，本科上线776人，本科率54.80%。

● 体育事业经费执行情况　2021年，宾川县体育事业彩票公益金收入6.99万元，支出办公费6.99万元，无结转。机关服务收入51.73万元，支出51.73万元，其中工资福利支出50.3万元，对个人和家庭的补助100元。

※ 宾川县有各类体育场地717块(个)，其中篮球场391块、全民健身路径142套、乒乓球场85个、小运动场26个、排球场21块、足球场24块、地掷球场6个、乒乓球馆5个、门球场4块、羽毛球馆3个、综合馆2个、全民健身中心1个、三人制篮球场2块、健身房2个、游泳馆1个、拳击馆1个、击剑馆1个。

※ 举办各类体育赛事6次，1.4万人次参加。

※ 全县有二级以上运动员121人，三级以上裁判员22人，教练员18人，三级以上社会体育指导员309人。

● 体育人才培养、输送、参赛及获奖情况　2021年，宾川县有少体校在训队员50人，全年向省州输送运动员13人。12月，宾川昌颐拳击俱乐部9名运动员代表大理州参加在玉溪举办的年度青少年U系列拳击锦标赛。赵阳舟获男子甲组75千克级银牌，段灿鹏获男子甲组75千克级铜牌，李振涛获男子乙组46千克级铜牌。12名运动员代表大理州参加在安宁市举办的年度云南省校园拳击锦标赛暨技能大赛10个级别的比赛。左逸涵获小学组男子50千克级第一名，欧阳烁获小学男子30千克级第一名，张埴桓获高中女子52千克级第一名，何林洪获小学男子40千克级第一名，帅雨珊获初中女子46千克级第一名，何皓文获小学男子50千克级第二名。教育体育局组队参加年度"大理州中长跑比赛"，派出20名运动员参加男子甲组、乙组，女子甲组、乙组的比赛。获男子乙组团体总分第四名、女子乙组团体总分第五名、男子3000米个人第一名。

科学

● 科学事业经费执行情况　2021年，宾川县县级财政支出2472万元。省级科技项目申报7个；对金牛镇尼萨村、乔甸镇雄鲁么村、鸡足山镇沙址村为示范点的3个省级

6月28日，宾川县党史学习教育"红色经典·献礼百年·百场主题诵读分享"活动举行（宾川县志办　提供）

科技扶贫示范项目进行中期跟踪检查。对2019年州对县科技转移支付资金20万元实施"平川底么温室大棚葡萄新品种种植示范基地""柑橘无病良种苗木繁育中心播种圃升级改造""葡萄、柑橘新品种种植技术培训"等8个项目组织验收；对2020年州对县科技转移支付资金18万元的"一次性防护口罩原料熔喷布生产技术研发及应用""工业无毒大麻加工生产技术研发及产业化应用""水果精选深加工技术研发及产业化应用"等5个项目进行跟踪检查。对县人民医院承担的"专家工作站"项目，富鑫公司承担的"星创天地"项目进行绩效检查和跟踪管理。

● *科普活动次数、规模*　2021年，宾川县组织宾川佳泓园艺有限责任公司、宾川县乐满地农业开发有限责任公司、宾川县云福农副产品加工有限责任公司、云南泰瑞农林发展有限公司申报云南省科普基地认定。组织宾川县鸡足山旅游公司、力角完小、佳泓园艺公司参加大理州第二届科普讲解大赛。争取省、州对下转移科普专项资金69万元，其中为农技协、科技企业、科普示范社区争取资金45万元。指导宾川县远航植保科技服务有限公司向中国农村专业技术协会申报成立大理州第一个国家级"科技小院"暨云南宾川葡萄科技小院，为其争取工作经费30万元（2021—2023年每年10万元）。组织全县农民群众参加第十一届全国农民科学素质网络竞赛活动，5354人参赛，人次30.73万次，满分率74.16%，位居全国第94名。内请外聘科技专家开展葡萄、柑橘、石榴、中药材、核桃、滇橄榄的技术培训32场次，参与培训人数5200人次。

● *科研成果*　2021年，云南宏伟种业有限公司对企业自主培育的玉米新品种"宏伟2号""宏伟898号"和泰瑞公司研发的《一种青花椒的种植方法》发明专利3项科技成果取得成果登记证书；完成技术合同登记13项、登记金额4821万元。

文化　旅游

● *文化旅游体育与传媒经费执行情况*　2021年，宾川县县级财政支出2855万元。

※ 全县有文物保护单位66项，其中国家级2项、省级6项、州级15项、县级43项。

※ 非物质文化遗产省级5项、州级15项、县级69项；非物质文化遗产传承人省级6人、州级20人、县级248人。

※ 广播电视人口覆盖率99.9%；电视人口覆盖率99.9%。

※ 公共图书馆藏书量124621册，借阅10056人次，流通11750册次。

※ 开展文化下乡32场次；制作60分钟线上惠民演出节目，开展春节线上惠民演出展播；录制舞蹈《盛世欢歌》《彩蝶飞花》《我的祖国》等10个文艺节目视频，参加线上"三月街"文艺展播。

※ 接待国内外旅游512万人次，增20.2%，其中国内旅游470万人次，减71%，国（海）外旅游470人次，减71%（主要是受新冠疫情影响）。

※ 实现旅游业总收入57.38亿元，减5.8%。鸡足山景区接待游客63.04万人次，同比减3.85%；旅游总收入7044.37万元，增62.68%。

※ 全县有国家AAAA级旅游景区1个，为鸡足山景区。

卫生

● *卫生事业经费执行情况*　2021年，宾川县县级财政支出3.67亿元。

※ 医疗卫生机构182个，医院8个，其中县级医疗卫生机构12个（含民营医疗机构6个），乡（镇）卫生院10个，社区服务中心1个、社区卫生服务站4个，村卫生所86个，个体诊所67个、美沙酮门诊1个。

※ 全县实有病床2074张，每千人拥有病床6.1张。

※ 专业卫生技术人员2300人，每千人拥有医务人员7人。

※ 孕产妇住院分娩率100%，死亡率为零。

※ 城乡居民参加基本医疗保险325089人、参保率94.93%、参合金额2.59亿元，报销金额1.64亿元。

● *卫生基础设施建设*　2021年，宾川县投资5.33亿元的县人民医院新区项目建成并投入使用；投资2340万元的宾川县妇幼保健院门诊综合楼建设项目建成；投资1.52亿元的宾川县妇幼保健院住院综合楼建设项目开工建设。

● *新冠肺炎疫苗全民免费接种*　2021年，宾川县设置疫苗接种点乡（镇）卫生院固定疫苗接种点10个，县城区临时接种点4个；设置预防接种工作台72个。全县接种疫苗累计801455剂，其中累计完成两次全程接种306930人；完成第三剂次接种187975人，完成率全州排名第一。未接种率16.10%，全州最低。3~11岁人群完成接种37054人，完成州级下达37860人第一剂接种任务的97.87%；60岁及以上人群第一剂累计接种44780人，覆盖率80.67%，全州排名第二。

（张红宣撰稿）

弥渡县

基本情况

自然概貌

※ 弥渡县位于大理州东南部。

※ 位于北纬24°47′～25°32′，东经100°19′～100°47′。

※ 东与祥云县、楚雄州南华县毗邻，南同普洱市景东县、南涧县接壤，西和巍山县交界，北跟大理市相连。

※ 面积1523.43平方千米，其中坝区面积132平方千米，占全县面积的8.66%；山区、半山区面积1391.43平方千米，占全县面积的91.34%。

※ 弥渡地处云岭山系，哀牢山脉与无量山脉分支顶端，历经古生界、中生界和新生界地壳构造运动，形成山地和盆地相间复合地貌。地势西北高、东南低。山脉、河流呈西北—东南展布。山峦起伏，峰谷相间，南北纵列。

※ 境内最高点为西北部九顶山山峰，海拔3117.9米，最低点为东南部德苴乡金宝山东麓礼社江心，海拔1223米，县城所在地弥城镇城区海拔1667.72米。

※ 境内山脉主脉有西山、东山、南山3支山系，主要山峰有九顶山、太极顶、五台山、天生营等。河流多属红河上游元江水系，少数属李仙江水系，均为山区季节性河流。主要有毗雄河水系、毗雌河水系、白云河水系、牛街河水系，其中毗雄河为主干河流。

※ 2021年，降水量724.2毫米，年均气温17.9℃，年日照时数2237.2小时。

※ 矿产资源有铂、钯、钼、铜、铅、锌、镍、钴、铁和煤、石膏、石灰石、高岭土等，其中德苴金宝山铂钯矿为大型矿床，九顶山铜钼矿为中型矿床，德苴金宝山石膏储量上亿吨。

※ 境内有软体动物91种，土著鱼类7种，两栖动物和爬行动物16种，鸟类31种，兽类27种，昆虫类数种。林木有松科、柏科、樟科、八角茴香科、紫树科、含羞草科、蝶形花科、芸香科、杨柳科和桦木科等29科；有中草药和药用动物、矿物381种。

行政区划

※ 2021年末，全县辖弥城、红岩、新街、寅街、苴力、密祉6个镇和德苴、牛街彝族2个乡，有89个村委会(社区)、922个自然村、1221个村民小组。县城所在地弥城镇。

※ 弥城镇辖17个村委会(社区)、110个自然村、232个村民小组；红岩镇辖12个村委会、108个自然村、167个村民小组；新街镇辖12个村委会、107个自然村、173个村民小组；寅街镇辖11个村委会、71个自然村、170个村民小组；苴力镇辖7个村委会、89个自然村、132个村民小组；密祉镇辖6个村委会、32个自然村、40个村民小组；德苴乡辖13个村委会、116个自然村、162个村民小组；牛街乡彝族辖11个村委会、289个自然村、145个村民小组。

人口

※ 2021年末，弥渡县户籍总户数94057户，户籍总人口326581人。常住人口25.86万人，常住人口城镇化率37.69%。

※ 男性165923人，女性160658人；城镇人口101408人，乡村人口225173人。

※ 年内出生人口1818人，出生率5.56‰；死亡2102人，死亡率6.43‰。人口自然增长率-0.87‰。

民族 宗教

※ 境内居住有汉族、彝族、白族、回族、傈僳族5个世居民族。2021年末，少数民族人口39189人，占总人口的12%。其中，彝族31750人，占总人口的9.72%；白族2805人，占0.86%；回族1739人，占0.53%。

※ 2021年，弥渡县有依法登记的县伊斯兰教协会、县基督教协会和县基督教“三自”爱国运动委员会3个宗教团体；有佛教联络组、道

弥渡县德苴乡集镇　（弥渡县志办　提供）

教联络组2个联络组。
※ 宗教活动场所25个。
※ 宗教教职人员39人，其中道教21人、伊斯兰教10人、基督教8人。
※ 信教群众约4万人。

经济社会发展情况

主要经济指标

※ 2021年，弥渡县完成地区生产总值（当年价）93.09亿元，同比增长5.9%。
※ 第一产业增加值33.71亿元，增长8.7%；第二产业增加值15.94亿元，下降8%；第三产业增加值43.45亿元，增长9.4%。人均地区生产总值35820元，增长7.4%。全年非公有制经济增加值为42.87亿元，同比增长5.1%，占GDP比重的46%。
※ 三次产业结构36.2∶17.1∶46.7。
※ 财政总收入6.98亿元，同比增长3.31%。其中，地方一般预算收入5.05亿元，增长5.06%；地方一般预算支出22.17亿元，增长0.7%。
※ 规模以上固定资产投资完成额44.05亿元，同比增长20.8%。

农业经济

※ 2021年，弥渡县农林牧渔业总产值65.65亿元，同比增长10.06%。其中，农业产值26.14亿元，增长30.47%，林业产值1.54亿元，增长4.85%，牧业产值35.07亿元，增长0.24%，渔业产值1.80亿元，下降16.31%，服务业产值1.09亿元，增长9.05%。
※ 农作物播种面积4.09万公顷，同比下降0.38%。其中，粮食播种面积2.43万公顷，下降1.89%；经济作物播种面积1.55万公顷，增长1.88%，其中油料播种面积1808.11公顷，增长0.17%；蔬菜播种面积1.03万公顷，增长2.82%；烟叶播种面积3140公顷；增长0.43%；药材播种面积1266.41公顷，下降1.42%；其他播种面积166.04公顷，增长19.86%。
※ 全年粮食总产量178272吨，下降1.92%；油料5310.35吨，增长0.66%；蔬菜及食用菌404510.61吨，增长5.31%；烟叶6355吨，同比0.39%；药材1214.53吨，下降16.42%。

2021年，弥渡县被列为云南省特色农产品（弥渡蔬菜）优势区，累计有80个农产品获“三品一标”认证。图为蒜苗大宗批发　　（弥渡县志办　提供）

● *农业产业化发展情况*　2021年，弥渡县从产业、基地、品牌、质量、规模方向发展农业产业。①产业基地。全县建成6666.67公顷无公害蔬菜生产基地、5600公顷蔬菜出口食品农产品质量安全示范区、440公顷设施蔬菜大棚、18.67公顷蔬菜工厂化育苗基地，建成鲁滇、星火两个省部级蔬菜标准园；建成正大1100头生猪育肥场141栋、5000头种猪场1个，改造完成2个1200头种猪场，全县有年出栏1万头以上的生猪规模养殖场23户，生猪规模养殖比例为42.2%；发展100头以上肉牛规模养殖户14户，60～99头适度规模养殖户31户，30头以上养殖示范户73户，规模存栏2091头，规模率3%；中药材、花卉、种子等一批特色基地稳定增长，种植水果4946.67公顷，茶叶764.67公顷，玉米制种1266.67公顷。②“绿色食品牌”品牌。大理春沐源农业科技有限公司、嘉益玫瑰两个生产基地被认定为粤港澳大湾区“菜篮子”生产基地；老土罐、春沐源2家公司被认定为省级“绿色食品牌”产业基地；弥渡建林、大理嘉益等被认定为州（市）级“绿色食品牌”产业基地；鲁滇、春沐源蔬菜生产基地成为供港备案基地，打造国家级绿色示范中心步伐全面推进。弥渡县被列为云南省特色农产品（弥渡蔬菜）优势区，“弥菜”成为弥渡县一张靓丽的名片。累计有80个农产品获“三品一标”认证，鲁滇黄瓜等2个产品获大理州“5大名品”称号，春沐源樱桃番茄等2个产品获“云南十大名品”称号。③产业发展质量。全县建成州级“一村一品”示范乡（镇）1个、“一村一品”示范村21个，初步形成“一县一业”“一村一品”发展新格局。④产业发展模式。探索出新街大荒地“双绑”发展模式、栗子园“合作联社”发展模式、“1+4”正大生猪产业发展模式等多种可推广可复制的发展模式，实施“北牛南调”工程。⑤重点产业。重点产业成为农民增收致富中坚力量。全年完成蔬菜种植1.03万公顷，产量40.45万吨，综合产值24.84亿元；全县生猪存栏41.13万头，出栏61.12万头，产量4.89万吨，综合产值29.76亿元，成为大理州唯一的全国生猪调出奖励大县。

乡村振兴

● *产业发展情况*　2021年，弥渡县围绕构建“234”现代产业体系目标，以超常举措推动产业转型发展。以全面巩固拓展脱贫攻坚成果推进乡村振兴为总抓手，“一园四中心”建设有效推进，蔬菜“一县一业”示范县加快创建，“一棵菜、一头猪”为重点的高原特色现代农业发展加快步伐，建成无公害蔬菜生产示范基地6666.67公顷、出口食品农产品质量安全示范区6800公顷，创建省级蔬菜标准园2个，建成州级“一村一品”示范村21个，大理春沐源被列为省级

2021年，弥渡县组织实施弥渡花灯戏国家级非遗资金扶持专项工程。图为密祉花灯表演　　（弥渡县志办　提供）

数字农业示范基地，其产品樱桃番茄被评为云南省“十大名品”。100万头正大生猪全产业链、畜禽养殖粪污资源化利用整县推进等项目有序推进。树立“弥渡坝子就是一个大景区”的理念，完成“一河一路”概念性规划，弥渡坝子村庄规划建设、种植养殖业、美化绿化、生态环境有上位规划依据。开展果河路两旁、毗雄河两岸义务植树活动，提升“一河一路”自然景观。

●生态建设情况　2021年，弥渡县统筹推进6666.67公顷高标准农田、春沐源数字农业采摘体验园、生态修复（PPP）等项目建设。实施30户以上自然村进村道路硬化和美丽公路、“四好农村公路”建设。完成10067户农村住房安全隐患排查，实施完成3288户农房抗震改造项目。

●规划修编情况　2021年，弥渡县完成小河淌水乡村振兴示范园规划。开展“干部规划家乡行动”，完成2个行政村“多规合一”的实用性村庄规划。加大农村厕所革命、村庄风貌管控、村庄绿化亮化美化、空心房整治等工作力度，开展村庄建设行动，苴力镇栗子园村、新街镇大荒地村、红岩镇白崖古城村等一批乡村振兴试点村打造推进。

工业经济

※ 2021年，弥渡县工业增加值11.11亿元，下降14.4%，其中规上工业增加值7.79亿元，下降21%。规上工业总产值27.22亿元，同比下降8.10%，规上工业营业利润3.16亿元，下降33.12%，营业收入28.07亿元，增长1.31%，应交增值税7384万元，下降8.42%。

※ 规上工业企业主营业务收入26.09亿元，下降6.28%。

※ 规上工业企业利润总额2.57亿元，下降45.69%。

※ 规上工业企业利税总额3.18亿元，下降44.6%。

※ 非电工业固定资产投资1.55亿元，下降37.66%。

※ 规上工业主要产品实物量：水泥300.53万吨，同比下降10.75%，饲料268045吨，增长4.42%，腌制品29169吨，下降6.53%。

交通　通信

※ 2021年末，弥渡县公路通车里程1919.70千米，同比增长1.52%，路网密度为1.24千米/平方千米。

※ 全年客运量59.36万人，同比增长10.64%；旅客周转量2333.14万人千米，同比增长5.26%。

※ 全年货运量293.8万吨，同比增长6.91%；货物周转量5184.67万吨千米，同比增长1.41%。

※ 邮政全年营业总收入2656.71万元，增长7.24%；电信全年营业总收入2400万元，增长1.5%；移动全年营业总收入14940.07万元，增长9.38%；联通全年营业总收入558万元，增长4.5%；广电全年运营收入738万元，下降30.83%；全县有通信铁塔物理站537个，通信基站1313个，其中移动基站905个，电信基站288个，联通基站120个。

※ 全县有固定电话1902户，移动电话247496人，宽带用户62162户。

●5G网络建设情况　2021年，弥渡县完成5G基站建设96个，实现县城中心城区5G网络全覆盖、全县乡（镇）政府中心区域5G网络覆盖，其中移动公司完成5G基站建设60个，电信公司与联通公司合建完成5G基站建设36个。

商贸服务

※ 2021年，弥渡县社会消费品零售总额为35.91亿元，同比增长6.2%，其中限额以上零售总额1.73亿元，增长16.8%。批发业销售额14.98亿元，增长30.1%；零售业销售额21.25亿元，增长21.7%。住宿业营业额0.84亿元，增长31.2%；餐饮业营业额5.33亿元，增长25%。

※ 全年各类市场主体登记2127户，其中企业登记223户，个体登记1865户，农民专业合作社注册39户。注册资金14.93亿元，其中企业注册资金9.28亿元，个体注册资金4.31亿元，农民专业合作社注册资金1.34亿元。

※ 全年外贸出口总额为203万元，同比下降47%。

※ 组织县领导带队分别赴上海、深圳、南京、成都等地，拜访企业、洽谈项目活动19次，其中县委、县政府“一把手”外出招商13次；邀请组织宏大集团、正威集团、青岛市云南商会、浙江中筹集团、上海兰桂骐技术发展有限公司等到弥渡开展投资考察活动，组织洽谈项目32个，接待客商78批325人次；策划包装14个重点招商引资项目，完成弥渡自驾车露营地建设项目、弥渡温泉主体健康颐养园建设项目、大理弥渡白子国故都综合开发项目等30个重大项目的提升包装和精深包装，通过云南省招商网、大理招商网、大理招商微信公众号、弥渡县政府门户网站等平台及南博会、东盟华商会等重大招商平台开展宣传推介。签约东骏药业医药配送服务一体化项目、中国电建屋顶分布式光伏开发项目、弥渡产业园区基础设施建设、弥渡县百利

蔬菜育苗基地建设、弥渡县沪滇循环产业园、天启健康宝项目、兰桂骐现代农业基地等项目协议26个。

城乡建设

※ 2021年，弥渡县城镇建成区面积5.1平方千米。

※ 国有土地使用权登记857本、抵押登记357本、发证1214本。

※ 集体土地使用权登记496本。

※ 土地供应209宗，面积33.21公顷、征收土地出让金5318.65万元。

※ 全年建设项目审查16个，核发许可证21个，审批21个。

社会民生

※ 2021年，弥渡县在岗职工平均工资107181元，增长5.15%。城镇居民人均可支配收入39732元，增长9.5%；农村居民人均可支配收入13263元，增长10.7%。

※ 全县实现城镇新增就业完成3069人，就业困难人员再就业完成536人，失业人员再就业完成657人，失业率为3.52%。安置239名就业困难人员到各机关、事业单位从事城镇公益性岗位工作，发放灵活就业人员社保补贴346人，补贴金额148.204万元。劳动力转移就业121238人。

※ 扶持创业担保贷款564户，发放创业担保贷款10445万元。妇联“贷免扶补”创业贷款扶持130人，贷款2375万元，个人担保贷款40人610万元。

※ 养老保险参保222605人、基金收入5.5亿元，基金支出4.95亿元。

※ 医疗保险参保299473人，其中城镇职工基本医疗保险参保14005人，城乡居民医疗保险参保285468人。基金收入3.07亿元，其中城镇职工基金收入0.97亿元，城乡居民基金收入2.11亿元。统筹支出2.69亿元，其中城镇职工统筹支出0.53亿元，城乡居民统筹支出2.16亿元。

※ 失业保险参保8585人，基金收入232.10万元，支出113.55万元。

※ 工伤保险参保14525人，基金收入725.18万元，基金支出725.18万元。

※ 生育保险参保8934人，其中女性4193人。支付生育保险待遇441人次339.78万元，其中生育医疗费用104.23万元，生育津贴235.55万元。

※ 租赁补贴发放75户21.24万元。

※ 农村危房改造完成630户，发放补贴756万元。

文化　旅游

● 文化事业经费执行情况　2021年，弥渡县文化事业经费收入1906.08万元，支出2428.48万元。

※ 文物保护单位县级以上82项，其中国家级3项、省级3项、州级17项、县级59项。

※ 非物质文化遗产71项，其中国家级2项、省级2项、州级18项，县级49项。非物质文化遗产传承人104人，其中国家级1人、省级3人、州级11人、县级89人。非遗展演中心1个，传习所19个。

※ 广播电视综合覆盖率100%。

※ 农村电影放映1068场次，观众人数43720人。

※ 公共图书馆藏书量92531册、借阅22828人次，纸质图书借阅18977册次，电子书点击量15538册次。

※ 专业文艺团体演出49场次，观众70万人次。

● 群众文化活动开展情况　2021年，弥渡县以“非遗过大年文化进万家——视频直播弥渡花灯戏正月十五闹花灯”，代表大理州参加全国非遗展示活动。组织开展庆祝中国共产党成立100周年大型合唱晚会、少儿花灯健身操大赛，三月街少儿文艺演出活动。开展庆祝中国共产党成立100周年群众文艺骨干培训活动。联合州非遗中心，组织开展庆祝中国共产党成立100周年暨“文化和自然遗产日”系列活动。开展大理文化生态保护实验区建设迎检工作。开展《建党精神代代传》《十大姐》《你会来弥渡》《传灯乐》

2021年，弥渡县加快推进A级旅游景区创建工作。上图：小河淌水密祉国家AAA级旅游景区太极山；下图：天生桥景区　（弥渡县志办　提供）

等文艺作品的编创工作。开展国庆非遗进景区进社区暨“彩云之南等你来”夜间群众文艺活动、“齐心共建全国民族团结进步示范县”暨彝族歌舞乐展演直播活动、文明卫生城市（县城）创建文艺宣传演出活动。组织实施弥渡花灯戏国家级非遗资金扶持专项工程，完成23个花灯歌舞小戏作品收集录制和传播。完成《弥渡县非物质文化遗产项目保护与管理办法》《弥渡县非物质文化遗产项目代表性传承人认定与管理办法》2个规范性文件的审核发布。

※ 旅客接待数249.65万人，同比增长24%。

※ 旅游业总收入31.19亿元，同比增长3.2%。

※ 创建小河淌水密祉国家AAA级旅游景区，巩固小河淌水密祉国家AAA级旅游景区创建成果，加快天生桥、白崖城、铁柱庙、大王庙等A级旅游景区创建工作，实施好小河淌水温泉旅游度假景区、后海旅游综合开发、白子国古都旅游开发、上马台村农文旅融合发展暨乡村振兴示范点、花灯广场提升改造、青螺古坊美食城等重大项目。

教育 体育

●教育事业经费执行情况 2021年，弥渡县教育事业经费收入5.54亿元，其中财政性资金5.41亿元，事业收入1266.5万元，其他收入50万元。国家财政性资金中一般公共预算安排的教育经费4.88亿元，总支出5.98亿元，其中财政补助支出5.87亿元，其他支出1102.53万元。财政补助支出中一般公共预算支出5.32亿元，政府性基金支出5461.98万元。

※ 有学校192所，幼儿园85所（其中公办幼儿园48所、民办幼儿园37所）、小学84所（含教学点9个）、初中9所、高中3所（公办2所、民办1所）、职业中学1所、特殊教育学校1所。

※ 在校学生38250人，其中幼儿园7564人、普通小学17073人、初级中学7990人、普通高中4171人、职业中学1433人、特殊教育学校19人。

※ 教职工2516人，其中幼儿园129人、普通小学1218人、初中795人、高中270人、职业中学98人、特殊教育学校6人。

※ 学前三年幼儿园入园率90%、小学适龄儿童入学率99.96%、九年义务教育巩固率93.08%、高中（含中职）阶段毛入学率91.08%。

※ 参加高考1119人，普通高中高考上线1119人、上线率100%，一本上线111人、上线率9.92%；本科上线586人、上线率52.37%；文理科最高分分别为621分、626分。

●体育事业经费执行情况 2021年，弥渡县体育事业经费收入167.55万元，其中财政性资金167.55万元。总支出69.59万元，其中财政补助支出69.59万元，财政补助支出中一般公共预算支出66.94万元，政府性基金支出2.65万元。

※ 全县有篮球场503块，乒乓球场地449块，全民健身路径133条，排球场地16块，足球场地20块（其中11人制5块，8人制4块，5人制11块）。

※ 各类体育赛事举办3次，参加1500人次。

※ 各级别运动员1200人、裁判员30人、教练24人。

●体育人才培养、输送、参赛及获奖情况 2021年，弥渡县参加大理州中长跑比赛，获女子乙组第二名。学生女子三人篮球代表大理参加省比赛乙组获第三名，甲组获第六名。组织中小学生篮球、足球、啦啦操参加州第六届校园足球、篮球、啦啦操四级联赛，弥城女足获冠军。

●群众体育活动开展情况 4月17日，弥渡县首届钓鱼分会钓鱼比赛，参赛60人。5月11日，组织“万步有约、健步大赛”参赛队伍29支，运动员508人。8月4日，组织“大理州消防救援职工运动会（南片区）”，参赛队伍3支、运动员45人。9月20日，组织举办“弥渡县2021年库塘野钓比赛”，参赛运动员200人。

科学

●科学事业经费执行情况 2021年，弥渡县科学事业经费收入114.16万元，支出154.71万元。其中，科学技术管理事务支出136.3万元，科学技术普及支出16.41万元，其他科学技术支出2万元。

※ 专利申请2件。

※ 科普活动18次，参加活动人次1000余人次，受益群众10000余人次。

●科技项目申报情况 2021年，弥渡县安排并启动实施科技扶贫示范项目4项，州对下转移支付项目2项，争取省州科技项目补助资金57万元，完成省级农业科技园区验收，获省级补助资金100万元。推动科技创新平台培育打造，支持大理春沐源农业科技公司申报高新技术企业认定，完成“星创天地”验收，全县科技型中小企业累计22户。组建科技特派团1个，认定科技特派员6名。加大科技培育培训力度，组织开展蚜茧蜂防治红花蚜虫示范项目，对接上海市药材公司到弥渡县调研红花种植收购，进行种植技术现场培训。完成杨生超专家工作站、陈斌专家工作站申报，获批认定为州级专家工作站，引进云南农业大学、云南农业大学植保学院专家和团队开展关键技术攻关。

卫生与健康

※ 2021年，弥渡县卫生事业经费收入2.25亿元，支出2.61亿元。

※ 医疗卫生机构146个，乡（镇）卫生院、民营医院为一级医疗机构，县医院、中医院、妇计中心、恩光医院为二级医疗机构，村卫生室、诊所及其他不定等级。

※ 全县实有病床数1273张，每千人拥有病床3.7张。

※ 卫生事业从业人员在职在编720人，编外人员765人，乡村医生、民营医院医务人员673人。

※ 传染病发病率290.06/10万，孕产妇住院分娩率100%、无死亡率，婴儿死亡率3.68‰。

●卫生基础设施建设情况 2021年，弥渡县人民医院救治能力提升建设项目、弥渡县重大传染病救治能力及疾控机构核心能力“双提升”工程完工投入使用，弥渡县中医院整体搬迁建设项目于6月29日落成启用，弥渡县妇幼保健院住院综合楼建设项目完工即将投入使用，改善医疗机构基础设施，人民群众“看病难、看病贵”问题得到缓解。

（鲁学芬撰稿）

南涧彝族自治县

基本情况

自然概貌

※ 南涧彝族自治县位于大理州南部。
※ 位于北纬24°32′~25°10′，东经100°06′~100°41′。
※ 东与弥渡县毗邻，南和普洱市景东县、临沧市云县接壤，西同临沧市凤庆县交界，北跟巍山县相连。
※ 面积1738.82平方千米，其中山区面积占99.3%、坝区面积占0.7%。
※ 地势由中南部向东北、西南逐步降低，大部分为河谷、山峦和坡地构成的山区或半山区。
※ 海拔最高点北部太极顶山为3061米，海拔最低点漫湾库区最高水位线为994米，县城所在地海拔1370米。
※ 主要有无量山、哀牢山两大山脉，澜沧江、元江两大水系。
※ 2021年降水量483.3毫米，年平均气温20.1℃，年日照时数2222.7小时。
※ 辖内主要矿产资源有铜、锌、铂、铁、金、钼等金属矿和煤、汞、石膏、石英、水晶、白云母、硫黄等非金属矿，但因品位低、储量小等原因，均无大规模开采。农业特色产业中发展较好的有烤烟、肉牛、茶叶、泡核桃、无量山乌骨鸡、中药材六大产业。地方名特产品有茶制品、核桃制品、锅巴油粉、油鸡枞、面酱、土碱、手工粉丝、水腌菜等。

行政区划

※ 2021年末，全县辖南涧、小湾东、公郎、宝华、无量山5个镇，拥翠、乐秋、碧溪3个乡，县城所在地南涧镇。有77个村民委员会、4个社区居委会、1156个自然村、1614个村（居）民小组。
※ 南涧镇辖11个村委会、4个社区居委会、197个自然村、268个村（居）民小组；拥翠乡辖7个村委会、86个自然村、126个村民小组；乐秋乡辖7个村委会、116个自然村、136个村民小组；碧溪乡辖8个村委会、97个自然村、139个村民小组；小湾东镇7个村委会、100个自然村、167个村民小组；公郎镇辖14个村委会、183个自然村、228个村民小组；宝华镇辖10个村委会、151个自然村、260个村民小组；无量山镇辖13个村委会、226个自然村，290个村民小组。

人口

※ 2021年末，南涧县户籍总户数64798户，户籍总人口226767人。常住人口19.1万人。
※ 男性115986人，女性110781人；城镇人口66375人，乡村人口160392人。城镇人口比重29.27%；人口密度130人/平方千米。
※ 年内出生人口1167人，出生率6.99‰；死亡1452人，死亡率8.14‰；人口减少285人，人口自然增长率-1.15‰。

民族 宗教

※ 境内居住有汉族、彝族、苗族、白族、回族、傈僳族、布朗族7个世居民族，37个民族成分。2021年末，有少数民族人口124102人，占总人口的54.7%，其中彝族人口114098人，占总人口的50.3%。
※ 2021年，南涧县有依法登记的宗教团体伊斯兰教协会1个、宗教活动场所14所、宗教教职人员29人、信教教群众约2.1万人。

经济社会发展情况

主要经济指标

※ 2021年，南涧县完成地区生产总值88.23亿元，同比增长8.9%。
※ 第一产业22.88亿元，增长8.7%；第二产业24.88亿元，增长9.1%；第三产业40.47亿元，增长8.8%。
※ 三次产业比值25.9:28.2:45.9。
※ 财政总收入完成5.12亿元，同比增长3.18%。其中，一般公共财政预算收入3.91亿元，增长5.14%；一般公共财政预算支出16.26亿元，增长1.5%。
※ 规模以上固定资产投资61.33亿元，增长3.6%。

农业经济

※ 2021年，南涧县农林牧渔业总产值44.37亿元，同比增长10%。其中，农业产值23.47亿元，增长18.1%；林业产值2.76亿元，增长97.7%；牧业产值15.88亿元，下降10.9%；渔业产值1.3亿元，增长224.8%；农林牧渔业服务业产值9556万元，增长14%。实现农林牧渔业增加值23.2亿元，增长8.8%。

2021年，南涧县城建成区面积3.06平方千米。图为县城全景 （南涧县志办 提供）

※ 实现农村经济总收入2348.14万元，下降99.3%。

※ 农村常住居民人均可支配收入12143元，增长10.7%。

※ 年末耕地面积21020公顷，其中水田1713.33公顷、旱地19100公顷、水浇地206.67公顷。

※ 全县农作物种植面积32120公顷(粮豆播种面积24620公顷、经济作物及其他种植面积7500公顷)，其中小春11653.33公顷、大春20466.67公顷。小春种植面积中，粮豆作物9086.67公顷、经济作物2566.67公顷；大春种植面积中，粮豆面积15533.33公顷、经济作物4933.33公顷。

※ 粮食总产11.11万吨，同比增长1%；茶叶产量8683.53吨，增长16.2%；烟叶产量6310吨，同比持平；泡核桃产量2.61万吨，增长21%。出栏生猪12.88万头，下降31.7%；出栏肉牛5.77万头，下降2.4%；出栏无量山乌骨鸡334万羽，增长28.46%；水产品产量6177吨，增长14.94%。全年肉类总产2.76万吨，下降11.8%；禽蛋产量1485吨，下降18.8%。

● 农业产业化发展情况　2021年，南涧县投入强农惠农资金3813.51万元，其中农民直接补贴资金3115.5万元、农业保险保费补贴资金698.01万元。①粮食种植。完成粮食播种32120公顷，实现粮食总产11.11万吨；新建高标准农田2160公顷，推广主要农作物良种15133.33公顷，全县粮食作物良种覆盖率100%；实施粮油绿色高产高效示范创建5片3333.33公顷，推广食粮作物间套种18326.67公顷；农作物耕种收综合机械化率为48.11%。②茶叶产业。全县茶园面积8060公顷，占全州总面积的46%，有4080公顷通过无公害产地认证，1553.33公顷通过绿色食品茶基地认证，3260公顷通过有机茶产地认证，绿色有机茶园占59.5%。实现茶叶产量8683.53吨，综合产值14.1亿元。完成低产茶园改造666.67公顷，新建茶叶标准化初制所14个。全县茶叶企业为137个，专业合作社81个，其中茶叶初制所34个，精制加工厂12个。实施“一县一业”茶产业生产项目22个，新增“三品一标”茶叶产品41个(其中绿色食品茶28个、有机茶13个)，“南涧绿茶”等4个品牌入选2021年云南省“绿色食品牌”区域公用品牌名单，南涧县被列为国家茶叶产业技术试验示范县。③烤烟产业。种植烤烟3126.67公顷，收购烟叶631万千克，上等烟比例为66.35%，实现烟农收入2.15亿元、烟叶税收4740.88万元。④核桃产业。泡核桃面积发展到53333.33公顷，处于挂果期，实现产量2.61万吨，综合产值3.01亿元。⑤药材产业。种植以三七、重楼、续断和红花为主的中药材1766.67公顷，实现中药材产量(干重)2640.3吨，实现产值3.13亿元。⑥产业带动。引进国家级龙头企业云南龙云大有实业有限公司，注册成立南涧大有农牧有限公司，计划总投资2.33亿元，在南涧镇保安洼溪村选址建设1.2万头规模核心种猪场。争取省级项目资金13万元，实施小湾东镇马六塘村肉牛养殖示范项目，扶持11户肉牛养殖户；争取中央资金505万元，实施肉牛增量提质项目，对新增母犊按1500元/头的标准进行补助，大力推进肉牛产业化发展。争取省级资金725万元，实施无量山乌骨鸡农产品保护工程项目，推进无量山乌骨鸡产业规范化、品牌化、规模化发展。全县建有原种保种场1个、种鸡场3个、育雏场13个、年出栏万只以上规模的养鸡场14个、年屠宰能力700万只的无量山乌骨鸡屠宰加工厂1个。无量山乌骨鸡当年被确定为云南地理标志保护工程支持对象。年内实现畜牧业综合产值15.88亿元。⑦特色农业产业。种植以树头菜、青花椒为主的无量山森林蔬菜4540公顷，产量8.1万吨；油菜种植553.33公顷，产量1413.76万吨；种植以南涧香橼、石榴为主的无量山森林水果1473.33公顷，产量1.13万吨。

※ 全县有农产品加工企业48个，有农业产业化龙头企业24个，其中国家级农业产业化龙头企业1个、省级农业产业化龙头企业4个、州级农业产业化龙头企业16个。年内实现农产品加工总产值73.66亿元。

4月18日，南涧县举行第二季度重大项目集中开工仪式
（南涧县志办　提供）

乡村振兴

● 产业发展情况　2021年，南涧县投资2000万元，实施一县一业(茶产业)项目1个，创建绿色食品茶有机茶基地2320公顷，新建、改造标准化初制所15个；投资2500万元，实施发展村集体经济项目1个；投资600万元，实施合作社建设项目1个，用于发展培育17个农业专业合作社和2个村级股份合作社；投入1000万元，实施公郎镇乡村振兴示范园建设项目1个，打造以产业发展为主的茶旅融合示范园；投入中央农田建设补助资金4860万元，建设高标准农田2160公顷。全面推进茶叶、烤烟、泡核桃、肉牛、无量山乌骨鸡、中药材“六个一”高原生态农业提质增效，增强乡村产业持续增长

力。年内，在州级巩固拓展脱贫攻坚成果核查中，南涧县获“好”等次。

●生态建设情况　2021年，南涧县县城环境空气质量优良率为99.7%，县城集中式饮用水水源地和地表水监控断面水质均达Ⅲ类及以上标准。河长制、林长制推行成效明显，河湖“清四乱”“治两违”等工作取得实效，8件中央生态环保督察群众举报问题全部办结。全面开展“千村万树”“三个一万”行动，县城近山面山生态修复加快，完成植树造林364.27公顷、生态修复333.33公顷、义务植树60万株，全县森林覆盖率为67.19%。加大无量山国家级自然保护区、灵宝山国家森林公园生物多样性保护监管力度，无量发达、宝华虎街等14个村入选第二批省级森林乡村，无量德安入选省级美丽村庄。农村人居环境全面提升，累计建成农村公厕97座、户厕2.6万座。8个乡（镇）全部创建为省级生态文明乡（镇）、卫生乡（镇）。10月，南涧县被生态环境部命名为第五批国家生态文明建设示范区。

●组织建设情况　6月，县委、县人民政府重组设置县、乡两级乡村振兴机构，县、乡两级分别重组南涧彝族自治县乡村振兴局、乡村振兴办。全县105个单位定点帮扶81个村（社区），其中县级单位81个、州级单位21个、省级单位3个，选派驻村工作队队员217名，做好巩固拓展脱贫攻坚成果同乡村振兴有效衔接各项工作。9月，成立南涧县巩固脱贫攻坚推进乡村振兴领导小组，组长由县委书记、县长担任，领导小组下设办公室在县乡村振兴局，办公室主任由县乡村振兴局局长担任，副主任由县农业农村局分管领导、县乡村振兴局副局长担任。不再保留县“三农”工作暨实施乡村振兴战略领导小组和县精准脱贫领导组，将县“三农”工作暨实施乡村振兴战略领导小组有关乡村振兴的职能、县精准脱贫领导组职能并入县巩固脱贫攻坚推进乡村振兴领导小组。

●规划修编情况　2021年，由原县精准脱贫领导组办公室牵头编制《南涧县巩固拓展脱贫攻坚成果同乡村振兴有效衔接规划（2021—2025年）》。围绕乡村特色产业、稳岗就业、易地扶贫搬迁后续帮扶、生态经济发展、乡村基础设施建设、乡村公共服务提升六大工程，规划项目2104个，总投资169.2亿元，其中乡村特色产业项目535个投资108.9亿元，稳岗就业项目255个投资2.4亿元，易地扶贫搬迁后续帮扶项目19个投资0.5亿元，生态经济发展项目14个投资8000万元，乡村基础设施建设项目1037个投资52.3亿元，乡村公共服务提升项目244个投资4.3亿元。

●主要项目实施情况　2021年，南涧县累计完成交通建设投资132亿元，完成村组公路提级改造1957千米，村组公路硬化340千米、砂石路493千米，实施农村公路安防工程1168千米，自然村通公路率、建制村通硬化路率、乡（镇）和建制村通客车率均为100%。累计投资10.34亿元建设水网，先后实施汉江河水库、石洞寺水库、拥政水库等骨干水源项目，实现全县蓄水量翻一番。建成农村饮水安全工程673件，解决16.21万农村人口安全饮水问题。加快能源网和互联网建设，行政村光缆通达率、光网和4G网络覆盖率为100%，县城和乡（镇）驻地5G信号实现全覆盖。争取地方政府专项债券支持，11个项目获批专项债券20.02亿元，弥补高速公路、城乡供水、停车场、医院等项目建设的资金短板。

10月14日，南涧县在联合国生物多样性大会生态文明论坛上被授予“国家生态文明建设示范区”称号　（南涧县志办　提供）

工业经济

※ 2021年，南涧县实现工业总产值22.39亿元，同比增长56.55%。

※ 工业增加值12.26亿元，增长12.2%，其中规模以上工业增加值9.15亿元，增长16.7%。

※ 规模以上工业企业主营业务收入22.58亿元，增长21.2%。

※ 规模以上工业企业利润总额5.11亿元，增长22.4%。

※ 规模以上工业企业利税总额6.71亿元，增长19.7%。

※ 非电工业固定资产投资0.99亿元，下降7.5%。

※ 精制茶1.65万吨，增长120.91%；松香1.71万吨，增长67.7%；供电量2.5亿千瓦时，增长0.69%；水泥29.44万吨，增长6.1%；商品混凝土12.79万立方米，增长74.9%；鲜、冷藏肉470吨，增长119.1%。

交通　通信

※ 2021年，南涧县公路交通里程3520.21千米，公路密度按国土面积计算2.02千米/平方千米，按人口数量计算155千米/万人。

※ 道路客运量41.2万人次，同比下降9.03%；旅客周转量3522.21万人/千米，下降3.67%。

※ 道路货运量471.78万吨，同比增长19.32%；货运周转量96173.44万吨/千米，增长18.87%。

※ 铁路境内通车里程41.2千米，站点数1个（小湾东站）。

※ 水路通航里程103.75千米，客运量35.5万人次，同比增长0.28%。

2021年，大临铁路南涧县小湾东站开通运营，南涧彻底告别无铁路、无高速公路的历史，跨入大理、普洱、临沧“1小时经济圈”。图为横跨澜沧江的小湾东站远景 （南涧县志办 提供）

货运量25.3万吨，增长46%。

※ 邮政运营收入1227.92万元，同比增长10.98%；邮政业务总量1269.82万元，增长5.06%；邮政储蓄余额完成6107.33万元，增长11.77%。有邮政网点11个，其中县城网点3个、乡（镇）网点8个。县内干线汽车邮路8条，投递邮路32条。

※ 电信运营收入2717万元，同比增长6.9%。新建4G基站37个，累计276个；5G基站新建17个，累计25个，5G县城核心区域已普遍覆盖。有电信网点21个，其中县城网点7个、乡（镇）网点14个。农村宽带新增端口2800余个，累计5.93万个，农村光网覆盖率从年初的72%提升至73%。

※ 移动运营收入1.28亿元，同比增长8.9%。南涧分公司存量基站1088个，其中2G基站237个、4G基站726个、NB基站34个、5G基站88个（当年新建50个）。有移动网点90个，其中县城网点30个、乡（镇）网点60个。4G自然村覆盖率97%，5G县城区域覆盖率100%，宽带行政村覆盖率100%。

※ 联通运营收入480万元，同比下降1.69%。有基站91个，其中4G基站80个、5G基站11个。有实际销售网点126个，其中沃店3家、合作厅8家、渠道分享6家、蜂巢4家、服务站105家。公司以提升投资回报为导向，利用4G网络、固网宽带网络存量资源能力，重点投资于县城、4G和5G网络以及高流量、高回报区域。4G城区覆盖率为98%、5G县城区覆盖率为80%。

※ 广电运营收入835.06万元，同比增长174.98%。有广电网点8个，其中县城网点1个、乡（镇）网点7个。

※ 固定电话用户5628户，其中电信5126户、移动362户、联通140户；移动电话用户21.79万户，其中电信5.47万户、移动14.12万户、联通2.2万户；互联网用户7.48万户，其中电信2.74万户、移动3.5万户、联通1.1户、广电网络1416户。

● 5G网络建设情况　2021年，南涧县新建5G基站67个，累计建设124个，其中电信25个、移动88个、联通11个。5G网络县城区域覆盖率为100%，乡（镇）所在地和部分行政村已覆盖。

商贸服务

※ 2021年，南涧县社会消费品零售总额29.73亿元，同比增长8.4%，按经营地分，城镇消费品零售额完成19.92亿元，增长8.4%；乡村消费品零售额完成9.81亿元，增长7.1%。按消费形态分，餐饮收入5.05亿元，增长15.1%；商品零售额24.68亿元，增长7.1%。

※ 全县有在册登记个体工商户11558户，注册资金27.91亿元；私营企业1553户，注册资本47.53亿元；内资非私营企业197户，注册资本9.18亿元；农民专业合作社460户，出资额4.69亿元。

※ 全系统购进总额11.25亿元。其中，农副产品购进总额5.05亿元，同比下降12.97%。全系统销售总额11.47亿元，增长2.06%。

※ 对外贸易出口总额183万元，同比下降48.6%。

※ 招商引资项目签约21个，落地10个，签约资金36.96亿元。引进州外到位资金48.2亿元，同比增长9.55%，其中引进省外到位资金31.19亿元，增长19.2%。4月24日，南涧县在北京成立北京招商工作联络站。

城乡建设

※ 2021年，南涧县城镇化率29.3%，同比增长0.1%；常住人口城镇化率40%，增长0.76%。

※ 县城建成区面积3.06平方千米。

※ 国有土地使用权登记数1011本、抵押登记数1230本、发证数1011本。

※ 集体土地使用权登记22本。

※ 供应国有建设用地9宗，面积4.52公顷，征收土地出让金1402.01万元。

※ 完成建设项目审查7个，核发施工许可证13份、建设用地4份、建设工程许可证51份、乡村建设规划许可证16份，审批84份。

● 主要项目建设情况　2021年，南涧县城建设累计完成投资26亿元。至12月，完成9个老旧小区改造10.98万平方米、棚户区改造4840户，建成城镇保障性住房1080套。新建9个公共停车场，累计新增停车位2899个。建成凤凰大桥、田园风光观景栈道、“双凤朝阳”雕塑广场、滨河生态景观绿化带等景观景点，59个街头微绿地、“口袋公园”，让群众推窗见绿、出门见景、四季见花。实施城市防洪排涝项目，总投资1698万元，完成投资800万元；实施乡（镇）集镇区供排水一体化项目，总投资8750万元，完成投资3200万元。爱国卫生“7个专项行动”深入推进，城乡裸露垃圾基本消除，新建及改造达标公厕721座、洗手台1370个，净餐馆达标率、公共场所消毒覆盖率均为100%，建成全省一流星级农贸市场。乡村建设累计完成投资8.8亿元。创建少数民族村寨、特色村寨、传统村落、历史文化名村和省级美丽乡村32个。南景高速公路（南涧段）

实现通车，大南、宾南高速公路加快推进，南云高速建设全面启动，半桥半隧、亦站亦景的大临铁路小湾东站开通运营，南涧彻底告别无铁路、无高速公路的历史，跨入大理、普洱、临沧“1小时经济圈”。

社会民生

※ 2021年，南涧县居民消费价格总指数同比增长1.2%。

※ 职工年平均工资71148元，同比下降2%；城镇常住居民人均可支配收入39732元，增长8.4%；农村常住居民人均可支配收入12143元，增长10.7%。

※ 新增城镇就业2112人，城镇失业人员再就业558人，就业困难人员再就业511人，开发公益岗位420个、累计劳动力转移就业10.5万人，城镇登记失业率3.18%。

※ “贷免扶补”扶持创业313户，贷款金额5496.5万元；发放创业担保贷款248户4645万元。

※ 养老保险参保150729人，其中企业职工养老保险参保5041人、机关事业养老保险参保5037人、城乡居民基本养老保险参保140651人，基金收入3亿元，支出2.44亿元；医疗保险参保208673人，其中城乡居民参保198262人、城镇职工参保10411人，基金收入2.44亿元，支出3.41亿元；失业保险参保6130人，基金收入495.1万元，支出495.1万元；工伤保险参保11460人，基金收入332.1万元，支出332.1万元；生育保险参保7220人，基金收入395.55万元，支出336.5万元。

※ 全县有农村低保对象7900户17114人，城市低保对象263户303人，农村特困人员供养对象599户651人，城市特困人员供养对象113户117人，临时救助2626户6661人。支出农村低保资金5194.88万元，城市低保资金151.78万元，城乡特困人员供养救助金904.46万元，临时救助资金321.5万元。全年审批发放残疾人两项制度补贴428.18万元，涉及5.99万人次。发放孤儿基本生活保障金45人59.22万元。

※ 住房租赁补贴发放2412户4223人，金额756.27万元。

教育体育

● **教育事业经费执行情况** 2021年，南涧县教育事业经费收入（财政拨款）收入4.58亿元，增长12.64%；支出4.86亿元，同比增长6.74%，其中工资福利支出3.72亿元，商品和服务支出4188.06万元，对个人和家庭的补助支出3264.11万元，资本性支出3883.23万元。

※ 有学校130所。其中，机关幼儿园1所、乡（镇）中心园7所、村级幼儿园57所，小学51所（小学教学点9个），初中9所，普通高中3所、职业高中1所，教师进修学校1所。

※ 县内在校学生33038人，其中学前教育在园幼儿5960人，义务教育在校生22177人（小学14775人，初中7402人），高中阶段县内4所学校在校生4901人（普高4179人，职高722人）。

※ 有专任教师2015人，其中幼儿园191人（含民办专任教师），小学873人，初中584人，普通高中299人，职业高中58人，教师进修学校10人。

※ 幼儿园毛入园率87.07%，小学入学率99.67%，初中升学率100%。

※ 参加高考1269人，上线1269人，上线率100%。其中，本科上线623人（一本上线173人）；高考本科录取609人（一本录取173人），本科录取率47.99%；文科最高分637分，理科最高分635分。

● **体育事业经费执行情况** 2021年，南涧县体育事业经费收入164.14万元，同比增长1.07%；支出95.94万元，增长1.02%，其中商品和服务支出59.95万元。

※ 有标准篮球场291块，其中灯光球场28块。有健身路径111条、健身步道35千米、门球场3块、地掷球场3块、乒乓球室3间、乒乓球桌207张、场地536块、网球馆2个。

※ 举办各类体育赛事活动11次，8.17万人次参加。

※ 有省级运动员3人、州级运动员12人、县级运动员120人；一级裁判员2人、二级裁判员18人、三级裁判员46人；一级教练员3人；国家级社会体育指导员5人，一级社会体育指导员7人，二级社会体育指导员27人，三级社会体育指导员423人。

● **体育人才培养、输送、参赛及获奖情况** 2021年，南涧县少年儿童业余体育学校向州体育中学培养、输送6人，向省体工队培养、输送2人。年内，南涧县代表团组织20名运动员参加大理州中长跑运动会，获总团体第一、女子甲组团体第一、女子乙组团体第一，个人获州级冠军7人、亚军9人、季军6人。全年体育健儿在州级及以上比赛中获奖牌25枚，其中金牌7枚、银牌9枚、铜牌9枚。

● **群众体育活动开展情况** 1月1日，南涧县第四十届“民族团结”元旦穿城赛在县城举行，比赛设800米、1500米、3000米、5000米， 分8组32个小项，有中小学生、青年、中年运动员1112人参加。1月1—3日，全县教体系统职工趣味体育运动会在县公共田径场举行，17支代表队2132人参加。1月9日，南涧县民族团结杯五人制足球赛在县笼式足球场结束。足球赛历时11天，17支代表队298人参加。2月27日至3月10日，全县职工趣味体育运动会在县公共田径场举行，37支代表队1276人参加。4月26日至5月15日，“五一”“五四”职工乒乓球赛在县总工会职工活动中心举行，26支代表队208人参加。7月21日至8月25日，第一期南涧县少年篮球公益培训在县公共田径场举行，16286人次参训。7月31日和10月15日，火把节、敬老节钓鱼比赛在南涧镇安定总府庄鱼塘举行，93人参赛。12月8—11日，大理州中长跑比赛在南涧举办，比赛设400米、800米、1500米、3000米、4×400米、4×800米等20个小项，12个县（市）271名运动员参赛。全民健身活动广泛开展，全年有81679人参加体育锻炼，占总人口的36%。

科学

● **科学事业经费执行情况** 2021年，南涧县科学事业经费（财政拨款）收入251.04万元，同比增长10.32%；支出304.14万元，增长18%。

※ 专利申请25件，其中计算机软件著作权19件、实用新型6件。获专利授权13件，其中实用新型12件、外观设计1件。

3月26日，百名专家科技下乡指导南涧县茶叶生产　（南涧县志办　提供）

※ 2021年，开展科普活动95场次，参加活动的单位有27个，5.24万人次，展出展板20块，宣传标语10条，累计发放各类材料5.8万份，发放宣传物品650件，科技咨询服务6000人，发布各类科普信息36条。

● 科研成果　2021年，南涧县用省州财政下达的科技专项补助资金对企业新研发的技术项目给予扶持，全年投入企业科技研发经费604.5万元。对土林凤凰茶业有限公司、云南天上人间茶业有限公司作为年度内申报高新技术企业给予重点培育，其中云南天上人间茶业有限公司专利申请25件。全年完成公郎龙平、小湾龙门、南涧宝华村、南涧白云4个村科技扶贫示范项目建设任务；完成西山、白云2个村乡村振兴科技试验示范项目。

文化

● 文化事业经费执行情况　2021年，南涧县文化事业经费收入1856.09万元，同比增长58.06%；支出2117.47万元，增长62.22%，其中基本支出819.01万元、项目支出1298.46万元。

※ 有文物保护单位22个，其中省级文物保护单位1个、州级文物保护单位10个、县级文物保护单位11个，挂牌保护点13个。

※ 有非物质文化遗产50项，其中国家级1项、省级3项、州级13项、县级33项。建成非遗传承所2个。

※ 广播人口覆盖率100%，电视人口覆盖率100%。

※ 农村电影放映948场，观众人数9万余人次。

※ 公共图书馆藏书6.7万册，借阅流通图书期刊16.28万册（次），接待读者2.78万人次。

※ 专业文艺团体演出77场次，观众55.92万人，其中对外演出4场，观众14.36万人；县内文化演出73场，观众41.56万人。

● 群众文化活动开展情况　2021年，南涧县完成南涧县第三届道德模范暨第五届“彝乡人才”发布仪式演出、迎新春文化惠民线上演出及民族团结文艺演出、“3・5”学雷锋志愿者服务活动启动仪式演出、“云赏春色，共品春茶”线上直播、南涧县2021年“文化和自然遗产日”宣传展演、南涧县庆祝中国共产党成立100周年“唱支山歌给党听”文艺晚会等系列文化文艺专题演出，参加大理州庆祝中国共产党成立100周年“唱支山歌给党听”文艺晚会演出、大理州2021年“文化和自然遗产日”非遗歌舞乐展演、2021年数字三月街民族节文艺节目录制及线上播出等。以“民族团结进步”为主题，融合南涧彝族、大理白族、云南傣族、藏族、蒙古族等舞蹈元素，编创《中华民族一家亲》《民族团结一家亲》《没有共产党就没有新中国》《再唱山歌给党听》等红色文艺精品，全年组织红色文化文艺培训16场次。

※ 接待海内外游客264.86万人次，同比增长38%。

※ 旅游业总收入31.75亿元，同比增长10%。

※ 有无量山樱花谷国家AAA级旅游景区1个。

卫生

● 卫生事业经费执行情况　2021年，南涧县医疗卫生事业经费收入2.77亿元，同比下降50.28%，其中财政拨款收入7580.85万元。支出3.32亿元，下降30.99%，其中基本支出2.41亿元、项目支出9139.54万元。

※ 有医疗卫生机构117个，其中公共卫生机构4个、县级公立医疗机构3个、乡（镇）医疗卫生机构9个、村卫生室80个、民营医院3个、个体诊所18个。有二级甲等医疗机构3个，即县人民医院、县中医医院、县妇幼保健计划生育服务中心。

※ 全县实有病床952张，每千人口开放床位数为4.93张。

※ 有卫生人员1086人，其中编内579人。编内人员中，有专业技术人员559人、管理人员6人、工勤技能人员14人；高级职称112人（正高9人）、中级职称146人、初级职称234人、未定职称67人。乡村医生209人。每千人拥有医务人员7.3人。

※ 传染病报告15种805例，死亡5例（艾滋病4例、肺结核1例），发病率354.55/10万，死亡率2.20/10万，其中无甲类传染病报告；乙类传染病报告9种331例，发病率145.78/10万；丙类传染病报告6种474例，发病率208.76/10万。孕产妇住院分娩率99.93%，无死亡，婴儿死亡率6.26‰。

※ 医疗保险参保208673人，参保率稳定在95%以上。医疗报销610079人次，报销金额2.69亿元。

● 卫生基础设施建设情况　2021年，南涧县完成县疾控中心及县人民医院2个核酸检测实验室建设；完成县人民医院传染病科负压、ICU病房、发热门诊改造；完成无量、宝华、公郎3个中心卫生院“哨点诊室”建设；县人民医院整体搬迁建设项目稳步推进，已完成主体建设，进入装饰装潢阶段。

（陈爱民撰稿）

巍山彝族回族自治县

基本情况

自然概貌

※ 巍山彝族回族自治县位于大理州南部。

※ 位于北纬24°56′～25°32′，东经99°55′～100°25′。

※ 东与弥渡县毗邻，南同南涧县、临沧市凤庆县交界，西和漾濞县、保山市昌宁县接壤，北跟大理市相连。

※ 总面积2200平方千米。

※ 境内河谷、盆地、山地相间分布，地势由西北向东南倾斜和降低，西部为高山峡谷，东部为高山，中间为巍山盆地。

※ 境内最高海拔3037米，最低海拔1146米，县城海拔1705米。

※ 县境内山脉以西河为界，分为东部山脉、西部山脉，东山山峰28座，西山山峰77座。最高峰是东南部的小高山，海拔3037米。

※ 2021年，平均气温17.2℃，年日照时数1970.5小时，湿度69%，总降水量612.1毫米，冬季极端最低气温-0.1℃，夏季极端最高气温为32.9℃。

※ 境内探明金属种类有铜、铅、银、金、铁、汞、铜铅、铜钼等；非金属种类有煤、砷、碳酸钠、盐泉等。野生植物资源丰富，据民国《蒙化志稿》记载：全县野生植物有214种，其中果之属29种、花之属53种、药之属79种、竹之属13种、木之属24种、草之属16种。至2021年底，县境内有中草药965种、232科、644属。野生动物较多，其中国家一级保护动物有绿孔雀、豹、穿山甲等，国家二级保护动物有蟒、岩羊、锦鸡、白鹇等。年末，全县森林面积14.09万公顷，森林覆盖率64.53%。

行政区划

※ 2021年末，巍山县辖南诏、庙街、大仓、永建4镇和巍宝山、紫金、马鞍山、五印、牛街、青华6个乡，4个社区居民委员会、79个村民委员会、1033个自然村、47个居民小组、1328个村民小组。巍山县城在南诏镇。

※ 南诏镇辖4个社区居委会和9个村委会、97个自然村、47个居民小组、105个村民小组；巍宝山乡辖6个村委会、40个自然村、72个村民小组；庙街镇辖12个村委会、119个自然村、221个村民小组；大仓镇辖10个村委会、118个自然村、197个村民小组；永建镇辖10个村委会、137个自然村、185个村民小组；紫金乡辖4个村委会、69个自然村、76个村民小组；马鞍山乡辖6个村委会、60个自然村、79个村民小组；五印乡辖8个村委会、143个自然村、175个村民小组；牛街乡辖4个村委会、115个自然村、96个村民小组；青华乡辖10个村委会、135个自然村、122个村民小组。

人口

※ 2021年末，巍山县户籍总人口323600人，人口密度每平方千米147.09人。

※ 男性163835人，女性159765人；乡村人口196241人，城镇人口127359人。

※ 年内出生人口2045人（其中一孩970人，二孩996人，三孩79人），出生率6.33‰；死亡2075人，死亡率6.43‰；自然增长-30人，人口自然增长率为-0.1‰。

民族　宗教

※ 境内居住有彝族、回族、汉族、白族、苗族、傈僳族6个世居民族，彝族为土著民族，有23种民族成分，占全省民族种类的88.5%。2021年末，有汉族173274人，彝族114172人，回族24336人，白族8198人，苗族1849人，傈僳族732人，其他少数民族1039人。

※ 2021年，巍山县有道教协会、佛教协会、伊斯兰教协会3个宗教团体和1个基督教管理组。

※ 全县依法登记的佛教场所16所，道教场所27所，伊斯兰教清真寺22所、固定活动场所礼拜点2个、基督教有固定处所1个。有小寺、小庙、民族民间信仰活动场所600余个，其中具有一定规模的有439个，依法登记并对外开放的宗教活动场所68个，民间信仰场所371个。

※ 全县有宗教界教职人员650余人，登记备案宗教教职人员260人。全县信教群众10万余人，其中佛教4万余人、道教4万余人、伊斯兰教2.3万余人、基督教300余人。

※ 结合乡村换届工作在83个村（居）委会设立网格员，配备26名宗教干事，形成主体在县、延伸到乡、落实到村、规范到点的宗教工作网络，实现宗教管理、常态化管控全覆盖；完成200余名宗教教职人员基础数据库的建立工作，坚持“保护合法、制止非法、抵御渗透、遏制极端、打击犯罪”的处理原则，持续巩固突出问题整治成果，坚决制止违法建设宗教活动场所行为，加大对宗教商业化、借教敛财等问题整治力度；全年通过民政部门给260名宗教教职人员发放生活补助100余万元；开展全县68个宗教活动场所四至范围界定工作，依法登记的宗教活动场所全部完成四至界桩埋设，确权登记，相关数据上报省州。

经济社会发展情况

主要经济指标

※ 2021年，巍山县地区生产总值（GDP）完成101.79亿元，按2020年不变价格计算同比（以下简称“同比”）增长9.4%。

※ 第一产业增加值34.31亿元，同比增长8.6%；第二产业增加值24.12亿元，增长17.5%；第三产业增加值43.36亿元，增长6.2%。

※ 三次产业结构调整为34:24:42。

※ 非公有制经济增加值完成53.80亿元，占全县地区生产总值的52.9%。

※ 全县财政总收入6.03亿元，同比下降0.8%，其中一般公共预算收入4.45亿元，同比增长7%；一般公共预算支出按权责发生制完成26.96亿元、与上年持平，按收付实现制完成22.55亿元，与上年同口径增长17.6%。

※ 全县规模以上固定资产投资（含房地产投资）完成64.63亿元，同比增长23%，其中500万元以上项目固定资产投资（不含房地产项目）完成59.77亿元，增长25.6%；房地产投资完成4.87亿元，下降1.7%。非电力工业投资完成3146万元，下降60.4%。

※ 全年规模以上固定资产投资（含房地产投资）有施工项目89个，同比增加14个。其中，年内新开工项目46个，增加8个；续建项目31个，增加7个。

●主要行业投资完成情况　2021年，巍山县农林牧渔业投资完成16.87亿元，同比增长2.6%；工业投资完成4186万元，下降56.9%；交通运输、仓储和邮政业投资（含大临铁路、大南高速）完成53.24亿元，增长41.3%；水利、环境和公共设施管理业投资完成2.12亿元，同比下降1.4%；教育行业投资完成8278万元，同比增长2.9%；文化、体育和娱乐业投资完成1749万元，增长240.9%；公共管理和社会组织投资完成3039万元。

农业经济

※ 2021年，巍山县农林牧渔业总产值57.37亿元，同比增长8.76%。其中，种植业产值22.07亿元，增长27.99%；林业产值4.32亿元，增长44.64%；畜牧业产值28.62亿元，下降5.83%；渔业产值1.14亿元，增长13.36%；农林牧渔服务业产值1.23亿元，增长12.6%。

※ 有耕地面积1.99万公顷。

※ 农作物总播种面积40313.73公顷，同比增加671.13公顷。其中，粮食播种面积29726.67公顷，增加5.67公顷；全年粮食总产量161961吨，增长0.76%；粮食平均单产363千克，同比增加2千克；烤烟播种面积3580公顷，增加80公顷，产量7350吨，增加135吨，增长1.87%；中药材种植1890公顷（含花椒），单产106千克，总产3000吨；油菜种植1600公顷，单产188千克，总产4500吨；蔬菜种植2040.6公顷；其他经济作物种植1476.47公顷。

※ 小春播种：小麦874.67公顷，单产193千克，总产2500吨；蚕豆种植4733.33公顷，单产193千克，总产1.37万吨；薯类种植766.67公顷，单产213千克，总产2400吨；大麦种植3520公顷，单产245千克，总产1.29万吨。

※ 大春播种：水稻5666.67公顷，单产546千克，总产4.64万吨；玉米种植12500公顷，单产401千克，总产7.52万吨；白芸豆种植540公顷，单产262千克，总产2100吨；大豆种植66.67公顷，总产3500吨；杂豆种植1058.67公顷，单产194千克，总产3100吨。

※ 畜牧、渔业产品产量：生猪年末存栏14.23万头，同比增长0.44%，出栏12.22万头，增长3.55%；牛年末存栏10.71万头，增长8.18%，出栏6.62万头，增长11.45%；羊年末存栏16.29万只，增长1.61%，出栏28.09万只，增长0.35%；家禽年末存栏114.56万只，增长4.07%，出栏213.82万只，减少6.97%。全年肉类总产量28075吨，增长3.72%，其中猪肉产量11236吨，同比增长9.09%；牛肉产量7917吨，增长1.5%；羊肉产量4449吨同比减少1.13%。牛奶产量7720吨，禽蛋产量1896吨；水产品产量9159吨。

2021年，巍山县大力支持发展柠檬产业，建成占地8公顷年产200万株脱毒柠檬育苗基地，完成供苗41.3万株，种植柠檬509.67公顷，精深加工项目第一条柠檬鲜果综合加工生产线取得SC认证，并正式投产经营

（巍山县志办　提供）

※ 林业产品产量：水果10.20万吨，核桃5.15万吨，茶叶430吨，松子492吨，板栗183吨，木材采伐3033立方米，竹材采伐15万根。

●农业产业化发展情况　2021年，巍山县确立以肉牛为主导产业，核桃、红雪梨、烤烟产业为辅助产业，柠檬、中药材等特色产业并存的“1+3+N”产业发展模式。①中药材。巍山县种植中药材1890公顷，其中收获面积1691.2公顷，总产2960吨，农业产值18277万元；中成药加工产值3100万元，初加工产值4205万元，销售产值2100万元，综合总产值27682万元。其中，红花种植1066.7公顷，产量256吨，产值3350万元；重楼种植面积194.7公顷，收获52公顷，产量101吨，综合产值（含种苗）6235万元；巍山县紫金乡中药材基地建设项目，投入沪滇协作扶贫资金300万元，紫金乡昌龙中药材农民专业合作企业投入资金67.6万元，以“党支部＋合作社＋农户”模式种植黄精8公顷、黄芪13.3公顷；中药材养殖品种主要为美洲大蠊，全年产量约190吨，产值约1550万元。②水果。全县水果种植总面积7593.33公顷，总产量10.27万吨，产值1.8亿元，其中红雪梨5310公顷、柑橘类1212.4公顷、桃子358.8公顷、芒果197.4公顷、葡萄63.2公顷、樱桃（含车厘子）120公顷、石榴110.4公顷、其他水果221.13公顷；在沪滇协作资金和涉农整合资金的支持下发展柠檬产业，建成占地8公顷年产200万株脱毒柠檬育苗基地，配套文洛式薄膜温棚、检测中心、脱毒苗生产中心等，全年完成供苗41.3万株，种植柠檬509.67公顷，精深加工项目第一条柠檬鲜果综合加工生产线取得SC认证，并正式投产经营。③茶叶。种植面积1066.67公顷，采摘面积766.67公顷，总产量430吨，总产值4645万元，农业产值1290万元，其中春茶130吨、夏秋茶300吨。④花卉。完成种植面积1565.53公顷，综合总产值16100万元，其中药用红花1090公顷、食用玫瑰13公顷。

乡村振兴

●乡村振兴建设情况　2021年，巍山

县转移就业12.84万人，其中脱贫人口1.58万人；开展各类技能培训10273人次，其中脱贫劳动力6043人次；全县认定就业扶贫车间27个，带动就业1373人，其中脱贫人口249人；全县开发乡村公岗2510个，其中乡村公共服务岗位1491个、生态护林员655个，光伏扶贫公益性岗位364个，低收入群体及就业困难人口就业全面保障；发放创业贷款870户1.70亿元，带动就业2610余人。年末，全县有返贫致贫风险监测户643户2178人，未消除风险户261户829人，均得到有效帮扶。全县10个乡（镇）发放扶贫小额信贷3206户1.54亿元（脱贫建档立卡户3180户1.53亿元，边缘易致贫户26户126万元），县农商行承贷3162户1.52亿元，农业银行承贷6户21万元，大理巍山长江村镇银行承贷38户186万元。

10月26日，巍山县举行京东集团助力巍山县乡村振兴暨京喜农场直采“巍山红雪梨”首发仪式（巍山县志办　提供）

● 乡村振兴建设项目实施情况　2021年，巍山县大力发展特色产业，种植柠檬1066.67公顷；引进大理巍檬生物科技有限公司在甸中工业园区落地投产；强力推动肉牛产业，出台《巍山县金融支持“一县一业肉牛产业发展”实施方案》，投资1.3亿元的肉牛产业化项目稳步推进；“坚先生京东自营旗舰店”上线销售，“巍山红雪梨”进入京东京喜大宗采购平台。年内乡村振兴项目资金到位2.68亿元，其中统筹整合涉农资金2.24亿元，沪滇帮扶资金3866.15万元，定点帮扶资金534.69万元，涉及全县农田水利、人饮巩固提升、产业发展、乡村振兴等84个项目。落实沪滇产业发展项目8个3482万元，争取对口支援劳动力就业转移项目资金64.15万元，输出脱贫人口到上海就业38人、省内外就业631人，上海浦东新区购买巍山县农畜牧产品和特色手工艺产品1008.01万元；上海浦东新区老港镇捐赠“携手兴乡村”资金320万元，上海社会力量投入帮扶资金捐款捐物累计折资272.2万元。中国冶金地质总局向巍山投入帮扶资金509.69万元，引进帮扶资金25万元，实施帮扶项目9个；云南艺术学院到巍开展“喜迎建党100周年、助力乡村振兴”钢琴捐赠及调研活动，捐赠钢琴45台；云南省联通公司与巍山县青华乡签约“数字乡村”合作。

● 规划编制情况　2021年，巍山县编制《巍山县巩固拓展脱贫攻坚成果同乡村振兴有效衔接规划（2021—2025年）》，规划项目887个，规划资金18.59亿元；马鞍山乡三胜村委会、红旗村委会，大仓镇新胜村委会大三家村、南诏镇新村村委会新村4个州级试点村落地项目123个，完成投资2.29亿元；根据省“百千万”、州“十百千”工程，全县安排项目资金3500万元，打造1个乡村振兴“示范乡”、13个乡村振兴“示范村”，21个“美丽村庄”。

交通　通信

※ 2021年末，巍山县公路通车里程3750.2千米，其中国道59.49千米，县道418.02千米，乡道566.51千米，村道及其他公路2706.73千米。全县79个村委会全部通班车，通班车率为100%。

※ 巍山县水运企业1户，在册客运渡船7艘，客位175个，境内黑惠江有119千米河段，设有1个码头、7个停靠点。

※ 2月3日，巍山民途科技有限公司、云南悦途科技有限公司两家网络预约出租汽车公司通过县交通运输局审批，并发放行政许可证，巍山民途科技有限公司投入运营10辆车（4辆燃油汽车，6辆新能源汽车），云南悦途科技有限公司暂未开始运营。

※ 客运量110.49万人次，同比增长7.4%，客运周转量4333.73万人千米，同比下降5.4%。

※ 全年货物运输总量309.4万吨，同比增长6%，货物运输周转量28997.03万吨千米，同比增长5%。

※ 全年邮政业务总量2417.72万元，同比下降5.65%。电信业务总量310235.82万元，增长45.07%。

※ 全县有10个乡（镇）、79个行政村和4个社区已全面实现宽带网络覆盖，推进光纤宽带网络向自然村延伸；78个自然村全面实现光纤网络全覆盖，新建FTTH光端口2900余个，FTTH光端口已达123400个（移动68400个、电信52000个、广电网络3000个），光纤网络入户改造工程已实施，接入能力实现200兆/秒，开始实施为普通用户提供200兆～1000兆乃至更高的接入能力；全县已全面实现4G网络覆盖。

● 5G网络建设情况　2021年，大理铁塔公司在原有59个5G基站（移动52个、电信7个）基础上，新建5G基站113个（其中移动74个、电信联通共建39个），投资3160万元；新建4G基站243个（移动116个、电信36个、联通91个），投资2700万元；县城核心区及景区景点重要场所已实现5G信号全覆盖；大临铁路红线外项目共需求56站（新建47个，升级改造9个）全面完工投入使用，红线内覆盖项目隧道距离约35千米；移动公司完成各乡（镇）5G汇聚机房建设储备、光缆资源建设补充、动力配套扩容及全县辖区内所有乡（镇）的5G传输网络建设和入网调试，开通乡（镇）所在地的5G网络建设信号覆盖；完成全县12个“5G数字乡村”示范村建设及验收、授牌。

工业经济

※ 2021年，巍山县工业总产值完成47.63亿元，同比增长28.6%。其中，规模以上工业总产值完成25.59亿元，增长69.9%；规模以下工业总产值完成22.04亿元，增长0.29%。

※ 全部工业增加值完成10.59亿元，按2015年不变价格计算同比下降29.5%，其中规模以上工业增加值完成5.70亿元，按可比价计算同比下降39.9%。

※ 规模以上工业企业实现主营业务收入13.32亿元，同比增长84.52%。

※ 完成利润总额4.23亿元，同比增长1970.18%。

※ 完成利税总额4.81亿元，同比增长1087.71%。

※ 非电力工业投资完成3146万元，同比下降60.44%。

※ 锑金属含量199吨，机制纸及纸板11457吨，饲料27304.31吨，水泥289292吨，砖33059.09万块，中成药175.73吨，扎染布11.05万米，商品混凝土48.63万立方米。

商贸服务

※ 2021年，巍山县社会消费品零售总额完成34.78亿元，同比增长6.5%。①按销售单位所在地统计。城镇完成24.17亿元，增长6.6%，乡村完成10.6亿元，增长6.3%；②按消费形态统计。餐饮收入完成9.15亿元，增长7.3%，商品零售完成25.63亿元，同比增长6.2%；③按规模统计。限额以上完成2.84亿元，增长14.8%；限额以下完成31.94亿元，同比增长5.8%。

※ 全县登记注册市场主体19693户，食品生产许可23户，小作坊登记65户，食品经营许可2063户，食品摊贩备案1682户。药品生产企业1户、经营企业135户，医疗器械经营165户、化妆品经营204户。特种设备使用单位149户，特种设备总数522台。有注册商标1030件，地理标志证明商标1件、获证专利219件，认证认可获证市场主体15户。

※ 对外贸易出口总额完成3057万元，同比下降2.6%。

※ 全县实施招商引资项目19个（含往年结转项目7个），项目协议总投资146.59亿元，完成州外实际到位资金54.25亿元，增长15.4%，完成省外实际到位资金50.07亿元，增长14.8%。

城乡建设

※ 2021年，巍山县城镇化率44.57%，城镇绿化率33.14%。城镇生活污水集中处理率91.1%，城镇生活垃圾无害化处理率100%。

※ 年末，全县有房地产企业10家，在售楼盘8个，售出商品房304套，商品房销售面积3.76万平方米，其中住宅255套，面积3.33万平方米，均价约6430元/平方米；房地产从业人员为109人，劳动工资总额为602.9万元；二手房交易网签备案47套；全县备案的物业管理公司6家，管理住宅小区9个，面积77万平方米。

※ 全县办理完成易地扶贫搬迁住房不动产权证332本，颁发不动产权证书1226份，颁发不动产登记证明646份，查封登记59份，受理房产查询申请2230件。农村不动产确权登记工作以“云宅调”为基础，以地籍调查和宗地为依托，实际采集并提交数据75366宗。年内经省级技术单位审核筛选，符合登记发证条件、未登记发证41447宗，在集中审核通过38895宗，通过率为93.84%。南诏印象历史遗留问题化解，不动产证全年办理71份。

※ 全县变更土地使用权类型31宗，面积0.35公顷，补交土地出让金105.15万元；划拨土地8宗，面积299.07公顷；审核大理新区第一、二、三批征地拆迁款，审核面积386.50公顷，涉及金额3.79亿元；预付大理新区开发建设第三批征地补偿资金1.63亿元；完成对大理新区一期启动区363.18公顷土地的村庄边界放线和界桩埋设前期工作。

※ 全年土地巡查1097次，发现土地违法行为165件，立案查处自然资源违法案件31宗，其中矿产资源违法案件3宗，土地违法案件28宗，土地违法案件终止调查1宗，土地违法案件涉及农用地面积11.34万平方米，其中建设用地93.95平方米、未利用地2084.88平方米、耕地面积1.23万平方米、永久基本农田面积1.67万平方米，其中土地违法案件结案15宗，矿产资源违法案件结案3宗。执法监察股立案查处的28宗土地违法案件的结案率为57.14%，3宗矿产资源违法案件的结案率为100%。全年收缴罚没款3.62亿元。

※ 全县具备资质等级的16个建筑企业完成建筑业总产值9.34亿元，同比增长67.6%。全县建筑业增加值完成11.47亿元，增长30.3%。

12月23日，巍山县万头奶牛养殖示范牧场项目开工仪式举行
（巍山县志办　提供）

※ 全年受理项目工程质量注册安全监督12项，监督续建工程项目39项，年内监管项目51项，总投资约7.31亿元；项目竣工验收18项；建设消防工程、消防设计审查受理项目16项，消防验收项目受理8项。

※ 全县配租保障性住房94套，并对符合保障未实物配租的100户家庭发放租赁补贴11.85万元，查出54户不符合保障性住房条件的家庭，并根据《巍山县公共租赁住房管理办法》的规定予以清退或提高租金标准进行处理。

● **巍山古城特色小镇规划情况** 2021年，巍山古城特色小镇规划区总面积3.87平方千米，核心区面积1.03平方千米，规划项目29个，规划总投资25.16亿元。其中，基础设施项目10个，规划投资7.7亿元；产业项目19个，规划投资17.46亿元。巍山特色小镇依托深厚的历史文化、多元的民族文化、丰富的小吃文化等资源优势，发挥南诏国发祥地、国家级历史文化名城等地理区位优势，发展名特小吃、扎染刺绣、特色手工等为主的旅游文化产业，打造集古城休闲、文化体验、避暑度假、商务娱乐于一体的“国际知名、国内唯一”的南诏文化旅游特色小镇。年末，规划的29个项目，完工24个，进入扫尾5个，累计完成投资23.02亿元（政府投资12.17亿元，带动社会投资10.85亿元），占计划总投资25.16亿元的91.5%。

● **关巍新区建设情况** 2021年，关巍新区先行启动区拟定报批12个批次，拟报批面积271.19公顷，用地报批需落实耕地占补平衡指标耕地面积122.30公顷（水田面积53.84公顷，旱地面积68.46公顷），完成拟征收土地利用现状调查及勘测定界工作；巍山县2021年度云南省自然资源厅文件批复第一批次城镇建设用地17公顷，启动第二批次城镇建设用地28.16公顷用地报批；启动关巍新片区二期231.87公顷成片开发方案编制工作。

2021年，巍山县积极打造南诏文化旅游特色小镇。图为南诏王宫项目施工现场 （巍山县志办 提供）

社会民生

※ 2021年，巍山县城镇常住居民人均可支配收入39569元，同比增长8.8%，农村常住居民人均可支配收入13350元，同比增长10.4%。

※ 全县城镇最低生活保障对象2223户2641人，累计支付低保金1002.87万元；农村最低生活保障对象9326户21425人，累计支付低保金6138.48万元。全县80周岁以上的高龄老人5188人，全年累计发放高龄津贴331.24万元。

※ 城镇新增就业2724人，农村劳动力转移12.84万人，“点对点”转移输出农村劳动力605人；表彰优秀务工人员67名、务工带头人38名，兑现奖金32万元。

※ 发放创业贷款878户1.79亿元，带动就业2500余人。

※ 全县9797人参加企业职工养老保险，征缴保险费1.04亿元，发放养老金1.32亿元；108个单位5938人参加机关事业单位养老保险，收缴保险费1.33亿元，发放养老金25001人次1.27亿元，收缴职业年金2553.65万元；189433人参加城乡居民社会养老保险，续费132021人，征收保险费2175.76万元，发放养老金488303人次6080.41万元；950人参加被征地农民养老保险，享受待遇7303人次，发放待遇368.8万元；217个单位7806人参加失业保险，征缴保险费244.37万元，发放失业保险金46.53万元、失业补助金110.91万元；368个单位19336人参加工伤保险，征收保险费251万元，支付工伤待遇304万元；272个单位9081人参加生育保险，征收保险费367.3万元，年内支付生育保险490人358万元；252个单位13785名职工参加城镇职工医疗保险，收缴保险费9309.17万元，支出9370.09万元；292393人参加城乡居民医疗保险，基金总收入3.52亿元，总支出3.45亿元。

※ 年末，全县有养老机构6所，其中公办敬老院4所、公建民营养老院1所、民营养老机构1所。全县有养老床位448个。

※ 年内全县登记在册的社会组织201家（其中社会团体135家、民办非企业66家），注销20家、变更12家。全县注册志愿者48378人，志愿团体234个。

教育　体育

● **教育事业经费执行情况** 2021年，巍山县教育支出4.41亿元。

※ 全县拥有普通高中3所（其中民办1所），职业高级中学1所，教师进修学校1所，初级中学13所（其中民办学校1所），小学77所，幼儿园81所（含公办29所）。

※ 全县普通高中在校学生5650人（含民办1051人），职业高中在校学生853人，初中在校学生9935人（含民办1293人），小学在校学生19525人，在园幼儿8839人（含民办4099人）。

※ 普通中学专任教师1285人（含民办190人），职业中学专任教师80人，小学专任教师1095人。

※ 学前三年毛入园率91.78%，全县小学适龄儿童净入学率99.74%，初中学龄人口毛入学率111.89%，

九年义务教育巩固率99.02%。

※ 高考总上线率100%。

● 体育事业经费执行情况　2021年，巍山县全民健身补短板工程中央预算内投资补助建设项目资金3120万元，其中文华体育公园补助建设项目资金2000万元、巍宝山登山步道补助建设项目资金640万元、巍山公共体育场标准田径跑道和足球场建设项目资金480万元；中央补助地方公共文化服务体系建设专项资金40万元，其中五印乡多功能运动场建设补助资金20万元、南诏镇多功能运动场补助资金20万元。

※ 县体育场地面积49.32万平方米，人均面积1.84平方米；体育场总数925个，其中球类场地723块、全民健身路径145条、田径场22块、其他场地35个；全县公共体育场地情况有县级综合馆、11人制标准足球场、篮球场等，10个乡（镇）灯光篮球场、5人制足球场、全民健身路径覆盖率为100%；79个行政村标准篮球场、全民健身路径覆盖率为100%，4个社区（办事处）体育设施覆盖率100%。

※ 全年组织县级单项体育比赛4次，参赛运动员1195人次。

※ 全县有县级体育协会2个、体育俱乐部1个；体育分会14个、行业体育协会3个，乡（镇）级项目体育协会5个、群众体育协会6个，村级群众体育协会1个。

※ 全县社会体育指导员为849人，其中国家级7人、一级22人、二级34人、三级786人。每千人拥有社会体育指导员3.17人。

● 特色学校开展情况　2021年，巍山县有省级特色学校2所；有体育传统项目布局学校5所，其中小学2所、中学3所。竞技体育设置重点项目田径，传统项目象棋训练点，按计划完成各项竞赛、训练工作，培养输送体育后备人才。

● 大型体育赛事开展情况　9月，县少体校培养输送优秀运动员参加中华人民共和国第十四届运动会田径比赛获三枚铜牌和一个第六名。杨绍辉参加第十四届全运会男子马拉松比赛获第三名，罗霞获第十四届全运动会女子3000米障碍比赛第三名，罗建芝获第十四届全运会女子20千米竞走团体比赛第三名，田径运动健将杨家祥获第十四届全运会男子1500米比赛第六名。

科学

● 科学事业经费执行情况　2021年，县财政一般公共预算科学技术支出4128万元。

※ 全县有注册商标1030件，地理标志证明商标1件、获证专利219件，认证认可获证市场主体15户。

※ 完成上年度国家、省、州、县科普专项经费转移支付项目绩效考核11个，其中州级3个、省级6个、中央2个。争取年度国家、省、州县科普专项经费转移支付项目8个，其中州级2个、省级4个、中央2个。通过项目实施，带动全县农业产业、科普受众、行业发展、乡村振兴等方面的协调发展。“巍山科普”微信公众号关注人数3767人、“科普巍山”新浪微博粉丝数6.28万人，发布微博数1.6万条。

※ 全县研发经费投入任务目标为4601万元，其中企业投入4361万元，科技服务机构投入240万元，实际研发经费投入4154万元，完成州下达任务的90.28%；规模以上工业企业19家，无专业科研机构，高新技术企业2家，年度研发经费投入507.7万元，研发经费投入强度为0.06%；认定坤元（巍山）农业发展有限公司、巍山县学堂畜牧养殖场、云南云上之都农业发展有限公司、巍山县文华食品工业有限责任公司4家企业为云南省科技型中小企业；通过评价大理州中药制药厂、坤元（巍山）农业发展有限公司、云南云上之都农业发展有限公司、大理时代农业科技发展有限公司4家企业入库国家科技型中小企业；宏刚食用菌种植有限公司等5家企业（合作社）通过技术合同认定，技术合同交易金额110.75万元；组织4家企业参加云南省创新创业大赛，其中云南京新生物科技有限公司以美洲大蠊产业化技术应用为主题参加比赛获二等奖；下达年度科技计划省对县转移支付资金39万元；申报下年度乡村振兴产业关键技术集成示范项目5个，申请科技资金补助910万元，通过省级初审项目4个。

● 地震监测与救灾　2021年，巍山县境内发生299次地震，0.0～0.9级184次，1.0～1.9级102次，2.0～2.9级10次，3.0～3.9级3次，无4.0级以上地震，其中最大震级3.1级，同比震级和次数增加幅度较大。5月21日漾濞县发生6.4级地震后，巍山县随即启动地震二级响应，成立地震局前方、后方指挥部，分别赶赴受灾较重的乡（镇）开展抗震救灾，做好灾情统计、震情跟踪监视、紧急会商、监测台网管理、地震谣言应对等工作。年内及时编制地震灾害经费普查预算，根据普查内容，编制经费预算13万元；开展全县房屋结构抗震能力调查工作，完成加固工程、新建工程、公用建筑信息采集860户、857户、240家。推进云南预警工程项目建设，1个基准站、1个基本站投入使用，6所学校安装预警终端。

文化　旅游

● 文化事业经费执行情况　2021年，巍山县文化旅游事业与传媒经费支出2017万元。

※ 巍山县各级文物保护单位72处，其中国家级4处、省级10处、州级4处、县级54处。

※ 各级非物质文化保护名录89项。其中，国家级1项：彝族打歌；省级5项：高台社火、二月八节、青云彝族传统文化保护区、巍山耙肉饵丝，巍山县永建镇东莲花村回族传统文化生态保护区；州级11项；县级72项。各级非物质文化遗产项目代表性传承人110人，其中国家级1人、省级7人、州级5人、县级97人。

※ 年末全县广播电视综合覆盖率为99.76%。

※ 全县有农村电影放映队6支，每月每个行政村（校）放映1场，全年放映数字电影988场。

※ 全县拥有公共图书馆1个，文化馆1个。公共图书馆藏文献10.2万册，其中图书5.07万册，古籍、历史文献6100册，报刊合订本3200册，视听文献1.3万册，电子图书2.87万册。

※ 文化馆馆办文艺团队9个，业余文

艺表演队322支。年内，新创文艺作品21个（含原生态音乐专辑1张，改编作品2个）。

※ 年内，南诏镇古建筑群安防工程完工并通过初验，防雷工程全面完工；长春洞防雷工程全面完工；完成巄屽图山城址保护设施建设项目已完成4号路的硬化及路肩铺设、征地兑款工作、1-3号路的规划、测量、土地使用及林木采伐等相关手续；省级文物保护单位玉皇阁、甘露亭两项修缮工程通过验收；巍宝山古建筑群含真楼修缮工程完成前期工作，4月底进场施工；拱辰楼保护利用项目及同步实施的拱辰楼消防设施升级改造项目已全面完工；古城内文物登录点民居修缮工程继续实施日昇街66号王锡庆宅、西街38号李增蔚旧居、川主庙过厅等修缮项目，于年末完工。

※ 境内有巍山古城、巍宝山国家级森林公园、"鸟道雄关"自然保护区、绿孔雀自然保护区、彝族寻根祭祖"圣地"土主庙、永建东莲花村古建筑群等优美的自然风光和人文景观，多姿多彩的民族文化，独具风味的名特小吃，古朴典雅的民风民俗，保存完好的明清城池格局，各式古建筑风貌，共同构成独特的巍山县旅游资源。境内有不可移动性文物古迹有200余处，其中儒教文庙1座、道教宫观104座、佛教寺院85座、伊斯兰教清真寺22座、少数民族原始宗教寺庙78座、土主庙10余座。宗教活动场所总计600余处，其中大部分宫观寺庙，雕梁画栋，出阁架斗，古色古香，是古建筑文物中的瑰宝。

※ 12月，县地方志办公室组织编纂的《巍山年鉴（2021）》（第27卷），由云南民族出版社出版，全书86万字。《巍山消息》出版51期，电视《巍山新闻》播放310期1552条，新媒体发布4018条，100余条新闻被中央级媒体采用，800余条（次）新闻被省州媒体采用。

※ 接待海内外游客315.28万人次，同比增长55%。其中，外国游客156人，下降92.37%；过夜游客42.48万人次。实现旅游社会总收入34.58亿元，同比增长3%，其中外汇收入6.9万美元，折合人民币47.62万元。

卫生与健康

● **卫生事业经费执行情况** 2021年，巍山县卫生健康事业经费支出4.46亿元。

※ 全县有各类医疗卫生机构136个。其中，县级医疗队机构2个（综合医院1个、中医医院1个）；民营医院3个；基层医疗卫生机构89个，其中乡（镇）卫生院9个、社区服务中心1个、村卫生室79个；个体诊所37个（含门诊部、医务室、卫生所、中医备案诊所）；公共卫生专业机构5个（疾病预防控制中心1个、血吸虫病防治站1个、妇幼保健和计划生育服务中心1个、爱国卫生和健康促进指导中心1个、卫生监督所1个）。

※ 县乡两级总诊疗量188.96万人次，其中门急诊数1873801人次，住院治疗数31204人次，县级医疗机构住院治疗24172人次、乡级医疗机构住院7032人次。

※ 全县实有病床1332张，每千人拥有病床4.12张。

※ 专业卫生技术人员1976人。

※ 2021年，全县传染病发病率516.68/10万。全县无孕产妇死亡，婴儿死亡率5.03‰，孕产妇保健覆盖率98.69%，孕产妇系统管理率90.46%，住院分娩率100%，高危孕产妇管理率100%，高危孕产妇住院监护分娩率100%，三岁以下儿童系统管理率93.64%，无新生儿破伤风发生。

※ 全县医疗保险参保306178人，其中职工13785人，城乡居民292393人，参保率97.46%（按常住人口算）。全县城乡居民基本医疗保险门诊就诊129.32万人次，总费用9360.63万元，三重保障报销4821.39万元，报销比例51.51%；住院就诊4.84万人次，总费用3.10亿元，三重保障报销2.14亿元，实际报销比例69%。全县定点医药机构189家，激活医保电子凭证24.17万人，激活率79.36%，居全州第四、全省第八。

● **卫生项目投资完成情况** 2021年，巍山县完成卫生项目投资3921万元。县人民医院发热门诊项目投入使用；巍山县中医院迁建项目门诊住院综合楼二期建设工程进展顺利；大仓中心卫生院发热哨点诊室及库房项目投入使用；实施新合、三胜、南山、银厂村卫生室建设项目"双提升"工程项目；县血防站、南诏镇社区卫生服务中心整体搬迁项目前期工作完成；实施智能健康云项目，打造远程会诊、影像、检验、病理和心电"五大中心"，向下延伸覆盖全县所有基层医疗机构，向上与上海浦东医院、上海市第七人民医院、大理大学第一附属医院等先进地区专家实现实时会诊；在对口帮扶下县人民医院开展新技术、新项目11项，开展手术71台，其中四级手术35台。

（张家锐撰稿）

2021年，巍山县全国重点文物保护单位文华书院恢复改造初见成效

（巍山县志办　提供）

永平县

基本情况

自然概貌

※ 永平县位于大理州西部。

※ 位于北纬25°03′～25°45′，东经99°17′～99°56′。

※ 东与漾濞县、巍山县毗邻，南同昌宁县交界，西和保山市隆阳区相连，北跟云龙县接壤。

※ 面积2884平方千米，其中山区面积2837平方千米、坝区面积47平方千米。

※ 地处云岭山脉分支博南山和云台山之间，地势西北高、东南低。

※ 海拔最高点是北斗乡青神龙山，为2933米；海拔最低点是水泄乡渔坝平坦，为1130米，县城所在地海拔1620米。

※ 境内山峦重叠，河谷纵横，海拔差异较大，银江河之东、顺濞河之西是云台山，澜沧江之东、银江河之西是博南山；县内主要河流是银江河，过境河流有澜沧江、顺濞河，形成“三河夹两山”，高山、河谷、坝子纵横交错的独特地形。

※ 2021年，年降水量841.6毫米，年平均气温17℃，年日照时数1992.1小时。

※ 辖内发现矿产种类有27种。其中，金属矿15种，非金属矿12种，已开采的矿产有金、银、铜、铁、铅、硫砷、汞、水晶石、煤、磷、高岭土、石灰石等20余种，其中以铜、铁的储量最多。主要物产有水稻、玉米、荞子、烤烟、茶叶等。境内主要树种有云南松、华山松、栎类、桤木、红木、樟木等；经济林果主要有核桃、油桐、蓝桉、花椒、板栗、木瓜等；珍稀植物有滇藏木兰、绒叶含笑、水青树（木兰科）、云南枫杨、原始南山茶等。珍禽异兽有马鹿、麂子、穿山甲、白鹇、凤凰鸡、珍珠鸡、锦鸡等。

行政区划

※ 2021年末，全县辖博南、杉阳、龙街3个镇和龙门、厂街、水泄、北斗4个乡，有75个村(居)民委员会、1237个村民小组、1535个自然村。

※ 博南镇辖13个村委会、3个社区居委会、262个村（居）民小组、275个自然村；杉阳镇辖12个村委会、251个村民小组、231个自然村；龙街镇辖11个村委会，179个村民小组、309个自然村；龙门乡辖7个村委会、107个村民小组、124个自然村；厂街彝族乡辖11个村委会、172个村民小组、216个自然村；水泄彝族乡辖9个村委会、146个村民小组、185个自然村；北斗彝族乡辖9个村委会、120个村民小组、195个自然村。

人口

※ 2021年末，永平县户籍总户数58813户，户籍总人口184424人。城镇人口比重24.45%；人口密度64人/平方千米。

※ 男性93788人，女性90636人；城镇人口45105人，农村人口139319人。

※ 年内出生人口949人，出生率5.11‰，死亡人口1114人，死亡率6.0‰；人口减少165人，自然增长率−0.89‰。

民族　宗教

※ 境内居住有汉族、彝族、回族、白族、傈僳族、苗族等世居民族。2021年末，彝族有人口52721人、回族有人口14661人、白族有人口7305人、傈僳族有人口2981人、苗族有人口2556人，少数民族人口占总人口的44.71%，其中彝族占28.59%、回族占7.95%、白族占3.96%、傈僳族占1.62%、苗族占1.39%。

※ 2021年，永平县有2个宗教团体，即永平县伊斯兰教协会和永平县佛教协会。

※ 全县有依法登记的宗教活动场所43所，其中佛道教17所、伊斯兰教25所、基督教固定处所1所。

※ 全县有宗教教职人员39人。其中，佛教、道教11人、伊斯兰教27人、基督教1人。

※ 全县有信教群众4.58万人，其中佛教2.8万人、道教9000人、伊斯兰教8700人、基督教126人。

经济社会发展情况

主要经济指标

※ 2021年，全县地区生产总值完成71.19亿元，同比增长7.8%。

※ 第一产业增加值完成26.86亿元，增长8.8%；第二产业增加值完成14.87亿元，同比增长4.9%；第三产业增加值完成29.46亿元，增长8.3%。

※ 三次产业结构比例为37.7:20.9:41.4。

※ 财政总收入完成4.31亿元，同比下降4.96%，一般公共预算收入完成3.02亿元，增长5.73%；一般公共预算支出完成18.03亿元，增长11.54%。

※ 规模以上固定资产投资完成总额36.93亿元，同比增长30%。

农业经济

※ 2021年，永平县农林牧渔业总产值为41.93亿元，同比增长11.3%。其中，农业产值26.52亿元，现价同比增长18.53%；林业产值1.89亿元，现价同比增长63.88%；牧业产值12.45亿元，现价同比减少7.28%；渔业产值1070万元，现价同比增长16.3%；农林牧渔服务业产值9572万元，现价同比增幅11.98%。

※ 农村住户人均可支配收入为13533元，同比增长10.9%。

※ 全县常用耕地面积22385.29公顷。其中，水田4244.57公顷，水浇地106.9公顷，旱地18033.82公顷。

※ 全县农作物种植面积37180公顷。其中，粮食作物面积24666.67公顷，特色水果种植面积1540公顷，高山生态茶4420公顷，中药材种植面积2226.67公顷，蔬菜种植面积1793.33公顷，烤烟种植面积2533.33公顷。

※ 粮食产量11.25万吨，同比增长1.68%；特色水果产量1.67万吨，高山生态茶产量2576吨，中药材产量2330吨，蔬菜产量5.14万吨，烤烟产量10.1万担。

●农业产业化发展情况　2021年，永平县围绕“352”百十万发展目标（培育3个百万级产业、5个十万级产业、2个万级产业），大力培植“五种五养”十大主导产业（“五种”即烤烟、核桃、生态茶、中药材、果蔬；“五养”即肉牛、生猪、黑山羊、山地鸡、永平白鹅），坚持种养并举，打造“绿色食品牌”。年末，全县农林牧渔业总产值41.93亿元，农产品加工现价总产值86.29亿元。申报云南省“10大名果”，“果亮”核桃被评选为第五名，获省级奖补资金100万元。申报省、州级农业产业化重点龙头企业认定的企业3个（省级2个，州级1个），州级重点龙头企业已获批，认定县级龙头企业4个。全县培育认定省、州、县农业产业化重点龙头企业20个（省级5个，州级11个，县级4个）。新增省级示范村9个。

乡村振兴

●产业发展情况 2021年，永平县建立重大产业项目专班推进工作机制，组建11个重大产业项目工作推进专班，完善“1+1+3+X”产业培育壮大体系，谋划项目100项，完成投资11.48亿元。农业产业化水平持续提升，全年粮食总产量为11.25万吨，种植烤烟2533.33公顷、新发展高山生态茶111公顷、中药材134.47公顷、特色水果61公顷，出栏生猪41.17万头、肉牛4.02万头、黑山羊13.3万只、家禽100.47万羽，认证农产品“三品一标”19个，实现农业总产值43.59亿元。完成《永平县绿色食品牌重点产业发展规划（2021—2025年）》编制。100万头现代化高效生态循环养殖产业化、大理纳思集团肉牛养殖等25个农业产业项目进展顺利。永平宇诚农副产品有限公司、杉阳益鸿家庭农场等7家农业新型主体被认定为州级示范，全县“五种五养”基础更加夯实，“352百十万”产业发展成效日益凸显。工业产业实现加速发展，年产1万吨优质核桃系列产品等12个项目建成投产，羊街煤矿年产30万吨转型升级全面完成，年采选20万吨高岭土建设、东方希望饲料加工等项目进展顺利，核桃全产业链“三产融合”、永平矿业提升改造等项目快速推进。博南工业（物流）园区建设进展顺利，恢复为省级工业园区，云南农垦、强佑等6家企业入驻园区，被国家林草局认定为第二批国家林业产业示范园区。曲硐、宝台山国家AAAA级旅游景区创建工作有序推进，龙门大坪坦、龙街普渡十字口国家AAA级旅游景区创建工作全面启动，博南文化园、曲硐游客接待中心改造等项目建设稳步推进，建成非遗传习所14个、综合传习馆1个。曲硐、宝台山国家AAA级旅游景区与中旅集团合作，实现市场化运营。中屯加油站建成运营，新增电商企业8家，完成企业升限6户。“永平美景”和“名店、名厨、名菜”发布，被世界中餐业联合会评为“中华黄焖鸡美食之乡”，文旅融合发展的活力得到加强。

●生态建设情况 2021年，永平县牢固树立“生态是资源，生态是生产力”“绿水青山就是金山银山”理念，推动绿色低碳发展，为全面加快推进生态永平建设，成立“永平县生态环境保护委员会”。推进生态文明体制改革，当年，完成生态文明体制改革要点4个，其中中央省委部署改革要点1个，州级确定改革要点2个，县级自定改革要点1个。推进生态文明建设示范区创建，制定实施《永平生态县建设规划（2011—2020年）》，创建省级园林县城、省级文明县城等“两城三县”，开展美丽乡村评定工作，全县7个乡（镇）全部获省级生态乡（镇）命名，69个行政村获州级生态文明村命名，省级生态文明县于2018年7月在云南省生态环境厅网站进行公示。

●组织建设情况 8月12日，组建永平县乡村振兴局，为县人民政府工作部门，机构规格正科级，由永平县农业农村局统一领导和管理，主要负责巩固拓展脱贫攻坚成果、统筹推进实施乡村振兴战略有关具体工作。乡（镇）扶贫开发办公室更名为乡村振兴办公室，永平县扶贫开发服务中心更名为永平县巩固脱贫攻坚推进乡村振兴服务中心，为县乡村振兴局下属事业单位。县委、县政府成立永平县巩固脱贫攻坚推进乡村振兴领导小组，由县委书记、县人民政府县长任组长，一名县委副书记任常务副组长，县委组织部部长、县纪委书记（监委主任）任副组长，全面组织领导和统筹推进实现巩固拓展脱贫攻坚成果同乡村振兴有效衔接工作。10月，撤销永平县脱贫攻坚指挥中心、永平县实施乡村振兴战略指挥中心，组建永平县巩固脱贫攻坚推进乡村振兴指挥中心。由县委书记、县政府县长任指挥长，一名县委副书记任常务副指挥长，一名县人大常委会副主任任专职副指挥长，一名县人民政府副县长任副指挥长。永平县巩固脱贫攻坚推进乡村振兴指挥中心在县巩固脱贫攻坚推进乡村振兴领导小组的统一领导下开展工作。下设综合组、数据组、项目组、政策组4个工作组。办公地点设在县委党校。

●规划修编情况 2021年，永平县编制《大理州永平县巩固拓展脱贫攻坚成果同乡村振兴有效衔接规划（2021—2025年）》。规划范围为

9月14日，永平县通过世界中餐业联合会专家组的考察评审，获“中华黄焖鸡美食之乡”称号
（永平县志办　提供）

全县7个乡（镇），规划期为2021年至2025年，规划实施项目1872个、预算总投资68.56亿元。

●**主要项目实施情况** 2021年，实施杉阳镇阿海寨村育肥场建设项目；全面完成高标准农田建设项目任务；利用国际农业发展基金贷款永平县乡村振兴示范项目，完成梳理年度实施计划并上报省项目办；永平县规模化奶牛养殖示范牧场及标准化奶源供应基地项目，完成科研、林勘、地勘、社会维稳等工作，项目（一期）开工。

●**农村公路建设项目情况** 2021年，永平县完成2020年项目永厂公路、世兴至安吉公路、新村至上寨公路、狮子窝至厂街乡李家寨公路路基、杉阳镇白泥塘公路等扫尾工程。年内，上级下达永平县计划项目43个，到位补助资金4620万元，其中乡（镇）通三级路项目1个11.1千米，预计下达补助资金3552万元，到位补助资金777万元；自然村通畅计划项目24个50千米，预计下达补助资金2000万元，到位补助资金1050万元；成效明显补助计划1个，预计下达补助资金100万元，全额到位；危桥改造计划9座，下达补助资金630万元；安防计划8个37千米，下达补助资金213万元。年内，永平县实施乡（镇）通三级路项目为龙街公路改建工程，全长10.87千米（龙街村十字路口至普渡收费站），估算总投资8336万元，正在开展招投标工作。计划实施自然村通畅项目31个86千米，其中上级下达计划项目24个50千米、计划外项目7个36千米。至12月底，开工项目14个22.64千米（提前实施项目），完成投资1480万元。采取EPC模式，投资5160万元，完成10个上级下达计划项目27.36千米及7个计划外项目36千米公路建设，增加通畅自然村32个。灾后恢复重建道路65条，启动博南山国有林场公路建设项目，建设弹石路面11.73千米，总投资1557万元，完成投资200万元。

工业经济

※ 2021年，永平县工业总产值35.62亿元，同比增长6.4%；规模以上工业总产值11.65亿元，增长23.4%。

※ 工业增加值10.38亿元，可比价增长6.4%，其中规模以上工业增加值4.64亿元，可比价增长9.5%。

※ 规模以上工业企业实现营业收入12.72亿元，同比增长13%。

※ 工业企业利润总额1.86亿元，同比增长3.9%。

※ 工业企业利税总额2.87亿元，同比增长8.9%。

※ 非电工业固定资产投资1.68亿元，同比增长54.1%。

※ 主要工业产品产量及增长率：发电量4098万千瓦时，同比减少8.01%；原煤产量6.8万吨，同比减少25.53%；水泥产量173.21万吨，同比减少0.7%；茶叶产量24285吨，同比增长6.5%。

交通　通信

※ 2021年末，永平县公路通车里程为4165.81千米，路网密度为1.44千米／平方千米。

※ 全年累计完成客运量79万人次、增长7.19%；旅客周转量7090万人千米、增长3.84%。

※ 累计完成货运量478万吨、增长20.4%；货物周转量48831万吨千米、增长30.9%。

※ 水路通航里程94千米。

※ 电信、移动、联通、广电4家企业营业收入1.50亿元，同比增长21.27%。

※ 新建通信基站238个，其中5G基站101个、4G基站137个。

※ 移动电话用户为20.16万户其中5G用户5.69万户、4G用户12.68万户，网络宽带用户为5.67万户，固定电话用户为9400户。

5月，杉阳镇阿海寨村海寨育肥厂正式开工建设，项目规划设计占地40.73公顷，主要建设12幢育肥圈舍和2幢保育圈舍，面积5.9万平方米

（永平县志办　提供）

● *5G网络建设情况* 至12月底，永平县建设5G基站116个，实现县城区域及乡（镇）人民政府所在地5G网络覆盖。

商贸服务

※ 2021年，永平县社会消费品零售总额完成22.04亿元，同比增长6%。批发业营业额累计19.87亿元，增长28.2%；零售业营业额累计25.38亿元，增长21.4%；住宿业营业额累计6023.20万元，增长27.4%；餐饮业营业额累计3.56亿元，增长23.9%。

※ 全县有企业2016户，注册资金80.25亿元；个体工商户11965户，注册资金13.90亿元；农民专业合作社533户，注册资金6.49亿元。

※ 农产品网络交易额7400万元。

※ 外贸进出口额519万元。

※ 永平县举行招商引资项目签约仪式6场次，签约招商引资项目11个，协议总投资额为48.86亿元。引进州外到位资金完成目标任务的102.2%，同比增长12.4%，增幅排名全州第6位，其中引进省外到位资金完成目标任务的100.5%，增长20.7%，增幅排全州第四位。

城乡建设

※ 2021年，永平县城镇化率41%，同比增幅2.5%。

※ 城镇建成区面积6.15平方千米，同比持平。

※ 国有土地使用权登记2300件、抵押登记1675件，发放不动产登记证书2300本、不动产登记证明1675份。

※ 集体土地使用权登记76件，发放不动产登记证书76本。

※ 组织出让土地56宗、面积37.73公顷，征收土地出让金2.16亿元。

※ 建设项目审查数16个、核发许可证18件、审批18件。

● *主要项目建设情况* 2021年，永平县主要建设民生工程。①美丽县城建设。县委再次把"美丽县城"创建列为"五创五提"工作目标的重要内容，汇全县之智、集全县之力，高位推动、统筹推进"美丽县城"建设。年内，累计完成投资7.29亿元，完成永平县绿趣苑绿化提升改造工程、龙坡烈士陵园、桂公楼、福安路、永泰路建设等8个项目建设；博南文化园、永乐公园、曲硐温泉小区等45个项目稳步推进中，其中博南北小区、车站路北延长线、曲硐片区博南路排污主管及强弱电改造等11个项目年内完成建设；天神庙公园、西山公园、银江大桥西侧景观节点等20个建设项目正在开展前期工作。②城镇老旧小区改造。延续实施2019年至2021年规划的老旧小区改造15个项目中的4个，至12月底，15个小区的房屋改造工程结束，概算总投资10.45亿元。新民小区配套建设的停车场、农贸市场和博南北小区配套建设的新光北路改造工程等完工；苏屯小区完成福安路建设，停车场及农贸市场正在建设；山水美居博南春天小区完成观音河滨河绿化带建设。龙坡小区配套的基础设施完成60%、庞屯小区配套的基础设施完成40%、麦则山宝丰寺小区的基础设施完成30%。③城镇棚户区改造。棚户区改造任务500户（杉阳镇），计划总投资1.87亿元，正在开展前期工作。④其他项目。永平县银江河滨河湿地生态修复PPP项目、农村人居环境治理PPP项目签订合同终止协议，于9月1日在云南省公共资源交易中心完成2个项目的监理服务招标，9月17日以政府采购的方式对2个项目的社会资本方进行公开招标，发布《资格预审公告》，正在进行招标文件发布工作。

2021年，永平县进一步加快大瑞铁路永平站相关配套项目建设。图为工程建设现场（永平县志办 提供）

社会民生

※ 2021年，永平县事业单位职工年平均工资119377元，增长-0.81%。城镇居民人均可支配收入39672元，增长9.4%；农村常住居民均可支配收入13533元，增长10.9%。

※ 城镇新增就业1863人、城镇失业人员再就业910人、开发公益岗位277个、农村劳动力转移就业88847人、城镇登记失业率4.09%。

※ 全县扶持创业802户，贷款金额1.43亿元。其中，"贷免扶补"扶持创业360户、贷款金额6355万元；创业担保贷款扶持创业442户，贷款金额8008万元。

※ 参加城乡居民基本养老保险111380人，城乡居民基本养老保险基金收入6225.64万元，支出3533.04万元。

※ 医疗保险参保人数174154人，基金收入2亿元，支出1.5亿元。

※ 失业保险参保5786人，基金收入572.78万元，支出572.78万元。

※ 工伤保险参保10503人，基金收入291.54万元，支出291.54万元。

※ 生育保险参保7508人，基金支出245.60万元。

※ 建成保障性住房644户、80500平方米；租赁补贴发放451户、109.44万元。

※ 农村危房改造完成5746户（其中漾濞"5·21"地震灾后恢复重建5608户），补贴金额1.05亿元（其

2月20日，永平县外出务工人员整装待发　　（永平县志办　提供）

中漾濞"5·21"地震灾后恢复重建补贴1.03亿元）。

教育　体育

●**教育事业经费执行情况**　2021年，永平县教育事业经费收入4.06亿元。按功能支出分类，行政运行支出625.37万元，一般行政管理事务支出29万元，其他教育管理事务支出16万元，学前教育支出1075.17万元，小学教育支出17543.50万元，初中教育支出9358.67万元，高中教育支出3373.85万元，其他普通教育支出6918.66万元，中等职业教育支出860.17万元，教师进修支出92.96万元，干部教育支出161.19万元，其他教育支出564.69万元。

※ 学校总数为148所，幼儿园63所。其中，民办48所、乡（镇）中心幼儿园5所、小学附属幼儿园10所；小学71所（完小45所、教学点26个）、九年制3所；初中6所、高中3所（完中2所、高中1所），职业中学1所，教师进修学校1所。

※ 在校学生总数为29020人，其中高中3016人、初中6322人、小学13341人、幼儿园5580人、职业高中761人。

※ 全县有教职工2486人，专任教师2009人，其中高中236人、职中43人、初中531人、小学940人、幼儿园252人、教师进修学校7人。

※ 幼儿园入园率93.74%；小学入学率100%，辍学率为0；初中升学率95.95%，辍学率为0.09%。

※ 高考上线558人、上线率100%，一本上线43人，一本录取50人、一本录取率8.96%，本科录取292人，文科最高分576分、理科最高分608分。

●**体育事业经费执行情况**　2021年，省下拨体彩公益金分2批合计77万元，其中新建足球场2块（杉阳镇仁寿村足球场和永平县水泄乡牛街河足球场），各20万元，合计40万元。社会体育指导员培训专项经费2万元，用于永平县2021年乒乓球、足球三级社会指导员培训，培训人数100人。公共体育场所爱国卫生运动专项经费5万元，用于公共体育场地维护、消毒；永平县国民体质监测专项经费30万元，年度的国民体质监测专项经费13万元。2021开展国民体质监测3700人，国民体质健康达标率为90.7%；公共体育场地器材采买17万元。州下拨体彩公益55万元，用于新建博南镇龙盘社区移民新村活动广场20万元，全县全民健身器材采购26万元；全民健身活动经费9万元。

●**体育场地（馆）建设情况**　2021年，永平县建有公共篮球场116块，社会足球场4块，室内网球场1个。10套路径健身器材已覆盖到城区和各乡（镇）社区、村组。各级各类学校有足球场26块（含非标准），篮球场112块，排球场25块，标准400米田径场2块、非标准田径场42块，乒乓球桌（台）244张，室内游泳馆1个，室内篮球场2个。

●**体育人才培养、输送、参赛及获奖情况**　2021年，永平县为省州输送运动员40人。摔跤队员18人，八一队1人，省队4人，游泳运动员2人，省州队各1人；中长跑运动员3人，省队1人；举重运动员3人，皮划艇运动员4人，排球运动员2人，柔道运动员1人，击剑运动员7人，省队2人。永平籍运动员参加2021年云南省青少年摔跤锦标赛所获名次：施永超获51千克级第一名，施钕应获古典式乙组45千克级第一名，杨鹰冬获古典式乙组55千克级第一名，茶民君获古典式乙组80千克级第一名，字艳萍获女子甲组50千克级第一名（目前在体工队训练），施

11月12日，永平县第一中学晋升云南省一级三等普通高完中州级评估汇报会召开　　（永平县志办　提供）

院涛获女子甲组55千克级第一名（目前在体工队训练），字仙平获女子乙组57千克级第一名，杨涛获古典式甲组63千克级第二名，杨照光获古典式甲组55千克级第三名，郭坪波获古典式甲组63千克级第五名，严方红获古典式甲组72千克级第三名，杨继英获女子自由式甲组55千克级第三名。

※ 有二、三级社会指导员485人，有教练员2人、裁判员145人。

● *群众体育活动开展情况*　1月，由县总工会主办，县教育体育局承办开展全县职工啦啦操比赛。教体局以线上的形式举办“永平县第一届中学生体艺节”，参赛人数达1000人以上。永平县魅影篮球协会组织开展“春节杯”邀请赛1次，10支队伍130人参赛；永平县足球协组织开展永平县首届“腾辉·江山映月”杯、永平县首届“永平矿业”杯、永平县第六届“博南杯”五人制足球联赛。老体协组织开展建党百年唱红歌活动、广场舞比赛、门球赛；乒乓球、网球、象棋、信鸽等10余个协会组织开展年度队内比赛。永平县射弩队代表大理州参加云南省少数民族体育锦标赛，获团体二等奖。

科学

● *科学事业经费执行情况*　2021年，永平县科学事业经费收入135.31万元，支出245.72万元，其中科学技术管理事务支出100.87万元、科学技术普及支出95.38万元、其他科学技术支出1716元、机关事业单位基本养老保险缴费支出10.41万元、行政事业单位医疗支出10.09万元、住房保障支出7.76万元。

※ 永平县征集科技项目5个上报州科技局，向云南省科技厅推荐上报沪滇科技项目2个，推荐上报星创天地2家，申报云南省科技计划乡村振兴科技专项项目3个，申报科技特派团3家，推荐上报大理州院士（专家）工作站3家，申报云南省（院士）专家工作站1家，申报高新技术企业1家。获认定国家级科技型中小企业3家，云南省科技型中小企业1家。

※ 科普大篷车行程1530千米，出动车辆255台次，覆盖5个乡（镇）、4所学校及16个村（社区），开展科技活动周科普宣传活动26场次，展出科普展教具120件，发放科普资料31350份，生活日用品3200余份，参与体验受众群众22686人次，解答技术咨询300余人次，义诊1000余人。

● *科研成果*　2021年，永平县完成2020年R&D研发投入后补助申报5598.8万元。为有效合理地开展好本辖区内下一年度R&D研发投入后补助申报工作，对辖区内规模以上企业和纳统事业单位做深入细致的调研，研究分析项目的科研性质和经费归集的业务指导，到企业开展好宣传发动和有关优惠政策的解读工作，并制定下一年度R&D研发投入申报工作实施方案。完成上半年R&D研发投入申报数据收集工作，上半年全县企业及事业单位完成R&D研发投入923.62万元。上半年申报云南省科技特派员17人，获认定5人，获资金支持15万元，分3年下达，年内5万元已下达；三区人才获指派5人，获三区人才工作经费10万元，已下达。下半年申报云南省科技特派员9人，等待审批。完成技术合同登记5项。

文化　旅游

● *文化事业经费执行情况*　2021年，永平县投入文化事业项目资金1477.52万元（包含中央、省、州县配套）。①中央资金。中央对下转移项目资金1002.70万元，其中“两馆一站”免费开放中央资金60万元，中央补助地方公共文化资金（数字文化建设）3万元，中央公共文化服务体系建设资金（送戏下乡）21万元，中央公共文化服务体系建设资金（一般项目）98.14万元，中央生态文化保护试验区建设项目资金18万元，年内第二批国家文物保护资金（茶马古道展示工程）802.56万元。②省级资金。省级对下转移支出资金167.30万元，其中“两馆一站”免费开放省级资金10.50万元，文化人才经费16万元，永平县博南古道博物馆免费开放经费省级专项资金5万元，省级非遗传承人补助资金8000元，永平县航线补助分摊经费135万元。③州级资金。州级预算下拨资金112万元，其中旅游发展专项资金100万元，州级非遗专项资金9万元，州级非遗传承人补助资金3万元。④县级资金。县级预算经费195.52万元，其中三月街文化活动经费10万元，旅游宣传促销经费10万元，“一部手机游云南”经费14.40万元，非物质文化遗产保障工作经费6万元，文化惠农活动保障经费5万元，图书馆报纸、杂志、购书保障经费2万元，永平县县级非遗传承人补助经费7.5万元，文物保护经费（含文管员补助）2万元，永平县国家AAA级旅游景区托管经费10万元，永平县博南古道博物馆免

3月11日，永平县开展非遗进景区宣传展演活动

（永平县志办　提供）

4月25日，永平县开展第33个爱国卫生月宣传活动

（永平县志办　提供）

费开放经费县级专项资金5万元，中国共产党成立100周年重大文化活动保障经费35万元。

※ 永平县有各级文物保护单位52项，其中国家级1项、省级1项、州级10项、县级40项。

※ 永平县有非遗项目55项。其中，省级1项、州级10项、县级44项；非遗传承人76人，分别是省级1人、州级15人、县级60人。

※ 广播电视人口覆盖率99.9%。

※ 县图书馆藏书总量66442册，借阅50600人次、36240册次。

※ 开展文化惠民专业文艺团体演出73场次，观众3.2万人次。

● **群众文化活动开展情况**　2021年，永平县组织举办永平县“春节文化惠民系列活动”。开展线上线下有关“红色经典”活动、家庭亲子阅读活动、中学生优秀书画作品巡展及美术知识公开讲座。举办有关“庆祝中国共产党成立100周年”的比赛、书画展活动。开展“非遗进校园”、送戏下乡文化惠民演出和庆祝“六一”儿童节红色文化惠民专场演出。组织参加非遗歌舞展演、红色歌舞展演。年内，与学校合作开展书画摄影巡展3轮，“三区人才支持计划文化下乡”培训活动10场次，开展广场舞免费培训2期，并多次组织专业艺术人员到乡（镇）、贫困村开展义务讲学、讲座，举办文艺辅导培训等活动，完成送戏下乡42场和文化惠民演出73场。

※ 全县接待游客186.5万人次，同比增长13%。

※ 实现旅游业总收入24.11亿元，同比增长7.39%。

※ 全县有国家AAA级旅游景区2个，即曲硐文化旅游区和宝台山旅游区。

卫生与健康

● **卫生事业经费执行情况**　2021年，永平县卫生事业经费收入1.28亿元（一般公共预算财政收入），支出1.13亿元，其中一般公共服务支出9.94万元、社会保障和就业支出904.08万元、卫生健康支出9715.08万元、农林水支出198万元、住房保障支出430.46万元。

※ 全县有医疗卫生健康机构99个，其中县级医疗卫生机构6个（县卫生监督所、县爱国卫生和健康促进指导中心、县人民医院、县中医医院、县疾控中心、县妇幼保健计划生育服务中心），乡（镇）卫生院7个，村卫生室73个。一级综合民营医疗机构2个（和万家医院、汇康医院）；美沙酮门诊1个，疾控中心门诊部1个，医务室2个（敬老院1个、看守所1个），个体诊所7个（西医诊所5个、中医诊所2个）。

※ 县人民医院、县中医医院、县妇幼保健院为二级甲等医院，7个乡（镇）卫生院为一级甲等医院。

※ 全县实有病床1103张，每千人拥有病床6.68张。

※ 全县卫生事业单位从业人员1534人，卫生技术人员1254人，其中执业（助理）医师385人、注册护士588人、药师（士）40人、技师（士）72人、卫生监督2人、其他167人；乡村医生183人；每千人拥有医务人员7.8人。

※ 全县报告传染病987例，无迟报、漏报、瞒报、迟审现象发生。门诊日志登记率为99.64%，登记完整率为98.23%，查卡987张，填写完整率、准确率均为100%。全年无突发公共卫生事件报告。

※ 孕产妇住院分娩率100%，无孕产妇死亡。

※ 5岁以下儿童死亡4人，死亡率4.02‰。其中，婴儿死亡4人，死亡率4.02‰；新生儿死亡1人，死亡率2.01‰。

● **卫生基础设施建设情况**　2021年，永平县新建卫生基础设施23731.28平方米，改建改造843.3平方米。①永平县人民医院内儿科大楼建设项目。内儿科大楼设床位190张，总建筑面积21860.28平方米，总投资1.01亿元，其中申请中央预算内资金5000万元，申请专债5000万元，自筹128万元。至12月底，完成主体工程地上二层、局部三层顶板的浇筑。②县人民医院传染病区改扩建项目。项目新建两层传染病楼1幢，建筑面积1871平方米，项目总投资1375万元，由云南建投第七建设有限公司承建，于6月竣工。③县人民医院传染科改造工程。项目由省级统一招标，由云南建投负责施工，改造面积590平方米，投资400万元（省级项目资金），工程于1月开工，3月17日进行初验。④县疾病预防控制中心实验室改建项目。改建面积253.3平方米，建成生物安全二级核酸检测实验室1个，配置相应的实验设备，3月15日通过验收，3月22日起投入正常使用；建成生物安全二级实验室1个，配置相应的实验设备，4月15日通过上级相关部门验收合格，6月17日投入使用。

（王春荣撰稿）

云龙县

基本情况

自然概貌

※ 云龙县位于大理州西北部。

※ 位于北纬25°28′～26°23′，东经98°52′～99°46′。

※ 东与洱源、漾濞县毗邻，南同永平县和保山市交界，西和怒江州泸水县接壤，北跟剑川县和怒江州兰坪县相连。

※ 总面积4400.95平方千米，东西最大横距91.8千米，南北最大纵距109千米。

※ 属山区地形，为高山峡谷相间的破碎复杂地貌形态，山区面积占全县面积的90%。

※ 最高海拔3663米，是苗尾乡的喇嘛枯山。最低海拔730米，是民建乡的红旗坝。县城所在地海拔1640米。

※ 主要山脉有怒山山脉、云岭支脉，崇山山脉、雪盘山山脉、清水朗山山脉。主要水系有澜沧江、沘江（澜沧江主要支流）、怒江。

※ 2021年，年降水量658.5毫米，年平均气温16.8℃，年日照时数1883.4小时，无霜期为280天。

※ 辖内主要自然资源有锡、铜、铁、汞、钛、银、金、镍、铅、锌、钠盐、板岩、石膏、大理石、水晶等19个矿种；水能蕴藏量300余万千瓦；森林覆盖率70.74%，林木绿化率72.2%，活立木蓄积2803.29万立方米；主要物产有泡核桃、粮食、茶叶、烤烟、中药材、麦地湾梨、无核柿子、诺邓火腿、蜂蜜等。

行政区划

※ 2021年末，全县辖诺邓、功果桥、漕涧、白石4个镇和宝丰、关坪、团结、长新、检槽、苗尾、民建7个乡；有83个村民委员会和7个社区，1381个村民小组、155个居民小组。县城驻地诺邓镇。

※ 诺邓镇辖8个村民委员会、3个社区、43个居民小组、111个村民小组；功果桥镇辖11个村民委员会、1个社区，176个村民小组、16个居民小组；漕涧镇辖6个村民委员会、2个社区，165个村民小组、80个居民小组；白石镇辖7个村民委员会、93个村民小组；长新乡辖12个村民委员会、149个村民小组；检槽乡辖9个村民委员会、135个村民小组；团结乡辖5个村民委员会、93个村民小组；关坪乡辖5个村民委员会、118个村民小组；宝丰乡辖7个村民委员会、142个村民小组；苗尾乡辖8个村民委员会、1个社区、129个村民小组、16个居民小组；民建乡辖5个村民委员会、70个村民小组。

人口

※ 2021年末，云龙县户籍总户数6.64万户，户籍总人口20.79万人。常住人口20.17万人。人口密度47人/平方千米。

※ 男性10.72万人，女性10.07万人；非农业人口5.56万人，农业人口15.23万人。

※ 年内出生人口1539人，出生率7.4‰；死亡人口1534人，死亡率7.38‰；人口自然增长率为0.02‰。

民族　宗教

※ 境内居住有汉族、白族、彝族、傈僳族、阿昌族、苗族、傣族、回族8个世居民族。2021年末，汉族24785人，占全县人口的11.9%；少数民族183164人，占88.1%。在少数民族人口中，白族150349人，占全县人口的72.3%；彝族13774人，占6.6%；傈僳族11921人，占5.7%；阿昌族2965人，占1.4%；苗族1771人，占0.9%；

2021年，云龙县全面推进国家AAA级旅游景区诺邓景区开发和创建国家AAAA级旅游景区工作。图为诺邓古村

（云龙县志办　提供）

傣族1278人，占0.6%；回族435人，占0.2%。

※ 2021年，云龙县有佛教协会、道教协会、基督教协会和基督教“三自”爱国运动委员会3个宗教团体、有依法登记开放的宗教活动场所19处、宗教教职人员20人，信教人数为8630人。

经济社会发展情况

主要经济指标

※ 2021年，云龙县地区生产总值76.25亿元，同比增长8.27%。第一产业增加值18.41亿元，增长11.95%。第二产业增加值29.62亿元，增长6.06%。第三产业增加值28.23亿元，增长8.31%。

※ 三次产业比值为24.1∶38.9∶37.0。

※ 财政总收入5.31亿元，同比增长6.49%，其中公共财政预算收入3.20亿元，增长6.04%。公共财政预算支出17.15亿元，下降22.32%。

※ 全县完成规模以上（500万元以上）固定资产投资41.01亿元，同比增长30.54%，其中能源以外工业投资1088万元，下降53.06%。

农业经济

※ 2021年，全县农业总产值39.12亿元，同比增长11.3%，其中种植业产值11.41亿元，增长49.7%；林业产值8.17亿元，增长4.6%；畜牧业产值19.46亿元，下降1.0%；渔业产值713万元，增长46.1%。

※ 全县耕地总面积35099公顷，其中水田2018公顷，旱地29999公顷。

※ 全年农作物播种面积50540公顷，同比增长8.78%，其中粮食种植面积32429公顷，增长1.17%；经济作物播种面积18111公顷，增长25.7%，其中油料种植面积1140公顷、糖料种植面积20公顷、烟叶种植面积2560公顷、中草药材种植面积7365公顷、蔬菜种植面积5249公顷。

※ 全年粮食产量15.25万吨，同比增长6.0%；烟叶产量5185吨，增长1.67%；糖料840吨，增长117%；油料2148吨，增长2.38%；蔬菜产量92216吨，同比增长5.21%；茶叶508吨，增长1.8%；水果产量39589吨，增长139%；坚果产量87945吨，增长60.75%，其中核桃87800吨，板栗71.4吨，松子73.7吨。

● **农业产业化发展情况** 2021年，云龙县粮食播种面积3.24万公顷，粮食总产15.25万吨，同比增长6.0%。全县大小牲畜存栏65.1万头（匹、只）、家禽存栏47.8万只；大小牲畜出栏55.6万头（匹、只）、家禽出栏96.3万只。肉类总产量3.58万吨、禽蛋产量1925吨、畜牧业产值19.46亿元。

乡村振兴

※ “政府救助平台”覆盖全县11个乡（镇）90个行政村社区，全面推进政府救助平台服务事项覆盖到位，拓宽困难群众求助申请渠道，方便群众随时随地申请救助。全年“政府救助平台”受理申请救助600件，办结539件。制定《云龙县衔接推进乡村振兴“十四五”规划》。规划涉及988个项目，规划总投资29.82亿元，主要由乡村特色产业帮扶、稳定就业帮扶等6大板块构成。

● **政府救助平台服务情况** 2021年，云龙县“政府救助平台”覆盖全县11个乡（镇）90个行政村社区，全面推进政府救助平台服务事项覆盖到位，拓宽困难群众求助申请渠道，方便群众随时随地申请救助。全年“政府救助平台”受理申请救助600件，办结539件。

● **生态建设情况** 2021年，云龙县完成353公顷退耕还林作业设计；实施森林管护33.11万公顷；实施公益林保护管理11.65万公顷；加强国土绿化，完成义务植树50万株；完成533.33公顷毒草治理、133.33公顷虫害防治和66.67公顷鼠害防治作业设计。实施生态修复工程，丰胜河小流域治理工程完成措施治理80%的工程量，完成新增水土流失综合治理面积64.58平方千米。

● **组织建设情况** 2021年，云龙县制定下发《云龙县关于实现巩固拓展脱贫攻坚成果同乡村振兴有效衔接任务分工方案》，明确县级领导、牵头部门目标责任，细化分解任务，领导体系和政策体系责任构建清晰。成立县乡村振兴局，11个乡（镇）同步挂牌乡村振兴办公室。完成全县90个村（社区）“两委”换届选举工作，健全和完善村级各种配套组织。坚持退出村驻村工作队队员不少于3人，非贫困村驻村工作队队员不少于1人。完成新一轮全县90个村（社区）省、州、县定点帮扶单位的调整，实现全县定点帮扶全覆盖。

● **规划修编情况** 2021年，云龙县制定《云龙县衔接推进乡村振兴“十四五”规划》。规划涉及988个项目，规划总投资29.82亿元，主要由乡村特色产业帮扶、稳定就业帮扶等6大板块构成。

● **主要项目实施情况** 2021年，云龙县纳入项目库149个项目，项目总投资2.17亿元。推进全县每个乡（镇）2个乡村振兴试点和90个美丽村庄建设工作。申报省级美丽村庄1个，州级美丽村庄2个，县级美丽村庄7个。

2021年，云龙县中草药材种植面积7365公顷。图为五味子丰收
（云龙县志办　提供）

2021年，云龙县完成高速公路投资25亿元。图为“大漾云”高速公路建设现场 （云龙县志办 提供）

工业经济

※ 2021年，云龙县年销售2000万元以上企业实现工业总产值38.42亿元，同比增长21.25%。

※ 工业增加值24.63亿元，同比增长6.0%。

※ 完成规模以上固定资产投资41.01亿元，同比下降30.54%，其中能源以外工业投资1088万元，下降53.06%。

※ 工业产品产量：水泥109.98万吨，同比下降12.3%。发电量109.95亿千瓦时，下降7.3%。其中，水力发电量105.29亿千瓦时，占全县发电量的95.8%，下降7.6%；风力发电4.65亿千瓦时，占全县发电量的4.2%，下降0.6%；电解铜340吨，下降28.9%。

交通 通信

※ 2021年末，云龙县通车里程5280.32千米，列养里程1735千米，其中国道1条136.9千米，省道3条168.11千米，县道9条207.8千米，乡道94条810.6千米，专用线1条8.19千米，村道1154条3948.8千米，公路桥梁86座3243.77延米。全县通乡公路实现100%的沥青路面或水泥路面，90个行政村、社区通硬化率为100%，20户以上自然村通公路率为100%，农村客运通班线车率为100%。

※ 货运量349.69万吨，货运周转量37126万吨/千米。

※ 客运量11.35万人次，客运周转量1540万人/千米。

※ 信息产业业务总量15.44亿元。

※ 电信业务总量15.31亿元。

※ 邮政运营收入1292万元。

※ 企业代办点69家，有2G基站432个，3G基站192个，4G基站748个，5G基站79个。实现全县2G、3G网络总体覆盖率97%，4G网络总体覆盖率94.8%。

※ 固定电话7934部，移动电话17.5万部，网络宽带用户4.58万户。

● *5G网络建设* 2021年，云龙县协调铁塔、移动、电信和联通4家通信企业，坚持“共建共享”原则，协同推进全县5G通信基础设施建设。新建和改造4G基站143个，新建5G基站79个，新建FTTH光纤宽带端口500个，移动宽带社区建成并投入使用77个。县城主城区和各乡（镇）政府所在地5G通信网络实现全覆盖。

商贸服务

※ 2021年，云龙县社会消费品零售总额22.36亿元，同比增长6.25%。其中，城镇消费15.56亿元，增长6.25%；乡村消费6.80亿元，增长6.25%。按消费形态：商品零售19.76亿元，增长6.27%。住宿餐饮收入2.60亿元，增长6.16%。按经济成分：公有制经济1.02亿元，增长8.93%；非公有制经济21.34亿元，增长6.13%。

※ 有个体工商户1648户，从业人员1977人，资金数额3.45亿元；有私营企业163户，投资者264人，雇工人数1262人，注册资本11.43亿元。农民专业合作社18户，成员114人，出资1203万元。

※ 有效注册商标21件。

※ 对外贸易：完成外贸进出口目标（进口）1.03亿元，同比增长261%，完成目标314%。

※ 新签约项目及合作协议31个，引进州外到位资金34.09亿元，同比增长13.49%，其中引进省外到位资金18亿元，同比增长28%。

● *农村集贸市场建设情况* 2021年，云龙县有农村集贸市场21个，其中依法进行市场经营主体登记的市场有14个（乡级10个，村级4个），主体未明确的集贸市场有7个（乡级1个、村级6个）。

城乡建设

※ 2021年，云龙县城镇化率39.84%。县城建成区面积2.82平方千米。

※ 国有建设用地供应11宗，面积6.51公顷，土地出让收入5406.3万元。国有土地使用权登记882宗，抵押登记338宗，发证数882宗。

※ 发放不动产权证书2819本，发放不动产登记证明338件。转移告知书50份，首套房查询182件，抵押注销登记59件。

※ 建筑业总产值1.4亿元，同比下降72%。

※ 监管项目19个、项目审核19个、施工许可发放19个、竣工验收备案24个、招投标管理24个。

※ 有房地产开发公司2个，注册资金604万元。

※ 商品房现房可销售面积17296平方米，商品房销售面积3916.11平方米，销售金额2268万元。

※ 二手房销售面积55600平方米，销售金额3800万元。

※ 农村危房改造完成14户，补贴金额25.67万元。

● *主要项目建设情况* 2021年，云龙县完成老旧小区改造2个小区10栋168户，总建筑面积1.4万平方米，投资608万元；创卫达标补短板工程，完成道路改造1198.59米，完成沿街建筑立面改造3500平方米，新建污水管网15千米。国土资源土地整治项目投资6个，建成6个，建设规模480.26公顷；地质灾害防治项目1个，总投资868.43万元，完成投资234.51万元。交通运输项目建设有序推进。①高速公路项目建设。完成“大漾云”“云兰”两条高速公路投资25亿元，“大

12月4日，云龙县开展国家宪法宣传日及宪法宣传周活动

（云龙县志办　提供）

漾云”高速公路县城连接线通车；“云永”高速公路工程可行性研究报告通过省发改委批复，施工设计图进入审查阶段，前期工作领导小组办公室组建；云泸高速公路建设路线的走向通过省交通厅组织的行业专家评审。②农村公路项目建设。实施30户以上自然村道路硬化项目34个70千米，投资1470万元，年内完成20个，完成9.79千米，完成投资685万元；建设村道安防工程45千米，资金258万元；自筹建设项目9个，完成公路硬化50.34千米，完成投资2569.35万元；集中连片特困地区县乡道改造工程，完成投资650万元；云龙县果郎二级汽车客运站建设项目，完成主体工程建设；完成漕涧—分水岭路面应急修复工程，总投资168.97万元；启动5个道路灾后恢复重建工程33.11千米，总投资1599万元；启动石门社区大花灶线自然村道路硬化项目，总投资302.76万元。

社会民生

※ 2021年，云龙县城镇居民人均可支配收入37344元，同比增长8.4%。农村居民人均可支配收入12914元，同比增长9.9%。

※ 新增就业2045人，城镇下岗失业人员再就业532人，开发公益性岗位292个，农村劳动力转移就业6485人，城镇登记失业率4.2%。

※ 贷免扶补小额贷款438人；创业担保贷款215人，发放贷款1.28亿元。

※ 参保企业144户、参保9242人，其中在职参保6898人，征收企业养老保险费6862万元，支付养老待遇7661万元，上解上级支出7250万元，基金无结余。

※ 城乡居民社会养老保险参保126600人（其中领取待遇28662人），缴费收入1378万元，发放养老待遇4782万元，资金累计结余2.54亿元。

※ 失业保险参保182户，累计参保人数为6855人。征缴失业保险费349.54万元，支出失业保险金128.5万元，支出失业补助金110.05万元，支出临时价格补贴7.34万元。

※ 工伤保险参保单位372户、参保9712人，征收工伤保险费157万元，支付待遇319万元，基金无结余。

※ 全县基本医疗保险参保人数198447人，参保率95.4%。职工基本医疗保险费收入7877万元，基本医疗保险基金支出7587万元，累计结余5389万元；城乡居民基本医疗保险上年累计结余1.03亿元，收入1.33亿元，城乡居民基本医疗保险支出2.34亿元，累计结余102万元。

※ 建成公共租赁住房1794套89700平方米，发放租赁补贴166户，补贴30.46万元。

※ 农村危房改造完成14户，补贴25.67万元。

教育　体育

●**教育事业经费执行情况**　2021年，云龙县财政支出教育经费3.53亿元，同比下降12.49%。

※ 全县各级有各类学校171所，其中普通高中2所、职业高中和教师进修学校各1所，初级中学10所，九年制学校5所，小学62所，小学教学点24个，幼儿园有乡（镇）中心幼儿园11所、村级幼儿园38所、民办幼儿园17所，共66所。

※ 在校学生29640人，其中普通高中2786人、职业高中1427人、初中6819人、小学13683人、幼儿园4925人。

※ 全县中小学幼儿园在职教师2294人，其中普通高中专任教师212人、职业中学专任老师93人、初中专任教师580人、小学专任教师1029人、幼儿园专任教师193人。

※ 学前三年毛入园（班）率85.71%；小学适龄儿童入学率100%，无辍学；初中毛入学率102.5%，无辍学；初中三年完学率99.8%；残疾儿童少年入学率100%，九年义务教育巩固率98.4%，高中阶段毛入学率91.32%。

※ 参加高考考生702人、上线702人、上线率100%，一本上线44人、录取44人、录取100%；本科录取297人，文科最高分631分、理科最高分614分。

●**体育事业经费执行情况**　2021年，云龙县上级下达专项经营收入157万元，支出157万元。

※ 举办各类体育赛事2次，参与活动320人次。

※ 培训“工间操”教师31人、教练员31人。

※ 新增篮球场3块，健身路径5条。

●**体育人才培养、输送、参赛及获奖情况**　2021年，云龙县向大理州体育学校输送田径运动员7人，参加大理州中长跑比赛获女子5000米乙组冠军、女子团体亚军、男子团体季军，并获“体育道德风尚奖”双丰收的成绩。

●**群众体育活动开展情况**　2021年，组织云龙县庆“元旦”双拥篮球赛，240人参加。3月，完成老体协第八次换届工作，100人次参与活动；6月，完成中国共产党成立100周年县城主会场和11个乡（镇）分会场庆祝活动；8月，县老体协牵头举办民族广场健身操活动、乒乓球比赛、门球比赛，120人次参与；9月，开展敬老节“六个一”活动，170人次参与活动；开展全国老年人健步走大联动活动，

220人次参与活动；组织培训云龙县老年体育协会全民健身站参加全省广场舞比赛，获一等奖。县总工会牵头组织“工间操”比赛，全县90支代表队980人参赛。

科学

● 科学事业经费执行情况　2021年，云龙县财政支出科学技术经费226万元，同比下降48.87%。

※ 专利授权32件，其中实用新型专利授权30件、外观设计专利授权2件。

● 科普活动　2021年，云龙县开展多场多形式科普宣传活动。①特色科普活动。开展“科技下乡”“全国科普日”“科协会员日”“科技志愿服务行动”等特色活动，动员社会各界广泛参与，提升重点科普活动的参与度和影响力，开展科普活动28场次，累计发放科普宣传资料18000余份(册)。②网络科普活动。运行“云龙科普”微信公众号，每周定期推送科普信息，采取“视频化、社交化”形式向公众传播科普知识，全年编辑、转载科普知识121篇，刊登工作动态25篇。③大篷车流动科普宣传。制定科普大篷车“五进”活动工作方案，更新展教具13套，展品59件(套)，开展活动22场次，行程8100千米，发放科普资料3.6万份。

● 科研成果　2021年，云龙县完成大理州科技局沪滇科技合作项目征集3项，实施云南省科技扶贫示范项目4个。完成9户省级科技型中小企业的评价服务；申报3家省级专精特新“小巨人”企业；申报12家省级专精特新“成长”企业；申报“云南诺邓火腿宏基因组分析”综合项目为品牌提升重点项目；申报年度省级中小企业发展专项资金2个项目。推荐申报的周英其、周贤华、杨康富、吴中明4人被云南省科技厅认定为科技特派员。

文化　旅游

● 文化事业经费执行情况　2021年，云龙县财政支出文化体育和传媒经费1373万元，同比下降55.12%。

※ 有国家级文物保护单位3个、省级文物保护单位2个、州级文物保护单位14个、县级文物保护单位26个。云龙县馆藏文物466件。

※ 有国家级非物质文化保护名目2项、省级5项、州级19项、县级38项，非遗传承人国家级1人、省级14人、州级14人、县级518人。

※ 采访制作播出电视新闻1024条，广播新闻71条，制作专题片6部。在大理电视台《大理新闻》《县(市)新闻联播》《身边》等栏目中用稿150条，大理州人民广播电台用稿71条，云南电视台用稿16条，中央电视台用稿8条。

※ 广播人口覆盖率100%，电视人口覆盖率100%。

※ 放映农村电影1545场，观众61800人。

※ 县图书馆藏书6.07万册，电子图书3.44万册，对外借阅2.88万册次，内阅3.03万人次，总流通5.91万人次。

※ 惠民演出82场次，观众5.5万人次。

● 群众文化活动开展情况　2021年，云龙县开展群众文化活动136次，观众7.6万人次；举办培训班10次，520人参加；举办展览活动2次，1.13万人次参观。

※ 接待游客136.55万人次，同比增长23%，其中海外66人次，增长288%。

※ 实现旅游收入17.10亿元，同比增长1%。

※ 全县有云龙诺邓1个国家AAA级旅游景区，推进诺邓景区开发和国家AAAA级景区创建工作。争取开发宝丰古镇、虎头山、云龙县国家级森林公园3个旅游景区为国家AAA级旅游景区。

卫生与健康

● 卫生事业经费执行情况　2021年，云龙县财政支出医疗卫生和计划生育经费2.82亿元，同比下降12.91%。

※ 有17个全民所有制卫生机构、87个村(社区)卫生室，云龙县人民医院为二级甲等医院。

※ 全县实有病床729张，每千常住人口拥有医疗卫生机构床位3.34张。

※ 有编制599人，实有589人，其中专业技术人员567人。乡(镇)卫生院总编制252人、编制总数占服务人口数的1.27‰、每个乡(镇)卫生院均配备1名以上执业医师。乡村医生编制221人，实有村医206人。

※ 传染病发病率259.75/10万。农村卫生厕所普及率73.09%。

※ 孕产妇住院分娩率100%；孕产妇死亡1例，死亡率78.55/10万；婴儿死亡6例，死亡率4.71‰。

※ 全县参保198447人，参保率95.4%。职工基本医疗保险费收入7877万元，基本医疗保险基金支出7587万元，累计结余5389万元；城乡居民基本医疗保险上年累计结余1.03亿元，收入1.33亿元，城乡居民基本医疗保险支出2.34亿元，累计结余102万元。

● 卫生基础设施建设情况　2021年，云龙县人民医院业务综合楼建设项目建筑面积20303.65平方米，总投资1.2亿元，完成投资3700万元。云龙县中医院建设项目，总投资12521万元，建筑面积20584平方米，完成投资6127.6万元。

(肖林安撰稿)

2021年，云龙县申报“云南诺邓火腿宏基因组分析”综合项目为品牌提升重点项目。图为云龙诺邓火腿　(云龙县志办　提供)

洱源县

基本情况

自然概貌

※ 洱源县位于大理州北部。

※ 位于北纬25°47′~26°25′，东经99°32′~100°11′。

※ 东与鹤庆县毗邻，南和大理市、漾濞县交界，西同云龙县接壤，北跟剑川县相连。

※ 面积2614平方千米，山区面积占88.4%，坝区面积占11.6%。

※ 地处横断山脉与云贵高原交界地带，地势西北高，东南低。

※ 有断陷湖滨盆地、高山峡谷、中山峡谷、低山山地、岩溶及山麓洪积扇六大地貌单元。

※ 最高点在东北部的南无山神马峰，海拔3958.4米；最低点在南部的乌梢箐口，海拔1645米；县城所在地海拔2060米。

※ 主要山脉有东部马鞍山、中部罗坪山、西部西罗坪山。

※ 主要水系有弥苴河、黑潓江两大水系。

※ 2021年降水量564.7毫米，平均气温15.3℃，年日照时数2274.2小时。

※ 辖内属云南省"三江"成矿带区域，矿产资源丰富，矿种多，分布广，资源量大，经济价值高。已发现矿种26种，有金、银、铅、锌、锰、铁、铜、钛等金属矿和岩盐、大理石、褐煤、硅藻土、石灰岩、地热等非金属矿。尤其是饰面建材黑金花大理石、米黄大理石矿全国闻名，岩盐、硅藻土、地热全省有名。有蕨类以上高等植物1703种，种子植物的15个地理成分齐全，有国家级珍稀濒危植物11种；境内常见树种分属43科、95属、249种；有国家重点保护的野生动物22种，其中一类的有金钱豹和黑鹿2种；中草药材品种多、蕴藏量大，植物类为859种，动物类有15种，矿物类2种。兰科植物约有16属、120种。

行政区划

※ 2021年末，全县辖茈碧湖、邓川、右所、三营、凤羽、乔后6个镇和牛街、炼铁、西山3个乡。有2个社区居委会、88个村民委员会、864个自然村、1253个村民小组。县城驻地茈碧湖镇。

※ 茈碧湖镇辖2个社区居民委员会、13个村民委员会、99个自然村、228村民小组；邓川镇辖4个村民委员会、24个自然村、57村民小组；右所镇辖14个村民委员会、106个自然村、163个村民小组；三营镇辖10个村民委员会、92个自然村、157个村民小组；牛街乡辖11个村民委员会、65个自然村、134个村民小组；凤羽镇辖9个村民委员会、45个自然村、121个村民小组；炼铁乡辖11个村民委员会、126个自然村、137个村民小组；乔后镇辖11个村民委员会、113个自然村、125个村民小组；西山乡辖5个村民委员会、204个自然村、131个村民小组。

人口

※ 2021年末，洱源县户籍总户数89798户，户籍总人口299877人。城镇人口87769人，占总人口的29.27%，乡村人口212108人。人口密度114.72人/平方千米。

※ 男性150711人，女性149166人。

※ 年内出生人口2408人，出生率8.03‰；死亡2245人，死亡率7.49‰；自然增长率0.54‰。

民族　宗教

※ 境内居住有白族、汉族、彝族、回族、傈僳族、纳西族、藏族、傣族8个世居民族，有26个民族成分。2021年末，汉族86239人，占28.76%；少数民族总人口213638人，

9月11日，凤羽镇举行生态软米丰收节　　（洱源县志办　提供）

占71.24%。其中，白族189219人，占63.10%；彝族13409人，占4.47%；回族6995人，占2.33%；傈僳族1559人，占0.52%。

※ 2021年，洱源县有宗教团体1个，即洱源县伊斯兰教协会。

※ 有依法登记的宗教活动场所36个。其中，佛教寺院23个、清真寺7个、基督教聚会点3个、道教宫观2个、天主教聚会点1个。

※ 宗教教职人员（负责人）36人。其中，伊斯兰教教长和阿訇16人、佛教14人（受戒8人、僧尼2人）、道教2人、天主教1人、基督教3人。取得教职人员资格证的教职人员有21人，其中佛教2人、伊斯兰教16人、基督教3人。

※ 信教群众2.5万余人，其中佛教信教群众1.9万余人、道教信教群众650人、伊斯兰教信教群众4800余人、基督教信教群众110人、天主教信教群众80人。

※ 碧云村被命名为中国少数民族特色村，北士庞等2个村被命名为全省少数民族特色村，运亨村等18个单位创建为省级民族团结进步示范单位。

经济社会发展情况

主要经济指标

※ 2021年，洱源县地区生产总值（GDP）85.63亿元，同比增长7.8%。

※ 第一产业增加值33.3亿元，同比增长8.4%；第二产业增加值15.12亿元，增长6.1%；第三产业增加值37.21亿元，增长7.8%。

※ 三次产业比调整为39:17.6:43.4。

※ 全县非公有制经济增加值39.18亿元，同比增长8.7%，占全县地区生产总值的45.7%。

※ 财政总收入6.24亿元，同比增长2.6%。其中，一般公共预算收入4.17亿元，增长4.0%；一般公共预算支出15.85亿元，下降8.7%。

※ 规上固定资产投资51.87亿元，同比增长41.5%，其中房地产开发投资3.88亿元，下降65%；能源以外工业投资9100万元，下降53.2%。全县具备资质等级的9个建筑企业完成建筑业总产值5.81亿元，下降7.6%。

※ 年末，全县金融机构各项存款99.38亿元，同比增长4.32%，其中住户存款73.65亿元，增长9.37%。金融机构年末各项贷款余额90.37亿元，增长7.96%。

2021年，洱源县种植绿色烤烟2933.33公顷，收购烟叶11.89万担，实现烟农收入2.14亿元。图为种植户正在采收烟叶　　（洱源县志办　提供）

农业和农村经济

※ 2021年，洱源县农作物播种面积37886.67公顷，其中粮食作物面积27540公顷。粮食产量17.77万吨，同比增长1.25%。

※ 农林牧渔业总产值68.98亿元，同比增长9.0%。其中，农业产值32.59亿元；林业产值1.30亿元；畜牧渔服务业产值1.67亿元。

※ 农村常住居民人均可支配收入13981元，同比增加1248元，增长9.8%。

※ 年末，全县家庭承包经营耕地面积2.21万公顷，全县农业人口人均承包耕地1.17亩公顷。

※ 完成农作物绿色有机化种植24666.67公顷，病虫害绿色防控16000公顷。粮食作物播种面积27540公顷。其中，小春粮食作物面积10100公顷，大春作物面积17440公顷，小春粮食作物产量4.67万吨，下降5.66%；大春粮食产量13.09万吨，增长3.96%。小春粮食产量中，小麦产量954吨，增长7.92%；蚕豆产量2.47万吨，下降7.88%；大麦产量1.44万吨，减少0.86%。大春粮食作物中，稻谷产量4.10万吨，下降5.79%；玉米产量6.16万吨，增长3.86%。

※ 种植绿色烤烟2933.33公顷，收购烟叶11.89万担，实现烟农收入2.14亿元。

※ 全县登记注册的各类农民专业合作社707个，成员26874个。

※ 全县农村用电量7227.6万千瓦时，同比下降4.87%；化肥施用量2988吨，下降37.75%；农药施用量60.6吨，下降31.88%，农膜施用量434吨，下降27.3%。

● **农村土地承包经营权流转情况**　至12月，洱源县农村家庭承包耕地流转总面积为4805.8公顷，其中以出租（转包）方式流转4596.07公顷，以入股方式流转33.93公顷，以其他方式流转175.8公顷。全县签订承包耕地流转合同34022份。家庭承包耕地流转入农户1444.93公顷，流转入家庭农场187.87公顷，流转入专业合作社946.87公顷，流转入企业602.27公顷，流转入其他主体（主要是湿地建设、生态隔离带）1623.87公顷。

● **农业产业化发展情况**　2021年底，洱源县发展规模以上农业龙头企业23家，省级农业产业龙头企业9家，州级农业龙头企业9家。全年全县23家龙头企业完成现价总产值19.67亿元，实现销售收入19.44亿元，支付劳动者报酬7700万元，出口交货值410万元。全县农业产业化龙头企业实现利润5535万元，上缴税金2671万元。累计带动农户126500户，带动农户增收3.19亿元。

乡村振兴

● **主要项目实施情况**　2021年，洱源县整合财政涉农资金9312.05万元，其中中央资金7753.05万元（中央财政衔接推进乡村振兴资金6449万元、水利发展资金874万元、农田建设补助资金430.05万元），省级资金589万元（衔接推进乡村振兴资金551万元、水利专项资金38万元），州级衔接推进乡村振兴资金970万元。全年安排实施项目93个，其中实施农业产业项目35个，实施乡村旅游项目1个，实施水利发展项目1个，实施农田建设项目1个，实施农村环境整治项目22个，实施农村道路建设项目32个，实施"雨露计划"项目1个。

● 重点项目建设情况　2021年，洱源县重点项目建设有奶牛养殖建设项目和猕猴桃葡萄种植项目。①三营镇永乐村奶牛养殖建设项目。项目为蝶泉有机牧场2000头奶牛扩建项目，占地8公顷，计划投资7705万元（上海援助资金1100万元、牧业公司自筹6557万元、三营镇政府自筹48万元）。主要建设内容为隧道通风泌乳牛2栋19864.68平方米、综合牛舍1栋10733.4平方米，以及挤奶厅、青贮窖、饲料库、沼液池、生活区宿舍等配套设施。项目于6月开工。②邓川镇中和村猕猴桃葡萄种植项目。项目占地20公顷，分两期实施，一期计划建设13.33公顷，概算投资2100万元，其中上海援助资金1300万元、洱源真一生态农业有限公司（上海农夫果园）自筹800万元。主要建设内容为温室10.48万平方米、配套喷灌系统、分拣冷链包装用房等。

工业经济

※ 2021年，洱源县完成规模以上工业企业总产值18.32亿元，同比增长5.3%。

※ 全年完成工业增加值9.88亿元，同比增长4.6%。其中，规模以上工业增加值6.96亿元。全年规模以上工业企业营业收入14.35亿元，同比增长3.4%；实现利润1.06亿元，实现利税1.59亿元。

※ 乳制品5.97万吨，同比增长15.9%；饮料2179吨，增长12.8%；饲料7.56万吨，增长17.4%。

交通　通信

※ 2021年末，洱源县公路网里程由国道省道和农村公路两部分组成。国道省道342.34千米，农村公路3129.84千米，总里程3472.18千米。其中，国道112.17千米（大丽高速51.60千米、上鹤高速4.57千米、214线56千米），省道5条230.17千米，县道17条173.83千米、乡道89条642.26千米，村道150条496.36千米，专用公路6条27.21千米。全县9个乡（镇）90个行政村均通沥青或水泥路，无法实施沥青、水泥路面的路段实施弹石路面硬化，通畅率100%。全县建成一个县城中心客运站和6个乡（镇）农村客运站，建成117个农村客运招呼站，全县所有乡（镇）和行政村全部通客运车辆。

※ 开通客运线路32条，其中跨州（市）线路4条、跨县线路8条、县内线路20条。

※ 全县有客运车辆478辆、货运车辆1336辆，客货运企业6户，驾驶员培训学校5所。

※ 年内培训驾驶员合格2103人，其中大车驾驶员合格134人，小车驾驶员合格1969人。

※ 公路客运量156万人，周转量12966万人千米。货运量552万吨，货物周转量83349万吨千米。

※ 全县道路运输经营企业1319户，同比增长6%。其中，道路旅客运输业户数3户，货物运输经营企业4户，机动车维修及综合性能检测等相关辅助业220户；道路旅客运输从业人员495人，道路货物运输从业人员1107人，增加82人，同比增长8%。

※ 全县有道路运输公司2个，即大交集团洱源分公司和洱源县汽车运输服务有限公司，拥有班线车108辆、农村客运车376辆、出租车23辆、公交车8辆，线路2条。

※ 县境内大丽铁路长4.16千米，在右所镇焦石行政村境内，有2个隧道，即北衙隧道和笔架山隧道，2个隧道长4千米，露天铁路100余米。境内无站点，没有产生客运量、货运量。

※ 县境内有两个通航码头，茈碧湖水路往返15.8千米，单程8千米；西湖单程3千米。

※ 大理旅游集团西湖分公司有手划船78只468个客位。客运量41026人，同比增加5.13%；周转量789万人千米，同比增加5.20%。

※ 洱源县茈碧湖航运有限公司有大船8艘、快艇6艘，共254个客位。客运量65528人，同比增加21%；周转量85.18万人千米，增加23%。

※ 全年邮政业务总量3137万元，同比增长18.36%。

● 5G网络建设情况　2021年，洱源县移动新建5G基站71个，建成5G基站91个，新建拉远站45个，无线网络覆盖及网络质量得到提升，新增社区端口13480个，宽带网络覆盖形成规模。至12月底，移动5G客户突破3.7万人。洱源电信、联通公司合建5个，可满足县城部分区域5G覆盖。

商贸服务

※ 2021年，洱源县社会消费品零售总额28.61亿元，同比增长8.0%。批发业商品销售额9亿元，增长27%；零售业商品销售额21.72亿元，增长22.5%；住宿业营业额1.62亿元，增长22.6%；餐饮业营业额4.13亿元，增长24.2%。

※ 各类工商登记注册资金90.61亿元，其中企业注册资金65.94亿元（国有、集体及其控股企业19.86亿元，私营企业46.08亿元），个体工商户15.71亿元，农民专业合作社8.96亿元。

※ 外贸出口总额352万元，同比下降29.9%。

※ 招商引资项目21个（当年新引进项目10个），州外到位资金13.40亿元，同比下降4.6%。

※ 县电子商务进农村综合示范项目通过国家验收。直播带货、平台代销等网售模式深入推广，新增网商96家，电商交易额1.16亿元，同比增长22%。

城乡建设

※ 2021年，洱源县城镇化率24.69%。

※ 城镇建成区面积6.28平方千米，增长0.15平方千米。

※ 全县颁发不动产权证书3172本、不动产登记证明628份，办理抵押权注销登记345件，不动产登记信息查询3276件、查封登记28件、解封登记13件。

※ 全年供应土地16宗，供应价款

2927万元。
※ 建设项目招标备案审查33个，核发建筑工程施工许可证17本。

社会民生

※ 2021年，洱源县物价指数99.8。
※ 城镇常住居民人均可支配收入39758元，同比增加3350元，增长9.2%。农村常住居民人均可支配收入13981元，增加1248元，增长9.8%。
※ 全县城镇新增就业2631人，城镇失业人员再就业661人，就业困难人员就业6661人。开发城镇公益性岗位368个，城镇登记失业率3.82%。
※ 全县有80周岁以上的高龄老人5519人，全年发放高龄津贴360.21万元。
※ 农村劳动力转移就业11.51万人，脱贫劳动力转移就业1.38万人。脱贫人口劳动力省外转移就业4440人，新增农村劳动力转移就业4001人。开发乡村公益性岗位1992个。组织"点对点"一站式转移输出13批242人，发布19批293家企业5.72万个就业岗位信息，举办线下招聘活动42场，提供就业岗位5.9万个。
※ 全县失业保险稳岗返还56户35.36万元，兑现扶贫职业培训补贴106.47万元、乡村公共服务岗位补贴1049万元，兑现扶贫车间就业补贴16.27万元，兑现外出务工奖补3730人315.15万元，兑现脱贫劳动力一次性创业补贴5000元，兑现脱贫劳动力参加职业技能提升培训生活费和交通补助73.34万元，兑现大学生创业补贴6.75万元，兑现中小微企业吸纳年度高校毕业生就业补贴19人9.5万元。发放高校毕业生求职创业补贴135人13.5万元，扶持"贷免扶补"创业贷款293人5518万元，创业担保贷款放贷104人1931万元，发放灵活就业社会保险补贴298人169.9万元，企业（单位）社保补贴209.74万元。

上图：2021年，右所镇综合农贸市场开展"管集市"专项行动；下图：西湖生态搬迁新居

（洱源县志办　提供）

※ 全县养老保险参保183414人（企业职工10865人，机关事业单位职工5655人，城乡居民160252人）。至12月底，征收城镇职工基本养老保险金1.97亿元（其中征收企业职工养老保险金8966万元，征收机关单位养老保险1.07亿元），城乡居民养老保险金1889万元，工伤保险金189万元。发放企业离退休人员基本养老金1.46亿元，支付机关事业单位养老保险待遇1.22亿元，发放城乡居民社会养老待遇6292万元，支付工伤保险237万元。
※ 城乡居民医疗保险参保267628人，参保率99.6%，累计筹资2.36亿元。
※ 城镇职工基本医疗保险参保单位279个，参保职工13461人（其中在职职工9221人、退休职工4240人）。城镇职工基本医疗保险费总收入7780.92万元，职工补充医疗保险实收457.52万元。
※ 医保基金总收入1678.39万元，城镇职工统筹金应支1151.58万元，个人账户2627.06万元；城乡居民基本医疗保险统筹基金支出1.12亿元。
※ 全县脱贫人口发生住院5818人次，总医药费2982.14万元，政策范围内费用2889.62万元，"四重保障"报销医药费用2595.60万元，政策范围内报销比例89.82%；28种特慢病门诊就诊7244人次，总医药费258.37万元，政策范围内费用256.63万元，"四重保障"报销医药费用209.79万元，政策范围内报销比例82.71%，有效防范脱贫人口"因病致贫、返贫"风险。
※ 全县医疗救助资金总支出1307.58万元，救助26039人次，资助参保709.59万元，城镇职工基本医疗保险、城乡居民基本医疗保险政策范围内住院费用基金支付比例分别不低于80%、70%，重点救助对象医疗费用经基本医疗保险等报销后医疗救助比例不低于70%。

※ 全县城镇最低生活保障对象2431人，支付低保金1237.6万元；农村最低生活保障对象11793人，支付低保金3956.8万元。

※ 参加失业保险职工7490人，基金收入558.14万元，支出558.14万元。

※ 工伤保险参保15268人，基金收入189万元、支出237万元。

※ 住房改造865户，涉及茈碧湖镇、凤羽镇，其中茈碧湖镇665户、凤羽镇200户，住房改造分两期实施，到位资金7993万元。

教育　体育

●教育事业经费执行情况　2021年，洱源县教育事业费收入5.09亿元，支出5.72亿元，其中中等职业学校2.27亿元、普通中学2.74亿元、普通小学2.74亿元、幼儿园3088万元、局机关及其他861万元、党校及其他188万元。

※ 全县有各级各类学校238所。其中，普通高中2所，职业高中1所，教师进修学校1所，初级中学12所，小学87所、教学点32个；其中，幼儿园103所（公办园60所、民办园43所）。

※ 在校学生42387人，其中普通高中4131人、职业高中1960人、初中9405人、小学19309人、在园幼儿7612人。

※ 学前三年毛入园率87.02%，小学适龄儿童入学率99.92%，初中毛入学率101.9%，高中毛入学率96%，九年义务教育巩固率96.88%。

※ 正式在编教职工2398人，其中教师2377人。普通中学专任教师961人，职业中学专任教师89人，小学专任教师1094人。

※ 全县参加高考2090人，普通高中参加高考1483人，一本上线75人（洱源一中69人、洱源二中6人）。高考600分以上7人。职中三校生高考上线率97.22%，二本上线14人，自主招生上线率49.85%，毕业生推荐就业率97.22%。文科最高分605分，理科最高分605分。全县参加中考学生3359人，500分以上473人，增幅5.3%，最高分名列全州第二，省州属学校在洱源县的招生录取分数名列全州第一。

※ 全县有不同类型的体育场地729个，占地面积52.32万平方米，其中有灯光球场37块、村级篮球场167块、全民健身路径87套、含学校在内篮球场共369块、田径场14块、排球场17块。标准11人制足球场1个，5人制足球场10个。游泳馆1个。

●体育人才培养、输送、参赛及获奖情况　2021年，洱源县向大理州体育中学输送体育人才3人。成立大理州体育后备人才培养中长跑基地和游泳基地，中长跑训练采取与学校联办形式进行，年训练70人左右。游泳基地依托新建的温泉游泳馆组织青少年游泳项目训练，并组队参加各级各类比赛。年内，组织高中、初中、小学共7支代表队参加“大理州第六届青少年校园足球篮球啦啦操联赛”，玉湖中学男子篮球获全州初中组男子篮球第二名。年内，还举办“洱源县第一届初中学生体育舞蹈、艺术展演实践活动”“百人大课间操啦啦操精英展演”活动。

●群众体育活动开展情况　2021年，洱源县9个乡（镇）建立文化体育广播电视工作站和老年体育协会，专门负责文化体育工作。在全县推广和普及、健身气功、太极拳、太极剑、广场舞、柔力球等健身活动。

科学

●科学事业经费执行情况　2021年，洱源县科学技术收入（财政拨款）256.59万元，其中科学事务管理收入100.85万元，技术研究与开发收入39.16万元，总支出300.61万元。

※ 全县举办各类科技培训、科技讲座152期，培训8000余人次，发放资料1万余册；利用户外科普宣传栏及深入农村学校开展科普宣传41场次，受益群众3万余人，发放科普宣传资料36种、4万余份，开展现场咨询400余人次、义诊300余人次，受益群众3万余人次。

文化　旅游

●文化事业经费执行情况　2021年，文化旅游体育与传媒收入654万元，支出2659.76万元；社会保障和就业收入99.26万元，支出75.96万元；卫生健康收入60.22万元，支出60.22万元。农林水收入19.99万元，支出19.99万元。全年合计收入833.47万元，支出2815.93万元。

※ 各级不可移动文物保护单位27处，其中国家级文物保护单位1处、省级文物保护单位6处、州级文物保护单位12处、县级文物保护单位8处。馆藏可移动文物827件（套），其中二级3件、三级44件、一般文物780件。

※ 非物质文化遗产项目36项，其中省级2项、州级15项、县级19项；非物质文化遗产项目代表性传承人96人，其中省级4人、州级20人、县级72人。

2021年，洱源县有非物质文化遗产项目36项，非物质文化遗产项目代表性传承人96人。图为洱源白族刺绣　（洱源县志办　提供）

2021年，洱源县新时代文明实践整合志愿服务资源，创新工作方式，推进“国家级卫生县城”落地见效。图为11月17日举行的新时代文明实践志愿服务活动启动仪式 （洱源县志办 提供）

※ 全县有广播电视发射台1座，免费发射数字化节目15套、广播4套，覆盖3.8万人。年末，全县广播电视用户终端覆盖有线接收75517台（用移动接收41223台、用电信接入16597台、用广电网络接入17697台）。广播电视综合覆盖率99.8%。

※ 农村电影放映队6个，免费公益放映1096场次。县城数字影院全年放映1730场，观影人数7685人次，票房收入24万元。

※ 全县拥有县级公共图书馆1个，纸质藏书4.5万余册、极具价值的古籍纸质藏书7000册、电子书籍5万册；乡（镇）级文化活动室9个、纸质藏书2.14万册。

※ 全年完成惠民演出63场。

※ 全县有经营性旅游住宿单位231家，旅游接待房间5772间，接待床位10770张，旅游从业人员2780人。

※ 接待旅客149.31万人次，同比下降6%。

※ 旅游社会总收入24.5亿元，下降24%。

※ 国家A级旅游景区2家，其中国家AAAA级1家、AAA级1家，星级酒店1家、旅行社1家，旅游服务网点3家。

卫生　健康

●**卫生事业经费执行情况**　2021年，县卫健部门（含下属各医疗卫生单位）收入合计2.83亿元，其中财政拨款收入1.17亿元，医疗收入1.64亿元，其他收入103.63万元。县卫健部门（含下属各医疗卫生单位）支出合计3.08亿元，其中基本支出2.39亿元、项目支出6918.42万元。

※ 2021年，全县有各类医疗卫生机构124家，其中公立医院县人民医院、县中医医院均为二级甲等医院；民营医院5家，即洱源五洲医院、洱源仁爱医院、邓川德明医院、三营赵贵全医院、右所魏琼医院，除洱源五洲医院为二级医院外，其余4家民营医院均未定等级；专业卫生机构有县妇幼保健计划生育服务中心、县疾病预防控制中心、县血吸虫病防治站；基层医疗卫生机构有3个中心卫生院，6个一般卫生院；村级有90个村卫生室，个体诊所15个。

※ 全县实有病床1172张、每千人常住人口拥有病床4.57张、拥有医务人员4.74人。

※ 卫生事业从业人员1289人，其中在职在编790人（专业技术人员753人、管理人员11人、工勤人员26人），乡村医生329人，民营医院170人。全县有注册医师545人、注册护士630人。

※ 洱源县报告法定传染病18种684例，同比下降15.34%。其中，甲类传染病无病例报告；乙类传染病10种425例，占62.13%；丙类传染病8种259例，占37.87%。

●**卫生基础设施建设情况**　2021年，全县卫生基础设施建设项目均为续建，没有新建项目。①县疾控中心建设项目。2020年8月7日完成主体验收，2021年10月完成整体入住办公。②“双提升”项目。在建县疾控中心能力提升工程建设项目，建设1间生物安全二级实验室，1间核酸实验室，生物安全二级实验室正在改造中，核酸实验室于2021年8月投入使用；“双提升”项目由云投统一投资，统一设计，统一施工。③县人民医院感染病区建设项目。属2020年中央预算内项目，建设规模2806平方米，总投资1375万元（中央投资1100万元），2021年11月投入使用。

（杨国培撰稿）

剑川县

基本情况

自然概貌

※ 剑川县位于大理州北部。

※ 位于北纬26°12′～26°42′，东经99°33′～100°33′。

※ 东与鹤庆县毗邻，南和洱源县接壤，西跟怒江州兰坪县交界，北同丽江市玉龙县相连。

※ 面积2250平方千米，90%以上为山区，盆地占7%。

※ 地势西北高东南低。东部、中部、西部为高山山地地带，山脉河谷呈南北向分布，高山、山地之间的盆地、河谷间杂分布。

※ 最高峰是海拔4295米的雪斑山主峰，最低点是海拔1973米的沙溪米子坪，县城所在地海拔2195米。

※ 境内主要山脉为老君山体南段、盐路山体南段、罗坪山体北段西面；主要河流为金龙河—黑潓江水系、白石江—弥沙河水系和象图河水系，均属澜沧江水系。

※ 2021年降水量798.5毫米，平均气温14.2℃，年日照时数2305.7小时。

※ 境内主要矿产资源有铜、锰、铅、锌、砂金、花岗石、石膏、石灰石、黏土等矿产资源，铁矿储量为800万吨，煤矿储量为1200万吨。

行政区划

※ 2021年末，全县辖金华、甸南、沙溪、马登、老君山5个镇和羊岑、弥沙、象图3个乡。有88个村民委员会、5个社区，391个自然村，567个村民小组。县城所在地为金华镇。

※ 金华镇辖村（居）民委员会18个、社区5个、自然村83个、村民小组142个；甸南镇辖村委会16个、自然村72个、村民小组111个；沙溪镇辖村委会14个、自然村49个、村民小组76个；羊岑乡辖村委会7个、自然村31个、村民小组37个；马登镇辖村委会12个、自然村59个、村民小组76个；老君山镇辖村委会10个、自然村31个、村民小组61个；弥沙乡辖村委会6个、自然村42个、村民小组30个；象图乡辖村委会5个、自然村24个、村民小组34个。

人口

※ 2021年末，剑川县户籍总户数57229户，户籍总人口185089人。常住人口15.91万人，人口城镇化率（常住人口）31.2%，人口密度82人/平方千米。

※ 男性93015人、女性92074人。

※ 年内出生人口1305人，出生率8.38‰；死亡1178人，死亡率7.36‰；自然增长人口189人，人口自然增长率1.02‰。

民族　宗教

※ 境内居住有白族、汉族、彝族、傈僳族、回族、纳西族6个世居民族，16种民族成分。2021年末，有少数民族177918人，占总人口的96.13%，其中白族165067人，占总人口的89.18%。

※ 2021年，剑川县有道教协会、伊斯兰教协会2个宗教团体。

※ 有14个依法登记的宗教活动场（处）所，其中佛教5个、道教6个、伊斯兰教2个、基督教1个。

※ 宗教教职人员24人。

经济社会发展情况

主要经济指标

※ 2021年，剑川县地区生产总值65.96亿元，同比增长8.6%。

※ 第一产业产值13.47亿元，增长8.6%；第二产业产值21.10亿元，增长7.5%；第三产业产值31.39亿元，增长9.3%。

※ 三次产业比值20.4:32.0:47.6。

※ 财政总收入5.99亿元，增长9.75%；一般公共预算收入完成3.56亿元，增长5.64%；全县一般公共预算支出19.10亿元，增长1.13%。

剑川县沙溪古镇东寨门　（苏金泉　摄）

※ 完成500万元以上固定资产投资63.81亿元，增长20.7%。

农业经济

※ 2021年，剑川县农林牧渔业产值完成26.60亿元，同比增长9.97%。其中，农业13.06亿元，增长30.99%；林业1.32亿元，增长28.21%；牧业10.33亿元，增长-9.28%；渔业3513万元，增长-1.51%；农林牧渔服务业1.54亿元，增长6.5%。
※ 耕地面积2.47万公顷。
※ 农作物总播种面积2.65万公顷，其中粮食作物播种面积2.09万公顷。
※ 粮食总产88333吨、增长0.16%，其中水稻24478吨、玉米33344吨、马铃薯67165吨、芸豆4425吨。

●农业产业化发展情况　2021年，剑川县完成“绿色食品牌”有机认证4个，无公害农产品到期换证8个产品，全县“三品一标”认证总数为65个。认定“绿色食品牌”县级产业基地5个，27个基地进入“绿色食品牌”产业基地库，产业基地化率为8.69%。全县标准化种植基地面积4580公顷，农产品出口额可达到1000万美元以上，131家新型经营主体实施农产品合格制度。至年底，全县培育新型经营主体567个，其中农民专业合作社405家、家庭农场135家、农业企业27家，涵盖马铃薯、中药材、山地牧业、季差果蔬、食用菌等重点产业，实现新型经营主体全覆盖全县88个村。新增省级龙头企业1个、省级家庭示范农村2家、州级龙头企业2个、州级示范社2个、州级示范家庭农场2家。完成2021年剑川县高标准农田建设项目（4647公顷）招投标工作，并已启动建设。剑川县1333公顷脱毒马铃薯种薯生产基地、剑川县食用菌设施化栽培基地等项目有序推进，家家俏生猪“育繁推”一体化项目建成投产。1333公顷优质苹果规范化种植及种养循环一体化产业园建设、剑川县畜禽粪污资源化利用整县推进、万头奶牛养殖二期建设等项目启动。全年，在库项目完成固定资产投资3.4亿元。

乡村振兴

●生态建设情况　6月10日，剑川县人民政府扶贫开发办公室正式重组为剑川县乡村振兴局。出台《剑川县2021—2025年乡村振兴示范乡（镇）、精品示范村、美丽村庄创建工作方案》，用5年时间打造1个乡村振兴田园综合体，建设50个精品示范村、200个美丽村庄，争取更多乡村振兴示范项目进入国家支持范围和全省“百千万”工程，全面推进乡村振兴。

11月3日，中国电建集团向剑川县捐赠剑湖管护船舶
（剑川县志办　提供）

●生态建设情况　2021年，剑川县实施森林剑川建设工作，开展陡坡地生态治理项目66.67公顷、新一轮退耕还林333.33公顷和封山育林5333.33公顷工作；实施草原生态修复治理项目233.33公顷，其中防治病虫害200公顷，防治毒害草33.33公顷。选聘建档立卡生态护林员2188名和公益林管护员229名，强化落实天保工程二期17.52万公顷森林管护任务，确保森林草原资源、湿地和生物多样性保护得到加强，实现森林覆盖率为74.9%，居全州前列。剑湖生物多样性鸟类主题博物馆参加COP15云南省生物多样性主题宣传展。《剑川县自然保护地整合优化预案》通过省级审查，上报国家林业和草原局审核；完成自然保护地勘界立标相关成果资料的县级检查验收。全面启动环湖截污主干管和剑湖周边17个行政村村级污水支管建设，铺设污水管网151.1千米，县城污水处理扩容提标改造项目和甸南污水处理厂建设进入扫尾。州对县危险废物规范化管理年度考核评估结果等级为A级。

●主要项目实施情况　2021年，剑川县规模以上固定资产投资完成63.81亿元，同比增长20.7%，比全州（7.6%）高13.1个百分点，增速排全州第八位，其中房地产开发项目投资额完成3.36亿元，增长-66.2%。能源以外工业投资完成2.55亿元，增长-34.1%。

工业经济

※ 2021年，剑川县工业总产值22.48亿元，同比增长-9%。
※ 工业增加值8.24亿元，增长2.4%。
※ 工业企业主营业务收入13.94亿元，增长-2.77%。
※ 工业企业利润总额2.48亿元，增长-26.82%。
※ 工业企业利税总额3.14亿元，增长-23.64%。
※ 非电工业固定资产投资2.55亿元，增长-34.1%。
※ 硫酸180181吨，增长-8.25%；铁矿石成品矿147902.3吨，增长-3.73%；水泥1234815吨，增长-10.92%；发电量76447.47万千瓦时，增长-12.55%；风力发电量68067.9万千瓦时，增长-9.86%。

交通　通信

※ 2021年末，剑川县公路通车里程1884.22千米（其中高速公路39千米、国道37千米、省道117.05千

米、农村公路1691.17千米)、路网密度0.84千米/平方千米。

※ 客运量129万人、增长率38.7%，旅客周转量9675万人千米、增长率9.4%。

※ 货运量558万吨、增长率33.8%，货运周转量69188万吨/千米、增长率33.4%。

※ 信息产业产值10876万元，同比增长24.2%。

※ 电信运营收入2400万元，增长11.39%；移动运营收入7800万元，增长9.86%；联通运营收入676万元，增长8.6%；广电网络运营收入376.76万元，增长-27%。

※ 电信有5G基站43个、4G基站181个、3G基站82个；移动有5G基站63个、4G基站586个，2G基站174个、服务网点85个；联通5G基站23个、4G基站92个、3G基站42个，服务网点8个。邮政服务网点9个。

※ 电信固定电话用户达到4861户、移动电话用户33094户、宽带用户14575户；移动通信电话用户12万户、互联网用户22000户；联通移动电话用户6100户、互联网用户3800户；广电网络数字电视用户9260户、互联网用户4245户。

● 5G网络建设情况　2021年，剑川县5G通信基础设施建设稳步推进。①移动公司。开通63个5G基站，主要覆盖沙溪特色小镇、石宝山景区、剑川县金华镇城区。城区内整体5G覆盖率已超过80%。②电信公司。开通43个基站，主要覆盖金华镇县委政府区域，剑川一中、剑川电信公司和电力公司区域、交运局附近区域。③联通公司。在剑川县城范围内建设23个5G站点，主要覆盖档案局、广电、金华一中、金华镇老局、金华镇新局、金华镇政府东面民房。

商贸服务

※ 2021年，剑川县社会消费品零售总额22.16亿元，同比增长8.3%。

※ 外贸进出口总额5836万元，同比增长16.19%，完成任务数的101%。

※ 新登记市场主体1835户，注册资本总额10.44亿元，其中企业289户，注册资本总额6.96亿元，农民专业合作社22户，出资总额为2506万元；个体工商户1524户，出资总额为3.23亿元。

※ 招商引资签约项目16个，资金78亿元，资金到位57.98亿元。

城乡建设

※ 2021年，剑川县城镇化率为38%，增长2.63%。

※ 城镇建成区面积3.7平方千米，增长2.78%。

※ 完成不动产登记1436件(其中首次登记1263件，转移登记33件，抵押登记120件，变更登记36件，更正登记104件)；完成全县个人首套房查询453件，不动产抵押权登记贷款金额3.30亿元。

※ 土地供应数12宗，面积12.61公顷，征收土地70.37公顷，土地出让金5737.97万元。

※ 新增3家施工总承包企业，全县建筑施工企业增至18家。

※ 建筑企业总产值6.82亿元，同比增长44.88%；建筑业增加值5.17亿元，同比增长18%。

※ 收取农民工工资保证金889.19万元，处理3起欠薪投诉件，解决拖欠农民工工资111.94万元，涉及农民工106人。

※ 全县在建在售的房地产项目有10个，完成投资3.36亿元，同比减少66.23%。

※ 完成商品房销售面积6.11万平方米，同比减少62.38%。

※ 房地产从业人员165人，同比增加44.73%。

※ 房地产从业人员工资总额657万元，同比增长37.2%。

※ 完成老旧小区改造3个，86栋楼499户，改造面积6.5万平方米，完成投资1.98亿元。

※ 办理防空地下室建设许可证2件，民用建筑防空地下室易地建设许可证6件，建筑面积5213.29平方米，收缴易地建设费3.65万元。

※ 办理报建72件，建筑面积41.51万平方米，投资8.69亿元。招标核准72件，施工许可42件，施工许可面积6.39万平方米，施工合同备案总价7.79亿元。

※ 全年受理质量监督工程41件，建筑面积7.10万平方米，受监项目投资6.99亿元。申报竣工验收30件，竣工验收100%。办理竣工验收备案25件，建筑面积8.01万平方米，项目投资2.85亿元。

※ 建筑工程抗震设防专项审查1件；批准初步设计审查23件；消防设计审查备案3件，消防工程竣工验收7件，消防竣工验收备案19项。

● 主要项目建设情况　2021年，剑川县实施多项主要项目建设。①美丽县城建设。年内完成白族原乡民族风情街基础设施提升改造，工程完成投资1.19亿元；完成县城基础设施补短板建设项目15个，累计投入资金1440.72万元；

12月15日，召开住建部专家组调研评估剑川县申报国家历史文化名城汇报交流会
(剑川县志办　提供)

完工剑阳大街污水管网改造提升建设项目，完成投资2481.75万元；完成城市停车场建设项目10个，在建2个，完成投资1.33亿元。②国家历史文化名城申报。1月剑川古城街区、西门外街街区列入省级历史文化街区，并完成挂牌工作；3月31日，云南省人民政府原则同意《剑川历史文化名城保护规划》；新增剑川古城第二批历史建筑挂牌保护11个院落，历史建筑增至125处，全部完成挂牌保护工作；完成剑川古城区三维实景模型和历史建筑测绘，建立"数字古城"展示平台；国家历史文化名城申报文本报至国务院，迎检工作基本完成。③爱国卫生"7个专项行动"。"清垃圾"行动，全县裸露垃圾积存1.36万吨，整治裸露垃圾1.36万吨；"扫厕所"行动，全县公共厕所现有532座，达到"三无三有"标准54座，达到"四净三无两通一明"标准237座，达到"三净两无一明"标准149座，达到干净、卫生标准92座；"勤洗手"行动，全县公共场所（公园广场、学校、医疗机构、集贸市场、室内公共场所、客运站、高速公路服务区、旅游景区）有洗手设施1498座，达标洗手设施1498座。

社会民生

※ 2021年，剑川县城镇居民人均可支配收入37461元，增长9.0%；农村居民人均可支配收入11812元，增长10.1%。

※ 新增就业1861人、失业人员再就业599人、开发公益岗位360人、劳动力转移就业70900人、城镇登记失业率3.8%。

※ "贷免扶补"扶持创业人84人、贷款金额1420万元，失业担保贷款85人、贷款金额1446万元。

※ 养老保险参城乡居民参保102589人、基金收入6001.41万元，支出4368.70万元；企业职工参保10142人，基金收1.89亿元，支出1.89亿元；机关事业单位参保5957人，基金收入1.35亿元（含职业年金2570.61万元），支出9034.60万元。

※ 医疗保险参保169689人（其中城镇职工参保10987人、城乡居民参保158702人），基金收入2.11亿元（其中城镇职工医保收入0.74亿元、城乡居民医保收入1.37亿元），支出1.81亿元（其中城镇职工医保支出5672.4万元、居民医保支出1.24亿元）。

※ 失业保险参保6610人，基金收入510.13万元，支出142.34万元。

※ 工伤保险参保11985人，基金收入308.06万元，支出308.06万元。

※ 建成保障性住房2106套。其中，廉租房1074套，5.23万平方米；公租房1032套，5.63万平方米。租赁补贴发放820户，发放金额124.53万元。

※ 完成农房抗震项目4043户，下发补助资金5094.18万元。

教育　体育

● *教育事业经费执行情况*　2021年，剑川县教育事业经费收入4.45亿元，其中国家财政性教育经费4.28亿元、事业收入1543万元。支出4.05亿元，其中工资福利支出3.20亿元、对个人家庭补助支出2944万元、商品服务支出3205万元、资本性支出1819万元、基本建设支出500万元。

※ 全县有中小学幼儿园212所，其中普高3所（含民办高中1所）、职高1所、教师进修学校1所、初级中学10所、完小49所、教学点44个、公办幼儿园10所、民办幼儿园94所。

※ 在校学生27513人，其中幼儿园在园5001人、小学在校学生12312人、初中在校学生5563人、普通高中在校学生3828人、职业高级中学在校生809人。

※ 全县实有在编教职工1865人，其中专任教师1854人。高中教职工260人，其中专任教师256人；初级中学教职工505人，其中专任教师505人；小学教职工890人，其中专任教师889人；中职教职工76人，其中专任教师72人；公办幼儿园教师63人，其中专任教师61人；教师进修学校8人，其中专任教师8人；教育主管部门32人，其中专任教师32人。

※ 学前三年人园率89.16%，小学入学率99.86%、无辍学，初中升学率100.5%、无辍学。

※ 参加高考1152人，文理科高考实考1152人、上线1152人，上线率100%，一本上线113人、一本率9.8%，三校实考118人、上线率100%。录取1247人，录取率98.18%，本科录取536人，文科最高分603分，理科最高分621分。

● *体育事业经费执行情况*　2021年，剑川县体育事业经费收入2094.71万元。支出2094.71万元，其中工资福利支出74.13万元，商品服务支出20.58万元，资本性支出2000万元。

※ 有篮球场72块（其中灯光篮球场10块）、地掷球场1块、门球场1块、全民健身路径61套，文体广场23块，全民健身中心综合馆1幢。

※ 举办体育赛事2次，1800余人次参加。

※ 裁判员99人，其中一级裁判员4人，二级裁判员5人；教练员4人，为一级教练员。

● *群众体育活动开展情况*　2021年，剑川县贯彻落实《全民健身条例》，全民健身活动中心免费接待健身群众近40万人次，各健身站点广泛开展白族广场舞等活动，举办剑川县第五届"劳动杯"职工运动会、中国共产党成立100周年暨创建全国文明城市学生运动会。

科学

● *科学事业经费执行情况*　2021年，剑川县科学事业经费收入145.84万元，支出199.36万元。

※ 全县举办各类科技培训、科技讲座60期，培训2000余人次，发放宣传资料2万余份，受益群众为4万余人。

● *科研成果*　2021年，剑川县搭好科技创建平台，支持和服务科技型企业创建。①科技创新平台创建。云南省科技厅于9月将"大理剑川狮河木雕星创天地"认定为"云南省第五批星创天地"；"大理剑川狮河木雕星创天地"的建设，为剑川县科技特派员、大学生、返乡农民工等各类创新创业人才深入农村开展"大众创业、万众创新"提供新的平台。②科技型企业创建。4月，剑川狮河木雕有限公司被认定为国家级科技型中小企业；9月，大理裕滇农业科技有限公司被备案为云南省第三批科技型中小企业。③乡村振兴科技示范工

4月23日，剑川县全民阅读系列活动正式启动。图为剑川古城赵式铭故居举行"书香剑川　品读经典"读书分享会　　（苏金泉　摄）

作。继续实施乡村振兴科技示范项目《大佛殿黑山羊养殖试验示范》，项目实施时间为2020年11月至2021年10月，项目的实施，带动当地农民群众中药材种植，让农民群众就近、就便务工，增加群众收入。

文化

● **文化事业经费执行情况**　2021年，剑川县文化事业经费收入合计2.37亿元，其中群众文化和非遗保护收入231.92万元，文物保护收入1861.20万元。支出合计1668.9万元，其中群众文化和非遗保护支出342.5万元，文物保护工作经费450.32万元。

※ 文物保护单位71个，其中国家级6个、省级6个、州级12个、县级47个。全县收藏可移动文物17072件，馆藏文物6287件，其中国家二、三级文物60件。

※ 非物质文化遗产数量有57个，其中国家级3项、省级6项、州级16项、县级32项；有国家、省、州、县代表性传承人390名，其中国家级代表性传承人2名、省级30名、州级31名、县级327名。

※ 广播电视人口覆盖率100%。

※ 公共图书馆藏书量74870册，服务读者1301人次，流通书刊1419册次，免费办理借书证136本。

● **群众文化活动开展情况**　2021年，剑川县三馆一站免费开放，服务群众9.5万人次。编创《爱国卫生永记心》《爱国卫生就是好》《控烟戒烟身体好》等节目，以群众喜闻乐见的方式宣传到全县8个乡（镇）。5月5—10日，在广场开展宣讲5场，用白曲宣讲政策知识，呼吁群众参与创文创卫工作，受教育群众近万人。县文化馆创作编排白族爱卫健身操《白乡健身歌》，5月5日起面向群众进行推广培训。完成文化进万家、读书分享会、文化遗产等系列宣传活动。结合中国共产党成立100周年，创作剑川白曲《白乡颂党百年红》，依托白曲宣讲团、红色文化宣讲团，联合开展红色文化进校园、进基层、进社区活动。剑川县红色传承宣讲团在全县开展100余场次爱国主义宣讲活动，参加活动人员1.5万余人次。

※ 共接待海内外游客504.42万人次，同比增长17.16%，其中海外游客2186人次，同比减少71.65%。

※ 全县实现旅游社会总收入50.96亿元，同比减少30.29%。

※ 有国家AAAA级旅游景区2个、AAA级旅游景区1个。

卫生

● **卫生事业经费执行情况**　2021年，剑川县卫生事业经费收入2.59亿元，其中社会保障和就业1106.33万元，卫生健康2.47亿元，其他132.3万元。支出2.73亿元，其中一般公共服务支出4800元，社会保障和就业支出1188.33万元，卫生健康支出2.50亿元，农林水支出269.16万元，粮油物资储备支出704.27万元，其他支出132.3万元。

※ 医疗卫生机构118个，其中参公管理的卫生监督执法机构1个（县卫生监督所），二级甲等公立医院2个（县人民医院和县中医医院），二级妇幼保健院1个（县妇幼保健计划生育服务中心），卫生机构3个（即县疾病预防控制中心、县血吸虫病防治站和县地方病防治站），一级甲等乡（镇）卫生院8个，民营医院4个（其中二级1个、一级1个、未定级2个），个体诊所11个（未定级），村卫生室88个（未定级）。

※ 全县实有病床871张，每千人拥有病床4.7张。

※ 卫生事业从业人员有1464人（含乡村医生236人、公立医院临时工366人），其中专业技术人员834人。每千人拥有医务人员4.5人。

※ 传染病发病率298.04/10万，孕产妇住院分娩率100%、无死亡，婴儿死亡率4.9‰。

※ 城乡居民基本医疗保险169689人、参保率96.81%、参保金额1.37亿元，报销89.26万人次、金额1.24亿元。

※ 4月，剑川县首个云南省基层名老中医药张庆鹏专家传承工作室正式揭牌开诊。

※ 派出8名医务人员赴瑞丽支援戍边工作；派遣5批59人医疗卫生人员驰援瑞丽，共同守护国门安全。

● **卫生基础设施建设情况**　10月，剑川县中医医院通过云南省中医医院综合服务能力提升验收，高血压达标中心通过认证。年内，创建国家卫生县城通过省级技术评估验收，剑川县危重孕产妇和危重新生儿救治中心通过省级专家现场复核达标；剑川县白族中医院接续建设门诊楼、住院楼、医技楼、行政楼，主体已完工，全面进入装修阶段，累计完成固定资产投资1.64亿元；县人民医院创建专家工作站1个，建设特色专科2个，引入新技术、新项目20余项，"五大中心"全部通过评审验收。

（杨雄君撰稿）

鹤庆县

基本情况

自然概貌

※ 鹤庆县位于大理州北端，滇西横断山脉南端、云岭山脉以东。

※ 位于北纬25°57′～26°42′，东经100°01′～100°29′。

※ 东与丽江市永胜县隔金沙江相望，南与大理市、宾川县接界，西与剑川县、洱源县接壤，北与丽江市古城区、玉龙县毗连。

※ 面积2365.62平方千米，东西最宽37千米，南北最长85千米。

※ 境内有山地、丘陵、小盆地、河谷等多种地貌，西北高、东南低，南北两端有两个狭长的小盆地。

※ 全县最低海拔点为龙开口镇洛琅村委会下营自然村的金沙江畔1162米，最高海拔为马耳山主峰3925米，高差2763米。县城海拔2196米。

※ 主要山脉有马耳山山脉，石宝山脉和鸡足山山脉。马耳山脉位于县境西南部，莽莽苍苍，连绵起伏；石宝山脉横贯鹤庆坝东部；县境南部是鸡足山脉延伸的四角山、云华山等。境内地表河流均属金沙江水系，主要支流有漾弓江、落漏河、河川河、后山河及草海湿地。

※ 鹤庆县矿产资源种类和储量在大理州排前列，主要有煤、金、铁、锰、银、铜、铅、锌、铝土矿、水泥用灰岩、建筑石料用灰岩、建筑用砂岩、砖瓦用页岩等，优质富锰矿、岩金矿分别在全国和全省有名。全县有11种主要矿产查明资源储量被列入《云南省矿产资源储量简表》。

※ 2021年，降水量939.7毫米、平均气温14.7℃，年日照时数2602.5小时。

※ 县境内生物资源主要有云南红豆杉、黄葛树、高山榕、山茶、紫薇、红椿、黄连木、银杏，有野生兰花，有森林药材、野生菌，还有穿山甲、蟒熊、野猪、猕猴、黄鸭、黑鹳、黑翅鸢、小天鹅、紫水鸡等。

行政区划

※ 2021年末，鹤庆县辖9个乡（镇）114个村委会、3个社区、18个居民小区、746个自然村、1225个村民小组。县城所在地位于云鹤镇。

※ 云鹤镇辖3个社区、18个居民小区、3个村民委会、17个自然村、95个村民小组；草海镇辖16个村委会、69个自然村、158个村民小组；辛屯镇辖12个村委会、53个自然村、116个村民小组；金墩乡辖17个村委会、103个自然村、170个村民小组；西邑镇辖9个村委会、64个自然村、76个村民小组；松桂镇辖15个村委会、122个自然村、188个村民小组；六合彝族乡辖13个村委会、92个自然村、145个村民小组；龙开口镇辖15个村委会、106个自然村、133个村民小组；黄平镇辖14个村委会、120个自然村、141个村民小组。

人口

※ 2021年，全县户籍总户数为80134户，平均每户3.51人，同比持平。户籍总人口281356人，同比减少93人，增长率为-0.33‰。其中，男141220人，占总人口的50.19%；女性人口140136人，占总人口的49.81%。男女性别比为101，同比持平。

※ 全县乡村人口203467人，同比减少429人；城镇人口77889人，增加336人；农业转移落户城镇人数405人，其中录用1人，购（租）房98人，投靠亲属79人，其他66人，移民搬迁160人，城中村改造1人。

※ 年内出生人口2195人，男性为1172人，占出生人口53.39%，女性为1023人，占出生人口46.61%。男女性别比为114.6。死亡率为6.88‰，同比减少0.7‰，人口自然增长0.92‰，同比下降0.84‰。

民族　宗教

※ 境内有白族、彝族、汉族、傈僳族、苗族、壮族6个世居民族和纳西族、傣族、哈尼族、佤族等人口较少民族。2021年末，汉族87466人，占总人口的31.09%，少数民族人口193890人，占总人口的68.91%，其中白族167393人，占59.49%；彝族15750人，占5.60%；傈僳族5610人，占1.99%；苗族1510人，占0.54%；壮族1030人，占0.37%；纳西族1017人、藏族350人、傣族289人、回族99人、其他少数民族842人。

※ 2021年，鹤庆县有佛教协会1个，佛教依法登记的宗教活动场所（固定处所）7处，佛教教职人员4人，佛教协会会长1人、副会长2人、秘书长1人、副秘书长3人、理事20人。

※ 基督教依法登记教堂1处，以堂代

2月1日，云南省地方志办公室《美丽云南》摄制组一行到鹤庆拍摄《美丽云南·美物》专题片，以影像的方式讲述鹤庆兰花故事。图为拍摄兰花种植情况
（鹤庆县志办　提供）

点的聚会点2个，有教职人员3人，其中长老2人，传道员1人；教徒180多人，其中受洗信徒120多人；天主教信教群众有50多人。

※ 经省、州批准筹建的宗教活动场所（固定处所）3处，民间信仰场所428座。全县基督教佛道教信众有3万多人。

经济社会发展情况

主要经济指标

※ 2021年，全县实现地区生产总值127.03亿元，同比增长9.2%。

※ 第一产业增加值25.36亿元，同比增长8.6%；第二产业增加值56.35亿元，增长7.7%，其中工业增加值49.61亿元，增长8%；第三产业增加值45.32亿元，增长11.3%。

※ 三次产业结构比为：19.96:44.36:35.68。

※ 全年全县实现财政总收入13.58亿元，同比增长17.9%。实现一般公共预算收入7.70亿元，增长10%；地方公共财政预算支出23.60亿元，同比增长 -9.9%。

※ 本年完成固定资产投资68.22亿元，下降7.98%。其中，非电工业投资下降36.63%；房地产开发投资增长26.48%。

※ 全县新签约项目9个，协议总投资约30亿元；实际引进州外到位资金66.03亿元，同比增长10.04%，完成州委州政府下达年度工作目标（66亿元）的100.04%，其中引进省外到位资金51.01亿元，同比增长21.45%，完成州委州政府下达年度工作目标（51亿元）的100.02%；实际利用外资51万美元，增长240%，完成州委州政府下达年度工作目标（100万美元）的51%。

农业经济

※ 2021年，全县农林牧渔业总产值为50.6亿元，同比增长9%，农林牧渔业增加值为24.51亿元，增长6%。

※ 农村居民人均可支配收入为13400元，同比增长7.5%。

※ 全年完成农作物总播种面积34266.67公顷，同比增加66666.67公顷，增长0.02%。其中，粮食播种面积26326.67公顷，增加60公顷，增长0.2%；总产14.18万吨，增加500吨，增长0.4%。同时完成耕地地力补贴资金2654万元、实际种粮农民补贴资金415万元的发放工作。完成种植业保险补贴投保面积13753.33公顷，其中水稻4446.67公顷、玉米8626.67公顷、马铃薯680公顷。

● **农业产业化发展情况** 2021年，全县在抓好传统产业的基础上，以乳畜、优质水果、蚕桑、绿色蔬菜（含食用菌）、中药材、藕（稻）鱼、烟草、休闲观光农业8个特色优势产业为重点，走质量兴农、绿色兴农、品牌强农之路，扎实推进打造“绿色食品牌”的基础工程。①乳畜业。全县生猪存栏34.17万头，出栏70.15万头；肉牛存栏5.44万头，出栏4.49万头；奶牛存栏12018头；羊存栏13.84万只，出栏18.19万只；家禽存栏77.11万羽，出栏96.45万羽。猪牛羊禽肉产量7.09万吨，禽蛋产量2401.48吨，生牛奶产量4.08万吨，畜牧业产值32.25亿元。②优质水果产业。全县水果种植面积为6573.33公顷，产量14.26万吨，产值6.63亿元，其中主要种植品种柑橘面积4499.33公顷、苹果150.53公顷、梨304.73公顷、葡萄245.67公顷、芒果335.2公顷、石榴303.13公顷。全县核发经济林木（果）权证1295本，涉及1292户3757.33公顷。③蚕桑产业。全县新植桑园13.33公顷，累计发展桑园面积7400公顷，生产鲜茧2720吨，产值1.64亿元。④绿色蔬菜产业。全年蔬菜累计播种面积4780公顷，产量7.53万吨，产值3.67亿元。⑤中药材产业。中药材种植面积1284.8公顷，产量1638.1吨。其中，重楼70.86公顷、木香7.33公顷、当归84.67公顷、白芨19.13公顷、红花648.33公顷、草乌22.4公顷、附子264.67公顷、续断44.67公顷、牡丹（药用）22.67公顷、丹参12.27公顷、其他品种80.67公顷。农业产值13737.7万元，其中重楼4644万元、红花5835万元、附子1302万元，当归883.2万元。⑥藕（稻）鱼立体种植养殖业。全县水产养殖面积639.67公顷，其中稻田养殖293.33公顷，池塘养殖270.47公顷，水库养殖75.87公顷，水产品总产量5600吨，渔业产值1.1亿元。⑦烟草产业。全县种植烤烟1753.33公顷，烤烟收购7.12万担，产值1.12亿元。⑧休闲观光农业。全县休闲农业经营个数为93个，从业人员1325人，年接待30.82万人次，营业收入1516万元，带动农户756户。

2月26日，鹤庆县后场箐水库连通七坪工程项目开工仪式举行
（鹤庆县志办　提供）

乡村振兴

● **全力推进乡村振兴示范创建** 制定《鹤庆县2021年乡村振兴示范乡镇、精品示范村、美丽村庄创建

工作方案》，统筹投入资金4300万元创建1个示范乡（镇）、12个精品示范村、52个美丽村庄。积极探索“一业为主、多业融合、共生发展”的乡村振兴样板，充分尊重地区差异，因地制宜、分类打造山区村、坝区村示范样板，走出“1+5+1”（坚决守住不发生返贫致贫这1底线、紧扣“5大振兴”这个抓手、因地制宜打造1个重点）的示范创建路子，涌现出西邑镇西邑乔仁甸自然村、松桂镇勤劳村、草海镇新华村等可复制、可推广、可借鉴的典型案例。

● **主要农村公路建设项目实施情况** 2021年，鹤庆县续建交通工程重点项目有宾川至鹤庆高速公路、鹤庆至剑川至兰坪高速公路、西邑至黄坪公路改造工程。3个项目稳步推进，至12月底，宾川至鹤庆高速公路（鹤庆段）完成隧道开挖6641米，完成占比30.75%，累计完成挖方607.74万平方米，完成占比53.10%，累计完成填方39.28万平方米，完成占比16.82%，累计完成投资36.4亿元；鹤庆至剑川至兰坪高速公路（鹤庆段）仅涉及鹤剑1号隧道建设，累计完成隧道开挖3789米，完成占比34.52%，累计完成挖方10.38万平方米，完成占比30.51%，累计完成填方39.06万平方米，完成占比54.15%，累计完成投资9.37亿元；西邑至黄坪公路改造工程完成征地拆迁工作，路基土石方39万立方米，挡土墙4100立方米，累计完成投资3743万元。

※ 全年省、州下达鹤庆县30户以上自然村通硬化路项目60千米、农村公路安全生命防护工程52千米、农村公路养护工程8个、危桥改造项目3个建设任务，至12月已全部完成项目建设任务，完成投资3809万元。

工业经济

※ 2021年，全县完成工业总产值160.07亿元，同比增长26.03%，其中规模以上工业总产值152.79亿元，增长30.82%。

※ 全年全县完成工业增加值49.61亿元，可比价增长8%。其中，规模以上工业增加值43.65亿元，可比价增长9.3%。

※ 全年完成规模以上营业收入156.11亿元，同比增长35.13%。完成规模以上利润总额24.82亿元，增长23.91%。完成规模以上利税总额29.86亿元，同比增长44.82%。全县完成能源以外工业投资8.56亿元，下降42.78%。

● **主要工业项目建设** 2021年，大理州重大工业发展项目鹤庆县涉及利用水泥窑协同处置300吨/天城乡生活垃圾项目等7个项目。①城乡生活垃圾项目处置。华润环保工程（鹤庆）有限公司利用水泥窑每天协同处置300吨城乡生活垃圾项目用地74.8公顷，总投资1.16亿元，完成备案、项目“三同时”报告、可研报告手续办理和场地平整，正在办理环评。②万硐山露天采场设备大型化建设项目。鹤庆北衙矿业有限公司万硐山露天采场设备大型化建设项目完成大部分设备采购，并到场使用。采场供电系统投入使用，完成机修车间、备品备件库建设；企业附属油库完成可行性研究报告。项目总投资4.10亿元，累计完成投资2.68亿元。③绿色低碳水电铝加工一体化项目。云南其亚金属有限公司绿色低碳水电铝加工一体化项目350kt/a电解铝及配套400kt/a炭素工程。项目总投资38.79亿元，于2019年4月29日正式开工建设。第一段产能14.2万吨（104台槽）于2020年11月18日通电试生产，至年末完成投资21.82亿元。④鹤庆县乳及乳制品深加工项目。大理欧亚乳业有限公司鹤庆县乳及乳制品深加工项目总投资3亿元，项目于2019年12月开工建设，2021年11月开始试生产。因建设部分的投资已报完，剩余主要为设备投资，需待设备试运行至少1个月后企业再付款开票，方能形成有效投资数据，项目月度投资进度出入较大，年度投资不受影响。年末完成投资2.16亿元。⑤铁多金属资源综合利用工程技改项目。鹤庆北衙矿业有限公司铁多金属资源综合利用工程技改项目总投资2.31亿元。完成初设、可研、备案和主要设备招标、场地三通一平迁改工程和场平工程、场地岩土勘查，完成投资1.31亿元。⑥现场混装炸药生产系统项目。云南安化有限责任公司大理分公司现场混装炸药生产系统项目总投资3500万元；完成备案、立项及批复、环评、初步设计、安全预评价、林地、土地、乡村建设规划许可证、施工许可等手续，完成投资2274万元。⑦天然香料加工项目。地香（大理）生物科技有限公司天然香料加工项目总投资3750万元，完成项目备案、环评、规划、土地等手续，3月9日举行开工仪式，至2021年末完成地基建设。

交通　通信

※ 2021年末，全县公路通车里程3714.21千米、路网密度每平方千米1.55千米。

※ 客运量173.3万人，增长率13.5%，旅客周转量每千米1690万人，增长率16.2%。

※ 货运量2183万吨，增长率35.59%，货运周转量每千米82300万吨、增长率35.6%。

※ 铁路通车里程65千米、站点1个，客运量37.5万人，货运量171.13万吨。

※ 水路通航里程60余千米，客运量53342人次，货运量1731.8吨。

※ 县内各通信运营商累计新建移动基站190个，共享改造300个，108个5G基站投入运行，实现光纤宽带网络和4G网络乡（镇）、行政村、村民小组100%覆盖。5G网络覆盖县城、乡（镇）集市和旅游景区。

商贸服务

※ 2021年，鹤庆县社会消费品零售总额25.85元，同比增长6.2%。按销售单位所在地分：城镇19.1亿元，增长6.4%，乡村9.75亿元，增长5.9%。按行业分：批发业4.59亿元，增长4.2%；零售业19.57亿元，增长6.1%；住宿业2802万元，增长7%；餐饮业4.4亿元，增长8.9%。按经济成分分：公有经济1.9亿元，增长5.1%，非公经济26.95亿元，增长6.3%。

※ 年末，全县新登记注册各类市场主体2894户，市场主体为19992户，其中个体工商户17618户，农民专业合作社261户，国有企业278户，私营企业1835户，2020

11月26日，大理州鹤庆县均华光伏电站项目（井东湾场址）开工仪式举行
（鹤庆县志办　提供）

年末实有15008户，净增长率为17.29%。实有企业2374户，2020年末实有2091户，净增长率为13.16%。全县每千人拥有市场主体数增长率为16.91%，每千人拥有企业数增长率为13.6%。

※ 全年全县规模以上固定资产投资额完成79.93亿元；同比增长17.2%。其中，能源以外的工业投资同比下降42.8%；房地产开发投资同比增长10.7%。

城乡建设

※ 2021年，城镇人口为77889人，同比增加336人；户籍人口城镇化率27.68%，上升0.13%。

※ 城镇建成区规划面积10.43平方千米，其中建成区面积6.12平方千米，同比增加0.04平方千米。

※ 国有土地使用权登记1078宗、抵押登记439件、发证1078本。

※ 集体土地使用权登记15宗。

※ 土地供应数21宗，面积为92.16公顷；征收土地出让金数为1105.78万元，其中出让2宗，面积7.35公顷，征收土地出让金数为1105.78万元；行政划拨19宗，面积84.81公顷。

※ 2021年，审核建筑工程报建项目72个，核发施工许可证29份，线上审批建设工程事项125件。

● **主要项目建设情况**　2021年，全县城乡建设项目主要有8个。①续建、新建老旧住宅小区改造项目。投资740万元，继续完成鹤庆县2020年老旧住宅小区改造项目，改造房屋18栋，涉及237户，涉及建筑面积1.79万平方米。总投资2240万元，新建老旧住宅小区提升改造项目，对21个小区的346户、28栋房屋进行提升改造，建筑面积3.48万平方米。拟对房屋屋顶渗漏修缮1.13万平方米，房屋外立面风貌整治提升6.96万平方米，楼房公共区域修缮0.52万平方米；改造供电管线、通信管线、供水管道、雨水管道、污水管道、雨水沟，旱厕改水冲厕所3座建筑面积150平方米，化粪池改造21个、168立方米；场地道路改造，绿化提升面积，充电桩建设，小区围墙改造，同步设施天然气等基础设施。②路面提升改造项目。投资1000万元，完成田屯路提升改造项目，路宽24米、长450米。总投资660万元，开工建设吉安巷（糖厂集资房北道路）、科技路北延段提升改造工程，其中吉安巷改造道路宽6米、长300米，投资280万元；科技路北延段改造道路宽16米、长280米，投资380万元。总投资1380万元，开工建设兴鹤路北段提升改造工程（北起北环路南至鹤阳路路段）、道路长382米、宽24米。对绿化带进行提升改造，所有管线入地埋设，同步设置雨水管、排污管、天然气、智慧路灯等基础设施提升改造。③路灯提升改造项目。投资398万元，完成新华路、鹤阳路东段等5处路灯提升改造工程。④城市公厕改造扫尾工作。投资400万元，完成191座城市公厕改造、建设项目扫尾工作，其中完成改造33座城市公厕，完成县城广场、公园、街头绿地等场所新建公厕37座，完成县级机关、企事业单位新建公厕52座，完成乡（镇）机关、集镇公园广场新建公厕17座，完成学校新建公厕52座。⑤兴鹤路中段提升改造工程。投资2300万元，完成兴鹤路中段提升改造工程，道路长327米，宽24米，东侧设置水景观。⑥穿衣戴帽工程和文化长廊二期工程。投资1200万元，完成老城主要街道建筑风貌整治及传统建筑修缮工程。总投资2700万元，完成文化长廊二期工程，起点纪念碑南侧，止于樱花湖公园南入口，总长1.65千米，设计461间，重要节点位置以传统重檐亭子连接，有六角亭4座，圆亭1座。⑦城市地下管线信息系统建设。完成城市地下综合管线信息系统建设并通过州级专家验收。⑧海尾河污水治理工程。项目总投资2000万元，开工建设鹤庆县海尾河污水直排新生邑村委会、菜园村委会两个片区污水系统治理工程，每村投资1000万元。海尾河污水直排应急治理工程。完成投资3097.77万元，实施完成海尾河污水直排应急治理工程。

● **特色小镇项目建设情况**　完成大羊线风貌整治项目，即建筑立面改造、一层木格扇门制作安装、道路东侧污水截污、强电和弱电迁改入地5个子项目扫尾工作并通过竣工验收。完成太子路、北海北路道路、北海东路、北海西路、银器交流中心以南道路、银器交流中心以西道路6条道路提升改造扫尾工作投入使用。开工建设星子路、银器交流中心延长线道路、月辉三期以南道路工程建设。

社会民生

※ 2021年，城镇居民人均可支配收入为41062元，同比增长8.5%；农村居民人均可支配收入为13665元，增长9.7%。

※ 全年全县城镇新增就业2594人，城镇失业人员再就业709人，就业困难人员就业625人，城镇登记失业率3.91%，开发公益性岗位976个。

※ 全年全县农村劳动力转移培训110908人次，创业担保贷款扶持创业331户、“贷免扶补”扶持创业606人，发放贷款金额1.14亿万元。

※ 全年全县养老保险参保188820人，基金收入5.63亿元，基金支出5.14亿元，失业保险参保8499人，基金收入970.34万元，支出294.39万元，工伤保险参保25968人，基金收入1185.44万元，基金支出1185.44万元。

※ 全年全县基本医保参保243708人，完成参保率95%以上。

※ 全年城镇职工基本医疗保险费收入11644.40万元，其中基本医疗保险统筹基金收入6143.94万元（含生育保险费628.51万元），医疗保险个人账户基金收入5500.47万元。城乡居民基本医疗保险年度筹资标准为个人缴费280元，财政补助580元/人，全年应筹集资金21462.80万元。医疗救助收入1514.12万元。城镇职工基本医疗保险费支出7034.02万元，其中统筹基金支出3600.02万元，个人账户基金支出3434万元。城乡居民基本医疗保险基金支出21409.44万元(含家庭医生签约109.08万元、大病保险费1949.66万元)，医疗救助支出1221.36万元。

※ 全年全县职工医保普通门诊个人账户支出1009万元；住院基本医保报销2216万元，政策范围内报销比例为69%；生育保险享受待遇553人次，生育医疗费用和生育津贴支出632.10万元。居民普通门诊统筹支出2387万元，慢特病门诊统筹支出1875万元。住院就诊基本医保报销费用14873万元，大病保险支出2437万元，医疗救助支出559.47万元，住院政策范围内报销比例为58%。

※ 完善“一事一议”医疗救助制度，有效防止因病致贫、因病返贫。对建档立卡贫困人口住院费用报销比例达不到90%的急危重症患者进行回补，回补110人，回补资金43.55万元。对患重病、大病、医疗负担重的参保群众605人实施“一事一议”医疗救助，救助资金305.12万元。

※ 建成保障性住房套数及面积、租赁补贴发放户数及金额：年内鹤庆县没有保障性住房建设任务，全年发放租赁补贴583户，发放资金120.54万元。

教育　体育

● *教育事业经费执行情况*　2021年，总收入6.74亿元。其中，国家财政性教育经费6.6亿元、捐赠收入229万元、事业收入855万元、其他教育经费285万元。总支出：6.94亿元，其中中等职业学校7813万元、中学2.62亿元、普通小学2.99亿元、幼儿园4001万元、教育行政单位446万元、教育事业单位580万元、其他503万元。

※ 学校总数为249所。其中，幼儿园117所、小学118所、初中11所、高中2所、职业中学1所。

※ 在校学生总数为40727人。其中，幼儿园学生7192人、小学生18448人、初中生9064人、高中生4330人、职业中学学生1693人。

※ 教职工总数为2782人。其中，幼儿园489人、学1126人、初中701人、高中359人，职业中学107人。专任教师总数248人、其中幼儿园296人、小学1102人、初中657人，高中335人，职业中学99人。

※ 学前三年毛入园率84.01%，小学入学率99.85%，小学辍学率0.1%，初中升学率93.05%，初中辍学率0.24%。

※ 全县高考考生1185人。全县应届生一本上线258人，上线率24.11%；应届生二本上线477人，上线率44.58%；应届生本科上线735人，上线率68.69%。全县理科最高分667分，文科最高分655分。一本录取270人，本科录取851人。

● *体育事业经费执行情况*　2021年，收入258万元，其中公共预算收入177.84万元，本年彩票公益金收入80.16万元。支出529.23万元，其中公共预算支出332.36万元，彩票公益金支出196.87万元。

※ 全县新增体育场地单位7个，体育场地122个、124块，其中室内场地56个、58块，室外场地66个、66块，新增体育场地面积32.64万平方米；提升改造标准田径运动场2块(含11人制足球场)、篮球场5块。年末，全县体育场地单位256个，体育场地706个、853块，室内体育场地87个、123块，室外体育场地619个、730块，全县体育场地面积为81.63万平方米，人均体育场地面积3.36平方米。

※ 全年举办竞赛活动27次，参赛20143人。①参加竞赛活动6次，参赛415人。其中，国家级竞赛活动2次，参赛3人；省级竞赛活动2次，参赛19人；州级竞赛活

2021年，鹤庆县在县城打造老鹤庆特色街区，图为西门街东入口

（鹤庆县志办　提供）

动2次，参赛393人。②组织竞赛活动21次，参赛19728人。其中，州级竞赛活动1次，参赛2728人；县级竞赛活动5次，参赛5000人；乡（镇）级竞赛活动15次，参赛1.2万人。

※ 有二级运动员6人，一级裁判员12人、二级37人、三级126人，高级教练员3人。

● 体育人才培养、输送、参赛及获奖情况　2021年，向云南省青年女排队培养输送运动员1人，向大理州体育中学短跳队培养输送1人，向高校培养输送体育人才23人（一中13人、三中和职中各5人）。

科学

● 县科协科学事业经费执行情况　2021年，收入227.66万元；其中，基本支出收入120.61万元；项目经费收入107.05万元。支出242.78万元；其中，基本支出121.11万元；项目经费支出121.67万元。

● 县工信科技局科学事业经费执行情况　2021年，全县科学技术经费收入694万元，支出694万元，其中技术研究与开发支出396万元，科学技术普及支出227万元，科学技术管理事务支出41万元，其他科学技术支出30万元。

※ 专利申请187件，专利授权量149件，其中发明专利2件，实用新型专利82件，外观设计专利65件。

※ 全年开展科普活动10次，1.6万人次参与。

※ 举办科普活动42场次，4500人次参加。

● 县工信科技局科研成果　2021年，实施北衙矿业有限公司BK916浮选新型药剂工业应用研究、鹤庆溢鑫铝业有限公司500kA电解槽直接生产Al99.90精铝锭的研究与开发、大理欧亚乳业有限公司鹤庆地区奶牛热应激反应研究与应用、大理五丰高原现代农业有限公司辣椒新品种引种示范及推广、鹤庆县中宝现代农业有限公司无抗富硒土鸡蛋养殖示范、鹤庆县畜牧工作站鹤庆县奶牛产业科技特派员服务团等一批科技项目，通过科技创新项目的实施有效推动产业提质增效。

文化　旅游

● 文化事业经费执行情况　2021年，收入年初预算执行1482.82万元，其中文化和旅游收入1369.37万元，文物收入36.77万元，其他文化旅游体育与传媒收入76.68万元，与上年7888.78万元对比下降81.20%。支出年初预算执行3248.26万元，其中文化和旅游支出1993.82万元，文物支出50.97万元，其他文化旅游体育与传媒支出117.96万元，其他支出1085.51万元，同比下降53.13%。

※ 年末，鹤庆县有各级文物保护单位45处，其中国家级1处、省级2处、州级18处、县级24处。

※ 年末，鹤庆县有国家、省、州、县四级非遗项目25项，其中国家级项目1个、省级项目3个、州级项目9个、县级项目12个；有四级代表性传承人228人，其中国家级传承人2人、省级传承人8人、州级传承人18人、县级传承人200人。

※ 年末，图书藏书量121499册，外借8942人次，外借20126册次，实有持证读者数5791人，外借文献6733人次，总流通量51524册次。开展各种读者活动33次，参加人数9051人。电子阅览室运行正常，接待上机群众2000余人。3月完成鹤庆县图书馆总分馆建设，完成1个总馆、9个乡（镇）分馆、15个村级服务点的建设，增加图书58246册，投入资金15.67万元。数字阅读机2台，年内大理州图书馆统一配发1台，内置3000册电子图书、200多种期刊、400多集讲座视频，其中电子图书每月更新150册，可供读者在线阅读。

※ 2021年，专业文艺团体演出82场次，观众46089人次。

※ 游客接待298.81万人次，同比增长24%。

※ 旅游业总收入32.57亿元，同比增长1%。

※ 有银都水乡国家AAAA级旅游景区1个。

卫生与健康

● 卫生事业经费执行情况　2021年，鹤庆县卫生健康系统收入3.66亿元，其中财政拨款收入1.28亿元、事业收入2.25亿元、其他收入1292.01万元。按收入类款分为：卫生健康管理事务659.91万元、公立医院1.8亿元、基层医疗卫生机构7884.7万元、公共卫生7208.85万元、中医药31.5万元、计划生育事务608.68万元、医疗救助24.34万元、其他卫生健康支出2207.02万元。支出3.82亿元，按支出类款分为：卫生健康管理事务658.92万元、公立医院18743.34万元、基层医疗卫生机构7688.68万元、公共卫生7795.47万元、中医药34.5万元、计划生育事务659万元、医疗救助15.76万元、其他卫生健康支出2623.16万元。

※ 年末，全县有各级各类医疗卫生机构159个，其中县级医疗卫生机构6个、乡（镇）卫生院9个、社区卫生服务中心1个、村卫生所115个、民营医院2个、其他医疗机构26个。县人民医院、县中医医院、县妇幼保健院为“二级甲等”，9个乡（镇）卫生院和云鹤镇社区卫生服务中心为“一级甲等”。

※ 各医疗机构开放床位1000张，每千人拥有病床3.45张。

※ 各类卫生技术人员1597人，全民所有制医疗卫生单位人员编制612人，实有614人。其中，专业技术人员577人、高级职称136人、中级职称184人、初级及以下职称257人、工勤人员34人。乡村医生300人。各类卫生技术人员中，执业医师（含助理）521人，每千人口执业（或助理）医师1.85人；注册护士627人，每千人口注册护士数2.22人。

※ 传染病发病率105.06/10万，孕产妇住院分娩率100%、无孕产妇死亡，婴儿死亡率2.23‰。

● 卫生基础设施建设情况　1月19日，鹤庆县人民医院门急诊医技住院综合楼建设项目竣工验收，4月13日传染科及人防地下室建设工程竣工验收，医院实现整体搬迁。实施5个村卫生室标准化建设，新建黄坪镇河西村卫生室、西邑镇北衙村卫生室、金墩乡金墩村卫生室，改扩建辛屯镇双龙村、新村村卫生室。

（杨金山撰稿）

中国共产党大理白族自治州委员会
CPC Committee of Dali Bai Autonomous Prefecture

◇责任编校　杨　虓

◇乡愁大理 · 黑白记忆◇　　1975年大理海印白族船家姐妹

综　述

【概况】2021年，中共大理州委深入学习贯彻习近平新时代中国特色社会主义思想和党的十九届六中全会精神，自觉用创新理论武装头脑、指导实践、推动工作，忠诚拥护“两个确立”，坚决做到“两个维护”。深入贯彻落实习近平总书记考察云南重要讲话和对大理工作的重要指示批示精神，党中央决策部署和省委工作要求见行见效。党史学习教育部署谋划“快”、组织学习“深”、专题宣讲“广”、宣传工作“活”、系列活动“热”、为民办事“实”、督促检查“严”，“行走的思政课”被中央和省委党史学教办列为典型案例，“书记院坝（楼宇）协商会”创新实施，“我为群众办实事”扎实开展。全年，中共大理州委团结带领全州广大党员干部及群众，在危机中育先机，于困局中开新局，各项事业取得新的成绩，实现“十四五”良好开局。全州实现地区生产总值1633亿元，增长7%；规上工业增加值增长4.2%；规上固定资产投资935.4亿元，增长7.6%；社会消费品零售总额651.5亿元，增长7.2%；一般公共预算收入111.8亿元、增长3%，支出302.7亿元、同口径增长0.8%；城乡居民人均可支配收入26160元，增长9.7%。

【经济建设】2021年，中共大理州委坚持发展第一要务，千方百计稳增长，全力以赴促发展，经济运行总体平稳。“大理之问”发人深省、催人奋进，全州上下形成思发展、谋发展、抓发展的良好氛围。特色农业加快发展，“一县一业”示范县、特色县建设成效明显，5个万头奶牛牧场启动建设。工业经济加快发展，祥云集中建园迈出实质性步伐。帝亚吉欧洱源威士忌生产及体验中心启动建设，普德赋云南大理国际度假项目签约，大理古城被列为国家级夜间文化和旅游消费聚集区，剑川千狮山被评为国家AAAA级旅游景区，建成运营半山酒店50家，评定最佳旅游美宿30家，发布“大理最佳爱情表白地图”。有效应对疫情冲击，提升旅游品质，推出优惠活动，旅游市场平稳复苏。南景高速（南涧至无量山段）建成通车，在建高速公路和大瑞铁路加快推进，滇中引水等重大水利工程加快实施。城市大脑项目获“2021年IDC未来运营领军者”优秀奖，中国—东盟工业级5G协同创新中心、科大讯飞南亚东南亚多语言技术大理研究院成立，数字经济加快发展。

【生态文明建设】2021年，中共大理州委继续加强生态文明建设工作。持续抓好洱海保护治理，洱海保护“六个两年行动”系统实施，“六项重点工作”全面推进，洱海流域“三区”划定落地，沿湖违规违建整治有序推进，面源污染治理稳步开展，洱海国控断面水质综合评价为优，未发生规模化蓝藻水华。“美丽河湖”创建全面开展，洱海入选全国美丽河湖优秀案例。国家绿色发展基金全国首个项目类投资落地大理，洱海生态廊道工程获2021年LA风景园林奖·生态贡献奖。“1806”小镇按时交房。海东停建处置稳妥推进，流域转型发展步伐加快。各类巡视、督察、检查、调研反馈问题整改扎实，洱海水环境综合整治成果成为中央环保督察整改看成效典型案例。河湖长制深入推进，林长制全面推行，蓝天、碧水、净土保卫战深入开展，洱海流域纳入全国第二批重点流域水环境综合治理与可持续发展试点，苍山生物多样性保护成效明显，南涧县创建为国家生态文明建设示范区。

【乡村振兴】2021年，中共大理州委继续巩固拓展脱贫攻坚成果，推进乡村振兴战略的实施，实现脱贫攻坚政策举措和工作体系向乡村振兴的平稳过渡，利益联结、股份合作、扶志扶智长效机制初步形成，防止返贫风险预警、快速反应、责任追溯三项机制创新实施，牢牢守住不发生规模性返贫的底线。大理市、鹤庆县、祥云县入选国家电子商务进农村综合示范县，6个县获得国家和省级生猪调出大县奖补，新认定粤港澳大湾区生产基地2个。洱海海西国家级乡村振兴示范园创建工作高位推进，“十百千”示范工程有序实施，双廊村被认定为“中国美丽休闲乡村”，6个州级试点村镇入选全国乡村振兴典型案例，7个县被确定为省级乡村振兴重点帮扶县，82个村被评为美丽村庄。“2021乡愁中国·大理论坛”举办。

【城乡发展】2021年，中共大理州委深入实施“双核驱动、协同发展”战略，把脉定向区域发展，全州“一城三区四单元”的发展格局更加清晰。12个县（市）城市体检全面完成，推进城市更新行动，老旧小区、棚户区改造有序实施，城镇品质提升。“厕所革命”深入开展，农村人居环境整治三年行动任务全面完成。永平县、鹤庆县被命名为“云南省美丽县城”，沙溪镇被命名为“云南省特色小镇”，新增省级历史文化街区5个。文明城市、文明村镇、文明单位、文明家庭、文明校园创建全面推进。10个国家卫生县城创建县全部通过省级技术评估。漾濞“5·21”地震、洱源“9·13”大型山洪泥石流应急抢险救灾有力有序，灾后恢复重建取得阶段性成效。

【改革开放】2021年，中共大理州委推动改革开放和发展深度融合、高效联动，农村集体产权制度改革完成阶段性任务，健全苍山洱海一体化保护治理体制机制，深化“放管服”改革和医药卫生体制改革，义务教育教师“县管校聘”和基础教育校长职级制全面推行。大理机场口岸列入国家“十四五”口岸发展规划，保税物流中心建设启动实施。大理海关签发云南省首份中日两国间RCEP原产地证书，首票跨境电商出口货物通关。高水平举办2021推进全球生态文明建设（洱海）论坛，COP15会议前期配套工作完成。围绕新材料、新能源、新基建等产业链开展延链补链强链精准招商，一批新能源产业与先进制造业协同发展项目加速引进。新设立外商投资企业19户，外资招商成为新亮点。

【民生保障】2021年，中共大理州委始终坚持人民至上、生命至上的原则，疫情防控措施精准有效，疫苗接种全面加强，934名医务人员驰援瑞丽、4000名民兵支援德宏、17名突击队员奔赴陇川助力强边固防。社会保障安全网扎得更牢。各类教育加快发展，“双减”工作取得实效，大理大学成为博士学位授予单位，滇西应用技术大学在校生突破万人。健康大理行动全面实施，滇西区域医疗中心等项目加快建设。非遗数字高峰论坛、第九届大理国际影会举办，国家方志馆南方丝绸之路分馆建设推进，大理州入围“东亚文化之都”2023年度候选城市。扫黑除恶专项斗争长效常态开展，政法队伍教育整顿成效明显，市域社会治理现代化试点向纵深推进，蝉联全国社会治安综合治理最高荣誉“长安杯”，大理州、鹤庆县分别被命名为平安中国建设示范州、示范县。民族团结进步示范创建有序推进，漾濞县、永平县被命名为全国民族团结进步示范县。

【办公室工作】 2021年，州委办公室发挥参谋助手作用，服务新时代大理高质量发展。①以文辅政。突出以文立室，健全和完善文稿领导小组，整合文秘力量，注重“传帮带”，完成州第九次党代会报告等重要文稿起草任务。全年起草各类文稿材料530余篇，办理上级来文408件、办理请示报告266件，制发文件574件，向省委办公厅报备规范性文件46件，审查县（市）和州级单位规范性文件248件。②信息服务。突出中心导向、问题导向、咨政导向，全维度收集报送党委信息，全天候强化值班工作，及时、全面、准确报送和处置应急信息，为州委领导掌握事件动态、科学决策提供参考，发挥“第一哨兵”作用。全年编发《信息调研》15期，《大理信息》29期389条（篇），《每日动态》54期112条，《社情民声专报》12期，向省委办公厅报送各类信息4230余条。③综合协调。定期与省委办公厅、州委常委所在部门和州人大常委会办公室、州政府办公室、州政协办公室沟通联系，改进服务常委工作，做好重大会议活动的服务保障，完成全国政协高原湖泊保护治理工作视察、党史学习教育中央第七指导组到大理督导调研，以及省委、省政府主要领导到大理调研等重大会议活动的服务保障任务。全年筹备服务州委常委会会议58次、州委理论学习中心组学习9次、重要会议活动60余场次。④督查督办。构建“大督查”格局，动真碰硬，真督实查，确保重大决策部署落地见效。年内印发《大理督查专报》29期，反馈《州委常委会会议议题落实情况》25期。做好省对州综合考评服务保障工作，统筹推进基层减负任务落实。全年列入计划管理的州级部门发文1909件，同比精简23.79%；召开会议340次，同比精简16.26%；计划开展督检考29项，除中央和省要求外自行开展督检考19项，其中计划内18项、一事一报1项。⑤机关党建。推进“智慧党建”三年行动计划，开展“寻标对标达标创标”行动，规范化建设有质有量，“党建+”有声有色，作风建设有力有效，下属6个党支部规范化创建全部达标，机关党建与“三服务”工作实现“双推双促”。年内，办公室机关党委被省委授予“云南省先进基层党组织”称号。

重要会议

【州委经济工作会议】 1月6日，中共大理州召开州委经济工作会议，全面贯彻党的十九届五中全会、中央经济工作会议及省委十届十一次全会、省委经济工作会议精神，落实州委八届七次全会部署要求，总结2020年全州经济工作，研究部署2021年经济工作。州级四班子领导，州法院、州检察院、州国家安全局主要领导出席会议。大理经开区、州级有关单位、各县（市）党政主要负责人参加会议。

【八届州委常委会第141次（扩大）会议】 1月8日，大理州召开八届州委常委会第141次（扩大）会议，开展2020年度县（市）委书记、州属党（工）委书记抓基层党建工作述职评议考核。州委书记主持会议并讲话，省委组织部有关领导到会指导并点评，州委常委出席会议。州人大常委会党组书记、州政协党组书记、州委党建工作领导小组成员，各县（市）党委书记、组织部部长，部分州县“两代表一委员”、基层党员干部和群众代表参加会议。

【依法治州暨平安大理建设会议】 1月19日，大理州召开全面依法治州暨平安大理建设工作会议，深入贯彻习近平法治思想及党的十九届五中全会精神，落实中央全面依法治国工作会议、平安中国建设工作会议、省委全面依法治省暨平安云南建设工作会议精神，分析当前形势，安排下步工作。州委书记，州委副书记、州长杨国宗出席会议并讲话。朱建斌、罗永斌、靳汝柏、杨经德、牛燕、李东、张尧贵、童晓宁、杨永华、杨冠铨，州委平安大理建设领导小组成员单位主要负责人，各县（市）党委书记、政法委书记参加会议。

【常委班子年度民主生活会】 1月22日，大理州召开州委常委班子2020年度民主生活会。州委书记主持会议并讲话，省委第十一督导组组长王永全及有关人员到会指导并讲话。州委书记代表州委常委班子进行对照检查，并带头作个人对照检查发言，州委常委逐一发言进行对照检查，相互开展批评。州人大常委会党组书记、州政协党组书记列席会议。

【农村工作会议】 2月6日，中共大理州委农村工作会议召开，深入学习贯彻党的十九届五中全会、中央农村工作会议、省委农村工作会议和州委八届七次全会精神，总结“十三五”期间和2020年全州“三农”工作，研究部署“十四五”期间和2021年“三农”工作任务。州委书记出席会议并讲话，州委副书记、州长杨国宗主持会议。州委常委，州人大常委会主任、州政协主席，州委农村工作领导小组组长、副组长，州委农村工作领导小组成员单位，州级有关单位主要负责人在州级主会场参加会议。12个县（市）设视频分会场。

【党史学习教育动员大会】 2月26日，大理州召开全州开展党史学习教育动员大会，深入学习贯彻中央和省开展党史学习教育动员大会精神，对全州开展党史学习教育进行动员部署。州委书记出席会议并作动员部署，州委副书记、州长杨国宗主持会议。州级四班子领导，保留厅级待遇领导、一级巡视员，州法院、州检察院、州国家安全局、大理经开区、州级有关单位主要负责人在州级主会场参加会议。12个县（市）设视频分会场。

【宣传思想工作会议】 3月5日，大理州召开全州宣传思想工作会议，深入学习贯彻全国精神文明建设表彰大会、全国宣传部长会议和全省宣传思想工作会议精神，表扬精神文明建设先进典型，部署2021年宣传思想工作。州委书记出席会议并讲话，州委副书记、州长杨国宗主持会议。赵国良、靳汝柏、牛燕、王兆炜、李泽鹏、雪琳、施双林和州级有关单位、各县（市）有关负责人参加会议。

【领导干部大会】 4月9日，大理州召开全州领导干部大会。省委组织部副部长、省委非公经济组织和社会组织党工委书记李勇毅出席会议并宣布中共云南省委关于杨国宗任中共大理州委书记的决定，杨国宗作表态发言，州委副书记、州委组织部部长赵国良主持会议。州级四班子领导，保留厅级待遇领导、一级巡视员，担任过实职副厅级以上的离退休老干部，州级有关单位主要负责人，中央和省属驻大理有关单位、解放军和武警驻大理有关单位主要负责人，各县（市）党政主要领导参加会议。

【洱海保护治理工作推进会议】 4月21日，大理州召开2021年洱海保护治理及流域转型发展工作推进视频会议，深入学习习近平总书记考察云南重要讲话和对大理工作的重要指示批示精神，落实全省湖泊保护治理工作会议部署要求，总结洱海保护治理及流域转型发展工作，安排下步工作任务。州委书记杨国宗出席会议并讲话，州委副书记、州委组织部部长赵国良主持会议，州级四班子领导，大理大学、滇西应用技术大学有关领导，州法院、州检察院、州国家安全局及州级有关单位主要负责人参加会议。大理市、洱源县和洱海流域18个乡（镇、街道）设视频分会场。

【八届州委常委会第150次（扩大）会议】 5月8日，大理州召开八届州委常委会第150次（扩大）会议。会上，省委组织部常务副部长李兴华宣布省委关于陈真永任免职相关文件并讲话，州委书记杨国宗主持会议并代表州级四班子作表态发言，州委副书记、州政府代州长陈真永作表态发言。州委常委出席会议，州人大、州政府、州政协领导班子成员，州法院、州检察院、州国家安全局党组主要负责人列席会议。

【八届州委第八次全体会议】 5月13日，大理州召开中国共产党大理白族自治州第八届委员会第八次全体会议，会议审议通过《中国共产党大理白族自治州第八届委员会第八次全体会议关于召开中国共产党大理白族自治州第九次代表大会的决议》。州委书记杨国宗主持会议并讲话，州委委员、州委候补委员出席会议。州纪委委员和有关方面负责人列席会议。

【州委议军会议暨州国动委第十三次全会】 5月18日，大理州召开2021年州委议军会议暨州国动委第十三次全会，深入学习贯彻习近平强军思想，贯彻落实省委议军会议部署要求，围绕“十四五”规划布局谋划和推进国防动员建设，安排2021年工作任务。州委书记、大理军分区党委第一书记杨国宗主持会议并讲话，州委副书记、州政府代州长陈真永出席会议，州委常委、州政协主席、州政府有关领导、大理军分区党委常委、各县（市）党政主要领导、人武部主要负责人、州国动委成员单位主要负责人参加会议。

【禁毒工作暨禁毒人民战争动员会议】 6月25日，大理州召开2021年禁毒工作暨第五轮禁毒人民战争动员会议，深入贯彻落实党中央、国务院和省委、省政府禁毒工作决策部署，总结大理州第四轮禁毒人民战争取得的成绩，动员部署第五轮禁毒人民战争。州委副书记、州长、州禁毒委员会主任陈真永出席会议并讲话，州委常委、州委政法委书记杨经德主持会议，州政府副州长、州公安局局长张尧贵及州禁毒委成员单位主要负责人、各县（市）禁毒办主任在主会场参加会议。12个县（市）设视频分会场。

【现场办公会】 2021年，大理州共召开6次现场办公会议，历次现场会议，州委书记杨国宗，州委副书记、州长陈真永率队调研并作讲话；州委常委，州人大常委会主任，州政协主席，州政府领导班子成员，州级有关单位主要负责人及会议涉及县（市）有关负责人在主会场参加会议。①大祥巍一体化会议。7月8—9日，召开“大祥巍一体化”现场办公会。会议强调，大理市、祥云县和巍山县要深刻认识在全州发展格局中的突出特点和地位作用，全要素推动一体化、互补化、同城化、组团化发展，在“两城一区”建设中走在全州最前列。大理市、祥云县、巍山县设视频分会场。②东部宾鹤工贸协同会议。7月12—13日，召开“东部宾鹤工贸协同”现场办公会。会议强调，宾川县、鹤庆县要找准自身发展定位，突出产业特色，挖掘发展潜力，促进要素聚集，在全州发展大局中发挥支撑作用。鹤庆县设视频分会场。③南部弥南农旅结合会议。7月15日，召开“南部弥南农旅结合”现场办公会。会议强调，弥渡县、南涧县要依托资源禀赋，发挥自身优势，促进农业产业和旅游产业深度融合发展，构建南部片区“以农促旅、以旅兴农”的发展新格局。南涧县设视频分会场。④北部洱剑文旅引领会议。7月26日，召开“北部洱剑文旅引领”现场办公会。会议强调，洱源县和剑川县要深耕历史文化底蕴、擦亮美丽山川底色、提振区域资源底气，奋力推动北部单元文旅引领进位发展，为大理打造大滇西旅游环线示范样板形成支撑保障。洱源县设视频分会场。⑤西部漾永云绿色主导会议。8月2—4日，召开“西部漾永云绿色主导”现场办公会。会议强调，漾濞县、永平县、云龙县要准确把握西部绿色主导单元的特点和优势，正确认识本地区在全省全州发展大局中的地位和作用，锚定目标、精准发力，推动形成西部单元“绿色主导”发展新格局。漾濞县、永平县、云龙县设视频分会场。⑥平安大理建设暨市域治理推进会议。12月23日，大理州召开平安大理建设现场办公会暨市域社会治理现代化试点工作推进视频会议。杨国宗、陈真永率队现场调研、出席视频会议并讲话，州委常委、州委政法委书记杨经德安排下步工作。12个县（市）设视频分会场。

【河长制领导小组暨总河长会议】 8月4日，大理州召开2021年全州河长制领导小组暨总河长会议，总结全州河（湖）长制工作，分析研究存在的困难问题，部署下步重点任务。州委书记、州总河长杨国宗出席会议并讲话，州委副书记、州长、州副总河长陈真永主持会议，州级四班子领导、州河长制领导小组成员单位主要负责人在州级主会场参加会议。12个县（市）设视频分会场。

【县（市）经济工作汇报会】 8月5日，大理州召开全州县（市）经济工作汇报会，传达省委十届十二次全会和全省州市经济工作汇报会精神，紧扣“两城一区、三个走在前”战略目标和各县（市）发展定位总结上半年经济工作，部署下半年任务。州委书记杨国宗主持会议并讲话，州委副书记、州长陈真永讲话，州委常委、州人大常委会主任、州政协主席、州政府领导班子成员、大理经开区和州级有关单位主要负责人、各县（市）党政主要领导参加会议。

【巡视反馈意见整改民主生活会】 8月18日，大理州召开州委常委班子落实省委第八巡视组巡视“回头看”反馈意见整改专题民主生活会，州委常委班子及班子成员围绕民主生活会主题并结合自身实际对照检查，严肃开展批评和自我批评。州委书记杨国宗主持会议并讲话，省纪委省监委第五监督检查室主任刘力及省纪委省监委、省委组织部有关人员到会指导。州人大常委会党组书记、州政协党组书记等列席会议。

【第37个教师节庆祝大会】 9月9日，大理州召开第37个教师节庆祝大会，通报表扬2021年优秀教师和教育工作者、2021年乡村学校从教15年以上优秀教师并为获奖先进集体和先进个人颁奖。州委书记杨国宗，州委副书记、州长陈真永出席会议并讲话；州领导赵国良、张剑萍、朱建斌、罗永斌、牛燕、罗进忠、雪琳、施双林出席会议。

【八届州委第九次全体会议】 9月18日，大理州召开中国共产党大理白族自治州第八届委员会第九次全体会议。会议审议中国共产党大理白族自治州第八届委员会报告、中国共产党大理白族自治州第八届纪律检查委员会工作报告。全会决定中国共产党大理白族自治州第九次代表大会于2021年9月24—28日在大理召开。州委书记杨国宗主持会议并讲话，州委委员、州委候补委员出席会议，州纪委委员、不是州委委员、候补委员和州纪委委员的实职厅级党员领导干部及各县（市）党政主要负责人列席会议。

【中共大理州第九次代表大会】 9月24—28日，大理州召开中国共产党大理白族自治州第九次代表大会。省委换届选举指导组组长陈绍波一行到会指导。会议选举产生中国共产党大理白族自治州第九届委员会委员59名、候补委员11名，中国共产党大理白族自治州第九届纪律检查委员会委员35名，大理州出席云南省第十一次党代会代表34名。会议通过《中国共产党大理白族自治州第九次代表大会关于八届州委报告的决议》《中国共产党大理白族自治州第九次代表大会关于州纪委工作报告的决议》。杨国宗代表新一届州委讲话。

【九届州委第一次全体会议】 9月28日，大理州召开中国共产党大理白族自治州第九届委员会第一次全体会议。会议通过中国共产党大理白族自治州第九届纪律检查委员会第一次全体会议选举结果。会议选举产生中国共产党大理白族自治州第九届委员会常务委员会委员、书记、副书记。杨国宗当选为州委书记，陈真永、赵国良当选为州委副书记，杨经德、李琰、字德海、翁斌、杨大赟、牛燕、孙胜利、杨瑜当选为州委常委。杨国宗主持会议，宣读中共云南省委的批复并代表新当选的第九届州委常委讲话。州委委员、州委候补委员出席会议，州纪委委员列席会议。

【“大理之问”大讨论活动动员大会】 10月20日，大理州召开“大理之问”大讨论活动动员大会，对“大理之问”大讨论活动进行全面部署。州委书记杨国宗出席会议并讲话，州委副书记、州长陈真永主持会议；州级四班子领导，一级巡视员，州法院、州检察院、州国家安全局、大理经开区主要领导，大理大学、滇西应用技术大学党委主要负责人，各县（市）党政主要领导，州级有关单位主要负责人在州级主会场参加会议。12个县（市）设视频分会场。

9月24—28日，中国共产党大理白族自治州第九次代表大会召开　（州委办　提供）

【现场推进会】 2021年，大理州召开了两次现场推进会。①全州党的建设暨“书记院坝（楼宇）协商会”会议。11月1日，召开党的建设暨“书记院坝（楼宇）协商会”现场推进会，总结部署全州党的建设暨“书记院坝（楼宇）协商会”工作。州委书记杨国宗出席会议并讲话，州委副书记、州委统战部部长赵国良主持会议，省委党史学习教育领导小组办公室实践活动组组长宁德锦到会指导，州相关领导、县（市）党委书记、专职副书记、纪委书记、组织部部长、宣传部部长、政法委书记和州级有关单位主要负责人参加会议。②全州乳业高质量发展会议。12月6日，大理州召开全州乳业高质量发展现场推进会，深入贯彻省第十一次党代会精神，全面落实省委、省政府关于打造世界一流“绿色食品牌”示范区的战略部署，总结分析全州乳业发展情况，研究部署重点工作。州委书记杨国宗出席会议并讲话，州委副书记、州长陈真永主持会议，州人大常委会主任、州政协主席、州相关领导、县（市）主要负责人、州级有关单位、州级平台公司及有关乳业企业主要负责人参加会议。

【林长制工作启动暨总林长会议】 12月22日，大理州召开全州林长制工作启动暨总林长会议，践行习近平生态文明思想，全面贯彻落实党中央、国务院和省委、省政府关于全面推行林长制的决策部署，动员全州上下迅速全面推进林长制各项工作。州委书记、州林长制领导小组组长、州总林长杨国宗对全州林长制工作作动员部署，州委副书记、州长、州林长制领导小组组长、州总林长陈真永主持会议；州人大常委会主任、州副总督察张剑萍，州政协主席、州副总督察朱建斌，州领导杨经德、字德海、翁斌、李洋，州级有关单位主要负责人在州级主会场参加会议。12个县（市）设视频分会场。

（州委办供稿）

纪检监察

【概况】 2021年，大理州各级纪检监察机关忠诚履行党章和宪法赋予的职责，坚持稳中求进的工作总基调及高质量发展主题主线，履行全面从严治党协助职责和监督责任，深入推进党风廉政建设和反腐败斗争。年内，围绕综合业务能力提升等主题，开展各类培训15期次，累计培训干部2723人。全年受理信访举报3922件，处置问题线索3351件，立案1468件，给予党纪政务处分1308人，依法采取留置措施68人，涉嫌犯罪移送检察机关54人，严肃查处一批腐败分子，为大理“十四五”良好开局提供坚强的政治和纪律保障。

【州纪委全会】 2021年，中共大理州纪委共召开3次全会，分别是：①州纪委八届六次全会。2月6日，中共大理州纪委八届六次全会召开，州纪委委员31人出席会议，282人列席会议。会议审议通过唐定文代表州纪委常委会所做的《推动新时代大理纪检监察工作高质量发展为“十四五”良好开局提供保障》的工作报告。②州纪委八届七次全会。9月17日，中共大理州纪委八届七次全会召开，州纪委委员30人出席会议，54人列席会议。会议审议并通过《中国共产党大理白族自治州纪律检查委员会向州第九次党代会的工作报告》，同意将工作报告提交州委八届九次全会审议后，提请州第九次党代会审查。③州纪委九届一次全会。9月28日，中共大理州纪委九届一次全会召开，州纪委委员35人出席会议。会议选举产生大理州第九届纪律检查委员会常务委员会委员；选举杨大赟为大理州第九届纪律检查委员会书记，马光平、杜志红、张宏为副书记。杨大赟代表新当选的第九届州纪委常委会讲话。

【“两个责任”落实】 2021年，州纪委监委推动主体责任和监督责任全面落实，协助州委筹备召开州第九次党代会，选举产生新一届州纪委，审议通过州纪委工作报告；完成州县乡纪委换届工作，选优配强各级纪委领导班子；强化换届纪律监督，组建换届风气纪律检查组、巡回督查组和换届工作指导组，对反映违反换届纪律的152件信访举报和问题线索优先处置、快查快办。落实党风廉政建设责任制，研究修订《关于实行党风廉政建设责任制的实施办法》，提升责任制检查考核的针对性、实效性。贯彻落实《中共中央关于加强对“一把手”和领导班子监督的意见》，开展纪委书记定期同下级“一把手”谈话、述责述廉评议等工作。坚持科学精准问责，制定实施《大理州纪检监察机关问责工作操作办法（试行）》，向州委常委会专题报告2018年以来全州问责工作情况，释纪释法、以正视听。全州纪检监察机关问责干部172人次。

【巡视巡察】 2021年，州纪委监委抓好省委第八巡视组巡视“回头看”、省委洱海保护治理机动巡视“回头看”反馈问题整改监督工作，实现州、县（市）党委一届任期内巡察全覆盖目标，完成八届州委第十二轮、十三轮巡察，共巡察党组织21个，发现各类问题668个，移交问题线索38件，清退各类违规违纪资金436.18万元。制定《九届州委巡察工作规划》《关于推进巡视巡察上下联动的实施意见》，启动九届州委第一轮巡察，采取“常

州纪委九届一次全会选举产生的新一届领导班子　（州纪委　提供）

专结合”方式对12个州级单位党组织开展常规巡察，发现各类问题411个、问题线索16件。同步开展州、县(市)党委涉粮问题专项巡察，发现各类问题450个，移交问题线索47件49人。配合省委涉粮问题专项巡视，加大对县(市)巡察工作的督促指导，巡察政治监督功能提升。

【监督执纪】 2021年，州纪委监委强化对洱海保护治理和重点领域的监督执纪问责。①洱海保护治理监督执纪。深化运用洱海保护治理监督执纪“六项工作机制”等制度规范，压实洱海保护治理主体责任、监管责任、监督责任，开展各类监督检查588次，发现并督促整改问题582个；深化洱海保护治理监督执纪制度创新，制定实施《关于项目化规范化开展洱海保护治理及流域转型发展监督执纪的实施意见》，启动第一轮6个日常监督项目。组织开展全州河(湖)长制工作专项监督检查，督促整改问题43个。协同开展洱海沿岸违规违建问题专项整治，发现并督促整改问题59个。监督推动中央环保督察反馈问题整改，对7个单位25人进行责任追究。②重点领域监督执纪问责。聚焦州委、州政府经济社会发展大局履行监督专责，制定《关于以高质量监督保障“十四五”高质量发展的实施意见》，建立保障经济社会高质量发展监督执纪问责五项工作机制，对经济发展指标增速严重滞后的8个县(市)、6个州级部门的21名党政主要负责人进行提示预警。严明漾濞县“5·21”地震抗震救灾纪律，第一时间启动突发事件应急监督预案，部署开展民房恢复重建工作专项监督检查，州县纪检监察机关共检查各类单位239个，督促整改问题177个。坚持脱贫不脱监督，制定专项监督工作方案和任务分解清单，处置乡村振兴领域问题线索323件，给予党纪政务处分79人。围绕常态化疫情防控精准监督，通过每周视频调度、专班一线检查等方式压实疫情防控政治责任，全年处置问题线索5件，给予党纪处分3人，问责单位2个、问责干部2人。开展粮食购销领域腐败问题专项整治，强化涉粮问题专项巡视巡察协调联动，对问题线索进行大起底，受理处置问题线索54件，其中立案审查调查16件，依法留置6人。

10月29日，州委巡察工作领导小组调研巡察机构　　（州纪委　提供）

【整治作风问题】 2021年，州纪委监委纠治形式主义、官僚主义问题，深化“不担当、慢作为”等问题专项治理，查处和纠正形式主义、官僚主义问题84个，处理138人，给予党纪政务处分84人。深化纪律作风明察暗访和专项检查，大力整治违规发放津补贴、违规收受礼品礼金等纪律作风顽疾，查处违反中央八项规定精神问题187个，处理285人，其中给予党纪政务处分184人。建立常态化通报党员、公职人员违反社会管理秩序问题工作机制，通报典型问题112批182人。整治“烂尾楼”、社保医疗、校外培训机构等12个领域群众身边腐败和不正之风，查处各类问题330个，给予党纪政务处分256人，批评教育等方式处理264人。

【扫黑除恶】 2021年，州纪委监委常态化开展惩治涉黑涉恶腐败和“保护伞”工作，立案查处涉黑涉恶腐败和“保护伞”问题24件，给予党纪政务处分28人，严肃查处州公安局禁毒支队原领导充当恶势力“保护伞”等违纪违法典型案件，清除一批政法队伍“害群之马”。通过抓实问题线索处置、重点案件查办、顽瘴痼疾整治，建立并动态更新政法干警问题线索台账、立案台账，推动政法队伍教育整顿与常态化“打伞破网”有机衔接，处置涉及政法干警问题线索290件，立案审查调查111件，给予党纪政务处分81人，其中涉黑涉恶案件9件9人。全面彻查“宾川县谢某案”，深挖案件背后的违纪违法和失职失责问题，对78名责任人依纪依法进行责任追究，及时回应中央督导组和社会各界关切。

【审查调查】 2021年，州纪委监委坚定不移推进反腐败斗争，严把审查调查入口关、流程关、质效关，分类制定实施线索管理、审查调查、处分处置工作指引。树牢“严管就是厚爱、监督就是保护”的理念，对3594人次咬耳扯袖、约谈提醒。执行《大理州纪检监察机关提升案件办理质效实施办法》，对2020年案件质量大起底、大纠偏、大整改工作完成情况进行抽查核查，起底复查704件案件；对2019年以来全州纪检监察机关移送审查起诉的114件职务犯罪案件进行自检自查。补强监督检查审查调查工作短板，建立派驻机构执纪审查工作“红白榜”，坚持案件审理“一案一轮训”。做实案件查办“后半篇文章”，发挥纪检监察建议以案促改作用，发出纪检监察建议书214份。加大通报曝光力度，深入剖析典型案例，更新改版大理州反腐倡廉警示教育基地，汇编《大理州党员领导干部违纪违法典型案例警示录》。

【自我监督】 2021年，州纪委监委机关坚持刀刃向内，从严自我监督，建立州级纪检监察干部廉政档案366份，249名纪检监察干部作出不打听、干预监督检查审查调查工作承诺。聘请26名纪检监察干部阳光监督员，推动内外监督贯通融合、协同发力。以“零容忍”态度严惩执纪违纪、执法违法行为，处置受理反映纪检监察干部问题线索73件，立案10件10人，以实际行动严防“灯下黑”。

（施萃珠撰稿）

组织工作

【概况】2021年，大理州组织系统把握新发展阶段、贯彻新发展理念、构建新发展格局，推进基层党建各项任务的落实，推动全州基层党建工作全面进步、全面过硬，服务高质量发展，为大理实现“两城一区、三个走在前”战略目标，走好以绿色为底色的高质量发展之路提供坚强的组织保证。用好全州195个革命遗址和王复生王德三故居、周保中将军故居纪念馆等红色教育资源加强思想政治建设。全州各级党组织开展党史学习教育主题党日60079次、学习57275次。强化党员教育管理，李桂科、杨国旺和湾桥镇中庄村古生党支部获全国“两优一先”表彰，举办李桂科、杨国旺先进事迹现场宣讲报告会5场次，参加党员干部群众4850人次，激励全州各级党组织和广大党员崇尚先进、学习先进、争当先进。成立大理州党建研究会，吸纳66名从事党的建设研究工作人员为会员。全覆盖完成全州1155名县处级领导干部和乡（镇）党委书记学习贯彻十九届五中全会精神轮训。坚持“请进来”“走出去”“送下去”相结合，到省外知名学府举办大理州区域发展和开放型经济建设、数字经济、工业经济能力提升等专题培训班，全年举办28期主体班次、4期干部讲坛，培训干部1.5万余人次。全年开展“万名党员进党校”培训510班次，培训党员9.5万人，超计划培训2000余人。

【党的基层组织体系建设】2021年，大理州深入落实全省基层党建高质量发展五年行动计划，以基层党组织和村（社区）“两委”换届为契机，提升基层党组织政治功能和组织力。深入开展基层党组织规范化建设，全州1.4万个基层党组织完成规范化建设达标创建。全面推开农村发展党员违规违纪问题排查整顿，常态化整顿软弱涣散基层党组织，全年完成130个村（社区）党总支部整顿工作。部署开展“村集体经济发展”三年行动，全州1059个行政村村级集体经济预计平均为10.16万元。完成乡（镇）党委和村（社区）“两委”换届工作。选优配强村（社区）“两委”班子和村民小组党支部书记，“两委”班子结构大幅改善，呈现出“一降四升”的特点，“一肩挑”比例为99.04%。选举产生新一届乡（镇）党委领导班子成员981名，选拔80名“五方面人员”进入乡（镇）党委班子，推动形成“抓好党建促换届、抓好换届促党建”的基层党建工作局面。推进党建引领城市基层治理创新。打造城市党建“大理样板”，全面提升大理市全国城市基层党建示范市建设和祥云县、宾川县州级城市基层党建示范点建设质量，形成大理“1+2+N”城市基层党建示范引领格局。

【党建促中心工作】2021年，大理州坚持组织路线服务政治路线，服务全州经济社会发展大局。在苍山洱海保护治理中，部署实施洱海流域生态文明党建示范区创建和“牢记嘱托・守

2021年大理州党组织情况表

表1　　单位：个

党的地方委员会数		基层党组织数		
13		14301		
州级	县市级	党委	党总支	支部
1	12	258	1488	12555

2021年大理州党员队伍情况表

表2　　单位：人

党员总数
199661

性别结构				民族结构			
男		女		汉族		少数民族	
人数	所占比率	人数	所占比率	人数	所占比率	人数	所占比率
134881	67.56%	64780	32.44%	94767	47.46%	104894	52.54%

职业结构						学历结构					年龄结构				
在岗职工	农牧渔民	军人武警	学生	离退休	其他	研究生	大学本科	大学专科	中专高中中技	初中及以下	35岁及以下	36~45岁	46~55岁	56~60岁	61岁及以上
65499	97898	0	49	24206	12009	2334	46384	30647	37664	82632	43263	44157	45892	20073	46276

2021年大理州公务员队伍情况表

表3　　单位：人

公务员总数
22107

性别结构		民族结构		学历结构				年龄结构							
男	女	汉族	少数民族	研究生	大学本科	大学专科	中专及以下	25岁及以下	26~30	31~35	36~40	41~45	46~50	51~55	56岁及以上
14855	7252	10352	11755	1534	15687	4297	589	464	1531	3436	3488	3461	3307	3626	2794

（州委组织部　提供）

护绿水青山”先锋行动，打造“苍洱党建长廊”智慧化系统，实现生态保护“线上吹哨、线下报到”。在抗灾救灾中，开展“发红令、亮红徽、扬红旗、聚红力”行动，组建441支“党员突击队”、281个“党员服务站”，1469个基层党组织和1.8万余名党员干部冲锋在抗灾救灾第一线。在“我为群众办实事”中，创新推广“书记院坝（楼宇）协商会”做法，聚焦服务和改善民生，推动党员干部下沉基层、融入群众、解决问题，组织召开全州党的建设暨书记院坝（楼宇）协商会现场推进会，全州累计组织开展书记院坝（楼宇）协商会3242场，收集群众民意诉求6912条，解决群众“急难愁盼”问题4727个。

上图：在革命历史红色故事宣讲现场，老党员为青少年讲述艰苦奋斗、勇于献身的亲身经历；下图：1月4日，剑川县羊岑乡石登村党总支部委员会换届选举现场 （州委组织部、苏金泉　提供）

【干部队伍建设】 2021年，大理州聚焦落实干部工作“五大体系”，建立“五访”制度，实行“721”工作法，树立实干实绩用人导向，注重一线考察干部，严格选人用人和干部日常监督管理。立足大理战略目标，构建系统化、规范化、专业化的干部素质培养机制，实施“青苗工程”，加大优秀年轻干部培养储备及选拔使用力度。选派州县107名优秀年轻干部互派挂职（跟班）锻炼，选派17名优秀年轻干部到上海、成都跟班学习锻炼。优化全州各级班子整体结构，12个县（市）党政领导班子换届后平均年龄降低3.03岁，均为大学及以上学历。突出严管厚爱，全方位监管激励担当作为。执行“凡提四必”，从严“两代表一委员”资格联审，防止带病“提拔”、带病“提名”，与州纪委监委共同制定加强换届风气监督14条措施，严肃换届纪律，确保换届风清气正。

【公务员队伍建设】 2021年，大理州分级施策开展公务员招录工作，坚持招录比例向基层一线倾斜；全年招录公务员392人，面向全国双一流大学和知名高校招录学历层次高、专业能力强、综合素质好的定向选调生39人。推进公务员初任、任职培训工作，举办培训班4期，培训公务员600余人。坚持以平时考核为基础，年度考核为重点，专项考核为补充，创新实施分层分类考核办法。建立考核结果与评先奖优、绩效奖励等挂钩机制，对2020年度考核为优秀等次的3557名公务员给予表彰奖励，对259名受到党纪政务处分的人员按照考核规定确定考核等次，发挥考核考评的“风向标”“指挥棒”作用。

【人才培养引进】 2021年，大理州深入推进人才兴州战略，深化人才发展体制机制改革，以人才优先引领地区发展。调研编制《大理州中长期人才发展规划（2021—2025年）》，全面建立苍洱人才“霞光计划”“1+29”人才政策体系，全州124名高层次人才获得“霞光人才”称号，建成37个院士专家工作站，33个专家基层科研工作站，3个省级技术创新团队，人才资源总量为35.08万人。开展大理州苍洱人才“霞光计划”校园工程引才工作，引进“双一流”大学和州内急需紧缺专业硕士研究生10人。推动人才向基层一线流动，确定专家人才为群众办实事“红色+”系列活动实施项目53个，围绕乡村振兴、洱海保护治理组建53个专家服务团下沉基层一线精准服务。实施“万名人才兴万村”行动，选派1157名人才全覆盖结对服务全州所有行政村（社区），并确定示范村117个，以“定点驻村+远程服务”的形式，助力乡村振兴。

（邹翼君撰稿）

宣传思想工作

【概况】 2021年，在中共大理州委的坚强领导下，全州宣传思想战线坚持以习近平新时代中国特色社会主义思想为指导，自觉承担举旗帜、聚民心、育新人、兴文化、展形象的使命任务，牢牢把握团结鼓劲、昂扬向上的主基调，围绕中心、服务大局，为推动新时代大理高质量发展作出贡献。

【理论宣传宣讲】 2021年，大理州宣传思想工作坚持把学习贯彻习近平新时代中国特色社会主义思想作为首要政治任务，把学习贯彻党的十九大和十九届历次全会精神、习近平总书记考察云南重要讲话和对大理工作重要指示批示精神作为重要内容，落实“第一议题”制度，抓实中心组等各类学习。建立党委（党组）理论学习中心组学习列席旁听机制。把理论宣讲作为重要的方法手段、必要的政治动员、宝贵的优良传统、光荣的使命任务，用好州委宣讲团“主力军”，注重整合党校、社科等资源力量，组建州委讲师团，创新成立大理苍洱“金花”“五老”“志愿者”“青少年”“双语”等宣讲团，与播火先锋、大本曲、白曲宣讲团等相结合，构建起宣传部门统筹、行业部门组织实施、社会各界广泛参与的“一张网”理论宣讲矩阵，形成“苍洱宣讲品牌”，广泛深入开展特色宣讲，让党的创新理论“飞入寻常百姓家”，特别是结合党史学习教育、“大理之问”大讨论开展系列接地气的宣讲，受到广大基层干部群众的欢迎和好评，全年开展各类宣讲1.3万余场次，受众73万人次。上线“学习强国”大理州学习平台。州农村电影博物馆申报省社科普及创新项目，命名首批州级社科普及示范基地10个。

【党史学习教育】 2021年，大理州委宣传部履行州委党史学习教育领导小组办公室职责，坚持“规定动作不走样、自选动作有特色”，形成抓“快”谋划安排、抓“深”专题学习、抓“广”专题宣讲、抓“活”专题宣传、抓“热”系列活动、抓“实”为民办事、抓“严”责任落实、抓“亮”特色工作、抓“紧”结合贯彻的“九抓”举措，推动各级党组织及广大党员干部学党史、悟思想、办实事、开新局。《人民日报》、新华社、央视等中央主流媒体在重要版面、重要时段刊播反映大理党史学习教育的重点报道200多条。54条工作信息被中央和省委党史学习教育简报刊发。围绕抗震救灾等“急难愁盼”办实事，解决一批群众的揪心事、操心事、烦心事。全面推行“书记院坝（楼宇）协商会”，形成“书记一线抓、事项一线商、问题一线解、质效一线提、民心一线守”的为民服务新模式，实现“小院坝”提供“大平台”“小协商”彰显“大作为”。聚焦重点群体，在全州各级各类学校创新开展“行走的思政课”活动，探索出“制定一个活动方案、确定一批主题线路、探索一套方式方法、整合一支教学队伍、完善一套安全机制”的“五个一”做法。两项特色工作都得到党史学习教育中央第七指导组的肯定、高度赞扬，多次被中央和省级主流媒体宣传报道，被列为全省典型案例。大理州党史学习教育工作被省委学教办、省委巡回指导组综合评价为第一等次“好”。

7月6日，州委宣传部召开大理州宣传思想文化战线和社科理论界学习贯彻习近平总书记在庆祝中国共产党成立100周年大会上的重要讲话精神座谈会
（州委宣传部　提供）

【中国共产党成立100周年宣传】 2021年，大理州宣传思想工作紧扣“党的盛典、人民的节日”这一重大主题，按照“全面预热、兴起高潮、升温”的步骤，举全战线之力浓墨重彩组织开展庆祝中国共产党成立100周年系列活动。把深入学习宣传习近平总书记“七一”重要讲话精神作为重中之重，生动鲜活讲好中国共产党故事，为党的百年大庆记载伟业、展示辉煌。全州各级媒体开设“奋斗百年路　启航新征程”等栏目，推出系列报道。全面开展社会宣传，庆祝中国共产党成立100周年专场文艺演出、歌咏比赛、“永远跟党走”群众性宣传教育等系列活动主题鲜明、影响广泛。全州举办各类文化文艺活动218场次，唱响“永远跟党走·奋进新征程”的强劲旋律。

【宣传工作】 2021年，大理州构建“1+3+12+N”的“一张网”媒体传播矩阵，坚持传统媒体和新媒体并重、对内宣传与对外传播并举，全面、立体、融合地开展宣传，形成传播集聚效应。《大理日报》、大理广播电视台、大理发布和12个县（市）融媒体中心全平台累计粉丝量为975.66万人，极大地提升传统媒体的影响力。中央和省级主流媒体聚焦重大主题和事件，全年累计刊发大理稿件1.64万余条，累计阅读量3亿次，央视《新闻联播》《焦点访谈》6次聚焦报道大理，《人民日报》《光明日报》《经济日报》头版、新华社全媒体报道多次聚焦大理。以小切口折射大主题，以小故事反映大时代，向世界展示大理形象，讲好大理故事，抖音话题“有一种生活叫大理”总播放量超过37.6亿次，网友投稿视频173万条，创同类活动全国之首；“中国最佳爱情表白地大理”话题总播放量2亿次，“绿色大理你我共享”话题总播放量5936万次，成为打造最具城市辨识度的大理文旅IP。申请并举办COP15重要主场外交配套外宣活动“2021推进全球生态文明建设（洱海）论坛”，向世界宣介习近平生态文明思想的大理实践，引起中外媒体高度关注和深度报道。

2021年大理州新增文明村镇、文明单位、文明家庭、文明校园一览表

表4

类别	数量	单位名称
第九届云南省文明村镇	18个	漾濞县平坡镇、弥渡县寅街镇、南涧县宝华镇、洱源县三营镇、大理市银桥镇银桥村、大理市银桥镇磻溪村、大理市上关镇东沙坪村、大理市喜洲镇文阁村、漾濞县顺濞镇哈腊左村、漾濞县龙潭乡密古村、祥云县云南驿镇云南驿社区村、祥云县鹿鸣乡鹿鸣村、宾川县金牛镇罗官村、宾川县鸡足山镇沙址村、弥渡县弥城镇龙华村、南涧县碧溪乡杏子山村、永平县龙门乡大坪坦村、洱源县茈碧湖镇海口村
第十六届云南省文明单位	44个	大理州人民政府办公室、大理州中级人民法院、大理州接待处、大理州红十字会、大理州消防救援支队、大理州卫生监督局、大理州疾病预防控制中心、大理州体育中心、大理州苍山饭店、大理交通运输集团公司大理汽车客运站、大理市总工会、大理市社会保险局、国家税务总局大理市税务局、大理市太和街道关迤社区居委会、大理市太和街道荷花社区居委会、大理市大理镇绿玉社区居委会、漾濞县委办公室、漾濞县政协机关、祥云县总工会、祥云县市场监督管理局、祥云县审计局、祥云县妇幼保健计划生育服务中心、宾川县委办公室、宾川县人大常委会机关、宾川县政协机关、云南成满生物科技有限公司、弥渡县委组织部、国家税务总局弥渡县税务局、南涧县纪委县监委、南涧县公郎镇人民政府、云南凤凰水利水电工程集团有限公司、中国建设银行巍山支行、云南电网有限责任公司大理巍山供电局、永平县委办公室、永平县财政局、永平县委统战部（县民族宗教事务局）、国家税务总局云龙县税务局、华能澜沧江水电股份有限公司苗尾·功果桥水电厂、洱源县委办公室、中国农业银行洱源支行、洱源县茈碧湖镇九台社区居委会、剑川县人民政府办公室、剑川县金华镇西门社区居委会、鹤庆县气象局
第二届云南省文明家庭	8户	韦仕昌家庭：漾濞县鸡街乡新寨村委会新寨村民小组、李红奎家庭：弥渡县德苴乡青丰村委会青丰上村村民小组、杨瑞敏家庭：南涧县南涧镇涧河社区第十居民小组龙凤丽都小区、张绍仁家庭：巍山县大仓镇大仓村委会正兴村民小组、马勋家庭：永平县博南镇曲硐村委会新村村民小组、杨利民家庭：云龙县诺邓镇天池村委会天池村民小组、曾万钟家庭：鹤庆县云鹤镇文锋社区第三居民小组福兴小区、王四柳家庭：剑川县金华镇城北社区第四居民小组凤营小区
第二届云南省文明校园	13所	大理第一中学、大理新世纪中学、漾濞县第一中学高中部、宾川县大营镇大营初级中学、大理市大理镇第一完全小学、大理市下关第八完全小学、祥云县祥城镇城东社区完全小学、南涧县示范小学、巍山县群力小学、洱源县宁湖第一小学、剑川县金华镇第一完全小学、剑川县弥沙乡民族小学、鹤庆县辛屯镇中心小学

（州委宣传部　提供）

2021年国内媒体关于大理州的重要报道一览表

表5

刊发媒体名称	新闻标题	刊发时间	所在位置
中央广播电视总台	像保护眼睛一样保护洱海	1月6日	焦点访谈
	云南　上万只灰雁迁徙至大理洱源过冬	1月14日	新闻直播间
	影像志·兵心依旧　退役军人姜之斌：我是大理古城守护者	4月12日	国防军事早报
	遇见你　周周鱼：云上作画　传递温暖　治愈人心	4月30日	24小时
	云南青海等地发生地震　抢险救援抓紧进行	5月22日	新闻联播
	云南大理　奋斗百年路　启航新征程·今日中国　像保护眼睛一样保护洱海	6月10日	今日中国
	云南　空中看大理　苍山不墨千秋画　洱海无弦万古琴	6月10日	今日中国
	万人施工14年　云南大瑞铁路秀岭隧道贯通	6月30日	正点财经
	践行初心使命　争取更大光荣	7月6日	焦点访谈
	奋斗百年路　启航新征程·小康梦圆——靠着绿水青山过上好日子	7月7日	新闻联播
	云南大理　我们家的小康生活　苍山映洱海　沃野绘新图	7月7日	新闻直播间
	云南　历经14年掘进　大瑞铁路大坡岭隧道贯通	7月29日	新闻直播间
	云南大理　沙村：生态＋创意农业　打造乡愁田园生活 云南大理　喜洲镇：扎染传承千年　扩宽致富道路 云南大理　沙村：护好古民居　留住乡土气	8月21日	走进乡村看小康
	联合国生物多样性大会召开在即　新闻中心正式开放	10月9日	新闻联播
	关注生物多样性　云南大理：领略苍山洱海生物多样性之美	10月11日	第一时间
	云南大理　鸡足山云雾缥缈宛若仙境	11月26日	新闻直播间
	【学习贯彻十九届六中全会精神——新思想引领新征程】凝聚奋进力量　建功伟大时代	12月11日	新闻联播
	云南“苍山雪”再现　玉龙雪山银装素裹	12月27日	朝闻天下

续表5

刊发媒体名称	新闻标题	刊发时间	所在位置
人民日报数字报刊	云南大理餐厨垃圾资源化处理——集中清运　变废为宝	1月8日	（14版）
	可持续发展之路越走越宽（我看中国脱贫攻坚）	2月24日	（05版）
	洱海越发美丽	3月3日	（01版）
	中国民众的获得感越来越强	3月7日	（03版）
	如画苍山　生机盎然	4月29日	（14版）
	种地，不妨合理利用算法	6月8日	（11版）
	保护水生生物云南放流50万尾土著鱼	7月22日	（14版）
	生态改善　海菜花开	8月1日	（01版）
	八十八岁白族老人王秉秀创作农民画——苍山洱海入画来	11月3日	（10版）
	不断把为人民造福事业推向前进	12月17日	（01版）
	坚持绿水青山就是金山银山的理念　走以绿色为底色的高质量发展之路	12月28日	（09版）
人民日报海外版数字报刊	一家亲，咱携手奔富路！（民族团结石榴情⑦）	1月7日	（01版）
	多民族聚居的云南大理白族自治州——苍洱之间，一曲歌来一片情	1月7日	（03版）
	不分你我　共同进步（记者手记）	1月7日	（03版）
	大理宾川华侨农场——“我们的日子甜滋滋”（侨界关注）	1月13日	（06版）
	圆糖飘香	1月27日	（12版）
	梅山唢呐响	2月3日	（12版）
	红色盐城焕新姿	4月14日	（12版）
	东莲花村又“绽放”喽！	5月17日	（06版）
	鸟翔漾江	11月24日	（12版）
	到南涧喝茶	12月15日	（12版）
新华每日电讯数字报刊	在中国逐梦的“鸡蛋先生”	1月28日	（03版）
	大湖欢歌：高原明珠洱海复苏记	1月31日	（01版）新华全媒头条
	星夜兼程只为生命	5月23日	（01版）
	既救眼前之急，更解后顾之忧	5月24日	（03版）
	花开两地　各生灿烂湘滇白族700余年的情谊	9月13日	（03版）
	向绿而生　创新赋能　云南谋求高质量发展新跨越	11月27日	（01版）头版头条
光明日报数字报刊	云南洱海：从绿水青山向“金山银山”转化	1月3日	（01版）
	云南大理发现南诏时期官家寺庙建筑群	1月14日	（09版）
	千年古道流淌千年文明	4月21日	（04版）
	金色麦田与苍山洱海相映衬	5月11日	（01版）
	洱海畔感悟转型发展	5月31日	（07版）
	把无悔青春融入祖国蓝天——追记云南大理苍山火灾中牺牲的昆明航空救援支队四烈士	8月23日	（10版）
	在保护中发展，在发展中保护	9月1日	（03版）
	最受益的是“山里娃”	10月24日	（01版）
	无量冬樱灿若霞	12月2日	（01版）
工人日报数字报刊	洱海“美容师”用一抹橙色守住美丽乡愁	5月7日	（07版）
	坚守在救援一线	5月23日	（01版）
	解困脱困奔小康　困难职工不掉队	6月3日	（01版）
	从山石屏麻风院到山石坪村	10月31日	（03版）
中国青年报数字报刊	云南“最美高速路”上的快旅慢游	4月28日	（01版）
	图片新闻	5月25日	（07版）
	中外嘉宾齐聚云南大理　探讨全球生态文明建设	10月11日	（01版）
	一所高校给云南小县城带来什么	10月25日	（01版）
	上海交大师生接力解决大理“水”问题	10月25日	（05版）
	308，听到请回答！	11月1日	（01版）

续表5

刊发媒体名称	新闻标题	刊发时间	所在位置
云南日报数字报刊	洱海东岸面山披绿装	3月15日	（01版）头版头条
	洱海之滨添美景	3月24日	（01版）
	深入学习贯彻习近平生态文明思想　以革命性举措抓好高原湖泊保护治理	3月26日	（01版）
	没有保护，就没有发展	3月26日	（01版）
	走一条以绿色为底色高质量发展之路	3月27日	（01版）
	大理全力打造世界一流旅游示范区	7月19日	（01版）头版头条
	云南首本三孩《生育服务证》发放	8月28日	（01版）
	生态向好　鸟类增多	9月18日	（01版）
	共护生态洱海生态廊道引来八方游客	10月3日	（01版）
	大理州：生态文明建设亮点纷呈	10月6日	（01版）
	大理州大力发展清洁能源	11月24日	（01版）
CCTV节目官网	[沿着高速看中国]云南大理　沿着高速看中国·大丽高速　大理洱海驶上生态发展高速路　打卡双廊观景台　看生态文旅高速路	4月24日	沿着高速看中国
经济日报数字报刊	从山向海富且绿	4月26日	（03版）
	大理护“海”记	8月25日	（12版）
	洱海清　大理兴	8月25日	（12版）
农民日报数字报刊	云南大理：洱海保护实现“人退湖进”历史转变	6月24日	（03版）
云南广播电视台	“两山论”的洱海实践(一)一条生态廊道讲述的洱海故事	3月2日	云南新闻联播
	“两山论”的洱海实践(二)两朵“花”的启示	3月2日	云南新闻联播
	“两山论”的洱海实践(三)从“最美风景”到“最强大脑”	3月3日	云南新闻联播
	省委、省政府召开大理现场办公会强调　走一条以绿色为底色的高质量发展之路	3月26日	云南新闻联播
	追踪——贯彻落实省委、省政府州市现场办公会系列报道　大理：瞄准新定位　构建新格局(一)　努力成为名副其实的历史文化名城	7月6日	云南新闻联播
	追踪——贯彻落实省委、省政府州市现场办公会系列报道　大理：瞄准新定位　构建新格局(二)　打造名副其实的国际旅游名城	7月9日	云南新闻联播
	追踪——贯彻落实省委、省政府州市现场办公会系列报道　大理：瞄准新定位　构建新格局(三)　加快建设“世界一流‘绿色食品牌’示范区”	7月10日	云南新闻联播
抖音	大理喜洲古镇　风吹麦浪	3月22日	有一种生活叫大理
	旅行最重要的不是目的地，而是要有好看的裙子和会拍照的闺蜜	4月1日	有一种生活叫大理
	没有什么烦恼，是和闺蜜去一趟大理解决不了的	4月8日	有一种生活叫大理
	去大理，在双层火车大床房上躺着去	4月9日	有一种生活叫大理
	不知道我的镜头能不能让你明白，大理有多可爱	4月23日	有一种生活叫大理
	为93岁老兵的标准军礼点赞	6月13日	建党百年　幸福大理
	小县城的夜晚，热闹又安逸，傍晚欣赏身边的美景，享受一下慢节奏生活	6月24日	建党百年　幸福大理
	山河远落，人间烟火，都不及这一刻唯美的落日黄昏和恰好的微风	9月17日	中国最佳爱情表白地大理
	大理的骄傲！大理云龙白族姑娘张德顺夺得云南历史上首枚全运会女子10000米金牌	9月21日	建党百年　幸福大理
	大理这6个品牌入选2021年云南省“10大名品”，将各获100万元奖励	9月23日	绿色大理　你我共享
	这是第一次来传说中的喜洲夫妻树，听说在树下面拍过照的情侣，都会白头偕老	10月8日	中国最佳爱情表白地大理
	这世上总有猝不及防的再见和毫无留恋的散场	10月9日	中国最佳爱情表白地大理
	希望你一直如少年，干净、纯粹、心安，看透不美好却相信美好	10月14日	中国最佳爱情表白地大理
	这个冬天来大理表白吧！和爱的人一起迎接海鸥的到来	10月24日	绿色大理　你我共享

（州委宣传部　提供）

【精神文明建设】 2021年，大理州发挥新时代公民道德建设宣讲团的作用，组织开展宣讲200多场次。命名州级爱国主义教育基地22个，在周保中将军纪念馆举行全州爱国主义教育基地挂牌仪式。唐新华获全国第八届见义勇为道德模范提名奖，杨广、苏慧勇入选年度“中国好人榜”名单。评选命名大理州第五届道德模范20名、提名奖10名，3人被命名为云南省第八届道德模范、2人被命名为提名奖。全面启动大理市和剑川县全国文明城市创建工作，组织开展省州级文明创建活动，经过复查，宾川、永平、巍山、剑川继续保持省级文明城市称号，南涧、弥渡、鹤庆正争创省级文明城市。全州新申报并被命名为云南省第九届文明村镇18个、第十六届文明单位44个、第二届文明家庭8户、第二届文明校园13所；复查确认继续保留称号的往届云南省文明村镇61个、文明单位154个、文明家庭8户、文明校园6所。命名大理州第十五届文明村镇93个、第十五届文明单位156个、第二届文明家庭88户、第二届文明校园33所；复查确认继续保留称号的往届大理州文明村镇24个、文明单位185个、文明家庭60户、文明校园38所。深入开展弘扬时代新风行动，王复生王德三烈士故居、周保中将军纪念馆、弥渡县密祉镇石家耕读大院家风教育阵地、大理市大理花上花白族大本曲传习所（赵丕鼎家庭）被命名为“云岭好家风示范点”。评选新时代“十星级文明户”50多万户。全州建成12个新时代文明实践中心、112个文明实践所、1158个文明实践站，实现新时代文明实践中心（所、站、点）全覆盖。

【文化铸州建设】 2021年，大理州广泛开展文化惠民活动。原创白剧《白子情怀》、花灯剧《王德三》为建党100周年献礼，并向社会公演；“永远跟党走・奋进新征程”歌咏比赛等文艺活动精彩纷呈。大理州入选“东亚文化之都”候选城市。全州130项革命文物列入第一批云南省不可移动革命文物名录，《大理白族自治州非物质文化遗产保护条例》正式施行。争取各级文化产业发展专项资金，扶持文化产业建设项目4个，其中《风花雪月・苍山小册子》项目被列入中宣部“原动力”中国原创动漫出版扶持计划项目。推进“纪录小康工程”，线上线下相结合，举办第九届大理国际影会，参展作品、参观人数、展品交易量创历届之最。举办“风花雪月乡愁大理”中国当代美术名家大理采风创作活动北京及大理作品展。新版《天龙八部》电视剧在央视播出，励志电影《顺子加油》火热放映。以新五朵金花为题材，致敬基层扶贫干部的电影《你是我的一束光》已制作完成。电视连续剧《大理三月好风光》《盛唐南诏》《去有风的地方》等影视剧正在紧锣密鼓筹拍中。

（周应良撰稿）

统战工作

【概况】 2021年，中共大理州委统战部坚持守正创新，围绕全国统战部长会议和全省、全州统战工作会议的安排，抓思想引领、抓服务大局、抓风险防范、抓能力提升，紧密结合全州统战工作实际，发挥统一战线工作优势，推动新时代统战工作高质量发展，维护全州经济发展、民族团结、宗教和睦、社会稳定的良好局面。漾濞县“5・21”地震发生后，全州统一战线发扬“一方有难、八方支援”的中华民族传统美德和社会主义协作精神，广大统战成员迅速行动，捐款捐物。向中国侨联、省委统战部、省侨联、省工商联协调争取专项资金73.65万元，组织全州宗教界捐款捐物190多万元，动员民营企业捐款捐物850.85万元助力漾濞抗震救灾；协调各民主党派州委向各方争取协调救灾物资支援灾区，协调捐赠大米20吨、抗震帐篷210顶、资助灾区学生100名；组织新的社会阶层人士服务团开展“抗震救灾我行动”活动，捐赠行军床170张、发放地震法律知识宣传册3000余册。年内，省对州统一战线工作考评位列全省第三名，被评为“大理州年度反恐怖工作先进集体”和“大理州平安建设工作优秀单位”，意识形态工作责任制、国家安全责任制、法治建设、定点帮扶等工作被考评为优秀等次。

【思想政治引领】 2021年，州委统战部把开展党史学习教育作为重大政治任务，开展“大理之问”大讨论活动，支持各民主党派州委开展中共党史学习教育，在无党派人士和党外知识分子中开展“学党史、跟党走”主题教育，在宗教界人士中开展“爱党爱国爱社会主义”主题教育，在非公经济人士中开展理想信念教育，在新的社会阶层人士中开展“凝聚新力量・筑梦新时代”主题教育，巩固共同思想政治基础。

【学习贯彻《统战工作条例》】 2021年，州委统战部及时制定《中共大理州委统一战线工作领导小组关于学习宣传贯彻〈中国共产党统一战线工作条例〉的实施方案》，推动条例纳入各级党委常委会、理论学习中心组学习内容和党校（社会主义学院、学校）教学内容；及时制定宣讲方案，组织专人拟定州级条例宣讲通稿，组建条例宣

2021年，大理州新的社会阶层人士服务团积极开展捐资助学活动
（州委统战部　提供）

2021年大理州党外人士任职（实职副县处级以上）情况一览表

表6　　单位：人

总数	职级			政治面貌			性别		少数民族	年龄结构		
	副厅	正处	副处	民主党派	无党派	群众	男	女		40岁及以下	41~50岁	51岁以上
78	4	14	60	22	40	16	41	37	47	9	50	19

讲队伍，深入各县（市）和统战成员单位，与基层统战干部和统战成员面对面开展条例宣讲；举办大理干部讲坛第13讲，邀请省委统战部领导作条例专题讲座；推出《学条例·部长谈》《学条例·主委谈》等学习贯彻条例理论宣传文章，推进条例的学习宣传贯彻工作。

【多党合作】 2021年，州委统战部支持各民主党派、工商联和无党派人士围绕大理州“十四五”规划和2035年远景目标，围绕洱海保护、乡村振兴、绿色发展等州委州政府中心工作开展调研，建言献策，协调做好民盟中央和民建云南省委到大理开展长江生态环境保护和洱海保护治理民主监督工作，支持各民主党派州委开展爱国卫生“7个专项行动”民主监督，组织召开各民主党派州委调研协商座谈会，听取重点调研成果汇报，推动调研成果转化落实。针对民主党派监督机制缺失问题，协助各民主党派州委加强和规范内部监督工作，制定出台《关于建立七个民主党派州委机关纪检监察联席会议工作机制的实施办法（试行）》，加强对民主党派公职人员的监察监督。协助民进大理州委和农工党大理州委完成换届和届中调整工作，助力民主党派加强自身建设。协助州委出台《关于认真做好2022年州、县（市）政协换届工作的意见》，会同州政协、州委组织部做好州政协换届相关工作。

【民族团结】 2021年，州委统战部学习贯彻中央民族工作会议精神，选调大理大学、州委党校及统战、民族宗教等部门专家、干部组成铸牢中华民族共同体意识暨中央民族工作会议精神州级宣讲团，指导12个县（市）及时成立宣讲团，举办大理机关讲堂第十六讲、大理州铸牢中华民族共同体意识专题培训班，受训人员为1200多人次。成立大理州铸牢中华民族共同体意识研究中心、研究基地，在大理大学筹建州级主题教育馆，探索民族团结跨地区、跨行业合作模式，与保山市、迪庆州及大理州企业家协会、大理旅游集团等成立一批跨区域跨部门的“创建联盟”并分别签订战略合作协议，推进创建“全国民族团结进步示范县（市）”三年行动计划落实，漾濞县、永平县创建全国民族团结进步示范县，大理市、宾川县、南涧县、云龙县创建全省民族团结进步示范县。

在剑川县举行的“走进大理·落地生活”2021年在滇台胞两岸婚姻家庭联谊活动现场　（州委统战部　提供）

【宗教工作】 2021年，州委统战部学习贯彻全国宗教工作会议精神和习近平总书记关于宗教工作的重要论述，全面贯彻党的宗教工作基本方针，坚持我国宗教中国化方向，引导宗教与社会主义社会相适应。组织全州宗教界开展庆祝中国共产党成立100周年系列活动，开展“同升一面旗、同唱一首歌、同绘一幅画”“助力洱海保护科普行”“五教同行·共度端午”和“五教同行·共度中秋”主题教育活动，在全州宗教界弘扬“爱党爱国爱社会主义”主旋律，在坚定中华民族文化自信中铸牢中华民族共同体意识。组织召开全州宗教界坚持我国宗教中国化方向座谈会，收集相关论文30多篇。支持爱国宗教团体加强自身建设，召开州基督教“两会”第四次代表大会，选举产生新一届领导班子。

【民营经济统战工作】 2021年，州委统战部在全州民营经济领域开展“大调研、大走访、解难题”活动，走访民营企业及商协会812家，收集问题394个、解决问题207个，办结率84.3%。组织40多名民营经济代表人士、年轻一代企业家和工商联所属商协会部分负责人到河北太行山干部学院开展理想信念教育，学习传承太行精神，增强广大民营经济人士对党史、新中国史的理解和认同。将大理市周保中将军故居、祥云县王德三故居、剑川县张伯简纪念馆命名为“大理州民营经济理想信念教育基地”，发挥教育基地作用助力民营经济人士健康成长。引导民营企业家坚定高质量发展信心，推进“万企帮万村”精准扶贫行动和“万企兴万村”行动有效衔接，至年底，全州有410家企业参与“万企帮万村”精准扶贫行动，实施项目1519个，投入资金6.12亿元，受帮扶贫困村584个，受帮扶贫困人口13.03万人。

【党外知识分子统战工作】 2021年，州委统战部制定《关于加强新的社会阶层人士统战工作实践创新基地建设的实施意见》《2021—2025年推动新的社会阶层人士统战工作发展实施方案》，建立健全新的社会阶层人士统战工作联席会议制度，命名4家新的社会阶层人士统战工作实践创新基地，推进2家示范基地建设，加强全州党外知识分子和新的社会阶层人士统战工作。聚焦“弘扬爱国奋斗精神、建功立业新时代”和“凝聚新力量·筑梦新时代”主题，鼓励支持党外知识分子、新的社会阶层人士发挥智力优势，在科技攻关、创新创造、法律援助、爱心义诊、爱心助学等方面建功立业，组织开展“筑梦启航、崇法尚德”“爱心传递、公益助学”和“爱国担当、爱心助学”等社会服务活动。

【港澳台及侨务工作】 2021年，州委统战部加强对台招商引资推介，宣传大理州招商引资政策和惠台措施，帮助台商台企解决实际困难和问题。开展两岸婚姻群体摸底调查并建立信息数据库，举办“走进大理·落地生活”——铸牢中华民族共同体意识实践活动暨两岸婚姻家庭联谊交流活动，大理《张胜温画卷》(高清影印版)获第十三届海峡论坛“特殊贡献奖”。协助45名台胞免费接种新冠疫苗，引导帮助台胞台商台属做好疫情防控工作。加强基层侨联组织建设，实现全州县级侨联组织建设全覆盖和各县(市)至少创建1个“侨胞之家”的目标，争取华侨事务专项经费104万元，开展侨法宣传和送医送药活动。加强海外重点人士联系，向中国侨联申报剑川沙溪古镇和宾川金牛镇柳家湾迎侨堂为“中国华侨国际文化交流基地”，打造一批对外文化交流平台，完成德国斯图加特汉语学校等12个班322名华裔青少年“亲情中华·为你讲故事”网上夏令营活动，促进文化交流。

（杨向达撰稿）

机构编制

【概况】 2021年，大理州机构编制部门围绕中心、服务大局，主动适应新形势新任务，巩固机构改革成果，统筹推进重点领域和关键环节体制机制改革，加大编制资源挖潜创新和统筹力度，抓好机构编制督查整改，精准服务保障全州经济社会高质量发展，为推动大理高质量发展提供坚强的体制机制和机构编制保障。

【基层管理体制改革】 2021年，大理州机构编制部门始终围绕加强和创新基层治理这一重大课题，以经济发达镇行政管理体制改革试点为切入点，深入推进基层管理体制改革。统筹开发区管理机构清理规范和大理省级旅游度假区管理委员会体制调整，整合便民平台、便民事项提升综合服务水平，集中基层力量构建综合行政执法体制，创新出台配套政策，初步构建起党委领导、党政统筹、简约高效的管理体制，实现“一枚印章管审批，一支队伍管执法”，大理镇经济发达镇改革试点工作初见成效。强化属地乡(镇)责任，明确相关部门保护管理职责，历史文化名城和风景名胜区保护管理体制机制调整优化。基层整合审批服务执法力量有序推进，乡(镇、街道)全部建立权责清单，生态保护和应急管理职责得到加强，为民服务平台实现全覆盖，全州各级乡村振兴机构完成挂牌和运行，市域社会治理现代化试点工作稳步推进。

【重要领域和关键环节体制机制改革】 2021年，大理州机构编制部门始终坚持保障重点、服务发展的指导思想，清理规范全州开发区管理机构，制定实施方案和机构编制意见，将15个开发区管理机构保留和优化提升为1个国家级、4个省级开发区管理机构。推动解决突出问题背后的体制机制问题，稳妥推进各领域综合行政执法改革，全面完成行政复议体制改革。推动义务教育均衡发展和城乡一体化，做好教育卫生系统专项招聘编制保障工作，中小学教职工编制全面达到国家基本标准。推动生产经营类事业单位转制改企，推进紧密型县域医共体建设，强化事业单位公益属性，加快补齐公共卫生、民生保障等领域机构编制短板。满足事业发展和工作需要，支持州人民医院、州中医医院等事业单位调整编制结构，设立大理州综治服务中心(大理州网格化综合服务中心)、大理干部教育学院对外交流协作服务中心和州委讲师团等事业单位。

【机构编制挖潜创新】 2021年，大理州机构编制部门始终树牢“过紧日子”的意识，贯彻落实中央和省委关于严控严管机构编制部署要求，率先在全省开展事业编制总量跨区域调整，科学合理确定各县(市)事业编制总量，盘活闲置编制资源，增加各县(市)事业编制326人，破解“有编不用”“无编可用”矛盾，破除编制总量“一核定终身”。加强基层一线行政编制保障，置换政法专项编制，加强防灭火机构以及森林草原防火指挥机构力量。全面深化政法领域改革，向上争取28名司法机关政法专项编制，充实基层社区矫正工作力量。加大“小散弱”事业单位撤并力度，有效腾出编制资源，保障教育、卫生等重点领域用编需求。

【机构编制督查整改】 2021年，大理州机构编制部门始终扛牢机构编制督查整改的政治责任，把督查整改作为忠诚拥护“两个确立”、坚决做到“两个维护”的具体体现，注重借势借力，抓好立行立改，开展机构编制核查工作，通过精准统计各类信息、做好数据比对、分步开展实地核实，对全州各类机构设置、职能职责、编制核定及使用、职数核定及配备、实有人员和编外人员使用情况等进行全面核查核验，及时纠正核查发现的问题，实现机构清、编制清、领导职数清和实有人员清。多措并举加快消化超编进度，执行编制前置审核，控制招录(聘)人员规模，统筹使用州级机关周转编制，全州行政人员总数明显下降，县(市)事业编制总体超编问题有效缓解。统筹整改违规设置的机构，结合事业单位清理备案和限额管理，综合采取撤销、降格、暂时维持等方式，分类分步整改超权限审批机构和设置不规范问题。限期整改违规核定的领导职数，分级建立领导职数管理台账，调整规范督查专员、监察专员、安全总监、巡察专员和部分机关事业单位领导职数。解决机关局部超编和内设机构设置过多的问题，调减部分职能弱化部门人员编制，补充到综合部门、经济部门，满足产业发展、重点领域和关键环节的用编需求。

【机构编制规范化管理】 2021年，大理州机构编制部门坚持把党的政治建设摆在首位，牢固树立政治机关意识，自觉用党的创新理论武装头脑、指导实践、推动工作。强化政治引领，从严落实“第一议题”制度，深入学习习近平总书记关于机构编制工作的重要论述，提高政治判断力、政治领悟力、政治执行力。深入学习宣传贯彻《中国共产党机构编制工作条例》，全面落实机构编制工作党委领导、集体研究、分级管理要求，执行动议、论证、审议决定等工作程序，依法依规管编能力全面提升。贯彻落实机构编制报告制度和归口管理要求，重要政策、重大事项第一时间向党委、编委、组织部请示汇报，党管机构编制得到新加强。高起点谋划、高质量推进党史学习教育，开展机构编制工作大调研，组织庆祝中国共产党成立100周年系列活动，深入开展“大理之问”大讨论活动，深化“我为群众办实事”实践活动，解决一批人民群众急难愁盼问题。打造“三亮三比”党建品牌，模范机关建设开展，模范科室、模范之星示范引领，省级文明单位通过复审，全国文明单位创建深入开展，全州4个先进集体、8名先进个人受到省委编办、省人社厅表彰。

（宝永斋撰稿）

机关党建

【概况】2021年，州直机关各级党组织按“围绕中心、建设队伍、服务群众”三大核心职能，践行新时代党的建设总要求，以庆祝中国共产党成立100周年为主线，以党史学习教育为重点，鲜明突出党的政治建设统领作用，统筹推进机关党的各项建设，为建党100周年系列活动举行和全州“十四五”实现良好开局提供支撑和保障。

【机关党的政治建设】2021年，州直机关工委以创建“模范机关”为主线统筹推进机关党的政治建设。①选树模范示范单位。印发《大理模范机关创建实施方案》《寻标对标达标创标行动指导意见》，组织开展“志愿服务承诺践诺”“模范机关之星”“模范机关科室”等创先争优活动，选树8家工作有亮点、活动有特色的模范机关示范单位，逐步形成以创建模范机关为目标、创新推动机关党建走在前、作表率的工作格局。②机关党建工作督促提醒。从严从实狠抓党内政治生活和党建重点任务落实，完善并落实《州直机关党建工作督促提醒制度》，下发智慧党建、换届工作、三会一课等提醒函128次对相关基层党组织进行督促提醒，并责令限期整改，推动机关政治纪律严起来、政治规矩立起来。

【机关党的理论武装】2021年，州直机关工委以“办好一个讲堂、开展系列宣讲、建设书香机关”为目标，坚定不移推进机关党的理论武装。①宣讲研讨活动。统筹抓好习近平总书记“七一”重要讲话精神，党的十九届五中、六中全会精神和省第十一次党代会、州第九次党代会的学习宣讲，组建州直机关宣讲团，深化“百个党组织、百场宣讲、百场党课”活动，开展宣讲活动255场，学习研讨596场，专题党课282场。②“大理机关讲堂”讲座。擦亮“大理机关讲堂”金字招牌，邀请罗援、蔡朝东等专家、教授举办7期特色主题讲座，培训党员干部2000余人。③“书香机关·书香支部”建设。推进“书香机关·书香支部”建设，配置“党建书架”77个，发放学习读本4.7万余册。④党史学习教育。一盘棋推进党史学习教育，统筹开展4期理论中心组专题学习和专题读书班。⑤“四史”教育。聚焦“四史”教育，以网络在线形式开展2期“党史”知识竞赛，州直机关所属党员全员参赛，推动党史学习教育、宣传走深走实。

【基层党建】2021年，州直机关工委牢固树立一切工作到基层党支部的鲜明导向，抓实基层党建工作。①规范化达标创建。开展党支部规范化达标创建“回头看”工作，坚持“抓两头、促中间、树典型、带后进”的工作思路，提升基层党支部标准化规范化建设水平；完成419个下属党总支、党支部的规范化达标创建工作，选树打造5个省级、32个州级党支部规范化达标创建示范点，夯实基层战斗堡垒。②严格程序选代表。贯彻省委、州委要求，按照代表条件、结构比例和推选程序选举产生州直机关出席州第九次党代会代表57名。③关怀激励慰问。突出关怀激励，召开州直机关庆祝中国共产党成立100周年暨“七一”表彰大会，对225个先进集体和个人进行表彰，为398名老党员颁发“光荣在党50年”纪念章；对生活困难党员、老党员、因公牺牲党员干部家属等进行走访慰问，发放慰问金25.4万元。④规范和优化党组织设置。强化牵头抓总和分类指导，由工委领导带队，深入各基层党组织全覆盖开展专题调研，全面掌握和及时解决各基层党组织在组织设置、机制运行、工作推进、活动开展中的情况和问题，规范和优化党组织设置，推动党的组织和党的工作全面有效覆盖。

【机关党建】2021年，州直机关工委坚持“围绕中心抓党建、抓好党建促发展”的目标，推进机关党建工作。①“大理之问”大讨论。开展好“大理

6月29日，中国共产党成立100周年州直机关工委“两优一先”表彰大会召开

（州直机关工委　提供）

之问”大讨论活动，邀请16家党组织代表召开党建协商座谈会，广泛听取各基层党组织意见建议，研究破解抓党建促中心、党建业务双融合等方面的重点难点堵点问题，确保在抓实“大理之问”大讨论活动中见责任、见措施、见行动，提升机关党建工作质量推动“机关之变”。②党建促重点工作。推进抓党建促疫情防控、抗震救灾、洱海保护、民族团结、脱贫攻坚成效巩固、接续乡村振兴等重点，深化拓展“双联系一共建双推进”内涵外延，组织干部职工转走访112人次，经多方争取、协调50万元“云南省科普小镇”项目落地挂钩村。③机关党建与民族团结“双推进”。与州民宗委联合印发《民族团结与党建“双推进”实施方案》，开展机关党建与民族团结“双推进”活动，将机关党的政治引领力有效转化为全州民族团结融合的催化剂。④“我为群众办实事”主题实践。深入推进“我为群众办实事”主题实践活动，制定部门服务清单4项、服务事项13条，班子成员及党员干部服务清单25个，全面落实机关党员“双报到双报告双服务”制度，进基层单位、进社区、进挂钩村等开展服务活动63场次，与州红十字会联合举办1期初级应急救护员培训班，1期应急救护知识培训。

【党建实践创新】 2021年，州直机关工委坚持守正创新增活力的指导思想，推进党建实践创新工作。①中国共产党成立100周年庆祝活动。精心组织庆祝活动，以传递党旗、传承血脉、继承志向为主题，举办“我们的足迹”网络直播活动，12个县(市)机关工委、30余个机关党组织代表、6000余名基层党员干部参加活动，关注人数31.9万人，机关党建走出机关、产生广泛影响。②党员“政治生日提醒制度”。建立常态长效的机关党员“政治生日提醒制度”，在党员入党纪念日之际，以发送政治生日慰问信息、祝福卡、组织重温入党志愿书和入党誓词等形式，强化机关党员政治意识、组织观念，全年，“机关党建”工作信息平台累计向党员发送政治生日祝福、防疫、抗震等宣传信息12.27万条。③机关党员干部教育培训。狠抓队伍学习创新提能，稳步推进机关党员干部教育培训三年规划的实施完成，开展2期“万名党员进党校”示范培训、1期机关青年党员干部示范培训班、2期党务干部能力素质提升示范班(上海交通大学、浙江大学)、1期发展党员对象培训班、1期党统业务培训班，16期“智慧党建”业务培训。

上图：大理州2021年度“万名党员进党校”暨机关党员党史学习教育重点培训班开班仪式现场；下图：10月，大理州稳步推进机关党员干部教育培训三年规划的实施，坚持“走出去、请进来”的做法，组织党务干部到上海交大、浙大开展能力提升培训

（州直机关工委　提供）

【党建工作体系建设】 2021年，州直机关工委清单式推进党建工作体系建设。①制定党建清单。制定党工委班子、党建重点任务、党组(党委)书记、党组织书记抓基层党建工作清单和责任清单，督促指导各党组织层层细化党支部书记、党员干部工作责任清单，确保各项工作任务一贯到底，“无悬空”“全落地”。②党建目标责任制考评。推动见效落实，改进优化党建目标责任制考评体系，开展“三级书记抓党建联述联评”，组织71名书记向工委述职，点对点反馈考评意见并督促整改落实。③机关党风廉政建设。以建设“清廉机关”为目标，纵深推进机关党风廉政建设，强化政治监督，紧盯抓实各级党组织专项巡视巡察、督查“回头看”、党组织书记抓党建述职评议等反馈问题整改工作。④落实中央八项规定。推动中央八项规定精神落地见效，锲而不舍纠“四风”树新风，开展“不担当、慢作为”、违规借贷等专项整治，落实精文减会要求改进文风会风。⑤党章党纪党规教育。将党章、条例、准则等党纪法规列入党员干部教育培训重点内容，常态化抓好党章党纪党规教育，组织开展“以案为鉴、以案促改”系列警示教育，督促部门机关党委全覆盖设立机关纪委，党总(支)部规范设立纪检委员，配合纪检监察机关查处违纪违法党员干部18人，新风正气充盈州直机关。

（杨文彬撰稿）

政策研究

【概况】 2021年，州委政研室坚持以习近平新时代中国特色社会主义思想为指导，深入学习贯彻党的十九大及十九届历次全会精神，落实州委、州政府各项决策部署和省委政研室、省委改革办、省政府研究室安排任务，聚焦调查研究、改革服务主业主责，创新方式、完善机制，转变作风、狠抓落实，完成年度目标任务。

【调查研究工作】 2021年，州委政研室围绕州"十四五"规划和"两城一区、三个走在前"目标，开展调查研究。制定《关于加强和改进调查研究工作的意见》，建立"班子成员牵头、科室负责、全员参与、州县协同、部门联动"的常态化调研机制，整合州县两级党委政研室工作力量，开展对12个县（市）经济社会发展情况综合调研以及工业经济发展、烟草产业发展、洱海生态廊道市场化运营、城乡生活垃圾无害化处置、促进农民增收巩固脱贫成果等18个专题调研，完成国家和省开展的乡村特色旅游、传统村落保护、返贫保险机制建设、中国民生调查等调研服务，参与州委、州政府的大理经济技术开发区管理体制改革、州第九次党代会工作报告起草和会务服务、县（市）现场办公会筹备等重大会议、重大调研，扭转以往单打独斗、见子打子的工作局面，调研服务决策更加精准、日趋高效，工业经济发展、返贫机制建设等调研成果转化为州委、州政府决策文件，其中《大理州城乡生活垃圾无害化处置专题调研报告》《大理州"促进农民增收，防范返贫风险"专题调研报告》得到州委、州政府主要领导的批示。着眼于提升智库实效，建立专业人员组成的人才智库。年内，整理编印《学习参考材料》34期送州领导和州级职能部门主要负责人参阅。委托省委党校、云南农业大学、大理大学独立开展"积极应对'十四五'发展面临的挑战""打造世界级绿色食品产业""苍山洱海一体化保护"3个重要课题研究。

"缅怀革命先烈、传承红色基因"专题教育活动现场 （州委政研室 提供）

【文稿服务工作】 2021年，州委政研室先后起草《中共大理州委开展"大理之问"大讨论活动实施方案》《大理州推进绿色革命行动、走一条以绿色为底色的高质量发展之路实施意见》《全面推进"两城一区"建设、走一条以绿色为底色的高质量发展之路》《坚持以绿色为底色的高质量发展、努力打造中国最美乡愁带》《大理白族自治州人民政府关于加强政府系统党的建设的实施意见》《云南省情·大理州概况（2021版）》等重要文稿，完成州委全会、州"两会"和州委、州政府专题会议相关材料起草，形成《大理昆明丽江旅游产业发展对比分析报告》《云南省硅产业发展情况分析报告》等分析报告，梳理《省委十届十二次全会精神传达提纲》《省委十届十二次全会期间大理州采访素材》等材料。

【信息服务工作】 2021年，州委政研室履行"上情下达、下情上报"职责，及时将调研成果编发、印送州"四班子"领导、全州各级各部门参阅，主动服务党政决策。向州委、州政府领导报送《政研专报》17期；编印、寄送《大理政研》（内刊）6期（每期800本），登载领导重要文稿、调研报告、理论文章、经验交流、文艺作品等90余篇。落实政务公开要求，提升政令传达效率，共编印、寄送《大理白族自治州人民政府公报》12期（每期1600本），刊登政府文件110余份。

【改革协调服务工作】 2021年，州委政研室组织召开深改委会议3次，研究制定2021年工作要点、工作台账、督察评估计划，部署年度改革任务90项；听取专项小组工作推进情况2次，研究改革议题17个，出台改革方案32个。聚焦"两城一区"、苍山洱海一体化保护、区域协同发展、数字经济等重点领域和关键环节，明确13项重大改革事项由州委常委领衔推进，营商环境18个优化指标相继落地，洱海入围全国美丽河湖优秀案例，大理州城市大脑入选"未来运营领军者"优秀案例。承担国家级试点11项、省级试点3项，全国市域社会治理现代化试点完成中期评估，大理市新一轮农村宅基地制度改革试点方案获省级批准，紧密型县域医共体建设试点完成第一周期两年建设任务，农民合作社质量提升整县推进试点创建国家级示范社5个，洱海自然资源确权登记地籍调查成果通过省自然资源厅验收。改进督察评估方式，拓展督察评估的广度和深度，完成大理州"美丽县城"建设成效第三方评估和8个改革方案的自查评估工作。建立改革信息约稿制度，搭建改革信息交流平台，设置州内改革信息、工作动态和他山之石等专栏，每周编发1期《大理改革简报》。建立与新闻媒体沟通联系制度，加大改革宣传引导力度，营造全社会关心、理解、支持改革工作的良好氛围。2021年工作经验信息被省委改革办《云南改革快报》刊发4篇，其中《推进洱海流域治理向"生态之治"转变》被中央政策研究室《学习与研究》全文刊发。

【州对县（市）综合考评工作】 2021年，州委政研室探索科学合理的考评方式方法，在加强与省考评办汇报对接的基础上，学习借鉴曲靖市和浙江

中共大理州委“大理之问”大讨论活动动员会召开

（州委政研室　提供）

省台州市的先进经验做法，结合大理经济社会发展实际，及时研究制定《2021年度州对县市综合考评办法》，重点考核各县（市）主要经济指标发展速度，并强化考核结果运用，对综合考评成绩前三名的县（市）给予不同额度资金奖补，考评成绩同时作为县（市）党政主要领导年度考核和推荐使用的重要依据，真正发挥考评“指挥棒”作用。

【“两烟”生产协调工作】 2021年，州委政研室落实州委、州政府“445”重点产业发展部署，加强烟叶生产移栽、中耕管理、收购等关键环节工作协调，抓好抗旱保苗、中耕管理、防汛减灾、打击涉烟违法、基础设施建设等重点工作。全年，落实种植面积32620公顷，投入抗旱经费964.42万元。完成收购132.1万担，实现烟农售烟收入21.94亿元、同比增加1.3亿元，实现烟叶税4.83亿元、同比增加0.29亿元。完成卷烟销售133013.5箱，同比增加13箱；累计销售收入46.29亿元，同比增加2.15亿元，增幅4.88%。投资6.27亿元的打叶复烤原地技术改造项目有序推进。

【州委“大理之问”大讨论活动】 2021年，州委政研室落实州委关于“大理之问”大讨论活动的部署，抓好大讨论活动领导小组办公室日常事务，及时研究起草州委实施方案，加强对全州大讨论活动的统筹，及时组建工作专班，制定工作方案，注重对各环节工作协调指导，总结、提炼、推广“大理之问”大讨论活动中形成的有效措施、成功经验和路径模式，确保大讨论活动问出责任、问出措施、问出成效。带头开展单位大讨论活动，分别研究制定单位和烟草产业“四清单一方案一突破”，坚持边讨论边整改边推进，抓紧整改存在问题，推进当前急需突破的重点工作，大讨论活动取得明显成效。

（冯继张撰稿）

党史研究

【概况】 2021年，州委党史研究室坚持把长远目标与近期目标相结合，把重点工作与日常工作相结合，开展党史研究、宣传阐释、史实审核、革命遗址保护等工作。抓好党史学习教育工作，推进“大理之问”大讨论活动，坚持开门办党史。①党史学习教育。推进党史学习教育各环节工作，教育引导广大党员干部学党史、悟思想、办实事、开新局。作为州委党史学习教育领导小组成员单位，发挥专业优势和资源优势，在资料提供、史实审核、宣讲、布展等方面全方位服务全州党史学习教育，发挥党史部门独特的作用。为全州党史学习教育提供《中国共产党大理州历史第二卷》《碧血丹心——大理红色故事》《中共大理地方史简明读本》《中国共产党大理州百年纪事》等书籍1.5万册。深入推进党史学习教育常态化制度化，做好党史学习教育成果转化。②“大理之问”大讨论。按照活动实施方案，解决党史工作中普遍存在的“守旧有余创新不足”“工作一般化”等问题，解决干部队伍中存在的精神懈怠、执行力和落实力不足的问题，为党史工作的高质量发展打下坚实的基础。③开门办党史。与大理大学、州文联等合作编写党史著作，借助电视台、报社等线上线下平台全方位宣传大理党史，通过大理州中共党史学会调动广大党史爱好者、专家和离退休干部的积极性参与党史研究。创办《大理中共党史研究》学术期刊，举办庆祝中国共产党成立100周年理论研讨会。

【党史书籍编撰】 2021年，州委党史研究室高标准完成4本著作的编撰出

《中国共产党大理州历史第二卷》发行仪式暨大理州中共党史教育基地授牌仪式现场

（州委党史研究室　提供）

版工作。①《中国共产党大理州历史第二卷》于4月出版发行，全书反映1950年大理解放至1978年党的十一届三中全会召开，中共大理州委（地委）团结带领全州各族人民进行社会主义革命和建设的29年历史，是一部准确记录大理州地方党史的权威性著作，是全州进行党史、新中国史教育的重要工具书。②《碧血丹心——大理红色故事第一辑》于8月出版，全书精选大理百年党史中25个经典故事，是开展青少年爱国主义和革命传统教育的理想读本。③《中国共产党大理州百年纪事》于11月出版，全书以时间为主线，记述1921—2021年中国共产党大理州大事要事，全面展现中国共产党成立100年来苍洱大地发生的翻天覆地的变化。④《中共大理州委执政纪要（2021）》在历年工作的基础上，优化州委大事的记述方式，精选洱海保护、乡村振兴、民族团结等12个特色亮点专题进行记录，全书采用三栏式排版，彩色印刷，图文并茂，存史价值和可读性提升。

【革命遗址修复保护】 2021年，州委党史研究室继续做好革命遗址保护利用工作，深入挖掘革命遗址内涵，组织开展第一批大理州中共党史教育基地的推荐、申报、评选工作。命名张伯简纪念馆、周保中纪念馆等17处纪念场馆为大理州第一批中共党史教育基地。完成洱源施滉烈士事迹陈列馆、滇西工委游击队漾濞陈列馆、滇西北武装斗争史实陈列馆的建设和布展工作，启动宾川赵锫将军故居、剑川兰州武装暴动陈列室建设工作。开展革命遗址大调研、大走访活动，摸清全州革命遗址底数和现状，制定革命遗址修复保护第十四个五年规划。完成2020年度革命遗址保护资金使用绩效自评，做好2021年度革命遗址保护资金确定、下达工作，完成2022年度全省革命遗址保护项目预算申报工作。

【党史宣传宣讲】 2021年，州委党史研究室加强与大理日报社、大理广播电台的合作，做到电台上有声、报纸上有文章、电视上有文章、网络上有宣传。利用主流媒体开讲大理党史故事，开创党史宣传教育工作新局面。在《大理日报》"奋斗百年路，启航新征程"专栏开设《大理重大党史事件》栏目，刊登文章50多篇。在大理广播电视台开设《大理苍洱英烈》专栏，在《大理故事》栏目中讲大理红色故事，在大理党史微信公众号介绍大理党史重要事件和重要人物故事。协助上海音像资料馆在剑川县举行"张伯简烈士珍贵影像资料研讨发布会"，发布的影像填补张伯简影像资料空白，对更好地研究、宣传张伯简具有重大意义。常态化开展党史宣讲，4人先后参加州委党史宣讲团的宣讲工作，组织党史"六进"活动。旗帜鲜明反对历史虚无主义，加强对州级部门、各县（市）、个人报送的党史类作品的审读，完成作品审读20余件次，严把政治关、史实关，确保党史宣传安全无事故。

（赵树生撰稿）

党校教育

【概况】 2021年，中共大理州委党校紧扣主责主业，在"学"字上下功夫，在"做"字上求突破，在"创"字上作文章，在"绩"字上见实效，干部教育培训、科研资政、理论宣讲、学风建设、行政后勤等各项工作实现新发展。年内，选派15名教师到中央党校、浙江大学、省委党校、省社会主义学院等培训学习，选送2名年轻教师参加全省干教系统年轻教师"用学术讲政治"三年培养工程，1名教师参加大理州苍洱青年宣讲团，2名教师被聘为"云岭大讲堂"主讲嘉宾，2名教师入选首批"云岭先锋讲师"。树立全州党校"一盘棋"的思想，召开州委党校建校70周年座谈会，州委书记杨国宗等领导参加座谈。突出"教研互动、师资联训、基地合用、资源共享"，以"线上＋线下"的培训模式举办大理州党校系统第十一期师资培训班。参与省州100堂优秀课程评选及"云岭百姓宣讲团"成员评选活动，推荐百姓宣讲员6名，打造"四史"教育百姓课程，录制报送四史课程6个、网络课程2个，其中《心有所信方能远行》《百年征程守初心风华正茂担使命》在2021年云南省党史学习教育党课评选展播活动中分获优秀微党课和优秀专题党课。"七个民族一家亲，团结进步一面旗——洱源县三营镇郑家庄"入选云南省干部教育培训辅导教材《百年奋斗百年征程——云南红色故事100讲》。党委班子成员深入挂钩联系的祥云县下庄镇金旦村院坝议事，出思路、解难题，给予金旦村10万元的资金扶持，用于文化小广场等基础设施和产业发展。年内被州委州政府评为民族团结进步模范集体，被州直机关工委评为模范机关示范单位，党建考核获优秀等次，教学支部被评为先进基层党组织，云南省新时代文明实践社科普及志愿服务活动关于习近平新时代中国特色社会主义思想学习宣讲项目被省文明办、团省委、省社科联评为优秀项目；1名教师被评为大理州优秀教师，3名教师分获最美家庭、最美母亲、三八红旗手称号。

【教育培训】 2021年，中共大理州委党校适应新形势，丰富教育培训内容、优化办学模式、创新教学方式，做优干部教育培训工作。①主体班次。贯彻落实《2018—2022年全国干部教育培训规划》，全年举办5期大理州主要领导干部学习贯彻党的十九届五中全会精神研讨班，举办云南农村干部学院"乡村振兴促发展，强边固防保稳定"送教下乡暨大理州"巩固拓展脱贫攻坚成果与乡村振兴有效衔接"培训班、大理州第十六期中青年干部培训班、大理州新任处级领导干部和换届后新进班子成员任职培训班和大理州少数民族干部、女干部、理论骨干学习贯彻习近平新时代中国特色社会主义思想暨党史教育理论进修班等，累计举办主体班次17期2314人次。②计划外培训班次。累计举办大理州乡（镇）党委委员（乡镇长）培训班、建党百年女企业家协会进党校学党史活动、州直机关工委年度党史学习教育暨十九届五中全会培训班、州直机关工委年度"万名党员进党校"暨学习贯彻习近平总书记"七一"重要讲话精神专题培训班等州内委托培训班45期4224人次。③州外到州委党校办培训班。坚持"立足大理、辐射滇西、服务云南、面向全国"的目标，依托大理丰富的红色文化资源和深厚的历史文化底蕴，吸引州外培训班到州委党校办学，累计举办云南民族大学委员会党史学习教育专题读书班、重庆市杨家坪地区组人大代表、人大工作者专题培训班等州外培训班15期771人次，提升大理对外开放良好形象。④现场教学点。按照“一个明确的教学主题、一套规范的教学流程、一支稳定的讲解员队伍、一份统一的导学词、一组按教学点设置的专题课、一套统一的教学资料”六个一的要求，组织开展现场教学点品牌打造提升教学研讨会，对21个现场教学点提升打造进行研讨，确定一批以祥云县王德三、王复生红色传承现场教育为主的党史党性；洱源县郑家村、巍山县东莲花村为主的民族团结进步；大理古生村、洱海生态廊道为主的生态文明建设“三大品牌”现场教学基地，提升服务教学的能力和水平。⑤函授教育。办好省委党校在职研究生大理教学班函授教育，现有省委党校在职研究生109人，2017级在职研究生毕业117人。

【理论研究】 2021年，中共大理州委党校发挥理论联系实际的优良传统和作风，聚焦州委、州政府的中心工作，深入实际、深入基层、深入群众开展课题研究。坚持科研咨一体化，以教学为中心、以科研为基础，推动教学、科研和决策咨询协同发展，形成“教学出题目，科研作文章，成果进决策”的良性互动。全年，结项2020年校级课题8项，结项县（市）党校课题6项，获准立项省委党校课题4项，省社会主义学院课题4项，立项州社科联课题1项，校级课题8项，立项县（市）党校课题9项。出好理论成果，发挥决策咨询“思想库”作用。报送的咨政报告《大理州乡村振兴工作的几点思考》《不断提升村干部治理能力推进少数民族地区市域社会治理现代化试点工作》《关于进一步加强苍洱宣讲矩阵的建议》被州委领导批示形成资政参考。结合“大理之问”大讨论活动查找的科研课题突出产业培植和工业发展不够的实际，制定《中共大理州委党校委员会“大理之问”大讨论活动科研资政专项工作方案》，拟定“祥云县在‘双核驱动、协同发展’新格局中工作发展的思考和建议”“关于提升干部解决实际问题的能力的建议”“洱源县温泉特色产业高质量发展研究”“营造担当作为干事创业环境助推大理高质量发展的建议”4个选题，派出29名骨干教师组成4个调研组深入开展专题调研，形成专题调研报告，为“大理之问”提供决策咨询服务，其中《祥云县在“双核驱动、协同发展”新格局中工业发展和产业培植工作研究》《洱源县温泉特色产业高质量发展研究》分别被州委常委、常务副州长李琰和副州长鲁旭俊签批形成资政参考。在全州党校系统开展中国共产党成立100周年暨党史学习教育征文活动，征集文章46篇，评选出一等奖5篇、二等奖8篇、三等奖12篇、优秀奖15篇、优秀组织奖6家，举行理论研讨会进行成果交流和表彰；举办全州党校系统“我看党校70年”专题征文和理论研讨活动，评选表彰论文37篇，其中一等奖4篇、二等奖8篇、三等奖10篇，优秀奖15篇，进行成果交流。

上图：大理州领导干部学习贯彻党的十九届五中全会精神研讨班（第4期）现场；下图：大理州2021年干部教育现场教学讲解员培训班教学课堂
（州委党校　提供）

【理论宣讲】 2021年，中共大理州委党校针对各单位理论学习辅导需求增长的趋势，健全完善理论学习专题课库，以“在党史学习教育活动中如何讲好党史课”为主题，在全体专兼职教师中开展以交流研讨、经验总结、示范教学、活动点评等为主要环节的党史教学教研活动，进行集体备课，推出一批精品课程，提高党史教学水平，发挥党校党史教育的主力军作用。至12月，有475个专题可供各培训班次和各级各部门进行菜单式选学。发挥理论宣讲主阵地作用，紧紧围绕党的创新理论、方针政策和中央及省州党委政府重大工作部署，以参加州委宣传团宣讲、应邀宣讲、送教进机关下基层等方式开展各类宣讲活动。2021年，党校专兼职教师共46人次参加州委十九届五中六中全会、党史学习教育、省第十一次党代会、州第九次党代会精神宣讲团；12名教师组建4个教学班子，分赴12个

2021年中共大理州委党校主体班培训情况表

表7

培训时间	班次	人数（人）
3月12日至14日	大理州主要领导干部学习贯彻党的十九届五中全会精神研讨班（第1期）	233
3月22日至24日	大理州领导干部学习贯彻党的十九届五中全会精神研讨班（第2期）	234
3月25日至27日	大理州领导干部学习贯彻党的十九届五中全会精神研讨班（第3期）	204
3月29日至31日	大理州领导干部学习贯彻党的十九届五中全会精神研讨班（第4期）	254
4月1日至3日	大理州领导干部学习贯彻党的十九届五中全会精神研讨班（第5期）	235
5月25日至27日	云南农村干部学院“乡村振兴促发展，强边固防保稳定”送教下乡暨大理州“巩固拓展脱贫攻坚成果与乡村振兴有效衔接”培训班	94
7月4日至7月9日	大理州少数民族干部、女干部和理论骨干学习贯彻习近平新时代中国特色社会主义思想暨党史教育理论进修班	106
7月12日至14日	大理州2021年新任科级干部示范培训班	91
9月14日至16日	大理州2021年公务员专业能力提升培训班	112
9月22日至25日	大理州2021年“青年马克思主义者培养工程”培训班	120
10月19日至21日	大理州2021年党外代表人士培训班	111
10月25日至27日	大理州应急管理能力提升培训班	123
10月25日至12月26日	大理州第十六期中青年干部培训班	54
11月8日至11日	大理州新任处级领导干部和换届后新进班子成员任职培训班	157
11月26日至31日	大理州第十一期师资班	72
12月8日至10日	2021年中央及省级下派大理州挂职干部培训班	47
12月20日至24日	大理州干部教育现场教学讲解员专题培训班	67

（州委党校　提供）

县（市），承担大理州村（社区）干部任职培训班教学任务；21名教师组成云南省新时代文明实践科普及志愿服务大理州委党校分队，深入12个县（市）12个乡（镇）开展志愿宣讲和座谈30多场次受众近4000人次，第3志愿服务小组深入漾濞县平坡完小，为5名品学兼优的贫困学生送上每人1000元的助学资金，以实际行动送温暖、献爱心、圆梦想。2021年，累计开展习近平新时代中国特色社会主义思想、党的历史、党的十九大和十九届五中六中全会精神、习近平总书记在庆祝中国共产党成立100周年大会上的重要讲话精神、习近平总书记考察云南重要讲话精神、党规党纪等各类宣讲活动250多场次，受众2.5万多人次。

【教风学风建设】 2021年，中共大理州委党校加强教风建设，组织开展用学术讲政治集中备课示范教学和教学改革研讨，增强用学术讲政治的能力和水平。把政治纪律和政治规矩摆在首位，始终坚持把“党校姓党”的要求全面贯穿到党校教学工作始终，严守讲坛纪律，维护教学、科研、宣讲政治纪律。在重要时段、重大节点主动发声，2021年在各类媒体和内刊刊发理论文章40多篇，引领正确的舆论导向。落实中央八项规定及其实施细则精神，对教师开展教学活动、班主任及相关工作人员在函授教育工作中的工作纪律作明确的要求，严禁发生不廉洁行为。加强学风建设，每期培训班印发《学员手册》，对学员守则、学习纪律、防疫工作等作明确的要求，印发《云南省干部教育培训学员管理规定》《中共大理州委组织部〈关于加强学风建设严肃干部教育培训纪律的规定〉》，要求学员遵照执行。实行驻班组织员、班主任和联络员全程跟班管理，严谨办学、规范办学，树立党校办学良好形象。

【教学环境营造】 2021年，中共大理州委党校牢固树立服务教学意识，推进教学环境改造提升。投资20万元完成学校求是楼大厅的2块信息发布屏，滚动发布滚动宣传疫情防控、推进效能建设、作风革命等党委政府重大工作部署，播放优秀微党课、微视频、党建活动宣传片。投资17万元，完成党员云视讯系统建设，共享干部教育培训资源，开展“线上＋线下”的干部教育培训。订阅中国知网党校知识服务平台，为全州党校系统教职工提供教学、科研、理论学习平台。利用图书管理系统对学校图书馆的图书进行回溯建库，完成3万多册图书的整理上架。做好校园维修维护、美化绿化和“平安校园”建设等工作，投入500多万元完成董家庄园下院改造提升及周边环境整治、校园文物消防工程建设及校园其他零星工程建设，提高管理水平和服务质量，改善教育教学环境。

（苏丽芬撰稿）

老干部工作

【概况】 2021年，大理州老干部工作按照“精心做好离退休干部工作”的要求，坚持一个理念，突出两个重点，擦亮三个品牌，聚焦四大主责主业，守正创新、开拓进取、用心用情做好离退休干部工作，离退休干部党的建设得到新加强，发挥作用彰显新成效，服务管理实现新提升，干部队伍建设展现新气象，全州离退休干部工作呈现高质量发展。

【离退休干部党的建设】 2021年，离退休干部党支部引导离退休干部开展“我为群众办实事”实践活动，号召离退休干部紧扣大理“两城一区、三个走在前”的定位目标，发挥“三个优势”，加强党的建设。①会议讲话精神学习。举办离退休干部党支部负责人培训班，印发《关于在全州离退休干部中学习宣传党的十九届六中全会精神的通知》《关于组织全州离退休干部认真学习贯彻习近平总书记“七一”重要讲话精神的通知》，将学习宣传工作纳入离退休干部党支部“三会一课”“主题党日”以及学习小组、“苍洱银潮”大讲坛的内容，开展宣讲，推动全会精神进讲坛、进头脑。②党组织体系建设。推进离退休干部党支部向乡（镇）、社区，向老年大学、社团延伸，扩大老干部党组织体系建设，既“造型”更“铸魂”；大理市在下关街道宁和社区、正阳社区，大理镇五华社区、银苍社区4个社区建立企业离退休干部党建示范点。巍山县通过离退休干部党组织体系制度化、党组织建设规范化和服务管理精细化建设，提升离退休干部党支部组织力和政治功能。③“一支部一特色一品牌”创建。印发《关于在全州离退休干部党组织开展“一支部一特色一品牌”创建活动的实施方案》，创建一批主题鲜明、内涵丰富、措施过硬、成效明显、党员群众认可度高的离退休干部党建特色品牌；永平县打造党建＋民族团结、党建＋助学助教、党建＋非遗传承，弥渡县“党支部＋学习小组＋志愿服务”，州人社局“党支部＋学习小组”，州农业农村局“学习小组联建”等特色品牌，优化组织设置、建立长效机制，提升离退休干部党组织活力。④“两个红色”主题活动。以“踏红迹、映红心”和“一学五红”两个红色主题活动为载体开展党史学习教育；州委组织部、州委老干部局印发《关于在全州离退休干部中认真开展党史学习教育的通知》。全州广大离退休干部采取参加中组部举办的党史学习教育网上专题报告会、省委老干部局“云岭银潮之声”大讲坛党史学习教育专题讲座学习，做到身体力行学习党史、学以致用讲好党史、力所能及发挥作用。董润宝、徐平等离休干部事迹入选“口述云南”红色档案，1名老干部获全国优秀共产党员称号，2名老干部获全省优秀共产党员称号，7名老干部获全州委优秀共产党员称号。

10月22日，大理州厅级退休干部在鹤庆县参观水电铝项目

【离退休干部显新作为】 2021年，离退休干部发挥作用彰显新作为，“银耀苍洱”添彩，“初心”更亮。①“银耀苍洱”正能量活动深化拓展。大理市离退休干部洱海保护志愿服务队以“快乐周三”为主题，定期开展洱海保护巡察和卫生整治，形成常态。洱源县离退休干部投身全国卫生县

2021年大理州老干部活动情况统计表

表8

单位＼类别	银发志愿者服务队			云岭银潮之声大讲坛		助力脱贫攻坚			其他	
	已建服务队伍（支）	离退休干部参加人数（人）	年内组织活动次数（次）	举办期数（期）	参加人数（人）	老专家助力产业发展（人）	离退休干部党组织结对贫困村党组织（个）	离退休干部助力贫困学子（人）	政策宣讲（场次）	建言献策（条）
州	28	598	101	39	5168	11	168	16	110	269
县（市）	115	2343	346	66	2751	122	25	393	367	220
合计	143	2941	447	105	7919	133	193	409	477	489

注：1.建立银发先锋之家20个。2.信息宣传员：在职45人，离退休干部135人

（州委老干部局 提供）

城创建志愿服务，开展“三清洁”活动。鹤庆县组织老干部志愿者服务队参加爱国卫生“七个专项行动”，助力卫生县城创建，坚持每周五开展活动。离退休干部参与社会基层治理显成效。祥云县老科协、大理市直机关老体协等单位，组织引导离退休干部在未成年人保护、助力乡村振兴和生态环境保护等方面参与服务和治理，作出典型示范。“助力乡村振兴”活动有进展。通过组织引导身体条件好、有专长有技能的离退休干部深入乡村，开展送政策、文化、科技、医疗、爱心下乡等“五下乡”志愿服务行动，为乡村振兴献智出力。弥渡县银发先锋服务队“红褂子”文化服务队和杨树声、罗锦志等6名老干部分别获全省2021年度“最美志愿服务”命名表彰。②“云岭银发”助力乡村振兴取得新成效。州委老干部局主动作为、对接省委老干部局，“云岭银发”助力乡村振兴试点工作落户弥渡县，2021年7月开始，省级单位17名老干部老专家入驻弥渡县，成立专家工作站8个，建立学科团队15个、选派跟班学员75人、打造示范基地15个，老干部助力乡村振兴见实见效。③“红心向党”庆祝建党百年活动取得实效。拍摄一部“大理老干部工作”专题片、拍摄一部老干部“心愿与梦想”访谈录、汇编一部优秀“微党课”视频集、辑录一册信息宣传书稿、编撰一本老有所为先进事迹汇编、举办一场“红心向党”文艺会演、举办一期诗书画展、开展“我看建党百年新成就”专题调研、开展一次走访慰问、送一套红色书籍等“十个一”系列活动全面完成。《心愿与梦想》获大理州直机关工委“庆祝中国共产党成立100周年党建微视频大赛党建专题片一等奖”，“大理老干部工作”专题片《当今银发舒》被州委组织部推荐参加网络评选。州委老干部局组成6个专题调研组，在全州离退休干部中开展“我看建党百年新成就”专题调研，形成上报专题报告一篇。与大理广播电视台联合举办《初心长留天地间》中国共产党成立100周年专栏，深入挖掘报道革命战争时期、社会主义建设时期作出贡献的优秀共产党员、老干部身后的故事，留下珍贵红色记忆，传承红色基因。④老干部先进典型事迹获社会赞誉。年内，1个老干部集体和6名老干部个人获全省“最美银发志愿服务队”“最美银发志愿服务先锋”称号。大理州开展“一支部一特色一面旗”创建活动的做法在全省离退休干部工作培训会上进行交流。

【离退休干部服务管理】 2021年，大理州坚持用制度巩固经验、用制度规范工作、用制度开创新局，提升离退休干部服务管理工作水平。①“1+3”服务机制推行。深化离休干部“1+3”服务机制，打通用心用情服务离休干部“最后一公里”，把服务工作做精做细做实，并将新中国成立初期参加革命工作的退休干部纳入“1+3”服务范围，全年上门巡诊4轮3729人次。大理州服务离休干部“1+3”工作机制在年初的全省离退休干部工作会上作交流。②荣誉制度建设。加大干部退休荣誉制度执行力度，增强退休干部的政治荣誉感、组织归属感、仪式幸福感。州委办、州政府办等单位组织举行荣退仪式。③老干部政治待遇落实。印发《看望慰问离退休干部办法（试行）》和《老干部情况通报制度》，落实阅读文件、情况通报、参加重要会议活动、参观考察学习、在职干部联系同级老干部等制度，让离退休干部及时了解党中央的决策部署、国内外形势和本地区本部门主要工作。李超、李桂科等老干部出席省第十一次党代会，杨旻、赵波等18名老干部出席、列席大理州第九次党代会。④老干部生活待遇落实。巩固完善离休干部“三个机制”，及时落实离退休干部有关待遇调整提高政策，完成提高离休干部生活补贴申报工作，精准实施困难离退休干部帮扶制度。调整提高18名州本级“建初”干部有关待遇，督促指导各县（市）落实审批工作。下达新中国成立初期参加革命工作部分退休干部特困补助经费7.92万元。⑤老年大学建设。坚持为老利老便老的原则，因地制宜，发挥大理州、市老干部（老年）大学（活动中心）管理规范，软硬件基础条件好，学习活动丰富多彩，工作特色亮点多的优势，向下关街道分校等14家分校，喜洲镇周城村璞真白族扎染博物馆等22个教学点授牌，打造“家门口的老年大学”。大理市老年大学在中国老年大学协会全国最美老年大学展示活动中获优秀组织奖。⑥“一老一小”整体解决方案编制。将“积极发展老年大学”内容列入全州“一老一小”整体解决方案。提出到2025年老年大学教学点（家门口老年大学）发展目标，基本形成覆盖广泛、灵活多样、特色鲜明、规范有序的全州老年教育新格局的目标。

【离退休干部队伍建设】 2021年，大理州离退休干部队伍建设展现出新的气象。①答好“大理之问”老干部工作合格答卷。深入学习贯彻州第九次党代会精神，落实州委关于在全州开展“大理之问”大讨论活动工作安排，开展州委老干部局“大理之问”大讨论，采取沉下去的形式到各县（市）调研，分析研判老干部工作，组成三个考察组走出去，分赴昆明、曲靖和玉溪等地考察学习老干部工作经验；坐下来开展三次集中讨论；以走访看望老干部的形式进家门，听取意见建议，广泛调研，学习取经，分析研判，听取意见，找准之症、汇聚之智、谋求之变，形成州委老干部局推动老干部工作发展的“四清单一方案一突破”工作成果，初步交出老干部工作之问答卷。②强化比学赶超意识。牢牢把握老干部局是党委职能部门的属性，突出强素质、树形象、争先创优要求，开展创建模范机关活动，以模范机关创建促进单位各项工作争先创优。主动寻标对标达标，在“比”中树立竞争意识，在“学”中提高工作能力，在“赶”中缩小工作差距，在“超”中展示新成效，干在难处、干在实处、干出成效，州委政府放心、老干部满意。弥渡县委组织部等3个集体和解剑宏等5名个人作为全省离退休干部工作先进集体和先进个人表彰。③信息化运用工作稳中求进。开展离退休干部信息化推进工作，做到四个拓展。拓展基础库构建，拓展信息采集，录入26731名离退休干部信息，拓展平台管理模式，拓展宣传和系统的融合。④稳步推进机构改革后全州老干部工作。制定出台《关于进一步完善县市老干部工作运行机制的指导意见》，发挥领导管理更直接，协调各方更有力，工作资源更丰富的优势，全面推进老干部工作高质量发展。⑤加大信息宣传力度。紧扣全州离退休干部工作重点任务，突出主题、把握节点、挖掘亮点，统筹谋划、上下联动、整体推进信息宣传工作，在“量”上突破，在“质”上提升，在“宣”上加强，为全州离退休干部工作高质量发展营造良好社会氛围。重点利用省州主流媒体强化宣传效果。《大理日报》对全州离退休干部工作进行系列报道。《云南网》、云南老干部工作网等媒体刊发大理州各级老干部工作部门在漾濞县“5·21”地震抗震救灾工作中的鲜活事例和离退休干部在抗震救灾中的感人事迹。各级各类媒体刊发大理州老干部工作情况633条次，信息积分21020分（不含金色云岭App）。在“大理老干部工作”微信公众号等媒体做好新媒体的推送，深入宣传全国、全省“双先”以及全省“双最美”事迹，激励离退休干部见贤思齐、争做时代先锋。共编辑推送工作信息85期312条，阅读21903人次。编辑《大理老干部工作情况交流》21期。⑥全面履行主体责任。全面履行党建工作、党风廉政建设责任制和意识形态主体责任。参与中心工作，分别向弥渡县、大理市派驻2名工作队队员，做好乡村振兴和洱海保护驻村工作。做好全国文明城市创建，支持花园社区创文创卫，组织党员干部到社区“双服务双报到”，坚持每月到洱源县海口村开展“三清洁”，落实疫情防控常态化工作，做好综治维稳（平安建设）等各项工作。

（刘霆撰稿）

保密工作

【概况】 2021年，全州各级保密组织围绕州委、州政府工作大局，始终坚持底线思维，牢牢把握保密工作的政治属性，紧跟时代发展步伐，防范化解各种泄密风险，把牢反窃密防泄密关口，突出抓好“三大管理”，强化科技支撑，推进保密宣传教育、指导管理、监督检查、案件查处、保密技术服务和测评等基础性工作，强化保密宣传教育、加强保密管理、严格督促检查、提升科技支撑、优化服务保障，在变革中推进保密工作转型升级，于变局中筑牢国家安全保密防线，推动保密工作各项任务取得新进展、实现新突破。以政治建设为统领打造过硬保密队伍，结合党史学习教育，开展保密工作优良传统教育，传承对党绝对忠诚的红色基因。加强广大保密干部的思想淬炼、政治历练、实践锻炼、专业训练，提高政治判断力、政治领悟力、政治执行力。强化组织机构建设，健全各级保密委员会组织体系，压实主体责任、监管责任。强化权力监督制约，整治形式主义、官僚主义突出问题，打造一支党和人民信得过、靠得住、过得硬的干部队伍。

【保密管理】 2021年，全州各级保密组织以定密规范管理、涉密人员管理、网络保密管理“三大管理”为重点，以开展保密自查自评为抓手，采取保密行政管理部门督促检查与各机关单位开展自查相结合、保密专项检查与服务指导相结合的方式，强化对全州保密工作的管理。全面落实定密管理制度，加强业务培训，指导和帮助法定定密授权机关和申请定密授权机关规范做好定密授权、申请定密授权、报备等工作，加强定密责任人确定、备案和履职监督管理。执行涉密人员保密管理办法，严格涉密人员岗前保密审查和在岗定期复审，落实涉密人员保密承诺、重大事项报告、出国（境）审批、脱密期保密管理等制度，加强涉密人员流动保密管理和军队退役涉密人员保密管理。落实《党政机关和涉密单位网络保密管理规定》，对单位机关互联网接入口数量和接入终端数量进行控制，加强对涉密网络密级确定、方案论证、建设实施、测评审批、风险评估等环节的保密管理。督促各机关、单位全面落实保密工作的主体责任，开展保密宣传教育，健全和落实保密工作制度，做好“三大管理”、涉密载体管理、保密要害部门（部位）保密管理、通信和办公自动化设备保密管理，提升全州保密管理能力。

【宣传教育】 2021年，全州各级保密组织坚持教育为先导，以开展“八五”保密法治宣传教育为主线，以领导干部和涉密人员为重点，依托全民国家安全教育日、国家网络安全宣传周、保密宣传月、宪法宣传日等开展保密宣传教育活动，组织发动各机关、单位，企事业单位、乡（镇、街道）、社区广泛开展保密宣传教育活动，推动传统媒体与新媒体融合发展，扩大保密宣传覆盖面，营造保密工作良好社会氛围。各级保密行政管理部门，采取讲授保密知识讲座、播放窃密泄密案例警示片、现场演示、发放宣传单、制作宣传展板等形式，深入机关单位、深入公众开展保密宣传，提高广大干部职工和群众的保密意识。加强与组织、宣传、人事、党校等部门沟通对接，将保密教育纳入党委（党组）理论学习中心组学习内容、列入全州干部教育培训工作要点和公务员培训计划，分层次组织开展教育培训，加强领导干部、涉密人员保密教育。加强涉密人员岗前保密教育、出国（境）教育和离职离岗脱密期教育，做好新任职领导干部保密提醒及聘用借调外包业务人员等非在编人员的保密教育提醒。

【监督检查】 2021年，全州各级保密组织深入12个县（市）开展高考、中考试卷保密室安全保密检查，及时安排人员全程参加全州公务员考试、大学生村官考试、职业技能考试、会计资格考试、法律职业资格考试、医师资格考试、学业水平测试等各类考试的保密监督管理工作，确保各类考试进行。加强刊物出版保密审查、涉密测绘成果使用审查、涉密地质资料使用审查等工作。加强涉密工程、涉密项目、涉密服务的审查和备案管理。对保密要害部门、重要区域、重大会议活动开展保密检查。督促和指导各机关、单位常态化、规范化开展保密自查自评工作。深入大理市及周边地区的废旧物品收购站点进行保密检查，严防机关、单位的红头文件、内部资料等流入市场。依法严肃查处州级机关、单位发生的保密违法违规行为。

【服务保障】 2021年，全州各级保密组织加大保密技术设施设备的配备力度，提升保密科技支撑能力和保密服务保障能力。做好重要活动、重大接待、涉密会议的服务保障工作，为活动和会议的进行提供及时、高效、安全的保密服务保障。协助和帮助指导州级相关单位做好涉密项目、涉密信息系统、涉密网络建设的方案评审、保密审查、测评等工作。做好涉密载体的清退和销毁工作，完成全州涉密文件清退工作。安排专车专人，做好各机关、单位销毁文件资料的清运和销毁工作，确保涉密载体在销毁最后一道关口的安全。

（杨锡林撰稿）

大理白族自治州人民代表大会

Standing Committee of the People's Congress of Dali Bai Autonomous Prefecture

◇ 责任编校　杨　琥

◇ 乡愁大理·黑白记忆 ◇　1981年洱源双廊白族渔家女

综　述

【概况】 2021年，大理白族自治州人民代表大会及其常务委员会紧扣“两城一区、三个走在前”战略目标，围绕州第九次党代会、州委八届七次全会的部署要求，依法履职尽责，主动担当作为。全年召开代表大会2次，召开常委会会议11次，审议各类议题74项；修订《云南省大理白族自治州大理历史文化名城保护条例》，开展立法前期调研2件、立法后评估1件；听取审议“一府一委两院”专项工作报告20项，开展执法检查4次、代表视察3次，组织专题询问1次、满意度测评3次，开展专题调研10项。依法规范做好重大事项决定和人事任免工作，保障人民当家作主，助力全州经济社会发展和改革攻坚任务。完善机制、强化保障，发挥代表作用。聚焦“四个机关”新定位新要求，推进自身建设，筑牢思想政治根基，提高依法履职能力，推进模范机关建设，全面担负起宪法法律赋予的各项职责，为全州经济运行稳中向好、实现“十四五”良好开局提供强有力的支持和保障。贯彻州委关于开展“大理之问”大讨论活动的部署要求，科学制定“四清单一方案一突破”，狠抓整改落实，实现活动目标，推动人大工作，州人大常委会机关“大理之问”大讨论活动评议结果为“优秀”等次。以铸牢中华民族共同体意识为主线，将创建民族团结进步示范单位纳入常委会重要议事日程，贯穿于人大依法行权履职的各方面、全过程，7月22日，省考核验收组到州人大常委会机关进行实地考核验收。12月27日，云南省民族宗教事务委员会命名州人大常委会机关为第三批全省民族团结进步示范单位。

【民族立法】 2021年，州人大常委会开展《云南省大理白族自治州大理历史文化名城保护条例》修订工作，条例修订草案完成州人大常委会会议三次审议及党内报批，将提请州第十五届人大一次会议审议通过，报省人大常委会批准后公布施行。开展《云南省大理白族自治州旅游条例》修订立法前期调研。对《云南省大理白族自治州洱海保护管理条例》进行立法后评估。制定《大理白族自治州第十五届人大常委会五年立法规划(2022—2026)建议》。对制定《大理白族自治州物业管理条例》进行立法前期调研。

【备案审查工作】 4月30日，州十四届人大常委会第三十三次会议听取审议州人大法制委《关于2020年度规范性文件备案审查工作情况的报告》。7月16日，州第十四届人大法制委员会召开第十三次会议，专题审查州人民政府规范性文件《云南省大理白族自治州洱海保护管理条例实施办法》。7月19日，州十四届人大常委会规范性文件备案审查委员会召开联合审查会议，对州人民政府规范性文件《云南省大理白族自治州洱海保护管理条例实施办法》进行审查。

7月21日召开的州人大常委会“三问一评”工作监督项目业主座谈会现场
（州人大常委会　提供）

【“三问一评”工作监督】 2021年，州人大常委会对全州50个重大工业投资项目推进情况开展“三问一评”工作监督，对项目实施进行全方位调研、全覆盖检查、全过程跟踪，形成针对性、操作性、前瞻性强的高质量调研、调查报告。常委会会议年初、年中、年末三次审议重大工业投资项目推进情况报告，年中结合第二问以联组会议形式开展专题询问，年末结合第三问，对工业投资项目计划落实情况和州人民政府相关部门及有关单位开展满意度测评。

【满意度测评】 12月29日，州第十四届人大常委会第四十次会议举行联组会议，州人大常委会组成人员对2021年全州工业投资项目计划落实情况、2020年度审计查出问题整改情况、州人大常委会审议意见研究处理情况、州人民政府部门承办代表重点督办建议情况进行了满意度测评。

【执法检查】 5月21—22日，省人大常委会副主任纳杰率执法检查组，到大理州剑川县、洱源县开展《云南省民族团结进步示范区建设条例》贯彻实施情况执法检查。

6月1—2日，省人大常委会委员、省人大环资委主任委员黄文武率执法检查组，到大理州祥云县、大理市开展《中华人民共和国固体废物污染环境防治法》执法检查。15—16日，州人大常委会主任张剑萍率执法检查组，到州洱海保护治理及流域转型发展指挥部、大理市、洱源县，对《云南省大理白族自治州洱海保护管理条例》实施情况进行执法检查。

9月9—10日，省人大常委会副主任罗红江率执法检查组，到大理州剑川县、大理市开展《中华人民共和国消防法》《云南省消防条例》贯彻实施情况执法检查。

10月11—12日，州人大常委会副主任李跃兴率执法检查组，到宾川县、弥渡县，对《大理白族自治州乡村清洁条例》实施情况进行执法检查。

【代表视察】 4月7—8日，省人大常委会副主任王树芬率视察组，到大理州祥云县、宾川县视察滇中引水工程建设情况。

10月11—12日，州人大常委会副主任率领由部分州人大代表组成的视察组，到云龙县、洱源县、剑川县，对少数民族特色村寨保护与发展情况进行专题视察。21—22日，州人大常委会组织大理州选举产生的省十三届人大代表，到大理市、剑川县，对文化旅游产业发展情况进行视察。

【调研调查】 1月13日，州人大常委会主任李雄到弥渡县调研村（社区）“两委”换届选举工作。州人大常委会副主任王兆炜、秘书长茶兴培参加调研。13—14日，州人大常委会副主任李东率州人大民侨委、法制委相关人员组成的调研组，到永平县调研名镇名村保护工作。19日，州人大常委会副主任李东率州人大法制委相关人员，到大理大学调研地方立法工作。

3月3—5日，省人大常委会副主任李培率调研组，到大理州大理市及州人大常委会开展立法工作调研，围绕《云南省大理白族自治州洱海保护管理条例》贯彻实施情况，实地调研洱海保护治理及滇中引水工程建设情况。州人大常委会主任张剑萍、副主任李东，州人民政府副州长李洋，州人大常委会秘书长茶兴培陪同调研。州人大常委会副主任李跃兴，保留正厅级待遇领导李雄参加座谈会。9—12日，州人大常委会副主任李东率调研组，到大理市、永平县、洱源县及州强制戒毒所、大理监狱、监所医疗合作点，对监所医疗卫生专业化建设工作进行专题调研。16—19日，州人大常委会成立两个调研组，分别由州人大常委会副主任李东、李跃兴任组长，到大理市、祥云县、宾川县、鹤庆县开展《大理白族自治州物业管理条例》立法前期调研。

5月10—17日，州人大常委会副主任李东率调查组，到大理市、祥云县、宾川县、剑川县、鹤庆县，对州人民检察院服务保障民营经济发展工作情况开展调查研究。州人大常委会主任张剑萍出席调研座谈会并讲话，州委常委、州委政法委书记杨经德，州人大常委会副主任出席座谈会。17—20日，州人大常委会副主任李跃兴率调研组，到大理市、漾濞县、宾川县、巍山县，对贯彻实施《中华人民共和国消防法》《云南省消防条例》情况进行专题调研。19—21日，省人大常委会委员、外事与华侨委员会主任委员陈洪率调研组，到大理州巍山县、剑川县，就发挥海外侨胞在共建“一带一路”中的重要作用开展专题调研。20—27日，州人大常委会副主任率调研组，到大理市、宾川县、巍山县、剑川县、鹤庆县，对修订《云南省大理白族自治州旅游条例》开展立法前期调研。25—28日，州人大常委会副主任王兆炜率调研组，到大理市、弥渡县、洱源县、剑川县，对乡村振兴工作情况进行专题调研。26—27日，州人大常委会副主任李东率调研组，到南涧县、弥渡县就古茶树保护和爱国卫生工作开展立法调研。

6月16—17日，州人大常委会副主任王正林率调研组，到南涧县、宾川县，对乡村振兴工作情况进行专题调研。18—20日，州人大常委会副主任靳汝柏率调研组，到大理市、大理经济技术开发区、祥云县、鹤庆县，对全州产业发展情况进行专题调研。25—26日，全国人大常委会委员、全国人大常委会法工委副主任张勇率调研组，到大理州大理市及州级有关单位，就《中华人民共和国法律援助法（草案二次审议稿）》修改工作进行专题调研。6月29日—7月6日，州人大常委会副主任李东率调研组，到永平县、云龙县、漾濞县、弥渡县、南涧县、巍山县，就《大理白族自治州第十五届人大常委会五年立法规划（2022—2026）（草案）》立法项目进行专题调研。

7月1—15日，州人大常委会副主任王正林率调研组，到大理市、祥云县、弥渡县、巍山县、洱源县、剑川县，对文化旅游产业发展工作情况进行专题调研。8—9日，省人大常委会常务副主任张太原率调研组，到大理州剑川县及州人大常委会调研人大工作和县乡两级人大换届选举工作推进情况。州人大常委会主任张剑萍陪同调研并汇报工作情况。19—22日，州人大常委会副主任李东率调查组，到州中级人民法院和大理市、漾濞县、巍山县，对州中级人民法院一站式多元解纷和诉讼服务体系建设工作开展调查研究。22—26日，州人大常委会副主任李跃兴率调查组，到大理市、巍山县、永平县，对药品监督管理工作开展调查研究。27—30日，州人大常委会副主任王正林率调研组，到漾濞县、弥渡县、永平县、云龙县，对水土保持（环境）监督检查工作进行专题调研。

8月16日，州人大常委会副主任王正林率调研组，到祥云县、弥渡县，对工业新材料产业发展（产业发展）工作情况进行专题调研。24—26日，省人大民族委副主任委员管国芳率调研组，到大理州大理市、漾濞县开展民族立法工作调研，指导《云南省大理白族自治州大理历史文化名城保护条例》修订工作。

9月7—10日，州人大常委会副主任王正林率调查组，到南涧县、祥云县、鹤庆县、永平县，对全州养殖业发展（产业发展）情况开展调查研究。9日，州人大常委会组织大理州选举产生的省十三届部分基层人大代表，对全州乡村振兴试点工作开展情况进行专题调研。州人大常委会副主任王兆炜、州人民政府副州长李苏陪同调研。13—15日，州人大常委会副主任王正林率调查组，到大理市、祥云县、洱源县及下关一中、州民族中学、州实验中学等学校，对全州普通高中（教育）优质均衡发展情况开展调查研究。22—23日，州人大常委会副主任李跃兴率调研组，到宾川县、祥云县、弥渡县，就《大理白族自治州乡村清洁条例》贯彻实施情况开展执法检查前专题调研。27—28日，全国人大监察和司法委员会副主任委员车俊率调研组，到大理州大理市及州级相关单位调研监察监督全覆盖工作开展情况。

10月12—13日，州人大常委会主任张剑萍率队到弥渡县调研乡村振兴工作、人大工作和县乡两级人大换届选举工作推进情况。州人大常委会副主任靳汝柏、王正林，秘书长茶兴培参加调研。14—15日，州人大常委会副主任靳汝柏率调查组，到大理市、巍山县、南涧县，对国有资产管理情况开展调查研究。

12月7—9日，省人大常委会副主任纳杰率调研组，到大理州漾濞县、弥渡县调研乡村振兴战略实施情况。7—8日，省人大常委会法工委副主任邓先培率调研组，到大理州祥云县、大理市就《云南省土壤污染防治条例》制定工作开展立法调研。州人大常委会副主任李东陪同调研。24日，省人大常委会预算工作委员会主任王卫昆、副主任苏发吉率调研组，到大

4月7—8日，省人大常委会副主任王树芬率领由部分全国人大代表、省人大常委会委员、省人大代表组成的省人大常委会视察组到大理州视察滇中引水工程建设情况

6月15日，州人大常委会组织部分州人大代表组成执法检查组，对《云南省大理白族自治州洱海保护管理条例》实施情况进行执法检查。图为实地察看洱海水质

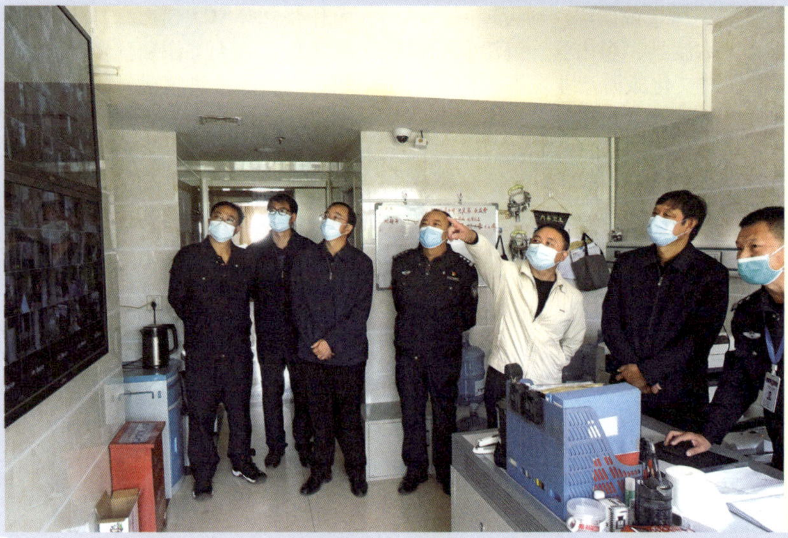

10月18—19日，州人大常委会检查组到大理市、祥云县对监所医疗卫生专业化工作整改落实情况开展“回头看”检查

9月9日，州人大常委会组织大理州选举产生的部分省十三届基层人大代表，对全州乡村振兴试点工作开展情况进行专题调研

9月9—10日，省人大常委会副主任罗红江率执法检查组到大理州，对《中华人民共和国消防法》《云南省消防条例》贯彻实施情况进行执法检查

12月7—9日，省人大常委会副主任纳杰率调研组到大理州调研乡村振兴战略实施情况

理州南涧县就修订《云南省预算审查监督条例》相关工作进行调研。州人大常委会副主任靳汝柏参加座谈会。

【督察检查】7月7—8日，省人大常委会常务副主任张太原率督察组到大理州开展洱海河（湖）长制工作情况督察。州委副书记、州长陈真永作大理州洱海保护治理及河（湖）长制工作情况汇报。

10月18—19日，州人大常委会副主任李东率检查组，到大理市、祥云县，对监所医疗卫生专业化工作整改落实情况开展“回头看”检查。

11月24—30日，州人大常委会组成5个检查组，分别由副主任靳汝柏、王兆炜、李东和秘书长茶兴培担任组长，对州交通运输局、州教育体育局、州农业农村局、州住房和城乡建设局、州文化旅游局等15个承办单位办复州第十四届人大代表建议情况进行专项检查。

【代表培训】5月6—12日，州人大常委会组织72名州人大代表和州县两级人大干部，到江西省人大干部培训中心开展履职能力提升暨人大换届选举工作培训。

7月20日，州人大常委会举办全州县乡两级人大换届选举信息服务平台培训班，全州信息服务平台操作业务骨干142人参加培训。

9月23—24日，州人大常委会在州委党校举办州第十四届人大代表培训班，114名州人大代表和12名人大干部参加培训。

【考察学习】5月7—14日，州人大常委会副主任李跃兴率领由州人大环资委、民侨委、法制委、州人大常委会研究室、州人民政府相关部门负责人组成的考察组，到北京市西城区、东城区，甘肃省敦煌市，陕西省西安市考察学习历史文化名城保护工作。

7月19—23日，州人大常委会副主任王正林率领由州人大常委会教科文卫工委、农业农村工委和3个县（市）人大常委会相关人员组成的考察组，到北京市昌平区、怀柔区和上海市浦东新区老港镇等地考察学习乡村振兴工作。

【学习中央人大工作会议精神】10月20日，中共大理州人大常委会党组召开第83次（扩大）会议，专题传达学习习近平总书记在中央人大工作会议上的重要讲话。28—29日，州第十四届人大常委会举行第39次会议，会上传达学习中央人大工作会议精神。

【各专工委室工作】

民侨委　2021年，州人大民族与外事华侨委员会履行职责，全面统筹推进相关工作。①民族立法工作。参与《云南省大理白族自治州大理历史文化名城保护条例》修订、《云南省大理白族自治州旅游条例》修订前期调研、《大理白族自治州第十五届人大常委会五年立法规划（2022—2026）（草案）》制定相关工作，对《云南省大理白族自治州洱海保护管理条例》进行立法后评估；加强对漾濞、南涧、巍山3个民族自治县民族立法工作的指导。②日常监督工作。组织部分州人大代表对大理州少数民族特色村寨保护与发展情况进行专题视察。③其他工作。做好机关创建省级民族团结进步示范单位相关工作，配合省人大开展《云南省民族团结进步示范区建设条例》执法检查及条例清理排查工作。

财经委　2021年，州人大财政经济委员会奋力以高质量履职推动大理高质量发展。①经济工作监督。做好大理州“十三五”规划实施情况及“十四五”规划和2035年远景目标纲要（草案）、大理州国民经济和社会发展年度计划（草案）、大理州国民经济和社会发展年度计划执行情况的初步审查和跟踪监督工作。组织开展全州产业发展情况专题调研。②财政预算监督。对上年度财政决算和审计工作以及本年度财政预算和执行情况、财政预算执行中的预算调整、债务限额等事项进行审查。配合常委会预算工委贯彻落实中央关于全口径预算审查监督要求，建立起预算联网监督系统预警跟踪反馈机制，推动预算审查监督重点向支出预算和政策、国有资产管理等领域延伸拓展。③“三问一评”工作监督。开展全州工业投资项目推进情况“三问一评”工作监督，对项目计划安排、项目推进、计划落实各环节实施全过程监督，在项目推进“梗阻环节”查找、问题根源剖析及采取应对措施等方面提出意见建议。④其他工作。配合省人大常委会开展滇中引水工程（大理段）建设情况视察和全省综合交通运输体系（大理州）建设情况专题调研，完成州人大常委会安排的其他工作任务。

法制委　2021年，州人大法制委员会按照宪法和法律赋予的职权做好地方立法、工作监督和法律监督。①立法工作。全程参与《云南省大理白族自治州大理历史文化名城保护条例》修订工作，履行统一审议职责，对提请常委会审议的《云南省大理白族自治州大理历史文化名城保护条例（修订草案）》进行统一审议。牵头编制五年立法规划、2022年度立法工作计划。参与相关立法前期调研和立法后评估工作。开展涉及长江流域保护、涉及行政处罚内容地方性法规以及涉及计划生育内容的地方性法规清理。完成地方法规编纂工作。②监督工作。参与贯彻实施《中华人民共和国消防法》《云南省消防条例》情况专题调研。按规定向常委会报告上年度备案审查工作开展情况，对州人民政府报送的洱海保护管理条例实施办法进行审查。组织开展了7次9人的干部任前法律知识考试。③中心工作。完成州人大及其常委会安排工作任务，抓好州委全面依法治州委员会立法协调小组相关工作，推进常委会机关开展平安大理建设暨市域社会治理现代化试点工作，加强与上级人大、各县（市）人大对口委员会的联系，做好省内外调研组到大理州的调研服务工作，配合完成省对州立法调研、专项督查等工作。

环资委　2021年，州人大环境与资源保护委员会依法履职，主动作为，较好地完成了各项工作任务。①立法工作。组织开展修订《云南省大理白族自治州大理历史文化名城保护条例》的相关工作，完成了一审、二审、三审工作，并经州委常委会审议通过，形成党内报审稿报批，将提请2022年人代会审议。对制定地方性法规《大理白族自治州物业管理条例》进行立法前期调研。②监督工作。做好州人大常委会会议审议州人民政府关于2020年环境状况和环境保护目标完成情况的报告相关工作，组织部分州人大代表对《云南省大理白族自治州洱海保护管理条例》《大理白族自治州乡村清洁条例》实施情况进行执法检查。③配合开展执法检查工作。省人大常委会委托组织开展《云

2021年大理州第十四届人大常委会会议一览表

表9

日期	会议次序	议程
1月8日	第30次	补选云南省第十三届人民代表大会代表
1月31日	第31次	审议人事有关事项
		审议大理白族自治州第十四届人民代表大会第五次会议主席团和秘书长名单（草案）、邀请上主席台就座人员名单（草案）
		审议大理白族自治州第十四届人民代表大会第五次会议列席人员名单（草案）
		审议大理州第十四届人大常委会代表资格审查委员会关于个别代表的代表资格的报告
3月1日	第32次	审议大理白族自治州人民代表大会常务委员会2021年工作要点（草案）
		补选云南省第十三届人民代表大会代表
		审议人事有关事项
4月30日	第33次	传达学习第十三届全国人民代表大会第四次会议精神
		审议州人民政府关于全州工业投资项目计划安排情况的报告（“三问一评”第一问）
		审议州人大常委会工作组关于全州工业投资项目计划安排情况的调研报告
		审议州人大法制委关于2020年度规范性文件备案审查工作情况的报告
		审议州第十四届人大常委会代表资格审查委员会关于个别代表的代表资格的报告
		审议关于制定《大理白族自治州物业管理条例》立法前期调研报告
		审议关于全州监所医疗卫生专业化建设工作情况的调研报告
		审议人事有关事项
5月18日	第34次	通过大理白族自治州人民代表大会常务委员会关于接受州监察委员会主任辞职及任命州监察委员会副主任、决定代理主任办法的决定（草案）
		审议大理州人大常委会代表资格审查委员会关于个别代表的代表资格的报告
		审议人事有关事项
5月31日	第35次	审议人事有关事项
		审议大理州第十四届人大常委会代表资格审查委员会关于个别代表的代表资格的报告
		审议关于召开大理白族自治州第十四届人民代表大会第六次会议的决定（草案）
6月7日	第36次	审议人事有关事项
		审议大理州第十四届人大常委会代表资格审查委员会关于个别代表的代表资格的报告
		审议大理白族自治州第十四届人民代表大会第六次会议主席团和秘书长名单（草案）、邀请上主席台就座人员名单（草案）
		审议大理白族自治州第十四届人民代表大会第六次会议列席人员名单（草案）
7月13—14日	第37次	审议《云南省大理白族自治州大理历史文化名城保护条例（修订）》（一审）
		审议州人民政府关于提请审议批准调整大理州2020年政府债务限额的议案
		审议州人民政府关于大理州2020年州本级财政决算的报告，审查批准2020年州本级财政决算
		审议州人民政府关于大理州2020年度州本级预算执行和其他财政收支的审计工作报告
		审议州人民政府关于2020年环境状况和环境保护目标完成情况的报告
		审议州人民检察院关于服务保障民营经济发展工作情况的报告
		审议关于《云南省大理白族自治州洱海保护管理条例》执法检查的报告
		听取和审议州第十四届人大常委会部分任命干部的述职报告
		审议关于修订《云南省大理白族自治州旅游条例》的立法前期调研报告
		审议关于全州乡村振兴工作情况的调研报告
		审议关于《中华人民共和国消防法》《云南省消防条例》贯彻实施情况的调研报告
		审议人事有关事项
		补选云南省第十三届人民代表大会代表
8月25—26日	第38次	审议《云南省大理白族自治州大理历史文化名城保护条例（修订草案）》（二审）
		审议大理白族自治州人民政府关于2021年全州工业投资项目推进情况的报告，并开展专题询问（“三问一评”第二问）
		审议大理白族自治州人民政府关于大理州2021年1至7月国民经济和社会发展计划执行情况的报告
		审议大理白族自治州人民政府关于大理州2021年1至7月地方财政预算执行情况的报告

续表9

日期	会议次序	议程
8月25—26日	第38次	审议大理白族自治州人民政府关于全州药品监督管理工作情况的报告
		审议大理白族自治州中级人民法院关于一站式多元解纷和诉讼服务体系建设工作情况的报告
		审议大理白族自治州人民代表大会常务委员会关于大理白族自治州第十五届人民代表大会代表名额分配和选举有关问题的决定（草案）
		审议大理白族自治州人民代表大会常务委员会关于大理白族自治州第十五届人民代表大会少数民族代表名额的分配方案（草案）
		审议大理白族自治州第十四届人民代表大会常务委员会代表资格审查委员会关于个别代表的代表资格的报告
		审议大理白族自治州人民代表大会常务委员会调研组关于全州水土保持监督检查工作情况的调研报告
		审议人事有关事项
		补选云南省第十三届人民代表大会代表
10月28—29日	第39次	传达学习中央人大工作会议精神
		审议《云南省大理白族自治州大理历史文化名城保护条例（修订草案）》（三审）
		审议大理白族自治州人民政府关于“七五”普法工作情况暨“八五”普法规划情况的报告
		审议大理白族自治州人民政府关于大理州2020年度国有资产管理情况的综合报告
		审议大理白族自治州人民政府关于全州普通高中优质均衡发展情况的报告
		审议大理白族自治州人民政府关于全州养殖业发展情况的报告
		审议大理白族自治州人民代表大会常务委员会执法检查组关于《大理白族自治州乡村清洁条例》执法检查情况的报告
		审议大理白族自治州人民代表大会常务委员会视察组关于大理州少数民族特色村寨保护与发展情况的视察报告
		审议大理白族自治州第十四届人民代表大会常务委员会代表资格审查委员会关于个别代表的代表资格的报告
		审议人事任免事项
12月28—29日	第40次	审议大理白族自治州人民政府关于2021年全州工业投资项目计划落实情况的报告，开展满意度测评（“第三问”和“一评”）
		审议大理白族自治州人民政府关于大理州2020年度州本级预算执行和其他财政收支审计查出问题整改情况的报告，开展满意度测评
		审议大理白族自治州人民政府关于提请审议大理州2021年州本级财政预算调整方案的议案
		审议大理白族自治州人民政府关于州第十四届人民代表大会第五次会议代表提出的建议、批评和意见办理情况的报告
		审议大理白族自治州人民政府关于提请审议撤销祥云县设立县级祥云市的报告
		审议州人大常委会关于召开大理白族自治州第十五届人民代表大会第一次会议的决定（草案）
		审议《大理白族自治州人民代表大会常务委员会工作报告（讨论稿）》，决定报告人
		审议大理白族自治州人民代表大会环境与资源保护委员会关于州第十四届人民代表大会第五次会议主席团交付审议的代表提出的议案审议结果的报告
		审议《大理白族自治州第十五届人大常委会五年立法规划建议（2022—2026）（草案）》
		对大理白族自治州人民代表大会常务委员会审议意见研究处理情况开展满意度测评
		对大理白族自治州人民政府部门承办代表重点建议情况开展满意度测评
		审议大理白族自治州第十四届人民代表大会常务委员会代表资格审查委员会关于个别代表的代表资格的报告
		审议人事任免事项

（州人大常委会　提供）

南省生物多样性保护条例》执法检查，形成执法检查情况报告报省人大环资委。配合省人大常委会检查组到大理州开展《中华人民共和国固体废弃物污染环境防治法》执法检查工作。

监察司法委　2021年，州人大监察与司法委员会正确定位工作、主动创新作为，高要求高质量完成各项工作任务。①司法监督工作。通过选准监督议题、完善监督方式、改进监督方法，把握依法监督原则，在增强监督工作针对性、实效性上下功夫，保障有关法律法规有效实施，推动严格执法、公正司法。做好州人大常委会会议审议州中级人民法院关于一站式多元解纷和诉讼服务体系建设工作情况的报告、州人民检察院关于服务保障民营经济发展工作情况的报告相关工作，对全州监所医疗卫生专业化建设工作进行专题调研。②监察司法工作联系监督。主动加强与监察司法部门日常工作联系，参加司法公开、法治宣传、联系人大代表等活动，协调重点申诉、执行案件监督，进行年度专题工作联系调研，促进日常工作监督，增进相互协作支持。③其他工作。将委员会的工作融入州人大及其常委会整体工作之中，做好相关工作，完成全国人大监察和司法委员会到大理调研监察监督全覆盖工作开展情况的协调配合、服务保障等相关工作。完成州人大常委会交办的工作任务，参与机关挂钩帮扶、社区服务等工作。

教科文卫工委　2021年，州人大常委会教育科学文化卫生工作委员会采取措施提高依法履职能力与水平。①立法前期调研工作。对修订《云南省大理白族自治州旅游条例》进行了立法前期调研，形成了调研报告交州人民政府办理，建议将修订《云南省大理白族自治州旅游条例》列入大理州第十五届人大常委会五年立法规划。②文化旅游产业专题调研。对大理州文化旅游产业发展工作情况进行了专题调研，形成调研报告报州委。③调研撰写普通高中优质均衡发展报告。做好常委会会议审议州人民政府关于普通高中优质均衡发展情况的报告相关工作，审议意见连同调查报告交州人民政府研究处理。④组织省人大代表专题视察。与选联委一起组织大理州选举产生的省十三届人大代表对大理州文化旅游产业发展工作情况进行集中视察，形成了《关于大理州文化旅游产业发展工作情况视察报告》。⑤代表建议答复督办工作。对3件重点建议进行了督办，确保办理质量提高，办理情况让代表满意。

农业农村工委　2021年，州人大常委会农业与农村工作委员会加强法律监督和工作监督，发挥职能作用。①专题调研。对全州乡村振兴工作情况、全州水土保持监督检查工作情况进行了专题调研。②专项审议工作。组成调查组，对全州养殖业发展情况进行了专题调查，为常委会会议听取和审议州人民政府关于全州养殖业发展情况的报告做好准备工作。③工作调研指导和考察学习。在完成州人大常委会各项议题的基础上，深入祥云县东山乡、弥渡县牛街乡牛街村、红岩镇吉祥村调研脱贫攻坚成果巩固提升、乡村振兴、挂钩帮扶情况；到祥云县、弥渡县、鹤庆县工业园区、产业园区调研工业新材料发展、农业产业发展情况；到北京、上海考察学习乡村振兴工作。④跟踪问效。对州人民政府及有关部门研究处理相关调研、调查报告、审议意见情况进行跟踪问效和“回头看”调研，提高监督实效。

选联工委　2021年，州人大常委会选举联络工作委员会做好代表工作、人事任免工作、县乡换届选举工作，完成各项工作任务。①代表履职服务保障。加大代表培训力度，组织参加培训班3期；保障代表知情知政，组织代表参加（列席）相关会议和调研、视察、执法检查，就相关工作提出意见建议；做好代表建议办理工作，交办代表建议，重点督办、检查建议办理情况，开展综合评议；加强代表履职管理，制定《大理州人大常委会领导与列席州人大常委会会议人大代表座谈交流工作制度（试行）》，组织大理州选举产生的部分省十三届基层人大代表对全州乡村振兴试点工作开展情况进行专题调研，对大理州文化旅游产业发展工作情况进行集中视察；做好代表议案建议准备工作，提高代表议案建议质量；规范人大代表活动经费管理使用。②县乡人大换届选举工作。牵头开展县乡两级人大换届选举相关工作，起草文件，成立组织领导机构和工作指导组，召开会议，部署工作，开展换届选举信息服务平台业务培训，完成县乡人大换届选举工作任务。③人事任免工作。做好常委会的人事任免工作，依法任免国家机关工作人员66人次，全部实现党委人事安排意图；做好州人大代表的辞职、罢免、增选、补选、调团和许可等相关工作。

预算工委　2021年，州人大常委会预算工作委员会加强和改进预算审查监督、国有资产管理监督工作，较好地完成年度工作任务。①财政预算审查监督和国有资产管理监督。规范有序组织开展财政预算审查监督和国有资产管理监督，做好提请州人大常委会会议审查批准州政府上一年地方财政预算执行情况、当年地方财政预算草案报告和当年州本级财政预算的初审具体准备工作；做好州人大常委会会议听取和审议决算工作、预算执行、审计查出问题及其整改并开展满意度测评、国有资产管理、专项和年度预算调整等7项专项工作的初审具体工作。运用预算联网监督系统开展监督，每月将发现的问题及时函送财政部门办理，及时督促相关单位抓好存在问题整改。②落实上级人大安排各项任务。配合落实好上级人大安排的各项任务，和州人大财经委共同对全州工业投资项目推进情况开展“三问一评”工作监督、开展全州产业发展情况专题调研；围绕经济社会发展大局，增强服务意识、强化工作落实，提升经济运行形势研判和应对水平，依法监督、建言献策，当好参谋助手，助力全州经济社会发展。③参与完成机关统一部署的各项工作任务。按照州人大常委会、党组会议、主任会议和常委会领导的工作安排，参与完成机关统一部署的各项工作任务，增强履职自觉性和履职能力，提升全州人大预算审查监督整体工作效能。

社会建设工委　2021年，州人大常委会社会建设工作委员会围绕中心工作和年度工作要点，较好地完成年度各项工作。①专题调研。对全州贯彻实施《中华人民共和国消防法》《云南省消防条例》情况进行专题调研，调研报告经主任会议同意，提请州人大常委会会议审议后交州人民政府处理。②审议工作。做好州人大常委会会议听取和审议州人民政府关于全州药品监督管理工作情况报告相关工作，调查报告经主任会议同意，提请州人大常委会会议与州人民政府关于全州药品监督管理情况的报告一并审议，审议意见交州人民政府研究处理。③协助省人大社会建设委在大理州开展工作。协助省人大社会建设委做好在大理州开展的相关工作，配合做好省人大对大理州贯彻实施《中华人民共和国消防法》《云南省消防条例》情况进行执法检查相关服务工作，完成执法检查任务。④常委会机关安排的其他工作。

办公室　2021年，州人大常委会办公室围绕常委会工作大局和全州人大中心工作，强化“三服务”职责，尽心当参谋、尽力抓协调，尽职强保障、尽责搞服务，为常委会高质量开展工作提供保障。①党建工作。夯实基层党建基础，抓好党组织规范化建设，加强党建工作指导，提高机关党支部规范化建设水平；加强党的理论学习，深入学习贯彻党的十九届六中全会精神、中央人大工作会议精神，开展党史学习教育，精心组织中国共产党成立100周年系列活动。抓好党风廉政建设和反腐败工作，深入落实全面从严治党主体责任和监督责任，提升全面从严治党的政治成效，促进各项工作健康发展。②核心服务工作。办文办会有序精准，高质量完成人代会、党组会、主任会以及巡察整改、调研汇报等相关文稿的起草工作；狠抓会前准备、会中服务、会后落实，突出做好常委会各类会议服务保障工作；服务保障周密细致，以服务领导和机关日常工作协调为重点，突出重点工作、重要会议、重大活动组织协调，做到早研究、早部署、早落实，推动州人大常委会各项决策部署得到快速落实。③信访工作。高度重视人民群众来信来访，做好人大信访工作的法治化、规范化水平。④后勤保障。强化后勤保障服务，加强公务用车管理，全面落实疫情防控工作；加强干部人事工作，老干部工作丰富和谐。

研究室　2021年，州人大常委会研究室以党史学习教育和开展“大理之问”大讨论活动为动力，增强担当作为的自觉性，高质量高效率完成各项工作任务。①宣传工作。加强3个宣传平台建设，组织好常委会重要工作的宣传报道工作；高质量完成《大理人大》期刊的编辑和发行工作，全年编发12期15240册；精心编发“大理人大”微信公众号，年内累计发稿956篇，阅读次数267637次，年底公众号关注人数3656人，在宣传人大制度、讲好人大故事方面收到了良好效果；及时更新“大理人大”网站，发挥资料库作用；编发《州人代会公报》2期、《州人大常委会会议公报》11期。②文稿起草工作。做好服务常委会主要领导和相关会议的文稿起草工作，精心起草州十五届人大一次会议常委会工作报告、年度常委会工作要点、领导调研汇报材料等重大文稿，撰写《大理州年鉴》稿件，起草常委会年度、半年工作总结计划等材料。③其他工作。开展加强和改进新时代人大工作专题调研，总结州十四届人大常委会亮点工作和典型案例，围绕常委会和机关重点工作搞好服务。

重要会议

【州十四届人大五次会议】 2月2—5日，大理白族自治州第十四届人民代表大会第五次会议（以下简称“州十四届人大五次会议”，其他次类推）在下关召开。大会听取和审议“一府两院”报告和州人大常委会工作报告，审查《大理白族自治州国民经济和社会发展第十四个五年规划和二〇三五年远景目标纲要（草案）》《关于大理白族自治州2020年国民经济和社会发展计划执行情况与2021年国民经济和社会发展计划草案的报告》《关于大理白族自治州2020年地方财政预算执行情况和2021年地方财政预算草案的报告》。大会选举张剑萍为州第十四届人大常委会主任，童晓宁为州中级人民法院院长，王梅芬为州第十四届人大常委会委员，当选人员向宪法宣誓。大会表决通过关于大理白族自治州人民政府工作报告的决议、关于大理白族自治州国民经济和社会发展第十四个五年规划和2035年远景目标纲要的决议、关于大理白族自治州2020年国民经济和社会发展计划执行情况与2021年国民经济和社会发展计划的决议、关于大理白族自治州2020年地方财政预算执行情况和2021年地方财政预算的决议、关于大理白族自治州人民代表大会常务委员会工作报告的决议、关于大理白族自治州中级人民法院工作报告的决议、关于大理白族自治州人民检察院工作报告的决议。州人大常委会主任张剑萍在闭幕大会上讲话。

【州十四届人大六次会议】 6月8—9日，州十四届人大六次会议在下关召开。大会选举陈真永为大理白族自治州第十四届人民政府州长，选举靳汝柏为大理白族自治州第十四届人民代表大会常务委员会副主任，选举杨大赟为大理白族自治州监察委员会主任，选举吴家良为大理白族自治州第十四届人民代表大会常务委员会委员，当选人员向宪法宣誓。州委书记杨国宗、新当选的州人民政府州长陈真永在闭幕会上讲话。

【其他重要会议】

1月20日，州人大常委会召开座谈会，州人民政府州长杨国宗率州政

6月8日，大理白族自治州第十四届人民代表大会第六次会议举行第一次全体会议，图为表决通过选举办法
（州人大常委会　提供）

2021年大理州第十四届人大常委会人事任免一览表

表10

姓名	任免职务	会议次序	时间
李　雄	接受辞去大理白族自治州第十四届人民代表大会常务委员会主任职务	31	1月31日
张爱珍	接受辞去大理白族自治州第十四届人民代表大会常务委员会委员、大理白族自治州第十四届人民代表大会议案审查委员会委员职务	31	1月31日
吴家良	任命为大理白族自治州人民代表大会常务委员会教育科学文化卫生工作委员会主任	31	1月31日
张爱珍	免去大理白族自治州人民代表大会常务委员会教育科学文化卫生工作委员会主任职务	31	1月31日
杨　静	免去大理白族自治州人民检察院检察员职务	32	3月1日
杨国宗	接受辞去大理白族自治州人民政府州长职务	33	4月30日
崔庆林	任命为大理白族自治州人民检察院检察员、检察委员会委员、副检察长	33	4月30日
杨玉奇	免去大理白族自治州人民检察院副检察长、检察委员会委员、检察员职务	33	4月30日
唐定文	接受辞去大理白族自治州监察委员会主任职务	34	5月18日
陈真永	决定任命为大理白族自治州人民政府副州长，决定为大理白族自治州人民政府代理州长	34	5月18日
杨大赟	任命为大理白族自治州监察委员会副主任，决定为大理白族自治州监察委员会代理主任	34	5月18日
杨　瑜	决定任命为大理白族自治州发展和改革委员会主任	35	5月31日
舒　进	决定免去大理白族自治州发展和改革委员会主任职务	35	5月31日
李银政	任命为大理白族自治州人民代表大会法制委员会副主任委员	35	5月31日
许映苏	接受辞去大理白族自治州第十四届人民代表大会常务委员会副主任职务	36	6月7日
刘晓东	接受辞去大理白族自治州第十四届人民代表大会常务委员会委员职务	36	6月7日
邵漾华	决定任命为大理白族自治州科学技术局局长，免去其大理白族自治州水务局局长职务	36	6月7日
杨　发	决定任命为大理白族自治州交通运输局局长	36	6月7日
王利伟	决定任命为大理白族自治州水务局局长	36	6月7日
高　康	决定任命为大理白族自治州卫生健康委员会主任，免去其大理白族自治州民政局局长职务	36	6月7日
阿怀聪	决定免去大理白族自治州科学技术局局长职务	36	6月7日
张　挺	决定免去大理白族自治州交通运输局局长职务	36	6月7日
雷家彬	决定免去大理白族自治州卫生健康委员会主任职务	36	6月7日
杨金文	免去大理白族自治州中级人民法院审判委员会委员、审判员职务	37	7月14日
杨路宏	免去大理白族自治州中级人民法院审判委员会委员、审判员职务	37	7月14日
李胜龙	免去大理白族自治州中级人民法院审判委员会委员、审判员职务	37	7月14日
高忠明	免去大理白族自治州中级人民法院审判员职务	37	7月14日
高招财	免去大理白族自治州中级人民法院审判员职务	37	7月14日
王珅梅	免去大理白族自治州中级人民法院审判员职务	37	7月14日
杨义娥	免去大理白族自治州中级人民法院审判员职务	37	7月14日
张林玲	免去大理白族自治州人民检察院检察员职务	37	7月14日
杨　坤	决定任命为大理白族自治州人民政府副州长、大理白族自治州公安局局长	38	8月26日
张尧贵	决定免去大理白族自治州人民政府副州长、大理白族自治州公安局局长职务	38	8月26日
杨永华	接受辞去大理白族自治州人民检察院检察长职务	38	8月26日
王华植	免去大理白族自治州监察委员会委员职务	38	8月26日
杨永华	免去大理白族自治州人民检察院检察委员会委员、检察员职务	38	8月26日
字德海	决定免去大理白族自治州人民政府副州长职务	39	10月29日
管金堂	决定任命为大理白族自治州发展和改革委员会主任，免去其大理白族自治州财政局局长职务	39	10月29日
杨　瑜	决定免去大理白族自治州发展和改革委员会主任职务	39	10月29日
张　宏	任命为大理白族自治州监察委员会副主任，免去其大理白族自治州监察委员会委员职务	39	10月29日
杨永生	免去大理白族自治州监察委员会副主任职务	39	10月29日
刘　斌	免去大理白族自治州中级人民法院副院长、审判委员会委员、审判员职务	39	10月29日
申　晋	免去大理白族自治州中级人民法院审判委员会委员、审判员职务	39	10月29日
姜　略	免去大理白族自治州中级人民法院审监庭副庭长职务	39	10月29日
黄　丽	免去大理白族自治州中级人民法院立案庭副庭长、审判员职务	39	10月29日
张义标	免去大理白族自治州中级人民法院审判员职务	39	10月29日
崔庆林	决定为大理白族自治州人民检察院代理检察长	39	10月29日
杨越冰	决定任命为大理白族自治州财政局局长	40	12月29日
张艳宏	任命为大理白族自治州人民代表大会常务委员会选举联络工作委员会副主任	40	12月29日
吴　航	任命为大理白族自治州人民代表大会常务委员会办公室副主任	40	12月29日
段跃红	免去大理白族自治州人民代表大会常务委员会副秘书长职务	40	12月29日
王兴顺	免去大理白族自治州人民代表大会常务委员会选举联络工作委员会副主任职务	40	12月29日

续表10

姓名	任免职务	会议次序	时间	姓名	任免职务	会议次序	时间
彭琪云	免去大理白族自治州人民代表大会常务委员会办公室副主任职务	40	12月29日	李晓丹	任命为大理白族自治州中级人民法院民事审判第一庭副庭长，免去其大理白族自治州中级人民法院民事审判第二庭副庭长职务	40	12月29日
赵　莉	任命为大理白族自治州监察委员会委员	40	12月29日	王锐德	任命为大理白族自治州中级人民法院审判委员会委员，免去其大理白族自治州中级人民法院刑事审判第二庭副庭长职务	40	12月29日
李耀芬	免去大理白族自治州监察委员会委员职务	40	12月29日	字兆鸿	免去大理白族自治州中级人民法院刑事审判第一庭副庭长、审判委员会委员职务	40	12月29日
朱雪东	任命为大理白族自治州中级人民法院刑事审判第一庭庭长，免去其大理白族自治州中级人民法院立案庭庭长职务	40	12月29日	鲍　强	免去大理白族自治州中级人民法院生态文明建设环境保护审判庭庭长、审判委员会委员职务	40	12月29日
赵万石	任命为大理白族自治州中级人民法院生态文明建设环境保护审判庭庭长、审判委员会委员，免去其大理白族自治州中级人民法院生态文明建设环境保护审判庭副庭长职务	40	12月29日	祭　东	免去大理白族自治州中级人民法院立案庭副庭长职务	40	12月29日
杨友椿	任命为大理白族自治州中级人民法院审判监督庭副庭长，免去其大理白族自治州中级人民法院刑事审判第三庭副庭长职务	40	12月29日	李月仙	免去大理白族自治州中级人民法院刑事审判第一庭副庭长职务	40	12月29日
马明纳	任命为大理白族自治州中级人民法院立案庭副庭长，免去其大理白族自治州中级人民法院民事审判第一庭副庭长职务	40	12月29日	段阿云	免去大理白族自治州中级人民法院行政审判庭副庭长职务	40	12月29日

（州人大常委会　提供）

府班子成员和相关部门负责人，专题听取州人大常委会班子和各专工委室对2021年《政府工作报告（征求意见稿）》《大理白族自治州国民经济和社会发展第十四个五年规划和2035年远景目标纲要（草案）》的意见建议。30日，州人大常委会党组召开第67次（扩大）会议。州委副书记、州委组织部部长赵国良宣布省、州党委关于大理州人大常委会党组主要领导的任免职决定，张剑萍任州人大常委会党组书记，提名为州第十四届人大常委会主任候选人，李雄不再担任州人大常委会党组书记。李雄、张剑萍分别作表态发言。

3月8日，州人大常委会、州人民政府、州政协联合召开2021年州人大代表建议和州政协提案交办会议。州委副书记、州长杨国宗，州人大常委会主任张剑萍出席会议并讲话。

5月31日，州人大常委会机关召开创建省级民族团结进步示范单位动员会议。州人大常委会党组书记、主任张剑萍出席会议并讲话，副主任王正林，秘书长茶兴培出席会议。

6月1日，州人大常委会机关召开领导干部会议。州委书记杨国宗出席会议并讲话。州人大常委会党组书记、主任张剑萍主持会议。州委常委、州委组织部部长翁斌宣布省州党委关于靳汝柏任职的通知和决定，靳汝柏任州人大常委会党组成员，提名为州人大常委会副主任候选人。

7月19日，州第十四届人大常委会规范性文件备案审查委员会召开联合审查会议，对州人民政府规范性文件《云南省大理白族自治州洱海保护管理条例实施办法》进行审查。州人大常委会副主任、备案审查委员会主任李东主持会议并讲话。

8月4日，大理州召开县乡两级人大换届选举工作部署会议。州委书记、州县乡两级人大换届选举工作领导小组组长杨国宗出席会议并讲话。州人大常委会主任、州县乡两级人大换届选举工作领导小组副组长张剑萍主持会议。州委常委、州委组织部部长、州县乡两级人大换届选举工作领导小组副组长翁斌出席会议并提出具体要求。25日，州第十四届人大常委会第三十八次会议举行联组会议，对2021年全州工业投资项目推进情况开展专题询问。州委书记杨国宗出席会议并讲话。州委副书记、州长陈真永出席会议并代表州人民政府作表态发言。州人大常委会主任张剑萍主持会议。30日，州委书记杨国宗到州人大常委会机关主持召开座谈会，专题听取州人大常委会领导班子成员及部分州人大代表关于《州第九次党代会报告（征求意见稿）》的意见建议。州委副书记赵国良通报《州第九次党代会报告（征求意见稿）》起草情况。州人大常委会主任张剑萍出席会议并作发言。靳汝柏、王兆炜、李东、王正林、李跃兴、袁爱光、李雄、许映苏、茶兴培参加会议并发言。

9月3日，州人大常委会主任张剑萍主持召开州第十五届人大常委会五年立法规划领导组会议，听取《大理白族自治州第十五届人大常委会五年立法规划建议（2022—2026）（草案）》立法项目调研情况汇报，初步筛选论证立法项目建议，研究下步工作。州人大常委会副主任李东，秘书长茶兴培出席会议。

10月15日，州人大常委会主任张剑萍主持召开《云南省大理白族自治州大理历史文化名城保护条例》简称《条例》修订工作领导小组（扩大）会议，听取《条例》修订工作情况汇报，讨论研究有关问题及下步修订工作。27日，州人大常委会机关召开“大理之问”大讨论活动动员大会，对开展“大理之问”大讨论活动进行全面部署和安排。州人大常委会党组书记、主任张剑萍作动员讲话。党组副书记、副主任靳汝柏主持会议。

12月27日，州人大常委会党组书记、主任张剑萍主持列席州第十四届人大常委会第四十次会议的人大代表座谈会，听取对州人大及其常委会工作的意见建议。

（刘利权撰稿）

大理白族自治州人民政府

People's Government of Dali Bai Autonomous Prefecture

责任编校　杨　in

乡愁大理·黑白记忆　1979年洱源沙坪集市木雕格子门买卖场景

综 述

【概况】 2021年，大理州人民政府全面贯彻中央各项决策部署，深入落实省委、省政府大理现场办公会精神，坚持稳中求进工作总基调，全力以赴抗疫情、稳增长、护洱海、保稳定、惠民生，保持经济社会平稳健康发展。全年完成地区生产总值1633亿元、同比增长7%，完成一般公共预算收入111.78亿元、同比增长3%，支出302.67亿元、同口径增长0.8%，完成固定资产投资935.4亿元、同比增长7.6%。旅游业一度回暖，接待海内外游客4452万人次。

【生态环境治理与人居环境改善】 2021年，大理州始终把生态环境治理与人居环境改善放在重要位置来抓。①生态环境治理。统筹推进苍山洱海一体化保护，"1806小镇"交房，洱海流域"三区"划定落地，洱海保护治理"六个两年行动"加快实施，截污治污体系提质增效、面源污染治理等工作稳步开展，海西片区集中流转土地1233.33公顷，沿岸违规违建整治有序推进，"洱海论坛"举办，洱海流域列入全国第二批流域水环境综合治理与可持续发展试点。持续打好蓝天、碧水、净土保卫战，完成水土流失治理372平方千米，整改生态环境问题339项，洱海水环境综合整治成为中央环保督察整改看成效典型案例。全面推行州、县（市）、乡（镇）、村4级林长制，实现森林管护全覆盖。完成草原生态修复治理和有害生物防治15600公顷，草原综合植被覆盖率为83.2%。畜禽粪污综合利用率在90%以上。②人居环境改善。强化国土绿化和森林防火工作，完成营造林9600公顷。南涧县创建国家生态文明建设示范区，永平、鹤庆获省级美丽县城命名；爱国卫生"七个专项行动"开展，10个县城达到国家卫生县城标准；剑川沙溪古镇成为全省特色小镇智慧化建设新样板；《剑川历史文化名城保护规划》经省人民政府批准实施，9条街区申报为省级历史文化街区；大理州申报为全省唯一、全国10个传统村落集中连片保护利用示范州（市）之一，南涧公郎回营村申报为省级历史文化名村。

【现代产业集聚培育】 2021年，大理州围绕新材料、新能源、新基建、新消费、新业态等产业链开展精准招商，法国普德赋国际度假项目、英国帝亚吉欧威士忌生产及体验中心项目入驻大理，一批绿色硅、铝材补链项目启动实施，全年新增外商投资企业19户，引进州外到位资金增长11.5%。继续深化国有企业改革，整合资源资产，创新推出祥云集中建园等系列措施，落地新能源与制造业协同项目14个，嘉士伯9万罐智能化生产线等22个工业项目竣工投产，鹤庆北衙多金属综合利用工程等17个项目开工。发展特色农业，烟草产业提质增效；启动5个万头奶牛牧场建设，皇氏来思尔自主乳酸菌搭载神舟十二号载人飞船进行航天育种，欧亚、来思尔乳业各年产20万吨项目投产；粮食总产167万吨。建设"绿色食品牌"，宾川水果、漾濞核桃列入2021年度"一县一业"示范县，弥渡蔬菜、巍山肉牛列入"一县一业"特色县及全国优势特色产业集群，弥渡、祥云、鹤庆3县获国家生猪调出大县奖励。培育产业主体品牌，2户企业获评2021年云南省绿色食品"10强企业"，1户企业获评2021年云南省绿色食品"20佳创新企业"。6个品牌获评2021年云南省"10大名品"，48个企业、产品品牌和2个区域公共品牌进入云南省"绿色食品牌"品牌目录。全年完成农林牧渔业总产值679.4亿元，按可比价计算增长11.1%，第一产业增加值增长8.7%。推进数字经济创新，基于国产PKS技术路线的数字经济发展底座基本建成，城市大脑如期投运，智慧教育、智慧交通等场景应用加快推进，智能工厂、数字矿山等项目稳步实施，数据要素治理试点及数据归集全面展开。

【基础工程建设】 2021年，大理州启动"十四五"重大项目前期工作两年行动计划，安排71个项目前期工作经费8672万元。省级52个"四个一百"项目、130个"补短板增动力"项目前期有序推进。南景、大南、宾南高速和楚大扩容分段建成，大瑞铁路加快推进，铁路枢纽地方配套工程开工建设，全年完成综合交通投资438.5亿元，规模和增速均位居全省第一。鲁地拉提水工程建成通水，滇中引水大理段首条隧洞贯通，51件在建水源工程稳步推进。宾川海稍水库、南涧拥政水库等15件水源工程开工建设。11个"保供给促投资"新能源项目全面启动，鹤庆、祥云、弥渡3个县列入国家能源局整县(市、区)屋顶分布式光伏开发试点。12个输变电项目有序推进，新建燃气管网85千米。持续巩固拓展脱贫攻坚成果，保持过渡期各项政策稳定，返贫致贫监测和帮扶机制全面落地，未发生规模性返贫，群众收入稳定增长。实施乡村振兴项目，剑川等7个县列为省级乡村振兴重点帮扶县，启动洱海海西国家级乡村振兴示范园创建工作。建设喜洲等5个田园综合体，改建农村公路731千米、卫生户厕4.1万座。农村集体产权制度、供销综合改革取得成效。抓实城市建设和管理，"大祥巍一体化"和"四单元"有序推进，改造棚户区5320套、城镇老旧小区247个，城市更新试点项目加快推进，新建51千米污水收集管网。

【文旅商贸融合发展】 2021年，大理州继续强化文旅商贸融合发展，持续提升旅游品质。双廊民族文化街等3条街区被认定为省级旅游休闲街区，剑川千狮山评为国家AAAA级旅游景区；建成运营半山酒店50家，评定最佳旅游美宿30家；大理州列为国家文化和旅游消费试点，大理古城被列为第一批国家级夜间文化和旅游消费集聚区；发布"大理最佳爱情表白地图"；推出A级旅游景区免票、发放旅游消费券等优惠活动。精简行政审批28项，政务服务好评率为100%，通过持续深化"放管服""证照分离"改革，优化提升营商环境，通过帮助企业解决困难问题等办法措施稳企稳岗稳收入。稳定群众收入提升消费能力，持续推动家电汽车下乡，农村电商综合示范项目加快推进，大理市、祥云县、鹤庆县获批2021年电子商务进农村综合示范项目，获批项目数居全省第一。大理海关签发云南省首份中日两国间RCEP原产地证书，大理云免跨境国际购物中心建成运营，优势农产品出口增加，新增限上商贸企业114户，外贸进出口总额增长27.6%，完成社会消费品零售总额651.5亿元、增长7.2%，实际利用外资2200万美元，增长109倍，增幅位列云南省

2021年大理州人民政府常务会议一览表

表11

时间	会议名称	会议内容	主持人
1月19日	大理白族自治州第十四届人民政府第67次常务会议	一、学习传达近期党中央、国务院和省委、省政府重要文件精神和通报州人民政府领导赴北京有关部门对接交流情况。二、学习传达中央农村工作会、全国自治州自治县脱贫攻坚奔小康经验交流现场会、岁末年初全国安全防范工作紧急视频会、全省安全生产和消防工作电视电话会、全省元旦春节"两节"文化和旅游假日市场工作电视电话会、云南省推动长江经济带发展领导小组会、全省烟叶生产暨打击涉烟违法犯罪工作电视电话会精神。三、会议听取大理州贯彻落实习近平总书记、韩正副总理及省委、省政府主要领导关于洱海保护批示指示精神工作进展情况及历次督察未完成整改事项情况，书面传达全国疫情防控工作电视电话会精神并听取全州疫情防控工作情况。四、会议研究其他议题	杨国宗
2月9日	大理白族自治州第十四届人民政府第68次常务会议	一、学习传达近期党中央、国务院和省委、省政府重要文件精神。二、学习传达中央纪委第五次全会、省纪委第六次全会及省委农村工作会、全省商务工作推进电视电话会精神。三、会议传达了全省疫情防控工作视频调度会和全省文旅工作会精神，听取大理州教育考察团赴昆明上海考察学习、疫情防控、防震减灾、旅游市场秩序整治工作情况。四、会议研究其他议题	杨国宗
3月5日	大理白族自治州第十四届人民政府第69次常务会议	一、学习传达近期党中央、国务院和省委、省政府重要文件精神。二、学习传达全国脱贫攻坚总结表彰大会、全省深入推进"旅游革命"暨"一部手机游云南"工作领导小组第19次会议、全省统战工作会及全省民族宗教委主任会、全省民政工作座谈会、全省财政工作会精神。三、会议通报龙山商务大厦分配方案有关情况。四、会议研究其他议题	杨国宗
3月29日	大理白族自治州第十四届人民政府第70次常务会议	一、学习传达近期党中央、国务院和省委、省政府重要文件精神，领学解读《中华人民共和国民法典》有关法律法规。二、学习传达云南省湖泊保护治理工作会，省委、省政府大理现场办公会，省决战县域高速公路"能通全通"工程领导小组第9次会，省生态环境厅迎接第二轮中央生态环境保护督察全省视频会，2021年全省体育工作会精神。三、会议听取国家民委领导到大理调研和大理州方志馆建设有关情况。四、会议研究其他议题	杨国宗
4月17日	大理白族自治州第十四届人民政府第71次常务会议	一、学习传达中央第八生态环境督察组对云南省开展督察工作动员视频会、全国贯彻落实国务院关于深入开展爱国卫生运动的意见暨推进倡导文明健康绿色环保生活方式活动电视电话会、全省爱国卫生"7个专项行动"暨农村人居环境整治提升现场会、全省打击走私综合治理工作电视电话会精神。二、会议传达全省疫情防控工作视频调度会精神并听取全州疫情防控工作情况、桃源水库前期工作进展情况。三、会议研究并原则同意州发改委提请的《关于审定〈大理州贯彻落实省委省政府大理现场办公会部署的工作方案〉的请示》。四、会议研究其他议题	杨国宗
4月30日	大理白族自治州第十四届人民政府第72次常务会议	一、学习传达近期党中央、国务院和省委、省政府重要文件精神并通报龚云尊在疫情防控中严重失职失责问题。二、学习传达全省扫黑除恶专项斗争总结表彰大会、全省"城市病"整治工作现场会、全省深化"放管服"改革优化营商环境电视电话会、全省春季农业生产现场会精神。三、会议听取2021年一季度全州经济运行情况并研究《大理州2021年二季度经济发展持续稳走工作方案》。四、会议研究其他议题	杨国宗
5月21日	大理白族自治州第十四届人民政府第73次常务会议	一、学习传达全国新冠肺炎疫情防控和新冠病毒疫苗接种工作视频会、全国全省普通高校招生考试安全工作视频会、全省项目工作推进电视电话会、全省民族团结进步创建工作现场推进会、全省加强食物中毒防控工作电视电话会精神。二、会议研究全州1—4月经济运行情况。三、会议研究大理州贯彻落实省委、省政府大理现场办公会情况	陈真永
6月7日	大理白族自治州第十四届人民政府第74次常务会议	一、会议传达省政府领导带队到国家部委汇报漾濞"5·21"地震恢复重建争取支持工作情况，研究《漾濞"5·21"地震恢复重建规划》及相关工作。二、会议研究省委、省政府现场办公会精神任务分解把大理建设成为名副其实的国际旅游名城、打造世界一流"绿色食品牌"示范区支撑项目和工作推进情况。三、学习传达国务院未成年人保护工作领导小组第一次全体会议、全国全省深化"放管服"改革着力培育和激发市场主体活力电视电话会、全国全省就业创业工作暨普通高等学校毕业生就业创业工作电视电话会、全省2021年高考工作电视电话会、第十三届省人民政府第110次常务会、全省"美丽县城""特色小镇"建设工作现场推进会、国家级文化生态保护区建设经验交流会精神。四、会议研究其他议题	陈真永
6月10日	大理白族自治州第十四届人民政府第75次常务会议	一、会议研究通过州能源局提请的《大理州10个县太阳能光伏电站选址规划报告及大理州太阳能光伏电站选址规划报告》。二、会议研究并原则同意州交通运输局提请的"大理火车站建设方案及出资比例、大理北高铁站设站方案及出资比例、大理铁路枢纽扩能改造工程大理北站站房合作建设协议和土地综合开发框架协议"。三、会议研究通过州商务局提请的"关于海南云免实业有限公司等联合推进云南省大理白族自治州国际旅游零售先行试验区项目战略合作协议"。四、会议研究其他议题	陈真永

续表11

时间	会议名称	会议内容	主持人
6月24日	大理白族自治州第十四届人民政府第76次常务会议	一、会议传达习近平总书记近期重要讲话和指示精神，汇报全国全省安全生产电视电话会、第一次全国自然灾害综合风险普查工作电视电话会、国家方志馆建设工作领导小组第三次会、全省文化和旅游重点工作推进会精神，研究部署贯彻落实工作。二、会议通报州委州政府主要领导赴北京市河北省考察文旅工作情况，州委州政府领导赴中国电子信息产业集团考察数字经济工作情况，州政府领导到云投集团、富滇银行、省能源局、华能澜沧江水电有限公司对接汇报工作情况。三、会议学习《宗教事务条例》及配套办法。四、会议研究其他议题	陈真永
7月10日	大理白族自治州第十四届人民政府第77次常务会议	一、会议传达习近平总书记最新重要讲话和指示批示精神，省委有关专题会议精神，省人大常委会张太原常务副主任督察洱海河（湖）长制工作重要指示精神，研究洱海保护和专项整治工作。二、会议通报国务院安委会、省安委会安全生产督导检查组督导大理工作情况及大理州烂尾楼问题清查整治工作情况。三、会议研究并原则同意州教育体育局提请的《大理州推进集团化办学实施意见》。四、会议研究其他议题	陈真永
8月6日	大理白族自治州第十四届人民政府第78次常务会议	一、会议传达学习习近平总书记最新重要讲话和指示批示精神，省委副书记、省长王予波到大理调研指示精神，省委十届十二次全会等国家和省近期召开会议精神，研究部署有关工作。二、会议传达2021年云南省土地矿产等资源督察工作启动视频会精神，研究全州农村乱占耕地建房清理整治工作和大棚房整治“回头看”情况。三、会议研究部署全州防汛工作情况。四、会议研究其他议题	陈真永
9月6日	大理白族自治州第十四届人民政府第79次常务会议	一、会议传达学习全国优化生育政策电视电话会等国家和省近期召开会议精神，研究部署有关工作。二、会议传达州委州政府主要领导赴广东省深圳市、珠海市有关企业学习考察和州政府主要领导赴上海市、苏州市、杭州市开展招商项目洽谈工作情况。三、会议传达副省长和良辉到漾濞调研6.4级地震灾后恢复重建工作安排精神，研究安排大理州加快推进大理漾濞6.4级地震灾后恢复重建工作。四、会议研究其他议题	陈真永
9月24日	大理白族自治州第十四届人民政府第80次常务会议	一、会议研究并原则同意州投资促进局提请的《普德赋云南大理国际度假项目投资协议》及补充协议。二、会议研究通过州工业和信息化局提请的《大理白族自治州人民政府 祥云县人民政府 江苏中能硅业科技发展有限公司30万吨颗粒硅产业链配套生产项目合作投资意向协议》	陈真永
9月30日	大理白族自治州第十四届人民政府第81次常务会议	一、会议学习传达州第九次党代会、省委信访工作联席会议2021年第一次全体（扩大）会、全省农村人居环境整治提升现场会、全省消防工作电视电话会精神。二、会议听取省委、省政府大理现场办公会精神贯彻落实情况。三、会议听取洱源县“9·13”大型山洪泥石流地质灾害救灾及恢复重建工作情况。四、会议研究其他议题	陈真永
10月20日	大理白族自治州第十四届人民政府第82次常务会议	一、会议研究通过州工业和信息化局提请的《大理州新能源产业与先进制造业协同发展项目招商引资实施方案》。二、会议研究州能源局提请的《大理州光伏基地开发建设项目新能源开发企业承诺制管理办法》。三、会议研究并原则同意州发展改革委提请的《关于改革完善国家级大理经济技术开发区体制机制的请示》。四、会议研究其他议题	陈真永
10月28日	大理白族自治州第十四届人民政府第83次常务会议	一、传达省政府主要领导对有关州市经济工作、大理州重大项目推进重点工作落实的要求和中央校园安全专项整顿工作视频会精神。二、会议研究通过州生态环境局提请的《大理州土壤污染治理与修复规划》《大理州农村生活污水治理专项规划》（2020—2035）《大理州地下水污染防治总体实施方案》。三、会议研究并原则同意州人力资源和社会保障局提请的《大理白族自治州荣誉州民称号授予办法（试行）》。四、会议研究其他议题	陈真永
11月15日	大理白族自治州第十四届人民政府第84次常务会议	一、会议传达大理州党政代表团到曲靖考察学习情况，省长王予波在曲靖调研信访工作（接待群众来访时）讲话精神，以及全国冬春农田水利暨高标准农田建设电视电话会等全国和全省近期召开的重要会议精神。二、会议研究并原则同意祥云县人民政府提请的《关于撤销祥云县设立县级祥云市的请示》。三、会议研究州人力资源和社会保障局提请的《关于转报大理技师学院请求拨付建设项目土地款的请示》。四、会议研究其他议题	陈真永
12月2日	大理白族自治州第十四届人民政府第85次常务会议	一、会议传达全省乡村振兴现场工作会、文化强省重点工作推进电视电话会精神，报告全州减轻义务教育阶段学生作业负担和校外培训负担工作进展情况、中央环保督察反馈问题整改推进情况及2021年全州政务公开、安全生产、食品安全工作情况。二、会议研究大理漾濞“6.4”级地震灾后恢复重建工作进展情况。三、会议研究州交通运输局提请的《永平至昌宁高速公路（大理段）和云龙至永平高速公路特许经营项目投资协议特许经营协议》。四、会议研究其他议题	陈真永
12月14日	大理白族自治州第十四届人民政府第86次常务会议	一、会议传达省委关于贯彻落实中央八项规定精神实施办法，传达了中央经济工作会、全国宗教工作会、全省质量工作电视电话会精神。二、会议研究巩固拓展脱贫攻坚成果衔接乡村振兴工作情况。三、会议研究通过州财政局提请的《大理州洱海流域水生态保护横向补偿办法（试行）》。四、会议研究其他议题	陈真永
12月31日	大理白族自治州第十四届人民政府第87次常务会议	一、会议研究并原则同意州科技局提请的《大理白族自治州人民政府 中国农业大学 云南农业大学合作框架协议》。二、会议研究祥云县人民政府提请的《关于大理云泰祥瑞投资有限公司股权转让事宜的请示》。三、会议研究并原则同意祥云县人民政府提请的《关于请求给予〈年产20万吨锂电池负极材料一体化基地项目合作协议〉政策支持的请示》。四、会议研究其他议题	陈真永

（州政府办　提供）

2021年大理州人民政府人事任免一览表

表12

姓名	任免职务	日期
陈文红	任大理白族自治州公安局警令部主任	1.21
陶志文	任大理白族自治州人民政府办公室督查专员	1.21
李　燕	任大理白族自治州推进“一带一路”建设工作领导小组办公室专职副主任	1.21
方　伟	任大理白族自治州公安局刑事侦查支队副支队长	1.21
张学军	任大理白族自治州卫生健康委员会督查专员	1.21
刘　旺	任大理经济技术开发区管理委员会党群工作部部长	1.21
赵腾鹏	任大理经济技术开发区管理委员会区域合作部部长	1.21
陈绍明	任大理经济技术开发区管理委员会主任	2.8
李继显	免去大理经济技术开发区管理委员会主任职务	2.8
杨国宗	免去大理白族自治州行政学校校长职务	5.7
李　涛	任大理经济技术开发区管理委员会副主任（正处级）	5.7
李若翀	任大理白族自治州公安局森林警察支队副支队长	5.7
陈真永	任大理白族自治州行政学校校长	5.13
张建锋	任大理白族自治州交通运输局副局长、大理白族自治州地方铁路发展局副局长，挂职时间2年	5.21
褚娇艳	任大理白族自治州人民政府副秘书长（兼）、大理白族自治州信访局局长	6.7
张连坤	任大理白族自治州应急管理局副局长（正处级），免去大理白族自治州人民政府重点建设项目稽查特派员职务	6.7
李富川	任大理白族自治州工业和信息化局副局长	6.7
张宝明	任大理白族自治州教育体育局副局长	6.7
马　杰	任大理白族自治州民族宗教事务委员会副主任	6.7
杨志国	任大理白族自治州民族宗教事务委员会副主任	6.7
窦　谦	任大理白族自治州司法局副局长	6.7
张劲松	任大理白族自治州交通运输局副局长	6.7
段孔明	任大理白族自治州水务局副局长	6.7
李早华	任大理白族自治州广播电视局副局长	6.7
张晓源	任大理白族自治州统计局副局长	6.7
张建国	任大理白族自治州人民政府扶贫开发办公室副主任	6.7
李中正	任大理白族自治州人民政府扶贫开发办公室副主任	6.7
王　丽	任大理白族自治州医疗保障局副局长	6.7
杨儒军	任大理白族自治州政务服务管理局副局长	6.7
廖光荣	免去大理白族自治州人民政府副秘书长（兼）、大理白族自治州信访局局长职务	6.7
熊冬良	免去大理白族自治州工业和信息化局副局长职务	6.7
高汉生	免去大理白族自治州教育体育局副局长职务	6.7
和秀娟	免去大理白族自治州民族宗教事务委员会副主任职务	6.7
孙培正	免去大理白族自治州民族宗教事务委员会副主任职务	6.7
张詠萍	免去大理白族自治州司法局副局长职务	6.7
杨永斌	免去大理白族自治州交通运输局副局长职务	6.7
赵皖平	免去大理白族自治州住房和城乡建设局副局长职务	6.7
杨荣福	免去大理白族自治州水务局副局长职务	6.7
李建宇	免去大理白族自治州应急管理局副局长职务	6.7
杨　明	免去大理白族自治州广播电视局副局长职务	6.7
杨经红	免去大理白族自治州统计局副局长职务	6.7
杨崇元	免去大理白族自治州人民政府扶贫开发办公室副主任职务	6.7
张荣贵	免去大理白族自治州人民政府扶贫开发办公室副主任职务	6.7
王灿光	免去大理白族自治州信访局副局长职务	6.7
李　晖	免去大理白族自治州医疗保障局副局长职务	6.7
程建云	免去大理白族自治州政务服务管理局副局长职务	6.7
董学智	免去大理白族自治州人民政府新闻办公室专职副主任职务	6.7
陈品义	免去大理白族自治州就业局局长职务	6.7
雷家彬	任大理白族自治州地方志编纂委员会办公室主任	6.7
王超英	免去大理白族自治州地方志编纂委员会办公室主任职务	6.7
苏志敏	免去大理白族自治州卫生健康委员会副主任职务	6.7
冯　晖	免去大理白族自治州应急管理局副局长职务	6.7
段飞鹏	任大理白族自治州公安局刑事侦查支队支队长	6.7
杨文瑾	任大理经济技术开发区管理委员会投资促进部部长	6.7
马　明	任大理经济技术开发区管理委员会经济发展部部长兼应急管理局局长	6.7
杨正楷	任大理经济技术开发区管理委员会行政审批局局长	6.7
黑尚锋	任大理白族自治州人民政府国有资产监督管理委员会主任	6.7
任　敏	免去大理白族自治州人民政府国有资产监督管理委员会主任职务	6.7
李德琦	免去大理白族自治州人民政府扶贫开发办公室主任职务	6.7
杨珏婵	免去大理白族自治州地方经济协作发展中心主任职务	6.7
施文妍	免去大理白族自治州民政局副局长职务	6.7
杨敏建	免去大理白族自治州洱海管理局副局长职务	6.7
马志翔	免去大理白族自治州行政学校副校长职务	6.7
周　敏	任大理白族自治州乡村振兴局局长，免去大理白族自治州商务局副局长职务	6.24
杨仁熙	任大理白族自治州乡村振兴局副局长，免去大理白族自治州人民政府扶贫开发办公室副主任职务	6.24
张建国	任大理白族自治州乡村振兴局副局长，免去大理白族自治州人民政府扶贫开发办公室副主任职务	6.24
李中正	任大理白族自治州乡村振兴局副局长，免去大理白族自治州人民政府扶贫开发办公室副主任职务	6.24
杨旭辉	任大理白族自治州乡村振兴局副局长，免去大理白族自治州人民政府扶贫开发办公室副主任职务	6.24
卢慧明	任大理白族自治州公安局出入境管理支队支队长，免去大理白族自治州公安局信访处处长职务	6.24
任炳洲	任大理白族自治州公安局信访处处长，免去大理白族自治州公安局看守所所长职务	6.24
张文斌	任大理白族自治州公安局看守所所长（试用期一年）	6.24
杨　坤	任大理白族自治州公安局督察长	8.6
张尧贵	免去大理白族自治州公安局督察长职务	8.6
李建奇	任大理白族自治州人民政府新闻办公室专职副主任（试用期一年）	8.31
张秉位	任大理白族自治州民政局副局长	8.31
朱德才	任大理白族自治州住房和城乡建设局副局长（试用期一年）	8.31
陈永志	任大理白族自治州住房和城乡建设局副局长（试用期一年）	8.31
李天峰	任大理白族自治州交通运输局副局长、大理白族自治州地方铁路发展局局长（试用期一年）	8.31
茶加标	任大理白族自治州商务局副局长，免去大理白族自治州人民政府驻瑞丽办事处主任职务	8.31
周丽玲	任大理白族自治州文化和旅游局副局长	8.31
段　春	任大理白族自治州信访局副局长，免去大理经济技术开发区综合协调部部长职务	8.31
杨学松	任大理白族自治州洱海管理局副局长（试用期一年）	8.31

续表12

姓名	任免职务	日期
杨正楷	任大理经济技术开发区综合协调部部长，免去大理经济技术开发区行政审批局局长职务	8.31
李天平	任大理经济技术开发区开发建设部部长（试用期一年）	8.31
张华骊	免去大理白族自治州公安局警务保障处处长职务	8.31
吴政兴	免去大理白族自治州交通运输局副局长、大理白族自治州地方铁路发展局局长职务	8.31
李建华	免去大理白族自治州文化和旅游局副局长职务	8.31
杨益琨	免去大理白族自治州文化和旅游局副局长职务	8.31
朱兆兴	任大理州国有资本投资运营（集团）有限公司总经理（州属国有企业正职，试用期一年），免去大理白族自治州人民政府国有资产监督管理委员会副主任职务	8.31
马志荣	免去大理州文旅开发投资（集团）有限公司董事长职务，在大理州国有资本投资运营（集团）有限公司按州属国有企业正职领导管理	8.31
唐重鸣	任大理州国有资本投资运营（集团）有限公司副总经理，免去大理州文旅开发投资（集团）有限公司副总经理职务	8.31
何元玛	任大理州国有资本投资运营（集团）有限公司副总经理，免去大理州文旅开发投资（集团）有限公司副总经理职务	8.31
单玉井	任大理州交通投资开发（集团）有限公司副总经理，免去大理州城乡投资（集团）有限公司副总经理职务	8.31
罗会军	任大理州交通投资开发（集团）有限公司副总经理，免去大理州城乡投资（集团）有限公司副总经理职务	8.31
揭光学	任大理州交通投资开发（集团）有限公司副总经理，免去大理州城乡投资（集团）有限公司副总经理职务	8.31
罗国森	任大理州交通投资开发（集团）有限公司财务总监，免去大理州文旅开发投资（集团）有限公司财务总监职务	8.31
张华飞	任大理州建设投资（集团）有限公司副总经理，免去大理州工业投资（集团）有限公司副总经理职务	8.31
贺子义	任大理州工业投资（集团）有限公司副总经理，免去大理州城乡投资（集团）有限公司财务总监职务	8.31
杨义标	在大理州国有资本投资运营（集团）有限公司按州属国有企业正职领导管理	8.31
徐文辉	免去大理州工业投资（集团）有限公司副总经理职务，按州属国有企业副职领导管理	8.31
赵　云	免去大理州工业投资（集团）有限公司董事长职务，任大理州工业投资（集团）有限公司副总经理	8.31
易茂平	任大理白族自治州公安局副局长	9.22
张炳华	任大理白族自治州林业和草原局副局长，免去大理白族自治州农业农村局督查专员职务	9.22
杨凤伟	任大理白族自治州农业农村局副局长（试用期一年）	9.22
杨国文	任大理经济技术开发区行政审批局局长（试用期一年）	9.22
杨泗瑶	免去大理白族自治州农业农村局副局长职务	9.22
李奇彬	免去大理白族自治州林业和草原局副局长职务	9.22
曾星明	任大理白族自治州人民政府办公室副主任	11.15
冯安梅	任大理白族自治州能源局副局长	11.15
赵　毅	任大理白族自治州洱海管理局副局长	11.15
洪长青	任大理广播电视台总编辑	11.15
陈　泽	任大理白族自治州民族宗教事务委员会副主任	12.2
周国鸿	任大理白族自治州住房和城乡建设局副局长	12.2
袁春城	任大理白族自治州人民政府国有资产监督管理委员会副主任	12.2
赵　鳌	任大理白族自治州行政学校副校长	12.2
朱朋明	免去大理白族自治州民族宗教事务委员会副主任职务	12.2
字　晶	免去大理白族自治州人民政府外事办公室副主任职务	12.2
杨旭辉	免去大理白族自治州乡村振兴局副局长职务	12.2
杨学泉	任大理白族自治州人民政府副秘书长、大理白族自治州人民政府办公室主任	12.14
茶向金	任大理白族自治州市场监督管理局局长	12.14
彭建华	任大理白族自治州能源局局长，免去大理白族自治州滇中引水办公室主任职务	12.14
杨春丽	任大理白族自治州医疗保障局局长，免去大理白族自治州财政局副局长、大理白族自治州政府性债务管理委员会办公室副主任职务	12.14
苗宝成	任大理白族自治州人民政府驻上海联络处主任，免去大理白族自治州人民政府驻北京联络处副主任职务	12.14
李国才	任大理白族自治州发展和改革委员会副主任	12.14
代洁文	任大理白族自治州科学技术局副局长	12.14
何太彪	任大理白族自治州交通运输局副局长	12.14
陈云吉	任大理白族自治州交通运输局副局长	12.14
王建春	任大理白族自治州水务局副局长	12.14
方银玲	任大理白族自治州机关事务管理局副局长	12.14
高胜康	任大理白族自治州信访局副局长	12.14
杨正彪	任大理白族自治州人民政府驻上海联络处副主任，免去大理白族自治州文物局局长职务	12.14
李绍唐	免去大理白族自治州人民政府副秘书长、大理白族自治州人民政府办公室主任职务	12.14
杨建军	免去大理白族自治州市场监督管理局局长职务	12.14
寸清华	免去大理白族自治州能源局局长、大理白族自治州发展和改革委员会副主任职务	12.14
郭治中	免去大理白族自治州医疗保障局局长职务	12.14
杨桂生	免去大理白族自治州人民政府办公室副主任职务	12.14
尹丽萍	免去大理白族自治州科学技术局副局长职务	12.14
董建勋	免去大理白族自治州住房和城乡建设局副局长职务	12.14
熊红兵	免去大理白族自治州交通运输局副局长、大理白族自治州地方民航发展局局长职务	12.14
李映星	免去大理白族自治州交通运输局副局长职务	12.14
马　倩	免去大理白族自治州水务局副局长职务	12.14
李庆敏	免去大理白族自治州文化和旅游局副局长职务	12.14
张艳宏	免去大理白族自治州机关事务管理局副局长职务	12.14
曹　辉	免去大理白族自治州信访局副局长职务	12.14
赵腾鹏	免去大理经济技术开发区区域合作部部长职务	12.14
叶　勇	任大理白族自治州公安局警务督察支队副支队长	12.14
徐家鑫	任大理白族自治州公安局森林警察支队副支队长，免去大理白族自治州公安局科技信息化处处长职务	12.14
戴福勇	任大理白族自治州公安局警务保障处处长	12.14
谭　波	任大理白族自治州公安局科技信息化处处长（试用期一年）	12.14
杨　梁	免去大理白族自治州公安局交通警察支队车辆管理所所长职务	12.14
杨春晓	任大理州建设投资（集团）有限公司总经理	12.20
王　敏	任大理白族自治州卫生健康委员会副主任	12.20
王　智	任大理白族自治州强制隔离戒毒所副所长	12.20
张嘉杰	任大理白族自治州公安局副局长、交通警察支队支队长，免去大理白族自治州公安局副督察长、警务督察支队支队长职务	12.29
宝荣贵	免去大理白族自治州公安局副局长职务	12.29
邓　明	免去大理白族自治州公安局交通警察支队支队长职务	12.29

（州政府办　提供）

2021年大理州10件惠民实事完成情况表

表13

序号	项目名称	实施内容	完成情况
1	城乡住房保障和提升工程	发放城镇住房保障家庭租赁补贴4000户。实施城镇老旧小区改造187.18万平方米。实施农房抗震改造1.7万户	发放城镇住房保障家庭租赁补贴6186户，发放资金1426.445万元。实施城镇老旧小区改造16530户187.18万平方米。实施农房抗震改造2.1万户
2	农村水电路建设提升工程	1. 完成219件农村饮水工程维修养护，实施9件小（2）型病险水库除险加固	完成280件农村饮水工程维修养护，完成9件小（2）病险水库除险加固任务
		2. 新建和改造10千伏线路296千米、配电变压器620台、低压线路654千米	完成新建和改造10千伏线路296.3千米，配电变压器620台，低压线路654千米
		3. 实施农村公路改建及安防项目1000千米	实施农村公路改建及安防项目517个1063千米，其中30个自然村通公路329个630千米，安全生命防护工程188个项目433千米
3	就业创业帮扶工程	新增城镇就业33000人，城镇失业人员再就业9300人，就业困难人员就业8500人，“贷免扶补”和创业担保贷款扶持6000人（户），农村劳动力转移就业率达60%以上	新增城镇就业35522人，城镇失业人员再就业10827人，就业困难人员就业9484人，贷免扶补和创业担保贷款扶持6656人（户），农村劳动力转移就业率为74.65%
4	农业科技惠民工程	1. 对稻谷、能繁母猪等9个保险品种实施政策性保险。实施10000户以上农机购置补贴，建设高标准农田60万亩以上	完成能繁母猪保险37.62万头、奶牛保险7.59万头、育肥猪保险116.5万头、水稻保险35.16万亩、玉米保险154.75万亩、油菜保险3.83万亩、马铃薯保险6.12万亩、小麦保险2.78万亩、玉米制种保险1.65万亩，投保农户数779782户次、投保企业61个、投保农民专业合作社24个、投保家庭农场444个。实施17507户农机购置补贴，建设高标准农田64.9万亩
		2. 选派100名科技特派员深入农村开展科技服务，开展农业适用技术培训200场，培训务农人员5000人次以上	选派111名科技特派员深入农村开展科技服务，开展农业适用技术培训235场，培训务农人员7921人次
5	教育惠民工程	新建改扩建幼儿园13所，资助学前教育到高中教育阶段家庭经济困难学生不低于30万人次	新建改扩建所幼儿园13所，资助学前教育到高中教育阶段家庭经济困难学生120万人次
6	特殊困难群体帮扶工程	提高18万名城乡低保和特困人员供养对象保障供养标准，为全州4.5万名两补残疾人按规定发放生活补贴和护理补贴；为全州700多名孤儿等特困儿童按时足额发放基本生活费；为全州7.2万名高龄（长寿）老人发放高龄（长寿）补助金	为18.17万城乡低保和特困人员发放保障金7亿元，将2021年全州城乡最低生活保障提高至城市660元/人/月、农村4770元/人/年，特困人员救助供养标准提高至858元/人/月；为全州4.54万名两补残疾人按规定发放生活补贴和护理补贴5241.27万元；为全州838名孤儿等特困儿童按时足额发放基本生活费1193万元；为全州7.25万名高龄（长寿）老人发放高龄（长寿）补助金4705.36万元
7	卫生健康服务保障工程	完成标准化村卫生室40个新建、30个改扩建任务。建成32个乡镇卫生院慢病管理中心、5个心脑血管救治站。集中脱产培训1000名乡村医生。完成180名乡村医生中医药适宜技术培训。开展3000例白内障复明手术。开展1000例尿毒症肾透析治疗。开展30名困难家庭先心病儿童免费治疗。开展农村妇女两癌免费检查5万人，为4000名中老年城乡居民提供免费脑卒中筛查。0~6岁儿童免疫规划疫苗接种率达90%以上	完成标准化村卫生室32个新建任务、82个改扩建任务。建成32个乡镇卫生院慢病管理中心、8个心脑血管救治站。集中脱产培训1000名乡村医生。完成180名乡村医生中医药适宜技术培训。完成3203例白内障复明手术。完成1794例尿毒症肾透析治疗。完成37名困难家庭先心病儿童免费治疗。开展农村妇女两癌免费检查68115人，为4542名中老年城乡居民提供免费脑卒中筛查。0~6岁儿童“五苗”全程免疫接种率达90%以上
8	扶残助残工程	为2500名低收入智力、精神和重度肢体残疾人提供居家托养服务，为500户低收入残疾人家庭实施无障碍改造，为600名低收入精神残疾人提供免费住院康复救助，为2000名低收入残疾人免费提供辅助器具适配服务	为5365名低收入智力、精神和重度肢体残疾人提供居家托养服务，为583户低收入残疾人家庭实施无障碍改造，为755名低收入精神残疾人提供免费住院康复救助，为3284名低收入残疾人免费提供辅助器具适配服务
9	文化体育惠民工程	1. 实施820场文化惠民演出	因受新冠肺炎疫情影响，根据各级疫情防控领导小组的有关规定，为避免出现人群密集现象，各县市线下惠民演出都有所减少，今年以来共完成741场次文化惠民演出活动
		2. 在行政村放映农村公益数字电影10000场	在行政村放映农村公益数字电影14325场
		3. 低免开放体育场馆800场次、接待体育锻炼群众200万人次	低免开放体育场馆7453场次、接待体育锻炼群众353.18万人次
10	法律服务惠民工程	建成州县乡村四级公共法律服务实体平台1275个。脱贫村法律顾问覆盖率实现100%，低收入人口法律服务需求回应率为100%，低收入人口有法律援助需求时受援率为100%，脱贫村、低收入人口的矛盾纠纷调解调处率达100%	建成州县乡村四级公共法律服务实体平台1275个。脱贫村法律顾问覆盖率实现100%，低收入人口法律服务需求回应率为100%，低收入人口有法律援助需求时受援率为100%，脱贫村、低收入人口的矛盾纠纷调处率为100%

（州政府办　提供）

第一。金融服务实体经济能力提升，中小微企业贷款风险补偿金规模为2900万元，贷款风险补偿业务进入实操阶段。金融机构各项存贷款余额分别为2038.9亿元、1973.2亿元，同比分别增长4.7%、16.2%。

【民生保障厚植发展】 2021年，大理州财政资金民生支出占比为75%。就业形势平稳，农村劳动力转移就业135.24万人，新增城镇就业3.56万人，城镇登记失业率控制在4.2%以内。以创业带就业，大理州被人社部评为云南省3个创业城市之一。持续推动教育事业优质发展，学前三年毛入园率、九年义务教育巩固率、高中阶段毛入学率稳步提升，义务教育“双减”“双升”全面推进，大班额有效化解，校外培训规范，普通高中晋级升等推进。实施10个职业学校办学能力提升项目，启动建设20个州级优质专业。大理大学博士学位授权获批，滇西应用技术大学在校生突破万人。全民健身运动蓬勃开展。提升医疗服务能力，调整医疗服务价格项目172项，滇西区域医疗中心、州医院医疗核心区加快建设，州传染病医院等28个“双提升工程”稳步推进，紧密型县域医共体建设加快，养老、医疗机构签约服务率为100%。祥云县达到国家级健康促进县标准，大理、宾川、弥渡等6个县（市）创建全国基层中医药工作先进单位。疫情防控精准，建成34个核酸检测实验室，新冠疫苗接种有序推进。提升社会保障水平，社会保险参保面扩大，基本医疗保险运行评价全省第一，实现兜底保障对象应保尽保、社会救助应救尽救。漾濞“5·21”6.4级地震、洱源“9·13”山洪泥石流应急抢险救灾及时有序，恢复重建取得阶段性成绩。大理州入围“东亚文化之都”2023年度候选城市。白族吹吹腔、大本曲入选国家级非遗项目名录，130项革命文物列入第一批云南省不可移动革命文物名录。科技创新取得新进展，新增取得专业技术人员职业资格证书人数1300人，新增高技能人才2800人，“巍山县人民医院周泽平专家工作站”等5个工作站挂牌运行。统筹推进各项事业发展，气象、水文预测预报能力提升。信访问题和矛盾纠纷排查化解及时有效。漾濞、永平创建为全国民族团结进步示范县。宗教和顺局面持续巩固。大理文化生态保护实验区建设顺利推进。国家方志馆南方丝绸之路分馆一期项目建成。国防动员、搬迁安置、妇女儿童、残疾人、红十字、老龄等工作取得进步。10件惠民实事全面完成。

办公室工作

【概况】 2021年，大理州人民政府办公室按照数字化、精准化、效能化、常态化要求，进一步改进作风、创新思路、强化措施，“三服务”水平实现新提升。①全面从严治党。始终把全面从严治党贯穿于办公室工作全过程、各环节。精心组织和开展党史学习教育和“大理之问”大讨论活动，科学制定“四清单一方案一突破”，年度党风廉政建设和意识形态工作考核为优秀等次。②招商引资工作。办公室把“政府围着企业转、企业有事马上办”作为工作导向，通过对“中国企业500强”“中国民营企业500强”上榜企业进行研究和梳理，围绕大理州“十四五”时期重点发展“445”13个产业对195个上榜企业进行重点招商，州政府领导带队赴上海、浙江等地招商12次，会见法国普德赋中国总部、阿里巴巴集团等大型企业负责人140余次。举办中国（云南大理）—韩国重点产业线上推介会，促成普德赋等一大批重大招商引资项目落户大理。③自身建设。完善毒品治理体系，促进毒品形势整体向好、持续改观，州政府办公室被推荐申报2016—2020年云南省禁毒防艾工作先进单位。定期研究部署综治维稳、依法治州、国家安全和龙山行政办公区安全保卫等工作，完善视频监控系统、电子防盗报警系统，依法依规处理群众来访，督促有关信访事项落实，及时化解矛盾纠纷，州政府办公室被推荐申报为云南省法治政府建设工作先进单位。④其他工作。全力参与疫情防控，扎实做好州指挥部协调联络、文件办理、文稿服务、督导督查、值班值守等工作；积极响应国家和省、州号召，选派1名工作人员作为大理州强边固防突击队队员驰援陇川。出台年度《云龙县功果桥镇新山村脱贫攻坚成果巩固助推乡村振兴实施方案》，抓实防返贫动态监测，协调229万元实施4.2千米道路硬化。出资16.55万元帮助70户原建档立卡贫困户和16户一般农户减轻教育支出负担。选派办公室1人驻大理市银桥镇沙栗木村任第一书记，统筹整合各方力量，巩固脱贫攻坚与乡村振兴。配合州级河长履行工作职责，督促“一河一策”执行情况及有关问题整改落实，投入43万余元对阳溪流域重要部位10条入湖沟渠、45条支流沟渠进行清理，实现阳溪河畅、水清、岸绿、景美的水生态环境。年内，州政府办公室被省委、省政府评为云南省第十六届文明单位。

【法律顾问作用】 2021年，办公室出台州政府重大行政决策事项风险评估办法及加强和规范州政府法律顾问室法律审查等文件，审核报备州人民政府规范性文件6份，备案审查州级行政机关和县（市）人民政府规范性文件17件次，审查政府决策前各类重要文件、合同、协议和办理州政府领导交办的法律事务353件次，为州政府决策提供法律服务保障。

【值班值守机制建设】 2021年，办公室坚持专人24小时值班，假日期间实行州政府领导在岗带班、办公室带班领导和值班人员24小时坚守岗位。接收处理漾濞县“5·21”地震、洱源县“9·13”山洪泥石流灾害等较大以上及敏感突发事件52起，向省政府办公厅报送值班信息106期。统一购买发放天通卫星电话，实现州、县（市）、乡（镇、街道）三级政府天通卫星电话全覆盖。配合做好群众来访接访工作，共协调参与接访处理群众到州政府上访事件20起97人次。在2月召开的全省政府系统值班工作视频会议上，州政府办公室就值班值守工作进行交流。

【精文减会】 2021年，办公室精简文件、会议取得新成效。①精简文件。采取专题研究、工作培训、业务点评、现场交流、调度分析等方式，从严落实州委“20条”措施和州政府“十不准”，严控发文标准和数量。每季度对县（市）和州级部门上报的文件进行测评，按照制度进行打分并通报排名，全年州政府及办公室发文263份，同比下降10%。②精简会议。细化会议筹办责任，完善办会三级审核制，严格会议审签程序，实行“秘书长一支笔审批制”。精心做好国家部委和省级领导检查大理工作服务保障，参与并完成在大理举行的2021全球生态文明建设研讨会（洱海论坛）等会议活动，牵头开展线上“三月街”民族节活动，得到商户、网友和社会各界的广泛好评。

【工作督查】 2021年，办公室聚焦洱海保护、乡村振兴、爱国卫生“7个专项行动”“大理之问”大讨论活动等州委、州政府重点工作开展督查，与大理州广播电视台等新闻媒体深度合作，开展有图有声有真相专项行动暗访督查，全年上报督查反馈35期。牵头办理国务院和省、州“互联网＋督查”平台留言，全面完成国务院、省、州“互联网＋督查”平台转办的59件交办件的核查、办理和回复。抓好州长信箱1014件、人民网州长留言118件的跟踪督办。及时回复州“两会”期间人大代表和政协委员的工作建议，做好人大代表建议和政协提案办理回复，233件州人大代表建议、317件州政协提案全部办复完毕，满意率和基本满意率为100%。

【政务信息】 2021年，办公室刊发政务信息及信息专报71期、微信信息49期、热点动态31期，审核上报省政府办公厅信息216期，直报国务院办公厅信息122期，被省政府采用116篇、国务院采用12篇，累计完成省考核分1154分。全州政务信息工作被省政府办公厅通报表扬为年度全省政务信息工作成绩突出单位、获二等奖。

【电子政务】 2021年，办公室重构开发电子公文系统，实现电脑、手机等多终端、全过程公文流转和信息交互，累计流转公文2737.73万份。政务外网基本实现“一张网”，覆盖全州所有党政部门、110个乡（镇）、1151个村委会、3237个单位，协同办公系统用户数为15275个。州、县（市）政府门户网站群新开通“大理漾濞‘5·21’地震”“大理之问”等专栏，发布政务信息13209条。全面推行省政府视联网和州、县（市）云视讯远程视频无纸化会议系统，保障视频会议258场次。做好软件正版化推广运用，规范移动互联网应用程序，整治指尖上的形式主义。

【政务公开】 2021年，办公室制发年度大理州政务公开工作要点及重大建设项目批准和实施领域政府信息公开等文件，列出全州重大建设项目清单，督促12个县（市）和州级各部门按照清单做到“应公开尽公开”，全州13个政府门户网站共发布信息55352条。对全州运行的16个政府网站和268个政府系统政务新媒体每日开展2次全覆盖扫描，责令整改和关停问题政务新媒体174个。在年度全省政务公开工作电视电话会议上，州政府办公室作交流发言。

（州政府办供稿）

人力资源管理

【事业单位人才招聘】 2021年，大理州持续完善事业单位人才招聘制度。创新不同行业、专业和岗位特点的招聘方式，探索高层次人才、急需紧缺人才招聘、校园招聘办法，初步建立“高层人才引进”“考核招聘”“考试招聘”等多措并举的公开招聘机制，为全州高质量可持续发展提供坚强的智力支撑和人才保障。针对大理州高层次、创新型人才匮乏的实际，先后出台了《关于实施苍洱人才“霞光计划”推动新时代大理高质量可持续发展的意见》《苍洱人才“霞光计划”校园工程实施方案》《大理州人才引进办法（试行）》等一系列引才措施，从引才待遇、编制保障、招聘程序等方面予以优化。年内引进硕士研究生以上学历人才74名。针对大理急需急缺人才需求实际，出台了《大理州事业单位公开考核招聘工作人员暂行办法》，建立健全“校园招聘”机制，不断发挥事业单位和主管部门的用人自主权，优化人才招聘办法。年内“考核招聘”“校园招聘”事业单位工作人员128名。针对各部门人才发展需求实际，不断加大事业单位公开招聘工作人员力度，规范招聘程序。年内公开招聘事业单位工作人员439名。基层人才得以持续加强。不断加大“特岗教师”“三支一扶”“订单定向免费医学生”等基层人才项目实施力度，年内招聘基层项目服务期满人员115名。

【职称制度改革】 2021年，大理州持续深化专业技术人员职称制度改革。①规范评委会。清理规范全州各级各系列（专业）职称评审委员会，做到评审专业清、评审流程清、评审材料清、评审部门清。年内，新批准组建大理州自然资源工程系列评审委员会，重新批准组建大理州建筑工程系列等16个评审委员会。②畅通申报通道。规范非公经济组织专业技术人员申报通道，积极指导技能人员职称申报工作，申报人员范围不断拓宽。③创新评审模式。推行中小学教师职称评审“互联网＋评审”模式，提高职称评审公信度。紧扣云南省中小学教师职称制度改革新形势、新要求，委托第三方定制集职称申报、资格审查、评审表决于一体，兼顾标准化、程序性和保密性要求的中小学教师职称评定管理系统。通过网络评审改变原评审模式，实现“教师跑”到“网络跑”的转变，做到了“信息多跑路，教师少受累”。④推行职称述职制度。申报人员在申报职称前须在单位职工大会进行述职，同意申报人数须达三分之二才能申报职称，述职制度的推行，使申报人员更广泛地接受群众的监督，提高了申报的公信力。⑤优化岗位管理制度。坚持现有事业单位岗位管理政策总体稳定和科学合理动态调整相结合的原则，以促进单位事业发展和满足工作实际需求为目标，在确保各行业岗位结构比例不变的情况下，对新增、职能职责或人员编制调整的单位及时进行岗位设置调整，确保编制和岗位有效结合。2021年，全州公有制企事业单位专业技术人员通过评审取得正高级职称143人、副高级职称2434人，取得中级职称2888人。

【技能人才提升行动】 2021年，大理州大力实施职业技能提升行动，深入推进技能评价改革，广泛开展职业技能赛事，全力推进技工院校建设，打出“组合拳”，形成“聚合力”，为社会培育和输送大批高素质劳动者和技能人才。①创新技能人才政策措施。出台了《大理洱海海西国家级乡村振兴示范园创建人才振兴专项工作方案》、职业技能提升行动专账资金管理、企业新型学徒制培养、以工代训等近10个政策文件。与发改、工信、扶贫、应急管理、市场监管、文化旅游、邮政管理等十多个部门共同研究制定了推进线上培训、加快企业职工培训、规范特种作业操作培训、加快文旅、康养、邮政、消防等各类行业从业人员和各类城乡劳动者的技能提升培训、加快青年技能培训等10多个配套政策，推动形成职业技能提升工作合力。②提升技能人才服务水平。结合“万名人才兴万村”活动，启动实施2021年“白州技能人才助力乡村振兴百村行”活动。积极动员和组织全州入选云南省高层次人才培养计划“首席技师”、苍洱人才霞光计划“技能名匠专项”“青年技能人才培养专项”等各类技能人才，组成专家服务团，深入基层送技能、送培训、送服务。年内组织95名专家深入基层，为全州72个村委会4494名群众开展白族扎染、三道茶制作、乳扇制作、木雕、石雕、银器制作、刺绣、种植养殖等80期培训。③加强技能人才素质提升。构建了由人社部门牵头，扶贫、农业、教育、商务、发改、工会、团委、妇联、残联等部门齐抓共管促培训的技能扶贫培训工作机制。认真落实失业保险支持参保职工技能提升“展翅行动”。针对企业职工和贫困家庭子女、贫困劳动力、失业人员、城乡未继续升学初高中毕业生、农村转移就业劳动力、转岗职工、残疾人、退役军人等重点人群大力推进职业技能提升行动。2021年，全州共开展补贴性培训81546人次，其中企业职工培训13812人次（含企业新型学徒制培训2415人次），贫困劳动力等八类人员培训67756人次。完成2021年省级下达的目标任务数35000人次的233.05%。④健全技能人才评价体系。做好补贴性培训、社会化培训，以及技工院校在校学生等开展的职业资格证书、技能等级证书、专项能力证书的鉴定认定考核工作。指导大理技师学院和9家企业通过人社部技能等级认定备案。年内全州新增高技能人才5089人，完成省下达任务2810人的181.10%。累计开展鉴定合格并核发了职业资格证书/职业技能等级证书24041本，其中高级技师60本、技师335本、高级工4694本、中级工4200本、初级工14752本；核发专项能力证书9205本。⑤推进技师学院改革创新。不断加强大理技师学院基础设施、实训基地、骨干专业和教师队伍建设，通过校企合作、订单培养等模式，有效整合学校、企业等社会资源，形成招生、办学、就业和效益的良性互动，累计培养合格毕业生21571人，开展多工种社会职业技能培训、鉴定254087人次。⑥营造技能人才培养良好氛围。广泛组织开展各类职业技能竞赛，鼓励全州各行业的技能人才、职业（技工）院校师生和企业职工参加国家和省、州各类职业技能竞赛活动。组织开展大理州第十届职工技术技能大赛和第46届世界技能大赛家具制作、木工、精细木工、增材制造4个项目的云南选拔赛以及全国乡村振兴职业技能大赛云南省选拔赛等技能大赛。

【薪酬制度改革】 2021年，大理州持续深化薪酬制度改革，体现多劳多得、优绩优效的原则。①规范津贴补贴和绩效工资。先后印发了《关于进一步规范全州事业单位绩效工资管理的通知》《关于进一步规范大理州事业单位津贴补贴和绩效工资的通知》，对绩效工资项目和标准作进一步统一规范，对中央和省各项津贴补贴和绩效工资政策再明确、再重申、再规范，对严格执行绩效工资纪律再重申和再强调。同时，组织开展大理州事业单位清理规范津贴补贴和绩效工资自检自查工作，进一步压紧压实执行落实政策的主体责任，着力加强监督管理。②完善奖励性绩效工资。针对普通高中奖励性绩效工作激励机制不明显的实际，积极协调州财政局、州教体局共同拟定了《大理州州属普通高中学校奖励性绩效工资总量核定办法（试行）》；针对卫健系统、高职院校等有创收事业单位激励机制不明显的实际，积极协调州卫健委、州财政局、州教体局等部门，完成卫健系统和高职院校奖励性绩效工资总量核定办法（试行）初稿。③疫情防控奖补激励。年内，全州累计兑现疫情防控享受临时性工作补助资金161.91万元人次，其中：享受一类一档补助金额95.80万元、享受一类二档补助金额66.11万元；兑现州本级一次性绩效工资170.1万元和2倍薪酬水平工资53.1万元。完成卫生防疫津贴标准调整审批工作（含疫情防控一线工作人员）。落实表彰奖励待遇，及时审批省卫健委对全省援鄂一线33名医护人员嘉奖、州卫健委对全州新冠病毒防控100名医护人员嘉奖的一次性奖金，及时审批援瑞医疗人员的相关津贴补贴。

【基层人才队伍建设】 2021年，大理州围绕巩固拓展脱贫攻坚成果助力乡村振兴安排，以项目为牵引，拴心留人，不断优化基层人事人才发展环境。①以项目助推基层科研能力。充分依托专家基层科研工作站、专业技术人员到基层服务、基层人才对口培养等项目，鼓励专家到基层开展决策咨询、科技攻关、人才培养和技术指导等服务工作。截至年末，全州获准设立专家基层工作站33家，有33名专业技术人员到基层开展服务，共为基层带来国家级科研项目11项、省部级科研项目72项、其他项目720项，获得专利59项，为基层培养副高级职称专业技术人员137人，在基层开展科技服务1739次，培训10662人次，产生经济效益66932.66万元，新增利润4843.47万元。②落实基层优惠政策。落实好放宽县级以下基层专业技术人员职称评聘条件、放宽基层乡镇事业招聘条件，及时兑现乡镇岗位补贴、特困地区乡村教师生活补助、大中专及以上毕业生现招聘到县市转正高定薪级工资政策，落实好基层农、林、水、卫一线专业技术人员享受上浮（固定）工资政策，不断充实和稳定基层人才队伍。③基层人才培养。开展“农村乡土拔尖人才”和“民间艺术人才”培养选拔活动，不断促进农村实用人才队伍建设。大力推荐“云南省科技兴乡贡献奖”人选，不断推进基层科技人员队伍建设。积极组织大理籍在读学生参与“浦东起航，创想未来——大学生雏鹰创训营”活动，不断提升基层人才创新能力。截至年末，全州共入选“云南省农村拔尖乡土人才”54名，获评“云南省科技兴乡贡献奖”108名，推荐参加“浦东起航，创想未来——大学生雏鹰创训营”活动24名，选拔培养“大理州农村乡土拔尖人才”417名、“大理州民间艺术大师”109名。

（张皓撰稿）

政务服务

【概况】 2021年，州政务服务管理局落实深化“放管服”改革、全面推进政府职能转变、持续优化营商环境、提升政务服务能力各项决策部署，开展党史学习教育和“大理之问”大讨论活动，稳步推进各项工作并通过省级文明单位复核验收。年内，投入资金3700余万元实施州政务服务大厅优化提升改造，11月，中心整体搬迁至龙山行政办公区雄风塔公园，面积从1000余平方米增加到5573平方米，进驻部门由原来的26个增加到39个，设置综合服务、企业开办、办税、交通运输、医保、公积金、公安、社保、行政审批9个服务区，窗口工位97个，进驻工作人员由46人增加到132人，提供公共停车位200余个，实现政务服务事项应进全进，企业和群众办事“只进一扇门”。新中心上线智慧化系统，支持办件查询、样表展示等多种自助服务和智能查询终端，“智慧政务”水平大幅提升。全年州、县（市）、乡（镇）、村（社区）4级政务服务平台累计受理服务事项8026308件，办结8026299件，办结率99.99%；其中州、县（市）政务服务中心受理行政许可事项1224401件，办结1224392件。受理公共服务事项5944857件，办结5944857件。乡（镇）为民服务中心及行政村为民服务站受理（代办）服务事项857050件，办结857050件。

【权责清单】 2021年，州级调整梳理行政权力事项758项，其中精简行政审批事项37项。年内2次报请州人民政府审定印发《关于调整和梳理一批行政权力事项的决定》，6月调整行政权力226项，梳理行政权力105项；11月调整行政权力114项，梳理行政权力（行政处罚）301项；直接取消涉企经营许可事项7项，审批改为备案5项。

【政务服务】 2021年，全州政务服务网上可办、全程网办等指标提高，“一件事联办”“跨省通办”工作有序开展。至年底，州、县（市）、乡（镇）、村（社区）4级发布政务服务事项43724项，政务服务事项网上可办率97.18%，全程网办率65.98%，最多跑一次事项占比95.93%。其中，州级部门发布政务服务事项1155项，网上可办率98.79%，全程网办率54.81%，最多跑一次事项占比97.40%。

【监管事项】 2021年，大理州通过云南省“互联网＋监管”系统认领监管事项11438项，检查实施清单完善率为100%，监管事项覆盖率为71.82%，推送工作动态信息1409条，曝光信息83条。

【行政审批中介服务】 2021年，全州清理规范行政审批中介服务事项，其中州级直接取消行政审批中介服务事项6项，改由申请人自主决定是否委托中介服务机构开展的行政审批中介服务事项11项，保留由申请人委托中介服务机构开展的行政审批中介服务事项36项，保留由审批部门委托中介服务机构开展的技术性服务事项37项。

【“证照分离”改革】 2021年，大理州通过直接取消审批、审批改为备案、实行告知承诺制、优化审批服务4种方式，分类推进改革。制定印发《大理州全面推行“证照分离”改革实施方案》，涉企经营许可事项直接取消7项、审批改为备案5项、实行告知承诺制6项、优化审批服务61项，完成直接取消和审批改为备案2项改革任务。

【优化营商环境】 2021年，州政务服务管理局协调推进《大理州打造市场化法治化国际化营商环境实施方案》各项任务落实，召开大理州2021年深化“放管服”改革优化营商环境工作电视电话会议，制定《大理州2021年深化“放管服”改革优化营商环境工作要点》，围绕《云南省州（市）营

2021年大理州12345政务便民热线工作情况表

表14

序号	区划	办件量（件）	话务量（次）	接通率	满意率
1	州本级	2431	123918	97.07%	99.77%
2	大理市	21599			
3	漾濞县	608			
4	祥云县	2719			
5	宾川县	1587			
6	弥渡县	1245			
7	南涧县	856			
8	巍山县	1183			
9	永平县	776			
10	云龙县	837			
11	洱源县	843			
12	剑川县	798			
13	鹤庆县	1087			
14	大理经开区	1284			
	合计	37853			

1月7日，大理州公共资源交易平台存储扩容、网站事前扫描、终端和网络提升分项目和大理州级乡村振兴试点乡镇为民服务中心暨公共资源交易中心办公设备采购分项目验收会现场

（州政务服务局　提供）

2021年大理州公共资源交易情况表

表15

分类			州级	大理市	漾濞县	祥云县	宾川县	弥渡县	南涧县	巍山县	永平县	云龙县	洱源县	剑川县	鹤庆县	合计
报件数（项）			586	293	111	167	89	248	105	65	83	96	138	197	231	2409
交易项目（项）			565	253	112	142	83	229	105	62	80	105	141	191	226	2294
交易金额（万元）			4939510	864411.86	256059.89	304046.95	117121.49	173282.73	61714.03	37751.45	83750.93	148909.72	114863.81	140030.19	84214.3	7325667.350
收取保证金		笔数	2773	0	406	955	325	731	168	227	96	1336	1380	837	562	9796
		金额（万元）	22991.7	0	1026.7	17544.74	48990.2	7085.57	874.8	2316.8	995.2	16488.9	7695.35	5844.36	2598.59	134452.91
其中	政府采购（含医疗器械、医用耗材）	交易项目（项）	311	166	25	67	25	62	28	27	34	8	47	53	58	911
		中标金额（万元）	217941.3	32597.25	4176.18	13024.27	20051.84	7958.51	3778.2	2925.24	6600.87	1224.96	8612.9	7195.45	17061.39	343148.36
		节约资金（万元）	3779.67	2710.47	133.84	1288.2	1130.3	712.85	683.04	77.52	523.03	190.66	817.67	560.42	628.8	13236.47
		节约率（%）	1.70	7.68	3.11	9.00	5.34	8.22	15.31	2.58	7.34	13.47	8.67	7.23	3.55	3.71
	工程建设	交易项目（项）	230	48	74	66	47	156	66	33	38	95	77	125	162	1217
		中标金额（万元）	4719578.4	649338.06	242262.09	274309.71	50557.27	156493.16	56326.79	34285.23	65248.78	140520.67	90070.46	124874.04	62826.78	6666691.44
		节约资金（万元）	131356.54	29878.94	6258.51	16401.38	2298.96	6806.92	2873.31	1726.65	2948.18	9058.37	20263.49	4636.68	2593.96	237101.89
		节约率（%）	2.71	4.40	2.52	5.64	4.35	4.17	4.85	4.79	4.32	6.06	18.37	3.58	3.97	3.43
	矿业权交易	交易项目（项）	0	0	4	2	4	1	1	0	1	0	0	5	1	19
		成交金额（万元）	0	0	6507.02	6665.84	36188.85	365	49.5	0	1080.56	0	0	2217.66	3016	56090.43
		溢价值（万元）	0	0	4844.23	12.48	27579.71	65	0	0	0	0	0	5	13	32519.42
	国有产权交易	交易项目（项）	25	8	6	4	2	6	5	2	3	0	14	3	0	78
		成交金额（万元）	2056.3	42412.04	795.15	1193.49	513.02	472.06	428.79	540.98	6929.65	0	14045.65	214.42	0	69601.55
		资产增值额（万元）	860.73	62.4	4.44	24.79	8	87.54	129.39	0	6.35	0	654.74	68.9	0	1907.28
	国有土地出让	交易项目（项）	0	30	3	3	5	4	5	0	1	2	3	5	3	64
		成交金额（万元）	0	139998.51	2319.45	8853.64	9810.51	7994	1130.75	0	2326	7164.09	2134.8	5528.62	1277.78	188538.15
		溢价值（万元）	0	3296.96	502.3	69.87	14.61	520.4	0	0	216.63	259.8	0	0	0	4880.57
	罚没财物拍卖	交易项目（项）	0	0	0	0	0	0	0	0	3	0	0	0	2	5
		成交金额（万元）	0	0	0	0	0	0	0	0	1565.07	0	0	0	32.35	1597.42

（州政务服务局　提供）

商环境评估指标体系（修订版）》明确的一级评价指标，督促指标牵头部门逐项制定出台18个优化（改革）方案，并牵头制定“综合环境、政务服务”2个指标优化提升工作方案，深入12个县（市）开展营商环境专题督查，部署推动全州优化营商环境各项工作。畅通营商环境投诉建议渠道，通过大理州政府“互联网+营商环境投诉”平台受理办结投诉、建议68件。

【推行“一窗受理”】 2021年，州政务服务管理局梳理州级39个部门1172项政务服务事项进驻大理州政务服务中心集中办理，通过购买服务方式配置20名工作人员负责窗口综合接件。形成“前台综合受理、后台分类审批、统一窗口出件”工作机制，实现综合服务无差别接件、同标准受理。在大厅增设老年人服务、跨省通办、省内通办、“一件事联办”、效能监督等服务窗口，推行“五免费”服务（免费打印复印、免费邮寄、免费照相、新开办企业免费刻制公章、每年2次免费征信报告打印）服务，企业和群众办事便利度提升。

【设置“办不成事”窗口】 2021年，州政务服务管理局在州级和12个县（市）政务服务中心设置“办不成事”服务窗口，安排专人接件，受理企业和群众遇到的“疑难”服务事项。及时开展原因分析、派发工单、限期解决，并对办理过程、办理结果进行监督检查和定期核查，做到办件有记录，反映问题有答复。解决办事企业和群众的烦心事、难心事，补齐“一窗受理”存在的短板，让“办不成事”服务窗口成为“办得成事”的终点站。

【政务服务“一网通办”】 2021年，大理州有序开展电子印章采集备案和电子证照签章配置，全州电子印章采集备案率100%，在全省排名第一。打通自建业务系统与省政务服务平台的对接，州公积金业务系统完成统一身份认证及精准跳转、存量办件数据汇聚、实时办件数据回传、“好差评”评价数据回传等系统对接工作任务。州不动产登记平台完成与云南政务服务网统一的身份认证对接，打通与省级开放的相关共享接口。完成网上办理开户上线，完成一窗通办市场监管接口开发及测试。全年全州“好差评”评价总数1087123条，好评1087115条，完成差评整改8条，好评率99.99%。

【“办事通”推广应用】 2021年，州政务服务管理局综合运用传统媒体和新媒体多渠道开展宣传，紧盯缴费、考试报名等每年例行且涉及面广的事项，深入开展“一部手机办事通”宣传推广。开创“两拉一进”工作模式，依托“我要上学”相关事项和学生医疗保险缴费工作开展“小手拉大手”行动、依托公职人员拉动身边亲友注册使用。至12月31日，大理州“一部手机办事通”注册量703497人，实名注册用户589004人，办件量4538525件。

【“12345”政务热线平台】 2021年，州政务服务管理局关停“问政大理”微博、“大理政务”微信平台，集中

10月22日，开展大理州公共资源交易大数据平台培训，提升各平台使用方对公共资源交易大数据平台的操作能力

2021年大理州四级政务服务平台办件情况表

表16　　　　单位：件

单位	行政许可事项办理情况				公共服务事项办理情况				乡村两级受理情况	
	受理件数	办结件数	其中 按时办结	其中 办结率（%）	受理件数	办结件数	其中 按时办结	其中 办结率（%）	受理件数	办结件数
州政务中心	502199	502190	502190	99.99	2352972	2352972	2352972	100.00	0	0
大理市	220052	220052	220052	100.00	1904072	1904072	1904072	100.00	272538	272538
漾濞县	28103	28103	28103	100.00	51346	51346	51346	100.00	6838	6838
祥云县	44677	44677	44677	100.00	226890	226890	226890	100.00	30275	30275
宾川县	146200	146200	146200	100.00	65540	65540	65540	100.00	34604	34604
弥渡县	44372	44372	44372	100.00	116196	116196	116196	100.00	43296	43296
南涧县	34440	34440	34440	100.00	78740	78740	78740	100.00	12789	12789
巍山县	22998	22998	22998	100.00	142910	142910	142910	100.00	91037	91037
永平县	28174	28174	28174	100.00	149407	149407	149407	100.00	20720	20720
云龙县	5008	5008	5008	100.00	62766	62766	62766	100.00	44802	44802
洱源县	7655	7655	7655	100.00	32822	32822	32822	100.00	80378	80378
剑川县	15543	15543	15543	100.00	56361	56361	56361	100.00	27524	27524
鹤庆县	96714	96714	96714	100.00	49649	49649	49649	100.00	192249	192249
大理经开区	28266	28266	28266	100.00	655186	655186	655186	100.00	0	0
合计	1224401	1224392	1224392	99.99	5944857	5944857	5944857	100.00	857050	857050

（州政务服务局　提供）

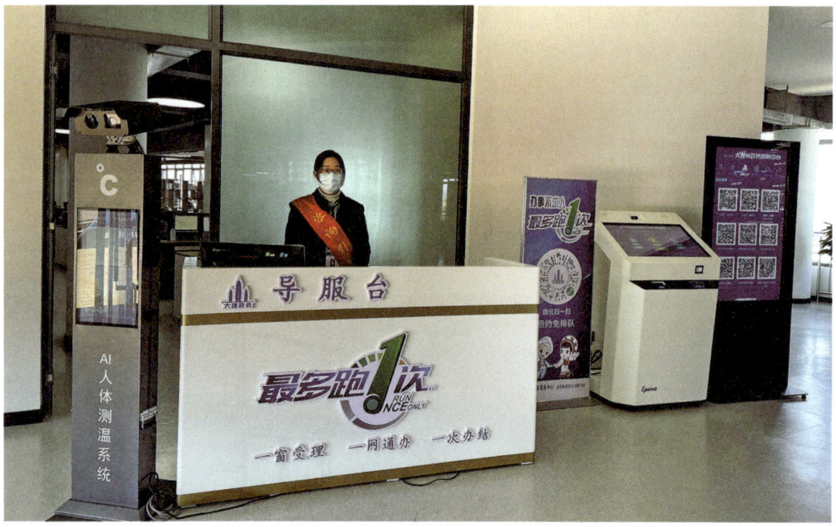

11月，新州政务服务中心启用智能排队叫号、微信小程序预约、自助查询办理等智慧化系统，智慧政务水平大幅提升 （州政务服务局 提供）

精力开展“12345”政务热线平台诉求接收、办理、回复工作。增设未成年人保护职能单位账号、补充有关知识库、开展业务培训，新增未成年人保护热线职能，按要求完成33条热线归并工作，统一“一个号码”服务。全年累计受理群众来电123918次，接通120070次，接通率97.07%，满意率99.77%；累计受理省级转办件1023件，办结997件。

【公共资源交易平台建设】 2021年，州政务服务管理局实施机房加固、智能开标系统、大数据分析系统建设，州、县（市）公共资源交易平台一体化建设得到加强。加强大理州公共资源交易金融服务平台运行管理，推广电子保函、投标保险线上使用，投保次数18351笔，替代保证金额29.68亿元。全州政府采购、建设工程、土地交易项目实现全流程电子化交易，工程项目大部分实现“双随机”远程异地评标。年内全州受理报件2409件，完成交易项目2294个，交易金额732.57亿元，节约资金25.03亿元。开展全流程电子化项目2058个，电子化率为94%；开展网上开标项目1648个；开展“双随机”远程异地评标2089场次（主场1019场次），工程建设项目基本实现“双随机”远程异地评标。有序推进公共资源交易信用管理体系建设。深入推进公共资源交易领域信息公开，累计发布公共资源交易信息9104条。

（李智敏撰稿）

应急管理

【概况】 2021年，大理州应急管理局围绕州委、州政府的中心工作和重点任务，聚焦主责主业，在强责任、打基础、求实效上下功夫，勇挑重担、克难攻坚，提升防范化解重大安全风险与应对处置各类灾害事故的能力，在安全生产形势严峻、自然灾害灾难多发的压力下，积极推进全州应急管理、安全生产、防灾减灾救灾工作，为全州经济社会发展营造安全稳定的社会环境。

【安全专项整治】 2021年，大理州应急管理局深入推进实施安全生产专项整治三年行动集中攻坚，聚焦全州重点行业领域和安全生产突出问题和薄弱环节，堵塞漏洞、补齐短板、强化措施、夯实基础，提升安全管理水平。全年全州安全生产专项整治三年行动共排查一般隐患7319处，整改6869处，开展督导检查843次，检查单位1985家，督导问题2099个，督办突出问题9项，依法进行行政处罚404次，责令停产整顿企业1家，暂扣吊销证照76家，关闭取缔2家，共处罚款232.24万元，开展联合惩戒24次，持续保持全州安全生产领域打非治违的高压态势。

【应急救援督查督办】 2021年，大理州应急管理局加强专项督导，强化措施落实。①责任落实。推进州领导带队检查常态化，年内，大理州相关领导结合重点时段特点，分别组织开展元旦、春节、“两会”、“五一”等重点时段安全检查，对重点单位重点部位进行实地检查调研，压实事故防控责任。②督查督办。狠抓各级各部门贯彻落实国家、省、州会议精神的督查检查，根据督查检查情况，由州政府对全州突出的6项安全生产重大隐患进行挂牌督办，严明整改要求，明确整改时限，形成隐患整改闭环。③重点防范。结合全州“七下八上”的汛期特点，对汛期安全生产工作进行再部署再安排。④警示约谈。组织召开大理市海东镇“7·29”车辆伤害较大事故和大理市“8·03”路外较大交通事故约谈警示会议，对事故涉及的属地政府和相关部门进行严肃约谈，以约谈促履职、以约谈促监管，倒逼责任落实。

【应急救援统筹协调与联动】 2021年，大理州应急管理局发挥安委会办公室统筹协调抓总的作用，按照“日调度、月分析、季通报、年总结”的要求，及时组织召开2021年第一、二、三季度安全生产例会暨安全生产专项整治三年行动推进会，深入分析各类安全生产风险隐患，全面落实落细事故防控各项措施。深入开展安全生产“大排查、大整治专项行动”“秋冬季交通安全整治百日会战”“危险化学品运输车和大型货运车交通安全专项整治行动”“变型拖拉机专项整治工作”“水上运输和渔业船舶安全风险防控工作”等重点专项整治工作，形成多部门齐抓共管合力。配合应急管理部做好“5·10”坠机事件的抢险救援、善后处置、原因调查等工作。

【应急救援机制建设】 2021年，大理州应急管理局发挥自然灾害救援管理委员会的统筹协调作用，紧密联系林草、水务、自然资源、地震、气象等部门，定期召开联席会议和灾情会商，统筹做好形势研判、监测预警、力量组织和物资准备，形成防灾减灾救灾合力。从灾情信息通报、联合救援、应急资源协同保障等方面完善军地抢险救灾协调联动保障机制，推动防灾减灾工作高效运行。推进第一次全国自然灾害综合风险普查工作。完成森林草原防灭火指挥部办公室、防汛抗旱指挥部办公

2021年大理州自然灾害损失情况表

表17

	受灾人口	因灾死亡人口	因灾失踪人口	因灾伤病人口	其中：因灾重伤人口	紧急避险转移人口	紧急转移安置人口	需紧急生活救助人口	需过渡期生活救助人口	因旱需生活救助人口	其中：因旱饮水困难需救助人口	因灾死亡大牲畜	饮水困难大牲畜	农作物受灾面积	其中：粮食作物受灾面积	农作物成灾面积	其中：粮食作物成灾面积	农作物绝收面积	其中：粮食作物绝收面积	草场受灾面积	草场过火面积
单位	人	人	人	人	人	人	人	人	人	人	人	头只	头只	公顷	公顷	公顷	公顷	公顷	公顷	公顷	公顷
全州	1167135	8	0	38	9	11705	31782	34894	15833	126189	71236	574	60395	64841.34	38658.32	31450.86	16286.33	3532.55	2788.99	525.33	0.00
大理市	45105			1	1		2089	114	312	531	531		330	1193.70	1183.20	752.18	741.68	153.62	147.62		
漾濞县	112655	2		32	8	6525	24794	32562	15403	2724	2113	10	3839	3133.16	1869.57	2418.15	1381.23	116.30	109.10	0.00	
祥云县	104891			0		30	0			9752	5803		4900	6024.94	3951.00	1569.92	1294.93	231.10	73.54		
宾川县	165099			2					0	13164	9547	0	11964	10206.63	1579.38	8028.14	1120.70	88.00	83.00		
弥渡县	118697									10607	3944	0	1933	17735.80	13694.40	2670.90	2169.90	486.70	390.20		
南涧县	143164									27461	23386		9307	7831.26	2978.87	6176.13	2067.65	363.49	198.21		
巍山县	105163	1				0	128	0	0	22339	18339		14228	2721.66	1759.00	2506.29	1706.60	452.73	421.93		
永平县	37976	1		1	0	5	81			4846	4546	0	2910	975.68	781.56	377.87	236.48	58.20	42.67		
云龙县	29570					48	769		0	9001	1352		581	908.88	771.17	887.08	751.03	65.66	63.83	25.33	
洱源县	169737	4	0	2	0	5075	3743	2218	118	23597	0	564	2760	6075.16	4868.06	4665.96	3562.41	1408.59	1163.28	500.00	
剑川县	47325									2069	1577	0	367	4755.43	2840.40	504.49	413.08	19.94	9.84	0.00	0.00
鹤庆县	87753					22	178	0		98	98		7276	3279.04	2381.71	893.75	840.64	88.22	85.77		

	林地受灾面积	林地过火面积	水产养殖受灾面积	倒塌房屋户数	其中：倒塌农房户数	倒塌房屋间数	其中：倒塌农房间数	严重损坏房屋户数	其中：严重损坏农房户数	严重损坏房屋间数	其中：严重损坏农房间数	一般损坏房屋户数	其中：一般损坏农房户数	一般损坏房屋间数	其中：一般损坏农房间数	直接经济损失	其中：房屋及居民家庭财产损失	农林牧渔业损失	工矿商贸业损失	基础设施损失	公共服务损失	其他损失
单位	公顷	公顷	公顷	户	户	间	间	户	户	间	间	户	户	间	间	万元	万元	万元	万元	万元	万元	万元
全州	189.07		12.02	1929	1926	2185	2170	3944	3933	19427	19400	33016	28838	76346	68375	491421.70	222629.00	54506.46	6942.78	145420.09	58987.48	2935.89
大理市				0	0	0	0	911	911	3119	3119	8217	4068	18676	10967	69658.58	54185.00	433.58	0.00	5440.00	9600.00	0.00
漾濞县	0.00		0.10	1818	1818	1818	1818	1922	1922	13441	13441	7254	7254	28038	28038	188669.29	91925.75	1795.57	5464.28	43908.96	44415.73	1159.00
祥云县			2.00	0		0		0	0	0	0	348	348	764	621	6181.90	484.28	4110.86	270.00	1015.32	301.44	0.00
宾川县						0						729	729	1057	1057	12668.09	989.98	10389.05		1130.50	156.56	2.00
弥渡县				1	1	1	1	2	2	5	5	730	730	795	795	15549.27	1163.94	14022.10	66.00	297.23		
南涧县												9	9	49	49	3775.95	7.60	3255.35		513.00		
巍山县				29	29	33	33	486	486	718	718	5124	5103	11255	11157	30005.79	24080.72	3533.38	16.50	1435.76	814.43	125.00
永平县				0		0		69	69	110	110	5552	5552	6618	6618	12973.51	4582.81	806.38	0.00	5579.20	1410.17	594.95
云龙县	0.00			1	1	3	3	375	375	1139	1139	2279	2278	2833	2830	12107.28	5682.81	1144.37	984.60	2775.69	1210.37	309.44
洱源县	189.07		9.33	80	77	330	315	133	122	630	603	2538	2532	5902	5889	133388.24	38164.70	11320.46	1.40	82137.15	1019.03	745.50
剑川县	0.00			0	0	0	0					113	112	119	114	981.00	122.16	689.54	0.00	169.30	0.00	0.00
鹤庆县			0.59					46	46	265	265	123	123	240	240	5462.80	1239.25	3005.82	140.00	1017.98	59.75	

（州应急管理局　提供）

室和抗震救灾指挥部办公室的调整工作，理顺工作机制，确保应急救援的有序开展。

【**抗震救灾**】 2021年，漾濞“5·21”6.4级地震发生后，大理州应急管理局迅速成立工作组，开展应急救援工作。全州投入应急、消防、森林消防、武警、公安、民兵和各级各部门干部职工2万余人参加抗震救灾。向受灾群众分发救灾物资，保障受灾群众有住处、有衣穿。对灾情核查统计上报工作进行专题安排，持续对各受灾地区上报的灾情相关数据进行收集、汇总、统计、上报。参与、配合抗震救灾云南工作组、灾情核查工作组和省级专家工作组，做好救援协调、抗震救灾、评估指导、灾情核查等工作。及时组织全州对重点工程、建筑施工、工贸行业、非煤矿山、危化品和烟花爆竹等领域开展防范次生灾害的专项检查。洱源县“9·13”大型山洪泥石流灾害发生后，迅速组成工作专班，调派129名救援人员，紧急调运棉被、应急手电筒、雨衣、帐篷、折叠床、床上用品等10余个品种5822件救灾物资，有序快速组织3266名受灾群众先后转移至安全地带紧急避险，并尽一切可能搜救被困群众和3名失踪人员。

【**救援防范与物资筹备**】 2021年，大理州应急管理局提前研究谋划全州防汛救灾的关键问题和薄弱环节，从强化汛期安全发力，从做好应急救援入手，做好应急救援准备工作。加大对全州30座尾矿库的汛期检查力度，落实尾矿库安全生产包保制度。组织开展全州防汛减灾救灾视频调度暨应急演练。向上级对接争取各类救灾物资，及时将13458顶帐篷、25180张折叠床、15000套床上用品、27908床毛毯、45073床棉被等救灾物资发放到灾区。

【**应急队伍建设管理**】 2021年，大理州应急管理局督促各县（市）加强县（市）灾害信息员队伍建设，实现全州每个乡（镇）、村（社区）均有一名灾害信息员的目标。制定下发《大理州州级救灾物资管理办法（试行）》，明确部门职责分工，对救灾物资采购、储备、调拨使用和紧急配送等程序作明确规定，初步建立起方便快捷的使用管理联动机制。根据灾害多发形势，核报灾情信息，向上对接汇报，争取灾害救助资金倾斜支持。增强培训力度，使乡（镇）灾害信息员能够熟练使用自然灾害报送系统，提升业务能力，灾时发挥预警响应第一人的作用。

【**应急宣传教育培训**】 2021年，大理州应急管理局把宣传教育培训作为贯彻落实安全生产法律法规、普及安全生产知识、提升全民安全素质、预防生产安全事故的重要抓手。以集中观看《生命重于泰山——学习习近平总书记关于安全生产重要论述》电视专题片的形式开展理论中心组学习。组织开展以“落实安全责任，推动安全发展”为主题的安全生产月集中宣传活

2021年大理州救灾情况表

表18

	冬春救助开展情况						漾濞“5·21”地震救灾工作开展情况				
	冬春已救助人口	御寒物资发放情况			冬春救助资金下发情况		过渡期生活救助人口	漾濞“5·21”地震相关资金下发情况			
		棉被	棉大衣	彩条布	2021—2022年中央冬春救助资金	2022年省级冬春救助资金		省级专项补助资金	中央自然灾害救灾资金	中央自然灾害救灾资金（地震灾害）	政策性农房地震保险赔款
单位	人次	件	件	件	万元	万元	人	万元	万元	万元	万元
大理白族自治州	156365	4497	1873	1290	2150	182	15806	2000	1000	18968	4000
大理市	7230				140		312	200	50	997.69	416.938
漾濞彝族自治县	21729	1799	749	516	289		15403	1400	800	13674.238	2135.617
祥云县	9762				127	10					
宾川县	4811				121	4					
弥渡县	13099				292	22					
南涧彝族自治县	14752				174	17					
巍山彝族回族自治县	14680				197	14	29		50	1693.432	400.363
永平县	10388				76		2	200	50	1042.35	576.311
云龙县	12907				125	12			50	1116	270.950
洱源县	28006	1799	749	516	333	69	60			444.29	199.822
剑川县	11887	899	375	258	194	28					
鹤庆县	7114				82	6					
大理州减灾备灾中心								200			

（州应急管理局 提供）

上图：5月26日，大理州应急管理局检查震后危险化学品和烟花爆竹重大危险源企业；下图：3月19日，大理州应急管理局对大理市工贸企业进行安全督导检查

（州应急管理局　提供）

动，发放宣传资料1.2万余份，接受市民咨询1200余次。以“5·12”全国防灾减灾日为契机开展防灾减灾日集中宣传活动，展出防灾减灾宣传展板100块，发放防灾减灾宣传资料1.2万份和宣传物资1.8万份，向社会普及防灾减灾知识，提高人民群众防灾减灾能力。

（茶志远撰稿）

机关事务管理

【概况】2021年，大理州机关事务管理局围绕全州高质量发展大局，找准工作定位，紧盯问题短板，通过抓整改、抓改革、抓创新、抓规范，坚持科学管理、依法保障、优质服务的理念，做好大理龙山州级行政办公区安全保卫、环境卫生、绿化养护、食堂服务、会务服务、公共机构节能管理、公务用车管理、国有资产管理等公共事务管理和各项服务保障工作，在保障机关正常运转、推动全州经济社会高质量发展中发挥作用。12月，制定印发《大理州“十四五”机关事务工作高质量发展规划》。在“大理之问”大讨论活动中，推进产业发展，协助挂钩的弥渡县苴力镇栗子园村种植万寿菊100公顷，引进河北东之星生物科技有限公司在挂钩村落户建厂（企业注册资本1000万元），投资1000万元的初加工厂建成投产，精深加工厂选址待建，实现“当年引进、当年种植、当年建厂、当年见效”，获全国“机关事务工作先进集体”称号。

【解决行政办公区干部职工“三难”问题】 2021年，大理州机关事务管理局着重解决龙山行政办公区干部职工“三难”问题。①“就医难”问题。协调改造7间业务用房提供给大理州中医医院在龙山办公区开设中医门诊，1万余人次就诊；腾出6间铺面作为大理州医院门诊部，解决龙山办公区干部职工就医问题。②“停车难”问题。协调大理市和公安交警部门将龙山第一大道至雄风塔路段纳入市政道路管理，在第一大道安装停车指示牌，明确每天7:00~19:00可以规范顺向停车，其他时段禁止停车，规范停车秩序，新增230个车位。③“购物难”问题。在办公区会议中心及中心地段设置23个矿泉水、饮料为主的自动售货机，在职工食堂专门开设专柜，专卖一些扶贫产品及其他食品。

【机关后勤服务社会化改革】 2021年，大理州机关事务管理局积极推进机关后勤服务社会化改革。①国有资产管理改革。6月18日，将大理国际会议中心、州级公务用车综合服务平台资产移交州国资委，由州国资委注资给州国有资本投资公司运营，率先在全省探索公车平台社会化运行改革，解决长期存在的“政企不分”“管办不分”问题。②后勤服务社会化运营改革。推进绿化、物业、安保、餐饮等后勤服务社会化运营，通过引入市场竞争，选择优质的服务承接主体，推动形成“机关事务部门集中统一管理，各部门负责日常运行管理，后勤服务主要通过社会化方式供给”的保障格局，机关事务管理部门从“划桨”向“掌舵”转变，从服务的生产者向服务委托者、制度设计者、经费支付者、监督管理者转变。

【管理与服务】 2021年，大理州机关事务管理局努力做好综合管理与服务工作，保障州级行政机关正常运转。

管理　①公务用车管理。按照编制审批配备公务用车，加强公务用车信息化平台建设，通过公开招标落实大理州公务用车信息化管理平台建设承接主体。按照全覆盖安装、全时段监控、全过程留痕的原则，依托车载定位终端、手机App等功能，将党

上图：6月18日，大理国际会议中心和州级公务用车综合服务平台正式移交州国资委，大理州率先在全省探索公车平台社会化改革；下图：8月5日，龙山行政办公区开展的核酸检测应急演练现场　　　　（州机管局　提供）

政机关车辆、驾驶员基础信息录入信息平台，实现全州基础数据信息化管理，完成公务用车管理“全省一张网”目标任务。加强公务用车综合服务平台服务保障，全年累计为全州参改单位提供3518次优质高效便捷的用车服务，累计为14593人次提供出行服务，行驶总里程为113.58万千米（不含外借车辆行驶里程）。②办公用房管理。开展年度全州党政机关办公用房信息统计工作，配合州财政局完成3套公产房拍卖工作，完成州委政法委等单位办公用房调剂整合，完成州搬迁安置办公室等单位办公用房清理腾退，完成州级机关办公用房清理腾退1256.25平方米。③资产管理。通过健全管理制度、完善管理手段、提升管理能力，基本实现对州级机关国有资产全生命周期监管，规范国有资产管理工作程序。探索建立州级行政事业单位国有资产“公物仓”，通过“公物仓”资产调剂方式为州公安局等4家单位完成资产配置77件，为财政节约资金6.73万元。

服务　①会务服务。协助大理州龙勤综合服务有限公司完成会议中心2号会议厅、东方厅、四海厅音视频升级改造及一号会议厅会议桌翻新修复工作。督促龙勤公司落实好疫情防控各项工作，确保每场会议安全召开。全年完成在大理国际会议中心召开的700余场次各类会议的服务保障。②应急保障服务。漾濞县“5·21”6.4级地震发生后，州机关事务管理局干部职工迅速集结，做好抗震救灾应急后勤保障服务工作，迅速集合州级公务用车综合服务平台驾驶员待命，做好办公区水、电、网络保障，第一时间处理好水管开裂等问题；搭建临时指挥部，为指挥部人员提供餐饮服务，做好办公区的综治维稳工作；组织协调附近车辆和近3000名群众到办公区外围应急避险，修缮龙山行政办公区部分受损办公用房，解决龙山行政办公区办公用房安全隐患。

【公共机构节能】2021年，大理州机关事务管理局贯彻落实《中华人民共和国节约能源法》《公共机构节能条例》，按照节能工作的部署和建设节约型社会要求，履行公共机构节能工作职责，推广运用“全省公共机构能源资源计量及消费统计直报系统”。组织开展以“节能降碳、绿色发展”为主题的公共机构节能宣传周系列活动和以“低碳生活、绿建未来”为主题的全国低碳日活动，组织开展好世界粮食日和爱粮节粮宣传周活动，共发放粘贴宣传画3000余份，设置宣传标语200余条，设置宣传展板200余块，通过微信、广播电视宣传累计为200余条次。制定下发《大理州节约型机关创建工作方案》，要求2021年全州40%以上县级及以上党政机关完成节约型机关创建。

（罗贵华撰稿）

地方志事业

【概况】2021年，全州地方志系统以习近平新时代中国特色社会主义思想统领地方志工作，着重抓好地方志编修、年鉴年内公开出版、方志馆建设、方志资源开发利用等工作。加大对县（市）修志工作的指导，全面加强年鉴编纂，推进国家方志馆南方丝绸之路分馆建设工作，加快推进全州地方志事业转型升级，打造方志事业大州、方志文化名州、方志馆标准化建设示范州，树立方志文化自信。努力完成各项中心工作，以聚焦答好“大理之问”、推动“大理之变”的新思路新举措为推手，抓党建促发展，统筹做好党史学习教育、党风廉政建设、洱海保护、疫情防控、爱国卫生“7个专项行动”、大理市创建全国文明城市、“三清洁”环境卫生整治、巩固脱贫攻坚成果、乡村振兴、人才队伍建设等各项工作，不忘初心、牢记使命、聚焦主责主业，为推动国家文化和旅游消费试点城市创建扛牢文化建设之责，为落实文化铸州战略添砖加瓦，为大理绿色发展、科学发展、跨越发展提供“志”力支撑。

【方志馆规划建设】 2021年，大理州地方志办公室立足新时代地方志工作的职责使命，抓好全州方志馆规划建设工作。①规划编制。草拟《大理州方志馆建设规划（2021—2025年）》，对全州方志馆建设作总体规划、部署和要求，力争到2025年在全州建成10个左右的省级方志馆分馆，并有一半以上升格为国家方志馆南方丝绸之路分馆专题馆；建成10个左右的州级方志馆分馆，在全州打造规模化、集群化、特色化的高品质国家方志馆群落和研学基地。②分馆申报。年内，申报云南省方志馆大理石分馆、茶马古道分馆、兰花分馆、南诏文化分馆、云南之最文献分馆获得批复并开始筹建，云南省方志馆木雕分馆和云南驿古驿道专题馆已申报，待省志办、中指办审批。③国家方志馆建设。国家方志馆南方丝绸之路分馆建设项目获得中国地方志指导小组批准后，于4月正式启动布展工作。项目以省级历史文化名城剑川古城18个古院落作为展馆群，总展陈面积为2.5万平方米，项目概算投资3亿元，首批馆建设布展项目概算投资8600万元。在项目建设过程中，州志办主动作为，按照领导小组、州建设指挥部的安排加强请示汇报、主动协调，加快推进国家方志馆南方丝绸之路分馆的建设步伐。年内完成丝路大门、丝路大道、丝路名人群像雕塑和主题馆、综合馆、数字体验馆、茶马古道馆、大理石馆“五馆三配套”项目建设。9月，中指办批复同意将“云南省方志馆大理石分馆”升格为“国家方志馆南方丝绸之路分馆大理石馆”。

【地方志编修】 2021年，大理州创新志书编纂方式，以图文并茂的形式高质量启动图志编纂，增加志书的可读性、趣味性、观赏性。《苍山图志》《大理石图志》《中国兰花图志》《剑川沙溪古镇二十年图志》《剑川石钟山石窟图志》完成资料收集、编辑工作并签订出版合同；《南方丝绸之路志·历史卷》文稿撰写完成、《南方丝绸之路图志》进入出版印刷阶段；《古生村志》《大理州脱贫攻坚志》《大理州全面小康志》启动。推进旧志整理，指导祥云县志办整理清·康熙、乾隆、光绪时期的《云南县志》并出版发行3000套。

【年鉴编纂】 2021年，州、县（市）两级地方综合年鉴共13部全部于年内公开出版发行，《大理州年鉴（2021）》由云南民族出版社出版。该年鉴创办于1990年，每年出版一卷，2021年卷为第32卷，全面、系统地记述2020年度自治州自然、政治、经济、文化、社会、生态等方面的情况，始终坚持“质量第一、常编常新”的办鉴宗旨，为关注和研究自治州发展的社会各界提供最权威的基础性资料。全书148万字，有1179个条目、23个示意图、150个表格、375幅照片，在卷首设有彩页，内容有大理州行政区划图、大理州庆祝中国共产党成立100周年、白州抗疫、保护洱海·造福人民、乡村振兴、国家方志馆南方丝绸之路分馆建设；在30个一级目开篇设“乡愁大理”栏目，用图文宣传和记述大理，2021年卷以“多彩民俗”为主题。年鉴出版后及时赠送州级100余家单位和12个县（市），与全国32个省市自治区、省会城市、主要城市等100余家年鉴社进行交换，有效扩大影响范围；在封底加印二维码，提供手机电子书阅读，并加强与清华大学知网的合作，利用传统手段和新媒体进行开发利用。

【年鉴获奖情况】 12月31日，《大理州年鉴（2020）》在第八届全国地方志优秀成果（年鉴类）评审中被评为一等年鉴。本次年鉴评审是为深入贯彻落实国务院《地方志工作条例》、中国地方志指导小组关于“十四五”时期要“加强地方综合年鉴编纂工作，把年鉴工作作为各级地方志工作机构的日常工作重心，摆在更加突出的位置”部署的具体措施。本次评审活动由中国地方志指导小组、中国地方志学会组织开展，范围是公开出版的2020年卷各级各类年鉴，通过各地各部门评选推荐、专家小组评审、领导小组办公室复审、领导小组终审一系列程序得出评审结果，其中云南省获评特等年鉴2部、一等年鉴3部，《大理州年鉴（2020）》名列其中。

【方志资源开发利用】 2021年，大理州地方志办公室抓住“美丽云南”（第二季）云南省情系列微视频拍摄的契机，第一时间成立大理州摄制工作领导小组，落实拍摄项目，支持每个县（市）拍摄1集美名（地名由来）微视频，同时协助完成好省志办全额补助的《敬畏与执着——剑川方志魂》《大理剑川和南方丝绸之路》《祥云三英烈》《大理石》《山茶花》《兰花》等微视频拍摄任务。通过努力，全年在“云南地方志”微信公众号发布15集，把方志文化变成可观看、可感受、有温度、有情怀的影像作品，让书写在古籍里的文字活起来，将传统的方志文化对接现代生活，让更多人找到“文化认同感”和“家国归属感”。

（冯燕撰稿）

公务接待

【概况】 2021年，大理州接待处以“牢记初心使命、讲好大理故事、落实勤俭节约、提升业务能力”为主线，统一思想、凝聚共识、推动工作，坚持严、实、简、精做好接待工作，开创接待工作新局面。全年接待来宾704起、1227批次，接待10105人、22387人次，同比分别增长5%、27%和42%、90%。

【党和国家领导人视察接待】 2021年，大理州接待处接待党和国家领导人2人、10批次、220人次。其中，1月10—17日，国务委员、国务院党组成员、外交部部长王毅一行到大理考察调研；9月15—16日，全国政协副主席李斌一行到大理考察调研。

【省部级领导调研接待】 2021年，大理州接待处接待省部级领导124批、269批次、8047人次，分别是：①中央部委领导接待任务。完成中央统战部副部长、国家民委主任陈小江，中国文联副主席、中国电视艺术家协会主席胡占凡，全国人大民族委员会主任委员、中国科学院院士白春礼，中国地震局副局长阴朝民，应急管理部森林消防局局长徐平，最高人民检察院咨询委员会副主任许卫国，中国气象局副局长宇如聪，全国人大常委会法工委副主任张勇，文化和旅游部党组成员、中国非遗保护协会会长王晓峰，文旅部原部长雒树刚，江南大

2021年大理州重要公务接待情况表

表19

时间	接待单位	时间	接待单位
1月4—5日	接待玉溪市党政代表团一行	3月19日	接待省水利厅厅长刘刚一行
1月8日	接待云南省有色地质局党委书记一行	3月19—21日	接待中国银保监会调研组一行
1月8—11日	接待上海市教卫工作党委原书记领导一行	3月23日	接待中央编办调研组一行
1月9—11日	接待省政府副省长刘洪建一行	3月24—26日	接待中央统战部副部长、国家民委主任陈小江一行
1月10—17日	接待外交部出访团一行	3月24—26日	接待云南省湖泊保护治理工作会议暨云南省委省政府大理州现场办公会参会人员
1月11—14日	接待生态环境部回访调研组一行	3月27—28日	接待普洱市党政代表团一行
1月11日	接待省人民政府副省长王显刚一行	3月27—29日	接待清华大学调研组一行
1月11日	接待海南大学扶贫调研组一行	3月28—1日	接待中国文联副主席、中国电视艺术家协会主席胡占凡一行
1月12—14日	接待省委组织部干部考察组一行	4月4—6日	接待全国人大民族委员会主任委员、中国科学院院士白春礼一行
1月13日	接待司法部调研组一行	4月5—6日	接待省人民政府副省长张治礼一行
1月13—15日	接待省政府党组成员张治礼一行	4月7—8日	接待省人大常委会副主任王树芬一行
1月19—22日	接待省级第十一民主生活会督导组一行	4月8—30日	接待省委第八巡视组对大理州巡视“回头看”进驻动员工作组一行
1月21日	接待云南建投集团董事长陈文山一行	4月9日	接待省委组织部副部长李勇毅一行
2月3日	接待云南省国税局唐新民局长一行	4月14日	接待云南日报报业集团调研组一行
2月7日	接待云南省能源投资集团一行	4月14日	接待楚雄州人民政府赴大理考察学习团一行
2月17日	接待甘肃省政协主席欧阳坚一行	4月14—16日	接待省委老干局调研组一行
2月17日	接待云南大学艺术学院院长周昌新一行	4月15—16日	接待省政协副主席陈玉侯一行
2月26日	接待红河州委统战部调研考察组一行	4月16—18日	接待江苏省援藏干部一行
3月2日	接待上海交通大学调研组一行	4月19日	接待云岭先锋杂志社调研组一行
3月3日	接待中国农业银行云南行长杨光廷一行	4月20—21日	接待省政协副主席何波一行
3月3—5日	接待省人大常委会副主任李培一行	4月22—25日	接待中央第八生态环境保护督察组下沉大理督察工作组一行
3月3—9日	接待生态环境部西南督察局跟踪督察一行	5月6—25日	接待省委第八巡视组一行
3月5日	接待清华大学国有资产管理研究院一行	5月9—12日	接待全国政法队伍教育整顿中央第12督导组一行
3月5—9日	接待全省政法队伍教育整顿驻点指导组一行	5月10日	接待青海省人民政府调研组一行
3月6—12日	接待省委组织部干部考察组一行	5月10—19日	接待直升机事故救援应急处理工作组一行
3月6—7日	接待陕西省政协副主席王卫华一行	5月11日	接待应急管理部森林消防局局长徐平一行
3月10—11日	接待省委组织部李小三部长一行	5月11—12日	接待省政协副主席童志云一行
3月11日	接待省财政厅领导一行	5月12—14日	接待国家发展改革委到大理开展特色小镇建设和社会事业基础设施项目调研组一行
3月11日	接待云南省大滇西旅游环线开发示范样板区建设调研组一行	5月12—13日	接待河南省人大常委会副主任张维宁一行
3月15日	接待省委常委、省委宣传部部长赵金一行	5月13—14日	接待中组部到大理调研党员教育工作体系化建设和系列平台一体化建设情况组一行
3月15—16日	接待华中师范大学考察团一行	5月14—15日	接待省人民政府副省长王显刚一行
3月17—19日	接待上海市教卫党委原书记陈克宏一行	5月19日	接待省纪委副书记王宇、省政法委常务副书记李若昆一行
3月18—19日	接待省委组织部干部考察组一行	5月20日	接待国家民委文化宣传司调研组一行
3月18日	接待省委农办、省农业农村厅调研组一行		

续表19

时间	接待单位	时间	接待单位
5月21—22日	接待省人大常委会副主任纳杰一行	7月21—23日	接待省人民政府省长王予波一行
5月21—22日	接待省人民政府省长王予波一行赴漾濞县抗震救灾	7月21—24日	接待云南省政法队伍教育整顿第九指导组一行
5月21—22日	接待省人民政府副省长和良辉一行赴漾濞县抗震救灾	7月22—26日	接待非遗数字专业委员会成立暨2021非遗数字高峰论坛参加人员
5月21—25日	接待应急部赴漾濞县抗震救灾一行	7月24日	接待省政府副省长崔茂虎一行
5月21—22日	接待最高人民检察院调研组一行	7月24—25日	接待文旅部原部长雒树刚一行
5月22—23日	接待中国地震局副局长阴朝民一行	7月26日	接待“北部洱剑文旅引领”现场办公会参会人员
5月25日	接待云南省地方志编纂委员会一行	7月27日	接待大理州高速公路建设现场推进会参会人员
5月25日	接待中国气象局领导一行	7月30日	接待浙江省党政代表团一行
5月26日	接待应急管理部到大理开展现场灾情评估工作组一行	7月30日	接待省委常委、省委秘书长陈舜一行
6月2—3日	接待省纪委、省委政法委参加专案工作会议参会人员	8月3日	接待省委常委、省委组织部部长李刚一行
6月4日	接待省卫健委主任杨洋一行	8月2—3日	接待州委州政府“西部漾永云绿色主导”现场办公会
6月4—5日	接待省人民政府副省长张治礼一行赴漾濞县检查2021年高考考前工作	8月10日	接待省关工委调研组张百如主任一行
6月7—8日	接待河南省政协副主席周春艳一行	8月10日	接待西藏自治区政协副主席雷佳龙一行
6月7—9日	接待省政府参事张祖林调研组一行	8月26日	接待省科技厅厅长一行
6月9—10日	接待省发改委调研组一行	8月27日	接待中央组织部调研组一行
6月10—11日	接待红河州党政代表团一行	8月27—29日	接待生态环境部长江流域生态环境部监督管理局调研组一行
6月10—11日	接待全国总工会副主席阎京华一行	8月29日	接待中央组织部调研组一行
6月10—11日	接待省换届风气第三巡回督察组一行	9月1—2日	接待省委常委、省委统战部部长杨亚林一行
6月15—16日	接待全国政法队伍教育整顿中央第12督导组一行	9月7—8日	接待省政协副主席董华一行
6月16日	接待大理漾濞“5·21”地震灾后恢复重建工作启动仪式参加人员	9月9—10日	接待省人大常委会副主任罗红江一行
6月23—25日	接待云南省政协副主席徐彬一行	9月9—10日	接待中国中车股份有限公司副总裁马云双一行
6月24—26日	接待全国人大常委会法工委一行	9月10—11日	接待省民政厅赴大理调研一行
6月24—25日	接待上海市领导赴云南考察学习工作组一行	9月11日	接待省住房和城乡建设厅一行赴大理调研
6月26日	接待生态环境厅厅长岳修虎一行	9月15—16日	接待全国政协副主席李斌一行
7月5日	接待省纪委常委一行	9月22—23日	接待团中央调研组一行
7月5—26日	接待省委巡视组对大理州洱海保护治理机动巡视“回头看”一行	9月27—28日	接待全国人大监察和司法委员会调研组一行
7月6—8日	接待江苏省人大常委会副主任马秋林一行	10月7—10日	接待推进全球生态文明建设（洱海）论坛参会人员
7月7—9日	接待云南省人大常委会常务副主任张太原一行	10月7—10日	接待全国政协委员、中国公共关系协会会长、国务院新闻办公室原副主任郭卫民一行
7月8—9日	接待“大祥巍一体化”现场办公会参会人员	10月8—11日	接待中国外文局局长杜占元一行
7月12—13日	接待“东部工贸协同”现场办公会参会人员	10月8—10日	接待中国社科院副院长王灵桂一行
7月15日	接待“弥南南部农旅结合”现场办公会参会人员	10月8—10日	接待中国公共关系协会副会长、原经济日报社社长张小影一行
7月15日	接待上海市浦东新区代表团一行	10月8—11日	接待中国公共关系协会副会长杨秀萍一行
7月16日	接待省委党史学习教育第十一巡回指导组一行	10月8—11日	接待中国—东盟中心秘书长陈德海一行

续表19

时间	接待单位	时间	接待单位
10月9日	接待云南省人民政府副省长邱江一行	11月9日	接待省委常委、省委政法委书记书记刘洪建一行
10月9—12日	接待最高法院咨询委员会第六调研组赴大理调研	11月9日	接待上海市科委领导一行
10月10日	接待法国驻华大使及普德赋亚洲一行	11月11日	接待省科协党组书记赵刚一行
10月12—14日	接待省政协副主席喻顶成一行	11月11日	接待省文联党组书记、主席李勇一行
10月14—15日	接待财政部调研组一行	11月14日	接待省人民政府副省长任军号一行
10月15—16日	接待中国科学院张亚平副院长一行	11月17—20日	接待上海市奉贤区党政代表团一行
10月15—16日	接待青海省黄南藏族自治州考察组一行赴大理考察	12月3—4日	接待省交通厅昆楚大高速公路调研组一行
10月22日	接待上海市党政代表团一行赴大理考察	12月15—18日	接待上海交通大学考察组一行
11月3日	接待中国电建集团一行	12月20—24日	接待省扫黑办第八特派督导组一行
11月4—5日	接待省人民政府副省长李玛琳一行	12月25日	接待国家2021年度巩固脱贫拓展脱贫攻坚成果同乡村振兴有效衔接第三方考核评估组一行
11月8—9日	接待省政府副秘书长、发改委主任岳修虎一行	12月29—31日	接待国家考核评估综合核查组一行

（州接待处　提供）

学校长、中国工程院院士陈卫，中央组织部调研组、江西省委副书记叶建春，国务院发展研究中心副主任张军扩，全国政协副秘书长高波，团中央书记处书记徐晓，全国人大监察和司法委员会副主任委员车俊，中国旅游集团董事长万敏，全国政协委员、中国公共关系协会会长、国务院新闻办公室原副主任郭卫民，中国外文局局长杜占元，中国外文局副局长陆彩荣，中国社科院副院长王灵桂，中国公共关系协会副会长、经济日报社原社长张小影，中国公共关系协会副会长杨秀萍，中国—东盟中心秘书长陈德海，最高法咨询委员会副主任、委员张建南，财政部党组成员、副部长、乡村振兴领导小组副组长朱忠明，同济大学党委书记方守恩，文化和旅游部原副部长项兆伦，住房和城乡建设部党组成员、副部长张小宏，中国乡建院院长李昌平等到大理调研的接待任务。②省领导接待任务。完成省委书记、省人大常委会主任王宁，省委副书记、省长王予波，省委副书记李小三，省委常委、宣传部长赵金，省委常委、省政府常务副省长宗国英，省委常委、省委秘书长陈舜，省委常委、省委统战部部长杨亚林，省委常委、省委政法委书记刘洪建，省委常委、省委组织部部长李刚，省人大常委会常务副主任张太原，省人大常委会副主任李培、王树芬、纳杰、罗红江，省政府副省长王显刚、任军号、和良辉、李玛琳、邱江、张治礼，省政协副主席高峰、喻顶成、董华、陈玉侯、徐彬、何波、童志云，省武警部队党委常委、副司令员杨光跃等省部级领导到大理调研的接待任务。③兄弟省（市、区）领导接待任务。完成浙江省委书记、省人大常委会主任袁家军，上海市委副书记、市长龚正，河南省人大常委会副主任张维宁，江苏省人大常委会副主任马秋林，西藏自治区人民政府党组成员、副主席江白，河南省政协副主席周春艳，西藏自治区政协副主席雷佳龙等到大理调研的接待任务。

【重要活动接待】 2021年，大理州接待处参与重要接待活动任务59批、118批次、3425人次。1月10—17日，参与接待外交部出访团会议；1月11—14日，接待生态环境部调研组及省政府调研组；3月3—9日，接待生态环境部西南督察局跟踪督察组一行；3月24—26日，参与云南省湖泊保护治理工作会议暨云南省委省政府大理州现场办公会会务接待；4月8—30日，接待省委第八巡视组一行；4月22—25日，接待中央第八生态环境保护督察组下沉大理督察工作组一行；7月22—26日，参与接待非遗数字专业委员会成立暨2021非遗数字高峰论坛；7月30日，接待浙江省党政代表团一行；8月27—29日，接待生态环境部长江流域生态环境部监督管理局调研组；10月7—10日，参与接待推进全球生态文明建设（洱海）论坛；10月10日，参与接待法国驻华大使及普德赋亚洲一行；10月22—23日，参与接待上海市党政代表团赴大理考察；12月10日，参与接待州人民政府与云南电网公司“十四五”全面深化合作战略框架协议签约；12月20—24日，接待省扫黑办第八特派督导组一行；12月29—31日，接待国家考核评估综合核查组。

（苏雪撰稿）

外　事

【概况】 2021年，大理州外事办全面贯彻落实中央和省州决策部署，助力党对外事工作的集中统一领导；围绕“两个服务”和全州“十四五”规划，立足新发展阶段、贯彻新发展理念、构建新发展格局，在涉外疫情防控、对外交往宣传、涉外管理服务等方面取得较好成绩。制定州委外事委维稳专项工作方案，筹备召开州委外事委第三次全体会议和习近平外交思想专题报告会，传达贯彻省委外事委第三次全体会议精神，谋划安排下一年全州外事工作，加强对外事工作的统筹协调和科学谋划，推进构建全州外事工作“一盘棋”格局，服务国家总体外交战略和地方社会经济发展。

【涉外疫情防控】 2021年，州外办牵头州应对新冠疫情指挥部外事组工作，联防联控，精准到位，从严从速对境外返州、入州人员进行排查、管控，保持涉外疫情防控的良好态势；为在大理外籍人士提供相关咨询和协助，接听外籍人士咨询电话；实时关注国外疫情，及时翻译世界卫生组织官网每日公布的疫情数据，为指挥部决策提供参考依据；稳妥有序推进大理外籍人士的新冠病毒疫苗集中接种工作，制定下发《为在大理外籍人士接种中国国产新冠疫苗的实施方案》，成立工作专班，建立咨询热线，将大理大学第一附属医院确定为大理州外籍人士疫苗接种定点医院，明确费用结算、接种预约、应急处置程序，实现安全、高效组织接种。

【对外交流】 2021年，州外办发挥民间对外交往的独特优势和海外华侨华人的桥梁作用，加强与国外组织、企业、国外友好人士的联系和交流，把“广交国际友人、建立友好关系”作为扩大对外交流与合作的基础和源泉，汇集各种资源，巩固对外交流合作。加强州、市两级与国际友好城市的交流合作，巩固和发展好已结好城市的友好关系。11月16日，线上签订大理州与柬埔寨暹粒市建立友好城市关系意向书。参加老挝驻昆总领馆宴请活动、马来西亚驻昆总领馆国庆招待会，多形式加强同驻昆总领馆的沟通交流。创新方式开展“云外事”，组织线上对外交流，实现对外交流新突破。参加印度本地治里印中友好协会组织的徐梵澄诞辰112周年线上纪念活动；参加与韩国群山市线上非遗交流活动；推进“东亚文化之都”创建；参与省外办编制的《魅力云南世界共享》宣传册相关工作，对外展示“风花雪月乡愁大理”；选送在大理的外籍人士讲“我眼中的中国美丽乡村”短视频被全国友协评为优秀作品，州外办获优秀组织奖。

【服务地方经济发展】 2021年，州外办主动参与谋划，为后疫情时代企业“走出去”“请进来”创造条件。在省外办协助下，促成“澜沧江—湄公河合作大理马拉松赛”落户大理，并列入澜湄国家地方政府合作清单，为打造大理对外交流新品牌注入活力；

7月9日，大理州集中开展外籍人士疫苗接种工作

2021年国外重要代表团到访大理州情况表

表20　　单位：人

抵离时间	到访单位	主宾姓名	主宾职务	人数
2月25日	亚非论坛代表团	托马斯·帕特里克·格尔	世界妇女组织法律顾问	6
4月10—11日	不丹边界事务与外交部	雷多·土登·唐比	秘书长	15
5月20—22日	相关国家驻华使节团	塔尼亚·罗穆阿尔多	佛得角驻华大使	17
7月23—25日	2021年中国—东盟青年营	东盟在华留学生	东盟在华留学生	70
8月16—17日	普德赋亚洲公司	迪米特里·德洛普洛斯	普德赋亚洲首席发展官	7
9月1日	加拿大驻重庆总领馆谢和安领事一行	谢和安	政经领事	3
9月8—9日	普德赋亚洲公司	迪米特里·德洛普洛斯	普德赋亚洲首席发展官	6
10月8—11日	2021推进全球生态文明建设（洱海）论坛	莱斯利·马斯多普	金砖国家新开发银行副行长兼首席财务官	194
10月10—11日	法国驻华大使及普德赋亚洲一行	罗　梁	法国驻中国大使	22
11月3日	英国驻重庆总领事史云森一行	史云森	英国驻重庆总领事	2

（州外事办　提供）

推荐来思尔乳业代表出席由云南国际问题研究中心与南印教育协会和自由新闻日报社共同举办的2021年中国（云南）—印度脱贫攻坚线上专题研讨会；做好英国帝亚吉欧集团威士忌生产及游客体验中心项目、法国普德赋云南大理国际度假项目等重点外资项目引进的服务工作，促进地方发展。

【外宾来访及重大外事活动】 2021年，州外办完成驻华使节团、中国—东盟青年营活动等10批342人的外事礼宾活动。2021推进全球生态文明建设（洱海）论坛等重大外事活动举办，使大理对外交流的水平和能力得到极大提升，为更好地融入“一带一路”倡议、建立面向南亚东南亚辐射中心蓝图、“孟中印缅经济走廊建设”创造了良好的国际合作基础。组织2批次驻华使领团及其他外宾到周保中将军纪念馆参观，向外宾讲好中国红色故事。

【涉外管理服务】 2021年，州外办先后处置涉外突发事件13起，接受涉外咨询150人次，解决问题132件次。牵头落实海外利益安全协调机制，经常性分析评估大理州海外利益安全情况，梳理上报安全评估报告12个；开展领事保护宣传400余人，及时通报相关部门外宾来访情况。推进落实与驻华领事机构交往的管理规范工作。牵头组织州抗震救灾指挥部外事协调组应急处置工作。漾濞“5·21”地震发生后，第一时间启动《大理州涉外事务专项工作应急处置预案》，做好加拿大、泰国等国驻华使领馆的来电咨询，指导有关县（市）做好外籍人士的转移、安抚工作，做好24小时应急值守。及时做好正在大理州参观访问的七国驻华使节的撤离、安置及安抚工作，接待应急处置工作受到使节团赞誉。

（王芳撰稿）

信　访

【概况】 2021年，全州信访系统紧扣州委、州政府中心工作，践行“为民解难、为党分忧”职责，在纾民困、排民忧、解民难等方面做了大量工作，维护群众正当合法权益、促进社会和谐稳定、服务全州经济社会发展大局。州信访局党组将党史学习教育作为一项重大政治任务来抓，开展“我为群众办实事”实践活动，并对标全省信访干部“十要十不准”承诺，结合“大理之问”和政府系统作风整治的“十个突出问题”，查找信访干部在工作和作风方面的差距，抓好整改。全年，累计征订指定书目22套154册，局党组理论中心组开展党史学习教育专题集体学习8场次144人次，组织专题培训6场次187人次；累计制定“为民办实事”61件，其中单位5件、局领导班子成员12件、普通党员44件。在2021年全省信访工作考核中，大理州排名第10名，同比提升5位次。

2021年大理州信访部门受理来信来访情况表

表21　　单位：件次

	信访总量	来访	来信	网上信访
全州	8283	1996	2506	3781
州信访局	2670	701	1393	576
12个县（市）	4457	1014	796	2647
州级部门（51个）	1156	281	317	558

（州信访局　提供）

【信访组织领导】 2021年，中共大理州委常委会2次、州人民政府常务会议2次召开专题会议，研究部署信访工作。召开了1次州委信访工作联席会议全体会议，部署2021年信访工作；召开1次全州信访工作会议。州委、州政府领导46次就信访工作作出批示要求，带头落实责任、接访下访、阅批群众来信、包案解决信访积案。县（市）党委政府高度重视信访工作，加强研究部署，落实信访工作责任制，在全州112个乡（镇、街道）中，建立信访联席会议机制并挂牌的112个，建立率为100%，提前完成省委信访工作联席会议下达的工作任务。各级各部门领导深入重点地区、重点部门直接抓、具体抓、深入抓，形成一级抓一级、层层抓落实的工作局面。州、县（市）党政领导接访下访489人次，接待群众717批次3067人次，推动化解信访案件506件。

【信访接待与排查化解】 2021年，全州信访系统秉持服务理念，规范日常信访秩序。①来访接待。通过来信、走访、网上信访方式向国家信访局反映诉求96批次99人次，分别同比减少12.73%、12.39%。②信访纠纷排查化解。排查出重点领域信访突出问题1134件，化解890件次。③信访督查督办。对375件国家信访局、省信访局交办和州领导批示件进行立案交办和跟踪督办，办结357件，办结率95.20%。通过电话督查、网络抽查、现场督办等方式对200余件交办件进行督查和催办。④社会力量参与。年内，社会力量参与化解信访工作稳步开展，律师参与信访群众接待33批次76人次。

【上级移交信访件办理】 2021年，全州信访系统强化服务意识，推动专项工作开展。①重复信访件办理。中央、省、州联办交办第一批重复信访事项371件，办结371件，办结率100%。②巡视巡察信访件办理。信访部门累计接收中央、省委和州委巡视巡察监督移交信访件1158件；其中中央第十巡视组移交872件（涉及利益诉求类662件），省委第八巡视组移交227件，州委巡察办移交59件。至12月办结1158件，办结率100%。对3个省委第八巡视组移交大理州信访事项热难点问题化解深入现场进行密集有效督促指导，加快推进信访事项的解决。③政法整顿信访件办理。累计接收中央、省、州督导组移交政法队伍教育整顿信访事项464件；其中第一批16件，办结16件，办结率100%；第二批448件（包含纸质信件439件），均完成系统内交办，相关办理工作正在推进中。

（马智清撰稿）

中国人民政治协商会议大理白族自治州委员会

Dali Bai Autonomous Prefecture Committee of the Chinese People's Political Consultative Conference

责任编校 杨 虓

乡愁大理·黑白记忆　1983年大理文笔村白族婚宴场景

综　述

【概况】2021年，州政协及其常委会围绕州委、州政府中心工作深入调研视察、广泛协商议政，坚持履职为民，助力民生改善，在全州政协系统深入开展"助推巩固拓展脱贫攻坚成果和乡村振兴"行动和"协商在基层"工作，狠抓政协委员和政协机关干部"两支队伍"建设，提升履职能力。开展党史学习教育，围绕"学史明理、学史增信、学史崇德、学史力行"的总要求，坚持高标准谋划、高起点开局、高质量落实，制定出台《关于开展"精细化服务、高质量履职"活动的实施意见》《政协大理州委员会委员视察考察工作条例（试行）》，修订完善机关各项管理制度13项，促进委员履职工作制度化、规范化。开展"建设一流政协机关、锻造一流干部队伍、干出一流工作业绩"活动。开展"助推巩固拓展脱贫攻坚成果和乡村振兴"行动，全州政协委员参与率达到100%。全州两级政协组织围绕"五项助推"和"10件实事"，把政协力量汇聚到广大农村群众最关切、最直接、最渴盼的民生需求上，为全州巩固拓展脱贫攻坚成果和乡村振兴工作贡献政协力量。从严从实推进"大理之问"大讨论活动，把开展好"大理之问"大讨论活动作为当前和今后一段时期的重要政治任务，作为州政协深入开展党史学习教育的关键举措，制定州政协"四清单一方案一突破"推动工作落实。会同州人大常委会对全州12个县（市）、106个州级部门"大理之问"大讨论活动成效开展评议。由州政协厅级领导分别担任工作小组组长，抽调工作力量成立州政协成效评议工作专班统筹成效评议工作，科学制定成效评议测评体系，坚持问题导向、目标导向，实事求是开展成效评议，以民主评议促进全州发展目标和重点任务的完成，推动"大理之变"。

【民主监督】2021年，州政协坚持协商式监督的定位，把民主监督的重点放在全州重点工作、重大项目推进上，紧扣关键内容，及时反映真实情况，勇于提出建议和批评，推动各项改革发展决策和举措落到实处。分别听取州政府经济运行情况通报和州法院、州检察院有关工作情况通报各1次，加大对洱海保护、乡村振兴、文旅项目、综合交通基础设施建设、数字经济、疫情防控等推进情况的监督力度，推动州委、州政府重点工作的落实。对州文化和旅游局、州交通运输局等州级部门工作开展民主评议，指出部门工作中存在的问题，提出意见建议12条。通过委员视察、委员提案、大会发言、反映社情民意或以其他形式提出批评和建议，参加党委和政府有关部门组织的调查和检查活动，参加全州营商环境整治与服务、公务员事业单位考试等监督工作，较好地发挥了民主监督作用。

【凝聚共识】2021年，州政协牢牢把握团结和民主两大主题，坚持建言资政和凝聚共识双向发力，为大理州改革发展汇集智慧、凝聚力量。始终把凝聚共识贯穿政协履职全过程、各方面，紧扣"国之大者"、民生关切，引导委员履职，汇聚民智、反映民愿。落实班子成员联系民主党派制度，出席民主党派重要会议活动、帮助协调解决工作中存在的困难和问题。健全人民政协作为实行新型政党制度重要政治形式和组织形式的机制，为民主党派、无党派人士更好地发挥作用创造条件。全年，党派团体参与政协调研视察活动20余项，在各类会议上发言60多次，提交集体提案141件，参政影响力提升。加强与各党派团体、各族各界人士的沟通联系，通过走访座谈、会议发言、党派团体提案等方式，及时反映他们对大理州改革发展的意见和愿望，广泛汇聚正能量，画出最大同心圆。

【交流协作】2021年，州政协举办"奋进百年路　启航新征程"大理州政协庆祝中国共产党成立100周年书画展，出版《九百年山河》等文史资料，组织大理州陈列室布展，展示大理州政协在围绕中心、服务大局过程中履职尽责、创新发展取得的重要成果。联合大理大学举办留学生中秋联谊活动，让留学生更好地认识大理、热爱大理、宣介大理。做好全国政协、省政协到大理开展工作的服务保障，借上级政协资源助大理高质量发展。加强与省内外政协的横向联系交流，互促共进，推动工作提质增效。收集社情民意信息153篇，编报《社情民意》信息21期，转州级部门参考办理76篇。加强政协新闻宣传工作，编发《大理政协》4期，编发网站信息、推送微信公众号信息1317条，对政协重要会议、重要活动和履职成果及时进行宣传报道，传播政协声音、扩大政协影响。

2021年政协大理州委员会重要视察调研活动一览表

表22

类别	时间	工作内容	责任单位
专题视察	3月	对全州推进爱国卫生"7个专项行动"情况开展民主监督专题视察	教科卫体委
重点调研	4月	对"巩固拓展脱贫攻坚成果和乡村振兴有效衔接"开展专题调研	经济和农业农村委
	5月	对全州民宿业高质量发展开展专题调研	民族和宗教委
	6月	对全州知识产权保护工作开展专题调研	教科卫体委
	7月	对大理国家级经济技术开发区高质量发展体制机制开展专题调研	办公室、经济和农业农村委
	7月	对充分发挥洱海生态廊道综合效益开展专题调研	人口资源环境委
	9月	对加快建设大理州公安监管医院开展专题调研	社会和法制委
	9月	对创建大理国家级洱海保护绿色发展示范区开展专题调研	人口资源环境委

（政协大理州委　提供）

【“协商在基层”工作】 2021年，州政协发挥专门协商机构作用，推动政协协商与基层协商有效衔接，在大理市、祥云县、南涧县采取先行先试。在试点探索、积累经验的基础上全州12个县（市）全面铺开“协商在基层”工作，把政协协商制度优势转化为基层社会治理效能，制定下发了《关于开展“协商在基层”工作的实施意见》《“协商在基层”协商议事工作规则》；按照一室多用的原则，在全州12个县（市）112个乡（镇、街道）共建成协商议事室384个，推动“协商在基层”工作制度化规范化，实现了有组织、有机构、有人员、有经费、有场所、有制度、有措施、有活动、有实效。组织指导各县（市）政协既围绕党委政府的中心工作议大事、谋长远，又聚焦老百姓“急难愁盼”的身边事，开展协商议事活动300余场次，形成了大量符合实际、体现民意、助推发展的协商意见，帮助解决了小区物业服务、停车难、移风易俗、产业发展等一大批事关群众生产生活的热难点问题，有效搭建了助推基层社会治理现代化的重要平台。

【各委室工作】

办公室 2021年，州政协办公室牵头组织10次州政协党组理论学习中心组集体学习，配合相关委室组织开展4次常委会会议集中学习、年度委员专题培训、12次机关集中学习。与各委室筹备组织了州政协十三届四次全体会议、4次常委会会议、16次党组会议、12次主席会议、8次机关党组理论学习中心组集体学习、12次机关党组会议等重要会议。完成1次专题视察、7个专题调研、7次专题协商等重要活动的服务保障。牵头抓实全国文明单位巩固提升工作，组织办公室干部职工参加机关学雷锋志愿服务活动120余人次。全年累计起草各类重要文件材料、方案等400余份，较好地发挥了以文辅政作用。做好行政后勤、会务保障、人事老干信访、网站信息和社情民意等工作。落实中央八项规定及其实施细则精神，完成全国政协领导及省部级领导8批次、省内外厅级领导18批次公务接待任务。组织干部职工参加学习教育培训班120余人次，组织全州政协系统干部2批次90余人赴外开展培训。围绕开展5项助推及助推漾濞地震恢复重建、为群众办好10件实事，组织参与全州政协系统助推脱贫攻坚成果巩固和乡村振兴有效衔接行动。牵头推进“协商在基层”工作，全州12个县（市）112个乡（镇、街道）全面建成协商议事室，广泛开展协商议事活动，解决群众关心关注的民生问题，助力基层社会治理现代化。

上图：9月15—16日，全国政协副主席兼秘书长李斌率全国政协人口资源环境委员会党外委员视察团到大理州开展国家重点湖泊生态环境保护专题视察；下图：10月19日，政协大理州委到漾濞县开展“协商在基层”活动

（政协大理州委 提供）

提案委员会 年内，州政协提案委做好提案培育、征集、审查、交办、协商、督办、评议、统计、表扬、公开、宣传等常规固定工作。州政协十三届四次会议共收到提案376件，经审查不予立案2件，撤案6件，通过并案处理后交办328件，年底所有交办提案全部办复。突出抓好年度重点提案工作，确定《关于巩固拓展脱贫攻坚成果深入实施乡村振兴战略的提案》等10件提案为州政协2021年度重点提案。重点提案由州委、州政府分管领导领办批办，由州委书记、州长、州政协主席等领导率10个督办组开展督办。研究制定《政协大理州委员会提案审查工作细则》《政协大理州委员会关于提案分类和提案办理结果分类办法》，修订《政协大理州委员会重点提案遴选与督办办法》。组织在弥渡县召开全州政协推进提案工作制度化建设对口协商暨全州提案工作座谈会议。全面参与州政府办公室对“政协提案办理平台”改版，保障提案工作网络平台安全使用。

经济和农业农村委员会 年内，州政协经济和农业农村委员会组织开展巩固拓展脱贫攻坚成果与乡村振兴

左图：6月2日召开的大理州政协2021年度第134230号重点提案专题面商会议现场；右图：6月15—16日，州政协组织部分州政协常委、专家学者对“充分发挥洱海生态廊道综合效益”情况开展专题调研

（政协大理州委　提供）

有效衔接专题调研、经济运行中“六稳”“六保”工作情况等常委会会议专题议政性协商和“新基建”项目推进、数字经济发展对口协商重点工作。组织召开2021年全州政协经济和农业农村委员会工作会议，配合完成年度州政协委员培训，邀请有关学者、教授主讲“‘十四五’产业发展与大理机遇”等内容提升委员履职能力。抓实重点提案《关于加强全州数字经济人才队伍建设》督办，由陈真永州长亲自督办，被评为州政协提案工作先进单位。组织委员议政建言、多渠道为委员履职搭建平台，组织开展政协系统“双助推”行动，与永平县政协在杉阳镇共同举办2021年“双助推”行动就业技能培训班。参加党史学习教育巡回督查、“大理之问”大讨论活动督查、换届风气巡回督查等专项工作，负责牵头组织州政协机关挂钩联系白石村脱贫攻坚和“挂包帮、转走访”工作。

人口资源环境委员会　年内，州政协人口资源环境委员会组织开展大理苍山保护利用工作常委会会议专题议政性协商，对加强苍山保护利用，统筹推进苍山洱海一体化保护建言献策。组织开展洱海生态廊道综合效益发挥情况专题调研，针对洱海生态廊道在建设和综合效益发挥方面存在的困难和问题提出对策建议，州委、州政府主要领导分别对报告作出批示，要求政府及相关部门研究，加强廊道管理运营工作。组织开展创建大理国家级洱海保护绿色发展示范区专题调研，形成调研报告报州委、州政府，为推动大理创建国家级洱海保护绿色发展示范区提供决策参考。组织开展全州大中型水库建设工作对口协商，为加强全州水利设施建设，服务全州高质量发展协商建言。完成年度重点提案《关于推进我州基层中医药卫生服务能力建设的提案》督办。指导漾濞县政协组织开展推动漾濞“5·21”6.4级地震灾后恢复重建协商工作，助推脱贫攻坚成果巩固和乡村振兴工作，以及“协商在基层”工作的开展。做好河（湖）长制督查服务工作，深入开展挂钩村网格化管理和“三清洁”等工作，州政协机关助推洱海保护各项工作得到有效落实。

教科卫体委员会　年内，州政协教科卫体委员会组织部分州政协委员对大理州推进爱国卫生“7个专项行动”情况进行民主监督视察，在专题协商的基础上形成视察报告，报送州委、州政府及有关部门。组织开展大理州知识产权保护工作情况专题调研，通过采取实地察看、查阅资料、召开座谈会等方式，广泛听取意见建议，形成调研报告，报送州委、州政府及有关部门。牵头督办重点提案《关于加快大理州康养产业发展》。开展“双助推”义诊活动，10月31日在洱源县开展“双助推”义诊活动，来自州县两地的30多名医疗专家，为群众义诊322人次，发放宣传资料1100多份，为凤羽镇铁甲村“9·13”泥石流受灾群众免费赠送大锅药600袋。配合完成年度政协委员培训工作，邀请昆明医科大学秦竹教授专题讲授“颐养生命，梦圆健康”。牵头在2021年中秋佳节，向大理大学的留学生和外籍教师代表赠送中秋慰问品和慰问信，表达中秋祝福。

社会和法制委员会　年内，州政协社会和法制委员会组织开展加快建设大理州公安监管医院专题调研和大理州公墓规划建设管理工作远程协商，对《云南省大理白族自治州大理历史文化名城保护条例（修订草案）》开展立法协商，重点督办《关于破解工业企业融资难问题的提案》。关心关注社会民生，发挥优势，借力志愿者团队，组织州政协委员及社会爱心人士开展助学、助残、助老、助困、助力生命公益活动。做好州政协机关“法治建设”“平安建设”“社会诚信体系建设”考核相关工作及州政协“八五”普法工作。组织政协机关干部职工开展《中华人民共和国宪法》《论坚持全面依法治国》《中华人民共和国民法典》《中国共产党政法工作条例》等法律法规条文的学习及宣传。

民族和宗教委员会　年内，州政协民族和宗教委员会开展“全州民宿业高质量发展”专题调研，为推动大理民宿业健康有序发展、促进文化和旅游产业转型升级提供科学发展方向。对州文化和旅游局开展民主评议工作，及时跟踪问效，推动文旅工作发展。与致公党大理州委进行联合调研，提出《关于加快推进全州数字乡村建设的提案》。发挥团结统战功能，走访民主党派、工商联、人民团体、宗教场所，与相关部门共同推进大理州民族宗教宣传教育活动，召开大理州各宗教团体调研座谈会。主动与统战部门加强沟通联络，做好侨务外联宣传工作。做好由州交通运输局主办的《关于尽快建立农村交通道路维修管护体系的提案》重点提案督办工作。

文化文史和学习委员会 年内，州政协文化文史和学习委员会编辑出版文史资料《九百年山河》，扩大大理影响力、知名度和吸引力。编印《建言献策汇编》，展示州政协围绕中心、履职尽责的成就。完成州政协陈列室布展工作，系统呈现了各个历史时期大理政协组织和政协委员勇担使命、为国履职、为民尽责的风采。完成州政协书画室布展工作，为打造书香政协助力添彩，举办庆祝中国共产党成立100周年“奋斗百年路 启航新征程”书画作品展，开展书画进基层、进企业和“双助推”书画进校园活动。在州图书馆每月举办一期“大理文化与旅游公益讲座”，为弘扬大理历史文化鼓劲出力。对《加强传统村落保护》《发挥博物馆在文化强省中的作用》《加强乡村精神文明建设》3个专题开展调研并形成调研报告。做好大理州徐霞客研究会相关工作，赠送徐霞客故居大理感通茶树17棵，指导策划“徐霞客大理旅行壁画”，组织“重走霞客路，更爱大理美”活动，助力大理文旅产业发展。做好重点提案《关于加快大理现代物流体系建设》督办工作。

研究室 年内，州政协研究室开展助推“协商在基层”及助推巩固拓展脱贫攻坚成果、乡村振兴、洱海保护等工作，在《大理政协》内刊刊用大量稿件。做好重要文稿撰写工作，起草领导重要文稿、州政协民主评议州交通运输局评议意见及宣传思想工作经验交流等一批重要文稿。组织开展州政协民主评议州交通运输局工作，精心组织开展前期调研工作、组织委员发言、参加筹备州政协常委会会议，评议工作得到好评。策划州政协重大活动及专题宣传报道，完成州政协十三届四次全会的特别报道，与《云南政协报》合作推出“协商在基层”和“助推苍山洱海保护治理建设生态文明”等专版，展现州政协履职成果及政协委员风采。办好《大理政协》内刊，完成《云南政协年鉴（2020）》《大理州年鉴（2021）》大理州政协部分编写任务。做好州政协年度重点提案《关于加大村级集体经济扶持力度的提案》督办工作。

委员联络委员会 年内，州政协委员联络委员会加强制度建设，牵头制定《政协大理州委员会委员视察考察工作条例》，促进委员视察考察工作的制度化、规范化、程序化。开展“精细化服务、高质量履职”活动，把委员履职和州政协重点工作、委室日常工作结合起来，突出委员普遍参与性，在谋划工作、服务委员、综合协调等方面提供了良好服务。组织开展疫情防控常态化专题协商工作，在组织部分住大理的省政协委员和州政协委员深入实地调研的基础上，组织委员与相关部门讨论协商，为助推疫情防控常态化工作建言献策。根据委员的专业、特长、工作性质等，先后组织州政协委员参加州政府常务会议、全州规划审查、政法队伍教育整顿、全州营商环境整治与服务、公务员事业单位考试等监督，以及州政协组织的相关会议、活动。整理汇总十三届州政协委员参加会议、调研、视察、提交提案、撰写社情民意，以及参与文史编撰、新闻宣传、团结联谊等方面履职情况，为州政协委员换届提供了重要的履职数据。

重要会议

【州政协十三届四次会议】 2月1—4日，政协大理州第十三届委员会第四次会议在下关召开。会议应出席委员359名，实到339名。2月1日会议开幕，中共大理州党政领导，大理大学、滇西应用技术大学领导，大理军分区、驻大理部队首长，州法院、州检察院主要领导到会指导。住在大理的省政

2月1日，中国人民政治协商会议大理白族自治州第十三届委员会第四次会议在下关开幕 （政协大理州委 提供）

12月2日，大理州政协“互联网＋教育”公益助学活动启动，明日之星教育基金会向大理州捐赠价值1500万元的信息化教育设备

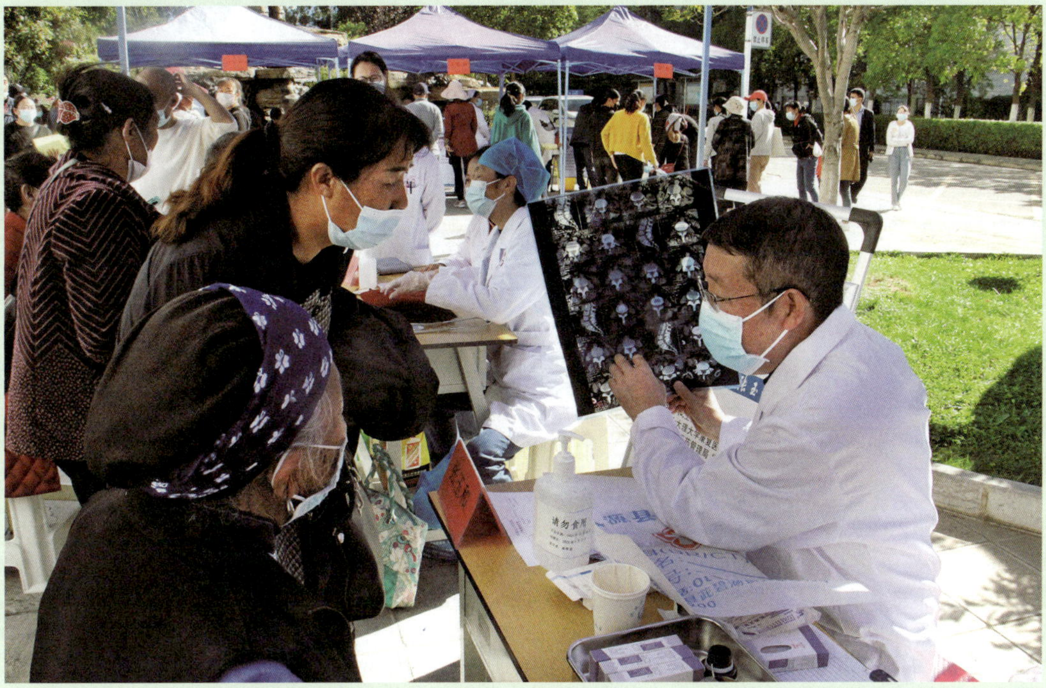

10月31日，大理州政协、洱源县政协联合开展“双助推”义诊活动，为群众义诊322人次，发放宣传资料1100多份，免费赠送大锅药600包（袋）

10月21日，大理州政协、永平县政协在杉阳镇联合举办“双助推”行动就业技能培训班，促进脱贫群众稳定就业、低收入群众增加收入和转移就业

2021年政协大理州委员会第十三届委员会常务委员会会议一览表

表23

时间	会议	主要议题
1月12日	第十六次	州政府领导通报政协大理州第十三届委员会第三次会议以来提案办理工作情况；通报中共大理州委办公室关于督办党群政法系统办理州政协第十三届委员会第三次会议以来提案工作情况（书面）；通报州政协2020年度重点调研视察和协商报告（书面）；州政协各专委室报告2020年度工作总结和2021年工作计划（书面）；审议召开政协大理州第十三届委员会第四次会议决定和《常委会工作报告（草案）》、《提案工作情况报告（草案）》等政协大理州第十三届委员会第四次会议有关文件；审议《政协大理州第十三届委员会2021年工作要点》；审议有关人事事项；对州直部门（单位）2020年度履行职能职责情况开展民主测评
4月14日	第十七次	州政协提案委报告《政协大理州第十三届委员会第四次会议提案审查情况》；审议《中国人民政治协商会议大理白族自治州委员会专门委员会通则（试行）》；对苍山保护利用工作开展专题议政性协商；审议有关人事事项
7月28日	第十八次	听取州政府关于大理州"六稳""六保"工作情况的通报，对全州上半年经济运行中"六稳""六保"工作情况开展专题议政性协商；审议通过《政协大理州第十三届委员会常务委员会第十八次会议关于全州上半年经济运行中"六稳""六保"工作情况专题议政性协商的意见》；审议有关人事事项
9月23日	第十九次	听取州法院关于一站式多元解纷和诉讼服务体系建设工作情况的通报；听取州检察院关于服务保障民营经济发展工作情况的通报；对州文化和旅游局、州交通运输局工作进行民主评议

（政协大理州委　提供）

协委员，州级有关单位负责人，中央、省属驻大理有关单位负责人列席开幕会。会议听取和审议《政协大理州第十三届常委会工作报告》《政协大理州第十三届常委会关于十三届三次会议以来提案工作情况的报告》，听取并协商讨论州人民政府工作报告，协商讨论《大理州国民经济和社会发展第十四个五年规划和2035年远景目标纲要（草案）》、州中级人民法院工作报告、州人民检察院工作报告及其他有关报告。2月4日闭幕会上，通过政协大理州第十三届委员会第四次会议关于政协大理州第十三届委员会常务委员会工作报告的决议、政协大理州第十三届委员会第三次会议以来提案工作情况报告的决议和政协大理州第十三届委员会第四次会议政治决议。

【其他重要会议】 4月14日，政协大理州第十三届委员会常务委员会第十七次会议召开，对苍山保护利用工作开展专题议政性协商。州苍山洱海国家级自然保护区管理局报告苍山保护利用工作情况，6名州政协委员就苍山保护利用工作作了大会发言，参会人员围绕专题协商的意见（草案）进行了协商讨论。州政协主席朱建斌出席会议并作总结讲话，州委常委、州政府副州长郑新刚到会指导。21—23日，主题为"民族团结进步示范创建与全域旅游融合发展"的大理州12个县（市）政协第四十八次横向联系会议在漾濞县召开。州政协主席朱建斌出席会议并讲话，副主席陆璐参加会议。30日，州政协召开机关全国文明单位巩固提升工作会议，总结州政协机关全国文明单位创建巩固工作，部署2021年至2023年机关全国文明单位巩固提升工作。

6月11日，州政协召开疫情防控常态化工作专题协商座谈会，州委副书记赵国良出席会议并作要求，州政协主席朱建斌主持会议并讲话。18日，大理州政协系统召开全面推进"协商在基层"暨"助推巩固拓展脱贫攻坚成果和乡村振兴"行动专题会议，总结全州政协系统"协商在基层"、助推巩固拓展脱贫攻坚成果和乡村振兴行动工作经验和做法，分析存在问题、研究部署下步工作。州政协主席朱建斌出席会议并讲话。

7月28日，政协大理州第十三届委员会常务委员会第十八次会议对全州上半年经济运行中"六稳""六保"工作情况开展专题议政性协商。会议听取了州政府关于全州"六稳""六保"工作情况的通报，部分政协委员作协商发言，参会人员围绕专题协商的意见（草案）进行了协商讨论。州政协主席朱建斌出席会议并作总结讲话，州委常委、州政府副州长郑新刚到会指导。29日，州政协推进提案工作制度化建设对口协商暨全州提案工作座谈会在弥渡县召开。

8月23日，州委书记杨国宗在州政协主持召开座谈会，听取州政协领导班子成员及部分州政协委员关于《州第九次党代会报告(征求意见稿)》的意见建议。会上，州委副书记赵国良通报报告起草情况，州政协主席朱建斌出席会议并作发言。州政协党组副书记常于忠，州政协副主席陆璐、张松、沙伟风、王瑛、陈绍明，保留副厅级待遇领导杨煜华，秘书长杨赵义参加会议并作发言。26日，主题为"助推巩固拓展脱贫攻坚成果和乡村振兴"的大理州十二县（市）政协第四十九次横向联系会议在南涧县召开。州政协主席朱建斌出席会议并讲话。

10月22日，州政协召开"大理之问"大讨论活动动员会，对州政协开展"大理之问"大讨论活动进行动员部署。州政协党组书记、主席朱建斌出席会议并作动员讲话。

11月1日，全州政协系统党的建设工作经验交流会暨政协宣传思想工作座谈会召开，州政协党组书记、主席朱建斌出席会议并讲话。

18日，全州政协系统秘书长、办公室主任、研究室主任、委员联络委主任工作交流座谈会召开。州政协党组副书记常于忠出席会议并讲话，秘书长杨赵义主持会议。

12月20日，州政协召开大理州"大理之问"大讨论活动成效评议工作推进会议。州政协党组书记、主席朱建斌主持会议并讲话。

（李志军撰稿）

民主党派 工商联 人民团体

Democratic Parties & Federations of Industry and Commerce & People's Organizations

责任编校 杨 彧

乡愁大理·黑白记忆 1973年的大理崇圣寺三塔

民主党派

【概况】2021年，各民主党派州委深入学习贯彻习近平新时代中国特色社会主义思想和党的十九大及十九届历次全会精神，贯彻落实《中国共产党统一战线工作条例》，紧紧围绕州委、州政府中心工作，主动服务大局，深入调查研究，发挥界别特色优势，参政议政、建言献策，各民主党派结合党史学习教育和庆祝中国共产党成立100周年和“大理之问”大讨论活动，巩固开展“不忘合作初心，继续携手前进”主题教育，坚持民主监督与建言资政、凝聚共识相统一，深入开展爱国卫生“7个专项行动”民主监督工作。各民主党派州委发挥优势，加强自身建设，彰显社会服务形象，为推动大理经济社会高质量发展贡献智慧和力量。

组织建设　2021年，全州各民主党派州委发展新成员65名，有总支3个，支部（社）68个，成员1999名，其中高级职称735名，任实职副处以上干部31名。民进大理州委完成换届工作。

参政议政　年内，各民主党派州委向省、州、县（市）各级人大、政协提交建议、提案333件，其中州级重点提案4件、州级优秀提案13件、县（市）级重点提案2件、县（市）优秀提案12件。

课题调研　年内，大理州各民主党派州委紧扣州委、州政府中心工作，发挥自身优势，完成《大理州绿色发展的可行性问题研究的调研报告》《发挥水优势，建设生态水国、魅力水城、秀美水乡的调研报告》《提升大理市域治理能力和水平的实践路径的调研报告》《关于大理州易地扶贫搬迁后续扶持问题与对策的调研报告》《关于大理州康养产业发展的调研报告》《关于大理州人民调解工作开展情况的调研报告》《关于发挥企业创新主体作用，壮大国家战略科技力量的调研报告》等一批重点调研课题，形成有情况、有分析、有对策、有建议和有深度、有价值的调研报告，为党委、政府科学决策优化决策提供参考，部分调研课题提出的意见建议得到各级各有关部门的采纳。

社会服务　年内，各民主党派州委主动融入中心服务大局，开展社会服务。①民革大理州委。打造“同心·助学”活动品牌，全年筹集爱心善款26.7万元，资助44名贫困学生；开展“助力乡村振兴义诊及科普、法律宣传活动”。②民盟大理州委。开展“迎新春送春联，文化下乡暖人心”慰问活动；整合项目资金8万元，支持挂钩村“双绑”模式蔬菜大棚种植合作社项目和大田深翻、土壤改良项目；开展“农村教育烛光行动”；联合“大理春雨助学”团队，到祥云、巍山等5所中学开展助学献爱心活动，帮助51名贫困学生就读；到漾濞县开展“接力农村教育烛光行动”；开展“黄丝带”帮教工作和医疗义诊进基层活动。③民建大理州委。开展义诊及法律咨询服务；携手会员企业大理爱君家政服务有限公司等到漾濞地震灾区安置点开展“六一·我们在一起”捐赠及心理疏导活动；为漾濞地震灾区争取到中华思源工程扶贫基金会捐赠的35吨大米，累计捐赠金额为21.63万元；为永平、漾濞8个乡村学校争取到思源·芭莎公益慈善基金捐赠的“芭莎·课后一小时”美育公益项目，累计捐赠金额为80万元。④民进大理州委。开展“春联万家·奋进新征程”写送春联活动，为当地群众书写春联600余副和500余张福字。举办“百年芳华——大理民进洱海欢歌艺术团庆祝中国共产党成立100周年”文艺演出系列活动。⑤农工党大理州委。组织州内10余名农工党员医疗专家到弥渡县开展第33届“国际科学与和平周”义诊活动，当天累计诊疗病人200余人；协调公益群对洱源、剑川、大理等地16名贫困优秀学生进行“一帮一”扶持行动。⑥致公党大理州委。继续实施“致公爱心采买活动”，帮助挂钩村销售各类农副产品2.65万元；争取各方资源，打造社会服务品牌，“致公科技馆”建成投入使用；携手云南沙曼露日化公司和大理州安徽商会联合开展“关爱抗疫一线人员”活动，捐赠100箱价值3.58万元的洗衣液。⑦九三学社大理州委。到祥云县云南驿镇开展助力乡村振兴义诊科普宣传活动，组织社员开展义诊和健康咨询活动。

表彰奖励　年内，全州各民主党派、工商联组织和成员获得一批各级、各部门的表彰奖励。①民革大理州委。被民革中央评为民革助力脱贫攻坚工作先进集体；短视频《同心同德同行，拥抱美好明天》在民革中央“记录身边美好生活——民革短视频大赛”中获优秀奖。②民盟大理州委。

2021年大理州各民主党派组织、成员、参政情况一览表

表24

党派名称	组织情况（个）			成员情况（人）			参政情况（人）								任实职数（副处级以上）
							人大代表				政协委员				
	州委会	总支数	支部（社）	总数	高级职称	新成员	县市	州	省	全国	县市	州	省	全国	
民革	1	0	3	132	28	6	1	0	0	0	3	4	1	0	4
民盟	1	1	28	627	281	21	3	4	0	0	19	10	1	0	8
民建	1	0	5	175	13	6	0	0	0	0	9	12	1	0	4
民进	1	0	16	358	88	6	0	0	0	0	7	8	1	0	3
农工党	1	2	5	276	114	10	0	2	1	0	3	5	1	0	5
致公党	1	0	3	143	56	5	1	1	0	0	10	3	0	0	2
九三学社	1	0	8	288	155	11	2	0	0	0	2	5	1	0	5
合计	7	3	68	1999	735	65	7	7	1	0	53	47	6	0	31

（州委统战部　提供）

被民盟中央表彰为“民盟脱贫攻坚先进集体”，主委周国珍被民盟中央评为“思想政治建设和宣传工作先进个人”；盟员段杰被民盟中央评为“脱贫攻坚先进个人”。③民建大理州委。获民建云南省委2021年度社会服务先进集体，会员赵映松、施高样获评民建云南省委2021年度社会服务工作先进个人；④民进大理州委。被民进中央评为民进全国社会服务暨脱贫攻坚先进集体，会员张清被民进中央评为民进全国社会服务暨脱贫攻坚先进个人；⑤农工党大理州委。获农工党中央脱贫攻坚工作“先进集体”称号，2名党员获“先进个人”称号；⑥致公党大理州委。获致公党省委“脱贫攻坚集体”称号，专职副主委罗金洪获致公党中央“中国致公党脱贫攻坚优秀组织工作者”称号；⑦九三学社大理州委。被九三学社云南省委表彰为组织建设先进集体，主委杨增铭被九三学社中央表彰为九三学社全国机关工作先进个人。

（苏金梅撰稿）

11月11日，民革大理州委赴州民族中学开展“同心·助学”活动，广泛动员社会各界资助贫困学子（民革大理州委 提供）

【民革大理州委】

组织建设 2021年，民革大理州委以“作风建设年”为抓手，践行“四新”“三好”要求，大力推进中国特色社会主义参政党地方组织建设。①党史学习教育。以庆祝中国共产党成立100周年、纪念辛亥革命110周年为契机，开展中国共产党史、新中国史、改革开放史、社会主义发展史和民革党史学习教育，强化思想政治引领，夯实共同思想政治基础。5月7日，组织党员参观杨杰将军故居和周保中将军纪念馆，大力弘扬多党合作优良传统。5月21—30日，开展庆祝中国共产党成立100周年祝福视频录制活动，民革党员纷纷发表感言，衷心祝愿伟大祖国更加繁荣昌盛。6月26日，举办“不忘合作初心，继续携手前进——庆祝中国共产党成立100周年”文艺演出，增强民革党员对中国共产党和中国特色社会主义的政治认同、思想认同、理论认同、情感认同。②读书分享会。全年举办3次读书分享会，推进“书香民革”建设，激发民革党员的读书热情。③自身建设。4月1日，成立自身建设委员会、参政议政委员会、组织宣传委员会和社会服务委员会，发挥民革党员的专业特长，调动党员的工作热情，推动自身建设迈上新台阶。④党员队伍建设。坚持质量和数量并重的原则，抓实做好党员发展工作，党员队伍结构优化；年内发展新党员6名，至12月，民革大理州委会有党员132人，其中博士3人、硕士15人、大专以上学历107人，高级职称28人，任副处级实职以上党员4人，党员平均年龄54.56岁。

参政议政 ①提案工作。年内，在州、市召开的“两会”上，民革大理州委提交《关于优化环洱海农村三产融合用地政策的提案》《关于加大对城镇低收入困难群众关心力度的提案》《关于加强公交管理文明出行的提案》等42件提案，其中《关于对洱海湖底科学有序进行卫生大扫除的提案》被大理州政协评为“好提案”，《关于打造生态旅游网红打卡地，助推大理旅游业复苏的提案》被大理市政协评为优秀提案；全年提交社情民意信息4件，为党委政府掌握情况、科学决策提供参考。②深入开展“大理之问”大讨论活动。围绕大祥巍一体化发展、滇西医疗中心和教育中心建设、绿色农产品加工产业培育、发展规划设计、优化营商环境和打造高素质干部队伍等方面，提出许多有价值、有见地的意见建议。

课题调研 年内，民革大理州委抽调大理大学民革党员专家组成专题调研组，多次前往洱源、鹤庆、剑川、祥云、大理等县（市）开展调研活动，并与文旅、财政、税务、林草、农业农村、生态环境、资源规划等部门深入座谈交流。经过反复研究分析，向州委、州政府提交《关于乡村振兴背景下大理州传统民俗文化旅游发展路径的调研报告》《大理州乡村民宿现状及问题短板调研报告》《非税收入的环境规制效应——以洱海保护为例研究报告》《大理州绿色发展可行性问题研究的调研报告》4篇调研报告。

社会服务 年内，民革大理州委开展了特色鲜明的社会服务活动。①“同心·助学”活动。搭建爱心企业、爱心人士与贫困学子的爱心桥梁，广泛动员社会各界奉献爱心。全年筹集爱心善款26.7万元，资助洱源一中1名学生3000元，按照每人每月500元的标准资助大理州实验中学和民族中学44名贫困学生一年的生活费。在“同心·助学”活动中，大理民革党员及亲属捐助资金4.2万元。②乡村振兴工作。年内，民革大理州委多次深入祥云县云南驿镇康仓村进行走访调研，帮扶挂钩村加快培育产业发展，并援助资金1万元；11月6日，民革大理州委与九三学社、民进大理州委赴祥云县云南驿镇联合开展“助力乡村振兴义诊及科普、法律宣传活动”，诊疗群众1700余人，发放科普宣传材料1900余份和价值3000余元的口罩及部分常用、适用药品。③洱海保护工作。围绕洱海保护治理建言献策，建立健全“三清洁”工作长效机制，组织机关干部每月赴大理市晋湖村委会开展两次环境卫生大扫除，引导群众树立环保、洁净生活的理念；选派1名机关干部担任洱海保护工作队队员，为保护洱海贡献智慧和力量。

重要事项　①理论学习。年内，组织党员深入学习习近平新时代中国特色社会主义思想、《中国共产党统一战线工作条例》、习近平总书记在庆祝中国共产党成立100周年大会上的重要讲话、习近平总书记在纪念辛亥革命110周年大会上的重要讲话和中共十九届六中全会精神，巩固多党合作的共同思想政治基础。②宣传报道。全年在各类媒体上刊登稿件33篇。其中，《民革大理州委再赴民族中学和实验中学开展“同心·助学”活动》《民革大理州委举办庆祝中国共产党成立100周年主题活动》等作品产生良好的社会影响，引起社会各界广泛关注，扩大大理民革的社会影响力。③民主监督。采取明察暗访、实地察看、座谈走访等方式，多次前往洱源县就爱国卫生“7个专项行动”落实情况开展专项督查调研活动，并形成1篇民主监督调研报告，为洱源县推动爱国卫生“7个专项行动”向更高水平发展，全面改善城乡人居环境。④重要奖项。年内，民革大理州委被民革中央评为民革助力脱贫攻坚工作先进集体，被民革云南省委授予“社会服务先进集体”称号，被民革云南省委表彰为“2017—2021年度民革云南省委参政议政工作先进集体”；短视频作品《同心同德同行，拥抱美好明天》，在民革中央“记录身边美好生活——民革短视频大赛”中获优秀奖。主委廖望科获“2017—2021年度民革云南省委参政议政工作先进个人”“2017—2021年度民革云南省委反映社情民意信息先进个人”两项表彰；党员欧阳奋前、机关工作人员徐锦霞被评为民革云南省委社会服务先进个人。

（刘文斌撰稿）

【民盟大理州委】

组织建设　2021年，民盟大理州委（简称盟州委）共吸纳新盟员21人，至12月，盟州委有盟员627名，平均年龄58.6岁。其中，高等教育界119人，占19%；基础教育界219人，占34.9%；科学技术界73人，占11.7%；医药卫生界93人，占14.8%；文化艺术界19人，占3%；经济界37人，占5.9%；新的社会阶层17人，占2.7%；党政机关工作人员48人，占7.7%；其他界别2人，占0.3%。全年组织教师节、敬老节等基层联组学习活动10余场，参与支部23家，参与盟员600余人次；组织开展“学习中共十九届五中、六中全会精神”“习近平总书记‘七一’讲话精神”“党史学习教育”专题报告会4场；召开新盟员培训班1期；选派骨干盟员16人参加各级培训班6期。

参政议政　年内，大理民盟组织在省、州、县（市）人大、政协会议上共提交人大议案12件，政协提案80多件，其中州政协集体提案26件、县（市）政协集体提案37件。2件提案被县（市）确定为年度重点提案，有7件提案被州、县（市）政协评为年度优秀提案，盟州委被大理州政协表彰为“先进提案单位”，2个支部和活动小组被州、县（市）政协评为先进集体、5名盟员被评为优秀政协委员、政协提案先进个人和服务提案工作先进个人；向各级上报社情民意信息22条，被盟省委、中共大理州委和各级政协采用10余条，盟州委被民盟云南省委评为“反映社情民意信息先进集体”、被中共大理州委评为“党委信息报送先进单位”。

课题调研　年内，民盟大理州委年度重点调研课题是“发挥水优势，建设生态水城、秀美水乡——关于开发大理州水资源、水文化、水优势的调研”和“建设水美乡村，助力乡村振兴”，盟州委制定调研方案，组建专家调研组深入鹤庆县、洱源县、剑川县和大理市开展实地调研，同政府职能部门座谈交流，形成调研报告上报党委政府和州政协，为党委政府科学决策提供更多智力支持；继续加强合作，开展横向联动调研；5月配合民盟昭通市委到大理开展水生态保护工作调研，7月配合民盟攀枝花市委开展“打造生产服务型国家物流枢纽城市的思考与建议”课题调研、组织参加“第三届首批国家历史文化名城九城市”（大理）历史文化论坛的各地民盟专家学者到洱海生态廊道、喜洲镇周城村及大理古城开展洱海生态保护和非遗传承保护调研，11月组织省、州盟员专家深入鹤庆县、洱源县、大理市、祥云县、宾川县开展长江流域（大理段）生态环境保护民主监督专题调研。

社会服务　①乡村振兴。助力弥渡县新街镇罗荡村脱贫摘帽，选派工作队队员王亚东开展驻村工作，及时拨付工作经费。开展“迎新春送春联，文化下乡暖人心”慰问贫困户活动。整合项目资金8万元，支持挂钩村“双绑”模式蔬菜大棚种植合作社项目和大田深翻、土壤改良项目。组织民盟科技人才到罗荡村开展种养殖技术和土壤改良科技培训。②农村教育烛光行动。联合“大理春雨助学”团队，到祥云县、巍山县、洱源县5所中学开展助学献爱心活动，帮助51名品学兼优贫困初中毕业生就读高中（其中盟员参与资助8人）；12月23日，到漾濞县开展“接力农村教育烛光行动”助力漾濞一中灾后重建捐款及急救知识专题培训活动，资助漾濞一中5万元灾后重建资金，民盟大理州医院支部医护专家现场指导

1月19日，民盟大理州委员会到挂钩村弥渡县新街镇罗荡村开展农业技术培训
（民盟大理州委　提供）

学生亲自体验心肺复苏急救流程，给广大师生上一堂生动难忘的急救课。③“黄丝带”帮教。11月9日，组织盟员、大理大学陆云教授到大理监狱作《学党史感党恩促改造》党史学习教育专题讲座。④基层医疗义诊。7月23日，组织民盟州医院支部16名医护专家，深入开发区社区卫生院开展医疗义诊活动，为110名患者进行专科诊疗并为患者免费发放慢特病药。

重要事项 ①纪念活动。组织开展庆祝中国共产党成立100周年、中国民主同盟成立80周年系列活动。成立领导组，制定活动实施方案，组织开展专题讲座报告会。爱国主义及党史学习教育参观学习，主题读书会，礼赞100年·同筑中国梦·奋进新征程微视频制作，“我与民盟80年”主题征文，“携手创辉煌，同筑中国梦”第三届国家首批历史文化名城九城市（大理）民盟书画展；举办“风雨同舟庆百年，携手奋进新征程”文艺演出，庆祝中国共产党成立100周年、中国民主同盟成立80周年大会暨大理盟员先进事迹报告会等10多个系列活动；②“大理之问”大讨论活动。成立领导组，及时召开动员大会传达学习中共大理州委相关会议、文件及领导讲话精神，制定下发《民盟大理州委关于开展“大理之问”大讨论活动实施方案》，根据履行参政党职能制定“四清单一方案一突破”，针对问题清单，结合实际制定《推动民盟工作高质量发展行动方案》，组织召开“大理之问”大讨论活动的集中讨论、边学边改及经验总结专题会议。通过“大理之问”大讨论活动，大理民盟工作质量有新突破、工作能力有新提高、工作作风有新转变、工作落实有新成效，“大理之问”大讨论活动取得不错效果。③荣誉表彰。年内，民盟大理州委被民盟中央表彰为“民盟脱贫攻坚先进集体”，盟员周国珍被民盟中央评为“思想政治建设和宣传工作先进个人”，盟员段杰被民盟中央评为“脱贫攻坚先进个人”。

（戴建勋撰稿）

【民建大理州委】

组织建设 2021年，民建大理州委吸纳新会员6人。至12月，有会员175人。年内，先后召开主委会议5次、常委会会议2次；召开全委会议1次，审议通过《民建大理州委2021年工作要点（草案）》等年度重要工作。选派11名会员参加各级组织的学习培训，加强基层组织建设，压实基层组织责任，强化支部年度目标责任考核，基层组织工作稳步开展。推动“民建之家”建设，全年建成2个“民建之家”，让“民建之家”成为宣传展示民建面貌的窗口、履行参政党职能的阵地、会员交流学习的平台、开展组织生活的温馨家园。经济支部、创兴支部获民建云南省委2021年度“五好基层组织”，会员何卫宏获民建云南省委年度会务工作先进个人。

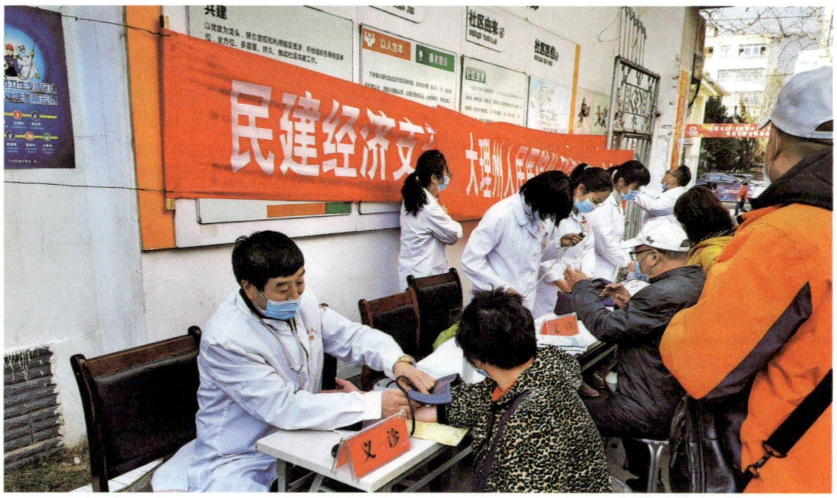

3月8日，民建大理州委经济支部联合大理州人民医院普外三科医护人员到兴盛社区开展健康、法律服务进社区活动 （民建大理州委 提供）

参政议政 年内，民建大理州委向州、市政协会议提交提案53件，其中集体提案32件、委员提案21件。在州政协十三届四次全会上提交的集体提案《关于推进大理州民族手工业发展的提案》《关于大力发展会展业促进大理经济发展的提案》，委员提案《关于巩固脱贫攻坚成果深入实施乡村振兴的提案》被评为年度好提案，在市政协九届五次全会上提交的委员提案《关于坚持以数字化转型推进洱海流域生态保护和高质量发展的提案》被评为年度优秀提案。向州政协全会和常委会会议提交发言材料6篇，向市政协九届五次会议提交大会发言材料2篇。向民建云南省委，中共大理州委，州、市政协报送社情民意信息14篇，其中1篇被民建云南省委采纳、2篇被中共大理州委采纳、12篇由州政协转部门参阅。民建大理州委获评民建云南省委年度参政议政工作先进集体，会员程建云、高杰获评民建云南省委年度参政议政工作先进个人，会员马晓莉获评州政协服务提案先进个人，会员苏晓丽获评市政协年度优秀政协委员。

课题调研 年内，民建大理州委领导参加了各民主党派州委调研课题成果协商座谈会，并作《洱海流域生态保护和高质量发展》专题发言。围绕全州产业培植和城市治理等中心工作开展课题调研，成立课题小组，精心组织，形成《大理州民族手工业发展调研报告》《提升大理市域治理能力和水平的实践路径》2篇调研报告。

社会服务 年内，民建大理州委提升同心品牌影响力，参加同心社区建设，联合大理州人民医院举办健康、法律服务进社区活动，为社区群众开展疫情防控小常识、胸痛的常见病及急救知识等专题讲座，开展义诊及法律咨询服务，义诊群众200余人次，累计发放口罩5000个；经济支部到社区和机关开展专场法律讲座3次，受教育300多人；携手会员企业大理爱君家政服务有限公司联合漾濞县妇联、大理沐宇心理咨询服务中心到漾濞地震灾区安置点开展“六一·我们在一起”捐赠及对灾后儿童和妇女进行心理疏导活动；为漾濞县地震灾区争取到中华思源工程扶贫基金会捐赠的35吨大米，累计捐赠金额21.63万元；为永平县、漾濞县8个乡村学校争取到思源·芭莎公益慈善基金捐赠的“芭莎·课后一小时”美育公益项目，累计捐赠金额80万元；鼓励会员企业真情回馈社会，会员企业大理爱君家政服务有限公司、大理云美优品农产品有限公司等为怒江州、大理州的边远山区村干部、剩余劳动力进行家政等技能培训6100多人次。年内，民建大理州委获民建云南省委2021年度社会服务先进集体，会员赵映松、施高样获民建云南省委2021年度社会服务工作先进个人。

重要事项　①乡村振兴工作。支持挂钩村弥渡县新街镇罗荡村产业发展，向罗荡村拨付2万元项目经费。②主题教育。深入开展“不忘合作初心　继续携手前进”主题教育，以庆祝中国共产党成立100周年为契机，掀起中共党史及民建会章、会史学习高潮，举办中共党史、民建会史专题讲座2场次，开展“觅足迹、仰先烈”“诵读党史，传承精神”红色爱国主义教育活动、“读党史、忆初心、担使命”主题读书会和座谈会等系列活动，推动党史学习教育活动走深走实。③政治协商工作。组织参与各类协商活动。完成年度政府工作报告、政党协商计划、州政协提案工作意见的反馈。参加党外人士协商座谈会，政府工作报告、州委工作报告征求意见座谈会，提出意见建议10余条。④民主监督工作。组成调研组前往鹤庆县开展爱国卫生“7个专项行动”民主监督考察调研，向中共大理州委员会提交《关于开展爱国卫生“7个专项行动”民主监督工作情况专题报告》。会内政协委员、特邀（约）监督员及部分会内专家通过调研、会议等形式监督建言，发出民建声音，体现民建担当。配合民建云南省委开展洱海保护治理民主监督工作。

（马晓莉撰稿）

【民进大理州委】

组织建设　2021年，民进大理州委深入开展“不忘合作初心，继续携手前进”主题教育，把“在正道上行——庆祝中国共产党成立100周年”系列活动与“开明讲堂”相结合，深入开展专题学习和党史学习教育。全面贯彻民进中央工作条例，推进会州委领导班子建设；以代表性人士为主加强干部队伍建设；贯彻落实关于加强民主党派机关建设有关纪要精神，加强机关建设；创新支部活动，有效加强基层支部建设。全年发展6名会员，会员总数358人，有16个支部，全会有1名省政协委员、8名州政协委员、7名县（市）政协委员。

1月11日，民进大理州委到祥云县普淜镇云里厂村开展辛丑（2021）年民进全国“春联万家·奋进新征程”写送春联活动　（民进大理州委　提供）

参政议政　年内，民进大理州委围绕大理州、市党委政府中心工作，以洱海保护、绿色发展、乡村振兴为重点，开展调查研究，全面做好州、市“两会”建议、提案工作。在州政协十三届四次全会上提交《关于发展农村特色优势经济作物种植的提案》《关于将环洱海生态廊道打造成大理生态文明建设示范廊道的提案》等23件提案，其中《关于加快大理现代物流体系建设的提案》《关于推进大理州基层中医药卫生服务能力建设的提案》被州政协主席会议确定为大理州政协2021年10件重点督办提案中的两件，《关于完善大理市交通标志标线设置的提案》《关于提高大理州生猪稳产保供能力的提案》被评为州政协好提案。在大理市政协九届五次全会上提交《关于改善大理市城区停车难问题的提案》《关于完善农村电力设施安全管理的提案》等12件提案，其中《关于保障随迁子女入学，促进教育和谐发展的提案》被评为优秀提案，林翠被评为优秀市政协委员。州委会领导、各级政协委员参加州委、州人大、州政府、州政协组织的协商会、座谈会，参加州、市政协开展的视察督查活动，参加大理州、市纪委、检察院和州、市政府职能部门的督察监察工作，对州政府工作报告、“两院”工作报告提出建议。贯彻省委相关会议精神，完善参政议政工作机制，加强参政议政平台和人才队伍建设。按照民进中央反映社情民意信息主题年要求，关注时政、关注民生，抓实社情民意信息工作。参与中共大理州委、州人民政府及其部门组织召开的政情通报会、民主协商会，做好“一府两院”工作报告的协商。加强与对口单位的联系，注重调研成果转化，提高协商、建言质量和实效。开展民主监督工作，在民主监督中参政议政。

课题调研　年内，民进大理州委围绕大理州经济社会发展召开课题调研工作专题会议，讨论、研究、审议相关课题，完成民进云南省委、中共大理州委统战部及州委会的调研课题上报、审定工作，就乡村振兴、生态建设、洱海保护、旅游发展、卫生应急等方面的情况深入开展调研工作，完成《大理州易地扶贫搬迁后续扶持问题及对策的调研》《关于县级公共卫生应急体系建设的调研》《关于以乡村文化推动乡村振兴融合发展的调研》《关于乡村振兴背景下古生村“大理乡愁特色小镇”乡愁文化内涵及开发路径的调研》《关于健全“智慧洱海”监测管理体系，提高科学治湖水平的调研》《关于打造双廊凤羽沙溪文创旅游金三角，助力洱海保护绿色发展示范区建设的调研》6个调研报告，分别上报相关部门，为党委政府科学决策、优化决策提供参考。

社会服务　1月11日，组织十多名大理书画家和州委会机关工作人员，由主委陆璐带队到祥云县普淜镇云里厂村开展辛丑年民进“春联万家·奋进新征程”写送春联活动，为当地群众书写春联600余副和500余张福字；1月19日，组织大理民进开明画院书画家到大理伯乐人力资源开发有限公司二次开展辛丑年民进“春联万家·奋进新征程”写送春联活动，为大理伯乐人力资源开发有限公司职工和附近居民书写260多副春联、100多张福字。5月28日，举办“百年芳华——大理民进洱海欢歌艺术团庆祝中国共产党成立100周年文艺演出”，106名演职人员参演，真切歌颂中国共产党为国家、为人民百折不挠、浴血奋战的丰功伟绩和各族人民在中国共产党领导下幸福美好的生活；5月，专职副主委石宏麟带领机关工作人员，对祥云县云南驿镇康仓村委会乡村振兴工作进行调研，针对实际情况，给康仓村委会拨款1万元，作为乡村振兴重点村建设工作经费。“五四”青年节之际，邀请20多名大理州知名书画家在大理古城中和书院举办庆祝中国共产党成立100周年书画笔会。6月21日，在大理州图书馆举办“在正道上行——庆祝中国共产党成立100周年”书画展，共展出100幅作品。11月6日，再次到祥云县云南驿镇康仓村开展助力乡村振兴义诊、科普宣传活动。年内，民进大理州委被民进中央评为“民进全国社会服务暨脱贫攻坚工作先进集体”，会员张清被民进中央评为“民进全国社会服务暨脱贫攻坚工作先进个人”。

重要事项 11月29—30日，民进大理州委第四次代表大会在下关召开，大会听取并审议通过民进大理州委第三届委员会工作报告，选举高康为主任委员，张惠香、杨立红为副主任委员的民进大理州第四届委员会，任命林翠为秘书长，通过民进大理州委第四次代表大会决议。

（段祥撰稿）

【农工党大理州委】

组织建设 2021年，农工党大理州委稳步推进组织建设。年内发展新党员11名，累计有党员276名。其中，男83名、女193名，平均年龄50.5岁；主体界别195名，其他81名，中高级职称占比82.24%；有7个基层组织，其中2个总支、5个支部；有省人大代表1名、州人大代表1名、州政协委员9名、市人大代表2名、市政协委员4名，合计17名。届中调整，增补专职副主委1名，任命秘书长1名。年内召开了三届二次全委会，传达学习农工党云南省委七届六次全会精神和《中国共产党统一战线工作条例》，作党史学习教育动员，并对2020年度支部考核、优秀党员评选等工作进行安排。

参政议政 年内，农工党大理州委围绕中共大理州委、州人民政府中心工作，聚焦发展，服务民生，建言献策。政协大理州第十三届委员会第四次会议上，农工党大理州委提交了27件集体提案、5件委员个人提案，提交的《关于加强校园周边食品安全管理的提案》被评选为大理州政协年度好提案。年内，农工党大理州委负责主持“关于建立滇西废弃电器电子产品回收处理中心的调研”，通过到昆明市东川区、宜良县，大理州祥云县等地开展调研，最终形成调研报告和提案提交州政协。

课题调研 年内，农工党大理州委结合自身环境资源主体界别优势，组成调研工作组到洱源县、大理市等地调研，深入了解大理州康养产业发展情况，在学习借鉴省内外康养产业成功经验的基础上形成调研报告。参加州政协绿色发展示范创建专题调研，到浙江等地学习借鉴发达地区成功经验，助推大理绿色示范创建工作。协助农工党云南省委云南康养研究课题调研组到大理州大理颐云度假养生酒店、洱源县、鹤庆县、剑川县等地开展实地调研。协助农工党云南省委到大理州就“云南公共卫生服务体系突出短板问题研究”开展实地调研。协助农工党云南省委专题调研组到大理州人民医院、州疾控中心、州中心血站、慢病中心等进行“云南公共卫生服务体系突出短板问题研究”专题调研，全面了解全省公共卫生服务体系建设现状、成效和存在的突出问题。

社会服务 ①义诊活动。组织州内10余名农工党员医疗专家到弥渡县开展第33届“国际科学与和平周”义诊活动，累计诊疗病人200余人；加强健康知识科普，提高人民群众医疗卫生意识，把党派工作自觉融入中共大理州委的决策部署中，助推乡村振兴和“健康中国”行动，以义诊实际行动答好“大理之问”。②民主监督。研究制定《农工党大理州委关于开展爱国卫生“7个专项行动”民主监督的工作方案》，抽调骨干党员组成调研督查组，开展调研和监督检查工作。寓帮于监，以民主监督的形式及时发现存在的问题并督促整改，助推巍山县爱国卫生“7个专项行动”和国家卫生县城创建工作。③捐资助学。联手深圳农工党员和爱心人士，巩固教育帮扶脱贫攻坚成果，以实际行动喜迎中国共产党成立100周年。至2021年，深圳市光明区爱心扶贫助学公益群连续4年帮扶大理州巍山、漾濞等地17名贫困优秀学生；年内再对洱源县、剑川县、大理市16名贫困优秀学生进行“一帮一”扶持；至12月，累计帮扶大理州33名贫困优秀中小学学生。

重要事项 ①荣誉表彰。年内，农工党大理州委获农工党中央脱贫攻坚工作“先进集体”称号，2名党员获“先进个人”称号。②《大理农工2020》发行。机关年度刊物《大理农

5月31日，农工党大理州委组织开展世界无烟日宣传活动。图为街头宣传活动现场

（农工党大理州委　提供）

工2020》的发行为大理农工党的宣传展示增添宽广平台，刊物从各个侧面展示农工党大理州委履行参政议政、社会服务等民主党派职能时的风采和特色。③庆祝中国共产党成立100周年。组织领导班子成员、常委、委员以及党员代表70余人考察洱海生态廊道，参观周保中将军纪念馆，听取中共党史专题讲解，观看纪录片《邓演达忠勇之士革命先驱》，通报农工党大理州委2020年支部考核结果及优秀党员评选结果并颁发荣誉证书，演唱《歌唱祖国》《没有共产党就没有新中国》等红色歌曲，以丰富多彩的党史学习教育活动来庆祝中国共产党成立100周年。

（李文富撰稿）

【致公党大理州委】

组织建设　4月17日，致公党大理州委第一、第二、第三支部召开第三届支部换届大会，选举产生新一届支部领导班子。游彦当选为致公党大理州委第一支部主任委员，尹涤生当选为第一支部副主任委员，孙超宇、赵保春、赵桂芬当选为第一支部委员。李翎当选为致公党大理州委第二支部主任委员，庞毅当选为第二支部副主任委员，石碧玉、李斌、李九英、罗昀丹当选为第二支部委员。李鑫平当选为致公党大理州委第三支部主任委员，马靖当选为第三支部副主任委员，王优猷、苏光红、陈云莉当选为第三支部委员。完善组织管理体系，加强与党员的沟通联系，优化党员管理服务；支持各支部创新开展支部活动，围绕中共党史学习教育活动的开展和乡村振兴等工作，组织各支部党员到巍山县、大理市及丽江市永胜县等地调研学习；开展老党员节日走访慰问活动。年内，发展5名新党员，至12月，有党员143名，党员平均年龄54.45岁，其中有侨海关系党员67名、占总数的46.85%。年内，选树先进典型，对罗金洪、赵文红、李翎3名党员先进事迹进行宣传，引导广大党员创先争优；罗金洪获评致公党中央“中国致公党脱贫攻坚优秀组织工作者”称号。

参政议政　年内，致公党大理州委在大理州、市政协会议上提交集体提案26件、委员个人提案9件，其中，在大理州政协第十三届委员会第三次会议上提交的集体提案《关于加强大理州数字经济发展的提案》被评为“好提案”，在大理市政协九届四次全会上提交的集体提案《关于加强我市中医保健服务行业监管措施的提案》被评为优秀提案。全年报送《关于动员州级民主党派开展爱国卫生“7个专项行动”民主监督工作的建议》《关于抓好老旧小区改造的几点建议》等18篇社情民意信息，其中《关于动员州级民主党派开展爱国卫生“7个专项行动”民主监督工作的建议》得到中共大理州委、州政府主要领导批示。主要领导先后参加州政协年度民主评议、州文化和旅游局工作、大理州检察院和大理州政法委政法队伍教育整顿民主监督活动、大理州政协“大理之问”调研和评议活动，以及赴漾濞县开展爱国卫生“7个专项行动”民主监督工作等活动。参加政府工作报告征求意见座谈会、中国共产党大理白族自治州第九次代表大会报告征求意见座谈会、年度各民主党派大理州委调研成果协商座谈会。参与《大理白族自治州大理历史文化名城保护条例》立法协商。通过参与各类活动，就相关议题发表意见建议，多个建议得到重视和采纳。

课题调研　年内，致公党大理州委提高调查研究的质量和水平，探索实施“州内＋州外＋省厅”的调研模式。先后完成“大理州农村土地承包经营权依法规范有序流转情况”年度重点课题调研和“营商环境法治化促进民营经济高质量发展情况”课题调研，并协助致公党保山市委开展“现代物流产业发展情况”专题调研。

社会服务　①挂钩帮扶。年内，致公党大理州委组织机关干部赴乡村振兴挂钩点入户走访，及时划拨工作经费2万元。继续组织实施“2021年度致公党爱心采买活动”，帮助挂钩村销售各类农副产品2.65万元。②“致公科技馆”建设。3月8日，由致公党云南省委和致公党大理州委负责具体实施的洱源县一中“致公科技馆”建成并投入使用，成为云南省第五个“致公科技馆”建设点，该项目共投资23万元。③社会公益活动。与云南沙曼露日化公司和大理州安徽商会携手，联合开展“关爱抗疫一线人员”活动，向奋战在疫情防控一线的交通警察、医务人员和社区干部捐赠价值3.58万元的洗衣液。协助致公党云南省委和韬奋基金会向洱源县第一中学、弥渡县新街镇罗荡完小捐赠全新图书4356册。协助致公党云南省委和北京公博古钱币艺术品鉴定有限公司开展中国历代钱币捐赠公益项目，向弥渡、南涧、巍山、永平、云龙、洱源6个县的第一中学每校捐赠价值1万元的中国历代古钱币3套作为教学参考，捐赠钱币总价值18万元。开展“学雷锋送温暖”活动，携手大理市下关镇鸳浦社区共同开展“关爱残疾人”活动，为社区部分残疾人家庭送去慰问品，并为残疾人解决实际困难。

重要事项　①重要会议。4月9日，致公党大理州第三届委员会第二次全体（扩大）会议在下关召开，会议听取和审议《中国致公党大理白族

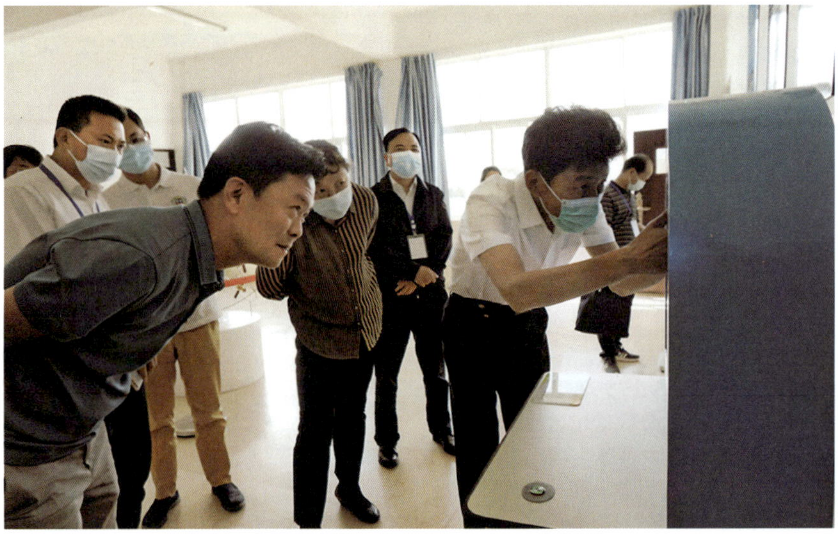

5月20日，致公党云南省委、大理州委联合到洱源一中调研“致公科技馆”项目建设情况

（致公党大理州委　提供）

自治州第三届常务委员会2020年工作报告》，研究讨论支部换届工作事项。②学习教育活动。年内，组织州委会常委、委员、骨干党员开展集中学习4次，开展理论学习中心组学习4次；深入开展中共党史学习教育，成立学习教育领导小组，制定工作方案，召开动员部署会；结合庆祝中国共产党成立100周年，组织全州党员赴剑川县、巍山县等地开展学习中共党史红色传承教育活动4次，开展庆祝中国共产党成立100周年红色观影活动3次。③信息宣传工作。向致公党云南省委报送工作月报4期，向致公党中央报送工作建议3条；主要领导撰写《中国共产党百年历史是一部多党合作史》《民主党派开展爱国卫生“7个专项行动”民主监督的思考》等多篇文章；通过《云南致公》《云南政协报》《大理日报》，以及大理州政协、中共大理州委统战部网站及微信公众号等媒体平台刊发宣传信息53条。④荣誉表彰。年内，致公党大理州委机关获“节约型机关”称号。

（赵文红撰稿）

11月6日，九三学社大理州委赴祥云县云南驿镇开展助力乡村振兴义诊活动（九三学社大理州委 提供）

【九三学社大理州委】

组织建设 4月9日，九三学社大理州委召开四届二次全体（扩大）会议，推选产生社大理州委监督委员会，完成各支社换届工作。换届后的支社委员在年龄结构、职称、学历和代表性方面得到优化提升。年内，社大理州委发展社员11名，去世社员3人，组织关系转出2人、转入2人。至12月31日，九三学社大理州委有社员288名，下属8个基层支社。男社员125名，女社员163名，社员平均年龄54岁。其中，高级职称155名、占总数的92%；中级职称109名，公务员11名，其他13名。社员集中分布在高等院校、医药卫生、地质勘查、林业勘查等行业。社员中现任九三学社云南省委委员2名，其中社省委常委1名；省政协委员1名；州政协委员5名，其中州政协常委2名；市人大代表2名；市政协委员2名，其中市政协常委1名。9月8日，九三学社云南省委监督委员会第二交叉督导组到社大理州委开展督导工作，督导组对社大理州委的工作给予肯定。

参政议政 年内，社员、省政协委员杨增铭向省政协十二届四次会议提交5件提案。社大理州委向大理州、市“两会”提交提案、建议33件，内容涉及传染病防控、社区综合治理、美丽县城建设、物价调控、养老服务业发展、林长制建设等与社会生活息息相关的多个方面。在省政协十二届五次全会上，杨增铭撰写的提案《关于在疫情和经济深度影响下切实关注我省城市困难群体生产生活的提案》被省政协表彰为50件好提案之一，《关于在疫情和经济深度影响下切实关注我州城市困难群体生产生活的提案》被表彰为政协大理州委十三届委员会第四次会议好提案，《关于加快大理市生态、农业、文化、旅游深度融合发展，推动经济高质量发展的提案》被政协大理市委员会表彰为2021年度优秀提案。年内，九三学社大理州委被大理州政协第十三届委员会表彰为先进提案单位；杨增铭被大理州政协表彰为先进提案者。徐燕飞被政协第十三届委员会表彰为服务提案工作先进个人。社大理州委领导通过参加中共大理州委全会工作报告征求意见会、政府工作报告征求意见会、民主党派调研成果协商座谈会等，对大理州的党代会工作报告、政府工作报告、“两院”工作报告等提出意见建议，发挥参政党作用。社大理州委主要领导参加中共大理州委、州人民政府组织的各类协商会，针对经济社会发展、重大改革和宏观决策提出意见建议，为党委政府决策的民主化、科学化发挥参政党的作用。

课题调研 年内，九三学社大理州委将《关于推进大理市和剑川县全国文明城市创建工作的调研》确定为年度重点调研课题选题。8月25—26日，九三学社大理州委调研组深入大理市、剑川县两地调研，实地查看大理市创建全国文明城市取得的经验和成效，探讨交流大理市、剑川县创建全国文明城市存在的问题和困难，对大理市、剑川县深入推进全国文明城市创建工作提出意见建议，形成的调研报告上报州委、州政府供决策作参考。7月26日，对口南涧县爱国卫生“7个专项行动”开展民主监督工作，经实地调研并召开座谈会，最终形成《关于南涧县爱国卫生“7个专项行动”民主监督工作的调研报告》，为南涧县实现美丽县城、国家卫生城市（县城）和全国文明城市的创建提出意见建议。

社会服务 ①驻村帮扶。年内，九三学社大理州委主委杨增铭被派驻祥云县云南驿镇康仓村担任驻村工作队队员。其间，杨增铭统筹社大理州委和驻村工作，宣传党和国家巩固脱贫攻坚成效、推动乡村振兴的相关政策，拨付驻村工作经费2万元为群众办实事，帮助群众解决实际困难和问题。②公益活动。参加州市两级和民主党派州级组织开展的科技、医疗、文化“三下乡”活动和系列书画展览宣传活动。11月6日，联合民革、民进大理州委赴祥云县云南驿镇开展助力乡村振兴义诊、科普宣传活动，来自大理州人民医院10余个科室30余名医护人员组成的义诊医疗队为

1700余名群众免费测量血压，查看病情，详细为群众提供诊疗方案，并发放价值3000余元的口罩和部分常用药品。③洱海保护。社大理州委领导、政协委员和志愿者多次组织开展洱海保护宣传和爱国卫生“7个专项行动”，主动投身洱海保护治理工作当中，为洱海保护尽责尽力；每月和其他6家民主党派两次到大理创新工业园区管委会满江办事处晋湖村委会开展“三清洁”专项整治活动，支持洱海流域生态环境保护和环境治理。组织开展参加苍山、洱海保护的各项志愿者活动。④抗疫工作。社州委医卫界社员在医疗一线齐心协力抗击疫情，多名社员援助瑞丽疫情防控第一线，助力打赢疫情防控阻击战。

重要事项　①中国共产党成立100周年系列庆祝活动。4月23日，九三学社大理州委组织全州60余名骨干社员到全国爱国主义教育示范基地——周保中将军纪念馆参观，近距离感受周保中将军的传奇人生和革命精神。7月2日，组织机关工作人员和部分社员观看红色电影《九零后》，通过红色电影传承红色基因，弘扬爱国、民主、科学的优良传统。7月9日，召开庆祝中国共产党成立100周年、学习习近平总书记“七一”重要讲话精神座谈会，深入学习贯彻习近平总书记重要讲话精神，立足本职岗位，履职尽责。②党史学习教育。6—10月，组织全州社员通过“社员之家”App平台深入开展党史学习教育，加强对中国新型政党制度的理解，巩固深化“不忘合作初心，继续携手前进”主题教育成果。③荣誉表彰。年内，九三学社大理州委被九三学社云南省委表彰为组织建设先进集体，杨增铭被九三学社中央表彰为九三学社全国机关工作先进个人，李庆获全省“优秀律师”称号，李云获大理州卫健委新技术新项目三等奖，赵燚君参与的勇救溺水儿童群体获大理州见义勇为先进群体表彰。

（杨增铭撰稿）

工商联

【组织建设】 2021年，大理州工商业联合会加强对县（市）、乡（镇）商会的指导，推进乡（镇）商会登记注册工作，推进商协会规范化建设；至12月，全州有8个县完成乡（镇）商会注册登记36个，有各级商会134个；有团体会员和企业会员11268个，同比增长12%；州本级直属会员总数1918个，同比增长3%；州工商联（总商会）增补兼职副会长3人，累计兼职副主席10人、兼职副会长16人、常委52人、执委145人。年内成立大理州同诚企业联盟。11月28日—12月4日，组织60名民营经济人士在中山大学开展商（协）会能力建设提升专题培训。全年开展“五好”县级工商联和“四好”商会创建，云龙县、大理市工商联被省工商联评为全省“五好”县级工商联，大理、祥云、宾川、南涧、巍山、云龙、鹤庆7个县（市）工商联被全国工商联评为“五好”县级工商联，大理州工商联被评为全国民营企业调查点工作先进基层单位。

【理想信念教育】 年内，制定《大理州深入开展理想信念教育2021年工作方案》，围绕工商联机关干部思想政治建设和民营经济人士理想信念教育“两个重点”，突出科学理论武装、爱国主义、形势政策、新发展理念、诚信守法、社会责任等主题开展理想信念教育。6月14—19日，州工商联组织30名民营经济人士到河北省邯郸市太行山干部学院开展理想信念教育专题培训，学习党史、新中国史、太行精神、红旗渠精神，促进民营企业家传承红色基因、发扬革命精神，坚定理想信念，增强发展信心。年内还先后组织州县工商联机关干部、民营经济人士到弥渡县五台山教育基地、永平县“滇缅公路纪念馆”开展理想信念教育暨党史学习教育培训。

【参政议政】 年内，州工商联深入开展“千企百会调研助发展”专题调研，组织开展“工商联所属商会党建工作”“发挥企业创新主体作用”“壮大国家战略科技力量”“民营企业调查点工作”4个专题调研，形成有情况、有分析、有措施的调研报告，为上级党委政府协调解决企业困难问题提供参考。依托民营企业调查点工作平台开展专题问卷调查6次，及时准确反映民营企业运行相关情况，为党委政府提供决策参考，并为工商联组织强化服务“两个健康”提升针对性和精准度。组织430家民营企业参加“民营企业评议政府职能部门”工作，收到意见建议25条，有效倒逼服务民营经济部门改进作风、提高效率，改善营商环境。引导工商联界政协委员参政议政、建言献策。全年工商联界别政协委员提出各类州级提案27件，部分提案得到州委、州政府及相关部门高度重视，并作出有效处理。

【经济服务】 年内，州工商联帮助会员企业解决融资难、融资贵问题，推动“银税互动”，邀请银行、税务等部门宣传金融服务和税收减免普惠政策。联合税务部门开展助力中小微企业发展“春雨润苗”专项行动，让各项税费支持政策和创新服务举措及时惠及小微企业。与税务局联合印发共同服务民营经济高质量发展合作框架协议，建立常态化联动协作服务机制。8月，税务局、州工商联、云南红塔银行大理分行3个部门联合开展“我为群众办实事银税工商联携手红塔税贷助万企”活动，为企业解决融资难题。推进年度“贷免扶补”、个人创业担保贷款及小微企业贷款工作，全年完成1002个“贷免扶补”、104户个人创业担保贷款和3户小微企业贷款，发放贷款金额21954万元，带动就业2980人。开展上规模民营企业调研及100强评选申报推荐工作。根据《云南省工商业联合会关于开展2020年度云南省上规模民营企业调研及非公企业100强评选活动的通知》，对全州2020年度营收总额1亿元（含）以上的民营企业进行摸底调查，在此基础上广泛组织动员符合条件的企业参加线上调研系统填报和云南省非公100强申报工作。经评审，嘉士伯（中国）啤酒工贸有限公司、大理佳利集团、云南欧亚乳业有限公司入围2021年云南省非公企业100强榜单。

【光彩事业】 年内，州工商联组织民营企业支援漾濞“5·21”地震灾后重建，第一时间向全州工商联会员企业和各级商（协）会发出倡议书，动员广大工商联会员企业和民营经济人士发扬光彩事业精神，扶危济困，捐款捐物支援抗震救灾。全州广大民营企业以实际行动响应，其中欧亚乳业、佳利集团、台州商会、湖南商会等部分民营企业和商会组织于震后第二天就将筹集的资金和物品送至漾濞、永平灾区第一线，累计通过州光彩事业促进会捐款101.58万元，其中向省光彩事业促进会争取资金20万元。2021年，通过州光彩事业促进会账户获得捐款23笔，金额164.42万元。

【万企兴万村】 8月26日，大理州工商联组织召开大理州"万企兴万村"行动动员会议，第一时间传达全国、全省会议精神，对全州"万企兴万村"行动作安排；制定下发《大理州"万企兴万村"行动实施方案》《关于做好2021年"万企兴万村"行动重点工作的通知》；结合开展商（协）会研讨、业务培训等工作，大力宣传"万企兴万村"行动，引导商（协）会、民营企业家参与行动。在全州12个县（市）筛选审定县级示范点17个，确定云南欧亚乳业有限公司和云南无量山联合商会为第一批"万企兴万村"州级示范点。抓住深化优化东西部协作对口帮扶机遇，组织30名农产品经营为主的民营企业负责人到上海市奉贤区、浦东新区考察交流，推介产品，签署合作共建协议，寻求在乡村振兴、农业现代化、商务合作、劳务输出等方面达成共识，推动上海和大理两地企业牵手合作、互利共赢。

【法律服务】 年内，州工商联成立大理州总商会权益服务部，组建专门机构开展法律服务工作，把法律服务工作落实到"法律三进""法治体检"等具体工作中，提早靠前了解企业权益诉求，推动诉求解决，构建全方位、多渠道、强有力的法律和权益服务机制。加强与法院、检察院、司法和税务部门的联系联动，联合州司法局制定《关于加强商会人民调解工作更好服务民营经济发展的实施方案》，成立人民调解委员会，聘任32名调解员，培训上岗后在16个州属商（协）会挂牌成立"商会人民调解工作室"。制定《关于建立健全司法行政机关与工商联沟通联系机制的实施意见》《大理州关于落实"万所联万会"机制的实施方案》，畅通商（协）会法律咨询服务通道。与州检察院制定《关于建立健全沟通联系机制的实施意见》，明确保护民营企业的5项具体措施和11项工作制度，全年接待民营企业来信来访14起，化解3起。联合州法院制定《关于开展诉调衔接工作的指导意见》，规范民营企业诉前调解工作。11月11—12日，联合州法院、州检察院、州司法局和州律师协会共同组织举办了大理州法律服务民营经济发展专题培训班，邀请专家学者讲授法律知识、民营企业涉罪风险和金融风险，100多名民营经济人士参加培训。

【政企沟通】 12月7日，组织150多名民营企业家参加大理州人民政府营商环境座谈暨民营企业困难问题现场解决会，围绕民营企业困难问题解决、营商环境建设、产业培植、经济社会发展等方面进行面对面交流，会后梳理出82家企业124个困难问题、43条意见建议，由州人民政府正式行文交办县（市）人民政府和州级相关部门办理，取得较好的社会反响。协同州政府办制定《大理州"企业家周叙"活动工作方案》，面对面深入了解民营企业发展情况，听取民营企业家对优化营商环境和推动民营经济高质量发展的意见建议，并就全州民营经济发展有关问题进行互动交流和研究讨论。12月14日，大理州第一次开展"企业家周叙"活动，欧亚乳业、大理智慧旅游、大理交通运输集团等12家民营企业负责人参加，有效畅通了政企交流。

【合作交流】 3月，州工商联组团赴重庆市江津区开展两地之间的经济合作考察；联合大理州安徽商会和安徽古井贡酒股份有限公司举办"大理·深圳商会经济合作座谈会议"，推动两地经济技术合作交流。动员组织有意愿的3家民营企业参加在深圳举办的公益慈善项目交流展示会，宣传引导本土民营企业"走出去"，促进产品推介、技术交流及市场开拓。8月，组织3名企业家参加民营企业"一带一路"国际合作研修班学习。11月，组织企业家赴上海市奉贤区和浦东新区考察学习，搭建两地交流合作平台。组织民营企业参与"一带一路"建设；组织2名企业家参加抢抓中老铁路新机遇培训班；组织动员所属商会及会员企业参加中国（云南）—阿联酋（迪拜）云洽会和护航民企"走出去"专项行动。

（杨雪撰稿）

工　会

【概况】 2021年，全州各级工会贯彻落实州委和省总工会的决策部署，用实际行动增强历史自觉、回答"大理之问"、推动"大理之变"，彰显工会作为。开展职工技术技能提升、劳动竞赛，弘扬劳模精神、劳动精神、工匠精神，做好送温暖帮扶救助工作，改革创新，丰富职工文体活动。重实干、强执行、抓落实，各项工作取得新进展，有效发挥党联系职工群众的桥梁和纽带作用。年内，全州各级工会表彰大理州第六届劳动模范和先进工作者28人，大理州"五一劳动奖章"62人。表彰大理州第十届职工技术技能大赛技能状元20人，大理州第十届职工技术技能大赛优胜选手200名，大赛覆盖10个行业20个工种，参赛职工1万余人。

【大理州工会第十次代表大会召开】 10月18—19日，大理州工会第十次代表大会在下关召开。会议选举产生新一届州总工会领导班子，王正林当选新一届州总工会主席，李福禧当选新一届州总工会常务副主席，赵丽苗、郑斌当选新一届州总工会副主席，李建业、张建波当选新一届州总工会兼职副主席；共青团大理州委代表全州各群众团体致辞；大会对五年来的工作作了全面总结回顾，对往后五年全州工会工作作部署。

【职工思想政治工作】 2021年，全州各级工会在企业、车间、班组开展党的十九届六中全会精神、习近平总书记"七一"重要讲话精神、习近平总书记关于工人阶级和工会工作重要论述等理论学习宣讲37次，在各大主流媒体、工会微信公众号等发布学习宣传信息100余条，有效提升工会干部的政治理论水平，深化职工思想政治引领。紧扣中国共产党成立100周年主线，组织开展"百名劳动者贺百年"系列报道、职工家庭"颂党恩·咏经典·传家声"亲子诵读、"百年征程光耀白州"文艺演出、"永远跟党走——云南省职工庆祝中国共产党成立100周年"诗歌朗诵文艺会演、"红土地之歌"演讲大赛选拔赛等职工文化体育庆祝活动，增强职工的职业操守和爱党、爱国、爱社会主义的情怀。全州各级工会开展党史学习教育和"大理之问"

2021年大理州工会组织基本情况表

表25

	基层工会			涵盖单位	职工				工会会员			
		单独基层工会	联合基层工会			女性	农民工	女性农民工		女性	农民工	女性农民工
	个	个	个	个	人	人	人	人	人	人	人	人
总计	3616	3323	293	6178	223088	95623	56943	20691	216604	92995	53978	19898
国有企业（仅指非公司制企业，不包括国有独资公司、国有控股公司）	85	85	0	85	8568	3054	495	240	8533	3052	495	240
集体企业	19	17	2	45	1291	284	625	22	1290	284	619	22
股份合作企业	31	31	0	31	1776	596	524	86	1497	573	329	75
联营企业	17	7	10	181	1338	410	1226	395	1338	410	1226	395
国有独资公司	36	34	2	40	3047	1177	264	141	2996	1176	264	141
其他有限责任公司	247	241	6	272	16409	7035	6184	2542	14448	6158	5718	2422
股份有限公司中的国有控股公司	16	16	0	16	1805	746	14	12	1797	746	12	12
其他股份有限公司	34	33	1	35	3217	680	1178	203	3084	629	1042	177
私营企业	1272	1162	110	2466	57364	20209	33986	11273	54993	19657	32306	10886
其他内资企业	1	1	0	1	30	15	30	15	30	15	30	15
港澳台商投资企业	3	3	0	3	129	77	91	58	129	77	91	58
外商投资企业	7	7	0	7	1293	425	108	15	1293	425	108	15
财政拨款的事业单位	587	535	52	1051	55194	32014	3237	2271	54704	31674	3029	2129
其他事业单位	167	164	3	178	13274	8173	274	136	12678	7658	182	94
机关	853	794	59	1171	46407	15469	3151	1131	46099	15361	3013	1093
个体经济组织	53	36	17	172	2311	736	1938	608	2293	734	1935	607
社会团体	29	28	1	49	827	440	32	20	797	440	32	20
民办非企业单位	21	20	1	38	1098	702	560	318	983	612	528	294
基金会	0	0	0	0	0	0	0	0	0	0	0	0
其他组织	138	109	29	337	7710	3381	3026	1205	7622	3314	3019	1203

（州总工会　提供）

大讨论活动，引导全体党员和干部职工在感悟历史中接受精神洗礼，从红色文化中汲取前进力量，坚定理想信念，提高政治站位，增强忧患意识、危机意识，激发干部崇尚实干、攻坚克难的责任担当。

【职工维权】 2021年，全州各级工会全面落实“八五”普法规划，开展“尊法守法·携手筑梦”公益法律服务活动和法律宣传活动70场次。深入实施集体协商提质增效三年行动计划，剑川县、鹤庆县通过第三方评估，其中鹤庆县被评为先进县，完成达标晋级任务；弥渡货车司机行业集体协商试点工作经验在全省推广，全州集体合同签订率、覆盖率均在90%以上。组织开展全州劳动法律监督员培训13场，4人取得云南省金牌劳动关系协调员称号。依托各级职工服务中心、“职工之家”建立工会职工法律援助站13个，为46名职工提供法律援助，工会劳动法律监督水平提升。配合州人社局开展根治欠薪夏季和冬季行动，协调行业主管部门妥善解决20多个涉及农民工工资和劳动关系问题。与州人社局、州工商联、州企业家协会共同制定《大理州劳动关系“和谐同行”能力提升三年行动计划实施方案》，鹤庆兴鹤工业园区被评为省级和谐园区，云龙县宝丰乡大栗树茶厂被评为省级和谐企业。制定落实《“五个坚决”要求长效机制实施意见》，建立责任落实、工作专班等10项工作机制，健全工会劳动关系发展态势监测和分析研判制度，把“五个坚决”要求落到实处，做到“五个不发生”，推动劳动领域政治安全、和谐稳定。

【困难职工帮扶救助】 2021年，全州动态管理的4210户困难职工高质量解困脱困，祥云县总工会和大理州总工会分别获全国和云南省城市困难职工解困脱困工作重要贡献奖，州总工会在全省总结表彰会上作经验交流。持续做好送温暖工作，慰问疫情防控人员、在档困难职工、援滇干部、重点建设项目一线职工、环卫工人等16322人，发放慰问资金849.44万元。组织各级劳模、一线职工、优秀技术技能人才、贫困县乡村医生等行业368人进行职工疗休养。开展第十七期职工医疗互助活动，参与单位2241个、参与职工187272人，收互助金2281.16万元；补助患病职工162068人次，发放补助款1640万元。从新时代职工心理调整方面组织开展10场职工心理健康讲座，参与职工3000多人。开展困难职工“微心愿”活动、2021年春风行动就业援助即沪滇劳务协作就业扶贫网络招聘活动。帮助创业担保扶持166人，发放贷款金额3074万元，带动就业713人。

【工人队伍建设】2021年，全州各级工会深入贯彻落实《大理州新时期产业工人队伍建设改革实施方案》，健全和完善工作机制，注重规划设计和政策配套，牵头制定《大理州新时代产业工人队伍建设改革“十四五”规划》，组织成员单位结合工作职责出台《大理州关于对非公企业职工学历提升、职称晋级和创新成果激励的实施办法（试行）》《大理州总工会关于对非公企业职工健康体检进行补贴的实施办法》《大理州引进高层次人才激励办法（试行）》《苍洱人才霞光计划“技能人才培养专项”实施细则》等系列政策措施41项，为产业工人队伍建设工作提供全面发展的保障体系。示范创建和经验推广，云南顺丰洱海环保科技股份有限公司被评为国家级“企业提升职工生活品质塑造幸福生活环境”示范点和省级“产改”工作全面示范点，皇氏来思尔乳业被评为省级产教融合示范企业；选树30家州级示范单位、46家重点企业开展示范建设，州县两级下拨458万元“产改”补助经费，对全州示范单位和重点企业开展全面调研指导，提升示范引领作用，补齐短板差距。抓实改革重点和成果展示，抓好大理海西烟区产业综合体、顺丰公司、宾川富鑫公司、弥渡春沐源、洱源蝶泉乳业“产改”工作，大理市、祥云县、鹤庆县依托产业发展优势，深入推进“产改”工作。开展产业工人职业技能提升培训5100人，覆盖工种29个，投入经费226.3万元。

【工会改革】2021年，全州各级工会加强州、县（市）工会两级领导班子和干部队伍建设，召开大理州工会第十次代表大会，健全组织体系，夯实组织基础。召开全州财务、经审工作专题培训会，并对6个县总工会、州级15个系统工会和112个直属基层工会开展2020年度工会经费审查，提升财务工作水平，加强工会经费审查审计监督力度。汇聚力量攻克“两新组织”和“八大群体”建会入会难题，开展机关干部赴基层蹲点活动和新就业形态劳动者工会组织和工会工作“双覆盖双推进”集中行动，全面加大工会组织和工作覆盖面。全州现有基层工会3615个、会员216561人。完成全州工会社会工作专业人才124人招录任务，并建立起一套较为完整的工会社会工作专业人才队伍建设工作体系和管理制度，得到省总工会的肯定和表扬。加快构建服务职工工作体系，开展职工服务阵地建设管理问题整改，2021年，启动实施漾濞县和永平县职工服务中心建设项目，新建9个职工驿站、12个乡（镇）职工之家示范点。

【职工技术技能提升】2021年，全州各级工会开展云南省滇西区域医疗中心建设、大理洱海生态保护治理等项目劳动竞赛，全州重点工程、重大项目劳动竞赛活动有效推进。开展“安康杯”竞赛活动，全州有172家企业、1117个班组、16443名职工参加竞赛活动，组织5000多名职工参加全国“安康杯”职工安全应急技能知识竞赛。组织13家企业参加2021年云南省职工创新成果展，4项创新成果获奖，创建全国示范性劳模和工匠人才创新工作室1个，省、州两级云岭工匠工作室、职工（劳模）创新工作室和技师工作站60个。

【工会服务】2021年，全州各级工会围绕州委“两城一区，三个走在前”战略目标，突出服务苍洱保护、绿色发展、产业升级、乡村振兴等中心工作，制定《大理州工运事业和工会工作“十四五”时期发展规划》。突出工会职工服务阵地建设，把大理工人文化宫、6个县职工服务中心和3个工业园区职工服务中心建设纳入省总项目库。发动全州工会组织和会员参与消费扶贫，购买扶贫商品5139.36万元，其中在832平台购买2740.32万元，对2次以上购买节日慰问品的工会补助64.14万元。巩固“我为洱海保护栽棵树”主题实践活动，推动全民参与洱海保护行动和洱海流域绿化美化。组织5.8万多名职工参加疫情防控，全州工会慰问抗疫一线职工904人，发放慰问金190.56万元。深入实施“稳就业、促发展、构和谐”行动，全面做好用工指导、稳岗就业，全额返还2020年小微企业工会经费371.81万元。

【表彰奖励】2021年，全州各级工会组织深入开展创先争优活动，涌现出一批先进集体和先进个人，受到各级组织表彰。①全国“五一劳动奖状”集体。祥云县总工会、云南顺丰洱海环保科技股份有限公司被中华全国总工会授予全国“五一劳动奖状”。②省“五一劳动奖状”集体。大理州总工会、云南凤凰水利水电工程集团有限公司、大理云鹏保安服务有限责任公司、云南白药清逸堂实业有限公司、弥渡县新街镇人民政府、大理苍洱投资建设有限责任公司被云南省总工会授予云南省“五一劳动奖状”。③“工人先锋号”集体。云南建投第二建设有限公司大理三线划定洱海环

2021年，全州各级工会组织大力弘扬劳模精神、劳动精神、工匠精神，努力激活职工创新能力。图为职工创新成果展上展出的扎染作品

（州总工会　提供）

保项目三片区九工段，云南建投第三建设有限公司大理三线划定洱海环保项目二片区四工段，云南建投机械制造安装工程有限公司大理三线划定洱海环保项目三片区十二工段，大理市下关镇第八完全小学体育、艺术教研组，祥云县人民医院呼吸与危重症学科被云南省总工会授予“工人先锋号”。④省劳动模范和先进工作者。启雷（白族）、杨子彪（白族）、张枝荣（白族）、张亚蓉（女、白族）、冯耀平、刘晓燕（女）、孟鹏程、杨剑双（女、白族）、王冬林（白族）、周俊、赵明（白族）、严春丽（女、白族）被云南省总工会授予云南省第二十三届劳动模范和先进工作者称号。⑤省“五一劳动奖章”。祁锐、张晶、李庆军、陈淼（女）、张锐生（白族）、苏光珍（女、彝族）、史越宇、黄金焕（女）、曹庆源、王洪军、张月秋（白族）、李志敏（彝族）、赵伟良（彝族）、余瑞勇被云南省总工会授予“五一劳动奖章”。⑥省职工职业技能大赛技术状元。李志敏（彝族）、赵伟良（彝族）被云南省总工会授予云南省第十七届职工职业技能大赛技术状元称号；⑦省职工职业技能大赛技术能手。李雪霞（女）、刘影波（蒙古族）被云南省总工会授予云南省第十七届职工职业技能大赛技术能手称号。

（代芳芳撰稿）

共青团

【概况】 2021年，共青团大理州委聚焦主责主业、深化改革攻坚，坚持服务大局和服务青年相统筹推进各项重点工作。加强社会领域团组织建设，重点推动规模以上、从业青年众多的非公企业普遍建团，抓大带小，消除规模以上非公企业团的组织覆盖盲区和空白点。规范开展学社衔接工作，落实团费收缴管理规定。召开大理州第三届少代会，选举产生62名州少工委委员，出台《关于全面加强新时代少先队工作的实施方案》；召开州青联七届三次全体会议，会议选举代磊为副主席，增补李昆等17名委员。开展“2021年中国—东盟青年营大理行”活动，青年营成员考察大理州5G产业发展、生物多样性现状、非物质文化遗产传承等，深入了解大理多彩的民族文化魅力，厚植双方青年友好交往的根基。至年末，全州有14~28岁青年69.34万人，共青团员15.08万人，团青比为21.75%。有294个基层团委，5295个团总（支）部；全面完成新建360个社会领域团组织建设目标和新建180个非公企业团组织建设目标，大理州学社衔接率为98.7%，年度应收团费19.81万元，上缴团省委6.4万元。

【青少年思想政治建设】 2021年，共青团大理州委以组织化学习为基本方式，以全州5295个基层团（总）支部、1059个学校少工委和7449个少先队中队为主要依托，青联、学联、新兴领域青年、新大理人广泛参与，各级各类青年社团同步行动，带动广大青少年参与党史学习，实现学习全面覆盖、深入基层、直达青少年。发动84万名的青年进行“青年大学习”学习，学习成效卓著，发挥“青”字号宣讲团示范带动作用，深入基层，在企业、学校、田间地头

2021年大理州共青团组织基本情况表

表26　　单位：个、人

区域	团组织				团员数
	团委	团工委数	团总支数	团支部	
州　属	26	1	12	415	11854
大理市	45	3	151	639	21022
漾濞县	14	1	1	200	5608
祥云县	22	2	11	422	21982
宾川县	16	1	110	414	10745
弥渡县	22	1	132	580	11814
南涧县	24	1	4	263	9748
巍山县	26	1	2	323	12012
永平县	11	1	8	263	7147
云龙县	29	1	0	329	7157
洱源县	15	1	103	328	10794
剑川县	21	2	1	335	11764
鹤庆县	23	2	3	246	9145
合　计	294	18	538	4757	150792

2021年大理州获省级以上共青团组织表彰个人情况表

表27

姓名	性别	民族	职业	所获表彰
施雪蓉	女	回族	党政机关工作人员	2020年度“全国优秀共青团员”
常宏香	女	彝族	乡镇工作人员	2020年度“全国优秀共青团干部”
徐道洪	男	汉族	医务人员	2020年度“云南青年五四奖章”（疫情防控）

2021年大理州获省级以上共青团组织表彰集体情况表

表28

单位名称	所获荣誉
大理州洱源县茈碧湖镇玉湖初级中学团总支	2020年度“全国五四红旗团支部”
大理州洱海保护治理有限公司	2020年度“云南青年五四奖章”集体
大理州医院青年志愿服务队	2020年度“云南青年五四奖章”集体（疫情防控）

（团州委　提供）

开展沉浸式、互动式宣讲100余场，推进“万名团干上讲台　当好思想引领员”工作，选拔120名优秀基层青年参与青马工程培训学习，增进青少年对党的思想认同、政治认同和情感认同。

【生态文明志愿行动】 2021年，共青团大理州委与省建投集团团委共建“洱海生态廊道白州志愿服务站”，提升大理洱海生态廊道项目志愿服务的带动效应。常态化开展“全民倾情护洱海　志愿服务守乡愁”“苍洱青春·助乐有我”“护廊道1小时”“河小青”等洱海保护志愿服务活动60多场，参与人次为2000人；开展生态隔离带植树活动、“生态文明”公益课堂、“主题朗诵分享”“大手拉小手 小手拉大手”“喜迎COP15——青少年生态文明研学”等环保主题团队日活动；深化实施“洱海保护小小讲解员”品牌项目，发挥少先队员、共青团员以点带面、辐射引领作用，生态文明的理念更加深入人心。

【青年助力乡村振兴】 2021年，共青团大理州委实施“助力乡村振兴·电商人才公益培养计划”“数字化管理培训计划”“一县百星计划”，培训创业青年2000余人。选树各县（市）电商人才“一县一星”12人；争取资金50万元，扶持乡村振兴“头雁计划”9人、大学生创业“金种子计划”23人。筹建乡村振兴青年服务团，深入弥渡县弥城镇新庄村委会，在香酥梨种植基地开展助农直播促进农民增收。选派266名西部计划志愿者投身到乡村振兴的火热实践中。通过州青基会筹资608万元，专项用于助教、助医、助发展，为助力乡村振兴工作提供坚强保障。

【团青志愿者抗震救灾】 5月21日，大理州漾濞县发生6.4级地震后，全州共青团组织闻令而动，筹款筹物支援灾区，发动1000多名志愿者参与物资搬运，青少年关爱等应急志愿服务800余次，联合专家团队开展心理辅导，培训疏导受灾群体8059人次。为灾区筹集抗震救灾资金31.7万余元和价值15万余元的物资。制定《共青团大理州委支持漾濞地震灾后恢复重建的工作方案》，从助力复工复产、组建青年突击队、实施教育帮扶、开展志愿服务、加强教育引导等5个方面投入灾后恢复重建工作。联合建投集团团委成立9支青年突击队助力基础设施恢复重建，向上争取支持援建希望小学6所，开展医疗救助2批次、捐赠药品价值70余万元、爱心助学助教资金60余万元，彰显共青团的组织动员优势。

上图：9月6日，共青团大理州委乡村振兴青年服务团深入弥渡县开展香酥梨直播带货活动；下图：3月，团州委联合州扶贫办举办“昨天决战脱贫攻坚　今天共享风花雪月”联谊活动　（团州委　提供）

【青少年成长成才服务】 2021年，共青团大理州委聚焦青年创业就业、社会融入、婚恋交友等热点问题，推动《大理州中长期青年发展规划（2019—2025年）》落地落细。做好团属金融创业就业扶持项目，累计放贷金额2.5亿元，扶持1396户青年创业，超额完成创业贷款年度任务。举办“梦在远方·路在脚下——共青团与你同行”系列活动16场次，组织1086名农村青年外出务工。开展第四届“大理青年创业州长奖”评选活动，评选出州长奖、州长奖“提名奖”各10名；6名创业青年获评“云南青年创业省长奖”（其中省长奖2名，省长奖“提名奖”4名），通过典型激励，将青年创新创业的激情转化为建设大理的实际成效。以“返家乡”社会实践活动为牵引，组建乡村振兴社会实践服务团，为返乡大学生提供1600余个社会实践岗位。组建大理州心理健康志愿服务队，在全州33所学校开展“心理健康校园行”系列活动，有效覆盖青少年1.1万人次，提高学生心理调适能力。举办“昨天决战脱贫攻坚·今天共享风花雪月”等3场联谊活动，为500余名单身青年搭建婚恋交友平台。

（杨明月撰稿）

妇　联

【概况】 2021年，全州各级妇联组织聚焦保持和增强政治性、先进性、群众性，坚持“党建带妇建、妇建促党建”，加快新领域新阶层妇女组织建设。累计建成“妇女之家”1447个，推动在城乡“妇女之家”普遍建立妇女议事会1132个。吸纳大理州女企协、大理州农村妇女肿瘤病人救助站为团体会员。加强对大理州妇创中心、沐宇心理咨询中心等社会组织的指导服务，推荐上报的1个项目被评为“全国第三届巾帼志愿服务十大优秀项目”，2个项目被评为云南省巾帼志愿服务优秀项目。州妇联被省妇联评为第四期中国妇女社会地位调查暨第三期云南妇女社会地位调查优秀组织一等奖，2名个人获优秀个人。完成村（社区）妇联组织换届选举工作，选举产生新一届村（社区）妇联主席1157名，专（兼）职副主席5179名，执委16067名，实现村（社区）妇联主席100%进村“两委”。女村民委员会主任比例达10%以上；女村民委员会成员达30%以上；女居民委员会成员达50%以上，村（社区）妇联班子整体结构优化，基层妇联组织基础夯实。2021年，州妇联被人力资源和社会保障部、全国妇联表彰为全国妇联系统先进集体。

【妇女思政宣传工作】 2021年，全州各级妇联组织履行政治职责，通过党组理论中心组学习、集中研讨等形式，将学习宣传贯彻党的十九届六中全会、省第十一次党代会、州第九次党代会精神与党史学习教育、“大理之问”大讨论活动有机结合，组建苍洱百名“金花”宣讲团、“金花”合唱团，开展“学党史颂党恩跟党走”主题宣讲、“唱支颂歌给党听”等系列活动，引领广大妇女听党话、跟党走。宾川《宣讲“三部曲”为基层妇联赋能添彩》入选全国妇联《百千万巾帼大宣讲案例选编》；组织拍摄“花开苍洱巾帼心向党”“风华正茂建功新征程”微党课、

9月10日，大理苍洱“金花”宣讲团到剑川县金华镇新仁村开展专题讲座

2021年度大理州妇联系统创业担保贷款工作月报表

表29

承办单位	贷免扶补					创业担保贷款及小微企业贷款					报告期末累计贷款余额(万元)
	目标数（人）	受理申请人数（人）	报告期扶持创业人数（人）	报告期发放贷款金额（万元）	报告期带动就业人数（人）	目标数（家）	受理申请笔数（笔）	报告期扶持创业人数（人）	报告期发放贷款金额（万元）	报告期带动（吸纳）就业人数（人）	
大理市	50	50	50	953	190						
漾濞县	70	214	70	876	210	20	22	20	270	60	
祥云县	100	100	100	1875	327						
宾川县	80	80	80	1425	200						
弥渡县	130	130	130	2375	339	40	40	40	610	120	
南涧县	50	73	50	875	150	50	69	50	965	150	
巍山县	100	130	100	1923	300	40	56	40	790	122	
永平县	80	222	80	1440	316	40	87	52	871	230	
云龙县	50	50	50	935	144	40	40	40	745	120	
洱源县	80	110	80	1485	210						
剑川县	30	30	30	505	106	30	30	30	520	101	
鹤庆县	80	80	80	1432	240	40	40	40	777	120	
合计	900	1269	900	16099	2732	300	384	312	5548	1023	62583.11

（州妇联　提供）

2021年大理州妇联系统获省级以上妇联表彰情况表

表30

序号	授奖单位	奖项名称	表彰对象
1	全国妇联	全国妇联系统先进集体	大理州妇联
2		全国三八红旗手	尹雪芬　大理州农业科学推广研究院高级农艺师
3		全国维护妇女儿童权益先进集体	洱源县人民法院
4		全国维护妇女儿童权益先进个人	李瑜　大理市人民法院喜洲人民法庭庭长
5		全国巾帼文明岗	大理州气象台
6			大理州市场监督管理局12315投诉举报指挥中心
7			大理州宾川县融媒体中心编辑制作部
8		全国巾帼建功标兵	杨娟花　大理州云龙县长新乡优质生猪产业协会会长
9		全国巾帼建功先进集体	大理州林业和草原科学研究所
10		全国巾帼志愿服务十大优秀项目	大理州农村妇女肿瘤病人救助项目
11		全国最美家庭	张有仁家庭　祥云县纪委（离休）
12			张绍仁家庭　巍山县人社局（退休）
13	中国妇女杂志社	2021年度《中国妇女》宣传舆论阵地建设奋进榜	大理州妇联
14	中国妇女报	2021年度宣传舆论阵地建设先进榜	大理州妇联
15			大理市妇联
16			祥云县妇联
17			弥渡县妇联
18		2021年度宣传舆论阵地建设优秀榜	南涧县妇联
19			宾川县妇联
20			永平县妇联
21			剑川县妇联
22			鹤庆县妇联
23			巍山县妇联
24	云南省妇联	云南省巾帼志愿服务优秀项目	大理州农村妇女肿瘤病人救助站的大理州农村妇女肿瘤病人救助项目
25			大理州爱心助学站的大理州山区贫困学生资助项目
26		第四期中国妇女社会地位调查暨第三期云南妇女社会地位调查优秀组织一等奖	大理州妇联
27	全国妇联、省妇联	第四期中国妇女社会地位调查暨第三期云南妇女社会地位调查优秀个人	沙　莎　大理州大理市妇联权益科科长
28			李玉梅　大理州祥云县妇联办公室主任
29	云南省妇联、省文明办	云南省最美家庭（6户）	张有仁家庭　祥云县纪委（离休）
30			杞文香家庭　宾川县平川镇石岩村
31			曾万钟家庭　鹤庆县政协（退休）
32			李松浩家庭　洱源县凤羽第一初级中学
33			张绍仁家庭　巍山县人社局（退休）
34			周金兰家庭　大理州毛纺厂（退休）
35	云南省妇联	云南省绿色家庭（4户）	段庆祥家庭　剑川县马登镇文屏村
36			刘美珍家庭　巍山县南诏镇群力社区
37			苏玉麟家庭　洱源县新州中心完小
38			钟顺和家庭　云南顺丰洱海环保科技股份有限公司

（州妇联　提供）

大理州妇联开展的“家家幸福安康工程”系列活动现场　（州妇联　提供）

微视频32期，其中《中共云南省委第一任书记王德三：把身子献给人类》在大理州庆祝中国共产党成立100周年党建微视频大赛中获一等奖。加大创先争优力度，2人分别获全国“三八红旗手”、全国“巾帼建功标兵”称号，4个集体被命名为全国“巾帼文明岗”、全国“巾帼建功先进集体”；评选大理州“三八红旗手”“三八红旗集体”“巾帼建功”先进集体（个人）135个。加强意识形态阵地建设，注重维护网络安全，有35条信息被全国妇联采用，11条信息被“学习强国”推送，54条信息被省、州媒体采用。大理州妇联网站、“大理妇女”微信公众号、“掌上妇联”、微博发布信息1198条，浏览量85.12万人次。州妇联及9个县（市）妇联入选2021年度全国妇联宣传舆论阵地建设先进榜，州妇联入选《中国妇女》宣传舆论阵地建设奋进榜。

【巾帼创业】 2021年，全州妇联系统发放创业担保贷款1212户21647万元，带动劳动力就业3755人，工作任务数及还贷率均居全省妇联系统之首。创新推出宾川“巾帼贷”，为获得各级妇联表扬命名的“妇字号”先进个人、家庭和企业44人（个）提供低利率、高额度、方便快捷的信贷资金2262.5万元，“巾帼贷”案例入选云南省妇联优秀创新案例。实施“农村劳动力转移就业专项行动”“农村妇女素质提升计划”“家政培训提升行动”，推荐上报的大理爱君家政服务有限公司获评全国家政服务行业标准化试点单位。争取中国下一代教育基金会、沪滇合作等项目16个、资金636.29万元。开展“全民倾情护洱海·志愿接力守乡愁”志愿服务，发挥女子调解队、文艺队、“三清洁”护卫队、特殊群体关爱服务队的作用，把习近平生态文明思想和州委洱海保护治理及流域转型发展的部署要求落实到广大妇女及家庭。《聚志愿服务合力展苍洱巾帼风采——大理州大理市巾帼志愿队伍服务典型案例》入选云南省妇联十佳创新案例。

【妇幼维权】 2021年，全州各级妇联组织履行州政府妇儿工委办公室职责，高标准完成全州“两个规划”终期评估及国家、省考核验收工作。大理州妇女发展规划目标达标率为99.07%、儿童发展规划目标达标率为98.73%，全省综合考评排名第三。组织完成新一轮《大理州妇女发展规划（2021—2030年）》及《大理州儿童发展规划(2021—2030年)》编制工作。广泛开展“建设法治中国·巾帼在行动”活动，加大对民法典、反家暴法、国家安全、禁毒防艾、反电诈等内容的宣传力度，开展普法讲座128场次，各类法治文化活动837场次，参加群众77709人。与州委政法委联合在大理法阳律师事务所成立大理州妇女儿童维权服务中心，以政府购买服务方式实现妇女儿童维权专业化法律服务与社会化保护相衔接。争取资金150万元，在全州30个村（社区）开展年度州级“平安家庭”示范村（社区）创建工作。全年全州妇联系统接待来信来访来电417件，案件办结率为97.5%。排查婚恋家庭、邻里关系纠纷264件，已化解248件。洱源县人民法院被表彰为“全国维护妇女儿童工作先进集体”、大理市人民法院喜洲人民法庭庭长李瑜被表彰为“全国维护妇女儿童工作先进个人”；《高科技打拐系统寻回失踪儿童案》《“一站式”取证严惩性侵未成年人案》入选《2021年云南省维护妇女儿童合法权益十大优秀案例》；大理州妇联被州委、州政府表彰为“平安建设工作优秀单位”。

【家风建设】 2021年，全州各级妇联组织把家庭作为培育和践行社会主义核心价值观的前沿阵地，注重家庭、家教、家风建设，紧密结合培育和弘扬社会主义核心价值观，发扬光大中华民族传统家庭美德，以深入实施“家家幸福安康工程”为主线，发挥家庭建设在助推基层社会治理中的作用。年内，有2户家庭获“全国最美家庭”、6户家庭获云南省“最美家庭”、4户家庭获云南省“绿色家庭”称号。评选出大理州“最美家庭”100户、“绿色最美家庭”20户，命名大理州“最美母亲”40名。建立大理州妇女儿童心理健康服务试点，定期开展心理健康服务；建立家庭教育指导服务点170个，家长学校3333所，网上家长学校26所，成立家庭教育讲师团13个，聘请讲师266人，建立健全州、县（市）、乡（镇）、村（社区）四级家庭教育领导机构。把投身“5·21”漾濞6.4级地震抗震救灾作为检验“我为群众办实事”活动实效的主战场，成立16支巾帼志愿服务队奔赴一线参与疏散群众、发放物资、帮助孤寡老人及留守儿童等工作，并先后筹集88万余元的物资支援漾濞抗震救灾，在抗震救灾工作中体现巾帼担当。

（吴晓凌撰稿）

法　治

Rule of Law

◇ 责任编校　杨林柏

◇ 乡愁大理·黑白记忆 ◇　　1983年的大理古城南门

综治维稳

【概况】 2021年，大理州政法工作坚持党的绝对领导，坚持以人民为中心的发展思想，坚持稳中求进工作总基调，坚持统筹好发展和安全总要求，更加注重系统观念、法治思维、强基导向，突出抓好省委政法委政治督察、州委第十二轮巡察反馈问题的整改，高位推进政法队伍教育整顿，深入推进党史学习教育和"大理之问"大讨论活动，做好战疫情、防风险、保安全、护稳定和抗震救灾各项工作，为全州统筹推进疫情防控和经济社会发展、"十三五"收官和"十四五"开局发挥政法优势、作出政法贡献。12月，大理州被评为全国"平安中国建设示范州"，并再次获平安中国建设最高荣誉"长安杯"奖，大理州鹤庆县被评为全国"平安中国建设示范县"，成为全省16个州（市）中州（市）和县（市、区）两个层级均获命名表彰的唯一一个州（市）。

【党对政法工作的领导】 2021年，全州政法机关以贯彻落实《中国共产党政法工作条例》和省委实施细则为抓手，加强政治建设，全面强化党对政法工作的绝对领导。①领导班子得以调整优化。州、县（市）两级党委政法委、政法部门领导班子得以调整优化，州委政法委委员会充实完善，各县（市）党委政法委书记实现全部轮岗交流，全州各乡（镇、街道）政法委委员配齐配强并明确乡（镇、街道）党委副书记兼任政法委委员，政法干部队伍建设更加规范有效。②定期汇报制度。州级政法机关定期向州委集中统一汇报半年和年度工作，及时向州委请示报告重点工作和重大事项已形成规范化、制度化；党委政法委作为党委领导和管理政法工作的职能部门的作用得到全面强化，政法各部门主动向党委政法委请示报告工作的自觉性、主动性得到全面加强；上级政法机关党委（党组）对下级政法机关的领导、指导作用得到全面发挥，政法基层工作得到加强。③队伍纪律作风建设。牢牢抓实省委政法委政治督察和州委巡察反馈问题整改，强化队伍纪律作风建设，成立专项整改工作机构，细化整改方案，明确整改责任，建立整改台账，州级政法各部门、各县（市）党委政法委全面参与、同步联动，坚持领导带头抓整改，主动认领问题，各项整改任务全面落实完成。

2021年大理州见义勇为先进群体和先进个人表彰情况表

表31

类别人	事迹	姓名	单位	奖励
见义勇为先进群体	救助火灾	左利军	大理市建设百货商场有限责任公司职工	被授予"大理州见义勇为先进群体"称号，颁发奖牌，每人奖励人民币5000元
		孔振洁	大理市建设百货商场有限责任公司职工	
	勇救溺水儿童	赵燚君	大理州人民医院医生	
		王　斌	大理州人民医院职工	
	勇斗行凶歹徒	杨燕春	大理市凤仪镇个体工商户	
		高永福	鹤庆县松桂镇龙珠村民委员会村民	
	勇救落水人员	张栋基	俊发集团大理分公司项目总经理	
		高志宏	大理卷烟厂职工	
		王炳松	凤仪三中教师	
	勇救溺水儿童	朱金成	宾川县鸡足山镇江股村委会村民	
		朱绍祥	宾川县鸡足山镇江股村委会村民	
见义勇为先进个人	勇救落水人员	赵天胤	大理市下关街道居民	被授予"大理州见义勇为先进个人"称号，颁发奖牌，每人奖励人民币1万元
	路边救人	方砚伟	大理大学第一附属医院麻醉科主任医师	
	勇救落水人员	冯林山	陕西省西安市未央区个体工商户	
	勇救落水人员	江云峰	大理市太和街道办事处兴隆园小区个体工商户	
	英勇救火	茶周萍	巍山县青华乡现役军人	
	救助车祸受伤人员	杨　磊	宾川县大营镇茹村村委会邑尾村村民	

（州委政法委　提供）

【服务中心大局】 2021年，全州政法机关围绕主责主业和改革发展稳定大局，推进平安大理、法治大理建设，服务全州经济社会健康发展。①维护国家政治安全和社会和谐稳定。坚决维护国家政治安全和社会和谐稳定，稳妥做好风险防范、化解、稳控、疏导等各项工作。同时，统筹全州政法各级各部门投入漾濞"5·21"地震抗震救灾维稳工作，筑牢抗震救灾"第一道防线"。②提升全州平安建设整体水平。加强"雪亮工程"建设，推进"智慧安防"小区建设和刑事案件"零发案"小区创建，打造"枫桥式公安派出所""枫桥式司法所""枫桥式人民法庭""枫桥式信访代办站（点）"等示范样板，开展"平安县（市）""平安乡（镇、街道）""平安单位""平安家庭"等系列平安创建活动。落实命案责任督导和追究制度，对2021年后每十万人命案发案率超过0.6的县（市）开展"挂牌督办"，对发生命案的县（市）开展提醒谈话，对无命案县（市）通报表扬。大理州全年命案发案率同比下降48.72%，破案率100%；全省群众安全感满意度测评中大理州群众综合满意率96%，同比上升0.58个百分点。③乡村振兴注入政法新能量。在大理州中级人民法院挂钩帮扶的南涧县乐秋乡米家禄村挂牌"大理州政法机关助力乡村振兴创新实践示范基地""法治助力乡村振兴创建点""大理州法治宣传示范点"，为米家禄村的乡村振兴提供坚强法治保障。

【扫黑除恶斗争】 2021年，全州政法机关扫黑除恶斗争步入常态化轨道。推动成立大理州常态化开展扫黑除恶斗争领导小组及其办公室，围绕组织领导"规范化"、打击惩治"法治化"、源头管控"精细化"、队伍建设"专业化"、运行机制"常态化"的"五化"建设，突出"六大行业"整治、健全"七大机制"、开展"八大行动"攻坚，开启扫黑除恶常态化新局面。

【政法改革】 2021年，全州政法机关政法领域改革全面深化。深化司法责任制综合配套改革，健全完善执法司法制约监督机制；深化公益诉讼改革，规范涉案财物集中管理；深化政法管理服务改革，推进依法治州、依法行政和建设美丽幸福新大理。

【全国市域社会治理现代化试点创建】2021年，全州政法机关探索建立“党建＋网格化＋信息化”基层社会治理模式，夯实基层基础。①试点创建和平安大理建设。将党建引领、政治引领作为试点创建和平安大理建设的主线，报请州委州政府制定下发《中共大理州委、大理州人民政府关于加强基层治理体系和治理能力现代化建设的实施意见》，并由州委州政府召开大理州平安大理建设现场办公会暨市域社会治理现代化试点工作推进会，加快推进平安大理建设及全国市域社会治理现代化试点建设工作。②智慧化新模式建设。探索推进以信息化、大数据、人工智能、互联网、物联网等现代技术手段为支撑的大理州市域社会治理智慧化新模式，加快推进全州“综治服务中心、网格化综合服务中心、政法融媒体中心”建设步伐，并借助数字大理“苍洱云”“数字孪生平台”“PKS信创体系数字底座”等智能化技术平台支撑，开拓创新，整合资源，提升数字赋能社会治理水平，以政府购买服务方式先后投入1700余万元实体化建设“大理州市域社会治理智慧中心”，各县（市）谋划加快场所、经费、人员、设施配置建设等基础工作，同步推进县（市）级市域社会治理智慧中心建设，科学合理划分基层社会治理网格，形成“党建引领、一网统管、一网通建、多网合一、一网通用”格局。③院地合作。与大理大学、云南警官学院等高校科研院所深入开展“院地合作”，通过双方合作开展专家人才智库建设、人才交流培养以及理论成果研究转化运用等项目，推动大理州市域社会治理水平提升。

【群防群治工作模式探索建设】2021年，全州政法机关探索“党建＋社会治理”工作模式，发挥网格员、调解员、保安员、治安员、“红袖标”治安志愿者等群防群治力量作用，参与基层社会治理创新，引导群众以“主人翁”精神参与平安建设、基层治理工作，申报以漾濞县苍山西镇光明村委会“党组织＋企业＋群众”治理模式为代表的1个县1个乡（镇）3个村作为省级基层社会治理创新试点单位，推动基层社会治理水平和服务能力有效提升。

9月28日，大理州举办“平安法治大理建设十大忠诚卫士”评选发布暨颁奖晚会
（州委政法委　提供）

【法治宣传教育】2021年，全州政法机关创新开展法治宣传教育。深入挖掘大理民族法治文化底蕴，打造大理民族地区法治宣传教育“大理样板”；整理汉、白双语常用法律条文互译本，开展汉、白双语普法和庭审工作；政法委和政法机关分别设立“金花网格员”“金花调解室”等8个调解室、工作室、志愿者服务队，开展矛盾纠纷化解和法治宣传教育；聘请杨丽萍等知名艺术家开展法治宣传教育；制作《非法集资要警惕》《国家安全为人民》等白族大本曲，依托“双语普法”“花灯普法”“白曲普法”等大理民间文化艺术进行法治宣传教育，用群众的话宣传法律，用身边的事教育群众。

【政法队伍建设】2021年，全州政法机关坚持以政法队伍教育整顿为抓手，加强政法队伍建设。①成立领导小组和工作专班。成立由州委书记任组长的领导小组和相应工作专班，高位推进政法队伍教育整顿，以刀刃向内、自我革命的精神，抓好“三个环节”、突出“四项任务”。自开展政法队伍教育整顿以来，全州组织政治教育1283场次、警示教育434场次、召开英模事迹报告会91场次、选树英模104人、选树先进集体51个，排查出的“七大顽瘴痼疾”问题全部完成整改，全州政法单位制定、修订制度机制685个，州委政法委探索建立与相关部门开展政法干部“协管”“协查”“协作”等7大机制。通过4个多月的教育整顿，全州政法队伍政治觉悟增强，纪律作风改观，履职能力提高，工作成效显现，提振了干事创业的精气神。②大理政法先进文化弘扬培树。全州政法机关以政法队伍教育整顿、党史学习教育、“大理之问”大讨论活动为契机，以英模选树、典型示范为激励，培树弘扬大理政法先进文化。年内，州委政法委系统举行“平安法治大理建设十佳先进集体”、“平安法治大理建设十大忠诚卫士”评选发布暨颁奖晚会，向全社会推树政法英模和弘扬英模精神；州委政法委挂牌成立“大理州政法文化教育示范基地”“大理州政法干部教育培训基地”等干部教育载体，组织开展“大理州政法系统‘政法铸剑·平安大理’书法美术摄影比赛”，展现大理政法队伍的时代正气、时代风采，政法队伍建设“五个过硬”要求得以彰显。

（杨涟撰稿）

公　安

【概况】2021年，大理州公安机关在州委、州政府和省公安厅党委的坚强领导下，坚持以习近平新时代中国特色社会主义思想为指导，紧紧聚焦党委政府中心工作和公安机关主责主业，精心组织开展党史学习教育、队伍教育整顿、肃清余毒流毒工作和“大理之问”大讨论活动，健全完善社会治安防控体系，深入开展严打整治，全面推进战疫情、保安全、护稳定、促发展各项工作，完成建党100周年和COP15第一阶段会议安保任务，确保全州政治社会大局稳定，大理州被评为平安中国建设示范州，再次获最高荣誉“长安杯”奖。

【政治建警】 2021年，大理州公安机关严格执行“第一议题”和“每周一学”制度，召开党委理论中心组学习24次、党委会49次，第一时间传达学习习近平总书记最新重要指示精神。组织开展首个“中国人民警察节”和建党100周年系列庆祝活动，开展“大理公安党旗红”行动，推行“智慧党建”，召开党员大会和集中学习635次，支委会274次，党小组会691次，党课教育123次，主题党日活动410场次，民主生活会、组织生活会86次，2个基层党组织和6名党员分别被省、州党委表彰。

【从严治警】 2021年，大理州公安机关落实“三重一大”事项决策、主要领导末位表态等制度，形成党委决策监督档案73份。抓好州委第四巡察组巡察反馈意见整改，主动配合公安部、省公安厅政治督察和州委政法委队伍巡察，加强队伍监督管理，坚决肃清余毒流毒影响。州局党委5次研究党风廉政建设工作，签订责任状43份，开展警示廉政教育182次。

【肃清流毒余毒】 2021年，大理州公安机关研究制定深入开展肃清流毒余毒影响工作方案，成立肃清流毒余毒影响工作领导小组，制定12项任务清单并分别形成子方案，由局党委委员分别牵头负责，明确责任单位、完成时限，零禁区、全覆盖、无死角开展肃清工作。

【党史学习教育】 2021年，大理州公安机关采取大理公安夜校、读书班以及援边援疆民警学习沙龙等形式，举办党史学习教育专题讲座97场、英模宣讲报告会27场、典型案例剖析讨论1266场次，“一把手”讲党课45次，选树基层先进集体56个、先进典型213人。州委第八巡回指导组对州局党史学习教育评为“好”（评估分为“好”“较好”“一般”“差”四档）。

【政法队伍教育整顿】 2021年，大理州公安机关发挥州、市公安局作为全国和公安部教育整顿办联系点的示范引领作用，精准抓好中央、省委督导指导组问题交办和意见反馈落实，对24.07万件警情，15.14万件行政案件，2.21万件刑事案件开展“四级评查”，做到问题线索全部清零、重点案件全部办结、顽疾整治清仓见底、督导反馈问题全面整改，初步实现政治生态优化、纪律作风好转、执法司法规范的工作目标。

【扫黑除恶】 2021年，大理州公安机关抓好线索核查、案件侦办、涉案资产处置等各项工作，侦办黑恶案件3起，接收核查线索110条，查封冻结扣押各种资产3104万余元。

【严打违法犯罪】 2021年，大理州公安机关部署开展为期半年的“冬春”严打整治专项行动，破获跨境赌博刑事案件45起，冻结扣押涉案资金2339万元，侦办妨害国（边）境管理案件54起，查处“三非”人员207人。全年破获刑事案件5675起、经济案件391起，打掉犯罪团伙43个。查处行政案件15197起，其中查处治安案件13042起，查处违法人员14326人，治安拘留6840人。查处交通违法行为86.33万起，交通事故“四项指数”全面下降。开展缉枪治爆行动，收缴各类枪支116支、子弹9839发。开展洱海流域违法犯罪整治，查处环保类案件316起。打击涉旅违法犯罪，查处涉旅案件216起，调解旅游纠纷1435起。年内，联合金融部门破获首例特大跨国境地下

2021年，大理州公安机关紧紧聚焦主责主业，健全完善社会治安防控体系，确保全州政治社会大局稳定。图为6月21日举行的庆祝建党100周年安保维稳誓师大会（州公安局　提供）

钱庄案，及时打掉地下钱庄1个，捣毁窝点4个，冻结涉案资金1.8亿余元，该案涉案资金流水为303亿余元。全州电信诈骗案件立案数、经济损失数同比下降22.90%和7.24%，破案数、抓获数同比上升26.82%和126.12%，创全州历史新高，实现“两降两升”目标。

【禁毒斗争】2021年，大理州公安机关开展第五轮禁毒人民斗争，破获毒品刑事案件317起，缴获毒品252.01千克，查处涉毒行政案件876起，收戒吸毒人员2931人。坚持情报引领，联合普洱警方破获公安部“2021-128”号毒品目标案件，捣毁1个境外大型毒品烘干、包装、分销囤积点，缴获冰毒1.83吨以及制式枪支弹药一批。

【命案侦防】2021年，大理州公安机关立命案20起，同比减少18起，下降48.72%；破20起，破案率保持100%；死22人，同比下降50%。命案侦防工作取得历史最好成绩。

【信访办理】2021年，大理州公安机关按时办结中央第八生态环境保护督察组交办的7件信访件，有效化解中央第十巡视组、中央联席会，以及公安部、省级交办的144件信访件，办结率为94%。

【治安防控】2021年，大理州公安机关加强治安防控工作。①完善指挥布局。健全完善“情指勤督舆”一体化实战化警务模式，建立完善“1+N”机制“大合成”，全州12个县（市）均完成情指机构融合，专职警力由原来的144人充实到222人，全州18个城区派出所全面推行“一室两队”警务运行模式。②防控体系稳固。建立完善公安检查站拦截、支援联动协作机制，构建“3网3层9+N”为核心的战时安保城区圈层防控体系，组织发动3.6万名治安志愿者参与“红袖标”，启动等级防控勤务13次，10次开展社会治安集中统一清查暨“三查四告知”行动，全州13个公安检查站核查人员224.06万人次、核查车辆348.07万辆次，查获盗抢机动车207辆。③推进科技建设。将公安大数据建设纳入州委、州政府智慧城市“苍洱云”规划项目，加强公安大数据平台基础

2021年，大理州进一步加强治安防控工作，加强基础工作，充实专职警力
（州公安局　提供）

设施，推进可视化分析建模、态势感知以及视频图像综合应用等新一代公安信息网取得阶段性成效。全年新增车辆、人脸、人体/非机动车结构化前端摄像机8769路，建设智慧小区53个。利用信息化手段协破刑事案件573起，协助查处治安案件853起。④基础工作加强。建成派出所刑事技术分室25个，全州653个社区（责任区）配备739名社区（责任区）民警，占派出所总警力的55.11%，基本实现5000:1和“一区一警”或“一区多警”的社区警务目标。

【网络安全保卫】2021年，大理州公安机关加强网络安全的保卫。①网络资产摸排调查。完成上网用户备案102.4万户，网站备案324个，其中政府网站68个；信息系统等级保护备案427个，其中三级84个。完成全州在线153家网吧安全审计系统升级改造，全部实现人像识别或二代身份证上网；开通社会信息采集单位31家，采集数据520万条。②推动网络安全责任落实。全州关键信息基础设施责任单位、各网络运营单位的网络安全意识、安全防护能力明显提高，主动开展等级保护备案、测评系统数分别为2020年的2.1倍、2.5倍。③网络安全专项执法监督检查。组织开展疫情防控、红色教育基地、供应链、电子政务领域、线上教育机构等网络安全专项执法监督检查，组织实施非法网络电视平台、青少年网络环境问题、App封装分发平台和网络游戏等专项治理，开展网络安全执法检查906家（次），责令整改安全隐患536个，查处涉网违法案件66起，对16家未落实网络安全责任的单位实行“一案双查”，行政案件数、“一案双查”数分别是2020年的3.3倍、1.6倍。④网站监测预警。对全州324家重点网站开展全天候监测预警，发布预警通报16期，通报整改中高危漏洞40个。组织“苍洱云”、政务、卫健等行业系统94个重点单位（158个应用系统）开展网络攻防演练，发现、整改网络安全漏洞112个。修订完善全州公安机关网络安全事（案）件应急处置预案，与三大运营商建立“一键关停”机制。⑤深入推进“净网2021”专项行动。侦办“侵公”“帮信”等网安部门管辖刑事案件73件，抓获犯罪嫌疑人101人。

【出入境管理】2021年，全州出入境管理部门受理公民出（国）境申请900人次；依法受理、审批、签发境外人员各类证件669人次。按照旅馆实名登记制度落实外国人住宿信息的登记、上传工作，全州外国人临时住宿登记及时率95%以上，合格率98.22%，比对率100%。办理妨害国（边）境刑事案件23起。在抓好出入境管理工作的同时，落实各项便民利民措施，出台改进老年人服务举措，开通“12367”咨询服务热线，为群众提供免费照相服务900人次、提供免费快递服务719人次，为群众节约办证成本近4万元，出入境服务更加便捷高效。

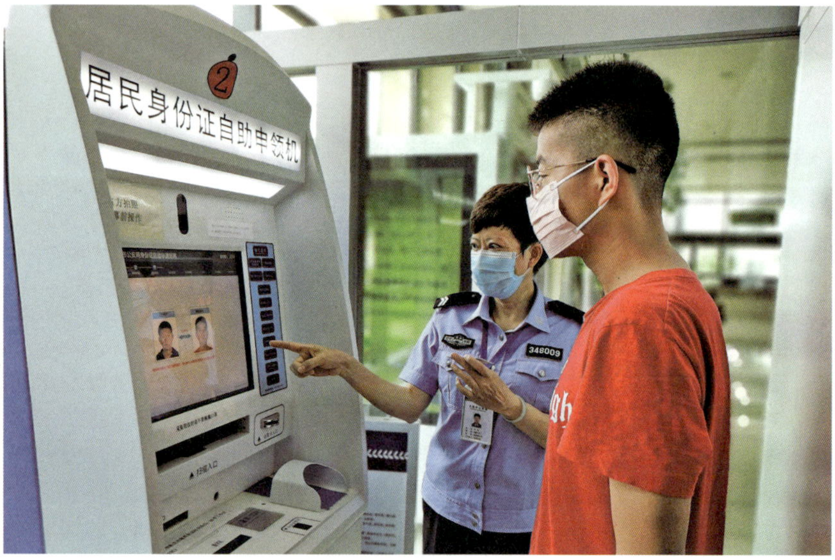

2021年，大理州公安机关坚持以人民为中心，推动“我为群众办实事”，出台各种便民利民措施。上图：开展自助领取居民身份证服务；下图：组织警力开展护学行动

（州公安局　提供）

【环食药工作】2021年，全州公安机关森林警察突出改革强警，加快环食药侦队伍组建，州环食药侦支队1月7日正式挂牌组建，12个县（市）公安机关全部完成调整组建挂牌。①森林草原类案件受理。全年全州受理森林草原类案件394起，查（破）处案件355起，其中刑事案件受理383起，破案344起；行政案件受理11起，查处11起。在打击整治野生动物非法贸易专项行动中，办理案件数全省排名第二，打野专项行动战果在全省排名第三。②对生态环境违法犯罪“零容忍、严执法”。始终保持对生态环境违法犯罪“零容忍、严执法”的高压态势。全州公安机关查处环保类案件199起，其中联合执法行政案件165起，公安行政案件10起，刑事案件24起，办理中央环保督导噪声扰民案件11起，抓实中央环保督察交办和反馈问题整改。③严厉打击食品药品犯罪。全年各级公安机关参与公安部、省公安厅发起的集群战役17起，核查线索17条；参与市场监管、农业农村、商务等部门开展联合执法113次，立食品类刑事案件3件，通过联合执法发现涉及食品药品领域的违法案件56起，均移交相关部门作行政处罚。

【信息化建设】2021年，大理州公安机关推进可视化分析建模、态势感知以及视频图像综合应用等新一代公安信息网取得阶段性成效。建设智慧小区53个。利用信息化手段协破刑事案件573起，协助查处治安案件853起。

【执法规范化建设】2021年，大理州公安机关加快执法办案管理中心建设，推动9个县（市）局执法办案中心和65个派出所执法场所完成升级改造建设并投入使用。投资1600万元，建成集“执法办案、案件管理、涉案财物管理和执法监督管理中心”于一体的州、市公安局“3+1中心”，有效提升执法办案和监督管理的效能，得到中央督导组的肯定。加强请示汇报，州委、州政府出台《全州党员干部严格执行“三个规定”的通知》，压实各级各部门责任，督促各级领导干部签订严格执行防止干预司法“三个规定”公开承诺书2.3万余份，工作经验被公安部教育整顿办汇编采用并向全国推广。

【服务群众】2021年，大理州公安机关坚持以人民为中心的发展思想，推出“我为群众办实事”重点项目25项，出台便民利民措施316项和“我为基层解难题”措施347项，重点在公安“放管服”、城市交通管理、优化旅游警务、执法规范、打击突出犯罪上做文章，特别是结合“大理之问”大讨论活动，专门制定服务企业18项措施，建立窗口部门“朝九晚五”、现场满意度测评等工作机制，拓展“全程网办”事项116个，运行38项车驾管业务，推行“12+1”便利措施，全州公安窗口警务测评满意率为98.94%。

【抗震救灾】2021年，“5·21”漾濞地震发生后，大理州公安机关迅速调警赴灾区开展抢险救援、治安防控、秩序维护、交通疏导、群众救助、人员转移安置等工作，配合疏散转移群众5万余人，救助群众13人，保障抗震救灾各项工作推进。

【深化全警大练兵】2021年，大理州公安机关把全警实战大练兵作为一项贯穿全年的重点工作，围绕“干什么练什么、缺什么补什么”的要求，坚持岗位胜任能力提升和专业发展训练并重，以“小班化、多期数、专题化、短周期”的培训模式为主，推动民警集中轮训，全州公安机关举办各类警种专业培训班131期16242人次参训，组织开展实战综合演练23期3294人次参演，提升队伍整体素质和战斗力。

【开展首个人民警察节庆祝活动】1月10日是首个中国人民警察节。州委、州政府向全州公安民警发出慰问信，全州公安机关隆重举行升警旗仪式，召开首个人民警察节庆祝大会，集中观看《光荣的时刻》专题教育片，重温习近平总书记在中国人民警察警旗授旗仪式上的重要训词精神，举行退休仪式、表彰仪式和颁授从警10年、20年、30年纪念章（证书）荣誉仪式。

【公安宣传】2021年，大理州公安机关组织全州公安宣传民警紧紧围绕公安中心工作，开展党史学习教育和政法队伍教育整顿，在侦查破案、治安防控、抗震救灾等工作中坚持随警作战，深入一线采访报道，集中展示全州公安机关新时代跨越发展的成效。全年通过30多家各级新闻媒体和警务新媒体平台刊发信息3637篇（幅），其中《人民日报》、人民网等媒体刊发1032篇（幅），被“云南警方”各宣传平台采用447篇（条、部），稿件采用量在全省各州市及全州政法系统排名前列。自办新媒体平台采发微博4536条、微信1209条，制作公安网要闻308篇，采播电视节目52期。

【典型选树】2021年，大理州公安机关加强先进典型选树培养，将大理市公安局紫云派出所教导员李满帮、宾川县看守所因公牺牲民警杨金良申报为全国公安系统二级英模。组织参加“平安法治大理建设十佳先进集体”“平安法治大理建设十大忠诚卫士”评选，宾川县看守所因公牺牲民警杨金良、弥渡县交警大队因公受伤民警张斌、祥云县公安局特警夏永山被评为大理州十大忠诚卫士，宾川县公安局乔甸派出所、南涧县公安局禁毒大队、鹤庆县公安局刑侦大队被评为先进集体。巍山县公安局永建分局被公安部评为全国公安机关成绩突出集体并记集体一等功，全州公安机关1名民警记个人一等功，3个集体、8名民警记二等功，20个集体、142名民警记三等功，25个集体、371名民警获嘉奖。

【警察协会工作】2021年，警察协会参加局党委的中心工作，组织和发动全州公安机关广大民警紧紧围绕公安中心工作，开展公安理论研究活动，收到论文516篇，州警察协会通过评选，向省警察协会及时推送有质量、有见地的论文50篇，有10篇论文在由云南省警察协会主办的年度云南公安理论研究论文评选会上获奖，其中获一等奖1篇、二等奖2篇、三等奖3篇、鼓励奖3篇，大理州警察协会获组织奖，理论研究工作取得良好成果。协会紧扣公安中心工作，办好自办刊物《大理公安》会刊，做好《大理公安》编辑工作，全年办4期，用稿910篇。

【县（市）公安工作】

大理市公安局　至2021年，大理市公安局连续两年在全州公安工作考核中勇夺第一，优质完成全年目标任务。①打击刑事犯罪。成立市公安局打击治理电信网络新型违法犯罪中心，打击跨境违法犯罪专项，常态化开展扫黑除恶斗争，推进“黑枪拐”“盗抢骗”等违法犯罪打击整治。侦办黑社会性质组织案1件，抓获涉黑涉恶犯罪嫌疑人150人，移送起诉案件64起。立刑事案件4646起、同比下降7.08%，破1528起、下降5.03%，抓获犯罪嫌疑人1313人，抓获网上在逃人员155人，破获命案积案1起，5起命案现案实现全破，连续7年实现命案全破。②经济风险稳控。严厉打击非法集资、网络传销、电信诈骗等涉众型经济犯罪案件。立

2021年大理州刑事案件统计表

表32　　单位：件

类别/数字/地区	总计			八类主要案件																		抢夺		盗窃		诈骗		毒品犯罪		经济犯罪		其他		补立年前案件	破获年前案件	本月撤销案件	破外省区案件
				小计		放火		爆炸		劫持		杀人		伤害		强奸		绑架		抢劫																	
	发	破	破案率(%)	发	破	发	破	发	破	发	破	发	破	发	破	发	破	发	破	发	破	发	破	发	破	发	破	发	破	发	破	发	破				
全州	13274	3969	29.9	596	422	32	17	0	1	0	0	21	17	412	283	87	72	0	0	44	32	16	16	5995	1460	4681	626	319	314	278	199	1389	932	2193	1649	263	57
大理	4215	1268	30.1	167	97	3	0	0	0	0	0	3	2	109	56	36	30	0	0	16	9	7	8	1631	439	1716	242	97	97	137	55	460	330	460	317	61	0
漾濞	422	131	31.0	11	8	2	1	0	0	0	0	0	0	8	5	1	2	0	0	0	0	0	0	202	44	138	13	3	3	9	7	59	56	148	111	2	0
祥云	1538	394	25.6	81	83	7	3	0	0	0	0	2	2	53	58	10	12	0	0	9	8	2	2	683	129	551	37	29	33	32	16	160	94	234	155	53	1
宾川	1551	315	20.3	105	52	5	1	0	0	0	0	2	3	80	38	11	7	0	0	7	3	5	0	704	56	464	53	46	46	35	39	192	69	172	251	59	1
弥渡	977	414	42.4	45	46	1	0	0	1	0	0	3	4	35	37	4	2	0	0	2	2	2	6	528	191	273	47	31	31	6	31	92	62	281	236	9	0
南涧	712	234	32.9	21	10	0	0	0	0	0	0	1	0	17	7	2	1	0	0	1	2	0	0	431	120	168	33	7	7	3	4	82	60	144	47	2	0
巍山	1037	404	39.0	46	30	4	3	0	0	0	0	4	3	29	16	5	3	0	0	4	5	0	0	410	131	446	108	52	52	0	8	83	75	166	75	22	1
永平	465	140	30.1	29	22	0	1	0	0	0	0	1	1	25	16	1	2	0	0	2	2	0	0	237	43	113	15	18	18	11	2	57	40	87	117	5	1
云龙	460	133	28.9	19	11	5	1	0	0	0	0	0	0	9	6	5	4	0	0	0	0	0	0	231	73	134	4	3	3	15	13	58	29	52	32	1	2
洱源	636	160	25.2	22	24	2	4	0	0	0	0	2	1	12	17	4	1	0	0	2	1	0	0	322	48	220	31	8	7	16	14	48	36	80	52	10	0
剑川	453	129	28.5	20	17	3	3	0	0	0	0	1	1	14	11	2	2	0	0	0	0	0	0	225	56	154	9	3	3	4	5	47	39	173	138	24	0
鹤庆	784	231	29.5	30	22	0	0	0	0	0	0	2	0	21	16	6	6	0	0	1	0	0	0	391	130	304	32	9	9	8	5	42	33	189	113	14	19
州局	24	16	66.7	0	0	0	0	0	0	0	0	0	0	0	0	0	0	0	0	0	0	0	0	0	0	0	2	13	5	2	0	9	9	7	5	1	32

（州公安局　提供）

经济犯罪案件123起、破125起，采取刑事强制措施63人，为群众挽回经济损失2532万余元，侦破“3·11”涉案价值303.7亿元的全州首例特大跨国境地下钱庄案件。③涉毒犯罪打击。始终保持打击毒品违法犯罪高压态势，破获毒品刑事案件86起，抓获犯罪嫌疑人106人，缴获各类毒品13095克，打处涉毒人员547人，收戒吸毒人员471人，其中强制隔离戒毒213人，社区戒毒、社区康复258人。④治安问题整治。开展治安要素大起底、治安领域突出问题专项整治、枪爆违法犯罪专项治理、常态化开展“三查四告知”行动，净化社会治安环境。受理行政案件4756起、查处3669起，查处违法人员3636人，同比分别下降24.63%、28.78%、29.49%；查处“黄赌”案件213起，下降54.29%。查处涉枪涉爆行政案件3起4人。⑤环保刑事案件查办。查办环保刑事案件3起4人，办理、配合办理各类环保行政执法案件72起72人，联勤联动执法收缴地笼10121个、丝网5664张、船只261艘以及一批偷捕鱼工具；查破涉及破坏野生动物案件13起13人，查获国家一级保护动物象牙制品80件、蒙原羚制品1件，国家二级保护动物熊牙制品2件、藏羚羊角制品2对、黄羊角制品2对；破获涉旅刑事案件49起、刑事拘留14人，查处行政案件93起132人，调解涉旅纠纷1307起。⑥道路交通安全防控。有效推进交通拥堵“三年治理”行动，开展道路交通事故预防“减量控大”工作。全市未发生3人以上死亡交通事故。查处各类交通违法30万余起，破获交通肇事案件45件，查处涉酒违法645起，处理各类伤亡交通事故307起、死亡68人、受伤309人、直接财产损失31.18万元，同比分别下降9.7%、5.56%、15.1%、37.6%。⑦法治公安建设。投资1600余万元，建成启用州市公安局执法办案管理场所，打造全省一流“一站式”执法办案管理中心，实现执法办案中心、执法监督（案件管理）中心、涉案财物管理中心“三中心”一体化，在全省推广形成“3+1”执法办案“大理样本”。⑧公安信访。办理各类信访件512件（涉访涉诉信访案件151件），全部办结；交办信访积案32件，司法救助4人、慰问及临时救助4人，救助、慰问资金为27.45万元。⑨功臣荣誉表彰。全局17个集体、455名个人受各级各类表彰，民警李满邦获二级英雄模范称号，1名民警荣立个人二等功，24名民警荣立个人三等功，王华峰获评全国扫黑除恶先进个人，张国龙获评云南省脱贫攻坚先进个人。古城派出所获评公安部“一级公安派出所”，指挥中心获评全国公安机关“我为群众办实事”成绩突出集体，法制大队被评为“平安法治大理先进集体”；湾桥派出所党支部获评全省公安机关“五强党支部”，市公安局机关党委获评全州公安机关“红旗党委”、全市先进基层党组织指挥中心党支部。

漾濞县公安局 2021年，漾濞县公安局实现19年命案全破、连续42个月命案“零发生”。①重大节庆安全保卫。以中国共产党成立100周年和COP15安保为主线，开展反恐防恐宣传、矛盾纠纷排查化解等工作，先后开展19轮社会治安统一清查行动，完成中国共产党成立100周年、COP15、“两会”等重大节庆、敏感节点的安保工作任务，实现“六个严防、三个确保”的总体目标，全县社会大局平稳。②打击刑事犯罪。开展打击整治跨境违法犯罪、“净网2021”等专项行动，立刑事案件476起，破189起，抓获犯罪嫌疑人73人；行政案件受理数、查结数、打处数，以及治安部门管辖的刑事案件破案数同比分别上升13%、39%、31%、125%；强化电信诈骗的打击、治理、防范工作，采取悬挂宣传横幅、发放宣传资料、“开学第一

1月21日，大理市公安局古城派出所民警在苍山顶巡逻　　（大理市志办　提供）

课”、集中培训、签订承诺书、播放警示教育片等方式，开展集中宣传78场次，悬挂横幅标语73条，发放宣传资料2万余份，签订承诺书8万余份；全年立电信诈骗案40起，同比下降14.89%，破106起，同比下降32.48%，抓获涉诈犯罪嫌疑人12人，同比下降65.71%，有效遏制电信诈骗犯罪高发势头；坚持守土有责、守土尽责，实现“坚决将毒品堵在县外”的目标，第四轮禁毒人民战争收官。③道路交通安全。开展道路交通事故预防“减量控大”“一盔一带”安全守护、酒驾醉驾周末夜查集中统一等专项行动。全县查处交通违法14567起，同比上升42.8%，未发生死亡3人以上重特大道路交通事故；落实派出所消防安全监管责任，发生火灾事故3起，同比下降50%，连续10年无亡人火灾。④抢险救援。“5·21”地震发生后，出动警力7600余人次，全力抢险救援、群众安置、交通管理、社会治安管理等各项工作，出现王瑶瑶等一批先进典型和感人事迹。转入灾后恢复重建后，漾濞县公安局扛起2个村623户灾后恢复重建工作；全年始终以外防输入、内防反弹为重点，把防控风险放在首位，筑牢疫情防控的安全屏障。⑤队伍建设。始终坚持政治建警、全面从严治警，以最高标准、最严要求、最实举措，开展党史学习教育、政法队伍教育整顿及“大理之问”大讨论活动，增强队伍的凝聚力、向心力和战斗力。全年全局有15名民警、7个集体被州委、州政府，县委、县政府及上级公安机关表彰，赵曦被州委、州政府表彰为“平安法治大理建设十大忠诚卫士”。

9月17日，祥云县举行交警骑巡工作启动仪式 （州公安局 提供）

祥云县公安局 2021年，祥云县公安局锚定“六个严防、四个不发生”和“四个确保”目标，筑牢“万无一失、一失万无”底线思维，坚持以重大安保为主题主线贯穿公安工作始终，深入推进政治安全保卫“护航”、风险隐患防控“清零”、重点区域整治“净土”、严打违法犯罪“亮剑”、治安防控“铸盾”、执法规范“夯基”、情指勤督舆“赋能”、育警铸魂“保障”八大攻坚行动，夯实安保维稳工作根基，完成庆祝中国共产党成立100周年和COP15第一阶段安保重任。①打击违法犯罪。探索“专业队伍打击专门犯罪”路子，大力推进刑侦、禁毒、经侦、网安及“扫黑”“反诈”“打跨”等专业队伍建设，组建片区办案队，常态化开展扫黑除恶专项斗争，严厉打击严重暴力犯罪和“黑拐枪”“盗抢骗”“黄赌毒”等违法犯罪。现行命案2起全破，实现全县命案三年连续下降目标。刑事案件破案485起，抓获犯罪嫌疑人311人，同比上升14.3%；电诈打击实现“两升两降”目标。查处治安类行政案件2495起，同比上升28.15%，查处各类交通违法36875起，战果居全州前列。②法治建设。成立执法管理、法律专家咨询工作委员会，党委班子成员全部参与、法制部门牵引带动、职能警种协同推进，优化公安法治“引领、规范、指导、服务、监督、支撑、保障”实战职能。高标准建成县局智能化执法办案中心，推动警情“接、调、出、处”和案件“受、立、捕、诉”环节从源头到末端全要素全流程全环节闭环、可回溯管理，执法风险隐患实现事前提醒、事中预警的智能监督，执法规范化水平稳步提升。③基层基础工作。把加强新时代公安派出所工作作为“一号工程”重点推进，“一把手”落实“三个亲自”督办推进七方面33项任务，派出所警力占比、社区民警占比、经费装备保障、勤务优化、基层减负等取得实效，推进派出所规范化建设。成立祥云“快警”队伍，“巡处合一、快速反应”，城区警情100%五分钟内到达现场，61.4%警情当场处理，缓解城区派出所出警压力。建立起政府牵头、有关部门齐抓共管的警务辅助人员管理工作机制，健全经费保障、层级晋升、薪酬动态调整等制度，辅警队伍更加专业、规范。④便民服务。组建大数据情报工作专班，建立常态化学习培训机制，大幅提升全局民警大数据情报引领实战能力水平。建立接处警拉动考核工作机制，出警慢、处警不规范、执法办案“两有一压”等顽瘴痼疾有效减少和规避。开展“我为群众办实事”活动，结合实际推出六项18条便民机制措施，辖区群众安全感、获得感、满意度明显提升，安全感满意度测评同比上升36位。⑤疫情管控。落实常态化疫情防控措施，刚性执行内部防疫要求，做好人员核查、安全值守、援边抗疫、严打跨境违法犯罪等专项行动，服务支撑疫情防控大局。全链条自主侦办跨境犯罪案件7起，查获“三非”人员44名，确保新冠疫情在祥云县“零发生、零感染、零扩散”，为全州、全省、全国疫情防控和打击跨境违法犯罪作出突出贡献。⑥队伍建设。牢牢把握“四句话、十六字”总要求，紧紧围绕“四个铁一般”标准，深入推进党史学习教育、队伍教育整顿和巡察整改；成立机关党委、机关纪委，加强各级公安机关党组织建设，锻造政治过硬、本领高强新时代祥云公安铁军。

宾川县公安局 2021年，宾川县公安局推出冬春、夏季“飓风”严打整治专项行动，立刑事案件1454起、破案424起，同比分别下降7.9%、28%，抓获犯罪嫌疑人395人、逃犯30人，分别上升71%、100%。立“盗抢骗”案件1297起、破案245起，分别下降15.5%、36%，起诉62起，上升16.9%；立破命案3起，下降25%，破获命案积案1起；立电信网络诈骗案件320起、损失1640.57万元，分别下降8%、0.44%，破案95起、抓获30人，分别上升11%、30%，实现“两降两升”目标；通过“团圆”行动找回30多年前被拐儿童3人，占全州66.6%。①扫黑除恶。核查涉黑涉恶线索5条，同比下降72%，核查完结率100%；开展村两委干部资格联审3279人次、县乡人大代表资格联审1813人次，依法处置查封扣押涉案资产7051.13万元，打掉以王某某为首的恶势力犯罪团伙，刑事拘留7人、取保候审2人，行政处罚36人。②禁毒斗争。破获毒品刑事案件46起，同比下降24.4%；查获零星贩毒案件44起、大宗毒品刑事案件2起，分别下降16.2%、200%；抓获犯罪嫌疑人47人，下降32.6%；缴获毒品5.65千克，下降24.8%；常态化开展打零收戒工作，查获吸毒人员185人，下降94%，强戒55人、社戒45人、社康70人，打掉跨省贩毒集团1个，抓获犯罪嫌疑人3人。巩固金牛二小省级“毒品预防教育示范学校”成果，完成宾居初级中学省级“毒品预防教育示范学校”创建。污水检测毒品滥用分析连续“四个季度”呈下降趋势。③治安防控。健全完善“每月一次全县治安大整治、每周一次区域性小清查”机制，联合市管、文旅等部门开展公共娱乐场所集中整治，检查行业场所5000余家次；受理治安案件3524起，同比下降8.71%，查处2584起，下降15%，处违法人员1810人，下降10.7%；查处涉黄案件160起220人，均下降28%，停业整顿行业场所4家，移交线索4条，侦破县城区“5·06”涉黄案件，查处109人，处罚娱乐场所3家、酒店2家；查处赌博案件95起，同比上升38%；查处违法人员409人，上升30.5%；收缴赌资80余万元，打掉县城区聚众赌博窝点1个，查获涉赌人员21人、赌资15万余元；查处非法持有枪支案17起11人，查处违反民用爆炸物品安全管理行政案件2起，罚款87万元；深化2021年专项行动，强化长江流域非法捕捞打击整治，走访沿江村委会3个500余人，排查船只30条、相关场所198家次，查处涉林案件70起、生态环保类案件8起。④道路交通安全管理。深刻汲取事故教训，铁腕整治，建成劝导站503个，构建县镇村组“四级责任体系”；全方位、无死角进村入户开展交通安全宣传教育警示1621场(次)，播放警示教育片1988场次，发放宣传资料47300份；联合交通、运政、路政等部门开展超限超载治理工作36次，查处超限超载交通违法7起、货车非法改装1377起；受理道路交通事故4654起，查处交通违法65396起，酒醉驾646起，无证驾驶1245起，违法超员349起，行政拘留109人。⑤服务经济发展。坚持“经济发展到哪里，公安服务保障就跟进到哪里”，做好“一校一警”护校安园、常态化“外防输入、内防反弹”疫情防控，编报疫情专报40期，组织开展实战演练2次，核查涉疫人员信息300余人次，先后派出6批次29名民警到新疆及临沧、耿马等地支援边境防控，保障人民群众健康和生命安全。全警助力爱国卫生“7个专项行动”“美丽县城”创建和乡村振兴，强化县城区域环境和劳务市场综合整治，停车难问题有效缓解，查处交通违法12025起，劝导6198人次，劝离占道务工2.5万余人次。出动警力5345人次，执行留置看护任务7次300余天。推进“最多跑一次”改革，创新“我为群众办实事”实践活动载体，打造精品项目7个，完成为民办事263项。组织“双报到双服务双报告”18场次累计98.65小时，开展社区服务671人次。抓实“非必要不出国出境活动”劝导，受理内地公民出国(境)业务75人次，港澳居民来往内地通行证4人次(同比下降93%)，乡(镇)派出所增加车驾管办理职能17项，全县办理车管业务67193笔、居民身份证22510件，指导公章刊刻1466家2098枚，窗口服务测评满意率为99.19%。⑥队伍建设。局党委理论学习中心组集中学习10次、全警政治轮训16场次，党支部集中学习128场次，举办党史学习教育专题读书班1期，教育引导全警坚决做到“五个必须”，严守党的“六大纪律”，坚决防止“七个有之”，打牢高举旗帜、听党指挥、忠诚使命的思想根基。抓实公安党建工作，推进“一支部一特色”典型创塑，开展“三会一课”452次，主题党日236次，巩固规范化达标创建成果，深化软弱涣散党支部集中整顿，力角派出所党支部被命名为全县“规范化建设示范党支部”。年内，11名党员、2个党支部获州、县“两优一先”表彰。“冬春”严打整治战果名列全州第一，县局被州局记集体嘉奖。乔甸派出所党支部被省厅党委评为“五强党支部”，4个党支部、7名党员分别被州局党委评为“五强党支部”“十星党员”。力角派出所党支部被命名为全县第三批“规范化建设示范点”、第五批“廉政文化示范点”，鸡足山派出所获州级“枫桥式公安派出所”创建先进单位，杨金良被追授为全国公安系统二级英雄模范，乔甸派出所、杨金良分别获“平安法治大理建设十佳先进集体”“平安法治大理建设十大忠诚卫士”称号。

弥渡县公安局　2021年，弥渡县公安局破获刑事案件651起，查处各类行政案件1421件，抓获犯罪嫌疑人314人，在逃人员10人，维护社会公平正义。全年常态化开展扫黑除恶专项斗争，接收、摸排各类线索10条，打掉黑恶犯罪团伙1个，抓获21人。紧盯命案侦防，实现2起命案全破。向电信网络新型违法犯罪发力，破获电诈案件76件，抓获犯罪嫌疑人56人，破案数、抓获人员数同比分别上升137.5%、211%，电信诈骗发案数、损失数同比分别下降16.9%、13.3%。摧毁多年来长期危害弥渡的刘某等7个特殊人群贩毒窝点，整治工作取得阶段性成效，污水监测指数从157.5大幅降至45，吸毒人员滋生蔓延的势头得到遏制。①治安防控。落实重点行业场所和危爆物品管理，办理枪爆刑事案件10起，涉枪行政案件5起。在城区组建城市快警作战单元，实行24小时屯警街面，“城市快警”巡控区域警情同比下降6.4%。深入推进交通事故预防“减量控大”。加强事故多发路段区域点位的巡逻管控，全年查处交通违法46456起，处理交通事故2640起，道路交通事故“四项指数”呈现“三降一升”；参与省级文明城市创建工作，进行城区交通秩序整治，城区道路堵、交通乱、秩序差的现状得到改变，交通秩序明显好转。抓好常态化疫情防控，核查涉疫人员326人，设卡查缉车辆2万余辆，人员7万余人次，排查“三非”人员200人、外国人27人，全链条打掉偷越国(边)境犯罪团伙组织1个，严防疫情输入；严密监管场所疫情防控措施，确保监所安全不出事。②基层基础建设。将寅街、密祉派出所业务用房，强制隔离戒毒所建设列入“十四五”规划项目。新时代“枫桥经验”内涵得到丰富。建立机关警力下沉基层工作机制，实现城区社区民警专职化；打造新街派出所、密祉派出所等“枫桥式公安派出所”示范样板。对全县重点地区、重点地段、重点部位高清视频监控开展补盲，安装435只结构化摄像机，电子围栏10套。依托“一民警一工作平台”，推动大数据服务实战运用转型升级，在全州大数据应用比武中获第二名。③法治建设。投入资金260万元，全面完成县局1个执法办案中心、4个派出所执法办案区智能化升级改造，并通过省级检查验收。运用智慧法治监督平台、网上巡查、队伍教育整顿查纠整改等大力整治执法突出问题68个，执法行为得到规范。在城区实行治安、户籍、出入境、交管业务“四窗合一”，为群众提供“一站式”服务；建成全县首个摩托车电子化考场，17项车驾管业务入驻户籍窗口，开通户口迁移“跨省通办”，规范流程、简化程序、让人民群众“少跑路”。

南涧县公安局 2021年，南涧县公安局深化公安放管服改革，推出“我为群众办实事”实践活动精品，将工作阵地前移，优化管理服务，细化“放管服”23项便民利民措施，优化推出出入境服务老人证件办理6项便利措施，全局所制定的402件“民生实事计划”，其中县局201件、党委班子10件、普通党员191件全部办结；为群众办理车驾管业务31435件次，户籍业务17178件次，出入境业务24件次，利用“公安自助便民服务超市”受理办、发证6031件次；推出南涧县公安机关优化营商环境“十要十不准”20条措施，依法保障和服务民营企业健康高质量发展。①治安防控。年内以推动公郎智慧检查站建设运用为依托，组建大理州南大门片区查缉组，设公郎检查站、无量、小湾、碧溪等方向查控组，抽调南涧、祥云、弥渡三县及州局警力80余名，合成联动作战，有效封堵查控从临沧、普洱等方向进入大理的人、车、物，守住大理州疫情防控“防偷渡、防输入”重要阵地。核查人员692763人次，核查车辆342079辆次，查获非法经营案、“三非人员”回流案件、查获未配备押运员运输危险化学品案、查获交通违法等各类案件550余起，抓获网上在逃人员3人、违法犯罪嫌疑人18人，发挥南大门“桥头堡”和“过滤器”的作用。②打击违法犯罪。年内研判各类警情260余条，发出任务指令单36条，运用云南智慧边境大数据等平台，打掉盗窃团伙9个，贩毒团伙2个，协助破获各类案件158起，抓获犯罪嫌疑人34人；建立废旧金属从业人员收购分析模型1个，在全州大数据大比武中获第四名，为服务实战科提供强支撑。

巍山县公安局 2021年，巍山县公安局开展党史学习教育、政法队伍教育整顿和“大理之问”大讨论活动，落实“第一议题”，创新全警“每周一学”，局党委理论中心组集中学习12次，组织全警集中学习40余次、现场红色教育7场次，完成政法队伍教育整顿各环节规定动作，常态化推进党史学习教育。全局有11个集体、38名民警立功受奖，永建分局被公安部、中华全国总工会表彰为“全国公安机关成绩突出集体”，荣立集体一等功；刑侦大队获“平安法治大理建设十佳先进集体”提名奖。①打击违法犯罪。常态化开展扫黑除恶斗争，更快破大案、更多破小案、更准办好案、更好控发案。新发4起命案全部告破，攻破2004年发生在永建镇的命案积案1起。破获各类刑事案件473件，抓获643人、为群众挽回损失286.15万元；破获毒品刑事案件98件、抓获112人、缴毒7.97千克，查处毒品违法案件270件270人，收戒吸毒人员392人，巩固禁毒整治成果；受理治安案件1186起、查处566起、处理违法人员1136人；开展“百万警进千万家”活动，排查矛盾纠纷558起，化解529起，全面净化社会环境。②公安改革。深入推进“情指勤督舆”一体化实战化、基层警务运行机制和勤务制度、执法责任体系、公安“放管服”、交管执法管理、加强街面巡防、国保重点人员管控、禁毒工作、森警管理体制等九项改革，夯实基层基础。公安信息化工作在全州公安机关大数据应用比武中以抽签比武满分和大数据建模大赛第一名的成绩获总成绩第一名。③枫桥经验。构建新时代“1+3枫桥经验”模式，永建派出所被评选为年度云南省公安机关“枫桥式公安派出所”。

永平县公安局 2021年，永平县公安局坚持以党史学习教育和队伍教育整顿为抓手，将思想政治教育贯穿公安工作始终，开展学习教育、深入思想发动、全面推进排查整治、有效落实查纠整改，确保队伍忠诚、纯洁、可靠。选树典型，年内分别有10个集体、38名个人被省州县表彰，激发新时代主旋律和公安机关正能量。①治安防控。维护社会治安大局平稳。坚决捍卫政治安全，强化风险防控，落实重点人员稳控措施，狠抓排查各类矛盾纠纷，强化疫情防控和公安检查站查缉工作，全年调解各类矛盾纠纷456起，开展18轮“三查四告知”集中统一行动，严密全县社会面管控工作，辖区社会治安稳定，人民群众安全感满意度显著提高。②打击违法犯罪。打击各类突出违法犯罪。常态化推进扫黑除恶专项斗争，严厉打击“盗抢骗”“黄赌毒”“食药环”等突出违法犯罪，深入开展“盗抢骗”“三打击一整治”“夏季攻势”“打零收戒”等专项行动，全年立刑事案件558起，破案267起，抓获犯罪嫌疑人员275人，缴获毒品33.97千克；受理各类治安行政案件892起，查处720起、查处违法人员676人。严厉打击治理电信网络诈骗案件。全年立电诈案件88起，同比下降29.6%；经济损失322.76万元，下降11.4%；破20起，上升5.26%；抓获6人，上升50%，实现“两降两升”的目标。③辅警队伍管理。全面推进辅警改革工作。出台《永平县公安机关警务辅助人员管理改革实施方案》，制定一系列辅警管理制度，实现辅警分类管理、层级管理、规范管理。④道路交通和服务群众。以“大理之问”大讨论为抓手，组建7个城区道路交通秩序整治小组，强力推进城区交通秩序整治，县城交通秩序得到有效改善。结合公安工作实际，组织开展“走访中小企业、答好‘大理之问’”活动，提升公安机关服务企业、服务经济发展的效率和质量，开展企业走访53次，收集企业意见建议60余条。

云龙县公安局 2021年，云龙县探索推进更高水平“平安云龙”建设，坚持党政主导、资源整合，牢固树立“调解纠纷、命案可防”的理念，全县公安机关发挥主力军作用，坚持严打，更加主动在严防严控、化解治本上做文章，历史上首次实现全年命

案“零发生”。①矛盾纠纷排查化解。年初，县委政法委部署从矛盾纠纷排查化解、特殊人群管理、重点部位管控、法治宣传教育、保持严打态势5个方面的硬措施，从贫困群体帮扶救助、传统文化和思想道德教育两个方面，压实乡（镇）的属地责任，整合综治员、村镇信息员、网格员、护林员、防火员、宣讲员、城市综合执法队员、各单位保安员、青年志愿者等力量，形成“人人管，人人防”的社会环境。出实招、见实效，争取解决肇事肇祸精神病人管控的后顾之忧。②治安防控。县公安局党委落实公安机关的业务主体责任，保持命案防控高压态势，制定严密的工作方案，向各乡（镇）发送“关于持续强化命案防控工作努力争创‘无命案县’的一封公开信”，紧紧抓住以婚恋、家庭邻里、山林水土、讨薪等为重点的矛盾纠纷排查化解，以肇事肇祸精神病人为重点的特殊群体管控为切入点，牢牢把握传统节假日这一重点时间节点，结合“枫桥式”公安派出所建设，开展经常性的矛盾纠纷大排查，最大限度将矛盾纠纷化解在萌芽状态，有效避免因矛盾纠纷引发命案。以屯警县城区综合警务室为后盾，以“三查四告知”为抓手，加强社会面巡逻防控，提高见警率、管事率，快速处置街面警情，及时有效化解各类矛盾纠纷。

洱源县公安局 2021年，洱源县公安局始终坚持党对公安工作的绝对领导，落实“第一议题”制度，组织开展党委理论学习中心组学习37次，队伍教育整顿集体学习36次，纵深推进党史学习教育、队伍教育整顿、肃清余毒流毒影响、“大理之问”大讨论等各项工作。规范和强化党内政治生活，组织开展各类主题党日活动208场次，组织党组织到社区报到16次，200余名党员完成社区报到。县局选派二批5人次支援新疆开展反恐工作，选派四批17人次支援临沧、德宏开展边境管控、疫情防控等工作。县局党委被州公安局命名为“红旗党委”，4个党支部被命名为“五强党支部”，6名党员民警被命名为“十星党员”。①打击违法犯罪。以打击整治跨境违法犯罪、扫黑除恶斗争常态化、第五轮禁毒人民战争为主线，开展“冬春严打”“黄赌毒”“盗抢骗”“环食药”等各类专项行动。立刑侦部门管辖刑事案件624起，同比上升6.8%；破案156起，下降16.6%；抓获上网逃犯3人；年内发现行命案2起，破2起，实现连续15年现行命案全破。立经侦部门管辖刑事案件18起，同比上升20%；破案14起，上升7.69%；抓获犯罪嫌疑人14人，上升16.67%。破获毒品刑事案件8起，缴获各类毒品373.04克，抓获犯罪嫌疑人8名。立涉林、涉野生动物刑事案件13起，破案11起。查处行政案件573起，上升50.39%；侦办跨境赌博案件2起2人，查处跨境网络赌博违法人员71人。全县安全、稳定环境得到净化。②治安防控。坚持安保维稳常态化，启动高等级勤务，连续作战完成重大节庆、重大活动和敏感期等一系列安保维稳任务。公安检查站365天保持二级以上查缉勤务，梯次提升社会面治安防控等级勤务。科学划定“1、3、5分钟处置封控圈”，落实武装执勤“四项机制”，采取步巡车巡相结合的方式全天候、不间断对县城开展巡逻，全县社会治安明显好转。推进“情指勤督舆”，完成情指中心、城区所综合指挥室建设，推动实现扁平化、可视化、点对点指挥，提高指挥效率及应急处置能力。发布每日情报研判298期，排查化解各类矛盾纠纷107件。③执法规范化建设。全面完成执法办案中心建设和派出所办案区智能化升级改造，按照1+N模式建立专兼职案管队伍，深入运用智慧法治平台，加强执法监督管理，巡查警情5642条、案件1708件，开展执法质量季考评，全局执法办案水平稳步提升。④道路交通管理。深化打击整治枪爆违法犯罪专项行动，加强危爆物品购买、运输、使用、存储等环节的安全监管，审批工业炸药407.18吨、雷管41.49万发，做到“不打响”“不炸响”。以“减量控大”为目标，强化路面管控、路检路查，巩固道路交通事故预防工作成果。查处交通违法行为63445起，全县发生一般程序处理的道路交通事故44起，同比下降8.33%；死亡17人，下降22.73%；受伤50人，上升13.64%；财产损失82.25万元，下降40.83%，四项指数呈“三降一升”的局面，全县连续8年未发生一次致3人以上死亡的较大道路交通事故。⑤公安改革。以大部门大警种制试点改革为契机，推动洱源县公安局公安警务管理和警务运行机制改革转型升级，全面提升整体实战能力和公安工作整体效能。深入推进“我为群众办实事”实践活动，落实公安“放管服”改革措施，深化“新五小工程”（为群众办小事314件，破小案48起）；强化县城区交通乱点、堵点整治，联合县住建、城管、运政等部门科学规划新建停车场3个和上千个停车泊位，解决群众出行停车难的问题。⑥服务经济发展。选派5名精干警力为驻村第一书记和驻村工作队队员，助力巩固脱贫攻坚成果，接续推进乡村振兴。参与洱海保护治理工作，开展联合联动执法28次，查处环保行政案件40件。投入“9·13”大型山洪泥石流地质灾害抢险救援工作，有序转移受灾群众，24小时开展对易发生次生灾害区域及安置点巡逻防控，保障灾区社会治安大局平稳。慎终如始抓好“外防输入、内防反弹”各项防控措施，巩固来之不易的疫情防控战果。安全收押犯罪人员860人，收拘违法人员446人，实现看守所连续11年、拘留所连续24年安全无事故。县看守所完成漾濞“5·21”地震震后34名在押人员异地羁押任务，全面实现“零感染、零伤亡、零事故”。以市域社会治理现代化为契机，推进“枫桥式派出所”创建，全面落实“一村一警”实体化运作，狠抓矛盾纠纷排查化解，从源头抓实命案防控。

剑川县公安局 2021年，剑川县公安局多形式组织学习习近平总书记训词精神和“七一”重要讲话精神，主动向县委、县政府、县委政法委报告公安工作，以州局党委第六政治督察组进驻开展政治督察为契机，调整规范15个党支部，规范落实党委理论中心组学习、“三会一课”等制度，强化政治引领铸牢忠诚警魂。开展“我为群众办实事”工作，召开民主（组织）生活会、开展革命传统教育、爱国主义教育等，全局149名党员受到深刻教育。组织开展“人民警察节荣誉仪式”“庆祝中国共产党成立100周年文艺晚会”“公安摄影书法比赛”等系列活动，加强队伍凝聚力、战斗力和向心力。年内1个集体和5名民警获三等功，2名民警受到省厅通报表扬，1个集体受到州局嘉奖，看守所所长李四鹏获大理州“十大忠臣卫士”提名奖，民警李陈栋、李文宏两个家庭获全州最美家庭称号，民警李

跃华获“美丽剑川·美德德行”剑川县第五届道德模范。①打击违法犯罪。全年破获各类刑事案件266件，抓获刑事作案人员183人；缴获毒品20千克，收戒吸毒品人员25人；查处治安行政案件332件，查处“三非”案件4件4人，侦破涉及人员为200多人网赌案件1起；破获一起全链条跨境违法犯罪案件，抓获21人，受到州局肯定。收缴各类枪支9支、子弹359发和一批危爆物品，及时消除隐患；查处各类交通违法犯罪35202起，“四项指标”大幅下降，全县未发生死亡3人以上的较大道路交通事故，道路交通“减量控大”有效开展。严打涉林违法犯罪，保护救助野生动物，破涉林刑事案件21件，人民群众的获得感、幸福感、安全感稳步提升。同时，突出打击防范电信网络新型犯罪，多举措高覆盖开展反电诈宣传初显成效，通过安装注册“国家反诈中心App”17472人次，破83件（本地5件，外地78件），实现破案数、抓获数上升，发案数、损失数下降的“两升两降”目标，其中跨六省区破获的公职人员被骗案，抓获犯罪嫌疑人12人，带破案件78件、移送起诉4人、挽损44.5万余元。②基层基础建设。开展“枫桥式”公安派出所、警务室创建、“雪亮工程”“智慧安防小区”“智慧内保单位”“智慧公安场站”等智能化治安防控体系建设。整合现有资源搭建县局情指中心，并在城区派出所设立综合指挥室，推进“情指勤督舆”一体化实战化的落地见效，通过适时对接、高效互动，有效破解“信息传导不灵，情报支撑不足，行动方向不明”的问题，初步实现“情报精准、指挥科学、勤务规范、督导到位、舆情导控规范”的工作目标，警务机制改革稳步推进。投入6万余元采购6辆两轮摩托车，组建摩托车快警，推进“剑川快警”“空地网”立体巡防一体化运行机制。派出所办案区智能化升级改造有序推进，车驾管服务中心建设项目已通过县规审会审查，前期准备及后续工作有序开展。年内为民警更换配备单警装备、防刺背心、水上救援设备、警务用车等一大批警用装备和防疫物资，增强民警的执法安全保障。③疫情防控。抽调7批28人次警力参与援边工作。对州局下发的38批505人和县指挥部通报的71批427人涉疫数据进行核查，及时反馈通报县防疫指挥部，实现无缝对接。全警投入、联防联控，派员参与隔离点和各疫苗接种点的执勤。④服务群众。落实各项便民利民措施，在完善两个公安自助超市的基础上，在城区金华派出所开通高频车驾管业务17项，真正让群众感受到便捷高效的服务。抓好脱贫攻坚成果巩固拓展和乡村振兴工作，组织开展民警大遍访、大排查、助农解困、送爱心、送温暖等系列活动，抽调6名民警驻村开展乡村振兴工作，密切警民关系，为脱贫攻坚巩固拓展和乡村振兴作出贡献。

鹤庆县公安局　2021年，鹤庆县公安局获全州县（市）公安机关年度综合考核第二名，鹤庆县被命名为“平安中国建设示范县”。①队伍建设。以党建带队建促工作，始终做到“党员在一线冲锋陷阵、党旗在一线高高飘扬、党徽在一线熠熠生辉”，完成中国共产党成立100周年、党的十九届六中全会、COP15第一阶段会议、省第十一次党代会等重大安保工作，局党委被省厅党委命名为全省公安机关“红旗党委”。②打击刑事犯罪。广泛开展防范电信网络诈骗“十个一”宣传活动，组织开展宣传教育11场次、发放宣传资料10万余份，制作光碟160张，破获电信网络诈骗案85起，抓获犯罪嫌疑人27人，冻结资金165.64万元、止付资金2347.85万元，拦截劝阻160人，同比立案数下降25.83%、损失数下降12.21%、破案数上升25%、抓获数上升80%，打击电信网络犯罪实现“两降两升”目标；强化“命案可防、命案必防”理念，毫不动摇坚持“命案必破”工作方针，排查化解因道路通行、家庭邻里等引发的矛盾纠纷816起，有效防止“民转刑”“刑转命”案件发生，立、破命案2起，实现连续20年命案全破。③禁毒斗争。开展专项扫毒行动，全员收戒吸毒人员，全面推进无毒巩固各项工作，打击处理吸毒人员86人次，破获毒品刑事案件9起，发放各种宣传资料5万余份，展出禁毒宣传展板15场次，举办禁毒知识专题讲座12场次，受教育群众累计为10万余人次，“无毒县”成果得到连续18年巩固提升。④治安防控。投入580余万元建成“情指中心”，投入360余万元建成合成作战中心，发挥“和”对讲系统功能，有效减少指挥调度层级、优化流程，抽调7名警力组成工作专班实体化运作，强化对“滇仁杰”人工智能警务专家实战应用，开展专题研判34次，下发情指指令54条，开展“扁平化”指挥、“垂直式”用警、“点对点”调度80余次，先后破获“11·23”“12·21”等系列案件，新型警务模式取得较好实战实效。⑤道路交通管理。深入推进事故预防“减量控大”，严打突出交通违法，协同推进隐患整治，办理交通刑事案件177起，查处交通违法行为71374起，处理道路交通事故1223起，其中一般程序处理的事故56起，死亡16人、受伤53人、财产损失16.72万元，同比事故下降54.84%、死亡人数下降15.78%，受伤人数下降58.91%、财产损失下降40%，道路交通“四项指数”全面下降，有效确保全县道路交通安全形势平稳。

（州公安局供稿）

【交警管理】 2021年，大理州机动车保有量为124.1万辆，驾驶人数量为113.7万人。全州交警部门查处各类交通违法97.24万起，办理车驾管业务121万笔。全州连续15年未发生重特大道路交通事故，交通安全形势总体平稳。

交通事故防控　2021年，大理州交警部门落实事故危险路段排查上报机制，排查出政府挂牌督办隐患路段159处，年内完成整治157处。推进全州“两客一危一货”等重点车辆及

2021年大理州道路交通事故统计表

表33

项目	合计	同比（%）
一般程序处理事故起数（起）	1341	-6.62%
死亡人数（人）	333	-5.13%
受伤人数（人）	1327	-11.71%
直接财产损失（万元）	458.95	-23.13%
简易程序处理事故起数（起）	46909	23.75%
受伤人数（人）	6723	6.09%
直接财产损失（万元）	386	-3.45%

（交警大理支队　提供）

驾驶人隐患动态“清零”，“两客一危”重点车辆检验率、报废率、违法处理率100%，重点驾驶人审验率、换证率98%以上。年内利用综合监管系统、查验监管系统完成日常视频巡查18020次，业务回访12600次，业务抽查54096次，预警数据核查处置5288条，督促整改问题隐患5200个。联合应急、交通、旅游、教育等部门组织开展源头检查877次，检查重点运输企业2063家，发现安全隐患468个，下发整改通知书310余份，约谈重点运输企业2049家，督促整改隐患302个。深入开展交通安全“七进”宣传、“美丽乡村行”交通安全巡回宣讲，加大典型违法和事故案例曝光力度，受教育群众为94.59万人次。年内完成事故责任倒查367起，均及时通报相关部门进行处理，倒逼事故预防基础工作落实。

交通秩序整治 2021年，大理州交警部门围绕事故预防“减量控大”目标，突出8类重点车辆和18类严重交通违法，组织开展时间跨度较长的专项整治17次，现场查处18类严重违法48.97万起，占全年现场查处总数的69.57%，同比上升178.27%。开展摩托车、电动车“派出所入户清查、交警路面检查、刑侦案件侦查”三查整治，清查摩托车、电动车100518辆，查处摩托车、电动车违法165604起，收缴报废2620辆，侦破摩托车、电动车盗抢案件27件。联合相关部门排查砂石料厂、渣土运输、公路在建项目等货运装载源头企业，督促落实防超限超载措施，并依托辖区6个超限检测站和流动检查点常态化开展“治超”联合执法，年内查获货车超限超载违法1367起，其中超载30%以上616起、“百吨王”货车42起。采取执法小分队、异地用警、交叉执法、周末夜查等方式，开展酒驾醉驾交通违法集中整治，并报请州公安局联合民政、商务、交通运输、教育行政、文明办、纪委监委6个职能部门推出酒驾醉驾源头治理“1+6”模式，从源头上治理酒驾醉驾行为，年内查获酒驾醉驾4589起，同比上升7.65%。继续落实州、县(市)两级执法小分队常态化查缉模式，缓解基层警力不足问题，现场查处18类严重交通违法26.93万起。

农村交管基础建设 2021年，大理州交警部门完成公路平交路口“一灯一带”建设758个，治理公路交叉路口479个，排查马路市场安全隐患145处，建成警保合作劝导站174个，

2021年大理州机动车保有量情况表

表34 单位：辆

县市 \ 车型	大型汽车	小型汽车	普通摩托车	轻便摩托车	低速车	挂车	教练汽车	教练摩托车	大型新能源汽车	小型新能源汽车	共计
大理市	12195	173292	84640	16754	845	1456	955	49	235	1609	292030
漾濞县	966	14491	22863	287	59	258	100	0	2	63	39089
祥云县	2854	66157	52030	5655	125	535	453	8	7	299	128123
宾川县	2064	58239	91750	2275	201	343	225	15	9	175	155296
弥渡县	1365	32246	70977	5704	82	252	106	18	52	121	110923
南涧县	818	24164	54848	460	73	67	108	2	0	68	80608
巍山县	975	38676	77754	3524	137	106	164	14	0	123	121473
永平县	898	22602	40633	418	96	130	98	1	4	75	64955
云龙县	655	18608	34495	220	30	53	50	10	3	32	54156
洱源县	1237	33538	37426	4561	95	293	218	19	0	79	77466
剑川县	724	21368	17198	2008	117	91	62	7	6	99	41680
鹤庆县	1291	36084	34431	2513	106	80	113	5	18	256	74897
合计	26042	539465	619045	44379	1966	3664	2652	148	336	2999	1240696

2021年大理州机动车驾驶人保有量情况表

表35

行政区划	驾驶人数量(人)			驾龄分类				
	保有量	汽车	摩托车	不满1年	1~3年	4~5年	6~10年	10年以上
大理市	333101	299768	113286	16775	38603	44006	93950	139767
漾濞县	36166	24053	22165	1560	4169	4093	9691	16653
祥云县	119591	93975	51620	5115	13841	14990	33355	52290
宾川县	130364	84763	89813	4632	10673	11153	34554	69352
弥渡县	95421	54052	73103	3273	5074	5963	25111	56000
南涧县	55250	35461	35782	2903	7477	6462	18852	19556
巍山县	101734	56829	80672	4640	11621	9834	36633	39006
永平县	47665	30739	30083	2357	5380	5982	12936	21010
云龙县	41526	24047	26532	1739	3162	4129	16311	16185
洱源县	71526	49964	37622	5543	7407	8645	23850	26081
剑川县	40869	28773	18348	3258	6537	5038	14035	12001
鹤庆县	64241	47741	29943	2867	8505	9041	20812	23016
合计	1137454	830165	608969	54662	122449	129336	340090	490917

（交警大理支队 提供）

年内村民小组“五员一体”交通安全协管工作覆盖112个乡(镇、街道)、988个村委会、8991个村民小组。

城市治堵保畅　2021年，大理州交警部门报请州公安局下发《大理市城区交通秩序集中整治工作方案》，明确7个整治目标、6项整治重点和18项具体措施，推进集中整治工作。执行《大理白族自治州城镇建设项目交通影响评价实施办法(试行)》，参与完成城镇建设项目交通影响评价29个。主动联合州商务局和大理经开区商务部门开展专题调研，研究制定下发《关于优化和改进城市配送货车通行管理工作的实施方案》，规范大理市物流配送车辆入城管理。紧盯城区致堵、致乱突出交通违法行为，开展集中整治，年内查处机动车不礼让斑马线上行人1082起，行人交通违法8015起，非机动车违法46165起，城区交通秩序得到改善。

执法规范建设　2021年，大理州交警部门制定下发规范执法优化营商环境工作指导意见，落实交通违法查处“四项清单”，推进规范交通技术监控设备非现场执法专项整治行动，解决逐利执法、选择执法、过度执法、找碴执法、降格执法等问题。强化全州公安交警系统全警实战大练兵警务技能提升集中培训，举办培训班4期，参训432人。加强执法源头管理，规范执法办案程序，落实日常督促、案件评查、情况通报、监督制约等机制措施。年内，办理事故认定复核案件150件，指导各大队办理交通肇事罪案件227件、危险驾驶罪案件1622件、事故疑难案件66件；评查一般程序办理道路交通违法案件84件、抽查简易程序办理案件160件，办理吊销机动车驾驶证案件2180件，其中终身禁驾51件；受理信访案件9件，办结率为100%。

交管服务　2021年，大理州交警部门优化完善“交管12123”手机App交通违法自助处理功能，推进公安交管部门与银保监部门机动车交强险信息共享，从10月20日起实施电子驾驶证推广应用工作。在车管办公场所开展语音导办服务，为老年人、孕妇、残疾人等特殊群体开设“爱心窗口”，在全省率先推出“下放新能源汽车登记”服务措施，推行警邮合作邮政代办摩托车注销登记工作模式，按照“先城后乡，逐步覆盖”的原则在辖区25个派出所开办车管业务工作。年末，全州12个县(市)机动车报废回收网点全部启用“远程监销”新模式，报废机动车注销登记只进“一扇门”；大理市有56家4S店、26个快捷代办机动车登记服务站；州内有33个邮政网点、112个保险网点、2家商业银行网点、73家体检中心代办车管业务，年内，全州社会化服务站办理车驾管业务92461笔。推广事故快处快赔和事故处理进度及结果网上查询服务，全年办理事故快处快赔41179起，占同期简易程序处理事故总量的87.6%，上传事故处理进度和结果1348起，制作查询凭证3088份，方便广大群众。

2021年，大理州交通安全形势总体平稳，未发生重特大道路交通事故。上图：开展真假号牌识别宣传活动；下图：开展酒醉驾查处

(交警大理支队　提供)

队伍管理　2021年，大理州交警部门坚持把队伍教育整顿工作作为一项重要政治任务，牢牢把握学习教育、查纠整改、总结提升“三个环节”，推动教育整顿高起点开局、高效率推进、高标准落地，队伍教育整顿工作取得明显成效。采取“万名党员进党校”集中培训、开展党史学习教育专题宣讲、组织读书班活动等多种形式，组织开展习近平总书记系列重要讲话精神和党史必读书目学习，党史学习教育走深走实。以“大理交警五问”，在全州交警系统落细落实“大理之问”大讨论活动，以公安交通管理“五项重点工作”提质增效，推动辖区道路交通安全管理和事故预防工作深入开展，助力大理经济高质量发展。坚持关爱民警和从严治警相结合，落实从严管党治警“两个责任”和领导干部“一岗双责”，定期开展警务督察和明察暗访，利用监督执纪“四种形态”，加强队伍监督管理和执纪问责，推动党风廉政建设再上新台阶。推行“三个工作法”，开展7项

治理效能提升行动，推动“全州事故预防‘减量控大’有新突破、城市高速交通综合治理水平有新提升、农村道路交通防控体系建设有新成效、车驾管服务效能有新提高、公安交警队伍有新面貌”5项任务目标落实落地。

中心工作保障　2021年，大理州交警部门坚持围绕中心、服务大局，投身经济社会发展工作。在新冠肺炎疫情防控工作中，全州交警按照州委、州政府和上级部门要求，密切关注疫情防控工作情况，做好疫情防控应急处置工作准备，结合辖区道路交通安全管理工作实际，协同相关部门，依托公安检查站、交警执法站和流动查缉点，落实常态化疫情防控措施，继续巩固疫情防控成果。在漾濞“5·21”地震抗震救灾工作中，全州公安交管部门快速反应、主动作为，全力以赴，第一时间启动应急预案，迅速集结警力，投入抗震救灾工作。其间，出动警力10298人次、警车2162辆次，引导带道车辆432批次、4946辆次，疏散滞留车辆41600余辆次、疏散群众70400余人。

（银铃撰稿）

检　察

【概况】 2021年，大理州检察机关受理审查逮捕案件1876件3053人，同比分别上升27.5%和17.6%，经审查批捕1505件2308人，不批捕356件735人；受理审查起诉案件4621件6489人，同比分别上升37.9%和27.7%，提起公诉4266件5738人，不起诉204件357人。

【思想政治建设】 2021年，大理州检察机关举办政治轮训2期、“读书班”10期、“万名党员进党校”培训班1期，参加教育宣讲、报告会30余场次，两级院党组书记、检察长为干警上党课20余次。①党史学习教育。开展“奋斗百年路　启航新征程”党史礼赞诵读、“学党史忆检史开启党的检察事业新征程”研讨征文、“庆建党百年育时代新人”主题演讲比赛，到周保中将军纪念馆开展革命传统教育，提升学习效果。②检察队伍教育整顿。成立领导小组、制定工作方案、开展思想发动，党组班子成员带领各专班高效推进学习教育、查纠整改、总结提升三个环节的重要工作。结合“宾川县谢明案”等典型案件开展“以案为鉴、以案促改”警示教育，举行“光荣在党50年”纪念章颁发仪式暨“两优一先”表彰大会，营造学习先进、争当先进的良好氛围。聚焦顽瘴痼疾整治，先后开展三轮100%全覆盖自查填报，自查填报问题全部处理完成。③政治建设。以学习贯彻习近平新时代中国特色社会主义思想、习近平法治思想为主线，强化理论武装。开展肃清白恩培、秦光荣、孙力军等流毒余毒活动，守牢意识形态工作主阵地。执行党内请示报告制度，向州委、州委政法委请示报告重要案（事）件50余次。开展“大理之问”大讨论活动，落实党建工作责任制，坚持把党建工作与业务工作同部署、同落实、同检查。抓实全面从严治党，坚持党风廉政建设与检察工作一体推进，对检察人员违法违纪问题线索研处不过夜，支持纪检监察组履行监督责任。抓实“三个规定”及重大事项记录报告工作，记录报告240件。

12月31日，大理州检察院、州林长办举行“林长＋检察长”揭牌仪式暨首次协作联席会议，对全州检察机关迅速推进“林长制”各项工作作出安排

（州检察院　提供）

【服务中心工作】 2021年，大理州检察机关严厉打击各种渗透颠覆破坏、暴力恐怖、民族分裂、宗教极端活动，批捕故意杀人、“两抢一盗”、涉枪涉爆、黄赌毒、利用邪教破坏法律实施等严重影响群众安全感的刑事犯罪826人、起诉1243人，批捕跨境犯罪253件352人、起诉364件497人。①服务保障打好“三大攻坚战”。开展非法集资排查整治和反洗钱专项工作，批捕破坏社会主义市场经济秩序犯罪79件112人、起诉116件211人。服务巩固拓展脱贫攻坚成果，派出工作队队员参与乡村振兴具体实践，以检察履职全面推进乡村振兴工作。以苍洱一体化保护治理为重点，批捕破坏环境资源领域犯罪18人、起诉169人，立办生态环境和资源保护领域公益诉讼案件229件，对苍山花甸坝保护管理发出诉前检察建议并督促整改落实。②营造法治化营商环境。制定并推动检察服务民企“二十条措施”落实、落地、落细，畅通民营企业反映问题、投诉、控告、申诉法律监督渠道，接待民营企业家涉法涉诉问题咨询30余件，对涉企轻犯罪、过失犯罪、认罪认罚等案件不批捕4件4人，不起诉3件6人。③抓严抓实常态化疫情防控。落实涉疫情案（事）件快速反应、报备、办理制度，起诉利用疫情诈骗、制假售假、发布虚假信息等犯罪35人，办理野生动物保护、医疗废弃物污染等领域涉疫情公益诉讼案件26件。④抓好抗震救灾工作。贯彻落实州委和省检察院关于“5·21”抗震救灾的决策部署，部署安排漾濞县院抗震救灾工作，抓实后勤保障援助。

【扫黑除恶斗争】 2021年，大理州检察机关始终保持对黑恶势力严打高压态势，严禁黑恶势力及其“保护伞”死灰复燃。批捕涉黑恶犯罪8人、起诉93人，受理“保护伞”腐败问题线索7条，涉黑涉恶违法犯罪线索5条，均完成转处和核查工作。

【反腐败斗争】 2021年，大理州检察机关查办司法领域相关职务犯罪，初查54人，立案侦查7件7人。助推完善监检衔接工作机制，受理监委移送审查职务犯罪63人，起诉46人。强化追赃挽损工作，在审查起诉阶段追缴赃款1849.7万元。

【检察监督】 2021年，大理州检察机关做优检察工作，依法监督立案49件、撤案47件，纠正漏捕40人、追诉漏犯31人，纠正侦查活动违法132件次，提出纠正审判违法意见20件，提出刑事抗诉30件，法院改判11件；履行刑事执行检察职能，对大理监狱开展巡回检察8次，提出纠正刑事执行活动违法226件，办理减假暂案件1162件，提出纠正42件。①强化民事检察精准监督。办理民事生效裁判监督案件145件，提出再审检察建议17件，提请抗诉6件，提出抗诉2件。审查办理民事审判程序违法行为监督案件190件，提出检察建议188件，采纳率为100%。开展民事执行监督专项活动，审查办理民事执行监督案件448件，提出检察建议353件，采纳率97.7%，办理虚假诉讼监督案件21件。②行政检察化解争议。受理行政监督案件294件，发出检察建议175件，采纳209件。受理协助解决拖欠农民工工资问题专项监督案件44件，提出检察建议37件，采纳37件，兑现农民工工资611.5万元。开展"违法乱占耕地非诉执行监督"专项活动，受理土地执法查处领域非诉执行监督案件63件，提出检察建议59件，采纳71件。落实行政争议实质性化解工作，化解38件。③公益诉讼检察。办理公益诉讼案件567件，提起公益诉讼30件。开展"公益诉讼守护美好生活"专项活动，立办食品药品安全领域案件60件。以公益保护新需求为着力点，办理无障碍环境建设、传统古村落和文化古迹公益保护等新领域案件260件。推动建立"林长＋检察长"协作机制，以"检察蓝"守护"生态绿"。

【办好为民实事】 2021年，大理州检察机关受理控告、申诉、举报等信访案件1067件，办理国家司法救助案件149人，发放救助金105.9万元，对有较大争议或重大社会影响的187起案件举行公开听证。清查办理涉法涉诉信访案件，中央、最高检交办的14件信访件全部办结。①未成年人检察。严惩侵害未成年人犯罪，批捕140人、起诉206人；批捕犯罪未成年人146人、起诉182人；对犯罪情节较轻的未成年人不批捕62人、不起诉14人。开展"检爱同行共护未来"检察开放日活动，98名检察官担任中小学法治副校长，组织巡讲300余场次，覆盖286所学校30余万名中小学师生及家长。②为民办实事。谋划"我为群众办实事"实践活动项目，召开新闻发布会向社会公布"我为群众办实事"推动"报案不理、压案不查"刑事侦查监督专项活动，坚决纠正有案不查等八个项目清单，实现"我为群众办实事"清单式管理，项目化推进。落实最高检"四号检察建议"，守护群众脚底下的安全，督促整改问题管井、消除井盖安全隐患1011个，安装防坠网、防位移等改进装置800个。

【夯实发展根基】 2021年，大理州检察机关以新要求激发检察内生动力。抓实基层检察院建设25条意见的落实，班子成员到挂钩联系基层院实地督导调研，帮助解决基础建设问题。突出抓实"关键少数"，开展入额院领导办案考核督察，全州检察机关入额院领导办案2865件，其中检察长办案308件。提升检察队伍专业素质，线上线下相结合组织业务培训125期，受训干警10000余人。①以新理念落实司法责任制。推进认罪认罚从宽制度落实，适用认罪认罚审结案件4106件5439人、适用率为89.7%，提出量刑建议4657人。推进检察长列席法院审判委员会改革，两级院检察长列席法院审委会80次、讨论案件119件。②以新举措提高办案质效。发挥业绩考评"指挥棒"作用，修订完善绩效考评实施办法，将案件办理质量、效果等融入考评之中。深化落实"案—件比"质效评价标准，全州检察机关"案—件比"为1:1.27。稳步推进员额动态管理，助推提高办案质效。

【县（市）检察工作】

大理市检察院 2021年，大理市检察院受理移送审查批准逮捕案件637件1019人，审查后批捕897人，不批捕203人；受理移送审查起诉案件893件1442人，提起公诉833件1263人，不起诉65人。受理涉黑恶案件6件77人，经审查以涉黑恶提起公诉5件35人。办理民事监督案件31件；审判程序违法监督案件9件；执行监督案件36件；支持起诉案件170件。办理的不服人身损害赔偿判决提请抗诉案、支持未成年人起诉追索抚养费等2案被省院作为典型案例发布。办理行政监督案件38件，农民工讨薪案件6件，行政争议实质性化解案件4件。聚焦苍山洱海一体化保护办理公益诉讼案件93件。妥善办理大理万象置业有限公司开发建设"满江云想山"过程中涉嫌非法占用农用地罪一案，实现办案"三个效果"有机统一。贯彻落实"一号检察建议"，将拍摄制作的"一号检察建议"白族大本曲视频在全市公交车进行全覆盖播放宣传，增强民众认同度。与璞真扎染博物馆合作成立未成年人法治实践基地，将大理的非遗项目引入校园、引入未成年人，以乡土艺术美化儿童心灵。至年底，连续两年被最高人民检察院评为"全国检察宣传先进单位"。

漾濞县检察院 2021年，漾濞县检察院始终坚持把政治建设放在首位，主动向县委和上级院请示报告重大事项8次，开展党史学习教育和政法队伍教育整顿，以党建引领助推检察工作发展。受理审查逮捕案件40件47人，审查起诉案件176件209人。适用认罪认罚从宽制度办理刑事案件164件196人，适用率为87.89%。办理刑罚执行违法案件16件，监外执行违法案件8件。办理未成年人犯罪案件1件4人，批捕、起诉侵害未成年人合法权益案件3件3人。受理群众信访案件15件，办理司法救助7件21人，发放救助金4万元。办理民事生效裁判监督3件，民事审判违法行为监督7件，民事执行活动监督21件，支持起诉24件，虚假诉讼3件。办理行政审判违法行为监督1件，行政非诉执行监督3件，行政争议实质性化解1件，农民工讨薪专项监督2件，土地执法领域专项监督4件。办理行政公益诉讼案件22件，发出诉前检察建议20件，诉前磋商2件。与相关部门建立"漾濞县苍山西坡生物多样性共建公益诉讼保护基地""林长＋检察长"协作机制。漾濞"5·21"地震发生后及时成立临时应急办案点和为民服务点，确保执法办案不止步、检察工作不断档。帮扶挂钩村灾后恢复重建，

400余人次下沉灾区，开展“我为群众办实事”实践活动，为挂钩村507户受灾群众解决一批急难愁盼问题。

祥云县检察院　2月9日，祥云县检察院举行保障农民工工资现场支付听证会，为100多名农民工讨薪90万余元。3月10日，为贯彻落实党中央关于政法队伍教育整顿的决策部署和省、州、县委工作要求，召开检察队伍教育整顿动员部署会，部署检察队伍教育整顿各项工作。4月1日，举行首例刑附民案件听证会，通过公开听证，阳光公正司法，保障人民群众的知情权、参与权和监督权。4月，杨雪艳获全国检察机关“扫黑除恶专项斗争优秀个人”称号。4月23日，开展检察队伍教育整顿和“我为群众办实事”活动，联合县工商联（商会）共同组织开展送法进企业活动，护航民营经济发展。5月10日，州人大调研组到祥云对检察机关服务保障民营经济发展工作进行专题调研。7月18—20日，云南省首届行政检察业务竞赛在国家检察官学院云南分院举行，员额检察官张艳玲获“云南省行政检察业务能手”称号。10月，打造金花姐姐未成年人检察工作室，建立“一站式”询问救助办案区，助推未成年人检察工作。

宾川县检察院　2021年，宾川县检察院开展党史学习教育和检察队伍教育整顿，贯彻落实《中共中央关于加强新时代检察机关法律监督工作的意见》及省委《实施意见》、省、州检察院实施方案，精心答好“大理之问”检察答卷。受理审查逮捕刑事犯罪案件237件377人，同比上升62%和73%，批捕212件313人，上升64%和71%。受理审查起诉刑事犯罪案件542件782人，上升58%和50%，起诉315件482人，上升59%和37%。立办公益诉讼案件54件，办理民事行政、控告申诉、司法救助等各类法律监督案件246件。实施“检察为民办实事”14个项目，研究制定便民利民举措10条，推动解决人民群众急难愁盼问题50件。围绕县委政府中心工作较好完成各项工作目标任务，被州委、州政府表彰为平安法治大理建设“十佳先进集体”提名奖，被州检察院记集体嘉奖，获评大理州“巾帼文明岗”“巾帼建功”先进集体。

弥渡县检察院　2021年，弥渡县检察院连续三次获评云南省文明单位，连续四次获评州级文明单位，先后被州委、州政府表彰为“平安法治大理建设十佳先进集体”、大理州第六批民族团结进步示范单位，获评全省检察机关突出表现先进集体，被州检察院记集体三等功，州委、州政府，县委、县政府表彰为扫黑除恶专项斗争先进集体，连续6年被县委、县政府表彰综治维稳、依法治县、平安建设先进单位，连续6年获党风廉政建设责任制考核优秀等次。首次被弥渡县委宣传思想工作领导小组表彰为宣传思想工作先进单位，民事检察工作经验在全省交流，7人受到县级以上表彰。推出10项为民、便民、利民新举措，在全县率先制定“我为群众办实事”常态化工作办法，开展政法队伍教育整顿、党史学习教育、“大理之问”大讨论、民族团结进步示范创建工作。参与国家卫生县城、国家园林城市、美丽县城、文明城市创建和城市建设及爱国卫生“7个专项行动”。“全国模范检察干部”段启功被省、州、县选树为政法英模，入选《云南省检察机关先进典型事迹汇编》。

南涧县检察院　2021年，南涧县检察院受理审查逮捕案件95件151人，受理审查起诉案件310件391人，不起诉29人。适用认罪认罚359人，监督侦查机关立案6件、撤案3件，书面纠正侦查活动违法7件，提出抗诉5件。办理民事检察案件72件，办理支持弱势群体起诉案件20件。受理民事执行活动监督案件7件，受理支持起诉20件，为18名民工追回薪资9万余元。采纳行政执行监督检察建议10件，采纳行政审判人员违法行为监督检察建议2件。提出行政公益诉讼诉前检察建议42件；提起刑事附带民事公益诉讼后法院审结支持3件。受理审查逮捕未成年人犯罪案件10件12人，批准逮捕7件8人，受理一审公诉12件16人，附条件不起诉7人。开展法治进校园宣讲13场次，受教育师生为1300余人，发放法治宣传资料14000余份。控告申诉七日内答复率100%，首次信访领导包案化解11件，办理司法救助案件13件。对外公开法律文书255份，组织开展人民监督员监督活动19次。组织干警集中学习30次，开展警示教育13次、学习英模事迹8次。1名干警被评为“平安法治大理建设十大忠诚卫士”“云南省政法工作先进个人”。

巍山县检察院　2021年，巍山县检察院筑牢生态保护检察屏障，办理滥伐、盗伐林木破坏环境资源犯罪12件16人，办理生态环境和资源保护领域公益诉讼案件21件，挽回林业植被恢复专项资金8.61万元，挽回国家野生动物资源损失2.6万元。依法履行检察职能，受理提请批准逮捕案件99件152人，批捕93件135人；受理移送审查起诉案件261件379人，提起公诉230件432人。办理交通类案件108件110人、侵财类案件34件70人。坚持少捕慎诉，决定不批捕14人、不起诉25人，对20名生活确有困难的刑事被害人发放司法救助金6.4万元。强化监督主责，检察长列席同级法院审委会9件次，办理民事检察监督案件125件、行政检察监督案件52件、公益诉讼案件55件，向相关行政机关提出检察建议27件，已采纳并回复检察建议21件。强化队伍建设，督促“三个规定”落细落实，填报34件，党组书记、检察长对县工业信息和科技局等17家党政机关班子成员开展“三个规定”大宣讲，参会人员签订“巍山县领导干部严格执行防止干预司法‘三个规定’公开承诺书”84份。

永平县检察院　2021年，永平县检察院受理提请批准逮捕涉黑恶案件7件47人，批捕41人；受理审查起诉2件64人，提起公诉2件62人。受理审查逮捕各类刑事犯罪案件72件114人，批捕97人，受理审查起诉案件199件356人，提起公诉170件281人。认罪认罚适用率为85%以上，提出“确定刑”量刑比例为90%，法院采纳率为98%。受理批捕未成年人犯罪案件4件10人，受理审查起诉12件58人，作出附条件不起诉28人，向“问题家长”发出“督促监护令”28份。办理民事检察监督案件131件、行政检察监督案件17件、公益诉讼案件56件，完成城乡集贸市场肉品检疫检验等8个专项检察，建立3个公益诉讼保护基地。向人大、政协报告工作2次，邀请代表、委员参加检察活动19次。公开程序性信息285件、法律文书124份，编发检察信息389条。获云南省检察机关扫黑除恶专项斗争优秀集体、“平安法治大理建设十佳先进集体”等州级以上表彰4次，全院干警无违法违纪行为发生。完成全院范围内视频安保监控提升改造并在全县率先搭建跨部门大数据办案平台。

云龙县检察院 2021年，云龙县检察院依法惩治涉疫犯罪，受理审查起诉4件4人，提起公诉4件4人。以“永远在路上的决心”和“滴水穿石的韧劲”开展政法队伍教育整顿，扛牢责任抓推进，对标省、州、县党委和上级检察机关各项决策部署和工作要求，研究制定“回头看”工作方案，抓好督导组反馈意见整改落实。严厉打击刑事犯罪，受理审查逮捕案件50件78人，批捕38件52人；受理审查起诉案件145件186人，提起公诉131件155人。办理各类民事检察监督案件104件，办理支持起诉案件69件，帮助66名农民工追索劳动报酬63万余元。办理各类行政检察监督案件11件。牢牢把握“公益”核心，立办各类公益诉讼案件39件。起诉破坏生态环境资源犯罪案件17件17人，立办生态环境和资源保护领域公益诉讼案件3件，对破坏生态环境违法犯罪行为零容忍。

洱源县检察院 2021年，洱源县检察院坚持防疫办案两不误，办理非法猎捕野生动物犯罪3人，破坏金融管理秩序犯罪2人，不起诉民营企业法人1人。众志成城投身凤羽镇铁甲村抗洪抢险，以生动实践践行检察干警初心使命。乡（镇）开展防范和打击非法集资宣传活动，推动金融监管和源头防控。办理因案致贫返贫案件5件，发放国家司法救助金5.5万元。办理生态环境公益诉讼案件6件，参与洱海流域网格化管理、“三清洁”“三禁四推”和爱国卫生“7个专项行动”，落实河（湖）长责任制，为生态洱源贡献检察力量。打击刑事犯罪维护稳定，受理审查逮捕案件60件110人，批捕24件43人，不批捕17件31人；受理审查起诉案件176件239人，依法提起公诉210人，不起诉18人，改变管辖1件1人。落实“认罪认罚从宽”制度，办理适用认罪认罚从宽194人，适用率为93.2%，刑事案件比为1:1.14。受理群众来信来访14件，均做到“7日内回复，3个月内处理结果答复”。办理国家司法救助9件，发放国家司法救助金8万元。

2021年大理州两级检察院主要业务工作情况表

表36

单位	审查逮捕案件情况						审查起诉案件情况						立案、侦查活动监督				
	受案		批准逮捕		不批准逮捕		受案		提起公诉		不起诉		监督立案		监督撤案	追捕	追诉
	件	人	件	人	件	人	件	人	件	人	件	人	件	人	件	人	人
州院	8	17	5	13	3	4	106	170	74	140	3	7	1	1	0	5	2
大理	637	1019	518	809	112	203	893	1442	833	1263	28	55	4	5	3	4	29
漾濞	40	47	33	38	6	8	176	209	172	214	6	19	1	1	1	1	3
祥云	273	495	183	297	85	197	605	827	563	750	31	54	4	4	1	9	10
宾川	240	380	213	321	25	57	547	787	504	664	11	11	10	14	0	1	6
弥渡	145	274	110	180	34	96	297	426	296	393	12	19	7	7	2	2	5
南涧	95	151	76	113	19	38	310	391	296	383	12	27	6	6	2	1	2
巍山	116	162	108	154	8	10	452	584	391	504	42	45	2	4	2	0	1
永平	72	114	63	97	9	17	199	357	170	281	12	33	3	3	6	5	0
云龙	66	100	49	66	18	32	204	260	188	225	11	25	1	1	1	0	0
洱源	60	110	42	75	17	31	160	209	150	193	9	18	1	1	0	7	0
剑川	54	83	38	54	17	35	301	373	275	313	16	22	7	12	0	1	0
鹤庆	70	101	67	91	3	7	371	454	354	415	11	22	2	4	0	4	0
合计	1876	3053	1505	2308	356	735	4621	6489	4266	5738	204	357	49	63	18	40	58

单位	刑事审判活动监督		民事、行政检察工作情况						控告申诉检察工作情况					刑事执行检察工作情况				
	提出抗诉	法院采纳	受案	提出抗诉	提出再审建议	支持起诉	执行监督	息诉服判	受理控告申诉	受理举报	办理刑事申诉案件	办理刑事被害人救助案件	发放救助金	审查减刑、假释、暂予监外执行	纠正减刑、假释、暂予监外执行不当	纠正社区矫正脱管漏管案件	纠正刑罚执行和监管活动违法	羁押必要性审查
	件	件	件	件	件	件	件	件	件	件	件	人	万元	人	人	人	件	人
州院	1	23	75	2	1	0	3	6	220	28	20	12	25	1144	38	0	0	4
大理	3	0	254	0	6	170	54	4	37	10	1	13	11.8	5	4	0	39	170
漾濞	1	0	59	0	0	24	24	0	2	0	0	18	3	0	0	0	16	0
祥云	3	0	191	0	2	80	82	0	101	0	2	6	3.9	4	0	0	65	11
宾川	2	0	194	0	2	100	67	1	105	3	1	6	2.5	0	0	0	14	5
弥渡	3	0	253	0	2	147	48	1	10	2	0	12	8.8	0	0	0	3	23
南涧	5	0	84	0	0	29	29	6	3	0	2	7	3.1	0	0	0	7	6
巍山	3	0	157	0	0	86	57	7	37	3	2	20	8.403	0	0	0	20	0
永平	1	0	135	0	3	6	87	0	7	0	0	7	2.4	0	0	0	17	3
云龙	1	0	110	0	0	69	24	0	14	1	0	6	9	0	0	0	15	1
洱源	1	0	85	0	0	40	18	0	4	0	0	7	7	0	0	0	5	9
剑川	1	0	73	0	0	16	28	0	7	5	2	7	3.8	1	0	0	10	5
鹤庆	4	0	59	0	1	17	24	2	28	0	0	7	4.9	0	0	0	14	4
合计	29	23	1729	2	17	784	545	27	575	52	30	128	93.603	1154	42	0	225	241

（州检察院 提供）

剑川县检察院　2月9日，剑川县检察院协同相关部门举行“剑川剑湖生物多样性保护领域公益诉讼共建基地”座谈会和揭牌仪式。3月4日，协同相关部门联合主办“剑川县2021年法治宣传进校园全覆盖工程暨剑川县青少年法治宣传教育基地”启动仪式。3月17日，举行国家司法救助案件公开听证会，邀请人民监督员出席会议。4月7日，州检察院党组书记、检察长杨永华到剑川县院调研指导检察队伍教育整顿工作。5月10日，召开法律监督专项检查公检法联席会议。5月14日，就王某某盗窃案、杨某某故意伤害案拟相对不起诉举行案件审查公开听证会，邀请人民监督员、部分人大代表和政协委员参加。5月17日，帮助被害人虞某乙追回被盗人民币一万元。5月27日，召开优化检律保障、深化协作、强化监督会商座谈会。8月9日，院妇委会和“金花姐姐未成年人检察室”工作人员在挂钩帮扶村玉华村举行赠书活动，为玉华村20名留守、困境儿童赠阅课外阅读书籍。12月20日，邀请县公安局、县人民银行、县农业银行、县富滇银行、县农商银行相关人员，就加强反洗钱工作力度开展调研座谈。

鹤庆县检察院　2021年，鹤庆县检察院受理审查逮捕案件70件101人，受理审查起诉案件371件454人。提前介入10件，追捕4人，召开听证会9场。认罪认罚从宽制度办理刑事案件346件408人，认罪认罚适用率94.44%，认罪认罚上诉率2.6%。受理、审查、分流信访案件54件，开展司法救助8件，发放救助金5.9万元，委托异地救助1人，检察长列席审委会6次。受理未检案件11件12人。选派6名检察官担任“法治副校长”，建立“一站式”询问救助办案工作区。办理民事检察案件55件、行政检察案件14件，受理公益诉讼案件33件，发出诉前检察建议21件，均收到整改回复。

（黄舒静撰稿）

◇审　判◇

【概况】 2021年，全州两级法院受理各类案件首次突破5万件，为5.3万件，审执结46426件，新收案件同比上升32.16%，其中中院收案5975件，增长11%。

【审判监督】 4—9月，开展减假暂案件排查整治的各项工作，成立工作专班，对1990—2020年所办理的30692件减刑、假释、暂予监外执行案件进行全面筛查、评查，对发现的错误案件及时整改。全年全州两级法院受理并办结减刑、假释案件415件。

【刑事审判】 2021年，全州两级法院深入贯彻总体国家安全观，依法严惩各类刑事犯罪，维护国家安全、社会安定、人民安宁。全州两级法院受理刑事案件5709件，审结5391件，其中中院受理刑事案件1197件，审结1123件。严惩故意杀人、抢劫、绑架、毒品、诈骗等刑事犯罪案件，严惩涉众经济犯罪，严惩贪污、贿赂、滥用职权等职务犯罪，祛除社会毒瘤，净化社会风气，维护人民群众生命财产安全。

【扫黑除恶】 2021年，全州两级法院推进扫黑除恶常态化，维护社会安定。全州法院受理一审涉黑恶案件15件122人，一审审结14件109人，一审结案率93.33%；二审涉黑恶案件12件203人，二审结案率100%。妥善审理中央督导组挂牌督办的“谢明”案，全州法院刑事审判工作经受住大要案的考验。规范制度建设，制定《关于建立健全扫黑除恶常态化工作机制的实施方案》以及《常态化开展扫黑除恶斗争考核工作规定》《常态化开展扫黑除恶斗争督导工作规定》《涉黑涉恶案件财产刑执行规定》等17项机制。

【跨境犯罪】 2021年，全州两级法院高度重视、高位推动，依法严厉打击各类跨境违法犯罪。全州法院审结涉毒、涉恐、走私、跨境电信网络诈骗、跨境赌博、偷越国（边）境、破坏环境资源等跨境犯罪案件一审376件500人，结案356件472人，结案率94.68%。二审收案49件61人，结案45件57人，结案率91.84%。

【民商事审判】 2021年，全州两级法院受理民商事案件30889件，同比上升23.09%，审结28048件，上升17.86%，其中审结涉及教育、医疗、就业、婚姻等民事纠纷5407件，促进家庭和睦，社会和谐。同时，州政府与州法院共同制定《大理州人民政府、大理州中级人民法院关于优化提升营商环境建立府院联动机制，合力推进破产案件审判及行政争议和环资纠纷案件实质化解工作的实施意见》并下发全州执行，服务大理法治化营商环境建设。

【环资审判】 2021年，全州两级法院注重生态环境司法保护，审结环境资源类案件464件。妥善化解大理市、洱源县等环洱海流域生态搬迁、非煤矿山整治遗留问题。大理法院践行“两山”理念，发挥司法作用助力洱海保护。从维护公众环境权益着眼，贯彻预防原则，运用普法宣传、禁令等多样化措施，打造预防性环境司法公共产品，与云龙县委、县政府和同济大学共同举办“生态环境司法保护（天池）论坛”，共建生态法治廊道，

2021年，全州两级法院注重生态环境司法保护，审结环境资源类案件464件。图为云龙县法院巡回审判生态环境保护案件　（大理中院　提供）

探索用预防引导性司法服务生态文明建设的可行路径。

【行政审判】 2021年，全州两级法院受理包括涉洱海流域转型发展在内的行政案件503件，审结405件。中院挂牌成立行政争议、环资纠纷审前调解中心，在全州基层法院全面推广运行。在司法助力疫情防控大局、破产案件审理、行政争议纠纷化解、生态文明建设等方面彰显司法担当，体现司法智慧。优化营商环境府院联动机制深化，与工商联建立优化营商环境、多元解纷沟通联系机制，与检察院和司法局制定行政争议实质化解实施意见。

【执行工作】 2021年，全州两级法院弘扬社会主义核心价值观，推动社会信用体系建设，依法保障当事人胜诉权益。受理执行案件16822件，同比上升22%，结案14744件，上升12.6%，执行到位金额28.58亿元。执行工作"3+1"核心指标保持高位运行，为"切实解决执行难"工作目标打下坚实基础。开展标准化集约执行工作试点，制定《执行指挥中心实体化运行暨"标准化集约执行工作模式"改革试点实施方案》，推动全州法院一体进入执行指挥中心实体化运行工作模式；在诉服中心设立"一站式"执行服务窗口，组建快执团队和实施团队，案件实行繁简分流，提升执结效率。

【市域治理】 2021年，全州两级法院发挥法院职能作用，市域社会治理现代化有序推进；深入贯彻落实习近平法治思想，结合队伍教育整顿和党史学习教育，抓好市域社会治理现代化工作落实，防范化解各类重大风险；深入推进"平安大理""诚信大理"建设，推进扫黑除恶斗争常态化，深入开展打击整治跨境违法犯罪专项行动；两级法院集中挂牌成立"少年法庭"，加强新时代未成年人权益司法保护；巩固"基本解决执行难"基础，执行工作"3+1"核心指标和综合质效考核指标高位运行；推进法治化营商环境建设，贯彻实施《中华人民共和国民法典》，与州政府建立烂尾楼清理整治专项行动工作府院联动机制，发挥职能作用，推动54个房地产项目盘活重组、复工复产；推进矛盾纠纷多元化解，推广"一院两中心、一庭三职能、诉讼服务站点全覆盖、自觉融入市域社会治理"诉讼服务新理念；拓展基层人民法庭职能，弘扬新时代"枫桥经验"，推进"无讼乡村"建设，法庭工作呈现"三升一降"势头；巩固文明单位创建成果。将市域社会治理现代化和创建文明单位和文明城市工作结合起来，开展爱国卫生"七个专项行动"和学雷锋志愿者服务活动，大理中院通过省级文明单位复评。

2021年，全州两级法院依法保障当事人胜诉权益，切实推进解决"执行难"问题。图为6月18日，洱源县法院执行干警卷起裤腿到百姓秧田测量面积，当场执行了一起土地承包经营权纠纷案件 （大理中院 提供）

【法治扶贫】 2021年，大理中院用法治思维和法治方式，主动融入乡村综合治理，打造一个乡村从治理到振兴的"红兴样本"。南涧县乐秋乡米家禄村距县城13千米，是典型的山区村，下辖15个自然村、16个村民小组，有农户506户1817人，彝族人口占95%以上，系深度贫困村。大理中院着眼法治固根本、稳预期、利长远的作用，依据乡村振兴促进法，以"基础与长远同谋，治理与发展并重"为思路，以强化"五治融合"为抓手，以实现"乡村振兴"为目标，以搭建"红兴集市"为平台，打通一条乡村从治理到振兴的法治路径。

【司法改革】 2021年，全州两级法院破除影响案件质效提升的机制因素，深化综合配套改革，全州基层法院完成内设机构改革工作，落实法官会议机制，优化庭审程序，落实司法责任制。全年员额法官人均办案数同比上升28.57%。推进繁简分流改革，全州法院成立速裁快审团队14个。年内，中院快审中心受理全院40%以上的民商事案件。通过执行指挥中心实体化运作，中院执行案件办理周期同比缩短近20天。

【智慧法院】 2021年，全州两级法院智慧法院建设提档升级，在后疫情防控背景下，转变开庭方式，健全网上庭审、电子证据等规则，通过网络开庭快速审理简单的民商事案件，高效化解矛盾纠纷。推动政法大数据平台应用，做好优化一体化网上办案"高速公路"的协同工作，类案推送。运用网上诉讼服务中心、云南移动微法院、12368诉讼服务热线等，实现立案、交退费、法律咨询一站通查、一网通办、一站式服务，让数据多跑路，群众少跑腿。逐步推进无纸化办案，完善电子档案管理。打通法院诉讼服务中心与公安检察机关、行政机关、人民团体、行业协会、村（居）委会之间的在线信息渠道，在送达、调解、鉴定、执行等方面形成合力。

【教育整顿】 2021年，全州两级法院以讲政治的高度开展政法队伍教育整顿，紧扣"三个环节"，对标对表"四项任务"，常态化开展政治轮训16次，队伍的精神面貌焕然一新。结合"宾川县谢某案"开展以案促改，制定8

个方面28项具体整改措施，并及时对相关问题进行核实甄别，兑现政策研判处理。经政法队伍教育整顿查究整改环节经三轮自查填报和整改，完成30名干警自查填报问题和案件的全部整改，顽瘴痼疾整治成效显著。强化“三以”警示教育，深入推进以案促改，以身边事教育身边人，以身边案警示身边人，敲响法纪警钟，强化法纪意识，深化一体推进“三不”体系建设。组织开展以“孙小果”案、“乔氏家族”案、“宾川谢明”案、《开尔行贿记》等为内容的警示教育13次，并组织学习研讨，以“案”为镜鉴，以“促”为关键，以“改”为目标，筑牢干警拒腐防变的思想根基，抓实以案促改后半篇文章，提升干警作风和司法公信力。围绕“三个规定”、办理减、假、暂案件规范等纪律和工作制定23项制度机制，确保教育整顿效果常管长效。

【队伍建设】 2021年，大理法院坚持把增强司法能力作为队伍建设的硬任务，组织书记员业务技能培训和比赛、开展《中华人民共和国民法典》学习活动，参加省高院各类业务培训，牢牢抓住主业，提高干警司法能力，全州法院全年4个集体、3名个人受到国家级表彰，16个集体和35名个人受到省部级表彰。大理法院代表队在全省法院书记员技能竞赛决赛中，1人获个人一等奖、1人获卷宗整理归档最佳奖、2人获个人三等奖，集体获优秀组织奖。精神文明建设成果丰硕，大理法院被命名为第十六届云南省文明单位。

【普法宣传】 2021年，全州两级法院围绕提升“一个认识”，突出“三个重点”，拓展“三个延伸”，抓牢“三个结合”，抓普法工作落实。开展全民普法工作是坚持全面依法治国，突出“三个重点”增强普法宣传的针对性，以宣传“习近平法治思想”、宣传宪法、宣传民法典为重点普法；拓展“三个延伸”深入普法宣传，在洱海保护中延伸普法，在乡村振兴中延伸普法，在市域社会治理中延伸普法；抓牢“三个结合”提升普法质效，普法与办案结合，坚决不让每一位走进法院的人不受到法律教育而离开法院；普法与节假日结合，把普法宣传融入国家重大节假日和一些民族节日；普法与阳光司法结合，主动邀请人大代表、政协委员、高校学生等参加法庭审理。

【解纷机制和诉讼服务体系建设】 2021年，全州两级法院融入社会治理格局，坚持和发展新时代“枫桥经验”，通过前移解纷关口、下沉力量资源，大力加强诉源治理。加强业务能力建设，通过“法官＋人民调解员”“法官＋乡村干部”等灵活多样的搭配，通过培训授课、以案释法、判后答疑等多种形式，对基层人民调解人员给予业务指导，提升基层法治建设水平。统筹规范多元化纠纷解决机制建设，一体化诉讼服务格局全面形成，对外功能拓展，两级法院着力打造“厅网线巡”为一体的诉讼服务中心；对内功能集约，健全一站式多元解纷机制，让大量矛盾纠纷预防在源头，化解在萌芽，调解在前端。建立多元化解纷平台，主动融入党委、政府领导的诉源治理机制；解纷流程标准化，建立“前置调解—立案调解—繁简分流”的多层次案件分流机制；调解组织基层化，立足审判职能参与和创新社会基层治理，把诉前化解纠纷的第一道防线与人民法庭司法裁判的最后一道防线统筹起来，提示基层治理风险点并提出合理化建议。推进案件繁简分流机制，两级法院深化“分调裁审”的案件繁简分流机制改革，强化诉讼服务中心实质解纷功能。

【县（市）人民法院】

大理市法院　2021年，大理市法院组建“大理市诉前委派调解服务中心”，聘任特邀调解员进驻法院，采取“诉前调解＋司法确认”的模式，快速化解矛盾纠纷。全年诉前委派调解案件913件，司法确认827件。推动成立“大理市诉前委派调解服务中心房地产专业部”，专业化解涉房纠纷，诉前调解工作向专业化方向发展。站点建设有序推进，依托喜洲诉讼服务站和古生诉讼服务中心站，在银桥、湾桥、上关、太邑、双廊、海东6个乡（镇）以及南五里桥设立诉讼服务站，形成辐射环洱海各乡（镇）的多元解纷网络格局。全面推进速裁快审，将5个民事速裁团队扩充为9个，民事速裁团队全年结案占全院已结民事案件的41.77%。开展执行指挥中心实体化运行暨“标准化集约执行工作模式”改革，组建快执团队和执行实施团队。

漾濞县法院　2021年，顺濞法庭以“四联”模式深耕诉源治理。联村社，打基础，与辖区23个村建立工作联系机制，实行法官联村，实现诉讼服务点和巡回审判点全覆盖。将村组干部和人民调解员纳入工作环节，既当信息联络员，又当纠纷调解员，发挥各自优势，形成工作合力，确保第一时间掌握实情，第一时间互通信息，第一时间共商对策，第一时间化解纠纷。联乡（镇），聚力量，主动争取辖区乡（镇）党委、人大、政府的领导、支持和监督，主动融入和服务保障地方中心工作。与辖区内司法所、派出所开展共建活动，互通信息，相互协作，形成工作联动、解

5月25日，漾濞县人民法院启用“帐篷法庭”开庭审理案件，敲响震后庭审第一槌
（大理中院　提供）

纷合力。联调处，解纠纷，将辖区内28个司法调解、人民调解组织纳入法院调解组织名册，吸纳动员更多力量参与到矛盾纠纷联调联处中。将法庭主动前移，贴近现场了解事实，化解纠纷。特邀调解员入驻法庭。选聘1名群众基础好、工作能力强的特邀调解员，常驻法庭开展诉前委派调解、委托调解工作。联创建，治诉源。开展“无讼村”创建工作，因地制宜地对接联络人大代表、基层机关及基层自治组织、调解组织协力推进完善多元解纷机制，共同致力“诉源”治理，使法庭既能当好“堤坝”、守好“底线”，又能消弭“诉源”，将矛盾纠纷消化在萌芽状态。辖区内的顺濞镇哈腊佐村，龙潭乡密古村、水竹坪村，太平乡罗士登村实现连续三年零诉讼。

祥云县法院　2021年，祥云县法院加快刑事速裁改革，强化批量案件集约化高效审理，主动与公安、检察、司法行政等部门协商研讨，探索刑事案件繁简分流审判机制。年内成立刑事速裁团队，对危险驾驶、盗窃等被告人认罪认罚、案件事实清楚的轻罪刑事案件集中审理宣判，保障被告人诉讼权利，节约司法资源，提升审判质效。通过刑事速裁程序审结案件230件，平均审理周期6天。构建诉前调解新格局，成立“祥云县诉前委派调解服务中心”，负责办理法院通过诉非分流的民事纠纷。调解中心成立后调解案件739件，调解成功360件，自动履行91件，申请司法确认269件，初步实现“把非诉讼纠纷解决机制挺在前面”的工作目标。

宾川县法院　2021年，宾川县法院深化诉讼机制改革，推进以审判为中心的刑事诉讼制度改革，坚持证据裁判、疑罪从无原则，推进庭审实质化；探索刑事案件繁简分流，适用简易程序、速裁程序审结案件120件。深化民事诉讼“分调裁审”机制改革，组建民商事、行政速裁团队，集中办理简单民商事、行政案件。诉至法院的案件，当事人同意诉前调解的，分流到诉前委派调解中心调解，实现案件繁简分流、快慢分道。深入推进诉前委派调解工作运行，建立当天司法确认、结案报告、诉中委派调解、督促履行调解协议四项工作机制。调解成功的案件由县法院当天进行司法确认，减少当事人往返；调解不成功的案件，由诉调中心出具结案报告，强化诉调对接；探索“法官＋法官助理＋特邀调解员＋书记员”团队运行模式，全年委托诉调中心诉前调解案件1051件，调解成功580件。

上图：12月15日，弥渡法院以“诉前委派＋特邀调解＋司法确认＋上门送达”的方式化解65起农民讨薪案；下图：12月8日，南涧县法院开放日邀请南涧民族中学学生参观立案大厅

（大理中院　提供）

弥渡县法院　2021年，弥渡县法院深入推进一站式多元解纷和诉讼服务体系建设，推行网上立案、电子送达、网上缴费、在线调解等工作，将更多司法服务由线下办理转为“线下＋线上”办理。推进“分调裁审”改革，落实案件繁简分流和速裁快审机制。分调裁审案件占91.06%，速裁、快审案件平均审理天数17.81天。以“拒绝校园暴力·防止校园欺凌”“无毒青春”“如何预防未成年人犯罪”“普法宣传进校园·法治护成长”为主题，深入红岩中学、新街中学、弥城中学等十多所中学授课普法。司法助力民族团结工作，围绕县委、县政府创建“全国民族团结进步示范县”的工作安排，把民族工作与审判执行工作同谋划，同部署，将民族工作融入日常审判执行工作，齐抓共管齐头并进，以法治宣传＋巡回审理，提升各民族司法获得感。

南涧县法院　2021年，南涧县法院在省高院确定的基层法院“落实提升年”七项指标中，南涧县法院的“一审案件服判息诉率”“审判流程信息有效公开率”两项指标全州最高，“一审判决案件改判率”全州最低。围绕乡村振兴、疫情防控、“三城同创”“爱国卫生七个专项行动”、常态化开展扫黑除恶斗争、打击整治跨境犯罪专项行动、法治化营商环境建设、困难企业帮扶纾困等重点工作，

上图：6月25日，巍山县法院到马米厂小学巡回审判；下图：12月10日，洱源县法院邀请中学生进法院，开展宪法宣传　　（大理中院　提供）

服务大局，体现法院担当。深入推进“一站式”多元解纷和诉讼服务体系建设，采用人民调解+律师调解+法官专职调解的模式，全年向人民调解委员会、律师委派、委托调解案件353件，法官专职调解316件，司法确认98件。主动延伸基层法庭审判职能，创新司法服务方式，融入乡村振兴和社会治理大格局，开创“优秀法庭、模范法官+综治中心”新模式，以实际行动推动“党委领导、政府负责、社会协同、公众参与、法治保障”的基层社会治理模式实体化运行，成立“公郎镇诉源治理多元解纷矛盾调处中心”，打造诉源治理多元解纷“同心圆”。

巍山县法院　2021年，巍山县法院创新多元解纷模式助力诉源治理，加大诉前委派工作力度，聘请6名特约调解员。全年特邀调解员调解案件848件，调解成功659件，成功率77.71%，调解成功案件数占全院民事案件数的39.27%。办理线上视频调解案件350件，音视频在线办理占比为40.79%，为当事人节约诉讼费30余万元，减少律师费、误工费等费用100余万元，提高矛盾纠纷解决的效率，将矛盾化解在最基层。民事案件收案首次实现逆增长。全年全院受理民事案件同比下降6.53%，首次实现民事案件逆增长。与新视云公司签订合作协议，依托人民法院送达平台进行电子送达和公告送达，提高电子送达使用率；与邮政公司签订合作协议，推进邮寄送达全程在线办理、送达网上流转、异地集中打印的“绿色送达”新模式。运用保全平台和委托鉴定系统，实现保全鉴定在线办理、全流程信息留痕、全过程节点监控，让保全、委托鉴定更加公开透明、便捷高效。

永平县法院　2021年，永平县法院深化诉讼服务体系建设，与县司法局联合制定《永平县诉前委派调解工作实施办法（试行）》，在县法院挂牌成立诉前委派调解服务中心。在全县7个乡（镇）、相关行业部门选聘特邀调解员34名，聘请2名特邀调解员进驻中心专职调解，取得了“矛盾解决在萌芽，纠纷化解在诉前”的良好效果。探索诉调对接工作方法，与县司法局、交警大队、保险公司、律师事务所等部门签订诉调对接协议，与县妇联、工商联、侨联等部门联合下发诉调对接实施意见，发挥人民调解、行业内调解的作用，畅通诉非衔接通道，联动化解矛盾纠纷。设立诉讼服务站（点），结合永平实际，在7个乡（镇）14个村（社区）设置诉讼服务站（点）。以“党组+支部+法官”工作模式，构建与县级部门党委（党组）、乡（镇）党委、村（社区）党总支部四方联动形成“共建共治”的良好局面。建立“领导包片、支部包网、干警包点”的工作机制，以“院坝（楼宇）协商会”为载体，常态化开展巡回审判、诉前调解和法治宣传等工作，将诉讼服务站（点）的设置与创建“无讼乡村”相结合，主动融入基层社会治理格局，促进社会和谐稳定。

云龙县法院　2021年，云龙县法院深入贯彻落实习近平生态文明思想，紧紧围绕全州“两城一区、三个走在前”的战略目标和云龙县建设“生物多样性保护重点区、绿色能源重点县”的发展定位，用最严格制度、最严密法治保护生态环境。全年依法审理环境资源犯罪案件9件9人，其中到案发地功果桥镇新山村委会巡回审理的盗伐林木罪案件和到天池保护区巡回审理的两件危害珍贵、濒危野生动物案件，用巡回审理的方式，以案普法取得良好的法律效果和社会效果。为推进生态环境审判工作，将审判关口前移，与天池保护区管护局共建生态环境保护审判点，与同济大学法学院共建教学科研实践基地，借助天池自然保护区的区位优势，将审判点打造成为集环境资源案件审判、普法宣传、教学科研于一体的综合性生态环境保护法治基地。与大理中院、同济大学、县委政府合力共建生态法治廊道，举办生态环境司法保护“天池论坛”系列活动，形成生态环境保护合力，携手推进云龙生态环境保护工作。

洱源县法院　2021年，洱源县法院强化党建引领诉源治理，通过建立“党组＋支部＋法官”网格诉源治理工作体系和“领导包片、支部包网、干警包点”的工作模式，将全院干警挂包到全县90个村（居）委会，提升法院参与基层治理的能力和水平。全年全县基层调解组织受理各类矛盾纠纷1521件，调解成功1521件，有效防范和化解各类社会风险，提升社会治安综合治理能力和水平。打造“无讼乡村”服务基层治理。在全县选定10个村开展“无讼乡村”示范创建，在示范村设立“党员法官工作室”，推进矛盾纠纷前端化解，逐步实现“小事不出村、大事不出镇、矛盾不上交”。成立速裁团队打造审判快车道，坚持“简案快审、繁案精审”的工作思路组建速裁团队。全年速裁团队受理案件598件，结案547件，结案率为91.47%，案件审理期限一般不超过15日。依托诉前委派调解高效解纷，成立诉前委派调解服务中心，在基层法庭成立诉前委派调解工作站，引导鼓励当事人选择非诉纠纷解决方式理性化解纠纷。

剑川县法院　2021年，剑川县法院与剑川县司法局成立“剑川县诉前委派调解服务中心”，主动融入党委领导的城乡治理体系，分别在院机关和马登法庭建立具有地域民族文化特色的调解室，专门负责受理诉前委派调解的各类民商事纠纷及刑事附带民事纠纷的民事案件部分。通过“云解纷”“人民调解”平台，手机移动微法院的调解程序，实现远程申请调解、视频调解、远程申请司法确认、线上送达文书等智慧调解模式。全年运用视频调解248件，占调解案件总量的46.04%。一站式多元解纷和诉讼服务体系建设质效评估系统对外方便当事人诉讼及矛盾纠纷化解，对内大幅提质增效，缓解人案矛盾，诉讼服务质效位居大理州前列。启动马登法庭修缮改造，该项目总投资129万元，项目包括对法庭的住宿楼进行修缮改造、住宿区的绿化美化、办公楼二楼的改造、法庭大门及部分围墙的改造，打造扎根基层的白族原乡法庭。

鹤庆县法院　2021年，鹤庆县法院妥善处理涉民营企业纠纷案件，依法慎用强制措施，最大限度减少司法活动对企业正常经营活动的不利影响。畅通群众解决纠纷渠道，巩固立案登记制改革成果，推进案件当场立、自助立、网上立，坚决防止立案难反弹回潮。大力推行诉讼引导、立案查询、网上立案缴费等“一站式”服务，安排专人管理网上诉讼对接，完成网上立案290件。构建“大调解”格局，设立诉前委派调解服务中心，借助社会资源拓宽矛盾化解渠道，将法院工作由终端裁决向源头防控延伸。成立银匠特色调解室，聘请鹤庆新华村国家、省、州级银器锻制技艺非遗传承人为特邀调解员，以工匠精神，参与矛盾纠纷的调处，用法治促进非遗传承，用非遗助力多元解纷，维护社会和谐稳定。

（何晋松撰稿）

司法行政

【概况】2021年，全州司法行政系统紧扣“创新提升年”目标要求，勠力同心、团结奋进，坚持以习近平新时代中国特色社会主义思想为指导，深入学习贯彻习近平法治思想，贯彻落实党中央、国务院以及省州党委、政府和司法部（厅）对司法行政工作的决策部署，讲政治、把方向、勇担当、善作为，在服务保障全州经济社会发展大局和建设更高水平的平安法治大理中作出贡献，系统内涌现出一大批受各级各部门表彰表扬的先进集体和个人，司法行政职能作用发挥、改革发展取得新成果，人民群众对法治建设的满意度和获得感、幸福感、安全感提升。

【法治调研与督察】2021年，大理州全面依法治州工作聚焦“两城一区、三个走在前”定位，坚持以法治促发展、用法治惠民生、靠法治保稳定，统筹推进全州法治建设，提高广大人民群众对法治建设的获得感，为高质量发展营造良好的法治环境。①工作统筹部署。加强组织领导，根据《州委依法治州委员会工作规则》，组织召开州委全面依法治州委员会第三次全体会议和州委依法治州委员会办公室第三次主任会议，全面安排依法治州各项工作，强化对依法治州工作的组织领导。制定下发《州委全面依法治州委员会2021年工作要点及重点任务分解方案》，全面压实各个协调小组、12个县（市）及州级各部门的工作任务责任。②督察调研。在全州范围内分别组织开展基层法治建设调研、民生权益保护、公共法律服务体系建设、优化法治化营商环境服务民营企业发展专项督察。同时，在12个县（市）开展法治政府建设暨公共法律服务体系建设专项督察，发挥督察检查职能，抓好重点工作督办落实。③宣传贯彻习近平法治思想。组织开展习近平法治思想省委巡回宣讲团大理专场及各级宣传教育活动，全州各级各部门组织专题学习200余场次，12000多名领导干部及群众参加学习，开展学习宣讲300余场次，发放宣传资料10万余份。④法治建设考核。及时印发《中共大理州委全面依法治州委员会办公室关于做好2021年度党政主要负责人述法工作的通知》，组织开展12个县（市）及州级部门党政主要负责人述法工作，完成年度法治建设成效工作考核，制定《大理州2021年度法治建设成效考评细则》，州委依法治州办及四个协调小组组成考核组对12个县（市）、90家州级单位开展考评，强化考评结果运用，发挥考核工作在全面依法治州中的指挥棒和导向作用，确保全面依法治州各项工作真正落地见效。

【依法行政】2021年，大理州推动法治大理、法治政府、法治社会一体建设，依法行政水平普遍提高，法治政府建设取得新的实效，在省对州法治建设成效考评中被考评为优秀等次。①规划引领。开展《法治大理建设规划（2021—2025年）》《大理州法治社会建设实施方案（2021—2025年）》和《大理州法治政府建设实施方案（2021—2025年）》制定，为法治大理建设提供制度保障。②行政执法。制定实施《大理州营商环境法治环境指标优化提升工作方案》，推动全州法治化营商环境工作措施落实落细；全面推进行政执法“三项制度”和证明事项告知承诺制，及时向社会公告第一批“告知承诺制证明事项清单”，全州各相关部门办理服务事项8745件；严格执法人员资格管理和执法培训工作，服务保障各级各部门行政执法规范化。组织开展行政执法培训12期，2700余名行政执法人员参加学习培训；审核执法人员证件信息7982人次，组织2365名行政执法人员参加执法资格考试，1848名行政执法人员通过考试并申领行政执法证件，合格率为78%；开展重大行政执法决定备案工作，全州行政执法机关备案重大行政执法决定案件4023件。③立法保障。完成《大理白族自治州大理历史文化名城保护条例（修订草案）》政府阶段立法工作，配合州人大法制委组织召开《大理白族自治州洱海保护管理条例》立法后评估专家论证会，提高立法质量。④化解社会矛盾纠纷。按时完成全州行政复议案件集中受理，实现行政复议工作以"一个口子"对外，全州受理行政复议申请163件、行政应诉案件205件。

【**普法宣传**】 2021年，大理州创新开展"法治宣传进校园全覆盖"工程，抓实"法律九进+N"普法责任制，建设基层民主法治，精准推进全民普法，增强法治宣传渗透力。①"八五"普法规划。超前开展"八五"普法规划制定落实，组织召开大理州"七五"普法总结和"八五"普法动员部署暨第十次法治宣传教育工作会议，全面总结全州"七五"普法工作，安排"八五"普法工作任务。②法治宣传进校园。出台《大理州法治宣传进校园全覆盖活动方案》，在新春开学第一周，全州同步启动"弘扬法治精神，共建平安校园"法治宣传教育活动，将青少年法治教育作为开学第一课，做到学校法治宣传教育不漏一校一师一生，提升法治学校建设水平。全州开展青少年法治教育开学第一课1296场次，专题法治讲座1733场次，参观青少年法治宣传教育基地113次，成立普法讲师团66个，讲师团开展普法专题讲座1390场次，全州受教育师生达到134万余人次。③全民普法。督促指导各级各部门落实"谁执法谁普法"普法责任制，围绕全州中心工作，抓好生态文明建设和洱海保护治理，制作宣传标语和公益广告20条，发放宣传资料5.75万份，乡（镇）召开群众会、户长会20场次，"法律九进"宣讲活动开展4万余人次；结合"3·15"消费者权益保护日、"4·15"国家安全日、知识产权周、民族宗教领域等重要节点和重点领域，深入开展多形式普法宣传活动，突出普法特色，尤其是大力宣传国家安全宣传教育与民俗文化相结合的大本曲《国家安全为人民》，宣传效果成效明显；组织全州各级各部门开展"美好生活民法典相伴"主题宣传和在线竞答活动，获全省"优秀组织奖"；加强新媒体普法，增加公众互动，全面提升全民法治意识和法治素养。④正向激励和舆论宣传。牢牢把握正确的政治方向和舆论导向，及时反映司法行政工作成效；严格新闻审核把关，落实"三同步"机制，做好舆情监测和舆论引导工作，营造干事创业良好氛围；全州有2个基层司法所被司法部授予"全国模范司法所"称号，2名司法所所长被司法部授予"全国司法所模范个人"称号。⑤民主法治创建。大理市湾桥镇中庄村、漾濞县苍山西镇光明村被司法部、民政部命名为第八批"全国民主法治示范村（社区）"。

2021年，大理州精准推进全民普法，增强法治宣传渗透力。图为送法进社区
（大理市志办　提供）

【**基础法律**】 2021年，大理州人民调解组织网络健全，智慧人民调解·云智调系统推广运用，创新实施"强调解、防命案"工程，有效防范民转刑、刑转命案件发生。全州1377个人民调解委员会，19598名人民调解员调解各类纠纷20481件，调解成功19835件，调解成功率96.8%。①刑释解矫人员安置帮教。健全完善安置帮教工作制度，制定《大理州司法局关于加强安置帮教工作的通知》，以政法队伍教育整顿为契机，将刑释解矫人员安置帮教工作中的突出问题纳入大理州司法局顽瘴痼疾整治内容。推进安置帮教专项整治工作，全面排查整治近年来全州开展安置帮教工作中的薄弱环节、暴露出的短板问题，在整治中补短板、强弱项、堵漏洞，健全完善安置帮教工作各项制度措施。深刻汲取"宾川县谢明案"教训，以案为鉴、以案促改，有效降低重新违法犯罪率，维护社会和谐稳定。②诉前委派调解。稳步推进基层法律服务所向合伙制转型改革，以项目化推动诉前委派调解中心建设工作，提升基层治理能力，助推市域社会治理现代化。全州成立17个诉前委派调解中心（站），聘请特邀调解员78名，成功调解法院委派案件2867件，总标的金额为6.9亿元，走出一条顺应群众需求的矛盾纠纷多元化解新路子。③人民监督员、陪审员选任管理。强化人民监督员队伍建设，指导督促各县（市）司法局做好人民监督员、陪审员选任管理，完成第二批46名大理州人民检察院人民监督员初任培训工作。④法律服务工作者执业核准考试。全州年度基层法律服务工作者执业核准考试组织实施，全面完成全年全州73家基层法律服务所，158名基层法律服务工作者的年检任务。

【**法律事务管理**】 2021年，大理州公共法律服务工作全面完成大理州人民政府10件惠民实事公共法律服务惠民工程，公证工作压茬拓展，司法鉴定日益规范，公共法律服务体系建设完善。①法律服务惠民工程。全面落实大理州人民政府年度10件惠民实事公共法律服务惠民工程，建成州县乡村四级公共法律服务实体平台1275个。脱贫村法律顾问覆盖率、低收入人口法律服务需求回应率、低收入人口有法律援助需求时受援率、脱贫村、低收入人口的矛盾纠纷调处率均为100%；稳步推进12348公共法律服务热线、12348云南法网、“云南掌上12348”微信公众号、云岭法务通四张网建设。②公证改革管理。在州级层面完成首个合作制形式的南诏公证处组建改革任务，激发公证工作活力、提升公证质量，全州办理公证事项20559件。③司法鉴定监督管理。健全完善科学管理、统一规范、监督有力的司法鉴定管理机制，开展全州司法鉴定行业突出问题专项治理，突出评查检查，规范执业活动。成立6个功能型基层党支部，加强司法鉴定行业党组织建设，全州办理各类司法鉴定事项8488件。④法律援助服务保障。继续做好刑事案件律师辩护全覆盖工作，完善律师值班工作运行机制，全面推行公民申请法律援助证明事项告知承诺制，规范使用法律援助经费，强化法律援助案件质量提升管理，全州办理法律援助2369件。

10月12日，大理州组织召开国家统一法律职业资格考试工作会议
（州司法局　提供）

【律师工作】 2021年，全州有55家律师事务所603名律师，其中专职执业律师423名，党员律师303人，担任法律顾问800家以上，办理各类诉讼、非诉讼案件15119件。①行业党建和教育管理。大理州律师工作始终坚持党的领导，加强律师行业党建和教育管理工作，引导激励广大律师在围绕中心、服务大局中勇担作为、干事创业，促进律师行业守正出新，全面发展。②依法规范执业。发挥律所在律师日常管理中的基础作用，压实律所主任第一责任人管理职责，加强对律师事务所日常实地检查考核，督促律所建立健全内部管理的各项制度，注重加强对律师队伍意识形态领域、业务及职业道德、执业纪律的教育培训，规范律师执业。③律师“严管厚爱”措施。加强律师事务所和律师的考核奖惩机制，落实“严管厚爱”措施；处理律师维权案件，协调解决律师会见难的问题，加强对律师投诉惩戒工作力度，对律师违法违规执业，依法依规作出处理和行政处罚决定。④扫黑除恶。规范律师参与涉黑涉恶案件辩护代理常态化工作，做好律师代理涉黑涉恶案件的“凡代必报”工作，配合人民法院做好涉黑涉恶案件开庭时到庭监督指导工作，加强对涉黑涉恶案件代理律师的教育培训引导；全年大理州律师代理涉黑涉恶案件报备125件次，根据人民法院通知到庭指导1件，涉黑涉恶案件代理律师均未出现违纪违规的情况。⑤律师行为、行业专项整顿治理。开展律师违规兼职等行为专项清理、律师行业乱象专项整顿、规范律师与司法人员接触、交往行为专项治理等活动，律师队伍在政治坚定、业务精湛、维护正义、恪守诚信等方面成效明显。⑥律师职能发挥引导。开展“万所联万会”活动，采用“一对一”“一对多”等形式，与工商联商会实现需求精准匹配、工作有序对接。全州40家律师事务所与124家商协会建立合作机制。组织动员律师协助配合州、县（市）人民政府及部门完成洱海保护“三线”划定、餐饮旅店业管理、农业面源污染防治、综合行政执法等工作，为洱海保护治理提供及时、优质、高效的法律服务保障。⑦律师涉法涉诉信访案件处置参与。大理州涉法涉诉信访法律服务中心成立至今，接待来访群众3000余人次，案件内容涉及婚姻纠纷、医疗纠纷、交通事故赔偿、工伤事故、追讨农民工工资、土地征收、房屋拆迁等200余起，工作日值班律师均做好值班记录和息访息诉工作，引导信访群众以法律途径解决纠纷。⑧法治宣讲，至12月，州律协与大理州人民广播电视台合办的“法治大理”广播节目播出278期，在大理融媒体《城市进行时》宣讲53期。⑨社会公益活动参与。组织律师参与爱心捐款，参与社会各界公益活动；“5·21”漾濞地震发生后，全州律师捐款捐物13.78万元，组建由53名律所主任组成的“抗震救灾”公益法律服务团，为漾濞灾后恢复重建提供公益法律服务。⑩法律职业资格考试。完成年度国家统一法律职业资格考试任务，连续多年保持考试组织实施“零失误”、服务考生“零投诉”。

【社区矫正管理】 2021年，大理州社区矫正管理工作深度发展，全面构建“智慧矫正”工作体系，成立社区矫正管理局，社区矫正刑罚执行能力加强。①贯彻落实社区矫正法。深入贯彻落实《中华人民共和国社区矫正法》及其实施办法，规范落实社区矫正对象的安全管控工作，开展社区矫正法学习宣传贯彻活动，营造社会广泛参与的良好氛围，夯实社区矫正执法基础。②社区矫正对象的监管。落实对社区矫正对象的监督管理和教育帮扶措施，根据社区矫正对象的自身特点进行分类施策的教育管理模式；全面落实考核奖惩规定，严格执法标准，配齐配强执法力量，提高执法能力水平。③组织保障。5月29日，大理州社区矫正管理局成立，大理市等10个县（市）相继成立社区矫正管理局，推动各县（市）社区矫正管理机构建设工作，为大理州加快推进社区矫正工作发展提供的组织保障。④“智慧矫正”建设。组织召开全州“智慧矫正”工作推进会，全面安排推进“智慧矫正”建设工作，祥云县、永平县“智慧矫正中心”建设基本完成，等待接受省司法厅和司法部验收，全州社区矫正工作科学化、智能化水平得到提高。⑤合作研究心理矫治课题。完成与大理大学合作研究的心理矫治课题，形成《大理州社区矫正后心理矫治工作的方法与实践项目报告》，指导社区矫正工作实践，为社区矫正对象和工作人员开展心理咨询和心理矫治提供必要的工作方法及理论，开展社区矫正对象分类矫治和个性化矫治工作，广泛动员引导社会力量共同参与，促进社区矫正对象融入社会。⑥社区矫正队伍建设。深化与检察机关联合开展执法检查机制，坚持社区矫正综合分析机制，提高规范执法标准；落实好刑事执行协调配合和选派监狱（戒毒）人民警察参与社区矫正对象的监督管理、教育培训、考核奖惩等工作，逐步推动社区矫正机构由业务型向实战型的转变。⑦重点时期社区矫正安保维稳。及时加强分析研判和部署，针对社区矫正对象脱管隐患、重特大案件隐患、集中教育和社区服务等安全隐患，开展安全隐患排查整治。全年全州社区矫正对象没有发生重特大案件；做好重点领域社区矫正工作，开展社区矫正扫黑除恶线索收集处理和涉黑涉恶人员摸排，对排查出的参与黑恶势力社区矫正对象，明确责任，有针对性地采取防范措施；加强社区矫正工作领域常态化疫情防控措施，建立完善社区矫正疫情防控应急预案，社矫对象和工作人员做好自身防护，做到社区矫正对象疫情防控情况“底数清、情况明”。

（黄萍撰稿）

【大理监狱】 2021年，大理监狱规范公正文明执法，以政治改造为统领推进“五大改造”落地见效，以政法队伍教育整顿为契机，深入开展综合治理，彻底解决历史遗留问题，统筹推进监狱安全稳定、疫情防控、队伍教育整顿、党史学习教育、“大狱之问”大讨论活动。打造“工作环境一流、学习能力一流、队伍建设一流、工作业绩一流”工作目标，实现监狱管理水平、执法公信力、人民满意度、队伍作风形象提升，全年实现“四无”目标，连续14年实现“四无”。落实封闭值班执勤模式，每15天进行一次全员核酸检测，坚持“人”“物”“环境”同防同查，坚决落实“防住门”“管住人”“控住物”等防控措施，常态化开展环境取样检测和生产物资检测。年内，在职警察职工辅警两针疫苗接种率为97.09%，在押罪犯接种率为99.78%。年内，大理监狱狱内侦查科蒙智远被省委政法委评为云南政法工作先进个人，九监区黄俊被省司法厅评为云南司法行政之星。

改造工作　2021年，大理监狱完成会见服务中心建设；安装视频监控、智能报警等技防设施，推进智慧实战指挥体系建设。落实《云南监狱计分考核工作实施细则（试行）》，调动罪犯改造积极性，通过拨打亲情电话和远程视频会见缓解罪犯思亲念家情绪。对罪犯劳动改造现场进行“科学化、标准化、规范化、智能化”改造升级，创建精品劳动车间。开展政治、教育和文化同向改造，在重要节日组织开展大型政治教育活动5次；开展“政治教育月”“五讲四美三热爱”主题教育活动，激发罪犯爱国热情。年内，开展罪犯创业能力培训1期；对困难罪犯家庭进行现金帮扶；监狱公共法律服务工作站，以视频的方式为服刑罪犯提供法律服务，6名律师分批运用视频系统为罪犯提供法律咨询。引入“枫桥经验”，有效排查调处罪犯矛盾，在押罪犯矛盾排查率达到100%，重大矛盾立项调处率达到100%，调解成功率达到100%；开展“五不增加”教育系列活动，深度触及罪犯灵魂。

入监出监教育　执行入监、出监教育工作规定，做实入监、出监教育。①入监教育。开展法律常识、认罪悔罪、心理健康和中华传统思想道德等4个课程，每项教育覆盖率均达到100%；对入监新犯进行入监文化程度测试，年内，刑释人员小学毕业率达到100%，小学初段和高段考试及格率均达到100%；开展心理健康教育和心理矫治，心理健康教育普及率100%，新入监罪犯心理健康测试达到应测试人数的100%，求询罪犯咨询率为100%；新入监罪

左图：大理监狱以政法队伍教育整顿为契机，深入开展综合治理，统筹推进各项工作；右图：亲情电话和远程视频会见缓解罪犯思亲念家情绪，调动罪犯改造积极性

（大理监狱　提供）

犯心理测试率及心理档案建档率为100%；年内，组织心理测试1517人次，开展服刑指导630人次；开展48次团体辅导。②出监教育。抓实出监教育，巩固罪犯改造成效，挖掘先进文化的教化功能。开展文化改造专题教育，聘请18名警察文化教师，定期在监狱演播中心开展文化教育讲堂；开展1个“传统文化教育月”和5个“传统文化教育日”活动，教育活动覆盖率为100%。

公正文明执法 2021年，大理监狱坚守安全底线，完善安全治理体系，在罪犯中大力开展三人互监从严管控专项行动、罪犯管理“四项内容”专项整治、监狱综合治理专项清查、“二三四”专项行动、“八争攻坚”行动等系列活动。执行罪犯收押、释放工作；规范刑满释放人员的安置帮教工作。年内，按“必接必送”的相关规定，送回232名刑释人员；做好狱务公开工作，保障罪犯的基本权利和义务。落实“刑罚执行办案中心”办案模式，规范办理罪犯减刑假释工作。

法治宣传教育 2021年，大理监狱大力开展反恐维稳和扫黑除恶专项斗争法制宣传教育。①反恐维稳。开展“全民反恐防范 共筑平安”主题宣传季活动、制定相应的预案和工作方案；开展反恐应急演练；加强与驻地反恐部门的沟通联系、情报信息共享，形成齐抓共管的反恐怖管控良好格局。②扫黑除恶专项斗争。《大理监狱》杂志、《大理监狱报》、“大理监狱”微信公众号，及重点公共场所的宣传橱窗发布扫黑除恶专项斗争相关内容，将扫黑除恶内容纳入普法内容，形成“遵法、学法、守法、用法”的法治氛围。

安全生产 2021年，大理监狱深入推进安全生产专项整治三年行动计划，全年开展日常安全检查48次，专项安全检查31次，发现隐患72处，发现的隐患全部整改完毕。加强安全生产教育培训工作，提高全员安全生产意识和技能。抓好入监新犯安全生产“三级教育”，与相关部门协调配合开展特种作业人员教育培训，做到特种作业人员100%持证上岗。以“安全生产月”活动为契机，组织“安康杯”安全生产知识竞赛。建设双重预防机制。开展安全风险和事故隐患排查，针对排查出的风险点的区域位置、风险类别和等级，及时制定管控措施和应急措施。压实责任，做实做细安全生产工作。与大理州自然灾害应急委员会签订“大理州自然灾害应急管理委员会 云南省大理监狱联防联控工作机制协议”，明确工作联络、快速响应、会商通报、联训联演、教育培训5项机制。齐心协力，抗震救灾取得全面胜利。大理漾濞“5·21”地震发生后，监狱第一时间启动应急预案二级响应，撤离安置监内人员，成立地震前线指挥部，未发生人员伤亡等重大事故。

监狱文化建设 2021年，大理监狱推进“一监一品牌、一区一特色”监区文化品牌建设，全年出版《大理监狱报》24期，向社会广泛宣传监狱工作和监狱新风貌；落实罪犯学习日制度，选用18名教育警察，轮流开展教育改造工作。刊印《大理监狱》杂志2期，刊出宣传栏57期，“大理监狱”微信公众号宣传推送消息132期522条；在“云南监狱”公众号中稿34条，其他媒体中稿21条，全面展示监狱严格、公正、文明执法的形象，展现监狱人民警察的良好精神风貌。以队伍教育整顿四项任务中“弘扬英模精神”为契机，在宣传阵地大力宣扬全省乃至全国涌现出来的英模事迹的同时，结合“5·21”地震发生后，监狱在抗震救灾工作中涌现出来的先进个人，大力挖掘宣传，以“身边的感动”为主题，推出3名先进个人作为榜样学习，以典型引领，凝聚人心，传递监狱工作正能量。以建党100周年为契机，开展“喜迎新年 幸福同行”系列活动，庆“三八”系列活动，“巾帼心向党 奋进新时代”红色路线健步走活动，组织参加中共大理州委政法委组织的全州政法干警“双十佳”颁奖晚会的演出和直播拍摄；组织警察和职工观看电影《长津湖》，接受爱国主义教育。

精神文明创建 2021年，大理监狱常态化开展“学雷锋”、洱海保护、植树活动、“三清洁”“爱国卫生7个专项行动”“送法进校园”“爱心捐赠”和社区环境卫生整治以及交通文明劝导等志愿服务活动；推动巩固拓展脱贫攻坚成果，为挂钩联系扶贫点的高质量发展出谋划策；选派青年警察参加年度洱海保护治理及流域转型发展驻乡（镇）工作队，充分发挥监狱作为驻地单位的职责，为大理州发展建设作出应有的贡献；部署“干部规划家乡行动”，安排青年回乡参与村庄规划建设；推动监狱精神文明建设工作再上新台阶。年内，监狱为第二十三批大理市市级文明单位、第十四批大理州州级文明单位、第十五届云南省省级文明单位。

团组织建设 2021年，大理监狱团委开展“学党史 强信念 跟党走”主题教育实践活动；举办学习贯彻习近平总书记“七一”重要讲话精神专题读书班；监狱团委获“大理州五四红旗团委”称号，2名团员青年获“大理州优秀共青团员”称号，1名青年警察获“大理州优秀共青团干部”称号。

（李晨撰稿）

【大理州强制隔离戒毒所】 2021年，大理州强制隔离戒毒所（以下简称强戒所）紧扣安保维稳主题抓实疫情防控和所管安全工作，开展政法队伍教育整顿，以零容忍的态度惩治腐败，以刀刃向内的勇气刮骨疗毒，以猛药去疴的决心整治顽瘴痼疾，132名警察和职工参加政治轮训、警示教育、查究整改，思想受到洗礼，队伍能力素质得到提升，宗旨服务意识强化。年内，强戒所遵循防疫总策略总方针，按照“高于地方、严于平时”的监所防疫要求，动态调高勤务等级，执行封闭管理，加大核酸检测力度，做到人、物、环境同检同防，强力推进疫苗接种工作，全方位构筑防疫安全屏障，防疫工作实现“零感染、零报告、零炒作”目标。

所管安全 年内，强戒所从服务全州禁毒工作大局出发，坚持依法应收尽收，完成523人的吸毒人员收治任务，包括收治病残吸毒人员157人，病残人员收治管控中创新方式，与大理公安监管医院合作，把病残吸毒人员送院看护治疗，实现全员收治，减少吸毒人员对社会的危害。所管安全工作中始终坚持警察直接管理、“六重”管理，对标“十大风险”抓实“三级”研判工作，坚持安全隐患闭环整治，尤其是在疫情防控期间，强化领导、责任部门、指挥中心对大队“三级”视频巡查，加强监督执纪，保障全年的安全。

生活卫生 年内，强戒所保障戒毒人员生活医疗，执行司法部实物量投入标准，伙食费258元/人·月，

2021年，州强戒所开展政法队伍教育整顿，增强队伍忠诚拥护“两个确立”、做到“两个维护”的政治自觉性，净化政治生态，筑牢政治忠诚，鼓舞工作斗志，队伍展现出新的面貌（州强戒所　提供）

病残人员300元/人·月，饮食上增加肉、鱼、蛋、水果、牛奶的投入。投入20万元采购更换戒毒人员被服，医疗上加强与大理市第一人民医院、大理民族医院合作，开辟体检、救治绿色通道，做到随送随检、随治，保障戒毒人员的生命健康权。

教育戒治　年内，继续加强统一模式建设，投入80万元，建成“毒瘾评估VR”室；投入29万元，建立戒毒人员自主神经心理评估系统；投入教育经费110万元，利用统一模式平台，采取线上线下教学，完成戒毒人员生理脱毒期、康复巩固期、回归指导期的教学任务；开设4个滤波器、磁环加工工艺培训班；依托云南瑞韬职业培训学校开展穴位按摩、病人护理2个专业培训班，101人参加培训并获得资格证。在常态化疫情防控下，加强戒毒人员心理健康辅导和康复训练，组织“心理健康月”活动，全年组织心理团辅85场次，实行一对一个体辅导168人次，完成新收戒毒人员心理测试478人次。同时，按3期分期要求开展戒毒人员康复训练，完成运动康复训练任务，受训率99%。继续做实统一模式“后半篇文章”，在巍山大仓照管站建立视频探访回访系统，年内对223名解戒人员进行帮扶照管，帮助解决解戒人员生活生产实际困难，发挥社会职能作用。开展禁毒文化进学校、进机关、进村社、进企业，全年安排所内禁毒防艾宣传12场次，进校园、社区禁毒防艾宣传4次，3350余人受到教育，服务全州禁毒工作大局。

习艺劳动　年内，按照“五性原则”引进优化习艺劳动项目，开展“安全生产隐患三年整治”行动，加强应急预案的演练，完成“5·21”地震应急处置任务，深入推进所企改革，理顺行政、企业事权与支出责任，全年实现安全生产无事故，全年劳务收入为1423万元，同比增长7.67%。实现经济社会效益的“双赢”。

服务保障　年内，对标场所建设标准补齐设施短板，投入220万元修建外围墙安全隔离网、组织“5·21”地震受损房屋、围墙的修复，投入100万元建成戒毒人员家属探访停车场，投入45万余元建成戒毒人员物资储存冷库、改造戒毒人员洗浴供水系统，投入16万元改造民警和职工隔离备勤生活设施，投入20万余元修建临时收治中心和戒毒人员所外视频探访室，搭建防疫期间便民服务平台，提升基础保障水平。

队伍建设　年内，按照“五个过硬”的要求打造司法行政戒毒铁军，5人被提拔为四级高级警长、11人提拔成为副科级领导干部，1人被评为大理州“优秀共产党员”、成为党代表出席州委第九次党代会，1人被表彰为“全州政法系统十大忠诚卫士、第四轮禁毒人民战争禁毒防艾先进个人和云南省政法工作先进个人”，选派6名年轻干部到州级单位跟班学习，选派2名优秀年轻干部到乡（镇）挂职锻炼，盘活干部交流培训机制，使干部意志得到锤炼、才干得到增长；年内，开展政法队伍教育整顿、党史学习教育和“大理之问”大讨论活动，组织多次政治轮训、专题学习研讨、警示教育，抓实肃清流毒影响和以案促改工作，增强队伍忠诚拥护“两个确立”、做到“两个维护”的政治自觉性，净化政治生态，筑牢政治忠诚，鼓舞工作斗志，队伍展现出新的面貌。

（李建勇撰稿）

军 事

Military Affairs

◈责任编校　杨　唬

◈乡愁大理·黑白记忆◈　　1979年大理海印船家生活场景

大理军分区

2021年，大理军分区紧急调遣民兵参与漾濞“5·21”6.4级地震救援，挽救群众生命、抢救生活物资　（大理军分区　提供）

【概况】 2021年，大理军分区夯实基层基础，深化正风肃纪，坚定举旗铸魂，狠抓练兵备战。抓实党纪教育，落实党委、纪委制度，定期组织观看《铁纪强军》《党内重要法规系列讲座》等纪律教育片。高标准完成军委纪委巡视反馈和军委国防动员部党委巡察问题整改。制定对接乡村振兴战略定点帮扶方案，支持乡村振兴战略，专题召开常委会审议研究年度定点帮扶计划，协调投入265万元，在田心村完小新建女生宿舍楼1幢；协调投入176万元，在田心村子马归小组和青禾旱村四组援建人畜饮水项目、在青禾旱村七组援建桥梁建设项目。年内，大理军分区政治工作处被省委、省政府表彰为“云南省脱贫攻坚先进集体”。组织党委、纪委、党支部书记和党小组长培训。召开党史学习教育民主生活会，开展党组织规范化建设自查整改，组织完成各级党委、支部换届选举。全面推进国防教育进机关、进学校、进基层活动，开展国防教育专题授课4次，张贴国防宣传画报1000余份，发放国防宣传手册2万余册。常态化做好疫情防控工作，落实防疫要求，定期组织营院消杀，提高防疫物资储备标准，开展爱国卫生活动，实现“零感染”目标。

【思想政治建设】 2021年，大理军分区重点学习领会习近平总书记“七一”重要讲话和党的十九届六中全会精神，跟进学习习近平最新讲话，组织每季度党委中心组带机关理论学习，党委常委常态化抓好集体学习，推动云南省军区党建法规培训成果转化。统筹抓好“传承红色基因、担当强军重任”主题教育；广泛开展庆祝中国共产党成立100周年系列活动，11个单位、9名个人在上级“两优一先”评比中受到省部级以上表彰。坚持以专武干部、民兵骨干、基干民兵为重点，开展形势战备、职能使命、战斗精神和国防法规等教育，激发广大民兵投身国防建设的使命感和责任感。落实民兵政治教育规定，发挥民兵队伍优势支援地方经济建设。

【战备训练】 2021年，大理军分区牢固树立战斗力标准，聚焦聚力主责主业，提升应急应战能力。落实党委议战议训，推进战备能力建设。组织首长机关训练和军事训练考核。高质量完成云南省国防动员指挥集训任务，提高组织指挥能力。统筹抓好集中轮训，高标准完成全州基干民兵训练任务。全年多批次动员民兵执行对口支援疫情防控任务，实现“打胜仗、零感染、不出事”目标。参与漾濞县“5·21”6.4级地震救援，动员各受灾县（市）普通民兵就地救援，调遣大理市和宾川、弥渡、南涧县应急民兵紧急驰援，搭建帐篷7400余顶，转移安置灾民34400余人，运送分配救灾物资1800余吨。协调军地救援队参与大理“5·10”直升机坠毁事故救援，出动民兵参与宾川县拉乌乡森林山火扑救、洱源县炼铁乡特大泥石流灾害救援等急难险重任务。

【国防动员】 2021年，大理军分区协调召开中共大理州委议军会议暨州国动委第十三次全会，组织人武部党委第一书记党管武装述职讲评，评选表彰2020年度“党管武装好书记”“关心支持国防好县（市）长、好乡（镇）长”。规范组织县（市）人武部党委第一书记任职大会。高标准迎接全省党管武装工作检查考评，成立州军地联合考评组，完成对县（市）党管武装工作的考评。推动一批国防动员重大项目纳入州“十四五”规划。组织国防动员潜力调查，开展民用危化品重大危险源专项调查。优化民兵力量结构布局，规范民兵整组实施流程，完成年度基干民兵、普通民兵编组任务。探索“一年两征”路子，推行大学毕业生征集乡（镇）包干责任制，接续开展“五朵金花”征兵记系列宣传，抓好廉洁征兵，完成年度义务兵征集和直招士官招收任务。推广老君山镇武装部规范化建设成果，在永平县人武部组织正规化建设试点观摩，组织专武干部集中培训，全面建强基层武装工作阵地。开展干休所全面建设达标活动，全面提升老干部服务保障水平。

【双拥共建】 2021年，大理军分区协调州委、州政府集中研究解决事关大理驻地部队战备、训练、工作、生活的困难问题，强力服务保障驻地部队抓练兵备战。着眼解决官兵“后院、后代、后路”问题，加大工作力度，协调州委、州政府出台《大理州军人随军家属就业安置实施办法》，实质启动驻军部队随军家属定向招聘，完成15名家属定向招聘和随调，全部安置到事业单位和国有企业。修订完善《大理州军人子女教育优待实施办法》，协调解决军人子女入学入托问题，落实驻地部队军人子女和烈士子女报考高中阶段学校加20分政策，实实在在办好拥军优属“暖心事”。

【后勤装备建设】 2021年，大理军分区着眼提升练兵备战保障能力，修订完善各类后勤装备保障预案，探索规范应急条件下民兵执勤物资采购办法，指导各单位搞好战备库室标准化建设，精细做好民兵执行任务相关保障。持续打好后勤重点行业领域整肃治理攻坚战，开展预算审计问题整改、账户资金清查，民兵事业费管理检查、生活费待遇清查治理等各类待遇清理清查。健全军地应急保障和工作联络协调机制，加强民兵保障队编组训练。严密做好武器装备保障，完成全年各批次枪支动用和训练弹药保障任务。

【基层建设】 2021年，大理军分区抓好《军队基层建设纲要》学习贯彻，提升各级党委班子成员按纲抓建的意识和能力。落实《机关抓建基层职责清单、工作清单》要求，持续开展帮建党支部、帮带书记、帮抓骨干活动，军分区党委常委分工挂钩帮带团级单位。巩固老君山镇武装部规范化建设成果，加大经费投入，规范基础建设，提升建设质量。组织全州各县（市）人武部主官到永平县人武部观摩正规化建设试点成果，推动县（市）、乡（镇）两级人武部规范化建设水平提升。广泛征求基层意见建议，为基层办好10件实事，解决基层实际困难。

【部队安全管理】 2021年，大理军分区开展"学法规、用法规、守法规"活动，认真开展安全大检查并组织安全训练和安全教育。严格早操、一日生活和体能训练制度，落实条令条例，正规部队秩序。开展"百日安全活动"，定期分析安全形势，搞好安全风险评估，加强重大任务行动安全管控。深入开展打击枪爆违法犯罪专项行动，及时整改问题隐患。开展政治纪律、隐蔽斗争、预防职务犯罪、预防枪弹犯罪教育，对营区周边敌社情进行"拉网式"排查整治，及时消除现实危害。组织干部、文职人员、职工进行心理检测，建立心理健康档案。开展"军车交通安全月"活动，规范车辆派遣制度，加强安全行车教育督查。持续开展"清网"行动，开展防间保密专项行动，大力纠治网络"翻墙"、网上乱交友等问题。

【军地协作】 2021年，大理军分区与地方各级有关部门加强联系、密切协作，建立健全工作机制，推动军地隐蔽斗争、案件侦办、安全警卫、舆情监测、应急处置等协作制度落地落实，增强联防联控工作质效。与州检察院、州司法局联合出台《军人家庭未成年子女司法保护工作实施意见》《军人军属法律援助工作实施办法》，在军分区设立军人法律服务站，维护军人军属合法权益。

【"五朵金花征兵记"宣传】 2021年，由大理军分区牵头，中共大理州委宣传部、大理日报社、大理州广播电视台、各县（市）融媒体中心共同参与，深入发掘融合民族特色文化和征兵工作典型事迹，持续开展"五朵金花征兵记"系列宣传报道。通过对"五朵金花"征兵工作开展全方位、多角度、接地气的系列宣传报道，激发全州适龄青年踊跃参军的热情，增强社会各界关注国家安全、支持国防建设的政治热情和国防观念。

（和鲲龙撰稿）

武警大理支队

【概况】 2021年，武警大理支队党委围绕"争创先进支队、实现全面过硬"的总体目标，立足"厚植底蕴提质期、正风肃纪巩固期、守正创新转型期、争先进位发力期"的发展定位，深化"以队为家、体系建队、稳步发展"的建队理念，紧随建党100周年政治标高，紧跟上级党委决策部署，紧抓任务工作落地见效，全体官兵用平凡之功托举时代担当，涓滴之力汇聚磅礴伟力，聚力攻坚"五大考验"，实现整体建设态势向上、形势向好、趋势向前的良好局面。

【思想政治建设】 2021年，武警大理支队坚持政治引领首位首抓，以"3个基本教材"为纲，深学"4本必读书目"，筹划学党史"7项活动"，跟

2021年，武警大理支队狠抓战备训练，在总队多项比武和集（培）训上名列前茅。图为400米障碍考核现场

（武警大理支队 提供）

2021年，大理州漾濞县“5·21”地震发生后，武警大理支队全力投入救灾重建，用平凡之功托举时代担当。上图：为群众搭建灾区板房；下图：受灾群众为官兵送水，充分体现军民鱼水情深 （武警大理支队　提供）

进学习习近平总书记“七一”重要讲话和党的十九届六中全会精神，持续提升“政治三力”。落实“八有”抓教规范，创新“四课”组教模式，推进主题教育和季度专题教育，搭建“好视通”视频会议系统；开辟资源共享、查教评课网上平台，组织政治教员比武竞赛，2人分获“十佳政治教员”和“优秀政治教员”称号。深化党的建设法规学习活动，让各项工作进入“新法规时间”；开展民主集中制学习研讨，召开“五个带头”专题民主生活会和党史学习教育专题组织生活会。强力推进“书香军营”等文化建设，参观红色教育和廉政教育基地，开展系列文化活动。开展密切内部关系教育整顿活动、“四治四强”作风整治、“四责”“守党纪、知敬畏、严自律”专题教育，巩固官兵关系、深入转改作风、强化责任担当。

【基层建设】 2021年，武警大理支队固化“常委包片、股室包队”帮建机制，突出拓理念、理思路、教方法、解难题四个重点，重心下移抓帮带，3个单位实现脱贫摘帽。抓实“三日”活动，组织“三长三员一骨干”培训，抓实干部骨干岗位匹配能力培养。召开“强军当先锋、青春献给党”先进典型宣讲会，激发官兵学习典型、争当典型的热情。推开洱源中队“三园建设”试点工作，推广祥云中队“以队为家”抓建理念、“五小而精”建队做法，组织干部骨干参观住学，提升基层自主抓建能力。深化暖心措施，组织“四送”服务小分队下基层，精心筹办退役仪式、鹊桥联谊和亲子活动等暖心实事。以“日学一法、周析一案、月讲一课、季度一评”为主要抓手，大力开展“争创‘六无’先进单位”和季度主题安全活动；紧紧扭住人这个关键因素，突出酒驾醉驾、涉枪涉弹、网赌网贷、“翻墙”上网等重难点问题整治，排查整治安全隐患30余处，降低部队管控险点压力。

【战备训练】 2021年，武警大理支队聚焦“六化”转型，深入开展“岗位练精兵、质量排座次”和创（破）纪录活动，坚持党委机关带头训、专业内容岗位训、重点课目集中训，狠抓训练落实，大抓训练督查。参加总队多项比武和集（培）训成绩名列前茅；代表总队参加武警部队重难点课目、集训，分获个人专业第一、第二名；教导队被武警部队评定为“一级教导队”；战士徐兴冲被武警部队表彰为“标兵教练员”；参谋陆兴所在团队获第五届全军军事建模竞赛二等奖。贯彻“四联”工作会议精神，推进执勤环境“六个方面”专项整治活动，投入经费95万余元，完成11家单位应急通道、14家单位上勤通道门禁系统和13家单位巡视通道照明改造等设施建设；落实“一队一天一检查”“双七条”等措施制度，发挥犬防助勤效果，巩固执勤阵地。以使命任务为牵引，加强任务研究和战备演练，狠抓战备库室建设，殷实战备物资器材，保持良好战备状态，统筹推进COP15专项任务，严密组织“卫士2021”系列演习。全力完成“5·21”漾濞抗震救灾、6场森林火灾扑救、10余次联勤武装巡逻和100余起武装押解任务。

【后勤装备建设】 2021年，武警大理支队牢固树立“前勤”理念，及时修订完善配套预案，规范人员定岗、装备定位、物资定量、管理定责；优化建强“一组五队”和战勤编组，定期拉动演练，提升应急保障能力。

深化后勤8个重点行业领域整肃治理，组织资产大清查和采购行业内审，后装管理逐步规范。汇总核查资产数据18000余条，全面实现资产账目清。坚持经费投向重心向战斗力聚焦，通过争取上级、协调地方、本级自筹等方法筹集经费2000余万元，强力推进训练场地建设、营区营房新改扩建等项目，部队硬件水平大幅提升。

（杨映武撰稿）

退役军人事务

【概况】 2021年，全州退役军人事务部门坚决贯彻上级要求，提高政治站位，强化使命担当，聚焦主责主业。召开州委退役军人事务工作领导小组全体会议2次，州双拥工作领导小组会议1次；审议通过领导小组成员单位工作职责和联络员工作职责，印发《大理州创建云南省第十一届双拥模范城实施方案》。46个乡（镇、街道）退役军人服务站完成全国示范型退役军人服务站达标创建，66个乡（镇、街道）提前一年完成达标创建任务，通过州级初审和省级交叉复审。完成退役军人和2名随调家属移交安置任务，妥善安置全州由政府安置的退役士兵，事业单位安置率为89.2%，11个县实现100%事业安置，为自主就业退役士兵发放地方一次性补助金。率先探索规范部分退役士兵“两保”接续工作流程，经验做法在全省行业系统进行推广学习。

【思想政治引领】 2021年，大理州退役军人事务局组织开展“老兵永远跟党走”“传承红色基因·续写军旅荣光”诗歌、摄影、演讲等6个系列活动。开展大理州首届“最美退役军人”评选活动，李九云等15名退役军人被评选为“大理州最美退役军人”。与州委组织部、大理军分区政治工作处联合转发《关于进一步加强退役军人党员教育管理工作的意见》，结合县乡领导班子换届，推动优秀退役军人进入基层“两委”，全州村（社区）“两委”中退役军人占比9%，兵支书占比15%。为确保军休干部“两个待遇”得到有效保障，制定印发离退休军人和伤病残士兵滞留部队人员三年集中移交安置州级配套文件，确保离退军休人员医疗保障有效衔接。积极向上争取项目资金，对鹤庆县、弥渡县军休点进行修缮改造，组织开展全州军休系统门球联谊赛和军队离退休干部荣誉疗养活动，参加云南省第二届退役军人暨“云岭军休”美术书法摄影作品展，获奖作品17件，州局被评为优秀组织奖。

【退役军人就业创业】 2021年，州退役军人事务局挂牌成立大理州退役军人就业创业孵化基地，结合县（市）区域经济发展特点，扩宽就业渠道，初步形成“一县一品”创业矩阵。组织退役士兵参加职业技能培训，自主就业退役军人参加两期退役军人电子商务培训班，举行线上线下专场招聘会59场，780家用工企业提供岗位约2.1万个。举办大理州“建行杯”退役军人创业创新大赛和退役军人金秋招聘周活动。

【优待抚恤】 2021年，大理州退役军人事务局全面落实优抚对象待遇，提高生活补助标准，完成发放优抚补助金工作。大理州自筹资金为大理籍健在抗战老兵提高生活补助标准，由每人每月500元提高至1000元。落实立功官兵奖励机制，送达立功喜报，评选“四有”优秀个人，兑现立功官兵一次性奖励108.1万元。大理州作为全国退役军人优待证试点地区，按照广泛动员、精细精准、争创一流的工作思路，高起

上图：11月10日，州委退役军人事务工作领导小组暨州双拥工作领导小组（扩大）会议召开；下图：1月1日，《中华人民共和国退役军人保障法》宣传活动周启动仪式

（州退役军人事务局　提供）

点打造大理市、巍山县精品试点。

【褒扬纪念】2021年，州退役军人事务局向上争取中央补助资金557.8万元，完成对全州现有烈士陵园内118冢烈士墓、54冢散葬烈士墓就地修缮、70冢散葬烈士墓迁入烈士陵园和部分县（市）、乡（镇）纪念碑修缮。向上争取和本级投入1460余万元，稳步推进大理市、永平县等烈士陵园新建及改扩建，大理、祥云、宾川等7个县（市）烈士陵园评定为州级烈士纪念设施保护单位，漾濞、弥渡、巍山、云龙4个县新建4座烈士陵园纳入“十四五”规划项目。高标准完成清明祭扫、烈士公祭活动，推广“代亲祭扫”“云祭扫”服务；州、县（市）四套班子领导和各级各单位举行“9·30”烈士公祭日活动12场次，参加公祭活动3000余人。

【拥军优属】2021年，大理州退役军人事务局组织开展春节双拥座谈会及“八一”建军节暨党政领导军事日活动、军营开放日活动，对驻地部队及重点优抚对象进行走访慰问。开展驻训部队慰问活动，慰问物资17万元。帮助某部队训练场解决官兵用电、饮水、生活物资保障困难等难题。安置随军家属，为军人子女解决入学难题，下关军供站获年度“全国重点军供站”称号。结合“我为群众办实事”实践活动，牵头组织为某军医院和州医院医疗专家组到鹤庆县云鹤镇、云龙县功果桥镇为退役军人开展“家门口”义诊活动，中国网、云南网、《大理日报》及时报道，取得良好的社会效益。牢牢把握新时代退役军人和双拥工作正确方向，大理州首次创建省级双拥模范城，创城工作纳入2022年政府工作报告重点任务，推动形成党委统一领导、政府统筹协调、部门齐抓共管、军地协调联动、社会广泛参与的工作格局，打造新时代大理“军民鱼水深情”双拥名片。

【抢险救灾】2021年，组建大理州退役军人志愿服务队，积极参与“5·21”漾濞地震、“9·13”洱源泥石流灾害抢险救灾工作。

（李俊磊撰稿）

人民防空

【概况】2021年，大理州围绕全局中心工作，以全省人防工作会议精神为指导，结合人防系统腐败问题专项治理“回头看”工作要求，强化“战时防空、平时服务、应急支援”的使命任务，围绕中心、服务大局、开拓创新、主动作为，人防组织指挥建设、防护工程建设、宣传教育、训练演练等方面都取得新的成效。

【指挥组织与工程建设】2021年，大理州优化州、县（市）和重要经济目标单位人防指挥组织结构，调整完善职能，细化人防指挥部编成方案，明确组成单位；补齐短板，抓实指挥工程和信息化建设。州级细化完善指挥部编成方案，全州12个县（市）完成城市防空袭方案和重要经济目标防护方案修订工作，全部制定重要经济目标防护方案。2个县市人防指挥工程项目开展前期工作；6个县机动指挥所建设全面启动；州本级、大理市完成通信系统建设工作。

【通信警报日常管理】2021年，大理州加强对人防通信警报设施的日常维护管理，落实警报音响全覆盖要求，建立健全使用维护管理制度。定人定期巡检，对全州人防警报设施进行逐台巡查和维护，确保全州人防警报设施时刻处于良好备战状态。落实战备值班值勤制度，确保战备值班执勤工作严谨有序。建立健全警报音响全覆盖使用维护管理制度，开展全州“9·18”防空警报试鸣，随着各县（市）建成区面积的增大，各县（市）防空警报数量增加，各县（市）防空警报音响覆盖率和鸣响率均为98%以上。

【人防工程建设与监督管理】2021年，大理州严格防空地下室建设审批，加强“放管服”工作和对各县（市）的业务指导，确保各县人防建设审批工作有效开展。加强对在建人防工程的监督管理，依托多审和一系统加强人防工程建设管理工作，规范联合验收办理。加大人防业务培训，组织全州人防工程质量监督管理业务培训，提升人防工作相关人员业务能力。加强县级人防工程建设专项规划编制，10个县（市）专项规划印发实施。

【职工人防军事训练演练】2021年，大理州开展全系统人防军事日活动，组织全体干部职工参与军事展示、演练和训练活动，接受国防教育，掌握军事技能和学习武器装备知识。加强军政军民联系，落实党管武装制度，推进人民防空系统建设，提升机关干部职工的国防教育意识。平时按纲施训，组织开展人防通信训练28次，深入县（市）开展人防卫星通信联络训练；以“人民防空预警报知行动”为课题，结合“9·18”防空警报试鸣活动全要素全方位组织实施人民防空警报发放训练。结合全州防空警报试鸣，州、县开展形式多样的空袭紧急疏散演练；州人防办召开人民防空指挥部工作会议，组织人民防空指挥部室内推演；各县（市）组织30所城区学校开展防空袭紧急疏散演练，参演师生49930名。

【人防宣传教育】2021年，大理州各级人防部门在“9·18”防空警报试鸣期间，结合人防宣传教育进机关、进学校、进企业、进社区、进网络“五进”工作的落实，向部分机关单位、学校发放人防宣传手册、《中学生人防知识读本》；结合防空警报试鸣开展疏散演练，组织重要经济目标防护单位人员观看宣传教育片，通过微信公众号发布人防知识、电视台播放人防宣传教育片等形式持续开展人防宣传，取得了较好的宣传效果。大理州还将人防宣传教育工作纳入人防系统每年全民科学素质提升计划，成立科学素质提升领导小组，结合警报试鸣日、防震减灾日、法制宣传周以及其他重大时间节点开展形式多样的人防法制宣传教育活动。全州通过“9·18”人民防空宣传周活动共发放宣传单98723份，发出宣传手册27480册，悬挂宣传标语368幅，张贴宣传标语422张、试鸣公告1068份，展出宣传展板500块次，电视台播放试鸣公告666次、播放专题教育片267集（次），报刊刊登试鸣公告83次，报刊和网站刊发试鸣简讯116篇，学校和重要经济目标防护单位组织观看人防宣传教育片60417人次。

（州住建局供稿）

经济管理与监督

Economic Management and Supervision

◇ 责任编校 杨 虓

◇ 乡愁大理·黑白记忆 ◇ 1984年的下关泰安路口

综　述

【概况】 2021年，中共大理州委、州人民政府克服疫情反复、能耗“双控”、要素短缺等影响，优存量、引增量，努力推进全州经济社会平稳发展。全州地区生产总值完成1633亿元，按可比价计算同比增长7%；规上工业增加值同比增长4.2%；固定资产投资(不含农户)完成935.4亿元，同比增长7.6%；社会消费品零售总额完成651.5亿元，同比增长7.2%；一般公共预算收入完成111.78亿元，同比增长3%；一般公共预算支出按收付实现制计算完成302.67亿元，同口径增长0.8%；城镇、农村常住居民人均可支配收入分别完成41740元、15023元，分别同比增长8.6%、10.1%。全州如期打赢脱贫攻坚战，与全国、全省同步全面建成小康社会。经济保持平稳运行，空间布局优化调整、产业转型升级加快，民生保障提升，社会事业取得进步，高质量发展成效初显，实现了“十四五”良好开局。

【重大项目】 2021年，大理州成立大理州重大项目综合协调推进领导小组，建立重大项目问题定期协调解决机制。兑现2020年固定资产投资以奖代补资金2618万元。制定出台“十四五”重大项目前期工作两年行动计划，安排三批次71个项目前期工作经费8672万元。还清耕地占补平衡指标省级欠账，优先配置建设用地2.17万亩、林地1.18万亩，保障83个项目开工建设。争取到中央和省预算内资金42亿元，地方政府专项债券107.2亿元。举行四批次659个重大项目集中开工。53个省级“四个一百”重点项目完成投资546.7亿元，完成率94.3%。130个“补短板、增动力”省级重点前期项目开工17个，完成投资13.5亿元。290个州级重大建设项目完成投资738.3亿元，完成率91%。南景高速建成通车，楚大高速扩容即将建成，大南、大漾云、云兰、鹤剑兰、宾南、宾鹤6个项目分段建成，云永、永昌2个“互联互通”项目控制性工程开工，在建高速和大瑞铁路(大保段)加快推进，大理铁路枢纽扩能改造、大理火车站站房提升改造地方配套工程启动实施，完成综合交通投资438.5亿元，资金投入再创新高，规模和增速均位居全省第一。鲁地拉水资源综合利用工程等重大水利工程项目进展，滇中引水工程大理段首条隧洞贯通，51件在建水源工程稳步推进。宾川海稍水库、南涧拥政水库等15件水源工程开工建设，完成水利投资108.7亿元。列入省“保供给促投资”的11个光伏发电项目全面开工并推进，鹤庆溢鑫铝业和祥云飞龙厂区各20兆瓦屋顶分布式光伏项目开工建设。一批城镇化、农业农村、社会事业、生态环保、文化旅游等项目有序推进。

【农业经济】 2021年，全州粮食播种面积445.53万亩，比上年增加3000亩；产量167万吨，比上年增加1.7万吨。①绿色食品牌建设。制定出台打造世界一流“绿色食品牌”示范区工作方案、绿色食品保健食品产业园建设方案。认定“绿色食品牌”重点产业基地112个。宾川水果、漾濞核桃列入2021年度“一县一业”示范县，弥渡蔬菜、巍山肉牛列入“一县一业”特色县及全国优势特色产业集群，弥渡、祥云、鹤庆3县获得国家生猪调出大县奖励。5个万头奶牛牧场启动建设，皇氏来思尔自主乳酸菌搭载神舟十二号太空舱航天育种。②产业主体品牌培育。新增州级以上农业产业化龙头企业27户、农民合作社138个、家庭农场5542个。2户企业获评2021年云南省绿色食品“10强企业”，1户企业获评2021年云南省绿色食品“20佳创新企业”。6个品牌获评2021年云南省“10大名品”，48个企业、产品品牌和2个区域公共品牌进入云南省“绿色食品牌”品牌目录。完成农林牧渔业总产值679.4亿元，按可比价计算增长11.1%。全州第一产业增加值增长8.7%，达到历史较高水平。

【工业经济】 2021年，大理州出台关于加快构建现代产业体系的实施意见，实施制造业振兴行动计划，同时，加大重大工业项目招商引资力度，一批绿色硅、绿色铝项目启动实施。①重大工业项目。实施重大工业项目50个，嘉士伯扩建9万罐智能化生产线、翰宇生物工业大麻深加工项目等22个项目竣工投产，鹤庆北衙多金属综合利用工程、金明动物药业兽药GMP制剂车间技术改造等17个项目开工。完成能源以外工业投资38.8亿元。②开发区建设。鹤庆产业园区、祥云经济开发区、弥渡产业园区优化提升通过省级审核。祥云集中建园试点建设加快，成立大理创园产业投资有限公司，构建集中建园利益分配机制，规划修编、招商引资、土地收储及基础设施建设等工作同步推进。③数字经济。“大理州城市大脑”项目获“2021年IDC未来运营领军者”优秀奖；入选中国标准化研究院发布2021年数标指数全国典型实践50强案例“试点示范，特色推广类案例”。基于全国信创体系，“苍洱云”平台一期完成建设。州理政中心建成运行，数据中枢建设完成，适配中心有序推进，工业互联网改造等数字应用项目启动，数字化智慧场景应用不断拓展。中国电子系统技术有限公司、科大讯飞股份有限公司等10家企业入驻信创产业园。

3月23日，大理州人民政府组织召开一季度全州经济运行分析调度工作会议
（州发改委　提供）

【消费服务业】2021年，大理州快速推进国家文化和旅游消费试点城市创建工作。①文旅服务业。推出A级景区免票等优惠活动。大理古城景区被列为第一批国家级夜间文化和旅游消费集聚区，双廊民族文化街等3条街区被认定为省级旅游休闲街区，剑川千狮山（满贤林）被评为国家AAAA级旅游景区，洱海生态廊道等A级景区创建加快，普德赋云南大理国际度假项目签约落地。鹤庆银器、剑川木雕国家级重点培育文化产业示范园建设快速推进。大理木田养山等50家半山酒店建成运营，评定最佳旅游民宿30家。洱海生态廊道智慧科普、智慧跑道等智慧化服务应用国内领先。全州接待海内外游客4451.8万人次，增长13.5%；完成旅游业总收入539.5亿元，下降10.8%。②商旅服务业。以商旅文融合、家电汽车下乡、以旧换新等为重点，加大线上线下促销力度，稳住本地消费，扩大外来消费。开展车用燃料油品市场专项整治，促进成品油销量增长，新升限商贸流通企业114户。大理市、祥云县、鹤庆县获批2021年电子商务进农村综合示范项目，获批项目数居全省第一。③金融服务业。大理州金融服务平台建设持续推进，政银企合作深化。延长普惠小微企业贷款延期支持工具和信用贷款支持计划两项直达货币政策工具实施期限至2021年底，全州中小微企业贷款风险补偿金规模为2900万元，贷款风险补偿业务进入实操阶段。金融机构各项存贷款余额分别为2038.9亿元、1973.2亿元，分别增长4.7%、16.2%。

大理州2021年二季度重大项目集中开工暨大理正大（弥渡）100万头生猪屠宰场及5000头种猪场项目开工仪式（州发改委　提供）

【生态文明建设】2021年，大理州深入贯彻落实云南省湖泊保护治理工作会议精神，加快推进苍山洱海国家级自然保护区勘界立标、整合优化等工作。①洱海保护。洱海流域一、二、三级保护区划定落地，实施洱海流域清水净湖巩固提升三年行动，“三库连通”工程向洱海直补清水5711万立方米，洱源县7件、大理市18件评定为2021年州级美丽河湖。“三禁四推”成果持续巩固，大理市洱海流域农业面源污染治理与监督管理项目纳入国家试点。流域除藻设施设备藻水处理能力每日62.4万立方米。生态廊道环湖岸线生态修复完善，“1806”小镇交房。洱海湖泊生态系统野外科学观测研究站建成，智慧洱海监管服务体系提升完善。洱海被列入全国第二批流域水环境综合治理与可持续发展试点，国家绿色发展基金全国首个项目类投资落地大理。1—11月，洱海国控断面水质综合评价为“优”，未发生规模化藻类水华。②生态环境保护。完成水土流失治理面积372平方千米，治理河长87.8千米。启动“绿色革命”行动，完成营造林14.4万亩。全面推行州县乡村四级林长制，实现森林管护全覆盖。完成草原生态修复治理和有害生物防治23.4万亩，草原综合植被覆盖率为83.2%。全州畜禽粪污综合利用率为90%以上。金沙江“十年禁渔”扎实推进，中央第八生态环境保护督察组交办的353件信访举报件和反馈的22个问题整改落地见效。高水平举办2021推进全球生态文明建设（洱海）论坛，大理州两个案例入选“全球生物多样性100＋案例”。南涧县创建国家生态文明建设示范区。

【城乡统筹】2021年，大理州委、州政府召开县（市）现场办公会，明确了“一城三区四单元”新型城镇化发展路径、措施，《大理州国土空间总体规划》《洱海流域国土空间保护和科学利用专项规划》形成阶段性成果，祥云县撤县设市、关巍新片区建设有序推进。①城市更新改造。完成12个县（市）城市体检工作，“一组团一策”推进城市更新。大理市西洱河片区、祥云县彩云路片区城市更新试点项目加快推进。全州城镇老旧小区改造完成16530户、187.2万平方米。城镇棚户区改造基本建成5806套。新建城市燃气管网85千米、污水处理厂配套管网51千米，建成海绵城市0.5平方千米。新建公共充电桩387枪，率先在全省实现乡（镇）政府驻地全覆盖。新建城镇天然气低压管网35千米，全州天然气消费量增长67%。永平县、鹤庆县获“云南省美丽县城”命名，10个县通过省级卫生县城技术评估。剑川沙溪古镇成为全省特色小镇智慧化建设新样板。《剑川历史文化名城保护规划》经省人民政府批准实施，9条街区申报为省级历史文化街区。②乡村振兴。建立防止返贫风险预警、快速反应、动态监测和帮扶责任追溯三项机制，全州“三类”监测对象11100户37755人，消除风险6763户24166人，守住不发生返贫的底线。新改建农村公路731千米，630个自然村通硬化路。有产业发展条件的10.2万户脱贫户实现产业全覆盖，6.9万户实现“双绑”带动，认定扶贫产品818个。脱贫人口100%参加基本医疗、大病保险。云龙、剑川、永平、南涧、巍山、洱源、弥渡7个县被列为省级乡村振兴重点帮扶县，6个州级试点村镇入选全国乡村振兴典型案例。③人居环境整治。“干部规划家乡行动”全面启动，农村人居环境整治三年行动任务全面完成，82个村被认定为美丽村庄。实施5个田园综合体建设，大理洱海海西国家级乡村振兴示范园高位推动。大理州申报成为全省唯一、全国10个传统村落集中连片保护利用示范州（市）

之一，南涧公郎回营村申报为省级历史文化名村。

【经济改革】 2021年，大理州整合组建5大集团公司，州属国有企业法人治理结构基本健全完善，监管方式向管资本转变，国有企业国有资产保值增值率为104.6%，高于前三年平均水平。①简化行政审批。精简行政审批28项，州级行政审批时限再压减三分之一。政务服务“好差评”好评率100%，位居全省前列。“证照分离”改革直接取消审批1项、实现告知承诺2项、优化审批服务7项。②新能源开发。全州就地消纳电量比上年提高4.1个百分点，鹤庆、祥云、弥渡3个县列入国家能源局整县（市、区）屋顶分布式光伏开发试点。电力市场化交易累计减少购电费12.9亿元。③农村土地确权。农村土地确权登记颁证工作基本完成，成立新型农村集体经济组织2755个。完成农业水价综合改革面积46.03万亩，大理市全国农村宅基地制度改革试点有序推进。④教育改革。义务教育教师“县管校聘”和基础教育校长职级制改革全面推行，城乡义务教育教师配置优化。取消耗材加成调整医疗服务价格项目172项，祥云县、宾川县完成紧密型县域医共体建设试点县第一轮试点工作。⑤科技创新。科技创新能力不断提升，每万人发明专利拥有量0.82件，比上年增加0.07件。认定省级高新技术企业19户，科技进步对经济贡献率为51.1%。

【对外开放】 2021年，大理机场口岸开放列入国家“十四五”口岸发展规划，经开区保税物流中心和智能物流园开工建设。中国（云南）自由贸易试验区联动创新区（大理经济技术开发区）建设稳步推进，“大理跨境电商新零售项目”投入运营。大理海关签发云南省首份中日两国间RCEP原产地证书。实施国内合作项目380项，引进州外到位资金718.9亿元，增长11.5%。新设立外商投资企业19户，普德赋亚洲首个国际度假项目、英国帝亚吉欧威士忌生产及游客体验中心项目落地大理。实际利用外资2200万美元，增长109倍，增幅位列全省第一。充分挖掘外贸进出口潜力，新增备案登记外贸企业62户，水果、核桃等优势农产品出口大幅增加，外贸进出口总额完成15.53亿元，增长27.6%。

【民生和社会事业】 2021年，大理州建立县级“三保”预算编制审核机制，继续对州本级一般性支出压缩5%，统筹用于民生支出领域。①劳动就业。全州完成农村劳动力转移就业135.24万人，新增城镇就业3.56万人，城镇登记失业率控制在4.2%以内。以创业带就业，大理州被人社部评为云南省3个创业城市之一。②民生保障。全州参加基本养老保险234.84万人、工伤保险29.04万人、失业保险18.05万人。养老机构与医疗卫生机构签约服务率100%，二级以上综合性医院设立老年医学科比例为50%。漾濞“5·21”地震、洱源“9·13”泥石流应急抢险救灾工作有力有序，完成民房修复加固29601户、原址拆除重建253户。严格落实各项疫情防控措施，累计接种新冠疫苗507.1万剂次，12个县（市）实现核酸检测能力全覆盖，突发疫情应急处置预案不断完善。③学校教育。教育教学质量不断提升，学前教育“一乡一公办”“一村一幼”建设加快，推进中小学“五项管理”和“双减”“双升”工作，义务教育质量监测工作完成。推进高中阶段集团化办学，高考一本上线率、本科上线率均大幅提升。大理大学获得博士学位授予权，滇西应用技术大学在校生规模突破万人。实施10个职业学校办学能力提升项目，启动建设20个州级优质专业。智慧教育示范区项目建设启动。④医疗卫生。滇西区域医疗中心、

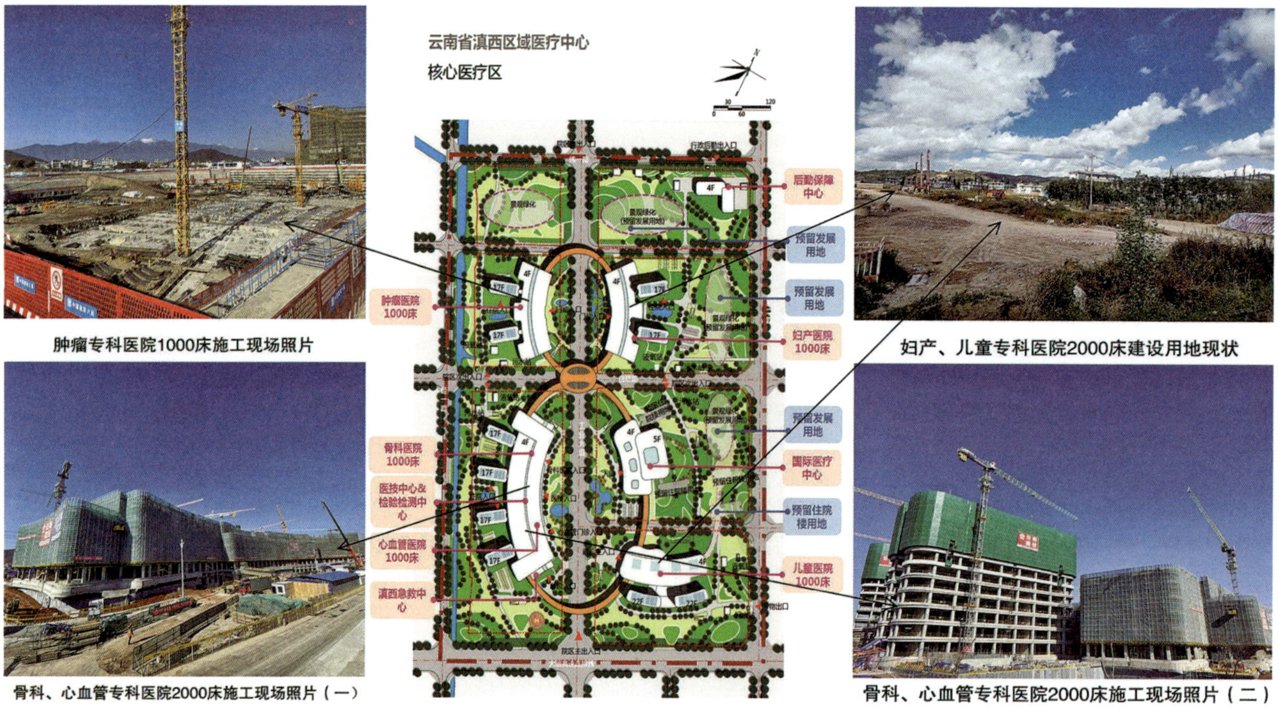

滇西区域医疗中心建设规划及施工现场　　（州发改委　提供）

州医院核心医疗区等项目快速推进，省第二传染病医院、州传染病医院项目等28个“双提升工程”建设项目有序推进。建成疾控机构实验室14个、县级卫生应急队伍12支，76个村卫生室完成提质达标。祥云县达到国家级健康促进县标准，大理、宾川、弥渡等6个县（市）创建全国基层中医药工作先进单位。⑤文化体育。大理州入围“东亚文化之都”2023年度候选城市。白族吹吹腔、大本曲入选国家级非遗项目名录，130项革命文物列入第一批云南省不可移动革命文物名录。大力实施体育补短板工程，常态化抓好公共体育场馆低免开放，“大理州体育后备人才基地”建设持续推进。⑥科技创新。全州新增取得专业技术人员职业资格证书1300人，新增高技能人才2800人，“巍山县人民医院周泽平专家工作站”等5个工作站挂牌运行。漾濞县、永平县创建为全国民族团结进步示范县。退役军人服务、统计调查、侨务、保密、气象、地方志、红十字、妇女儿童等社会事业全面进步。

（州发改委供稿）

地方经济协作

【区域合作】 2021年，大理州进一步加强区域间的经济协作。①与临沧市的区域合作。3月，大理州与临沧市签署《大理白族自治州人民政府临沧市人民政府深化友好合作框架协议》，州地方经济协作发展中心制定《大理白族自治州人民政府临沧市人民政府深化友好合作框架协议任务分解方案》，推进合作框架协议落实落细，加强两地交通、文旅、经贸等方面的联动交流与合作。②与成都市的区域合作。4月，州地方经济协作发展中心会同州级有关部门制定《大理州关于进一步强化与成都市区域合作意向清单》并逐项分解到州级各相关部门对口落实，定期收集上报工作开展情况，并派员至成都挂职锻炼。③与攀枝花市的区域合作。10月，州地方经济协作发展中心与攀枝花市联系对接，草拟《大理州人民政府攀枝花市人民政府深化友好合作框架协议》，拟在重大基础设施建设、文化旅游、商务交流、工业领域、农业合作、生态环境保护、区域医疗合作、人力资源交流合作、警务合作、互联互通等领域开展合作。

【澜湄合作】 2021年，大理州着力推动大理面向南亚东南亚辐射中心（澜湄合作）研究院咨政平台建设，协调推进澜湄合作研究院科研项目进展。续接完成2020年6月组织评审确定的大理州洱源县绿色产业发展对策研究、云南大理参与西部陆海新通道建设研究、扩大对内对外开放提升大理州产业承接能力对策研究、中缅经济走廊建设与滇西区域经济发展项目报告书、大理参与面向南亚东南亚辐射中心建设的战略研究、大理参与促进次区域生物多样性保护推动构建澜湄生命共同体研究、“一带一路”背景下大理对外贸易和投资自由便利化研究咨询、大理文化旅游产品创新路径研究、大理州打造滇西健康旅游中心研究9项课题并全部结项。

【外语服务】 2021年，大理州发挥外语人才队伍优势，协助做好“2021推进全球生态文明建设（洱海）论坛”、疫情防控、疫苗接种等工作。州地方经济协作发展中心是全州唯一有泰国语、缅甸语、越南语、老挝语4个语种翻译专业技术人员的政府直属部门。10月，参与“2021推进全球生态文明建设（洱海）论坛”外事翻译工作。先后两次协助州外办等部门做好涉外疫情防控、疫苗接种等事务翻译工作。

（黄学燕撰稿）

财　政

【概况】 2021年，大理州完成一般公共预算收入111.78亿元，比上年决算数增长3%，完成州十四届人大五次会议确定的法定目标。其中，税收收入69.13亿元，占比62%；非税收入42.65亿元，占比38%。全州一般公共预算支出302.67亿元，比上年决算数下降22.63%。2021年州本级一般公共预算收入20.38亿元，比上年决算数增长8.5%；州本级一般公共预算支出37.19亿元，同口径增长3.9%。（备注：根据中央和省深化预算管理改革有关要求，2021年起，一般公共预算支出不再采用权责发生制核算。为确保年度数据可比，2020年全州和州本级一般公共预算支出完成数同口径调整为300.33亿元和35.79亿元。）

【地方政府债务】 2021年，全州地方政府债务余额561.43亿元，较上年增加105.08亿元，严格控制在法定限额内。其中州本级政府债务余额79.55亿元（一般债务余额30.92亿元、专项债务余额48.63亿元）。

【疫情防控与防灾减灾财政保障】 2021年，大理州财政坚持人民至上，保障人民群众生命财产安全。①疫情防控。支持常态化疫情防控，筹集新冠病毒疫苗采购费用3.49亿元、疫苗接种经费5091万元。完善重大疫情防控机制，投入财政资金2.07亿元，夯实疫情防控成效。州县自筹资金6124万元，支援瑞丽市疫情防控。②抗震救灾和恢复重建。启动重大地震灾害财政应急机制，开通政府采购“绿色通道”，紧急拨付资金4233万元支持漾濞“5·21”6.4级地震应急救援。协调国开行5000万元应急贷款授信。大理农房地震保险协调保险机构赔付资金4035万元。争取到位中央和省州资金13.89亿元，支持灾后恢复重建工作。③防灾减灾工作。下达中央和省州资金2150万元，保障洱源“9·13”泥石流地质灾害抢险救灾等工作。安排水利救灾资金3210万元，防汛物资储备州级资金270万元，森林防火应急州级资金682万元。

【产业转型和经济发展财政保障】 2021年，大理州财政坚持政令财行，服务全州产业转型和经济发展。①财政要素保障。争取新增专项债券资金107.21亿元，争取中央和省预算内基建投资及专项资金42亿元，支持产业培植、综合交通、重大水利、医疗卫生等全州重点项目建设，助力经济稳定增长。②财源培植。加倍安排全州重大项目前期工作经费1亿元。累计下达县（市）固定资产投资奖补资金2618万元。继续安排县（市）财源建设奖补资金5000万元。实施商贸流通企业培育奖补政策，下达奖补资金2023万元。累计安排各类工业发展资金9606万元。落实制度性和阶段性减税降费政策，累计新增减税降费8.05亿元。③绿色产业发展支持。安排资金6000万元支持打造世界一流“绿色食品牌”“一县一业”和高原特色农业蓄力发展。拨付州级资金3512万元，落实鹤庆绿色水电铝优惠政策，推动绿色能源与先进制造

2021年大理州一般公共预算收支情况表

表37

地区	一般公共预算收入		一般公共预算支出	
	累计完成数（万元）	收入增幅（%）	累计完成数（万元）	支出增幅（%）
全州合计	1117777	3.0	3026666	0.8
州本级	203785	8.5	371945	3.9
县市小计	913992	1.9	2654721	0.4
大理市	368517	-1.8	450045	-23.0
漾濞县	24440	9.1	121664	38.9
祥云县	110360	-2.9	293327	21.2
宾川县	60166	6.7	242626	15.5
弥渡县	50466	5.1	221720	0.7
南涧县	39089	5.1	162595	1.5
巍山县	44477	7.0	225492	17.6
永平县	30246	5.7	180260	11.5
云龙县	31989	6.0	171528	5.0
洱源县	41668	4.0	158475	-8.7
剑川县	35566	5.6	190990	1.1
鹤庆县	77008	10.0	235999	-9.9

（州财政局　提供）

业融合发展。支持历史文化名城和国际旅游名城打造，下达旅游发展专项经费9000万元，提升旅游产品品质；下达文旅企业补助资金5648万元，助力旅游业应对疫情、提质发展。安排州级资金5000万元，累计筹措资金9363万元，打造数字经济新高地，服务“数字大理”建设。安排科技支出1.78亿元，重点支持生物医药、大健康、大数据等产业发展。④交通建设。筹资47亿元用于宾鹤、云永、永昌等高速公路建设，争取中央车购税补助资金及省级专项资金5.9亿元用于农村公路建设及管护，下达资金1600万元用于永昌、弥昌、云泸等高速公路开展前期工作，筹资2.05亿元支持大瑞铁路漾濞站建设。

【乡村振兴财政保障】 2021年，大理州财政坚持稳定的财政政策，继续支持脱贫成果巩固同乡村振兴有效衔接。全年下达中央和省级支农资金34.04亿元，农业保险保费补贴1.07亿元，指导县级整合财政涉农资金19.56亿元。保持过渡期内主要帮扶政策总体稳定，下达中央和省级衔接资金11.55亿元、州级资金1.87亿元，巩固脱贫攻坚成果、有效衔接乡村振兴。完善扶贫项目资产后续监管机制，县（市）清理项目资产200.2亿元。安排州级资金3000万元，支持打造大理洱海海西国家级乡村振兴示范样板。指导洱源县申报国家级农村综合性改革试点试验县，获中央财政1.5亿元资金支持。争取国际农发基金支持云南省乡村振兴示范项目贷款2141万美元，下达省级配套资金1719万元。

【洱海保护和“绿色革命”财政支持】 2021年，大理州财政坚持生态优先，支持洱海高水平保护和“绿色革命”。①洱海流域保护。投入洱海保护资金46亿元，其中财政及专项债券资金35亿元。争取国家绿色发展基金支持，基金成立以来的全国首个项目类投资落地大理洱海生态廊道。印发《大理州洱海流域水生态保护横向补偿办法（试行）》。扛牢政治责任，完成中央生态环境保护督察、省委高原湖泊治理机动巡视“回头看”以及各类督查检查和审计发现问题整改工作。②美丽大理建设。下达省级奖补资金3.6亿元和州级奖补资金7000万元，支持爱国卫生“7个专项行动”走深走实。争取到位省级美丽县城和特色小镇奖补资金5亿元。指导申报山水林田湖草沙一体化保护修复工程项目，推动大理市国家海绵城市试点争取工作。③绿色金融助力。全州绿色贷款余额为268亿元，同比增长17%，增幅居全省前列，支持清洁能源产业、基础设施绿色升级和节能环保产业。发行绿色金融债券，支持风光水储一体化项目建设运营和绿色交通、污染防治等工作。

【服务民生事业】 2021年，大理州财政坚持以人民为中心的发展思想，压实基本民生财政保障责任，提升基本公共服务水平，2021年全州民生支出占比为75%。①就业保障。用好就业补助等各类资金，加大对重点群体的就业帮扶，推动稳住就业基本盘。下达就业补助资金2.44亿元，职业技能提升行动资金6713万元，安排失业保险支出1.19亿元，争取下达创业担保贷款贴息资金1.47亿元。落实全州应急周转金制度，保障农民工工资支付。②教育体育事业投入。落实教育投入“两个只增不减”要求，下达各类教育资金16.83亿元，落实农村义务教育学生营养改善计划，实施义务教育薄弱环节改善与能力提升工程，支持学前教育、义务教育、普通高中和职业教育提质发展。下达资金1552万元，支持大型公共体育场馆向社会免费或低收费开放。③医疗卫生。提高医疗卫生补助标准，城乡居民医保财政补助标准提高30元、为550元，基本公共卫生人均财政补助标准提高到79元。下达资金1.47亿元，补齐公共卫生事业“短板”，提升州、县、乡三级医疗卫生机构建设水平。下达资金2623万元，加强医疗卫生人才队伍建设。下达资金2.62亿元，深化医药卫生体制改革。④安居工程。安排中央和省基建预算投资5.28亿元、城镇保障性安居工程资金6.75亿元，落实老旧小区和棚户区改造等住房保障政策。下达农危改补助资金2.69亿元，确保农村居民住房达到“安全稳固、遮风避雨”的基本要求。⑤社会保障。连续17年调整企业退休人员基本养老金，连续15年调整提高工伤职工和供养亲属待遇。下达资金1.1亿元，推进全州养老服务体系建设。下达困难群众生活救助资金6.72亿元，兜牢兜实社会救助网。下达残疾人基本生活服务保障资金3282万元，保障残疾人基本生活，促进残疾人就业创业。下达补助资金3.23亿元，做好优抚对象待遇落实和退役军人安置等工作。

【财政金融风险防范化解】 2021年，大理州财政坚持底线思维，从严防范化解财政金融领域各类风险。①压实

"三保"主体责任。组织开展2021年全州财政大调研，着力化解县级财政运行风险；从严开展"三保"（保工资、保运转、保民生）预算编审，强化预算执行监控，实行工资库款专项调度，确保国家和省定范围内的"三保"任务有效落实，不留缺口。②财政暂付款风险化解。关注县级财政暂付款规模较大的问题，全年累计消化财政暂付款7.26亿元。③到期债务违约风险防控。切实担负政府性债务归口管理责任，足额偿还2021年到期债务本息44.9亿元；争取再融资债券27.08亿元，稳妥处置存量债务。抓好隐性债务风险缓释工作，牢牢守住不发生系统性债务风险底线。④PPP项目管理。清理入库满2年无实质性进展项目，减轻各级财政财承压力。督促指导相关县（市）制定绩效考核方案，对进入运营期的PPP项目按效付费。⑤地方金融监管。建立地方金融业态监管风险处置机制、非法集资案件处置联络机制，常态化排查各类金融风险。

【财政管理改革】 2021年，大理州财政坚持系统集成，做好财政管理改革各项工作。制定公共文化、国防、应急救援、自然资源、生态环境5个领域州以下财政事权和支出责任划分改革方案。推行预算单位差旅电子凭证网上报销改革，"公务之家"App全面普及使用。出台《大理州人民政府关于进一步深化预算管理制度改革的意见》，推进预算管理一体化改革前期工作。调整完善财政管理体制，为大理市经济社会发展"松绑减负"。出台《大理州行政事业单位国有资产管理办法》以及资产配置、使用和处置"1+3"管理制度。全面实施预算绩效管理，实现项目资金、部门、四本预算"三覆盖"；选取2个州级部门开展部门整体绩效评价，选定洱海流域面源污染防治"三禁四推"等8个项目开展重点项目绩效评价；印发《大理州州级预算绩效专家管理办法》。注重财政资金使用时效，全州累计盘活存量资金29.03亿元，统筹用于民生领域。强化预决算公开，组织部门所属单位预算公开试点。取消部门非税收入与成本性支出挂钩管理制度。推进新一轮乡（镇）财政公共服务能力建设。

（州财政局供稿）

税　务

【概况】 2021年，大理州税务系统承担辖区内16个税种、9个社会保险费和23个非税收入的征收管理任务。其中，6个非税收入于年内划转到税务部门征收：1月1日，水土保持补偿费、省级大中型水库库区基金、小型水库移民扶助基金划转；7月1日，国有土地使用权出让收入、矿产资源专项收入、土地闲置费划转。至12月，大理州正常开业税务登记户数16.4万户，其中企业3.9万户（一般纳税人8166户，小规模企业30779户），个体工商户12.35万户，非企业单位和其他管户1520户。全州社保费单位缴费人1.31万户，缴费个人327.28万人。全年，大理州税务系统始终把加强党的建设作为开展各项工作的首要任务，牢牢把握"税务机关首先是政治机关"的定位，确保党对税收工作的全面领导。全系统建立党建工作联系点74个，创建97个"规范化建设达标党支部"、14个"先进基层党组织"和"基层党组织规范化建设示范点"。扎实开展党史学习教育，组织"七一"重要讲话精神学习宣讲15场次，拍摄《党建领航开新局》《岁月印记》等宣传片30余部，开展"传承红色基因·弘扬奋斗精神"为主题的系列活动78次。深入推进"我为群众办实事"实践活动，组织州局党员干部参加"双报到双服务双报告"活动2347人次，为身边群众办实事2324件；选派1名洱海保护工作队队员和3名乡村振兴驻村工作队队员；投入扶贫资金10万元，购买消费扶贫产品12.25万元；组织爱心捐款4次，合计捐款11.88万元。年内，大理州税务系统保留和创建国家级文明单位1个，省级文明单位7个，州级文明单位4个，州级民族团结进步示范单位3个；州税务局保留"全国文明单位""省级文明单位"称号。在2021年全省税务系统练兵比武中获得团体第一名，1人获得全国税务系统练兵比武第5名。

【试点工作】 2021年，大理州税务局作为全省税务系统唯一一家纪检监察体制改革试点单位，以"力量一体调配、工作一体推进、难点一体突破、制度一体建设、信息一体集成、经验一体共享"六个一体，细化38项具体工作任务，建立11项制度，梳理细化538条部门职能监督重点内容，健全完善党委、纪检组、职能部门、基层党组织和党员群众以及社会5类责任主体统一监督的尺度规范和路径标准，州、县（市）税务局一体推进纪检监察体制试点改革和一体化综合监督体系建设工作，得到省税务局党委和州纪委监委的肯定与支持。

【减税降费】 2021年，大理州税务系统坚持把落实落细减税降费政策作为税务部门服务"六稳""六保"大局的具体实践。对照《国家税务总局云南省税务局关于落实2021年税费优惠政策措施的任务清单》，落实17个政策措施公告及文件安排的88项具体任务，认真贯彻落实2021年延续实施政策和新出台政策，确保税费优惠

2021年，大理州税务系统持续推进"放管服"改革，认真落实"我为纳税人缴费人办实事暨便民办税春风行动"。图为税务干部为纳税人提供"延时服务"

（州税务局　提供）

2021年大理州分地区税收收入情况表

表38

地　区	累计			
	收入（万元）	比2020年同期 ± 额（万元）	比2020年同期（±%）	占全州比重（%）
合　计	1728552	35209	2.08	100.00
大　理	284485	-16968	-5.63	16.46
漾　濞	14958	-1015	-6.36	0.87
祥　云	104017	-12412	-10.66	6.02
宾　川	72623	4841	7.14	4.20
弥　渡	47355	-7292	-13.34	2.74
南　涧	30629	-3830	-11.12	1.77
巍　山	40134	-3131	-7.24	2.32
永　平	32391	-4381	-11.91	1.87
云　龙	44964	3142	7.51	2.60
洱　源	43754	-2234	-4.86	2.53
剑　川	49064	6668	15.73	2.84
鹤　庆	114481	28222	32.72	6.62
一分局	644623	77410	13.65	37.29
度假区	35330	1902	5.69	2.04
开发区	169744	-35711	-17.38	9.82

2021年大理州税务系统组织收入情况表

表39

项目	2021年累计（万元）	比2020年同期累计增减额（万元）	比2020年增减（%）
一、税务部门组织收入合计	2810146	297922	11.86
（一）税收收入	1728552	35209	2.08
其中：国内增值税	603096	9626	1.62
国内消费税	386625	24004	6.62
企业所得税	260224	6479	2.55
个人所得税	63386	-349	-0.55
资源税	29862	11000	58.32
城镇土地使用税	17753	-62	-0.35
城市维护建设税	62625	2616	4.36
印花税	12412	-147	-1.17
土地增值税	79944	2121	2.73
房产税	23380	1679	7.74
车船税	18254	1709	10.33
车辆购置税	52945	556	1.06
烟叶税	48261	2856	6.29
耕地占用税	8042	-11369	-58.57
契税	58335	-15313	-20.79
环境保护税	2632	-67	-2.48
其他税收	774	-132	-14.57
（二）非税收入	232250	121186	109.11
其中：教育费附加	29761	651	2.24
（三）社保费	782029	138773	21.57
（四）其他收入	67315	2754	4.27
二、海关代征税收		0	0
三、出口退税	-11279	-543	5.06

（州税务局　提供）

政策直达快享。全年累计新增减税降费（不含社保降费）8.47亿元，为55户次纳税人办理增值税留抵退税3.24亿元，为245户企业办理出口退（免）税1.02亿元，为279户纳税人办理制造业延缓缴纳税费4847.51万元（涉及地方一般预算收入2505.17万元），持续激发市场主体活力。全州绝大多数企业、职工都享受到不同程度的减税降费“红包”，纳税人、缴费人满意度持续增强。

【组织收入】 2021年，大理州税务系统严格依法征收税费，为地方经济社会发展提供稳定的财力保障。全年组织税费收入281.01亿元，同比增收29.79亿元，增长11.86%。其中：税收收入172.86亿元，同比增收3.52亿元，增长2.08%（中央级收入93.57亿元，同比增收3.3亿元，增长3.65%；地方级收入79.29亿元，同比增收2200万元，增长0.28%）；非税收入23.23亿元，同比增收12.12亿元，增长109.11%；社保费收入78.2亿元，同比增收13.88亿元，增长21.57%；其他收入6.73亿元，同比增收2800万元，增长4.27%。完成地方一般公共预算收入73.15亿元（其中教育费附加2.32亿元），同比增收4700万元，增长0.64%，和财政部门共同完成州人代会确定的全州地方一般预算收入增长3%的目标任务。连续四年被评为“大理州财税金融先进单位”。

【依法治税】 2021年，全州税务系统围绕“八五”普法规划主线抓紧抓实税收普法依法治理各项工作，并获“大理州‘七五’普法工作先进集体”称号。年内，全州税务系统受理税务行政许可1157件，承诺限时办结件数1157件，实现100%限时办结；全州税务系统配置执法记录仪207台，建设约谈（询问）室15个。全面推行税务证明事项告知承诺制，落实“首违不罚”事项清单，发布税务行政处罚裁量基准公告。稽查查补收入1.02亿元，增长14.43%。稳妥推进企业所得税“核改查”工作，核定征收面从31.23%调整至2.83%，位居全省前列。个人所得税扣缴申报疑点数据核实率、处理率均为100%。契税法、城市维护建设税法、耕地占用税法实施办法落地，土地增值税清算项目完成98个，同比增加35个。全年征收资源税2.99亿元，增长58.32%，有效促进资源节约集约利用。

【征收管理】2021年，大理州税务系统紧扣中办、国办印发的《关于进一步深化税收征管改革的意见》，聚焦6大类27项改革任务97项改革措施，精心谋划、精准施策，在推进精确执法、精细服务、精准监管、精诚共治方面取得阶段性成效。网络申报率为97.96%，“非接触式”办税率为95.38%，发票线上申领率为98.99%。通过“网上申领—邮寄配送”为纳税人免费配送纸质发票5.94万户次、396.8万份。大力推广区块链电子发票，全州“上链”2054户，开票20.91万份、税额1.78亿元，涵盖旅游、交通、餐饮、住宿、商业等行业，在节约成本、发票监管、便利办税等方面的价值逐步凸显。稳妥开展增值税专票电子化扩围工作，实现核定、开具、受票的全覆盖，累计673户纳税人开具增值税电子专票12339份，总税额1.37亿元。2021年，大理州城乡居民医疗保险费征收率为97.78%，在全省排第2名；城乡居民养老保险费征收率96.03%，在全省排第6名。清理全州行政事业单位欠费9101.37万元，实现行政事业单位欠费清零；联合自然资源部门追缴划转前欠费529.6万元。主动与自然资源、住建、公安、政务服务、海关、人民银行等部门沟通协作，深入开展打击虚开骗税专项行动，参与全州烂尾楼清理和不动产登记历史遗留问题专项整治，配合商贸流通企业升限纳统，持续拓展社会共治深度和广度。

【营商环境】2021年，大理州税务系统持续推进“放管服”改革，落实“我为纳税人缴费人办实事暨便民办税春风行动”97项任务，推出6类21项便民服务措施；实现47个税（费）种“全程网上报”，256个涉税事项“全程网上办”，用户数为255.7万户，占全州单位纳税人的93.25%；在全州1137个村委会设立1623个“社保业务代征点”，与州农行共同推出“便捷扫码”缴纳城乡居民社会保险费，取得较大社会效益；与州工商联签订合作框架协议，共同服务民营经济发展；全年“好差评”非常满意率为99.8%，差评回访率100%；全州银税合作贷款余额4.88亿元，较年初增长38.32%；企业开办耗时压缩至1个工作日，申领发票耗时压缩至0.2个工作日，出口退（免）税平均办理时长压缩至2.47个工作日；6月1日，实现财行税“十税”合并申报，8月1日，实现主附税收整合申报，表单减少三分之二，申报数据项减少三分之一；向各级党委政府报送调研分析报告51篇，获州县两级党委政府批示26篇。

【纳税信用等级评定】2021年，大理州税务系统对29672户纳税人开展纳税信用等级评定，其中A级887户，占2.99%；B级13833户，占46.76%；M级12640户，占42.6%；C级274户，占0.92%；D级2038户，占6.87%。辖区内办税服务厅通过电子显示屏或公告栏对2021年度企业纳税人A级信用名单进行了公示。

（吴璇撰稿）

国有资产监督管理

【概况】2021年，大理州州属国有企业经营效益稳步提升，国有资本布局持续优化，国企改革深入推进，国资监管更加专业，国企党建成效明显。①基本情况。全年全州纳入汇总的国有及国有控股企业217户，在上年167户基础上净增50户。全州国有企业资产总额1696.6亿元，同比增长14.8%；负债总额930.4亿元，同比增长3.6%；净资产总额766.2亿元，同比增长32.1%；资产负债率54.8%，同比下降1.3%。②经营情况。217户国有企业全年累计实现营业收入57.9亿元，同比增长10.3%；累计发生营业成本65.5亿元，同比增长22.9%；累计获得利润总额-2.7亿元，同比增亏286%。累计发生固定资产投资24.1亿元，同比增长51.6%。全州年末在岗职工人数5222人，同比增长13.8%；全年在岗职工人均工资71130.4元，同比增长9.2%。全州国有企业国有资产保值增值率104.6%，高于前三年平均水平，实现国有资产保值增值。

【州属国企生产经营情况】2021年，5户州属国有企业集团公司资产总额601.3亿元，负债总额282.6亿元，净资产总额318.7亿元，资产负债率47%。其中，大理州国有资本投资运营（集团）有限公司资产总额94.1亿元，负债总额40.3亿元，所有者权益总额57.8亿元，累计获得营业收入4.1亿元，累计获得利润-1.9亿元，资产负债率42.9%；大理州工业投资（集团）有限公司资产总额86.1亿元，负债总额57.8亿元，所有者权益总额28.3亿元，累计获得营业收入12.3亿元，累计获得利润-1.9亿元，资产负债率67.2%；大理州建设投资（集团）有限公司资产总额25.7亿元，负债总额11.7亿元，所有者权益总额14亿元，累计获得营业收入9.1亿元，累计获得利润0.2亿元，资产负债率45.5%；大理州城乡投资（集团）有限公司资产总额185.4亿元，负债总额130.9亿元，所有者权益总额54.5亿元，累计获得

2021年，大理州国资委深入推进国企改革，不断强化党建工作。图为6月30日全州国资国企系统评优、评先活动现场（州国资委　提供）

2021年大理州国有企业资产情况表

表40　　　　单位：亿元

单位名称	资产总额	负债总额	净资产总额
州　属	601.3	282.6	318.7
大理市	638.1	315.1	323
宾川县	67.6	45.8	21.8
祥云县	183.8	134.7	49.2
南涧县	17.8	13.7	4.1
洱源县	46	32.7	13.3
鹤庆县	41	31.7	9.3
巍山县	30.5	21	9.5
永平县	14.1	10.8	3.3
漾濞县	9	5.9	3.1
剑川县	10.6	8.4	2.2
弥渡县	7.1	4.9	2.2
云龙县	29.7	23.2	6.5

永平县农村人居环境治理PPP项目永平县银江河滨河湿地生态修复建设工程PPP项目签约仪式（州国资委　提供）

营业收入0.8亿元，累计获得利润0.8亿元，资产负债率70.6%；大理州交通投资开发（集团）有限公司资产总额210亿元，负债总额41.9亿元，所有者权益总额168.1亿元，累计获得营业收入5.8亿元，累计获得利润0.6亿元，资产负债率19.9%。

【国企改革】 2021年，大理州印发《关于加强和改进国有资产监督管理的若干措施》《大理州国企改革三年行动方案（2020—2022）》，持续开展州属国有企业改革工作。①州属国企改革。推动州属国有企业整合重组，明确了5户集团公司的主业和非主业范围，将单户企业集团主业范围控制在3个以内，结合国有企业的新增、变动、注销，推进国有资产产权登记和股权划转管理。②优化调整。提出国资国企要围绕“两服一稳”（服务国家、省、州发展战略，服务全州经济高质量发展；稳增长），“大抓产业、大抓融资、大抓招商、大抓项目”的工作理念，促进州属国有企业市场化、实体化转型，发挥国有企业在推动大理高质量发展上的带动引领作用。启动建设“十四五”州属国有企业项目库，统筹协调州属国有企业参与全州“两水一污”、城市更新、文旅、新能源、矿山修复等重大项目推进、重点产业培植。多方申请资金4.72亿元注入州属国有企业作为注册资本金，保障企业稳定运行。③做大龙头企业。全年，对州交投集团注资45.81亿元，提升州交投集团在交通运输、道路建设、集中建园等基础设施建设领域的市场竞争力。根据州委、州人民政府研究同意的《关于深化大理州国有资本投资运营（集团）有限公司改革的工作方案》要求，将原本州属6大集团中的州文旅投集团划入州国投集团，将州属国有企业整合为目前的5户，解决了州属国有企业经营板块重叠、同质化经营的问题，提升了州国投集团在资产总量、板块运营、规模化经营等方面的优势。④完善制度机制。报请州委、州政府印发《关于加强和改进国有资产监督管理的若干措施》并严格贯彻落实。制定监管权力和责任清单并实行动态管理。完善《州属国有企业监事会人员管理办法》，指导各州属企业清退了担任监事的公职人员及不符合任职条件人员，配齐配强各类监事人员56名。印发《大理州州属国有企业公务用车管理办法（试行）》，规范了州属国有企业公务用车管理工作。

【国资国企社会效益】 2021年，大理州全力抓实国有资产优化布局、民生保障、项目建设及企业帮扶纾困，充分发挥国资国企社会效益。①国有资产优化布局。聘请衡立泰投资管理咨询有限公司负责编制《“十四五”大理州国有资本布局与州属国有企业发展总体规划纲要》，提出将推动国有资本向“两城一区”、“大祥巍”一体化、城市更新、数字经济、文旅、新能源、资源再生利用等重大项目和领域集中。启动建设“十四五”州属国有企业项目库，统筹协调州属国有企业参与全州“两水一污”、城市更新、文旅、新能源、矿山修复等重大项目推进、重点产业培植。②助力民生保障。5月21日漾濞地震发生后，州属国有企业迅速响应，用实际行动践行初心使命。州建投集团迅速组织党员干部、技术骨干等20余人深入震中秀岭村、大澜坝等8个村和县城各中小学校开展震后房屋建筑安全评估工作，在8天时间内完成3000余幢房屋的安全评估工作。州国投集团立即筹集地震应急贷款5000万元，及时拨付漾濞县。组织国资国企干部职工为包保的漾濞县瓦厂乡捐赠灾后恢复重建资金47.7万元。统筹相关企业为全州乡村振兴、洱海保护等重点项目捐赠资金657.5万元。统筹州属国有企业做好人才培养工作，州属企业招聘应届大学生59名，通过大理州苍洱人才“霞光计划”校园招聘3人，接收退伍安置士官及随军家属12人。③项目建设。专门成立针对国开行等政策性银行重点项目融资专班，加强与实操经验丰富的央企、省企、民企合作，抓紧建设“十四五”州属国企项目库，完成州委、州政府交办的重点项目和重点工作融资任务。组织州属企业参与县（市）保障房、停车场、“美丽县城”等建设。州交投集团完成高速公路建设投资438.32亿元，为年初任务数的121.75%，占全州固投比例的49.85%；州建投集团概算总投资24.85亿元的州医院医疗核心区项目建设顺利推进，年内完成投资4.59亿元，完成产值4.7亿元，累计完成投资8.47亿元。祥云县、云龙县、永平县万头奶牛标准化养殖场建设项目落地，同时，多渠道想办法筹措项目建设所需资金。④企业帮扶纾困。服务优化营商环境，全力参与企业项目帮扶纾困，倾力协调相关县（市）区、有关部门和国有企业，着力化解云南力帆骏马车辆有限公司生产经营危机，多渠道融资帮扶祥云飞龙、云龙铂翠等民营企业纾困，开展了大理海洋馆帮扶工作。筹集资金1.52亿元完成对祥云飞龙110千伏变电站的收购，为企业减少购电费380万元。

【国企党建工作】 2021年，州国资委党委召开党委会议34次，其中2次专题研究基层党建工作。制定印发《大理州国资委党委2021年基层党建工作实施方案》等3个文件压实责任、抓实党委主体责任。3月31日，委党委组织召开年度党建暨党风廉政建设工作会议，从6个方面安排年度基层党建工作任务，组织签订年度党建工作、意识形态工作、党风廉政建设工作责任书。表彰优秀共产党员39名、优秀党务工作者20名、先进基层党组织19个。开展“万名党员进党校”示范班、党务工作者培训班2期，参加204人次；所属基层党委举办“万名党员进党校培训”7期，参训1783人次。全年州属企业开展理论中心组学习93场次，以党史学习教育引领“四史”宣传教育，党史学习教育专题学习66场次，主题党日1731次，举行党史专题读书班和读书会学习114次，利用大理州红色教育体验基地，开展红色教育体验159次，参加3218人次。邀请州委党校老师开展党课宣讲。委党委所属130个党支部制定“民生实事计划”99件，已办结99件；88名领导班子成员制定“为民办事清单”260件，已办结260件；2466名普通党员制定“为民办事清单”4151件，已办结4151件。组织专家编写36万字的《国有企业基层党建工作实务手册》，规范了国企基层党建基础党务工作。与清华大学合作开展国资监管及国企改革专题研修班培训，与央企智库中智集团合作开展国资国企改革发展讲座交流活动，提升国企领导干部综合素质。全年，州国资委机关党支部被省委表彰为全省“先进基层党组织”。州国资委被州委、州政府命名为大理州第十五届“文明单位”，被大理州总工会表彰为工会工作“先进集体”，定点帮扶工作被考核为“优秀”等次，法治建设工作被考核为“优秀”等次。

（杨阳撰稿）

市场监督管理

【概况】 2021年，大理州市场监督管理局围绕中心、服务大局，在抗击疫情中勇于担当，强化市场监管，服务高质量发展，保障民生底线。贯彻落实质量强国、质量强省部署要求，坚持走好以绿色为底色的高质量发展之路。组织开展基层食品安全绩效自检自查和随机抽查、农村集体聚餐食品安全管理自查自纠和风险隐患排查整治、食品安全事件典型案例警示教育活动。集中开展中药饮片质量安全专项行动、药品网络销售违法违规行为专项整治、集中带量采购中选药品质量专项检查、XG病毒疫苗流通环节专项检查、药品零售企业远程审方专项检查和避孕套、医疗器械、儿童化妆品专项检查等。印发《2020年大理州医疗器械经营许可与备案企业名单》，加强对企业实施《医疗器械经营质量管理规范》的监督检查，严格落实医疗器械经营企业备案后现场核查工作，强化对医疗器械经营许可与备案企业的事后监管。深入贯彻落实《优化营商环境条例》和省、州政府关于打造一流营商环境部署要求，推进市场主体登记注册工作。强化广告市场监管。完善信用监管各项措施。持续开展公平竞争审查，将公平竞争审查制度落实情况作为有关督查工作的重要内容纳入政府考核体系；加强疫情防控物资出口企业不正当竞争行为监管执法；加大对68家直销网点经营活动的监督检查力度，加强对直销企业、经销商和从业人员经营行为的行政指导，规范直销经营行为。制定《2021年行业协会商会收费“双随机、一公开”抽查工作方案》，以降低企业成本、优化营商环境和增进民生福祉为重点，持续推进减税降费和民生领域价格监管。健全和完善市场监管领域安全监察工作机制，针对事故多发或有事故苗头的设备和环节，强化风险预警防控和隐患治理。深入推进知识产权战略实施，建立联席会议制度，开展课题研究和知识产权宣传周、“知识产权服务万里行”等活动，打通知识产权创造、保护、运用、管理、服务全链条，在“商标创品牌，专利提质量，地标扩影响”上取得明显成效。针对重点领域、重点行业、重点商品，加大执法稽查力

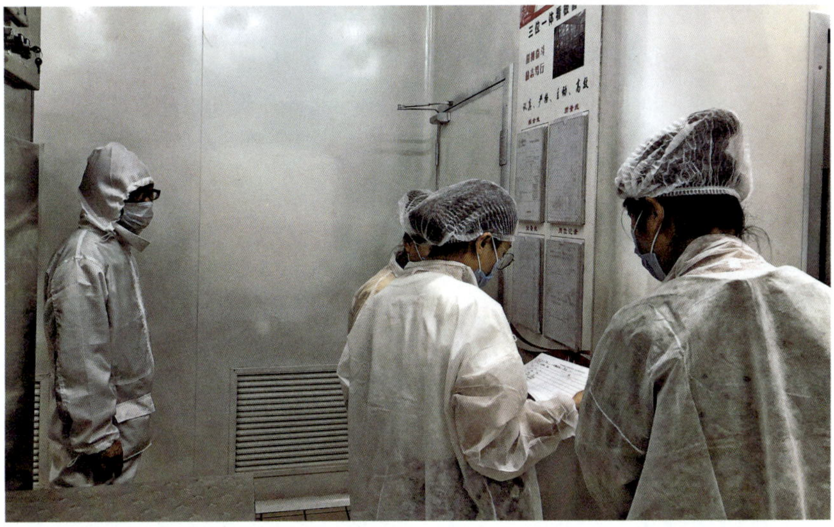

2021年，大理州抓实质量强州战略，强化质量安全监管各项工作。图为执法人员到大理娃哈哈有限公司进行安全生产检查　（州市场监督局　提供）

度，查处多起重大、典型案件。强化网络市场监管，开展电商领域专项整治。围绕"绿色食品牌"战略，引导和鼓励企业开展有机产品认证，加强认证监管。督促企业和相关单位及时申报备案和报检，持续推进"计量服务中小企业行"活动。发布《大理佛香3号茶树栽培技术规程》《洱海流域农田径流氮磷生态拦截沟渠构建技术规范》《山区农田排水调蓄净化再利用技术规范》等21项地方标准，累计发布109项，发布数量位列全省第二。12月，大理州市场监督管理局社会组织发展服务中心杨吉明获国家市场监督管理总局授予"全国市场监管卫士"称号。

【质量安全监管】 2021年，大理州贯彻落实质量强国、质量强省部署要求，抓实质量安全监管各项工作。①质量提升行动。出台《大理州"十四五"质量强州规划（2021—2025年）》《大理州2021年质量提升工作方案》，持续建设质量强州；主要农产品、食品、药品、重要工业产品合格率稳定在97%以上，房屋市政、交通、水利工程竣工验收合格率为100%，旅游游客投诉办结率100%，游客投诉满意率为93.6%，全州没有发生重大质量安全事件。②企业创新和品牌培育。完善质量政策措施，印发《关于强化高位统筹高投入保障高质量发展导向三项机制推动工业振兴发展的意见》等政策性文件，促进企业科技创新和品牌培育。1户企业获年度省级质量标杆认定；7户企业获批年度云南省知识产权优势企业；15户企业通过国家知识产权局商标使用许可备案；2户企业获年度云南省专利奖三等奖；1户获省级企业技术中心认定，9个项目和企业获得省级中小企业发展专项资金；获省"10强企业"2户、获省"20佳创新企业"1户，获省"10大名茶"企业1户，获省"10大名药材"企业1户，获省"10大名菜"企业4户，获省"10大名果"企业2户。③质量社会共治。组织州、县（市）两级开展年度"质量月"宣传活动。开展宣传活动250余场次，2500

2021年大理州新登记个体工商户情况表

表41

地区	2021年新登记个体工商户数（户）
大理	8133
漾濞	1070
祥云	3601
宾川	3360
弥渡	2565
南涧	1793
巍山	2430
永平	1966
云龙	1648
洱源	1353
剑川	1524
鹤庆	2821
合计	32264

2021年大理州发明专利一览表

表42　单位：件

地区	发明专利授权量	发明专利有效量
大理市	32	154
漾濞县	2	5
祥云县	6	54
宾川县	4	19
弥渡县	1	13
南涧县	0	5
巍山县	0	9
永平县	2	12
云龙县	0	4
洱源县	0	11
剑川县	0	3
鹤庆县	2	5
合计	49	294

2021年大理州广告经营基本情况表

表43

	项目	经营单位（户）
广告经营单位情况	国有企业	0
	私营企业	552
	内资公司	1
	个体工商户	404
	事业单位	15
合计	972	
从业人员（人）	4538	
广告业务经营收入（万元）	9418	
增值税和所得税总额（万元）	146.5	

2021年大理州新登记企业情况表

表44　单位：户

地区	内资企业	私营企业	外资企业	合计
大理	224	3548	0	3772
漾濞	16	223	0	239
祥云	68	754	0	822
宾川	41	461	0	502
弥渡	35	308	0	343
南涧	18	220	0	238
巍山	26	283	0	309
永平	26	255	0	281
云龙	28	163	0	191
洱源	21	206	0	227
剑川	46	243	0	289
鹤庆	40	270	0	310
州局	2	1	30	33
总计	591	6935	30	7556

（州市场监督局　提供）

余家企业、1.2万余人次参与活动。组织开展中小企业质量技术服务活动，统筹质量、标准、计量、认证认可、检验检测等手段，加强对企业的"质量问诊"，州、县（市）两级监管部门走访企业498家，收集质量技术服务需求441条，解决实际问题380件，举办培训14场，培训人员406人次。④工业产品质量监管。制定印发《全州重点工业产品质量安全监管目录（2021年版）》《大理州2021年重要工业产品质量监督抽查实施方案》，以纳入目录的12大类116种产品为重点，组织开展专项整治15次，检查生产经营企业1928户次；加强产品质量监督抽查，抽查工业产品609批次，安排专项抽查经费33.75万元。全年全州按时按质按量完成国抽、省抽不合格产品企业后处理工作，处置率100%，按时按质按量完成国抽食品相关产品不合格产品企业后处理工作，处置率100%。

州、市市场监管局联合开展安全用药宣传活动　（州市场监督局　提供）

【食品监管】 2021年，大理州以基层为重点，认真开展食品安全监管及警示教育活动。①食品安全宣传预警。安排宣传预警和风险防控13次，组织开展食品安全事件典型案例警示教育活动2次；指导开展食品安全宣传周活动，印发宣传资料20万份，州、县发布各类宣传预警信息121期，发放宣传资料23万余份；组织开展年度全州食品安全事故应急演练和工作业务培训；配合第三方机构组织开展城乡居民食品安全满意度调查，大理州年度综合满意度为81.86%，较同比提升3.71个百分点。②食品生产领域监管。全州辖区内取得食品生产许可证的食品生产企业317家，同比增加22家，食品类别29类；已登记备案的食品加工小作坊1784户，比上年增加526户；按照5%的比例对22家食品生产企业开展"双随机、一公开"抽查，并对9家食品生产企业完成飞行检查；组织全州开展常用食品行业专项清理整治，检查保健食品经营主体16220户次，检查发现问题62个，责令整改51家；检查乳制品生产企业75户次，抽检乳扇产品485个，发现问题3起，已责令整改；检查白酒生产经营企业2026户次，检查散装白酒经营者5532户次，发现问题191起，依法注销食品生产经营许可11户；组织对288户企业负责人和食品安全管理人员587人次参加食安员监督抽查考试，考试合格率为94.72%，考核覆盖率为100%。③食品经营领域监管。全州完成"净餐馆"达标任务21010户，完成餐饮安心码亮码经营17542户，公示率96.14%；全州检查学校食堂及周边食品经营者5127户次，排查安全隐患548个，整治流动摊贩550个，责令限期整改23户；检查餐饮服务提供者11526户，发现食品安全问题243个，责令整改492家，立案查处13件；全州八个重点区域餐饮服务单位2088户，完成网络"明厨亮灶"建设1723户，完成率82.5%；查处农村假冒伪劣食品案件数量265件，查扣违法食品1.56吨。④食品经营领域服务保障。全年全州有持证食品经营单位39034户，食品销售单位18926户；组织对农村食品经营场所涉及"食品经营许可证"和预包装食品销售备案复查15624户，发现存在问题市场主体数量91户，并督促完成整改；承办全省单位食堂食品安全监督管理工作培训班，组织食品经营管理人员和从业人员培训考核，26173人考核通过。⑤冷链食品监管。全年全州有冷冻冷藏库222个，冷链食品经营企业763户（销售肉类、水产品类），冷链食品从业人员1057人。农贸（集贸）市场152个，肉制品生产企业18户，屠宰企业19户，冷链物流运输业户23户，运输车辆26辆，年内未发生因进口冷链食品导致的疫情传播事件。⑥食品销售风险分级管理。全年全州食品销售环节完成风险分级管理17208户，其中A级12125户，B级4010户，C级675户，D级398户。全州获证食品销售100%实现风险分级动态管理并进行公示，D级食品销售者实现全覆盖监督检查。

【药品化妆品监管】 2021年，全州强化突出问题集中开展药品化妆品领域专项整治。①药品安全监管。检查药品经营使用单位4814户次、化妆品经营企业2520户次、药品网络销售企业54家次，疾病预防控制中心83家次，接种点490个次，对411家药械经营单位进行飞行检查，全州立案查处违法违规案件71件。②风险排查化解。完成省级药品检验207批次，检验合格率98%，完成地方性药品抽验50批次、儿童类化妆品20批次，检验合格率100%。上报药品不良反应报告2780例、医疗器械不良事件报告表1095份、化妆品不良反应报告358份；在大理大学、大理州技师学院、大理州护理职业学院设立化妆品不良反应监测报告点，完成全州42家医疗机构"四项监测"情况抽查。③资格审查培训。全州467名执业药师职业资格考试合格人员，有461人在规定时限内提供资格核查材料，461人均通过资格核查；完成药师协理和药学（非临床医疗）专业技术人员384人注册、登记备案；完成37人药学专业技术人员继续教育学分验证工作，及时发放了学分验证合格证。④社会共治。组织开展以"安全用药、坚守初心"为主题的年度安全用药月科普宣传活动，宣

7月31日，大理经济技术开发区市场监管职责移交工作会议上，大理经济技术开发区市场监管职能进行了州、市移交　　（州市场监督局　提供）

传药品政策法规和药品安全知识，增强公众安全用药、合理用药意识；与全国全省同步开展药品科技活动周、化妆品科普宣传周、医疗器械安全宣传周活动，以"党建＋科普""线上＋线下"的形式，贴近安全用药"一老一小"重点人群，开展进社区、进校园为民科普服务活动，发放宣传资料25049份。

【医疗器械监管】2021年，大理州持续加大对医疗器械经营领域的监督管理力度。①生产经营许可。全州办结医疗器械经营许可与备案1022个，其中新办许可182个、新办备案256个。办结第一类医疗器械生产备案1个。②日常检查。制定《2021年大理州医疗器械生产经营企业和使用单位日常监督检查方案》，全年全州检查医疗器械经营企业1560户次、使用单位1196户次，责令整改企业34户和使用单位21户，对经营企业销售过期、无合格证明文件医疗器械和无证经营第三类医疗器械行为立案处罚7户、罚没款18.1万元，对使用过期医疗器械行为立案处罚9户、罚没款23.5万元。③专项整治。开展2021年避孕套和装饰性彩色平光隐形眼镜专项整治，检查1523户避孕套经营单位和388户装饰性彩色平光隐形眼镜经营企业，责令9户避孕套经营单位和1户隐形眼镜经营单位对存在问题进行整改；以疫情防控类医疗器械、无菌和植入类医疗器械等7种情形为器械质量安全风险隐患排查治理重点，排查医疗器械生产企业4户、经营企业1689户次、使用单位567户次，排查出监管风险隐患34个、消除监管风险隐患28个，责令整改34户，查处案件11件；检查医疗美容器械经营企业544户次、使用单位559户次，责令改正企业2户和使用单位1户；对辖区8户医疗胃肠镜器械批发企业、156家医疗机构进行检查，未发现从非法渠道采购或者经营使用未经注册胃肠镜情况。④安全隐患排查化解。组织25户医疗器械批发企业签署大理州药品医疗器械经营单位质量安全和落实疫情防控责任承诺书。开展医疗器械安全生产及高风险医疗器械安全隐患排查化解工作，全州检查医疗器械生产企业4家次，限期整改2家；检查医疗器械经营企业2956家次，限期整改20家，立案查处2家；检查医疗器械使用单位1607家次，限期整改3家，立案查处2家。791家企业（单位）签订履行安全生产责任承诺书。开展高风险医疗器械风险隐患排查化解专项行动，高风险医疗器械经营企业自查923家、抽查266家，高风险医疗器械使用单位自查234家、抽查102家。开展医疗器械监督抽样，完成医疗器械监督抽样27批次，其中国抽1批、省抽26批，对1批抽检不合格进行了查处。

【市场主体登记注册】2021年，大理州继续深化改革，营造一流的营商环境。①"证照分离"改革。在巩固2018年"证照分离"改革试点经验、改革106项具体事项的基础上，从7月1日起，采取直接取消审批、审批改为备案、实行告知承诺、优化审批服务4种方式推进"证照分离"改革全覆盖，营造更加便捷高效的市场准入环境。本次改革涉及具体改革事项10项，其中直接取消审批1项、实行告知承诺2项、优化审批服务7项，广告发布登记事项不再办理许可。对实行告知承诺的事项，在申请人承诺后可当场决定。②企业简易注销登记。简化材料，企业提交的申请材料实行形式审查，材料齐全、符合法定形式的当场许可；对实行"多证合一"登记的市场主体，申请办理一般程序注销登记，不再收取纸质清税证明文书；通过国家企业信用信息公示系统（云南）为企业提供在线办理清算组备案及免费发布注销公告。全面推行"云南省企业注销服务专区平台"应用，实行各有关部门注销业务"信息共享、同步指引"，实现企业注销"一网"服务。③外商投资企业登记注册便利化。贯彻落实《中华人民共和国外商投资法》《中华人民共和国外商投资法实施条例》《外商投资信息报告办法》，严格执行外商投资准入前国民待遇加负面清单管理制度，规范外商投资企业登记程序，配合商务部门落实外商投资信息报告制度，推进外商投资企业登记注册和信息报告便利化。④市场主体倍增工作。落实市场主体倍增的8个培育计划，建立市场主体倍增统计监测制度，优化营商环境，促进市场主体倍增。全年全州实有市场主体275299户，同比增长9.00%，同比净增22728户。其中，企业46818户，同比增长11.01%，同比净增4642户，占市场主体总数的17.01%；个体工商户222041户，同比增长8.79%，同比净增17948户，占市场主体总数的80.65%；农民专业合作社6440户，同比增长2.19%，同比净增138户，占市场主体总数的2.34%。中小企业41892户，同比增长11.31%，同比净增4255户，占企业总数的89.48%。⑤行政许可事项。对继续实施工业产品生产许可证管理的10类产品，实施全流程网上办理、优化审批服务和告知承诺等措施，全年办理工业产品生产许可证许可事项27件；采取网上申请、电话指导等方式，办理食品生产许可和检验检测机构资质等业务，办理食品生产许可22件、特种设备许可7件、计量标准考核25项、检验检测机构资质认定行政许可154件。⑥“贷免扶补”政策。及时安排2021年度“贷免扶补”工作，将省、州下达的96户“贷免扶补”工作目标任务数分解到各县（市）市场监督管理部门，逐级压实工作责任，支持小微企业发展。10月末，各县、市市场监督管理部门受理申请数96户，扶持创业人数96人，发放贷款金额1808万元，年度任务完成。

【广告市场监管】 2021年，大理州建立和完善整治虚假违法广告联席会议制度，明确职能职责，加强部门间协同配合，形成重点领域广告监管执法合力。①监管整治工作机制。健全广告导向监管的领导协调和应急处置机制。年内，与中国人民银行大理支行协作配合，加强对精品店、古玩城及玩具店等的检查，严厉打击销售仿纪念币（钞）行为；加强与州卫生健康委的工作协作，开展医疗广告的协同监管。落实“双随机”检查机制，对全州广告经营者、发布者的广告经营行为开展双随机检查，在省局规定时限内，完成广告经营单位21户的双随机检查。②广告监测。持续开展互联网广告监测，做好对城市主干道、地标建筑、购物中心、旅游景区、机场码头、车站广场等重要区域以及公交车、出租车、网约车等城市公共交通工具户外广告位、广告牌、电子显示屏的检查，及时发现违法违规广告线索。全州办理广告涉嫌违法线索478条，受理全国移动互联网广告监测平台违法广告线索21条，查看率和处理率100%。③广告监管执法。先后组织开展农村户外广告整治、违法违规商业营销宣传集中整治、“护苗助老”系列整治、公务员考试培训广告整治、医疗广告整治等工作，并围绕食品、保健食品、药品、医疗、医疗器械、金融投资理财、房地产、特种设备等事关人民群众生命健康和财产安全等重点领域，开展广告监管执法。年内，州市场监督管理部门立案查处违法广告案件8件，罚没23.66万元。

【信用监管】 2021年，大理州完善信用监管各项制度，深入推进信用监管各项工作。①按时完成市场主体年报。印发《关于做好2020年度市场主体年报公示工作的通知》，深化“多报合一”工作，继续开展特种设备生产、疫苗生产等重点行业领域100%年报，稳步推进农民专业合作社、个体工商户年报；制作市场主体年报公示操作指南，以图文并茂的形式指导各类市场主体做好年报公示；通过发布年报宣传海报、发送催报短信、通报年报工作进展情况等方式，抓实年报公示工作；至6月30日，全州应年报企业40408户，已报企业37247户，全州企业年报率为92.18%，高于全国平均年报公示率0.86个百分点。②“双随机、一公开”监管。履行大理州市场监管领域部门联合“双随机、一公开”监管州级联席会议办公室职责，编制印发《大理州市场监管领域部门联合抽查事项清单（第二版）》，涉及抽查领域41个、抽查事项77个，拓展抽查领域4个、抽查事项4个；印发2021年度部门抽查计划98个、部门联合抽查计划40个，并督促州级各成员部门按计划组织实施抽查，全年完成部门抽查计划101个、部门联合抽查计划41个，从源头上解决多头执法、多层执法、重复执法等问题。③信息归集情况定期通报。全年，全州实施信息归集部门289个，累计归集信息293526条，其中行政许可信息250515条、行政处罚信息6985条、抽查检查32619条、联合惩戒10条、小微企业扶持3397条。④联合惩戒措施。全州各级各部门形成监管合力，使失信主体“一处违法、处处受限”，至12月31日，全州列入经营异常名录企业4457户，农民专业合作社925户，被标记为经营异常状态的个体工商户41552户；列入严重违法失信名单的企业1031户，通过“云南省市场监管一体化应用平台”限制失信被执行人任职2435人次。⑤无证无照经营整治。全年全州市场监管部门出动执法人员8741人次，检查发现无证经营653户，检查发现有证无照经营41户，检查发现无证无照经营401户，引导办理营业执照1043户，依法查处224件，罚没金额40.94万元，向有关单位抄告无证经营58户，会同有关部门开展联合行动118次。

【反不正当竞争】 2021年，大理州持续开展公平竞争审查，加强对不正当竞争行为的监管执法，规范直销经营行为。①公平竞争审查制度。召开公平竞争审查工作部门联席会议第四次全体会议，以会代训形式组织开展全州公平竞争审查业务培训，严格审查妨碍统一市场和公平竞争政策措施，开展增量文件审查和存量文件清理，全州清理以前年度政策措施文件3441件，其中废止2件，修订1件；全州审查全年出台政策措施文件321件，无审查修改后出台的文件，无适用例外规定出台的文件；对全州公平竞争审查制度落实情况开展网络抽查，抽查文件1200件，发现

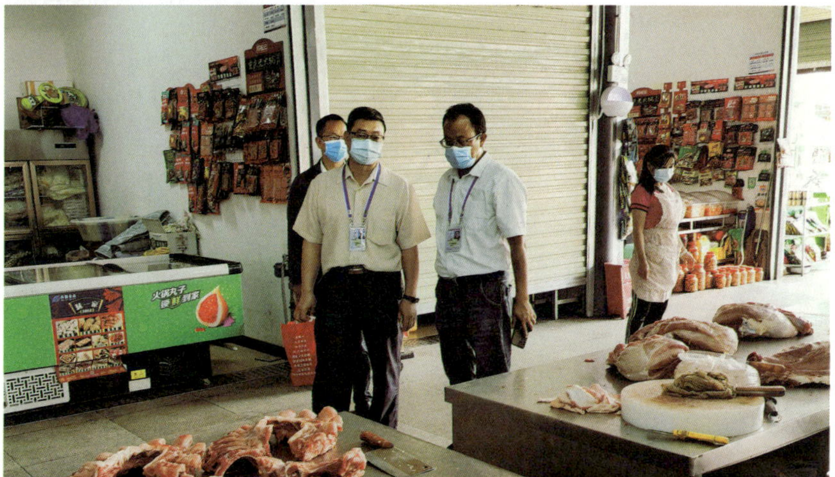

中秋、国庆期间，州市场监管局开展节日食品市场安全监管，确保群众“放心消费”
（州市场监督局　提供）

违反公平竞争审查标准的文件25件，并督促涉及单位进行了整改；抽查州政府及10个州级部门、1个市级政府及所属6个部门；建立健全公平竞争审查举报处理和回应机制，及时核查举报涉及问题。②重点领域监管执法。对州内2家疫情防控物资出口企业开展监管排查，未发现不正当竞争行为；围绕批发市场、零售商超、校园周边、互联网平台、城乡接合部、农村集贸市场等区域，重点查处假冒仿冒知名商品商标、特有名称、包装装潢、仿冒知名企业名称等，通过制造市场混淆，侵犯他人知识产权的不正当竞争违法行为，严厉打击仿冒混淆侵权违法行为，全州检查市场主体2285个，受理投诉举报51件，查处不正当竞争行为案件11件，案值65.21万元。③打击传销、规范直销。加强直销企业信息报备和披露管理，对州内25户直销企业的分支机构、服务网点、专卖店开展"双随机、一公开"抽查，督促企业及时、完整、准确报备直销经营信息。保持打击传销高压态势，广泛开展防止传销"六进"宣传警示活动和"无传销社区(村)"创建活动。全年完成对漾濞县、宾川县、弥渡县、巍山县、洱源县、剑川县等6个县申报认定的20个无传销社区、172个无传销村委会的抽查复核，州打传办确认金牛镇柳家湾华侨社区等18个社区、苍山西镇马厂村委会等84个村委会为2020年度无传销社区(村)。

【价格监督管理】 2021年，大理州持续推进减税降费和民生领域价格监管。①"双随机"抽查检查。围绕企业反映的行业协会商会乱收费问题，对州内26户行业协会商会进行抽查检查；联合州住房和城乡建设局制定《2021年度房地产市场监管领域"双随机、一公开"联合抽查工作方案》，明确检查主体、检查范围、检查内容、检查时间、方式和程序以及工作要求，并随机抽查5户进行联合抽查，抽查结合全部公开。②价格监管。加强元旦、春节、"五一"、中秋、国庆等重大节假日市场价格监管，开展云安行动、明码标价专项整治、行业协会商会收费检查、医疗服务价格检查、涉企收费检查、清理规范保证金专项整治、公务员等考试周边市场价格检查、漾濞5.21地震抗震救灾市场价格监管、粮食市场秩序专项整治、校外培训机构整治、物业服务收费检查、教育收费检查、医疗废弃物处置收费检查、殡葬收费检查等16项专项检查。全州查处价格违法案件33件，经济制裁总额22593.71万元。其中，退还22570.65万元，罚款17.95万元，没收违法所得5.11万元。

【特种设备安全监察】 2021年，大理州高度重视特种设备安全运行，强化风险预警防控和隐患治理。①特种设备登记管理。全州有特种设备使用单位3839户，特种设备使用登记总数16360台(套)，登记在用设备15181台(套)，登记停用设备1179台(套)，大理州特种设备使用单位同比增加466户，设备总量增加2109台(套)，在用设备增加1988台(套)，设备总量增长率为14.8%；全州有特种设备生产和液化气瓶、移动式压力容器充装单位36家，其中制造单位1家，设计、安装改造修理单位9家，移动式压力容器/气瓶充装单位26家；全州设置特种设备安全监察机构69个，其中州级1个、县级12个、乡(镇)级56个，特种设备安全监察人员863人，其中A证5人，B证858人。②双重预防机制建设。督促企业加强双重预防体系建设，落实企业主体责任；深入开展安全生产整治、安全生产"大排查、大整治"专项行动、瓶装液化石油气充装、长输管道、起重机械、电梯、快开门式压力容器、电站内压力管道、移动式压力容器等专项整治。全年全州各级特种设备安全监管部门开展特种设备执法监督检查1811人次，出动车辆353辆次，检查特种设备生产经营、使用单位1011家，发出安全监察指令书88份，立案查处8起，经济处罚16.5万元，处理投诉举报4起，办结率100%。特种设备综合检验机构检验各类特种设备12976台(套)，向受检单位发出检验意见通知书97份。③防范化解重大安全风险。对学校、幼儿园以及医院、车站、客运码头、商场、体育场馆、展览馆、公园、会议场所等公众聚集场所使用的特种设备进行全面排查整治，督促特种设备使用单位严格落实企业主体责任，督促检验检测机构对检验到期申请检验的特种设备应检尽检，严厉打击特种设备安全生产领域违法违规使用行为；针对省外特种设备考试机构曝光的问题，举一反三，及时安排督促检查；组织部分特种设备生产单位开展了监督抽查及隐患治理，并将检查发现的共性问题通报至各辖区限期整改；对每季度特种设备工作情况总结分析，将"云南省特种设备安全监管系统"梳理的超期未检设备情况通报发至各辖区，督促指导辖区做好特种设备的隐患整治工作。

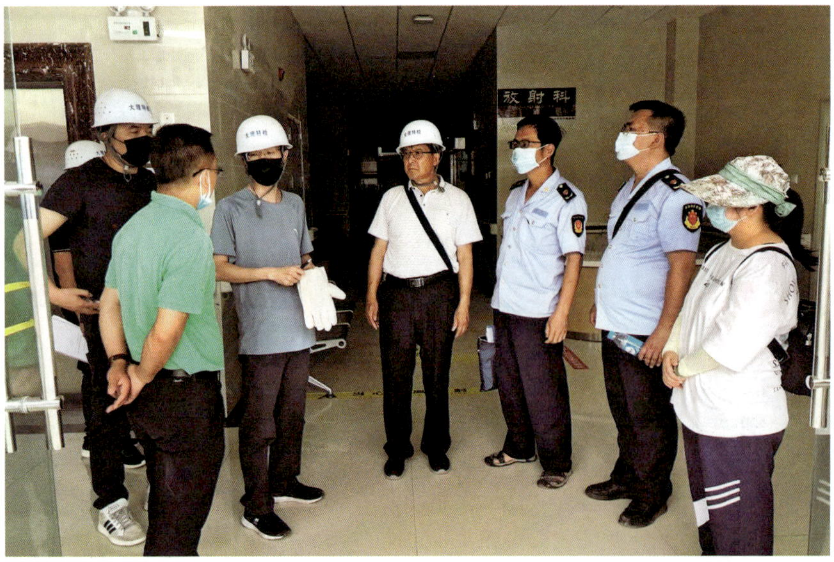

6月1日，州市场监管局对漾濞县开展特种设备企业灾后恢复重建帮扶工作
（州市场监督局　提供）

【知识产权】 2021年，大理州深入推进知识产权战略实施，在"商标创品

牌，专利提质量，地标扩影响”上取得明显成效。①知识产权发展。全年申请商标6359件，注册商标5122件，有效注册商标总量突破2万件大关，为24624件（全省第5）；全州专利授权合计1536件（其中发明专利49件，实用新型1302件，外观设计185件），有效发明专利累计294件。有效注册商标总量和发明专利授权量相比去年同期增幅均在10%以上。新增地理标志证明商标3件（永平木莲花、南涧无量山甘蔗、南涧无量山核桃），全州累计有地理标志证明商标33件（全省第一），地理标志保护产品9个。②知识产权保护。加强知识产权保护制度建设，建立健全信息报送、督查考核、激励奖惩等保护机制，组织开展“知识产权执法铁拳专项行动”“打击商标恶意注册”“严格规范专利申请行为”“知识产权双随机一公开”“蓝天专项整治行动”等专项行动，严厉打击知识产权违法犯罪行为。全年收到知识产权方面投诉举报47件，办结47件，办结率100%。查处知识产权案件38件（其中商标案件32件，专利侵权案件6件），案值23.08万元，罚款12.55万元。③知识产权促进应用。全年全州7家企业获批云南省知识产权优势企业，大理州经济开发区获批云南省知识产权示范园区，全州国家级和省级知识产权优势企业累计24家；1家公司的发明专利获第二十二届中国专利奖优秀奖，全州两件发明专利获年度云南省专利奖三等奖；全年大理州知识产权质押融资金额为2000万元；实现“县县有地标”的工作目标；全州34家使用企业获批地理标志换标工作，促进企业对地理标志的有效运用；开展“大理州地理标志运用促进课题研究”。经过实地调研和帮扶，云南下关沱茶（集团）股份有限公司等5家企业入选2021年云南省地理标志运用促进工程。④知识产权公共服务体系建设。向国家市场监管局和省市场监管局申请，设立国家知识产权局商标局大理州商标受理窗口和注册商标专用权质押登记大理州受理点获批，11月29日正式挂牌运行，为云南省唯一一家；向企业宣传专利费用减缴、授权发明专利资助、优先审查、电子申请等激励政策措施，并对非正常商标、专利申请进行有效监督监控；组织开展“知识产权宣传周”“知识产权服务万里行”等活动，举办知识产权业务培训班，较好地提升了知识产权行政管理人员的业务能力和企业知识产权创造、运用、保护与管理水平。

【执法稽查】 2021年，大理州针对重点领域、重点行业、重点商品加大执法稽查力度。①执法办案指导。全年统计上报各类违法案件928件（不含药械案件），比上年的852件增加76件，同步增长8.9%。②重点领域专项执法。先后2次开展非冷链集装箱货物消毒处理抽查，出动执法人员418人次，检查进口集装箱货物生产经营单位169户，未发现有从事进口高风险重点国家非冷链集装箱货物以及与此相关联的商品经营行为；围绕销售未经检验检疫或检出“瘦肉精”的肉类及药残超标的畜产品和水产品、宣称减肥和降糖降压降脂等功能的食品中添加药品、生产销售“偷工减料”劣质钢筋、线缆、生产销售劣质儿童玩具、中介机构“乱收费”、翻新“黑气瓶”、农村市场“山寨”酒水饮料节令食品、“神医”、“神药”等虚假广告8个重点，开展民生领域案件查办“铁拳”行动，向省局报送15个典型案例、大要案件3件、疑难案例15个。③民生领域案件查办。对2019年1月1日至2021年6月30日民生领域案件开展全面排查，重点排查是否存在不依法查处的行为；是否存在该移送不移送的行为；是否存在应公示未公示的行为；是否存在未深挖细查实施全链条打击的行为；是否存在案卷质量不符合要求的行为；是否存在违反廉洁纪律的行为。通过对2019年以来民生领域案件查办情况的全面主动排查，发现监管短板和漏洞，切实解决损害群众利益的突出问题，提升市场监管执法水平和执法公信力。全州自查586件，自查率73.9%；州市场监管局抽查41件，抽查率5.17%；完成了省局对州局的5件案件的抽查工作。

【网络市场监管】 2021年，大理州进一步强化网络市场监管，做好主体数据的认领、指派、核查和日常检查，保证数据核查完整性和准确性。①网络经营主体数据核查。核实网站网址、登记信息、公示信息等关键数据，检查数据链接有效性，提高网络经营主体数据质量；破解本辖区网络经营主体底数信息不清的问题，拓展本单位网络经营主体数据，夯实监管基础。全年全州市场监管系统对云南省网络交易内的10156条主体数据开展核查，核查率100%。②网络市场重点监测。突出热点行业和领域，以辖区内网络交易平台为重点，对涉及虚假广告、销售假冒伪劣、进行不正当竞争、传销、长江禁渔、野生动植物交易等行为进行重点监测。年内对1452户网站网店进行线上检查巡查，对网络监管系统分送的10156个网络经营主体实行线上监测，交办线索13件。③电商领域专项整治。在全州开展“网剑”行动，网上检查网站、网店7013个，实地检查1896个，责令整改网站1个；检查网络销售企业53户、医疗器械网络销售企业32户、化妆品网络销售企业15户，查处网络违法案件3件。开展电商领域借庆祝名义从事商业牟利活动专项整治和网络违法销售纪念章专项整治，对海东双创中心、大理州电商产业园内的电子商务经营者和“美团外卖”“饿了么”“天天三月街”及云龙、永平、漾濞县电子商务平台进行了实地检查，线上核查7869户次，实地核实检查户2165次，对餐饮配送平台经营主体实地约谈24户次，实地行政指导53户次。

【认证认可及检验检测监管】 2021年，大理州围绕“绿色食品牌”战略，加强认证监管。①认证认可领域拓展。加强认证认可工作，全年全州通过资质认定的检验检测机构135家，机构数量位列全省第二；全州有481家企业（组织）获得各类认证证书1325张，证书数位列全省第四，其中308家企业（组织）获得管理体系认证证书664张；强制性认证产品生产企业12家50张，CCC产品自我声明15家128份；其他自愿性工业产品认证的22家计145张证书（其中低碳认证5家10张证书）；223家企业（组织）获得508张食品农产品认证，证书数位列全省第二，其中158家企业（组织）获得199张有机产品认证证书。②认证监管工作。依法查处认证机构各种违法违规行为，完成10家列入3C目录的建筑安全玻璃生产企业全覆盖现场检查及抽样，抽样10批次，不合格1批次移交辖区依法进行后处理；

完成省级列入3C目录电动自行车销售企业10家现场检查及结果录入，完成省级有机产品认证9家企业现场检查、8批次产品抽样；完成国家级自愿性认证获证组织7家10张证书的现场检查及结果录入；完成州级有机认证产品26批次产品的抽查及后续处理。③规范检验检测业务。完成2020年应报的128家检验检测机构数据的审核和推送，为分析研判检验检测行业发展状况制定有效管理及帮扶举措提供了基础数据；依法依规开展检验检测机构2020年双随机抽查结果的处理，责令停业整改1家，责令改正12家，行政处罚9家，罚没合计14.1万元；配合省级5家、州级28家的现场检查、结果录入和后续处理；配合开展货车非法改装专项整治工作，出动执法人员1836人次，执法车辆507台次，检查生产销售维修市场主体1195户，立案查处无照经营1户、车辆检验机构违法违规案件7起，罚没金额11.6万多元。

【计量监管】 2021年，大理州加强计量监管，持续推进“计量服务中小企业行”活动。①能耗监测系统建设。全州1822户注册企业、36068台/件强检计量器具纳入“云南省计量信息管理系统”进行管理，应检器具数为48573台/件，强制检定计量器具受检率较去年同期有所提升；深入重点用能单位和企业进行指导，现场解决实际困难，确保进度严重迟缓的企业按期完成任务。全州任务名单28家，退出2家，延期6家，已对接平台21家(其中新增自愿建设2家)，暂未对接1家，完成率为73.07%。②“计量服务中小企业行”活动。聚焦中小企业计量需求和突出问题，有效地开展精准施“测”服务，完成计量器具检定、校准56149台/件，免征强检收费480.6万元，服务企事业单位3644次。③计量包装监督抽查。对全州9类定量包装商品组织开展了净含量专项监督抽查，覆盖全州范围内的9个县(市)42家企业，包括大米、包装饮用水、茶叶、化肥、酒、乳及乳制品、饲料、特色食品、糕点(月饼)9类商品的89个批次产品，其中净含量标注合格89批次，合格率为100%；净含量合格89个批次，净含量合格率100%，净含量标注合格率和净含量合格率连续两年达到100%。

【标准化建设】 2021年，大理州共发布21项地方标准，累计发布109项，发布数量位列全省第二，标准化建设工作再上新台阶。①标准化试点建设。祥云县“红色传承”教学基地管理中心、大理爱君家政服务有限公司被国家标准委确定为国家级服务业标准化试点，云南下关沱茶(集团)股份有限公司被确定为国家级消费品标准化试点，是年度云南省唯一入选的3个国家级标准化试点，累计创建各级各类示范试点31个，创建数量位居全省前列。②地方标准体系。内容涵盖洱海保护、绿色食品、乡村振兴等领域。指导相关行业协会制定发布《地理标志产品天坪天麻》《绿色食品一马平川青花椒》2个团体标准，累计发布6个团体标准。申报云南省地方标准重点项目2个，立项1个；秦艽栽培技术规程、金铁锁栽培技术规程等5个项目被云南省市场监管局发布为云南省级地方标准，累计参与云南省地方标准制(修)订72项。③企业产品标准自我监督制度。年内80户企业累计上报312项标准，涵盖220种产品，其中国家标准19个，行业标准5个，企业标准288个。截至12月，248户企业累计上报1769项标准，涵盖3496种产品。④标准实施与监督。委托第三方技术服务机构对18户企业(协会)35项团体标准和企业标准进行分析、比对和评价，指导不合格企业进行整改，并完成现场检查及录入工作，确保了标准的时效性、可操作性。

(盖玉文撰稿)

审计监督

【概况】 2021年，全州各级审计机关完成审计项目300个，其中审计273个，专项审计调查27个。审计发现非金额计量问题353个；损益(收支)不实金额47780.45万元；出具审计报告和专项审计调查报告304篇；审计处理处罚金额375184.36万元，移送纪检监察机关和有关部门处理事项22件，移送处理人员38人，移送处理金额2214.85万元。审计促进整改落实有关问题资金254022.68万元；审计后挽回(避免)损失238.12万元，核减投资额1985.72万元；提出审计建议760条，审计建议被采纳711条；推动被审计单位制定整改措施6项，提交审计信息201篇，被批示、采用44篇次。向社会公告审计结果72篇。《大理州2020年洱海保护与流域生态建设“十三五”规划实施情况跟踪审计》被省厅评为州级优秀审计项目三等奖，《大理市村(社区)2016年至2020年8月财务收支专项审计调查》被省厅评为县级优秀审计项目二等奖。被省厅评选出优秀计算机审计应用案例4篇，入选案例库4篇；优秀信息系统审计案例1篇，入选案例库2篇；入选小工具2个。《耕犁三载“实”千般，但得村民皆得“饱”》《没有终点的审计之路》《我的几个审计小故事》分获“庆祝中国共产党成立100周年云南省审计系统征文”一、二、三等奖。州局党总支被州委授予“先进基层党组织”，州审计局2名党员被州直机关工委表彰为优秀共产党员、优秀党务工作者。

【政策落实跟踪审计】 2021年，全州各级审计机关关注重大战略实施、重要改革深化、重大项目推进、重点资金保障、政策措施配套衔接等事项，组织实施重大政策措施落实情况跟踪审计，按季度向州政府、省审计厅上报审计情况，有力促进重大政策措施落地见效。围绕降低企业人工成本、降低涉企收费、降低企业用能用地等方面政策措施落实情况和持续深化行政审批制度改革、降低市场准入门槛等方面政策落实情况开展审计调查，完成大理州促进优化营商环境(减税降费政策、深化“放管服”改革)专项审计，促进优化营商环境有关制度体系不断建立健全。

【财政审计】 2021年，全州各级审计机关以促进、完善公共财政制度，规范预算管理，硬化预算约束和提高财政资金使用效益为目标，实施2020年度州本级财政预算执行和决算草案审计、8个州级部门2020年预算执行和决算编报情况审计、全州财政部门存量资金及往来款项管理专项审计调查，同时通过大数据审计，对州级(除部队、国安等部门外)全部一级预算单位和下属单位进行财务数据收集、分析，核实疑点数7728条，其中州本级475条、县(市)7253条，通过核实，发现超范围发放城乡低保涉及358人，涉及资金77.25万元，在职公职人员经商办企业或在企业入股485人。完成州本级1—9月新增财政资金直达市县基层直接惠企利民情况专项审计。

【重点民生资金和项目审计】 2021年，全州各级审计机关围绕民生大事、难事、急事，加大对惠民政策、民生资金、民生工程的审计力度。立足审计职能，促进抗震救灾和灾后恢复重建工作公开、透明、规范和高效，完成漾濞县“5·21”地震灾害救灾款物审计和地震灾后恢复重建（第一阶段）审计。完成巍山县和云龙县“十三五”期间易地扶贫搬迁专项审计，着力巩固脱贫成效。

【公共投资审计】 2021年，全州各级审计机关完成大漾云、鹤关、鹤宾、宾南、南景“能通全通”“互联互通”五条高速公路专项审计调查，全省“十三五”水网基础设施工程中涉及大理州的弥渡县彭家庄、永平县玉皇阁水库专项审计调查。完成下关一中教学楼、祥云县黄里线改建、大理创业园、州儿童医院4个竣工项目决算审计；大理市环湖截污治污排水管网修复完善工程（二期）、“1806”小镇建设2个阶段性跟踪审计。年内，全州组织开展重点建设项目审计55个，概算投资699.79亿元，其中竣工决算审计项目35个、跟踪审计项目11个、专项审计调查9个。

【资源环境审计】 2021年，全州各级审计机关以贯彻落实绿色发展为理念，开展了17名领导干部自然资源资产离任（任中）审计项目，其中联合型审计项目8个、独立型审计项目9个。被审计对象涉及17名地方党委政府主要领导、4名部门主要领导，其中县处级干部3人（涉及州生态环境局、州林业和草原局、祥云县政府）、乡科级干部18人。查出问题101个，其中金额类问题10个（涉及金额6606.42万元）、非金额类问题91个。

【经济责任审计】 2021年，全州13个审计机关完成60名领导干部经济责

12月8日，中共大理州委审计委员会第四次会议召开

2021年大理州审计工作情况表

表45

审计机关	完成审计项目（个）	审计查出主要问题金额（万元）	审计发现非金额计量问题（个）	审计期间整改金额（万元）	出具审计报告和审计调查报告（篇）	审计处理情况		审计促进整改落实有关问题资金（万元）	审计提出建议（条）	提交审计信息（篇）
						审计处理处罚金额（万元）	移送处理事项（件）			
大理州本级	57	752480	175	18308	58	167303	10	97771	150	74
大理市审计局	21	41816	2	19559	21	41816	—	19630	—	26
漾濞县审计局	28	24269	37	2144	28	2359	3	3915	36	35
祥云县审计局	20	321402	14	284	19	8026	—	9	28	6
宾川县审计局	32	8284	12	—	36	4637	—	4637	68	25
弥渡县审计局	28	40686	—	282	28	33675	2	33675	147	13
南涧县审计局	15	49374	—	—	15	49374	—	37167	45	—
巍山县审计局	10	55865	2	2059	10	2040	—	3022	31	20
永平县审计局	24	3051	75	62	25	389	3	136	87	2
云龙县审计局	13	6168	11	—	13	332	—	16	33	—
洱源县审计局	16	11469	22	50	15	9714	2	—	47	—
剑川县审计局	20	23779	—	—	20	20245	—	19303	43	—
鹤庆县审计局	16	62505	3	33790	16	35276	2	34743	45	—
合计	300	1401148	353	76538	304	375186	22	254024	760	201

（州审计局　提供）

任审计。其中，任中审计25人（县处级领导干部4名，乡科级领导干部18名，地方企业、金融机构领导干部3名）；离任审计35人（其中县处级领导干部3名，乡科级领导干部31名，地方企业、金融机构领导干部1名），查出主要问题金额61亿元，逐步实现县（市）党政主要领导干部经济责任审计全覆盖。

【专项资金审计】 10月起，全州各级审计机关连续3个月开展涉粮问题专项审计，71名审计人员组成13个审计组，对13个粮食主管部门、13户涉粮企业实施了审计，首次与巡视巡察机构同步开展涉粮问题专项审计，充分发挥审计在粮食购销领域腐败问题专项整治中的监督职能作用。年内完成大理经开区土地管理使用情况审计。

【审计查出问题整改】 2021年，全州各级审计机关转发《中共云南省委审计委员会关于进一步加强审计发现问题整改工作的意见》，州委审计委员会办公室印发《大理州审计整改督查暂行办法》《大理州审计整改约谈暂行办法》《大理州审计整改责任追究暂行办法》3项审计整改制度，推进建立健全审计查出问题整改长效机制。召开2020年度预算执行审计监督全覆盖发现问题整改工作会，推动被审计单位加快整改进程，完善制度机制。州局统筹各审计项目，派出5个督查组对审计查出问题整改情况开展专项督查，对未整改到位的问题进行指导，对已整改到位问题帮助建立长效机制，推动被审计单位抓实整改责任，提升整改成效。

【审计法治化建设】 2021年，州审计局编制并印发《“十四五”大理审计工作发展规划》，制定《大理州审计机关开展法治宣传教育的第八个五年规划（2021—2025年）》及《大理州审计机关法治建设实施细则（2021—2025年）》。根据行政复议机制改革要求，对18项权责清单涉及的救济途径进行修改，并在州政府门户网站进行公示，接受社会监督。

【审计委员会会议】 2021年，由中共大理州委书记主持召开2次州委审计委员会会议，传达学习中央审计委员会第3次、第4次和省委审计委员会第4次、第5次会议主要精神，研究部署州委审计委员会工作，县级审计机关相继召开审计委员会会议，全面落实党对审计工作的各项部署要求。

（凌静撰稿）

统计管理

【概况】 2021年，大理州统计局紧紧围绕州委、州政府重大决策部署和统计重点工作，认真开展党史学习教育和“大理之问”大讨论活动，加强干部队伍建设，切实提升统计干部队伍综合能力，加快统计改革创新和“智慧统计”建设步伐，持续夯实统计基层基础，深化依法统计依法治统，完善经济运行监测分析，提高统计数据质量，为全州经济社会高质量发展提供了坚实的统计保障，被评为第七次全国人口普查先进集体，并继续保留云南省文明单位荣誉。

【统计管理】 2021年，大理州以加强统计管理为抓手，促进统计工作规范。①统计工作规范化建设。发挥政府统计机构的统筹牵头作用，将统计工作纳入州委、州政府对县（市）和州级部门的综合考评，落实统计工作规范化建设，加强县乡统计基础和部门统计力量整合。②部门行业统计工作指导。发挥统计工作的参谋助手作用，指导行业主管部门学深学透统计方法制度，深入部门、企业和基层做好跟踪服务，建立领导挂钩联系县（市）制度，全力提升统计基层基础和统计工作能力水平。③高质量统计工作。以两办文件制定出台《大理州关于加强新时代高质量统计工作任务分工方案》，明确任务，压实责任，初步构建统计机构牵头、部门分工负责、各级上下联动、调查对象依法参与的大统计格局，提升统计现代化水平，实现统计工作“指导好”“统计好”“反映好”“服务好”的目标。

【统计改革】 2021年，大理州不折不扣落实统计改革工作任务。①地区生产总值统一核算改革。下发《关于切实做好地区生产总值统一核算工作的通知》，明确支撑GDP增长的45项基础指标的责任单位和职责，编制《地区生产总值统一核算培训材料》发至州、县（市）相关责任单位。加强培训、分析研判与审核评估，完成2021年度地区生产总值统一核算，实现省、州、县地区生产总值总量、速度、结构基本衔接。②自然资源资产负债表编制试点。继续开展自然资源资产负债表编制试点，全面完成全州及12个县（市）2019年自然资源资产负债表编制。

【统计业务】 2021年，大理州以统计业务开展为先导做好各项业务工作。①第七次全国人口普查。完成普查准备、现场登记、数据处理、比对复查、质量验收等主要工作，普查中全面采用电子化数据采集方式，实时直

2021年，大理州加快统计工作改革步伐，推进统计工作规范化建设。图为大理州统计工作座谈会现场

（州统计局　提供）

接上报数据，首次实现普查对象通过扫描二维码进行自主填报，强化部门行政记录等大数据应用，于6月发布大理州第七次全国人口普查主要数据公报，并做好数据解读和答疑解惑，为社会各界科学合理利用人口数据做好统计服务。②加强统计业务培训。分别于3月、6月开展两次大规模统计业务培训，先后派人深入大理、云龙、漾濞、弥渡、宾川、鹤庆、南涧等县（市）和州发改委、州工信局、州住建局、州文旅局等部门开展精准培训指导。举办、开展各类统计业务培训45次，培训人员5000余人次。③月度数据质量评估和业务查询、核查制度。坚持月度数据质量评估和业务查询、核查制度，及时下发专业统计台账，细化审核要求，在月度主要指标数据上报截止后，分专业开展数据质量评估，强化统计业务全流程、全覆盖的质量管理和控制。

【统计服务】 2021年，大理州以提升统计服务质效为目标打造统计品牌。①经济运行监测分析。做好支撑GDP45项基础指标和农业、工业能源、投资、贸易、服务业、人口、劳动工资等重点专业的统计监测和国民经济形势分析研判，及时查找制约经济发展的短板、弱项，分析研判经济形势，提出统计工作建议，为党委政府提供可靠决策依据。及时将经济运行情况以专报形式报送州委、州政府，呈报《重要统计信息专报》7期，重要分析报告4篇。②决策咨询服务。多次向州委、州政府汇报经济形势，一些重大判断、基本观点和政策建议被吸收采纳并转化为决策依据。③政府工作报告起草和相关统计数据审定。参与"两会"政府工作报告的起草和相关统计数据的审定，及时发布《大理白族自治州2020年国民经济和社会发展统计公报》，整理编印《数据大理》1600余册发至"两会"参会人员，为代表委员参政议政提供参考。撰写《大理州第八次党代会以来经济社会发展报告》作为州第九次党代会参阅材料，整理编印了《统计服务高质量发展论文集》。④编制统计资料。编制、报送《大理州国民经济主要指标》《大理领导干部手册》《大理统计年鉴》《大理统计》等统计资料，完成近十年《大理统计年鉴》数字化转换，其中近五年《大理统计年鉴》相关数据及年内月度季度统计数据在州政府门户网站公布。

【统计法治】 2021年，大理州以统计法治建设为保障，坚决防范和惩治统计弄虚作假违法行为。①法律法规学习。学深悟透习近平法治思想、统计法律法规，坚决贯彻习近平总书记关于统计工作的重要讲话指示批示精神，贯彻落实中办、国办印发的《关于更加有效发挥统计监督职能作用的意见》。②统计普法宣传。高位推动统计法律法规和中央文件的贯彻落实，推进《中华人民共和国统计法》等重要统计法律法规学习教育进党校，"统计法规进党校"成为常态。③统计执法。先后对省统计局移交的巍山县、大理市统计违纪违法案件开展统计执法检查，联合州市场监督管理局对宾川县、祥云县开展部门联合"双随机、一公开"抽查和统计执法检查，抽查企业147家。④数据质量。通过全面建立各级基础台账、严格数据报送、审核和汇总流程，严审企业上报数据，实行报数期间"一日一监测一汇总一分析"，做到即报、即审，确保联网直报数据真实，提高统计数据真实性。

（杨盛撰稿）

海　关

【概况】 2021年，大理海关贯彻落实上级各项决策部署，务实笃行，全力支持大理州对外开放重大战略，加快对外开放平台建设步伐；成立"产地堡垒"党员攻坚队，制定12项"我为群众办实事"实践项目清单，"一企一策"分析农产品出口面临的困难，送政策上门，指导企业应对疫情影响，扩大农产品出口；在疫情防控"外防输入"战线上积极作为，守好国门第一道防线；落实总体国家安全观，坚决把好国门生物安全关；全面贯彻落实海关总署、昆明海关各项服务外贸措施，优化营商环境，助力大理开放发展，全面完成年度各项任务。

【对外开放平台建设】 2021年，大理海关始终全力融入大理州对外开放重大战略。①大理机场口岸开放工作。沟通协调并多次陪同州委、州政府领导赴海关总署、国家口岸办、省口岸办、昆明海关等上级主管部门汇报联系，推动大理机场口岸开放工作取得关键性进展，纳入国家口岸发展"十四五"规划。②跨境电商新零售项目。设立工作专班，强化督办指导，与昆明海关业务主管部门密切沟通联系，确保大理跨境电商新零售项目于9月按期启动，为云南省首个跨境电商进口零售备货+保税展示交易相结合的外贸新业态新模式。③跨境电商B2B出口业务。12月，大理州首票跨境电商B2B（9710）出口货物通关，该项新业态新模式正式落地大理，将为州内企业拓宽产品销售渠道及市场，压缩货物流通和周转周期，助力高原特色农产品更好开拓国际市场创造条件。④海关特殊监管区域申报建设。邀请海关系统专家到大理讲授海关特殊监管区域政策知识，指导制定保税物流中心（B型）建设方案，推进大理保税物流中心（B型）申建。州委九届二次全会报告中就大理机场列入国家"十四五"口岸发展规划、大理跨境国际购物中心正式运营、保税物流中心建设启动实施、大理海关签发云南省首份中日两国间RCEP原产地证书、大理首票跨境电商出口货物通关等工作成效给予充分肯定。

【农产品出口】 2021年，大理州水果出口2.65亿元、19349吨，同比分别增长199%、209%；核桃出口5900万元、1381.6吨，同比分别增长78%、93%。央视《新闻联播》《新闻直播间》及新华社、"学习强国"、云南电视台等省级以上媒体30余次对大理海关积极帮扶柑橘、葡萄、核桃等农产品扩大出口一事进行宣传报道。高原特色农产品出口的良好态势有力促进了大理外贸发展、农业产业结构调整、乡村振兴和农民增收致富，为大理打造世界一流"绿色食品牌"示范区发挥作用。

【口岸疫情防控】 2021年，大理海关勇于担当，守好疫情防控第一道防线。①口岸一线疫情防控。克服人手紧张的实际困难，在履行大理州疫情防控指挥部成员单位职责的同时，贯彻昆明海关统一部署，派出超过60%的干部到瑞丽、章凤、畹町等防控形势严峻的口岸一线长期支援工作，为全省抗疫工作大局贡献力量。

2021年，大理海关积极服务高原特色农产品出口工作，为大理打造世界一流"绿色食品牌"示范区发挥作用　（大理海关　提供）

②国际航班保障。按照省、州部署，依据海关工作职责及疫情防控要求，完成有关重要公务接待出入境航班保障任务，高规格、高标准完成大理机场国际航班出入境实战演练。③助力"外防输入"。在符合国家相关政策和海关监管规定前提下，快速验放大理州企业的出口缅甸医用氧气，助力周边邻国抗疫，为筑牢"外防输入"防线贡献力量。

【落实总体国家安全观】2021年，大理海关坚决把好国门生物安全关，严密封堵洋垃圾、濒危物种的走私入境通道。①出口产品质量安全监管。实施2021年出口核桃产品风险监控计划，在全州重点出口核桃生产备案企业抽取核桃样品29个，开展9个项目261个项次产品理化、农残检测，提高检验监管工作有效性，保障出口核桃质量安全。②国门生物安全监管。全年审批监管7家加工企业的进境粮食36批次、81103吨；开展进境花卉种苗隔离检疫圃监管；持续对宾川国家级出口食品农产品质量安全示范区实蝇发生分布情况进行监测，在示范区布24个点，诱集实蝇4种13541头，持续做好国门生物安全工作，严防检疫性有害生物传入传出。③打击走私。深入开展"国门利剑2021""蓝天2021""龙腾行动2021"等联合专项行动，加强风险研判和走私动态分析，推动打击走私综合治理，办理案件10起，其中行政案件7起、刑事案件3起，协查案件7起。查获野生动植物及其制品等涉案物品。移送起诉刑事案件5起，其中4起法院作出有罪判决并判决生效。

【优化营商环境政策措施】2021年，大理海关全面贯彻落实海关总署、昆明海关各项服务外贸措施，进一步优化大理州营商环境。①通关便利化。落实全国通关一体化、国际贸易"单一窗口"等改革举措，对外提供节假日"预约通关"服务，采取网上申报、减少申报随附材料、申报前帮扶指导等方式，简化优化出口食品生产企业、出口食品原料种植备案及出境水果果园和包装厂注册登记等企业资质备案管理，全年通关时效在关区排名前列。②便利原产地贸易优惠安排。克服疫情影响等不利因素，通过入企实地宣传、微信平台宣传、全州外贸企业培训授课等多种方式开展政策宣贯，提升出口企业对原产地证书重要性的认识，推广原产地证书自助打印，持续推广产地备案、异地申领模式，高效优质为企业签发证书，最大限度便利企业，充分发挥原产地证在国际贸易中的"纸黄金"作用。全年签发"东盟原产地证""一般原产地证书"等666份，签证金额2.91亿元。③帮助企业享受外贸政策红利。结合RCEP协定宣传，帮助企业享受《区域全面经济伙伴关系协定》（RCEP）政策红利，联合州商务局等部门到外贸企业上门进行税收政策宣传，通过筛选辖区重点及意向性企业，对巍山县、祥云县等外贸企业开展上门服务和一对一宣讲，向企业介绍RCEP概况和关税减让政策，帮助企业尽快了解RCEP内容，享受政策红利。通过大理海关签发的RCEP原产地证书等各类签证证书，全年大理州出口产品可获得进口国关税减免约192万美元，提高了市场竞争力和国际影响力。

（李易霖撰稿）

招商引资

【概况】2021年，大理州围绕做实绿色"三张牌"、打造"445"千百亿元产业，推动形成大抓发展、大抓产业、大抓工业、大抓项目、大抓招商、大抓投资的浓厚氛围，落实好省招商委"十四五"开局之年"五个一百"招商大行动各项要求，拓展内、外资引进渠道，不断加大国内企业、项目、资金引进力度，以高质量招商引资工作推动高质量发展，全州投资促进工作取得新成效。全年全州新设立外商投资企业19户，完成实际到位外资2200万美元，完成省下达年度工作目标1000万美元的220%；实施国内合作项目380个，引进州外到位资金718.85亿元，完成全年工作目标684亿元的105.1%；其中引进省外到位资金523.94亿元，完成年度工作目标516亿元的101.5%。

【"一把手"招商】2021年，中共大理州委、大理州人民政府主要领导带队外出招商14次，与清华大学五道口金融学院科学企业家九期班企业家举行交流合作座谈，会见了法国普德赋中国总部、阿里巴巴集团、百悦集团、融创集团、深商总会、中铝股份、中国电建集团南方区域总部、正威总部、中旅总部、协鑫总部等一大批大企业大集团负责人183次，12个县（市）党委、政府及州级产业主抓部门"一把手"外出招商299次。为发挥县（市）党政"一把手"在招商引资工作中的核心作用，草拟了《大理州县（市）党政"一把手"招商工作机制（试行）》，经州委、州政府研究审定并正式发文执行。

【项目策划包装】2021年，大理州投资促进局围绕州委经济工作会议和州“两会”安排，组织开展12个县（市）招商项目调研，通过召开座谈会、现场踏勘、素材采集等方式，重点对县（市）提报的成熟度高、配套条件好的项目进行调研，按程序制作大理州招商引资宣传片和“三张牌”宣传推介视频，精准策划包装重点项目18个。进一步充实完善招商项目库，截至年末，在库招商项目460个。在“走出去、请进来”宣传推介的同时，通过“一部手机招商通”数字化平台、“大理招商”微信公众号进行对外宣传发布。

【招商基础】2021年，大理州投资促进局围绕“三张牌”和“445”千百亿级产业招商，在认真研究梳理“中国企业500强”和“中国民营企业500强”上榜企业，提出重点招商目标企业95家的基础上，寻求云南省招商引资大数据中心支持，为“445”13个重点产业分别匹配了行业前15强企业、重点龙头企业、领军企业等具有一定优势的重点招商目标企业195个，并把遴选出的目标企业提供给各县（市）人民政府、州招商引资工作领导组成员单位、州人民政府驻外机构等相关单位，作为大理州精准宣传推介、精准招商引资的重点目标企业。

【展会招商】2021年，大理州人民政府分管领导率州商务局、州投资促进局、大理经济技术开发区参加在重庆举办的第三届中国西部国际投资贸易洽谈会，与10多家企业进行对接、洽谈，考察了重庆度牛集团、重庆太极集团有限公司和重庆中铁任之养老产业有限公司等企业，并达成部分合作意向。结合大理州组团参加11月5—10日在上海举办的第四届中国国际进口博览会契机，州政府分管领导率队组织小分队赴

10月20日，云南省“庆祝百年华诞·百家企业入滇·百个项目签约”线上投资合作交流会

2021年大理州各县市引进内资工作完成情况表

表46

州外到位资金					省外到位资金				
县市	同比增幅（%）	完成年度计划（%）	超欠进度（±%）	排名	县市	同比增幅（%）	完成进度（%）	超欠进度（±%）	排名
剑川县	20.33	110.8	10.8	1	宾川县	33.3	108.7	8.67	1
宾川县	20.34	110.4	10.4	2	漾濞县	19.0	100.8	0.82	2
弥渡县	13.8	104.9	4.9	3	南涧县	19.2	100.6	0.60	3
巍山县	15.4	104.3	4.3	4	永平县	20.7	100.5	0.50	4
云龙县	13.5	103.3	3.3	5	云龙县	28.0	100.2	0.24	5
永平县	12.4	102.2	2.2	6	剑川县	18.5	100.2	0.16	6
漾濞县	6.8	100.6	0.6	7	鹤庆县	21.4	100.0	0.02	7
南涧县	9.5	100.4	0.4	8	巍山县	14.8	100.2	0.15	8
大理市	8.3	100.3	0.3	9	弥渡县	19.4	100.0	0.01	9
洱源县	9.9	100.2	0.2	10	祥云县	30.5	100.0	0.00	10
鹤庆县	10.0	100.0	0.04	11	洱源县	–4.6	78.9	–21.15	11
祥云县	9.1	100.0	0.00	12	大理市	0.5	75.9	–24.11	12
全州	11.5	105.1	5.1		全州	16.8	101.5	1.5	

备注：按完成年度计划进度排名

（州投资促进局 提供）

2021年大理州各县市引进外资工作完成情况表

表47

县市	实际利用外资（万美元）	同比增加（万美元）	完成年度计划（%）
大理市	1110（其中经开区1096）	1105	370.0
洱源县	1039	1039	259.8
鹤庆县	51	36	51.0
全州	2200	2180	220.0

9月11日，大理州政府与中国电建集团南方区域总部签署战略合作协议暨电建（大理）绿色发展基金合伙企业成立揭牌仪式　（州投资促进局　提供）

上海开展招商活动，达成一批新的项目合作。

【创新招商】 2021年，大理州组织举办了4场专题线上招商推介会。①文旅暨高品质酒店招商会。10月27日，组织举办文化旅游暨高品质酒店专题线上招商推介会，邀请上海复星文旅集团、中国旅游集团中旅投资云南有限公司、百悦集团、碧桂园凤悦酒店及度假村集团、地中海俱乐部等26家企业线上参会。②装备制造及集中建园招商会。11月18日，组织举办先进装备制造及集中建园专题线上招商推介会，邀请湖南立新硅材料有限公司、五矿稀土集团有限公司、保利协鑫能源控股有限公司、科大讯飞、厦门金龙旅行车有限公司等25家先进装备制造、新能源、新材料产业投资企业线上参会。③绿色食品产业招商会。12月9日，组织举办绿色食品产业专题线上招商推介会，邀请云南农垦集团、深圳春沐源集团、新希望草根知本集团、上海闽龙实业有限公司、全联农业产业商会、青岛市云南商会等近50家绿色食品产业投资企业、商协会线上参会。④数字经济招商会。12月29日，组织举办数字经济专题线上招商推介会，邀请北京千方科技股份有限公司、北京百度智行科技有限公司、中国电子系统技术有限公司、京东（云南）数字经济有限公司等25家数字经济产业投资企业参加线上推介会。

【外资招商】 2021年，中共大理州委、大理州人民政府"一把手"带头研究、带队招商洽谈，高位推进外资项目。①重大外资项目招商。10月9日，"法国普德赋云南大理国际度假项目"在昆明签约；10月29日，新加坡丰树集团现代物流项目摘牌，取得项目土地；11月2日，全球知名跨国酒业集团帝亚吉欧在中国投资建设的首个碳中和麦芽威士忌酒厂举行奠基仪式暨全球新闻发布会。②外资精准招商。围绕生物医药大健康产业，打造"健康生活目的地牌"，举办首场大理—韩国专题线上招商推介活动，18家韩国企业线上参会，漾濞县、弥渡县、宾川县等5个县政府分管领导就高原绿色食品及精深加工、康养旅游小镇等产业作专题推介。③引进外资配套政策。年内，州投资促进局会同州财政局、州商务局、州市场监管局、人行大理中支起草《大理州鼓励外商投资奖励办法》经州政府常务会议通过并印发执行。

【企业服务】 2021年，大理州投资促进局多举措为企业办实事解难题，将"我为群众办实事"落到实处，助力企业发展。①建立企业走访服务机制。将每周四作为企业走访服务日，年内全州投资促进系统走访服务企业268户，帮助企业协调解决困难问题250余件。由州投资促进局领导带领相关业务科室人员深入12个县（市）重点外来投资企业开展走访服务，走访服务企业29户。②专班服务外资项目。践行"政府围着企业转，企业有事马上办"，牢固树立"今天再晚也是早、明天再早也是晚"的效率意识，建立工作专班，省、州、县（市）三级联动，全力做好重点外资项目专班服务，及时协调解决威士忌生产及体验中心项目、新加坡丰树集团现代物流项目土地招拍挂过程中出现的困难和问题，在项目公司注册、要素保障等方面给予专班指导和协调推进；跟进协调服务印尼力宝大理项目公司账户解冻、项目融资困难，韩国美动大理路极项目林地、土地要素保障等重点外资项目在洽谈、落地和建设过程中出现的困难和问题。③发挥商会桥梁纽带作用。召开大理州异地商会招商引资工作座谈会，加强与异地商会的沟通，倾听企业诉求，尽力协助企业解决生产经营中遇到的困难问题，为改善营商环境作出贡献。④服务效率提升。结合部门职能职责，从自身实际出发，以市场主体为重点服务对象，以招商引资、项目统筹为目标，优化局内服务体系，提高服务效率，并细化分工，着力打造投资促进系统尊商、亲商、爱商、护商的良好氛围。

（何训肃撰稿）

农业 农村 农民

Agriculture & Rural Areas & Rural People

责任编校　杨　虓

乡愁大理·黑白记忆　　1976年大理挖色春耕栽秧场景

综　述

【概况】 2021年，大理州进一步强化“三农”工作统筹协调，抓实脱贫攻坚与乡村振兴有效衔接，落实各项强农惠农富农政策，坚持以规划为引领，推进千亿级高原特色农业产业体系建设，抓牢粮食生产、世界一流“绿色食品牌”示范区建设、乡村振兴示范引领、农村人居环境整治提升、农业面源污染综合防治、农村改革等重点工作，全州“三农”工作保持持续健康发展的良好势头。全年全州农林牧渔业总产值为679.41亿元、增长11.1%，全州农产品加工产值1215.7亿元，农产品产值与农业总产值之比从1.5:1提升到1.85:1，龙头企业销售收入239.1亿元、增长11.5%，农村常住居民人均可支配收入15023元、增长10.1%。

【农业产业发展情况】 2021年，全州农产品加工业完成现价总产值1215.73亿元（含烟草及初加工），其中加工企业完成415.72亿元（不含烟草企业）、其他经营主体（含初加工）完成产值734.78亿元、烟草制品（包括卷烟及烟叶复烤）产值65.23亿元。全州农产品加工业产值与农业总产值之比为1.85:1。年内新增国家级农业龙头企业1户、省级农业龙头企业11户，培育认定州级农业产业化重点龙头企业25户。全州州级以上农业产业化重点龙头企业280户，其中国家级7户、省级101户、州级172户。全州农业产业化龙头企业实现销售收入239.1亿元，同比增11.5%。实现利润总额22.34亿元，同比增长20.7%，上缴税金10.33亿元，同比增长6.5%；出口创汇8.24亿元，同比增长16%。全年全州休闲农业经营主体1889个，同比持平；从业人数2.7万人，同比增长2%；从业人员劳动报酬4.27亿元，同比增长5.2%；带动农户3.81万户，同比增长3.8%；年接待1313.23万人次，同比增长5.9%；实现营业收入22.85亿元，同比增长6.4%。全州年营业收入500万元以上休闲农业企业15户，增加1户。大理市双廊镇双廊村申报认定为“中国美丽休闲乡村”。

【农田基本建设】 2021年，全州以提升粮食产能为首要目标，聚焦重点区域，统筹整合资金，加大投入力度，完善建设内容，加强建设管理，突出抓好耕地保护、地力提升和高效节水灌溉，大力推进高标准农田建设，进一步完善粮食安全基础保障，推动粮食安全责任制的有效落实。全年应对疫情冲击影响，完成高标准农田建设年度计划任务，全州新建高标准农田63.15万亩，其中高效节水灌溉面积8.76万亩。截至年末，全州累计建成高标准农田270.73万亩，累计建成节水灌溉面积97.54万亩。

【农业机械化建设】 2021年，全州实施中央财政农机购置补贴资金4758.41万元，带动农民和农业经营组织投入资金42327万元，补贴购置各类农业机械78586台，受益农户62330户。实施中央财政农机购置补贴申请资金4744.60万元（含农机报废补贴资金77.22万元），拟补贴机具20447台，录入农机报废补贴申请资金77.22万元，拟补机具150台。通过购机补贴政策实施带动农户和农业生产经营组织投入资金12947万元，受益户17507户，完成十件惠民实事之农业惠民工程；通过补贴新购置各类农业机械总动力为33.2万千瓦，农机作业面积为1059.53万亩，比上年增加7.62万亩；主要农作物耕、种、收综合机械化水平为55.1%，同比增长0.3个百分点。紧紧围绕农机安全生产专项整治三年行动实施方案，抓实抓细变型拖拉机专项整治工作，至12月，全州在册管理变型拖拉机4989台，当年公告注销9697台，检验变拖4545台。全州变拖报废拆解122台，回收企业共计向机主支付残值补贴资金30余万元，为解决变拖专项整治“最后一公里”做了突破。稳步推进变拖年度安全技术检验实施社会化检测工作，全州7个县实施变拖社会化检测，年内上线检验变拖2743台，提高在册管理变型拖拉机安全运行技术性能，有效预防和遏制重特大事故发生。

2021年，大理州通过购机补贴政策的落实加快农业机械化建设步伐，推进农业产业化发展。图为机收玉米场景　（州农业农村局　提供）

【防疫保供给】 2021年，全州抓好重大动物疫病防控和肉食品、蔬菜等主要农产品稳产保供等各项工作。继续落实恢复生猪生产等扶持政策，抓实肉牛、禽、蛋、奶生产，6个县获得国家和省级生猪调出大县奖补。全年大理州粮食作物播种面积445.53万亩（297020公顷），增长0.07%；生猪存栏243.43万头、增长5.33%，出栏303.35万头、增长14.8%；肉类总产40.82万吨、增长15%，禽蛋产量6.88万吨、奶类总产33.7万吨、水产品产量4.85万吨。抓好蔬菜稳产保供，抓好当季时令蔬菜、速生菜特别是叶菜类和茄果类蔬菜、水果的生产供应。全年全州蔬菜种植面积87.69万亩、增长4.7%，产量169.61万吨、增长10.9%；水果种植面积88.31万亩、增长7.5%，产量123.4万吨、增长33%。继续开展粤港澳大湾区“菜篮子”建设城际合作，年内新增认定粤港澳大湾区“菜篮子”生产基地2个，全州累计4家企业6个生产基地获得认定。

【农业产业帮扶】 2021年，农业农村系统重点突出“一平台三机制”工作

2021年大理州各县市农业机械化发展情况表

表48

县市	农业机械总动力	一、拖拉机及配套机械		二、种植业机械					三、田间管理机械		四、收获机械			五、收获后处理机械		
		（一）拖拉机	（二）拖拉机配套农具	（一）耕整地机械	（二）种植施肥机械		（三）排灌机械									
				耕整机	1.免耕播种机	2.水稻种植机械	1.水泵	2.节水灌溉类机械	1.机动植保机械	2.茶树修剪机	1.谷物联合收获机	2.采茶机	3.青饲料收获机	1.机动脱粒机	2.干燥机械	3.保鲜储藏设备
单位	千瓦	台	部	台（套）	台	台	台	套	台	台	台	台	台	台	台	台
大理州	2563227.07	9149	9109	92063	10	170	68876	24103	41747	4279	434	457	34	85878	20221	1113
大理市	380672.80	1449	1973	290	6	32	4846	939	4987	220	27	0	0	17583	392	24
漾濞县	108655.37	149	58	2085	0	1	127	0	2891	0	7	0	0	3723	1260	29
祥云县	194696.30	738	418	933	0	15	12880	1822	1750	30	35	87	4	5052	7236	206
宾川县	471411.43	370	1350	25785	0	6	31857	8385	23622	836	6	108	0	16303	1353	156
弥渡县	216000.00	248	527	21886	0	6	5120	558	621	0	7	0	0	5206	1805	235
南涧县	91100.00	3	60	0	0	5	2270	16	668	247	0	0	0	860	1232	110
巍山县	247000.00	2137	922	8689	0	17	3162	0	752	1172	49	162	2	2493	730	136
永平县	102512.00	223	410	3554	0	10	645	0	68	469	12	0	0	663	633	38
云龙县	124295.51	2	0	11098	0	2	55	55	0	0	19	0	0	4765	2219	0
洱源县	203483.66	1109	1109	13836	2	26	2390	505	1395	104	74	100	17	8624	2196	71
剑川县	145244.00	1266	1221	3543	0	0	3112	2060	172	240	97	0	2	5344	855	65
鹤庆县	278156.00	1455	1061	364	2	50	2412	9763	4821	961	101	0	9	15262	310	43

县市	六、农产品初加工机械		七、畜牧机械	八、水产机械	九、农田基本建设机械	十、农用航空器	农机化作业总体情况				
	1.农产品初加工动力机械	2.农产品初加工作业机械				植保无人机	（一）机耕面积	（二）机播面积	（三）机电灌溉面积	（四）机械植保面积	（五）机收面积
单位	台	（套）	台（套）	台	台	架	公顷	公顷	公顷	公顷	公顷
大理州	57973	51402	27409	1759	1167	84	259273.53	64740.85	158124.04	142045.53	82169.09
大理市	2897	3463	1658	5	569	3	11825.60	1929.32	26197.51	22077.27	5986.45
漾濞县	7036	7502	1232	0	14	0	14393.33	1703.87	300.00	6104.78	2868.90
祥云县	5331	3973	3061	346	94	11	29976.70	13121.60	20272.70	2170.30	7539.20
宾川县	5220	0	3106	303	312	13	23416.00	9116.67	9833.33	6977.00	7657.00
弥渡县	3618	2135	1322	809	23	12	18631.00	8399.00	30561.00	1656.00	9187.70
南涧县	6339	6528	1961	0	22	5	21104.00	4211.15	8560.00	18918.00	4208.00
巍山县	3008	3285	1886	168	9	4	27986.40	5186.00	16721.00	25956.00	8196.40
永平县	2600	3150	1533	0	52	0	18277.00	3183.40	1137.50	908.52	5438.77
云龙县	12572	12356	4735	0	3	0	24229.50	6138.17	40.00	1500.00	4298.00
洱源县	1640	1640	2249	76	49	7	24640.00	4546.67	17750.00	14196.66	9266.67
剑川县	4678	4678	2970	6	0	18	20685.00	583.00	4350.00	28400.00	7260.00
鹤庆县	3034	2692	1696	46	20	11	24109.00	6622.00	22401.00	13181.00	10262.00

（州农业农村局　提供）

落实，抓实产业帮扶项目财政整合，特色产业和1887个经营主体对有产业发展条件和意愿的脱贫户102371户395564人保持全覆盖。“双绑”机制建设有序推进，全州有产业发展条件的脱贫户与低收入户71820户253632人建立“双绑”利益联结关系，“双绑”率为64.3%。全州财政整合涉农资金计划总额186583.05万元，其中投入产业帮扶类项目的资金总额112039.8万元，占比60.1%，实施产业帮扶项目539个。

【品牌打造】 2021年，全州12个优势农业产业“一产一策”调研，精准研究制定产业发展政策。宾川水果、漾濞核桃列入2021年度“一县一业”示范县，弥渡蔬菜、巍山肉牛列入“一县一业”特色县及全国优势特色产业集群，南涧县获全国肉牛扩群提质行动项目支持。累计培育认定“一村一品”全国示范村镇11个，省级专业乡镇7个、专业村145个。突出“大理特色、生态精品”主题，着力打造区域公共品牌、企业品牌和产品品牌，50个品牌进入省“绿色食品牌”品牌目录。认定绿色食品牌重点产业基地112个，新认定“三品一标”农产品198个，有效期内累计698个。2021年，获省“10大名品”6个，省绿色食品“10强企业”2户，省绿色食品“20佳创新企业”1户。开展农业招商引资工作，主要领导带队外出开展招商。征集2021年高原特色农业招商引资项目重点项目15个，并推荐至省级招商引资平台，组织筹备大理州“绿色食品牌”线上专题招商活动。

【三产融合发展】 2021年，全州以标准化生产加工为重点，以产业基地建设为载体，强化水肥一体化、高效节水灌溉、数控大棚及冷链等设施建设。完成漾濞县、鹤庆县农产品仓储保鲜冷链设施建设项目15个建设主体、33个设施，建成2个省级数字农业示范基地，全州331个农产品生产经营主体上线省级追溯平台，258个农产品生产经营主体上线国家追溯平台。大力培育发展新型农业经营主体，推进农业生产社会化服务，促进小农户与现代农业的有机衔接。全年全州新增农业产业化国家级重点龙头企业1户、省级重点龙头企业11户（评审通过），培育认定州级农业产业化重点龙头企业25户。累计培育农民合作社6422个，其中州级以上示范社420个；家庭农场10806个，其中

4月，全国农业技术推广服务中心在祥云召开国家重点研发计划设施蔬菜化肥农药减施增效技术示范推广项目总结会　（祥云县志办　提供）

州级以上示范家庭农场243个。农业主推技术81项，完成农业科技示范展示基地25个，培育农业科技示范主体61个，特聘农技员53人，示范推广粮食作物、经济作物、中药材等各类作物面积453.74万亩。完成青贮玉米、燕麦、大荚豌豆核心示范1805亩，收获作物通过专家田间实收测产，亩产量均高于目标产量。

【农业绿色发展】 2021年，大理州持续巩固洱海流域含氮磷化肥清零禁售和高毒高残留农药禁售禁用成果，大力推广使用有机肥、病虫害绿色防控为主的绿色生态种植模式。加快土地流转，规模化发展绿色生态高效农业，推动海西片区实现绿色有机种植全覆盖。实施农业节水减排，累计建成高效节水灌溉56.75万亩，占耕地总面积的10%。全州完成测土配方施肥面积529.23万亩，全面完成2021年省下达受污染耕地安全利用类任务。支持推广“顺丰洱海模式”。持续推进畜禽粪污资源化利用，依托有机肥生产企业，洱海流域每年收集处理畜禽粪污14万吨以上。全州畜禽粪污综合利用率为90%以上，洱海流域畜禽粪污综合利用率为95%以上，规模养殖场粪污处理设施装备配套率为100%。推进“稻鱼”“藕鱼”“稻蟹”等“水稻+”综合种养模式，发挥稻渔互利共生作用，降低化肥、农药使用量，实现“一水两用、一田双收”，全州实施稻渔综合种养示范点4个，示范面积687亩，示范带动面积10205亩。落实长江“十年禁渔”，进一步加强水生生物资源增殖放流和水产种质资源保护区监管。联合丽江市农业农村部门开展跨界水域联合执法4次，出动执法人员376人次，出动执法船艇23艘次，出动执法车辆71辆次，张贴《禁渔通告》及标语1900余份，查获并进行焚烧销毁浮标20个、违法网具34张，1300余米。集中开展渔业违法行为集中整治执法行动，全州印发宣传材料3600份，媒体宣传10次，出动执法人员441人次，执法车辆72辆次，执法船艇11艘次，开展联合行动26次。金沙江流域重点水域禁捕退捕工作取得阶段性成效。

【农村人居环境整治】 2021年，大理州统筹推进农村人居环境整治提升五年行动，加强村庄规划管理，在全省率先推行村庄规划建设网格化管理，全州12个县（市）均印发了“干部规划家乡行动”工作方案，发动干部11491人回乡推进省州“多规合一”实用性村庄规划编制工作。稳步推进农村“厕所革命”，改建农村卫生户厕41029座、年度任务完成率100.01%；改建100户以上自然村及洱海流域卫生公厕544座、任务完成率100.37%。农村两污治理持续加强，持续巩固“户清扫、组保洁、村收集、乡（镇）转运、县市处理”五级联动的农村垃圾治理工作机制，全面推进农村生活垃圾治理。全州乡（镇）镇区生活垃圾处理设施覆盖率为80.61%、村庄生活垃圾处理设施覆盖率为72.05%，非正规垃圾堆放点整治销号工作全面完成。全州乡（镇）镇区生活污水治理率为48.98%，行政村生活污水治理率为37.09%、行政村生活污水收集处理率为17.12%，农村环境整治年度任务全面完成。村庄管护机制健全，村庄生活垃圾保洁制度全覆盖，“红黑榜”制度实现所有乡镇全覆盖，村庄清洁行动常态化开展，共管共享机制逐步建立。落实爱国卫生“七个专项行动”相关工作，推进“扫厕所”专项行动和裸露垃圾全消除行动，行政村村委会所在地公厕全部达到“三净两无一明”标准，8323座城郊和乡镇郊接合部农村旱厕实现全消除，清除村庄裸露垃圾57609.78吨。

【深化农村改革】 2021年，大理州巩固和完善农村基本经营制度，保持农村土地承包关系稳定并长久不变，保护农民的土地等财产权利。截至年末，全州流转土地64.34万亩，土地规模经营（50亩以上）28.89万亩。基本完成农村土地确权登记颁证工作，共确权家庭承包耕地面积417.99万亩，颁发经营权证71.7万本，占应颁发农户数的99.8%。全州成立新型农村集体经济组织2755个，实现股金分红2.94亿元。加强农村集体“三资”管理，确保农村集体“三资”保值增值。全州村组集体37.85亿元资金、103.03亿元资产、2055.91万亩资源、4107份经济合同进入全州“三资”监管系统监管。

【农业综合行政执法改革】 2021年，全州12个县（市）全部下发了深化农业综合行政执法改革实施方案并完成法人登记注册；12个县市的所有涉农行政处罚和行政强制等执法事项均已从原单位剥离出来，由执法大队集中行使执法职能。全州12个县（市）均下发编批文件，编批人数336人，整合到位322人，其中公务员编制39人、参照公务员编制17人、事业编制266人；有执法车辆11辆、执法记录仪47台、照相（摄像）机42台；全州出动执法人员13151人次，检查生产经营场所9254个，查办案件286件。

◇种植业◇

【概况】2021年，大理州围绕粮食生产计划，积极指导种植业结构调整，推广绿色生态生产，加强种子、肥料和农药监管，确保粮食和油料生产稳定。①粮食作物。按照粮食生产稳定发展目标，稳定粮食播种面积，以调优结构、主攻优质、提升效益为重点，突出强化绿色引领、创新驱动、基础建设，提高粮食生产科技水平，抓实防灾减灾措施落实。全州粮食作物播种面积445.53万亩（297020公顷），比上年增加3000亩（199公顷），增长0.07%；平均亩产375千克，比上年增加3.47千克，增长0.93%；总产166.96万吨，比上年增加1.65万吨，增长1%。其中夏收粮食播种面积129.82万亩（86549公顷）、亩产242千克、总产31.44万吨，秋收粮食播种面积315.71万亩（210471公顷）、平均亩产429千克、总产135.53万吨。②特色经作。2021年，全州油料、蔬菜、水果、中药材、高山生态茶、蚕桑等特色产业面积、产量稳定增长，呈良性发展态势。其中，油料播种面积16.70万亩、总产量2.91万吨；蔬菜种植面积87.21万亩、总产量169.46万吨；水果种植面积88.51万亩、总产量122.50万吨；茶叶种植面积24.30万亩、总产量1.24万吨；中药材种植面积34.49万亩，总产量9.08万吨；桑园面积种植面积21.86万亩，产茧量8600吨。

【强农惠农政策】2021年，大理州及时兑现农业支持保护补贴政策，保持政策的连续性，按时发放2.90亿元耕地地力保护补贴资金；为应对农资价格上涨对实际种粮农民增支影响，保障农民种粮收益，稳定种粮农民收入，年内兑付中央实际种粮农民一次性补贴资金4375万元；抓好种植业保险工作，确保水稻、玉米、油菜、小麦、马铃薯等被保险作物受到自然灾害危害后，农户能及时得到理赔，发挥政策引导的作用，提高农民种粮积极性。

【农作物种质资源普查与收集行动】2021年，大理州有3914人次参与第三次全国农作物种质资源普查与收集行动中，总行程40300千米，走访群众2527人次，采集数据345条，开展技术培训60场次，受训1315人次。各县市完成第三次全国农作物种质资源普查与收集行动普查表1956年度、1981年度、2014年度信息采集工作任务。收集到农作物种质资源344份，其中粮食作物143份、油料作物7份、蔬菜60份、牧草绿肥19份、果树86份、茶11份、桑2份、其他作物16份，按科学分类

剑川县金华镇龙凤林祥农产品种植农民专业合作社的反季蔬菜收割现场

（苏金泉　摄）

2021年大理州主要经济作物种植面积和产量表

表49

种类	面积（公顷）	产量（吨）
油料	11130	29087.9
蔬菜	58140	1694674.15
水果	59007	1225010
茶叶	16200	12361
中药材	22325	90771
蚕桑	14573	8600

2021年大理州主要粮食作物播种面积和产量表

表50

地区	粮食作物播种面积（公顷）	粮食作物产量（吨）	夏收粮食播种面积（公顷）	夏收粮食产量（吨）	秋收粮食播种面积（公顷）	秋收粮食产量（吨）	水稻面积（公顷）	水稻产量（吨）	玉米面积（公顷）	玉米产量（吨）
大理州	297020	1669628	86549	314375	210471	1355253	47685	362148	138405	879667
大理市	13974	103346	4684	23987	9290	79359	2971	28485	5771	48145
漾濞县	14930	72000	3675	11399	11255	60601	1485	10318	9017	46699
祥云县	33431	213891	10058	42359	23373	171532	4698	35267	15248	116136
宾川县	24120	155160	2721	11740	21399	143420	1236	11087	19601	131299
弥渡县	24258	178272	7248	34780	17010	143492	5755	50406	10655	83447
南涧县	24620	111076	9085	27107	15535	83969	1387	9289	11100	67388
巍山县	29728	161961	10228	32314	19500	129647	5667	46410	12500	75200
永平县	24667	112513	8765	25848	15902	86665	2886	22591	11717	59232
云龙县	32429	152522	9069	17209	23360	135313	3933	24780	16127	101015
洱源县	27537	177652	10103	46713	17434	130939	4785	41038	8426	61613
剑川县	20940	88333	4411	15078	16529	73255	4854	24478	7269	33344
鹤庆县	26386	142902	6502	25841	19884	117061	8029	57999	10974	56149

（州农业农村局　提供）

有禾本科、豆科、葡萄科、蔷薇科、茄科、百合科等作物。

【耕地轮作制度试点】 耕地轮作制度试点工作是中央作出的一项重大决策部署，也是深化农村改革的一项重点任务。2021年，大理州在大理市、洱源县实施耕地轮作面积6万亩，推行水稻—蚕豆轮作种植模式，实施水旱轮作，充分发挥豆科作物根瘤菌能固定空气中的游离氮，与禾谷类等作物轮作能培肥土壤的作用，减轻土壤病虫害，削减肥料农药用量，着力构建符合实际、有区域特色、可常态化实施的耕地轮作制度，巩固提升粮食产能，确保粮食安全，推进农业绿色可持续发展。

2021年大理州蔬菜生产情况表

表51

县市	面积（公顷）	产量（吨）	农业产值（万元）
大理市	6719.93	352188.24	144040
漾濞彝族自治县	1497.40	34430.9	12595
祥云县	5376.73	113429.1	54370
宾川县	11548.70	408515.9	214346
弥渡县	10272.05	404510.62	141013
南涧彝族自治县	2055.71	29144.5	6973
巍山彝族回族自治县	2039.20	40448.89	16661
永平县	1540.00	32620	12897
云龙县	5245.82	92521.74	10174
洱源县	5642.17	89913.09	77029
剑川县	1775.48	26701.62	12885
鹤庆县	4427.13	70249.55	40729
大理白族自治州	58140.32	1694674.15	743712

2021年大理州水果生产情况表

表52

县市	面积（公顷）	产量（吨）	农业产值（万元）
大理市	2393.70	18267.3	8826
漾濞彝族自治县	737.77	5128.97	1805
祥云县	5289.91	123835.97	46042
宾川县	21733.00	771478	705799
弥渡县	2530.02	15019.57	3038
南涧彝族自治县	1434.97	9924.24	7728
巍山彝族回族自治县	7219.13	102100.5	21473
永平县	988.51	4210.4	1898
云龙县	4628.86	39589.15	7857
洱源县	4465.21	21360.91	22857
剑川县	1551.47	8386.5	4158
鹤庆县	6034.50	105809.2	56087
大理白族自治州	59007	1225110	887568

（州农业农村局　提供）

种植业结构调整项目测产验收现场　　（大理市志办　提供）

【良种推广试验示范】 2021年，大理州在全州范围内积极实施优良农作物品种的推广试验示范，成效明显。①杂交稻旱种试验示范。在南涧、巍山、大理3个县（市）实施杂交稻旱种示范607.4亩，选用优质、高产、高抗的“滇禾优615”“滇禾优34”水稻品种，采用“滇型杂交粳稻绿色高效山地旱种技术、杂交稻旱种绿色优质高效栽培技术”等水稻高产栽培综合集成技术，实现良种良法配套，深入田间地头开展科技培训及技术指导，经测产验收，示范区加权平均亩产305.69千克。②甘蔗良种良法推广。在鹤庆县龙开口镇禾丰、禾米、箐北、洛琅等6个村实施2020—2021年甘蔗良种良法技术推广，推广种植“新台糖22号”品种，完成种植面积654.77亩，实施甘蔗机械化深翻开沟400亩。③绿色高质高效创建示范。实施稻谷、马铃薯、玉米、晚秋粮食绿色高质高效创建示范项目13个、完成面积7900亩，绿色高质高效创建项目区节本增效6%，产量提高3%。在大理荣江生态农业发展有限公司、大理市六绿农业科技综合种养专业合作社等新型农业经营主体种植优质软米品种声农4号、凤15-53、云粳37号、云粳41号和优质常规稻米品种凤稻29号和云粳43号共2040亩，采用水稻旱育稀植浅插、机插秧、节水灌溉、精准施肥、绿色防控、秸秆还田等绿色生产技术，该示范项目加权平均亩产663.21千克，示范效果显著。

【“一县一业”产业建设】 2021年，全州12个县市均明确“一县一业”主导产业，宾川水果、漾濞核桃两个省“一县一业”示范县规模化、组织化、专业化、绿色化、市场化“五化”水平不断提升，示范带动作用凸显；弥渡蔬菜为省“一县一业”特色县列入全国优势特色产业集群建设；大理和洱源绿色水稻、永平核桃、南涧茶叶等县主导产业稳步推进，“一县一业”优势逐渐显现。

【农资市场监管】 2021年，全州采取县（市）自查和州级检查相结合、常规检查与随机抽查相结合、部门协同与系统联动相结合、专项整治与建立长效机制相结合的方法，强化农资市场监管。先后开展春季、秋季农作物种子市场专项监督抽查，共检查辖区内种子经营门店436个（次），抽取种子样品38个。开展农药联合检查，抽取141个样品送至云南省化工产品质量监督检验站检测检验。开展肥料“双随机、一公开”联合检查，检查肥料生产企业3家。制定实施《大理州农业农村局关于开展州县农药联合检查工作的通知》，开展农药“双随机、一公开”检查，重点对经营过期农药、无证经营、限制使用农药等行为开展检查，共出动检查人员2134人次，检查经营单位2402家。

【科学施肥用药培训】 2021年，大理州制定实施《大理州2021年科学施肥培训工作方案》《大理州2021年科学安全用药培训工作方案》，结合中央、省、州农业项目，组织农民代表、新型经营主体、种植大户、农药经销商、肥料经销商、县乡农业技术人员、村级农科员、村干部，以现场观摩、经验交流、专家培训等方式开展生态化种植肥料应用、有机肥替代化肥、肥料使用方法、测土配方施肥、化肥减量农艺措施、农作物病虫害识别与防治技术、科学安全用药、农药减量技术、绿色防控技术、统防统治技术等方面的技术培训，全州共培训27447人次。

【农业防灾减灾救灾】 2021年，大理州加强对病虫草鼠害的预测预警，做好病虫草鼠害的防控，确保不发生大规模农业病虫害流行暴发。争取国家投入以草地贪夜蛾防治为主的病虫害防控资金457万元，防治面积125.87万亩次。全州设立草地贪夜蛾系统监测点13个、常规监测点330个，高空测报灯3盏，开展周年监测和季节性监测。加强沟通协调，会同州水务局、应急局、气象局制定了《大理州下半年农业防灾减灾保丰收预案》，针对天气变化趋势，科学研判，强化指导服务，有针对性地采取防范措施，主动应对灾情保生产。及时启用州级救灾备荒种子25.45吨，重点用于“5·21”地震重灾区、部分重旱区群众生产自救补种或改种用种。落实农业保险政策，提高灾后农业生产恢复生产能力。

养殖业

【概况】 2021年，大理州按照“绿色、生态、安全、优质”的畜牧业总体工作思路，以绿色增收为目标，强化科技支撑，注重龙头引领，持续推动全州畜牧业向绿色增收转型。根据农业农村部养殖场直联直报信息平台，大理州全年畜禽养殖规模化率为30.66%；全年肉类产量40.82万吨、奶产量33.70万吨、禽蛋产量6.88万吨，分别同比增减幅度为15%、-5.58%、0.13%；畜牧业产值262.78亿元，同比减幅为-7.84%。肉蛋奶产量位居全省前列。

【牛羊产业】 2021年，大理州继续实施粮改饲试点工作，完成粮改饲4.27万亩、收储青贮饲料13.76万吨。对全州已完成家庭承包的1274万亩天然草原实施草原生态补奖。全州以牛羊业为重点的绿色畜牧业发展取得丰硕成果，为助推现代畜牧业持续健康发展奠定了坚实基础。年末全州存栏肉牛79.87万头、奶牛7.25万头、羊151.96万只，分别同比增减6.47%、20.43%、-3.16%；出栏肉牛40.76万头、羊177.57万只，分别同比增长2.75%、1.11%。

【生猪及特色禽产业】 2021年，大理州发展生猪标准化规模养殖，年末存栏生猪243.43万头、同比增长5.33%，出栏生猪303.35万头，同比增长14.81%。在禽蛋产业发展上，大理州认真贯彻执行省委、省政府的决策部署，抢抓机遇、创新发展，坚持政策扶持、科技支撑、龙头引领、标准化规模养殖、环境保护“五注重”，推动禽蛋产业持续健康发展。年末全州家禽存栏1933.01万羽、同比增长4.83%，出栏2637.54万羽、同比减少0.18%；禽蛋产量6.88万吨，同比增长0.13%；全州蛋鸡规模率85.54%，肉鸡规模率39.83%；祥云县成为全省禽蛋生产大县。

【畜禽养殖污染防治】 2021年，大理州全面推进畜禽养殖废弃物资源化利用。进一步加强规模养殖场日常监管，创建畜禽养殖标准化示范场，累计创建畜禽养殖标准化示范40个（国家级8个，省级32个）。据全国畜禽规模养殖直联直报信息系统统计，2021年全州畜禽粪污综合利用率为89.63%，粪污处理设施装备配套率为100%。

【畜禽产品加工】 2021年，大理州持续推进畜禽产品加工业的发展，先后引进欧亚、新希望、温氏、皇氏等龙头企业，欧亚、蝶泉、来思尔认定为农业产业化国家级重点龙头企业，并形成以欧亚、蝶泉、来思尔为主体的乳制品加工体系。全年加工乳制品34.57万吨，加工产值35.74亿元，乳制品加工占全省加工总量的63.26%；屠宰加工生猪112.79万头、肉牛10.96万头、羊30.07万只、禽1335.84万羽，产值76.74亿元；加工腌腊制品、冷鲜肉、火腿、牛干巴、卷蹄等肉制品2.97万吨，加工产值22.88亿元；销往省外生猪7.68万

在大理州南涧县实施的沪滇合作项目中华蜂养殖示范场

（南涧县志办 提供）

头、牛2.72万头、羊36.12万只、家禽115.78万羽、牛奶5.48万吨，全州畜禽外销收入20.66亿元。

【动物防疫】 2021年，大理州在动物防疫工作上实现不发生区域性重大动物疫情的目标。动物疫病防治基础工作扎实有效，重大动物疫病免疫与扑杀相结合的综合防控措施总体上得到切实有效落实，春秋两季动物集中免疫全州共完成重大动物疫病免疫7597.03万头（只、羽）次，平均免疫密度94.67%，开展常规免疫1818.73万头（只）；开展免疫效果集中监测5892份，总合格率为95.73%，远超70%的指标要求，祥云大有林牧有限公司核心种猪场通过国家非洲猪瘟无疫小区认定。

【非洲猪瘟防控】 2021年，全州贯彻落实省、州党委政府关于非洲猪瘟防控的决策部署，狠抓监测排查、调运监管、宣传培训、预警处置等综合防控措施。完成非洲猪瘟病原学紧急监测4344份，及时组织开展清洗消毒，无害化处理等工作；加强生猪运输车辆备案及贩运主体登记。2021年，全州有效生猪运输车辆备案637辆，贩运台账信息录入6020条，贩运主体登记326个，确保重大动物疫情总体平稳。健全完善餐厨剩余物全链条监管机制，屠宰环节重点监管，全面落实屠宰环节“两项制度”，全州17个生猪定点屠宰场共派驻官方兽医59人，聘请协检员26人，共计85人。在强化非洲猪瘟等疫病防控的前提下，持续优化生猪养殖布局，落实生猪产能调控政策，扶持适度规模养殖。永平东方希望集团，祥云大有林牧、云南翼通宏茂、正邦集团、正大集团、北京六马种猪集团生猪养殖项目有序推进。并谋划配套生猪屠宰加工项目。

欧亚乳业鹤庆牧场转盘挤奶机挤奶场景

【动物卫生监督】 2021年，全州实现动物公共卫生和畜产品质量安全的工作目标。①“双随机、一公开”执法。以“双随机、一公开”执法夯实养殖、屠宰、投入品等相关环节日常监管。2021年，全州共办理各类案件141件（一般程序95件），其中州级参与办理56件，罚没款共计59.3万元。②检疫监管。推进电子出证、溯源和屠宰监管工作。年内实施产地检疫猪254万头、牛36万头、禽1621万羽、羊1000只；屠宰检疫生猪71万头、禽484万羽。③兽药饲料监管。完成大理州2021年兽药质量监督抽检抽样和送样工作，全州共抽检兽药产品60批次，全州“云南省兽药质量安全信息化监管系统”共注册405家，注册率和使用率为100%。④饲料生产监管。组织全州27家饲料生产企业以“饲料质量安全管理规范”为主题开展培训，进一步明确生产企业的主体责任，规范饲料企业生产行为。⑤生鲜乳专项整治。全年出动执法人员365人次，检查奶站209站次，检查运输车86车次，责令整改不规范运营的奶站10个；全年全州抽检生鲜乳样品共364批次，检测结果全部合格。

2021年大理州主要畜禽生产情况表（畜禽产品产量）

表53　　单位：万吨

项目	猪肉			牛肉			羊肉			禽肉		
	本期	2020年同期	增幅（%）	本期	2020年同期	增幅（%）	本期	2020年同期	增幅（%）	本期	2020年同期	增幅（%）
大理州	27.61	22.31	23.76	5.02	4.88	2.83	2.97	2.91	2.11	5.22	5.40	−3.29
大理市	1.394	1.35	3.24	0.089	0.13	−31.23	0.018	0.02	−11.00	0.530	0.67	−20.88
漾濞县	0.585	0.57	2.63	0.211	0.24	−12.04	0.194	0.2	−2.80	0.122	0.15	−18.60
祥云县	4.1	3.46	18.50	0.254	0.26	−2.27	0.070	0.07	−0.29	2.087	2.07	0.82
宾川县	2.385	2.06	15.76	0.214	0.213	0.14	0.260	0.251	3.54	0.224	0.22	1.64
弥渡县	4.844	3.53	37.21	0.362	0.375	−3.34	0.147	0.167	−12.01	0.294	0.28	4.93
南涧县	1.202	1.01	19.04	0.669	0.630	6.29	0.223	0.21	6.29	0.635	0.66	−3.85
巍山县	1.124	1.03	9.09	0.792	0.75	5.56	0.445	0.445	−0.02	0.430	0.46	−6.46
永平县	2.695	1.72	56.66	0.444	0.41	8.37	0.209	0.21	−0.57	0.195	0.18	8.17
云龙县	2.382	1.46	63.15	0.466	0.452	3.03	0.474	0.46	3.00	0.218	0.23	−5.26
洱源县	2	1.93	3.63	0.584	0.64	−8.81	0.359	0.32	12.25	0.172	0.16	7.69
剑川县	0.893	0.83	7.55	0.433	0.43	0.72	0.248	0.251	−1.24	0.124	0.13	−4.92
鹤庆县	4.009	3.36	19.32	0.500	0.35	42.83	0.324	0.305	6.19	0.192	0.19	1.21

（州农业农村局　提供）

渔　业

【概况】 2021年，大理州渔业工作坚持稳中求进的工作总基调，按照“强制度、补短板、抓落实”的工作思路，紧扣渔业提质增效和水产品稳产保供主线，全面推进渔业高质量发展。受养殖水域管控严格和生态环境保护压力双重影响，2021年大理州水产养殖面积有所萎缩，产量下滑，全州水产养殖面积7.35万亩，水产品产量4.85万吨，同比分别降8400亩、1.08万吨，降幅分别为10.2%、18.2%。渔业总产值11.41亿元，同比增长3800万元，增幅3.4%。

2021年大理州渔业养殖面积、产量、产值情况表

表54

县市	养殖面积（亩）	水产品总产量（吨）			渔业经济总产值（万元）
		合计	淡水捕捞产量	淡水养殖产量	
全州总计	73475	48485	7801	40684	114138.43
大理市	1	6606	6542	64	15541.84
漾濞	355	266	—	266	590.00
祥云	365	201	1	200	415.47
宾川	15117	8536	148	8388	19599.40
弥渡	10449	11101	—	11101	21040.12
南涧	638	3740	200	3540	10540.00
巍山	34667	9159	10	9149	14906.00
永平	1405	807	20	787	2239.00
云龙	869	670	10	660	2085.00
洱源	2068	1242	400	842	9023.80
剑川	2346	557	150	407	6234.80
鹤庆	5195	5600	320	5280	11923.00

2021年，大理州继续在境内主要河流湖泊实施增殖放流，有效开展渔业资源养护。图为全国放鱼日增殖放流场景　　（州农业农村局　提供）

【渔业绿色发展】 2021年，大理州推进“稻鱼鸭”“稻鳅”“稻蟹”等稻渔综合种养模式，以洱海流域为重点，实施稻渔综合种养示范面积6073亩。以创建水产健康养殖示范场为抓手，对弥渡、祥云、宾川、巍山等渔业重点县推广池塘溶氧在线监测仪器和塘管家物联网技术，有效减少养殖鱼类缺氧浮头泛塘损失。深入推进水产养殖品种结构调整，加大优良品种引进和推广，全州繁殖、引进新品种1740万尾，推广面积3.2万亩、池坝塘新品种覆盖率82%。

【渔业资源养护】 2021年，大理州严格执行渔业资源养护各项制度，有效开展渔业资源养护工作。①长江“十年禁渔”制度。召开全州2021年金沙江禁渔工作推进会议，扎实开展长江禁渔工作。②水生生物资源增殖放流。按照《中国水生生物资源养护行动纲要》要求，在洱海、金沙江干流、鲁地拉、龙开口、苗尾、功果桥电站库区等开展大水面生态增养殖531.9万尾，投入放流金额971.79万元。③水产种质资源普查。扎实推进水产种质资源调查、收集、鉴定和评价工作，完成493个水产养殖场（户）信息普查，进一步摸清全州水产种质资源底数。④涉渔工程生态补偿。对金沙江流域和澜沧江流域电站涉渔工程水生生物资源补偿实施情况进行监督管理，全年开展执法检查12次，出动人员40人次、车辆16车次，监督电站增殖放流站开展鱼类增殖放流3次，投放土著鱼类75.72万尾，确保捕捞过坝、人工模拟产卵场、鱼类增殖站、标志性放流等项目按要求实施，使涉渔工程建设对鱼类的影响降到最低。⑤水产种业。大理州裂腹鱼原种场驯养以裂腹鱼为主的土著鱼类13个品种，亲体、后背亲体保有量约4500千克，全年催产繁殖5种裂腹鱼，获得鱼苗70多万尾，为长江十年禁捕大理段提供增殖放流鱼苗40万尾。⑥水产种质资源保护区监管。贯彻落实“绿盾2021”自然保护地强化监管工作；对国家级、省级大理裂腹鱼、小裂腹鱼、光唇裂腹鱼水产种质资源保护区进行宣传和执法检查，实地查看界桩、宣传牌和日常管理措施，发放宣传材料1630份，出动执法人员287人次；开展对《洱源县桃源水库工程对弥苴河大理裂腹鱼国家级水产种质资源保护区影响专题论证报告》的评审。

【渔政执法】 2021年，大理州强化联合执法，提升渔政执法能力，巩固禁渔成果。①跨州市联合执法。与丽江市联合开展长江流域重点水域“十年禁渔”渔政执法4次，出动执法人员376人次，出动执法船艇23艘次、车辆71辆次，张贴禁渔通告、宣传标语1900余份，查获浮标20个、违法网具34张，形成有力震慑。云南省长江流域重点水域“十年禁渔”工作领导小组办公室开展2021年度禁捕退捕工作考核，大理州位列第二。②部门联合执法。由农业农村局牵头，市场监管部门、公安部门、交通运输部门等配合，对祥云、宾川、鹤庆3个县禁渔工作开展督促检查，由州级3个部门分别包干3个县，每个月至少开展一次督促检查。③渔政执法。建设长江流域重点水域禁捕智能监管平台，完善金沙江流域禁捕水域网络化管理体系，基本实现重点水域、关键时段有效覆盖，形成与保护管理新形势相适应的监管能力。

【渔业安全监管】 2021年，大理州接受部省级农产品抽检过程中共完成水产品检测40个样本，合格率为97.5%。针对抽检不合格水产品，认真开展排查分析，强化质量安全宣传和监管，确保食品安全。开展水产养殖投入品专项整治、渔业安全生产检查、养殖业执法专项行动等工作，开展安全隐患排查，督促问题整改落实。结合“安全生产月”活动，广泛开展渔业安全生产宣传，先后开展集中宣传8次，设置安全宣传展板8块，播放安全宣传广播1场，发放各类宣传材料20000余份。全年出动执法人员825人次，对7家苗种场、214家养殖场、56家投入品生产经营单位进行专项检查，发现违法问题5起，责令整改5起。全年未发生渔业安全生产责任事故。

农产品质量安全

【概况】 2021年，全州各级农产品质量安全监管部门紧紧围绕提升农产品质量安全水平和努力确保不发生重大农产品质量安全事件为总目标，强化监管，扎实工作。精心安排2021年农产品质量安全例行抽查、监督抽查和风险监测工作，切实抓好重大节庆活动期间的食用农产品质量安全监管工作，全州农产品质量安全保持稳定，未发生农产品质量安全事件。

【建立监管目录】 2021年，大理州将全州规模化农产品生产经营主体纳入监管目录，把监管目录中农产品生产经营主体作为国家、省、州、县、乡五级开展例行监测、监督抽查、追溯、信用体系等工作的重点监管对象，并作为县市和乡镇的农产品监管目录。年内全州720家食用农产品生产经营企业已纳入监管目录，做到底子清、对象明。

【农产品检测】 2021年，大理州进一步提升农产品检测能力。①农产品检测机构项目建设。至12月，大理州农产品质量安全监督检验测试中心及大理市、宾川县、祥云县、弥渡县、永平县、南涧县、巍山县、鹤庆县9个农产品质量安全检测机构通过省级项目验收；漾濞县、洱源县和剑川县3个农产品质量安全检测机构已通过州级验收。②农产品检测机构“双认证”。大理州农产品质量安全监督检验测试中心、大理市、宾川县、祥云县、弥渡县、洱源县、永平县、鹤庆县8个农产品质量安全检测机构通过了“双认证”，南涧县农产品质量安全检测机构通过省级资质认证。

【农产品质量安全监测】 2021年，大理州推行以州级开展例行监测为主，配合完成国家和省级例行监测与监督抽查，县市和乡镇开展速测筛查的定性与定量相结合的农产品质量安全监测制度。全年完成农产品检测77407批次，其中全州1.5批次/千人任务完成5880批次；快速检测71527批次。全州主要农产品综合检测合格率能够保持在97.5%以上，全年未发生重大农产品质量安全事故。

【“三品一标”申报认证】 2021年，大理州以有机为引领，绿色为底色，加大绿色有机农产品的认证力度，增加绿色和有机农产品新认证数量占比。全年全州新增认证“三品一标”108家企业、163个证书、223个产品，认证规模45.37万亩、4719头，产量8.37万吨。南涧县南涧无量山乌骨鸡项目被列为年度地理标志农产品保护工程项目，获得中央补助项目资金725万元，巍山黄牛和漾濞核桃被省级列入地理标志农产品申报项目，每个项目给予省级农产品专项发展资金10万元。

【全面推行承诺达标合格证制度】 2021年，全州推行承诺达标合格证制度，鼓励有条件的主体开具电子合格证，推动生产者自我质量控制、自我开具和自我承诺。全年全州实施试行食用农产品承诺达标合格证开具的生产主体798家，共开具食用农产品合格证1064206张，附带合格证上市的农产品137013.86吨。

【农产品质量安全“追溯平台”推广应用】 2021年，大理州继续推广应用省级和国家农产品质量安全追溯信息平台，扩大企业上线数量及运用水平。全州共有336个农产品生产经营主体上线省级平台，395个农产品生产经营主体上线国家平台，农产品质量安全可追溯体系建设进一步加强。

【农业标准制修订工作】 2021年，大理州申报滇西旱区叶菜类蔬菜绿色栽培技术研究项目，申请制定“大理州佛香3号茶树生产栽培技术规程”“大理州佛香3号卷曲形绿茶加工技术规程”“大理州药食兼用百合栽培技术规程”“大理州天冬栽培技术规程”“村庄混合污水收集资源化利用技术规范”“分散养殖畜禽粪便收集技术规程”“分散养殖畜禽粪便一体化避雨堆贮设施建设技术规范”“农田排水调蓄净化再利用技术

2021年大理州“三品一标”认证情况表

表55

认证项目	新增认证情况		认证有效期内情况	
	产品数（个）	认证规模（万亩、万头、只）	产品数（个）	认证规模（万亩、万头、只、立方米）
无公害农产品	5	0.3329万头	121	16.4万亩、182.38万头、只、5100立方米
绿色食品	52	2.2359亩、0.139万头	288	26.2万亩、0.41万头
有机食品	166	43.132698万亩	291	84.29万亩
农产品地理标志			10	46.5万亩、60万头、275万只
合计	223	45.368598万亩，0.4719头	710	173.39万亩、5100立方米，353.64万头（只）

（州农业农村局　提供）

规范”“生态圈舍建设技术规范”9个地方标准立项，启动洱海流域11个地方标准的修订工作。

【开展农资打假行动】 2021年，大理州重点围绕种子、农药、肥料、兽药、饲料和饲料添加剂、农机、农膜七大类农资产品开展专项治理。出动执法人员8760人次，检查企业及农资经营点8117家次，立案查处158起，涉案金额112.37万元，罚没金额106.67万元，受理投诉举报47起，查获无证经营42家。抽检农资产品4635批次，合格率99%。

【“治违禁控药残促提升”三年行动】 2021年，大理州针对韭菜开展2412次常规农药快速检测，并开展“三年行动”专项监测240批次。向辖区内所有农兽药经营门店、种养殖基地和合作社等主体发放禁限用药物清单和安全用药规定等相关农业法律法规宣传资料41774份，报省级并经省级公布农产品质量安全典型案件1个。制定《大理州农业农村局2021年省级食品安全食用农产品质量安全监督抽查工作实施方案》，对340个批次的农产品进行监督抽查。

【农产品质量安全乡镇网格化管理】 2021年，大理州以农产品生产基地为重点，以日常检测为基础，以监督抽检、例行监测和流动检测为主要方式，州、县、乡检测单位合力推进网格化监管，切实抓好农产品质量安全检测工作，建立健全农产品质量安全检测制度，检测网络基本形成。年内对乡镇监管员、村级信息员开展了线上农产品质量安全相关法律法规及业务知识培训。截至年末，全州乡镇监管员覆盖率、村级信息员覆盖率均为100%。

（州农业农村局供稿）

农业科技推广研究

【概况】 2021年，大理州农科院承担国家、省、州各级各类项目（课题）68项，争取项目资金1117.9万元。开展粮食作物、经济作物、特色花卉、地道药材等新品种、新技术、新模式示范推广453.74万亩，组织各类科技培训261场次、10239人次，发放各类科技资料1.2万余份。通过云南省作物品种审定1个；获云南省政府科技奖励2项、大理州巾帼建功先进集体表彰1项；制定行业标准4项、大理州地方标准14项；发表学术论文16篇，参编专著3部，入编技术手册1篇；入选云南省主推技术2项、大理州主推技术4项；2人获神农中华农业科技奖一等奖，1人获云南省创新人才培养，1人获“全国三八红旗手”称号，1人被评为“云南省优秀共产党员”。

上图：10月18日，州农科院土肥站农科人员在鹤庆县实施的千亩水稻测土配方施肥示范片现场测产验收；下图：12月9日，科技人员在弥渡县蔬菜新品展示田开展田间评价调查

（州农科院　提供）

【种质资源保护】 2021年，大理州农科院以农业种质资源保护作为推动现代种业创新的物质基础、推进农业高质量发展。①粮食作物选育种。依托水稻、马铃薯、玉米、麦类4个云南省现代农业产业技术体系，以凤仪粮作基地为主，推进粮食作物选育种工作，种植种质资源和杂交后代材料3200多份，组配杂交组合561个，完成株系、品种（品系）鉴定、区域试验、栽培试验工作。②种质资源的繁育鉴定。依托麻类、特色蔬菜2个国家现代农业产业技术体系，在宾川经作基地开展617个麻类、49个花生品种（系）种质资源的引进繁育、品种鉴定、区域试验工作，种植蔬菜种质资源73份，完成年度性状鉴定工作。③花卉品种资源展示开发示范。依托云南省花卉苗木现代农业产业技术体系，开展特色花卉、加工型花卉品种资源展示及商品化开发示范，收集种植品种123个；完成22个国兰品种基本资源要素信息、生态适应性数据收集评价。

【农业科研推广】 2021年，大理州农科院立足全州农业重点工作，积极开展农业科研推广和服务工作。①粮食

2021年大理州农科院科研成果一览表

表56

序号	科研成果名称	认证或颁奖机构	认证或奖励类别
1	多抗优质高产蚕豆新品种凤豆十六号选育及应用	云南省人民政府	云南省科技进步三等奖
2	优质高产高海拔粳稻新品种"凤稻29号"选育与应用	云南省人民政府	云南省科技进步三等奖
3	大理州农业面源污染防治系统	中华人民共和国国家版权局	著作权登记
4	大玉4257	云南省农作物品种审定委员会	品种审定
5	一种秸秆青贮设备	国家知识产权局	专利授权
6	一种新型秸秆饲料加工装置	国家知识产权局	专利授权
7	一种用于农作物秸秆肥料的制备装置	国家知识产权局	专利授权
8	农作物优异种质资源评价规范（亚麻）	农业农村部	行业标准
9	农业面源污染综合防控技术规范第3部分：云贵高原	农业农村部	行业标准
10	农田径流排水生态净化技术规范	农业农村部	行业标准
11	畜禽粪便食用菌基质化利用技术规范	农业农村部	行业标准
12	川贝母栽培技术规程	云南省市场监督管理局	地方标准
13	粗茎秦艽栽培技术规程	云南省市场监督管理局	地方标准
14	丹参栽培技术规程	云南省市场监督管理局	地方标准
15	党参栽培技术规程	云南省市场监督管理局	地方标准
16	金铁锁栽培技术规程	云南省市场监督管理局	地方标准
17	天冬栽培技术规程	大理州市场监督管理局	地方标准
18	百合栽培技术规程	大理州市场监督管理局	地方标准
19	大理州佛香3号栽培技术规程	大理州市场监督管理局	地方标准
20	大理州佛香卷曲形绿茶加工技术规程	大理州市场监督管理局	地方标准
21	分散养殖畜禽粪便一体化避雨堆贮设施建设技术规范	大理州市场监督管理局	地方标准
22	分散养殖圈舍配套粪污处理设施建设技术规范	大理州市场监督管理局	地方标准
23	山区村庄混合污水收集资源化利用技术规范	大理州市场监督管理局	地方标准
24	洱海流域农田径流氮磷生态拦截沟渠构建技术规范	大理州市场监督管理局	地方标准
25	山区农田排水调蓄净化再利用技术规范	大理州市场监督管理局	地方标准
26	蚕豆稻茬免耕轻简绿色高效栽培技术	云南省农业农村厅	主推技术
27	红花轻简化栽培技术	云南省农业农村厅	主推技术
28	甘蓝型油菜秋直播高质高效栽培技术	大理州农业农村局	主推技术
29	佛香卷曲形绿茶加工技术	大理州农业农村局	主推技术
30	红花高产高效栽培技术	大理州农业农村局	主推技术
31	附子高效栽培技术	大理州农业农村局	主推技术

（州农科院　提供）

作物。以"凤豆6号"为主，推广种植四季鲜食蚕豆75.86万亩；以凤"大麦7号""凤0339"品种为主推广面积76.7万亩；以"凤稻29号""凤稻30号""凤稻31号"为主推广面积91.89万亩；组培扩繁马铃薯脱毒苗6.3万株，扩繁脱毒原种12.2万粒，全州示范推广脱毒马铃薯6.5万亩、商品薯10万亩；以"大玉10号""大玉1645"为主示范推广21.3万亩。②经济作物。开展油菜、工业大麻、亚麻新品种新技术示范1280亩，推广种植5.2万亩；扎实开展移民后扶产业科技服务，在云龙、巍山、鹤庆等县示范茶叶、冬桃等移民后扶特色产业6000亩；繁育特色茶树品种扦插苗300万苗，"佛香3号"推广种植5万亩。③地道药材。在弥渡、巍山、南涧、漾濞、洱源5个示范县完成中药材规范化栽培示范1.1万亩，总产值超过4660万元；开展红花品种示范及绿色高效栽培技术研究示范推广工作；制定秦艽、金铁锁、党参、丹参和川贝母云南省地方标准5项，天冬、百合大理州地方标准2项。④农业环保。开展耕地生产障碍修复利用玉米低累积品种和安全利用措施筛选试验、重金属污染种植结构调整示范基地工作；实施高原河湖流域农业绿色生产模式创建与关键技术集成示范，在洱海流域布设水旱轮作、旱旱轮作模式定位试验，开展土壤养分、环境数据、产量信息监测。⑤土壤肥料。全州组织完成测土配方施肥441.72万亩，举办示范片112片，核心示范样板17.23万亩；开展测土配方施肥32个长期监测点试验74组；抓实耕地保护与质量提升工作，在大理州布设513个调查点位、田间试验20组，完成13个区耕地质量等级评价；完成大理州1151个村2240户农户大、小春种植作物施肥情况调查工作。⑥农技推广。实施晚秋粮食绿色高质高效示范、烤烟+青贮玉米生态种植试验，认真开展青贮玉米、燕麦、大荚豌豆核心示范。⑦农机推广。完成青贮玉米生产全程机械化技术示范500亩；开展水稻机插秧示范500亩，饲草料全程机械化生产示范300亩。⑧农业信息。编印《大理农业科技》600册、《农业信息周报》31期372册，在《大理日报》发表特别报道稿件7篇；完成全州蔬菜、水果、茶叶、蚕桑、中药材、花卉2021年生产信息统计分析上报工作。

【助推乡村振兴】 2021年，大理州农科院发挥科研团队优势，助推发展乡村产业。①产业帮扶。向宾川县拉乌乡新田村派驻乡村振兴工作队队员2名，抓好新田村产业帮扶工作，做好返贫致贫动态监测；完成2020年产业扶贫漾濞县冬马铃薯试验示范项目，示范面积118亩，实现样板区平均单产3248.25千克，带动漾濞县农业综合效益增长。②技术帮扶。派出"三区"科技特派员16名，在全州8个县的新型经营主体和贫困村开展科技服务工作。为受援地引进新品种17个，推广新技术16项，建立示范基地15个，引进项目1项，引进资金37万元，举办科技培训19场，培训884人次，培养基层技术骨干73人，帮助受援对象增收258.4万元。

【助力洱海保护】 2021年，大理州农科院成立农业面源污染防治等12个专家服务团队，就洱海流域面源污染防治、作物结构调整等技术开展培训、指导和服务工作，助力洱海保护。①洱海流域农业面源污染监测。在洱海流域5个代表性监测区，布设22个监测断面，取水样286个，获得有效监测数据1144个，编制监测月报12份。②生态种植示范。在洱海流域开展生态种植示范凤15-53优质软米新品系315亩、油菜30亩、马铃薯325亩，有机种植示范"声农4号"水稻400亩。③服务洱海流域种植业转型发展。持续开展洱海流域10种主要农作物有机肥不同施用量试验；完成洱海流域16个乡镇250户农户大、小春两季主要农作物肥料施用情况调查，16个监测点耕地土壤养分年度监测工作；组织12个洱海流域农业面源污染治理及种植业结构调整专家服务团队，深入一线开展绿色有机化种植指导服务，全年累计开展服务141次、423人次。

【对外合作交流】 2021年，大理州农科院与中国农业大学、中国农科院、云南农业大学、云南省农科院等科研院校合作交流，搭建信息、技术、人才资源共享平台；张福锁院士科技小院、大理州刘宏斌专家工作站落地，与国家、省级的科研团队合作不断深入。加大与新型农业经营主体的合作交流力度，引导新型农业经营主体多路径提升规模经营水平，多形式提高发展质量，为全州"绿色食品牌"打造和高原特色现代农业发展提供科技支撑。

（王红艳撰稿）

水　务

【概况】 2021年，大理州完成水利固定资产投资108.7亿元（滇中引水工程完成50.4亿元，12个县市完成58.3亿元），同比增长54%（不含滇中引水，同比增长84%），首次突破百亿元大关；争取到水利建设资金28.91亿元（中央资金9.83亿元，省级资金3.29亿元，地方政府专项债券资金15.79亿元）。新增供水能力911.9万立方米；治理水土流失389.11平方千米。年末，全州累计建成水库725座，其中中型水库26座、小（1）型水库71座，小（2）型水库628座；累计建成农村小水电176座，泵站914座，水闸304座，农村集中供水工程4825处，机电井41524眼。全州水利工程总供水量为12.9亿立方米，其中规模以上水利工程供水7.8亿立方米。3月提拔使用正、副科级领导干部各1人，对3名正科级干部进行轮岗；5月配合州委组织选拔任用副处级领导干部1人，提拔任用副处级领导干部1人；9月1名一级主任科员晋升四级调研员；11月提拔任用正处级领导干部1人。年内获工程师资格66人；获高级工程师资格40人（其中7人为正高级工程师）。大理州水务局被水利部评为"全面推行河长制湖长制先进集体"和"全国水利扶贫先进集体"。

【水政】 2021年，大理州组织开展第29届"世界水日"、第34届"中国水周"系列宣传活动，与全面推行河长制、洱海保护"八大攻坚战"宣传工作相结合，加大水法规、节约用水、保护水资源等宣传力度。加大水事违法案件的查处力度，全州办理水事案件32件，其中河湖案20件，水资源案8件，水工程案1件，水土保持案3件，处罚款107.4万元，结案率为100%。积极组织12个县市水务局认真开展辖区内水事纠纷预防调处和排查工作，年内无重大水事纠纷案件报告。

【水资源管理】 2021年，大理州严格取水许可及水资源论证申请、受理、审查、决定、发证（核验）等工作，年内全州办理取水许可事项11件，其中办理取水许可申请1件，办理延续取水许可证9件，新办取水许可证1件。加强取水许可监督管理，对取水户取水情况进行检查抽查，重点抽查检查苍山十八溪取水情况、地下水、地热水取水许可情况及取水计量设施、节水措施及水资源费的缴纳等工作。深入推进地下水清理整治，全州清理核查地下水井71819口，年内封堵封填地下井605口。完成澜沧江、红河流域取水工程（设施）核查登记整改提升827件。完成用水统计调查直报管理系统的年度

滇中引水工程大理州鲁地拉水电站水资源综合利用配套工程管道施工现场
（宾川县志办　提供）

取用水相关数据的填报。节水型社会建设有序推进，漾濞县节水型社会建设试点工作通过省级验收，祥云县、洱源县被水利部命名为县域节水型社会达标县。完成《大理州2020年水资源公报、年报》编制工作。严格水资源费的征缴，全州完成水资源费征缴1.92亿元。

【水利规划】2021年，大理州水利系统围绕州委"两城一区、三个走在前"的战略目标和"十四五"发展及2035年远景规划目标，完成大理州水安全保障网"十四五"规划、洱海流域及其周边地区水资源配置规划和干热河谷水资源保障规划，充分发挥规划引领作用。"十四五"续建和新建项目前期工作全面推进，多个重点水源工程前期工作有序推进，多个小型水利工程前期全面开展。

【水利改革】2021年，大理州深入贯彻落实农业水价综合改革实施意见，完成省级下达的重点中型灌区10.18万亩农业水价改革面积任务。农村供水工程水费征收管理改革扎实推进，完成集中供水工程水价定价并按供水成本收费，391件千人以上集中供水工程水费收缴率98.65%，3755件千人以下集中供水工程水费收缴率为97.46%，均已达到省下达的95%以上目标。

【基本建设】2021年，全州启动实施河道治理工程8件；在建重点水源工程53件，批复概算总投资为153.11亿元，累计完成投资101.57亿元。①水源工程。全年完成投资23.70亿元；新开工3个项目。完成5个水库的竣工验收；完成5个水库蓄水阶段验收；完成4个水库截留阶段验收；4个项目正在开展扫尾工作；10个项目主体工程完工，正在开展下闸蓄水验收准备工作；3个项目积极开展大坝基础开挖和导流洞的建设；14个项目按计划开展主体工程施工；8个项目完成项目开工准备工作。②河道治理。启动实施宾川宾居河宾居段，宾川桑园河力角镇段、乔甸镇段、州城镇段及支流练洞河、响水河、大营河段；云龙孙足河漕涧镇段；祥云楚场河禾甸镇段、米甸镇段；大理市弥苴河治理青索村至环海路段、漾濞顺濞河富恒、太平段；鹤庆漾弓江海尾河段治理等8件中小河流治理工程，累计完成治理河长87.5公里，完成投资2.6亿元。

【防汛抗旱】2021年，大理州强降雨引发的洪涝灾害造成全州7个县32个乡镇2.01万人不同程度受灾，紧急转移3303人次，农作物受灾面积1863.16公顷，发生城市内涝12次，直接经济损失32133.5万元。年内全州平均降雨量657.5毫米，较常年偏少21%，是1962年以来第七个少雨年，干旱程度为近10年来同期最重。全州因旱造成农作物受旱28446.79公顷，其中轻旱15050.11公顷，中旱7536.06公顷，重旱4644.94公顷，特旱1215.68公顷；全州8个县市18个乡镇44个村2027户7762人出现了临时性用水困难。全州各级各部门投入1500万元抗旱资金，支持实施抗旱应急工程和拉送水保障供水。进入7月，全州雨季来临，全州旱情初步解除。

【农村水利】2021年，大理州继续完善农村水利系统建设。①洱海大型灌区工程。洱海大型灌区工程建设项目占永久基本农田4412亩，省自然资源厅建议节地优化，减少占永久基本农田面积，大理州多次与洱海灌区工程规划单位、可研报告编制单位研究工程节地优化方案，已确定将末端拦截消纳及灌溉综合利用工程方案优化为湿地库塘提升综合利用工程方案。②宾川大型灌区改造项目。年内续建配套与现代化改造项目，概算投资7072.29万元，到位中央资金5600万元。完成投资6435.78万元，占下达中央资金的91%；完成渠道改造22.4公里，渠系建筑物60座、计量设施30处。③三灌区节水改造项目。大理州年内启动实施弥渡县德苴灌区、巍山县阳瓜江灌区和剑川县金华沙溪灌区节水改造项目。3个项目2021年度总投资12579万元，年内完成投资12324万元，占年度总投资计划97.8%。

【水土保持】2021年，大理州完成水土流失治理面积389.11平方千米；完成巍山县五道河（二期）、鹤庆县三折箐、洱源县白沙河小流域治理项目建设任务，完成投资1800万元，完成治理面积39.34平方千米。全州审批水土保持方案196件，协助税务部门征收水土保持补偿费847.53万元。开展水土保持信息化监管工作，按时完成水利部下发的221个、省水利厅下发的167个疑似违法违规项目图斑的现场复核、违法查处等工作。开展生产建设项目水土保持方案实施情况监督检查及水土保持设施自主验收核查，监督检查及核查项目172个。完成《大理白族自治州水土保持规划（2011—2030年）》修编及《洱海流域水土保持规划（2021—2030年）》编制工作，并经州人民政府审核后印发相关单位及县市。

【乡镇供水】2021年，大理州多措并举，组织县市多次对农村供水工程进行大排查，共排查出15个问题并完成整改。完成4146件农村集中供水工程水源地名录采集，加强了水源地环境管理，完成2021年枯水期水质检测取样工作。争取上级补助资金1390万元，实施280件农村供水工程维修养护，坚决守住和巩固维护好已建农村供水工程成果。

【河湖长制工作】2021年，全州47个国控、省控断面地表水优良水体（达到或优于Ⅲ类）为87.23%；四大水系水质持续改善，全州江河湖库水生态水环境明显好转，水源涵养保护能力明显提升，生态安全屏障筑牢。洱海保护成效显著，全面落实"湖泊革命"要求，持续推动洱海保护治理及流域转型发展，完成洱海"两线""三区"初步划定、《洱海保护治理"十四五"规划》编制和《洱海一湖一策保护治理行动方案（2021—2025年）》滚动修编等工作。年内，洱海水质实现7个月Ⅱ类、5个月Ⅲ类，北部湖心、南部湖心、湖心284国控点水质综合评价为"优"，未发生规模化蓝藻水华，洱海实现连续两年水质评价为"优"。2月，"云南省大理州以问题整改助推洱海高水平保护流域高质量发展"作为中央生态环境保护督察整改成效典型案例被通报表扬。洱海、天池等18件河湖评定为云南省2021年度省级美丽河湖。

【农村小水电】2021年，全州开展绿色小水电站创建工作，深入开展农村水电站安全生产标准化建设，按照中央、省级有关做好小水电安全度汛工作相关要求，印发《大理州水务局关于做好2021年小水电站安全度汛工作的通知》。按照省级统一部署，漾濞县雪山河一级电站，已于2021年底完成拆除退出工作。

【工程管理】 2021年，大理州水利系统组织开展水库大坝安全检查、督查、整改；完善大坝安全责任制，逐库落实水库政府责任人、水库主管部门责任人和水库管理单位责任人；积极组织水库汛期安全运行专项督查整改；按计划推进水库大坝安全鉴定工作；推进重点水利工程管理与保护范围划定工作；加强公益性水利工程维修养护的检查指导；深化国有水管单位、小型水利工程管理体制改革，巩固了改革成果；积极推进全州水库雨水情测报系统和小型水库安全监测设施安装及应用。6月18日祥云县深化小型水库管理体制改革第二批国家级样板县创建完成，9月16日通过水利部评估验收。

【科技与教育】 2021年，大理州组织水利干部职工参加基层水行政主管部门能力提升示范培训班、水利系统质量与安全监督管理培训、水利安全生产培训、水利系统评标专家培训、乡村振兴专题培训、生态文明培训、对口人才培训、干部在线学习及国家工作人员在线学法等各类学习培训，培训水利干部440人（次）；选派1名正科级干部到成都市水务局挂职锻炼，接收县市1名水利干部到州水务局开展对口人才培养。

（赵汝璧撰稿）

乡村振兴

【概况】 2021年，大理州按照“五级书记抓乡村振兴”要求，发挥县委书记乡村振兴“一线总指挥”作用，州、县（市）党委强化农村工作领导小组牵头抓总、统筹协调，研究制定《中共大理州委、大理州人民政府关于全面推进乡村振兴加快农业农村现代化的实施意见》《大理州关于实现巩固拓展脱贫攻坚成果同乡村振兴有效衔接任务分工方案》，全面安排“十四五”及2021年乡村振兴工作。全州围绕实现农业高质高效、乡村宜居宜业、农民富裕富足，加快实施乡村建设行动，加强和改进乡村治理，严格落实“四个不摘”要求，确保“两不愁三保障”问题及时发现、及时解决、动态清零。建立完善“双绑”利益联结机制、股份合作机制、扶志扶智长效机制。健全完善防止返贫动态监测和帮扶机制，创新实施具有大理特色的防止返贫风险预警机制、快速反应机制、责任追溯机制。强化跟踪监测，实施分类救助，全州“三类”监测对象11159户37950人，通过精准帮扶消除风险8020户29049人，守住不发生规模性返贫的底线。强化易地扶贫搬迁后续帮扶，紧盯搬迁群众“稳得住、有就业、逐步能致富”目标，把产业、就业扶持作为后续扶持首要任务，实现全州易地扶贫搬迁人口产业帮扶全覆盖，同步提升基础设施和公共服务水平。6月，州扶贫办调整重组为州乡村振兴局，为大理州人民政府工作部门，原机构职能、内设科室及人员编制保持不变，机构规格为正处级，设10个内设机构，分别为综合科、人事财务科、规划项目科、社会扶贫科、信息统计科、行业扶贫科、信贷扶贫科、扶贫协作科（沪滇协作办公室）、督查科和考评科。

【防止返贫】 2021年，大理州牢固树立不发生返贫的底线思维，落实国家和省关于健全防止返贫动态监测帮扶机制的意见，控制因灾返贫。①防止返贫动态监测机制。创新实施《防止返贫风险预警机制》《防止返贫快速反应机制》《防止返贫责任追溯机制》，实行“一月一排查、一核查，双月一督导、一调度、一通报”的“五个一”防返贫工作推进机制，做到返贫风险早发现、早干预、早帮扶。全年全州“三类”监测对象11100户37755人（脱贫不稳定户4565户16223人、边缘易致贫户5637户18824人、突发严重困难户898户2708人），通过因户施策、精准帮扶消除风险6763户24166人，坚决守住不发生返贫的底线。②因灾返贫风险控制。年内，漾濞6.4级地震和洱源“9·13”大型山洪泥石流灾害后，高度重视恢复重建及防止返贫工作，成立工作组并组建工作专班，及时启动防止返贫快速反应机制；漾濞县因灾新增“三类户”53户169人，消除风险5户18人；洱源县因灾新增“三类户”35户145人；强化跟踪监测，实施分类救助，通过恢复重建、防贫保险、社会救助、就业

大理洱海海西国家级乡村振兴示范园　　（州农业农村局　提供）

培训、产业帮扶等措施"一户一方案"精准帮扶，全力消除因灾住房保障不到位的返贫致贫风险，化解灾害对农村脱贫人口、低收入人口和脱贫地区产业就业发展的不利影响，返贫风险得到有效控制。

【饮水安全和"三保障"】 2021年，大理州投入1390万元对农村饮水安全工程进行维修养护，持续保障脱贫地区饮水安全。村级光伏电站累计收益3737.66万元，吸纳公益岗位3525人。州委、州政府及州巩固脱贫攻坚推进乡村振兴领导小组先后11次召开会议对巩固拓展脱贫攻坚成果同乡村振兴有效衔接工作进行安排、统筹调度，明确任务分工，压实工作责任，完善工作体系。州级成立12个专项督导组，"双月"深入一线督促指导。34名州级领导挂联12个县市34个乡镇，1936名工作队队员"全脱产"下沉一线驻村，形成"帮县包乡带村"工作机制。持续落实教育帮扶政策，开展依法控辍"四步法"，脱贫人口义务教育阶段无失学、辍学。全州脱贫人口100%参加基本医疗保险和大病保险。完成农村房屋安全隐患排查和整治。落实过渡期小额信贷政策，做到应贷尽贷，发放小额信贷14.27亿元，支持脱贫人口发展产业。7.13万户15.87万人享受农村低保。

【"一平台三机制"】 2021年，推广云南省"政府救助平台"应用，坚持线上线下相结合，采取"群众点单、干部收单、部门办单、县级督单、群众签单"模式，实现"一键式"办理、"一站式"服务。截至年末，共接到有效群众申请事项10378件，办结9252件，正在办理1126件。州委、州政府印发了《关于建立"双绑"利益联结机制推进产业帮扶全覆盖的实施意见》《关于建立股份合作制实现村级集体经济全覆盖的实施意见》《关于建立健全扶志扶智长效机制实现培训就业全覆盖的实施意见》通知，深入实施"万企兴万村"行动，建立完善"双绑"利益联结机制、股份合作机制、扶志扶智长效机制，产业帮扶、壮大村级集体经济、转移就业培训全覆盖各项工作有序推进。全州10.21万户有产业发展条件的脱贫户实现产业全覆盖，有产业发展条件的4.15万户脱贫户实现"双绑"带动。开展农村劳动力就业培训26.22万人次，转移脱贫劳动力就业20.44万人，在第三届全国创业就业服务展示交流活动上，鹤庆县"鹤庆银匠"获"行业引领类劳务品牌"荣誉，剑川县"剑川木匠"获"地方特色类劳务品牌"荣誉，巍山县"巍山乡厨"获"地方特色类劳务品牌"和"我最关注的劳务品牌"荣誉。村集体经济收入为5万元以上的有1090个村，占全州总数的94.8%。

【衔接资金和项目资产管理】 2021年，全州实际整合财政涉农资金19.56亿元，其中财政衔接资金12.76亿元，其他统筹整合财政涉农资金6.8亿元。年内州本级安排1亿元衔接资金，专门用于巩固拓展脱贫攻坚成果同乡村振兴有效衔接。省级以上财政衔接资金支出率为92.48%，达到序时进度要求。持续加强年度项目库建设管理，截至年末，全州当年入库项目1384个、预算总投资25.4亿元，其中启动实施1384个、完成1115个，开工率100%、完工率81%。建立扶贫项目资产管护机制，确保扶贫资产产权明晰、管理规范，长期发挥效益。截至年末，全州共完成清理扶贫项目资产6.4万个、规模200.2亿元，已完成确权199亿元。

【巩固拓展脱贫攻坚成果】 2021年，大理州继续加大力度，巩固拓展脱贫攻坚成果，并实现与乡村振兴的有效衔接。①沪滇协作及定点帮扶。年内对沪滇协作、定点帮扶进行调整。东西部协作方面，根据对口帮扶结对调整安排，主动加强与浦东新区和奉贤区的对接协调，推动新一轮帮扶工作落实，编制大理州沪滇对口协作"十四五"规划，科学制定项目建设、人才支持、劳务协作、消费扶贫等年度任务。全年，上海市累计安排到位财政援助资金39308.6万元，项目198个，截至年末，累计已使用财政援助资金37865.71万元，占上海援助资金数的96.33。完成农村劳动力省内就近就业5255人，省外其他地区1884人，上海就业645人；引进东部企业投资17家，到位资金1.75亿元；完成扶贫产品销售9900万元。定点帮扶方面，9家中央单位对口帮扶9个脱贫县，29家省级单位定点帮扶11个脱贫县，州级挂包单位160家，结对帮扶12个县市155个脱贫村（社区）。中央单位派驻干部22名，落实工作经费38万元，开展调研33次，实施帮扶项目85个，帮扶资金6268.75万元，帮扶惠及人口286017

左图：南涧县米家禄移民新村风貌；右图：宾川县脱贫攻坚户档入库工作现场　（南涧县志办、宾川县志办　提供）

2021年大理州各级财政专项扶贫资金分县统计表

表57　　单位：万元

州(市)、县(区)	总计	中央资金小计				省级资金小计	州级资金小计	县级资金小计
		扶贫发展	少数民族	以工代赈	国有贫困林场			
州本级	520.00	0.00	0.00			199.00	321.00	
大理市	6150.90	1799.00	400.00			1383.00	241.00	2327.90
漾濞县	7994.00	3747.00	900.00	500.00		1877.00	970.00	
祥云县	7352.00	4093.00	500.00	500.00	76.00	806.00	377.00	1000.00
宾川县	6743.00	4139.00	600.00	500.00	137.00	941.00	426.00	
弥渡县	17602.00	12224.00	500.00	700.00	55.00	2726.00	493.00	904.00
南涧县	16443.07	11865.00	800.00			3223.00	454.00	101.07
巍山县	9574.00	6807.00	800.00	500.00		1042.00	425.00	
永平县	9593.00	5998.00	700.00	480.00		1870.00	435.00	110.00
云龙县	14583.95	10473.00	700.00		81.00	2539.00	758.00	32.95
洱源县	8024.00	5775.00	600.00		74.00	605.00	970.00	
剑川县	14416.00	9568.00	625.00	1090.00		2694.00	439.00	
鹤庆县	8620.17	5304.00	700.00			1334.00	602.00	680.17
合计	127616.09	81792.00	7825.00	4270.00	423.00	21239.00	6911.00	5156.09

（州乡村振兴局　提供）

人，开展消费帮扶4878万元。动员全州408家民营企业帮扶12个县市582个村巩固脱贫成果。②易地扶贫搬迁后续帮扶。安置点新设立社区2个、选举楼栋长28个、村（居）民小组59个，有900多名党员，设有2个党总支、65个党支部，选齐配强各类组织负责人。储备申报符合规定的项目32个47.52亿元，至12月州农发行支持后续扶持项目6个，授信贷款额度4.2亿元，放贷2.76亿元；安排易地扶贫搬迁后续产业发展项目165个，项目资金5.21亿元（含2021年农发行信贷2.7亿元），支持搬迁户发展种植养殖业、高原特色农业、林下中药材、光伏发电等，覆盖全州易地扶贫搬迁人口。组织易地扶贫搬迁建档立卡户就业培训407期15047人次，有劳动能力的11590人实现全就业（含公益性岗位1878人），无零就业家庭。③金融帮扶。认真贯彻落实党中央、国务院关于巩固拓展脱贫攻坚成果同乡村振兴有效衔接的决策部署，用足用好政策，对具备发展产业条件的农户继续开展扶贫小额信贷扶持，做到应贷尽贷。至11月30日，全州筹集风险补偿金2.42亿元，发放小额信贷29130笔13.4亿元，其中28527户脱贫户获贷13.12亿元、603户边缘易致贫户获贷2800万元。持续开展防止返贫致贫保险工作，防贫保险实施以来，全州累计投保221486户（次），累计投入保费3335.23万元，累计理赔3506人次，赔付2273.59万元，为农村临贫易贫群众筑起了一道“防贫堤”。

【重点帮扶县资金倾斜】 2021年，云龙、剑川、永平、南涧、巍山、洱源、弥渡7个县被确定为省级乡村振兴重点帮扶县，7个县巩固拓展脱贫攻坚成果同乡村振兴有效衔接规划基本形成。州级分别给予弥渡县493万元、南涧县454万元、巍山县425万元、永平县435万元、云龙县758万元、洱源县970万元、剑川县439万元衔接资金倾斜支持。确定云龙县为过渡期定点观测县，诺邓镇龙飞村、检槽乡哨上村、宝丰乡东山村、功果桥镇新山村、关坪乡高明村、漕涧镇鹿山村6个村为定点观测村，为过渡期巩固拓展脱贫攻坚成果提供数据支撑，为防止规模性返贫、推进实施乡村振兴提供决策参考。

【乡村振兴示范】 2021年，大理州6个州级试点村（镇）入选全国乡村振兴典型案例。其中，大理市双廊镇双廊村被确定为2021年中国美丽休闲乡村，宾川县拉乌乡箐门口村、云龙县诺邓镇天池村被认定为第二批全国乡村治理示范村镇。初步探索总结形成大理市古生村“活化乡愁”、漾濞县鸡茨坪村“五五模式”、洱源县佛堂村“农文旅融合”等经验做法。围绕打造“世界级田园综合体、国家级乡村振兴示范园”“中国最美乡愁带”等创建目标，高起点规划、高标准建设大理洱海海西国家级乡村振兴示范园，至12月完成投资56.31亿元。依托省级实施乡村振兴“百千万”示范工程，加快推进乡村振兴“十百千”示范工程，全州有9个村被评定为省级美丽村庄、11个村被评定为州级美丽村庄、62个村被评定为县级美丽村庄。深入开展“干部规划家乡”行动，实施“多规合一”村庄规划编制试点。开展乡愁研究与实践，筹建成立大理乡愁研究院，举办“2021乡愁中国·大理论坛”，为乡愁文化理论研究和实践转化搭建有效平台。

【产业基地与品牌创建】 2021年，大理州着力打造世界一流“绿色食品牌”示范区，有计划、有步骤推进示范区建设。全州累计认定“三品一标”698个，认定“绿色食品牌”产业基地112个，6个产品获评2021年云南省“10大名品”，2户企业获评2021年云南省绿色食品“10强企业”，1户企业获评2021年云南省绿色食品“20佳创新企业”。充分发挥畜牧业资源优势，制定出台《大理州人民政府关于推进乳业高质量发展的意见》，重点打造一批标准化奶牛养殖场、5个万头牧场，全州畜牧业总产值为262.78亿元。结合“大理之问”大讨论活动，破解乡村振兴“产业之问”，组织开展全州12个优势农业产业“一产一策”调研，精准研究制定产业发展政策，全力推进核桃、蔬菜（含食用菌）、水果、中药材、乳业及肉牛、生猪等优势特色产业提质增效、转型升级、全产业链发展。实施“一二三”行动，宾川县、漾濞县列入2021年度省“一县一业”示范县，弥渡县、巍山县列入特色县，培育认定全国“一村一品”示范村7个、示范乡镇4个、2021年“全国乡村特色产业十亿元镇”1个，145个村、7个乡镇申报纳入云南省“一村一品”专业村镇目录，累计培育认定州级以上农业产业化重点龙头企业280户、农民合作社6422个、家庭农场10806个，新培育高素质农民2851人。抓住种子、电商两个关键端，拓展农村消费渠道，建成1个州级电商产业园、1个州级电商“云仓”，加强农业种质资源保护开发与利用。加快推进农业设施化、有机化、数字化发展，加大力度实施水肥一体化、高效节水灌溉、数控大棚及冷链等设施农业建设，完成农产品产地冷藏保鲜设施项目共15个实施主体、49个设施建设，新增库容20894吨，乡村旅游、休闲农业等发展迅速，重点打造漾濞核桃加工园，助推核桃精深加工与观光休闲农业有机融合，建成2个省级数字农业示范基地。

【生态宜居乡村建设】 2021年，全州1151个建制村全部通客车，农村供水保障水平稳步提升，自然村通宽带率、4G信号覆盖率大幅提高，超过一半的乡镇已开通5G信号。建成村（社区）综合文化服务中心1158个，覆盖率为100%。开展紧密型县域医共体建设，基本医疗参保率为95%以上。稳步推进农村“厕所革命”，完成改建农村卫生户厕41029座，乡（镇）镇区生活垃圾处理设施覆盖率为80.61%、村庄生活垃圾处理设施覆盖率为72.05%，行政村生活污水治理率为37.09%、行政村生活污水收集处理率为17.12%。所有乡镇均建立落实农村人居环境整治成效“红黑榜”制度。巩固洱海流域“三禁四推”成果，积极引导、有序推进大理市海西片区农村土地经营权流转，落实洱海流域绿色有机种植奖补等政策措施，推动洱海流域逐步实现绿色有机化种植。实施受污染耕地安全利用，全面完成安全利用类、严格利用类管控任务。深化农业农村改革，巩固和完善农村基本经营制度。建立完善宅基地联审联批联管机制，稳步推进大理市国家级农村宅基地制度改革试点工作，完成农村集体产权制度改革工作阶段性目标任务。

【乡风文明建设】 2021年，大理州广泛开展中国特色社会主义和中国梦宣传教育，深入开展“听党话、感党恩、跟党走”宣讲活动、“永远跟党走”群众性主题宣传教育活动，加强爱国主义、集体主义、社会主义教育。深化农村群众性精神文明创建，全州县级以上文明村占比为67.99%，县级以上文明乡镇占比为66.97%。推进农村移风易俗，深入开展婚育新风专项行动，推进殡葬改革，健全乡村红白理事会，将喜事新办、丧事简办、厚养薄葬等纳入村规民约。

【乡村振兴治理】 2021年，全州全面提升基层党组织组织力，出台《大理州巩固抓党建促脱贫攻坚成果接续推进抓党建促乡村振兴促乡村治理工作的实施方案》，着力健全农村基层党的组织体系、制度体系、工作机制。推进“双整百千”四级联创，推动农村基层党建全面进步全面过硬。深入开展“我为群众办实事”活动，以基层三级书记楼宇院坝协商，共谋共商发展良策。开展扶持壮大村级集体经济三年行动计划，实施扶持壮大村级集体经济项目282个，探索“党支部+合作社+农户”模式，持续增强村级集体经济实力，村级集体经营性收入5万元以上的行政村占比为95.4%。强化干部队伍建设和人才支撑，抓实县乡村干部队伍建设，全面完成12个县市党委、109个乡镇党委和1157个村（社区）换届选举。健全乡村人才工作体制机制，探索聘用“名誉村长”、大力开展人才培训等内培外引、能人治村新路径。深入实施苍洱人才“霞光计划”，培养盘活用好本土人才，推动专业人才精准服务乡村产业。深化村民自治实践推进乡村平安建设，持续完善平安乡村建设工作机制，打造“综治中心+网格化+信息化+N”的智慧化农村社会治安防控体系，全州群众安全感满意度为95.58%。

【乡村振兴培训与经验分享】 2021年，大理州举办了年度乡村振兴干

2021年，大理州结合农业产业发展，大力推进生态宜居乡村建设，让农村成为农民安居乐业的美好家园。图为巍山县玫瑰花种植基地采收场景
（巍山县志办　提供）

部专题示范培训班，邀请国内、省内专家教授为全州7000余名乡村振兴干部开展8场专题辅导。举办首届“2021乡愁中国·大理论坛”。编写《大理州脱贫攻坚大事记》《大理州纪录小康工程》。国务院扶贫办《扶贫信息》2021年第2期以《云南“四个接续”巩固脱贫成果同乡村振兴有效衔接》标题，较大篇幅介绍大理州做法，《云南大理“第一时间”应对地震灾情守住脱贫攻坚成果》在国家乡村振兴局简报刊登，双廊人才振兴、巍山肉牛等一批典型经验在“学习强国”平台刊登，宾川县新庄村入选全国100个旅游扶贫典型案例。深化“自强、诚信、感恩”教育活动，深入开展扶志扶智行动，持续增强群众内生动力。通过学习培训、宣传教育、实践锻炼等，全州干部群众发扬脱贫攻坚精神，推动巩固拓展脱贫攻坚成果同乡村振兴有效衔接。
（州乡村振兴局、州农业农村局供稿）

新型农民

【概况】 2021年是乡村振兴战略元年，是推进农民教育培训高质量发展的关键之年。年内，大理州围绕实施乡村振兴战略，坚持“需求导向、产业主线、分层实施、全程培育”原则，技能培训、学历教育协同、提升能力与延伸服务衔接，统筹推进新型农业经营主体和服务主体能力提升、种养加能手技能培训、农村创新创业者培养、乡村治理及社会事业发展带头人培育和农村实用人才带头人示范培训等行动，培养适应产业发展、乡村建设急需的高素质农民队伍，为乡村振兴提供有力的人才支撑。全年共投入高素质农民培育项目资金817万元，开展培训48期2851人，完成省下达培训计划的104.1%，学员对培训班的评价率为95.4%，满意率为99.75%，均超过评价率、满意率不低于85%的工作要求。年内，在《大理日报》发表《大理州继续实施高素质农民培育工程》《我州创新开展“基层党建+农民培训”助力春耕生产》，在中国农村远程教育网发表《学党史守初心奋力推进高素质农民培育提质增效》《大理州农广校举办红雪梨产业培育专场培训》《大理州两名“土专家”入选全国共享师资库》等信息31篇。

上图：8月5日，大理州烤烟+青贮玉米生态种植培训会现场；下图：7月20日，漾濞县漾江镇“大理州特色中药材绿色提质增效技术模式推广应用项目”丹参栽培技术培训现场
（州农科院　提供）

【高素质农民培育】 2021年，大理州组织省内专家、多种途径培育高素质、高技术农民。①培育政策和方案制定。结合《大理州委组织部大理州农业农村局关于举办大理州2021年高素质农民乡村振兴带头人培训班的通知》《大理州财政局、大理州农业农村局关于提前下达2021年中央农业相关转移支付资金的通知》，制定《大理州2021年高素质农民培育工作实施方案》，印发《高素质农民培育规范》《高素质农民培育工作绩效管理指标体系（2021年）》等文件，明确全年目标任务。落实督促指导职能职责，督促各项目县抓好高素质农民培育项目的实施，要求对标对表，确保粮食安全党政同责考核任务完成。年内，农民培训效果明显，州农广校学员刘湘林被评为全国农民教育培训“保供先锋”扶贫先锋；永平县遴选了马演光、马彪龙、李雄辉、曹俊秋等一批典型学员代表，并将这部分学员的生产经营场所作为整个培训班学员的现场教学点，让学员变身老师讲解农业生产和经营管理中的经验，发挥示范带动作用，引领参训学员转变观念，做到学以致用；马演光、铁余斌、苏包顺3人被推荐评选第九届“云南青年创业省长奖”。②冬春农民大培训。大理州为推进农民教育培训高质量发展，发挥农民培训在保障粮食和重要农副产品有效供给中的重要作用，组织开展以“强技术、稳生产、促保供”为主题的冬春农民大培

2021年大理州新型职业农民培育情况表

表58

项目	培育人数（人）					综合满意率	综合评价率		
	任务总数	已完成任务合计	其中						
			经营管理型	专业生产型	技能服务型	满意率	评价人数（人）	班级总人数（人）	评价率
合计	2740	2851	1493	589	769	99.75%	2719	2851	95.40%
大理州	60	603	151	108	344	99.50%	559	603	92.70%
大理市	0	0	0	0	0	0	0	0	0
漾濞县	200	214	120	0	94	99.87%	205	214	95.80%
祥云县	260	206		206	0	99.85%	190	206	92.20%
宾川县	260	270	190	80	0	99.60%	256	270	94.80%
弥渡县	260	274	274	0	0	99.65%	271	274	98.90%
南涧县	260	264	57	0	207	99.87%	255	264	96.60%
巍山县	260	262	138	88	36	99.73%	245	262	93.50%
永平县	260	262	210	0	52	100.00%	258	262	98.50%
云龙县	200	0	0	0	0	0	0	0	0
洱源县	200	200	200	0	0	99.93%	184	200	92.00%
剑川县	260	0	0	0	0	0	0	0	0
鹤庆县	260	296	153	107	36	99.80%	296	296	100.00%

（州农业农村局　提供）

训，培训农民近3.42万多人次，发放各类宣传资料6.2万多份，举办培训班295期（其中线上培训班8期），投入培训资金38.58万元。③电商专场培训。5月26—27日，大理州组织马鞍山乡红雪梨合作社、种植大户、电商带头人等42人开展红雪梨产业培育专场培训活动。通过开展农产品电商销售业务实操、案例分享等方面知识培训，拓展红雪梨销售渠道、助力红雪梨产业转型升级，探索农村电商助农增收渠道。

【农业技术培训】 2021年，大理州对全州农技人员、新型农业经营主体和广大农户开展各类科技种植、养殖培训和技术指导。①绿色有机种植技术培训。在大理、洱源、鹤庆等县市开展水稻绿色生态种植技术，高海拔粳稻抗御水稻低温冷害高产稳产优质高效栽培技术等培训5场次，参训人员270人，发放培训资料510多份，开展田间技术指导5次。在洱源县开展蚕豆绿色优质高效栽培技术培训4次，培训技术人员50人次，培训农民378人次，发放技术资料800多份。在大理市、祥云县开展玉米绿色种植技术培训2场次，培训技术人员5人次，培训农民70人次，发放技术资料200多份。在鹤庆、巍山、云龙、永平、洱源等示范县开展大麦核桃林下植技术、大麦旋耕浅旋耕轻简高效绿色栽培技术、大麦青饲干贮饲料生产技术培训7场次，培训技术人员50人次，培训农民520人次，发放技术资料1200多份。在大理和洱源开展马铃薯绿色高产高效栽培技术培训9场次，培训248人次，田间技术指导8次，指导42人次；组织3个产业服务指导组开展经济作物培训23场次，田间示范指导36场次，参训人员1156人次，发放科技资料2000余份。开展农作物病虫害绿色防控与统防统治技术培训5期393人次。②畜禽养殖技术培训指导。依托专家服务团、“三区”人才专项工作开展畜禽养殖技术指导，提供畜禽疾病防治、动物卫生监管要求、生猪（母猪、仔猪、育肥猪）养殖技术培训3期，培训183人，挂钩服务农户销售商品猪1300头，实现产值3260万元。开展奶牛养殖培训班4期，培训学员182人。党员干部带头组建3个专家服务团，在云龙、弥渡、宾川的4个乡镇开展技术服务指导，从养殖决策咨询、技术攻关、产业链打造等方面为当地畜牧业发展出思路、作规划。7名技术骨干人加入“我为群众办实事”“红色+”系列活动等3个实施项目中，到漾濞、南涧、云龙3个县开展种猪繁育基地灾后重建、无量山乌骨鸡、生猪、肉牛养殖、诺邓黑猪生态养殖技术指导服务。③水产养殖技术培训。分别在巍山、弥渡、南涧、洱源、剑川、永平、大理等县（市）举办冬春渔业科技现场培训班9场次，培训380多人次。发放科技宣传资料《津新鲤2号健康养殖技术》《水产品质量安全告知书》《水产养殖中禁用药简介》《水产养殖用药明白纸2020纸1、2号》《池塘养殖》《大理州健康养殖技术规程》《渔民须知的法律法规》《新品种养殖简介》等技术资料3000多份，提高渔民的科技素质。

【农机技术推广和知识产权保护】 2021年，大理州各级农机部门坚持以国家强农惠农政策为指导，送科技、送服务上门，大力推广先进、适用的新型农机具，加强农机技术推广和知识产权保护工作。通过引进示范、现场观摩，让广大农民零距离体验新型农机带来的快捷、便利，了解农业机械作业优势。通过加快农业机械推广普及，不断推进全州主要作物生产全程机械化的进程，促进农业生产高质高效，为全面实现乡村振兴提供源源不断的动力。结合知识产权宣传周、春季种子专项执法行动、科技下乡等工作，通过“三农通”手机短信平台、执法检查、现场咨询服务等方式加强宣传，增强全社会的农业知识产权保护意识。

（州农业农村局供稿）

工 业

Industry

◈ 责任编校 杨 虓

◈ 乡愁大理·黑白记忆 ◈ 1985年洱海新造游船下水场景

综　述

【概况】 2021年，大理州紧盯“高开”“稳走”目标精准施策，采取稳产留工、精准调度、清单管理等系列措施，聚焦停产和半停产企业逐一细化帮扶措施，抓好停产企业恢复生产。1—12月，全州工业生产平稳，规模以上工业增加值增速累计增长4.2%，全州完成工业投资62.23亿元，同比增长0.7%，在全省16个州市中排第9位，比上年排名进步4位。全州加快实施开发区优化提升，保留国家级经济开发区1个、省级开发区4个，8个开发区完成机构撤并及人员分流工作。高位推进集中建园建设，重点围绕矿冶建材、先进装备制造、现代物流3个产业打造集群，将工艺流程、生产、经营、管理与信息技术相融合，促进企业生产经营管理水平全面提升。8户企业实施两化融合贯标工作，4户获国家级两化融合管理体系贯标认定证书。全州建成移动通信基站（物理）27963个，行政村、学校、卫生室通光纤网络率、4G网络覆盖率为100%。全州手机用户为378万户，建成光纤到户接入模式端口251.5万个，互联网宽带接入用户118.3万户、互联网电视接入用户84.3万户，物联网终端接入38.7万户。民营经济活力激发，优选95户企业申报国家级和省级专精特新“小巨人”“成长型”企业，争取国家和省重点支持。全州民营经济完成增加值790亿元，同比增长7.3%，民营经济占GDP比重为48.4%，增加值拉动全州GDP增长3.5个百分点，对GDP的贡献率为50.3%；非公经济企业户数有26.39万户；非公经济上缴税金15.85亿元，同比下降47.31%。绿色转型推向深入，以打造“绿色能源牌”“绿色食品牌”为导向，重点实施祥云有色金属循环、漾濞钢铁冶炼、水泥建材布局优化、鹤庆水电铝材加工产业培育发展，推动制造业持续健康发展。围绕“光伏＋新能源”方向策划谋划先进制造业项目，开展新能源企业以商招商、产业链招商和“一把手”外出招商，与100余户企业洽谈合作，一批高质量、大体量、高效益的项目加快签约落地。

1月22日，云南省农产品加工业暨食品工业“十四五”产业发展研讨会在大理召开　　（州工信局　提供）

【工业经济运行情况】 2021年，大理州工业企业完成工业增加值316.7亿元，可比价增长3.8%，占全州GDP的比重为19.40%。全州261户规模以上工业企业完成工业总产值同比增长14.4%；实现增加值可比价（以下简称可比）增长4.2%。261户规上企业基本情况如下：①发展情况。全州有31个工业行业门类（同比减少2类）。按三大门类和行业分类，采矿业有17户，制造业215户，电力、燃气及水的生产和供应业29户；先进装备制造业规模以上工业企业（简称先进装备制造业，以下类同）12户，完成工业产值（以下简称产值）33.6亿元，同比增长51.4%，可比增长2.7%，拉动全州增速0.03个百分点；矿冶建材业74户，产值298.1亿元，同比增长15.2%；可比下降0.2%，拖累全州增速0.06个百分点；食品与消费品制造业119户，产值159.1亿元，同比增长22.8%；可比增长22.4%，拉动全州增速2.31个百分点；医药制造业7户，产值7.8亿元，同比增长12.03%，可比增长12.9%，拉动全州增速0.11个百分点；电力生产和供应业26户，产值156.8亿元，同比增长5.2%；可比增长4.2%，拉动规模以上工业增加值增长1.46个百分点；烟草制品业产值61.3亿元，同比增长4.6%；可比增长4.3%，拉动全州增速0.91个百分点。按照产值规模分类，产值超1亿元企业有94户；其中产值5亿至10亿元13户，产值10亿至100亿元14户。②财务指标。资产总计1496.2亿元，同比增长2.4%；完成营业收入660.7亿元，同比增长15.8%；实现利税总额132.9亿元，同比增长16.2%；实现利润总额72.1亿元，同比增长21.3%；用工34505人，同比下降5.2%。至12月，亏损企业46户，亏损率17.6%，亏损额6.67亿元，同比增长37.9%。③县（市）分布情况。大理市55户，同比减少15户，完成规模以上工业产值（以下简称“产值”）同比增长9.8%，可比增长5.6%；漾濞县25户，同比增加7户，产值同比下降6.5%，可比下降19.5%；祥云县45户，同比增加4户，产值同比增长9%，可比下降6%；宾川县26户，同比减少3户，产值同比增长6.7%，可比增长5.5%；弥渡县14户，同比减少4户，产值同比下降8.8%，可比增长21%；南涧县16户，同比减少1户，产值同比增长56.6%，可比增长16.7%；巍山县20户，同比增加1户，产值同比增长69.9%，可比增长9.9%；永平县10户，与上年持平，产值同比增长21.5%，可比增长9.5%；云龙县6户，同比增加1户，产值同比增长21.3%，可比增长6.6%；洱源县14户，同比减少2户，产值同比增长5.3%，可比增长4.5%；剑川县15户，同比增加1户，产值同比下降9%，可比增长2.4%；鹤庆县14户，同比增加3户，产值同比增长30.8%，可比增长9.3%。

【工业项目建设】 2021年，大理州围绕构建445千百亿级现代产业体系，聚焦绿色食品、新材料、生物医药等重点产业，推动传统产业优化升级。①州级项目。年内计划实施重大工业发展项目50个，其中计划新开工项目25个，续建项目25个。至12月，50个重大工业发展项目完成入库37个，入库率74%，完成能源以外投资22.7亿元，完成年度计划投资的53.2%，22个项目建成或部分生产线投产。25个新开工项目中，17个项目在年内实现开工。②省级项目。年内列入省工信厅确定的3个100云南省工业转型升级重点项目15个，其中新开工项目7个，续建项目2个，竣工项目6个，15个工业转型升级重点项目总投资69.1亿元，年内计划投资16.8亿元。截至年末，13个项目实现入库，入库率86.7%，年内完成投资11.7亿元，完成年度计划投资的69.6%。7个新开工项目中，6个启动建设，开工率85.7%，2个项目在年内完成全部建设；2个续建项目均已投产或建成部分生产线；6个竣工项目中，4个项目已按计划完成项目全部建设，2个项目正在推进。

【产业政策】2021年，大理州围绕"中国制造2025"，发挥水电、风电、光伏资源丰富等绿色能源优势，重点实施祥云有色金属循环、漾濞钢铁冶炼、水泥建材布局优化、鹤庆水电铝材加工产业培育发展，推动制造业持续健康增长。全州先进装备制造产业因力帆公司资金链断裂，企业停产，行业发展受严重影响；溢鑫铝业二期、其亚金属一期、滇西水泥宾川新厂、祥云建云水泥一期、华润(弥渡)公司二线相继投产，全州矿冶建材产业快速增长。全年先进装备制造产业完成产值32亿元，同比增长210.9%，实现工业增加值2.4亿元，同比增长103.9%。矿冶建材产业完成产值298亿元，同比增长15.2%，实现工业增加值66亿元，同比下降0.2%。

【行业管理】2021年，大理州根据国家政策调整，用新的政策标准开展行业管理。①食品安全管理。推进实施食品工业诚信管理体系国家标准、开展相关培训工作，组织重点食品企业参加省级培训；按时完成州政府食品安全委员会安排的各项工作。②食盐市场准入监管。落实国家和省州关于盐业体制改革有关政策，负责盐业行业管理职能，协调并指导大理州盐业分公司和各县(市)盐业主管部门逐步处理2016年盐改政策实施以来查

2021年大理州规模以上工业行业完成总产值前10位一览表

表59 单位：万元

序号	行业详细名称	完成工业总产值	占规模以上工业总产值比例%	增幅(%)
1	有色金属冶炼和压延加工业	1660474	22.5	21.6
2	电力、热力生产和供应业	1567929	21.3	5.2
3	农副食品加工业	807901	11.0	31.1
4	非金属矿物制品业	755681	10.3	8.2
5	烟草制品业	612599	8.3	4.6
6	食品制造业	385125	5.2	12.0
7	通用设备制造业	275006	3.7	401.5
8	酒、饮料和精制茶制造业	240190	3.3	54.5
9	废弃资源综合利用业	214010	2.9	46.3
10	有色金属矿采选业	152160	2.1	14.2

2021年大理州规模以上工业行业完成营业务收入总额前10位一览表

表60 单位：万元

序号	行业详细名称	完成的营业务收入	占规模以上全部营业务收入比例%	增幅(%)
1	电力、热力生产和供应业	1527367	20.0	2.7
2	有色金属冶炼和压延加工业	1252721	16.4	36.9
3	酒、饮料和精制茶制造业	982645	12.8	17.7
4	农副食品加工业	727410	9.5	41.6
5	非金属矿物制品业	709309	9.3	5.5
6	烟草制品业	681146	8.9	8.1
7	废弃资源综合利用业	494457	6.5	34.1
8	食品制造业	399163	5.2	10.8
9	金属制品业	202369	2.6	83.1
10	化学原料和化学制品制造业	144740	1.9	15.7

2021年大理州规模以上工业行业利润总额前10位一览表

表61 单位：万元

序号	行业详细名称	利润总额	占规模以上全部利润比例%	增幅(%)
1	电力、热力生产和供应业	286780	32.8	5.7
2	有色金属冶炼和压延加工业	229849	26.3	38.2
3	酒、饮料和精制茶制造业	155757	17.8	151.8
4	烟草制品业	84735	9.7	26.5
5	非金属矿物制品业	80803	9.2	-37.1
6	食品制造业	27456	3.1	7.7
7	农副食品加工业	25030	2.9	42.8
8	印刷和记录媒介复制业	4852	0.6	-0.4
9	化学原料和化学制品制造业	4275	0.5	62
10	黑色金属矿采选业	2435	0.3	-50.4

2021年大理州规模以上工业行业利税总额前10位一览表

表62 单位：万元

序号	行业详细名称	利税总额	占规模以上全部利税比例(%)	增幅(%)
1	烟草制品业	478903	31.0	7.9
2	电力、热力生产和供应业	397756	25.7	3.1
3	有色金属冶炼和压延加工业	258676	16.7	54.1
4	酒、饮料和精制茶制造业	214663	13.9	97.3
5	非金属矿物制品业	111269	7.2	-29.2
6	食品制造业	37052	2.4	7.9
7	农副食品加工业	27102	1.8	41.4
8	废弃资源综合利用业	7296	0.5	-169.8
9	印刷和记录媒介复制业	6948	0.4	2.3
10	化学原料和化学制品制造业	6870	0.4	48.8

(州工信局 提供)

2021年大理州重大工业项目建设情况表

表63　　　　单位：万元

企业名称	项目所在地	项目类型	项目名称、主要建设内容及规模	建设期	总投资	2021年计划完成投资	项目累计完成入库投资	年内完成入库投资	项目形象进度
云南其亚金属有限公司	鹤庆县兴鹤工业园区	续建	绿色低碳水电铝加工一体化项目350kt/a电解铝及配套400kt/a炭素工程：占地2100亩，工程采用国际领先的SYS500预焙阳极电解槽技术和先进铝加工技术，建设综合仓库（含氧化铝储运）、阳极煅烧车间、生阳极车间、残极处理车间等，并实施智能车间建设，实现电铝生产数据信息化、生产管理科学化，形成年产35万吨电解铝配套40万吨炭素的生产能力	2019年4月至2021年6月	387900	50000	218187	48826	项目于2019年4月开工建设，年内完成全部一段、二段208台电解槽（28.4万吨）和三段48台电解槽（6.6万吨）的建设

（州工信局　提供）

处的各类涉嫌盐业经营违法行为案件，加强盐业行业管理；通过专项检查，打击涉嫌违法违规活动，保障大理州食盐市场相对稳定和人民群众的食用安全。③纺织、塑料行业摸底调查。针对大理州纺织、塑料行业萎缩实际，研究存在问题，提出新的发展方向及措施。④民爆行业安全管理。强化组织领导，健全安全管理责任制，加大安全检查，督促企业整改；除例行常规检查外，开展4次安全专项检查，及时发现隐患并整改，保障行业平稳安全发展。

【发展规划与技术创新】 2021年，大理州编制了《大理州工业和信息化发展“十四五”规划》《大理州“十四五”先进制造业专项规划》《大理州“十四五”新材料产业发展规划》《大理州“十四五”生物医药产业发展规划》。强化企业创新主体地位，促进各类创新要素向企业集聚。年内，1家企业技术中心被认定为省级企业技术中心，2家被认定为州级企业技术中心。全面推进企业数字化、网络化、智能化升级改造，推动制造业高端化智能化绿色化发展。年内，1家企业被认定为省智能制造标杆企业，3个企业项目被列入省级三化改造示范项目，一个经验被列为云南省工业质量标杆，1个项目被列为云南省2021年工业质量品牌提升重点项目，1个项目被列入云南省2021年产业基础和产业链提升重点创新项目。

【企业服务体系建设】 2021年，大理州完善企业服务体系，帮助州内中小微企业减轻负担、克服困难、应对疫情常态化防控。①缓解企业融资困难。年内，州政府印发《大理州中小微企业贷款风险补偿工作实施方案》，完善企业贷款风险补偿机制，并整合原有贷款风险补偿资金，将资金池规模扩大至2900万元，全年有124户企业纳入风险补偿资金管理企业名单；举办银企融资对接会，向各金融机构推荐，帮助企业拓展金融资源，缓解企业融资困难。②为企业纾困解难。州委、州政府综合提出“应急保障、扩能增效、瘦身重组”三步走的纾困帮扶路子；帮助企业盘活存量资产、化解债务危机；探索开展“供应链合作”模式，创新帮扶，由州属国有平台公司出资为企业代购原材料、代销产品，帮助企业稳定生产；协调州属国有平台公司以委托贷款、直接借款等方式，帮助企业做好应急转贷工作、防范资金链断裂风险；聚焦企业盈利产品产能释放的卡脖子环节，帮助企业通过以技改降本增效，恢复提升企业“造血功能”。

【能源以外工业投资】 2021年，全州完成能源以外工业投资38.8亿元，同比下降23.0%，增速在全省16个州市中排第12位，同比在全省排名进步4位，12个县（市）能源以外工业投资情况为：大理市完成9.7亿元，增长15.9%；漾濞县完成4.3亿元，增长57.8%；祥云县完成6.7亿元，下降20.9%；宾川县完成1.5亿元，下降66.2%；弥渡县完成1.5亿元，下降37.6%；南涧县完成1亿元，下降7%；巍山县完成0.3亿元，下降59.3%；永平县完成1.7亿元，增长54%；云龙县完成0.1亿元，下降53%；洱源县完成0.9亿元，下降53.1%；剑川县完成2.6亿元，下降34%；鹤庆县完成8.6亿元，下降42.7%。占比情况：大理市占全州能源以外工业投资的24.9%，鹤庆占比22.1%，祥云占比17.3%，漾濞占比11.0%，剑川占比6.6%，永平占比4.3%，其余6个县合计占比13.8%。

轻工业

【概况】 2021年，全州把稳增长摆在首要位置，做好“六稳”“六保”工作，保障抗疫物资供应，及时开展复工复产，推进工业恢复常态化发展；推进供给侧结构性改革，抓实重点产业培育和园区转型升级工作，通过抓好做大龙头企业、紧盯项目建设和打造产业品牌等工作的推进，遏制轻工业经济增长下滑的势头，取得实际成效。全州轻工行业（烟草除外）有规模以上企业128户，完成主营业务收入233亿元，同比增长20.42%；实现利润总额19.04亿元，同比增长96.29%；实现税金7.91亿元，同比增长20.63%；平均用工13289人，同比下降10.42%。

【非烟食品工业】 2021年，大理州非烟食品工业因新冠疫情带来市场普遍疲软，生产要素保障不畅通，成本升高，企业资金困难，出口形势继续恶化，企业经营困难问题依然存在。全年食品工业完成主营业务收入210.92亿元，同比增长24.73%。规模以上非烟食品生产行业中，精制茶、饲料生产、乳制品、饮料酒、啤酒、饮料、纺织继续保持增长势头。全年生产乳制品40.48万吨，同比增长16.86%，生产饲料10.62万吨，同比增长15.31%，生产饮料酒30.58万千升，同比增长40.73%，生产啤酒30.43万千升，同比增长40.81%，生产精制茶1.91万吨，同比增长

678.09%，生产饮料25.24万吨，同比增长17.12%，生产中成药1256.88吨，同比增长26.94%。

【医药制造业】 2021年，大理州医药制造业增长动力减弱，整体进入调整期，行业生产从高速增长转向中、低速增长，全年为负增长。大理州继续支持重点企业做大做强，开发新产品、形成新优势。开展招商引资，与上海医药集团达成在大理州建立生物医药研究院、建设珍稀药用动植物种植养殖基地以及建设药材加工、销售项目等意向性协议。完成云白药清逸堂公司技改项目及整厂搬迁，助力获得"云南省知识产权优势企业"称号，促进大理州医用物资生产能力的提升。全州规模以上医药企业7户完成主营业务收入5.59亿元，同比下降8.59%；实现利润总额700万元，同比下降64.47%；完成税金总额3500万元，同比下降2.78%；平均从业人员960人，同比大体持平。

【乳制品行业】 2021年，大理州乳制品质量、数量、品种以及奶源基地建设都有较大的发展和提高，全州乳牛养殖、乳品加工、销售、出口均居云南省首位；在省内市场的占有率为65%以上。欧亚、来思尔2个产品品牌成为云南省最著名的乳品品牌。全年生产乳制品40.48万吨（其中液体乳40.24万吨），同比增长16.86%。

【盐务管理】 2021年，大理州贯彻落实国务院《食盐专营办法》，在推进盐业监管体制改革的基础上，州级各部门和县（市）认真履行盐业监管领域职能职责，完善盐业监管行政权力责任清单和"双随机、一公开"盐业监管抽查事项及对象清单，做到与省级一一对应。制定年度抽查检查执法工作计划，对大理州辖区内4户食盐定点企业开展行业监管检查，公开检查结果。4户食盐定点企业均在国家规定的范围内经营食盐批发（生产）业务，食盐来源渠道正规合法，生产批发的食盐质量均有质量检验报告，碘含量达到云南缺碘地区规定的标准，管理制度健全规范，采购销售记录保存完整，各种证照齐全。监管检查结束后，及时按规定时限录入"互联网+监管"平台和"云南省信用体系一体化平台"，有序完成盐业监管年度工作任务。开展盐业法规宣传，增强广大群众识盐用盐的法规意识，确保食用盐安全。

【云南欧亚乳业有限公司】 截至2021年，云南欧亚乳业有限公司已建成4个现代化乳品加工厂，乳品年设计产能为50万吨，单品种类100余种，销售范围覆盖全省，辐射全国绝大部分省市。自主研发的"欧亚"系列乳制品包含灭菌乳、调制乳、发酵乳、乳饮料等多个系列100余种单品，连续4年获得云南省绿色食品"10强企业"、农业产业化国家重点龙头企业、高新技术企业等100余项荣誉和资质认定，"欧亚"商标被认定为中国驰名商标，产品被评为云南名牌产品。全年乳品年产量为25万吨，上缴税金近亿元，销售额及税金增速均超过20%，乳品产能、产值、销售额、税收贡献等指标在省内同行业中排名前列。年内，公司主要推进提产扩能和优质奶源基地重大项目建设。其中，鹤庆县乳及乳制品精深加工（四期工厂建设）项目总投资3.5亿元，项目占地7.87公顷，年内竣工投产；项目提升公司乳品产能、综合竞争力，增强公司对滇西地区的辐射带动能力。云南省高原娟珊奶牛育种创新项目于2020年8月立项，重点以创建高原娟珊奶牛、荷斯坦奶牛良种培育体系，解决奶业"卡脖子"问题为核心任务，至12月完成牛舍、挤奶厅、实验室等土建工程及配套设施建设，正着手筹备奶牛核心种群引进及专家团队组建工作。深入贯彻落实《大理州关于加快乳业高质量发展的意见》要求，稳步推进云龙县、永平县万头奶牛养殖场项目，强化保障优质原料奶的充足供给。

【嘉士伯（中国）啤酒工贸有限公司】 2021年，嘉士伯（中国）啤酒工贸有限公司连续4年被云南省政府评为"云南省绿色食品牌10强企业"，保持主营业务收入89.8亿元，产值11.3亿元，上缴税金3.86亿元。嘉士伯啤酒9万罐每小时智能化易拉罐装啤酒生产线及配套项目计划总投资2.01亿元，是云南省第一条智能化进口高速罐线项目，项目正式投产并于2021年贡献新增产值2亿元，纳税额逐年递增。

【云南皇氏来思尔乳业公司】 2021年，云南皇氏来思尔乳业公司生产有灭菌乳、巴氏杀菌乳、发酵乳、乳饮料、奶酪及植物蛋白饮料六大系列60余个产品。拥有特色发酵乳和其他乳制品、植物蛋白饮料生产线32条，日处理生鲜乳能力570吨。年末，公司总资产为4.87亿元，全年产销乳制品10.5万吨，实现产值11亿元，销售收入9.03亿元，同比增长20.72%，净利润5000余万元，上缴税收2400余万元，研发投入2772万余元。年内，云南皇氏来思尔乳业公司抓实重点项目建设，提高产品竞争力。"年产20万吨特色乳制品智能化工厂"项目完成主体厂房建设，进行年产14万吨灭菌乳生产线设备安装调试；自

大理药业产品说明书漏装检查车间工作场景 （大理市志办 提供）

主知识产权直投式菌种发酵剂生产线项目完成车间建设，正进行生产车间净化和设备安装调试。6月17日，公司自主筛选的22株云南本土优良乳酸菌作为云南高原特色优势物种代表搭载中国神舟十二号载人飞船，开展航天育种试验，拟通过“高辐射、高洁净、微重力”的空间诱变，筛选罕见突变菌株并进行产业化开发。

【云南白药清逸堂实业公司】 2021年，云南白药清逸堂实业公司在凤仪原滇西纺织有限公司新建公共卫生健康防护系列产品建设项目，打造集“工业旅游、智能制造”为一体的公共卫生健康防护用品智能制造示范区，加快产业转型升级。全年投资2.1亿元实施项目技改，完成生产车间、仓库、综合办公楼、职工宿舍楼等主体工程的改扩建，完备搭建配套基础设施，于6月28日完成整厂搬迁，恢复正常生产运营。

【大理药业股份有限公司】 2021年，大理药业股份有限公司以产品试验研究、知识产权管理、科技项目管理和申报工作为首要任务，提升企业核心竞争力。年内先后获得大理州研发经费引导资金项目（醒脑静注射液活性物质及药效机制研究）验收证书、“云南省知识产权优势企业”称号及“参麦注射液自动化控制系统”“醒脑静注射液自动化控制系统”2件软件著作权等级证书，“一种自动上吹式空气幕”“一种中药提取气动搅拌装置”“一种灯检机分拣摆块”机械实用新型专利申报授权通知书。

【大理金明动物药业公司】 2021年，大理金明动物药业公司建成云南省屠鹏飞专家工作站，云南省科协大理州李华春专家工作站。公司建有云南省企业技术中心，具有管华诗院士工作站建站经验和科技成果；有标准研发用房2200平方米，配有900余万元的研发仪器设备；拥有国内先进的微生物学、分子生物学、发酵工程、质量检测等方面的检测设备和研发团队。至12月，公司累计获得专利40项，发表论文5篇，主持和参加制定标准50余项。年内，公司实施新版兽药GMP制剂车间技改项目，通过新版兽药GMP认证验收，建有8条兽药GMP生产线。拥有国家标准兽药批准文号产品110个，三类新兽药1个，卫生消毒剂8个，饲料添加剂产品32个。12月27日，公司在云南省股权交易中心获挂牌条件，进入基础层挂牌阶段。年内获中国创新方法大赛云南赛区三等奖。

（《轻工业》由州工信局供稿）

2021年大理州规模以上轻工业企业主要经济指标统计表

表64　　　　单位：千元、人

指标名称	企业数（个）	营业收入（万元）		利润总额（万元）		税金总额（万元）		平均用工人数（人）	
		2021年	增减（%）	2021年	增减（%）	2021年	增减（%）	2021年	增减（%）
农副食品加工业	65	727.41	41.6	25.03	42.8	2.07	26.5	3001	-17.6
食品制造业	12	399.16	10.8	27.46	7.7	9.6	8.6	2975	0.9
酒、饮料和精制茶制造业	14	982.64	17.7	155.76	151.8	58.91	25.5	3682	-13.3
纺织业	3	24.96	13.6	1.73	65.3	0.01	-125.3	422	-0.2
家具制造业	1	1.55	106.3	-0.16	-62.5	0.06	-24.5	40	-52.9
造纸和纸制品业	4	18.63	-9.3	-0.1	-109.3	0.8	2.4	383	-4
印刷和记录媒介复制业	5	40.54	3.4	4.85	-0.4	2.1	9	576	-3
文教、工美、体育和娱乐用品制造业	5	26.48	16.6	0.42	-47.4	0.43	-11.1	196	-38.6
医药制造业	7	55.92	-7.9	0.69	-64.8	3.52	-2.8	960	-7
橡胶和塑料制品业	10	33.39	-17.8	-0.16	-123.1	0.49	-23.5	584	-12.6
水的生产和供应业	2	19.34	-1.7	-25.17	54.4	1.08	64.4	470	-1.5
合计	128	2330.03	20.42	190.36	93.22	79.05	20.63	13289	-10.42

2021年大理州食盐调销计划完成情况表

表65　　　　单位：吨

县市	2021年销售计划					2021年1—12月执行情况					小包装食盐计划完成率（%）	食盐计划完成率（%）	工业盐计划完成率（%）
	小包装盐	食品加工盐	畜牧盐	食盐合计	工业盐	小包装盐	食品加工盐	畜牧盐	食盐合计	工业盐			
大理市	2430	650	0	3080	560	2221.65	298.1	0	2519.75	362.3	91.43	81.81	64.7
漾濞县	480	40	160	680	0	474.6	47	155.3	676.9	23.15	98.88	99.54	0
祥云县	1400	2400	70	3870	120	1300.22	5030.75	10	6340.97	146	92.87	163.85	121.67
宾川县	1100	300	40	1440	20	1057.71	496	5	1558.71	14	96.16	108.24	70
弥渡县	1000	1700	100	2800	0	842.72	2556.15	39.5	3438.37	0	84.27	122.8	0
南涧县	800	200	120	1120	0	737.44	303	114	1154.44	0	92.18	103.08	0
巍山县	900	800	200	1900	30	801.65	455	233.1	1489.75	10	89.07	78.41	33.33
永平县	800	1200	220	2220	90	746.14	639	238	1623.14	52.3	93.27	73.11	58.11
云龙县	840	60	160	1060	0	876.46	119.5	124	1119.96	3	104.34	105.66	0
洱源县	1500	2000	100	3600	30	1265.35	1050.85	41	2357.2	9	84.36	65.48	30
剑川县	750	150	50	950	10	721.13	175.9	49	946.03	21	96.15	99.58	210
鹤庆县	900	1500	80	2480	40	865.82	1403	76	2344.82	40	96.20	94.55	100
合计	12900	11000	1300	25200	900	11910.9	12574.25	1084.9	25570.05	680.75	92.33	101.47	75.64

（州工信局　提供）

2021年大理州规模以上矿冶建材业、装备制造业工业主要经济指标

表66

产业类别	行业名称	企业数（个）	营业收入（万元）	税金及附加（万元）	利润总额（万元）	应交增值税（万元）	平均用工人数（人）
矿冶建材业	黑色金属矿采选业	1	31.7	0.25	2.44	0.58	307
	有色金属矿采选业	1	8.96	0.47	0.7	0.98	167
	非金属矿采选业	10	34.61	2.22	1.83	1.78	288
	非金属矿物制品业	40	709.31	7.98	80.8	22.49	4876
	黑色金属冶炼和压延加工业	3	36.06	0.05	-3.83	0.2	206
	有色金属冶炼和压延加工业	11	1252.72	15.59	229.85	13.23	3690
	废弃资源综合利用业	8	494.46	2.36	-7.26	12.19	2613
	合计	74	2567.82	28.92	304.53	51.46	12147
装备制造业	通用设备制造业	1	90.3	0.09	1.71	0.53	104
	专用设备制造业	4	35.36	0.08	1.7	0.82	258
	汽车制造业	2	3.61	0.0006	-3.06	0	183
	电气机械和器材制造业	2	7.18	0.19	0.06	0.17	162
	仪器仪表制造业	1	6.14	0.02	0.19	0.13	100
	合计	10	142.58	0.37	0.61	1.65	807

（州工信局　提供）

重工业

【淘汰落后产能】 2021年，大理州持续贯彻落实供给侧结构性改革，狠抓化解压减过剩产能和淘汰落后产能工作。①淘汰落后产能企业排查和退出。下发《关于总结2020年淘汰落后产能工作及上报2021年淘汰计划的通知》，部署淘汰落后排查工作；全州有56户列入2021年淘汰计划，具体为剑川县石灰窑45户（土立窑）、硫酸厂1户（硫酸10万吨/年）、砖厂1户（轮窑），弥渡县石灰窑6户（土立窑）、砖厂2户（轮窑），漾濞县造纸厂1户（废纸浆1万吨/年）；完成昆钢金鑫建材公司45万吨/年生产线1条、大理大钢钢铁公司2座40T电炉淘汰计划任务，2个项目的主体设备拆除完毕；2月2日经省工信厅第2号公告按要求完成各项淘汰任务。②落实省环保执法反馈问题整改。按照《大理州贯彻落实云南省生态环境厅执法检查反馈问题整改工作方案》要求，制定《大理州工业园区环境问题专项排查整治工作方案》《大理州选矿冶炼行业环境问题专项排查整治工作方案》，通过召开专题会议研究、组建工作专班、实施现场督导等措施，组织各县（市）开展行业环境问题专项排查整治，加强工业领域生态环境问题整改。③中央交办信访举报问题督办。落实中央第八生态环境保护督察组交办信访举报问题督办，按照州委、州政府统一部署，开展州督办交办州工业和信息化局办理问题，完成牵头交办问题41件，配合办理1件，做到举报的问题个个有回应，整改问题件件有落实，整改完成事事有验收和销号。

【国家产能置换政策实施】 2021年，大理州深入落实化解过剩产能政策措施，执行钢铁、水泥等产能置换政策法规，督促新建、在建项目按产能置换方案实施建设。分别于3月23日、4月2日、8月10日、11月26日4次上报省工信厅溢鑫铝业产能置换方案请示，最终确定从山东华宇（1.46万吨）、山西华圣（437吨）合计15037吨电解铝产能转移到鹤庆项目三期建设11台电解槽。深入研究汇报山东南山铝业有限公司、保利协鑫与大理州政府合作事宜，协调省级部门支持33.6万吨水电铝产能转移、30万吨颗粒硅项目。协调州级相关部门，协助祥云建云水泥有限公司完成日产4800吨水泥生产许可证办理；督促大理大钢加快推进转型升级改造项目产能置换方案落实，多次帮助协调项目环评手续办理。

【洱海流域水泥产业转移】 2021年，云南红塔滇西水泥股份有限公司将水泥厂整体搬迁到大理州宾川县大营镇洪水塘新建1条日产6000吨生产线，大理水泥（集团）有限责任公司和大理红山水泥有限责任公司产能减量置换到祥云县，由祥云建设云水泥有限公司新建1条日产4800吨生产线。洱海周边3个水泥老厂拆除完毕，宾川、祥云新厂建成投产，2个水泥产能置换项目通过省级验收，中央环保督察水泥厂搬迁整改问题通过省州县验收销号。

【新能源汽车推广工作】 2021年，大理州制定《大理州加快新能源汽车产业发展和推广应用工作方案》，州人民政府与各县（市）签订推广任务目标责任书，与省能投签署战略合作协议，组织12个县（市）签订公务出行用车服务合同，新能源汽车推广工作取得实质性效果，政府部门带头使用新能源汽车的示范作用明显。全州推广北汽云南地产新能源汽车349辆，争取到省级推广奖补资金230万元。

（州工信局供稿）

烟草工业

【概况】 2021年，大理卷烟厂深化“全市场化运作”管理，实现党建与业务深度融合，生产和技改稳步推进，全面完成云南中烟和集团下达的生产任务和经营管理目标，实现“十四五”良好开局。全年，卷烟产品质量稳定提升，无重大产品质量事故，市场有效投诉率连续5年保持为“零”，上级卷烟产品质量抽检合格率保持100%，产品质量综合评价得分98.93分，位列红塔集团省内四厂第一。复烤投入原烟2.64万吨（52.86万担），产出片烟1.81万吨（36.1万担），复烤出片率68.29%，产品实物得率95.46%。采购烟叶原料2.5万吨（50万担），其中“红大”1.25万吨（25万担）、“K326”1.25万吨（25万担），红塔集团检查工商交接综合等级合格

12月6日，红塔集团大理卷烟厂工业分级新车间投产　（大理卷烟厂　提供）

率72.3%，等级纯度91.8%，品种纯度95.1%。复烤对标指标目标达成率100%，“吨片烟综合能耗”保持行业先进水平。全年工厂获授权发明专利7项、实用新型专利74项，登记计算机软件著作权5项；科技成果获云南中烟三等奖1项，集团三等奖3项；1项QC成果和2项六西格玛成果获“国优”。安全形势保持总体平稳，实现“一个不超、四个为零、八个100%”的总体目标，全厂员工及家属和外协单位人员新冠肺炎零疑似、零感染。实现工业总产值61.26亿元，比上年增加2.68亿元，增幅4.58%；实现税利46.17亿元，同比增加3.72亿元，增幅8.75%。

【打叶复烤原地技改项目】 2021年，大理卷烟厂推进打叶复烤原地技改项目建设，紧盯项目招投标、物资采购、合同管理、资金支付、工程质量、现场管理等重点领域和关键环节，加大监督检查力度，持续落实规范管理“六项机制”，严防项目运行风险。探索实践“智慧工地”管理，实现对项目建设过程的智能感知、实时监控，构建以成本为基础、以质量为核心、以安全为保障、以进度为主线的智能化施工管理平台。年内，完成项目土建一标段3#库、四标段业务用房、二标段5#库封顶及墙体砌筑，完成投资1.9亿元，工业分级新车间于12月6日投入生产。

【“5G+工业互联网”启动】 10月26日，大理卷烟厂与中国移动大理分公司举行5G+战略合作签约仪式，启动大理卷烟厂“5G+工业互联网”建设。双方将以5G建设为基础，在工业互联网、智慧园区、智能制造、智慧仓储物流、网络信息安全、区块链溯源等方面开展战略合作，推动5G+更好服务和融入新发展格局。

【“效率典范工厂”建设】 2021年，大理卷烟厂落细落实“质量力、制造力、管理力、技术力、文化力、安全力”“5+1”产品力提升工程，深化“效率典范工厂”创建，提升质量保障能力、制造保障能力、基础管理效能、成本控制能力，各项经济技术指标持续提升，多项指标保持行业和云南中烟领先水平。卷烟工厂“对标”指标有4项排名烟草行业同类工厂第一（其中“卷烟单箱可控费用”连续3年保持行业标杆），5项进入行业前三，8项进入行业前十。卷烟单箱耗烟叶量同比下降0.47%，成品卷烟单箱原料成本可比下降11.82%，贡献值1.33亿元；单箱主要材料成本可比下降8.17%，贡献值4100万元，卷烟单箱生产成本可比增幅-6.87%。卷烟单箱综合能耗9.55千克标煤，屡创新低，达到行业先进水平。复烤吨片烟综合能耗110.63千克标煤，位列红塔集团第一。

（杨本信撰稿）

能源工业

【概况】 2021年，大理州围绕“以绿色为底色的高质量发展”布局，发挥清洁能源资源优势，构建清洁低碳、安全高效的能源体系，打造世界一流“绿色能源牌”，构建以光伏发电为主、多种能源互补的新型电力系统示范区，大理州作为云南省清洁能源基地、新能源示范基地和跨区域电力枢纽的优势地位逐步增强。全年，全州辖区电力总装机为1548.4万千瓦，其中水电1304.4万千瓦、风电186.3万千瓦、光伏发电55.3万千瓦、垃圾发电2.4万千瓦，新能源装机规模占云南省的五分之一，清洁电力生产能力及清洁能源优势明显。全州辖区发电量539.9亿千瓦时，同比下降8%；其中水力发电468.1亿千瓦时，同比下降8.4%；风力发电58.5亿千瓦时，同比下降7.3%；光伏发电8.8亿千瓦时，同比下降0.8%；垃圾发电4.4亿千瓦时，同比增长31%。全州全社会用电量154亿千瓦时（含省级分摊电量13.9亿千瓦时），同比增长7.7%，其中一产用电量3.1亿千瓦时，同比增长27.4%；二产用电量115.3亿千瓦时，同比增长7.7%；三产用电量17.1亿千瓦时，同比增长13.4%；城乡居民生活用电量18.5亿千瓦时，同比增长0.5%。全州辖区内大型水电站所发电量均往外送，辖区内供电主要是中小水电、风电和光伏的发电量；年内全州地调电源发电量93亿千瓦时，较全社会用电量缺口61亿千瓦时。

【电网建设】 2021年，滇西北至广东±800千伏特高压直流输电工程输送电量237.8亿千瓦时，自2018年5月投运后，累计送电944.9亿千瓦时；累计建成±800千伏滇西北送广东直流输电工程1座，线路长1960千米；500千伏变电站2座，线路长2046千米；200千伏变电站8座，线路长2050千米；110千伏变电站34座，线路长2515千米；35千伏变电站100座，线路长3101千米。各电压等级线路长达9712千米，输电通道更加畅通，电网网架更加配套，电力送出能力、电网安全运行水平和供电可靠保障能力大幅提高，形成以500千伏变电站为枢纽、220千伏变电站为中心、110千伏变电站为骨干、35千伏变电站区域供电的电网格局。农网升级改造工程新建成35千伏马鞍山变二期、草海变二期工程，完成35千伏辛屯、杉阳、凤羽变增容改造等项目，新增35千伏线路26.3千米，新增变电容量6.4万千伏安；新建和改造10千伏线路329.4千米、配变853台、低压线路683.3千米。

【电源建设与电力交易】 2021年，大理州向云南省能源局争取到全州“保供给促投资”10个光伏项目，装机规模88.5万千瓦，约占全省的1/5，位列全省第一；以及2个央企入滇光伏发电项目，装机规模21万千瓦；启动建设2个屋顶分布式光伏项目，装机规模4万千瓦，总装机113.5万千瓦，总投资约60亿元。年内，全州累计42421户次客户参与电力市场化交易，同比增加19926户次，累计市场化电量92亿千瓦时（含鹤庆溢鑫、其亚铝业63亿千瓦时），同比增长11.1%，平均降价0.14元/千瓦时，降低企业购电费12.86亿元，成为减税以外降成本的有效措施，通过电力市场化交易降低企业用电成本成效明显。

【油气管网项目建设】 2021年，大理州能源局出台《大理州促进天然气协调稳定发展实施方案》，明确促进天然气协调稳定发展的工作要求、具体任务和保障措施，推动全州天然气供储销体系建设。年内，全州区域性油气保障网基本形成，建成东西过境的中缅油气管道，横跨南北的丽江、临沧天然气支线，12个县（市）城区天然气利用实现全覆盖，大理、巍山、南涧、弥渡、宾川、鹤庆、祥云7个县（市）实现天然气管道通气用气，永平、漾濞、云龙、剑川、洱源5个县实现液化天然气（LNG）或压缩天然气（CNG）供气。全州建成城镇燃气管道992千米，长输管道545千米，成品油管道287千米。年内全州储气能力为33万立方米，天然气居民用户58881户、工商业用户654户；全年用气量5241万立方米，同比增长73%。全州储油能力为16.6万立方米（汽油8.2万立方米，柴油8.4万立方米），保障滇西7个州市240万吨（汽油157万吨，柴油83万吨），建成加油站280座，成品油销售91.47万吨（汽油39.76万吨，柴油51.71万吨）。

【充电基础设施建设】 2021年，全州新建充电桩588枪（其中交流223枪、直流365枪），充电功率13014千瓦，完成投资7360.86万元。各县新建充电桩情况：大理市114桩157枪（交流34桩34枪、直流80桩123枪），祥云县45桩64枪（交流4桩4枪、直流41桩60枪），宾川县5桩6枪（交流2桩2枪、直流3桩4枪），弥渡县2桩2枪（均为交流），南涧县77桩85枪（交流65桩65枪、直流12桩20枪），巍山县10桩10枪（均为交流），漾濞县32桩39枪（交流18桩18枪、直流15桩21枪），永平县17桩20枪（交流8桩8枪、直流9桩12枪），云龙县38桩40枪（交流27桩27枪、直流11桩13枪），洱源县10桩10枪（均为交流），剑川县96桩151枪（交流43桩43枪、直流53桩108枪），鹤庆县9桩9枪（均为交流）。截至年末，大理州辖区内累计建成充电桩1115个，充电枪1572支，总功率57679千瓦，其中交流充电桩484个，充电枪484支，交流桩功率10555千瓦；直流充电桩667个，充电枪1088支，直流桩功率47124千瓦。

【绿色能源建设】 2021年，全州10个县绿色能源建设选址工作稳步推进。①完成光伏选址规划修编。大理州光伏电站选址规划报告经州人民政府常务会议研究同意，于5月印发实施；全州规划光伏项目81个，可开发总装机833.5万千瓦。编制完成《大理州水面光伏项目可行性研究报告》《大理州抽水蓄能电站规划》，除大理市外11个县的《整县推进屋顶分布式光伏推进方案》。②光伏项目建设。州能源局组建工作专班，协调生态环境、自然资源、林草、供电等部门，做好集中式光伏项目建设前期要素审批跟踪服务和督促工作；10个“保供给促投资”光伏项目于年底实现全面开工建设，完成入库投资12.24亿元；将鹤庆、祥云、弥渡3个县列入国家整县屋顶分布式光伏开发试点全面启动建设，其中华能鹤庆溢鑫铝业厂区20兆瓦屋顶分布式光伏项目在年底率先建成并网。③风光能源一体化研究。分别委托华能澜沧江公司开展澜沧江流域、中国电建昆明院开展金沙江中游（大理段）“风光水储”一体化基地研究，省能投集团开展滇西碳中和示范区研究，省电力设计院开展大理—楚雄“风光储”一体化和部分工

2021年大理州全社会用电情况表

表67　　　　单位：万千瓦时

名称	累计	增速（%）
全社会用电量（含线损、自备发电量）	1540063.42	7.70
其中：第一产业	31447.45	27.40
第二产业	1152705.71	7.69
（工业）	1077481.08	5.75
第三产业	170720.02	13.41
城乡居民生活用电量	185190.24	0.51

（州能源局　提供）

10月29日，鹤庆县屋顶分布式光伏开发项目鹤庆县大栗坪光伏发电项目集中开工仪式现场　（鹤庆县志办　提供）

业园区“源网荷储”一体化项目研究工作，规划成果上报省能源局并转报国家能源局。

【煤炭行业整治】 2021年，大理州深化和巩固煤炭行业整治，加强关停煤矿后续服务，10个煤矿150万吨产能指标全部完成出让，降低关停煤矿损失。省州1.6亿元关停补偿资金及时足额下达相关涉煤县，鹤庆县、剑川县、弥渡县、宾川县完成兑付。关停煤矿采矿许可证全部注销。做好涉煤信访、复议、诉讼、维稳，相关信访案件得到有效处置。祥云长永煤矿起诉州县人民政府案件，一审判决州县人民政府胜诉。永平羊街、剑川双河、鹤庆堂上井3个保留煤矿改造升级审批手续有序推进。永平羊街煤矿完成初步设计、安全设施设计、水土保持方案批复，矿区总体规划通过专家审查并获得省能源局批复，办理完成30万吨/年采矿许可证，正在办理项目环评手续。剑川双河煤矿完成资源论证省政府批复、水务厅水土保持方案批复等手续，正在办理矿区总体规划、探矿证、储量备案、项目环评等相关手续。鹤庆堂上井煤矿获得扩大矿区范围论证批复、水土保持批复，完成矿区总体规划编制和专家评审、煤质复核、联勘联审报批等工作，重新向省能源局上报项目核准申请，正在开展竞争性出让等相关工作。加大项目协调力度，祥云县煤炭储备能力建设项目完成项目重新选址，获得环评、林业审批手续，完成地面附着物清理赔付，迁坟200余冢，有序推进项目建设。

【能源领域安全生产】 2021年，大理州从严抓实煤矿、石油天然气管道、电力领域的安全监管，将能源安全生产纳入州委、州政府2021年度重点工作目标考核综合责任状进行考核，层层传导压力，级级落实责任；修订《大理州能源局能源行业生产安全事故应急预案》，加强安全风险防控，形成《防范重大安全风险分析报告》，完善人防、物防、技防措施；制定《大理州能源局安全生产领导小组和内设科室安全生产工作职责》，细化工作任务清单；印发《2021年度煤矿安全监管执法计划》，全年检查煤矿17矿次，深入推进煤矿安全专项整治三年行动；建立健全州级电网安全风险联防联控工作机制，制定《大理州电网安全风险管控专班工作方案》，有效降低和化解电网风险；以人员密集型高后果区安全管控为重点，加强油气长输管道保护工作；高质量完成漾濞县“5·21”地震和洱源县“9·13”山洪泥石流抢险救灾过程中的电力保通工作。全年组成3个检查组按季度对12个县（市）进行检查，抽查关闭煤矿10矿次，油气管道企业12次，检查水电站14个，查出各类安全隐患132条，整改完成119条，整改率90%。年内未发生能源安全事故。

【能源保障】 2021年，全州电力供应呈现紧张局面。5月，实施全省第一轮“应急错峰限电”措施；7月，实施第二次规模限电。大理州主动向省汇报，多次协调，全州限电负荷降低20%。年内，鹤庆绿色铝项目用电63.3亿千瓦时，占全州全社会用电量的41.1%，全州就地消纳电量比重同比提升4个百分点，清洁载能产业对扩大全州电量就地消纳的强大支撑作用明显。推进能源保障网重点项目建设，鹤庆县新华南邑村电网改造二期等7个项目完工；宾川县天然气利用工程二、三期等6个项目有序推进；220千伏丁家庄变二期工程等6个项目实现开工。110千伏文献输变电工程获核准并下达投资计划；220千伏大风坝输变电工程和110千伏州城输变电工程完成可行性研究。

【“十四五”发展规划编制】 2021年，大理州高质量完成《大理州能源发展“十四五”规划》编制工作，为全州能源建设发展绘制蓝图。经广泛征求意见建议、多次专题汇报、召开专家咨询会议、反复修改完善，《大理州能源发展“十四五”规划》报告编制完成，经大理州人民政府第83次常务会议审定，同意印发实施。为及早制定大理州“碳达峰、碳中和”行动方案的时间表、路线图，大理州能源局委托中国能源建设集团云南省电力设计院开展大理州碳达峰碳中和行动方案研究的编制工作，并完成沟通对接、前期调研、收集资料和大纲编制等相关工作。

【灾后电力基础设施恢复重建】 2021年，漾濞县“5·21”6.4级地震发生后，大理州能源局迅速组织开展灾情排查、能源保供、灾后恢复等一系列工作。针对受损能源设施基本集中在电力设施的实际，指导大理供电局，按照从下至上的要求，科学合理、实事求是编制《大理漾濞“5·21”地震灾后恢复重建电网规划》，梳理出6个灾后恢复重建电网项目，总投资11734万元，6个项目均于年内投入使用，为灾后项目建设提供可靠的电力保障。

（刘涛撰稿）

工业园区建设

【概况】 2021年，全州工业战线贯彻省、州关于推进开发区优化提升、加快集中建园等系列文件精神，围绕年初确定的园区发展目标，狠抓招商引资、企业技术改造、重大项目建设和困难企业帮扶，推进园区产业布局优化提升，产业集群效应逐步显现。2021年，全州保留的5个开发区完成营业务收入952.86亿元，同比增长9.2%；完成工业营业务收入615.42亿元，同比增长14.55%。营业务收入超100亿元以上园区3个，其中大理经开区营业务收入617.91亿元（含宾川片区）、鹤庆产业园区155.18亿元、祥云经济技术开发区141.25亿元。全年，大理经济开发区除一般公共预算收入略有下滑，其余经济指标均领先或高于全州水平，其中全区规模以上工业总产值完成65.73亿元，同比增长23.04%；规模以上工业增加值完成15.81亿元，同比增长23.50%；规模以上固定资产投资完成87.89亿元，同比增长31.44%；社会消费品零售总额完成171.02亿元，同比增长7.60%；引进州外国内实际到位资金75.29亿元，同比增长7.26%；完成一般公共预算收入12.80亿元，完成一般公共预算支出6.00亿元。

【开发区优化整合提升】 2021年，大理州保留大理经济技术开发区（整合大理高新技术开发区、大理创新工业园区、宾川工业园区）、云南祥云经济技术开发区、云南鹤庆产业园区、云南洱源产业园区、云南弥渡产业园区5个开发区。保留开发区按照“六个一”即“一个开发区、一个管委会、一个平台、一个规划、一个开发主题或主导产业、一个招商队伍”的原则，重新履行报批程序。至年末，云南祥云经济技术开发区、云南鹤庆产业园区、云南弥渡产业园区获省审批，大理经济技术开发区、云南洱源产业园区报省待审批。保留5个开发区总体规划修编文本报省待审批。

【园区基础设施建设】 2021年，全州园区推进基础设施建设，加强大理经济技术开发区、祥云经济技术开发区、鹤庆产业园区、弥渡产业园区的核心基础设施建设。年内，全州6项园区基础设施建设重大项目完成投资8185万元，其中祥云有色金属循环产业园（一期）规划一路二路建设项目已完工，完成投资3000万元；鹤庆县第二生活污水处理厂及配套管网项目（完成投资4318万元）、鹤庆兴鹤工业园区西邑片区（含西邑集镇）自来水厂及管网（一期）工程（完成投资867万元）推进。大理经济技术开发区补齐发展规划短板。云南省滇西医疗中心项目完成投资15.08亿元，与之配套的1000套公租房、1所幼儿园及社区公共服务等设施同步建设；推进关宾路改扩建工程，大理火车北站（洱海站）配套项目红山东路、大理火车站站前改造及人行天桥开工建设；打通龙山东路、满江路两条“断头路”。满江110千伏变电站开工建设，天井片区巍山路110千伏洱河输变站电力管道工程建成投入使用；普和箐片区、凤仪军供站片区、凤仪后山轻工业产业园基础设施配套工程开工建设，园区产业承载能力有效增强。

【园区产业培育】 2021年，全州围绕园区主导产业开展定向定位招商，加快推进入园企业项目建设，促进产业集中集群发展。年内，嘉士伯（中国）啤酒工贸有限公司扩建9万罐/时易拉罐智能化生产线及产能配套项目，大理欧亚乳业有限公司鹤庆县乳及乳制品深加工项目，来思尔乳业年产20万吨云南高原特色乳制品智能工厂生产线，云南其亚金属有限公司绿色低碳水电铝加工一体化项目每年350千吨电解铝项目（一期），云南鼎坚新型建材有限公司年产10万吨液体无碱速凝剂、减水剂、硫酸铝项目，云南白药清逸堂技改搬迁项目，翰宇生物科技工业大麻智能化萃取项目等一批入园项目建成投产。云南交投大理经营开发有限公司、云南淇水商贸、大理沪滇农副产品交易市场有限公司等29户商贸服务企业升规升限纳统。年内大理立新硅材料有限公司年产1万吨再生硅材料、贝特瑞新材料集团股份有限公司年产20万吨锂电池负极材料一体化基地、湖南宸宇富基新能源科技有限公司年产10万吨负极一体化项目等签约入园。大理宗盛、科大讯飞、京东方、长城紫金科技等企业入驻云南信创（大理）产业园。新加坡丰树大理现代物流中心、东盟果蔬、绿方舟、京东等智能化冷链物流项目园中落地。

2021年大理州各园区主要经济指标完成情况表

表68

园区名称	主营业务收入（万元）	同比增长（%）	主营业务收入（万元）	同比增长（%）
全州合计	9528561	9.2	6154158	14.55
大理经济技术开发区（含宾川片区）	6179121	4.30	2910290	10.05
鹤庆产业园区	1551764	36.71	1530768	36.8
祥云经济技术开发区	1412518	22.18	1338379	18.67
弥渡产业园区	196303	−38.41	185865	−38.14
洱源产业园区	188856	−1.57	188856	−1.57

（州工信局　提供）

11月11日，云南省第一个理政中心——大理理政中心在大理创业园建成并投入使用　（大理经开区　提供）

【优化营商环境】 2021年，全州园区在政策扶持、制度创新、项目审批落地等方面进一步优化营商环境。为提振企业信心，大理经济开发区相继出台工业经济稳增长上台阶奖励和支持乳制品加工企业发展扶持政策，奖励欧亚乳业等8户企业1065万元，奖励77户商贸服务企业州级升限纳统稳增长344万元。执行减税降费政策，全年减免企业税金5.43亿元，累计退税1.11亿元。深化“放管服”改革，探索建立投资项目“先建后验”“告知承诺”审批新模式，为项目落地提供审批绿色通道。落实市场主体倍增计划，实施免费刻制印章服务，为新注册企业降低开办成本，全年新增市场主体3323户，其中新增企业1504户。加大领导干部挂钩重点项目工作力度，建立常态化政企座谈会机制，帮助企业解决实际困难51个。

【园区招商引资融资】 2021年，全州园区以集中建园建设、新能源和先进制造业协同引进为抓手，与100余户企业洽谈合作，贝特瑞、宸宇富基、湖南立新、湖南建鸿达、英利、东营昆宇、葛洲坝能源重工、特变电工、中水银星等一批高质量、大体量、高效益的项目加快签约落地。年内，大理州经济开发区围绕产业发展方向精准招商，全年外出招商22次，会见客商企业43家，签约欧亚乳业总部工厂、绍香园、鸿盛达、新加坡大理丰树等项目15个，总投资26.96亿元，其中工业项目6个，协议总投资16.26亿元，占比60%。引进江西英利、天合光能、正信光电等新能源项目，预计产值152亿元。保税物流中心（B型）7.4万平方米物流仓开工建设，与多家外贸物流企业达成入驻意向。拓宽融资渠道，创新融资方式，全年争取资金15.19亿元，其中地方专项债券13亿元、省级预算内补助资金2.1亿元、中央预算内补助资金883万元。经开投集团年内完成有效融资13.73亿元。全年实际利用外资1096万美元。

（州工信局、杜艳香供稿）

民营经济

【概况】 2021年，大理州民营经济发展稳中有进，总量规模扩大，市场主体平稳增长，经济主体地位凸显。①从经济总量看。全年全州民营经济完成增加值790亿元，排在全省第5位；增加值同比增长7.3%，排在全省第11位；增加值占GDP比重为48.4%，排在全省第9位，高于全省47%的平均水平；增加值拉动全州GDP增长3.5个百分点，对GDP的贡献率为50.3%。②从产业看。全年全州第一产业完成民营经济增加值119亿元，占本行业比重为32%，增速为9.3%；第二产业完成民营经济增加值273亿元，占本行业比重为59.2%，增速为4.3%，其中工业完成民营经济增加值170亿元，占本行业比重为53.9%，增速为3.6%；第三产业完成民营经济增加值398亿元，占本行业比重为49.8%，增速为3.6%。③从市场主体看。全年全州非公经济组织达到26.39万户，同比增长9.2%，其中个体工商户为22.2万户，同比增长8.8%，注册资金为310亿元，同比增长18.8%；私营企业为41892户，同比增长11.3%，注册资金为1507亿元，同比增长9.3%；农民专业合作社6440户，同比增长2.2%。④从税收方面看。全年全州非公经济共上缴税收15.85亿元，同比减少47.31%，其中个体工商户上缴税收9253万元，同比减少92.44%；私营企业上缴税收11.43亿元，同比减少1.93%；三资企业上缴税收3.49亿元，同比减少43.57%；全州减税降费6.3亿元，其中年度新出台的政策减税降费9460.74万元；年度实施政策减税降费5.3亿元。⑤从对外贸易看。年度大理州备案从事外贸的民营企业共315户，民营企业进出口总额为12.9亿元，同比增长27.5%。

【民营企业发展】 2021年，大理州积极向上争取扶持资金，推动民营、中小企业项目实施，以项目促发展，助力中小企业转型升级。全年大理州企业争取到省级中小企业发展专项资金1790万元，其中嘉士伯（中国）啤酒工贸有限公司9万罐/时易拉罐智能化生产线及产能配套等6个项目获得中小企业“三化”改造试点示范方向项目资金支持1160万元，云龙县诺邓马金桥商贸有限责任公司诺邓金腿加工扶贫车间建设、大理欧亚乳业有限公司乳制品深加工项目等2个项目获得省中小企业延链补链强链发展方向项目资金支持630万元。云南下关沱茶（集团）股份有限公司列入国家级专精特新“小巨人”企业名单，云龙县铂翠贵金属科技有限公司、云南合续环境科技股份有限公司等10户企业（含下关沱茶）列入省级专精特新“小巨人”企业名单，云南白药清逸堂实业有限公司、大理福致科技有限公司等59户企业列入省级专精特新“成长”企业，成为上级重点支持对象，推动州内更多企业向产业链、价值链高端迈进。大理州7户创新意识强的企业参加2021年第六届“创客中国”云南省中小企业创新创业大赛，参赛项目涉及生物医药、文创赋能、环保制造等热门方向，社会创业创新活力增强，其中大理千寻有梦创意文化有限责任公司的“千寻动漫——数字非遗文创·动漫IP+文旅赋能”项目获得企业组三等奖，奖金2万元，参赛作品《苍山小册子》获选入2020中宣部原动力原创动漫扶持计划。

【营商环境优化】 2021年，大理州发挥促进民营经济暨中小企业发展工作领导小组办公室职能，多部门共同发力，多渠道协同助力，推动营商环境优化。①优化融资环境。9月，州政府办公室印发《大理州中小微企业贷款风险补偿实施方案》，明确领导小组办公室成员单位职责分工、合作金融机构和资金托管机构及其职责，规定风险补偿机制实施流程。在实施方案指导下，将首批20户符合条件的企业纳入风险补偿管理名单，第四季度纳入104户企业，累计124户企业纳入风补管理名单。大理州人民银行中心支行推广线上信贷产品，对辖内普惠小微企业灵活调整还款安排，主动承担社会责任持续输血实体，高效便捷满足辖内小微企业、个体工商户资金需求。至12月末，全州普惠小微企业贷款余额为215.61亿元，同比增长20.85%；全州普惠小微企业贷款户数60341户，比年初增加2251户。②多部门推动民营经济发展。分类推进“证照分离”改革，市场监管，直接取消审批1项、实行告知承诺2项、优化审批服务7项。深化“双随机、一公开”监管，印发《大理州市场监管领域部门联合抽查事项清单（第二版）》；至12月，全州完成部门抽查计划170个、部门联合抽查计划59个，实现商标、专利、地标等知识产权类别的集中统一管理。加大《中华人民共和国专利法》《云南省中小企业促进条例》等惠企政策法规的宣传力度，通过州人民政府官网、州中小企业服务平台、大理对外发布信息的微信公众号等进行广泛宣传，开展“离创业近一点，离风险远一点”宣讲活动，组织300多家企业参加《云南省中小企业促进条例》学习测试，发放宣传资料2000余份。

【构建“亲”“清”新型政商关系】 2021年，大理州落实州县联动的领导干部挂钩联系民营企业制度。挂钩联系领导主动走进企业、走向企业家，了解企业生产经营情况、存在的困难和发展诉求，帮助企业协调解决问题。年内，挂钩领导到企业调研1480次，为企业协调解决问题449件。州长主持召开大理州营商环境座谈暨民营企业困难问题现场解决会，主要围绕民营企业困难问题解决、营商环境建设、产业培植等方面的问题进行面对面对话交流，150余名民营企业家参会；通过交流，为支持民营经济发展系列政策的制定、修改、完善提供依据。会后，梳理82家企业124个困难问题、43条意见建议，由州人民政府正式行文交办县（市）人民政府和州级相关部门办理解决。

（州工信局供稿）

交通运输业

Transport Industry

◈ 责任编校　杨林柏

　1978年大理海东渔港

综 述

【概况】 2021年，大理州综合交通建设投资完成440.46亿元，其中高速公路完成投资408.50亿元，铁路完成投资21.48亿元，国省道及农村公路等其他项目完成投资10.48亿元。年末，全州公路通车里程为24420.59千米，公路网密度为82.9千米/百平方千米。高速公路通车里程872.78千米，占全省9947.07千米的8.77%。一级公路303.49千米，二级公路1063.71千米。大理市、宾川县、祥云县、永平县、洱源县、剑川县、鹤庆县、弥渡县、漾濞县、南涧县通高速公路，2个县通高等级公路，全州109个乡（镇）、3个街道，1151个行政村（社区）全部通硬化路，50户以上自然村全部通公路。内河通航里程1232千米，有35个码头24道渡口60个停靠点。建成运营的铁路线路4条，通车里程443.66千米，铁路网密度为150.6千米/万平方千米。民航航线25条，稳定运行14条，通航城市23个，运营航空公司7家。年内，大理市、祥云县、弥渡县、南涧县创建"四好农村路"省级示范县，大理州地方海事局被州委、州政府评为"2020年度洱海保护治理及流域转型发展先进集体"。

【运政路政管理】 2021年，大理州交通运输局加强运政路政管理。①运输管理。道路旅客运输运力保障充分，重大节假日组织调度应急加班车辆3104辆/次，发送旅客172.56万人次；公交线路136条，总里程1940.8千米；新能源公交车累计450辆占比为53.2%；农村客运线路420条、车辆3029辆，行政村覆盖及通车率100%；核发网约车平台公司分支机构许可39户、网约车运输证696辆、网约车驾驶员证4154本。完成国际道路货运量7.06万吨、周转量857.9万吨千米，出入境车辆2359辆次，驾驶员培训8万人次，培训合格驾驶员63667人次，核发道路运输从业资格证4092本。②运政执法。以"打非治违"和旅游市场综合整治为重点，全州出动执法人员12500人次，检查出租车、旅游车47059辆次，与旅游、交警等部门联合执法或单独执法出动检查组检查280余次，查处非法从事营运的车辆347辆，违规经营的旅游车11辆，从事"旅拍"的黑旅游车5辆，不规范经营的出租车20辆。③路政执法。出动执法人员1623人次，检查车辆412385辆，处理超载车辆7054辆，卸载货物29785.6吨。突出源头治超，出动巡查1438人次，检查货物装载源头企业33家、货运车辆7242辆，卸载货物3533吨。

上图：5月10日，直升机失事救援现场；下图：大理州交通运输局积极参与"5·10"直升机坠海事件应急救援。图为救援现场照片 （州交通运输局 提供）

【安全监管】 2021年，大理州交通运输局借助年度"安全生产月"活动、"国际防灾减灾日"、"119消防宣传日"等时机，在车站、港口码头、服务区投放公益广告513部；组织干部职工学习习近平总书记关于安全生产重要论述11023人次，开展"五进"行动287场次；开展宣传教育活动363场次、15031人次，开展警示教育132次；出动执法检查组1778组、8339人次，检查企事业单位和场所2163户次，对全州"两客一危"道路运输企业的安全检查覆盖率达到100%。①安全风险分级管控。道路运输生产安全风险按照风险等级Ⅰ级(重大风险)、Ⅱ级(较大风险)、Ⅲ级（一般风险）分级管控，对大理州31户"两客一危"道路运输企业进行分级重点监管，其中Ⅰ级2户、Ⅱ级6户、Ⅲ级23户。②安全考核管理。运用"全国道路运输企业主要负责人和安全生产管理人员安全考核管理平台"实现"两类人员"考试全流程网上办理，考试合格777人。③应急驾驶操作培训。对全州道路客货运输从业驾驶员、公共汽车驾驶员、出租客运驾驶员进行应急驾驶操作培训，应培训人数为9569人，完成9208人，完成率96.2%。④从业人员诚信考核。落实从业人员诚信考核制度及“黑名单”制度，列管“黑名单”人员10人，解除列管4人。

【质量管理】 2021年，大理州交通运输局以高速公路建设质量为重点，继续稳步推进质量监督管理工作，落实“三个备案”，完成7个在建地方高速公路的质量责任人、开工前安全生产条件登记备案工作，办理83家工地试验室备案手续。对7个在建地高项目开展质量安全巡视检查28次，发现质量安全问题或隐患1827条，按时整改率97.6%。委托第三方工程质量监督服务机构对6个在建地高项目（不含宾鹤）开展质量、安全综合督查各6次，取得监测数据3万余个，合格率90.25%。从抽检数据来看，全州公路建设总体质量平稳，关键指标合格率均保持在90%以上。

【应急管理】 2021年，大理州交通运输局科学处置楚大高速“5·26”道路运输安全生产事故和宾川“6·17”道路交通事故，参与“5·10”直升机坠海事件应急救援。漾濞“5·21”重大地震灾害发生后，立即响应启动Ⅱ级应急预案，全州交通行业投入4681人、1312台机械，紧急调配319辆客货车；清除障碍点5341个、81811立方米、疏通滞留车辆1538辆；投入客运车辆91辆运送1889人，投入货运车辆288辆运输货物1259吨；开通绿色通道96条保障应急运输车辆3459辆，为抗震救灾提供交通运输保障。

【法治建设】 2021年，大理州出动交通执法人员12646人次，检查发现无证经营户数416户，依法查处无证经营案件347件。采取自查与抽查、初评与复评相结合的方式在全州交通运输系统组织开展行政执法案卷评查。在州政府门户网站及时公开部门权力清单、责任清单，并及时更新信息。全年公开政府信息45条，其中政府网站主动公开41条，依申请公开4条；主要领导参加政风行风热线访谈1次，其他方式回应事件62次。推行法律顾问制度，聘请云南法阳律师事务所及公职律师作为州交通运输局法律顾问。组织召开全州交通运输执法领域突出问题专项整治行动部署动员会议，围绕专项整治行动思路制定行动方案，通过开展专项学习、清理不合理规定、开展自纠自查、畅通投诉渠道接受群众监督等一系列活动，推动专项整治行动向纵深推进。

【交通运输保障】 2021年，大理州交通运输局完成交通运输保障任务5次，国防动员交通战备办公室及时与部队做好沟通工作，并根据部队提出的要求科学制定保障方案下达到州公安交警支队、省交投集团大理管理处和涉及的县（市）交通战备办公室组织实施，组织协调保障车辆1225台次，交通战备保障任务完成率100%，未出现安全事故。中国人民解放军部队向大理州交通运输局赠送“军民融合鱼水情深，服务官兵固我国防”锦旗，交通战备保障业务水平受到被保障部队和省交战办的一致好评。

【交通建设】 2021年，大理州交通运输局编制完成《大理州综合立体交通网规划》《大理州“十四五”综合交通运输发展规划》编制工作。全州综合交通基础设施建设有序推进。①高速公路。在建总里程874.48千米的10个高速公路项目加快推进，楚大扩容（广通至凤仪段）、南景高速（南涧段）获建成，大南、宾南、大漾云、鹤剑兰、云兰、宾鹤分段建成，云永、永昌控制性工程开工建设，年内建成326千米，总通车里程873千米。拟开工的5个“互联互通”项目取得行业审查意见并通过省发改委评审待批，其中剑洱、云泸、南云、弥昌4个项目土地预审报自然资源部审查待批。②铁路。大瑞铁路重点控制性工程秀岭隧道贯通；大理铁路枢纽列入大丽攀高铁项目并作为先期开工项目实施，大理火车站站房提升改造项目获得批复；启动大理铁路枢纽地方配套工程（红山东路）和大理火车站人行天桥工程。③民航。大理机场纳入国家“十四五”口岸发展规划，三期改扩建项目可研阶段工作基本完成，航站楼和停车楼方案公开征集全面完成，场外交通方案确定。

【农村公路管理养护】 2021年，大理州农村公路项目纳入交通运输部“十四五”农村公路项目库。年内争取到农村公路建设中央车购税及省预算内资金计划项目800.9千米，中央车购税补助资金到位31533万元，其他补助资金到位4352万元。实施村道安防工程433千米，全部完工；危桥改造及新改建桥梁59座，完成50座，全年完成农村公路建设投资81394万元。落实巡查检查制度，全年出动5442人次，巡查农村公路里程66288千米，制止违法行为718起，行政处罚3件，受理申请7件，全部审批完毕。推进州、县、乡、村四级管护体制建设，实行“县道县管、乡村道乡村管”的分级负责制。建立管护资金筹集机制，日常养护资金由省、州、县三级财政按比例补助和配套，养护工程资金全部由省级财政补助。全年全州农村公路列养率100%，优良中等路率81%，养护工程实施里程3219千米，占总里程的18%。推进“四好农村路”和“美丽公路”建设。大理市、祥云县、弥渡县、南涧县创建“四好农村路”省级示范县。全年完成农村公路“美丽公路”1340千米。

【建议提案办理】 2021年，大理州交通运输系统承办州人大代表建议、州政协委员提案43件，协办7件，其中承办州人大十四届二次会议代表建议26件，协办3件；承办州政协十三届二次会议委员提案17件，协办4件。所有建议、提案全部办理完毕，面商率、面复率均达到100%，其中人大代表建议、政协委员提案解决率分别达到69.2%和52.9%。办理工作得到人大代表、政协委员的认可和理解。

道路运输

【概况】 2021年，全州16个三级以上汽车客运站完成洗手设施配套工作，设置感应式水龙头214个；全州22个便捷客运站全部达到“四净三无两通一明”标准；完成祥云城乡客运站、弥渡客运站、云龙客运站旱厕改造工作；完成客运车辆794452车次、客运站12716次的清洁消毒工作。落实新冠肺炎疫情常态化防控措施，贯彻“外防输入、内防反弹”的防控政策，坚持分区分级、精准防控，全面落实道路运输站场、交通运输工具等疫情常态化防控要求；推进第三剂疫苗接种工作，完成接种10296人，接种率为99.32%。全州累计完成客运量1725万人、货运量14374万吨，旅客周转量162637万人千米、货物周转量1538362万吨千米，总周转量1554625.7万吨千米、同比增长30.7%。

【道路运输行业管理】 2021年，全州有道路运输经营业户19161户、从业人员52295人、营运车辆28886辆、教练员2919人、教练车2492辆、客运线路530条、公交线路136条、公交总里程1940.8千米；重大节假日发送旅客172.56万人次；农村客运服务质量改善，“客货邮”融合发展取得新突破。城市公交线路、站点更加优化完善，公交换乘更加方便快捷，加强网约车合规化管理。倡导新能源公交车引领绿色出行，新能源公交车累计450辆，占比53.2%，新增网约车全部采用新能源车。驾驶员年培训能力为8万人次，规范机动车维修和车辆维修电子档案管理，推进配件质量追溯制度建设，严格“三单一证一合同”使用管理；“互联网＋政务服务”便民利民，信访办理群众来信来访案件668起。国际道路货物运输完成货运量7.06万吨。在“5・21”漾濞6.4级地震和疫情物资运输中应急抢险运力保障有力。

【道路运输安全生产】 2021年，道路运输开展交通运输执法领域突出问题专项整治和突出问题查纠整改“回头看”工作；以旅游市场综合整治、道路运输市场秩序整治为重点的“打非治违”成效明显，实现非税收入500多万元；开展道路运输安全生产检查和隐患治理工作，排查出一般隐患2413项，整改完毕2246项，整改率93%；对全州31户“两客一危”道路运输企业实现生产安全风险分级管控（Ⅰ级2户、Ⅱ级6户、Ⅲ级23户）；全面加强“两类人员”管理，考试合格777人；强化道路客货运输从业驾驶员、公共汽电车驾驶员、出租客运驾驶员进行应急驾驶操作培训，开展宣传教育活动363场次、15031人次，开展警示教育132次；全州未发生较大以上道路运输生产安全事故，安全生产形势总体向好。

【道路运输市场监管】 2021年，道路运输市场监管工作稳步推进。①电子运单规范使用。规范使用电子运单，完成运单任务104978单次，完成危险货物运输量为138.21万吨。②道路运输信用体系建设。按期完成339户道路运输企业年度企业质量信誉考核工作，39户AAA级、228户AA级、67户A级、5户B级。

【道路运输行业改革】 2021年，全州有11个县（市）出台深化出租汽车改革发展实施意见和网约车管理实施细则。班线客运转型升级，下关至漾濞、弥渡至祥云班线客运“城乡公交一体化”运营开通。营运货车“三检合一”，实现检车“一次上线、一次检测、一次收费”。改革机动车驾驶人培训与考试制度，43家机动车驾驶员培训学校实现计时培训监管系统与考试系统联网对接；取消道路危险货物运输以外的道路货物运输驾驶员从业资格证考试。制定道路旅客运输经营许可，危险货物、放射性物品道路运输经营许可等事项的“证照分离”改革措施。

铁路运输

【概况】 2021年，大理州紧密围绕国家、省级把大理建设成为面向南亚东南亚的全国性综合交通枢纽、云南综合交通次枢纽和云南第二铁路枢纽的目标定位，加快推进纵贯南北、连接东西、通边达省、联通国际的铁路网建设工作，多项在建、前期项目取得突破性进展。年末，大理州境内建成运营的铁路主要有广通至大理铁路、昆明至楚雄至大理铁路、大理至丽江铁路、大理至临沧铁路4条铁路，境内通车里程为443.66千米，其中动车通车里程335.51千米，单位面积铁路网密度为每万平方千米150.6千米。

【铁路运输】 2021年，大理州境内发送旅客630.55万人次，到达旅客629.64万人次，铁路旅客运送总量1260.19万人次，同比增长25.6%。大理州境内发送货物199.5万吨，到达货物1204.4万吨，铁路货物运送总量1403.9万吨，下降4.4%。

【铁路改造与在建工程】 2021年，大理州接续既有广大铁路电气化改造和在建工程建设。①电气化改造工程。

图1

（州交通运输局　提供）

上图：2021年，大理至瑞丽铁路大理州境内段累计完成投资66.47亿元。图为建设中的大保段漾濞站；下图：12月22日，大理铁路枢纽地方配套工程（红山东路）暨大理火车站人行天桥项目开工仪式举行　（州交通运输局　提供）

项目对既有广大铁路进行电气化改造并将12个既有站到发线长度由450米延长到650米，总投资13.38亿元，大理州境内投资6.59亿元，建成后的既有广大铁路主要承担货运功能。②在建工程。9月，大理州筹集拨付保通经费500万元，全面整治完成由地方负责的236个外部环境隐患问题，11月24—26日通过铁路外部环境整治情况验收。在建大理至瑞丽铁路、祥云财富工业园区铁路专用线和永平县博南工业（物流）园区铁路专用线3条，大理州境内在建里程122千米，投资规模101.21亿元，大理州境内段完成投资91亿元，累计投入征地拆迁资金5.14亿元；提供永久用地121.06公顷、临时用地379.53公顷，新征用地8.99公顷，拆迁14.9万平方米，迁坟474冢。年内，大理至瑞丽铁路大理州境内段累计完成投资66.47亿元，完成设计数的94.96%，大理州累计投入征拆资金约3.55亿元；隧道贯通20座，正线铺轨82.2千米。

【铁路前期开展工作项目】 2021年，大理州开展前期工作项目6项，拟建大理至丽江至攀枝花铁路、大理铁路枢纽扩能改造工程、大理站站房提升改造工程和大理城市旅游智能快速交通系统首期工程4个项目，拟规划建设大理至兰坪铁路和昆明至大理至丽江高铁2个项目。①大丽攀铁路。9月，大理州与中国铁路昆明局集团有限公司签订战略合作框架协议，深化在大丽攀铁路、大理铁路枢纽扩能改造工程和大理站站房提升改造工程等项目的合作。国铁集团于9月22—27日对可研进行审查后，要求对项目建设方案与建设标准优化。12月，中铁二院继续按照国铁集团要求优化完善项目可行性研究。②大理枢纽扩能改造工程。年末，大理铁路枢纽扩能改造工程可行性研究批复所需的12个支撑协议完成签订，项目用地预审完成审批，社会稳定风险评估报告完成备案，等待国铁集团出具可行性研究审查批复。12月22日，项目地方配套道路工程（红山东路）启动建设。③大理站站房提升改造工程。9月，大理州与中国铁路昆明局集团有限公司签订大理站站房提升改造工程合作框架协议，委托中国铁路经济规划研究院有限公司对项目可研进行审查评估。10月，大理州委托中国铁路经济规划研究院有限公司进行项目站房建筑概念设计方案公开征集工作。12月22日，项目地方配套人行天桥工程启动开工。④大理城市旅游智能快速交通系统首期工程。9月，大理州与中车株洲电力机车研究所有限公司签订合作框架协议，对大理州轨道交通线网规划及智轨项目投资、建设和运营等模式开展研究。年内，项目可研编制完成。

民用航空

【概况】 2021年，大理机场开展机场内各建筑物区域常态化消杀和通风工作，对不同岗位人员进行分级自我防护，对重点部位、重点航班开展重点消杀；定期对当前疫情防控工作进行安排，加强员工轨迹管理，确保做到员工“零感染”；年内，因各项疫情防控措施落实有效，大理机场被评为集团公司先进抗疫集体；大理机场气象台班组长高兵获得云南省五一劳动奖章。

【主要指标完成情况】 2021年，大理机场安全运行平稳可控，未发生机场责任原因造成的征候及以上事件，不安全事件得到有效管控，安全隐患排查治理持续深入，安全管理有效可控。①服务质量。大理机场满意度得分4.72分，同比上升0.13分。机场航班放行正常率为91.62%，

5月21日，大理州漾濞县发生6.4级强震，机场及时组织地震应急处置，确保旅客生命财产安全和空中救援通道安全畅通

图2

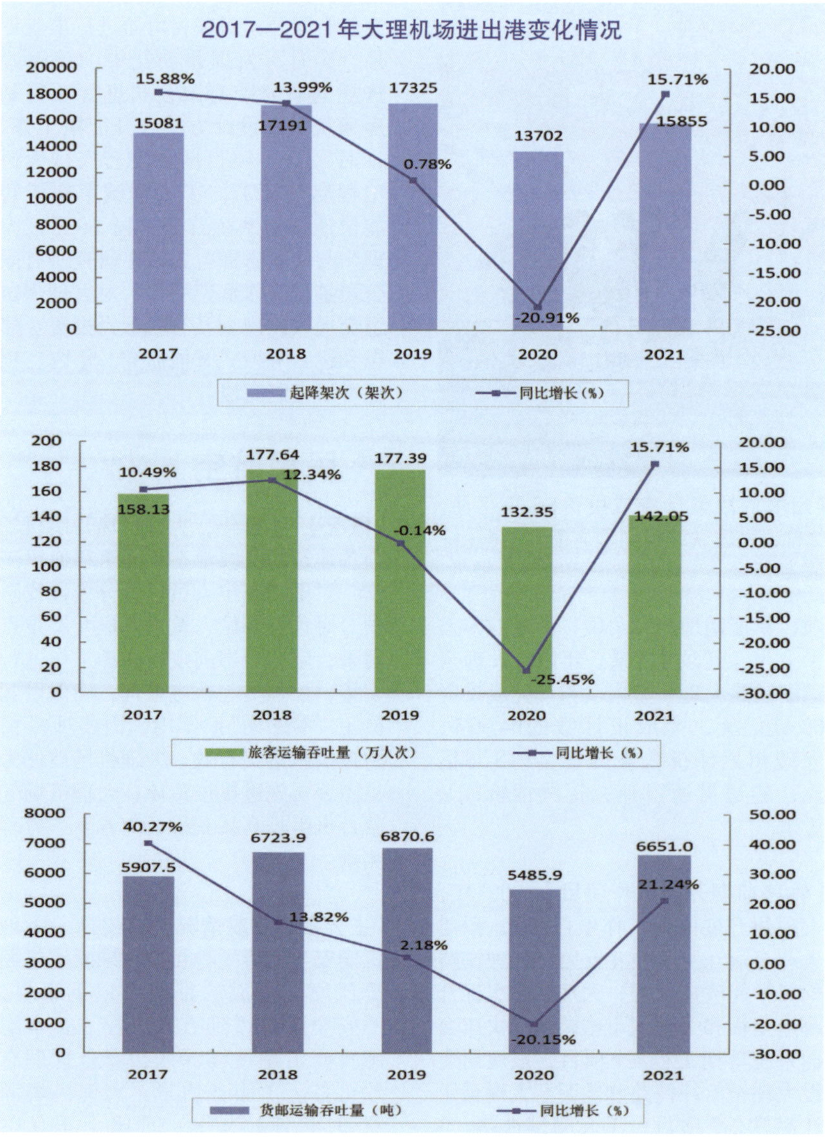

（州交通运输局　提供）

提升1.34%。②主要指标。大理机场完成运输起降15855架次，旅客吞吐量142.05万人次，货邮吞吐量6651.02吨，分别同比增长15.71%、8.25%、21.24%，分别完成目标任务的73.74%、67.32%、87.51%，航班放行正常率为91.62%；三项指标恢复到2019年的91.52%、80.08%、96.8%。③经营效益。大理机场完成营业总收入7928.71万元，同比增加17.61%，完成营业总成本11837.68万元，增加8.15%，利润总额-3935.90万元，减亏5.84%。

【风险管控】 2021年，大理机场开展新《中华人民共和国安全生产法》宣传学习贯彻，落实“党政同责、一岗双责”，构建“安全风险分级管控+隐患排查治理”双重预防机制。上半年，大理机场净空超高问题受到民航云南监管局和集团公司高度关注，机场党委履行整改主体责任，分阶段分重点稳步推进整改工作落地见效。9月30日，大理机场净空拆降整改通过民航云南监管局验收；11月2日，民航云南监管局正式解除对大理机场的运行限制。

【应急救援管理】 2021年，大理机场开展应急测试6次、应急演练3次，提前完成集团下达的应急测试任务；组织开展安保反恐演练、疫情防控应急处置实战演练、“航空器遭遇劫持、危化品处置”综合实战演练；5月10日，大理机场启动一级应急响应，紧急出动5车27人次参与直升机坠毁搜救工作。5月21日，大理州漾濞县发生6.4级强震，机场按照民航云南监管局及集团公司批示要求，及时组织地震应急处置，确保旅客生命财产安全和空中救援通道安全畅通。

【机场服务】 2021年，大理机场开展“民航服务质量标准建设年”主题活动，完善服务质量管理体系建设；开展新客规的培训解读，确保员工熟练掌握民航旅客服务各项要求；组织开展旅客服务投诉管理专项整治，提升旅客服务感受；持续做好老年人服务工作，解决老年人运用智能技术困难的问题；常态化开展旅客服务礼仪培训，增强新外包业务员工理论知识和服务意识；关注重要时间节点，开展特色服务和宣传活动。

【经营管理创新】 2021年，大理机场经营管理得到持续创新与完善。①航线网络规划。争取政府扶持，协调年度召开航线工作会议，加快构建航空事业发展的新格局；协调航司运力，引进新航司，开发新航线，确定新增量；联合各航空公司举办航空旅游集市和惠民营销活动，加快开创旅游发展新局面。②货运市场开拓。继续增强与航司沟通联动，协调运价，拓宽"云品"出滇运输渠道；持续拓展多方合作资源，争取使地州各产业基地货源以航空运输方式出港货物；持续优化货站操作流程和业务监管方式，升级改造货站布局，修订完善货物配载制度，提高货物运输保障效率；优化货运站经营模式，深化与货运企业合作，深挖大理当地及周边县（市）航空货源，开拓航空货运市场。

【改扩建工程】 2021年，大理机场协助大理州政府编制项目支撑性要件，完成初勘及地形测绘用地选址、节能报告、社会稳风险评估报告的编制和评审工作，待获得审查意见后即可上报各上级行政部门审批；根据各级评审会要求，大理机场先后5次对三期改扩建项目开展可行性研究，投资估算由38亿元调减至28.80亿元，上报集团，并通过航产投内部评审会；完成航站楼及停车楼概念性方案社会公开征集工作。

【重要任务保障完成】 2021年，大理机场落实上级关于中国共产党成立100周年安全生产工作要求，成立领导小组，制定专项检查单，从严开展风险隐患排查，从细狠抓安全保卫工作，从实做好应急保障准备，确保中国共产党成立100周年的绝对安全；10月9—15日，大理机场组织重要航班备降任务1起，完成重要航班保障4架次，完成COP15大会和"洱海论坛"的各项保障任务。

水路运输

【概况】 2021年，全州水路运输完成客运量191.42万人，同比减少0.55%；水上客运周转量3545.94万人千米，减少9.00%；水上货运量29.89万吨，减少9.15%；水上货运周转量432.03万吨千米，增长207.08%。年内，全州经批准设立和计划实施35个码头、24道渡口、60个停靠点，其中已建成使用洱海水域下关、桃源、才村，澜沧江小湾库区，漾濞鸡街，永平永保桥，巍山犀牛，洱源县茈碧湖码头；已建成使用洱海水域12道，漫湾库区3道，小湾库区7道，功果桥库区1道，鲁地拉库区1道，共24道渡口；累计通航里程1232千米，是全省水网较发达和通航里程最长的州市。至12月，全州纳入交通行业管理船舶280艘，其中营运船239艘，工作船41艘，总吨14171吨，总功率24376.7千瓦；有注册船员743人，持有适任证书的船员579人。4月，大理州地方海事局被州委、州政府评为"2020年度洱海保护治理及流域转型发展先进集体"。5月，大理州地方海事局获云南省交通运输厅通报表扬。

【行业管理】 2021年，大理州地方海事局加强水路运输行业管理。①严把船舶、船员关。严把船舶适航关和船员适任关，确保纳入行业管理的船舶检验率100%。6月，协调云南交通运输职业学院在大理州开展船员培训两期，培训船员136名，其中第一期内河船舶船员基本安全培训，培训船员94名；第二期内河客船船员特殊培训，培训船员42名。同时对全州船员每年开展不少于2次培训，提升船员素质。②船舶清理整顿。州人民政府于8月27日向各县（市）印发《大理白族自治州人民政府办公室关于印发大理州清理整顿"三无"船舶实施意见的通知》，专项清理整顿行动从8月起，历时16个月，行动结合云南省安委会印发的《关于加强水上运输和渔业船舶安全风险防控工作以及安全生产三年专项整治行动》同步开展。由各县（市）人民政府统筹辖区内的清理整顿工作，清理整顿"三无"船舶种类涉及交通（海事）、农业农村（渔政）、水务、林草、教育体育、州市洱管、乡（镇）人民政府多部门，在整治行动中对全州各类船舶进行全面登记统计和清理整顿，明晰各级各部门的安全生产管理和监管职责。

【污染防治】 2021年，大理州推进船舶及港口码头污染防治工作。①洱海流域污染重点监管。全面完成洱海湖区40余艘老旧船舶更新改造任务；完成中央第十巡视组反馈问题整改和中央环保督察组工作要求，州交通运输局、州地方海事局、市交通运输局协同环保部门、洱管部门，推进船舶拆解工作，于8月30日完成大理洱海"杜鹃号""大运号""苍山号"3艘柴油机船舶的拆解工作。②洱海新能源船舶推广应用。按照洱海营运船舶先试先改的原则，下半年起，一律不再审批洱海传统动力营运船舶、施工作业船舶、企业自用船舶和公务船舶的更新。

【水上应急服务保障】 2021年，大理州海事（航务）部门完善水上应急服

2021年，大理州推进船舶污染防治，完成柴油机船舶的拆解工作。图为"杜鹃"号拆解现场照片

（州交通运输局　提供）

务保障体系建设。①制定专项预案。针对水上搜救、消防、反恐、汛期防洪、船舶溢油等突发事件制定专项预案，对“大理洱海湖区应急预案”“大理州水上搜救应急预案”等水运安全应急预案体系更新完善。②应急救援队伍建设。坚持以交通海事为骨干力量，建立专业救助队伍及社会救助力量信息库。③信息共享机制建设。与气象部门、重点水电站库区建立信息共享机制，实现气象信息、库区水位变化信息实时共享。④水上求救专用客服电话。落实“12395”水上搜救电话24小时值班管理，及时对各类水上险情和事故进行高效处理；5月10日森林灭火直升机坠入洱海，交通海事迅速、及时、有效的组织开展水上应急搜救工作，历时8天7夜，出动应急搜救船艇45艘次，车辆13车次，人员456人次，完成搜救任务。大理州地方海事局、大理洱海搜救中心、大理市地方海事处受到省交通运输厅通报表扬。

【航运基础设施建设】 2021年，大理州航运基础设施建设项目稳步推进。①库区航运基础设施建设。金沙江中游库区航运基础设施综合建设二期工程大理州境内项目稳步推进。在鹤庆、宾川两县辖区金沙江的龙开口、鲁地拉、观音岩3个库区沿岸建设龙开口上游翻坝、中江、朵美、皮厂、利哐5个码头11个停靠点，工程概算1.7亿元，由云南省港航投资有限责任公司作为项目业主负责实施。②水运监管。按期完成“水上交通领域安全管控能力提升工程三年行动计划”；辖区内10道渡口和7个视频监控的改造和建设工作按期完成并通过验收。部分洱海航运企业自建视频监控进行整合，初步形成覆盖洱海水域的水运安全管理视频监控网络。

（州交通运输局供稿）

公路管理养护

【概况】 2021年，大理公路局党史学习教育“我为群众办实事”走深走实，党员“为民办事清单”逐项落实，逐项见效。举办“七一”表彰、文艺会演、书法美术摄影演讲比赛等建党百年系列庆祝活动。落实“智慧党建”各项任务，“云路播”直播11次，“云路播”录播20个主题。年内，大理公路局完成公路养护计划资金6047.79万元、完成专项工程计划资金4386万元、完成“5·21”漾濞地震保通抢险中央车购税补助资金750万元。建成7个省级文明单位、11个州级文明单位、13个县（市）级文明单位。

【公路养护】 2021年，大理公路局管养大理州境内普通国省干线16条1695.71千米，公路车检优良路率PQI值80.59%。全面实施预防性养护，完成路面处治工程项目9千米，完成预防性养护集中封层罩面88千米。实施生态养护和美丽公路建设，建成美丽公路130千米，建成“苗圃基地”0.75公顷。完成接养国道2条90.2千米，移交县道12条161.86千米。加强“四新”技术运用，推广应用沥青玛蹄脂路面和开展T梁体外预应力加固技术的实践。

【安全生产和应急】 2021年，大理公路局加强《中华人民共和国安全生产法》的宣贯，加大重大活动、重点时段安全生产监督检查力度，做好安全生产专项整治三年行动“集中攻坚年”工作，编制安全生产风险分级管控手册进行试运行。投资125万元完成17处州、县级督办路段工程处治和验收工作，开展自然灾害风险和公路临边防护排查。完成国道320线151千米交通安全文明示范路创建任务。开展凤凰山隧道消防应急救援演练。及时打通因“5·21”漾濞6.4级地震严重受损的两条普通国省干线公路。9月13日，洱源境内发生大型山洪泥石流地质灾害，导致道路多处受损，交通中断，洱源公路分局、大理公路局应急中心干部职工用3天时间架设2座60米长的钢桥，恢复公路通行。

【高速公路监管】 2021年，大理公路局围绕“能通全通”“互联互通”目标任务，大理公路局高速公路监督管理办公室履行行业监管责任，开展在建7条高速公路建设项目“一月一进度评估”，加强对大理州境内运营的高速公路4条线4个路段494千米的日常养护监督管理，对18个普通国省干线一、二级公路中心服务区整治提升工作的督查。

【公路运输超限超载治理】 2021年，大理公路局所属6个治超站，坚持四班三运转24小时不间断工作机制，落实联合执法常态化、制度化工作，与驻站交警配合开展好联合执法工作。开展规范公正文明执法、“我为群众办实事”、公路执法服务大走访等活动。支持配合云南省交通科学研究院有限公司开展治超联网综合管理系统安装和系统调试工作。落实改革要求，开展好“交通运输执法领域突出问题专项整治行动”。

【固定资产管理】 2021年，大理公路局设备综合使用率51%、完好率93%。新接收世行配置13台装载机和4台小型挖掘机，完成2个分局拌合设备燃煤改油气项目，提高养护设备效率，改善职工生产条件。

【信息化建设】 2021年，大理公路局推进12个养护智慧站所和8个桥隧管理所的建设，在公路巡查管理、养护成本管理、养护质量管理等方面融入设施数字化，强化养护与管理过程的信息化，全面应用智能养护巡查手机系统，掌上桥管、资产管理、隧道巡查、移动办公平台等App，探索信息技术与公路养护管理的有机融合。建成3个县级公路应急指挥中心，建成20个路网监控点，安装摄像头57个，实现三级联网监控数据共享。加快推进“智能养护巡查系统”“掌上桥管”“隧道巡查”的普及和使用，推进公路养护精细化和智能化发展。

【行业管理和服务能力建设】 2021年，大理公路局坚决落实“外防输入、内防反弹”总体防控策略，毫不松懈抓紧抓实抓细疫情防控工作，把疫情防控重点放在服务区、治超站、办公区、施工项目。结合爱国卫生“7个专项行动”，按照“四净三无两通一明”的标准，在全局5个服务区、2个停车区、4个观景休息区、6个旅游厕所、6个公共卫生间内安装消毒公示牌、设置无障碍设施，更换感应式水龙头。

（李跃武撰稿）

商业服务业

Commercial Service Industry

◈ 责任编校　杨林柏

乡愁大理·黑白记忆　1982年大理三月街民俗表演

国内贸易

【概况】 2021年，全州社会消费品零售总额完成651.5亿元，同比增长7.2%。总额排名全省第五，增幅排名全省第十。增幅低于全国（12.5%）5.3个百分点，低于全省（9.6%）2.4个百分点。批发业销售额增长17.9%，零售业销售额增长20.8%，住宿业营业额增长28%，餐饮业营业额增长23.8%，装卸搬运和仓储业营业收入增长20.8%，租赁和商务服务业营业收入增长20.6%，居民服务、修理和其他服务业营业收入增长80.3%，居民服务、修理和其他服务业工资总额增长31.7%。从行业来看，呈现“一低三高”的态势：批发业销售额增速低于全省平均水平（22.4%）4.5个百分点，其余三个行业的增速高于全省平均值（零售业高0.2个百分点，住宿业高4个百分点，餐饮业高1.5个百分点）。从县（市）来看，社会消费品零售总额增速居前三位的是南涧县（8.4%）、剑川县（8.3%）、宾川县（8.2%）；居末三位的是弥渡县（6.2%）、鹤庆县（6.2%）、永平县（6.0%）。

【促进消费】 2021年，大理州以商旅文融合、家电汽车下乡、以旧换新、培育夜间经济消费市场等为重点，培育区域消费中心，激活消费热点，挖掘城乡居民消费潜力，加快消费转型升级，刺激消费恢复。6月12日，大理州人民政府与海南云免实业有限公司、云南隆易企业管理有限公司签署联合推进大理州国际旅游零售先行试验区项目战略合作协议。项目一期核心内容为大理跨境国际购物中心（跨境电商新零售展示店），选址在大理密湾南国城，结合跨境电商和线下保税展示等政策，以“线下展示、线上下单、灵活邮寄”的提货政策，销售国际知名品牌高端商品、奢侈品等。9月28日，大理云免跨境国际购物中心投入运营，开创大理旅游＋消费＋跨境电商融合发展新业态。完成20家中小企业“扶小”认证，全州通过“扶小”认证的企业达到30户。云南省四方街有限公司获得省级应急保供企业资质。开展第二批省级步行街改造提升试点工作，完成大理市双廊小镇、喜洲古镇及剑川县民族风情步行街3个项目建设，等待省级验收。开展车用燃料油品市场专项整治行动，规范车用燃料油市场经营秩序，促进成品油销量增长。会同州统计局举办3期全州商贸领域及营利性服务业统计业务培训，指导在库单位正确、及时、合理、完整报数。

【升限纳统工作】 2021年，大理州完善州商贸领域及营利性服务业升限纳统工作机制，有针对性地开展批、零、住、餐及营利性服务业升限纳统工作。①兑现2020年度升限纳统奖励政策。2020年度全州完成升限纳统230户（其中企业187户、大个体43户），符合奖励条件的在库企业共有42户。根据《关于进一步加强全州商贸领域及营利性服务业升限纳统工作实施方案》和《大理州商贸领域及营利性服务业提质升级促消费稳增长扶持措施》文件精神，兑现2020年度企业奖励经费1223万元、大理市等5个县（市）政府奖励经费800万元，合计2023万元。②针对性开展商业升限纳统工作。摸清批、零、住、餐及营利性服务业达限企业名单，有针对性地开展升限纳统工作。全年全州新增限额以上商贸流通企业164户，其中月度升限完成35户（批发业7户、零售业12户、住宿业6户、餐饮业10户），年度升限完成129户（企业89户、个体40户）；批发业29户、零售业59户、住宿业6户、餐饮业25户、装卸搬运与仓储业1户、租赁和商务服务业5户、居民服务、修理和其他服务业4户。

图3

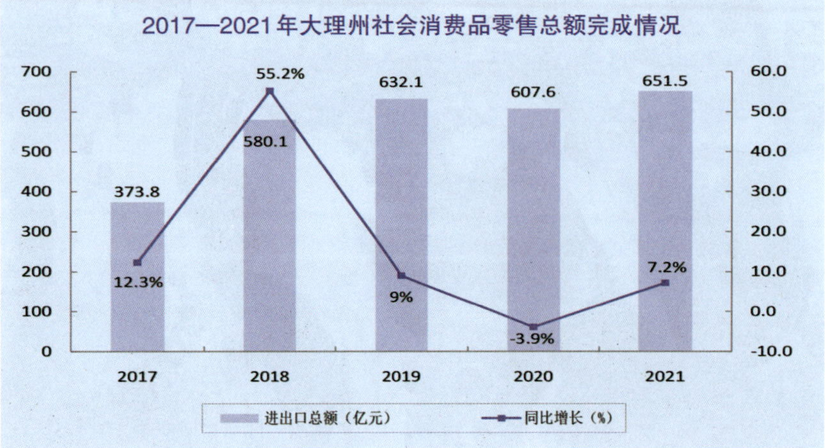

（州商务局　提供）

【现代物流产业】 2021年，《大理州现代物流产业发展中长期规划（2020—2035年）》通过专家评审，待省级规划颁布后实施。制定物流产业统计监测制度并通过审批。争取省级供应链试点项目2个600万元。制定“四清单一方案一突破”，经州委常委会、州政府常务会研究同意正式下发。围绕到2025年全州现代物流总收入实现1000亿元的既定目标，研究制定《大理州现代物流产业发展行动方案（2021—2025年）》，待州委、州政府审定后印发实施，储备项目38个，总投资224.87亿元。滇西（祥云）物流港（北港）物流仓储（一期）建设项目、祥云西站国际生活资料物流园配套基础设施建设项目、大理祥云西站智慧物流枢纽3个项目纳入年度省级“四个一百”重点建设项目；宾川冷链物流智慧产业园建设项目、祥云冷链物流产业园、巍山县数字物流园区建设项目等12个项目纳入省级2021年版“补短板、增动力”重点前期项目。制定《大理州现代物流统计监测制度（试行）》，待统计部门审批后即可执行；出具《大理州现代物流产业发展核算报告》，测算2020年大理州现代物流产业总收入475.33亿元，其中物流业收入115.06亿元，物流相关行业360.27亿元。云南皇氏来思尔乳业有限公司和大理沧龙物流有限公司确定为年度省级试点企业供应链创新与应用省级试点企业，获得项目补助资金600万元。至12月，大理州有一级货运枢纽站1个，道路货运从业人员7万余人，普通货物运输经营业户16639户（车辆22568辆），共有A级物流企业13户（其中4A 4户、3A 7户），A级以上企业数居全省继昆明市之后第二位。全年全州货运总量13202.3万吨，货运周转量73017.1万吨/千米。

2021年，大理州建成全州统一的农村电商公共服务信息平台、农村电商大数据平台、农村快递物流信息管理平台、农村产品质量追溯平台和农村电商结算服务平台，实现全州农村电商公共服务、数据采集、物流管理、质量追溯等发展保障要素统抓统管。上图：南涧县全省一流的智慧化农贸市场；下图：工作人员分装通过电子商务外销的“剑川红”马铃薯　（州卫健委、苏金泉　提供）

【农村电子商务】 2021年，大理州2015—2017年度电子商务进农村综合示范项目（宾川、剑川、祥云、漾濞、弥渡、巍山、永平、洱源、鹤庆）均已通过验收和抽查复核。大理市、祥云县、鹤庆县获批2021年电子商务进农村综合示范项目，获批项目数（12个）全省第一，第一批3000万元项目补助资金下达到县（市）。在大理机场、大理南国城等开设实体店，自建“大理便民商城”线上销售平台，开设淘宝品牌专营店对12个县（市）名特产品进行集中宣传展销。创新探索电商“云仓”集配体系建设，实行上行包裹“批量入仓、集中打包、统一发货”，联动乡（镇）电商合伙人理货集货和仓储运输职能，降低快递上行成本，助力乡村振兴。“苍洱名品”州级区域公用品牌推广取得新成效，授权企业176户，设计包装301款，制作文创产品21款。至12月，大理州建成全州统一的农村电商公共服务信息平台、农村电商大数据平台、农村快递物流信息管理平台、农村产品质量追溯平台和农村电商结算服务平台，实现全州农村电商公共服务、数据采集、物流管理、质量追溯等发展保障要素统抓统管。全年全州网络交易额实现160.09亿元，同比增长20.55%，高于全省4.79个百分点；网络零售额实现88.79亿元，增长25.34%，高于全省5.95个百分点；实物型网络零售额26.16亿元，增长23.05%，高于全省4.95个百分点，服务型网络零售额62.63亿元，增长28.92%，高于全省6.85个百分点。

【产销对接】 2021年，大理州大力开展线上线下促销活动，“线上三月街”推动企业利用抖音、快手等直播带货平台扩大线上促销，实现销售额2700多万元。年内组织云南欧亚乳业有限公司等80多户企业参加第六届中国国际食品餐饮博览会、第130届广交会、首届中国（青海）国际生态博览会、第25届上海环球食品展等国内外展会；组织138家单位（行政单位47家、企业91家）参加第四届中国国际进口博览会，完成2601万美元采购任务。利用上海大市场、大流通的优势，推动“云品入沪”，促沪滇协作。全年全州向沪销售额超过6000万元，产品主要有核桃、野生菌、牛奶、生态大米、诺邓火腿等。

【成品油零售体系建设】 2021年，大理州在《云南省成品油零售经营资格审批管理暂行规定》尚未出台的情况下，经报请州人民政府同意，下达加油站规划点确认9座（含高速公路服务区加油站4对8座），经局务会研究同意加油站建设延期10座、迁建1座，验收加油站并予以成品油零售经营资格许可8座，办理加油站技改和建设内容变更手续5座。年内，全州280座加油站共销售成品油91.47万吨，同比增长0.6%。其中销售汽油39.76万吨，增长1.67%；销售柴油51.71万吨，下降0.2%。

对外贸易

【概况】 2021年，全州外贸进出口总额完成15.53亿元，同比增长27.6%，完成省下达任务目标数13.98亿元的112%，其中出口总额完成13.33亿元，增长13.2%，进口总额完成2.2亿元，增长4.6倍。①农产品出口。农产品成为大理州主要的出口产品，全州农产品共出口10.6亿元，同比增长23%，占全州出口比重的79.6%。水果、核桃等农产品实现高速增长，其中水果出口2.7亿元，增长200%；核桃产品出口0.6亿元，增长54%，占全省出口总额的六成以上。②跨境电子商务。10月，大理州创建跨境电子商务综合试验区由省政府上报国务院；12月，大理州通过传统出口贸易转型成跨境电商出口实现新突破；全年完成跨境电商出口越南业务通关5单，货值128万元，产品为水果（葡萄、橘子、苹果）。③进口实现恢复增长。全州进口实现2.2亿元，同比增长462%，其中有色金属进口1.15亿元，贵金属铂粉进口1亿元，新增手表等消费品进口135万元，并由电商平台开展销售，新的模式得到发展。

【稳外贸　稳外资】2021年，大理州千方百计稳外贸稳外资，将稳外贸稳外资纳入州对县（市）和州级重点部门的综合考核。①稳外贸。发挥外贸联席会议制度作用，采取召开全州外贸企业家座谈会、到重点县（市）调研、到德宏和玉溪考察学习等多种方式，一企一策帮助企业解决问题，培育自营进出口实绩企业；全年全州外贸进出口总额完成15.53亿元，同比增长27.6%。②稳外资。年内大理州包装6个外资项目并向外推介，招引外商企业落户大理，提高大理州外资利用水平；实行外商投资企业信息报告与市场监管企业注册“一口办理”；围绕“六稳”“六保”要求，与州投资促进局、州市场监管局、州外汇局等单位建立项目推进沟通协调机制，加强部门间信息和数据共享，最大限度提高协议项目的落地率及审批项目的开工率和资金到位率；编印“大理州外商投资企业设立指南”，《“十三五”期间外经贸政策资料汇编》，为企业做好政策咨询服务；组织全州商务系统和企业参加线上线下RCEP专题培训，包装6个外资项目并向外推介，招引外商企业落户大理，提高大理州外资利用水平；年内全州新设外商投资企业19户，实际利用外资2200万美元，同比增长109倍，总量居全省第三位，增幅居全省第一位。

图4

【服务贸易】2021年，大理州针对全州服务贸易发展基础薄弱，产业基础不强的现状，牵头开展“大理发展服务贸易的主要思路”研究，委托大理大学经济研究院编制《大理州服务贸易发展“十四五”规划》，深入分析大理州发展服务贸易存在的困难或制约因素，找准发展服务贸易的优势产业，明确“十四五”大理服务贸易发展的方向，为大理州申报国家服务贸易创新发展试点奠定基础。年内，全州服务贸易进出口额为3201.5万美元。

【开放平台申建】2021年，大理州完成海关特殊监管区、跨境电商综合试验区、服务贸易创新发展试点课题研究工作。大理机场口岸列入国家“十四五”口岸发展规划（全国新开口岸3个）。9月，大理跨境国际购物中心（跨境电商新零售展示店）正式运营；10月，省人民政府将设立中国（大理）跨境电子商务综合试验区的请示上报国务院；11月，大理经

9月28日，大理州国际旅游零售先行试验区暨大理跨境电商新零售项目启动仪式举行　（州商务局　提供）

2021年大理州外贸骨干企业进出口实绩一览表

表69　　单位：万元

企业名称	进出口总额	企业名称	进出口总额
云南国巨绿色食品有限公司	9290	嘉士伯（中国）啤酒工贸有限公司	579
宾川县云福农副产品加工有限责任公司	9728	云南下关沱茶（集团）股份有限公司	172
宾川县新新农副产品有限公司	8391	大理结缘首饰有限公司	47
宾川宽悬农副产品有限公司	5363	云南清逸堂纸业有限公司	15
宾川县鼎旺农副产品有限公司	6589	云南宝额贸易有限公司	429
宾川县闻雁农业发展有限公司	461	云南田园梦生物科技有限公司	6
三分地农业开发（云南）有限责任公司	18109	云南溪洱农产品	1020
云南松成农业科技有限公司	3898	大理盛世桦璟	131
宾川县清水河进出口有限责任公司	3553	大理博琪尼食品公司	106
宾川县康弘林产品有限责任公司	739	大理娃哈哈饮料有限公司	43
云南瀚星进出口贸易有限公司	30	大理市广慧商贸有限公司	73
云南埃尔法数字供应链有限公司	106	云龙县亿金贵金属有限公司	10298
大理云臻农业	1407	巍山县大仓文华食品工业有限责任公司	3057
大理州大维肥业有限责任公司	22575	剑川县臻福农副产品加工有限公司	5460
祥云县永兴香料有限公司	11148	大理邦农绿色产业发展有限公司	376
云南宝瑞贸易有限公司	11481	云南新希望邓川蝶泉乳业有限公司	308
祥云顺辉贸易有限责任公司	2738	大理品宏高原农业科技开发有限公司	7
祥云县云辉毅合商贸有限公司	7417	洱源县众康责任公司	37.0
云南龙云大有实业有限公司	1414	大理州四方实业总公司钢板弹簧厂	130
大理州瑞才食品有限公司	812	弥渡九州商贸有限公司	73
祥云县品位经贸有限公司	463	南涧县凤凰沱茶有限公司	127
祥云县兰祥液化气储备站	57	云南茶花林化有限公司	56
祥云县融兴经贸有限责任公司	1542	漾濞县微农源农产品贸易有限公司	4343
大理州品富进出口有限公司	108	漾濞全诚一味	193
祥云县庆达食品有限责任公司	131	大理五丰高原农业有限公司	536
大理州振华商贸	507	永平县木元食品	503
云南铂骏贸易有限公司	2094	大理永平曲侗商贸	16

（州商务局　提供）

开保税物流中心项目建设正式启动。省商务厅认定宾川县为2021年省级外贸转型升级基地（蔬菜、葱蒜）。

（王正海撰稿）

快递物流

【概况】 2021年，全州快递业务量、业务收入完成3029.6万件、4.63亿元，同比分别增长39.96%、39.65%。稳定就业6000余人，支撑网络零售额接近227亿元，行业运行平稳有序。全州有邮政公司服务网点139个；民营快递品牌12个，其中持证快递企业65个，分支机构273个，末端网点442个，共计715个营业机构（不含邮政公司）；全州有各类快递服务场所799个（不含邮政公司），其中乡（镇）农村地区网点611个，城区网点188个。末端网点备案468个，较上年新增106个，覆盖全州所有乡（镇），全州快递网点标准化率为100%。年内，全州各邮政快递企业共有汽车700余辆。开通国内货运航线18条，全年通过航空运输快件97万余件，其中出港46万余件，进港51万余件。年底，全州共有12个分拨中心（9个滇西中心，3个州级中心），滇西分拨中心均引入大型流水分拣设备、州级分拨中心有完善的邮件、快件运输传送带，全州整体分拣能力有较大提升。年末，辐射形成的上和物流园区初具规模，顺丰滇西分拨中心、百世滇西分拨中心、中通滇西分拨中心、韵达滇西分拨中心、邮政二级邮件处理中心、极兔滇西分拨中心等企业入驻。

【助力乡村振兴】 2021年底，全州乡（镇）快递服务覆盖率为100%，建制村快递服务覆盖率82.15%。推进“快递下乡”和“快递进村”，整合物流资源，有效降低各快递企业的运营成本，引领群众树立电商思维，激活农村经济，帮助贫困群众增收致富。全州建成11个县（仓配中心）108个乡（中心站点）877个村（邮乐购）站点；对接巍山、祥云、宾川县3个“全国电子商务进农村综合示范项目”。引导快递企业投身乡村振兴战略，全年带动农特产品进城交易额30.55亿元，带动包裹业务量3029.6万件，惠及贫困人口数量近2000人，带动农户增收30亿元。

【“两进一出”工程】 2021年，州邮政管理局推动“快递进村”工程，制定《关于大理州交邮合作实施意见》《大理州加快推进交邮合作，促进建制村直接通邮工作实施意见》《大理州快邮合作实施方案》，鼓励邮快合作、快快合作、驻村设点、交快合作、快商合作及其他合作等多种方式推进快递进村。大理州交通运输公司和大理州邮政分公司联合推进快递物流和交通物流共建，创新打造“交邮合作”模式。部分快递公司与农村客运班车、物流运输车开展合作，或快递公司之间合作，将快递包裹运输到乡（镇）。推动“快递进厂”工程，鼓励各邮政、快递企业到大理州内工业企业设置邮政快递

2021年，祥云县水目山公铁联运物流港货运量突破232万吨
（祥云县志办　提供）

服务网点，邮政、韵达等品牌已到欧亚牛奶厂、云南白药大理制药厂等企业设立服务站点。

【漾濞“5·21”抗震救灾】 2021年，漾濞“5·21”地震发生后，州邮政管理局响应州应急预案，迅速开展抗震救灾工作，第一时间作出部署、第一时间了解情况。向全州邮政业发出“关于漾濞县地震捐款活动的倡议书”，全州邮政快递业迅速集结，助力抗震救灾。全行业累计动员准备应急车辆18辆，动员应急人员360人，出动应急车辆4辆和人员60余人到救灾储备中心进行支援。邮政管理局和企业捐款捐物累计97.2万元，其中现金22.6万元、帐篷463顶、饮用矿泉水9800箱、方便食品4942箱、其余物品3000多箱。

【绿色邮政建设】 2021年，全州快递包裹窄胶带的使用率100%，电子渠道收寄热敏面单覆盖率100%，网点设绿色回收箱100%。推行绿色运输，倡导电三轮绿色投递作业，全州纳入规范通行管理的电动三轮车208辆。

【现代物流产业】 2021年，州邮政管理局将现代物流产业作为“445”产业体系中4个“千亿级”产业打造。全州有一级货运枢纽站1个，道路货运从业人员7万余人，普通货物运输经营业户16639户（车辆22568辆），大理沧龙物流、大理中运、大理紫辰物流等一批物流企业逐渐成为行业龙头，全州有A级物流企业13家，其中4A级物流企业4户，3A级物流企业7户，A级以上企业数居全省继昆明市之后第二位。2021年，全州货运总量13202.3万吨，货物周转量73017.1万吨千米。

【现代物流网络布局】 2021年，大理州抢抓国家商贸服务型物流枢纽和综合性交通枢纽申建机遇，主动融入国家“一带一路”倡议、云南省建设面向南亚、东南亚辐射中心等重大战略和决策部署，出台促进产业发展政策措施，推动重点项目加快建设，编制《大理州现代物流产业发展中长期规划（2020—2035年）》，调整优化产业布局，加快大理市大宗生产资料物流、铁路货运功能向祥云县转移，打造以祥云县为中心的滇西物流枢纽、面向南亚、东南亚重要国际物流港，梳理全州现代物流产业“十四五”期间重点规划建设项目38个，总投资216.87亿元。

【现代物流产业重点项目】 2021年，大理州现代物流产业纳入全州“十四五”规划重大建设项目124个，总投资458.17亿元；滇西（祥云）物流港（北港）物流仓储（一期）建设项目、祥云西站国际生活资料物流园配套基础设施建设项目、大理祥云西站智慧物流枢纽等3个项目纳入2021年省级“四个一百”重点建设项目；宾川冷链物流智慧产业园建设项目、祥云冷链物流产业园、巍山县数字物流园区建设项目等12个项目纳入省级2021年版“补短板、增动力”重点前期项目。年内，申报云南皇氏来思尔乳业有限公司和大理沧龙物流有限公司为省级试点企业供应链创新与应用省级试点企业，争取项目资金600万元。

【社会消费恢复】 2021年，大理州持续促进社会消费恢复。①优化消费环境。以商旅文融合、家电汽车下乡、以旧换新、培育夜间经济消费市场等为重点，培育区域消费中心，激活消费热点，挖掘城乡居民消费潜力，加快消费转型升级，刺激消费恢复。②稳定和扩大消费。大力开展线上线下促销活动，稳住本地消费市场，扩大外来消费增量；年内“线上三月街”推动企业利用抖音、快手等直播带货平台扩大线上促销，实现销售额2700多万元。启动实施大理市喜洲古镇、双廊小镇及剑川县白族原乡民族风情步行街省级试点改造提升项目。③车用燃料油品专项整治。开展车用燃料油品市场专项整治行动，规范车用燃料油市场经营秩序，促进成品油销量增长。

（州邮政管理局、州发改委供稿）

供销合作

【概况】 2021年，全州供销合作社系统紧紧围绕州委、州政府中心工作，以服务“三农”为重点，以乡村振兴战略为引领，以深化供销合作社综合改革为抓手，以加快发展为第一要务，加强“织网、接线、聚人”工作，提高思想和政治站位，把思想和行动统一起来，准确把握重点工作和主要任务，落实落细各项举措，加强工作统筹，抢抓时间进度，抓好深化综合改革等重点任务落实落地，助推脱贫攻坚同乡村振兴有效衔接，实现主要经济指标完成，主要发展指标加强，成绩位于省内先进行列。全年，省供销合作社联合社党组书记、理事会主任和丽贵，党组成员、理事会副主任宋云河，党组成员、监事会主任金彦，理事会副主任、一级巡视员崔红先后到大理调研指导。大理州供销合作社联合社获省供销合作总社“2021年度全省综合业绩考核优胜单位一等奖”，创建为第十五届大理州文明单位。

【供销合作社改革】 2021年，州供销社深化供销合作社综合改革，主动作为，稳步推进改革试点工作，构建公共型农业社会化服务体系。①主要经济指标。全州供销合作社系统销售总额完成187.55亿元，同比增长0.01%；电子商务销售额完成2.08亿元，增长33.61%；食用菌总产量70945吨，超额完成5.89%；食用菌总产值为27.07亿元，超额完成13.04%；汇总利润793.29万元，增长10.08%；营业总收入1.10亿元，增长37.15%；资产总额2.71亿元，增长17.92%；所有者权益1.56亿元，增长3.1%。②联合社治理。州、县、乡三级理事会和监事会规范化、制度化、常态化建设得到新加强，提升全州供销系统联合社治理机制完善和治理效能。③合作社发展。年内，规范发展各类农民专业合作社40个，创建省级农民专业合作社示范社9个，年末，全州供销合作社系统领办发展农民专业合作社累计2348个，累计创建州级及以上示范社480个，合作社的发展量质齐升，示范带动作用显著增强。④基层社改造。年内，新建村级基层社33个，改造提升薄弱基层社14个，建设标杆基层社4个。争取到州级财政资金120万元，专项用于4个基层社分类改造提升项目，基层基础更加夯实。⑤供销合作。州供销合作社社有资产管理中心出资500万元设立的供销合作发展基金运行良好；至12月，基金成员单位15家。为基层社改造提升、合作社产业发展累计提供资金支持19笔1080万元；9月2日，大理州滇路高原特色农产品销售有限责任公司12个县（市）农产品选销中心正式揭牌运营，纳统销售12个县（市）490多个品种，销售额为300余万元，取得良好的经济效益和社会效益；深化与建设银行大理分行签订的农村普惠金融合作协议，洱源县云岭种植专业合作社“裕农通”标杆示范点通过验收，并授牌“裕农学堂”。⑥《规划》编制。8月，编制出台《大理州供销合作社“十四五”发展规划和2035年远景目标》《大理州食用菌产业“十四五”发展规划》，深化供销合作社综合改革，加强为农服务能力，全面助推国家乡村振兴、农业农村现代化，落实大理州“十四五”时期“两个建设、三个走在前”的目标提供行动指南和根本保障。

【主要工作】 2021年，州供销合作社围绕州委、州政府中心工作，扛牢抓实安全生产，落实洱海流域农业面源污染治理，推进乡村振兴。①安全生产。州供销合作社始终把安全生产牢牢抓在手上，将安全生产贯穿于供销工作全过程，落实企业安全生产主体责任，全面推进企业安全生产标准化达标创建工作，加强督促检查，实现全系统零事故的目标。加强对12个县（市）供销合作社及州供销合作社社属烟花爆竹经营公司企业安全生产的督导检查，签订并落实“2021年度安全生产工作目标责任书”任务。开展“安全生产活动月”和全面开展安全生产大检查工作，对县（市）社、州属公司开展调研和安全检查8次30人，及时整改和全面落实存在的问题。加强全州供销合作社系统烟花爆竹安全运输和经营的监督管理及汛期安全生产工作。②洱海保护治理。坚持落实洱海流域农业面源污染治理月巡查检查工作制度。州社参加检查20人次、大理市社125人次、洱源县社42人次。抓好洱海流域化肥减量和有机肥增量工作，全面完成州社和12个县（市）供销合作社与农资批发企业和所属（含参控股企业）的农资销售经营主体签订禁止向洱海流域内批发销售含氮磷化肥承诺书，做到签约全覆盖、零遗漏。选派1名优秀年轻干部到洱源县三营镇驻村工作，年度考核获“优秀”等次。③乡村振兴。选派1名县处级领导干部担任乡村振兴驻村第一书记，推进建立村级基层社助推产业兴旺，在宾川县平川镇古底村组建成立宾川县涵逸种养殖专业合作社，争取落地沪滇合作项目资金380万元发展葡萄产业。④助力漾濞“5·21”地震灾区。至12月，州社下拨抗震救灾应急资金5万元，向省社和总社争取灾后重建资金各30万元，用于漾濞等5个县（市）社的救灾和重建工作。全系统共投入人力923人次，车辆20余辆，投入救灾物资和资金共计86.7万元。

（张锋华撰稿）

2021年大理州各县（市）供销合作社经营情况表

表70

县市	商品购进（万元）	销售总额（万元）	利润总额（万元）	化肥销售（吨）
大理市	299597.39	317840.49	340.99	321449
漾濞县	97819	89315.5	-20	5356
祥云县	278973.74	402219.64	40	134790.17
宾川县	335737	340596.6	-31.7	90130
弥渡县	66881.44	133151.88	0.6	42518.43
南涧县	112590.6	114723.5	12	25386
巍山县	35529.1	82762.5	0.08	10294
永平县	54711.7	112502.1	8.32	69911
云龙县	2693.91	7366	75	4561
洱源县	100004.71	110006.73	5.7	15019
剑川县	38768.8	104307.6	175	36237
鹤庆县	19987.59	21776.14	91.8	10955.1
全州合计	1480513.98	1875467.7	687.79	772464.7

（州供销社　提供）

粮食和物资储备

【概况】 2021年，全州16家国有粮食购销企业有效落实粮食安全行政首长责任制，推进粮食仓储设施建设和粮库智能化升级改造项目建设，开展新冠疫情期间市场粮油保供稳价，守住管好“两个安全”，实施粮食质量安全监测体系和粮食产后服务体系建设，加强粮食产销合作，企业经营状况在新冠疫情冲击下呈现“三减一增”的态势，即粮食购进减少、粮食销售减少、商品库存减少、实现利润增加。全年全州国有粮食购销企业商品购进贸易粮8112万千克，同比减少2612万千克，减幅为24.4%；商品销售贸易粮8636万千克，减少1820万千克，减幅为17.4%；年末，全州国有粮食购销企业商品贸易粮周转库存为330万千克，减少1437万千克，减幅81.3%，全州国有粮食购销企业实现利润346.7万元，增加146.3万元，增幅为73%。

2021年大理州国有粮食购销企业粮食购销存及利润表

表71

单位：万千克、万元

项目 地区	商品粮购进				商品粮销售				商品粮周转库存				利润总额			
	贸易粮合计	上年同期	同比（+、-）	增减（%）	贸易粮合计	上年同期	同比（+、-）	增减（%）	贸易粮合计	上年同期	同比（+、-）	增减（%）	本年实际	上年同期	同比（+、-）	增减（%）
合计	8112.4	10724.0	-2611.6	-24.4	8636.0	10456.3	-1820.3	-17.4	329.9	1767.1	-1437.2	-81.3	346.7	200.4	146.3	73.0
大理	1016.5	2464.2	-1447.7	-58.7	1330.0	2311.4	-981.4	-42.5	122.9	462.9	-340.0	-73.4	97.3	56.1	41.2	73.4
漾濞	56.1	56.2	-0.1	-0.2	55.9	54.8	1.1	2.0		0.6	-0.6	-100.0	5.0	0.4	4.6	1150.0
祥云	476.4	2654.0	-2177.6	-82.0	771.5	2831.3	-2059.8	-72.8	0.4	305.7	-305.3	-99.9	219.7	37.3	182.4	489.0
宾川	96.2	68.4	27.8	40.6	94.2	67.7	26.5	39.1		0.1	-0.1	-100.0	0.5	0.8	-0.3	-37.5
弥渡	191.0	109.2	81.8	74.9	210.5	252.6	-42.1	-16.7		4.5	-4.5	-100.0	-39.5	5.4	-44.9	-831.5
南涧	218.8	200.2	18.6	9.3	200.8	200.2	0.6	0.3			0.0	0.0	13.6	8.2	5.4	65.9
巍山	316.4	284.0	32.4	11.4	298.8	331.4	-32.6	-9.8			0.0	0.0	29.4	13.3	16.1	121.1
永平	1.3	20.6	-19.3	-93.7	1.9	20.5	-18.6	-90.7	0.1	0.7	-0.6	-85.7	-5.2	3.2	-8.4	-262.5
云龙	50.6	65.1	-14.5	-22.3	8.7	59.1	-50.4	-85.3	0.2	1.3	-1.1	-84.6	0.8	0.3	0.5	-166.7
洱源	2143.7	1631.8	511.9	31.4	2333.7	1400.8	932.9	66.6	199.1	499.5	-300.4	-60.1	-101.1	43.1	-144.2	-334.6
剑川	186.4	244.1	-57.7	-23.6	153.2	189.0	-35.8	-18.9	0.4		0.4	0.0	0.6	0.6	0.0	0.0
鹤庆	1321.3	1107.6	213.7	19.3	1464.3	844.9	619.4	73.3	6.8	250.0	-243.2	-97.3	13.5	31.8	-18.3	-57.5
州国储库	2037.2	1818.6	218.6	12.0	1712.7	1892.7	-180.0	-9.5		241.9	-241.9	-100.0	112.0		112.0	0.0

（州发改委　提供）

【粮油应急供应保障体系建设】 2021年，全州粮食和物资储备疫情防控期间完成400万千克成品粮（大米）储备任务，保障粮食市场供应和价格基本稳定。完善粮油应急供应保障体系，通过全国粮食应急保障系统上报全州168个粮油应急供应网点信息；省评定大理州国家粮食储备有限公司、大理粮食购销储备中心、鹤庆县国有粮食购销公司、洱源县玉食农特产品有限公司4家单位为省级粮油应急保供企业，并授牌，形成布局合理、保障粮食应急供应体系。落实24小时值班值守制度，强化粮食仓储门岗管理，落实疫情防控期间的安全生产责任。

【粮食安全行政首长责任制】 2021年，全州国有粮食购销企业严格落实粮食安全行政首长责任制考核，州政府与各县（市）人民政府签订大理州2021年粮食安全责任书后，不折不扣完成地方储备粮承储任务，省评定大理州2021年粮食安全行政首长责任制考核为全省第4名。10月15日，州发展改革委联合州农业农村局等单位，在大理市下关人民公园组织开展“世界粮食日”主会场活动，并组成3个“粮食安全宣传小组”进机关、进学校、进社区开展宣传，发放宣传资料10000余份，制作悬挂横幅3幅，发放粮食小包装宣传品5000份。营造厉行节约、节粮爱粮的浓厚社会氛围。

【安全生产】 2021年，州发改委与州国储公司、州减灾备灾中心签订年度安全生产责任书。开展粮食库存大清查、救灾物资库存专项检查，对安全储粮、消防安全和安全生产进行专项检查。漾濞县“5·21”地震后，开展全州国有粮食企业安全生产大排查。利用“5·12”防灾减灾日、“安全生产月”组织开展全民的安全知识宣传、消防安全培训和应急演练。全州粮食和物资储备行业未发生较大安全责任事故。

【粮食库存大清查】 年内，大理州制定2021年度粮食库存大清查工作方案，组织开展县（市）及企业自查。自查后州发改委联合州财政局、农发行大理州分行对大理市、漾濞县、弥渡县、南涧县、洱源县、巍山县、鹤庆县和大理州国家粮食储备有限公司开展州级抽查。配合省检查小组对鹤庆县、漾濞县开展省级抽查。

【粮食仓储设施建设】 2021年，全面加强粮食仓储设施建设。①危仓老库维修改造。州级安排配套资金100万元，拨付到剑川县财政局，专项用于剑川县国有粮食购销公司新建粮食储备库建设。②新建储备库。年内，洱源县国有粮食购销公司新建粮食储备库项目、大理祥云国家粮食储备库项目、宾川县粮食仓储设施原址重建项目一期建设完成，洱源、宾川（一期）完成竣工验收。③粮食产后服务体系建设。实施“优质粮食工程”粮食产后服务项目9个，总投资4760万元。至年末，累计完成投资4820万元，项目投资完成率为101.26%，完成建设任务并投入使用，开展“五代”服务，并取得一定成效；粮食质量检验监测项目13个，总投资1564万元，累计完成1550万元，项目竣工验收。④救灾物资储备库建设。实施宾川等6个县救灾物资储备库建设项目。建设规模4780平方米，总投资2018万元，年内建设完成5个县，累计完成投资额1805万元。⑤粮库智能化升级改造。全州实施粮库智能化升级改造项目13个库点，年内建设项目全部完成。

【粮食储备管理】 2021年，大理州加强全州成品粮（大米）储备管理。①州级储备粮的轮换验收。组织完成2020年度州级储备粮的轮换验收工作，及时下达全年州级储备粮轮换计划，加强全州成品粮（大米）储备管理，年内州级粮食风险基金预算1248万元。②州级救灾物资管理。出台《大理州州级救灾物资管理办法》，开展年度救灾物资大清查，做好防疫物资接收、分发工作。③自然灾害物资调运。做好漾濞“5·21”6.4级地震、洱源“9·13”山洪泥石流等自然灾害物资调运工作，调拨省、州级救灾物资帐篷2538顶，棉被24073床，折叠床7180张，多功能高杆灯22部，便携式发电机15部，床上用品、床垫、衣服、应急手电筒等31041件，确保灾区群众的基本生活需要，维护灾区的社会稳定。

【粮油品牌建设】 2021年，大理市与云南省粮食产业集团正式签订《大理市洱海流域绿色种植基地项目合作协议》，以“水稻+”模式，开展规模化绿色种植，携手打造“洱海留香”高原大米品牌，流转土地816.29公顷，水稻绿色种植673.25公顷，粳稻产量为4764吨。年内大理荣江生态农业发展有限公司的生态米声农4号“葛荣江生产大队”品牌入选“云南好粮油”产品名单。通过产业引导，依托独特地理优势，培育和发展“禾丰”“洱海留香”“湾桥大米”“漾濞软米”“旧州米”“荣江生产大队”“凤羽菜籽油”等一批商标品牌。

【编制“十四五”规划】 2021年，着眼“十四五”期间大理州粮食和物资储备行业高质量发展对粮食产业经济发展需要，聚焦粮食和物资储备领域的主要矛盾和突出问题，结合州人民政府及委党组的相关要求，在广泛征求相关部门意见建议的基础上，经多次修改完善，完成《大理州粮食和物资储备行业“十四五”专项规划》的编制工作。

（州发改委供稿）

烟草专卖

【概况】 云南省大理州烟草专卖局、云南省烟草公司大理州公司成立于1984年1月，实行“一套机构、两块牌子”的管理体制，承担着属地范围内的烟草专卖管理、烤烟生产经营和卷烟经营等多项职能。全年上缴税金19.32亿元，同比增加4.99%。年内，云龙县烟草专卖局（分公司）被云南省委省政府表彰为“云南省脱贫攻坚先进集体”；大理州烟草专卖局（公司）、云龙县烟草专卖局（分公司）被云南省烟草专卖局表彰为“云南烟草商业脱贫攻坚先进集体”；大理州局（公司）党委被中共大理州委表彰为先进基层党组织；漾濞县烟草专卖局（分公司）被中共大理州委、大理州人民政府命名为“大理州民族团结进步示范单位”。大理州烟草公司被大理市政府评为年度大理市“十强批发企业”。大理州烟草专卖局（公司）苏家恩获云南省总工会年度“云南省五一劳动奖章”；朱凯、柳金德获云南省烟草专卖局“云南烟草商业劳动模范”称号；许星昊、王正周、李航、黄坤、赵孟阳被云南省烟草专卖局表彰为“云南烟草商业脱贫攻坚先进个人”；姚楠、王锐寅、吕子兴、奚钢被云南省烟草专卖局表彰为“云南烟草商业脱贫攻坚优秀驻村扶贫工作队员”。

【烟叶生产】 2021年，大理州种植烤烟3.26万公顷，收购烤烟132.1万担，均价33.21元/千克，上等烟71.65%，实现烟农总收入21.94亿元，同比增加6.3%，烟叶税4.83亿元，增加6.39%。收购红大64.28万担，K326品种26.02万担，特色烟叶占总量的68.36%，特色优质原料保障能力提升。全州流转土地0.8万公顷，核心烟区种植面积3万公顷，占种烟总面积的91.9%。落实烟田轮作面积2.80万公顷、占85.92%，同比提高6.2%；引进适用农机开展机械化整地专业化服务，新增推广水肥一体化膜下滴灌0.27万公顷，建设绿色防控综合示范区1.03万公顷、辐射区2.23万公顷，亩均化学农药用量较2015年减少66.09%；巍山、剑川STP项目试点成效明显，环洱海流域0.37万公顷烤烟全面实现绿色生产方式；推广生物质燃料2.12万吨，节约煤炭1.7万吨，减少二氧化碳排放3.4万吨，完善“资源节约型、环境友好型”烟草农业发展模式。年内，大理州投入基础设施建设资金4925.12万元，配套项目2231件；涵盖烟水配套机耕路（非高标准基本烟田建设）、烟草农机、育苗设施和配套设备、烟叶调制设施4大类14小类项目。至12月，全州争取烟草援建水源工程11件，复函援建资金总额12.86亿元，其中完工项目10件，复函援建资金合计11.69亿元；竣工并投入使用项目7件；正开展竣工验收准备项目3件，即云龙小菜园水库、弥渡小村箐水库及鹤庆六合引蓄水工程，复函援建资金合计2.52亿元；在建项目1件，即洱源草海子水库，复函援建资金1.17亿元。

【卷烟销售】 2021年，大理州销售卷烟13.3万箱，销售收入46.29亿元，同比增长4.88%；累计单箱销售收入34802元，增长4.87%。客户综合毛利率16.7%，提升0.9个百分点，客户经营利润率稳中有升。累计建成品牌终端3161户，占全州客户总数的20.24%，品牌终端建设从数量型向质量型转变步伐持续加快，有效带动卷烟零售市场生态的优化。探索雪茄烟培育模式，加强雪茄烟市场建设，累计销售雪茄烟838.74万支，其中机制雪茄830.99万支，手工雪茄7.75万支，总量居全省第一。

【烟草专卖管理】 2021年，大理州全年查处涉烟行政案件2006起，查获假冒卷烟99.57箱497.86万支，查获真

2021年，州烟草专卖局积极响应洱海保护行动，探索实践“烟叶+N产业综合体”，将烟叶生产融入大农业，实现了种烟稳粮、绿色发展。图为大理市海西烤烟产业综合体

（州烟草专卖局 提供）

品卷烟119.41箱597.03万支，罚没走私烟0.54万支，罚没原料158.49吨。侦破涉烟犯罪刑事案件114起，同比增加5起。查获涉案卷烟803.12箱4015.62万支，涉案金额1870.67万元；罚没原料154.69吨3093.8担，涉案金额770.44万元。司法机关依法刑事拘留22人，逮捕11人，判刑34人。全州呈报国家级网络案件5起，同比增加2起。

【**社会公益**】2021年，大理州烟草专卖局（公司）（含下属分公司）共捐款1452.74万元（含个人捐款42.74万元），用于各项社会公益活动。①巩固脱贫攻坚助力乡村振兴捐赠。大理州烟草专卖局（公司）（含下属分公司）共捐赠666.79万元（含个人捐款8.79万元）用于巩固脱贫攻坚助力乡村振兴。②其他公益性活动捐赠。州局（公司）本部捐赠16.77万元（含个人捐款6.77万元），主要用于青山村“三清洁”环境整治及大理市百乐社区爱国卫生运动、创城创卫环境整治及相关设施建设项目，个人捐款主要用于漾濞县“5·21”地震抗震救灾。各县（市）分公司捐赠769.18万元（含个人捐赠27.18万元），单位捐赠主要用于地震灾后重建、人居环境提升、“三清洁”挂钩村卫生整治；职工捐款5万元主要用于漾濞地区抗震救灾、助力大理见义勇为、博爱行动、绿化植树等。③开展其他各类公益活动。累计组织9754人次开展爱国卫生整治活动，组织1527人次开展环洱海“三清洁”乡村卫生打扫活动，组织2895人次在文明城市创建责任区进行志愿服务活动。累计组织63人次参加献血活动，累计献血18800毫升；组织36人次参加植树活动，植树36棵。

（段佳璐撰稿）

2021年，州烟草专卖局坚持生态优先，完善“资源节约型、环境友好型”烟草农业发展模式，环洱海流域烤烟全面实现绿色生产方式。上图：大理州各烟区100%烟用地膜回收减少面源污染；下图：漾濞县龙潭乡龙潭村烟农使用可移动新能源烤房

（州烟草专卖局　提供）

成品油管理

【**中国石油云南大理销售分公司**】2021年，中国石油云南大理销售分公司（以下简称石油公司）是中国石油在大理州内的成品油销售企业，拥有加油站65座，CNG加气站1座，分布于全州各县（市）。石油公司机关设有销售营销中心、运行保障中心、服务监督中心、直销阿米巴、红海项目小组。下设14个团队、6个直管站。年内，中国石油云南大理销售分公司全体员工以“金花精神”“红海精神”为动力，以市场为导向，以客户为中心，打造“人·车·生活”生态圈的一体化营销，克服疫情、旅游熔断等不利因素，围绕打造“提速大理、精益大理、文化大理、平安大理、幸福大理”的目标，壮大公司规模，提升经营质量，提高服务水平，增强竞争能力。全年销售成品油近40万吨，上缴税金2651万元，实现社会消费品总额32.5亿元，同比增幅2.6%。大理富海（蝴蝶）加油站被评为“全国青年文明号”。

经营管理　2021年，公司深入开展汽油特色旅游营销，“五朵金花”集群旅游营销站点的白族特色站貌、金花特色服务、大理特色商品、特色旅游导图、特色民宿和餐饮吸引来自国内外的游客。结合大理滇西重镇、物流中心的特点，实施柴油物流营销。客户开发，全年新增个人客户14.9万人。配合商务、公安等部门打击查处流动加油车、黑窝点，营造增量创效优支出的市场环境。通过源头融入、过程管控、效果评价等手段，实时动态开展量效分析和促销效果评估。建立业财融合日报表分享机制，编制以“精细算、精准干、精确控、精益管”为主的“四精”阿米巴经营报表，提升销售质量。

非油品经营　2021年，石油公司实行店面品类优化管理，打造非油兑换券专区，提升便利店销售质量。与云南快勤、站外汽服门店联合开展换油服务，与天翼汽车服务、金花咔咔开展“润滑油+保养”活动。与驿公里、英茂咔咔联合拓展汽服市场，新增汽服店及全自动洗车项目23座。拓展店外销售，第二座汽车穿梭餐厅阿鹏肯德基投运。引进漾濞核桃乳、洱源黑蒜、巍山扎染等大理特色扶贫产品并试销。开展“5·20”创新营销、中秋油礼等常态化直播20余期，销售巍山扎染、下关沱茶15万元。参加销售公司百城直播竞赛，通过主播引流、“茶叶专用券”等方式吸引观众7.1万人次。

安全环保　2021年，石油公司抓好常态化疫情防控，采购5批次口罩7.5万只、手套7.8万只、消毒液2.5吨、防护服50套、测温枪78把等防疫物资，确保现场和员工防护需求。响应地方政府号召，快速驰援大理洱海“5·10”坠机事故，第一时间组织应对漾濞“5·21”地震，在严峻的疫情形势下保持全天候销售业务不停、资源供应、服务水平不降，得到大理州政府的书面表扬和广大人民群众的赞扬，被大理州政府评为消防工作“先进单位”。处置突发事件获中国石油云南销售公司安全生产特别奖一等奖3项，二等奖2项，三等奖2项。开展HSE安全履职能力培训、安全生产月、安全警示月相关活动，营造安全文化氛围，获评中国石油云南销售公司“质量管理先进单位”，喜洲站获评中国石油集团公司“绿色基层库站”。

队伍建设　2021年，石油公司建立涵盖“市场营销中心、运行保障中心、服务监督中心、红海项目小组、直销阿米巴”的“3+1+1”柔性组织，实行人员定编化、工资总额部门化管控，机关服务基层的效率显著提升。推行“14+6”（14个团队、6个独立站）的阿米巴经营模式，团队实行人员、工资总额、效益三包干管理，全面推行升油工资制，引导基层主动提量、控员、降费，公司用工总量521人，降幅8.6%。持续加强人才队伍建设，开展技能人才选拔及培训，在中国石油云南销售公司第七届职业技能竞赛中获得阿米巴营销策划团队第3名。开展加油站经理任职资格公开竞聘，6名大学生取得加油站经理任职资格，后备人才队伍力量得到充实。

党建及群团工作　石油公司落实中国石油云南销售公司党委、纪委工

2021年，中国石油云南大理销售分公司阿鹏加油站开业，这是大理分公司第一座融合加油、CNG加气、充电、肯德基、洗车、广告、特色非油等为一体的综合能源服务站。上图：10月18日，阿鹏加油站开业；下图：车辆在阿鹏站充电　（中石油大理分公司　提供）

2021年大理州成品油调价记录表

表72　单位：元

日期	92#	95#	98#	0#
1月15日	6.39	6.85	7.53	5.97
1月29日	6.45	6.92	7.60	6.03
2月18日	6.68	7.16	7.84	6.25
3月3日	6.88	7.38	8.06	6.47
3月18日	7.07	7.58	8.26	6.66
3月31日	6.89	7.39	8.07	6.47
4月28日	6.97	7.48	8.16	6.56
5月15日	7.05	7.56	8.24	6.64
6月11日	7.19	7.71	8.39	6.79
6月29日	7.37	7.91	8.59	6.97
7月13日	7.43	7.97	8.65	7.02
7月27日	7.35	7.88	8.56	6.94
8月22日	7.15	7.67	8.35	6.73
9月6日	7.26	7.79	8.47	6.85
9月19日	7.33	7.86	8.54	6.93
10月9日	7.61	8.16	8.84	7.21
10月23日	7.85	8.42	9.10	7.46
11月19日	7.78	8.34	9.02	7.38
12月4日	7.43	7.97	8.65	7.02
12月18日	7.33	7.86	8.54	6.92
12月31日	7.44	7.98	8.66	7.03

（中石油大理分公司、中石化大理分公司　提供）

上图：中石化大理分公司助力漾濞“5·21”地震抗震保供；下图：9月，中石化大理分公司阳溪加油站开业　　（中石化大理分公司　提供）

作部署，以高质量党建引领保障高质量发展，持续加强党的建设，推进全面从严治党，发挥党委把关定向、引领发展的作用，使政治建设更强，党组织作用更硬，选人用人更正，管党治党更严，政治生态更清。富海站获评“全国青年文明号”、金花党支部获评中国石油集团公司“先进基层党组织”、满江东加油站获中国石油集团公司“青年文明号”；分公司获评中国石油云南销售公司“先进单位”、分公司党委获评中国石油云南销售公司“先进基层党组织”、分公司纪委获评中国石油云南公司“先进基层纪委”。

（李娇雁撰稿）

【中国石化大理分公司】 2021年，中国石化大理石油分公司（以下简称石化公司）贯彻地方党委政府和上级公司各项决策部署，实现生产经营稳中有进，质量效益提升，在大理州网点占有率42.9%，机出市场占有率52.7%，全年未发生安全环保上报等级事故，企业总体保持和谐稳定，获评大理市平安建设先进集体，年度定点帮扶工作被大理州巩固脱贫攻坚、推进乡村振兴领导小组考核评定为“优秀”等次。

经营管理　2021年，石化公司践行“每一滴油都是承诺”，确保出库油品合格率100%。推进油品质量升级，年内引入推广中国石化自行创新研发的“爱跑98”品牌汽油；开展清洁提升计划，协调推进市区重点站、旅游沿线等站点绿化带修剪，实施灯光亮化工程，投入近500万元打造大理市苍洱、苍龙两座标杆示范站，打造城市靓丽名片，契合“风花雪月、自在大理”的旅游城市形象。注重搭台推优，助力地方经济。融入地方发展，主动拜访地方党委政府，汇报在履行政治和社会方面所尽责任，在支持地方经济发展所做工作以及“十四五”期间发展思路，推动云南石油分公司与大理州政府签署战略合作框架协议；按期建成大理阳溪加油站、永平中屯加油站和漾濞顺濞加油站并投营；同时，发挥中国石化“易捷”便利店平台优势，大力推广和销售本地特色商品，先后与永平、南涧、宾川、鹤庆等县政府签订战略协议，加大地方特色商品上架销售，助力高原绿色农产品引进来、走出去，年内非油品营业额同比增幅5%。

安全环保　2021年，石化公司落实疫情防控有关要求，确保全年“零感染”“零疑似”。持续推动安全生产专项整治三年行动计划，狠抓公共安全风险目标达标，落实值班带班制度，确保特殊时期安全平稳；开展安全警示月和“9·11”警示日活动，每月通过企地联动、自行组织等多形式开展库站应急预案演练，使广大干部员工始终紧绷安全生产这根弦；完成“一键报警”等项目建设，提升本质安全水平。始终牢记习近平总书记“一定要把洱海保护好”“守住守好洱海”的殷殷嘱托，融入大理“以绿色为底色的高质量发展之路”，全面推进更高质量的绿色企业创建，践行“碳达峰、碳中和”目标，全年完成18座站点统筹改造工程，变更67座站危险化学品经营许可证，大力建设太阳能光伏发电项目和充电项目，推广尾气处理液、燃油宝等环保产品；加大临水库站的风险识别管理，推动企业发展与环境保护有机融合，为大理的天更蓝、水更清、人民生活更美好贡献中国石化的智慧和力量。

国企担当　2021年，石化公司投身脱贫攻坚、抗击疫情和自然灾害、民生保供等公益事业。派出专职扶贫干部驻扎弥渡德苴乡多依村，申请资金助力弥渡、永平、云龙等县乡村振兴，巩固拓展脱贫攻坚成果；企业用工近千人，为缓解地方就业压力作出应有的贡献；5月21日漾濞发生地震后，公司党员领导干部靠前指挥，组织开展震后救灾保供，主动参与社会救援，彰显国企风范和担当；年内打造4座司机之家和8座爱心驿站，为户外劳动者、司乘人员、环卫工人等搭建户外工作温馨的“家”；协助政府相关部门开展非法经营打击行动，有效遏制辖区范围走私油、非标油等非法经营的猖獗势头，优化营商环境。

（王秋丽撰稿）

金融业

Financial Industry

责任编校　杨林柏

乡愁大理·黑白记忆　1972年的大理古城北门

综　述

【概况】2021年，全州金融部门持续加大对实体经济的支持力度，全面落实"六稳""六保"任务，奋力回答"大理之问"，促进金融产业发展补短板、有突破。金融部门及时组建领导组，印发工作方案和"流程图"，迅速响应、抓紧行动，在找准问题上下功夫，在补短板上着力，在强化措施上用劲。大理州部分金融产业成效与问题列入全州12个正面典型、10个反面典型。厘清"四清单一方案一突破"，制定《大理州金融重点产业2021—2025年行动方案》。全州贷款增量、增速居全省第二，保险费增量为1.9亿元，金融产业增加值为77.9亿元。

【存贷款规模】2021年，全州金融机构存款余额2038.9亿元，同比增长4.73%，贷款余额1973.2亿元，增长16.22%。各项保费收入47.2亿元，增长4.23%，赔款支出17.9亿元，增长18.80%。证券业年累计交易量（含债券、理财产品）1072.6亿元，增长20.84%；期货完成交易量447.4亿元，增长6.49%。全州20家小贷公司发放贷款1599笔，金额2.1亿元，贷款余额10亿元。全州3家融资担保公司在保余额10亿元，其中涉农担保在保余额8.4亿元。

【政金企合作与服务金融】2021年，全州金融部门梳理出有融资需求的项目及企业884项、总融资需求2760.7亿元，将梳理出的项目及企业向金融机构及时推介。筹办年度市场化融资项目推介会，协调金融机构增加信贷投放、强化金融支持。推介的项目、企业分别授信733.4亿元、99.5亿元，累计发放贷款209.5亿元、21.3亿元，贷款余额307.6亿元、64.6亿元。全面深化政银合作，牵头组织与农发行、国开行、农行、建行等7家省级金融机构签订合作协议。强化金融服务针对性，组织召开以旅游项目、外贸项目、绿色食品项目、"一水两污"项目为主的4次专项融资对接会；组织发动金融机构直接参与项目的策划包装，提高项目获贷率；组织编印《大理州金融政策法规汇编》，发放给从事融资工作的干部职工，提高行政干部的金融素养；邀请省级金融专家到大理培训3场次。主动参与中小微企业纾困工作，以多种方式解决部分企业流动性资金困难，帮助企业在疫情中渡过难关。

【融资与债券发行】2021年，全州金融部门持续落实企业上市倍增三年行动计划，推荐合续环境科技有限公司进入省上市培育"金种子"企业目录，并经省证券局批准进入辅导期，分层推进大理旅游集团、欧亚乳业等4家"金种子"企业上市工作。大理经开投集团获批发行10亿元公司债。加强与云南金控集团合作，推动在大理州设立"财金"产业基金，协调有关企业按期偿还企业债和公司债到期本息，督促有关县按期偿还"扶贫基金"到期本息，规避违约风险。

【创新与绿色金融】2021年，大理州绿色贷款余额268亿元，同比增长17%，增幅居全省第1位。金融资源对清洁能源产业、生态环境产业、基础设施绿色升级和节能环保产业的支持集中度提高，四项贷款余额分别为101.4亿元、71.3亿元、53.4亿元和33.6亿元，占比分别为38.79%、27.27%、20.41%和12.86%。华夏银行大理分行发行绿色金融债券专项支持光伏、风电项目建设运营、绿色交通和污染防治等。富滇银行大理分行运用资管计划、信托计划提供43.5亿元资金有效支持洱海污染治理、水系连通、资源循环利用等绿色项目。

【小微贷与普惠金融】2021年，全州普惠小微贷款实现"量增、扩面"。至12月，大理州普惠小微贷款余额（普惠小微贷款包括单户授信1000万元、1000万元下的境内小微企业贷款、个体工商户经营性贷款、小微企业主经营性贷款三类，均不含票据贴现，币种为人民币）748.4亿元，比年初增加28.1亿元，同比增长25.24%，高于各项贷款增速6.8个百分点，普惠小微贷款余额占各项贷款余额比重为10.44%，小微贷款在支持民营经济发展、构建覆盖全州农业信贷担保服务网络体系，降低普惠小微贷款融资成本等方面发挥重要作用，强化金融支持经济社会发展的职能。

【金融科技与现代金融】2021年，全州金融部门引导金融机构扩大数字金融的覆盖范围，搭建小微企业动态数据库、企业和农户还款能力和意愿调查库、银行征信库，"线上＋线下"联动。农发行上线线上远程支付结算终端项目，成为该系统全省首家。建行、工商等银行机构对中小微企业和个体工商户实现在线申请、极速到账、简化手续的申贷模式，科技赋能金融效能得到提升。在推进传统信贷产品贷款存量稳定（扶贫小额信贷、创业担保贷款余额分别为14.5亿元、27.0亿元）的基础上，结合产业转型和乡村振兴，有针对性地推出粮油贷、美丽乡村贷、土地治理贷、乡村产业振兴贷、金果贷、云牛贷、乡村振兴头雁贷等20多类金融产品，助力大理州经济社会高质量发展。

【金融风险防控】2021年，全州金融部门处非工作会议召开，统筹安排处非工作。举办大理州《防范和处置非法集资条例》培训会，强化处非工作的网格化管理工作，落实举报奖励制度，年内对举报进行奖励。协助其他省（市）和兄弟州（市）开展"千木灵芝""小牛资本""泛亚有色""权行普惠"等跨省州案件处置工作，为大理州金融风险增加一道防控屏障。

（州财政局供稿）

银　行

【概况】2021年，大理州辖内有银行业金融机构34家，其中大型国有商业银行6家，股份制商业银行4家，城市商业银行3家，12家农村商业银行，7家村镇银行和农业发展银行大理州分行、云南省联社大理办事处。全州银行业机构营业网点391个，从业人员5441人。至12月，大理州银行业金融机构本外币各项存款余额2025.61亿元（不含人民银行财政性存款），比年初增加90.42亿元，增长4.67%；各项贷款余额1974.22亿元，比年初增加274.57亿元，增长16.15%；实现税后利润24.89亿元，较上年同期减少2.26%。贷款规模居全省第3位，贷款增量、增速均居全省第2位。全年全州银行业不良贷款余额24.6亿元，比年初下降5.08%，不良贷款率1.25%，比年初下降0.28个百分点，较年初实现"双降"，资产质量全省第三。全年全州银行业保持平稳快速发展，各项监管指标逐步改善，经营效益保持稳定，信贷投放紧跟政策导向，保障重点领域、重要产业、重点企业、重大项目的融资需求，主动应对新冠肺炎疫情冲击，紧紧围绕经济社会发展大局，做好“六稳”工作，落实“六保”任务，在支持经济持续恢复和高质量发展，服务脱贫攻坚与乡村振兴有效衔接等方面发挥作用。

【大理银保监分局】 2021年，大理分局围绕服务实体经济、防控金融风险、深化金融改革三项任务，履行有效监管和从严治党的主体责任，突出监管重点，优化监管方式，强化监管能力建设，督促银行业落实金融支持经济持续恢复和高质量发展相关工作要求，服务乡村振兴，连续5年被州政府获表彰为全州财税金融工作先进单位。

支持实体经济发展 2021年，大理分局督促各银行机构支持全州市场化融资项目对接会确定的重点项目，推进项目建设和企业达产。①支持重点项目建设。融资对接118个重点企业、286个重点项目累计发放贷款237.37亿元，贷款余额378.13亿元；发展绿色金融，支持布局绿色产业，年末绿色贷款余额274.07亿元，占比13.89%。②支持经济恢复。落实好确保经济平稳过渡的纾困政策，年末，银行业支持各类型企业7.07万户，贷款余额1462.22亿元；对产业链核心企业提供信贷支持197户，贷款余额167.56亿元。对26.69亿元普惠小微企业到期贷款本金实行延期安排，涉及贷款户数2738户3341笔；对25户普惠小微企业到期贷款利息实行延期支付，涉及金额72.89万元。③压降融资成本。累计发放小微企业无还本续贷金额13.1亿元，贷款余额13.36亿元，较年初增长91.94%；新发放普惠型小微企业贷款平均利率为5.39%，同比下降0.2个百分点，低于全省平均水平0.36个百分点。

农商行改制 11月，随着最后一家南涧农商行开业，辖内12家农商行改制工作收官，大理州成为全省信用社数量较多州（市）中首个全面完成改制工作的州（市）。督促各法人机构持续健全公司治理机制和治理程序，完善党在公司治理中的领导作用，优化股权管理，巩固股东股权乱象整治成果，构建决策、监督和执行相互分离、相互制衡的治理机制，激发改革发展的内生动力。

普惠金融 2021年，大理分局改善小微企业金融服务。①小微企业贷款。全州小微企业贷款余额748.79亿元，较年初增长17.26%，贷款户数7.03万户，较年初增加1.43万户，其中普惠型小微企业贷款余额215.25亿元，较年初增加37.93亿元，增速21.39%，高于各项贷款增速5.24个百分点；户数6.97万户，占比98.59%，较年初增加1.43万户，总体完成“两增”要求，贷款规模位居全省第2，增量规模位居全省第4。年末小微企业不良贷款余额12.18亿元，不良率1.63%，较年初下降0.54个百分点，保持在合理水平。持续深化“银税互动”，加大首贷融资力度，壮大续贷规模。全州银税合作贷款余额4.88亿元，环比增长38.32%。全年为511户小微企业提供8.31亿元首贷融资，全方位发力，解决融资“痛点”和“难点”。②推动乡村振兴。年内全州银行业涉农贷款余额1144.52亿元，较年初增长11.84%，总体实现“涉农贷款持续增长”的工作目标。支持云南“绿色三张牌”发展贷款余额335.09亿元，同比增长16.08%；支持高原特色农业发展（十项工程）贷款余额184.82亿元，较年初增加29.42亿元，增幅为18.93%；支持新型农业经营主体贷款余额100.36亿元，较年初增加22.47亿元，增幅为28.85%。指导建立脱贫人口小额信贷乡（镇）分片包主责任银行制度，简化业务流程，精准投放贷款，全年累计发放脱贫人口小额信贷100.23亿元，余额14.60亿元，惠及3.09万户“两类”人员。协调平安财险引入100万元贴息资金，撬动2000万元贷款支持乡村振兴相关产业及企业。③持续丰富金融体系。全年批准筹建2家州级保险公司，审批新设网点9个，核准高管任职资格75人。支持交行大理分行打造云南省首家文旅特色支行，大理首笔知识产权质押贷款落地，授信金额1000万元。

市场秩序和金融生态 2021年，大理分局维护了良好的市场秩序和金融生态。①常态化监测预警。强化非现场监管。对被监管机构进行“体检”“诊断”，对症下药提出有针对性监管意见，就日常监管发现问题督促整改。按年度制定印发《大理州银行业窗口指导和风险提示意见》，提示重点风险，传导监管政策，督促前瞻应对风险。压实案防责任，督促做好日常排查及风险处置，保持案件防控高压态势。针对辖区内2家发案银行机构，督促按程序开展调查、责任认定、内部问责、问题整改等工作，按照案件操作规程，依规有序完成案件的监管处罚。②风险管控。严防信用风险，做实不良贷款监测和处置。年末，银行业不良贷款率1.25%，低于全省平均不良率0.2个百分点。全年累计处置不良贷款16.84亿元，高于全年处置金额目标3.46亿元。紧盯重点风险，做好风险分析研判。执

3月15日，大理州银行业金融机构联合到喜洲开展“3·15”金融消费者权益保护日宣传
（人行大理中支 提供）

上图：3月，剑川县农信社开展金融知识宣传；下图：7月，云龙农商行深入民族地区开展授信工作　　（大理银保监分局　提供）

行房地产贷款集中度管理制度，指导机构精准落实房地产调控政策，推进房地产业平稳健康发展。年末全州房地产贷款余额383.96亿元，占各项贷款余额的19.45%，较上季度末降低0.09个百分点。持续推进债委会工作，动态管理客户清单，督导相关债权行在风险可控前提下强化帮扶，维持存量授信稳定。③乱象整治。通过日常监测及现场检查，及时纠正对监管政策把握有偏差、监管要求落实不到位、规章制度执行不严、业务操作不合规、经营行为不规范的违法违规行为，疏通货币政策传导机制，提升服务实体经济质效。组织开展现场检查，严格处罚问责。全年对6家机构、10名责任人作出16项行政处罚，金额253万元，双罚率为83.3%，罚款金额同比增加912%，做到“应立尽立、应罚尽罚”。④消保建设。坚持以人民为中心的发展思想，建立完善投诉、举报、信访管理制度，持续加大金融消费者权益保护力度。指导成立大理州银行保险业人民调解委员会，有效化解各类矛盾纠纷。全年处理涉及银行保险机构投诉122件、举报事项70件，人民调解委员会调解保险纠纷373起、金额2520.89万元。

（杨杰撰稿）

【中国人民银行大理州中心支行】
2021年，人民银行大理州中心支行以习近平新时代中国特色社会主义思想为指导，深入贯彻党中央、国务院和上级行党委决策部署，推进全面从严治党向纵深发展，贯彻落实稳健的货币政策，持续做好“六稳”“六保”工作，守住不发生系统性金融风险底线，推动改革创新，持续改善金融服务，强化内部管理，为全州实现“十四五”良好开局提供的金融支持。

服务地方经济　2021年，人民银行大理州中心支行推进金融支持重点项目和实体企业发展，引导金融机构支持重点项目和重点企业。①支持重点项目和重点企业。推动召开年度市场化融资项目对接会，累计发放项目贷款215.92亿元、发放重点企业贷款21.45亿元。开展“贷动小生意，服务大民生”专项行动，全州使用信用贷款支持计划金额7.82亿元，签订延期还本付息本金18.92亿元；年末全州普惠小微企业贷款同比增长20.85%、高于各项贷款增速4.70个百分点；全州新发放普惠小微企业贷款加权平均利率5.39%，下降24个BP。②稳健货币政策。加强宏观调控，强化对非法人银行机构窗口指导和信贷结构管理，加强地方法人机构新增贷款总量和节奏管理，引导金融机构信贷实现快速增长。至年末，全州各项贷款余额1973.18亿元，同比增加274.41亿元；各项存款余额2038.87亿元，增加92.04亿元。加强政策运用，精准落实货币信贷政策效果。持续用好再贷款政策，全州再贷款余额为21.97亿元；推动LPR运用，开展存款利率市场化改革，年内各项贷款加权平均利率为5.43%，同比下降12个BP；③乡村振兴信贷支持。召开直达全州112个乡（镇、街道）的扶贫小额信贷培训会议，推动祥云县成为全省乡村振兴金融创新基地，探索建立金融支持产业“双绑”机制，推动动物活体抵押贷款落地，推行“信用与信贷联动模式”，全州推进召开16场专题融资对接会议，推动9652个新型农业经营主体获得贷款29.97亿元；落实房地产金融审慎管理制度，个人住房贷款余额比年初增长15.31%，有效落实“房住不炒”的总要求。

防范风险　2021年，人民银行大理州中心支行多举措防范化解金融风险。①健全各种机制。健全金融风险防范及处置机制，完善州县两级金融风险防范协调机制、金融监管部门沟通协调机制、州县人行风险防控交流汇报机制、金融机构金融稳定联系制度，落实金融纠纷多元化解机制暨金融风险监测预警和风险防范信息共享机制；推进全州11个县全覆盖开展“政银管”全流程风险处置应急演练。②风险监测评估。推动明晰金融风险防控化解的主体责任、属地责任、管理责任、最后贷款人责任；加大风险监测力度频度，构建形成一套相对成熟的金融风险监测、预警、共享、处置机制。按季开展央行评级，做好存款保险费率核定和保费交纳。参与化解系列企业到期债务风险，至年末全州不良贷款余额24.6亿元，同比减少1.32亿元，不良率1.25%，不良率低于全省平均水平。③金融管理。坚决打击非法金融活动，客观做好银行业机构执行人民银行政策综合评价，强化机构新开业管理，落实重大事项报告制度，对2家银行机构开展综合执法检查，对2家银行机构开展专项检查，并依法进行处罚。④反洗钱联席会议制度。建立并落实大理州反洗钱工作联席会议制度，采取州市县三级联动、检警银三方会谈等形式，推动大理州首例洗钱罪案件宣判；移送给公安机关线索33份，涉及网络赌博、黑恶犯罪、电信诈骗、POS机套现等多个领域的洗钱活动，涉及金额33.47亿元，协助公安、纪委监委等部门查询案件34起，协查547次，涉及金额415.84亿元。

金融服务和管理 2021年，人民银行大理州中心支行牵头全省制作《〈绿色产业指导目录〉标准汇编电子书》，“云南省地方金融组织统计填报中机构常见问题”，多维度分析金融统计数据，加强金融服务和管理。①完善支付体系。建立健全优化账户服务长效机制，实施小微企业简易开户服务，解决流动就业群体开户难问题；移动支付便民工程在县域全面推进，落实银行支付手续费减费让利工作。②现金服务保障。持续做好全州现金服务保障，提升流通中现金整洁度及券别结构合理性，联合开展人民币图样整治及仿纪念钞类物品排查，大力整治拒收现金，督促做好疫情常态化下现金消毒。③经理国库职能把关。主动加强与财政等部门的沟通，及时拨付财政直达资金，严把国库审核关；办理个人所得税汇算清缴退税，有效做好退税让利政策“最后一公里”工作；创新宣传模式，大力推动国债下乡。④征信管理服务。全州县域个人征信报告均实现自助查询；

2021年大理州金融机构人民币信贷运行情况表

表73　　单位：万元

项目	余额	比年初		比2020年同期	
		增长	增幅（%）	增长	增幅（%）
一、金融机构各项存款	20388690	920415	4.73	920415	4.73
（一）境内存款	20377036	919142	4.72	919142	4.72
1. 住户存款	13256839	1170362	9.68	1170362	9.68
（1）活期存款	5814510	118885	2.09	118885	2.09
（2）定期及其他存款	7442329	1051478	16.45	1051478	16.45
2. 非金融企业存款	2901513	-296867	-9.28	-296867	-9.28
（1）活期存款	1906432	-197394	-9.38	-197394	-9.38
（2）定期及其他存款	995081	-99473	-9.09	-99473	-9.09
3. 机关团体存款	3969000	285	0.01	285	0.01
4. 财政性存款	150963	15701	11.61	15701	11.61
5. 非银行业金融机构存款	98722	29661	42.95	29661	42.95
（二）境外存款	11653	1273	12.26	1273	12.26
二、金融机构各项贷款	19731753	2678208	15.70	2744079	16.15
（一）境内贷款	19731024	2677876	15.70	2743747	16.15
1. 住户贷款	8536467	803915	10.40	869786	11.35
（1）短期贷款	4050276	277413	7.35	343137	9.26
消费贷款	1137707	39647	3.61	39647	3.61
经营贷款	2912569	237766	8.89	303490	11.63
（2）中长期贷款	4486191	526501	13.30	526648	13.30
消费贷款	3723581	494560	15.32	494560	15.32
经营贷款	762610	31941	4.37	32088	4.39
2. 企（事）业单位贷款	11194557	1873962	20.11	1873962	20.11
（1）短期贷款	1814709	198004	12.25	194414	12.00
（2）中长期贷款	9143556	1681478	22.53	1685068	22.59
（3）票据融资	236248	-5355	-2.22	-5355	-2.22
（4）融资租赁	0	0	0	0	0
（5）各项垫款	45	-165	-78.74	-165	-78.74
3. 非银行业金融机构贷款	0	0	0	0	0
（二）境外贷款	728	331	83.36	331	83.36

11月18日，人行大理中支组织2021年押运途中应急处突演练与实弹射击训练（人行大理中支　提供）

推动金融机构对全州建档立卡户全面建立经济档案，加力推广应收账款融资服务平台应用，推动金融机构使用动产融资统一登记公示系统。⑤科技赋能。升级完善反洗钱检查系统在全省推广应用，拓展自建ETL数据综合处理平台的功能模块。⑥外汇管理和服务。61家外贸企业纳入全州“3+N”融资对接库；首次采用“金融超市”形式召开外贸企业专场融资对接会，推动四大国有银行开通“出口应收账款质押融资”功能；外汇编译工作获得昆明中支肯定认可。⑦金融消费者宣传教育。建立上下互动、横向交流、规范统一的金融消费纠纷投诉处理机制；制定金融宣传计划，统筹全行金融宣传工作；在老年大学建立全州第15个“金融知识暨诚信教育基地”及“金融书库”。⑧支持地震灾害恢复重建。开通国库绿色通道、快速审批投放支农再贷款、开展工会慰问和志愿者活动，推动金融机构简化程序，推出灾后重建专项贷款，支持灾区恢复重建有序推进。

（杨志洁撰稿）

保　险

【概况】2021年，大理州辖内有保险业金融机构32家，增加两家，大理州保险业累计实现原保险保费收入47.43亿元，增加1.96亿元，增速为4.30%，高于全省平均水平3.79个百分点，保费规模在全省占比6.24%，排名全省第5位；累计赔付支出18.43亿元，增加2.78亿元，增长17.77%。

【财产险公司情况】2021年，全州21家财产险公司累计实现原保险保费收入20.42亿元，保费同比减少0.19亿元，降幅0.90%，增速高于全省平均水平5.56个百分点。保费规模在全省占比6.38%，排名全省第5位。累计实现承保利润1.26亿元，同比减少0.89亿元。综合成本率93.27%，上升4.75个百分点，其中综合赔付59.91%，上升11.88个百分点；综合费用率33.36%，下降7.14个百分点。

【人身险公司情况】2021年，全州11家人身险公司累计实现保费收入27.01亿元，保费同比增加2.14亿元，增幅8.60%，高于全省平均水平2.33个百分点。保费规模在全省占比6.14%，排全省第5位。人身险公司满期给付金额1.6亿元，满期给付增速18.94%，增速上升37.04个百分点，增速高于全省平均水平3.87个百分点。辖内各保险机构在全国率先创设“地震巨灾保险”“精准防贫保险”等保险产品；在农险领域推广“政策性农险＋商业险”的组合模式初见成效；太平洋财险推出的农产品收入保险在剑川、洱源县取得较好试点效果，取得良好的社会效益，发挥了经济“减振器”和社会“稳定器”的作用。

【行业建设】2021年，全州财险持续创新产品服务，寿险新单业务品质提升。①网点布局优化。年内大理州获批筹建财产险分支机构4家、改建县支公司1家，保险服务向县域基层下沉和延伸。②业务结构调整。全年车险业务占比下降明显，从76.41%下降到73.50%；非车险领域累计实现原保险保费收入5.41亿元，同比增长17.09%，非车险业务占比为26.50%。③保险服务改进。商车险单均保费下降961.42元，降幅32.48%，直接让利消费者9.68亿元，综合赔付率同比上升14.29个百分点。农业保险全年保费收入1.66亿元，赔款支出1.44亿元。诚泰财险于震后22小时向大理州应急管理局支付地震巨灾保险理赔款4000万元，创造巨灾赔付“大理速度”。④风险补偿。全年累计完成赔付7.05亿元，较上年增加1.11亿元，增幅18.62%，其中赔款支出3.40亿元，增幅21.5%，死伤医疗给付0.92亿元，增幅28.75%，满期给付1.60亿元，增幅18.94%，年金给付1.14亿元，增幅4.3%。短期险综合赔付率74.43%，高于全省平均水平1.42个百分点。⑤产品结构。全年辖内人身险公司普通型产品、分红型产品保费收入分别为18.65亿元、8.32亿元，规模口径下，普通型、分红型和万能型产品占比分别为61.96%、27.63%、0.13%，保单利益确定的普通型产品同比提升3.74个百分点。人寿、健康、意外伤害三大险种占比分

2021年大理州保险业发展情况表

表74　　单位：万元

指标项目	全州保险业		财险公司		寿险公司	
	本年累计		本年累计		本年累计	
	金额	同比增幅	金额	同比增幅	金额	同比增幅
一、原保险保费收入	474320.93	4.30%	204221.82	−0.90%	270099.11	8.60%
1.财产险	183051.26	−4.75%	183051.26	−4.75%	—	—
其中：机动车辆保险	150093.71	−6.10%	150093.71	−6.10%	—	—
2.人身险	291269.67	10.92%	21170.56	52.46%	270099.11	8.60%
人寿保险	185573.52	12.13%	—	—	185573.52	12.13%
健康保险	89651.41	8.56%	10126.88	92.41%	79524.53	2.85%
意外伤害保险	16044.75	10.47%	11043.68	28.08%	5001.07	−15.26%
二、赔付支出	184289.25	17.77%	113783.71	17.25%	70505.54	18.62%
1.财产险	108559.97	16.39%	108559.97	16.39%	—	—
其中：机动车辆保险	83665.00	18.17%	83665.00	18.17%	—	—
2.人身险	75729.28	19.80%	5223.74	38.33%	70505.54	18.62%
人寿保险	31233.62	11.46%	—	—	31233.62	11.46%
健康保险	40004.27	26.61%	2597.62	18.01%	37406.65	27.25%
意外伤害保险	4491.40	24.96%	2626.12	66.73%	1865.28	−7.63%

（大理银保监分局　提供）

2月，大地财险大理中支为外出务工人员无偿提供复工安行保人身综合保险
（大理银保监分局　提供）

别为68.71%、29.44%、1.85%。健康保险中以疾病及医疗保险为主，其中疾病保险保费收入3.66亿元，占比46%，增幅3.12%；医疗保险保费收入4.26亿元，占比53.63%，增幅2.71%。⑥大病保险。全年州内城乡居民大病保险项目由中国人寿、太平洋财险承办，协议参保311.86万人，保费收入2.49亿元，赔付及报销总额1.83亿元，赔付11.02万人次；辖内城镇职工大病保险项目由人保健康承办，协议参保人数29.4万人，保费收入8663.51万元，赔付及报销总额4673.79万元，赔付0.67万人次。

【社会服务】 2021年，全州保险业金融机构从融入地方经济社会发展、支持乡村振兴、落实消费者权益保护主体责任服务社会。①融入地方经济社会发展。鼓励保险公司为工程保证金险、食品安全责任险、洱海环境保护等重大战略、重点项目提供一揽子风险管理与保险服务；适当扩展疾病险、医疗险等产品中针对疫情客户取消等待期、免赔期、定点医院等限制；将意外险、疾病险等产品的保险责任扩大至新冠肺炎等。②支持乡村振兴。配合农业农村局对12个县（市）中标机构跟踪、服务和指导，规范农险经营管理，提升农险工作质效和数据质量；探索建立以财政补贴基本险为主体、商业险和附加险等为补充的产品体系，以奖代补农险，构建多层次农险供给体系，推动农险从“保成本”向“保价格、保收入”转变；开发面向农村居民、低收入人群、残疾人等特殊群体的普惠保险。③落实消费者权益保护主体责任。健全消费者权益保护工作机制，把维护消费者权益放在首位；建立消费者权益保护领导机制，层层落实责任，规范受理流程，严重损害消费者权益的典型案例从严从重处罚；自觉加强前端销售管理，从源头上缓解涉诉压力；打击恶意代理投诉和举报行为，坚决打击以维权之名获取非法利益的行为，坚决防止以维权之名掩饰自身过错的现象。

【监管重点】 2021年，大理州银保监会系统督促大理州保险业机构重点做好以下监管工作：①提高政治站位。督促各保险机构转变思维，摒弃以往粗放的经营管理方式，清醒认识当前强监管、严监管的态势，回归保险姓保，落实车险综改等减费让利举措，发挥保险保障功能作为经营管理的出发点和落脚点。②合规经营。从严整治市场乱象，构筑良性经营业态，自觉带头规范秩序，优化绩效考核指标。③防范风险。牢牢守住风险底线，压实风险管控主体责任，强化重点领域风险管控，防范保费截留、非法集资等案件风险。④助力乡村振兴。发挥优势，助力乡村振兴，提升民生领域保险服务质效，落实“以奖代补”配套措施，鼓励推广特色农产品保险、种养殖险、价格保险、收入保险等险种探索；深入挖掘非车险“蓝海”潜力，建立事前—事中—事后全流程的责任险管理机制，扩大环境污染责任险覆盖面，推广医疗责任、食品安全、地震巨灾等民生保障类险种，对接市场需求，力求扩源、提质、增效。⑤市场行为监管。优化服务，强化市场行为监管，维护消费者合法权益，严厉打击保险领域销售误导、强制搭售、虚假宣传、“恶意投诉”等违法行为，保护消费者合法权益。

（杨杰撰稿）

证券期货

【概况】 2021年，大理州有证券期货机构9家，其中证券分公司1家，证券营业部7家，期货营业部1家。至12月，全州证券期货资金账户余额数112461户，同比增长13.03%，A股交易量1314.54亿元，增长16.88%，其他交易量205.44亿元，增长12.23%；年累计交易量1519.99亿元，增长16.23%；客户总资产64.75亿元，增长−18.63%。全州证券资金账户余额数110920户，增长13.14%；A股交易量867.19亿元，增长23.07%；其他交易量205.44亿元，增长12.23%；年累计交易量1072.64亿元，增长20.84%；客户总资产64.32亿元，增长−18.81%。全州期货（期货年内无其他交易量，交易量即A股交易量）资金账户余额数1541户，增长13.03%；年累计交易量447.35亿元，增长6.49%；客户总资产0.43亿元，增长22.86%。

【兴业证券大理分公司】 11月，兴业证券大理分公司开业，为大理州区域内第一家分公司级别券商。至12月底，资金账户余额数86户，年累计交易量0.57亿元。资金账户开户170户；引入客户资产916.67万元；完成基金产品销售26.1万元。兴业证券大理分公司与省内某城农商行签订50亿元资产规模债券投顾业务，完成兴证集团资源的全面对接与赋能。与省内、州内多家金融同业机构深度对接，拟落地多项投融资一体化业务。兴业证券大理分公司严格落实合规、风控的各项工作任务，没有发生重大责任事故。

【红塔证券大理营业部】 2021年，红塔证券大理营业部下设托管C型祥云、宾川、香格里拉、腾冲、瑞丽营业部，资金账户余额数56588户，同比增长2.07%；年累计交易量446.12亿元，增长5.8%；开户数844户，新增资产3569.25万元。红塔证券大理营业部客户数量为54400户，托管总市值24.48亿元，产生交易量439.19亿元，同比增加4.3%。两融账户991户，产生交易量50.89亿元，下降7.97%。因佣金下调，红塔证券大理营业部全年交易量同比上涨4.34%，佣金下降2.88%。12月31日，红塔证券大理营业部产品客户数442户，其中公募基金405户，收益凭证37户，投顾产品149户；销售公募基金3361.66万元，实现销售收入13.18万元。投顾产品订阅，实现销售收入2.61万元。红塔证券大理营业部大力发展期权业务，有期权账户51户，全年产生交易83232张，交易量4562.90万元。营业部加强对QMT系统的量化交易策略的研究和探讨，年内完成编写并推荐给客户使用两个量化策略，产生交易量2995万元。全年进行REITs投资者专项教育活动8次，参加319人次。

【太平洋证券大理营业部】 2021年，太平洋证券大理营业部资金账户余额数13784户，同比增长6.01%，年累计交易量142.55亿元，增长-3.47%。营业部全年在完成传统股票经纪通道业务以外，致力于丰富产品线，为客户多样化需求提供不同的投资方案。大力发展沪股通、港股通、股转（新三板）、科创板、期权、期货中介业务等创新业务；此外为满足大理市场和投资者的投资需求，建立健全太平洋证券大理营业部内部控制、风险隔离及合规检查等制度，完善各项风险控制指标，满足业务需要的人员资质和数量，配备满足业务需要的技术系统；全年太平洋证券大理营业部投资顾问在“同花顺”平台展业，推出太平洋证券大理营业部的首个投资顾问服务包，并取得“年度同花顺年度卓越投资顾问”称号。太平洋证券大理营业部主动倡导合规经营、廉洁从业，配合证监会的合规要求开展营业部合规管理自查工作，设置营业部专职合规管理岗对营业部日常合规工作进行监督管理；构建风险管理系统，加强自律监督；完善专业化团队的建设，完善各个团队的规章制度及考核制度。

【海通证券大理营业部】 2021年，海通证券大理营业部资金账户余额数28590户，同比增长30.68%，年累计交易量304.33亿元，增长73.53%；完成交易量超过300亿元，增幅达到7成，其中A股交易量占比83%，其他交易量占比17%，增长均为70%以上；存量客户总数2.8万户，增长30%；托管资产规模合计24亿元，减少46%。海通证券大理营业部以经纪业务为主，为广大中小投资者提供券商通道业务，同时依托公司完善的产品线，为投资者提供全方位的财富管理服务，致力于提供高质量、专业化、全方位、定制化的金融服务，包括投资、融资、资产配置等一揽子业务解决方案，满足投资者多样化的投资需求及风险收益偏好。营业部以财富管理和融资服务为驱动，树立券商金融机构在大理当地的服务品牌；对接大理州各优质企业及融资平台，发挥海通证券在股权融资、债权融资方面的优势，争取和对接协调总部各部门，主动服务与融入大理州经济社会发展。

【西南证券大理营业部】 2021年，西南证券大理营业部资金账户余额数1920户，同比增长6.19%，年累计交易量39.42亿元，增长31.97%。西南证券大理营业部致力于为客户提供包括股票、基金、固定收益产品、信托、资管等系列全方位的投资理财品类服务，与客户沟通交流，采取线下线上方式，为客户转变投资理念提供服务，力求客户的资产配置合理转变，为客户资产保值增值提供专业意见；加强交流，引入新客户，介绍资产配置概念，为客户合理制作投资理财计划，提供咨询建议，帮助客户更好地进行投资选择。全年组织开展各类反洗钱活动，并及时组织员工培训学习，每日进行反洗钱工作梳理，将反洗钱工作融入工作日常之中；全年未发生因适当性管理导致的客户纠纷及投诉。

【国信证券大理营业部】 2021年，国信证券大理营业部资金账户余额数6170户，同比增长100%，年累计交易量51.29亿元，增长45.96%。国信证券大理营业部全心服务客户，打造“人人投顾”团队。坚持以客户为中心，提升服务能力圈，为客户创造价值；坚持以人为本，重视人才培养，专业提升与综合培训并行，形成服务与专业正循环。营业部以合规经营为第一要旨，建立内部长效执行和监督机制。全年开展反洗钱“每日一测”知识答题活动，全体员工通过公司精细化管理平台进行答题和学习。

【东吴证券大理营业部】 2021年，东吴证券大理营业部资金账户余额数1408户，同比增长3.45%，年累计交易量33.71亿元，增长3.72%。东吴证券大理营业部继续以夯实大理地区经纪业务为重点，实现在传统经纪业务稳步增长，推进上市公司股票质押融资等机构业务增长。

【中泰证券大理营业部】 2021年，中泰证券大理营业部资金账户余额数2374户，同比增长62.05%，年累计交易量34.65亿元，增长30.57%。中泰证券大理营业部在年内全面拓展渠道，构建互惠互利共同拓展市场的良好氛围。从年初开始，中泰证券大理营业部在分析市场情况和未来发展趋势的基础上，内部召开会议统一共识，外部重点约见高净值客户，通过讲解，理清思路，逐步获得客户认可，在市场环境较为震荡的情况下，积累起一批进行产品配置的宝贵客户资源，当市场发展逐步向好，且产品表现越来越出色的时候，客户资产配置变得主动，中泰证券大理营业部资产和客户量进而稳步快速增长。

【红塔期货大理营业部】 2021年，红塔期货大理营业部资金账户余额数1541户，同比增长5.69%，年累计交易量447.35亿元，增长6.49%。红塔期货大理营业部为客户提供国内所有商品期货、金融期货交易所即时行情，国际国内金融、指数、外汇和商品的期货资讯，网上交易、电话委托交易以及相应咨询服务；红塔期货大理营业部对客户保证金实行封闭运营管理，保证客户的资金安全；与工商银行、农业银行、中国银行、建设银行等8家银行开通全国银期转账业务，方便客户资金存取；红塔期货大理营业部坚持合规经营，强化风险控制，遵守各项法律法规、交易制度和公司总部的各项要求，在证监会和公司合规稽核部门的各项检查中，无整改事件；全年无风险事故。

（州财政局供稿）

旅游业

Tourism Industry

◇责任编校　杨林柏

1981年大理海东火把节赛船场景

综　述

【概况】2021年，大理州文化和旅游系统（以下简称州文旅系统）围绕“国际化、高端化、特色化、智慧化”发展目标，以党史学习教育、“大理之问”为引领，聚焦省、州党委政府对大理文旅产业实现高质量发展的定位，找准上级决策与大理文旅发展的结合点、落脚点，以文旅深度融合为核心，文旅与其他相关产业“跨界融合”为主线，建设名副其实的历史文化名城、国际旅游名城，争创大滇西旅游环线开发示范区，打造世界一流“健康生活目的地”。“旅游+”“+旅游”等新模式遍地开花，多元融合发展的新产品、新业态蓬勃兴起，打造了一批婚礼目的地、美食休闲街区、文博文物景区、研学旅行基地、旅游演艺等文旅产品。在应对疫情冲击中提升旅游品质，扩大旅游消费需求，推动文旅融合高质量发展，各项重点工作推进。全年全州接待海内外旅游者4451.82万人次，同比增13.53%；实现旅游业总收入539.48亿元，下降10.77%，旅游经济在常态化疫情防控背景下稳中向好。

【项目建设和招商引资】2021年，普德赋云南大理国际度假项目等一批重大项目签约落地，高品质酒店县域全覆盖工程稳步推进，木田养山等50个半山酒店落成。抓实招商引资工作，改版制作“大理州旅游文化产业重点招商项目册”（2021年版）1500册，外出招商推介23次，促成20个文旅项目签约，签约总投资93.53亿元，到位2.38亿元。完成旅游固定投资9.77亿元。祥云长征国家文化公园等4个项目列入国家“十四五”文保项目清单，涉及扶持资金1亿元。剑川古城、剑川木雕园2个项目获得地方政府专项债券5.5亿元的支持。

【品牌创建】2021年，大理古城列为第一批国家级夜间文旅消费聚集区，剑川千狮山创建为国家AAAA级旅游景区，大理海洋世界、弥渡小河淌水密祉景区创建为国家AAA级旅游景区；双廊镇、新华村分别入选全国乡村旅游重点镇、重点村；双廊民族文化街等3条街区被评为第一批省级旅游休闲街区；鹤庆银都水乡、剑川沙溪古镇创建为省级旅游度假区；弥渡密祉等4个乡（镇）、洱源佛堂村等7个村分别被评为省级旅游名镇、名村；大理市获评为“2021中国县域旅游百强县市”，大理州获上榜年度“网红城市”百强榜。推出红军长征过大理等3条建党百年红色旅游精品线路和5条省级党史学习教育体验示范线路。完成30家“最佳旅游美宿”及9家“最受欢迎爱情表白地”评选。以“一带三道十八廊”为重点的“漫步苍洱”世界级康旅品牌打造取得初步成效。

【宣传营销】2021年，州文旅系统整合宣传资源，打造集“网、端、微、刊”为一体、信息共融互通的文旅媒体矩阵，融媒体宣传渠道拓展到18个，全年累计发稿8000余篇。深挖生态大理、文化大理、乡愁大理等资源，多平台发力、多角度推介，聚力打造大理“会客名片”，形成“统一策划、一次采集、多元生成、差异表达、全媒传播”的宣传新局面。围绕“风花雪月·自在大理”主题，组织开展“有一种生活叫大理”“中国最佳爱情表白地”等系列IP宣传活动，发布“大理最佳爱情表白地图”H5专题页以及《大理目的地婚礼产业发展报告》，推出29个打卡点、5条告

2021年大理州旅游业经营情况表

表75

县市	接待旅游者累计（万人次）	累计总收入（万元）
大理市	1389.52	1845622.31
漾濞县	131.24	141904.24
祥云县	316.54	367769.72
宾川县	512.12	573776.92
弥渡县	249.65	311944.74
南涧县	264.86	317450.29
巍山县	315.28	345768.93
永平县	186.50	241139.47
云龙县	136.55	168368.49
洱源县	149.31	244996.53
剑川县	504.43	510417.17
鹤庆县	295.81	325677.03
合　计	4451.81	5394835.84

2021年大理州营业收入前5名星级酒店表

表76

星级	饭店名称	营收（万元）
四星	大理州苍山饭店	6170
五星	海湾国际酒店	3002
二星	南涧县小湾宾馆	1314
四星	美登大酒店	1259
三星	大理怡程酒店	1099

2021年大理州接待人次前5位星级酒店表

表77　　单位：人次

星级	饭店名称	接待总人次
四星	大理州苍山饭店	149661
五星	大理海湾国际大酒店	54794
三星	大理怡程酒店	42602
四星	弥渡县美晨大酒店	25341
四星	巍山雄诏大酒店	21859

（州文旅局　提供）

10月20日，大理州2021年文旅惠民消费季活动在大理古城正式开幕

（州文旅局　提供）

白线路，抖音"有一种生活叫大理"话题播放量为37.6亿次、"中国最佳爱情表白地大理"宣传活动话题播放量超过2亿次。推出针对全国中、高考毕业生的A级景区免票优惠活动以及面向全国的分时、分区域免票政策。国家文旅消费试点城市创建推进，联合支付宝发放200万元5大类消费券。

【文旅惠民消费季活动】 10月20日，大理州2021年文旅惠民消费季活动在大理古城正式开幕。活动由大理州与支付宝携手举办，由州文旅局投放补贴200万元，协同大理州区域内的文旅消费优质商家提供优质服务，包括但不限于酒店客房（民宿客栈）、部分重点景区门票（含旅游演艺）、重点扶持文化书店（新华书店及先锋沙溪白族书局）、餐饮、云免跨境国际购物中心等文旅消费场所及业态。10月20日至11月30日，消费券分两轮派发，广大市民及游客均可通过支付宝、飞猪和饿了么App线上抢券参与惠民活动，同时也可以在可核销的酒店、景区、书店、云免跨境国际购物中心等扫描海报领券，线下线上联动掀起全州文旅消费浪潮。

【市场监管】 2021年，州文旅系统逐级压实属地管理责任，坚定不移落实好省、州各项整治措施，"治乱清源"等专项整治行动深入开展，依法依规、从严从重处理违法违规行为，市场秩序持续向好。完善旅游舆情监测机制，投诉案件处置效率全面提升，办理行政处罚案件29件，罚款48.3万元，受理处置"一机游"平台有效投诉2252件，涉旅投诉处置满意率为100%。文明旅游"彩云行动"广泛开展，州旅游协会各相关分会组建完善，涉旅业态诚信评价完成，推进"30天无理由退货"，全州"退换货处置平台"受理退货诉求2.1万余件，树牢大理诚信旅游新形象。建立并落实行业系统安全隐患清单整改制度，在重要节点、重要时段、重点领域加大安全隐患排查整治力度，防范重特大安全事故发生。坚决扛牢疫情防控政治责任，落实疫情防控工作指南，从严从实抓好疫情防控工作，密切关注疫情形势，牢牢守住全州文旅行业疫情防控安全底线。

【市场培育】 2021年，州文旅局制定促进文旅市场主体倍增培育计划，激发市场活力，提升旅游品质，助推高质量发展。慎终如始落实行业疫情防控常态化工作要求。出台激励政策，拿出"真金白银"，对2020、2021年度综合考评前十位的旅行社、A级景区给予奖励支持，兑现760万元奖励资金。全省首家文旅银行成立，发放贷款1338万元。为文旅企业申请贴息补助等提供便利，支持文旅企业克时艰、渡难关、促发展。

【乡村旅游和红色旅游】 2021年，大理州乡村旅游和红色旅游发展相得益彰。双廊村、双廊留白villa·村墅列入全国乡村旅游重点村监测点和乡村民宿监测点，沙溪入选《2021世界旅游联盟　旅游助力乡村振兴案例》；宾川新庄红色旅游扶贫案例入选文旅部旅游扶贫成效典型案例；上报并推出大理州3条建党百年红色旅游精品线路和3条红色教育体验线路；遴选全州优秀红色讲解员、生态环境讲解员参加各级各类评选活动，其中祥云县王复生、王德三纪念馆的王艳霞入选"全国红色旅游五好讲解员"。

【行业培训】 2021年，大理州以提升职业技能为核心，以满足基本任职条件为前提，以增强行业诚信经营意识为目的，开展文旅行业教育培训，重点对州内重点文旅企业管理人员、导游人员及其他行业从业人员开展培训。举办各类文旅行业培训4期，培训1259人次。通过开展行业培训和参加行业职业技能大赛，一批行业人才脱颖而出，为推动全州文旅产业发展提供人才支撑，在"2021微信视频号全国导游文旅直播大赛"中，大理州卢羽涵等3名导游分别获三等奖和优秀奖。

【安全生产】 2021年，州文旅局履行文旅行业安全监管责任，防范重大风险与事故灾害，建立健全安全生产制度清单、职责清单、隐患清单制度，累计8次派出51个工作小组落实安全生产重点工作调研指导，发现并完成隐患整改110个。落实安全专题培训教育和宣传工作，推进落实行业消防、道路与水上交通运输等专项整治三年行动，全年全行业消防、森林防灭火、食品安全、旅游客运等领域均未发生安全生产事故。平安建设和常态化扫黑除恶斗争有序推进。

智慧旅游

【国际品牌大酒店落地大理】 6月30日，大理国际大酒店·阿里菲住布渴品牌上线发布会在大理国际大酒店举行，大理国际大酒店全智能化改造完成并投入使用，全国第一家与阿里菲住布渴合作的未来酒店正式落地大理。改造后的大理国际大酒店为客人提供智慧大堂、智慧通行、智慧客房和智慧服务4方面的全场景刷脸住宿智能化服务，重塑客人的入住体验。酒店大堂设置的自助机，可直接通过小程序刷脸极速预订、选房和一键退房，也可扫脸乘梯、主动识别入住楼层，客房安装智慧空调、智慧窗帘、智慧照明等语音管家，机器人服务方阵应客人需求，可为客人提供引领、送物、快递、外卖等服务。

【大理添“新名片”】 6月，历经4年，由音乐、影像、艺术、游戏构建的派对式戏剧《幻境2099》在大理古城“变压剧场”演出。变压器老厂房从一片破旧的废墟，渐渐幻化成一个被科技与艺术赋予灵魂的潮玩胜地。《幻境2099》讲述神秘人图灵作为智能领域的卓越科学家通过每晚举行的盛大派对升级他研制的智能人的故事，给游客带来非一般的、更新潮的文化体验。11月，《幻境2099》获得“全国首批SIT超级沉浸旅游项目”称号，成为获得此称号的20个项目之一。

【无人机表演秀】 7月9日，在大理崇圣寺三塔景区举办“科技追光、遇见大理”无人机表演秀。2021架无人机在景区上空列队、变换，每架无人机就像一颗闪亮的星星，照亮整个夜空。伴随着交响乐团的现场演奏，2021架无人机在夜空中编队、悬停，“没有共产党就没有新中国”“全面建成小康社会”“白州人民心向党”等13幅立体生动、活灵活现的图景依次呈现，有的展现大理的秀丽山川，有的展现金花与阿鹏的爱情故事，更有歌颂党、歌颂祖国的壮美篇章，展现了大理人文历史、自然风光、民族风情，表达了大理人民心向党、永远跟党走的决心。

【智慧景区建设】 2021年，全州景区全面完成智慧景区建设，实施A级景区预约全覆盖制度，推进景区预约常态化。实施一批省内领先的智慧化项目建设：洱海生态廊道实施数字孪生监管、环保科普及智慧服务平台建设，打造智慧科普、无人车、智慧跑道、无人机、快直播等亮点特色智慧化服务应用；大理国际大酒店引入阿里智慧酒店“菲住布渴”品牌，建成阿里全国首家落地未来酒店；大理州博物馆以悬浮裸眼3D技术开展数字展厅建设等。推出大理古城城墙灯会、大理“变压工厂”《幻境2099》、崇圣寺三塔光影秀等夜经济项目。另外，大理旅游大数据分析平台完成旅游车辆的数据接入工作，大理州文旅资源数字孪生一张图系统在游云南大数据平台开展试点建设。

【洱海生态廊道智慧化管理】 2021年，洱海生态廊道智慧管理系统建设围绕通信感知“一张网”、数据资产“一个池”、监测管理“一张图”、服务运营“一脸通”“四个一”进行，支撑智慧生态、智慧管理、智慧科普、康养休闲几大板块的智慧化落地。覆盖洱海周边全场129千米生态廊道范围的数字孪生管理平台上线试运行，可有效实现对廊道出入人员车辆管理、电瓶车调度、监控视频实时接入、突发安保事件处理、环境监测与预警等主要功能；布设25个智慧杆，可以展示天气、环境监测、生态科普内容、游记攻略、新闻公告、景点攻略、找厕所、导游导览等信息，为服务游客、宣传洱海保护等发挥重要作用；专门开发基于“一部手机游云南”技术底座的服务平台“大理洱海生态廊道”微信小程序，为用户提供包括生态科普、游玩攻略、入园预约、运动记录、智慧导览等功能与服务；洱海生态廊道引入国内领先的5G无人车服务。

2021年，全州景区全面完成智慧景区建设。图为剑川县沙溪古镇智慧旅游厕所（苏金泉 摄）

项目开发

【普德赋主题乐园落地大理】 10月9日，法国演艺类主题公园——“普德赋云南大理国际度假项目”在昆明举行签约仪式，大理州人民政府与普德赋亚洲公司签署正式“投资协议”。普德赋云南大理国际度假项目，主要建设内容为演艺主题公园、主题酒店、鸟类保育及训练中心等，业主为普德赋亚洲公司。项目选址于大理市上关镇干海子，主题公园部分用地面积60.53公顷，总投资近35亿元，属大型主题公园。主题公园将以表演为特色，突出历史和文化演艺，以及烟花与火焰表演等。

【专题线上招商】 10月27日，大理州举行文化旅游暨高品质酒店专题线上招商推介会，介绍大理州文化旅游产业发展规划及相关支持政策。邀请上海复星文旅集团、中国旅游集团中旅投资云南有限公司、百悦集团、碧桂园凤悦酒店及度假村集团、地中海俱乐部等26家企业线上参会。大理市、南涧县、洱源县、剑川县政府分管领导向参会企业推介12个文化旅游和高品质酒店重点招商项目，介绍产业发展情况、投资环境及优惠政策。参会企业在线上与现场的大理州以及县（市）参会的领导进行互动交流。

【重大文旅项目储备申报】 2021年，96个纳入全国文旅项目管理系统的旅游文化重大项目完成投资39.93亿元。普德赋云南大理国际度假项目、“两馆一中心”等8个重大项目推荐列入省级重点名录。剑川古城旅游基础设施建设、剑川木雕园旅游基础设施建设2个项目获得2021年地方政府专项债券支持5.5亿元；筛选申报下年度社会领域地方政府专项债券储备项目34个，合计金额83.45亿元。谋划储备“十四五”中央预算内资金项目22个，祥云县长征国家文化公

2021年，大理州将半山酒店建设视为提升旅游吸引力、影响力，推动旅游产业全面转型升级，助力乡村振兴的重要抓手。图为入围云南省最美半山酒店的木田养山半山酒店 （州文旅局　提供）

园建设项目等4个项目入选，争取资金1亿元。弥渡小河淌水温泉小镇项目列入全国文化和旅游投融资项目；洱源县火焰山温泉度假酒店等6个项目列入“四个一百”项目，大理苍山国际休闲度假区等3个项目列入“双百”项目。

【半山酒店和高品质酒店建设】 2021年，推荐27家符合条件的半山酒店，参评第一批云南省最美半山酒店和云南省半山酒店，其中大理木田养山、喜林苑沙溪夯土酒店入围云南省最美半山酒店，海纳尔云墅、颐云酒店等12家初步进入云南省半山酒店候选名单。启动县域高品质酒店“补短板”工程，召开文化旅游暨高品质酒店专题线上招商推介会，鹤庆、漾濞、宾川等县高品质酒店建设有序推进。

【招商引资】 2021年，加强项目的策划、包装工作，督促指导各县（市）旅游部门加强与招商部门的对接，精心策划包装30个旅游招商引资储备项目，制作“大理州旅游文化产业重点招商项目册”（2021年版）1500册。全年外出招商推介23次，开展青岛、拉萨和大理（线上专场）招商引资活动。在“大理文旅”公众号上开通“文旅招商”小程序，实时更新最新招商引资项目。做到“储备一批、推介一批，洽谈一批、签约一批，建设一批、投产一批”良性循环。全年促成20个旅游文化产业项目签约，新签约项目总投资为93.53亿元，其中8个文化旅游重点招商项目开工建设。

宣传促销

【大理州文化旅游宣传推介】 4月16日，以“风花雪月　自在大理”为主题的大理州文化旅游宣传推介会在临沧举行。州文旅局相关领导就大理的历史文化底蕴、美丽山水底色、区位资源底气，立足资源优势，服务和融入大滇西旅游环线建设，培育旅游新业态新产品，打造国内新人向往的目的地婚礼之地，以及将大理打造成名副其实的历史文化名城、国际旅游名城进行推介。相关县（市）分别就各自民族文化特色、旅游景区景点及美食进行推介。大理旅游集团、杨丽萍大剧院、大理机场推介公司品牌资源、精品线路、旅游定制产品、民族音乐剧《阿鹏找金花》及航线旅游产品，让现场观众心动不已。会场外，部分文旅企业带去的扎染、银器、火腿、玫瑰系列食品等特色旅游商品，受到临沧市民的欢迎。

【“大理最佳爱情表白地图”发布】 9月29日，州文旅局、大理州旅游行业协会在大理国际大酒店举办“大理最佳爱情表白地图”发布会，发布“大理最佳爱情表白地图”，地图推荐了“爱情表白打卡点”29个，除了有蝴蝶泉公园、剑川石宝山沙溪古镇、巍山古城—巍宝山、漾濞石门关、双廊艺术小镇、鹤庆银都水乡、南涧樱花谷等A级景区外，还包括湖山云隐、蜜悦·悦湾、俊媛海景美宿、利舍庄园、海西里里、花语牧场、大理花醉艺术中心等适合婚纱旅拍和举办目的地婚礼的机构、酒店；海舌夫妻树、鹤庆情人桥、苍山洗马潭、大理兴盛桥、龙龛古渡、璞真扎染等打卡点也收录其中，未来游客只需要通过一张地图，即可享受完美的大理爱情之旅。

【在拉萨举行大理宣传推介会】 6月11日，大理州文旅宣传推介会在拉萨举行。介绍大理州正在建设名副其实的历史文化名城、国际旅游名城，打造世界一流“绿色食品牌”示范区等相关工作，向大家展示“有一种生活方式叫大理”的独特魅力，并从“吃、住、游、购”等方面向大家详细介绍大理旅游的新产品、新业态。大理州相关县（市）和企业对各自特色产品资源等进行宣传推介，大理旅游集团与西藏航空有限公司签订战略合作框架协议。大理白族扎染、鹤庆银器、下关沱茶等具有地域特色的旅游产品吸引大量“粉丝”驻足围观。

【“云南人游云南”大理优惠政策】 12月4日，州文旅局以“风花雪月·自在大理”为主题，在昆明参加省文旅厅举办的“云南人游云南”暨冬春旅游产品推广活动，从吃、住、游、购

2021年，大理州目的地婚礼产业在全国形成一定影响力，成为大理旅游经济新的增长点。9月29日，州文旅局举行“大理最佳爱情表白地图”发布会，以此加强营销推广，强化“爱情表白”标签，着力打造中国最佳爱情表白地，吸引更多优质婚旅企业落户大理，构建更为完善的产业链，推动大理目的地婚礼产业做大做强。

龙龛古渡

大理最佳爱情表白地图

LOVE DALI

南涧县樱花谷

洱源县西湖

苍山洗马潭大索道

等游客关注的要素向大家介绍大理冬春旅游的新业态、新产品。为大家带来四大优惠措施。10月1日起连续365天，大理全州26个A级景区分时、分区域免门票；今冬明春，将持续发布大理州第二期文旅消费券200万元；10月1日至12月31日，针对高铁旅客开展“坐高铁、游云南”的景区优惠活动；12月1日起，连续60天开展“云南人闲大理”活动，部分景区预付购票给予优惠。推介现场，还进行有奖问答，扫码关注公众号送礼品等互动活动。

【“中国旅游日”活动】 5月19日，由州文旅局主办的“中国旅游日”大理分会场活动在洱海生态廊道阳南溪入口启动。此次活动围绕“绿色发展美好生活”主题，州文旅局组织旅游志愿者及旅游企业开展文明旅游、“30天无理由退货”以及企业优惠政策宣传，倡议大家做文明旅游的践行者、传播者、守护者，强化文明、安全、健康出游意识，提升全行业文明程度，守护好“云南旅游”的大理金字招牌。活动同时举办生态骑行和“为爱奔跑”公益活动，嘉宾民众相约，生态骑行，一起为爱奔跑。通过活动，激发大理文化旅游市场活力，提升行业自信，助力旅游市场绿色复苏，展示“风花雪月·自在大理”的大理旅游品牌形象。

【博览会推介大理】 5月7日，首届中国国际消费品博览会举办期间，由云南省人民政府主办，云南省商务厅、云南省文化和旅游厅共同承办的云南推介会在海口国际会展中心举办。州文旅局利用此次推介会和首届消博会的国际平台，从历史文化、自然山水、民俗风情、乡愁意境等方面推介大理文化旅游资源，展示大理文旅产业发展的新目标、新定位，展现大理文旅新产品、新业态。

上图：5月19日，由大理州文旅局主办的“中国旅游日”大理分会场活动在洱海生态廊道阳南溪入口启动。图为“为爱奔跑”公益活动；下图：5月7日，大理州在海口首届中国国际消费品博览会上推介大理文化旅游资源

（州文旅局　提供）

【婚礼行业高峰论坛获奖】 12月6—8日，州文旅局携大理州旅游行业协会、大理目的地婚礼行业从业者等集体参加在三亚举办的“2021中国婚礼行业高峰论坛”峰会。中国婚礼行业高峰论坛是国内婚礼行业最高规格的行业盛会，大理的民宿、婚策、摄影、化妆团队等众多婚礼人参加活动。会上，大理石境俊媛全海景美宿获“最佳目的地婚礼场地”奖项，大理石境俊媛全海景美宿负责人赵灿辉被授予“中国婚礼行业年度人物”称号，大理花醉艺术中心获评“最受欢迎目的地婚礼堂”，大理和柒海景度假酒店获评“最受欢迎目的地婚礼民宿”，蓝屿电影工作室获中国婚礼策划最高奖“金熊奖”。

【A级景区全国游客免票】 2021年，大理州旅游行业协会发布通知，全州A级以上景区从10月1日起连续365天，对全国游客进行分时、分区域免门票（优惠），执行免票（优惠）的景区范围包括全州所有实行政府指导价的A级旅游景区28个。免票（优惠）活动主要根据全国不同地区的节假日，结合相关地区的客源市场情况，确定相应月份的免票地区。免除（或优惠）景区大门票，不包括景区内导游讲解服务、停车费、游览车、景区内交通车等消费项目。

【文旅媒体矩阵宣传】 2021年，整合宣传资源，组建全省首家文旅融媒体中心，打造具有强大影响力、竞争力，集“网、端、微、刊”为一体的文旅媒体矩阵，实现各种媒介资源的有效整合，各类信息内容共融互通，全年发稿8000余条，其中央级媒体471条（新华网178条，人民日报客户端228条，其他媒体65条）。开展文旅系列直播活动8场次；国际旅游名城建设、大理半山酒店建设等主题采访活动5次；文化旅游专题发布会5场次；组织十二县（市）融媒体中心、

2021年，大理州组织剑川县非遗传承人代表、行业能手到北京录制《了不起的地方——大理州·剑川县》，节目于9月播出　（州文旅局　提供）

一台一报组成文旅融合采访团深入文旅新业态采访，生产340个“短平快”的作品，全方位、多角度宣传推介大理文化旅游。与红河、楚雄、玉溪、临沧、四川攀枝花等6个城市建立良好的信息互推合作机制，扩大宣传效应。

【央视展现剑川特色】 7月7—8日，州文旅局组织剑川县、白剧团等单位及非遗传承人代表、行业能手到北京录制《了不起的地方——大理州·剑川县》。《艺览天下·了不起的地方》是中央广播电视总台综艺频道（CCTV-3）倾力打造的创新节目，主要挖掘各地文化当中奇、绝、妙等“了不起”的特色之处，因地制宜地运用各种文艺表现形式，使地方特色能够得到最大化的展现，从而为地方打造内涵独特、记忆点强的个性名片。节目于9月7日21:00在CCTV-3及新媒体互动平台“央视频”播出。

【大理新文旅超级IP打造】 2021年，州文旅局制定完成《大理州新文旅IP策划方案》，结合旅游发展新形势，旅游消费新趋势，旅游产品新模式，以及大理文旅产业发展的新定位，为这个经典的超级IP赋予新的内涵，以“风花雪月·自在大理”为大理旅游形象定位，围绕“风、花、雪、月”打造四个子IP，分别是以“风”为主题的“有一种生活叫大理”，以“花”为主题的“中国最佳爱情表白地”，以“雪”为主题的“中国潮玩新地标”，以“月”为主题的“中国最美乡愁带”。深化“有一种生活叫大理”“最佳爱情表白地”策划，抖音话题“有一种生活叫大理”总播放量超过37.6亿次，网友投稿视频173万条，创同类活动全国之首，打造最具城市辨识度的大理文旅IP；“中国最佳爱情表白地”新文旅IP的市场知名度和影响力快速提升，巨量搜索显示，与目的地或旅行婚礼的关键词热度，大理连续6次位列月热度榜第一。

行业管理

【行业依法依规经营倡议】 3月23日，大理州旅游行业协会向全州旅行社企业、在线旅游企业和广大旅游从业人员发出“关于开展依法依规经营，抵制不合理低价游”的倡议书，倡议全州旅游企业和广大从业人员要深刻认识旅游市场秩序整治的重要意义，坚决贯彻各级文化和旅游部门关于旅游市场秩序整治的各项专项行动部署，根据市场需求推出不同层次的旅游产品，提升产品质量和服务品质，维护旅游市场秩序，依法依规经营，不制售宣传“低价游”产品，营造文明诚信旅游氛围。

【党史学习教育体验示范线路】 4月28日，大理州5条线路入选云南省党史学习教育领导小组办公室推出的云南省党史学习教育体验示范线路。第一条为：宾川县红军长征主题纪念馆经红星图片纪念馆、农民博物馆、南薰桥、红军长征过大理陈列馆至赵熔故居；第二条为：王复生、王德三革命烈士纪念馆经周保中将军纪念馆、张伯简纪念馆、鹤庆县红色文化陈列馆至红军长征过鹤庆纪念碑；第三条为：大理市双廊镇双廊村、才村码头速九营地、银桥镇玫瑰庄园、湾桥镇古生自然村至喜洲古镇稼穑集农耕文化艺术馆和花语牧场；第四条为：祥云县云南驿服务区（温馨驿站）、沙龙镇白石岩村（花卉基地）、龙云大有公司圣龙庄园、刘厂镇松梅村（蚕桑产业、全国“一村一品”示范村）、刘厂镇大波那社区（人居环境提升点）、漾濞县光明村（美丽乡村）至脉地村滇西工委游击队漾濞县红色教育基地；第五条为：宾川县乔甸镇海稍村委会新庄村（红色海稍农业观光旅游点）、金牛镇彩凤村委会大坪地尼萨村（易地扶贫搬迁点）、金牛镇彩凤村委会小河底（万亩柑橘现代农业产业园）至大营镇萂村（葡萄产业扶贫示范基地）。

【大理州旅游行业协会导游分会成立】 7月8日，大理州旅游行业协会导游分会成立大会暨第一届会员大会召开。会议审议通过《大理白族自治州旅游行业协会导游分会自律公约（草案）》，选举产生理事会理事、监事、监事长、会长、副会长和秘书长。经选举，钱秀珍当选导游分会会长。导游分会致力于提升导游职业形象，增强行业自尊自信，健全导游管理体系，优化就业环境，提升导游服务质量，打造一支高素质、高水平、精诚团结、努力奋进的专业导游队伍。

【导游讲解大赛】 11月9日，由大理州民族宗教委、州文旅局主办，大理旅游集团有限责任公司承办的大理州首届“中华民族一家亲同心共筑中国梦”导游讲解大赛落幕。比赛设置“风采展示”“导游讲解”“即兴讲解”三个环节，各参赛选手围绕大理州的经济、文化、历史、地理和大理旅游集团景区景点进行讲解。20名来自大理旅游集团各分公司、控股公司的工作人员、景区讲解员参加该次比赛。经过激烈角逐，来自洱海游船分公司的李雪娇获得一等奖。

11月5日，大理古城景区入选文化和旅游部第一批国家级夜间文化和旅游消费集聚区 （州文旅局　提供）

【大理再添“国字号”名片】 年内，大理古城景区、鹤庆县草海镇新华村、大理市双廊镇分别入选文化和旅游部等单位不同类别名单。①大理市双廊镇。8月25日，双廊镇入选文化和旅游部、国家发展改革委联合评选的第一批全国乡村旅游重点乡（镇）。②鹤庆县草海镇新华村。8月25日，新华村入选文化和旅游部、国家发展改革委联合评选的第三批全国乡村旅游重点村。③大理古城景区。11月5日，大理古城景区入选文化和旅游部第一批国家级夜间文化和旅游消费集聚区。遴选经地方申报、省厅推荐、合规性审查、专家评审、实地考察等方式确定。

【乡村文化和旅游能人】 11月28日，大理州李福明、董志明入选文化和旅游部“2021年度乡村文化和旅游能人支持项目”。李福明，鹤庆县草海镇罗伟邑村人，高级工艺美术师、国家级非物质文化遗产代表性项目名录银饰锻制技艺（鹤庆银器锻制技艺）州级代表性技艺传承人。李福明的工作室直接与间接带动300多人就业，推动脱贫攻坚及乡村振兴政策。董志明，剑川县甸南镇天马村人，剑川白族土陶制作技艺州级代表性技艺传承人。董志明以“公司＋农户”的方式进行运营，带动周边32户群众掌握黑陶制作技艺并凭借技艺脱贫致富。

【凤羽大地艺术谷获评好品牌】 12月11日，凤羽大地艺术谷获评由海南省旅游和文化广电体育厅主办，凤凰网与传媒大学广告学院共同承办的“第六届博鳌旅游传播论坛”、2021“文旅好品牌”目的地好品牌。凤羽大地艺术谷是大理千宿文化旅游发展有限公司发起的以“软乡村、酷农业、融艺术、慢生活”为理念，依托凤羽独特的田园坝子风光、丰富的地方特产及深厚的人文底蕴，构建文旅、艺术、物产多维度IP群，集合“农业＋文化＋创意＋旅游”多元业态打造的新兴文旅目的地。

【大理导游获奖】 12月17日，大理州旅游行业协会导游分会的导游在由中国旅行社协会联合微信主办的“2021微信视频号全国导游文旅直播大赛总决赛”中获1个全国三等奖，2个优秀旅游文化传播奖。来自全国100多个协会的1000多人参加大赛，经过大赛组委会从“旅游文化”主题相关性以及直播数据、直播内容、语言表达、摄像技术4个维度对所有晋级全国总决赛的导游的4场直播进行评审，最终确定178位导游获奖。

【特色旅游地评定】 12月，大理州开展“大理最受欢迎爱情表白地”“最佳旅游美宿”评选活动。①大理最受欢迎爱情表白地。“大理最受欢迎爱情表白地”主题评选活动由州文旅局主办，云南腾云信息产业有限公司承办。活动以“苍山为盟、洱海为誓，情定大理，一生有你”为主题，通过线上公众投票及线下专家评审进行评选，最终评选出9个“大理最受欢迎爱情表白地”。②最佳旅游美宿。大理州开展“2021年度最美旅游民宿暨最美半山酒店”评定，评选出“最美旅游民宿”20家，“最美半山酒店”10家，统称为“大理州2021年度最佳旅游美宿”。评定按照企业主动申请、县（市）初审推荐、专家实地评定、集体会审确定程序进行。

【百强榜单】 年内，大理崇圣寺三塔文化旅游区、大理州、大理市分别进入不同类别“百强榜”单。①国家AAAAA级旅游景区百强榜。1月，权威文旅平台迈点研究院发布“2020年12月国家AAAAA级旅游景区品牌100强榜单”，大理崇圣寺三塔文化旅游区榜上有名。月度国家AAAAA级旅游景区品牌100强榜单由迈点研究院研制，主要从搜索指数、运营指数、媒体指数等维度解读景区在互联网及移动互联网领域的影响力。②“网红城市”百强榜。10月28日，大理州进入“中国潮经济·2021网红城市百强榜单”。“网红城市百强榜单”由21世纪经济报道、21财经客户端、21世纪创新资本研究院、腾讯云联合发布，从网络热度、城市活力、潮生活、产业发展、印象评分等5个维度、13个二级指标、39个三级指标和邀请为中国潮经济打call的达人组成评审团，对各城市的商业魅力、形象魅力、旅游魅力、生活魅力、未来可塑性进行打分。榜单为研究各城市影响力塑造和产业布局提供综合视角。③中国旅游百强县（市）。11月2日，大理市上榜“2021中国县域旅游综合竞争力百强县（市）”。“2021中国县域旅游综合竞争力百强县（市）”由竞争力智库和中国信息化发展研究院评选，主要评价考察县域旅游资源富集度、旅游经济活跃度、旅游设施完善度、生态环境优势度、政府推动实效度、旅游品牌美誉度6个方面，6个分项指数集成竞争力指数，竞争力指数前100名为中国旅游综合竞争力百强县（市）。

【旅游地获各级荣誉命名】 年内，大理州2个县1个镇分别被命名为云南省“美丽县城”和“特色小镇”，大理白玛庄园民宿被命名为“全国甲级旅游民宿”。①美丽县城和特色小镇命名。3月28日，云南省人民政府发布《关于命名“云南省美丽县城”“云南省特色小镇”的通知》，命名大理州永平县、鹤庆县为“云南省美丽县城”，剑川沙溪古镇为“云南省特色小镇”。②全国甲级旅游民宿。11月9日，大理白玛庄园民宿被文化和旅游部命名为“全国甲级旅游民宿”。“全国甲级旅游民宿”经旅游民宿自愿申报、省级等级旅游民宿评定机构初审，全国旅游标准化技术委员会最终评定。大理白玛庄园民宿地处大理市海东镇洱海之滨，采用低调奢华的建造设计理念、运用复古地中海风格以凸显浪漫主题。

【新晋省级旅游地】 年内，大理州新晋一批省级旅游度假区、旅游名镇、旅游名村、旅游休闲街区。①新晋省级旅游度假区。5月16日，大理州鹤庆县银都水乡旅游度假区、剑川县沙溪旅游度假区被省文化和旅游厅评定为省级旅游度假区。②旅游名镇。5月16日，弥渡县密祉镇、永平县博南镇、祥云县云南驿镇、漾濞县苍山西镇被省文化和旅游厅评定为云南省旅游名镇。③旅游名村。5月16日，祥云县禾甸镇大营社区、鹤庆县西邑镇奇峰村、漾濞县平坡镇平坡村、弥渡县密祉镇永和村、洱源县凤羽镇佛堂村、永平县博南镇花桥村、南涧县南涧镇西山村被省文化和旅游厅评定为云南省旅游名村。④旅游休闲街区。11月15日，大理市双廊镇民族文化街、大理市大理古城复兴路旅游休闲街区、巍山县南诏古街被省文化和旅游厅评定为省旅游休闲街区。

【州旅游行业协会成立分会】 年内，大理州旅游行业协会成立景区分会、旅行社分会、旅游商品分会。①景区分会。7月9日，大理州旅游行业协会景区分会成立大会暨第一届会员大会召开，18家会员单位参加。大会审议通过《大理白族自治州旅游行业协会景区分会自律公约（草案）》，并进行理事、监事、会长、秘书长、副会长、监事长的选举。冯辉当选景区分会会长。②旅行社分会。10月22日，大理州旅游行业协会旅行社分会成立大会暨第一届会员大会召开。会议审议通过《大理白族自治州旅游行业协会旅行社分会自律公约（草案）》，选举产生旅行社分会第一届理事会单位、监事会单位、会长等，杨文勋当选旅行社分会第一届会长。③旅游商品分会。10月22日，大理州旅游行业协会旅游商品分会成立大会暨第一届会员大会召开，32家会员单位参加。会议审议通过《大理白族自治州旅游行业协会旅游商品分会自律公约（草案）》，选举产生商品分会第一届理事会理事、监事会监事、会长等，毛栋良当选商品分会第一届会长。

【国家级旅游景区揭牌与晋升】 年内，大理州有2家国家级旅游景区揭牌和晋升。①弥渡小河淌水·密祉国家AAA级旅游景区揭牌。9月23日，大理弥渡小河淌水·密祉国家AAA级旅游景区揭牌。小河淌水·密祉国家AAA级旅游景区有着“花灯之乡”“文化之乡”“小河淌水的故乡”等美誉，是弥渡县的第一个国家AAA级旅游景区。②剑川千狮山（满贤林）晋升国家AAAA级旅游景区。12月16日，云南省文化和旅游厅发布《关于确定云南省2021年第二批国家4A级旅游景区的通知》，剑川千狮山（满贤林）景区被正式确定为国家AAAA级旅游景区。剑川千狮山（满贤林）国家AAAA级旅游景区位于剑川县城以西1.5千米，景区石雕千狮规模宏大，气势壮观，千狮山有雕刻和收藏形态各异的石狮3268只，集中展现中国魏、晋、南北朝、隋、唐、宋、元、明、清多个朝代石雕狮子的艺术风格。至12月，大理州国家AAAA级旅游景区增至13家。

2021年，大理州旅游业发起“开展依法依规经营”的倡议。图为对旅游市场开展检查

（州文旅局　提供）

【两地入选旅游扶贫振兴案例】 年内，剑川县沙溪镇、宾川县乔甸镇新庄村分别入选旅游助力乡村振兴、旅游扶贫案例。①旅游助力乡村振兴案例。10月20日，大理州剑川县沙溪镇入选中国国际扶贫中心与世界旅游联盟、世界银行共同发布的《2021世界旅游联盟——旅游助力乡村振兴案例》（以下简称《案例》）。《案例》展现中国旅游助力乡村振兴的优秀成果。沙溪镇将旅游发展与乡村振兴相结合，深度挖掘旅游资源特色，走出一条依托景区石宝山、中国历史文化名镇沙溪古镇、传统村落寺登村等，以旅游产业融合城镇化建设、农业观光、休闲度假的“旅游”新路子，促进当地民众发展民宿客栈经营、房屋出租、餐饮休闲服务、土特产品销售等产业，拓展当地居民的收入渠道和工作岗位，促进乡村振兴。②旅游扶贫案例。11月18日，文化传承类型《大力发展红色旅游助力乡村产业振兴——大理白族自治州宾川县乔甸镇新庄村旅游扶贫案例》入选文化和旅游部推出的《体验脱贫成就·助力乡村振兴全国乡村旅游扶贫示范案例选编》（以下简称《案例选编》），《案例选编》收录全国范围内100个典型案例，聚焦产业融合、创业就业、文化传承、生态保护、乡村治理、创新提升6个重点类型。

行业培训

【文旅行政执法培训】 1月20日，州文旅局召开文化旅游行政执法案卷评查反馈会暨行政执法培训。全州12

个县（市）文化和旅游部门分管领导和执法机构负责人，州文旅局相关科室（所）负责人，州文化市场综合行政执法支队和大理市直属大队参加培训。大理州司法局相关领导结合相关法律法规和实际案例，重点讲解文化和旅游部门行政许可、行政处罚的执法程序规范等内容，反馈全州12个县（市）文化和旅游部门行政执法案卷评查情况，并进行全面详细的分析点评。

【企业文化建设学习培训班】 3月16—18日，大理旅游集团举办年度第一期企业文化建设学习培训班。大理知名记者、白州文化名家、大理学院民族文化研究所专家、中国作家协会作家等专家学者，分别就"新闻的发现与写作""从旅游宣传语看大理旅游发展""历史文化名城大理""发现和说出大理之美""大理非遗之旅""文化和旅游融合发展的几点要求"6个专题进行讲解。集团下属各部门、各中心、各控股公司文秘人员、宣传营销人员、讲解员（导游）、文创小组等相关人员参加培训。

【文旅系统消防安全培训】 4月30日，州文旅局在大理州博物馆景区组织开展州级文旅系统消防安全培训和灭火演练，局机关和各直属单位消防安全责任人及管理人员等参加培训。大理市消防救援大队专业技术指挥员结合典型火灾案例，从日常防火检查的内容和重点、如何开展消防安全自查自纠及消防器材的配备与使用方法进行讲解。在大理州博物馆广场，现场讲解干粉灭火器、消火栓的使用方法和注意事项，并指导参训人员开展灭火演练。

【新导游岗前培训与专题培训班】 5月12日，大理州在大理大学教育培训中心举办年度新导游人员岗前培训暨"30天无理由退货"专题培训班。大理州各旅行社负责人、在岗导游等100余人参加培训。培训由州文旅局主办，大理兴旅职业培训学校承办。邀请大理州旅游执法部门人员、旅游购物退（换）货监理中心负责人、金牌导游等，以理论讲解与案例相结合的教学形式，就"30天无理由退货"专题、案例分析、导游语言技巧、文明旅游、旅游突发案例处理技巧、"如何讲好大理故事"等进行授课。

【年度导游轮训班】 6月21日，大理州在大理大学专家公寓举办2021年全州在职导游轮训班。导游轮训班由州文旅局主办，大理兴旅职业培训学校承办。导游轮训班分3期举行，培训导游近500人，主要设置以政策法规、安全生产、案例讲解、文明旅游、洱海保护、"30天无理由退货"办理流程为主要内容的培训。

【安全生产知识和能力培训】 7月22—23日，大理旅游集团组织开展为期两天的安全生产知识和管理能力培训。云南省应急管理厅、大理州应急管理局安全专家库专家，大理安发安全生产培训有限公司专职教师，就《中华人民共和国安全生产法》、旅游景区安全管理知识、安全生产风险分级管控和隐患排查治理等内容进行讲解；并进行"生产经营单位主要负责人和安全生产管理人员培训班"考试。

【旅游统计业务培训班】 8月24日，州文旅局举办全州旅游统计业务培训班。云南省文化和旅游厅财务处相关领导对"云南省文化文物和旅游统计调查制度"进行讲解及答疑，云南研数统计师事务所、州文旅局相关专业人员对统计调查知识及国内游客抽样调查方法与技巧、新制度下基础数据来源操作进行讲解和交流。培训提高了大家对旅游统计工作重要性的认识，夯实基层统计工作的基础，规范大理州旅游统计工作、提升统计数据质量、培养统计人才。州文旅局相关业务科室，12个县（市）文化和旅游局分管领导及业务人员参加培训并进行考试。

【大理旅游集团开展系列培训】 8月，崇圣寺三塔文化旅游区特邀大理州红十字会对全体员工进行艾滋病防护和应急救护知识培训。培训内容包括红十字运动基本知识、救护概念、创伤救护、AED操作、心肺复苏、常见意外伤害的应急处理、突发事件紧急逃生常识及艾滋病知识的普及预防等。通过培训提升员工创伤救护、应对意外伤害和突发事件的处理能力。宾川鸡足山旅游投资开发有限公司结合工作实际，组织开展为期5天的旅游服务提质培训活动，培训内容包括服务礼仪、文明服务、职业道德、民法典、疫情防控及健康教育、法律法规、环境保护等。提高全体员工的职业素养，为提升鸡足山景区整体服务质量、更好地为广大游客服务奠定基础。

【以案施训培训班】 9月7日，大理州第一期文化旅游综合执法以案施训培训开班。省文化和旅游厅综合行政执法监督局、云南旅游职业学院等单位专家、教授上课，全州12个县（市）文化和旅游局分管副局长、综合执法业务骨干和办案人员40余人参加培训。培训为期2天，结合当前大理州的文化旅游市场综合行政执法工作实际，开展文化和旅游市场法律法规、娱乐场所执法务实、旅游执法风险与对策、远程勘验笔录制作与实操、全国文化市场监管平台业务操作及案件录入、技法技能评估等培训课程。

【云南省红色旅游专题培训班】 11月2—4日，省文化和旅游厅在祥云举办"2021年云南省红色旅游专题培训班"，对全省各州（市）文化和旅游局相关负责人员、全省重点红色旅游景区负责人和讲解员等120余人进行红色文化培训。培训由教授、专家授课，内容有贯彻习近平总书记"七一"重要讲话精神传承云南红色基因、红色旅游解说设计与实践、云南红色旅游发展历程、经验与展望等方面，以课堂教学、现场案例和交流研讨相结合的形式开展。

【年轻人才综合培训】 2021年，大理旅游集团组织开展4期年轻人才综合培训，采用理论学习与拓展训练相结合的方式，组织公司各部门、各运管中心、全资及控股公司年轻人才参加培训学习。邀请专家理论联系实际讲解"数字经济内涵及云南实践""文旅产业与数字经济深度融合""体验旅游开发"等知识，并开展"凝心聚力、振奋精神、共克时艰"主题拓展训练。

（杨会仙撰稿）

信息产业

Information Industry

责任编校　杨林柏

乡愁大理·黑白记忆　　1977年弥渡天生营暮归农人

信息化建设

【概况】2021年，大理州继续推进信息化与工业化融合发展。将工艺流程、生产、经营、管理与信息技术相融合，促进企业生产经营管理水平全面提升，组织娃哈哈饮料、鹤庆北衙矿业、蝶泉乳业、来思尔乳业、宾川康弘林产品、安佑生物、汇祥塑业、红塔滇水8家企业实施两化融合贯标工作，娃哈哈饮料、鹤庆北衙矿业、蝶泉乳业、来思尔乳业4家获得国家级两化融合管理体系贯标认定证书。加强新一代信息技术在工业企业生产领域的应用与推广，欧亚乳业的乳品智能制造示范项目、北衙矿业数字化矿山建设2个项目通过云南省工业互联网试点示范项目验收，云南欧亚乳业有限公司成为云南省智能制造标杆企业（第一批），鹤庆溢鑫铝业项目入选2021年国家级两化融合管理体系贯标示范试点单位。组织工业企业开展“数字化、网络化、智能化”三化改造，欧亚乳业数字化工厂等6个建设示范项目通过省级验收，来思尔乳业年产20万吨云南高原特色乳制品智能工厂建成投产，大理卷烟厂打叶复烤原地技术改造项目进展顺利。促进信息传输、软件和信息服务技术服务发展，排查梳理、重点培养，力争有更多企业升规纳统。加快滇西数据中心建设，打牢信息软件服务业发展基础，建成机柜1086个、投入使用940个，全州1147家规模以上企业信息化管理系统使用率98.1%，信息技术人员3105人，自建网站企业的有469家。

【电信业务】2021年，全州通信企业完成电信业务总量413.3亿元，同比增长27.8%。互联网和相关服务、软件和信息技术服务业营业收入增长9.3%；信息传输、软件和信息技术服务业营业收入增长7.2%。

【信息基础设施建设】2021年，继续巩固提升农村通信基础设施条件。第6批电信普遍服务试点项目64个站点建设提前一个月完成，第7批项目38个站点按时完成各项前期工作，实现开工建设；上报第8批电信普遍服务试点申请建设基站425个，工信部批复106个。全州通信光缆长度为22.65万皮长千米，互联网宽带接入城镇接入带宽为1000Mbps，农村接入带宽100Mbps起步，移动互联网出口带宽容量1.4T，电信州际互联网出口带宽800G、城域网出口带宽1.22T。建成移动通信基站（物理）站27963个，行政村、学校、卫生室通光纤网络率、4G网络覆盖率100%，自然村宽带覆盖率移动为94%、电信为75%，4G信号覆盖率自然村移动为98%、电信为92%。全州电话用户有392万户，其中固定电话用户14万户，移动电话用户378万户；建成的光纤到户接入模式端口251.5万个，互联网宽带接入用户有118.3万户，互联网电视接入用户有84.3万户，物联网终端接入有38.7万户（上述通信设施数据为部门统计）。

【5G通信基站建设】2021年，鼓励和支持通信企业加大5G通信基站的建设，帮助通信企业协调解决信息通信基础设施建设推进中存在的34个困难站点（含3处固定网络）的问题。年末，全州建成5G基站（逻辑基站）5548个。其中，移动公司5G网络在全州县城覆盖率100%、乡（镇）82%、村委会30%、自然村20%；电信公司5G网络在全州县城覆盖率96.4%、乡（镇）、行政村为25%。全州5G移动电话用户115.9万户，5G网络广泛用于5G+医疗健康、5G+智慧教育、5G+人脸识别、5G+考勤系统、5G+云广播、5G+门禁管理、5G+高清视频监控等；推进5G在工业企业的应用，移动、电信大理分公司与来思尔乳业、溢鑫铝业等企业建立5G战略合作协议和意向。

12月27日，中国电信大理分公司与大理州妇幼保健院签订“5G+医疗健康”战略协议，进一步推进大理智慧医疗建设　（电信大理分公司　提供）

无线电管理

【行政执法监督和无线电干扰监测】2021年，大理州无线电管理开展日常行政执法监督和专项监测干扰工作。①行政执法。8月19日，大理移动通过无线网管数据、客户投诉数据分析，发现大理古城区大理镇绿桃村北-LZHQ周边17个小区的4G、5G网络受到不同程度的干扰。大理移动分公司相关人员到现场实地扫频，扫频底噪电平达到-70dbm。发现大理镇绿桃村抵押车辆开启GPS干扰仪导致移动网络受到干扰，经大理移动古城分公司多次协调，但未能关闭GPS干扰仪。9月3日，大理州工业和信息化局执法人员到现场与业主、抵押车辆负责人沟通，要求关闭开启的GPS干扰仪，对方立即表态关闭干扰仪，经再次现场扫频确认，扫频底噪电平达到-118dbm，现场无线网络恢复正常。②无线电监督检查。按照2021年大理州市场监管领域州级相关部门双随机抽查工作计划要求，大理州工业和信息化局于11月25日对州电信公司开展“双随机、一公开”工作，通过召开座谈会、现场检查、查看资料等形式开展无线电监督检查，取得好的效果。③无线电干扰监测。大理州无线电监测站开展日常

2021年，州无线电监测站人员参加云南省公务员考试及《生物多样性公约》第十五次缔约方大会（COP15）无线电安全保障监测技术演练获团体三等奖

（州工信局　提供）

监测和专项监测工作，按时上报月度频谱监测报告，全年各监测站监测为31827小时；监测积累大量的分析数据，为频率规划、指配和核定台站提供技术依据。巍山广电（融媒体中心）C波段卫星单收站受电信5G基站干扰问题获妥善处理。

【通信应急保通】 2021年，大理州工业和信息化局，强化通信应急保通队伍及装备建设，保障通信畅通。①通信应急保通队伍及装备建设。组织各电信运营企业应急人员学习地震应急预案，熟悉处置程序、应急通信保障处置技术。做好地震灾害等突发事件的通信保障实战。各电信运营企业加强卫星通信车、应急通信车、超级基站等大容量应急通信装备的建设，各电信运营企业定期对海事卫星电话、对讲机、光纤熔接机、帆布帐篷、发电机、照明灯具等15种应急物资进行补充和更新。定期对超级基站、卫星电话、应急通信车、应急抢修车辆等装备的维护保养，每月按规定开展拨打测试、卫星链路倒换、应急设备验证测试等工作。针对地震等自然灾害、紧急停电、传输中断等情况开展应急通信保障演练，提升实战能力。②地震灾区通信畅通保障。漾濞“5·21”地震发生后，州工业和信息化局启动地震二级应急响应，立即开展应急处置，紧急协调州四大电信运营企业赶赴灾区开展通信保通工作，分管副局长及相关科室负责人第一时间赶赴漾濞受灾现场开展应急处置工作。灾区内4家电信运营企业总计有基站872个，地震受损及受灾故障基站共101个，通过抢修恢复98个（未恢复3个位于石门关景区，保障安全暂不需恢复）。紧急开通州政府抗震指挥部至漾濞政府抗震指挥部云视讯专线，并投入3人实时保障大理州地震局18条专线运行。4家电信运营企业深入灾区一线应急通信抢险人员244人，派出应急抢险车71辆，投入应急油机162台，投入应急通信车3辆，熔接机23台，光缆20.04千米，无人机2架。一线抢险的同时，在灾区外县（市）共集结动员496人、123辆车、22圈光缆、350台油机、5部卫星电话待命，以保障一线抢险救灾的需要。③其他重大通信畅通保障。保障洱源县“9·13”泥石流灾害和大理州第九次党代会通信畅通。

【无线电安全保障】 2021年，大理州无线电监测站完成春节、“两会”、国庆等重大节日和重大活动无线电安全保障工作。为高考、公务员考试、事业单位招考等19个重要考试提供无线电安全保障，派出无线电监测车66车次，派遣保障工作人员146人次，携带无线电监测、压制设备86（套）次，有效维护考场无线电安全。

【无线电监测技术演练】 2021年，大理州无线电监测站人员参加云南省2021年公务员考试及《生物多样性公约》第十五次缔约方大会（COP15）无线电安全保障监测技术演练，获得非法设台查找竞赛三等奖，干扰查找演练（监测车）三等奖，团体总成绩三等奖的成绩。通过此次演练，监测站充分锻炼队伍，熟练掌握技术设备的使用，全面提高监测业务能力水平，提升应急处置能力，为维护空中电波秩序，保障无线电安全奠定坚实的基础。

【无线电监测网建设】 2021年，大理州无线电监测站完成“大理州工业和信息化局县级便携式无线电监管设备项目”验收，并给各县（市）配置便携式监测测向及考试保障设备，提升县级无线电监管技术水平；通过2020—2021年度“大理州无线电管理基础和技术设施运行维护服务项目”验收评审；完成2021—2022年度运维招投标工作并签订服务合同；完成“大理州县级监测网全覆盖建设项目”招标工作并与中标方签订合同，年内项目正在有序推进执行；完成前期对新建大理古城、大理满江、南涧县、漾濞县、永平县、洱源县、祥云机场7个固定监测站站址的踏勘工作。

（州工信局供稿）

网信工作

【概况】 2021年，全州网信系统把学习宣传贯彻习近平新时代中国特色社会主义思想作为首要任务，引导全州各族人民增强“四个意识”，坚定“四个自信”，深刻领悟“两个确立”的决定性意义，坚决做到“两个维护”，强化主题策划，开展网络宣传。围绕州委、州政府中心工作，以党史学习教育为牵引，开拓进取，凸显网上正面宣传特色，网络综合治理、网络安全和信息化工作稳步推进，为推动大理州高质量发展营造良好网络舆论氛围和网络安全信息化支撑。

【网上正面宣传】 2021年，全州网信系统开展“大理主播讲身边红色故事”“悼念刘洪机组网络直播”“镜头里的故事·云岭红色地标巡礼大型主题系列直播之大理篇”“共庆百年华诞·云南百城百人网事网络主题采访”等网络主题活动，征集上报“追思先烈足迹”短视频作品3件。弘扬传统文化，做好传统文化网上传播，组织各级新闻网媒，利用新闻网站、融媒体平台、政务新媒体账号等开展传统网络中国节系列活动，开展“网络中国节·春节”“网络中国节·清明”“网络中国节·端午”“网络中国节·七夕”“网络中国节·中秋”等活动，全州新闻网站、新媒体平台（微信公众号、微博、抖音、七彩云、各网站等）累计发稿300余篇。开展“奋斗百年路　启航新征程”第二届彩云杯网评大赛大理赛区初赛，征集网评文章145篇，推荐15篇参加复赛，最终1篇获得三等奖、3篇获得优秀奖。组织开展“5·21”漾濞地震等网上宣传引导。打击处置网络造谣事件1起。参加“五个一百”网络正能量活动。“大理发布”新媒体平台、“大理广播电视台”抖音号、“大理交警”抖音号、“大理清风”微信公众号入选100个网络正能量传播示范账号；《云岭新征程呼唤善作者》《基层干部要“画出圈”更要“跳出圈”》《用好“双减”政策正确发力让教育回归本原》入选100篇网络正能量网评精品，《震后第一天，被这些画面感动……》入选100篇网络正能量图文精品，《我眼中的中国》入选100篇网络正能量国际传播精品。开展“争做中国好网民”“网络公益”等活动。

【网络阵地建设】 2021年，全州网信系统强化互联网新闻服务单位信息从业人员管理，落实互联网新闻服务单位信息从业人员管理规定，将大理广播电视台和12个县（市）融媒体中心的信息从业人员纳入互联网新闻服务单位信息从业人员管理系统进行规范管理。强化互联网新闻信息服务管理，组织县（市）融媒体中心参加互联网新闻服务许可证申报业务培训，开展互联网新闻服务许可证申报工作。全州14家新闻媒体全部取得互联网新闻服务许可证。10月19—22日，组织开展年度大理州网信工作业务培训，提升网信委委员单位网络安全意识，增强县（市）网信系统工作人员业务能力。

【网络综合治理】 2021年，全州网信系统开展网络安全检查，强化日常监测，联合公安等部门对全州重点信息系统进行检测，及时发现并消除安全隐患，确保重点信息系统运行正常，为庆祝中国共产党成立100周年、COP15、党的十九届六中全会等重要活动开展，提供网络安全服务保障。联合公安、县（市）网信等部门对全州党政机关网站、业务系统等进行网络安全检查，通过以查促改，增强各部门网络安全意识。强化网络安全法规宣传，开展2021年国家安全日、宪法宣传、国家网络安全宣传周等普法宣传活动，州委网信办被评为大理州“七五”普法先进集体。开展“清风”“净网”“流量造假”“饭圈整治”“江湖骗子”等专项行动，维护全州网络空间持续清朗的良好态势。

【统筹推进信息化】 2021年，全州网信系统继续实施5G和推进“宽带乡村”和“宽带中国”光网工程。至年末，全州通信光缆长度已为22.65万皮长千米，全州互联网宽带接入城镇带宽为1000Mbps，农村接入带宽100Mbps起步；已建成移动通信基站（物理）站27963个，全州电话用户有392万户，其中固定电话用户13.99万户，移动电话用户378万户；已建成的光纤到户接入模式端口251.5万个，互联网宽带接入用户有118.3万户，互联网电视接入用户有84.3万户。推进IPv6规模部署和应用工作，引领推动数字经济和信创上下游产业链向大理聚集，用数字为经济赋能、为发展提质、为治理增效。

（州委宣传部供稿）

通　信

【大理州邮政管理局】

概况　2021年，大理州邮政行业（不包括邮政储蓄银行直接营业收入）业务总量、业务收入分别完成6.79亿元、7.62亿元，同比增长26.23%、25.04%。年内，大理州邮政管理局（以下简称州邮政局）先后制定并向各邮政快递企业印发《关于全面加强邮政业疫情防控工作的通知》，“突发涉疫快件应急处置指导流程”等5个文件，要求各企业负责人履行好企业疫情防控第一责任人职责。指导处置涉疫地区快件，先后处置拦截顺丰、韵达涉疫快件1770件，并迅速组织涉疫快件企业从业人员连续7天开展全员核酸检测，核酸检测结果均为阴性。持续巩固建制村直接通邮成果，累计对辖区内54个建制村开展直接通邮情况实地检查，开展建制村投递服务信息化监管工作，采取建立投递打卡监督微信群等方式督促邮政企业提高建制村投递服务打卡率。根据《云南省加快推进“快递下乡”工程实施方案》，州邮政局鼓励引导各快递企业到“全国特色小镇”喜洲镇和沙溪镇设立网点，将白族扎染、剑川木雕等丰富的土特产品、农副产品、旅游产品、文化产品、民族工艺品运销大理州外、省外。

邮政普遍服务监管　2021年，州邮政局开展“两轮”邮政机要通信保密安全检查，全年累计检查28个机要通信网点。对辖区内28个邮政普遍服务网点开展“双随机”检查及乡（镇）邮政局所“回头看”监督检查，对18个普遍服务投递处理场所党报、党刊当日投递情况、邮政专用巡视信箱投递服务情况、投递频次合标情况开展监督检查，对12套纪特邮票发行情况开展监督检查，累计检查24人次。

“放管服”改革　2021年，大理州有18家持证快递企业开展快递业务经营许可有效期延续工作，其中9家企业按期完成许可有效期延续，6家企业因未按期提交材料被注销快递业务经营许可退出市场，3家企业因未按期提交材料被注销快递业务经营许可后转为分支机构。全年通过快递业务经营许可管理信息系统办理上级委托许可实地核查5件，按时完成5件，平均办结时限5.8天；办理许可变更及实地核查82件，按时完成82件，平均办结时限9.7天；办理末端网点新增备案183件，按时完成183件，平均办结时限1.3天。全年累计办理许可审批270件，未出现受理预警、办理逾期情形，全年行政许可审批按时完成率为100%。开展快递市场秩序整顿工作，加大快递“黑网点”查处力度，对设立分支机构未备案2家、超越地域范围经营1家的违法行为进行处罚，各罚款1万元。全年办理末端违规收费案件6件，罚款5万元。推进行业信用体系建设，成立大理州快递业信用评定委员会，确定11名信用评定委员会委员，开展全州寄递业信用评审工作。

安全生产　2021年，州邮政局将行业安全生产作为重点工作抓实抓牢，全年行业未发生安全生产事故。

强化执法检查，累计对213个营业网点进行缉枪治爆、扫黄打非、反恐工作、禁毒工作、安全生产专项检查。督促企业落实寄递安全管理“三项制度”；完善生产各环节、各岗位的安全操作规程和日常标准化、规范化安全生产；督促邮政企业、快递企业全面排查生产运营信息系统、用户个人信息系统等基础设施风险隐患，完善数据使用管理制度，严防非法使用用户数据；抓实企业在重大节日、会议，重要节点应急预防和处置准备。

部门协调联动　2021年，州邮政局协调公安，禁毒，逐步健全对缉枪治爆、扫黄打非、反恐工作、禁毒等工作打击机制。探索通过寄递渠道销售假烟和走私烟打击联合机制。与烟草专卖局联合建立寄递渠道涉烟违法行为监管协作机制，协助对寄递渠道涉烟违法行为的检查和调查，在全行业形成打击涉烟违法行为的良好氛围；全州共查获通过物流快递寄递真品卷烟5427单，48个品规11840条，涉案金额236万元。推动客货邮工作，成立客货邮工作领导组，并将宾川县作为试点县合力推进客货邮工作，开通2条线路进行试运营，试点工作取得进展。推动快邮合作，通过中邮共配系统投递邮件9万余件，鼓励邮政企业参与承担农村电子商务建设，加快“村邮乐购”站点建设，指导实施“一市一品”农产品进城示范项目，实现邮政综合服务平台大升级。

邮政业大数据建设　2021年，州邮政局建设大数据中心“数字邮管”系统并录入全州邮政快递业65家法人企业、799个网点数据信息。州政府相关领导先后到大理州邮政业大数据中心调研和指导工作，对结合“数字经济”，在服务全州脱贫攻坚和乡村振兴战略、建设现代物流体系，支撑产业发展、主动服务地方经济和社会发展等方面取得的工作成效给予肯定。集中精力推进邮政行业绿盾工程建设，首批选取全州7个快递分拨中心申报接入安检机联网项目；首批选取26个具备网络条件的快递营业场所和处理场所的116个视频监控点位接入视频联网监控项目。至年底，安检机联网开机率为50%，视频联网监控调阅正常率为77.58%，提升行业预警监测能力。

（杨亦崳撰稿）

【中国邮政大理州分公司】

概况　2021年，中国邮政大理州分公司（以下简称“大理邮政”）完成业务收入32356.96万元，同比增长7.26%，增长绝对值2190.81万元，收入规模居全省第2位。开展精神文明创建活动，新增州（市）级文明单位1家（剑川），通过复审的州（市）级及县级文明单位6家，文明单位建成率为91.67%。各支部组织开展党史学习读书会28次。开展税邮基层党组织结对共建，推动各县（市）分公司与各县（市）税务局签订基层党组织结对共建协议，通过联合过组织生活、联合办实事、联合开展主题日活动、联合学党史“四个联合”，开展共建联学14次。5月21日，漾濞县发生6.4级地震，大理邮政组织“党员突击队”火速赶赴震区救援，配合救援队员搭建帐篷，安置受灾群众，组建临时邮局最大限度保障灾区人民群众的用邮需求。组织干部职工为灾区人民捐款，累计捐款19510元。组织开展“三亮三比三评”“我为群众办实事”“参观红色革命教育基地”等系列活动。为1名离休老党员颁发“光荣在党50年”纪念章。年内祥云县南大街营业所获得“全国邮政代理金融（2020—2021）跨年度专项营销活动”千佳网点称号，城区分公司投递员赵立军被云南省邮政管理局和云南省总工会授予“最美快递员”称号。

增长极业务　2021年，大理邮政坚持质量第一，效益优先，高效业务占比稳步提升。①代理金融业务。全年代理金融业务实现收入23770.32万

上图：7月1日，大理市建设路营业所举行中国共产党成立100周年纪念邮票发行活动；下图：5月21日，漾濞县发生6.4级地震，邮政大理州分公司组建临时邮局保障人民群众的用邮需求　（邮政大理州分公司　提供）

元，完成全年目标的104.03%，超绝对值920万元，全州代理金融余额规模158.33亿元，总规模居全省第3位；全年新增余额15.99亿元，新增余额居全省第2位，全州余额规模过10亿元的单位有9个，过亿元的网点有65个，占全州77个金融网点的84.42%。②标准快递业务。全年标准快递业务实现收入2105.26万元，标准快递业务量超过197.43万件，同比增长12.43%。“双十一”期间速递量峰值突破94万件，增长173.27%。③增值业务。增值业务实现收入514.51万元，其中税务双代实现收入271.17万元，完成全年目标的135.58%，全州设立税票代开服务网点76个，累计代开发票12.46万张，代征税款11323万元，完成全年目标的150.97%，增幅29.94%，居全省第1位。

基础业务　2021年，大理邮政通过书信大赛、账单业务、朋友圈广告、形象年册开发、邮品巡展、惠民图书巡展、有声图书馆建设等，全面推动集邮、新媒体、报刊创新转型，全年完成收入1995.94万元。3月5日，南涧县邮政分公司举办“学雷锋树新风讲学习促创文”书香南涧全民阅读活动，实现销售17.33万元。5月26日宾川县邮政分公司举办“见证建党百年辉煌·全民共读红色经典”新时代文明实践全民阅读活动，实现销售额74.19万元。7月1日，大理市建设路营业所等网点举行中国共产党成立100周年纪念邮票发行活动，开展党史学习教育系列政务图书征订发行，实现图书发行5万余册，累计向全州58所中小学校捐赠图书6000余册。7月16日，第十五届少年儿童书信文化比赛评审活动结束。

项目营销　2021年，大理邮政云烟项目发挥邮政金融末端营销优势，金融寄递联动，深度嵌入“云烟”产业链，全州累计实现卷烟资金归集38亿元，实现寄递物流配送收入794.95万元。全州卷烟零售许可证申请办理网点24个。邮政代付烤烟项目首次突破系统功能，新开发的代付系统全面满足客户银企财务智能化平台管理的要求，全州累计代付烤烟资金3.33亿元，金融末端营销揽收金额25920万元。政务服务项目大力拓展线上线下政务寄递市场，围绕政务、生鲜等重点项目，突出特快业务发展，政务项目实现收入1578.22万元，完成全年目标的127.28%。全年累计完成6300户合作走访，走访率100%，实现代理金融存款1733.42万元，合作社助农贷款954万元，寄递收入1433.47万元，拉动代发工资、农资E贷款发放及寄递业务向好发展，全面助力农民合作社高质量发展，为贯彻落实乡村振兴战略贡献邮政力量。

服务能力建设　2021年，大理邮政坚持安全为基、服务为要，加强服务能力建设。①疫情防控。抓实抓细疫情常态化防控措施，妥善做好全州生产运营和服务工作，全州邮政企业始终保持“0病例”“0感染”。②普遍服务。全年普遍服务四项基本业务开办率、乡（镇）普服网点覆盖率、营业时间达标率、申诉处理满意率、建制村投递频次达标率等指标均为100%。③邮区中心改革。整合机构职能人员设置，运营管理部与大理邮区中心实行整合办公，减少管理层级；推进滇西网络组织调整工作，大理邮区中心业务处理量倍比提升，全年邮件内部处理完成结算收入771.83万元，同比增幅204.9%，绝对值518.65万元；5月28日，大理市新桥北营业所更名为大关邑营业所并搬迁新址；9月22日，南涧县小湾东镇营业所终止营业，数据迁移并入南涧县公郎镇营业所。④乡村振兴工作。全州邮政选派12名企业骨干担任驻村工作队队员开展乡村振兴工作，投入乡村振兴帮扶资金9.62万元；按照“线上邮乐”+“线下站点”模式，重点打造“一县一品”农特产品，全年全州建成邮乐扶贫馆11家，累计上线大理特色农产品60余款，全年线上线下农产品销售金额302万元；建成邮掌柜站点844个，覆盖全州12个县（市）100多个乡，通过邮乐小店推介转发、邮乐直播、分销批销等渠道进行宣传营销，带动大理农特产品销售；鹤庆县邮政分公司利用邮政县域寄递网络和渠道资源优势，与鹤庆县政府签订鹤庆县县乡村三级物流配送服务合同，项目资金154.6万元；通过与快递企业合作的方式，整合资源，降低封发、转运、投递等各个环节成本，完善农村客货运班车代运邮件快件合作机制，实现邮政服务全覆盖，打通“最初一公里”和“最后一公里”的难题，助力乡村振兴。⑤绿色邮政。围绕

2021年大理州邮政各项业务完成情况表

表78　　　　单位：万元

项目	州公司全年预算数	本年累计完成数
邮政公司合计	34070.00	32356.96
公司小计	28290.00	27632.33
一、函件收入	450.00	124.41
二、机要收入	53.00	49.29
三、报刊收入	1569.00	1597.92
四、集邮收入	600.00	273.61
五、普包收入	15.00	3.53
六、增值业务收入	630.00	514.51
七、代理金融收入	23450.00	23770.32
其中：1. 储蓄业务	20863.40	21256.54
2. 代理保险	1400.00	1506.07
3. 汇兑	10.00	7.55
4. 短信	1176.60	1000.16
八、分销收入	442.00	242.48
九、其他商品销售	33.00	16.24
十、其他业务收入	1048.00	1040.02

（邮政大理州分公司　提供）

“2582”目标，制定《大理邮政邮件过度包装和随意包装专项治理方案》，加强绿色包装宣传和治理，电商快件非二次包装率100%，包装废弃物回收装置布设率100%。

（吴昭仙撰稿）

【中国电信大理分公司】

概况　2021年，中国电信大理分公司（以下简称大理电信）聚焦推动“数字化产业转型升级”助力经济建设发展的重点中心任务，发挥中国电信5G、“云网融合”、数字化、智能化等技术优势，加快中国电信“云改数转”战略在大理落地。针对大理州内不同行业特性，提供针对性高的智能数字化转型升级方案。全年实施154个云网建设项目，投入建设资金为8856.6万元，为“数字大理”信息化建设提供坚强的网络保障，助推大理州数字化产业转型升级。

业务　2021年，大理电信提升网络能级及服务能力，推进企业转型发展，企业实现可持续、健康发展。①网络基站建设。建设开通507个5G基站，全州43个重点乡（镇）实现5G网络覆盖；建设开通307个4G基站，并完成电信共享联通基站583个，8个LTE2.1G小区和21个LTE1.8G小区的4G无线网扩容，解决城区的信号弱覆盖和高负荷问题区域及提升偏远农村区域4G网络覆盖能力。②资源效能。新建成FTTH光端口3.1万个，新增光端口利用率38.6%，全州FTTH端口资源利用率达53.93%，同比提升3.84pp，零箱体占比同比下降3.52pp，压降到6.01%（目标＜8%）。FTTH光网城市区域覆盖率为97%，乡（镇）覆盖率为100%，行政村覆盖率为100%，自然村的覆盖率统计为75.5%。③智能数字化升级。全面建成大理州医保专网，全州1500余家“两定机构”及“经办机构”接入医保专网中，“5G+急诊救治”项目被工业和信息化部、国家卫生健康委确定为“5G+医疗健康”应用项目；累计完成全州12个县（市）的1443所学校、10943个班级“万兆骨干、千兆进校、百兆到班”接入，完成全州12个县（市）324所智慧校园初期建设；助力各级政府基础管理数字化升级，2021—2025年投入超过2000万元用于建设美丽乡村服务平台，集中部署智慧党建、应急指挥、政务服务、精准扶贫、乡村特色等功能，分权分域使用。④助力“乡村振兴”。全州有242个行政村使用中国电信数字乡村平台，通过数字乡村平台推动信息化产品和服务入乡进村，全年完成消费性扶贫产品采购金额近30万元，下达拨付驻村工作经费、项目捐赠资金等专项费用近38万元；在大理州定点帮扶工作考核结果中获“优秀”等次。⑤助力疫情防控。助力各级政府疫情防控信息化支撑及网络保障，乡（镇）政府免费开通5条新冠疫苗接种点专线用于传输新冠疫苗接种各类数据，推出天翼云会议、新冠肺炎疫情防控排查系统App、新冠肺炎疫情监控系统、云上医疗服务、云上课堂、远程办公等13项疫情防控信息化产品，做好信息化支撑。

上图：5月22日，中国电信大理分公司抽调专业骨干保障漾濞县抗震救灾现场通信畅通；下图：6月3日，中国电信大理分公司联合大理市公安机关向群众宣传反诈知识

（电信大理分公司　提供）

（杨雪飞撰稿）

【中国移动大理分公司】

概况　2021年，中国移动通信集团云南有限公司大理分公司（以下简称大理移动）加强党的建设，开展党史学习教育，践行“我为群众办实事”实践活动，全量完成党委办实事项目清单44项；以“两和升级”“书记项目”为抓手，推进党建工作与生产经营深度融合，立项书记项目40多个，开展“服务进万家”活动9000余次，签订“党建和创”项目近60个；强化

5月21日，漾濞县6.4级地震后，中国移动迅速响应，开展应急通信保障。上图：使用无人机牵引传输光缆；下图：应急通信车开通使用

（移动大理分公司　提供）

党组织的政治功能和组织力，创建支部品牌24个，把党的政治优势转化为公司的竞争优势和发展优势，助力公司战略落地。落地落实中国移动集团创世界一流“力量大厦”战略部署，坚持“稳中求进、进中保稳”总基调，以“高标准、严执行”推动公司数智化转型发展，个人增量市场新增净增规模“双提升”，宽带市场份额连续两年排名全省前列，政企市场发展排名全省第一，客户满意度持续领先，转型发展能力、经营业绩表现持续提升。争创国企党建品牌本地标杆，年内获得“大理州国资系统先进基层党组织”称号；主动融入国家脱贫攻坚和乡村振兴战略，年度扶贫工作评定为优秀。

基站建设　2021年，大理移动网络维护能力、集客支撑能力均排名全省前列；基站规模同比增长13.89%，2G基站达到3800多个，4G基站达到1.3万多个，4G网络覆盖率持续改善。5G网络覆盖持续扩大，5G基站开通2200余个，实现州府城区、县城及所有乡（镇）的覆盖。大临铁路无线网络全线开通，大临铁路大理段成为大理境内首条5G信号覆盖的铁路干线，为旅客提供高质量网络服务。家庭宽带自然村覆盖率达到94.5%，千兆宽带覆盖率为79.57%，网络品质得到明显提升。

政企新业务　2021年，大理移动获全省“云领争先拓展优秀分公司”称号。大理州大数据中心暨“苍洱云”在大理揭牌，大理移动高效推进大理州城市大脑“苍洱云”等重大项目落地实施，通过信息化、数据化手段有效提升城市运营管理效率，打造大理州数字经济发展平台新标杆。建成大理州森林防火视频监控系统，上线率保持在85%以上，通过先进有效的数字化技术手段准确监测林区火情火灾。搭建大理州委组织部智慧党建随机调研系统，实现全州1000多个行政村的随机调研应用，提升社会治理服务水平。落地祥云县医院5G移动医护、苗圃山5G智慧社区建设等项目，5G融入千行百业数智化建设，集团客户标准产品开通及时率、故障处理及时率均保持100%。5G、云等产品一体化支撑能力逐步形成，助力大理州数字经济发展。

应急通信保障　2021年，大理移动完成通信保障28次、网络信息安全应急演练14次。支撑COP15昆明会场及大理洱海论坛等重大活动举行，保障大理市湾桥镇牺牲英雄悼念仪式、建党100周年系列重大活动、洱源县威士忌项目启动仪式等当地活动，做好大理市太邑温泉村、大理市古城区湾桥镇、祥云清华洞林区等多起森林火灾、洱源县凤羽镇泥石流等灾害应急通信保障。漾濞县“5·21”地震发生后，大理移动迅速启动二级应急通信保障预案，连夜投入人员、应急通信物资开通漾濞震中应急基站；使用中国移动云视讯设备搭建州、县两级调度指挥系统，为地震应急保障提供网络服务。为提高应急处置能力，支撑州委、州政府完成滇西片区地震应急演练、大理飞机场综合救援、大理市防汛应急演练、大理州地震应急演练、各县（市）核酸检测应急演练等多起通信应急演练。常态化推进疫情防控，全年未发生疫情感染事件。

（李鹤松撰稿）

【中国广电云南网络大理州分公司】

概况　2021年，中国广电云南网络有限公司大理州分公司融入全国一网整合工作，于6月由“云南广电网络集团有限公司大理州分公司”更名为“中国广电云南网络有限公司大理州分公司”（以下简称“大理广电”）。成为“全国一网”的媒体融合传播、数字文化传播和数字经济基础网，通过“全国一网”的规模化整合，结合广电5G网络建设改造升级，依托有线、无线、卫星的融合网络，全面实施“智慧广电”战略，建立健全用户服务机制和体系，围绕服务智慧城市、智慧社区、智慧社会建设，参与乡村振兴战略，提高乡村文化和信息基础设施服务能力，开辟新空间、开发新市场。

业务发展　2021年，大理广电围绕省公司实施和落地的云南省新时代文明实践大数据中心、国家文化大数据体系民族团结区域中心；国家文化大数据体系云平台（云南）、学习强国云南电视平台（强国TV）；应急广播体系发展战略，服务好地方党委政府中心工作，发挥党媒政网的社会职能，推进智慧广电建设，促进企业转型升级，提升公司的市场竞争力，实现集客业务新的突破。①“试点”工作。至12月，已经完成大理市新时代文明实践大数据中心国家级试点，完成洱源、永平、巍山、宾川4县的上线落地省级试点和其他7个县的上线落地州级试点工作。②应急广播体系建设。率先开展的大理市，应急广播落地33个村委会，建成315个应急广播点位。③参与融合乡村振兴。以承建并提供服务的鹤庆县云鹤镇菜园村枫桥经验“平安乡村”视频监控及语音通话系统项目建设工程为代表，以中标弥渡县居家养老项目为拓展延伸，公司业务与乡村振兴深度融合。④“美丽县城”建设和老旧小区改造。以巍山“美丽县城”建成区管线改造二期、祥云“美丽县城”向“美丽乡村”延伸项目为代表，发挥网络建设与运营优势，打造社会效益与经济效益双效合一良好局面。以大理市满江街道办事处老旧小区弱电改造、视频监控及广播建设工程为代表，融入政府棚户区改造工作，融合实施弱电工程、视频监控、应急广播等领域。⑤“平安城市”建设。年内取得南涧公安、洱源公安、宾川公安的结构化项目，祥云公安的电子抓拍项目以及南涧县应急管理平台项目建设。⑥“智慧城市”建设。11月16日，与大理州城市物联网科技有限公司签署战略合作协议，以参与大理州城市感知能力提升项目一期链路建设工程为代表，为公司参与“智慧城市”建设提供新的方向和机遇。

互动平台　2021年，大理广电高清互动本地化平台稳定优质运行，本地高清互动平台集成上载大理日报72期，儿童节目120集，《乡愁大理》96集，县（市）新闻84期，《科普大理》2400期，《大理先锋》1200期，《法在身边》《交警在线》《消防在线》《大理政务》共200余期。为当地党委政府、各级部门宣传政策措施、促进文化繁荣提供高效便捷的渠道，同时实现社会效益与经济效益协同发展进步的良好成效。

客户服务　2021年，大理广电呼叫中心修障派单94927张，修障满意率99.87%。大理广电以“客户满意”为目标，以客户服务考核、微信“1+1”、客户服务质量提升培训团队等方面为着力点，完善公司客户服务工作，提高客户服务质量，提升客户满意度。

安全播出　2021年，大理广电有安播重保期81天，其中零报告43天，全州累计投入安全播出值守人数为4212人次，无重大安全播出事故发生，完成“迎接中国共产党成立100周年”和COP15等年度安播重保任务。

（杨江帆撰稿）

【中国铁塔大理州分公司】

概况　2021年，中国铁塔股份有限公司大理州分公司（以下简称大理铁塔）将5G新基建建设作为首要政治任务，主动承担大理州通信基础设施建设者和主力军角色，推进大理州5G新型基础网络设施建设，助力“智慧大理”和脱贫攻坚信息化

上图：2021年，大理广电业务与乡村振兴深度融合，承建鹤庆县云鹤镇菜园村枫桥经验“平安乡村”建设视频监控及语音通话系统项目建设工程并提供服务；下图：11月16日，与大理州城市物联网科技有限公司签署战略合作协议，以参与大理州城市感知能力提升项目一期链路建设工程为代表，为公司参与“智慧城市”建设提供新的方向和机遇　（广电网络大理州分公司　提供）

2021年，大理铁塔发挥行业资源优势，多措并举助力乡村振兴。图为在定点扶贫村开展就业扶贫暨用电安全培训　　（铁塔大理分公司　提供）

建设。至年末，大理铁塔在大理州累计完成投资20亿元，新建通信基站2734个，改造原有站址7051个，拥有8672个通信基站，挂载22614套通信设备，规模排名全省第五。全州站址共享比例40%，相当于减少铁塔重复建设约4000座，减少土地占用13.33公顷，为行业节约重复建设投资9亿元。

通信基础设施建设　2021年，大理铁塔坚持深化共享，加快大理州5G新型通信基础设施建设，以建设高质量、广覆盖的5G商用网络和深化5G网络应用场景为目标，承担起大理州5G网络基础设施的建设重担，全面承接州内3家运营商5G站点建设需求，全年承接3家运营商5G站点建设2342个，其中改造项目2116个，新建项目226个，并全面完成建设任务交付运营商开通使用。

电信普遍服务　2021年，大理铁塔承建全国第六批电信普遍服务站点59个、第七批全国电信普遍服务站点28个，助力大理州“互联网＋精准扶贫”和乡村振兴战略的落地，为大理州广大山区贫困村地区网络通信打通“最后一公里”，为后续“新基建”能够普惠于民奠定坚实的基础。

交通重点区域通信覆盖　2021年，大理铁塔为助力大理州“智慧交通”“智慧旅游”发展，大理铁塔加大州内高铁、高速等重大公共交通设施、交通枢纽、旅游线路等重点区域的信号覆盖力度，全年投资6500万元，完成大临铁路（大理段）通信公网覆盖建设工作，在大理州境内高铁红线外新建通信铁塔52座，改造存量基站9个，建设隧道内分布系统89千米，完成大临铁路（大理段）100.2千米公网覆盖项目建设。至12月，大理铁塔累计投资3亿元，先后完成“楚大”“大保”“大丽”3条高速公路和“广大”铁路大理段、“大丽”铁路、“大临”铁路公网网络信号覆盖项目，通过铁塔一家统筹实现三家运营商的共建共享。

助力环境保护　2021年，大理铁塔依托丰富的铁塔点位资源，推动“通信塔”向“社会塔”转变，创新形式投入洱海、苍山保护中，与洱管、苍管、自然资源、林草、渔政等部门合作，建设大理市生态委“环洱海高、低点智慧监控项目”、大理市自然资源局“大理市国土城乡建设视频监管系统”项目、大理州苍管局“苍山矿山智慧监控一期项目”等围绕洱海、苍山及大理州境内水系、山系的环保智慧、森林防火监控项目，累计建设安装高清摄像头370个，实现对整个洱海流域、苍山洱海自然保护的空地一体化无缝监测覆盖，对洱海流域水质监测、漂浮物监测、违法捕捞捕鱼、违章建筑、违章用地等进行全天候不间断智能监控，助力大理州社会治理数字化。在全州投资600万元开展轻型电动车换电和充电业务，以及各行业备电、发电业务，在全州建设53个换电网点、64个换电柜，投入电池超过2400支，轻型电动车充电端口3196个，为用户提供快捷、安全、优质的换电服务，助力大理州生态环境保护。

通信抢险救灾　2021年，大理铁塔在漾濞“5·21”地震中，组成由党支部书记带头，党员和群众共同参与的抗震救灾突击队，组织保障人员105人，应急车辆14辆，发电油机140台，在距离最大地震波不到24小时，确保地震影响到的铁塔16个通信基站全部保通运行正常。在“9·13”洱源县泥石流灾害中，面对全县电力线路多处损毁、运营商传输路杆被冲断，导致铁塔基站179个停电，因停电后无法及时供电造成退服43个，其中乔后镇源安邑龙门洞基站机房被泥石流冲走的严重局面，大理铁塔迅速行动，第一时间组织抢修队伍赶赴灾区现场，冒着暴雨、积水和塌方的危险，参与抢险救灾工作。对灾区通信进行抢修保障，组织应急抢险车40辆，应急油机245台，组织抢修队伍40个，合计80人投入灾区现场通信抢修保障中，确保最短时间内完成灾区通信基站的发电保通，保障灾区人民群众和救援队伍的正常通信畅通。

助力乡村振兴　2021年，大理铁塔发挥行业资源优势，多措并举助力乡村振兴。公司一把手牵头推进帮扶点云龙县检槽乡师井村巩固脱贫攻坚成果推进乡村振兴工作，带头通过专题调研、座谈、走访等形式，明确年度项目帮扶、劳动力就业、党建联建等工作方向和重点目标任务，以及村容村貌提升、亮化工程项目等后期项目帮扶计划。向云龙县乡村振兴局认定销售扶贫产品的云龙县李子坪种植专业合作社采购云龙山火腿、腊排骨、云龙大米、白芸豆等物资，促进农产品提质增效，助力推进乡村产业发展。大理铁塔公司党支部组织让村民学习通信基站代维技能，对辖区内部分通信基站进行故障简单的处理、现场巡检、搬运油机设备、发电保障、上站配合等能力范围内的事务。让师井村部分村民有工作机会，收入有保障，也让村民从工作中积累经验和知识，能有一技之长。

（唐勇撰稿）

建筑业和房地产业

Construction Industry and Real Estate

责任编校 杨 虤

乡愁大理·黑白记忆 1972年大理喜洲农机进村喜悦场景

建筑业

【概况】 2021年，大理州登记注册的建筑业企业有5628家，有资质建筑业企业有550家，拥有施工总承包一级资质14项，专业承包一级资质52项，施工总承包二级资质162项，专业承包二级资质178项，施工总承包三级资质716项。入库资质等级建筑业企业318家；监理企业12家，其中甲级资质1家、乙级资质3家、丙级资质8家；检测企业23家。有注册监理工程师105人，注册建造师3240人，其中一级注册建造师262人、二级注册建造师2978人。2021年，全州完成建筑业总产值211.72亿元，同比增长16.2%，完成建筑业增加值144.83亿元，同比增长5.4%。

【建筑业发展】 2021年，大理州拟订《关于深化建筑企业资质改革促进建筑业高质量发展的意见》《大理州促进州内建筑企业与州外建筑企业联合健康发展的指导意见》报请州政府研究，拟订促进建筑业企业市场主体倍增培育计划。推荐上报州政府确定十四冶建设集团云南第五建筑安装工程有限公司等4家建筑企业为州内年度骨干企业。制定下发《关于建立建筑业优质企业培育梯度库的通知》，加快培育以专精特新“小巨人”企业、骨干中坚企业、行业领航企业为代表的优质企业，发挥优质企业“领头雁、排头兵”作用，首批入库企业53家，其中行业领航企业13家，骨干中坚企业31家，专精特新“小巨人”企业9家。

【优化营商环境】 2021年，全州深化放管服改革，优化营商环境。①一网通办。深化行业电子证照和一网通办，推行建筑业企业资质行政审批“不见面”“零跑腿”办理，严格执行简化资质申请和个人执业资格注册有关程序和材料的规定，提升服务企业的能力水平，年内受理审批核准建筑业企业新办增项申请91件，办理企业资质变更126件，新增建筑业企业63家，其中新批43家，州外迁入20家。②执法检查。开展招投标代理机构和建筑市场监督“双随机、一公开”执法检查各1次，抽检企业18家；配合云南省住房城乡建设厅年度建筑市场监督执法检查“双随机、一公开”联合抽查和开展预拌混凝土和工程质量检测机构专项检查各1次。③建筑工程监管。办理5000万元以上工程招投标县市监管项目15个，概算投资110.31亿元。执行协税护税机制，向税务部门推送工程信息1144条，全州招标房屋建筑和市政基础设施工程425个，金额159.99亿元，发放施工许可证296个，金额218.57亿元。④四种保证金监管。严格执行工程建设领域保证金缴纳与监管相关规定，全面推行保证保险，缴纳投标保证金、履约保证金、工程质量保证金和农民工工资保证金四种保证金25.48亿元，其中采取保函形式缴纳12.03亿元，极大减轻企业资金压力。

【诚信体系建设】 2021年，全州按照《云南省建筑行业企业信用综合评价标准（试行）》《云南省住房和城乡建设厅关于云南省建筑行业企业信用综合评价系统上线试运行的通知》要求，加大对政策文件的宣传，要求企业及时录入相应基础信息，同步开展企业实施行为评价，加快全州诚信体系建设，运用云南省建筑行业企业综合评价系统进行企业信用月评价机制，进一步规范建筑市场秩序，构建守信激励、失信惩戒机制。

2021年，大理州加快新时代建筑产业工人队伍培育步伐，强化对建筑施工企业的管理，进一步提升产业核心竞争力。图为正在建设中的滇西医疗中心 （杨 虢 摄）

【建筑人才培育】2021年，全州贯彻落实加快培育新时代建筑产业工人队伍要求，重视建筑人才培养。大理州住房和城乡建设行业培训考核智慧考点获云南省住房和城乡建设厅批复同意，年内组织二级注册建造师考试，参考6489人次。组织辖区内建筑企业和从业人员申报云南省传统建筑工匠，现有传统建筑建造师45人、传统建筑匠人112人，传统建筑技工74人。组织2021年度大理州传统建筑工匠暨乡村建设工匠培训1次。

【农民工工资保障】2021年，全州推进房屋建筑和市政基础设施工程领域工程款支付担保制度，保障工程建设项目参与各方合法权益，从源头有效治理工程款和农民工工资拖欠问题。全州房屋建筑和市政基础设施工程全面启用建筑工人实名制管理及工资代发平台，纳入监管项目72个，实名在职总人数3488人，初步实现建筑工人“一人一卡、全省通用”，“干活有数据、用工有实据、讨薪有依据”的目标。开展根治欠薪冬季行动，按照《云南省根治拖欠农民工工资工作领导小组关于印发欠薪信访事项化解工作方案》要求，对年度涉及住建部门66条欠薪信访线索进行分解交办，加强督办指导。履行根治拖欠农民工工资工作成员单位职责，配合相关部门化解欠薪信访，年内处置欠薪信访5起，来信举报3起。

房地产业

【概况】2021年，大理州住建局制定下发了《关于加强商品房预售资金监管工作的通知》《关于精准应对疫情冲击推动产业健康发展的通知》，聚焦问题导向，破解难题，强化服务，压实县市政府调控房地产市场的主体责任，狠抓供给侧和需求侧结构性改革，保持供需基本平衡，价格基本稳定。加强对住房建设的统筹与指导，优化大理州商品住房及保障性住房的供给结构和区域布局，编制完成《大理州住房发展“十四五”规划》，结合大理州各县市经济和住房发展的实际情况，提出住房发展布局建议，明确住房发展的政策保障措施和规划实施机制，指导各项工作稳步有序开展。全年全州有房地产开发企业272

2021年大理州房地产开发资金到位情况表

表79

	2021年	同比增长（%）
一、房地产开发投资（万元）	1780177	-15.5
按投资用途分：1.住宅	1383633	-16.3
其中：90平方米以下	203967	19
90~144平方米	801589	-3.9
144平方米以上	378077	-41.7
2.办公楼	31222	100
3.商业营业用房	192984	0.001
4.其他	172338	-29.7
二、本年购置土地面积（万平方米）	55.62	39
三、本年土地成交价款（万元）	78598	-4
四、本年资金来源合计（万元）	2307848	-11.6
1.上年末结余资金	539056	-0.01
2.本年资金来源小计	1768792	-14.47
（1）国内贷款	127923	50.4
其中：银行贷款	120083	43.2
非银行金融机构贷款	7840	553
（2）自筹资金	468370	-37.8
（3）定金及预收款	453934	-16.7
（4）个人按揭贷款	511109	10.3
（5）其他到位资金	207456	-0.06

2021年大理州房地产开发企业施工、销售和待售情况表

表80

	2021年	同比增长（%）
一、房屋施工面积（万平方米）	1720.76	14.87
其中：住宅	1194.13	15.76
二、房屋新开工面积（万平方米）	332.64	-22.42
其中：住宅	229.06	-31.75
三、房屋竣工面积（万平方米）	91.93	10.19
其中：住宅	59.49	-11.78
四、房屋竣工价值（万元）	312753	6.51
其中：住宅	200005	-16.52
五、商品房销售面积（万平方米）	152.99	-37.94
其中：住宅	136.78	-39.84
六、商品房销售额（万元）	1241490	-39.07
其中：住宅	1086527	-40.13
七、住宅销售套数（套）	10631	-37.96
八、商品房待售面积（万平方米）	44.18	30.4
其中：住宅	17.05	-15.26

（州住建局 提供）

2021年，大理州房地产开发呈现稳中有降的局面，商品房销售面积和销售价格均呈下降趋势。图为宾川县房地产开发项目——侨乡文化城（宾川县志办　提供）

家，其中二级资质11家、三级资质12家、四级资质131家、暂定资质118家；房地产估价机构10家，其中，二级资质1家、三级资质9家。房地产行业从业人员1.2万人。2021年，全州完成房地产开发投资178.02亿元，同比下降15.5%，房地产开发完成投资占规模以上固定资产完成投资的19%，其中大理市房地产开发完成投资119.5亿元，占全州房地产开发完成投资的67.13%，同比增长0.9%，房地产开发完成投资占规模以上固定资产完成投资的50%，同比增长2.89个百分点。全年实现房地产税收收入12.25亿元，占总税收收入的17.29%，保持稳定。

【商品房开发投资】 2021年，大理州商品房开发投资整体呈现稳中有降的局面。①商品房建设。商品房施工面积持续增长，新开工面积有所回落；至12月，全州商品房施工面积1720.76万平方米，同比增长14.87%；商品房新开工面积332.64万平方米，同比下降22.42%；竣工面积91.93万平方米，同比增长10.19%。②商品房销售面积。商品房销售面积大幅下降，待售面积明显增加；全年商品房销售面积152.99万平方米，同比下降37.94%，其中商品住宅销售面积136.78万平方米，同比下降39.84%；商品房销售额124.15亿元，同比下降39.07%，其中商品住宅销售额108.65亿元，同比下降40.13%。商品房待售面积44.18万平方米，同比增长30.4%，其中住宅待售面积17.05万平方米，同比下降15.26%。③商品房销售价格。商品房销售价格小幅回落；全年全州商品房销售均价为8115元平方米，同比下降1.8%，其中住宅销售均价为7944元平方米，同比下降0.005%。全国70个大中城市住宅销售价格指数显示：2020年12月，大理市新建商品住宅价格环比下降0.4%，同比下降4.3%；二手住宅方面，大理市环比下降0.8%，同比下降2.4%。

【房地产业监管】 2021年，大理州住建局制定下发《关于对房地产项目存在问题进行排查整改的通知》，在全州范围集中开展房地产行业领域存在的风险隐患排查工作，要求全州各县市举一反三抓好项目排查及问题整改，各县市按要求完成排查工作，对排查出的问题进行整治，有效化解涉房矛盾纠纷。9月，州住建局会同发改、自然资源和规划、公安、税务、市场监管、银保监、网信等8个部门印发《大理州持续整治规范房地产市场秩序工作方案》，以问题为导向，重点整治房地产开发、房屋买卖、住房租赁、物业服务等领域人民群众反映强烈、社会关注度高的突出问题，为方便群众投诉，在州政府门户网站公布投诉举报电话，接受群众举报及监督。通过持续、全面开展整顿规范房地产市场秩序行动，严肃查处侵害群众利益的违法违规行为，及时曝光某美食城等一批典型案例，治理房地产市场乱象。加大房地产市场监管，规范房地产行业企业经营行为，增强企业依法经营、诚信自律意识。健全监管制度，建立健全长效管理机制，建立多部门联合查处机制，防控房地产市场风险。

【物业管理】 2021年，全州物业管理工作围绕物业服务企业、小区建设、老旧小区改造、提升业主满意度等方面进行，在全州开展关于“加大物业服务信息公开力度，让群众明明白白消费”活动。制定《大理白族自治州住房和城乡建设局关于实行物业服务企业负面清单管理的通知》，对全州物业服务企业实施负面清单管理制度，搭建物业服务企业和业主之间的沟通平台。在住宅专项维修资金的归集过程中，各级住建部门严格按照住宅专项维修资金相关管理规定，按照“业主所有、专户存储、专款专用、业主决策、政府督查”的原则，对资金进行管理。对交存的住宅专项维修资金实施专户管理、专账核算，有效维护住宅专项维修资金所有者的合法权益。至12月，全州归集住宅专项维修资金17.53亿元，全部由各县市住房和城乡建设部门代管。

（州住建局供稿）

住房公积金管理

【概况】 2021年，大理州发挥住房公积金惠民利民重要作用，保障和改善住房公积金缴存职工的合理住房需求，促进全州新形势下房地产业健康协调发展。①住房公积金归集扩面。全年实现归集32.85亿元，同比增长4.10%，完成目标任务30亿元的109.50%；归集总额为277.93亿元，同比增长13.41%；归集余额104.36亿元，同比增长9.81%。②住房公积金提取总额。全年完成提取23.53亿元，同比降低1.71%，完成目标任务18.40亿元的127.88%；累计提取总额为173.57亿元，同比增长15.69%。③住房公积金贷款规模。全年发放贷款11.03亿元，同比减少34.86%，完成目标任务10.20亿元的108.14%，收回贷款9.73亿元；累计贷款总额为160.31亿元，同比增长7.39%；贷款余额83.88亿元，同比增长1.57%。④住房公积金增值收益。全年实现增值收益15547.63万元，同比增长12.05%，完成目标任务11006万元的141.27%，增值收益率为1.55%。

【信息化建设】 2021年，大理州住房公积金管理中心信息化建设进一步加强。①智慧化服务体系建设。优化完善住房公积金门户网站、手机公积金App等公积金惠民便民10大服务渠道，尽可能把公积金业务放在线上办理，简化相关程序，实现住房公积金查询、咨询及部分业务的“掌上办、指尖办”，企业、单位开户可自主全程网办，缴存职工可直接通过手机公积金App完成住房公积金提取、提前还本、提前结清等业务，终止劳动关系、离退休提取公积金可直接发起资金结算并实现资金实时到账，住建部“全国住房公积金”微信小程序接入、“好差评”系统建设、“一网通办”工作全面完成，“购房提取”再次办理可使用原提交材料全程网办，住房公积金缴存企业登记“多证合一”信息共享及线上“一表填报”等网上业务办理工作有序推进，智慧化服务效能显著提升，全年住房公积金业务办理综合离柜率为49.95%。②异地转移接续业务。深入开展异地转移接续业务，及时为跨区域缴存职工办理住房公积金异地转移接续业务，实现全国范围内的“账随人走，钱随账走”。③短信推送平台管理。继续加强短信推送平台管理，向缴存职工实时发送住房公积金缴存、提取、贷款发放及回收等短信息，让职工及时掌握个人账户信息变动情况。

【资金运营管理】 2021年，大理州科学运作、合理调配，提高住房公积金运营效益。①按揭贷款。加大按揭贷款合作力度，主动服务房地产企业，通过资料审查和实地调查，及时与开发企业签订住房公积金贷款合作协议书，对符合准入条件的楼盘项目做到“应入尽入”，并统筹安排信贷资金为购房职工发放贷款，减轻开发企业资金压力，发挥购房职工和房地产企业解决融资困难作用。全年签订按揭贷款合作协议46个，涉及40家房地产企业开发的41个楼盘项目。②灾后重建。漾濞县“5·21”地震发生后，全面梳理统计辖区内缴存职工在地震中住房受损情况，研究制定了住房公积金支持地震灾后重

2021年大理州住房公积金归集使用计划执行情况表

表81　　单位：亿元

单位	归集（含结息）			提取			贷款		
	计划	完成	百分比	计划	完成	百分比	计划	完成	百分比
大理管理部	12.50	13.76	110.08%	7.60	9.93	130.66%	4.00	4.18	104.50%
漾濞管理部	0.99	1.07	108.08%	0.60	1.02	170.00%	0.40	0.45	112.50%
祥云管理部	2.45	2.66	108.57%	1.80	1.95	108.33%	1.70	1.91	112.35%
宾川管理部	2.07	2.22	107.25%	1.00	1.73	173.00%	0.90	1.01	112.22%
弥渡管理部	1.63	1.79	109.82%	0.90	1.35	150.00%	0.10	0.16	160.00%
南涧管理部	1.37	1.49	108.76%	1.05	1.03	98.10%	0.40	0.43	107.50%
巍山管理部	1.66	1.79	107.83%	1.00	1.31	131.00%	0.67	0.70	104.48%
永平管理部	1.26	1.41	111.90%	0.95	0.93	97.89%	0.45	0.52	115.56%
云龙管理部	1.40	1.52	108.57%	0.90	1.06	117.78%	0.20	0.22	110.00%
洱源管理部	1.59	1.73	108.81%	1.00	1.13	113.00%	0.30	0.32	106.67%
剑川管理部	1.31	1.42	108.40%	0.80	0.85	106.25%	0.50	0.50	100.00%
鹤庆管理部	1.77	1.99	112.43%	0.80	1.24	155.00%	0.58	0.63	108.62%
总计	30.00	32.85	109.50%	18.40	23.53	127.88%	10.20	11.03	108.14%

（州住房公积金管理中心　提供）

“我为群众办实事”住房公积金管理政策宣传活动现场
（州住房公积金管理中心　提供）

建可行性措施，全力支持受灾职工提取住房公积金用于灾后房屋修缮，缓解受灾职工家庭灾后重建的资金压力，保障缴存职工住房安全。至12月，经“一评两定三公示”（村民小组评议，村委会初定、乡镇审定，村民小组、村委会、乡镇三级逐级公示）并报县住房和城乡建设局备案的程序，地震受灾缴存职工提取使用住房公积金156笔1862万元。③支持地方。结合“大理之问”大讨论活动，主动深入各县市调研，与当地政府、银行、企业进行座谈交流，研究制定住房公积金支持地方经济社会发展的有效措施，有效解决部分县市住房公积金存贷比过低问题，发挥资金效益；全年全州存贷比为80.38%。④企业减压。为企业减轻资金压力，帮助支持企业发展，结合全州实际，制定全面清退按揭合作楼盘贷款保证金的政策措施，全面清退按揭合作楼盘贷款保证金，清退129个楼盘152个项目的保证金22547.28万元。

【“放管服”改革】 2021年，大理州住房公积金管理中心深化“放管服”改革，提升政务服务规范化、便利化水平。①政务服务改革。深入落实“放管服”改革各项工作，按照全国相同业务无差别受理、同标准办理的“五级十二同”要求，制定政务服务事项目录清单，优化精减业务办理资料，在业务大厅窗口及住房公积金官方网站、微信公众号等渠道公布各项业务办理流程、业务资料、业务办理指引、咨询电话等事项，做到群众办事“一次性咨询告知”，全力打造“办事不求人、审批不见面、最多跑一次”的政务服务新环境。②窗口服务改革。加强对窗口服务人员的教育管理和业务培训，将工作实绩和评优评先结合起来，按照集中整治形式主义、官僚主义的工作要求，整治“门难进、脸难看、话难听、事难办”等顽瘴痼疾，解决“门好进、脸好看、话好听、不办事”的不担当怕作为的新问题，树牢服务意识，转变工作作风，把为民便民要求落实到业务工作中，提高服务质量，树立良好的窗口服务形象。③便民服务改革。完善住房公积金综合服务平台功能，增设网办业务事项，拓宽住房公积金网上服务渠道，优化住房公积金服务效能。深化拓展业务大厅“一站式”服务功能，按照进驻州政务服务中心专窗单位便民服务要求，将大理州、市两级住房公积金业务办理迁至雄峰塔公园，强化便民服务功能。全年全州缴存住房公积金单位3389家（实缴单位3381家），开户职工161144人（实缴职工151934人）。全年为缴存职工办理提取住房公积金业务44510笔23.53亿元；办理发放贷款业务2140笔11.03亿元；办理还款业务305423笔，收回贷款9.73亿元。

【资金风险防控】 2021年，大理州住房公积金管理中心牢固树立风险意识，强化管控力度，通过建立健全机制、规范权力运作、开展审计监督实现资金闭环管理。①纠正和完善数据防控风险。严格按照《住房公积金信息系统技术规范》《住房公积金基础数据标准》《住房公积金资金管理业务标准》等行业标准规范，全面清理规范住房公积金历史数据，对缺项、错误、字段不规范等数据按程序有依据地进行补齐、纠正和完善，全面提高数据质量，确保基础业务数据真实、准确、完整，有效防范潜在风险隐患。全年大理州住房公积金管理中心电子稽查疑点率全省最低，在全省18家住房公积金管理中心中排名第一。②精细化管理防控风险。对住房公积金账户开设、财务核算、风险防控以及资金的使用、调度、转存、增值操作等划定原则规范，并通过系统授权，形成“关键业务分岗牵制、关键岗位不能相容”的精细化管理工作格局，实现各项业务的管（理）办（理）分离、受（理）审（批）分离，筑牢公积金各项业务风险防控网格化管理体系。③资金流动性防控风险。为管控好住房公积金流动性风险，既要控制因资金流动性不足发生支付困难的风险，又要防范因资金沉淀过多导致使用不充分、作用发挥不足的问题，制定《大理州住房公积金资金流动性风险管理应急预案》，适时调整相关提取、贷款使用政策，全州住房公积金存贷比从上年的86.89%回落至去年底的80.38%，有效防范资金流动性风险隐患。④加强征信管理防控风险。加强对开发企业的征信管理，督促开发企业自购房合同约定的交房之日起180天内为购房职工办理不动产权证并办妥抵押登记，严格开展对受托银行的业务考核，加大按揭贷款抵押登记考核指标分数比重，充分发挥考核指挥棒作用。对时点逾期贷款以短信提示、电话催告、上门催收、法院起诉等方式全面加强贷后管理，坚决杜绝整体逾期发生，确保资金安全。全年在册管理的24280笔存量贷款中有1笔时点逾期，金额13.33万元。全州住房公积金贷款无整体逾期不良贷款，时点逾期率为0.015‰，远远低于全省平均水平。

（李盛乾撰稿）

城乡建设与管理

Rural–urban Construction and Management

责任编校　杨　虓

乡愁大理·黑白记忆　　1981年大理三月街热闹景象

城乡建设

【概况】 2021年，大理州结合乡村振兴、农村人居环境整治等重点工作，整合项目资源，加快推进乡镇镇区生活污水治理、乡镇和农村生活垃圾治理、农房抗震改造、传统村落保护利用、特色小镇建设，全州村镇面貌进一步改善，人居环境得到进一步提升。

【农村危房改造与农房抗震改造】 2021年，全州住房城乡建设部门实施农村低收入群体农村危房改造和农房抗震改造项目，加大对7度及以上地区的农房抗震改造支持力度。落实《云南省农房抗震改造试点实施方案》《云南省农村住房抗震认定与抗震改造工作指南（试行）》《云南省巩固脱贫攻坚成果做好农村低收入群体等重点对象住房安全保障工作实施方案》，规范指导各县市开展农村住房的抗震认定和改造工作。全年争取中央农村危房改造补助资金2.57亿元，支持各县市计划实施农村危房改造和农房抗震改造2.05万户。截至年末，全州开工2.1万户，竣工2.1万户，超额完成年度工作目标。

【农村房屋安全监测和保障机制】 2021年，全州住房城乡建设部门为巩固拓展脱贫攻坚成果，防止因住房发生规模性返贫，做到早发现、早干预、早帮扶；按照“两不愁三保障”住房安全有保障标准，住建部门对农村低收入群体住房建立基本安全监测和动态保障机制，通过“政府救助平台”中的“农村危房改造”服务事项，受理群众提交住房困难申请，建立“线上受理、县（市）办理、州级监管”的线上监测与帮扶机制。7月，“政府救助平台”中的“农村危房改造”服务事项上线投入使用后，及时开展“政府救助平台”住建系统业务培训；至12月底，线上收到群众住房困难救助申请451件，办结366件，办结率81%，无申诉、投诉情况；通过“政府救助平台”提交的住房困难申请经核实有25户符合，开工改造16户，竣工13户。

【农村房屋安全隐患排查整治】 2021年，大理州住房城乡建设部门对全州范围内行政村的所有农村房屋进行全面摸底，完成所有行政村农村房屋排查录入工作；至12月，全州农村房屋完成排查75.25万户，排查率100%；经营性自建房完成排查4.01万户，排查率100%；经营性自建房初判存在安全隐患1530户，鉴定1530户，鉴定率100%；经营性自建危房总数504户，已整治504户，整治率100%。加强农村自建房安全常识宣传，提高农民群众建筑安全意识，预防农房安全事故发生。及时转发住房和城乡建设部编制的《“农村自建房安全常识”一张图》，并列为乡村建设工匠培训辅助教材，确保宣传工作落到实处。

【乡镇“两污”治理】 2021年，全州住房城乡建设部门积极推进乡镇“两污”治理。①农村生活垃圾治理。加大工作力度，加快推进农村生活垃圾治理设施建设，农村垃圾处理长效机

2021年，大理州抓实洱海流域“三清洁”常态化工作，有效助力洱海保护。图为5月31日太和街道党工委开展“万名党员项在前，万众一心护洱海”主题党日活动现场
（大理市志办 提供）

2021年大理州建制镇市政公用设施水平综合表（常住人口）

表82

地区名称	建成区人口密度（人/平方千米）	人均日生活用水量（升）	供水普及率（%）	燃气普及率（%）	人均道路面积（平方米）	排水管道暗渠密度（千米/平方千米）	污水处理率（%）	污水处理厂集中处理率（%）	人均公园绿地面积（平方米）	建成区绿化覆盖率（%）	建成区绿地率（%）	生活垃圾处理率（%）	无害化处理率（%）
大理州	4140	99.25	95.30	14.08	21.20	8.57	37.64	36.66	1.85	9.66	5.40	86.21	62.05

2021年大理州建制乡市政公用设施水平综合表（常住人口）

表83

地区名称	建成区人口密度（人/平方千米）	人均日生活用水量（升）	供水普及率（%）	燃气普及率（%）	人均道路面积（平方米）	排水管道暗渠密度（千米/平方千米）	污水处理率（%）	污水处理厂集中处理率（%）	人均公园绿地面积（平方米）	建成区绿化覆盖率（%）	建成区绿地率（%）	生活垃圾处理率（%）	无害化处理率（%）
大理州	3946	101.16	87.01	9.29	24.80	8.63	6.78	6.30	1.01	10.41	5.62	74.55	27.05

（州住建局 提供）

制得到巩固。截至年末，洱海流域城乡生活垃圾实现全收集全处理，全州乡镇镇区生活垃圾处理设施覆盖率为80.61%，村庄生活垃圾处理设施覆盖率为72.05%。巩固完成26处非正规垃圾堆放点的整治销号工作，完成率100%。②乡镇生活污水处理设施建设。稳步推进乡镇镇区生活污水处理设施建设，按照先易后难、梯次推进的原则，坚持短期目标与长远打算相结合，重点规划建设建制镇镇区生活污水处理设施。至12月，洱海流域乡镇镇区生活污水处理设施全覆盖，全州乡镇镇区生活污水处理设施覆盖率为48.98%。

【洱海流域“三清洁”】 2021年，全州住房城乡建设部门为防止雨水冲刷，减轻入湖污染负荷，最大限度减少雨水对洱海水质的影响，坚决打赢水质保卫战和蓝藻防控战，在初期雨水、强降雨来临之前等重要节点，安排2县市和州级挂钩单位迅速掀起洱海流域“三清洁”环境卫生整治活动，抓实洱海流域“三清洁”常态化工作。全年全州165.15万人次参与整治，清运垃圾35.88万吨，投入资金4084.74万元，其中洱海流域83.49万人次参与整治，清运垃圾26.29万吨，投入资金2531.10万元。

滇西中心城市建设

【城市交通基础设施建设】 2021年，全州累计建成城市道路长度1009千米、道路面积1820万平方米，累计建成城市桥梁153座（立交桥8座）。全州新建、改扩建城市道路30千米，城市路网络密度和通达性得到有效提升，开工建设城市公共停车场11座，城市公共停车设施建设有序推进。

【城镇老旧小区改造】 2021年，全州住房城乡建设系统续建2020年城镇老旧小区改造面积218.87万平方米、22157户、9674栋、243个小区。2021年度，全州城镇老旧小区改造任务数为247个小区、2274栋、16530户、187.18万平方米。

【城市供水设施建设】 2021年，全州建成城市供水厂28座，日供水能力为45.6万立方米，累计建成供水管网总长1800千米，城市供水普及率在98%以上；降低城市供水管网漏损率，大理市创建省级节水型城市。

【城市生活污水设施建设】 2021年，全州建成投运城市生活污水处理厂16座，设计日处理规模为27.1万立方米，累计建成污水管网1220千米，城市污水处理率在96%以上。开展城镇污水处理提质增效三年行动和城市污水处理厂提标改造。

【城镇燃气建设】 2021年，全州累计建成城市燃气管网1130千米，全州12个县市实通天然气，年供气总量3000多万立方米。建成液化气储气备站14座，液化气储气能力为3240立方米，年供气总量7400余吨。全年新建燃气管网85千米，全州城镇燃气行业安全形势稳定。

历史文化名城保护

【概况】 2021年，全州有历史文化名城、名镇、名村、街区32个。其中，国家级历史文化名城有大理、巍山2个，省级历史文化名城有剑川、漾濞2个，中国历史文化名镇为剑川沙溪镇、洱源凤羽镇、宾川州城镇3个，省级历史文化名镇为大理双廊镇、永平杉阳镇、宾川平川镇、鹤庆松桂镇4个，中国历史文化名村为云龙诺邓村、巍山东莲花村、祥云云南驿村、永平曲硐村、弥渡密祉文盛街村5个，省级历史文化名村为大理周城村、宾川萂村、云龙宝丰村、祥云大波那村、洱源牛街村、南涧回营村6个，省级历史文化街区为祥云古街区，巍山府城、卫城，剑川古城、西门外街，大理喜洲、古城、龙尾关，鹤庆云鹤古街、漾濞上街10个；中国传统村落130个，历史建筑544处，全州历史文化名城（镇、村、街）占全省总数116个的27.6%，传统村落占全省总数708个的18.4%，历史建筑占全省总数2199处的24.73%，各项资源均居全省前列。

【遗产资源挖掘】 2021年，全州开展了历史文化遗产资源普查，并编制完成《大理州历史文化资源汇编》；高位推动剑川国家历史文化名城申报，住建部委托第三方于12月14—15日对剑川国家名城申报工作开展技术评估，根据反馈意见指导剑川县做好国家专家组现场核查的迎检准备工作；年内，大理喜洲、古城、龙尾关、鹤庆云鹤古街、漾濞上街5条街区被命名为历史文化街区，南涧公廊回营村被命名为省级历史文化名村，全州列级保护的名城（镇、村、街）数量由26个增加至32个。

【历史文化名城保护】 2021年，全州依法加强对历史文化名城的保护。①保护条例修订。州人大完成《大理历史文化名城保护条例》修订工作。②规划编制。启动新一轮全州历史文化名城（镇、村、街）保护规划的编制工作，规划期限至2035年；《剑川历史文化名城保护规划》由省住建

2021年，大理州按照“名城保护全国典范，名城管理国际一流”的工作目标，有效推进历史文化名城的保护建设工作，为打造“历史文化名城带”奠定了坚实基础。图为省级历史文化名城剑川古城　（州住建局　提供）

12月3日，全州传统村落、历史文化名村保护利用专题培训会召开
（州住建局　提供）

厅和文旅厅批复实施，完成《漾濞历史文化名城保护规划（修改）》编制，开展《永平杉阳历史文化名镇保护规划》《鹤庆松桂历史文化名镇保护规划》《洱源牛街历史文化名村保护规划》编制工作。③历史建筑保护。根据住建部历史建筑确定工作方案，全面开展历史建筑普查和确认工作，全州确定历史建筑544处，全部实施挂牌保护，并完成管理信息平台数据录入等相关工作；根据历史建筑测绘建档三年行动计划，至12月，全州完成41.2%的测绘工作量；指导巍山县开展省级历史建筑保护利用试点工作；开展《大理州历史建筑修缮加固管理导则》制定工作。④漾濞名城震后恢复修缮。编制漾濞省级历史文化名城上街历史文化街区震后恢复修缮实施方案和设计方案，对漾濞县开展名城震后恢复修缮工作指导。

【历史文化名城建设】 2021年，大理州系统谋划名副其实的历史文化名城和历史文化名城带建设工作。①“名副其实”名城创建。按照“名城保护全国典范，名城管理国际一流”的工作目标，制定《大理州打造名副其实历史文化名城实施方案》《大理州打造名副其实历史文化名城五年行动方案》，11月11日通过州委深改委第七次会议审议，12月28日州人民政府办公室印发实施。②名城带建设。年内，大理州科学谋划以大理、巍山、剑川历史文化名城带为主轴，以沿线名镇、名村、传统村落、历史文化遗存、自然保护区和风景名胜为发展肌理的历史文化遗产资源连片保护利用传承示范带建设，完成《大理州历史文化遗产保护利用示范带总体规划》的编制工作，强化名城示范带建设的总体布局和顶层设计，为“十四五”全州历史文化遗产资源整体保护和综合利用提供思路和规划依据。

【历史文化资源体检】 2月，大理州对全州历史文化名城（镇、村、街）、中国传统村落全面开展体检，精准查找历史文化名城（镇、村、街）的短板、弱项，科学谋划项目建设，谋划实施项目527个，投资130.71亿元。

【历史文化资源宣传】 2021年，全州总结和提炼历史文化资源保护利用先进经验，依托中国建筑杂志社《城乡建设》的“走进大理”宣传栏目开展宣传。1月，全州历史文化名城（镇、村、街）传统村落保护管理工作培训会召开；10月14日，大理州年度传统建筑工匠暨乡村建设工匠培训班举办；12月3日，全州传统村落、历史文化名村保护管理专题培训组织开展。通过组织开展主题鲜明、内容丰富的专题培训，提升行业管理、技术人员的业务素质和工作能力，同时扩大了对外宣传面。

城管执法监督

【城市管理】 2021年，大理州持续加强城市管理工作。①城市管理执法队伍建设。巩固深化城市管理执法队伍“强基础、转作风、树形象”专项行动，督促各县市继续巩固深化专项行动，规范全州城市管理执法人员的执法行为，提高依法行政能力水平。②市容环境整治。结合国家卫生县城创建，突出重点，在全州开展市容环境整治专项活动，全州市容市貌基本达到干净、有序、整洁要求。大理市、宾川县创建为国家卫生城市（县城），其他10个县创建国家卫生县城通过省级评估。③城市管理平台数字化建设。推进数字化城市管理平台建设，初步建成弥渡县、巍山县、南涧县数字化城市管理平台。④城市窨井盖安全治理。贯彻落实检察机关检察建议，确保群众“脚底下的安全”，开展城市窨井盖安全治理。10月，组织12家州级部门对12个县市窨井盖安全管理情况进行现场督导检查。至12月底，全州普查各类窨井盖152947个，排查发现问题6663个，修复、更换窨井盖盖板4884块，疏通污水外溢窨井787处，修复破损窨井盖投入总经费596.71万元。

【城市生活垃圾分类】 3月23日，大理市印发实施《大理市城市生活垃圾分类管理办法（试行）》，同时，《大理市智能生活垃圾分类及再生资源回收项目（一期）可行性研究报告》报州发改委评审批复。年内完成城区居民小区生活垃圾分类摸底排查和州人大办公楼、州政协办公楼、大理市行政中心等7个点位试点示范区四分类收集设施安装，投入智能分类收集容器17组、垃圾袋发放机1组，印制宣传资料5000份、指导手册1000份。其他县城结合文明城市创建、“美丽县城”建设及园林城市、卫生县城创建等因地制宜开展垃圾分类工作。

【城市生活垃圾处理】 2021年，全州城市生活垃圾主要采用专业公司清扫、收集、转运和县市集中处理的收集处理模式，并通过焚烧发电、水泥窑协同处置、卫生填埋等方式处置。①焚烧发电。全州规划建设生活垃圾焚烧发电项目日处理能力1700吨，其中大理市（海东）第二生活垃圾焚烧发电项目日处理1200吨，祥云县生活垃圾焚烧发电项目一期日处理500吨（试运营），累计实际日处理约1190吨。②水泥窑协同处置。全州建成水泥窑协同处置项目日处理能力

550吨，实际日处理165吨。③填埋场。全州12个县（市）已建成城市生活垃圾填埋场13座，其中宾川县2座、其他县市各1座；13座生活垃圾填埋场中，大理市、宾川县第一填埋场、祥云县、弥渡县、剑川县5座停用；洱源县、漾濞县2座城市生活垃圾处理场仅处理部分乡镇生活垃圾；宾川县第二处理场、巍山县、南涧县、鹤庆县、永平县、云龙县6座正常运行使用。至年末，全州城市（县城）生活垃圾无害化处理率为100%。

【餐厨垃圾处理】 2021年，大理州餐厨垃圾收运处理采用特许经营方式，由主管部门（县市住房和城乡建设局或城管局）与顺丰公司签订25年的特许经营合同，由顺丰公司开展餐厨垃圾收运处理一体化工作。顺丰公司投入车辆86辆，发放收集容器12.31万只，配备收运员212人，服务餐饮单位15078户。其中大理市实现全覆盖，洱源县覆盖到洱海流域6个乡镇，巍山县覆盖到坝区4个乡镇，其他县覆盖到县城及部分旅游景区。至12月底，累计收集处理餐厨垃圾20.86万吨，日平均收运处理约282吨。

【垃圾处理评价与专项行动】 2021年，全州以精细化管理提升城市“颜值”，打造环境优美、卫生清洁、文明有序的城市新面貌。①垃圾处理设施无害化等级评价。9月下旬，配合省住房和城乡建设厅完成10个非卫生县城生活垃圾处理设施无害化等级评价，10个县城市生活垃圾无害化处理率达国家卫生县城标准。②全州“清垃圾”专项行动。至12月底，全州累计完成裸露垃圾整治20.16万吨，城市道路机械化清扫率为77.68%。③烂尾楼清理整治。全年履行州烂尾楼清理整治专项行动工作小组办公室职责，全州梳理排查出烂尾楼项目及遗留问题54个，化解53个，化解率为98.15%；未化解1个，占项目总数的1.85%，全面完成省级下达的至2021年底烂尾项目化解率达60%以上的工作任务。

（州住建局供稿）

消防管理

【大理州消防救援支队】

概况 2021年，全州发生火灾1261起，死亡3人，受伤2人，直接经济损失1434.89万元。火灾起数同比上升91.93%，死亡人数上升200%，受伤人数上升100%，直接经济损失上升24.23%，未发生较大以上火灾事故，全州火灾形势总体平稳。州人民政府首次将消防工作纳入综合考评，与12个县（市）、39家成员单位签订大理州2021年度重点工作目标考核综合责任状；4次召开政府常务会议专题听取消防工作汇报；召开全州大型商业综合体暨重点单位消防安全标准化管理现场会，聘请第三方中介机构开展标准化达标创建验收；承办全省“四名一文一传”火灾防控推进现场会，深入开展“四名一文一传”勘查评估和整治改造工作；聘请舞蹈艺术家杨丽萍、全运会冠军张德顺担任大理消防公益宣传大使，全面提升消防安全宣传的社会效应；开展消防安全专项整治三年行动，确保全州火

①

②

③

④

①消防救援人员营救苍山被困人员②地下建筑灭火救援实战演练现场③古城古镇消防实战演练④开展全省化工救援编队作战效能教学式验收测试暨拉动演练

（州消防救援支队 提供）

4月26日，州森林消防支队官兵在宾川县拉乌乡森林火灾现场开展救援

（州森林消防支队　提供）

灾形势的平稳态势。

思想政治建设　年内，州消防救援支队开展党史学习教育和“牢记领袖训词、永做忠诚卫士”主题教育。举办践行授旗训词精神文艺汇演暨“119”宣传月启动仪式，全方位展示队伍新形象、新面貌。年内，支队被州政府记“集体三等功”1次，1个大队被州政府记“集体二等功”1次，1个消防站被总队记“集体三等功”1次，4个集体记“集体嘉奖”1次，3人记个人“二等功”1次，31人记个人“三等功”1次，236人获“嘉奖”，8个集体、20余人获地方党委政府各级表彰奖励。1个大队获评共青团中央第20届全国“青年文明号”，支队和1个大队通过省级“民族团结进步示范单位”考核验收，支队创建省级“文明单位”，1个大队获总队“云岭突出贡献奖”。

全员岗位练兵　年内，州消防救援支队坚持党委议训议战、主官抓训管训制度，开展全员岗位练兵，组建地震灾害救援重型专业队等8支专业队伍，选派48人参加水域、地震救援、体能师资、作战安全等专业培训。支队在全省“云岭利剑”消防体能比武竞赛和COP15应急救援技能竞赛中分别获得第二名和三等奖，在“云岭利剑”执勤岗位练兵比武竞赛中获团体第三名，在“火焰蓝·政先锋”政工岗位练兵比武被表彰为“先进支队”，在“云岭蓝盾”杯消防监督业务比武竞赛获“先进支队”，在消防法制员培训比武竞赛中获团体三等奖，灭火救援指挥部被部局表彰为“支队级先进灭火救援指挥部”。全年各条线工作取得满贯荣誉，队伍建设和事业发展持续保持高位运行良好态势。

执行任务情况　2021年，全州消防救援队伍接警4508起，出动车辆5738辆，出动警力29545人，抢救被困人员349人，疏散人员2093人，抢救财产价值2245.67万元，保护财产价值6191.43万元。完成“两会”等重大活动消防安保；处置“5·21”漾濞地震救援、“9·13”洱源铁甲村山洪泥石流救援等灭火应急救援处置任务。全州检查单位6718家，发现火灾隐患11417处，督促整改火灾隐患11197处，下发责令改正通知书5264份，行政处罚决定书895份，临时查封31家，行政强制决定书8份，责令“三停”98家。

（吴辉撰稿）

【大理州森林消防支队】

概况　2021年，州森林消防支队立足“一主两辅”使命任务和“跨区域综合救援机动力量”职能定位，围绕森林防火灭火中心任务，狠抓队伍战备执勤和综合性应急救援能力训练，强化备战打赢能力，做到防火工作上积极主动作为，灭火工作上遇有火情，及时出击，重兵投入，快速扑灭，全力打造“立足大理、辐射滇西、着眼全省、全域机动”的精兵劲旅。

森林灭火　全年扑救森林火灾12起，累计出动力量1396人次，出动车辆166台次，机动里程约2600千米，投入灭火机具5807件次，歼灭火头42个，扑灭、清理火线46.4千米，清理烟点5220个。支队机关派出前指12次90人次，跨州市增援灭火3起。特别是在扑救“12·28”迪庆州经开区礼仁村、“3·17”怒江泸水市高黎贡山国家自然保护区、“4·23”丽江市玉龙县石头乡、“4·26”宾川县拉乌乡等几场火场面积较大的森林灭火行动中，队伍累计作战时长为21天20夜，全体消防救援人员上一线、打头阵、保重点、攻险段，克服高原高山高海拔、昼夜温差大、接近火场险和连续转场、持续作战等困难，积极发挥主力军作用，实现“任务完成好，人员无伤亡”目标；大年三十、正月初一快出快打大理市苍山和凤仪镇2起火灾，较好实现“投重兵、快出击、当日灭”；4月24日至5月1日，队伍分两线作战，连续转场奋战3个火场，鏖战8天7夜，扑灭丽江市玉龙县石头乡、宾川县拉乌乡2起森林火灾。

森林防灾　全队伍牢固树立“不发生森林火灾是最大政绩、不损失森林资源是最大贡献”理念，积极开展防火宣传、携装巡护、设卡检查和增湿作业等勤务112次，累计动用力量1239人次，巡护里程2600千米，发放传单、张贴标语6万余份，检查入山人员5650人次，受教育群众10余万人次，巡护里程1400余千米，为防范化解重大森林火灾隐患发挥重要作用。年内开展12批次防火业务培训，专业扑火队队员、解放军和武警部队官兵2605人次受训，深化森林防火力量联训、联保成效。

综合救援　以“大应急、大救援”理念为牵引，持续强化“全时战备、闻警即动、快速到位”理念，全年执行综合救援任务6起（地震救援1起、抗洪抢险4起、野生亚洲象搜寻监测任务1起），累计动用力量258人次，出动车辆34台次。处置“5·21”漾濞6.4级地震、“8·15”大理凤仪城市内涝、“9·13”洱源铁甲村泥石流地质灾害，打出应急救援苍洱铁军的金字招牌；连续83天执行野生亚洲象搜寻监测任务，得到全社会广泛关注，展现了森林消防队伍的良好形象。

（杨云飞撰稿）

自然资源管理与生态环境保护

Natural Resources Management and Eco-environmental Protection

◈ 责任编校　杨　琥

◈ 乡愁大理 · 黑白记忆 ◈　　1977 年大理喜洲沙村白族渔家织网场景

自然资源开发利用

【概况】 2021年，全州自然资源和规划系统立足新发展阶段、贯彻新发展理念、构建新发展格局，统筹推动自然资源各项工作。严格执行、坚决制止耕地“非农化”“非粮化”稳定粮食生产的意见，建立和完善耕地保护制度，履行耕地保护目标责任，强化耕地数量、质量、生态“三位一体”保护措施，严守耕地保护红线。组织实施大理州补充耕地三年行动计划，加大土地整治力度，提高占补平衡能力，保障全州建设项目用地补充耕地指标需求。落实《云南省自然资源厅关于印发规范过渡期规划管理工作指导意见的通知》要求，全面加强12个县（市）城市总体规划、详细规划实施管理。坚守城市规划调整修改管控要求，严守生态保护红线及永久基本农田保护控制线，严格控制建设用地总量和增量。始终坚持规划引领，优化城市结构，提升城市品质，推动旧城改造、城镇小区养老服务设施和幼儿园建设、城镇住宅小区违章搭建清理整治、城市更新、美丽县城建设等工作，为全州经济社会高质量可持续发展提供保障。

【国土空间规划编制】 2021年，大理州按照“紧扣规程、传导上位、立足实际、综合支撑”的编制思路，积极探索构建全州国土空间保护、修复、开发、利用的总体格局。①政府统筹。成立以州政府主要领导为组长的工作领导小组，高位推动；州委多次召开工作汇报会、推进会、咨询论证会等专题会议研究部署。坚持州县（市）同步、信息共享、成果衔接，协调推进，确保州、县（市）两级规划有传导、有联动、有互补；初步构建全州1+1+12的国土空间规划体系。连续两年将国土空间规划列入大理州干部教育专题培训课程，委托上海交大、同济大学等高校组织2期专题培训班；并将编制经费列入财政预算，强化保障。②多方协作。借鉴广州、上海先进地区经验，采取“省内+省外、国内+国外、N+1”的联合团队合作编制方式，委托中国科学院地理科学与资源研究所承担州级《双评价》工作，广州市城市规划勘测设计研究院承担《大理州国土空间总体规划大纲》编制，上海同济城市规划设计研究院承担《大理州国土空间总体规划》编制，新加坡刘太格团队负责《大理州人口及用地》专题研究工作，云南省设计集团有限公司作为联合设计单位之一，单独负责开展大理州《双评估》《公共服务设施》专题研究工作。③动态完善。大理州对标落实国家、省出台的国土空间规划编制标准规程、上位规划传导约束要求和各级专家咨询意见，持续对州、市国土空间规划阶段成果和已形成的州级10个专题研究成果、县（市）92个研究专题进行修改完善。同时，指导各县（市）在上位标准尚未明晰前，先行探索开展城镇开发边界试划和县级规划编制工作。年内，再次开展城镇开发边界试划和永久基本农田核实整改工作。

【村庄规划管理】 2021年，大理州按照全省统一部署，有序开展“干部规划家乡行动”，计划利用3年时间编制907个行政村规划，按计划2021年底前完成30%、2022年底前完成40%、2023年完成其余30%，到2023年实现行政村“多规合一”实用性村庄规划全覆盖。州、县（市）及时制定印发工作方案，成立领导组、项目组，开展318个村规划编制。结合“大理之问”大讨论活动全面推进工作，人员摸排465个行政村（社区）、发动回乡干部11440人，累计开展培训199场次，15473人次参训。

【工程建设项目审批制度改革】 2021年，全州自然资源系统深化“放管服”改革，深入落实工程建设项目审批制度改革和规划用地“多审合一、多证合一”改革工作要求，优化立项用地规划许可阶段和工程建设许可阶段审批流程，提升服务水平和服务效率，实现减环节、优流程、压时间、提效率、降成本、强服务，持续优化营商环境，做好投资项目审批服务工作，推动项目加速落地。全州核发建设项目选址意见书22份；建设用地规划许可证91份，用地规模约292.83万平方米；建设工程规划许可证776份，批准总建筑面积414.68万平方米。

【重大建设项目规划和用地保障】 2021年，全州积极做好交通、水利、能源等重大项目和重点产业项目用地预审和选址服务。完成南云、弥渡至昌宁高速公路（大理州段）项目、大理至攀枝花高速公路（大理至大姚）段工程建设项目、巍山县石房河水库项目、桃源水库项目等25个建设项目用地选址实地踏勘论证工作；完成永昌、宾鹤、云永等高速和滇中引水二期骨干工程、配套工程以及大理枢纽扩能改造建设、鲁地拉水电站水资源综合利用配套二期工程（大理州段）等项目用地预审与选址意见书办理工作，促进国家和省州重大建设项目落地建设。全年批准农用地转用及土地征收24件、总面积1580.08公顷，保障国高网G56楚雄（广通）至大理高速公路扩容工程、大理至漾濞至云龙高速公路、云龙至兰坪高速公路、剑川县大干场水库扩建工程等重点项目用地需求。

【建设用地供应】 2021年，大理州多方式、多维度落实用地政策，保障产业项目用地，服务民生设施建设，促进经济社会发展。全年供应国有建设用地461宗、面积745.46公顷。按供应方式分：出让345宗、面积221.70公顷，出让价款221799.12万元（含划拨补办出让手续用地）；划拨115宗、面积518.31公顷；租赁1宗、面积5.45公顷。按土地用途分：工矿仓储用地33宗、面积126.51公顷；商服用地30宗、面积18.40公顷；住宅用地322宗、面积145.46公顷；公共管理与公共服务用地41宗、面积50.97公顷；交通运输用地24宗、面积359.13公顷；水域及水利设施用地9宗、面积42.40公顷；特殊用地2宗、面积2.59公顷。稳妥、规范有序推进集体经营性建设用地入市。全年成交集体经营性建设用地5宗，面积3.65公顷，成交价款1059.27万元。深入实施建设用地“增存挂钩”机制，落实土地利用动态巡查制度，提高节约集约用地水平，处置消化批而未供土地567.71公顷，盘活利用闲置土地201.54公顷。坚持公平、开放、透明的市场规则，对产业用地中各种所有制经济主体平等对待，执行土地弹性年期出让等降低实体经济企业用地成本各项政策措施，年内降低用地成本21922.79万元，助力营商环境优化，促进产业创新发展。

【不动产登记】 2021年，大理州继续规范不动产登记工作。①推进交易缴税登记“一窗受理、集成办理”。制作登记服务承诺、收费公示、办理流程图等，所有办理环节不超过4个工作日，其中一般登记3个工作日以内、抵押登记1.5个工作日以内办结，查封、注销、异议登记即时办结。深入推进交易缴税登记“一窗受理、集成办理”，将不动产抵押登记端口前置银行服务窗口，实行“一站式”服务，缩短办理时间。②推进“互联网+不动产登记”“交房（地）即交证”。12个县（市）全部上线“互联网+不动产登记”，可实现商品房预告登记、抵押权预告登记和新建商品房转移登记以及个人不动产查询等业务“外网申请、内网审核”流程。制定印发《大理州处理不动产登记历史遗留问题专项整治攻坚行动工作方案》，化解历史遗留问题；至12月31日，化解问题小区244个，涉及住户9122户，按小区化解率为96.06%、按户数化解率为78.83%，大理州不动产登记历史遗留问题化解工作走在全省前列。③农村不动产确权登记及搬迁安置住房确权登记。大理州农村不动产登记成果通过云南省自然资源厅组织的省级专家验收，完成全州4466户易地扶贫搬迁安置户的不动产登记工作，证书发放到户。④重点区域自然资源统一确权登记。制定印发《大理州自然资源统一确权登记工作方案》，将大理苍山世界地质公园、金沙江、红河（元江）重点区域列入州级2022年自然资源统一确权登记工作试点。洱海、澜沧江（大理段）、怒江（大理段）自然资源统一确权登记已通过省级综合验收。

【矿产资源管理】 2021年，大理州进一步规范和强化矿产资源管理。①矿产资源储量。全州有探明储量的矿产资源48种、500多个矿床（矿化）点，主要矿产有金、铂钯、铜、锰、铅锌、银、锡、钼、锑、镍、钴、石膏、大理石、水泥用灰岩等。资源储量排到省内前三位的有16种，其中铂族资源储量居全省总量一半，居全国第一位。截至12月，全州设采矿权320个、设探矿权245个，登记面积4306平方千米，占土地面积的14.57%。②煤矿和非煤矿山转型升级。年内，大理州启动非煤矿山转型升级，通过“达标保留一批、改造升级一批、整合重组一批、淘汰关闭一批”，改变全州矿山散、小、弱状况，提高产业规模效益和集聚发展程度，全州设非煤矿山采矿权312个。完成双河煤矿以及鹤庆县堂上井煤矿2个扩大矿区范围论证，全州实有煤矿矿山3个；注销54个非煤矿山，完成新立登记10个。③过期矿业权清理。年内全州有206个过期采矿权，在对过期原因进行梳理分析后，按要求在登记信息系统完成标注；206个过期采矿权中，纳入自行废止20个，政策性关闭45个，异常数据2个，暂无法处理采矿许可证数据139个；202个过期探矿权中，纳入自行废止59个，政策性关闭2个，异常数据3个，暂无法清理138个。④砂石料供应保障。全年公开出让砂石土矿采矿权16个（含扩大矿区范围），收取出让收益46215.86万元，年新增砂石土矿产能950万吨；全部投产后，全州砂石年产能将为3500万吨，基本满足全州各类建设砂石料需求。

【自然资源执法监管】 2021年，全州自然资源领域执法监管工作持续加强。①核查各类违法线索。通过畅通举报渠道、加强动态巡查等措施，共发现土地违法行为426宗，制止410宗，立案查处55宗，结案55宗；发现矿产违法行为195宗，制止190宗，立案查处111宗，结案111宗；没收非法所得101.32万元，收缴罚款404.96万元。②贯彻落实“五项机制”。以实地核查、定期通报、约谈问责等形式加强土地卫片执法检查及跟踪问效，完成年度土地卫片违法用地查处整改201宗，完成整改面积151.46公顷。③违建别墅清查整治。完成13个违建别墅项目整治，建立健全长效机制，严防违建别墅问题反弹。④农村乱占耕地建房问题整治专项行动。全面完成自然资源部、省自然资源厅下发大理州疑似问题图斑摸排工作，完成整治新增违法用地117宗，面积12.03公顷。⑤自然资源领域行业扫黑除恶斗争。深入推进自然资源领域涉黑涉恶案件线索大排查大起底，对“村霸”“乡霸”等强占多占土地搞非农建设、“沙霸”“矿霸”等破坏生态环境和自然资源的自然资源领域突出问题开展专项整治，加强行刑衔接，与公检法司建立《关于加强在土地执法查处领域等资源资产保护协作配合的意见》等多项工作机制。

【地质灾害防治】 2021年，全州2646个地质隐患点落实监测员5333人，开展应急演练65次、共参加6044人次，开展宣传培训248次、参加8707人次。排查隐患点3637次，处置118个。全州对399个地质隐患点完成监测预警的建设任务（普适型357个，专业型42个）。全年全州发生地质灾害26起，死亡1人，受伤1人，直接经济损失101928.19万元；预报地质灾害12起，避免人员伤亡2232人，避免经济损失17875万元。开展省部协调对接，支持好漾濞县“5·21”6.4级地震以及洱源县泥石流灾后重建，编制《大理漾濞6.4级地震灾后恢复重建规划——次生地质灾害综合治理专项规划》并通过省级评审；完成《洱源县“9·13”大型山洪泥石流灾后恢复重建规划》初步成果编制。加大自筹地灾防治专项资金的统筹力度，年内州、县两级共自筹1501.95万元。

【国土空间生态修复】 2021年，大理州高度重视国土空间生态修复工作，加强《矿山地质环境保护与土地复垦方案》《临时用地土地复垦方案》的审查工作。受理评审56个矿山地质环境保护与土地复垦方案，91个临时用地土地复垦方案。抓实洱海流域和长江流域经济带金沙江大理段废弃露天矿山生态修复工作。完成鹤庆县蝙蝠洞、宾川县狮子口2个矿区13个砂石料矿山生态修复，完成总投资27328.33万元，修复面积184.3公顷，年末完成州县级验收。完成洱源县右所镇、祥云县祥城镇全域土地综合整治试点申报工作，1月4日，两镇入选自然资源部全国全域土地综合整治项目，两镇全域土地综合整治试点项目实施规模合计2843.04公顷，预计总投资30079.64万元。开展云南省洱海流域山水林田湖草沙一体化保护和修复工程项目申报工作，项目通过云南省竞争性审查，正上报国家层面参加竞争性审查，工程匡算总投资53.80亿元，中央财政资金支持20亿元。申报年度重点生态保护修复治理（历史遗留废弃工矿土地整治）项目（第二批），争取中央专项资金支持3253万元，全部完成修复工作，修复面积234.72公顷。开展历史遗留矿山核查工作，大理州共涉及待核查图斑3121个，完成全部图斑的审核提交自然资源部认定。

【法治建设】 2021年，全州自然资源系统进一步加强法治建设。①制度建设。印发《大理州自然资源和规划局重点时期信访工作应急预案》等3个文件，开展完成行政规范性文件制定主体资格确认及行政规范性文件清理工作。②宣传教育。利用地球日、土地日、测绘宣传日、宪法日主题宣传活动，在办公楼悬挂宣传条幅、大厅普法专栏等宣传资料，征订相关学习读本、宣传折页、编印政务服务事项办事指南等，开展自然资源法律法规的法制宣传活动，年内全州自然资源系统开展专题宣传35场次，发放宣传资料7万份。③梳理政务服务事项及权责清单。厘清省厅下放州级，州级下放县（市）级的政务服务事项，州级有39项，并且根据省、州要求，39项政务服务事项以充实、更新权责清单的方式，全部列入权责清单当中。至12月，权责清单127项、行政许可16项、行政处罚87项、行政强制1项、行政征收3项、行政检查8项、行政确认3项、行政裁决4项、其他权力5项在州政府门户网站公示。④审理行政复议案件。在审理行政复议案件过程中，坚持从细节入手，坚持实地调查，坚持依法维护群众的利益，引入调解机制，对于不合法的具体行政行为，该纠正的坚决纠正，促进依法行政。⑤接待群众来信来访。遵照《信访条例》《国土资源信访规定》，对反映的问题进行登记，及时给予疏通化解，把事件解决在基层，解决在萌芽状态，不把矛盾纠纷推向社会。年内，州级处理来信来访107件，其中接待群众来访47件，处理信访件60件，全部办结，办结率100%。

（王舒撰稿）

“大理州洱海流域困难立地精准飞播造林试点项目”无人机播种作业

（州林草局　提供）

林业 草原 湿地

【概况】 2021年，大理州林业和草原局编制的《大理州林业和草原保护发展“十四五”规划》经州政府常务会审议并通过，为林草工作有效接续提供保障。同时。全州进一步抓好信访、保密、网络安全、社会治安综合治理等工作。落实中央环保督察反馈问题整改，实行按月调度，及时督促县（市）做好督察期间交办投诉举报问题的整改验收销号。按照州委统一部署，有效推进落实省委巡视、洱海保护治理机动巡视“回头看”等反馈问题整改。完成九大高原湖泊流域林草问题拉网式大排查、小水电清理、违建别墅清查整治、洱海“十三五”水环境保护治理绩效审计、自然资源资产审计等整改工作。推进长江经济带环境突出问题整改，剑湖湿地省级自然保护区核心区和缓冲区鱼塘问题已完成州级验收；漾濞县光明村区域边界范围文字、图件与矢量不一致的问题，边界校核技术报告经省政府同意报送国家林草局。完善行政审批制度改革，涉林各类行政权力事项、公共服务事项办事规程及审查细则全部通过政府网站对外公开。举办全州林草种苗执法暨国有林场和种苗管理业务培训班。通过源头治理，环节监督把控，全州造林种子合格率稳定在90%以上，苗木合格率稳定在85%以上，工程造林林木种子生产经营档案建档率为100%。截至年末，全州湿地总面积67113.33公顷，自然保护地49个，面积409641.12公顷，林业现价总产值28.34亿元。全年向上争取资金6.21亿元，持续实现同比增长。

【全面推行林长制】 2021年，全州建立州、县（市）、乡（镇）、村4级林长制体系，构建州委书记、州长担任州总林长，州委副书记担任总督察，州人大常委会主任、州政协主席担任副总督察，12名州委常委、州政府领导分别担任州级林长，12个州级部门为州级林长联系单位的州级林长制领导机构。划分州级林长责任区17个，明确县级林长214人，划分县级林长责任区214个；共建立乡级林长制体系128个，明确乡级林长1527人；建立村级林长制体系1149个，明确村级林长4892人。初步构建“林长+检察长”“林长+警长”工作机制，推进涉林行刑衔接、联合执法、生态环境损害赔偿等工作，助推林长制工作全面实施。

【资源管护】 2021年，围绕全州214.19万公顷林地资源，大理州加强遥感手段与地面核实验证相结合的“天上看、地面查”全覆盖执法监测监管体系建设与应用，履行森林资源监管职责。全面推进全州打击毁林专项行动，对党的十八大以来非法侵占林地、毁林开垦、乱砍盗伐林木、违规拆分审批、临时用地逾期使用、违规调整和破坏国家级公益林等问题开展全面清查，涉林检察民事公益诉讼与生态环境损害赔偿磋商工作成效明显。推广应用“全国生态护林员联动管理系统”，实现生态护林员信息化、精细化、常态化管理。全方位开展草原普法宣传活动，落实禁牧面积11.07万公顷、草畜平衡73.80万公顷，草原综合植被覆盖度83.15%，同比上升0.74个百分点。全州湿地总面积67113.33公顷，同比增长27.33公顷，湿地综合保护率为66.12%，湿地总面积全省排名第二，自然湿地面积在全省排名第一，人工湿地面积在全省排名第五。湿地保护修复制度健全，经省政府认定省级重要湿地6处，各县（市）政府认定一般湿地810处。

【国土造林绿化】 2021年，大理州持续开展国土绿化行动，以“三沿”绿化优化为重点，以点带面推进国土山川补绿增绿，全州24个村庄获评省级森林乡村。完成40.24万公顷石漠化监测调查工作和2014—2019年度实施的34840公顷新一轮退耕还林矢量化工作。完成营造林9613.33公顷，实施石漠化综合治理56.67公顷。印发《大理州加强草原保护修复实施方案》，完成退化草原人工种草1613.33公顷、防治草原生物灾害1400公顷。依托“我为洱海栽棵树”等一系列互联网＋义务植树项目，完成全民义务植树639万株。开展洱海流域困难立地精准飞播造林对比试验项目，完成飞播造林试验无人机播种作业13.67公顷、点播造林试验播种7公顷、植苗造林8公顷，合计28.67公顷。在洱海东岸面山困难立地开展造林树种选择试验，年内收集海东区域困难立地造林树种15种累计30个品种；在大理市挖色镇齐平山建立品种收集圃3.33公顷，全年定植苗木1126株，累计定植4126株，成活率85%。启动编制滇西北水源涵养与生物多样性保护、横断山南缘水源涵养与生物多样性保护、金沙江干热河谷生态保护与修复等项目规划，探索“山水林田湖草沙”一体化保护修复大格局。

【林草绿色产业】 2021年，大理州林业现价总产值实现28.34亿元，同比增长6.81亿元，增速31.62%，超额完成人代会增速5%和州政府工作目标增速6%的任务。其中，永平县产业园被列为“国家永平核桃产业示范园区”，漾濞县、云龙天池分别入选全国全域森林康养试点建设县、试点建设基地名单。全州核桃种植面积67.67万公顷，核桃原果产量46.36万吨，实现综合产值144.02亿元。有机基地认证面积7.98万公顷，“云南漾濞核桃”被列入第二批中国全球重要农业文化遗产预备名单。5个核桃基地被认定为国家级核桃示范基地，6户企业的核桃干果和核桃仁获得绿色食品认证，3个品牌的核桃产品获得有机食品认证，南涧“红云核桃”、永平“果亮”纸皮核桃上榜云南省“十大名果”，大理漾濞东方红“御福年”核桃油入选新华社民族品牌工程。永平县、漾濞县先后评为“一县一业”核桃产业示范县。打造永平县北斗乡、漾濞县光明村2个核桃林草科技示范项目，推进与农垦、京东的产业合作，搭建“京东城市数字经济合作项目高原农特产品贸易板块——核桃交易结算平台”，引进云南东方红生物科技有限公司、云上普瑞、珠海横琴厚生科技等精深加工企业，承办2021年云南森林生态产品永平原产地活动。

【灾害防控】 2021年，大理州建成投用广覆盖、全天候、高精度、智慧化的森林防火视频监控系统，在全州重点保护区域和森林火灾易发、频发区域共布局前端监控194套，有效覆盖率为65%。同时，在重点保护区、公墓区和坟墓聚集区、旅游景区、林农交错区等建设远程应急广播终端45套，警示教育作用明显，有效促进全省林草感知“一张网”建设步伐。防火期内共接收国家卫星热点通报55个，发生9起森林火灾，完成省政府下达森林防灭火目标任务。承办“全国草原有害生物普查技术培训”，有序推进草原有害生物普查，建成8个省级草原有害生物测报点。全州林业有害生物发生率2.37%，发生面积同比下降9.44%，成灾率为0.22‰，种苗产地检疫率100%，调运检疫率100%，主要林业有害生物常发区监测覆盖率为100%，全面完成国家、省、州下达的各项指标任务，未发生突发应急和人员伤亡事件。投入防治经费404万元，挽回直接经济损失8502万元，挽回生态服务价值损失2.97亿元。

【生物多样性保护】 2021年，大理州全面加强野生动植物保护力度，制定大理州野生动植物保护联席会议制度，成立领导小组，召开全州野生动植物保护联席会议第一次全体会议。开展“清风行动”，严厉打击整治破坏野生动植物资源违法犯罪行为。依托2个野生动物临时收容救护点，加强国家重点保护的野生动物收容救助，全年收容救护野生动物276只。通过候鸟迁徙路线“护飞行动”“助力COP15，在大理的蓝天下爱心放飞”等活动，营造保护野生动植物资源的良好氛围。加快推进云龙天池滇金丝猴栖息地、剑湖湿地栖息地食源补给等项目建设。开展自然保护地整合优化“回头看”，加快推进资源本底调查、勘界立标和总规编制等工作。完成云龙天池、南涧无量山和巍山青华绿孔雀省级以上自然保护区网格化红外相机监测，建立数字化管理平台，重要生态系统类型的自然保护地和国家重点保护野生动植物得到有效保护。通过多年专业分类学研究，无量山格止腊河发现的新种川河云南鳅于3月18日被正式命名并发表在国际动物学权威SCI期刊上。无量山国家级自然保护区发现一蜘蛛新种宽合跳蛛，南涧凤凰山发现大理新记录鸟三趾翠鸟，巍山青华绿孔雀省级自然保护区首次发现国家二级保护动物巨䴓。

大理州巍山县境内首次发现国家二级保护动物巨䴓　（州林草局　提供）

【重大项目建设】 2021年，大理州按照优先保障省、州重大项目、产业扶贫项目、洱海保护产业转移项目的原则上报获批项目90个，面积813.33公顷，超额完成省林草局下达的450公顷定额指标任务，占指标数的180%。云永高速、永昌高速先行获批使用林地面积75.23公顷，满足项目开工建设需要。围绕林草营商环境优化提升，坚持“政府围着企业转，企业有事马上办”的理念，推行项目工作法、一线工作法、典型引路法，组织工作专班，对高速公路、桃源水库、普德赋、祥云集中建园、全州乳业高质量发展等项目实行全程跟踪服务。争取省林草局支持，同意调整祥云县清华洞国有林场经营范围，按照占补平衡、先补后占的方式，将政府赎买集体林地582.53公顷一次性调入清华洞国有林场经营管理范围，并调出清华洞国有林场经营管理范围内的人工商品林地564.53公顷，初步解决祥云县财富工业园区建设涉及项目使用林地困境。制定《加强砂石料开采项目使用林地管理工作的意见》，探索砂石料开采项目合法合规路径。

（王鹏撰稿）

环境状况

【概况】 2021年，全州空气质量总体保持良好，12个县（市）平均优良天数比例为99.8%。全州国控、省控的断面优良水体和劣Ⅴ类水体比例分别为89.58%、2.08%；全州20个县级及以上集中式饮用水水源（地级6个、县级14个）水质达标率为80%；生态环境部发布，洱海水质为优、中营养，未发生规模化藻类水华。城市声环境质量总体较好。年内全州开展降水酸度监测的有大理市和鹤庆县，其中大理市降水pH值为5.82~7.90，鹤庆县降水pH值为6.21~7.40，均无酸雨出现。

【地表水环境】 2021年，大理州各级环境监测站设65个测点分别对州内红河、长江、澜沧江三大水系的8个湖泊、27条河流进行水环境质量监测。监测结果评价执行国家《地表水环境质量标准》，评价方法为《地表水环境质量评价办法（试行）》，评价指标为《地表水环境质量标准》中表1除水温、总氮、粪大肠菌群以外的21项指标。水质类别符合Ⅱ类的测点有37个，占56.9%；水质类别符合Ⅲ类的测点有19个，占29.2%；

2021年大理州大气环境质量状况表

表84

县市	空气质量指数			可吸入细颗粒物年均值浓度（ug/m³）	细颗粒物年均值浓度（ug/m³）	臭氧年平均浓度（ug/m³）	二氧化氮年均值浓度（ug/m³）	二氧化硫年均值浓度（ug/m³）	一氧化碳年均值浓度（mg/m³）	同比2020年
	有效天数优良比率（%）	轻度污染天数	重度污染天数							
大理市	99.7	1	0	26	17	83	12	6	0.6	空气质量优良比率同比持平，细颗粒物同比上升6%，臭氧同比上升5%
漾濞县	99.7	1	0	36	19	80	14	23	0.9	空气质量优良比率同比上升0.6%，细颗粒物同比上升73%，臭氧同比上升5%
祥云县	99.7	1	0	36	16	79	14	11	0.9	空气质量优良比率同比下降0.3%，细颗粒物同比上升14%，臭氧同比上升1%
宾川县	99.7	1	0	37	18	69	12	15	0.7	空气质量优良比率同比下降0.3%，细颗粒物同比上升38%，臭氧同比下降8%
弥渡县	99.7	1	0	35	22	58	16	9	1.1	空气质量优良比率同比下降0.3%，细颗粒物同比上升22%，臭氧同比下降2%
南涧县	99.7	1	0	30	15	71	10	10	0.8	空气质量优良比率同比下降0.3%，细颗粒物同比上升15%，臭氧同比持平
巍山县	99.7	1	0	42	16	72	11	13	0.9	空气质量优良比率同比下降0.3%，细颗粒物同比上升23%，臭氧同比上升3%
永平县	100	0	0	33	14	55	15	13	1	空气质量优良比率同比上升0.3%，细颗粒物同比持平，臭氧同比下降14%
云龙县	99.2	3	0	31	17	81	9	11	0.9	空气质量优良比率同比下降0.5%，细颗粒物同比上升41%，臭氧同比上升8%
洱源县	100	0	0	27	15	67	11	11	0.7	空气质量优良比率同比持平，细颗粒物同比上升36%，臭氧同比上升2%
剑川县	100	0	0	25	14	58	5	6	0.7	空气质量优良比率同比上升0.3%，细颗粒物同比上升17%，臭氧同比上升5%
鹤庆县	100	0	0	20	12	76	11	11	1	空气质量优良比率同比持平，细颗粒物同比上升20%，臭氧同比下降3%

（州生态环境局 提供）

2021年大理州纳入地表水国控和省控断面水质情况表

表85

序号	所在县市	监测断面名称	所在水体	国控/省控	2021年水质评价类别												
					1月	2月	3月	4月	5月	6月	7月	8月	9月	10月	11月	12月	1—12月水质类别
1	鹤庆县	中江	漾弓江	国控	Ⅲ类	Ⅲ类	Ⅱ类	Ⅱ类	Ⅱ类	Ⅲ类	Ⅲ类	Ⅲ类	Ⅲ类	Ⅲ类	Ⅰ类	Ⅲ类	Ⅲ类
2	云龙县	交汇口	沘江	国控	Ⅱ类	Ⅱ类	Ⅱ类	Ⅳ类	Ⅳ类	Ⅱ类	Ⅱ类	Ⅱ类	Ⅱ类	Ⅱ类	Ⅱ类	Ⅱ类	Ⅱ类
3	大理市	波罗江入海口	波罗江	国控	Ⅱ类	Ⅱ类	Ⅱ类	Ⅱ类	Ⅱ类	劣Ⅴ类	Ⅱ类	Ⅲ类	Ⅱ类	Ⅱ类	Ⅱ类	Ⅱ类	Ⅱ类
4	洱源县	茈碧湖	茈碧湖	国控	Ⅱ类	Ⅱ类	Ⅱ类	Ⅲ类	Ⅳ类	Ⅰ类	Ⅰ类	Ⅱ类	Ⅱ类	Ⅳ类	Ⅲ类	Ⅱ类	Ⅱ类
5	大理市	洱海湖心	洱海	国控	Ⅲ类	Ⅲ类	Ⅱ类	Ⅲ类	Ⅲ类	Ⅲ类	Ⅲ类	Ⅲ类	Ⅲ类	Ⅲ类	Ⅲ类	Ⅲ类	Ⅲ类
6	大理市	洱海北部湖心	洱海	国控	Ⅱ类	Ⅱ类	Ⅱ类	Ⅱ类	Ⅱ类	Ⅱ类	Ⅲ类	Ⅱ类	Ⅱ类	Ⅲ类	Ⅱ类	Ⅲ类	Ⅱ类
7	大理市	小关邑	洱海	国控	Ⅱ类	Ⅱ类	Ⅱ类	Ⅱ类	Ⅲ类	Ⅱ类	Ⅲ类	Ⅱ类	Ⅱ类	Ⅲ类	Ⅱ类	Ⅱ类	Ⅱ类
8	洱源县	海西海坝前	海西海	国控	Ⅱ类	Ⅱ类	Ⅱ类	Ⅰ类	Ⅱ类	Ⅱ类	Ⅱ类	Ⅱ类	Ⅱ类	Ⅱ类	Ⅱ类	Ⅰ类	Ⅱ类
9	漾濞县	徐村桥	黑惠江	国控	Ⅱ类	Ⅱ类	Ⅱ类	Ⅲ类	Ⅲ类	Ⅲ类	Ⅱ类	Ⅱ类	Ⅱ类	Ⅱ类	Ⅱ类	Ⅱ类	Ⅱ类
10	剑川县	剑湖	黑惠江	国控	Ⅱ类	Ⅱ类	Ⅳ类	Ⅴ类	Ⅳ类	Ⅳ类	Ⅳ类	Ⅲ类	Ⅱ类	Ⅱ类	Ⅲ类	Ⅱ类	Ⅲ类
11	弥渡县	龙树桥	礼社江	国控	Ⅲ类	Ⅲ类	Ⅲ类	Ⅲ类	Ⅲ类	Ⅲ类	Ⅱ类	Ⅲ类	Ⅲ类	Ⅲ类	Ⅲ类	Ⅱ类	Ⅲ类
12	巍山县	回辉登	礼社江（元江源头）	国控	Ⅰ类	Ⅰ类	Ⅰ类	Ⅱ类	Ⅱ类	Ⅱ类	Ⅱ类	Ⅱ类	Ⅱ类	Ⅰ类	Ⅰ类	Ⅰ类	Ⅱ类
13	南涧县	安定（马街）	李仙江	国控	Ⅱ类	Ⅱ类	Ⅱ类	Ⅱ类	Ⅱ类	Ⅱ类	Ⅱ类	Ⅱ类	Ⅱ类	Ⅱ类	Ⅱ类	Ⅱ类	Ⅱ类
14	大理市	江尾桥	弥苴河	国控	Ⅰ类	Ⅱ类	Ⅱ类	Ⅱ类	Ⅲ类	Ⅳ类	Ⅲ类	Ⅱ类	Ⅱ类	Ⅱ类	Ⅱ类	Ⅱ类	Ⅱ类
15	漾濞县	顺濞桥	顺濞河	国控	Ⅰ类	Ⅰ类	Ⅰ类	Ⅰ类	Ⅱ类	Ⅲ类	Ⅱ类	Ⅲ类	Ⅱ类	Ⅱ类	Ⅱ类	Ⅱ类	Ⅱ类
16	大理市	四级坝	西洱河	国控	劣Ⅴ类	Ⅳ类	劣Ⅴ类	劣Ⅴ类	劣Ⅴ类	劣Ⅴ类	Ⅳ类	Ⅴ类	劣Ⅴ类	劣Ⅴ类	劣Ⅴ类	劣Ⅴ类	劣Ⅴ类
17	永平县	水泄	永平河（银江河）	国控	Ⅱ类	Ⅱ类	Ⅱ类	Ⅱ类	Ⅱ类	Ⅱ类	Ⅲ类	Ⅴ类	Ⅳ类	Ⅱ类	Ⅱ类	Ⅱ类	Ⅲ类
18	宾川县	盘口箐	平川河	省控	Ⅱ类	Ⅰ类	Ⅰ类	Ⅰ类	Ⅰ类	Ⅱ类	Ⅱ类	Ⅱ类	Ⅱ类	Ⅱ类	Ⅳ类	Ⅲ类	Ⅱ类
19	宾川县	大惠庄	桑园河	省控	断流	断流	断流	断流	断流	断流	断流	Ⅳ类	Ⅲ类	Ⅴ类	Ⅱ类	Ⅲ类	Ⅲ类
20	宾川县	大银甸水库	大营河	省控	Ⅳ类	Ⅳ类	Ⅲ类	Ⅲ类	Ⅲ类	Ⅲ类	Ⅲ类	Ⅲ类	Ⅱ类	Ⅴ类	Ⅴ类	Ⅳ类	Ⅲ类
21	宾川县	海稍水库	桑园河	省控	Ⅳ类	Ⅲ类	Ⅴ类	Ⅴ类	Ⅴ类	Ⅳ类	Ⅳ类	Ⅳ类	Ⅳ类	Ⅳ类	Ⅳ类	Ⅳ类	Ⅳ类
22	大理市	江尾东桥	永安江	省控	劣Ⅴ类	Ⅴ类	Ⅴ类	Ⅳ类	Ⅳ类	Ⅳ类	Ⅳ类	Ⅳ类	Ⅳ类	Ⅲ类	Ⅱ类	Ⅱ类	Ⅲ类
23	大理市	沙坪桥	罗时江	省控	Ⅲ类	Ⅳ类	Ⅳ类	Ⅳ类	Ⅴ类	Ⅳ类	Ⅴ类	Ⅴ类	劣Ⅴ类	劣Ⅴ类	Ⅳ类	Ⅱ类	Ⅳ类
24	大理市	闸门	西洱河	省控	Ⅲ类	Ⅲ类	Ⅲ类	Ⅲ类	Ⅲ类	Ⅲ类	Ⅲ类	Ⅲ类	Ⅲ类	Ⅲ类	Ⅲ类	Ⅲ类	Ⅲ类
25	大理市	塔村	洱海	省控	Ⅱ类	Ⅱ类	Ⅱ类	Ⅱ类	Ⅱ类	Ⅲ类	Ⅲ类	Ⅲ类	Ⅲ类	Ⅲ类	Ⅲ类	Ⅲ类	Ⅱ类
26	大理市	龙龛	洱海	省控	Ⅲ类	Ⅲ类	Ⅱ类	Ⅱ类	Ⅲ类	Ⅲ类	Ⅲ类	Ⅳ类	Ⅱ类	Ⅱ类	Ⅱ类	Ⅳ类	Ⅱ类
27	大理市	喜洲	洱海	省控	Ⅱ类	Ⅱ类	Ⅱ类	Ⅱ类	Ⅱ类	Ⅲ类	Ⅲ类	Ⅱ类	Ⅲ类	Ⅴ类	Ⅱ类	Ⅲ类	Ⅱ类
28	大理市	石房子	洱海	省控	Ⅱ类	Ⅲ类	Ⅱ类	Ⅱ类	Ⅱ类	Ⅱ类	Ⅲ类	Ⅲ类	Ⅲ类	Ⅱ类	Ⅱ类	Ⅱ类	Ⅱ类
29	大理市	桃源	洱海	省控	Ⅱ类	Ⅱ类	Ⅱ类	Ⅱ类	Ⅲ类	Ⅱ类	Ⅲ类	Ⅲ类	Ⅲ类	劣Ⅴ类	Ⅳ类	Ⅳ类	Ⅲ类
30	大理市	双廊	洱海	省控	Ⅱ类	Ⅱ类	Ⅲ类	Ⅲ类	Ⅲ类	Ⅲ类	Ⅲ类	Ⅱ类	Ⅱ类	Ⅳ类	Ⅲ类	Ⅳ类	Ⅱ类
31	大理市	湖心1	洱海	省控	Ⅱ类	Ⅱ类	Ⅱ类	Ⅱ类	Ⅱ类	Ⅱ类	Ⅲ类	Ⅲ类	Ⅲ类	Ⅲ类	Ⅱ类	Ⅱ类	Ⅱ类
32	洱源县	银桥村	弥苴河	省控	Ⅴ类	Ⅱ类	Ⅴ类	Ⅲ类	劣Ⅴ类	Ⅳ类	Ⅲ类	Ⅳ类	Ⅱ类	Ⅱ类	Ⅱ类	Ⅱ类	Ⅱ类
33	洱源县	西湖	西湖	省控	Ⅴ类	Ⅴ类	Ⅳ类	Ⅲ类	Ⅳ类	Ⅴ类	Ⅴ类	Ⅴ类	劣Ⅴ类	Ⅴ类	Ⅳ类	Ⅳ类	Ⅳ类
34	鹤庆县	陈家庄大桥	落漏河	省控	Ⅱ类	Ⅱ类	Ⅰ类	Ⅱ类	Ⅱ类	Ⅱ类	Ⅳ类	Ⅲ类	Ⅴ类	Ⅲ类	Ⅲ类	Ⅲ类	Ⅱ类
35	鹤庆县	舍茶寺	落漏河	省控	Ⅱ类	Ⅰ类	Ⅱ类	Ⅲ类	Ⅰ类	Ⅰ类	Ⅳ类	Ⅱ类	Ⅱ类	Ⅱ类	Ⅱ类	Ⅱ类	Ⅱ类
36	剑川县	玉津桥	黑惠江	省控	Ⅱ类	Ⅱ类	Ⅱ类	Ⅲ类	Ⅱ类	Ⅱ类	Ⅲ类	Ⅱ类	Ⅱ类	Ⅱ类	Ⅱ类	Ⅱ类	Ⅱ类
37	剑川县	剑湖	剑湖	省控	Ⅱ类	Ⅰ类	Ⅳ类	Ⅳ类	Ⅳ类	Ⅳ类	Ⅳ类	Ⅴ类	Ⅲ类	Ⅲ类	Ⅳ类	Ⅲ类	Ⅳ类
38	弥渡县	毗雄河弥渡县出境断面	毗雄河	省控	劣Ⅴ类	Ⅱ类	劣Ⅴ类	Ⅴ类	Ⅱ类	Ⅳ类	Ⅲ类	Ⅱ类	Ⅴ类	劣Ⅴ类	Ⅲ类	Ⅱ类	Ⅲ类
39	南涧县	多依井大桥	巍山河	省控	Ⅳ类	Ⅱ类	Ⅱ类	Ⅳ类	Ⅱ类	Ⅲ类	Ⅳ类	Ⅴ类	Ⅲ类	Ⅲ类	Ⅲ类	Ⅲ类	Ⅲ类
40	南涧县	乐秋河	乐秋河	省控	Ⅱ类	Ⅱ类	Ⅱ类	Ⅱ类	Ⅱ类	Ⅱ类	Ⅰ类	Ⅲ类	Ⅱ类	Ⅲ类	Ⅱ类	Ⅰ类	Ⅱ类
41	巍山县	原巍南公路收费站	西河	省控	Ⅱ类	Ⅱ类	Ⅰ类	劣Ⅴ类	Ⅱ类	Ⅲ类	Ⅳ类	Ⅳ类	Ⅲ类	Ⅲ类	Ⅲ类	Ⅱ类	Ⅲ类
42	祥云县	新民大桥	渔泡江	省控	Ⅰ类	Ⅱ类	Ⅰ类	Ⅱ类	Ⅱ类	Ⅱ类	Ⅲ类	Ⅲ类	Ⅲ类	Ⅱ类	Ⅱ类	Ⅱ类	Ⅱ类
43	漾濞县	羊庄坪水文站	漾濞江	省控	Ⅱ类	Ⅱ类	Ⅱ类	Ⅱ类	Ⅲ类	Ⅱ类	Ⅱ类	Ⅱ类	Ⅱ类	Ⅳ类	Ⅱ类	Ⅱ类	Ⅱ类
44	永平县	博南镇晃桥	银江河	省控	Ⅱ类	Ⅱ类	Ⅱ类	Ⅳ类	Ⅱ类	Ⅱ类	Ⅱ类	Ⅱ类	Ⅱ类	Ⅴ类	Ⅱ类	Ⅱ类	Ⅱ类
45	云龙县	石门	沘江	省控	Ⅲ类	Ⅲ类	Ⅲ类	Ⅳ类	Ⅳ类	Ⅲ类	Ⅳ类	Ⅲ类	Ⅲ类	Ⅲ类	Ⅱ类	Ⅱ类	Ⅲ类
46	云龙县	功果桥	澜沧江	省控	Ⅰ类	Ⅰ类	Ⅰ类	Ⅰ类	Ⅰ类	Ⅱ类	Ⅱ类	Ⅰ类	Ⅱ类	Ⅳ类	Ⅰ类	Ⅰ类	Ⅱ类
47	云龙县	大练登	沘江	省控	Ⅳ类	Ⅲ类	Ⅳ类	Ⅳ类	Ⅲ类	Ⅳ类	Ⅲ类	Ⅲ类	Ⅳ类	Ⅱ类	Ⅱ类	Ⅲ类	Ⅲ类

（州生态环境局　提供）

水质类别符合Ⅳ类的测点有8个，占12.3%；劣于Ⅴ类水质标准限值的测点有1个，占1.5%。洱海流域之内的测点有34个，水质类别符合Ⅱ类的测点有22个，水质类别符合Ⅲ类的测点有7个，水质类别符合Ⅳ类的测点有5个。洱海流域之外的测点有31个，水质类别符合Ⅱ类的测点有15个，水质类别符合Ⅲ类的测点有12个，水质类别符合Ⅳ类的测点有3个，水质类别劣于Ⅴ类的测点有1个。

【集中式饮用水源地水质状况】 2021年，全州20个集中式饮用水源地水质状况分别为：①地级以上6个水源地水质状况。洱海一水厂、洱海三水厂、洱海凤仪水厂1—12月水质均达标，全指标分析水质均达标；洱海二水厂11月水质不达标（5日生化需氧量超标0.45倍），其余月份水质达标，全指标分析水质达标；洱海六水厂10月水质不达标（5日生化需氧量超标0.32倍），其余月份水质达标，全分析水质达标；鸡舌箐五水厂1—2月水质达标，其余月份停用未监测、全指标分析未监测。②县级14个集中式饮用水源地水质状况。宾川县仙鹅水库、弥渡县桂花箐水库、弥渡县大横箐水库、南涧县大龙潭水库、南涧县母子垦水库、云龙县天池水库、洱源县茈碧湖、剑川县满贤林水库、鹤庆县黑龙潭、漾濞县雪山河、永平县龙潭箐4个季度水质均达标；巍山县黄栎嘴水库第一、二、四季度水质达标，三季度停用；祥云县小官村水库第一、二、三季度水质达标，四季度不达标（5日生化需氧量超标0.1倍）；巍山县巍宝山水库第一、二、四季度水质达标，三季度不达标（总磷超标0.6倍）。

【环境空气质量】 2021年，全州12个县（市）环境空气质量总体保持良好，其中剑川、鹤庆两县环境空气质量符合一级标准，其余10个县（市）均符合二级标准。全年全州平均优良天数比例为99.8%，12个县（市）优良天数比例在99.2%～100%，其中剑川、永平、洱源、鹤庆4个县优良天数比例为100%，云龙出现污染天数3天，大理、祥云、宾川、弥渡、漾濞、巍山和南涧各出现污染天数1天，均为轻度污染，超标污染物为细颗粒物和臭氧。全年全州环境空气质量综合指数为1.79～2.89，根据《城市环境空气质量排名技术规定》对12个县（市）环境空气质量进行了排名。环境空气质量排名前3个县依次为剑川、鹤庆、洱源；环境空气质量排名后3个县依次为弥渡、巍山和漾濞。

【声环境监测】 2021年，全州12个县（市）均开展了1次昼间区域环境、昼间道路交通噪声、功能区噪声监测。昼间区域环境噪声监测布设测点1323个，洱源、巍山、漾濞3个县的城市区域环境噪声总体水平等级为一级，评价为“好”，其余9个县（市）的城市区域环境噪声总体水平等级均为二级，评价均为“较好”。昼间道路交通噪声监测布设测点276个，全州12个县（市）交通噪声强度等级均为一级，评价均为“好”。功能区噪声监测布设测点92个，除大理市、祥云县的4类区夜间超标外，其余各县的各功能区昼间和夜间各时段均达标。

【自然保护区与动植物保护】 2021年，大理州继续加大自然保护区及生物多样性保护力度。①自然保护区。全州建立各种类型、不同级别自然保护区28个，其中国家级3个、省级3个、州级22个，总面积18.1万公顷，形成布局完善合理、类型齐全的自然保护区体系。②物种。至年末，全州查明的物种有5315种，其中高等植物4249种，包括湿地植物606种，占全省的21.94%；陆生野生动物763种，其中爬行类动物24种、兽类98种、鸟类641种；湿地脊椎动物208种、软体动物76种、节肢动物19种。③生物多样性保护。年内，对生物多样性保护委员会组织领导机构成员进行调整充实，健全完善生物多样性联席会议制度；建立大理州野生动植物保护联席会议制度，建立洱海流域生物多样保护公益诉讼检察与行政机关协作配合机制。制定出台《大理州争当生物多样性保护排头兵“六个一行动”实施方案》。加强外来物种入侵防控，制定印发《关于进一步加强外来物种入侵防控工作实施方案》。对州内17个州级以上自然保护区进行资源调查，并首次开展《苍山生物多样性保护监测计划（2022—2026年）》编制工作，推进农作物和畜禽种质资源保护、长江流域重点水域“十年禁渔”工作，深化生物多样性资源可持续利用。配合做好COP15第一阶段各项筹备工作，完成省筹备办安排的各项工作任务。

生态创建

【概况】 2021年，大理州深入推进生态文明体制改革。聚焦健全完善苍山洱海一体化保护体制机制，巩固提升苍山洱海生态系统的稳定性和可持续性，加快推进洱海高水平保护流域高质量发展，建立生态产品价值实现机制，构建绿水青山向金山银山转化的一系列具有战略性、前瞻性、针对性的政策制度体系，完成全州生态文明体制改革6个改革要点11项改革任务，制定出台《洱海保护管

10月10日，中共大理州委书记杨国宗在“洱海论坛”主论坛上分享大理州生态文明建设经验

（州生态环境局　提供）

“人与自然和谐共生”大理州2021六五环境日宣传活动启动仪式

（州生态环境局　提供）

理条例实施办法》《关于全面推行林长制的实施意见》等4个配套制度、规划和实施办法。持续开展生态文明示范创建，南涧县创建为第五批国家生态文明建设示范区；按照省级生态文明建设示范区重启创建的要求，创建省级以上生态文明示范区4个。年内黄勤被评为年度“全国十大最美基层环保人”。

【**森林资源与湿地保护建设**】2021年，大理州林地面积214.19万公顷，占土地总面积的75.64%。全州森林覆盖率65.51%，森林蓄积量1.21亿立方米，比2019年分别增长2.65%、6%。年内，大理州湿地面积增加了27.54公顷，自然湿地保护率为67.66%，同比增长0.69%。

【**生物多样性保护**】2021年，大理州完成联合国生物多样性公约第十五次缔约方大会（COP15）第一阶段会议大理州筹备及参会组织工作，COP15非政府组织（NGO）平行论坛上发布的“全球生物多样性100+案例”中，大理州云龙天池国家级自然保护区“蚂蚁森林滇金丝猴栖息地修复和廊道建设项目”和“广汽丰田汽车有限公司多重效益森林恢复项目”2个案例入选，大理矿泉作为全国唯一的COP15大会主会场指定用水。推进全球生态文明建设（洱海）论坛举办，围绕“共建生态文明，共护美丽星球”主题开展讨论与对话，分享大理生态文明建设的经验，探讨人与自然和谐共生之道和全球生态文明建设。开展“绿盾2021”行动，强化自然保护地监管，保护生物多样性栖息地；调整充实生物多样性保护委员会成员单位，加强对全州生物多样性保护工作统筹，实施争当生物多样性保护排头兵“六个一”行动，提升生物多样性保护水平；建立州野生动植物保护联席会议，做好禁食野生动物宣传工作；保护、修复和扩大珍稀濒危野生动植物栖息地，建设生态廊道，改善栖息地碎片化、孤岛化、种群交流通道阻断的状况。开展濒危野生动植物抢救性保护，优先实施重点保护野生动植物和极小种群野生动植物保护工程，科学进行珍稀濒危野生动植物自然回归。加强物种基因保存，构建就地保存、异地保存和设施保存有机结合的野生动植物和林木种质基因保存体系；科学布控林业有害生物监测站（点），严格检疫监管，严防外来物种入侵，持续开展全州林草辖区主要外来入侵危害物种治理，有效维护生物、生态安全；持续开展野生动植物资源调查、收容救助、野生动物肇事公众责任保险等相关工作。

【**生态保护修护**】2021年，大理州加大生态空间管控力度，加强生态保护修护工作。①生态搬迁。加强洱海流域空间管控，加快推动生态搬迁，划定洱海流域保护区管理范围，完成洱海湖区及一级保护区界桩标识布设工作，全年累计拆除洱海流域违章建筑350处16768.63平方米，加快推进“1806”小镇建设和大理市金梭岛整体生态搬迁前期工作。②生态保护修复及自然保护区整治。稳步推进生态保护修复及自然保护区整治攻坚战，全面推行林长制，建立州、县（市）、乡（镇）、村4级林长体系，对全州森林、草原、湿地资源实行网格化管理，完成草原生态修复1546.67公顷、草原有害生物防治14040公顷，实现年度草原生态修复治理目标。③自然保护地建设监管。加强建设监管，筑牢生态屏障，将48个各类自然保护地优化整合为35个，优化整合后自然保护地面积占全州土地面积的14.47%，确保重要自然生态系统、自然遗迹、自然景观和生物多样性得到系统性保护，云龙天池保护区2个案例入选“全球生物多样性100+案例”。

（州生态环境局供稿）

生态执法

【**概况**】2021年，大理州突出精准治污、科学治污、依法治污，严格监管执法，严厉打击环境违法犯罪。对云南省生态环境厅在大理州开展生态环境联合执法检查发现问题企业835家、反馈环境问题2191个及涉嫌环境违法行为企业143家进行整改。至12月底，835家存在环境问题企业完成整改807家，2191个环境问题完成整改2155个，移交的143件环境违法案件立案查处141件（含新增加1件，证据不足未立案3件）。出台《大理州生态环境局生态环境轻微违法违规行为免罚清单（试行）》，对9类没有造成危害后果的轻微环境违法行为和符合《中华人民共和国行政处罚法》规定的情形不予行政处罚，通过批评教育、指导约谈、整改承诺等措施指导帮助企业问题整改，督促依法生产经营，做到环境执法“有温度”。年内对11家环境违法企业免予处罚，涉及金额约103万元。持续强化洱海流域环境监管执法，全年流域累计出动执法人员3200余人次，检查抽查企业单位1400余家次，立案查处环境违法企业45家，下发整改通知书246份，遏制洱海流域环境违法行为，推动流域内企业形成环保守法新常态。助力打好蓝天、碧水、净土三大保卫战，全州生态环境质量持续改善。

【打击环境违法犯罪】 2021年，大理州通过日常检查、信访投诉举报和双随机抽查等渠道广泛收集执法线索，加大环境违法犯罪行为的打击力度，保障群众环境权益和流域生态环境安全，查处一批严重污染影响环境，群众反映强烈的环境违法行为。全年累计出动执法人员5726人次，检查企业2236家次，立案查处违法企业208家，罚款金额2492.41万元，约谈企业196家次，现场责令整改274家，下达整改通知833家。

【排查整治专项行动】 2021年，大理州开展了生态环境排查整治专项行动。①洱海流域环湖截污治污体系排查整治专项行动。3月12—18日，大理州生态环境局会同州住建局成立排查整治专项行动领导小组，抽调89人组成12个检查组，对洱海流域环湖截污治污体系（污水集中处理设施及主管网）开展全面排查整治。累计出动640余人次，排查污水处理设施、涉水企业及管网点位608个，发现问题704个，其中检查管网点位357个，发现问题点位282个；检查污水处理厂（站）104座，发现问题196个；检查涉水企业147家，发现问题226个，涉嫌环境违法建议立案查处企业7家。②西洱河、金星河流域环境问题排查整治专项行动。6月8—16日，大理州生态环境局组织对西洱河、金星河及金星后河两岸的工业企业、餐饮店、客栈酒店、施工工地等行业环保制度落实情况、西洱河沿线截污治污工程推进情况、入河排污口情况开展专项执法检查，累计出动100余人次，排查对象126家，发现环境问题150个。③苍山东坡文旅健康休闲建设项目排查整治专项行动。7月13—16日，大理州生态环境局集中组织执法力量对苍山东坡文化旅游、健康养老、健身休闲等建设项目开展排查，通过执法人员现场踏勘、无人机巡查和GPS地面打点的方式开展，将无人机巡查获得的航拍影像及GPS定位信息与现场检查建设项目边界范围进行叠加，获取执法检查数据。排查检查苍山东坡沿线建设项目23个，发现疑似问题项目（点位）11个。

【专项执法检查】 2021年，大理州生态环境局开展多项专项执法检查。①洱海流域保水质防蓝藻专项执法检查。7月26日至8月25日，组织大理分局、洱源分局开展洱海流域保水质防蓝藻专项执法检查，重点监察乡（镇）及以上集中式污水处理厂、村落集中式污水处理设施，重点涉水企业，流域公路、铁路、水利等重点建设项目，流域畜禽养殖行业，片区文化旅游、健康养老休闲、房地产开发等片区或区域开发项目。②剑湖流域生态环境专项执法检查。9月23—30日，抽调全州32名执法人员，针对剑湖流域生态环境质量呈现恶化趋势以及整治情况开展执法检查，全面排查剑湖流域生态环境问题隐患，督促问题整改落实，依法查处环境违法行为；检查各类对象173个，发现存在问题对象149个、问题295个，涉嫌环境违法立案查处7家。③祥云工业园区环境问题专项执法检查。12月7—15日，抽调全州18名执法人员，对祥云财富工业园区开展生态环境问题专项执法检查，检查企业（单位）73家，发现环境问题181个，主要涉及祥云财富工业园区配套环保基础设施建设、风险防控能力建设、园区企业环境管理等方面。④饮用水源地专项执法检查。11月16—20日，抽调执法人员组织开展大理市集中式饮用水水源地专项检查，检查发现涉及洱海饮用水源地保护区规划、保护区管理、应急能力建设、水厂管理等问题49个。

【生态环境管理制度建设】 2021年，大理州生态环境局加快制度创新，完善生态环境管理制度。①“双随机、一公开”制度。在日常环境监管执法中建立“两库一单一细则”，随机抽取检查对象，随机选派执法人员，及时公开“双随机”检查结果，主动接受社会和纪检部门监督。全年检查一般排污单位454家次、重点排污单位243家次、特殊监管对象5家次，开展专项检查21个，排查检查企业（单位）316家次，跨部门联合开展“双随机、一公开”检查78家次。通过“双随机、一公开”检查发现并要求整改的环境管理问题1161个，发现并查处违法问题企业42家，公开信息249条。②监督执法正面清单制度。将一部分符合条件的守法模范企业纳入正面清单，通过在线监控、视频监控等手段开展非现场检查，尽可能减少对企业正常生产经营活动的干扰，让自觉守法企业受益。对接企业，做好审批服务和普法宣传，定期到企业开展“送证上门”和送法进企业服务，先后为企业现场送达环评批复5份、排污许可证27本，下达责令改正环境违法行为通知22份，现场监察要求整改环境问题70家次，约谈环境问题企业144家次。③案件集体审理制度。建立健全生态环境保护行政违法案件审理委员会，明确各自职责，执行行政处罚案件集体审理制度。从立案、调查、审批、执行等方面规范处罚程序。案件审理中，按照行政合法性和合理性原则要求，规范行政处罚案件自由裁量权的使用，遵循合法、合理、过罚相当及公开公平公正原则，做到合理裁量、规范运用。④行政执法“三项制度”。清理执法事项，确定行政职权执法事项171项，明确执法职责、依据、权限和救济途径，制定环境行政处罚程序，在政务服务平台进行公示。落实行政执法公示制度，强化事前、事中和事后公开；行政执法人员在开展行政检查执法活动时主动出示执法证件，表明身份，主动告知当事人执法事由、执法依据、权利义务等内容；规范执法全过程记录，对执法程序、调查取证、审查决定、送达执行、归档管理等行政执法整个过程进行记录。及时向社会公开“双随机”检查信息，接受社会监督；行政处罚执法决定信息在执法决定作出后及时在人民政府门户网站上进行公开。明确法制审核机构和人员，常年聘请法律顾问参与疑难重大案件的审核，集体审议重大行政执法案件，强化法制审核制度的落实。

【生态执法机构改革】 2021年，大理州生态环境局整合原国土、农业、水利、林业等部门有关污染防治和生态保护执法职责，完成州、县（市）生态环境保护综合行政执法队伍组建和挂牌工作。同时，县（市）执法队伍随同级生态环境部门一并上收到州级统一管理指挥，明确开发区、度假区环境保护监管职责。加强生态环境执法队伍建设和经费保障，全年新招考12名公务员到县（市）生态环境保护综合行政执法队伍，解决生态环境综合行政执法队伍经费保障问题；开展全州执法队伍执法设备标准化建设。

【生态环境保护督察整改】 2021年，大理州坚持问题导向和目标导向，全面整改中央生态环境保护督察反馈问题。成立州委书记、州长为双组长的大理州中央生态环境保护督察整改工作领导小组，制定印发《大理州贯彻落实中央生态环境保护督察报告整改方案》《大理州中央生态环境保护督察交办重点投诉举报问题整改方案》《大理州中央生态环境保护督察交办一般投诉举报问题整改方案》，州委、州政府与12个县（市）党委政府和18家州级整改牵头单位签订《大理州贯彻落实中央生态环境保护督察报告整改工作责任书》，及时召开整改工作推进会，高位推动问题全面整改。至12月底，中央生态环境保护督察组交办的353件群众投诉举报件办结339件、阶段性办结14件，并按照群众投诉举报问题逐一验收销号要求完成5个县的州级验收工作。中央生态环境保护督察报告反馈问题涉及大理州整改任务22项中完成整改1项，其余21项均按时序稳步推进。

污染防治

【概况】 2021年，大理州委、州政府以改善生态环境质量为核心，以精准治污、科学治污、依法治污为工作方针，持续深入打好污染防治攻坚战。加强党对生态环境保护工作的领导，坚决扛起生态环境保护的政治责任，成立由州长任组长、相关副州长和州政府秘书长任副组长的大理州环境污染防治工作领导小组，领导小组下设洱海保护治理等8个标志性战役专项小组和领导小组办公室。持续抓好党中央、国务院和省委、省政府关于污染防治工作重大决策部署，坚持最高标准、最严制度、最硬执法、最实举措、最佳环境，全面落实各项目标任务，打赢蓝天、碧水、净土三大保卫战和8个标志性战役。

【绿色生态建设】 2021年，大理州坚持和贯彻新发展理念，推动形成绿色低碳生产和生活方式。①落实“三条红线”控制目标。全州用水总量13.45亿立方米；国内生产总值每万元用水量92.6立方米，同比下降3.9%；工业增加值每万元用水量44.3立方米，同比下降3.9%；农田灌溉水有效利用系数为0.51，同比提高1.5%；省级重要江河湖库水功能区水质达标率为95%。②“绿色食品牌”建设。全州有效期内绿色有机农产品认证企业22家、84个产品，下关沱茶获评云南省“10大名品”，嘉士伯啤酒和欧亚乳业获评云南省绿色食品“10强企业”，来思尔乳业获评云南省绿色食品“20佳创新企业”，“洱海之源”“山里清萃”等8个品牌入选2021年度“绿色食品牌”目录。③生态文明创建。南涧县入选“国家生态文明建设示范区”。全州创建国家生态文明建设示范县1个，国家生态文明建设示范区1个，省级以上生态文明示范县（市）8个、生态文明乡（镇）103个。

【水污染防治】 2021年，大理州统筹水资源利用、水生态保护和环境治理，一河一策精准施策，全面打赢碧

2021年大理州工业污染物排放情况表

表86

指标名称	计量单位	本年实际		
一、企业基本情况	—	—		
工业企业数	个	266		
工业总产值（当年价格）	亿元	413.301097		
取水量	万吨	8596.541602		
煤炭消费量	万吨	186.408777		
其中：燃料煤消费量	万吨	182.416112		
燃料煤平均含硫量	%	0.817895		
燃料煤平均灰分	%	19.705245		
燃料煤平均干燥无灰基挥发分	%	23.814236		
燃料油消费量（不含车船用）	万吨	0.177042		
燃料油平均含硫量	%	0.064163		
焦炭消费量	万吨	4.696971		
焦炭平均含硫量	%	0.512321		
焦炭平均灰分	%	36.351058		
天然气消费量	亿立方米	0.229867		
其他燃料消费量	万吨标准煤	1.558487		
用电量	亿千瓦时	19282.202864		
工业锅炉数	台/蒸吨	114	—	469.35
其中：20蒸吨以上的	台/蒸吨	1	—	34
其中：安装脱硫设施的	台/蒸吨	0	—	0
10~20（含）蒸吨的	台/蒸吨	9	—	128
10（含）蒸吨以下的	台/蒸吨	104	—	307.35
工业窑炉数	座	144		
防腐涂料使用量	吨	80		
其中：水性防腐涂料使用量	吨	80		
溶剂型防腐涂料使用量	吨	0		
二、三废排放量				
废气排放总量	万立方米	147240.566		
一般工业固体废物产生量	万吨	450.401588		
废水排放总量	万吨	9923.849861		

（州生态环境局 提供）

水保卫战。①洱海保护治理攻坚战。印发《关于持续巩固洱海流域“三禁四推”成果深入开展农业面源污染治理的实施方案》《洱海流域绿色有机种植奖补方案》，调整优化种植业结构，大力实施绿色有机化种植，促进肥料农药减量；强化畜禽粪污资源化利用，洱海流域限养区126个规模化养殖场粪污处理环保设施配率为100%；实施大理市环洱海流域湖滨缓冲带生态修复与湿地建设工程和洱源县洱海流域湿地公园保护与提升改造项目，完成生态修复和湿地建设558.87公顷；1—11月洱海水质为优，洱海保护治理在中央生态环境保护督察报告中得到肯定，“洱海水环境综合整治”入选全国督察整改看成效典型案例。②四大水系保护治理及修复攻坚战。推进西洱河四级坝、剑湖水质改善工作；全年大理州47个国控、省控断面优良比例为89.58%，劣Ⅴ类断面比例为2.08%。③“两污”及黑臭水体治理攻坚战。实施城乡“两污”治理及城市黑臭水体治理，城市污水处理提质增效和提标改造；全州城镇生活污水集中处理率为96.21%，完成污水管网建设51.47千米，完成率为141%；建立黑臭水体排查长效工作机制，全州12个县（市）城市建成区均无黑臭水体；县级以上集中式饮用水水源水质达标率为80%。

【土壤污染防治】 2021年，大理州深入打好净土保卫战。完成长江经济带30个尾矿库污染整治和27个工业固体废物堆存场所环境治理，非正规垃圾堆放点整治销号工作全面完成。全州工业固体废物综合利用率为75%，医疗废物处置率为100%。推进农业农村污染防治攻坚战，化肥使用量和农药使用量分别同比削减1.3%、1.1%。全州畜禽粪污资源化利用率在90%以上，洱海流域为95%以上。农村生活污水治理率为36.08%，农村环境整治年度任务全面完成。年内，大理州未发生因耕地土壤导致农产品超标且造成不良社会影响的事件以及因污染或疑似污染地块再开发利用不当且造成不良社会影响的事件。

【大气污染防治】 2021年，大理州深入打好蓝天保卫战。建立环境空气质量预报预警机制，由大理州环境污染防治工作领导小组办公室按月向12个县（市）人民政府通报大理州污染防治目标落实情况。狠抓大气主要污染物重点减排工程，开展工业炉窑行业超低排放试点示范项目，完成年度淘汰计划任务，初步核算氮氧化物减排量为1557吨、挥发性有机物减排量为365吨。建立完善县乡村秸秆禁燃管理制度，推进秸秆综合利用，全州秸秆综合利用率在88%以上；健全挥发性有机物污染源排放清单和治理台账，推进重点企业VOCs排放治理。持续巩固柴油货车污染治理攻坚战成果，强化机动车排气污染防控，全州机动车检测站检测车辆29.4万辆次，机动车黑烟抓拍系统监测机动车5745491辆，遥感监测系统监测机动车2742678辆。2021年，全州12个县（市）政府所在地城市空气质量优良天数比率为99.8%，细颗粒物（PM2.5）浓度年均值为16.3微克/立方米，两项指标均达到省级下达的年度大气环境约束性考核目标要求。

（州生态环境局供稿）

低碳发展

【概况】 2021年，大理州紧扣“节能降碳，绿色发展”和“低碳生活，绿建未来”的主题，开展形式多样的节能环保宣传活动。制定并下发《大理州2021年节能工作要点》，将年度能耗“双控”目标任务下达各县（市），有序推进年度节能工作开展，确保省下达大理州年度能耗总量原则上只增不减、能耗强度下降3.2%的目标任务全面完成。起草《大理州能耗双控工作实施方案》并于9月19日印发实施，从压实节能目标责任、全面叫停违规项目、加强重点行业能耗管控、加强公共机构节能管理、加强城市公共照明管控、加快推进一批在建项目、打造“绿色食品牌”、延长铝制品精深加工产业链、大力发展光伏发电9个方面着手，力争完成省下达大理州下半年需压减90万吨标准煤的能耗总量控制目标。

【项目申报及监督管理】 2021年，大理州围绕国家和省政府的投资导向和产业政策，组织各县（市）做好污染治理和资源利用专项项目储备和申报工作，力争更多项目获得国家和省政府的财政资金支持。完成大理苍山洱海一体化保护EOD项目、大理市智能生活垃圾分类及再生资源回收项目（一期）2个项目的审批。加强对2020年争取到中央预算补助资金项目的监管，督促长江经济带祥云财富工业园区水污染治理工程、洱源象鼻山钛矿尾矿库闭库建设项目加快建设进度；协调大理医疗废弃物处置系统升级建设项目环评手续办理工作，确保项目开工建设。在开展好项目监管的同时，指导各县（市）做好城镇污水处理设施补短板强弱项“十四五”规划项目谋划工作。通过争取，剑川县污水处理厂提标改造及中水回用工程项目获得地方政府专项债券2400万元资金支持，漾濞县污水处理厂提标改造及配套管网工程项目获得地方政府专项债券2000万元资金支持。

【“能耗”双控管理】 2021年，大理州强化能耗“双控”管理工作，执行固定资产投资项目节能审查制度，对固定资产投资项目节能审查按照项目建成投产后年能源消费量实行分类、分级管理，防止不符合法律法规、产业政策及技术标准、高耗能、高排放行业项目建设。年内对鹤庆北衙矿业有限公司铁多金属资源综合利用工程技改项目等5个项目节能报告转报省发展改革委审批，对祥云县生活垃圾焚烧发电等3个项目开展州级节能报告审查。完成省对州2020年能源消耗总量和强度“双控”考核工作，大理州评定为基本完成等级。组织各县（市）对辖区内的“两高”项目进行梳理排查并上报排查结果。对2020年州级审批的3个固定资产投资项目按照不低于50%的抽查比例进行随机抽查。

【碳达峰碳中和工作】 2021年，大理州主动服务和融入国家和云南省发展战略，稳步推进大理州碳达峰碳中和工作。成立以书记、州长任组长，相关单位主要领导为成员的大理州碳达峰碳中和工作领导小组，高位推动碳达峰碳中和工作。立足大理州资源禀赋和发展实际，委托第三方开展大理州碳达峰碳中和战略规划研究，编制《大理州碳达峰碳中和战略规划研究》，为实现大理州高质量发展奠定基础。

（州发改委供稿）

洱海保护

【概况】 2021年，大理州坚决从立场、品质、能力、意志4个方面深刻检视、彻底整改以洱海保护为核心的全州生态环境保护工作，真正从思想认识、工作措施、体制机制3个方面推动洱海“湖泊革命”，落实“年初有计划、月初有调研、月末有调度、年终有考核”的重点工作定期调度机制，紧盯“退、减、调、治、管”和“6个两年行动”，每月开展现场调研和会议调度，确保洱海保护治理重点工作件件有落实、事事有反馈。全面启动实施洱海湖体透明度提升、入湖河流水质改善、城镇污水管网改造、污水集中收集率提升、农业面源污染防治、美丽河湖创建“6个两年行动”，推动洱海保护精准治理及流域转型发展取得进展。全年洱海未发生规模化藻类水华，生态环境部公布的洱海水质评价结果为“优”，连续两年实现水质为“优”，洱海水环境综合整治入选中央生态环境保护督察整改见成效典型案例，作为COP15第一阶段会议重要补充的“2021全球生态文明建设(洱海)论坛”取得，“洱海保护日”等活动有序开展，“保护优先、绿色发展”理念更加深入人心，逐步构建起全民共建共治共享格局。

【科学治湖】 2021年，大理州坚持把科学治湖贯穿于洱海保护治理全过程，配合筹办COP15第一阶段会议，举办“2021推进全球生态文明建设(洱海论坛)”；印发《洱海保护治理科学技术研究规划(2020—2025年)》；中国·大理洱海高原湖泊保护治理科研基地建设初见成效，洱海湖泊生态系统国家级野外科学观测研究站正式挂牌运行，分别与中科院、中国环科院、上海交通大学等单位签订合作协议；持续深化洱海科学研究，数字洱海监管服务平台2.0版本上线运行，智能感知、数据共享、分析预警、监管服务等功能完善；发行《洱海保护与研究》期刊5期，出版《洱海论文选集》，编撰《美丽洱海·多样生物》图册，洱海科研和信息化建设在保护治理工作中的支撑作用日益凸显。

【系统治湖】 2021年，大理州推动洱海流域山水林田湖草沙系统治理取得全新进展。①雨水污染防控。建立初雨防控调度监管平台，落实“雨前清污—雨中应急—雨后整改”全过程防控，解决岸上污染物在旱季“零存”、到雨季“整取”问题，削减入湖污染负荷；常态化开展洱海流域截污治污体系排查整改，排查雨污管网1130千米；出台《洱海流域村落污水收集处理系统户收集全覆盖排查工作试点方案》，以排水户为单位，对农户雨污管网错接漏接、雨污合流、排水困难等问题进行全覆盖排查，完成大理市太和街道刘官厂村凤阳邑自然村试点工作。②蓝藻防治与生物管理。相继启动洱海蓝藻水华四级、三级应急响应，强化蓝藻人防机防技防措施，坚决守住不发生规模化藻华的底线；抓实洱海水生态修复，实施鱼类增殖放流和生态调控，投放鲢鱼、裂腹鱼等409吨，优化洱海鱼类种群结构，加强水生植物收割管理，打捞清理淤泥、水草等约6万吨。③水资源科学调度。科学调度洱海水资源，洱源县“三库连通”工程向洱海补水5711万立方米，引洱入宾出流3803万立方米，西洱河出流1.77亿立方米。至年底，洱海水位为1965.22米，蓄水量为27.56亿立方米，全湖平均透明度为1.78米。④截污治污机制建设。组建截污治污体系管理服务中心，建成大理市洱海流域截污治污体系综合监管平台，初步建立“发现问题—交办整改—跟踪问效”的截污体系信息化管理工作机制。⑤洱海保护工程建设。出台《西洱河四级坝国考断面水质达标工作方案》，加快推进下关城区雨污分流改造、南干渠重点节点改造、凤仪污水处理厂扩容、天井片区污水处理厂新建等工程，实施西洱河科学出流、恢复河道自然生态流量等措施，持续改善西洱河水生态环境。⑥“美丽河湖”创建。洱海流域河流(河段)、湖泊、水库、水利风景区的“美丽河湖”创建取得显著成效。弥苴河、万花溪等18个河流、湖库申报为省级“美丽河湖”。

【依法治湖】 2021年，大理州坚持把《洱海保护管理条例》作为依法治湖武器，编制《洱海保护管理规划》，出台《洱海保护管理条例实施办法》

2021年，广大青年积极参与洱海生态环境保护工作。图为青年志愿者开展的绿色骑行活动
（大理市志办　提供）

2021年大理州洱海水位变化情况表

表87　　单位：米

项目	1月	2月	3月	4月	5月	6月	7月	8月	9月	10月	11月	12月
月末水位	1965.56	1965.43	1965.22	1965.06	1964.86	1964.84	1964.89	1965.08	1965.43	1965.43	1965.33	1965.22

（州洱海管理局　提供）

和规范农村个人建房、餐饮客栈经营、船舶管理等配套政策。将洱海流域划分为一、二、三级保护区，全面完成洱海湖区及一、二级保护区界桩、标识布设工作，逐级明确洱海保护管理的边界、原则和要求。按照省河长办"两线"划定工作方案和技术指导意见，结合洱海保护管理范围分区划定成果，制定《云南省洱海湖滨生态红线及湖泊生态黄线"两线"划定方案》。出台《关于加强洱海流域监管执法工作的实施意见》《大理市洱海流域一级保护区相对集中行政处罚权的方案》，严厉打击各类涉湖违法违规行为，持续保持洱海流域监管执法的高压态势。

【绿色治湖】 2021年，大理州持续巩固畜禽粪污治理，发展绿色生态高效农业，抓实洱海流域农业面源污染治理。①畜禽粪污治理。持续巩固畜禽禁养区46个规模养殖场关停搬迁成果，限养区内规模养殖场全面配备建设粪污处理设施，依托顺丰等有机肥生产企业，收集处理畜禽粪污16万吨，"顺丰洱海模式"获得省委、省政府肯定并在全省推广；大理州"农业面源污染治理'种养旅结合'分区防控模式"被农业农村部作为全国农业面源污染治理五大模式之一

2021年大理州洱海主要入湖河流水质监测结果评价表

表88

（以河流标准评价，总氮不参评）

河流名称	点位名称	县市	1月	2月	3月	4月	5月	6月	7月	8月	9月	10月	11月	12月	年度评价
阳南溪	入湖口	大理市	Ⅰ	Ⅱ	Ⅱ	Ⅱ	Ⅱ	Ⅱ	Ⅱ	Ⅱ	Ⅱ	Ⅱ	Ⅱ	Ⅱ	Ⅱ
葶溟溪	入湖口	大理市	—	—	—	—	—	—	—	—	Ⅱ	—	—	—	Ⅱ
莫残溪	入湖口	大理市	Ⅱ	Ⅲ	Ⅲ	Ⅱ	Ⅱ	Ⅲ	Ⅱ	Ⅳ	Ⅱ	Ⅱ	Ⅱ	Ⅱ	Ⅲ
清碧溪	入湖口	大理市	Ⅱ	Ⅱ	Ⅱ	Ⅱ	Ⅱ	Ⅲ	Ⅱ	Ⅱ	Ⅱ	Ⅱ	Ⅱ	Ⅱ	Ⅱ
黑龙溪	入湖口	大理市	Ⅱ	>Ⅴ	Ⅱ	Ⅱ	—	—	Ⅲ	Ⅲ	Ⅱ	Ⅱ	Ⅲ	Ⅱ	Ⅱ
白鹤溪	入湖口	大理市	Ⅱ	Ⅳ	Ⅲ	—	—	—	Ⅲ	Ⅲ	Ⅲ	Ⅲ	Ⅲ	Ⅱ	Ⅱ
中和溪	入湖口	大理市	Ⅲ	—	—	—	—	—	Ⅲ	Ⅲ	Ⅲ	Ⅳ	Ⅳ	Ⅳ	Ⅲ
桃　溪	入湖口	大理市	—	—	—	—	—	—	—	—	Ⅱ	—	—	—	Ⅱ
梅　溪	入湖口	大理市	—	—	—	—	—	—	—	—	Ⅱ	—	—	—	Ⅱ
隐仙溪	入湖口	大理市	—	—	—	—	—	—	—	—	Ⅱ	—	—	—	Ⅱ
双鸳溪	入湖口	大理市	—	—	—	—	—	—	—	—	Ⅱ	Ⅱ	Ⅱ	—	Ⅱ
白石溪	入湖口	大理市	Ⅱ	—	—	—	—	—	—	—	Ⅱ	Ⅱ	Ⅱ	Ⅱ	Ⅱ
灵泉溪	入湖口	大理市	Ⅰ	Ⅱ	Ⅱ	Ⅱ	Ⅰ	Ⅱ	Ⅰ	Ⅱ	Ⅱ	Ⅰ	Ⅰ	Ⅰ	Ⅰ
锦　溪	入湖口	大理市	Ⅰ	Ⅲ	Ⅱ	Ⅰ	Ⅰ	Ⅱ	Ⅱ	Ⅱ	Ⅱ	Ⅱ	Ⅰ	Ⅰ	Ⅱ
茫涌溪	入湖口	大理市	Ⅰ	Ⅱ	Ⅱ	Ⅰ	Ⅱ	Ⅱ	Ⅱ	Ⅱ	Ⅱ	Ⅱ	Ⅰ	Ⅰ	Ⅱ
阳　溪	入湖口	大理市	Ⅰ	Ⅱ	Ⅱ	Ⅰ	Ⅰ	Ⅱ	Ⅱ	Ⅱ	Ⅱ	Ⅱ	Ⅰ	Ⅰ	Ⅱ
万花溪	入湖口	大理市	Ⅰ	Ⅱ	Ⅱ	Ⅱ	—	—	Ⅱ	Ⅱ	Ⅱ	Ⅱ	Ⅰ	Ⅰ	Ⅱ
霞移溪	入湖口	大理市	—	—	—	—	—	—	Ⅱ	—	Ⅱ	—	Ⅱ	—	Ⅱ
棕树河	入湖口	大理市	—	—	—	—	—	—	Ⅱ	—	Ⅱ	—	—	—	Ⅱ
西闸河	入湖口	大理市	Ⅰ	Ⅱ	Ⅱ	Ⅱ	Ⅲ	Ⅲ	Ⅱ	Ⅱ	Ⅲ	Ⅱ	Ⅱ	Ⅰ	Ⅱ
玉龙河	入湖口	大理市	—	—	—	—	—	—	—	—	Ⅱ	—	—	—	Ⅱ
凤尾箐	入湖口	大理市	—	—	—	—	—	—	—	—	—	—	—	—	—
波罗江	入湖口	大理市	Ⅱ	Ⅱ	Ⅱ	Ⅱ	Ⅱ	>Ⅴ	Ⅱ	Ⅲ	Ⅱ	Ⅱ	Ⅱ	Ⅱ	Ⅱ
白塔河	入湖口	大理市	Ⅲ	Ⅱ	Ⅲ	Ⅳ	Ⅳ	Ⅱ	Ⅳ	Ⅱ	Ⅱ	Ⅳ	Ⅲ	Ⅱ	Ⅲ
金星河	入西洱河口	大理市	Ⅳ	Ⅲ	Ⅳ	>Ⅴ	>Ⅴ	Ⅱ	Ⅴ	Ⅴ	Ⅳ	Ⅳ	>Ⅴ	Ⅳ	Ⅳ
金星后河	入西洱河口	大理市	>Ⅴ	—	—	—	—	—	—	—	Ⅱ	Ⅲ	Ⅱ	—	Ⅲ
弥苴河	银桥村断面	洱源县	Ⅰ	Ⅰ	Ⅱ	Ⅲ	Ⅳ	Ⅳ	Ⅱ	Ⅱ	Ⅱ	Ⅱ	Ⅱ	Ⅱ	Ⅱ
弥苴河	入湖口	大理市	Ⅰ	Ⅰ	Ⅲ	Ⅱ	Ⅱ	Ⅱ	Ⅱ	Ⅱ	Ⅱ	Ⅲ	Ⅱ	Ⅰ	Ⅱ
弥苴河	大凤路桥	洱源县	Ⅱ	Ⅰ	Ⅱ	Ⅱ	>Ⅴ	Ⅱ	Ⅱ	Ⅱ	Ⅱ	Ⅱ	Ⅱ	Ⅱ	Ⅱ
罗时江	莲河村断面	洱源县	Ⅲ	Ⅲ	Ⅲ	Ⅳ	Ⅳ	Ⅴ	>Ⅴ	Ⅴ	>Ⅴ	>Ⅴ	Ⅳ	Ⅳ	Ⅳ
罗时江	入湖口	大理市	Ⅱ	Ⅲ	Ⅲ	Ⅳ	Ⅲ	Ⅳ	Ⅴ	Ⅴ	>Ⅴ	>Ⅴ	Ⅳ	Ⅱ	Ⅳ
罗时江	溪长村	洱源县	Ⅲ	Ⅲ	Ⅲ	Ⅲ	Ⅲ	Ⅴ	>Ⅴ	>Ⅴ	>Ⅴ	>Ⅴ	Ⅲ	Ⅳ	Ⅳ
永安江	文笔湖村桥断面	洱源县	Ⅰ	Ⅱ	Ⅱ	Ⅳ	Ⅳ	Ⅴ	Ⅴ	Ⅳ	Ⅴ	Ⅳ	Ⅱ	Ⅲ	Ⅳ
永安江	入湖口	大理市	Ⅰ	Ⅰ	Ⅱ	Ⅲ	Ⅲ	Ⅳ	Ⅳ	Ⅴ	Ⅳ	Ⅳ	Ⅱ	Ⅰ	Ⅱ
新永安江	文笔湖村桥断面	洱源县	Ⅱ	Ⅲ	Ⅳ	Ⅳ	Ⅳ	Ⅴ	Ⅴ	Ⅴ	Ⅴ	Ⅳ	Ⅱ	Ⅳ	Ⅳ

备注：1. 评价标准为《地表水环境质量标准》（GB 3838—2002）（采用河流标准评价）

2. "—"代表断流未监测

（州生态环境局　提供）

入选《农业面源污染治理典型案例》。②农业面源污染治理。出台《洱海海西片区农村土地经营权流转和规模化发展绿色生态高效农业实施方案（试行）》；与中国农业大学签订农业面源污染防治及农业绿色发展合作框架协议，加强与中国工程院院士张福锁及其团队合作，强化洱海流域农业面源污染防治科研攻关。出台《关于持续巩固洱海流域“三禁四推”成果深入开展农业面源污染治理的实施方案》《洱海流域绿色有机种植奖补方案》，引进云南农垦集团及云南省粮食产业集团等龙头企业，示范带动洱海流域传统农业生产方式向绿色化、有机化、规模化转变。

【全民治湖】 2021年，大理州发挥人民群众在洱海保护精准治理工作中的主体作用，组织“洱海保护日”系列活动，深入开展“开学第一课”、“小手拉大手”、条例宣传宣讲、科普宣教基地挂牌等工作，制作推广洱海保护治理公益歌曲MV《我们守护你》和条例宣传动漫，健全完善全民参与洱海保护治理的激励约束机制，畅通群众监督举报渠道，广泛动员全社会参与洱海保护治理工作。

【一河一策与一厂一策治理】 2021年，大理州在洱海流域实施“一河一策”与“一厂一策”治理方案。①一河一策治理。科学制定27条主要入湖河流“一河一策”工作方案和未达到Ⅱ类水质8条河流的改善方案，持续开展“河长清河”行动，各级河长累计巡河8.28万次，整治河道6241千米，封堵取缔苍山十八溪人饮取水口47个、农灌取水口67个、地下井8246口，推进波罗江和白塔河水质改善、中和溪污水外挂管网迁改等水质改善工程；至年底，27条主要入湖河流中1条为Ⅰ类、21条为Ⅱ类、3条为Ⅲ类、1条为Ⅳ类、1条断流，水质未达到Ⅱ类的河流从2020年的8条减少到4条。②一厂一策治理。制定6座城镇污水处理厂“一厂一策”改造方案，系统实施雨污分流改造、污水处理厂扩容、污水再生回用等工程；年内洱海流域6座城镇污水处理厂中，进水COD浓度超过200毫克/升的有3座，剩余3座污水处理厂按照“一厂一策”方案推进整改工作。

（杨宏彬撰稿）

苍山保护管理

【概况】 2021年，苍山洱海国家级自然保护区管理局突出工作创新，抓好各项工作任务落实，制定巡查巡护督察工作方案、防灭火督察检查工作通知和督察检查计划表，统筹抓好大理市、漾濞县、洱源县苍山分局巡查巡护工作，全年全系统累计开展巡查巡护9382人次。严格审批，批准3起进入苍山保护区开展活动的申请，对5个涉及苍山保护区实施的建设项目提出审查意见。将苍山保护管理范围内从事有关活动审批权限下放到大理市、漾濞县、洱源县苍山分局，州局加强对审批事项的监督检查。7月，举办“苍山洱海国家级自然保护区管理局党史学习教育读书班（第三期）暨自然保护区保护管理综合素质提升培训班”，将培训范围扩大到3个县（市）分局及保护区涉及的乡（镇、街道）和村（居委会）。委托云南省林业调查规划院启动《云南苍山洱海国家级自然保护区总体规划》《大理苍山世界地质公园总体规划》和相关项目可行性研究报告的编制，《可行性研究报告》被列入国家林草局项目库。完成《云南省洱海流域山水林田湖草沙一体化保护和修复工程—苍山生物多样性生态恢复及保护可行性研究报告》的编制并通过专家评审，纳入山水林田湖草沙项目的申报。在苍山综合科考中，完成自然地理、植物、兽类、昆虫和大型真菌野外调查和数据整理75%的工作，发现4个新物种、动物新纪种

上图：11月，大理市太和街道三和社区举办大理苍山世界地质公园科普知识竞赛；下图：苍山花甸坝“退化草原生态修复项目（无人机验收）”验收现场

（苍洱保护区管理局、大理市志办 提供）

4种、植物新纪种5种。按照新修订的《大理白族自治州苍山风景名胜资源有偿使用费征收和门票收入使用管理办法》启动两费征收工作，全年门票收入1253万元，收缴苍山风景名胜资源有偿使用费139万元。

【政策法规宣传教育】 2021年，管理局以新修订的《云南省大理白族自治州苍山保护管理条例》为重点，采取集中宣传、会议培训、走村入户等形式，通过微信、抖音等新媒体平台，深入乡村、企业、学校，宣传苍山保护及自然保护区相关的法律法规政策。印制政策法规制度汇编200本，发放条例、宣传(画)册、环保袋等4000余份，开展苍山洱海保护主题宣讲教育20余场次，设立永久性宣传标语30条、悬挂布标76条、制作安装宣传牌17块。督导3个县(市)苍山分局在主要入山路口滚动宣传广播、播放防火警示教育片，在景区售票窗口、游客集散地和乡(镇)街天集市宣传护林防火知识，加大森林防火宣传教育。开展大理苍山世界地质公园科普知识进校园、进社区系列活动，参加大理广播电台"政风行风热线栏目"，系统科普地质公园的系列知识，受众为10余万人次。

【苍山森林防灭火督察】 2021年，管理局制定下发《关于切实做好当前森林草原防灭火督察检查工作的通知》和督察检查计划表，由苍山洱海国家级自然保护区管理局领导带队加强督察检查，大理市、漾濞县、洱源县联动实施。1—6月，开展森林草原防灭火专项督促检查342人次，发现存在问题4个，建议12条，反馈4次。参与苍山"2·11""4·27""5·9"森林火灾处置，局领导带队到火灾现场参与火灾扑救工作，并及时分析总结经验教训。

【花甸坝禁牧工作】 2021年，管理局会同州人大常委会、州检察院等联合调研，探索苍山生态公益诉讼在保护区的应用，督促大理市、洱源县人民政府制定两年禁牧工作计划，与苍山沿线养殖户签订禁牧承诺书。截至11月，苍山保护区域养殖户采取销售、宰杀、苍山保护区范围外圈养等方式处置牦牛69头、羊558只、马93匹，确保万花溪源头水生态安全。

【自然保护区勘界与整合】 10月13日，《云南苍山洱海国家级自然保护区勘界立标报告》通过州级评审，待修改完善后上报省林草局。苍山洱海风景名胜区和苍山国家地质公园勘界完成资料收集，正在进行拟勘界线的确定及勘界底图制作和定标点预设，完成定标点实测工作。参与涉及苍山洱海国家级自然保护区光明村区域边界校核工作，该技术报告通过省级专家评审，省政府原则同意，由云南省林业和草原局报送国家林草局。苍山洱海自然保护地整合优化预案编制完成并上报自然资源部、国家林业和草原局审查，开展自然保护地整合优化预案"回头看"工作。

【生物多样性保护】 2021年，管理局开展了生物多样性监测和生物多样性安全研判并取得突破。①生物多样性监测。9月，由云南省林业和草原科学研究院和苍山洱海国家级自然保护区管理局共同完成《苍山生物多样性保护监测计划(2022—2026年)》的编制并通过云南省林业和草原局专家评审，进行修改完善。通过持续不间断地在苍山片区开展生物多样性和野生动物监测，在洱源片区和漾濞片区，监测到黑狗熊、豹猫、白腹锦鸡等多种野生动物的活动轨迹，对苍山区域内已发现的珍稀濒危特有物种如红豆杉、疵碧花、龙女花等进行实地监测，形成视频、照片资料库，列入生物保护名单。②生物多样性安全研判。10月，管理局滇西北生物多样性保护繁育(大理)中心到大理市、漾濞县、洱源县开展苍山生物多样性安全专题调研工作，编制《苍山洱海国家级自然保护区管理局苍山生物多样性安全调研报告》；成立苍山生物多样性安全风险预判评估组，组织开展苍山生物多样性安全风险预判评估工作，并形成《2021年苍山生物多样性安全总结报告》《苍山洱海国家级自然保护区管理局苍山生物多样性安全2022年风险预判评估报告》。

【苍山片区智慧监管】 2021年，管理局与云南省林业调查规划院、大理大学、北京航空航天大学合作，开展苍山"天空地"一体化全面监测感知系统项目前期工作。投入110万元实施苍山洱海国家级自然保护区(苍山片区)自然保护地综合管理信息系统巡护子系统项目，作为苍山"天空地"一体化保护体系的一个子项目。年内，完成大理市苍山雪人峰弃矿区无线视频监控试点，建成包含3个球机、5个枪机的5根监控杆。购置红外相机30台，加强对苍山野生动物监测和保护。配置自然保护区矢量数据监管设备1台，加强保护区的信息化监管能力。

【苍山世界地质公园再评估工作】 2021年，管理局主动作为，成立工作领导小组，抽调工作人员，制定再评估工作实施方案。投入60万元设立宣传牌412块，投入44万元印制科普宣传材料4.46万份，投入46万元开展形式多样的科普宣传活动和宣传栏建设，年内完成全部外业工作并进入全面梳理补漏阶段。《大理苍山世界地质公园管理办法》完成公示和专家咨询论证，进入后续报批程序。在"第九届联合国教科文组织世界地质公园国际大会"上作"大理苍山生物多样性与保护研究"线上专题研究成果报告。与7个世界地质公园交流互访，签订协议成为"姊妹公园"。

【督察检查问题整改】 2021年，管理局按要求完成中央第八生态环境保护督察组交办的涉及苍山洱海自然保护区信访举报各类问题的牵头督办和配合督办工作，做到件件有回应，事事有落实。根据《省推长办关于现场核实长江经济带生态环境问题警示片反映问题的通知》，督促指导漾濞县对涉及问题进行现场核实和整改，12月完成阶段验收。省委第八巡视组对大理州巡视"回头看"反馈意见涉及6项配合整改任务事项中1项完成整改，其余5项整改基本完成并将长期坚持。按照州委、州政府制定的《关于省委巡视组对大理州洱海保护治理机动巡视"回头看"反馈意见的整改方案》中明确的整改目标、整改措施和相关要求，督促指导大理大学落实管控措施、分类整改，建立长效管理机制，涉及的6项整改任务均完成整改。通过网络平台完成全国第一批次国家级自然保护区人类活动问题点位核查工作。

(董群撰稿)

民族 宗教

Ethnic Groups & Religions

责任编校　杨林柏

1980年下关南区风貌

民族综述

【概况】2021年，大理州民族宗教委以铸牢中华民族共同体意识为主线，以坚持中国宗教中国化方向为重点，把“大理之问”大讨论暨作风整治活动与党史学习教育、履职尽责、争先进位紧密结合起来，把建设更高水平民族团结进步示范州、争创全国首批铸牢中华民族共同体意识示范州、探索开展创建宗教事务规范化管理示范州，作为重大政治任务抓紧、抓实、抓好。3月22日，大理州在州民族宗教委成立大理州铸牢中华民族共同体意识研究中心，在大理大学马克思主义学院、中共大理州委党校马列教研室成立大理州铸牢中华民族共同体意识研究基地。新时代党的民族宗教工作继续走上高质量发展之路。

【民族工作专题汇报】3月5日，大理州政府十四届69次常务会议学习传达全省统战工作会议和民族宗教委主任会议精神，研究大理州贯彻落实意见。要求要紧扣铸牢中华民族共同体意识这一主线，突出坚持中国宗教中国化方向，推进大理高水平民族团结进步示范区建设，为“十四五”时期全面建设社会主义现代化国家开好局、起好步。3月29日，大理州人民政府州长杨国宗主持召开州政府第70次常务会议，专题听取州民委对国家民委主任陈小江到大理调研情况的汇报。要求州民族宗教委等部门要细化措施、明确责任，确保陈小江主任调研指示精神不折不扣贯彻落实。6月23日，州委书记杨国宗主持召开八届州委常委会第158次会议，专题听取大理州民族团结进步创建工作情况汇报，研究审定大理州第六批民族团结进步示范单位名单。9月6日，大理州委常委会第167次会议传达学习中央民族工作会议精神，明确召开州民族团结进步示范区建设领导小组会议，召开州委民族工作会议，制定大理州贯彻落实具体措施，抓好大理州民族团结进步示范区建设规划修订工作，抓好创建全国民族团结进步示范县（市）三年行动计划、加快推进大理州铸牢中华民族共同体意识主题教育馆项目建设等相关工作，开展组织一次学习、总结一批经验、开展一次宣讲、举办一轮培训的“四个一”6个方面抓好贯彻落实。

【政策措施出台】4月，州民族宗教委、大理州总工会、共青团大理州委、大理州妇联联合印发《关于进一步做好新形势下民族团结进步创建工作的实施方案》，对基层群团组织开展民族团结进步创建工作、在全社会铸牢中华民族共同体意识提出具体要求。9月，漾濞县委出台《关于党员领导干部带头铸牢中华民族共同体意识若干规定（试行）》，明确党员责任内容，坚持和创新“党建+”模式引领民族团结进步。9月28日，大理州人民政府出台《大理州贯彻落实〈云南省民族团结进步示范区建设条例〉实施办法》，明确自治州民族团结进步示范区建设的规划与创建、职能职责、保障服务和法律责任。10月29日，大理州委统战部、州委政法委、州民族宗教委、州农业农村局、州乡村振兴局5个部门联合印发《大理州关于民族团结进步与乡村振兴、平安乡村建设“三融合三促进”的意见》，从7个方面提出民族团结进步与乡村振兴、平安乡村建设“三融合三促进”的理念、思路与途径。11月12日，大理州制定出台《大理白族自治州关于“全国民族团结进步示范州”重新申报工作实施方案》，明确实施六项示范引领工程全州各级各部门的主体责任、主要任务和完成时限。

【民族工作会议】3月9日，州民族宗教委召开党史学习教育动员会议，传达习近平总书记关于开展党史学习教育重要讲话精神，对全委开展党史学习教育进行动员部署。3月11日，大理州2021年民族宗教局长会议召开。会议传达学习贯彻全国统战部长会议、全国民委主任会议、全省统战工作会议和全省民族宗教委主任会议精神。9月13日，大理州召开民族宗教界代表人士2021年中秋节座谈会，州委副书记赵国良出席会议并讲话，肯定近年来大理州在民族宗教工作方面取得的成绩。11月4日，大理州召开2021年民族团结进步示范区建设领导小组（扩大）会议，深入学习贯彻中央民族工作会议和习近平总书记考察云南重要讲话和对大理工作重要指示批示精神，全面落实省委、省政府和州第九次党代会关于新时代党的民族工作各项部署要求，总结示范区建设成绩，安排下一步工作，要求以更高标准、更大力度、更实举措做好全国民族团结进步示范州重新申报工作，争创全国铸牢中华民族共同体意

2021年大理州世居民族分布情况表

表89　　　　单位：人

县市	白族	汉族	彝族	回族	傈僳族	苗族	纳西族	傣族	阿昌族	壮族	藏族	布朗族	拉祜族	其他民族
合　计	1249954	1725574	505893	75998	41157	13496	5609	5321	3206	3161	1714	1061	1271	11980
大理市	442890	160101	21359	18924	1475	682	1777	1107	115	693	505	87	137	2856
漾濞县	12133	30312	55458	3148	3355	1136	202	361	6	94	112	0	3	175
祥云县	49041	387881	39893	692	1647	1001	117	479	23	247	51	63	236	1402
宾川县	52516	276309	26361	866	7390	795	238	423	12	274	58	31	301	2207
弥渡县	2805	287392	31750	1739	359	172	141	346	11	208	47	105	290	1216
南涧县	3042	102665	114098	2825	523	1811	67	182	5	80	13	682	120	654
巍山县	8198	173274	114172	24336	732	1849	106	163	14	161	21	40	59	475
永平县	7301	101979	52717	14654	3977	2557	133	401	41	126	17	9	16	491
云龙县	150349	24785	13774	435	11921	1771	59	1278	2965	73	12	9	16	502
洱源县	189219	86239	13409	6995	1559	171	600	251	3	121	424	10	48	828
剑川县	165067	7171	7152	1285	2609	41	1152	41	4	54	104	5	9	395
鹤庆县	167393	87466	15750	99	5610	1510	1017	289	7	1030	350	20	36	779

（州民宗委　提供）

识示范州，推动大理新时代党的民族工作高质量发展。

【民族工作培训】 3—5月，大理州对全州112个乡（镇、街道）近700多名乡（镇、街道）党委书记、主任和“两委”委员，1157个村（社区）5230名村（社区）党总支书记和村（居）委会主任、村（社区）“两委”成员、民族宗教专干和21394名村（居）民小组干部及入党积极分子进行民族宗教政策和法律法规培训。对下一步大理州“铸牢中华民族共同体意识，建设全国民族团结进步示范样板区”和农村宗教事务依法管理等各项工作作深度解读。6月7—12日，由大理州委组织部主办，大理州民族宗教委、云南民族干部学院承办的省级主体班次“庆祝建党100周年牢记初心使命——大理州铸牢中华民族共同体意识”专题培训班在云南民族大学举行。培训班开展7场专题辅导，并组织赴陆军讲武堂、聂耳故居、朱德故居、中共云南地下党建党旧址等地开展党性教育，深入石林县相关地点就民族团结进步示范创建工作、民族特色乡村建设、民族产业发展开展现场教学。9月14日，大理州举办全州民族宗教工作专题培训班，对宗教活动场所消防安全、“铸牢中华民族共同体意识”和民族宗教政策法规进行专题培训。

【民族工作调研】 3月25—26日，中央统战部副部长、国家民委主任陈小江赴大理州就开展中华民族共同体意识教育、民族团结进步创建、国家通用语言文字普及、宗教活动场所风貌整治、洱海保护、脱贫攻坚等工作进行实地调研。3月，省民族宗教委副主任马开能到永平县曲硐民族文化城、龙门乡光映村卜马清真寺、金光寺等地调研民族宗教工作。5月21日，国家民委调研组到鹤庆县新华村调研白族银器加工产业发展情况。5月25—26日，省政协民宗委带领相关专家学者深入巍山县对民族宗教工作进行专题调研。7月5—7日，省政协、省民族宗教委、省政府办公厅、省委统战部组成调研组深入大理市、洱源县、剑川县实地开展铸牢中华民族共同体意识工作调研。9月1—3日，省委常委、省委统战部部长杨亚林到大理州调研民族工作。10月31日，大理州委书记杨国宗一行到洱源

2021年，大理州广泛开展爱国主义教育和民族团结进步、铸牢中华民族共同体意识教育培训，把民族团结教育贯穿到幼儿园至大学教育阶段教学全过程。图为大理市银桥镇幼儿园 （州民宗委 提供）

县郑家庄专题调研民族团结进步、铸牢中华民族共同体意识工作。实地查看郑家庄铸牢中华民族共同体意识主题教育馆建设情况，详细了解郑家庄“1+2+7”的民主议事制度、“我为全村守一周，全村为我守一年”的群防群治格局和“先富带动后富，各民族共同富裕”等工作情况。11月9日，省民族宗教委党组书记、主任拉玛·兴高率队到大理州漾濞县调研全国民族团结进步示范县创建工作，并召开座谈会。对大理州新时代党的民族工作予以肯定。11月9—10日，全国回族学会会长高发元一行5人到巍山县调研回族历史文化研究保护与传承工作。

【共有精神家园构建】 2021年，大理州民族宗教委广泛开展爱国主义教育和民族团结进步、铸牢中华民族共同体意识教育培训。①中华民族共同体意识进校园。全面推广使用国家通用语言文字和国家统编教材，持续在各级各类学校全面开展铸牢中华民族共同体意识教育，制定《关于进一步全面深入持久开展创建“民族团结进步示范学校”工作方案》，抓好国家和省关于做好《深化新时代学校民族团结进步教育指导纲要》贯彻落实工作，把民族团结教育贯穿到幼儿园至大学教育阶段教学全过程。②开展精神文明、民族团结进步创建活动。开展第八个民族团结进步活动月系列活动，围绕“赓续红色血脉，铸牢中华民族共同体意识”主题，在全州各级各部门因地制宜、协同高效开展民族团结进步活动月系列活动，研究制定大理州第四个“民族团结进步日”活动方案，持续宣传好铸牢中华民族共同体意识的大理故事，大力营造“中华民族一家亲、同心共筑中国梦”浓厚氛围，教育引导各族群众牢固树立中华民族共同体意识，树立正确的国家观、民族观、历史观、文化观、宗教观。③实施第三期中华文化视觉形象工程。在全州重要场所、主要路段、公共区域、旅游景区等，集中展示反映祖国锦绣河山、悠久历史、灿烂文化、伟大精神的文艺作品、形象展示、标识标牌，增强各族群众对中华民族、中华文化的认同。在重要传统节日组织民族宗教界代表人士深入开展共过传统节日、共享中华文化等系列活动。④实施民族文化工程。实施民族文化保护传承工程、少数民族文化精品工程和民族文化“双百”工程。年内，省下达大理州文化惠民和民族文化保护传承工程项目25个，其中少数民族优秀文化保护传承工程19个，民族传统文化优秀传承人项目4个，少数民族文化精品工程2个，以铸牢中华民族共同体意识为主线，推动各民族文化传承保护和创新交融。

【民族团结进步示范创建】 3月4—10日，大理州争创全国民族团结进步示范县州级初验组对南涧县、漾濞县、永平县、云龙县创建全国全省民族团结进步示范县工作开展州级初验暨第三方评估工作。4月13日，成立大理

州民族团结进步创建企业联盟。大理州民族宗教委、大理州总工会、大理市民族宗教事务局、大理州企业家协会四方建立民族团结进步创建战略合作关系，共同签署关于协同推进民族团结进步示范区建设的战略合作协议，通过《大理州民族团结进步创建企业联盟行动公约》，合力推进大理民族团结进步示范区建设取得新成效。4月22日，大理州、保山市、迪庆州在大理州民族宗教委召开座谈会，建立三州（市）民族团结进步创建联盟，签订民族团结进步创建联盟框架协议，并到大理市和洱源县考察交流。三州（市）创建联盟将实现学习互建、资源互享、机制互联、保障互助、干部互学、信息互通、经验互鉴等目标，共同推动三州（市）民族团结进步创建工作。5月18日，大理旅游集团旗下分公司崇圣寺三塔文化旅游区、苍山洗马潭索道等9家景区分公司成立大理州民族团结进步创建景区联盟，并签订《大理州民族团结进步创建景区联盟行动公约》。7月3日，云龙县与怒江州泸水市、兰坪县达成民族团结进步创建联盟框架协议，建立三县（市）共创跨区域民族团结进步创建联盟，推动三县（市）创建工作深度融合发展。7月12日，宾川县组织宾杰农副产品有限责任公司、宾川县云福农副产品加工有限公司等10家民贸企业创建民族团结进步联盟，形成优势互补、各具特色、协调发展的创建格局。7月22—28日，省民族宗教委组成省级考核验收组，对大理州第三批全省民族团结进步示范县示范单位和第一批教育基地开展实地考核验收。

【民族资金及项目】 2021年，中央、省级下达大理州少数民族发展专项资金、民族宗教专项资金、中央对地方民族贸易和民族特需商品生产贷款贴息引导支持资金11182.15万元，同比增加26.52%。实施省级“十百千万”示范引领建设工程项目59个，资金6692万元，县级整合使用3890万元。40个符合条件的企业享受中央对地方民族贸易和民族特需商品生产贷款贴息引导支持资金600.15万元。省政府安排民贸民品贴息资金120万元，由各县（市）自行审批使用。年内，州财政安排“百村（社区）示范创建行动”示范村（社区）项目资金2000万元，实施7个子项目，其中1310万元实施14个示范村（社区）项目。

【民族团结全域创建】 2021年，大理州民族宗教委聚焦主题主线，以民族团结进步创建“十进”为主阵地、主渠道，推动创建工作下沉到基层政法单位、新经济组织、新社会组织和其他事业单位，延伸到家庭和岗位，创新载体、提质扩面，高标准、高质量打造剑川桑岭村、永平曲硐村等一批示范效用明显、特色亮点鲜明的新示范典型。探索民族团结跨地区、跨行业的联建联创、共建共创模式，与周边州（市）、企业家协会、旅游集团等成立一批“创建联盟”，打造环洱海铸牢中华民族共同体意识“示范带”“示范圈”。剑川县等13家单位被命名为“全国民族团结进步创建示范单位”，鹤庆县金翅鹤村等38个村被国家民委先后挂牌命名为“中国少数民族特色村寨”，数量居全省第一。漾濞县等278个县（市）、单位被省民族宗教委命名为省级民族团结进步示范县、示范单位。大理市周城村等45个村被省民族宗教委命名为“云南省少数民族特色村寨”。洱源郑家庄“七个民族一家亲”、大理市湾桥镇古生村“记得住乡愁”等成为全国民族团结进步的典范。年内，漾濞、永平2县创建为全国民族团结进步示范县；南涧、云龙、大理、宾川4个县创建为全省民族团结进步示范县。创建命名省第一批民族团结进步教育基地4个、第三批民族团结进步示范单位22个。命名州第六批民族团结进步示范单位105个，州第一批民族团结进步教育基地15个。

【慰问活动】 1月25日至2月5日，州民族宗教委组成6个慰问组，代表州委、州政府深入民族学会、宗教团体看望慰问各团体负责人，向全州民族宗教界致以节日的问候和新春的祝福。2月8日，州民族宗教委前往洱源县炼铁乡牛桂丹村委会芹菜塘、梅茨坪、白马石自然村走访慰问部分低收入彝族群众。2月9日，州民族宗教委到云龙县宝丰乡庄坪村委会看望慰问挂钩帮扶的38户群众。6月1日，州民族宗教委深入挂钩村洱源县炼铁乡牛桂丹村牛桂丹中心完小，看望慰问儿童。6月17日，州民族宗教委携爱心企业到洱源县炼铁乡牛桂丹村开展“党旗高高飘扬我为群众办实事捐资助学献爱心”主题活动，发放助学金12.5万元，对牛桂丹村53名大、中、小学贫困学生进行资助，其中大理月辉旅游投资开发有限责任公司资助金9.3万元，对49名在读大、中、小学贫困学生进行资助；大理喜福来商贸有限公司为牛桂丹中心完小捐助学生服装100套。9月22日，州民族宗教委和州基督教“两会”到洱源县炼铁乡牛桂丹村开展抗击山洪泥石流地质灾害爱心捐助活动，为受灾受困的牛桂丹彝族群众捐赠价值6.5万元的大米300袋、食用油300瓶等生活急需物资，帮助受灾群众尽早渡过难关。

【参加省传统体育锦标赛】 12月18—21日，云南省少数民族传统体育锦标赛在丽江市古城区开赛，大理州选派44人组成代表团参加射弩、陀螺、民族健身操3个项目的比赛，取得民族健身操项目三等奖，陀螺项目男子团体第五名和射弩项目混合团体二等奖、男子跪姿三等奖1人、女子立姿三等奖1人的成绩。

【《大理民族宗教》走进中央民大】 2021年，大理州民族宗教事务委员会向中央民族大学赠送《大理民族宗教》期刊，以鼓励青年学生关注民族宗教工作，热爱和投身民族团结进步事业，增强青年学生服务边疆、服务基层的信心。

民族事务

【概况】 2021年，大理州贯彻执行党中央、国务院和省、州党委、政府关于民族工作的方针政策和国家的民族工作法律、法规，促进各民族共同团结奋斗、共同繁荣发展。组织开展民族理论、民族政策和民族工作等重大课题的综合调研，创建州、县、乡、村民族团结进步示范单位、民族团结进步示范样板区，铸牢中华民族共同体意识。年内，大理州民族宗教委被国家民族事务委员会表彰为年度全国民委系统信息工作优秀集体，被云南省民族宗教事务委员会表彰为年度云南省民族宗教信息工作优秀集体。杨艳霞被国家民族事务委员会表彰为全国民委系统信息工作优秀个人，王永伦被表彰为2016—2020年云南省普法法治宣传教育先进个人。

民 族 风 俗

喜洲客厅　喜洲客厅在杨焕南旧宅的基础上修缮而成，是一个书香门第院子。喜洲客厅由前后两个院子组成，前院是传统的白族四合五天井格局，后院是三坊一照壁，宅院全由青石板铺成，干净利落。前院的一层有影像图片展示，可直观地了解喜洲的沧海桑田。满墙的老照片，还有泥塑、喜陶、蓝续扎染、甲马文化、白族文化的动漫作品，是喜洲白族传统文化的缩影。后院一层为图书室，一册册的书籍详细讲述着白族的历史文化。

云龙白族吹吹腔　云龙白族吹吹腔主要流传于云龙县白族聚居的山村，传承至今已有500余年历史，是一种独具地方特色的民族传统戏剧。云龙白族吹吹腔又称“唢呐戏”，以唱、吹为主，唢呐为剧种特色乐器，行当分工细致，“生、旦、净、丑”俱全，讲究手、眼、身、法、步，有完整的表演程式、身段和固定的舞台陈设。身段主要有劈四门、二换腿、跑马、跳场、灵官手、垫步、摇旦步、靠步、跳步等，唱词为“三七一五”白族特有的“山花体”句式，以上引、咏诗、作对、表白、做功为基础，有“一吹、二唱、三敲打”的说法。唱腔有九板十三腔，唱词和对白多用白语。表演分“文场”“武场”两种，形态划分有“袍带戏”“武打戏”“生旦戏”“丑角戏”“生活戏”及现代小戏等。现存300多个传统剧目，10座古戏台，8个农村业余组织的吹吹腔戏班，1个专业的吹吹腔艺术团。云龙白族吹吹腔有唱词别致、韵律唱腔独特、音乐形态丰富、行当分工细致等显著的特征。

耍马庆新春　在滇西北洱源县炼铁乡白族聚居村落里的白族人家，每逢春节来临不仅要唱乡戏、耍白鹤，还要举行“耍马”活动。“耍马”，白族话称“打买子歌”，即“踏跳马的舞蹈”之意。就是扮演者身挂用凤尾竹条和棉麻纸张制作的“马”，在场院里模仿马的各种动作并配以唱词和音乐的一种民间文化娱乐活动。每年春节前夕，白族聚居村里的村（族）长和戏师（导演）就去请村里的装裱匠来扎制“马”的道具。先用细竹条和麻棉纸条扎成向前奔跑状的马“骨架”，再用彩色棉纸和麦面糊装裱成赤兔马（红马）、白龙马（白马）各一匹、紫青色的毛驴一匹。其大小与真马无异，每匹马从马背到马腹垂直中通，有人腰宽大，便于表演者套在身上。马胸腔内置一盏牛油灯，或蜡烛灯，或手电筒，晚上演出时，马身通体透亮，更富有立体感而吸引观众的眼球。还要扎制装裱盒形、瓜形、球形和亭形4个一人多高的长柄灯笼，内置牛油灯，或蜡烛灯，或手电筒，外表分别以毛笔书为“东”“南”“西”“北”，便于演出时方位的布置，来照亮每一个黑暗的角落，也便于夜间走村串寨时，路上照明，还要扎制一个皮球大小、带马铃的引马彩色绣球。请村中有名的木匠师傅制作一把青龙偃月刀（关羽刀），一支红缨枪（长矛），一对刀柄系红绸的大刀或长剑，一根金箍棒（一人高，杯口粗的圆木棒）等木质武器（道具）。“耍马”的娱乐活动一般是由村中会吹拉弹唱、编演的曲艺爱好者自发组织而成，由编演组和配乐组合成，15~20名演职人员组成“耍马”队，白天在村中的广场上编排和演练，晚上在本村或邻村挨家挨户上门表演，直至正月下旬结束。

栽秧会　5月29日，喜洲镇周城村白族父老乡亲齐聚一堂，举办一年一度的传统节日盛会——栽秧会。大理白族传统的栽秧会，是在春耕栽插时节为祈祷风调雨顺、五谷丰登而举行的一种祭祀活动，使紧张繁忙的栽插劳动成为轻松欢快的农家乐，将劳动和娱乐融为一体，同时推动繁忙的栽插按节令如期完成。栽秧会形式古朴，气氛活跃，内容丰富多彩，妙趣横生，成为大理白族独特的一种传统习俗。据杨周伟《朝圣魂归——南诏大理国》、胡本《南诏野史》记载，937年，大理国开国皇帝段思平因国家初立，百废待兴，为尽快恢复大理国的农业生产，在农忙时经常带着皇后杨桂仙到洱海周围各村落与农民同耕作。段思平去世后，大理地区村民为了纪念他，每年都要举办栽秧会。年复一年的栽秧会具备组织协调全村栽秧进度和计划的功能，是加强农业生产规模化的必然产物，同时通过竞争，也提高村民的栽秧能力，对农耕文化的发展和创新起到极大的推动作用，堪称传统农耕文化的“活化石”，集中反映白族人民农耕文化的成长过程。人们借助农耕祭祀活动，祈求农业生产风调雨顺、五谷丰登、年年丰收。随着时代的变迁，农业现代化的推进，人工劳作的方式逐渐被现代化机械所替代，栽秧会逐渐演变为集劳作、祭祀、歌舞、娱乐、美食、社交为一体的白族传统节庆活动，被列入大理白族自治州非物质文化遗产保护名录，并申报国家级非物质文化遗产保护名录。

“耳子歌”　“耳子歌”是一种古老的傩文化，傩舞来源于上古氏族社会中的图腾信仰，作为原始文化信仰的基因，广泛流传于各地，是一种具备驱“鬼”逐疫、祭祀祈福功能的民间舞蹈，为傩仪式中的舞蹈部分。“耳子歌”是起源于云龙山地白族聚居区的一种古老习俗，现在仅有检槽乡和诺邓镇境内的一些村寨还有传承。“耳子歌”在白语中意为“哑巴跳的舞蹈”，表演有严格的禁忌，一般只在结婚或建新房时演出。“耳子”为白语，意为哑巴，或指憨厚、说话谈吐不清的人，“歌”意为舞；“耳子”打扮全身用棕皮裹身，不露真面目；参加演出人员全部为男性，女性角色由男扮女装；所用道具都是传统的生产生活用具。整个活动过程中有舞蹈表演、台词对白、白族山歌演唱等内容。“耳子歌”表演一般由10人组成，分别要扮演老倌、耳子、耳子媳妇、春官、郎中、指点人，指点人为全场表演的指挥者。“耳子歌”表演分三节：第一节为“耳子闹宴”，主要有“耳子抢红肉”表演；第二节为“耳子闹婚”，有“拦彩门”“跳四方”“春官审案”等表演；第三节为“送土神”，有“祭土神”“起五方土”“送土神”等表演。

【专题讲座】 2月25日，大理州白族学会举办专题讲座，大理州白族学会副会长、大理大学民族文化研究院院长寸云激作《铸牢中华民族共同体意识推进民族团结进步事业》授课。5月12日，州直机关工委、州民族宗教委联合举办大理机关讲堂第十六讲，开展“铸牢中华民族共同体意识”专题辅导，国家民委研究室科研管理处处长、二级巡视员张世保授课。6月24日，中共大理州委理论学习中心组围绕铸牢中华民族共同体意识进行专题学习研讨。州委书记杨国宗主持会议并讲话，国家民委协调推进司副司长温军就铸牢中华民族共同体意识作专题辅导，州委副书记、州人民政府州长陈真永、州人民政府副州长李泽鹏围绕主题作重点发言。

【技能培训】 6月21—26日、10月18—22日，大理州第一、二期“魅力大理·团结之光”民族团结进步示范区建设通讯员（信息员）特战培训班在漾濞县、南涧县、永平县、大理市、宾川县、云龙县举办。培训由大理州民族团结进步示范区建设领导小组办公室组织举办，采取定点调研采访、实战写稿训练、集体改稿、学员感悟交流相结合的方式进行全脱产实战集训，12个县（市）民族宗教局通讯员全程参加培训。12月28日起，浦东新区绒绣协会赴剑川县开展绒绣培训，培训分两个班，培训学员90人。通过培训，多渠道培植剑川县刺绣产业，扶植刺绣生产的发展，增加刺绣从业人员的收入，为将来剑川县承接浦东新区绒绣订单打好坚实的基础。

【考察学习】 4月6—7日，巍山县民族团结进步示范建设工作领导组办公室组织县委统战部、民宗局、创建办、部分乡（镇）、部分县直部门、部分示范单位相关人员到南涧县、剑川县、洱源县考察学习民族团结进步示范创建工作、民族产业发展、铸牢中华民族共同体意识教育、红色革命精神传承及主题教育实践基地建设工作。4月9日，鹤庆县考察团到南涧县考察学习民族团结进步示范创建铸牢中华民族共同体意识相关工作。4月13—15日，弥渡县考察团26人到云龙、永平及南涧等县考察学习民族团结进步创建“双推进”工作。4月20日，剑川县委考察团一行13人到巍山县调研民族团结进步示范创建工作。4月30日，楚雄州牟定县互观互学考察组到巍山县考察民族团结进步示范创建和宗教领域规范化管理工作。5月20日，第二十六期全省县处级少数民族干部培训班学员到巍山县考察学习民族团结进步示范创建工作。5月20日，广西壮族自治区桂林市民宗委人员到祥云县考察学习民族团结进步创建工作。7月6日，玉溪市新平县委统战部人员到永平县龙街镇考察民族团结进步示范创建工作。7月27日，弥渡县委统战部人员赴大理市考察学习民族团结进步示范县创建工作。11月29日，巍山县民族团结进步标杆建设指挥部各成员单位主要负责人到红河州弥勒市考察学习民族团结进步示范建设工作。12月5日，怒江州兰坪县民宗局人员到云龙县考察交流民族团结进步示范创建暨铸牢中华民族共同体意识工作。

11月9日，大理州组织开展首届“中华民族一家亲 同心共筑中国梦”导游讲解大赛活动，持续掀起全州各行业铸牢中华民族共同体意识宣传教育高潮，推进铸牢中华民族共同体意识工作取得新的进展 （州民宗委 提供）

【宣传活动】 9月13—17日，人民日报社、人民网、新华社、中央广播电视台、中国日报社等15家中央和省、州主流媒体20余人分两组深入大理州州级相关单位和大理市、剑川、洱源、祥云、巍山等9个县（市）31个点进行采访，以图片、文字、视频、图解、H5等全媒体形式，通过报纸、网络、客户端、微博、微信等全媒体手段，宣传介绍“中国大理·创建铸牢中华民族共同体意识示范州”的典型做法、成功经验、突出成效、特色亮点和生动感人故事。11月9日，大理州组织开展首届“中华民族一家亲，同心共筑中国梦”导游讲解大赛活动，在比赛中融入“中华民族一家亲”、“爱国主义精神”、“三个离不开”、“五个认同”、中华文化符号形象标识等内容，持续掀起全州各行业铸牢中华民族共同体意识宣传教育高潮，推进铸牢中华民族共同体意识工作取得新的进展。11月10日，由州委宣传部、州委统战部、州委党校、州民族宗教委、大理大学等部门组建的铸牢中华民族共同体意识暨中央民族工作会议精神宣讲团示范宣讲报告会在大理市举行。宣讲团深入州级和12个县（市）机关、企业、乡（镇、街道）、社区（村）、学校、宗教活动场所等开展近100场次的宣讲活动。

【县（市）民族工作】

大理市 4月1日，大理市民族团结进步示范社区创建联盟推进会召开。会上，太和街道兴国社区和万花社区、关迤社区和龙祥社区，下关街道兴盛社区和正阳社区，满江街道明珠社区和云岭社区，大理镇西门社区和五华社区、银苍社区和魁阁社区分别签订大理市民族团结进步示范社区创建联盟协议。10月11日，大理市召开创建全国民族团结进步示范市工作推进会议，总结创建全省民族团结进步示范市工作，部署加快推进创建全国民族团结进步示范市工作。11月16日，大理市开展2021年“铸牢

2021年，大理市民族团结进步示范社区创建联盟成员银苍社区在玉洱公园开展“建党百年　我心向党”主题活动　　（州民宗委　提供）

中华民族共同体意识”说课比赛，增进各族师生对伟大祖国、中华民族、中华文化、中国共产党、中国特色社会主义的认同。12月，大理市召开中央民族工作会议精神宣讲暨创建全国民族团结进步示范市业务培训会议，深入学习贯彻中央民族工作会议精神，持续加强铸牢中华民族共同体意识宣传教育，全面推进大理市创建全国民族团结进步示范市工作。

漾濞县　3月1日，漾濞县创建全国民族团结进步示范县领导小组办公室向全县各族干部群众发出“继续创建全国民族团结进步示范县倡议书”。3月，漾濞县将共享单车变身铸牢中华民族共同体意识的“移动宣传员”。4月17日，漾濞县与大理大学民族文化研究院共同组建铸牢中华民族共同体意识研究中心，并举行揭牌仪式及签约仪式。4月，漾濞县开通“铸牢中华民族共同体意识，中华民族一家亲”微视频彩铃，覆盖漾濞全县9个乡（镇）移动、电信手机用户。4月21—23日、5月7—9日、5月10—12日，漾濞县分3期举办“铸牢中华民族共同体意识特训班”，对全县副科级以上的领导干部进行全员培训。7月16日，中共漾濞县委召开专题会议，研究漾濞县创建“全国民族团结进步示范县”工作，就全面深入持久开展民族团结进步创建工作进行再动员、再部署。

祥云县　5月12日，祥云县组织召开省级民族团结进步示范县创建迎检会，对做好民族团结进步示范创建工作进行部署。7月13日，祥云县召开2021年全省全国民族团结进步示范县创建工作推进会暨业务培训会，对祥云县创建省级国家级民族团结进步示范县工作作部署。县级各部门负责人、各乡（镇）党委书记分别与县委签订民族团结进步示范创建政治责任状。9月1—3日，祥云县举办2021年第一期“万名党员进党校”培训班，围绕党风廉政、铸牢中华民族共同体意识等内容开展培训，县直机关党工委472名党员和党务工作者参训。9月13日，祥云县在禾甸镇大营社区七宣村启动2021年民族团结进步创建活动月。12月10日，祥云县举办铸牢中华民族共同体意识暨中央民族工作会议精神宣讲。

宾川县　4月25日，宾川县召开加快推进创建全国全省民族团结进步示范县工作会议。各乡（镇）和县级各部门主要领导向县委、县人民政府递交“宾川县加快推进全国全省民族团结进步示范县责任书”。4月，《宾川县民俗志》出版发行，全书分设县情概述、生产民俗、经济民俗、生活民俗、社会民俗、文艺民俗6章及附录，客观真实再现宾川各民族民俗文化的历史渊源与基本面貌。5月14日，宾川县召开鸡足山佛教界民族团结进步创建联盟成立会议，并开展铸牢中华民族共同体意识专题讲座知识培训，组织铸牢中华民族共同体意识签名活动。7月12日，宾川县民宗局组织召开民族贸易企业民族团结进步创建联盟成立会议，宾川县宾杰农副产品有限责任公司、宾川县云福农副产品加工有限公司等10家民贸企业签订联盟协议。8月31日，宾川县委、县人民政府在鸡足山镇召开加快推进创建全国民族团结进步示范县工作会议暨2021年民族团结进步创建活动月启动仪式，并向获得宾川县第四批民族团结进步创建示范单位、宾川县第一批铸牢中华民族共同体意识教育基地授牌。9月6日，宾川县第十三届委员会第6次常委会会议专题学习习近平总书记在中央民族工作会议上的重要讲话精神。9月，宾川县在全县设置由152名网格员构成的三级网格宣传员，带头宣讲铸牢中华民族共同体意识，讲好民族团结进步的“宾川故事”。11月25—26日，大理大学滇西社会治理与乡村振兴研究院、大理大学马克思主义学院一行7人对宾川县铸牢中华民族共同体意识暨创建全国民族团结进步示范县工作进行评估。

弥渡县　3月16日、4月6日，弥渡县分别召开加快推进全国民族团结进步示范县创建工作会议，对创建工作进行再部署，加快推进全国民族团结进步示范县创建工作。6月3日，弥渡县召开创建全国民族团结进步示范县工作座谈会，围绕铸牢中华民族共同体意识、“党建＋创建”、“乡村振兴＋创建”等开展讨论，提出做足一个文化品牌、讲好一个主线故事、展示一批工作亮点的创建思路，明确精准选点、精致打造、精彩展现的工作方法，找到“古城新貌、彝村新歌、古道新颜”等创建工作重点。7月16日，弥渡县与云南日报社召开民族团结进步示范创建新闻策划会。8月5日，弥渡县举办“铸牢中华民族共同体意识”专题读书班。8月10日，弥渡县召开创建全国民族团结进步示范县进乡（镇）工作推进会，深入查找创建工作中存在的问题，研究下一步工作。

南涧县　1月15日，南涧县人大常委会组织部分州、县人大代表深入碧溪乡回龙山村委会岩子头村、碧溪乡新力小学、凤凰沱茶厂、县民族中学、县总工会，开展全国民族团结进步示范县创建工作视察。5月，南涧县组织开展2020年民族团结进步示范区建设项目验收工作，项目主要涉及南涧镇、宝华镇、公郎镇、小湾东镇基础设施建设和民族文化传承保护。6月4日，南涧县组织开展各界代表人士民族团结进步创建工作学习

2021年，南涧县对民族团结进步示范县创建工作中的民族文化传承保护进行验收。图为南涧跳菜　（州民宗委　提供）

交流调研活动，党外知识分子、新的社会阶层人士、侨属侨眷代表40余人参加活动，提出建议10余条，达到凝聚力量、促成共识的目的。6月25日，南涧县在县委党校组织开展民族宗教政策法规专题培训。9月8日，南涧县委十二届县委常委会第6次会议传达学习中央民族工作会议精神，对贯彻落实工作作出要求。11月15日，南涧县召开2021年民族团结进步示范区建设领导小组会议，传达学习大理州民族团结进步示范区建设领导小组（扩大）会议精神，安排下一步工作。

巍山县　3月，巍山县民宗局、县创建办在全县范围内开展"依考核，找问题，抓落实，促创新"的民族团结进步示范创建"回头看"工作。对辖区内第一批至第五批76个"大理州民族团结进步创建示范单位"和168个县级示范单位进行全面复检复验，发现问题、找出差距，抓好落实整改。7月15日，巍山县民宗局深入永建镇河底街、永瑞村委会开展中国共产党的发展历史、民族团结进步创建工作、民族宗教法规政策和侨法等知识宣传活动，提高人民群众民族宗教法制意识，铸牢中华民族共同体意识。8月3日，巍山县召开民族团结进步工作座谈会，共话民族团结，共谋示范创建，共创美好未来。宣读省级民族团结进步先进单位和先进个人的表彰决定，观看大理州民族团结进步创建专题片《白州盛开团结进步花》。8月17日，巍山县人大常委会调研组对全县民族团结进步示范创建工作进行调研。9月1日，"巍山县民族团结进步标杆建设指挥部"挂牌成立。

永平县　2021年，永平县以贯彻落实习近平总书记关于云南要"努力成为中国民族团结进步示范区"指示精神作为重大政治责任，以铸牢中华民族共同体意识为主线，通过加强党的领导、强化宣传引导、积极搭建平台、注重示范带动、提升治理能力，把创建国家级民族团结进步示范县作为全县"五创五提"工作之首。承办"大理州2021年民族团结进步创建活动月启动仪式"，全面完成上级下达实施的促进民族发展对口项目，获省级第三批民族团结进步示范单位2个、州级第六批民族团结进步示范单位9个、州级第一批民族团结进步教育基地1个。12月16日，永平县被国家民委命名为"全国民族团结进步示范县"。

云龙县　6月，云龙县以创建全国全省民族团结进步示范县、庆祝中国共产党成立100周年等活动为载体，采取集中学习、广泛宣传、融合开展等措施，在全县掀起民族宗教政策法规学习宣传热潮。8月，云龙县在福堂社区开展铸牢中华民族共同体意识、学法用法守法等专题宣传教育培训。8月31日，云龙县委第十三届县委常委会第8次会议，传达学习习近平总书记在中央民族工作会议上的重要讲话精神，研究部署有关工作。10月25日，云龙县委统战部到团结彝族乡"干部夜校讲堂"为全乡70多名干部职工、教师、医生宣讲中央民族工作会议精神和民族团结进步创建专题辅导。11月29—30日，大理州民族宗教委委托大理大学马克思主义学院为第三方评估组，对云龙县铸牢中华民族共同体意识暨创建全国民族团结进步示范县成效开展情况进行预评估工作。

洱源县　5月21—24日，洱源县组织开展铸牢中华民族共同体意识知识测试。6月，洱源县民宗局与县科协等相关部门结合"民族宗教政策法规学习月"，到各乡（镇）开展"送民族团结进步下乡"宣传活动。8月20日，洱源县召开铸牢中华民族共同体意识暨全国全省民族团结进步示范县创建工作培训会。8月28日，洱源县2021年民族团结进步创建活动月启动仪式在西湖旅游公司举行。9月25日，洱源县到焦石村开展铸牢中华民族共同体意识"敲门行动"，对民族团结进步政策知识进行入户宣传。10月13日，洱源县白族学会召开《洱源县白族村名考》编写培训会。11月26日，洱源县召开学习贯彻中央民族工作会议精神暨铸牢中华民族共同体意识宣讲大会。

剑川县　9月15日，剑川县在老君山镇新和村索玛小镇举行2021年"民族团结进步创建活动月"启动仪式。

鹤庆县　2月22日，鹤庆县召开民族宗教工作会议，传达学习全省统战工作会议和全省民族宗教委主任会议精神，总结回顾2020年民族宗教工作，部署年度重点工作任务及近期重点工作，部分参会人员进行交流发言。6月16日，鹤庆县委统战部（县民族宗教局）举办鹤庆县民族宗教政策法规培训会。7月9日，鹤庆县召开创建全国民族团结进步示范县工作推进会，明确围绕"一条主线"、形成合力抓创建，找准"特色亮点"、创新思路抓创建，实施"六大示范工程"、提升水平抓创建具体要求。8月5日，鹤庆县召开全国民族团结进步示范县创建工作推进会议，要求各级各部门要做到认识再提高，协调配合统筹推进创建常态化，工作再落实，重视共建共创，将创建工作融入部门业务工作，利用网站、微信公众号、楼道粘贴标语等方式加强氛围营造。8月17日，鹤庆县举行2021年"民族团结进步创建活动月"启动仪式。8月20日，鹤庆县召开统一战线六支队伍"学习'七一'讲话精神，共话民族团结进步"座谈会。9月1日，鹤庆县第十三届委员会第9次常委会会议专题学习习近平总书记在中央民族工作会议上的重要讲话精神。9月24日，鹤庆县召开铸牢中华民族共同体意识专题宣讲报告会。11月17日，鹤庆县铸牢中华民族共同体意识教育培训基地在县委党校挂牌成立。12月7—9日，鹤庆县举办民族团结进步示范创建信息宣传员培训班。

（杨艳霞撰稿）

宗教工作

【概况】 2021年，大理州坚持中国宗教中国化方向，压实主体责任，创新思路方法，强化工作措施，全面抓实中央宗教工作督查整改，宗教领域突出问题得到全面整治，党的宗教工作基本方针得到全面贯彻落实。通过“工作措施到位、组织动员到位、关心关爱到位、防控防范到位”的“四个到位”，抓实常态化疫情防控工作，确保宗教活动场所常态化疫情防控工作严密有序。大理境内有佛教、道教、伊斯兰教、天主教、基督教，依法登记的宗教活动场所334处，信教群众30余万人。至12月底，认定备案宗教教职人员773人，其中佛教189人、道教217人、伊斯兰教293人，天主教4人、基督教70人，全州民间信仰场所3546所。

【创建民族团结进步联盟】 5月14日，宾川县召开鸡足山佛教界民族团结进步创建联盟成立大会。鸡足山佛教协会和21个依法登记佛教活动场所负责人共同签署《鸡足山佛教界民族团结进步创建联盟公约》，全面推进并提升民族团结进步创建进宗教活动场所工作，助力加快全国全省民族团结进步示范县工作。

【宗教界助力洱海保护】 6月11日，大理州民族宗教委组织全州宗教界开展“大理州宗教界助力洱海保护科普行系列活动”。组织宗教界游洱海，了解洱海保护的相关知识，发放保护洱海的宣传资料，提升全州宗教界参与、支持洱海保护治理工作的责任意识，倡导和营造全社会参与洱海保护治理的浓厚氛围，发挥宗教界、宗教界代表人士和广大信教群众在洱海保护和流域转型发展中的作用，增强大理州广大信教群众坚决拥护中国共产党，与党同心同向同行，增强“五个认同”，厚植爱党爱国爱社会主义爱家乡的思想基础，共同守护好大理人民的母亲湖。

【宗教爱国主义教育示范点建设】 10月，州委统战部、州民族宗教委多次到大理古城基督教堂调研，与大理市委统战部（民族宗教局）、大理市大理镇、大理市银苍社区、大理古城基督教堂共同协商，安排专项资金，将大理古城基督教堂打造为宗教活动场所爱国主义教育示范点，树典型，引领全州宗教界爱党爱国爱社会主义热情。

【专题培训班】 2021年，大理州县（市）委组织部、民宗部门和党校举办铸牢中华民族共同体意识、坚持中国宗教中国化等多个专题培训班。举办民族团结进步示范区建设和宗教工作专题培训52期，培训5600人次；主题宣讲《云南省民族团结进步示范区建设条例》《宗教事务条例》等法律法规52次。举办涉及民族宗教政策培训的“万名党员进党校”培训班169期，培训4.2万人次；举办“党员积极分子”培训班18期，培训1200余人次；培训乡（镇、街道）干部840人次、村（社区）干部5235人次、村组干部（不含村干部）21476人次，培训全州宗教教职人员1147人次，共培训10万余人次，实现全员全覆盖培训。①铸牢中华民族共同体意识专题班。1月28日，南涧县举办全县基层领导干部、宗教界人士铸牢中华民族共同体意识专题培训班。全县8个乡（镇）分管宗教工作的领导，县级宗教工作成员单位分管领导以及依法登记的14个宗教活动场所负责人60余人参加培训。②“四条标准”合格教职人员专题班。4月21—23日，中共大理州委统战部和州民族宗教委组织全州宗教团体、宗教教职人员开展践行“四条标准”，做新时代合格教职人员专题培训班。对《中国共产党统一战线工作条例》《宗教事务条例》《宗教教职人员管理办法》《宗教团体管理办法》《学党史、悟思想、办实事、开新局，以优异成绩迎接建党100周年》《坚持宗教中国化方向　积极引导宗教与社会主义社会相适应》《践行“四条标准”做新时代合格宗教教职人员》等进行专题培训和研讨。③州基督教界宗教政策法规专题班。7月27—29日，中共大理州委统战部、州民族宗教委在下关举办大理州基督教界宗教政策法规培训班，基督教教职人员和全部场所负责人80多人参加培训。④民族宗教政策专题班。9月14日，州民宗委举办全州民族宗教系统民族宗教政策、消防安全等专题培训班。全年组织统战民族宗教干部宗教工作专题培训班13期，培训600余人次，实现统战、民族宗教干部全员培训全覆盖。⑤民间信仰试点县专题班。11月30日至12月2日，省民族宗教委在祥云县召开云南省民间信仰试点专题培训班。昆明市呈贡区、石林县，保山腾冲市，楚雄州双柏县、牟定县，大理州祥云县、宾川县、双江县等5个州（市）的10个试点县和大理州其余县（市）60多人参加专题培训班。⑥坚持中

9月14日，大理州举办民族宗教政策法规培训班　　（州民宗委　提供）

国宗教中国化专题班。12月2—3日，云南省坚持中国宗教中国化方向专题培训班在大理州祥云县开班，普洱、玉溪、大理、楚雄、德宏、丽江、迪庆、怒江等州（市）民族宗教委负责人20余人参加专题培训班，对云南省坚持中国宗教中国化方向的中长期规划进行讨论。

【专题学习与培训】 2021年，大理州组织学习《中国共产党统一战线工作条例》《云南省宗教事务条例》。①《中国共产党统一战线工作条例》学习。1月8日，大理州民族宗教委组织全体干部职工专题对新修订的《中国共产党统一战线工作条例》进行学习，要求要提高政治站位，自觉融入大统战工作格局，在归口统战部领导大格局下思考谋划、创新推动大理州民族宗教工作上新台阶，铸牢中华民族共同体意识，全面贯彻党的宗教工作基本方针、政策，在凝心聚力共绘同心圆中发挥更大作用。②《云南省宗教事务条例》培训。12月17日，全州性宗教团体在大理古城天主教堂，同升一面旗、同唱一首歌，参观大理古城天主教堂宗教中国化建筑，开展主题为“学习贯彻全国宗教工作会议精神暨《云南省宗教事务条例》”专题培训活动。

【“五教同行·共度佳节”主题活动】 2021年，州县宗教界举办“五教同行·共度佳节”主题活动。①“五教同行·共度端午”主题活动。6月14日，全州宗教界在大理市小关邑清真寺开展宗教中国化暨“五教同行·共度端午”主题活动，弘扬中华优秀传统节庆文化，让宗教界共同体验、感受中华优秀传统文化。②“五教同行·共度中秋”主题系列活动。9月12日，全州宗教界在巍山县巍宝山青霞宫开展的“爱党爱国爱社会主义教育暨五教同行·共度中秋”主题系列活动，活动围绕铸牢中华民族共同体意识主线，以坚持中国宗教中国化为重点，传达学习中央民族工作会议精神等，组织开展“同升一面旗、同唱一首歌、同绘一张画、同写一幅字、同听一堂课、同圆一个梦”等系列活动，自觉把行动统一到党中央和省、州党委、政府决策部署上来，坚定不移听党话、感党恩、跟党走，把爱党爱国爱社会主义热情转化为实际行动，深入推进中国宗教中国化。

【宗教团体换届】 2021年，大理州、县（市）多个团体完成换届工作。①巍山县各宗教团体换届。1月，依据《宗教事务条例》《社会团体登记管理条例》等有关规定和章程，巍山县宗教团体换届工作组指导巍山县伊斯兰教协会、道教协会、佛教协会、基督教管理小组依次召开代表会议，完成各宗教团体的换届任务。②州基督教会换届。9月29—30日，大理州基督教第四次代表大会在天赐酒店召开，116位代表出席。会议审议通过《大理州基督教“两会”第三届常务委员会工作报告》，讨论并通过基督教“两会”章程，选举产生基督教“两会”委员会第四届委员会领导班子，邓建伟当选为州基督教“三自”爱国运动委员会第四届委员会主席，李学成、杨洪文、杨寿萍、彭世德为副主席，杨洪文为秘书长（兼）。选举产生基督教协会第四届委员会领导班子，李学成当选为州基督教协会第四届委员会会长，关晋农、杨洪文、李红仙、陈继红为副会长，关晋农为总干事（兼）。③弥渡县各宗教团体换届。至12月底，完成全县8个佛教场所、3个道教场所和佛、道教联络组班子的调整，完成8个基督教堂（点）和县基督教“两会”换届选举工作。换届工作完成后，及时组织新任班子成员学习习近平总书记在全国宗教工作会议上的重要讲话精神、宪法和法律法规、《统一战线工作条例》、《宗教事务条例》等学习培训，指导帮助新班子完善规章制度，提高民主管理水平，依法开展宗教活动。④南涧县伊斯兰教协会换届。12月11日，南涧县伊斯兰教协会第四次代表大会在南涧宾馆召开。会议听取县伊斯兰教协会第三届理事会工作报告和财务报告，通过章程修正案和选举办法草案，选举产生第四届南涧县伊斯兰教理事会领导班子，马云康当选南涧县伊斯兰教协会第四届理事会会长，马学能、马武、马德进、马云从当选副会长，马学能当选秘书长。

2021年，大理州宗教界举办“五教同行·共度佳节”系列主题活动，共享传统文化。图为9月12日在巍山县巍宝山青霞宫开展的主题活动
（州民宗委　提供）

【传达学习民族宗教会议精神】 2021年，大理州多次召开全州民族宗教局长会议，州民宗委党组扩大会议、全体干部职工会议，传达学习贯彻全国、全省统战部长会议、全国全省民宗委主任会议精神。①传达全省民族宗教会议精神。2月20日，州民族宗教委召开全体干部职工会议，专题传达学习全省统战部长会议及全省民族宗教委主任会议精神，并安排下一步工作。2月20日至3月20日，大理州12个县（市）组织召开2021年民族宗教工作会议，传达学习贯彻省州民族工作会议精神。②传达学习全国宗教工作会议精神。12月5日，州民宗委党组及时召开党组扩大会议专题学习全国宗教工作会议和习近平总书记重要讲话精神，全面领会新时代党的宗教工作理论和方针政策，深刻理解核心要义、精神实质、丰富内涵和实践要求，真正做到学思用贯通，知信行统一。12月10日，大理州九届州委常委会第六次会议传达学习全国宗教工作会议和习近平总书记重要讲话精神，会议要求全州上下要把学习贯彻全国宗教工作会议精神作为当前和今后一项重要政治任务。

【民族宗教工作调研考察】 2021年，多个省、兄弟州调研考察组到大理州进行民族宗教工作调研考察。①红河州到洱源县考察。2月26日，红河州委统战部考察组一行17人到洱源县开展依法管理宗教事务学习考察。考察组深入右所镇宗教活动场所，与场所负责人进行交谈，对洱源县依法管理宗教事务取得的经验做法给予肯定。②省民宗委到永平县调研。3月22日，云南省民族宗教委党组成员、副主任马开能一行先后到永平县曲硐民族文化城、龙门乡光映村卜马清真寺、金光寺等宗教活动场所调研，听取宗教活动场所依法管理情况。③省政协民宗委到巍山县调研。5月25—26日，省政协民族宗教委副主任董继理带领相关专家学者一行8人，深入巍山对民族宗教工作进行专题调研。调研组先后到巍山古城、玄龙寺、圆觉寺、县佛教协会、巍山城清真寺、巍宝山土主庙、清霞宫、东莲花村、县伊斯兰教协会等地实地调研。④省民宗委到祥云县调研。9月1日，省民族宗教委宗教调研组到云南驿镇白马寺、紫金山，刘厂镇剩宝寺等民间信仰场所调研民间信仰和场所管理工作。

大理州继续开展以“五进”活动为主题的“和谐寺观教堂创建”活动。图为永平县民族团结进步创建“进宗教活动场所” （永平县志办　提供）

【“五进”活动】 2021年，大理州民族宗教部门继续深化以“五进”活动为主题的“和谐寺观教堂创建”活动，加大对宪法、新修订《宗教事务条例》《中华人民共和国民法典》等法律法规的宣传活动。共向宗教活动场所、宗教教职人员发放《宗教事务条例》1.8万多册，在宗教活动场所粘贴《宗教事务条例》334份，制作法治建设文化宣传专栏280多块，张贴社会主义核心价值观、中华传统文化等宣传标语1400多条。

【主题教育和政策法规学习】 2021年，州委统战部和州民族宗教委多次主办全州性宗教团体主题教育、民族宗教政策法规学习活动。①“五同”系列教育活动。5月21日，州委统战部、州民族宗教委在大理古城基督教堂举办“五教同行，同升一面旗、同唱一首歌、同绘一幅画、同观红色教育基地、同是一家人”的“爱党爱国爱社会主义”主题教育系列活动。同时，组织全州宗教界人士到周保中纪念馆参观，开展现场教学，接受爱国主义教育。②民族宗教政策法规学习月活动。6月，大理州民族宗教委下发《关于在全州民族宗教系统开展“2021年民族宗教政策法规学习月”活动的通知》，并在南涧县开展启动仪式。全州12个县（市）组织开展民族宗教政策法规学习月活动。③“爱党爱国爱社会主义”系列主题教育。5月至12月底，先后组织开展5次“爱党爱国爱社会主义”系列主题教育，开展宗教政策法规和宗教界“爱党爱国爱社会主义”“四史”学习和坚持中国宗教中国化等专题培训，加强对宗教界普法教育和爱党爱国爱社会主义教育及广大信教群众教育引导，引导宗教界和信教群众自觉听党话、感党恩、跟党走。

【宗教界研讨会和座谈会】 2021年，州委统战部、州民族宗教委举办多次全州宗教界研讨会和座谈会。①“坚持中国宗教中国化方向”研讨会。5月21日，州民族宗教委在大理崇圣寺组织开展全州宗教界坚持中国宗教中国化研讨会，各宗教界人士发言，对各宗教如何在做好坚持中国宗教中国化方向各抒己见，提出很好的意见建议。研讨会50余人参加，收到30多篇关于坚持中国宗教中国化方向的论文和文章。②专题学习“四史”座谈会。5月21日，州委统战部、州民族宗教委在大理古城基督教堂组织全州5个宗教团体秘书长以上人员开展“四史”专题学习会。会上，州民族宗教委有关负责人分别作专题讲授，5个宗教团体负责人分别作交流发言。③全州民族宗教界代表迎中秋座谈会。9月13日，大理州民族宗教工作领导小组在龙山国际会议中心组织召开大理州民族宗教界代表人士2021年迎中秋座谈会。座谈会上，州委统战部常务副部长左学政全文传达学习习近平总书记在中央民族工作

2021年，大理州以"抓保障、抓预防、抓规范、抓引领、抓落实"的"五抓"工作法助推宗教活动场所消防安全。图为组织宗教界人士开展消防演练
（州民宗委　提供）

会议上的讲话。州人民政府副州长李泽鹏通报大理州经济社会发展情况和民族宗教工作情况，部分民族学会、宗教团体作重点发言，州委副书记赵国良作工作要求。

【抗震救灾工作】2021年，漾濞"5·21"6.4级地震发生后，州民族宗教委及时对漾濞地震中受灾的宗教活动场所进行摸底排查，对排查出受灾的10个宗教活动场所，及时制定抗震救灾方案，并向省民族宗教委上报《大理州民族宗教委关于请求给予帮助解决漾濞"5·21"地震中民族宗教活动场所灾后重建补助资金的请示》。开展宗教活动场所安全隐患调研，对全州依法登记的宗教活动场所进行全面排查摸底，通过排查摸底，排查出122所宗教活动场所不同程度存在抗震防灾安全隐患，并将排查情况及时上报省、州相关部门，同时要求各县（市）按照属地管理原则，加强对排查出存在安全隐患的宗教活动场所加强管理，结合实际，对安全隐患进行排除，确保宗教活动场所、信教群众的生命生产安全。

【宗教界慈善活动】2021年，大理州宗教界主动参与社会慈善活动。①捐款捐物活动。5月26日，大理州民族宗教委组织全州宗教界为漾濞"5·21"地震灾区开展捐款捐物活动仪式。在疫情防控、漾濞"5·21"地震、洱源"9·13"泥石流灾害中，州民族宗教委利用"宗教慈善周"等活动，组织宗教界发扬优良传统，服务党委政府中心工作，参与疫情防控、抗灾救灾、捐资助学、扶贫济困等公益慈善活动。年内，大理州宗教界累计捐款捐物500多万元。②捐资助学活动。9月1日，鸡足山虚云寺、金顶寺、迦叶殿、佛塔寺4所寺院开展捐资助学活动，向宾川县关工委捐赠9.6万元，为32名贫困大学生提供教育帮扶。

【政策法规宣传】2021年，大理州统战部、民宗局系统组织多场政策法规宣传。①宗教界"四个一"法治宣传教育。6月，大理市委统战部、市民宗局联合大理市司法局通过开展抓实"制定一个实施方案、开展一期送法进宗教活动场所活动、举办一系列法律法规专题培训、组织一场学习交流活动"的宗教界"四个一"法治宣传教育工作。②民族宗教政策法规宣传活动。7月15日，巍山县委统战部、民族宗教局组织干部职工深入永建镇部分村社开展民族宗教政策等宣传活动，发放《宗教事务条例》等各类宣传册和书籍3000余份。③"宪法宣传周"活动。12月4—10日，大理州民族宗教委下发《大理州民族宗教委关于认真做好2021年"宪法宣传周"工作的通知》，制定《2021年大理州民族宗教系统"宪法宣传周"工作方案》，开启全州民族宗教系统"宪法宣传周"活动，全州开展宣传活动18场次，2000余人参与，宗教活动场所悬挂宣传横幅300多条，州民族宗教委办公楼LED显示屏滚动播出法治宣传标语30多条，组织全体干部职工专题学习《云南省宗教事务条例》等。

【安全督促检查】2021年，大理州民族宗教委制定印发《关于开展全州宗教活动场所疫情防控和消防安全督促检查等工作组织方案》，组成6个组到12个县（市）对宗教活动场所新冠肺炎疫情防控、消防安全、"五进"活动、爱国卫生"7个专项行动"、宗教工作督查整改"回头看"巩固提升等工作开展情况进行专项检查，对检查中发现的新冠肺炎常态化疫情防控工作不到位、消防安全存在隐患、"五进"活动开展不力的县（市）进行问题清单现场交办，要求各县（市）以问题为导向，举一反三，及时抓好整改。①建设宗教场所消防站。7月，由大理州委统战部、州民族宗教委、州消防救援支队、巍山县委统战部（县民族宗教局）、县消防救援大队共同参与，投资8万元建设巍山县巍屺山8个依法登记的宗教活动场所微型消防站投入使用，并开展消防培训、演练。②疫情防控演练。8月17日，州、市统战、民族宗教部门会同州、市疫情防控指挥部在大理崇圣寺开展宗教活动场所疫情防控工作应急演练活动，并向大理崇圣寺等28个重点宗教活动场所赠送28套人脸识别自动测体温测量器材。③"五抓"助推宗教活动场所消防安全。年内，大理州民族宗教委以"抓保障、抓预防、抓规范、抓引领、抓落实"的"五抓"工作法，落实落细全州宗教活动场所消防安全责任，强化宗教活动场所消防安全精准化管理，确保宗教活动场所安全有序。

【宗教界主题教育倡议书】2021年，在中国共产党成立100周年之际，大理州宗教界为表达全国宗教界对中国共产党的真挚感情，坚定在中国共产党领导下走社会主义社会相适应道路的信心和决心。按照全国性各宗教团体的倡议，大理州全州性宗教团体坚决拥护，于4月15日向全州宗教界发出倡议书，倡议在州、县两级宗教界开展"爱党爱国爱社会主义"主题教育。
（王永伦撰稿）

民　生

Livelihood

◈ 责任编校　杨　㹻

　1970年的大理州云龙县城石门镇

价格管理

【概况】 2021年，大理州贯彻落实“十四五”时期价格机制改革实施方案，推进价格改革，加强价格监测预警，清理规范收费，优化营商环境，缓解价格矛盾，加强调查研究，做好重要民生商品保供稳价工作，价格总水平控制在合理区间。2021年，全州居民消费价格总指数同比上涨0.1%，消费品零售价格总指数同比持平。年内，州发改委物价局就居民燃气工程安装，水电价、停车费、物管费，春节前后蔬菜价格，猪肉涨价等热点问题接受大理电视台采访，回应社会关切，引导市场预期。草拟《大理州管道天然气配气价格定价方案》。贯彻国家发展改革委关于完善垃圾焚烧发电价格政策，为大理三峰再生能源发电有限公司（大理海东垃圾焚烧发电厂）争取再生能源补贴2510.23万元，助力环保。

【保供稳价】 2021年，大理州落实元旦、春节期间民生商品保供稳价、全省民生领域保供稳价视频会议和全省重要民生商品保供稳价视频会议精神，由农业农村、商务、财政、水务和市场监督等部门做好重要民生商品市场保供稳价工作。政府储备方面，特别是将冻猪肉储备提上重要议事日程，制定方案并上报财政预算。各相关部门做好疫情防控相关工作，开展调查研究，制定保供预案，确定保供企业。

【价格监测】 2021年，大理州建立全州重要商品价格监测周报制度、建材市场专项价格监测月报制度、生猪屠宰及销售情况周报制度、生猪养殖及销售情况月报制度、菜篮子产品价格监测旬报制度、重要农产品价格监测月报制度，做好元旦、春节、“两会”期间粮油市场价格监测、“五一”、端午、国庆、中秋和漾濞“5·21”地震期间价格监测值班值守，安排专人深入相关集贸市场、超市、药店开展调查，重点了解重要民生商品有无断供、抢购、囤积等情况，采集当天重要商品的价格，做好节日和地震期间价格监测工作。全年汇总、审核、分析、上报重要商品价格监测周报53期、建材市场专项价格监测月报12期、生猪屠宰及销售情况周报53期、生猪养殖及销售情况月报12期，菜篮子产品价格监测旬（周）报37期、重要农产品价格监测月报12期、漾濞“5·21”地震期间价格监测日报6期，春耕期间化肥等农资产品价格监测材料9期、重点工程沙石价格及需求监测4期，节假日报表19期。大理州发展和改革委员会被评为2020—2021年度全国价格监测工作先进单位。

【价格收费】 2021年，大理州认真落实价格收费政策，清理事业、社团、工商等多项收费。①落实价格收费政策。贯彻落实全省高可靠性收费和输配电价，规范民办学历教育收费、中小学教科书和教辅材料价格、公办托育机构收费、校外培训收费、稻谷小麦最低收购价格。印发大理州《关于贯彻〈云南省定价目录〉有关事项的通知》，提出相关贯彻意见。对放开机动车排气污染检测和安全技术检验、生猪屠宰加工服务、电动汽车充换电服务、部分律师服务和再生水经营者进行收费价格告诫，要求依法依规制定和公示价格，防止串通涨价、哄抬物价、垄断价格。贯彻落实省发改委关于实行政府定价或政府指导价管理的停车设施，对新能源汽车2小时内（含2小时）免收停车服务费政策。②清理相关收费。对州本级行政事业性收费项目及标准进行清理；清理政府定价的经营服务性收费；行业协会商会的经营服务性收费清理；清理中央到地方减免公共租赁住房的相关收费政策；供水供电供气收费清理，取消不合理收费；免征灵活就业人员城市道路占用费，取消劳动能力鉴定费和社会抚养费。

【价格机制改革】 2021年，大理州积极推进价格机制改革工作。①改进价格调控。健全监测预警体系，加强重要民生商品价格调控，落实国家价格支持政策，关注大宗商品价格走势，强化预期管理。②能源价格改革。持

2021年大理州分县（市）城乡居民收支情况表

表90

单位	全体居民人均可支配收入		全体居民人均消费支出		城镇常住居民人均可支配收入		城镇常住居民人均消费支出		农村常住居民人均可支配收入		农村常住居民人均消费支出	
	绝对额（元/人）	增幅（%）	绝对额（元/人）	增幅（%）	绝对额（元/人）	增幅（%）	绝对额（元/人）	增幅（%）	绝对额（元/人）	增幅（%）	绝对额（元/人）	增幅（%）
云南省	25666	10.2	18851	12.3	40905	9.1	27441	11.7	14197	10.6	12386	11.9
大理州	26160	9.7	21006	11.1	41740	8.6	31153	10.3	15023	10.1	13753	11.1
大理市	36136	9.4	27080	10.7	44686	8.6	31315	10.3	21054	11.0	19711	11.6
漾濞县	21924	9.9	17524	10.4	37353	8.3	26832	9.9	14230	10.7	12950	10.7
祥云县	27316	9.7	18742	10.9	42811	8.7	26958	10.4	15533	10.0	12585	11.4
宾川县	28899	10.1	19091	11.2	41890	9.3	26328	10.8	20035	10.2	14221	11.4
弥渡县	23808	10.5	17206	11.3	39732	9.5	24971	11.0	13263	10.7	12135	11.3
南涧县	21575	9.9	16338	11.3	39732	8.4	26467	10.6	12143	10.7	11150	11.7
巍山县	22300	10.1	16456	10.5	39569	8.8	24759	9.8	13350	10.4	12214	11.0
永平县	22288	10.6	16488	10.9	39672	9.4	24844	10.5	13533	10.9	12337	11.1
云龙县	21036	9.6	16633	10.7	37344	8.4	26012	10.2	12914	9.9	12026	10.9
洱源县	22425	9.7	16146	11.1	39758	9.2	24988	10.7	13981	9.8	11849	11.2
剑川县	20134	10.1	15237	11.3	37461	9.0	24430	10.8	11812	10.1	10885	11.5
鹤庆县	22585	9.7	16901	10.6	41062	8.5	27781	10.0	13665	9.7	11726	10.8

（州发改委　提供）

续深化电价改革，完善绿色电价政策，稳步推进石油天然气价格改革。③水资源价格改革。完善水利工程供水价格机制，深化城镇水价改革，推进农业水价综合改革，加快推进城镇污水处理收费的动态调整。④公共服务价格改革。清理规范供水供电供气供暖行业收费，完善城镇垃圾处理收费机制，完善危险废物处置收费机制，完善教育收费政策，建立健全养老服务价格机制，继续加强和完善基本殡葬服务收费管理，健全景区门票价格形成机制。⑤改革统筹。加强成本监审和成本调查，推动价格认定工作高质量发展，兜住民生底线和完善价格法治等作为组织保障。

【电力交易】 2021年，大理州继续推动大理州售电侧改革，快速响应市场化交易用户的服务需求，降低用户用电成本。①电力市场化交易。全年累计42421户次客户参与市场化交易，比上年增加19926户次，累计市场化电量91.99亿千瓦时（含鹤庆溢鑫、其亚铝业63.33亿千瓦时），同比增长11.11%，平均降价0.14元/千瓦时，客户累计减少购电费12.86亿元，其中一般工商业参与市场化交易用户数37112户次，成交电量4.52亿千瓦时。②电价改革。大理州电价改革与全省一盘棋；10月15日起云南省燃煤发电上网电量全部进入电力市场，交易电价由“基准价+上下浮动20%”以内形成，高耗能企业市场交易电价上浮不受20%限制。取消工商业目录销售电价，推动工商业用户都进入电力市场交易。保持居民、农业用电价格稳定。对暂未直接从电力市场购电的用户，由电网企业代理购电。电解铝行业从2022年1月1日起执行国家阶梯电价政策，清理取消各种形式的优惠电价政策和措施。增量配电网自正式供电起满两年的项目，不再对企业进行优惠，电价按现行省级电网相应等级输配电价执行。永平建达配售电有限公司电价执行现行省级相应等级输配电价。

【水价综合改革】 2021年，大理州发挥农业水价综合改革联席会议作用，统筹农业水价形成机制与精准补贴和节水奖励机制、工程建设和管护机制、用水管理机制的协调推进，指导县（市）推进农业水价综合改革，建立节水价格机制。州水务局、州农业农村局将改革任务逐项分解下达到各县（市），并及时督促，按时向省报送改革进展台账。大理州农业水价综合改革联席会议办公室制定《大理州推进农业水价综合改革实施方案》，并联合下发实施，持续推进农业水价综合改革工作。年内全州农业水价统合改革任务完成30686.67公顷，其中水务部门负责的中型灌区改革面积6786.67公顷，农业部门负责的23900公顷高标准农田建设项目均全面完成。

【价格服务工作】 2021年，大理州发改委对州医疗保障局提出的医用耗材加成医疗服务项目调整方案进行审核、修改，参加调整方案的社会稳定风险评估专家论证，组织召开听证会，梳理意见建议，形成听证报告提交州医疗保障局定价。开展州级成品粮价格核定工作，为成品粮及时轮换提供依据。多次协调云南电网公司大理供电局与永平建达配售电有限公司的关系。到永平县进行价格收费政策宣解，促使永平县做好价格收费监管。出具《大理州发展和改革委员会关于对大理州道路运输协会收费问题的复函》，并向大理州市场监督管理局提供相关资料。及时解答各县（市）和人民群众网络、电话和现场对价格收费政策的咨询。对政协委员提出的《关于加强校外培训机构收费管理的提案》开展调研，与委员面商，进行回复。对协办提案《关于加强物价调控关注民生的提案》，提出相关协办意见。受省级委托召开云南省义务教育阶段学科类校外培训收费政策利益相关方征求意见座谈会，广泛听取利益相关方的意见，上报相关定价资料，为全省出台政策提供大理州意见。做好大理州第二人民医院停车收费标准调整相关工作，开展价格调查，召开征求意见会，对其停车收费进行论证和批复。

【行政事业性收费收支统计】 2021年，大理州对行政事业性收费统计工作作统一安排。3—5月，全州开展行政事业性收费统计工作，在全州345个执收单位自审自查基础上，对各执收单位收支情况进行集中审核统计，收费统计上报工作按时按质完成。开展市场价格监管信息系统使用管理自查，做好系统试运行相关网络培训、账户及密码校对和登录运行工作。

【价格调查研究】 2021年，大理州发改委组织参加多项价格方面的调查研究。①民生方面的调查研究。开展生活垃圾处理收费、污水处理费、养老服务收费、殡葬服务价格、城镇供水价格等10个有关民生问题的收费、价格情况进行调查，向省级报送相关资料。对供水供电供气、校外培训机构、中小学服务性等10个收费进行调研，向省级报送相关资料。配合省调研组全程参加三峰公司垃圾处理发电相关情况、大理市管道燃气配气价格情况等4个收费调研。参加全州“双减”工作检查，州政协殡葬改革和州人大物业服务管理条例立法调研，宣传相关收费政策。开展全州房地产价格和房产中介价格调研，向省报送相关资料。②农产品成本调查。完成2020年度农产品常规调查品种生产成本调查及分析，生猪生产成本调查月报及分析、上半年直报，农户种植意向调查及分析，农户存售粮情况调查及分析，农户农资购买情况调查及分析，年度主要农产品成本收益预测及分析，油菜籽、中籼稻、玉米、粳稻等成本收益直报调查及分析。无缺报、迟报情况，为上级调控农产品市场和农业发展提供服务。2次组织全州农本调查人员参加省农本调查业务视频培训会。以审代训的形式开展全省2020年度农本常规调查数据交叉审核以及全国年度烤烟生产成本（广西壮族自治区）数据审核。调整农产品成本调查品种，调查品种结构得到合理优化。从2021年起，省级结合大理州实际调整大理州部分调查品种，全州农产品成本调查品种由20个调整为19个。主要是退出散养生猪、晾晒烟和中规模肉鸡3个品种调查，新增中规模奶牛和红提葡萄2个调查品种。改变调查经费拨付方式。农本调查补助经费由原来省直接拨付各调查县（市）财政账户，转变为由省统一拨付州发展改革委账户。

【政府制定价格成本监审】 2021年，大理州按照《政府制定价格成本监审办法》开展定价成本监审工作，净核减不合理定价成本。开展大理州第二人民医院停车场收费定价成本监审，核减不合理定价成本1.56万元。推进大理州长江经济带污水处理费成本监审工作，历时5个月对全州21家污水处理企业中17家运营的污水处理厂进行成本监审或调查，核减不应计入定价成本的费用979.55万元。完成218所校外培训机构中18所义务教育学校义务教育阶段学科类校外培训成本调查，大理州义务教育阶段学科类校外培训成本为每人每标准课时21.75元，核减不合理支出488.56万元。组织大理、祥云、宾川、南涧、巍山、弥渡、鹤庆7个通气县（市）开展大理州城镇管道燃气配气定价成本监审，核减不合理支出1384.14万元。

（州发改委供稿）

劳动就业

【概况】2021年，大理州以务工人员大排查、省外稳岗大走访、岗位信息大推送、就业政策大宣传、转移就业大输送“五大活动”为重点，结合疫情防控形势，重点采取帮助返岗推动就业一批、扩大输出推动就业一批、援企稳岗推动就业一批、能人帮带推动就业一批、扶贫车间推动就业一批、公益岗位推动就业一批、支持创业推动就业一批、技能培训推动就业一批的“八个一批”工作措施，积极破解疫情期间农村劳动力转移就业新难题。继续组织包机、专列、包车规模化转移就业活动，“永平一号”务工专车打响了全省开春转移就业“第一枪”，巍山县、南涧县连续两年组织务工专列。2021年，全州农村劳动力转移就业总量135.18万人，位列全省第四，转移就业率76.05%，高于全省平均水平2.4个百分点，继续保持转移就业总量增、省外转移就业增、脱贫劳动力转移就业稳的良好局面。全州城镇新增就业、城镇失业人员再就业、就业困难人员就业等重点指标均超额完成、同比增长，应届高校毕业生就业报到率保持在94.49%的高位水平，城镇登记失业率控制在3.56%的较低水平。与上海浦东新区、奉贤区人社局联合举办两期大学生创业训练营，收到了良好的效果。坚持围绕产业、因县施策，开展20多个专业和工种企业新型学徒制培训，全州职业技能提升行动补贴性培训8.16万人次，开展农村劳动力转移培训30.05万人次，向“一技促就业”迈出了坚实步伐。

【扶持创业】2021年，全州创业担保贷款扶持创业7200人，带动就业2.21万人，实现创业担保贷款扶持创业人数、带动就业人数以及创业平台数量均稳中有增。在第三届全国创业就业服务交流活动中，“大理州打造创业服务体系多措并举促就业”的经验做法被列入全国创业城市展示项目。年内，巍山县东莲花美食文化旅游创业园被认定为省级创业孵化示范基地。

【劳务品牌打造】2021年，大理州“鹤庆银匠”“巍山乡厨”“剑川木雕工匠”3个特色劳务品牌入选全国典型劳务品牌。其中，“巍山乡厨”入选全国20个“我最关注的劳务品牌”“鹤庆银匠”“剑川木雕工匠”分别获评全国“行业引领类”“地方特色类”劳务品牌。至此，大理州成为全国、全省劳务品牌最多的州市，“一州三品”成为大理就业的“新名片”。

【劳动关系】2021年，大理州全面实施“和谐同行”能力提升三年行动，深入开展“送法入企助发展”普法活动，建立“一企一案”入企调研、上门服务、选树指引，持续强化劳动合同备案、企业薪酬动态调查工作，完善劳动关系三方机制，构建和谐劳动关系。持续推进劳动人事争议调解组织规范化建设，优化“流动仲裁办案”“少数民族双语仲裁服务”和“案件繁简分流”等工作，重点按“快调”“快立”“快审”原则抓前端、治未病，推动调解仲裁质效并进。2021年，全州企业劳动合同签订率、劳动人事争议仲裁结案率、劳动人事争议调解率分别为96%、100%、70%，劳动保障监察案件数、人数、金额同比下降21.4%、45%、24%，有力地维护了社会的和谐稳定。

【农民工工资保障】2021年，大理州聚焦“拖欠农民工工资问题动态清零”目标，落实在建工程项目“六制一金一表”制度；重拳开展夏季、冬季专项行动，加大欠薪案件的督办；重点对在建工程建设项目是否建立落实保障农民工工资支付制度，工程建设项目是否存在发包、转包、分包、挂靠等违法违规行为一并进行检查，对发现有违法用工情况的，按规定依法督促、指导企业进行整改。按要求建立并落实县市不少于100万元、州级不少于500万元标准的农民工工资政府应急周转金制度。2021年，全州劳动保障监察举报投诉案件结案率、拖欠农民工工资举报投诉案件结案率均保持在96%以上，剑川县人社局劳动保障监察股被国务院根治拖欠农民工工资工作领导小组表彰为全国先进集体。

社会保障

【概况】2021年，大理州深入推进参保扩面工作，采取进企业、进社区、进乡村等“五进五送”方式，加大社保政策宣传力度，以私营企业、个体工商户、农民工、灵活就业人员、新业态就业人员为重点，扩大参保覆盖面。全年全州基本养老保险、工伤保险、失业保险参保人数分别为234.84万人、29.04万人、18.05万人，基金征缴分别为54.91亿元、4700万元、9700万元，实现了各类参保人数稳定增长，完成参保扩面任务。

【基本养老金待遇提高】2021年，全州为企业退休人员、机关事业单位退休人员按时足额发放养老金。同时，调整提高基本养老金待遇，调整后企业退休人员、机关事业单位退休人员月人均养老金比上年底分别增加146.42元、175.88元。调整提高工伤职工及供养亲属待遇水平，调整后月人均伤残津贴、生活护理费、供养亲属抚恤金分别比上年底增加174.6元、247.5元、80元。

【社保办事流程优化】2021年，大理州认真落实“放管服”工作要求，对县市社保经办机构经办服务提出具体要求，提速办理企业参保、注销登记，简化企业社会保险登记业务流程。推行“云南省社会保障网上大厅”“一部手机办事通”手机App，“云南人社12333”手机App。持续推进军队退伍安置人员转移接续清理工作，办理社会保险缴费转移接续退役军人2527人。企业职工基本养老保险跨省转移超期转移业务全部办理完毕，按期完成职业年金归集上划及赎回工作。扎实开展2018年后中人待遇准确计发清算工作，全州实现每个县市均有联网结算协议医疗机构。积极推广使用网上办事大厅系统，工伤职工可通过网上办事大厅办理工伤事故备案、辅助器械配置申报、就医申请确认等相关业务。

【社保红利释放】2021年，大理州坚决执行降费惠企稳企政策，释放社保红利，激发企业活力，城镇职工基本养老保险、工伤保险、失业保险为企业减负3.89亿元，952个在建及新开工项目均按项目参加工伤保险，498家企业4.67万名职工享受"援企稳岗"政策，降费惠民、减负助企得到进一步落实。

【社保基金风险防控】2021年，大理州社会保险基金风险防控工作。认真开展对"部级比对系统"推送的疑点信息核实和审计发现三类违规问题的核实清理工作，认真组织开展以"三个全面取消"、内部控制、业务经办、财务管理、信息系统、特殊业务等方面共26个风险问题的自查自检及整改工作，州、县(市)认真落实审计提出的整改意见，确保社保基金安全。围绕认真组织现场监督、严格落实非现场监督及健全完善监管机制三个着力点，探索实行"县级联查"工作机制，认真开展专项整治和专项治理的督导检查。与州法院、州检察院等12个部门联合印发《大理州涉社保信息交换与共享工作方案》，建立信息交换与共享机制。构建警示教育常态化机制，规范全州冒领或骗取社保待遇及社保基金线索登记办理工作流程，组建了大理州社保基金监督检查员库。2021年，全州社保基金投资收益2.15亿元，基金总体可控、可持续、运行正常。

【基本养老保险代缴】2021年，全州完成符合条件的低保对象、特困人员、返贫致贫人员城乡居民基本养老保险代缴工作，共代缴11.1万人，其中低保人员8.4万人、特困人员763人、重度残疾人员1.8万人、其他人员0.83万人，代缴率100%，代缴金额1294万元。

（州人社局供稿）

消费维权

【概况】2021年，大理州市场监管局以构建"政府监管、行业自律、企业诚信、公众参与、社会监督"的消费维权共治体系为重点，推进消费维权体系和"12315"工作体系建设；广泛开展宣传引导、放心消费创建等活动；强化消费痛点堵点问题专项整治，严厉打击侵害消费者权益违法行为，保护消费者的合法权益，为全州营造公平竞争、安全放心的消费环境。全年开展"巾帼建新功、岗位争优秀"创建活动，"12315"指挥中心先后获国家级"青少年维权岗"、创先争优活动"党员示范窗口"和创先争优活动"流动红旗"等荣誉称号，3月被全国妇联授予"巾帼文明岗"称号。

【消费维权体系建设】2021年，大理州市场监管局搭建行业协会消费维权协作平台，建立大理州行业协会消费维权联席会议制度，探索有效的消费纠纷调处模式，联合开展消费教育引导和商品服务监管，指导和督促协会会员加强自律、诚信经营；搭建消费维权协作平台，结合"双随机、一公开"，推进部门间消费维权协作共治体系建设，主动加强与相关职能部门的沟通协作，建立信息共享、联动执法的协作机制；建立完善系统内部消费环境、消费者协会、"12315"联动工作机制，推动建立沟通协作、优势互补、相互监督制约的消费维权社会协同共治机制。年内，州消费者协会完成换届选举，全州"一会两站"实现城市、社区和农村乡(镇)全覆盖。

2021年大理州12315平台商品、服务投诉量分类统计表

表91

序号	商品类		服务类	
	类别	投诉量(件)	类别	投诉量(件)
	合计	2660	合计	2368
1	一般食品	863	餐饮和住宿服务	668
2	服装、鞋帽	260	专业技术服务	319
3	交通工具	213	美容、美发、洗浴服务	289
4	首饰	182	文化、娱乐、体育服务	162
5	通信产品	168	教育、培训服务	151
6	家居用品	159	其他服务	146
7	烟、酒和饮料	144	制作、保养和修理服务	91
8	其他商品	141	租赁服务	80
9	装修建材	102	电信服务	70
10	家用电器	87	销售服务	63
11	房屋	59	房屋装修服务	47
12	药品	51	洗涤、染色服务	45
13	化妆品	27	互联网服务	34
14	儿童用品	24	停车服务	33
15	燃料	21	交通运输服务	32
16	文化、运动用品	20	旅游服务	30
17	计算机产品	19	卫生保健、社会福利	28
18	摄像产品	17	物业服务	18
19	五金交电	17	社会团体服务	16
20	农资用品	15	邮政服务	13
21	卫生用品	13	社会服务	10
22	医疗器械	12	中介服务	9
23	宠物及宠物用品	12	金融服务	8
24	保健食品	10	传媒业服务	4
25	婴幼儿配方食品	5	行政事业性服务	1
26	布料、毛线	5	农、林、牧、渔服务	1
27	出版物	5		
28	计量器具	2		
29	纤维及其制品	1		
30	金融及贸易结算电子设备(电磁兼容)	1		
31	特种设备	1		
32	危险化学品	1		
33	消防产品	1		
34	智能设备	1		
35	特殊医学用途配方食品	1		

（州市场监管局 提供）

【消费者申诉举报热线体系建设】 2021年，大理州发挥“12315”热线和全国“12315”平台作用，强化体系建设。①申诉举报与案件受理。及时接收处理消费者投诉举报，回应社会关切；全年全州受理投诉、举报、咨询、表扬25749件，其中投诉5028件、占比19.53%，至12月办结4755件、办结率为94.57%，为消费者挽回经济损失1567.58万元；举报1745件、占比6.78%，至12月已办结1728件、办结率为99.03%；另有咨询18971件、占比73.67%，表扬5件、占比0.02%。②体系监管与业务培训。深入运用“12315”、“互联网+消费维权”、人工智能等手段，动态分析投诉举报大数据，综合研判市场监管重点、难点问题，及时发布消费警示，打造市场监管的“晴雨表”“指南针”，防范群体性消费维权事件和系统性区域性消费风险；加强对“12315”工作人员市场监管业务和法律知识培训，提升甄别、受理和处理市场监管职权范围投诉举报能力，把“12315”建设成为市场监管部门与广大消费者信息互动、畅通民意、听取意见、解决问题的平台。③平台优化与规范建设。在“五线整合、一号对外”的基础上，完成“12315”“12345”双号并行，形成接收、分流、处理投诉举报的完整体系；按照接收、分送、受理、办理、反馈、督办、回复、回访、归档等程序要求，处理好消费者诉求，准确规范解答消费者咨询，做到现场解答“一口清”；按照法定程序和时限要求，及时分流相关职能机构调解消费者投诉和处理举报，提高投诉协调解决率、举报办结率。

2021年大理州“12315”平台举报分类统计表

表92

举报问题类别	举报数量(件)
1. 侵害消费者权益行为	400
2. 价格违法行为	232
3. 食品违法行为	327
4. 广告违法行为	215
5. 其他市场监管领域违法行为	130
6. 产品质量违法行为	143
7. 不正当竞争行为	67
8. 违反登记管理行为	60
9. 计量违法行为	45
10. 商标违法行为	35
11. 违规收费行为	29
12. 药品违法行为	11
13. 直销违规行为	6
14. 合同行政违法行为	7
15. 特种设备违法行为	10
16. 生产许可违法行为	7
17. 专利违法行为	3
18. 认证认可违法行为	3
19. 化妆品违法行为	3
20. 传销行为	3
21. 网络交易违法行为	3
22. 地理标志违法行为	1
23. 标准化违法行为	5
合计	1745

【消费环境建设】 2021年，大理州市场监管局落实“四个最严”要求，建立从生产、流通到消费全过程的监管机制，强化食品安全、药品安全、特种设备和工业产品质量安全监管，开展专项整治行动，打击违法行为，守住安全底线，防范化解重大风险。推进质量强州战略，落实主体责任，落实产品质量承诺公示和缺陷产品召回制度，加强“双随机、一公开”抽查和产品质量抽检，推进特色农产品、食品药品、消费品、装备制造、原材料、建设工程、生活性服务业、生产性服务业、旅游业9个领域质量提升；加大预付卡消费、商业贿赂、虚假宣传、违法广告、消费欺诈、价格违法、合同违法等案件办处力度，净化市场消费环境。全年，全州查办各类违法案件928件，其中查办质量、计量、合同、知识产权、食品安全等方面的案件717件，案值225.26万元；查办价格和不正当竞争方面的案件34件，案值187.99万元。

2021年大理州“12315”平台咨询分类统计表

表93

咨询分类	咨询数量(件)
合计	18971
一、市场监管系统	5115
1. 市场主体登记注册	165
2. 信用监管	6
3. 价格监督	58
4. 反不正当竞争监督	3
5. 直销监管	1
6. 网络交易监管	60
7. 商品交易市场监管	1515
8. 服务消费监管	1613
9. 合同行政监管	1
10. 广告监管	2
11. 产品(商品)质量	316
12. 食品监管	226
13. 特种设备	1
14. 计量	30
15. 认可检测	4
16. 药品	15
17. 化妆品	2
18. 医疗器械	1
19. 知识产权	2
20. 投诉举报处理	571
21. 其他市场监管系统问题	523
二、非市场监管系统	5704
三、消费维权知识	8152

（州市场监管局　提供）

【消费纠纷多元化解机制】 2021年，大理州市场监管局深入贯彻消费维权社会共治理念，发挥基层的主动性和创造性，创新拓展“12315”“五进”工作内涵，扩大“12315”消费维权服务站建设范围，建立线上线下“12315”消费维权，织密基层消费维权网络。建立完善全国“12315”平台在线解决纠纷机制(ODR)，以消费纠纷化解在企业、解决在源头为目标，吸纳具有较强消费者权益保护意识的经营者加入ODR平台，运用效能评价、业务指导、信息交流等方式，提升ODR企业化解消费纠纷的能力。完善消费投诉信息公示和约谈制度，建立健全消费投诉信息公示渠道、公示内容，保障消费者知情权，减少信息不对称，发挥好消费者、经营者社会监督作用。至12月，全州入驻ODR企业33户。

【倡导线下购物无理由退货】 2021年，大理州市场监管局解决线下购物退货难问题，广泛宣传动员，激发经营者的内生动力，压实经营者的主体责任，在商场、超市、市场、购物街区中广泛推行无理由退货、首问责任和先行赔付制度，鼓励引导经营户做出无理由退货承诺，鼓励引导商场、市场开办者实行先行赔付机制。督促涉旅购物企业落实《全省游客购物退货工作管理暂行办法》，实行30天无理由退货。同时，依据相关法律法规，对不履行承诺、约定，故意拖延或者无理拒绝消费者合理退货要求的，依法进行查处。

【消费维权宣传】 2021年，大理州市场监管局紧盯元旦、春节、“3·15”、“五一”、中秋、国庆、“双十一”等重要消费节点，围绕消费维权、放心

2021年大理州全国"12315"互联网平台情况统计表

表94

单位：件、%

行政区划	投诉数量	举报数量	咨询数量	表扬数量	总量	初查反馈量	办结量	初查反馈超期	投诉举报办结率
大理州	128	16	18971	5	19120	19120	19118	0	99.99
开发区分局	313	82	0	0	395	395	395	6	100
质监分局	26	0	0	0	26	26	26	0	100
大理市	3243	1062	0	0	4305	4305	4107	17	95.40
漾濞县	40	31	0	0	71	71	68	0	95.77
祥云县	290	125	0	0	415	415	399	4	96.14
宾川县	217	77	0	0	294	294	291	2	98.98
弥渡县	131	53	0	0	184	184	181	0	98.37
南涧县	91	42	0	0	133	133	128	0	96.24
巍山县	150	66	0	0	216	216	215	0	99.54
永平县	52	15	0	0	67	67	63	0	94.03
云龙县	17	22	0	0	39	39	37	0	94.87
洱源县	147	70	0	0	217	217	215	3	99.08
剑川县	53	29	0	0	82	82	78	0	95.12
鹤庆县	130	55	0	0	185	185	185	3	100
总计	5028	1745	18971	5	25749	25749	25506	35	99.06

（州市场监管局　提供）

消费创建、重点消费市场监管整治等工作，利用报纸、广播、电视、网络、LED显示屏、短信、专刊（特刊）等媒体媒介多渠道、多层次广泛宣传消费者权益保护法律法规、消费维权知识、市场监管和消费维权工作情况。"纪念'3·15'国际消费者权益日"活动期间，按照新冠疫情防控要求，采取"线上为主，线下为辅"方式，联合媒体举办专题栏目宣传10次，发布消费提示263条、315专刊一期、年度"12315"投诉举报十大热点，印制发放《"12315"消费维权知识》等宣传资料4.34万份，接受消费者咨询2782人。教育引导广大消费者增强法律意识、维权意识，经营者增强守法诚信意识、责任意识。

【商品质量抽样检测】 2021年，大理州市场监管局筹措经费、增加批次，采取计划抽检和专项抽检相结合，组织开展农产品安全抽检监测，省级抽检4次390批次，合格率为97.5%；组织开展食品安全抽检监测，共抽检9181批次，合格率为97.49%；组织开展药品安全抽检监测，检验207批次，其中评价性检验43批次合格率为97.7%，监督抽验164批次合格率为100%；开展工业产品监督抽查，抽检609批次，其中重要工业产品309批次合格率为97.41%，含磷洗涤用品300批次合格率为98.33%。年内，全州完成国抽、省抽不合格产品企业后处理工作，处置率100%；完成国抽食品不合格产品企业后处理工作，处置率100%；开展医疗器械监督抽样，完成医疗器械监督抽样27批次，其中国抽1批、省抽26批，并组织对1批抽检不合格产品进行查处。开展药品、化妆品抽检，完成省级药品检验207批次，检验合格率99.5%，完成地方性药品抽验50批次、儿童类化妆品20批次，检验合格率100%。

【放心消费创建活动】 2021年，大理州市场监管局印发《关于深入开展"诚信经营放心消费"创建工作的通知》，组织12个县（市）按照《"诚信经营放心消费"承诺店（企业）管理办法》要求开展创建工作，发挥各级消费者权益保护工作联席会议作用，与"净餐馆""管集市"专项行动相结合，加强宣传引导，保障创建工作高效推进。年内组织开展"诚信经营放心消费"示范创建活动，完成示范创建60户，其中示范企业19户、示范超市4户、示范商场4户、示范市场9家、示范店20户、示范服务区3个、示范景区1个；持续推进"管集市"专项行动，开展星级评价，评出五星级市场11个、四星级市场3个、三星级2个，配合商务部门下发奖补资金63万元。

【2021年投诉举报十大热点】

热点一　食品安全问题。主要涉及食品质量（食品变质、混有异物、过期食品）、食堂卫生不达标、食品包装标识不规范、商家夸大宣传食品的保健功效或特殊用途、经营者发布虚假广告、食品广告宣传语中涉及违法违规用语等问题。

热点二　餐饮和住宿服务类。主要反映的是餐饮选用食材不新鲜（变质、有异物）、餐饮服务场所内有苍蝇（蟑螂）等餐饮环境卫生问题及菜品没有明码标价、结账时擅自涨价、餐饮饭菜分量不足、办理的预付款会员卡余额难退、服务人员服务态度差等问题；酒店住宿预付费退款纠纷、优惠活动和商家宣传承诺不符、预订酒店后无故被取消、入住条件与宣传不符、住宿设施设备不齐全、经营者不履行合同提供服务、到店无房入住等问题。

热点三　专业技术服务类。主要反映的是网站预订婚纱摄影（旅拍服务）后因疫情原因无法拍摄要求退订（押）金难、部分摄影机构在网店上使用虚假场景（虚假图片）进行宣传诱导消费者购买服务、拍摄的照片质量差、服务人员态度差、宣传和实际拍摄效果不符等问题。

热点四　美容美发洗浴服务类。主要反映的是美容护肤产品为"三无"产品、预付卡转让（退卡）、商家未按承诺提供服务、经营者拒不履行合同约定的侵权行为、商家转让（倒闭）无法消费和到期后无法延期使用、商家未明码标价乱收费、服务效果质量差、在美容中由于发生过敏（受伤）等情况要求商家赔偿等问题。

热点五　服装鞋帽类。主要反映的是服装（鞋帽）在质保期内出现起球（破洞、掉色、缩水、开胶、断线）

等质量问题、品质和尺码与说明不符、“三包”义务履行、定制衣服与实际约定不符、仿冒品牌商品、假冒知名商标等问题。

热点六　交通工具类。主要反映的是家用汽车（电动车）及零部件在质保期内出现质量问题、售后服务中过度保养（变相收费）、商家不履行“三包”义务、售后承诺履行不到位、销售商与生产厂家之间推诿扯皮、合同违约、电动助力车电瓶使用千米数与说明书或宣传不符等问题。

热点七　首饰类。主要反映的是游客购买的玉石翡翠首饰挂件（银制品）存在以次充好或质次价高问题、商家不履行退换货承诺等售后服务纠纷、购买的足金黄金首饰实际是一口价黄金（硬金）等非足金首饰、经营者不履行更换款式等承诺、黄金首饰以旧换新兑换后发现计重商品换成计件商品并且未告知消费者产生消费纠纷等问题。

热点八　通信产品类。主要反映的是手机质量问题、“三包”义务履行、手机分期购买纠纷、商家虚假宣传优惠活动或手机功能误导消费、维修服务拖延等问题。

热点九　家居用品类。主要反映的是家居用品存在质量问题、售后服务不到位、商场内促销广告和实际不符、商家不履行合同约定、商品标识不符合规定、出现质量问题后经营者推诿扯皮不履行售后服务、送货商品与约定不符、预付定（订）金纠纷等问题。

热点十　教育、培训服务类。主要反映的是培训机构停业跑路、服务质量与承诺不符、经营者不按约定时限提供服务、不公平条款等问题。

（盖玉文撰稿）

2021年大理州公租房分配及租赁补贴发放情况表

表95

县市	总数（套）	分配数（套）	发放城镇住房保障家庭租赁补贴（户）
祥云县	4958	5022	369
永平县	2280	2284	451
洱源县	3640	3810	0
宾川县	4264	4254	67
剑川县	2110	2104	820
巍山县	3084	3069	100
鹤庆县	4862	4826	583
南涧县	2222	2205	2412
漾濞县	2202	2162	139
弥渡县	4665	4545	75
云龙县	1937	1858	166
大理市	14009	13178	1004
合计	50233	49317	6186

2021年大理州城镇棚户区改造开工情况表

表96

县市	目标任务（套）	开工数（套）	开工率（%）	完成投资（含续建项目）（万元）
大理市	0	0	0	38356
漾濞县	121	121	100	838
祥云县	0	0	0	6543
宾川县	500	500	100	3250
弥渡县	200	200	100	23590
巍山县	0	0	0	3500
南涧县	0	0	0	0
永平县	500	500	100	25828
云龙县	0	0	0	1570
洱源县	165	165	173.3	1655
剑川县	0	0	0	7580
鹤庆县	0	0	0	0
合计	1486	1486	100.00	112710

（州住建局　提供）

住房保障

【概况】 2021年，大理州高度重视城镇保障性安居工程建设工作，加强组织领导，采取有效措施，加快推进全州以公共租赁住房和城镇棚户区改造为主的城镇保障性安居工程建设。2021年，省下达大理州城镇住房保障家庭租赁补贴发放任务6031户，至年末，全州共发放6186户，发放资金1426.45万元，超额完成省下达任务及州政府确定的“十件惠民”实事目标任务。

【公租房建设管理】 2021年，大理州高质量构建全州多主体供给、多渠道保障的城镇住房供应与保障体系，解决城镇困难群众住房问题。2005年至今，上级共下达大理州公共租赁住房建设任务54344套。截至2021年末建成52844套，完成投资63亿元，其中政府投资公租房分配49317套，占建成数50233套的98.18%，近17万名住房困难群众实现“安居梦”。年内，全州开展公租房集中清理整治工作，重点对违规使用公租房、家庭住房收入条件超标等违反公租房政策的行为进行清查，全年清理整治1016户。

【城镇棚户区改造】

项目情况　①城镇棚户区改造。年内，省下达大理州年度城镇棚户区改造任务为新开工1486户，年内基本建成365户，要求8月底前100%开工。至12月底，大理州棚改新开工1486套，完成年度任务。②中央住房保障补助资金。全年，中央省投入住房保障补助资金28731万元；其中第一批保障性安居工程中央专项资金1753万元，第二批2915万元；保障性安居工程配套基础设施建设第一批中央预算内资金8859万元，第二批6995万元；保障性安居工程奖励项目中央基建投资预算资金7466万元。③省住房保障补助资金。省级补助资金743万元。④专项债券。发行永平棚改专项债券1.5亿元。

资金支付情况　2021年，大理州施行每旬对棚户区项目改造资金支付情况进行通报的制度。至12月30日，全州棚户区改造到位资金215.93亿元，支付191.03亿元，支出比率88.47%，未使用24.9亿元；其中财政资金62.85亿元，支出47.33亿元，支出比率75.31%，未使用15.52亿元；贷款资金136.9亿元，支出127.72亿元，支出比率93.29%，未使用9.18亿元；专项债券资金16.16亿元，支出15.97亿元，支出比率98.83%，未使用1896万元。

（州住建局供稿）

妇女儿童

【概况】 2021年，大理州坚持将妇女儿童发展规划"六纳入"，即将妇女儿童发展规划纳入经济社会发展总体规划、专项规划和部门规划，纳入政府工作报告，纳入政府民生实事，纳入政府财政预算，纳入政府工作督查，纳入年度综合考核；妇女儿童事业发展与经济社会发展"三同步"，即同步规划、同步实施、同步考核。继续贯彻男女平等基本国策，建立"男女平等基本国策"五进机制，促进性别平等评估机制有效实施。定期组织召开妇女儿童工作会议，分析研究妇女儿童工作中存在的困难和问题，部署妇女儿童工作。深入各县（市）、成员单位指导、督促、检查工作，形成"党委领导、政府负责、人大政协监督、成员单位齐抓共管、社会各界广泛参与"的妇女儿童工作格局。同时，进一步加强关工组织建设和人员调配，建成州、县（市）、乡（镇、街道）、村（社区）、学校、企业等关工工作组织3188个，比上年增加1042个；有专兼职工作人员8691人，比上年增加2741人。各级关工委深入学习中办国办《关于加强新时代关心下一代工作委员会工作的意见》，重点组织开展青少年思想道德教育、关爱帮扶、预防青少年违法犯罪等项工作。

【妇女儿童发展规划编制】 2021年，大理州研究推动妇女儿童实现新发展的政策建议，做好妇女儿童发展规划与"十四五"规划以及专项规划的相互衔接。印发《大理州妇女儿童发展和家庭建设相关内容纳入全州"十四五"有关专项规划的通知》和新规划编制工作方案，将"坚持男女平等基本国策"，促进妇女全面发展；坚持儿童优先原则，保障儿童健康成长；深入实施"家家幸福安康工程"，加强家庭、家教、家风建设等内容纳入州、县（市）"十四五"规划，统筹推进妇女儿童事业与经济社会同步协调发展。参加《云南省妇女儿童发展规划（2021—2030年）》编制工作培训班，传达云南省新规划编制工作会议精神，安排大理州新一轮妇女儿童发展规划编制工作。注重终期评估结果的运用，勇于创新，与时俱进，坚持目标导向和问题导向相统一、全面规划和突出重点相协调、战略性和操作性相结合，确保新规划具有前瞻性、指导性和可操作性。

【两个规划终期评估评审工作】 2021年，印发《大理州妇女儿童发展规划（2011—2020年）终期评估工作方案的通知》等4个文件，全面评估两规实施情况。①终期评估报告评审会议。召开大理州妇女儿童工作业务培训会暨妇女儿童发展规划（2011—2020年）终期评估报告评审会议，对2011—2020年数据统计进行评审汇总，列出问题清单，对报送数据不科学、空缺数据等问题进行研判、限期整改，针对未达标指标、空缺指标提出科学合理的意见建议，有效提高达标率。②州终期评估指导。州政府妇儿工委终期评估组到南涧县和祥云县开展终期评估指导工作，实地考察南涧县村两委换届后女性进两委班子情况、县初级中学校园安全防范工作、农村卫生厕所普及率。抽查祥云县妇儿工委办履职情况及村两委换届中女性比例达标情况等。抽查组一行针对两县实施妇女儿童发展规划重点难点问题进行督促指导，以确保县（市）终期评估工作完成。③省终期评估指导。云南省妇女儿童发展规划终期评估组到大理州洱源县第二幼儿园、妇幼保健院、中心敬老院、县法院、共和中心完小、郑家庄和剑川县沙溪镇初级中学、中心幼儿园、妇幼保健院、中心敬老院、新仁村儿童之家进行现场考察和实地抽查评估，为大理州终期评估工作提出意见建议。④两个规划实施情况。大理州妇女发展规划监测指标体系中107项可量化指标达标106项，达标率99.07%；大理州儿童发展规划监测指标体系中79项可量化指标达标78项，达标率98.73%。全州形成全社会尊重妇女儿童，支持和促进妇女儿童发展的良好氛围，妇女儿童卫生保健、受教育程度提高，妇女儿童的社会保障制度完善，维护妇女儿童合法权益的能力增强，打击侵害妇女儿童权益犯罪力度加大，妇女就业、参政渠道扩大，妇女在政治、经济、文化、社会、生态等方面的权益得到保障，儿童的生存、保护、发展、参与等基本权益得到保护。

【性别平等工作】 2021年，大理州印发《"男女平等基本国策"五进工作机制》，从机制保障上加快性别平等工作的有效推进。同时，印发《大理州建立地方法规政策性别平等评估审查机制工作方案》，推荐大理州实验小学、下关四中正阳校区为大理州开展性别平等教育试点学校，组织示范学校教师参加云南省中小学性别平等教育骨干教师培训班，推动中小学开展性别平等教育，建立尊重平等、性别友好的校园环境。

3月30日，大理州妇女儿童维权服务中心成立仪式在大理市云南法阳律师事务所举行

（州妇儿工委　提供）

【青少年党史学习教育】 2021年，全州各级关工委组织开展青少年“中华魂”（民族复兴的旗帜——庆祝中国共产党成立100周年）主题教育活动和青少年读书活动，深入学习宣传党的光辉历史，全州27万人参加活动。同时，州关工委成立苍洱“五老”宣讲团，参与州委宣传部组织的大理“苍洱品牌”理论宣讲矩阵，16名“五老”宣讲员深入学校、社区、乡村，给青少年讲述鹤庆人民与红军鱼水情深的故事，剑川县“四二”暴动以及革命先驱张伯简、施滉、王复生、王德三和抗日民族将领周保中的故事。各级关工委利用当地党史国史教育基地举办纪念活动、夏令营、社会实践等系列活动，引导青少年传承红色基因、争做时代新人。全州各级关工委开展党史系列教育活动2120场次，受教育青少年40万余人次。

【家庭教育】 2021年，大理州各级妇儿工委积极协同州教体局、州关工委共同办好家庭教育学科建设和理论研究。①家庭教育服务。成立大理州家庭教育指导服务站点20个、讲师团13个、家长学校3333个、网上家长学校26个、新媒体服务平台26个、社会组织18个；家庭教育指导服务队伍有成员213人，社区家长学校有法治辅导员78人；大理州家长学校建校率为100%，家长家庭教育知晓率城市为98%、农村为91%。组织群众及家庭观看《爱党爱国爱中华》《勤奋好学自立》等10集家风家教宣传片，70余万人参与收看，树立青少年正确的人生观和价值观，践行好家训、弘扬好家风。组织开展“读书日”亲子阅读活动，2000余人参加。开展“未成年人保护工作宣传月”集中宣传活动，发放《中华人民共和国未成年人保护法》《中华人民共和国预防未成年人犯罪法》《认识身体保护身体》等法律书籍、儿童保护宣传画册2500余册。印发《“颂百年风华　传红色基因”2021年大理州家庭亲子阅读活动实施方案》，开展党史、思想道德教育学习讲座、主题演讲、读书征文、知识竞赛等活动，受益家长儿童41889人。全年开展家庭家教家风建设工作培训224次，培训工作者3000人；开展思想道德教育活动28次，5600人参与；开展法治教育、家庭家教家风巡讲活动7次，70万人次参与。②家庭教育研究。协同州教体局、州关工委共同办好中小学、幼儿园、中等职业学校家长学校，推动高等学校加强家庭教育学科建设和理论研究。开展云南省家庭教育立法可行性问卷调查，深入了解全州家庭教育现状，推动云南省家庭教育立法工作。组织全州妇联干部、妇女工作者、家庭教育工作者、妇女群众和家庭等2000余人观看《中华人民共和国家庭教育促进法》解读直播讲座。动员各级妇联干部职工参加第六届中国家庭学科研讨会暨家庭建设论坛线上会议，与专家、家庭教育工作者进行家庭家教家风领域的学术交流。贯彻落实《大理州中长期青年发展规划（2019—2025年）》，激励引导青年与民族同命运、与祖国同奋进、与时代齐发展。参加《云南省实施〈中华人民共和国未成年人保护法〉办法》《云南省预防未成年人犯罪条例》征求意见座谈会并提出修改意见。开展大理州妇女儿童心理健康服务指导试点工作，与大理沐宇心理咨询中心签订协议，为广大家庭提供有效的家庭教育指导和心理健康指导服务。

上图：12月10日，“男女平等基本国策”进乡村培训；下图：7月，大理州2021年妇女创业担保贷款集中发放大理市现场会

（州妇儿工委、大理市志办　提供）

【妇女儿童关爱保护】 2021年，大理州成立州未成年人保护工作领导小组，加强保障未成年人合法权益。印发落实《中共中央　国务院关于优化生育政策促进人口长期均衡发展的决定》《关于加强新时代婚姻家庭辅导教育工作实施意见》等政策文件，维护家庭婚姻和谐稳定。实施《关于印发儿童青少年近视防控光明行动工作方案（2021—2025年）的通知》，全面强化儿童青少年视力健康工作。联合州教体局、经开区、市妇联、市融媒体中心开展“把爱带回家”寒假儿童关爱网络直播活动，慰问10户困难家庭，发放慰问金1万元。开展儿童早

期发展指导和家庭科学育儿指导服务。开展青少年心理健康专题讲座、妇女健康知识讲座，1万余人聆听讲座。开展"六一"儿童节活动，为儿童办好事实事5686件，慰问挂钩村孤残儿童2582人，慰问农村留守儿童20519人，开展儿童关爱保护宣传1630次、志愿服务活动1352次。开展"学党史颂党恩　守护安全伴成长"暑期儿童关爱服务活动，"99公益日"爱心募捐活动，把党和政府的关爱送到孩子手中。推选13名品学兼优的山区少数民族初中毕业女生到昆明女子中学免费就读，每年补助生活费1500元。

州关工委组织开展农村青年电商技能培训班，助力乡村振兴

（州关工委　提供）

【青少年法治教育】 2021年，州关工委通过举办培训班及建设青少年法治教育示范基地等举措加强青少年法治教育。①普法教育活动。各级先后举办普法培训班12期，培训教师和法治副校长680人。各级关工委成员单位协同配合，深入中小学校和乡村（社区）开展《中华人民共和国民法典》《中华人民共和国未成年人保护法》《中华人民共和国预防未成年人犯罪法》《中华人民共和国道路交通安全法》《中华人民共和国消防法》及禁毒、反邪教等法律法规宣传教育活动2219场次，受教育青少年63.2万人次。②建设示范基地。各地整合省州县（市）关工委、政法委、司法局、教体局经费752万元，建成挂牌投入使用青少年法治教育示范基地12个，全年参观学习的青少年2.72万人次。③未成年人司法项目。深入推进"四落实"，组建合适成年人队伍1208人，组织218名工作人员参加各级未成年人司法项目工作业务培训学习。年内，全州参与涉罪未成年人首次讯问和后续讯问663人次，受委托开展社会调查125人，参与法庭庭审12人，提出分流建议33人，办案机关采纳分流建议32人。对66人开展帮教矫治，30人有明显转变，全州未成年人犯罪案件和人数呈下降趋势。

【"我为青少年办实事"活动】 2021年，大理州关工委开展"我为青少年办实事"关爱活动。筹集省、州经费24万元，救助漾濞地震受灾学生142人；给宾川县红军小学等6所学校送去7万元教学和文体用品；资助年度考取大学本科困难家庭学生96人（每人1000元）；各级整合资金2470万元，资助困难家庭学生15240人；通过《大理日报》宣传，为大理市重病学生张某霞募集4万余元爱心经费；开通"12345"政务热线安排"五老"热线受理员，聘请义务律师2人，开展投诉、举报、政策法律咨询，提供法律援助和司法救助；各县（市）聘请"五老"义务监督员257人，在开展网吧监督的同时，对沉迷网络青少年开展教育引导工作；举办农村青年电商技能培训班1期，培训农副产品营销致富带头人70人。

（田峥嵘、张利彪撰稿）

民　政

【概况】 2021年，大理州坚决扛稳兜底保障政治责任，兜住兜牢民生底线，推进改革完善民政事业相关工作。坚持高位推动社会救助工作，及时出台相关政策，健全社会救助体系，优化社会救助体制机制，在保障农村社会救助兜底保障政策总体稳定的基础上统筹发展城乡社会救助制度，加强低收入人口动态监测，完善分层分类社会救助制度体系，拓展社会救助范围，创新服务方式，提升服务水平，做到应保尽保、应救尽救、应兜尽兜。完成2条州市之间和5条州市辖区内界线联检工作。开展"保护地名文化、记住美丽乡愁"乡村地名提升行动，1条红色地名故事被民政部采用，开展不规范地名清理整治工作，推进行政区划调整工作。开展引领婚育新风加强婚姻管理三年专项行动，全州办理国内婚姻登记25368对（其中结婚登记21310对、离婚登记8128对），涉外婚姻登记13对（其中涉外结婚登记7对、涉外离婚登记6对）；办理收养登记96件；救助流浪乞讨人员1487人次。年内，大理州民政局被云南省民政厅评为全省年度民政重点工作综合评估优秀等次，被州政府评为第七次全国人口普查优秀集体，被州委、州政府表彰为大理州扫黑除恶专项斗争先进集体，被州政协评为提案办理先进单位。

【社会救助】 2021年，大理州坚持"凡困必帮、有难必救"的原则，及时将受疫情影响导致基本生活陷入困境、其他社会救助制度暂时无法覆盖的困难群众纳入救助范围。对受疫情影响，暂时找不到工作又得不到家庭支持的生活困难外来务工人员直接实施临时救助。12月31日，全州有城乡低保对象17.26万人（城保1.55万人、农保15.71万人），其中有脱贫建档立卡对象6.99万人，全年累计支出低保金5.95亿元；全州有特困人员9100人，其中脱贫建档立卡对象1500人，全年累计支出特困供养金1.05亿元。印发《大理州民政局关于提高2021年城乡居民最低生活保障和特困人员救助供养标准的通知》，从7月1日起，全州农村低保保障标准每人每年提高至4770元、城市低保保障标准每人每月提高至660元、特困供养标准每人每年提高至858元。聚焦因病、因灾、因疫情等原因导致基本生活陷入困境等低收入人口，累计开展临时救助5.59万人次、支出3838.11万元，其中救助脱贫建立卡对象9471人次、支出615.4万元。

【养老服务体系建设】 2021年，大理州出台《建立健全养老服务综合监管制度促进养老服务高质量发展的实施方案》等4份文件，全面推进全国居家和社区基本养老服务改革试点和提升行动项目建设，投入6592万元新建和改造67个社区居家养老设施，探索设立3家“机构＋社区养老”复合型托老设施，探索创新大理镇玉洱社区等6个社区“微型养老院”建设，社会化运营17个居家养老服务设施，完成2100张家庭养老床位建设，2400户困难老年人家庭适老化改造，初步形成全州居家和社区养老服务示范圈。全面完成25个省政府10件惠民实事“阳光惠老工程”项目建设。对24家养老机构进行失能照护、护理型床位改造等提质改造，提升养老服务质量。对46家养老机构开展等级复核与评定工作，组织414名养老护理员、老年人能力评估人员培训，提升综合护理水平。引导社会力量参与养老服务业发展，全州医养结合养老机构21个，占比38%。社会力量兴办、运营养老床位2131张，占运营机构总床位的40%。至12月，全州建有各类养老服务机构及设施361个，其中各类养老机构85个（医养结合21个），居家养老服务中心（日间照料中心、互助养老服务站）276个，养老服务总床位11669张，社会力量运营养老床位占总床位的40%。护理型床位在运营床位中的占比为67%。县级失能照护机构实现全覆盖。

2021年大理州社会团体登记情况表

表97 单位：个

单位	社团总数	农村扶贫互助社	慈善（总）会	农村专业经济协会	异地商会	行业协会
大理州本级	147	0	1	0	12	16
大理市	86	11	1	6	0	4
漾濞县	91	46	0	0	0	3
祥云县	110	24	1	1	0	8
宾川县	118	37	1	4	1	8
弥渡县	62	28	1	0	0	11
永平县	151	76	1	0	0	0
云龙县	135	81	1	15	0	8
南涧县	140	85	1	22	1	3
巍山县	198	92	1	15	0	1
洱源县	112	88	1	0	0	2
鹤庆县	159	47	0	0	1	6
剑川县	179	90	1	17	0	2

2021年，大理州民政系统加强对慈善事业的监管，全州慈善事业规范发展。图为9月6日在大理市太和街道开展的中华慈善日宣传活动现场

（州民政局　提供）

【基层政权建设和社区治理】 2021年，大理州民政局有序规范村级组织和村干部权力事项，实现全州所有行政村小微权力清单全覆盖，改进和规范基层群众性自治组织差距证明事项工作。开展“社区万能章”治理，有效推进全州城乡社区减负。完成全州1157个村（社区）“两委”换届选举工作，实现新任村（社区）“两委”干部全覆盖培训。完成6个省级城乡社区建设试点，实现民政公共服务在176个易地扶贫安置点的全部覆盖，修订完善村（居）规民约并延伸至村（居）民小组一级。建立长效机制，做好民政领域扫黑除恶工作。

【社会组织登记管理】 2021年，大理州有社会团体1609家，民办非企业852家，基金会2家。州级登记社会组织3家，注销21家，换届33家。加强党对社会组织的引领和建设，完成155家社会组织的章程修订及核准，建立社会组织党建工作指导员联系分工制度，指导29个社会组织支部规范开展党建工作；深化社会组织领域改革，推进为社会组织减负工作，对1753家社会团体减免年度审计经费351.2万元，投入16.4万元完成30家社会组织法定代表人的经济责任或注销清算审计；继续推进行业协会商会乱收费专项清理整治。动员社会组织参与漾濞“5·21”地震救灾，累计捐款捐物折合金额903万元。加强社会组织监管，63家行业协会商会出台财务管理制度，打击非法社会组织5家，清理僵尸型社会组织20家，社会组织发展更加规范有序。

【慈善事业和社会工作】 2021年，大理州民政局加强对慈善活动的监管，州慈善总会累计接受捐款258.67万元，支出258.64万元。加快推进全州社会工作专业人才队伍建设，全州社会工作专业人才3201人。完成全州112个乡（镇、街道）社工站建设全覆盖，抓好“三区”社会工作专业人才支持计划和沪滇“牵手计划”落实。做好志愿者的注册管理工作，至12月31日，全州注册登记志愿者59.95万人、志愿团体2633个，开展志愿服务830.5万余小时。

【社会事务】 2021年，大理州投入8119万元加快殡葬基础设施建设步伐，实

11月19日，大理州第一家老年幸福食堂（太和街道关迤社区老年幸福食堂）投入运行 （州民政局 提供）

现殡仪馆12个县（市）全覆盖，建成经营性公墓4个、农村公益性公墓（骨灰堂）248个，覆盖92%以上的乡（镇），初步形成覆盖城乡的殡葬基础设施服务网络。大力推行火化和节地生态安葬，全州84个乡（镇）、608个村（社区）划定为火葬区，火葬区覆盖人口240.68万人，占全州总人口的66.76%。深入推行遗体火化、骨灰进公墓集中安葬，推广树葬、花葬、草坪葬等节地生态安葬方式。全年火葬区火化率提升至91%、节地生态安葬率提升至77%。实施惠民殡葬政策，全州累计补助1322.22万元，惠及10518人。稳步推进殡葬领域突出问题整治，全州党员干部带头拆除活人墓、综合整治大墓、豪华墓，散埋乱葬现象得到有效遏制，“三沿六区”基本完成整治工作。开展殡葬业价格秩序公益性安葬设施建设经营专项整治，清理整治接运遗体车辆48辆、违法违规公益性安葬设施墓位60座，完善公益性安葬设施审批手续92个。

【社会福利】 2021年，大理州争取中央、省级福彩公益金6597.2万元，投入州级福彩公益金2600万元用于全州养老服务体系、殡葬基础设施、儿童福利机构、扶贫、助残等项目实施。州、县（市）建立未成年人保护工作领导协调机制，将全州1.94万名农村留守儿童、2.97万名困境儿童全部纳入信息系统进行动态管理。做好768名孤儿、艾滋病病毒感染儿童和事实无人抚养儿童基本生活保障工作，按时足额发放孤儿等特困儿童生活费1193万元。投入27万元开展政府购买农村留守儿童关爱保护和困境儿童保障服务，累计为488名无户籍农村留守儿童办理常住户口登记，为57名失学辍学农村留守儿童返校复学。为17余名孤儿实施“孤儿医疗康复明天计划”，向93名孤儿和6名事实无人抚养儿童发放“福彩圆梦·助学工程”助学金94.2万元。全年累计为4.54万名残疾人发放5241.27万元困难残疾人生活补贴和重度残疾人护理补贴。为7.25万名80周岁以上老年人发放高龄长寿补贴4705.36万元。全州销售福利彩票5.32亿元。

（董钊撰稿）

残疾人事业

【概况】 2021年，全州残联系统围绕中心、服务大局，开拓创新，巩固拓展残疾人脱贫攻坚成果，补齐残疾人基本公共服务短板，提高服务残疾人能力和水平，加强残疾人康复服务设施建设运营。筹措资金，集中统一采购办证制卡设备，全面完成大理州第三代残疾人证（智能化）换证发放工作。组织开展残疾人两项补贴资格认定申请“跨省通办”业务培训，推动全州“跨省通办”工作规范开展，完成办理“跨省通办”业务26件，其中审核通过并办证14件。针对全州县（市）托养中心运营困难工作实际，深入调查研究，指导县（市）研究制定运营方案，探索公建民营、民办公助、合作运营、委托经营等运营新路子，除剑川投入运营外，鹤庆、祥云、永平已取得实质性进展，南涧、弥渡正在与意向合作方进行接洽和谈判。向上汇报州残疾人康复中心项目建设情况，加强与相关职能部门协调配合，推动实施大理州残疾人康复中心项目纳入滇西区域医疗中心统一布局建设。年内，州委、州政府高度重视困难残疾人的生产生活，在春节、全国助残日、全国爱耳日、全国残疾预防日期间分赴各县（市）开展走访慰问活动，慰问困难残疾人7519名，累计慰问物资288.2万元。

【巩固残疾人脱贫攻坚成果】 2021年，大理州残联加强数据比对，及时掌握两类人员中残疾人相关情况。全州有持证脱贫不稳定户残疾人1411人、占全州脱贫不稳定户的9.83%，有边缘易致贫户残疾人1924人、占全州边缘户的9.55%。做好两类人员残疾人数据动态监测，对重点人员进行走访，逐户逐人核实相关情况。密切关注其他困难人员，精准聚焦因病因灾因意外事故等重点情况，开展残疾评定和办证工作，对易返贫致贫风险的残疾人做到早发现、早研判、早帮扶。加大服务项目倾斜力度，对符合条件、有需求的两类残疾人给予优先保障和服务。

【创业就业服务】 2021年，大理州残联开展就业援助月活动，走访残疾人登记失业人员家庭303户，登记失业残疾人160人，组织残疾人专场招聘会25场次，帮助登记失业人员实现就业52人，帮助残疾人享受专项扶持政策331人，完成实名制培训计划448人。开展残疾人创业就业扶持，为102名残疾人提供创业就业扶持，完成残疾人就业示范基地1个、残疾人非遗传承培训基地1个、残疾人就业示范点3个的申报和审核工作。投入资金85万元，组织开展州级残疾人职业技能培训425人；争取省级资金31万元，对155名残疾人开展职业技能培训；选送7名残疾人参加省就业中心网络安全、宠物美容、“昆明济世之家”职业技能培训。开展盲人按摩行业管理及培训工作，完成沪滇对口帮扶盲人高级研修班和年度初级培训，为全州55家盲人按摩店发放

2021年大理州持证残疾人基本情况表

表98　　单位：人

残疾类型	视力残疾	听力残疾	言语残疾	肢体残疾	智力残疾	精神残疾	多重残疾	合计
一级	3559	1776	1372	2789	605	466	3351	13918
二级	2307	2554	735	7797	2962	3415	1921	2169121605
三级	1582	3932	358	11668	3053	6915	1089	28597
四级	3524	2388	302	23685	1204	1523	368	3299
合计	10972	10650	2767	45939	7824	12319	6729	972009697696

（州残联　提供）

2021年，大理州将“扶贫助残”列为州政府10件惠民实事之一，切实为残疾人群办好事、实事。图为残疾人阳光家园服务现场　（云龙县志办　提供）

疫情稳岗补助5.5万元，完成盲人保健按摩机构规范化建设和星级评定，对年审合格的53家盲人按摩店发放扶持资金5.3万元，对新增的2家盲人按摩店发放补助1万元。

【康复服务】 2021年，大理州残联以州政府10件惠民实事中的“扶残助残”工程为重点，组织实施残疾人服务项目，全年残联系统新办理残疾证1010人，完成智力精神和重度肢体残疾人居家托养服务5365人、同比增长72.9%，完成残疾儿童实施康复救助540人、同比增长46.3%，完成残疾人家庭无障碍改造583人。为755名困难精神残疾人提供免费住院治疗康复救助，为9392名残疾人提供康复服务，为3284名残疾人提供辅具适配服务，为148名残疾学生及残疾人家庭子女提供助学资助，为450名残疾人提供困难救助，全州残疾人康复服务率、辅具适配率分别达到99.96%和99.93%。组织全国助残日活动，联合相关部门和医疗机构深入县（市）开展残疾人鉴定咨询服务和惠残政策解读，先后完成残疾儿童康复评估106人、人工耳蜗手术评估47人、肢体矫治手术评估72人、易致贫和返贫残疾人康复服务177人、假肢维修及保养服务188人，受到残疾人家属的赞誉和好评，真正为残疾人群众办实事、做好事。

【残疾人事业宣传】 2021年，大理州残联筹备州残疾人体育运动员技能集训工作，选拔培育运动员苗子50人。组团参加第九届云南省残疾人艺术会演和第十届全国残疾人艺术会演（西部片区）比赛，获得全省一等奖2个、二等奖2个、三等奖1个的好成绩，其中获全省一等奖的2个节目代表云南省参加全国西部地区大赛，分别获全国二等奖。联合大理州广播电视台深入祥云等县（市），全方位、多角度、深层次宣传报道大理州残疾人居家托养服务、无障碍改造、创业就业和残疾儿童康复救助等扶残助残工程取得的成效。制作播出《共享阳光》专题节目13期。与大理州广播电视台《身边会客厅》栏目联合拍摄访谈节目《有爱无碍　筑梦未来》2期节目，对残疾人扶残助残相关政策工作取得的成效作全面解答，节目播出后收到良好的社会效果。

（王学锋撰稿）

红十字事业

【概况】 2021年，大理州红十字会积极推进全州红十字会改革工作。广泛动员社会力量，援助漾濞“5·21”地震、洱源“9·13”泥石流救灾，推进“三救”“三献”工作，强化宣传筹资，加强对外交流与合作。将精神文明建设工作与红十字会党建、党风廉政建设、内部管理和业务工作、单位文化建设等有机融合，提高干部队伍综合素质和履职能力，充分体现红十字特色。年内，州红十字会被省委、省政府命名为省级文明单位；大理州抗击新冠疫情作出突出贡献的3家爱心企业大理惠丰房地产开发有限公司（捐款200万元）、大理经开健康产业管理有限公司（捐款100万元）、大理药业股份有限公司（捐款100万元）获中国红十字会总会表彰；大理州红十字会获年度中国红十字会总会报刊宣传先进集体称号；州红十字会赈济救护部部长李明人选中国红十字会“会员之星”，宾川县金牛镇定光幼儿园园长、宾川县红十字会第三志愿服务队队长董如莲被评选为全国红十字志愿服务先进典型。

【红十字会改革】 2021年，大理州红十字会换届健全理事会，成立监事会，形成理事会决策、执委会执行、监事会监督的管理机制。推进州红十字会7个方面26项改革措施的落实，督促12个县（市）出台《红十字会改革方案》，其中8个县设立监事会，因机构性质（11个县级红十字会为事业单位），县（市）采用人员全部置换、逐渐置换、挂靠卫健部门等方式推进改革工作。

【抗震救灾】 2021年，大理州红十字会参加漾濞“5·21”地震、洱源“9·13”泥石流两场自然灾害救援救助。①漾濞“5·21”地震救灾。漾濞县发生6.4级地震后，州红十字会第一时间启动应急预案，组建州应急救援队，当天晚上深入震中查看灾情，并及时送达200个家庭包，争取到省红十字会和总会3000个家庭包、1000件冲锋衣、300顶帐篷运抵灾区。全州红十字会系统募集捐款1617万元，捐赠价值2478.69万元的物资，其中州本级捐款290.37万元，省红十字会捐款155.7万，援助漾濞县灾后恢复重建。②洱源“9・13”泥石流救灾。灾情发生后，州红十字会赶赴灾区调查了解灾情，送去家庭救助包100个。社会各界踊跃捐款捐物，洱源县红十字会接受捐款447.53万元、价值43.1万元捐物，支持应急救灾和灾后恢复重建。

【人道救助】 2021年，州红十字会出台《大理州红十字会困难群众救助办法》，规范操作流程。拨付各县（市）红十字会资金28.4万元开展人道救助工作。全州医疗救助393人次，助学帮扶582人次；开展“六一”儿童节慰问剑川县、洱源县挂钩村学校和幼儿园价值1.74万元的物资。

【应急救护工作】 2021年，中国红十字会援建南涧县红十字会生命健康安全体验馆建成开馆。以应急救护“七进”为重点，广泛开展应急救护培训。全州应急救护培训覆盖200个机关、学校、企业村镇，普及培训32615人次、培训持证红十字救护员2554人。开展1期应急救护师资培训班，培训55人。依托“防艾”工作，开展预防艾滋病知识和应急救护知识培训155期，培训6986人次。

【博爱活动与项目】 2021年，大理州红十字会开展“博爱送万家活动”，实施完成2个“博爱家园”项目。①“博爱送万家活动”。1月27日，州红十字会在永平县启动全州红十字“博爱送万家活动”，全州发放家庭箱2216个，价值73万元，受益群众1.55万人。②“博爱家园”项目。争取到香港红十字会援助宾川县、祥云县共2个“博爱家园”项目。2个“博爱家园”项目建设实施完成，其中逃生避难广场投入使用。通过“博爱家园”项目对项目村群众进行防灾减灾培训，提升群众自救互救能力和技能；“生计金”帮助贫困户发展产业，巩固脱贫攻坚。

【白血病先心病儿童救助项目】 2021年，大理州实施白血病、先心病儿童救助项目。①“爱心”先心病救治项目。上海市胸科医院的专家团队深入大理州对0~18岁先心病患者筛查184人，38人可手术，其中29人到上海免费手术，通过医保和有关基金会支持，让患者免费治疗。②小天使基金项目。年内，全州有22名患白血病的儿童得到中国红十字基金会“国家彩票公益金大病儿童救助项目”资助，获66万元救助金，省红十字会第一时间向大病患儿家庭个人银行账户拨付救助资金。

【纪念日活动】 2021年，州红十字会通过纪念日活动宣传红十字会和众筹活动。①“5・8”世界红十字日活动。州红十字会联合大理读吧、大理州图书馆举办纪念“5・8”世界红十字日暨生命之约・大爱传递线上线下宣传活动，邀请3名人体器官和遗体捐献者家属讲述捐献的感人事迹，进行诗朗诵和大爱传递互动问答，向参加活动的书友及志愿者赠送书籍《别来无恙》80余册，向新成立的4支州红十字会志愿服务队授旗，为捐赠成绩突出的单位和爱心人士颁发牌匾。邀请《云南日报》《大理日报》等省州8家媒体记者进行宣传报道和网络推送，近千人收看直播，线上线下约有20万人次关注此活动。②“9・9”公益日活动。州红十字会联合州乡村振兴局、州文明办向全州发出倡议，得到各单位及社会各界响应，参与“博爱大理行99公益日”网络众筹活动。通过3天网络众筹及捐赠，全州红十字会系统网络筹款113.94万元，62107人次参与，位于全省前列，该项捐款将用于“博爱送万家活动”，救助最易受损人群。

上图：2月1日，大理州红十字会到大理市兴盛社区开展贫困群众走访慰问活动；下图：9月11日，大理州红十字会在洱海生态廊道开展世界急救日宣传活动
（州红十字会　提供）

【志愿者捐献工作】2021年，全州红十字会系统采集造血干细胞、遗体、人体器官等多人（份）。①造血干细胞捐献。年内，全州红十字会系统采集造血干细胞捐献志愿者血样508人份入库，48名志愿者分别到昆明捐献造血干细胞，挽救血液病患者的生命。②人体器官和遗体捐献。2月26日，州卫健委和州红十字会召开人体器官捐献联盟工作会议，由州医院牵头成立全州器官捐献联盟，并进行业务培训，邀请楚雄州人民医院、临沧市人民医院交流工作经验。器官捐献联盟到6个县开展宣传及业务培训。全州有3020名志愿者进行器官捐献登记，捐献器官3例，捐献心脏、肝、肾大器官9个，眼角膜4枚。《大理州遗体捐献管理办法》正式实行，捐献于大理大学遗体3例。③无偿献血。年内，大理州推行第二届"公务员、医务人员献血月活动"，州红十字会组织干部职工和志愿者参与无偿献血活动，并督促指导各县（市）红十字会广泛开展宣传动员，推进无偿献血工作，在血源紧张的情况下，配合州中心血站，动员团体会员单位、爱心企业参与无偿献血。④捐赠款物接受管理。年内共接受社会捐赠款物1053万元，其中捐款950万元、捐物价值103万元。捐赠款物主要用于援助漾濞"5·21"地震和人道救助，均按有关要求投入使用，接受社会监督，并邀请第三方进行审计。

（杨琴珍撰稿）

搬迁安置

【概况】2021年，州搬迁安置办公室围绕州委、州人民政府和省搬迁安置办公室的部署，强化工作措施，狠抓工作落实，埋头苦干。加快推进龙开口、鲁地拉、观音岩、苗尾4座水电站工程竣工建设征地移民安置验收工作；主动配合水务部门，加快推进拟建、在建大中型水利工程移民搬迁安置工作；加大移民后期扶持力度，全力做好移民维稳工作，强化移民资金监管，为"十四五"全州搬迁安置工作开好头、起好步。

【移民搬迁安置】2021年，大理州完成移民搬迁安置工作。①水电移民搬迁安置。完成鲁地拉、龙开口两座水电站移民工程项目设计变更，移民逐年补偿资金兑补、县级自验工作。完成观音岩水电站县级自验和州级初验工作。组织召开苗尾水电站建设征地移民安置竣工验收协调领导组会议6次，协调解决移民安置和验收相关问题；完成小湾水电站15个移民安置点设计变更报告审查；与昆明院对小湾水电站移民安置项目的设计变更工作进行全方位的分类处理、系统处理；督促各县开展移民资金和档案的内部清理工作。指导各相关县加快各大水电站非搬迁移民村组基础设施和公共服务设施工程规划编制工作。组织开展境内各大水电站防洪度汛检查工作，督促各县、项目业主抓好存在安全隐患问题的整改落实工作。②水利移民搬迁安置。推进宾川县海稍水库扩建工程、巍山县白乃水库、永平县岔河水库、洱源县土官村水库、南涧县拥政水库5个工程移民搬迁安置工作，完成投资3.92亿元，移民安置1876人。完成剑川县桃源水库建设征地移民安置规划大纲和规划报告审查审批和剑川县螳螂河水库实物调查工作细则审查审批工作，为全州大中型水利工程开工建设做好服务。

【移民后期扶持】2021年，大理州搬迁安置办公室围绕产业兴旺、生态宜居两大重点，指导各县（市）完成大中型水利水电工程搬迁安置和后期扶持"十四五"规划编制审查；完成州级大中型水利水电工程移民搬迁安置和后期扶持"十四五"规划编制审查审批工作。逐级上报核准下达移民后期扶持人口396人，全州累计移民后期扶持人口为62141人，发放移民后期扶持人口直补资金3935.76万元。争取到各级移民后期扶持项目资金15664.89万元，对应下达各县（市）项目75个，指导督促各县（市）加快安排移民后期扶持项目实施工作。委托中介机构开展全州大中型水库移民后期扶持项目可行性研究报告（初步设计报告）审查48件、项目州级验收105件。完成祥云县第二、三批水库避险解困项目省、州、县三级验收工作。完成2020年的中央库区基金和省级库区基金的绩效评价工作。与富滇银行大理分行签订大理州大中型水库移民产业扶持贷款合作协议，将在南涧、宾川、云龙3个县开展移民后期扶持产业发展贴息贷款，解决移民发展产业资金困难问题，促进库区和移民安置区产业发展。加强与州农科院合作，制定《大理州搬迁安置办公室与大理州农科院开展第三轮大中型水利水电移民后期扶持特色水果、茶叶、蔬菜类产业培育技术跟踪指导服务工作方案》，对全州移民后期扶持特色农业种植项目实施效果开展联合跟踪问效。加大移民科技培训工作，全州累计完成移民科技培训1703人次。委托第三方培训机构完成移民实用技能培训100人次。组织开展好年度大中型水库移民后期扶持职业教育招生工作，完成职业大中专院校招生70人。

【移民信访工作】2021年，大理州搬迁安置办公室制定印发《大理州搬迁安置办公室2021年贯彻落实信访维稳各项重点工作实施方案》。加强对涉及移民搬迁安置工作的重点信访事项进行全面排查，建立工作台账，对排查出的信访积案，采取"领导包案、精准施策、限时化解、销账清零"，及时办理。畅通移民群众表达诉求渠道，处理好移民群众来信来访。安排人员参加省搬迁安置办公室及州信访局组织的各类信访工作业务培训班，提高自身工作素质，更好地落实各项信访工作任务，指导县（市）开展工作。

【移民资金监管】2021年，大理州搬迁安置办公室按照编制审定电站移民资金计划程序足额拨付资金，实行专户储存、专人负责、专款专用，规范财务运行，及时审核报账，杜绝挤占、挪用、滞留等情况的发生。组织开展2021年水电工程移民资金专项检查工作，对云龙、永平、漾濞、巍山、南涧、宾川、鹤庆7个县水电工程移民资金使用情况进行检查。配合省办完成宾川、南涧、洱源3个县2021年度省级水库移民后扶政策执行情况监督检查工作。委托中介机构完成鹤庆县2021年度州级大中型水库移民后期扶持资金使用管理内部审计工作，弥渡县2021年度州级移民后期扶持政策实施情况监测评估工作。督促各县（市）加快移民后期扶持项目资金拨付力度，加快移民后期扶持项目实施工作。

（州发改委供稿）

教育 体育

Education & Sports

◇ 责任编校　杨林柏

乡愁大理·黑白记忆　　1976年大理海东小学课堂

综　述

【概况】 2021年，大理州有各类学校2299所，其中幼儿园1180所、小学897所、普通初中154所、普通高中41所、特殊教育学校6所、中等职业学校17所、综合大学1所、应用技术大学1所、高职院校2所。基础教育各阶段在校学生541889人，其中学前教育105565人、小学234724人、初中113693人、高中87455人、特殊教育学校义务教育452人（不含随班就读学生）。义务教育寄宿制学生135381人、留守儿童38994人、随迁子女20589人。基础教育毛入学率为三年学前90.09%，小学107.72%，初中111.14%，九年义务教育巩固率99.76%，高中94.01%。基础教育在编教职工41798人，其中幼儿园9051人、小学15163人、初中9290人、九年一贯制543人、普高6020人、特教133人、中职1598人（其中成人中专教职工123人）。技师学院在校生9061人，在编职工185人，专任教师151人。高等教育在校生69456人（含滇西大分校学生数），其中专科11594人、本科在校生26360人、研究生2447人、成人专科本科29055人。高等教育在编教职工2647人（含滇西大分校），其中专任教师1770人。大理州民办学前教育617所，小学4所，初中3所，普高12所，职高1所；在校学生82421人。年内，大理州体育系统从业人员214人，专职教练员79人，二级运动员29人，发展二级裁判员51人，9个少年体育学校（业余）有690名后备人才。国家级、省级青少年校外体育活动中心各1个，国家级青少年体育俱乐部2个、省级3个，省级体育传统项目学校1个。体育社会团体地（市）级61个、县级79个；县级体育基金会6个，县级体育类民办非企业单位13个。社会体育指导获得技术等级称号全年累计5565人次，获得初级职业资格8人；本年度审批1781人次。

【教育经费执行情况】 2021年，大理州教育经费执行情况。①收入明细。总收入86.93亿元，其中国家财政性教育经费收入77.96亿元、民办学校举办者投入2000万元、社会捐赠办学经费1700万元、事业收入8.24亿元、其他收入3600万元。②支出明细。教育经费总支出85.17亿元，其中普通高等学校支出1.71亿元、中等职业学校支出5.52亿元、普通中学支出34.78亿元、普通小学支出33.06亿元、特殊教育学校支出2400万元、幼儿园支出6.51亿元、教育行政单位支出7700万元、教育事业单位支出1.48亿元、其他支出1.1亿元；人员支出66.12亿元（含学生奖助学金5.34亿元）、公用经费支出17.38亿元（含校舍维修改造支出6.77亿元）、教育基建支出6000万元、其他支出1.06亿元。

【体育经费执行情况】 2021年，大理州组织体育赛事76次26574人次、赛事收入52.71万元，其中省级2次、400人次，州（市）级以下74次26174人次、收入52.71万元。政府性基金（彩票公益金）收入1350.33万元，彩票公益金支出1290.67万元。体育基本建设计划投资20万元，完成投资91.98万元。年内新增体育场地30个3332平方米。

2021年大理州各类教育基本情况表

表99

县市	学前教育				小学				普通中学							中小学职工总数	中等职业教育		
									普通初中			普通高中							
	学校数	学生数	教职工	专任教师	学校数	学生数	教职工	专任教师	学校数	学生数	专任教师	学校数	学生数	专任教师	专任教师		学校数	学生数	教职工
大理州	1180	105565	9051	4864	897	234724	15163	13813	154	113693	9086	45	64426	5325	14411	31016	29	23029	1598
大理市	158	25489	3059	1614	130	47241	2571	2387	27	19823	1621	15	16622	1349	2970	5808	7	9461	487
漾濞县	71	2990	128	84	23	8094	684	634	2	2835	253	1	1238	103	356	1050	2	258	43
祥云县	156	11461	896	520	152	24565	1459	1347	17	15740	1055	3	9376	899	1954	3524	2	2039	199
宾川县	96	12315	1050	629	76	26358	1480	1392	18	12792	907	5	5099	523	1430	2992	2	1481	119
弥渡县	85	7564	418	244	84	17073	1218	1131	9	7990	747	3	4171	306	1053	2353	2	1595	98
南涧县	73	5960	437	191	51	14775	1076	873	11	7402	584	3	4179	299	883	2121	2	722	79
巍山县	81	8839	683	310	77	19525	1173	1095	13	9935	890	3	5650	395	1285	2699	2	853	94
永平县	63	5580	482	252	45	13341	1024	940	9	6322	516	3	3016	303	819	1952	2	761	52
云龙县	66	5562	407	185	62	13683	938	934	15	6822	683	2	2786	212	895	1878	2	1427	110
洱源县	103	7612	579	281	87	19309	1513	1094	12	9405	672	2	4131	289	961	2670	2	1930	108
剑川县	111	5001	423	258	49	12312	901	884	10	5563	501	3	3828	312	813	1783	2	809	85
鹤庆县	117	7192	489	296	61	18448	1126	1102	11	9064	657	2	4330	335	992	2186	2	1693	124

2021年大理州民办学校情况表

表100

学校类别	学校总数（所）	学生数（人）				教职工（人）			占地面积（亩）	校舍建筑面积（平方米）	仪器设备（万元）	图书（册）
		在校学生数	招生数	毕业数	小计	专任教师	其中学历合格	行政人员				
幼儿园	617	62057	24349	20038	6176	3237	2600	94	1341.07	534747.07	7175.898	730638
小学	4	1419	343	100	113	87	87	11	62.09	23935.15	305.067	36800
初中	3	8642	2648	2395	310	228	227	13	160.96	53187.49	1472.058	53920
高中	12	9700	3781	1833	1276	977	690	62	1008.543	344845.91	3970.887	156486
中等职业学校	1	603	83	277	21	11	5.00	2	10.989	7122	970	6000
总计	637	82421	31204	24643	7896	4540	3609	182	2583.652	963837.62	13893.910	983844

（州教体局　提供）

【普通高中生均公用经费】2021年，大理州普通高中生均公用经费财政拨款提高到1500元，按全州公办普通高中在校生54643人核拨生均公用经费8196.45万元，其中省级资金983.58万元，州级资金2031.94万元，县(市)承担资金5180.93万元。

【重要会议】2月25日，大理州教育体育工作会议在下关召开。4月25日，大理州教育体育党工委开展党史学习教育集中宣讲会。8月23日，大理州人民政府召开全州秋季学期开学工作视频会议，组织全州教育体育、卫健等部门明确工作责任，形成工作合力，落实好疫情防控举措和校园安全风险排查整治举措，确保秋季学期安全平稳有序开学。9月9日，大理州在大理龙山国际会议中心举行庆祝第37个教师节大会。大会表彰年度优秀教师、优秀教育工作者、乡村学校从教15年以上优秀教师，通报表扬普通高中教育教学管理先进单位和学校。9月26日，大理州教育体育局与上海浦东新区教育局在大理召开东西协作结对帮扶签约仪式暨座谈会。12月28日，大理州教育体育局组织省、州属学校召开疫情防控工作紧急会议。

【教育帮扶】2021年，大理州教育体育局把巩固拓展教育脱贫攻坚成果放在更加突出位置。①制定工作方案。制定《大理州教育体育局实现巩固拓展教育脱贫攻坚同乡村振兴有效衔接的工作方案》，健全巩固拓展教育脱贫攻坚成果的长效机制和政策保障体系，实现教育帮扶政策平稳过渡和保障措施有效衔接。②义务教育保障底线。以高度的政治责任感坚守住义务教育有保障底线任务，应用“政府救助平台”加强监测与帮扶，落实“双线”“四级”责任，强化控辍保学“五项”工作机制，常态化开展依法控辍工作，推动控辍保学“清零”，持续保持脱贫家庭、监测对象义务教育阶段适龄儿童少年无失学辍学，守住不发生规模性辍学的底线。③困难学生教育帮扶。全面落实家庭经济困难学生教育帮扶政策，学生资助政策得到有效落实，无因贫失学辍学。④教育基本公共服务。持续开展义务教育薄弱环节改善与能力提升，补齐农村学校基本办学条件短板，巩固拓展乡村教师队伍建设成果，提升教育信息化服务乡村振兴能力，持续推进学前教育普及普惠发展、普通高中提质扩容，发挥职业教育技能富民作用，强化“推普赋能”，为乡村孩子的成长成才提供机会，为农业农村可持续发展创造条件。

9月9日，大理州举行庆祝第37个教师节大会 （州教体局 提供）

【教育资助】2021年，大理州投入资助资金12.11亿元，惠及学生132.9万人次。其中，学前教育投入资助资金897.72万元。义务教育投入免学费补充公用经费资金29884.91万元、营养改善计划膳食补助资金31296.9万元、家庭经济困难学生生活补助资金13787.13万元。中等职业教育投入免学费资金5314.38万元，投入国家助学金2966.5万元，东西协作投入润雨计划资金240.5万元，州级交通生活补助185.1万元，41名中职学生获国家奖学金24.6万元，49名中职学生获云南省政府奖学金19.6万元。投入普通高中学校国家助学金3125.88万元，普通高中建档立卡等家庭经济困难学生免学杂费879.41万元、生活费补助资金1419.7万元，滋蕙计划资助1070名品学兼优的大学新生64万元。为3.13万名大学生办理生源地信用助学贷款手续，发放助学贷款2.58亿元；1457名往届大学生获得云南省优秀贫困学子和建档立卡学费奖励728.5万元；向15名创业大学生发放首次创业“贷免扶补”贷款275万元，带动就业45人。中央专项彩票公益金励耕计划项目资助家庭经济特别困难中小学、幼儿教师203人219万元。

【高考巡考】2021年，漾濞“5·21”地震发生后，全州抢抓排危除险，研究批准漾濞县启用13间活动板房备用考场作为主考场，全方位保障震区考试安全和考生安心应考。5月26日、6月6日，省长王予波先后两次召开会议，两次听取大理州代州长陈真永汇报高考准备工作。6月8日，州委书记杨国宗到大理州国家教育考试指挥中心和部分高考考点巡考，强调高度重视，协同配合，确保今年高考安全平稳有序进行，州其他领导及州级有关部门、大理市相关负责人等参加巡考。各县(市)政府考试期间成立高考指挥部，县(市)党委、政府主要负责人率队开展属地巡考。

【招生与考试】2021年，大理州普通高考、中考、研考和社会考试招生情况。①高考高招。全州普通高考(夏季)报名人数(含三校生)25353人，同比增长1.8%；实考人数21521人；普通高考(含三校生)录取23052人，其中本科录取11754人；白族考生录取11298人，占高考考生录取总人数的49%；全州一本上线率27.1%，本科上线率66.7%，600分以上人数1096人。全年，高职单招报考5298人，录取专科3825人；高职扩招专项考试报考2400人；专升本统一考试报考1382人，同比增加62人、增长4.7%；年内两次普通高中学业水平考试分别报考21791人(1月)、32179人(7月)，分别开考125266科次、116661科次。年内两次高考英语听力考试和口语测试报名考生53544人次，同比增加1244人次、增长2.4%。②中考中

2021年，大理州全面深化“平安校园”创建。图为祥云县米甸镇米甸小学森林防火安全教育课
（祥云县志办　提供）

招。全州中考报名人数79430人，同比减少5523人，其中九年级40737人、八年级38693人；登记参加高中阶段录取的40783人中，州内及州外普通高中录取22899人、职业教育录取17811人(其中五年制大专4677人、中专2507人、职高7509人、技工学校3118人)，高中阶段升学率99.8%，普职录取比1:0.78。③研考和社会考试。年内，审核、接纳大理大学、滇西应用技术大学全日制本科应届毕业生和大理户籍往届考生，以及工作单位或户籍分布在怒江、迪庆、版纳、德宏的往届考生5286人，开考18343科次。中小学幼儿园教师资格认定课程考试首度实行“一年两考”，新增上半年(3月)考试，上半年、下半年两次考试分别审核通过报考资格8379人、11686人，分别开考15692科次、22796科次。第85、86次自学考试接纳考生3721人，开考10897科次。成人高考报考9006人，开考36014科次。中央计划招聘特岗教师考试报考6307人。高校教师资格认定课程考试报考168人、332科次。

【教育督导】 2021年，教育督导工作有序推进。①机制体制改革。大理州委办公室、州政府办公室印发《关于深化新时代教育督导体制机制改革任务分工方案》，至12月底，大理市等11个县(市)配备总督学(督导室主任)。②教育职责督导评估。第三轮县级政府履行教育职责督导评估按期完成，大理市等3个县(市)被省政府认定为“教育工作合格县(市)”。③示范学校督导评估。现代教育示范学校(幼儿园)督导评估工作按期完成，大理市大理四中等29所中小学(幼儿园)被认定为年度大理州现代教育示范学校(幼儿园)，并印发认定文件。④义务教育质量监测。12个县(市)262个样本校参加义务教育质量监测，做到规范、安全，监测工具按时回邮。

【校园安全】 2021年，大理州学校安全工作平稳向好。①责任落实。成立大理州学校安全工作领导小组，州人民政府分管副州长任组长，州委政法委副书记和大理州教育体育局主要领导任副组长，强化学校安全管理工作。②宣传培训。组织大理州各县(市)教育体育局分管领导，各乡(镇)中心学校负责人，大理州各级各类学校班主任8000多人参加全省“防欺凌、反暴力”线上培训；组织大理州12个县(市)安全工作及扫黑除恶工作负责人，110个乡(镇)中心学校校长、154所初级中学校长参加全州安全稳定工作暨扫黑除恶工作专题培会议，并对参训人员进行基本知识测试。③部门合作和监督检查。围绕一号检察建议落实情况，防性侵，防校园欺凌，防范校园贷、套路贷、加强青少年法治教育，严禁学生参与黑恶势力违法犯罪活动，校园周边环境综合治理等重点工作，联合政法委、检察、公安、司法、市场监管、团委、妇联等部门，开展对12个县(市)、126所学校的联合检查，对发现的问题要求及时整改；春秋两季开学，大理州教育体育局先后两批次派出14个检查组，深入12个县(市)和州级学校开展以学校安全管理为重点的综合检查。④“平安校园”创建。全面深化“平安校园”创建、学校食堂“六T”实务管理、青少年近视眼防控等工作；组织开展防震减灾、道路交通安全、校园防欺凌、防溺水、食品卫生安全、消防安全、森林防火、反恐反邪教等知识宣传教育活动；妥善处置各类安全事故，配合公安机关及时做好处置校园欺凌恶性案件、校外故意伤害案件、交通事故等工作。⑤疫情防控。成立由州教育体育局局长任组长，其他班子成员和处级以上实职领导为副组长的教育体育系统疫情防控工作领导小组，12个县(市)教育体育局成立领导机构和工作专班，形成统一指挥、严防的教育体育系统疫情防控工作格局，压实责任，强化宣传，坚持疫苗接种“应种尽种”原则，抓实校园疫情防控措施，做好疫情防控各项工作。

【特岗教师“五险一金”整改】 2021年，大理州教育体育局高度重视特岗教师“五险一金”问题，①整改方案及要求。对照大理州委整改方案和工作要求，以大理州委教育工作领导小组秘书组名义下发《关于做好省委第八巡视组对大理州巡视“回头看”反馈意见特岗教师“五险一金”落实整改工作的通知》，细化整改措施，明确责任领导、责任科室和完成时限。②排查摸清底数。摸清应缴未缴人员底数，测算所需资金，加大推进整改力度，制定分阶段缴纳计划。③抓实整改。发挥牵头抓总责任，对落实特岗教师“五险一金”问题进行专题研究，加强与人社、住房公积金管理中心、财政沟通、联系，压实职能部门责任，不折不扣抓实整改。至12月，除祥云县、鹤庆县无在岗服务期内的特岗教师外，漾濞县、宾川县、弥渡县、南涧县、巍山县、永平县、云龙县、剑川县为2021年在岗服务期内的特岗教师缴纳五险一金，如期完成阶段性整改任务。

【校长教师管理体制改革】 2021年，大理州教育体育局实施义务教育教师“县管校聘”和基础教育学校校长职级制改革，制定《大理州基础教育学校一级二级校长职级评审认定工作方案》，全州各县(市)成立义务教育教师“县管校聘”和基础教育校长职级改革领导组，12个县（市）将教师编制核定到教育部门，10个县将岗位职数核定到教育部门，11个县由教师管理部门与教师签订人事聘用合同，学校与教师签订岗位聘用合同。州、县（市）组织开展基础教育学校校长职级申报、资格审核和材料鉴定工作。

【教学教研】 2021年，大理州教育体育局多措并举提升教学教研能力。①教师队伍培训。采取“走出去”和“请进来”的方式，精心推选120名中小学校校长和骨干教师参加“云南省万名校长培训计划”第五期、第六期培训班，组织2期初中英语骨干教师培训班200人，1期高中骨干教师培训班80人；派遣1300多名教师到省内和省外参加各类培训和研修活动。②高考备考复习工作。组织2次全州性新课程、高考评价体系、学科教学研究、高考复习策略等方面的学习培训活动，有1800多人次参加；开展2次高考命题趋势和课堂教学改革的研讨活动，组织3000多名高中教师参加“普通高考评价体系解读”线上培训学习；组织学科教研员深入10个县（市）22所高中学校开展复习备考调研指导，狠抓教学常规和课堂教学改革。③考试质量分析。精心组织完成2021届两次省统测和2021届、2022届全州高三毕业生模拟统一测试及质量分析，为诊断高考复习中存在的问题和后期复习备考的改进提供更多参考依据；组织完成初三学业水平考试阅卷和质量评定工作，组织中考、高考质量分析。④教学教研方式创新。组织召开2022届大理州九个学科高考复习专题说课比赛，720多名教师参加研讨；深入9所高中学校开展新教材应用调研，并对学校课堂教学和新教材的使用进行指导。

【语言文字】 2021年，大理州教育体育局印发《大理州关于加强新时代语言文字工作的实施意见》，建立健全工作机构和各项工作制度；全州完成国家普通话水平测试5227人，超额完成省测试中心下达的任务。完成大理州国家通用语言文字规范化达标建设学校683所，超额完成年初制定的目标。

【教育设施】 至12月底，大理州建设义务教育网络终端点11347个，其中班级终端点10917个、“N+1”点319个、乡（镇）中心校网络点111个。全州计算机配备中小学生机比达到5.77:1，多媒体终端配备为92.3%，超过省定基本办学条件标准，教学资源逐步得到深化应用。大理州义务教育薄弱环节改善与能力提升项目信息化设备配备多媒体交互式LED一体机1724套、1+N视频互动课堂282套、计算机网络教室2间55台、教师备课及学生管理用计算机1439台、阶梯教室显示终端8套、移动录播设备11套。

【智慧教育】 至1月24日，大理州智慧教育示范区建设项目投入6700万元，智慧课堂服务、大数据精准教学服务、数字阅览室服务、教学质量监测服务等相关项目硬件全部到货。完成1258所学校教学质量监测服务基础培训；83所学校大数据精准教学培训；18所学校149个班级智慧课堂场勘、施工、安装、调试。发放18所学校592台教师教学设备、150个班的学生学习设备，培训教师43场次、学生134场次。

【民族教育】 2021年，大理州教育体育局持续推进民族教育工作。①少数民族学生补助项目。继续实施大理州人口较少民族学生补助项目，2021—2022学年补助9个人口较少民族学生352名127.79万元。②民族团结进步教育。多措并举抓实民族团结进步教育，在全州开展民族团结进步创新活动、民族团结教育读书、民族教育说课比赛，民族传统体育等民族教育系列活动，促进广大师生对民族优秀传统文化的了解掌握，强化民族政策的宣传，增进民族团结教育。至12月底，大理州创建全国民族团结进步教育示范学校1所、省级民族团结进步教育示范学校85所、州级民族团结进步教育示范学校110所。③人口较少民族高中班。继续在州民族中学开办“人口较少民族高中班”，大理州有12个世居少数民族，其中有9个为人口较少民族；年内州民族中学“人口较少民族高中班”招生49人，其中藏族1人、傣族3人、傈僳族20人、苗族9人、阿昌族6人、布朗族1人、壮族1人、纳西族8人；坚持民族办学和扶志办学的方向，让人口较少民族学生到州城享受优质高中教育资源，加大少数民族人才培养力度。

【特殊教育】 2021年，大理州有特殊教育学校6所，义务教育阶段受特殊教育在校生2588人，特殊教育学校教职工133人，其中专任教师114人。建立州级特殊教育资源中心，组建专家委员会，县级资源中心项目实现全覆盖。乡（镇）级安排资源教室项目54个，确定基地学校45个。至12月，州级累计投入州县资源中心、普通学校特殊教育资源教室建设专项经费1433万元，改善特殊教育学校办学条件。

【荣誉表彰】 7月10—24日，在云南省教育厅主办的云南省青少年校园足球夏令营活动暨第四届青少年校园足球最佳阵容比赛中，大理州夺得小学男子甲组第二名、小学女子乙组第三名、小学混合组第四名、初

2021年，大理州多措并举提升教学教研能力。图为祥云县开展小学兼职美术教师培训
（祥云县志办　提供）

中男子乙组第四名、初中男子甲组第五名、小学男子乙组第六名的成绩，10名运动员入选云南省校园足球最佳阵容。

7月21日至8月8日，在日本东京举行的第32届夏季奥林匹克运动会上，大理州运动员张德顺、杨绍辉入选中国体育代表团参加马拉松比赛，大理州籍教练员张国伟担任代表团田径项目教练，杨绍辉以2小时14分58秒的成绩取得男子马拉松比赛第19名，创造了中国人在奥运会上这个项目的最好成绩。年内，大理州籍19名运动员代表云南参加第十四届全国运动会6个项目比赛，张德顺夺得田径女子10000米金牌、女子马拉松金牌、女子5000米银牌3枚奖牌，成为云南参加本届全运会获得奖牌最多的运动员；杨绍辉获得男子马拉松比赛第三名。

2021年，大理州254名作者和指导老师在云南省教育厅组织的云南省“新时代好少年·红心向党”主题教育读书活动获奖，下关一中初中部等8个单位被评为先进集体。

大理州196篇学生征文、51篇教师主题班会获教育部和云南省省教育厅组织的“从小学党史·永远跟党走”活动优秀教案奖。

在云南省委教育工委和云南省教育厅主办的“对标先进塑师德·争做‘四有’好老师”征文活动及学习时代楷模张桂梅先进事迹演讲比赛活动中，大理州教育体育局获中小学组优秀组织奖，剑川县教师李涛、宾川县教师陈云山获中小学组演讲比赛三等奖；弥渡县教师毕荣亮等27名教师获省级表彰。

大理市中等职业学校教师朱敏和祥云县职业高级中学教师方晓燕获云南省教育厅组织的2021年全省中等职业学校班主任能力比赛二等奖。

南涧一中《坚持立德树人初心担当教书育人使命》入选省级和教育部典型案例。云龙县民建乡边江九年制学校德育工作案例入选云南省级“一校一案”，落实《中小学德育工作指南》典型案例。

祥云县祥城镇第一初级中学《问渠哪得清如许？为有源头活水来》、永平县高平外国语学校《中国共产党为什么能》、宾川县城镇初级中学《红军长征过大理陈列馆开展“追忆长征历史 传承红色精神”活动案例》3个案例被云南省教育厅评为省级优秀案例。

大理州教育体育局关工委被教育部关工委评选表彰为先进集体，大理州教育体育局关工委主任和南涧一中退休教师杨元臣被评为先进个人。

大理州实验小学李羚燕主题班会《请党放心，强国有我》获云南省教育厅组织的小学班主任基本和思政课教师教学基本功展示教育活动三等奖，下关一中初中部陈晨《铸牢中华民族共同体意识之民族团结》获一等奖，鹤庆县第一中学李四萍《无梦想不青春》获三等奖。大理州实验小学思政课教师黄红云《爱护身体珍惜生命》获一等奖，宾川县大营镇排营初级中学杨仕琳《不忘初心、牢记使命——家国情怀》获三等奖，下关一中马宏丽《世界是普遍联系的：联系的普遍性客观性和多样性》获二等奖。

2021年，大理州持续发展民族教育系列活动，促进广大师生对民族优秀传统文化的了解掌握。图为白族舞蹈霸王鞭进校园　（州教体局　提供）

在文明校园创建工作中，大理第一中学等13所学校被命名为第二届云南省文明校园，大理州体育中学等33所中小学被命名为第二届大理州文明校园。

在云南省教育厅组织的“立德树人·从心开始”心理健康教育课赛中，大理州4个心理健康主题教育课获省级表彰。

在云南省职业院校技能大赛中，大理州获奖104个，其中一等奖7个、二等奖32个、三等奖65个。

在云南省教育厅组织的第一届云南省教学成果奖申报中，大理农林职业技术学院《助推区域食品产业转型升级的“产学研一体化”专业建设模式研究与实践》获一等奖，剑川县职业高级中学《剑川白族民居彩绘基础（教材）》、大理护理职业学院、大理农林职业技术学院、滇西应用技术大学《思政“五立”育人机制下多维互动教学模式的探索与实践》等4个项目获得二等奖。

在云南省体育局举办的田径、游泳、自行车、体操、击剑、武术、排球、篮球、网球、乒乓球项目锦标赛暨省十六运会预赛中，大理州夺得金牌65枚、银牌40枚、铜牌49枚。

在北京冬奥会组委会会同教育部开展的围绕北京冬奥会和冬残奥会吉祥物“冰墩墩和雪容融”故事征集主题活动中，大理州报送的作品获得一等奖1个、二等奖4个、三等奖4个，1名教师被评为优秀指导教师，洱源县宁湖第二小学获得优秀组织奖。

在云南省学校民族团结进步教育系列活动民族餐饮线上教学和竞赛活动中，大理州获一等奖1个、三等奖5个。在云南省学校民族团结进步教育系列活动民族体育线上教学和竞赛活动中，大理州民族体育课件比赛获小学组一等奖1个、二等奖1个、三等奖5个，中学组一等奖1个、二等奖1个、三等奖4个。在云南省学校少数民族传统体育科学论文征集评比活动中，大理州获幼儿园及小学组二等奖1个、三等奖8个，中学组一等奖1个、二等奖1个、三等奖5个，大学组大理大学2个。

基础教育

【学前教育】 2021年，大理州教育体育局加大省级示范园创建力度，开展对口帮扶薄弱幼儿园和一级园结对帮扶工作，以省一级示范园的辐射和示范作用，引领大理州各级各类幼儿园加强常规管理，规范办园行为，提升保教质量。大理市下关第一幼儿园晋升为省一级一等幼儿园，祥云县下庄镇中心幼儿园等4所幼儿园晋升为省一级二等幼儿园，祥云县云南驿镇中心幼儿园等3所幼儿园晋升为省一级三等幼儿园；至12月，大理州一级一等幼儿园11所，一级二等幼儿园11所，一级三等幼儿园25所。大理市大理幼儿园和大理州幼儿园2所为省级幼儿园园长骨干教师培训基地园，先后于3月17日和3月29日分别举办2020年度园长任职资格培训跟岗研修，来自昭通市和大理州的园长、副园长或后备干部分别在2所基地园参加15天的跟岗培训。大理州155名园长在云南省幼儿园园长任职资格培训系统参加年度园长任职资格培训网络研修。

【“双减”“双升”】 2021年，大理州把“双减”“双升”工作作为重要政治任务和解决人民群众急难愁盼问题的重大民生工程。①作业减负。落实减轻学生过重作业负担措施，控制学生的作业总量，中小学按“一校一策”出台作业管理细则建立作业公示制度，作业达标率100%，起始年级按照课程标准实施零起点教学的学校覆盖率100%，考试次数符合有关要求和考试成绩等级呈现的学校比例为100%，学生过重作业负担问题得到有效控制。②校外培训机构清理整顿。坚持从严审批机构，严控学科类培训机构开班时间，至12月底，大理州12个县（市）培训机构完成营转非5所，学科类培训机构假期和节假日已经停止培训，注销212所（含转型），压减率97.7%。③课后服务。规范课后服务时间，利用学校资源实施各种课后育人活动，在校内满足学生多样化学习需求。至12月底，大理州义务教育阶段学校中，开展课后服务活动覆盖率100%，课后服务时间达标覆盖率100%，义务教育阶段学生350647人，参与课后服务的学生数343936人，占比99.61%，每周5天均参与课后服务的学生数338770人，占比98.11%，学生课后服务满意率97.64%，家长满意率97.84%。④规范办学。强化规范办学行为，提升教育教学质量，各级学校全面实施素质教育，深入推进“五项管理”和考试管理，全面启用学生综合素质评价，建立健全对学生和教师的评价办法。

【控辍保学】 2021年，大理州确立义务教育“一个不能少”的思想，采取高位推进、健全机制、强化统筹、压实责任、全面排查、摸清底数、依法控辍、强化措施、综合施策、巩固成效等措施，狠抓控辍保学工作落实。全州A类需劝返辍学生从2019年12月的108人，减少到2021年12月的1人，11个县（市）实现动态清零，无建档立卡户适龄子女失学辍学。

【德育培育】 2021年，大理州教育体育局落实《中小学德育工作指南》要求，除日常开展好理想信念教育、社会主义核心价值观教育、中华优秀传统文化教育外，以开展思想政治教育、生态文明教育、心理健康教育为重点，提升学校德育水平。①思想政治教育。中共大理州委宣传部和中共大理州教育体育工作委员会确定“红色基因薪火相传”等6个活动主题和参观祥云县王复生、王德三故居等18条精品线路，州内各地各校就近就便组织学生参与主题活动和精品线路开展思政教育，开展贯通理论与实践、联通历史与现实、融通线上与线下的“行走的思政课堂”3492场次，参与学生92.5万余人次。至年底，大理州连续2年在中小学中广泛开展党组织书记校长同讲一堂思政课活动，经逐级评选推荐，全年5节优秀课获省级表彰。②心理健康教育。采取医教合作模式，依托大理州第二人民医院在全州12个县（市）培训心理健康教师12场次1200多人次，在全州36所中小学开展心理健康知识讲座，参与学生近3万名；漾濞县发生6.4级地震后，大理州、漾濞县两级教育体育、卫生健康、共青团等部门依托大理州第二人民医院心理健康志愿服务队，深入漾濞县各中小学校分期分批累计逐级开展心理疏导20场次，惠及师生13000多人。③生态文明教育。大理州教育体育局强化洱海保护主题教育，在中小学校张贴宣传标语1.8万条，刊出宣传栏、黑板报1.2万期次，发放宣传资料6.35万份，开展主题班会1.6万班次，开展“小手拉大手”活动6.3万人次；先后编写《大理环保》《家在大理》等地方课程读本，将宣传洱海保护写入教材；制作发放《洱海保护知识专题片》作为“洱海保护开学第一课”教材，发放8600份，每学期组织全州1200多所中小学校幼儿园、50多万名中小学生观看学习；开展国旗下讲话、集体宣誓、志愿服务等活动，年内大理市、洱源县各级各类学校组织洱海保护国旗下讲话5000余场次，近4万名中小学生作出洱海保护承诺，发放倡议书5万份，组织学生到大理洱海科普中心参观实践50多场次，参观1.5万多人次。

【下关一中】

概况 2021年，下关一中高考占云南省前50名1人，前100名3人，前300名18人；670分以上10人，660分以上18人，650分以上34人，600分以上234人。一本上线人数565人，理科一本率87.9%，文科一本率83.3%，综合一本上线率86.9%，一本率同比上升3.61%。学校创新学科竞赛培养模式，形成长效发展机制，学校学科竞赛步入良性发展的轨道。全年数学10人、物理19人、化学13人、生物31人分获省级竞赛奖项，获国家级化学竞赛一等奖1人，国家级三等奖3人。

党委成立 11月30日，举行下关一中党委成立大会，选举产生下关一中党委班子和纪委班子，为加强新时期学校党建工作奠定组织基础。

德育教育 学校坚持把思政课与生态廊道徒步活动结合起来，将习近平生态文明思想与课堂教学有机融合，带领学生走进大自然，领悟习近平生态文明思想，教育引导学生尊重自然、顺应自然、保护自然，了解洱海保护成果，树牢绿水青山就是金山银山的发展理念，增强学生投身生态文明建设的责任感和使命感，自觉践行新发展理念，助推大理绿色发展。学校挖掘本地红色教育资源，整合思政、语文、历史等课程资源，坚持理论性与实践性相统一，开展参观历史名人故居、讲历史名人故事、探究精神价值等系列学习实践活动课程，打造精品课程，增强思政课的实效。

【州民族中学】

概况　2021年，学校录取高一新生603人，其中普通民族班223人，定向择优班221人，宏志班100人，特少民族班49人，篮球特长生10人。年内高考600分以上人数41人，其中理科28人，文科13人；理科最高分678分(实考分)，全省排名164名，文科最高分634分；文理综合一本率47.5%。9月8日，州委副书记、州长陈真永一行到州民族中学看望慰问全体教师。

德育教育　2021年，由大理州民族宗教事务委员会与人民网共同主办“大理州创建铸牢中华民族共同体意识示范州”主题宣传活动中，人民网、中国网、新华网等媒体对州民族中学进行集中采访和报道。学校坚持以铸牢中华民族共同体意识为主线，把中华民族共同体教育纳入教师教育、学生教育、社会教育，推进中华民族共同体意识进课堂、进头脑。年内学校被列为云南省20所中小学开展铸牢中华民族共同体意识主题教育实践活动试点学校之一；被评为云南省第三批全省民族团结进步示范单位。学校“校园文化提升改造建设项目”完成施工任务，新建“铸牢中华民族共同体意识主题广场”“民族文化长廊”，对原有的道路、绿化、花台进行全面的自然景观提升改造，打造景观休闲学习区、对学校原有的围墙进行彩绘，突显学校的民族特色，校园呈现文化景观大小兼顾，实现动静区分，既有民族风格，又有时代气息，有效提升民族文化教育丰富学校的办学内涵，宣传当地的民族文化、民俗风情、文化遗产和学校的办学特色与成就。

【州实验中学】

概况　2021年，大理州实验中学新生招生609人，其中普高生534人，艺高生60人，体育生15人；男生222人，女生387人。参加高考学生535名，其中普高生479人、艺高生56人，文科生95人、理科生384人。600分以上人数51人；文理科一本率66.39%；全校上线率100%，音、体、美专业特长生全上本科。

主要活动　1月15日，共青团大理州委在大理州实验中学组织开展2021年大理州青少年“心理健康校园行”活动启动仪式。5月8—9日，2021年大理州初中升学艺术类专业考试工作在州实验中学完成，全州12个县(市)的考生682人参加应试。5月27日，云南省教育厅副厅长曾继贤到学校调研指导工作。6月27日，大理州教育体育党工委在州实验中学举办庆祝中国共产党成立100周年暨“永远跟党走·奋进新征程”歌咏比赛。10月20日，成都理工大学与大理州实验中学签订共建“成都理工大学优质生源基地”协议书并向学校授牌。11月11—13日，大理州实验中学举办第十六届冬季运动会暨第三届全体教职工运动会。11月15—16日，专家组评定大理州实验中学达到省一级一等高级中学办学水平。

教育教学　学校开启大理州实验中学育人新模式，精心打造德育特色课程“行走的思政课”，让党史学习教育“活”起来、“动”起来、“实”起来，在青少年心中厚植爱党、爱国、爱社会主义情怀。教育部官网、中国教育新闻网、人民网、云南日报社等知名媒体，先后10余次进行采访报道。率先在云南省内开启全员、全科、全程“选课走班”的教学改革，满足学生个性化发展的需求，提升课堂教学效率，促进学校教育教学质量的提高，实现“三全”育人和课程思政的完美融合。以艺术教育为突破口，为高校输送大批优秀艺术人才，部分学生被中央美术学院、中国美术学院、中国传媒大学、鲁迅美术学院、上海音乐学院等知名艺术院校录取。

【下关一中初中部】

概述　2021年，下关第一中学初中部占地13559平方米，有31个教学班，1671名学生，116名教职工；

2021年大理州高中阶段升学录取情况表

表101　　　　单位：人

县市	在籍学生数（毕业生数）	录取信息登记数	参加初中学考数	初中学考参考率	普通高中录取且已建学籍数	职业教育录取小计	五年制大专录取数	中专录取数	职高录取数	技工学校录取数	录取人数合计	按毕业数升学率	按信息登记数升学率
大理市	6880	6574	6871	99.9%	3977	2962	1093	833	676	360	6939	100.9%	105.6%
漾濞县	1044	1142	1043	99.9%	682	487	139	76	196	76	1169	112.0%	102.4%
祥云县	6021	5774	6180	102.6%	3122	2497	731	285	1028	453	5619	93.3%	97.3%
宾川县	4293	4254	4293	100.0%	2158	2021	508	215	888	410	4179	97.3%	98.2%
弥渡县	3218	3591	3214	99.9%	1852	1580	317	179	762	322	3432	106.7%	95.6%
南涧县	2726	2825	2776	101.8%	1530	1355	358	149	542	306	2885	105.8%	102.1%
巍山县	3426	3521	3471	101.3%	1867	1613	459	278	595	281	3480	101.6%	98.8%
永平县	2015	2009	1962	97.4%	1190	873	236	93	385	159	2063	102.4%	102.7%
云龙县	2177	2193	2173	99.8%	1625	655	105	39	383	128	2280	104.7%	104.0%
洱源县	3341	3464	3359	100.5%	1970	1533	272	169	834	258	3503	104.8%	101.1%
剑川县	2099	2138	2109	100.5%	1307	842	227	78	385	152	2149	102.4%	100.5%
鹤庆县	3269	3298	3286	100.5%	1619	1393	232	113	835	213	3012	92.1%	91.3%
全州合计	40509	40783	40737	100.6%	22899	17811	4677	2507	7509	3118	40710	100.5%	99.8%
其中	州内学校	录取人数			21968	10730	545	1304	7144	1737	32698	80.3%	占录取总数的比例
	州外学校	录取人数			931	7081	4132	1203	365	1381	8012	19.7%	

说明：1. 本表统计大理州初中毕业生录取于州内、州外各类高中阶段学校的录取去向，而非大理州学校录取新生数

2. 本表数据高中来源学籍网（“省网”），职业教育来源“云南省中职录取系统”；“在籍学生数（毕业生数）”为计划部门提供的报表数

（州教体局　提供）

开发区校区占地面积5.78公顷，建筑面积54870平方米，有19个教学班，1025名学生。学校在职在编教师116名，教师平均年龄35.6岁。学校学业水平考试560分以上16人，540分以上121人，520分以上235人，500分以上323人，400分以上486人；总平均分476.8分。学校高度重视青年教师的培养，年内有9名教师通过大理州青年教师基本功考核，96名教师参加继续教育培训，设有"云南省初中美术苏云涛名师工作坊"。教师苏云涛通过普通初中一级校长职级认定，虞朝辉、赵崇志、杨梅3人通过普通初中二级校长职级认定，陈晨通过普通初中四级校长职级认定。10月12日，学校与上海浦东新区华东师范大学附属东昌中学南校签订结对合作协议。年内，学校获省委教育工作委员会授予"云岭红烛·育人先锋"示范学校，参赛作品《中学佤族恰恰恰》获云南省学校民族团结进步教育系列活动初中、高中二等奖；《馆校合作推陈出新为国育才格物致知》案例被省教育厅评为中小学利用博物馆资源开展教育教学优秀案例评选活动优秀案例。

教育教学 2021年，学校开展主题为"提高课堂教学质量，优化课后作业布置"的系列教研活动，制定并实施关于落实"双减政策"和"五项管理"的方案，制订课后延时服务实施方案，调整作息时间、确定延时服务课表；各年级组、教研组针对如何提高课后延时服务质量开展教研活动；利用课后延时服务时间开展丰富多彩的社团活动，提升学生综合素质。

【州体育中学】

概况 2021年，大理州体育中学在职在编教职工55人，其中教师22人、教练员26人、校医1人、工勤管理人员6人、外聘教练8人、外聘教师5人。其中高级职称15人、中级职称28人、初级职称6人、技师1人、高级工2人、中级工3人。学校开设训练项目有田径、排球、皮划艇、自行车、柔道、举重、摔跤、游泳、击剑、武术、体操、乒乓球、网球13个，有19个运动队，常年在训人数近500人。学校占地面积为1.59公顷，拥有200米田径场1个，室外篮球场2块，室外排球场2块，教学楼1幢11间，综合训练馆1幢，综合训练楼1幢，学生宿舍72间。

主要活动 4月23日，学校组织全校师生参与的"爱我家乡，保护洱海，备战省运，争创佳绩"洱海生态廊道徒步比赛暨大理州体育中学"行走的思政课"主题日活动。12月25日，大理州教育体育局到学校开展"书记院坝协商会(师生恳谈会)"，听心声、畅民意、解民忧，为基层学校和一线教师、教练员、运动员解决操心事、烦心事、揪心事。

【州特殊教育学校】

概况 2021年，大理州特殊教育学校在编在职教职工75人，外聘教师(专家)15人；有25个教学班，在校学生329人。20名职高实习生、31名职高毕业生全部推荐实习就业，实习就业率为100%。职高23班央宗卓玛获中职国家奖学金，职高23班陆小峰获省政府奖学金，20名职高实习生获云南省高校毕业生求职创业补贴，31名职高毕业生获求职创业补贴。声乐《阿支咯咯》、曲艺《童心童曲颂党恩》获云南省第九届残疾人文艺会演一等奖，器乐《彝乡之夜》、舞蹈《犁·立·力》获二等奖，舞蹈《春雨如酥》获三等奖。声乐《阿支咯咯》、曲艺《童心童曲颂党恩》2个节目代表云南省参加全国第十届全国文艺会演。1名退休党员获"光荣在党50年"纪念章，1名教师被大理州政府评为"大理州优秀教师"，1名教师被大理州政府授予道德与法治课"技术能手"称号，1名教师获大理州委"优秀党务工作者"表彰，1名教师获大理州教体党工委"优秀党务工作者"表彰，2名教师获大理州教育党工委"优秀共产党员"表彰。

主要活动 4月14日，省教育厅副厅长张春骅一行到学校调研指导工作。7月2日，中国残联宣文部副主任李德富一行到学校调研残疾人宣传文化工作。9月8日，州委副书记、州长陈真永一行到学校看望慰问全体教师。年内，学校组织全体教师参加校内触控机培训使用1次；组织教师参加聋、盲、培智、道德与社会等学科线上培训61人次，参加国家级、省级线下培训11人次。开展"从小学党史·永远跟党走"主题教育系列活动，开展"传承红色精神爱我美丽家乡"行走的思政课主题活动，参与师生146人次。

【州实验小学】

教学教研 1月7日，大理州实验小学参加全国教育科学"十三五"教育部规划课题《云南民族地区小学课程资源开发利用的研究》子课题单位结题汇报暨成果推广活动。11月5日，云南省小学英语学科"以学为主"课堂教学教材单元内容整合研讨活动在学校举行。4月22日，学校开展形式多样的以消防安全为主题的宣传教育活动；4月23日，学校组织消防安全应急疏散演练。

主要活动 4月8日、9日，学校在直录播教室里组织开展"学党史·庆百年·心向党"故事演讲比赛暨"红土地之歌"演讲比赛的初赛活动。5月，在中国共产党成立100周年到来之前，学校音乐教研组组织24个班进行两周的独唱、独奏、独舞比赛。5月10—18日，学校举办"校长杯"两球运动会。6月1日，州委书记杨国宗一行出席155班"学党史、强信念、跟党走"庆"六一"少先队主题活动。6月29日，学校全体党员教师、团员、入党积极分子以及青年教师代表参加中国共产党成立100周年大理州实验小学党支部党员大会。7月3日，学校开展以"生态文明·绿色发展"为主题的"探访洱海母亲湖·树牢绿色发展理念"思政课研学活动。9月8日，州委书记杨国宗一行到学校看望慰问全体教师。9月27日，上海市浦东新区教育党工委副书记毛力熊偕同浦东新区教育局领导班子成员，到学校开展东西教育合作交流工作。12月23日，学校参加2021"鹤阳杯"大理州第六届校园足球篮球联赛，学校获"优秀组织奖""体育道德风尚奖"；男子足球队获小学男子组亚军，获得代表大理州参加2022年省级总决赛的参赛资格，女子足球队获得第四名。

【州幼儿园】

概况 2021年，州幼儿园投入41.06万元用于室内环境提升改造、幼儿区域玩具采购、后勤设施设备更换；3月28日至4月23日，幼儿园完成云南省2020年度幼儿园园长任职资格培训，大理州12个县(市)的园长、后备干部69名学员参加培训；4月12日，幼儿园卫生间整体提升改造工程竣工验收；7月，被云南省教育厅遴选为省级幼小衔接试点幼儿园；9月23日，幼儿园保教楼提升改

造项目竣工验收。年内幼儿园接收13名本科生、15名研究生跟岗实习；与州实验小学举行幼小衔接双向合作实践基地签约仪式，与大理市中等职业学校签订幼儿保育专业工学交替校园合作协议书；幼儿园被云南省委授予“全省先进基层党组织”称号，被云南省委组织部评为“省级规范化建设示范党支部”。

主要活动　3月26日，省委教育工委书记、省教育厅党组书记、厅长周荣深入幼儿园调研指导学前教育工作；5月20日，楚雄州人民政府副州长杨虹一行14人深入幼儿园进行考察指导；9月8日，州委书记杨国宗一行到幼儿园开展教师节慰问活动；12月7日，州委书记杨国宗到大理市调研“一老一小”工作。

教学教研　11月，州幼儿园申报中国学前教育研究会“十四五”研究课题“基于大理民族民间文化背景下的‘风花雪月’园本课程实践研究”，教育教学成果被云南省教育厅评为基础教育成果二等奖，2个游戏案例被云南省教育厅评为优秀案例，“风花雪月”园本课程实践案例入选云南省中小学幼儿园优秀校本课程集锦。以“集中教学活动的设计与实施”“主题活动中儿童学习成长留痕”“幼儿游戏行为的观察记录与分析支持”“白族三道茶”为切入点，组织开展3次园级大教研、两次主题课程评价的“大理民族文化园课程开发”主题教研活动。学期末6个学科领域教研组和3个党员名师工作室53名教师创新展示9节极具特色、富有创新的教学活动。

德育教育　州幼儿园借助节庆节气等重要时间节点，开展丰富多彩的德育教育活动，让幼儿在充满仪式感的活动中体验生活、感受文化，全方位、深层次的引导幼儿对国家、对党、对民族、对家乡的热爱之情，将中华民族共同体意识厚植于孩子们幼小的心灵。6月，幼儿红色故事演讲作品《长征路上的红小丫》在第十三届红土地之歌演讲大赛中被中共云南省委教育工委评为一等奖。

职业教育与继续教育

【办学规模】 2021年，大理州通过争取地方政府专项债券项目，实施职业教育提升计划项目，专业层次和结构更加合理。①教育经费。全州职业教育累计投入各类项目资金14158.32万元，其中中职改善办学条件2993.32万、高职生均奖补1165万元、优质专业补足500万元、地方债券教育项目9500万元。②招生规模。大理州实施精准动员，做好中职招生动员，全州初中毕业生升入职业学校就读17811人（其中州内录取10730人，州外录取7081人），高中阶段录取普职比为1:0.78，保持大体相当。③专业体系建设。大理州新备案中职专业4个、五年制大专4个，专业层次和结构更加合理。州级财政继续安排500万元支持优质专业建设，州教育体育局、州财政局抽调专家分赴试点学校开展中期检查和调研，工作取得阶段成效。

【教育科研与改革发展】 2021年，大理州职业教育体系逐步完善，规模逐步扩大，通过教育科研投入，进行高起点规划，高标准建设，形成高质量发展。①教育科研。召开大理州职业教育工作室建设研讨会和推进会，督促各工作室落实年初工作计划，下拨工作室建设经费88万元，各工作室开展教研活动40多次。依托《大理教育》设置职教专栏，专门刊发职业教育教师教研论文，聘请职业教育特邀编辑，发表职业研究论文12篇。②教育改革发展。大理教育体育局依托大理农林职业技术学院成立试点办公室，召开大理州职业院校1+X证书试点工作推进会，安排试点工作补助经费100万元，动员组织大理州8所学校申报57个证书，获批试点考试人数2535人。依托大理护理职业学院成立改革办公室，召开大理州现代学徒制人才培养改革工作推进会，动员全州6所职业院校申报全省现代学徒制人才培养项目，涵盖专业11个，计划采用学徒制培养学生975人。

【产教融合校企合作】 2021年，大理州印发《关于印发大理州产教融合建设试点工作方案》，建立大理州深化产教融合工作联席会议制度，按照国家和省关于培育产教融合型企业有关工作要求，继续动员企业建设产教融合型企业。推荐动员大理欧亚乳业有限公司和祥云大有林牧有限公司为第二批省级产教融合型企业。

【职业教育活动周】 2021年，大理州组织以“技能：让生活更美好”为主题的2021年职业教育宣传周活动，参与州级启动仪式活动超过5000人次，活动期间拍摄的宣传片“培植‘工匠精神’土壤，打造职教新名片”的专题宣传片，在网上点播次数超过5万次，有利于职业教育发展的社会环境构建。

【云南省建设学校】

概况　2021年，云南建设学校占地12公顷，建筑面积7.18万平方米，固定资产总额17198万元。在编教职工119人，其中专任教师98人、其他21人。专任教师中具有硕士研究生以上学历27人、副高级以上职称39人。全日制在校学生3807人，其中普通中专10个专业1859人，与昆明理工大学合办高职本科工程造价专业322人，与大理大学合办专科升本科建筑学专业146人、计算机专业49人，与省内4所高职院校合办五年制大专6个专业1431人。年内学校为区域经济发展输送1236名毕业生，毕业生就业率为88.51%，专业对口就业率为63.23%，高职本科2021届毕业生94人，就业率为86.17%，其中建档立卡户毕业生23人，就业21人，就业率为91.30%，用人单位满意度为81.21%。升入高一级学校就读学生472人。依托现代职业教育质量提升计划项目资金，采用请进来和送出去、线上线下多种灵活方式培训学校教师176人次，完成培训8152学时。学校落实资助政策，6522人次享受国家免学费，受助金额652.2万元；954人享受国家助学金，受助金额合计395.4万元；5人享受两覆盖地区生活补助，受助金额1.25万元；21名较少数民族学生享受生活补助，受助金额6.38万元；6名学生享受国家奖学金，受助金额3.6万元；5名学生享受省政府奖学金、受助金额2万元。

德育教育　学校按照教育部2020年新课标要求开设中国特色社会主义、心理健康与职业生涯规划、哲学与人生、职业道德与法治四门课。从2021级学生开始，利用线上线下相结合的方式开设“习近平新时代中国特色社会主义思想学生读本”课程。通过“课堂5分钟”“红色故事学生讲”“小故事大道理”等专题活动开展党史学习教育专项活动；利用学习通平台建设党

史学习教育网络课程，全体在校班级学习并完成考试；将习近平总书记“七一”重要讲话精神融入课堂，实现思政教学内容的与时俱进。

【大理农林职业技术学院】

概况　2021年，三年制大专实际报到1045人，五年制转段526人，五年制大专报到500人。学院三年制大专班一年级在校生1045人，二年级1038人，三年级970人；五年制中职在校生425人，高职一年级在校生524人，二年级560人，学生人数总计4562人。学校在编教职工158人，专任教师130名，有白州教学名师1人、州级骨干教师4人，培训选拔专业负责人16人、专业带头人16人、校级骨干教师44人、“双师素质”教师41人，1名教师被评为州级优秀教师。全年毕业生1496人，年底毕业生就业去向落实率为93.32%，发放2021届毕业生求职创业补贴736人，发放资金为73.6万元。春季学期发放高职助学金232.13万元，发放中职助学金179人17.9万元；免学费257人25.54万元，学生勤工俭学资助8.44万元。秋季学期评选国家奖学金5人4万元；国家励志奖学金183人91.5万元；国家助学金受助1621人272.29万元。发放省政府奖学金3人1.8万元，省政府励志奖学金16人6.4万元，兑现西藏籍生源免补资金29人19.14万元。全年开展“行走的思政课”活动5次，校内外师生2000多人参与。先后组织20多名教师参加培训，开展师德师风线上线下专题学习累计20余场次，教职工撰写的体会300余篇，开展专题研讨10余场次。

专业设置与技能培训　2021年，学院在省级骨干专业食品生物技术专业建设的基础上，加快建设食品生物技术和畜牧兽医两个州级优质专业建设，两个优质专业均通过中期评估。教室、实验实训室建设投入资金318.8万元，建设完成两间智慧教室、一间录播新能源汽车基础实训室新能源汽车整车维修检测实训室、动物解剖虚拟仿真实训室，改造升级原食品分析实验室。承接“1+X”证书试点工作，新申报可食食品快速检验职业技能等级等7项证书。学院拟定“食品生物技术专业群”，专业群涵盖食品生物技术、畜牧兽医、园艺技术、市场营销、食品质量与安全5个专业，从生产、加工、检测、销售一体化的建群逻辑构建，初步拟订项目化的实施方案。11月27日至12月11日，开展为期15天的“农药经营许可资质专业知识培训”，11个县的201名学员参加，其中199人按要求完成培训学时，并通过考试，成绩合格，取得结业证书。培训回访满意度为100%。

赛事荣誉表彰　学院参加省级技能大赛，获奖项11项，其中高职组获奖9项，中职组获奖2项。在省级教师教学能力大赛再次获得三等奖1项。第一届云南省职业教育教学成果奖评选中获4项奖励，其中一等奖1项、二等奖3项，第一次完成单位奖励2项，实现省级教学成果奖零的突破。工程学院党支部杨子彪获“云南省劳动模范”称号。8个班级获评“省级先进班集体”，5名学生获评“省级优秀学生干部”，16名学生获评“省级三好学生”，75名学生获评“省级优秀毕业生”，推报年度大学生人物1人。校创企业来思尔获省级产教融合企业称号。

【大理护理职业学院】

概况　2021年，大理护理职业学院有教职工300余人，专任教师189人，具有硕士研究生学历及学位教师50余人，副高级以上职称84人，专任教师中“双师型”教师92人。各类在校生8000余人，其中全日制在校生6000人，继续教育学员2000多人。

2021年大理州职业教育基本概况表

表102

学校名称	招生人数（人）	在校生人数（人）	毕业生人数（人）	占地面积（平方米）	建筑面积（平方米）	固定资产总值（万元）	教学仪器设备值（万元）	图书（册）	教职工数（人）	专任教师数（人）
大理州财贸学校	552	1625	504	86867.1	49614.0	11187.7	2750.0	118091	124	80
大理州卫生学校	52	851	382	0.0	0.0	0.0	0.0	0	6	4
云南建设学校	532	1854	939	119761.0	66040.5	16974.0	2282.4	115218	115	95
大理市中等职业学校	498	1350	614	100000.0	66000.0	11246.9	1337.9	100000	147	125
祥云县职业高级中学	803	2039	848	87912.0	29826.0	5653.4	537.4	16962	198	175
洱源县职业高级中学	560	1930	828	140000.7	28217.0	6137.0	757.8	11134	99	89
弥渡县职业技术教育中心	545	1433	491	45383.0	24332.0	6644.6	912.1	10755	85	84
巍山县职业高级中学	316	853	337	63853.0	29212.3	2797.7	747.3	24284	83	80
云龙县民族职业高级中学	264	1427	610	41335.0	18707.3	3100.0	658.0	23500	101	92
鹤庆县职业高级中学	646	1693	598	66670.0	17781.2	8532.9	763.8	22150	107	99
宾川县职业高级中学	492	1451	574	72253.0	25366.0	6756.1	532.6	20575	104	89
南涧县职业高级中学	293	722	241	36239.0	19600.0	4132.6	462.2	10796	69	58
剑川县职业高级中学	307	809	266	25346.0	20708.0	6251.5	634.3	11374	77	73
永平县职业高级中学	239	761	290	53336.0	7265.0	942.8	287.9	8045	45	43
漾濞彝族自治县职业高级中学	95	258	81	12270.0	11900.5	1405.0	244.8	8000	39	35
大理科技管理学校	83	411	277	7326.0	7122.0	1431.0	970.0	6000	21	11
大理白族自治州体育职业高级中学	60	197	40	16079.0	7334.0	1585.9	342.0	800	55	48
大理技师学院	3032	9061	2134	545347.9	167000	—	—	—	185	151
大理农林职业学院	521	1189	530	—	—	—	—	—	—	—
大理州特殊教育学校	38	114	31	—	—	—	—	—	—	—
大理护理职业学院	552	1680	528	—	—	—	—	—	—	—
滇西应用技术大学	90	190	0	—	—	—	—	—	—	—

（州教体局　提供）

学院建成集教学、科研、实训为一体的5.4万平方米“三中心三基地”，配备32个门类、208间标准实验室，拥有教、学、练一体化的仿真病房，图书馆藏书23.07万册。拥有4所附属医院、10所教学医院，在省内外建成涵盖各专业的60多个教学实习基地。学院深化校医校企合作，推进医教协同发展，与大理州人民医院和云南省第四人民医院合作，进行全科医生基层医院规培带教工作。设置校医室“健康小屋”和儿童体检室，开展学院师生健康检测和儿童体检新项目，完成示范中医馆项目建设。与星创视界集团、费森尤斯医疗投资（中国）有限公司等共建“宝岛眼镜订单班”“费森尤斯透析服务护理菁英班”。开展订单培养，与太平洋养老保险公司合作培养老年保健与健康服务专门人才。建成校内实验室及实训基地“宝岛眼镜综合实训中心”“费森尤斯透析服务模拟舱”，推进学院“双高”建设。

师德师风建设 坚持党委领导下的校长负责制，推进党史学习教育走深走实，以开展“大理之问”答好学院职业教育答卷推进“学院之变”。加强教育教学工作规范化建设，严肃师德师风、杜绝学术不端行为，全面推进“三全育人”综合改革，把思想政治工作贯穿教育教学全过程、全方位，推进“课程思政”教育教学改革，坚持把立德树人作为中心环节。

教育教学科研 开展省职业教育现代学徒制试点项目申报，9门校级精品课程建设通过验收。规范开展专业技术职称职务评聘，聘任各级岗位专业技术人员20名。对教师进行教育理论引领，加强师德师风教育，支持学历学位提升。精心组织师生校内外技能大赛、教师教学能力大赛，参加省职业技能大赛14人次获奖，助推教学质量提升。护士执业资格考试通过率为95.4%，眼视光技术专业学生职业技能资格证书获取率为100%。完成1973名学生的教学实习安排及安全管理。完成1372名基层卫生人员的教育教学工作。加强科研投入及管理，抓好科研项目质量控制，科研能力水平大幅提升；全年教职工申报15个2022年云南省教育厅科学研究基金项目，其中专项4项，申报校级课题立项15项，完成学院第一次教育厅研究基金项目和校级课题项目的结题工作，结题14项，其中教育厅8项，校级6项。

招生就业完成 完成2021年度1950人招生目标任务，完成校级2021年度大学生求职模拟招聘大赛和2022届毕业生求职创业补贴发放工作，狠抓大学生就业创业指导与服务工作，组织开展学院2021年大学生网络创业培训，并取得网络创业资格证，举办第三届创新创业大赛。毕业生去向落实率为97.14%。

【大理州财贸学校】

概况 2021年，大理财校加强广大师生的思想政治教育工作，教育引导广大师生增强“四个意识”、坚定“四个自信”、做到“两个维护”。以开展“大理之问”大讨论活动为契机，深入调研，抓实学校教育教学及管理规范化各项工作。建立实施“五巡”管理制度。狠抓各项工作制度落实，有效强化学校教育教学和管理；改进和完善“三操一课”，强化学生考勤纪律、安全教育、德育教育、健康教育，尤其是改进和规范学生手机使用和管理，将教育部“五项管理”要求落到实处。学校获云南省“云岭杯”中华经典诵写大赛三等奖；会计基础教学团队获云南省职业院校技能大赛教学能力比赛专业技能课程组二等奖；其他获二等奖14个、三等奖12个。

专业教学改革 2021年，学校深化专业教学改革，加大师资培训力度，加快人才培养模式创新，学校与云南开放大学、云南省财经职业学院达成联合招收“学前教育”“会计事务”五年制大专合作办学意向，争取与滇西应用技术大学开展合作办学，推进“中职—高职（专科）”的一体化技术技能人才培养链，合办“网络营销与直播电商、大数据与财务管理”两个专业高职专科班和“三校生”升专班，两校初步提出筹建滇西应用技术大学海西校区的构想。以州级优质专业建设为契机，加快推进会计事务、电子商务等骨干专业建设，完成专业教学团队组建及会计手工实训室建设，开展教师职教论文、教师教学技能、微课制作与讲解校内竞赛、集体大教研、学前和保育专业学生技能展演等。选派教师87人次参加职教国培、公共课程标准培训、“1+X”和其他各类培训，提高教学能力。完成电子商务数据分析（初级）考证试点项目申报，组织240名学生参加报名和统一考试，合格率高于省平均水平。与大理希尔顿酒店、大理天龙餐饮联合申报参加“高星级饭店运营与管理”“中餐烹饪”两个专业的现代学徒制试点工作，推动产教融合，校企协同育人。

顶岗实习和就业工作 2021年，学校抓实顶岗实习和就业工作，有序组织26家企业到校开展顶岗实习招聘，输送415名学生到相关企业参加顶岗实习。2021届506名毕业生中，到国家机关、企业事业单位就业376人，从事个体经营1人；“三校生”及其他学历教育升学107人，毕业生就业率96.25%。

设施建设改造 2021年，通过实施校园绿化给水改造、爱国卫生“七个专项”行动改造工程。投资近300万元的会计手工实训室、会计信息化实训云平台、电商直播室、面点烘焙实训室、快递物流实训室、校园广播智能化系统等一批项目相继启动，教学软硬件环境提档升级。落实平安建设工作责任制，被大理市评为平安建设“先进集体”。

【大理技师学院】

主要活动 3月19日，大理州职业教育汽车运用与维修专业带头人工作室、数控专业带头人工作室、思想政治（中职）学科带头人工作室第一次活动在大理技师学院举行。4月1—2日，大理技师学院成为金属增材制造技术人才培养联盟首批成员单位。4月7日，大理技师学院与大理交通运输集团公司就联合开展新型学徒合作协议举行签字仪式。6月24日，学院组织110余名师生到大理州预防未成年违法犯罪禁毒防艾教育基地开展“加强法制学习，提高法纪意识”的“行走的思政课”；同日，人力资源和社会保障出版集团、快速制造国家工程研究中心创新教育研究与培训基地专家到学院调研共建3D打印技术应用专业示范基地暨为大理技师学院3D打印技能鉴定所（筹）授牌。

赛事荣誉表彰 9月15日，大理技师学院学生参加“技行天下，创享未来”为主题的2021年云南省技工院校学生创业创新技能大赛暨第二届全国技工院校学生创业创新技能大赛云南省选拔赛，学院参赛的两个项目分别

获得二等奖和三等奖。10月30—31日，学院电子商务专业741班学生毛绍颖获云南省第十八届职工职业技能大赛美容美发行业决赛中级组美发发型类第一名。12月4—7日，2021年云南省技工院校教师职业能力大赛在大理技师学院进行，大理技师学院代表队在9个类别的竞赛中取得7个一等奖、1个二等奖、1个三等奖。年内，省教育厅主办的中职技能大赛28个赛项中71名师生获奖，其中学生胡灿获演讲比赛一等奖；人社厅主办的乡村振兴竞赛中7人获奖、人工智能竞赛中6人获奖，其中教师杨晓婕、杨晓梅获参加全国智能制造竞赛资格；团省委主办的振兴杯比赛中2人获奖。云南省2021年技工院校教师职业能力大赛中，参赛的9名教师全部获奖，其中机械类段薇、服务类陈婷、财经商贸类何敏、信息类杨晓婕、电工电子类何伟姹、文化艺术与综合类那海红、公共类董婷婷获一等奖。

普通高等教育

【大理大学】

概况　2021年，大理大学持续实施“人才强校、学术兴校、质量立校、文化铸校、开放活校”战略，推进教育思想现代化、管理手段信息化、教育水准国际化，人才培养质量持续提升，科研创新水平显著提高，服务经济社会发展能力明显增强，学校内涵发展、特色发展、开放发展再上新台阶，“一流大学、最美校园”建设取得新进展，总体发展态势良好。至12月底，大理大学有19个二级学院及研究院，10所附属医院。设有72个本科专业，1个博士学位授权点，8个一级学科硕士学位授权点，59个二级学科硕士学位授权点，15个硕士专业学位授权点。拥有国家级“一流专业”建设点4个、省级“一流专业”建设点16个；全日制在校生21325人，其中本科生18152人、硕士研究生2447人、留学生1040人；招生5488人，其中本科生4451人、硕士研究生1037人；毕业生4457人，其中本科生3937人、硕士研究生520人。学校有专任教师1332人，副高以上职称520人；考核录用博士18人，聘请客座教授3人。入选省级学术和技术带头人后备人才2人，入选第十九批后备人才通过出站评价1人。教师获省级教学成果奖一等奖1项、二等奖3项；获首届全国高校教师教学创新大赛云南赛区特等奖1项、一等奖1项、二等奖2项、三等奖3项；获全国首届仿真教学大赛二等奖、三等奖各2项。1个团队入选第二批“黄大年式教师团队”。

学科专业建设　实现博士单位博士点零的重大突破，成为云南省第11家博士单位。获批1个一级学科博士学位授权点（药学）、2个一级学科硕士学位授权点、8个硕士专业学位授权点。植物学与动物学学科（Plant&Animal Science）进入ESI全球学科排名前1%。年内，新增国家级“一流专业”建设点3个、省级5个。13门课程入选云南省“一流课程”。2021年云南省专业综合评价中，48个参评专业获B+类专业1个（药学），C类专业36个，稳居州（市）非省会城市高校第一。

科研成果　获国家自然科学基金22项、国家社会科学基金9项；教育部人文社科项目3项，国家民委民族研究项目1项，省部级哲社项目12项。获批第二批国家语言文字推广基地，获云南省卫生科技成果奖三等奖2项。

人才培养　至12月底，毕业生毕业去向落实率为81.57%。考研人数1461人，报考率39.35%，上线率15.62%；38名学生入伍服现役；大理大学学子获大学生创新创业训练计划国家级立项19项、省级92项；获第十一届“挑战杯”课外学术科技省级比赛一等奖1个、三等奖3个、优秀奖9个；获第七届“互联网+”大学生创新创业大赛省级金奖1项、银奖6项、铜奖11项；全国大学生电子商务“创新、创意及创业”挑战赛获省级一等奖2项、二等奖6项、三等奖5项，2支团队获省级最佳创意奖；1个团支部获“2020—2021学年全国高校活力团支部”称号；获“全国抗疫志愿服务先进个人”称号1人、“全国自强之星”称号1人、“云南百名大学生自强之星”称号2人。

其他工作　2021年，学校有序推进服务地方发展、教育国际化、图书信息等工作。①服务地方发展。继续开展“国培计划”，组织怒江州中考高考备考培训3次，向怒江州派出77人的实习支教队伍和30人的医疗帮扶队伍。与大理州人民政府、华中师范大学签署共建大理乡愁研究院协议，并举办“2021乡愁中国·大理论坛”。与云南建设学校签署合作办学协议，挂牌成立工程技术学院，完成首届专升本招生工作。继续选派10名教职工到云龙县驻村参与乡村振兴。3名驻村工作队队员获“云南省脱贫攻坚先进个人”称号。②教育国际合作。与加拿大劳伦森大学中外合作办学机构的申报及后续建设工作稳步推进。招收来自11个国家的留学生新生114人。聘请瑞典等10个国家的长期外教13人次，选派11名教师教育学院学生参加缅北腊戌果文中学线上实习，与国外合作伙伴签署合作协议（备忘录）11份。举办第十八届“国际日”线上会议，成立澜湄高等教育联盟，举行澜湄高校论坛、孔子学院第四届理事会。③图书信息中

2021年大理大学在校留学生分国别人数情况表

表103

序号	国籍	合计
1	印度	390
2	尼泊尔	139
3	巴基斯坦	167
4	坦桑尼亚	104
5	柬埔寨	106
6	老挝	114
7	缅甸	79
8	越南	38
9	泰国	22
10	孟加拉国	15
11	印度尼西亚	6
12	赞比亚	3
13	圣多美和普林西比	2
14	苏丹	2
15	叙利亚	1
16	也门	1
17	安哥拉	1
18	尼日利亚	1
19	蒙古	3
20	巴拿马	1
21	俄罗斯	1
合计		1196

2021年大理大学科研成果统计表

表104

类别	数量
发明专利（项）	11
实用新型（项）	73
外观设计（项）	3
专著（部）	26
论文（篇）	510
其中：SCI（篇）	127
EI（篇）	20
SSCI（篇）	1
CSSCI（篇）	16

（州教体局　提供）

心建设。图书信息中心等在建项目建设工作有序推进，在建项目总投资金额10亿元。科技成果孵化及创新创业实训基地建设项目和云南省第二传染病医院建设项目完成主体施工、封顶。落实科技成果孵化及创新创业实训基地建设项目第二期中央预算内投资补助金3000万元。争取抗震救灾资金2000万元，纳入2022年省级政府预算储备库。

【滇西应用技术大学】

主要活动 1月22日，临沧市人民政府、滇西应用技术大学战略合作协议签约仪式在学校总部举行。3月9—10日，省教育评估专家组对珠宝学院宝石及材料工艺学、产品设计、工艺美术、休闲体育、学前教育、汽车与服务工程6个本科专业进行专业综合评价及专业规划调研。给排水科学与工程、测绘工程、城乡规划、数据科学与大数据技术、食品营养与健康、跨境电子商务6个新增本科专业从2021年起开始招生。4月15日，学校总部举行科研平台授牌仪式。5月7日，校党委书记罗进忠以“中国共产党为什么能”为主题，讲授“形势与政策”课第一讲。6月2日，校党委副书记、校长袁希平为地球科学与工程学院2020级的300多名学生讲授题为“收官‘十三五’实现新跨越”的“形势与政策”课。7月1日，总部师生集中收看庆祝中国共产党成立100周年大会。校党委召开学习习近平总书记在庆祝中国共产党成立100周年大会上的重要讲话精神，并进行讨论交流。6月28日、6月29日、7月2日，学校分别在傣医药学院、普洱茶学院、珠宝学院举行首届学生毕业典礼暨学位授予仪式，526名学生获得毕业资格。9月8日，校党委书记罗进忠为学校总部2021级新生讲授开学第一课，深入贯彻学习习近平总书记“七一”重要讲话精神。同日，学校与大理州人民政府签订校地战略合作协议，落实协同育人机制，促进应用型人才培养。9月14日，学校举行第37个教师节庆祝大会。9月17日，学校与祥云县人民政府签订校地合作框架协议，共同搭建合作共赢工作体系。9月24日，学校健康科技学院与大理锦鑫养老服务有限公司举行校企合作座谈会，双方签署校企合作协议，并举行实践教学基地授牌挂牌仪式。9月29日，珠宝学院与比亚迪股份有限公司、深圳风向标教育资源股份有限公司举行校企合作签约仪式。9月，学校获2项国家级科研项目，实现国家级项目立项数量零的突破。10月10日，学校与中国农业银行股份有限公司大理分行签订战略合作协议。11月5日，学校第四届运动会在大理总部正式拉开序幕。11月17日，校党委书记罗进忠走进学校精品思政课堂《知乎中国》，为师生讲授《云南民族发展历程》。11月19日，2021—2022年度“青年马克思主义者培养工程”大学生骨干培训班开班仪式举行。11月24日，学校与大理州人民医院签署合作办学协议，构建“人才共育、过程共管、成果共享、责任共担”医院深度参与的院校合作体制机制。11月25日，学校第一次学生代表大会在学校总部召开。会议选举产生第一届校学生会委员会委员和第一届学生会主席团成员，审议通过《滇西应用技术大学学生会章程》和《滇西应用技术大学学生会工作报告》。12月22日，学校与腾冲市第一职业高级中学合作办学对接洽谈会在总部召开。

赛事荣誉表彰 4月10—12日，在首届全国互联网+教师教学能力《供应链管理》课程竞赛中，管理学院物流管理系青年教师杨晓、孙荷琴分获一等奖、三等奖，学校获最佳组织奖及2020年度高校“产教融合+三教改革”创新示范基地。5月14—15日，在第十一届“挑战杯”云南省大学生课外学术科技节终审决赛中，学校选送的11件竞赛作品中，2件作品获一等奖、1件作品获二等奖、2件作品获三等奖、4件作品获优秀奖。6月18—19日，在第十七届全国大学生数智化企业经营沙盘大赛云南总决赛中，学校两支代表队分别夺得二等奖和三等奖。6月20日，在第十一届全国大学生电子商务“创新、创意及创业”云南赛区挑战赛中，学校3支队伍获一等奖、5支队伍获二等奖、2支队伍获三等奖。7月28日，在2021年全国大学生测绘系列大赛决赛中，学校3个参赛队均获得二等奖；1篇论文获二等奖。11月25日，学校获“南方测绘杯”首届全国职业院校大学生虚拟仿真大赛总决赛单项特等奖一项、一等奖一项，团队奖二等奖一项。11月，学校获云南省教育厅教学成果奖（职业教育）特等奖1项，二等奖1项。12月3—5日，学校6名参赛选手获云南省2021年“铭鼎杯”大学生模拟求职大赛一银五铜，并获优秀组织奖。

群众体育

【公共体育设施建设】 2021年，大理州建成体育馆7个、体育场5个、体育综合训练馆3个、全民健身中心8个、风雨馆5个、游泳馆5个，足球场135块；体育公园1个；健身步道23条(259.49千米)。全州县、乡(镇)、行政村（社区）体育场馆、室外乒乓球台、健身路径等体育设施覆盖率为100%。经常参加体育锻炼的人数比例为36.6%，人均体育场地面积为2.23平方米。

【体育健身组织】 2021年，大理州有115个体育协会、12个体育分会、65个单项体育俱乐部、6个体育项目中心、12个国家级青少年体育俱乐部、945个全民健身活动站点，7004名社会体育指导员，每千人社会体育指导员为2.1人。国民体质监测身体素质合格达标率为90%。老体协组织网络建设已遍布全州每个乡（镇），丰富全民健身活动、形成以全民健身日、全民健身运动会为主线的“大型示范、小型多样、精品带动”的活动模式，打造州级有精品、县级有特色、乡（镇）有传统的系列健身赛事。

【老年人健身活动】 2021年，通过“七彩云南全民健身工程”的广泛实施，州、县、乡、村各级老年人体育设施得到完善，为老年人参加体育活动提供健身场地设施保障。各地以老年体育协会为龙头，开展形式多样、内容丰富的老年人体育活动，以桥牌、乒乓球、健身操舞、太极拳、剑、舞、象棋、钓鱼、门球、地掷球等活动为主线，让老年人乐在其中，极大地丰富老年人的精神生活。

【民族传统体育】 2021年，大理州教育体育局加大民族体育工作开展力度。传承和弘扬民族体育文化，推广龙舟、赛马、射弩、陀螺、武术、太极拳、健身气功、舞龙等民族传统体育项目。扶持一县一品牌项目，在全民健身日、节假日、民族传统节庆和

2021年，大理州持续组织开展“场馆惠民杯”系列公益赛事，推动健康文明生活方式全参与行动。上图：青少年篮球志愿服务；下图：12月5—11日，2021年云南省青少年U系列乒乓球锦标赛在祥云县举办

（南涧县志办、祥云县志办　提供）

各级体育赛事活动等时间节点，组织开展具有大理民族特色和地域特征的体育健身与赛事活动。定期举办全州少数民族传统体育运动会，支持举办少数民族传统体育赛事和活动。建设民族传统体育基地，挖掘民族传统体育资源，普及民族传统体育项目，培养少数民族传统体育人才。

【大理州体育中心】 2021年，大理州体育中心围绕“体育为民、场馆惠民”的工作理念和思路，苦干，用心实干，推进白州体育事业健康发展。①职工健身服务平台建设。以专业的教练员、裁判员团队、丰富的办赛经验为抓手，打造大理州职工健身一站式服务平台，先后为州卫健委、州委编办、交警大队、烟草公司等10余家工会单位提供服务，增强工会的自身活力，助推“科学健身众参与”为广大职工搭建沟通、学习、娱乐和创新平台，发挥职工的劳动热情，提高工会组织的凝聚力和向心力，营造一个政府管理体育、社会支持体育、群众参与体育的良好氛围。②场馆运营管理。全年免费接待群众锻炼3539场次、1232573人次，低收费接待1562场次、33406人次。持续组织开展“场馆惠民杯”系列公益赛事，推动健康文明生活方式全参与行动，组织开展庆祝中国共产党成立100周年场馆惠民杯系列公益赛事（气排球）比赛营造全民参与运动的良好氛围，带动更多群众参与体育运动，助推大理州全民健身运动发展，提高广大群众的健康生活品质。③高原训练基地建设。为加快大理体育发展，助推云南省高原特色体育强省建设，大理州体育中心申报国家田径队高原训练基地，与周边星级酒店签订运动员食宿保障协议，与大理市第一人民医院签订运动员医疗康复、生化监测协议，与旅游度假区签订体育旅游合作协议，并向中国田径协会提交申请。

竞技体育

【完善运动项目布局】 2021年，大理州竞技体育运动项目持续优化布局，开设17个运动训练项目，其中大理州体育中学开设田径、游泳、自行车、铁人三项、体操、举重、摔跤、柔道、击剑、武术（套路）、排球、皮划艇、网球、乒乓球14个大项，大理州体育后备人才基地开设拳击、武术（散打）、乒乓球、足球、篮球5个大项。

【普通高中体育自主招生】 2021年，大理州组织开展下关一中、州民族中学、州实验中学、大理一中、下关三中、鹤庆一中6所学校体育自主招生工作。制定印发《大理州普通高中体育自主招生改革试点实施办法（试行）》《大理州普通高中体育自主招生考试评分标准（试行）》，各学校制定招生简章向全州广泛发布。文化分数在各学校最低录取分数线的基础上下调至80%或90%，有1004名学生报名参加篮球、足球、排球、田径、体育舞蹈等项目考试，最终录取73人。

【竞技体育专项赛事】 2021年，大理州教育体育局主办中长跑、校园足球篮球联赛等竞技体育专项赛事。①大理州中长跑比赛。11月19—22日，由大理州教育体育局主办，南涧县教育体育局承办的2021年大理州青少年中长跑比赛在南涧县举行。比赛分为男、女甲组和乙组四个组别，设400米、800米、1500米、3000米等19个小项，全州12个县（市）的229名运动员参加。②校园足球篮球啦啦操联赛。11月25日至12月13日，由大理州教育体育局、鹤庆县人民政府共同主办，鹤庆县教育体育局承办的大理州第六届校园足球篮球啦啦操联赛在鹤庆县举行。大赛设13个组别，分别是足球高中男子组、女子组，初中男子组、女子组，小学男子组，女子组；篮球高中男子组、女子组，初中男子组、女子组；啦啦操高中组、初中组、小学组，12个县（市）及州属学校的109支代表队、1660名中小学生运动员参加比赛。啦啦操比赛因新冠疫情防控原因推迟举办。

【**初中学生艺术实践活动**】 2—3月，大理州教育体育局举办大理州第一届初中学生艺术实践活动。大理州12个县（市）及州属初中学校组织学生参加活动，向州级报送艺术作品和节目985件。大理州教育体育局组织专家进行评审，评选出州级一等奖作品173件、二等奖作品140件、三等奖作品270件。一等奖作品报送云南省教育厅参加省级评选，获得省级一等奖42个、二等奖53个、三等奖59个。

【**小学生艺术展演**】 6—9月，大理州教育体育局举办大理州第七届中小学生艺术展演。大理州12个县（市）及州属中小学校组织学生参加活动，报送艺术作品和节目3756件，评选出州级一等奖作品226件、二等奖作品293件、三等奖作品358件，一等奖作品报送省教育厅参加省级评选。

（州教体局供稿）

2021年大理州州级青少年体育竞赛一览表

表105

序号	比赛名称	主办单位	承办单位	举办时间	举办地点	比赛项目	运动员人数
1	2021年大理州中长跑比赛	大理州教育体育局	南涧县教育体育局	2021年11月19—22日	南涧县	400米、800米、1500米、3000米、4×400米接力、4×800米接力	230
2	大理州第六届校园足球篮球联赛	大理州教育体育局、鹤庆县人民政府	鹤庆县教育体育局	2021年12月22—30日	鹤庆县	篮球（初中组、高中组）、足球（小学组、初中组、高中组）	1660
3	2021年大理州学生体育舞蹈锦标赛	大理州教育体育局	大理州学生体育协会、大理市飞扬舞蹈培训学校	2021年12月18日	大理市	体育舞蹈	734
4	大理州第三届青少年网球公开赛	大理州教育体育局	大理州学生体育协会、大理市先和网球俱乐部	2021年11月27—28日	大理市	网球	81

2021年大理州籍运动员参加省级以上比赛获奖情况一览表

表106

序号	姓名	性别	籍贯	参加比赛名称	项目	参赛组别	名次	比赛成绩
1	张德顺	女	云龙县	2021年全国马拉松锦标赛（徐州站）暨东京奥运会马拉松选拔赛	马拉松	女子组	1	2小时29分11秒
2	张德顺	女	云龙县	2021年全国田径冠军赛	5000米	女子组	1	16分00秒71
3	张德顺	女	云龙县	2021年中华人民共和国第十四届运动会	10000米	女子组	1	32分36秒60
4	张德顺	女	云龙县	2021年中华人民共和国第十四届运动会	5000米	女子组	2	15分54秒30
5	张德顺	女	云龙县	2021年中华人民共和国第十四届运动会	马拉松	女子组	1	2小时32分31秒
6	张德顺	女	云龙县	第32届夏季奥林匹克运动会（东京奥运会）	马拉松	女子组	47	2小时37分45秒
7	张德顺	女	云龙县	2021年澳门国际马拉松赛	马拉松	女子组	1	2小时29分09秒
8	杨绍辉	男	巍山县	2021年全国马拉松锦标赛（徐州站）暨东京奥运会马拉松选拔赛	马拉松	男子组	1	2小时11分19秒
9	杨绍辉	男	巍山县	第32届夏季奥林匹克运动会（东京奥运会）	马拉松	男子组	19	2小时14分58秒
10	杨绍辉	男	巍山县	2021年中华人民共和国第十四届运动会	马拉松	男子组	3	2小时14分31秒
11	杨绍辉	男	巍山县	2021年澳门国际马拉松赛	马拉松	男子组	1	2小时13分04秒
12	王　琪	女	大理市	2021年中华人民共和国第十四届运动会	20公里竞走团体（青少年10公里）	女子组	3	6小时11分26秒
13	罗建芝	女	巍山县	2021年中华人民共和国第十四届运动会	20公里竞走团体（青少年10公里）	女子组	3	6小时11分26秒
14	罗　霞	女	巍山县	2021年田径分区邀请赛（华北赛区）	3000米障碍	女子组	1	10分23秒80
15	罗　霞	女	巍山县	2021年全国田径锦标赛暨全运会资格赛	3000米障碍	女子组	3	10分13秒98
16	罗　霞	女	巍山县	2021年中华人民共和国第十四届运动会	3000米障碍	女子组	3	9分41秒36
17	王开丽	女	南涧县	2021年田径分区邀请赛（华北赛区）	5000米	女子组	2	15分56秒
18	王开丽	女	南涧县	2021年田径分区邀请赛（华北赛区）	10000米	女子组	3	33分33秒
19	王开丽	女	南涧县	2021年全国田径锦标赛暨全运会资格赛	5000米	女子组	3	15分57秒
20	王开丽	女	南涧县	2021年全国田径锦标赛暨全运会资格赛	10000米	女子组	1	33分35秒
21	杨家祥	男	巍山县	2021年室内田径邀请赛（西南赛区）	1500米	男子组	3	3分54秒87
22	杨家祥	男	巍山县	2021年投掷项群赛暨省市分区邀请赛	1500米	男子组	3	3分52秒78
23	杨家祥	男	巍山县	2021年投掷项群赛暨省市分区邀请赛	800米	男子组	3	1分51秒84
24	董　佳	男	宾川县	2021年投掷项群赛暨省市分区邀请赛	1500米	男子组	3	3分55秒70
25	董　佳	男	宾川县	2021年全国第二届黄山越野锦标赛	青年组8公里	男子组	1	27分03秒
26	董　佳	男	宾川县	2021年全国第二届黄山越野锦标赛	青年组6公里	男子组	2	20分12秒
27	陈文杰	男	永平县	2021年全国第二届黄山越野锦标赛	男子少年组4公里	男子组	2	12分54秒
28	陈文杰	男	永平县	2021年全国第二届黄山越野锦标赛	男子少年组6公里	男子组	3	20分36秒
29	余江福	男	洱源县	2021年全国田径后备人才中长跑项目训练营	U16组男子1500米	男子组	1	4分04秒85
30	余江福	男	洱源县	2021年全国田径后备人才中长跑项目训练营	U16组男子3000米	男子组	1	8分58秒47

（州教体局　提供）

科 学

Science

责任编校　杨林柏

乡愁大理·黑白记忆　1977年的大理喜洲古镇

科学技术

【概况】 2021年，大理州承办省第七届科普讲解大赛，会商科技创新重点工作，助推大理高位推动校地全面合作、共建新型研发机构、科技创新重大基础设施建设等工作，全社会创新创业环境优化，研发投入呈连续大幅增长态势，实现“十四五”科技创新开门红。

【科技创新】 2021年，州委、州政府坚持把科技创新摆在发展全局的核心位置，在全省率先成立州委科技创新委员会，州委、州政府主要领导任委员会主任，有关州领导、相关部门负责人任副主任及委员。建立起党政“一把手”抓科技创新工作机制及相配套的调研机制、会议机制、议事机制，统筹推进全州科技创新工作。联合省科技厅召开2021年科技创新工作会商会议，就科技创新工作达成5项议题11个重点共同落实共识，决定加大财政投入力度，按照省、州财政1:1配套的原则支持重大科技项目实施。

【人才培养引进】 2021年，大理州多渠道引才聚才，完善人才培养引进机制。①引进人才。开展省级外专引智项目、第一批“智汇云南”计划申报工作，引进外国高端人才2名；联合中国农业大学、云南农业大学打造首个探索洱海流域农业绿色转型模式的古生村科技小院，中国工程院院士张福锁为首席专家，云南农业大学资源与环境学院院长赵正雄等专家组成专家团队，常驻人员20人；联合中国科学院计算技术研究所成立工业级5G创新应用（大理）研究院，由中国工程院院士张平等组成战略咨询专家团队，常驻博士10人；联合香港中文大学（深圳）城市地下空间及能源研究院成立云南大理地热能科学技术研究院，由中国工程院院士何继善等组成专家团队，常驻科研人员15人。②培养人才。认定省中青年学术和技术带头人后备人才及省技术创新人才培养对象5人，认定大理大学陈士林、大理金明动物药业有限公司屠鹏飞等4个省院士专家工作站，建成大理大学金道超专家工作站等8个州级专家工作站，向上争取资金近2500万元实施重点项目培育产业技术创新团队。

【开放合作】 2021年，大理州坚持开放合作原则，借助外力推进大理科技创新、制度创新、管理创新及商业模式创新。①与中科院计算技术研究所共同成立工业级5G创新应用（大理）研究院。研究院和国家电投集团云南国际电力投资有限公司、华能新能源股份有限公司云南分公司、中国南方电网有限责任公司超高压输电公司大理局、光大节能照明（深圳）有限公司等企业开展合作工作，并和上海交大云南（大理）研究员共同被认定为新型研发机构培育对象。②洱海流域农业绿色发展研究院建设。联合中国农业大学、云南农业大学建设洱海流域农业绿色发展研究院，开展洱海流域面源污染防控与农业绿色转型发展工作。③云南大理地热能科学技术研究院建设。联合香港中文大学（深圳）城市地下空间及能源研究院建设云南大理地热能科学技术研究院，开展地热能资源勘查开发工作。④沪滇协作线上对接会。东西部科技交流日益频繁，落实与浦东新区科技和经济委员会合作框架协议，搭乘省科技厅沪滇科技合作顺风车，开展沪滇协作线上对接会，支持云南（大理）数字商务研究院和岐晟产业发展研究院合作开展沪滇生物医药产业数字商务综合服务平台、中国南方电网超高压输电公司大理分局和同济大学合作开展的高烈度地震区输变电系统抗震与性能提升关键技术研究等17个项目；对接大理农林职业技术学院校地共建产学研平台基地、州智慧洱海监管指挥中心基于区块链的流域线上全社会共同治理等19项合作需求。

【服务农业农村】 2021年，全州选派科技特派员111名服务11个县541个村，持续提供技术服务和培训服务，开展农业科技培训56场，培训务农人员2700人次。组织27名“三区”人才到云南农业大学培训，办理外专工作许可事项30件。指导帮助祥云县、宾川县申报第一批省农业高新技术产业示范区。推荐大理荣漾机械制造有限公司等12家企业申报省“星创天地”认定。

【科学技术普及】 2021年，州科协组织宾川县科协农业技术网络科普宣传、云南云上普瑞紫衣核桃产业开发有限责任公司年产1000吨核桃油生产线2条、大理荣漾核桃机械制造有限公司大理荣漾核桃科学技术普及、祥云泰兴农业科技开发有限责任公司特色蔬菜绿色种植技术科普示范等项目申报。联合州、县委宣传部、科协等部门，开展“百年回望：中国共产党领导的科技发展”主题科技活动周，广泛开展科技活动周启动仪式、科普集中示范暨国际生物多样性日宣传活动、科技进村入户活动等形式多样、内容丰富的特色科普宣传活动，共举

2021年大理州科技成果一览表

表107

成果分类	成果名称	完成单位
应用技术	烘烤中烟叶腐烂霉变防治关键技术研究与应用	云南省烟草公司大理州公司
应用技术	500kA 绿色低碳铝冶炼创新技术工业化应用	鹤庆溢鑫铝业有限公司
应用技术	特高压换流站高海拔高地震烈度关键技术及装备研发应用	中国南方电网有限责任公司超高压输电公司大理局
软科学	新媒体下的高职院校思想政治教育探微	大理州技师学院
软科学	《气象与湖泊水环境——以洱海为例》	大理州气象科技服务中心
应用技术	洱海气象服务系统开发研究	大理州气象科技服务中心
应用技术	大理海东新城中心片区边坡绿化生态修复关键技术研究与示范	大理海东开发管理委员会市政园林绿化管理服务中心
应用技术	抗病性玉米新品种	云南宏伟种业有限公司
应用技术	抗逆性丰产玉米新品种	云南宏伟种业有限公司

（州科技局　提供）

办各类实用技术培训70余次，参训人员近5000人次；33家参展单位进行行业领域内的科普展示和宣传，接待咨询群众8690人次，印发疫情防控、农村实用技术、防震减灾、疾病预防等宣传资料8万多份，摆放宣传展板300多块，悬挂大小标语50余条，普及群众3万多人次。先后举办（承办）以"百年回望：中国共产党领导科技发展"为主题的大理州第二届科普讲解大赛、云南省第七届科普讲解大赛，大理州三名选手分获省科普讲解大赛二、三等奖。

【成果创新】 2021年，全州7家企事业单位获得省科学技术奖。香茶菜属植物地下部分系统研究项目率先对香茶菜属植物地下部分的化学成分进行系统研究。多抗优质高产蚕豆新品种大规模应用，适宜省内海拔1600~2200米的豆作区种植。提高奶牛产奶量关键技术成果大规模推广示范，建立奶牛遗传改良技术体系，推广应用控冻精改良技术、优质牧草种植技术和TMR饲喂技术，大幅提高奶牛产奶量。云南皇氏来思尔乳业有限公司作为本土益生菌代表，鲜活菌被遴选为云南高原特色优势物种进行太空搭载，公司参与实施的高原特色奶酪、奶渣产品关键技术研发与产业化应用项目获科技进步二等奖。

（金方堃撰稿）

2021年，大理州科普资金主要用于科普小镇创建、科技助力乡村振兴、科普示范社区和学校创建，培训新型农民，扶持特色农技协，实施流动科技馆和科普大篷车巡展等工作。上图：5月13日，剑川县沙溪镇斯巴鲁希望小学的学生在2021年科技活动周科普大篷车进校园活动中参与卡丁车体验活动；下图：4月8日，当地学生参观剑川县羊岑乡杨家村委会大佛殿彝族社里的科技馆

（州科协、苏金泉　提供）

科学普及

【概况】 2021年，大理州科协全面推进开放型、枢纽型、平台型科协组织建设。大理州全民科学素质工作领导小组办公室设在州科协，由科协主席兼任办公室主任，成员为州级32个单位，主要开展公民科学素质建设工作。全州12个县（市）科协均独立建制，业务指导23个州属学会（协会、研究会）。年内，州科协被中国科协表彰为"全国科普日活动优秀组织单位"，被中国科协科普部、农业农村部、科技教育司表彰为年度全国农民科学素质网络知识竞赛"优秀组织单位"，被中国科协青少年科技中心表彰为青少年科学调查体验活动"优秀组织单位"，被中国科协创新战略研究院评为科技工作者状况调查"优秀调查站点"，被省科协评为"云南省科技工作者状况调查优秀调查站点"，被省科协表彰为"农函大工作先进集体"，全省科普大篷车绩效考核为"优秀"等次，获大理州"七五"普法工作先进集体，年度党风廉政建设责任制考核、年度机关党建工作考评、年度乡村振兴工作考评、年度妇女儿童工作考评均获"优秀"等次。

【省科协领导到大理州调研】 11月8—11日，省科协党组书记赵刚先后到祥云县、南涧县、巍山县、弥渡县和大理市开展工作调研。调研中，赵刚深入5个县（市）的农村、社区、企业、学校、医院等，看望慰问基层科技工作者，了解基层科协工作情况，广泛听取基层科技工作者和干部群众对科协工作的建议和意见，对大理州科协工作给予肯定。要求大理州各级科协组织学习贯彻习近平总书记对科协工作、云南工作的重要指示批示精神和党的十九届六中全会精神，对标对表中央和省委、省政府关于科协工作的部署要求，准确把握"四服务"职责定位，立足自身优势和特点，紧紧围绕州委、州政府中心工作，在强化思想政治引领、推动创新驱动发展、提升公民科学素质、服务党委政府科学决策和加强自身建设上，担当作为、精准发力、创新争先，为全州经济社会高质量发展提供科技、人才和素质支撑。

【科普惠及民生】2021年，大理州科协争取国家、省专项资金1080万元，州级科普专项经费245万元，州级人均科普经费为0.72元。科普资金主要用于科普小镇创建、科技助力乡村振兴、科普示范社区和学校创建，培训新型农民，扶持特色农技协，实施流动科技馆和科普大篷车巡展等工作。推动科普助力洱海保护、脱贫攻坚、绿色发展、乡村振兴等党委政府中心工作。①洱海保护。投入资金20万元，实施州质检中心洱海入湖支流水质检测与保护、洱源县顺风洱海环保专家工作站环湖流域面源污染防控工作项目，与州环境生态局等单位联合开展环境保护科普宣传活动，助力洱海保护。②脱贫攻坚。在南涧县自强村、云龙县白石村和山西村、弥渡县栗子园村和新庄村、洱源县江登村实施科普惠农兴村项目，助力脱贫攻坚、助推产业发展。③绿色发展。组织协调成员单位和县（市）科素办，精心打造重点绿色科普活动，州生态环境局"大理环保"官方政务微博发展22399个粉丝，发帖1865个；州林业和草原局开展世界湿地日、全国"爱鸟周"等宣传活动，开展核桃提质增效技术推广培训。

【公民科学素质建设】2021年，大理州科协抓实《全民科学素质行动规划纲要》实施工作，开展由政府主导、部门联动、社会参与的公民科学素质建设考核。对县（市）科学素质办进行年度工作考核及整改落实，完善对全民科学素质工作有谋划、有研判、有安排、有督促、有整改、有落实的工作长效机制，各级科协和全民科学素质工作成员单位上下联动，落实各项工作任务。省有关年度大理州公民科学素质建设考评得分为100分。中国科普研究所公布大理州公民具备科学素质的比例为7.2%，名列全省第五。

【省科普大篷车大理重走长征路】5月31日至6月3日，云南省科协组织大理州科协、祥云县科协、宾川县科协、鹤庆县科协4辆科普大篷车先后在祥云县、宾川县、鹤庆县开展以"红色百年路·科普万里行"为主题的云南省科普大篷车重走红军长征路联合行动，缅怀革命先烈，体验红色精神，开展党史学习教育，感受长征精神，继承和发扬革命优良传统。活动以参观红色教育基地、重温入党誓词、歌唱革命歌曲、体验当年红军生活、科普进校园活动、党史学习教育进校园活动为主。活动深入6个红色教育基地、4所中小学校，展出各种车载展教具72件、卡丁车、平衡车、VR眼镜、机器人、鲁班锁、华容道等科普设备，内容涉及力学、光学、电磁学等学科，种类繁多，内容丰富，贴近学生的学习和生活，具有极强的知识性、针对性和趣味性，同时向学生发放科普宣传图书，让学生在浓厚的氛围中感受科技的魅力，受众学生为4000多人。

【应急科普宣传】2021年，州科协在漾濞"5·21"地震发生后第一时间印发《关于开展抗震救灾应急科普宣传的通知》，要求12个县（市）科协抓住关键时期，有效开展地震应急等自然灾害应急科普宣传。在大理州年度"全国科技工作者日"暨"科技活动周"宣传活动期间，邀请州中医院、县医院、县老科协等部门，组织广大科技工作者在鹤庆县文庙公园开展科普宣传、文艺表演、健康咨询和专家义诊等活动，向广大群众宣传普及防震抗震知识，发放"地震应急自救互救手册""防灾减灾科普手册""常见事故急救措施与救护知识"等宣传资料2000余册，受众人数为5000多人，用行动践行"我为群众办实事"。广大科协干部积极行动、正向引导，大量转发《人民日报》、"科普中国"、美丽云南微科普等官方媒体《地震发生时如何第一时间科学避震》《居家防疫期间如何做好地震安全准备》《地震逃生与应急自救技巧》等的权威信息，及时做好地震应急知识科普宣传，有效利用科普e站"科普中国"大屏开展地震应急科普宣传，为大理电视台提供权威地震应急科普知识短视频等相关科普材料，在大理电视台播放，让广大人民群众第一时间接受权威有效的地震应急科普知识，做到不信谣、不传谣、不恐慌，科学引领广大群众防震抗震。

【科技工作者状况调查站点培训班】12月7—9日，云南省2021年科技工作者状况调查站点培训班在大理举办。省科协党组成员、副主席向云出席开班式并作动员讲话，来自全省各调查站点的50名负责人参加培训。培训由云南省科协主办，大理州科协承办，采取"专题辅导＋分组讨论"方式进行。培训班全面总结近年来全省调查站点工作，部署下一步工作任务，通报表彰2020年"优秀调查站点"和"优秀信息员"，对2021年新增国家级站点进行授牌。省科协专门邀请资深老师就站点信息撰写、上报的技巧和要求，以及站点工作平台操作使用等内容进行专题辅导。大理州人民医院等7家优秀调查站点分别进行交流发言，分享和研讨调查站点工作经验，分析站点工作的亮点和不足，就加强站点建设提出意见建议。至12月，全省建立14个国家级站点和33个省级站点，大理州科协连续4年被表彰为全国科技工作者状况调查"优秀站点"。

【省级院士专家工作站建设】2021年，大理州力推科技成果转化，支持院士专家与企业产学研合作，助推专家与企业开展发展战略咨询、技术联合攻关、人才培养、科技成果转化和科学技术普及等方面合作，优势互补、合作共赢，共同建设省级院士专家工作站。年内，大理州大理大学第一附属医院"赵荣专家工作站"、大理金明动物药业"李华春专家工作站"获云南省科协院士专家工作站建设管理工作领导小组办公室批准同意建站。省科协每年对每个专家工作站支持20万元，一年一考核，考核合格将持续支持5年，每个工作站将累计获得经费支持100万元。

【小记者科普行活动】2021年，州科协与大理日报社合作开展"小记者科普行"活动，组织小记者深入学校、社区、农村、企业、国家地震台、苍山地质公园、下关沱茶博物馆、大理大学生物科学馆等科普基地开展科普宣传活动，近600名小记者、家长参与。引导小记者撰写预防地震与自救等科普文章100余篇，在《大理日报》上专版刊登70余篇，营造青少年学科学、爱科学、用科学的浓厚氛围。

【青少年科技创新大赛】2021年，大理州选手参加第35届云南省青少年科技创新大赛机器人竞赛暨第五届全国青少年无人机大赛（云南省赛），获机器人比赛三等奖15个、无人机比赛二等奖2个、三等奖6个。大理州选手参加机器人创意、机器人普及基础、无人机旋翼个人飞行、无人机固定翼空中侦察等项赛事。

【“科技小院”落户宾川】 2021年，经中国农村专业技术协会审核批准在大理设立云南宾川葡萄科技小院。云南宾川葡萄科技小院的建设单位是宾川县远航植保科技有限公司，共建单位为云南省科学技术协会、云南农业大学、宾川县科学技术协会，每个“科技小院”将由中国农村专业技术协会给予一定的项目经费支撑。云南宾川葡萄科技小院将依托宾川高原水果产业优势，发挥云南农业大学在基础研究、农业人才培训、科技推广等方面的技术和人才资源，通过选派优秀在校研究生深入宾川田间地头，配合当地农技推广部门和企业开展葡萄病虫害防治、绿色防控以及农业机械化、标准化生产技术推广，通过产、学、研深度融合，提升宾川葡萄产业的科技和标准化种植水平。

【李桂科获评省“最美科技工作者”】 2021年，李桂科被省委宣传部、省科协、省科技厅、中国科学院昆明分院联合表彰为“最美科技工作者”。李桂科，大理州洱源县疾病预防控制中心名誉主任；40年防控，给麻风病患者治病、治心、治贫，带领康复人员过上美好生活；40年坚守，诠释医者仁心；40年陪伴，书写大爱之心；40年耕耘，践行入党初心。先后获“中国好人”“中国好医生”“全国疾病预防控制先进个人”“全国优秀共产党员”等称号，获“第四届马海德奖”“中国麻风防治突出贡献奖”“全国公卫先锋”。李桂科40年坚守在麻风防治工作岗位上刻苦钻研，他业务过硬，勇于创新，长期在艰苦条件下尽职尽责、默默奉献，在麻风防治工作中做出突出贡献。洱源县是历史上麻风高流行地区，患病率从最高年的27.3/万降至0.06/万，下降99.78%，达到消除麻风危害的指标。洱源县麻风防治工作获卫健委先进集体表彰，获云南省卫生厅、民政厅、残联、红十字会先进集体表彰，获中国麻风防治协会全国先进麻风院村表彰。李桂科发表科研论文31篇。

（张继彪撰稿）

社会科学

【概况】 2021年，大理州社科联坚持以习近平新时代中国特色社会主义思想为指导，深入贯彻落实习近平总书记考察云南重要讲话精神和对大理工作重要指示批示精神，紧紧围绕州委、州政府的中心工作，发挥桥梁和纽带作用，为大理高质量跨越发展做出贡献。

【社科研究成果集出版】 4月，公开出版《全面建成小康大理研究》1000册，发至州级机关和各县（市）党委政府。此次课题研究汇聚一批研究能力强、研究经验丰富的专家学者、领导干部及基层工作者，对大理全面建成小康社会的波澜壮阔历程进行回顾梳理和总结，也是对大理全面建成小康社会取得成效进行全方位的展示和探索，为各级党委政府科学决策提供参考。

【社科志愿服务】 4月，成立大理州新时代文明实践社科志愿服务支队，下设州文明办、州委党校、团州委、大理州农村电影博物馆队。抓好大理市为新时代文明实践中心全国试点工作，宾川县、巍山县、永平县、洱源县列为省级试点。省社科联下拨大理州14万元社科志愿服务活动经费，大理州下拨至州委党校、团州委、大理州农村电影博物馆和试点的县（市）。

【社科普及】 5月，州社科联在祥云县启动以“奋斗百年路　启航新征程”为主题的社科普及宣传周活动。大理市、祥云县、漾濞县、云龙县等县（市），精心组织社科专家宣讲习近平新时代中国特色社会主义思想、宣传习近平总书记考察云南重要指示精神和对大理重要指示批示精神等，开展咨询服务、文艺演出等多种形式的社科普及宣传活动，推进社科普及进校园、进机关、进企业、进社区、进农村“五进”活动。全州开展宣传活动860多场（次），发放社科普及材料2万多份（册），把社科普及工作与党委政府中心工作相结合。

【社科理论界座谈会】 7月6日，组织召开全州宣传思想文化战线和社科理论界学习贯彻习近平总书记在庆祝中国共产党成立100周年大会上的重要讲话精神座谈会。宣传思想文化战线的代表和社科理论界的专家学者围绕习近平总书记在庆祝中国共产党成立100周年大会上的重要讲话精神进行学习研讨、交流心得体会，推动学习宣传往深里走、往心里走、往实里走。在《大理日报》专题刊发11篇理论文章，营造良好的舆论氛围。

【党史学习教育】 2021年，社科联牵头组织开展“党旗飘飘”红色教育系列演讲活动，邀请蔡朝东、朱立琴、郑宏彪、臧雷等到州级部门单位、各县（市）现场（线上）开展“党旗飘飘”红色教育系列演讲活动5场（次），6200多名党员受教育，在全社会产生良好的影响。在全州青少年中开展党史、新中国史、改革开放史、社会主义发展史的“四史”学习，让红色种子厚植青少年心灵，引导青少年扣好人生第一粒扣子。推荐上报征文97篇，经省专家评审，大理州获一等奖1人、二等奖9人、三等奖11人、优秀奖19人、优秀指导教师9人；优秀组织奖4个。在全省地州获奖数前列。加强社科培根铸魂工作。

【课题调研】 2021年，州委宣传部、州社科联在全州开展“踏寻革命遗迹，传承红色基因”课题调研活动，对全州爱国主义教育基地、革命遗址、故居、纪念馆等红色基地进行专题调研。州社科联组织社科专家进行评审，经州委宣传部部务会审定，予以结题19个课题。

【命名州级社科普及示范基地】 2021年，各县（市）委宣传部、社科联依据《关于开展2021年度大理州社科普及示范基地申报命名工作的通知》，推荐申报州级社科普及示范基地28个。9月，州社科联组织考评组对申报单位进行考评，并报州委宣传部部务会研究通过，命名大理市周保中将军纪念馆、大理洱海科普教育中心等10个单位为2021年度大理州社会科学普及示范基地。

【社科学会管理】 2021年，州社科联加强社会科学社团的管理，坚持“一手抓规范管理　一手抓优质服务”，坚持和巩固马克思主义在哲学社会科学领域和学术团体中的指导地位、引领作用。各学会活动规范有序开展，意识形态工作安全。

（州委宣传部供稿）

气 象

【概况】 2021年，大理州降水偏少，气温异常偏高，日照略少。年内出现严重干旱、暴雨洪涝、风雹、低温寒潮等气象灾害及滑坡、泥石流衍生灾害，干旱和泥石流灾害总体偏重。综合气候条件对各行业的影响分析为中等偏下气候。①降水量。全年大理州年平均降水量657.5毫米，较常年偏少21%，是有气象记录以来第7少雨年，其中大理为历史最少雨年，南涧为第2少雨年。1—5月累计降水量仅有28毫米，偏少79%，是有气象记录以来最少年，冬春初夏干旱严重；大部地区雨季于6月上旬开始，属偏晚；汛期6—10月降水量615.8毫米，偏少9%，其中主汛期6—8月降水量正常，汛后期9—10月偏少，汛期降水时空分布不均，短时强降雨频发，洪涝、山洪、泥石流灾害偏重发生；全州有50%站点雨季结束在9月中、下旬，属特早，雨季结束后到12月降水特少，秋末初冬气象干旱显现。②气温。全年大理州年平均气温17.0℃，较常年偏高1.2℃，是有气象记录以来最高年。年内各月气温均偏高，1月、7月、8月、9月、11月偏高0.5℃～1.0℃，其余月份偏高1.1℃～2.0℃。冬季气温波动大，1月中旬出现寒潮天气，春季无“倒春寒”，夏季无“抽扬期低温”。③日照。全年大理州年平均日照时数2211.8小时，较常年偏少120.4小时，偏少5%。年内4月、7月、9月、11月日照略多，其余8个月略少。

【气象抗旱服务】 3月，大理州大部地区开始为重度气象干旱，4月至6月上旬降水特少，气象干旱加重，大理西部、北部为特旱，为近10年来同期最重。大理州气象局及时做好干旱监测及服务，针对旱情发展分别于2月25日、3月8日、4月2日、4月19日、4月30日、5月8日、5月10日、5月17日撰写专题服务材料，及时将干旱情况提供给州委、州政府、州应急管理局、州水务局等部门，并多次参加州水务局组织的旱情分析会议，发布6期干旱橙色预警。

【地震气象保障】 5月21日21时48分，漾濞县苍山西镇发生6.4级地震，大理州气象局于5月21日22时20分启动重大自然灾害（地震）Ⅱ级应急响应，成立抗震救灾气象保障服务工作组，赶赴位于震中的秀岭村开展抗震救灾现场气象应急保障服务。及时与省气象台会商，制作发布震区精细化专题天气预报和漾濞地震救灾高精度降雨量径流预报26期。在震中及集中安置点安装2套应急自动气象站和10套应急移动式避雷针。5月25日，中国气象局宇如聪副局长、省气象局尹晓毅局长一行到地震灾区看望慰问气象干部职工并指导抗震救灾气象服务。

5月21日，漾濞县发生6.4级地震后，州气象局成立抗震救灾气象保障服务工作组，在震中及集中安置点安装2套应急自动气象站和10套应急移动式避雷针

（州气象局　提供）

【成立机关党委与荣誉表彰】 5月31日，中国共产党大理白族自治州气象局机关委员会及机关纪律检查委员会成立，为深入推进全面从严治党、为大理气象事业高质量发展提供坚强组织保障。年内，大理州气象台获全国妇联“全国巾帼文明岗”称号，州气象局被中国气象局通报表扬为“2021年重大气象服务优秀集体”，被州委、州政府表彰为“2020年度洱海保护治理先进集体”。

【气象风险预警及应急保障】 9月13日，洱源县出现大到暴雨局地大暴雨天气，造成凤羽等多个乡（镇）出现不同程度的山洪泥石流灾害，州气象局及时做好洱源县“9·13”大型山洪泥石流灾害气象应急保障服务，提前2个小时发布预警，启动“内响应、外联动”应急气象服务，指派工作组赴洱源做好现场气象服务，洱源县气象局制作发布91期专题服务材料。全年，大理州气象局发布3级或以上需注意防范的地质灾害气象风险预警24期，山洪灾害气象风险预警2期。

【洱海气象科研成果】 9月，由大理州气象科技服务中心完成的“洱海气象系统开发研究”项目被确认为国内领先原创科学技术成果，研究成果可在云南高原湖泊保护治理工作中进行推广应用，成果的价值和可推广性受到多部门肯定。该项目于2018年开始独立研究，创新性地将气象服务与洱海生态保护治理研究相结合，通过分析洱海水环境与气象的关系，构建筛选影响湖泊水环境的最优气象因子，研究洱海的湖泊生态气象学效应，建立洱海湖泊生态气象模型；开发卫星遥感反演技术，反演洱海水温、归一化植被指数、蓝藻水华的时空分布特征，并研究与气象的关系；应用高精度数值天气预报技术，对洱海湖面风场、降水场的时空特征进行模拟研究及应用；同时应用大理站及洱海周边气象观测站实测数据，对洱海及周边气象要素分布进行估计，并对数值模拟结果进行检验。通过整合多种方法的优势和特点，形成综合决策服务能力。年末，“洱海气象系统开发研究”项目已经进入成熟应用阶

2021年大理州各县（市）年降雨量、年平均气温、年日照时数一览表

表108

	大理州	大理市	漾濞县	祥云县	宾川县	弥渡县	南涧县	巍山县	永平县	云龙县	洱源县	剑川县	鹤庆县
年降雨量（毫米）	657.2	638.5	776.5	572.3	358.4	724.3	483.6	613.6	843.3	658.6	564.8	798.7	854.1
年平均气温（℃）	17.1	16.2	17.4	17	20.8	17.9	20.1	17.2	17	16.8	15.3	14.2	15
年日照时数（小时）	2205.2	2223.4	2085.8	2269.7	2762.5	2230.9	2217.8	2035.2	1986.7	1878.6	2266.4	2301.5	2203.5

（州气象局　提供）

段，并与州洱海管理局、水文局、环保局等单位达成合作和资料共享，共同推进洱海保护研究治理工作。

【异常气候】 2021年，大理州出现年内气温异常偏高，1月中旬出现寒潮天气，冬春初夏连旱严重；大部地区雨季开始期偏晚到特晚，汛期降水正常略少，但降雨时段分布不均，短时强降水突出，山洪、泥石流灾害偏重发生；大部地区雨季结束期偏早到特早，雨季结束后降水特少，出现轻到中度秋旱和冬旱的异常气候事件。①年内气温异常偏高。全州年平均气温17.0℃，较常年偏高1.2℃，是有气象记录以来最高年。年内气温持续偏高，其中春季偏高1.8℃，为有气象记录以来同期最高，夏季偏高1.1℃，为历史同期第三高。年内有4次区域性高温过程，5月28—31日金沙江河谷和澜沧江河谷地区持续35℃以上高温，宾川县城最高37.4℃，宾川钟英乡最高为41.0℃。6月1—6日、14—20日、25—27日出现区域性高温，全州大部分地区日最高气温持续超过30℃，金沙江河谷地区高于35℃，宾川县钟英乡15日最高为41.7℃。②1月中旬出现寒潮天气。1月气温波动大，上旬全州平均气温偏高3.5℃，突破历史同期最高纪录，中旬受冷空气影响，气温偏低1.2℃，其中11—12日大部分地区日平均气温下降6～10℃，出现寒潮天气；17—21日天气阴冷，大部地区出现小雨，祥云县、洱源县出现雨夹雪。③冬春初夏连旱严重。1—5月，全州平均降水量偏少78%，是历史同期第二少年，气温偏高1.4℃，是历史同期最高年，持续少雨高温，气象干旱发展较快，3月中旬开始州内大部分地区为重度气象干旱，4—6月初大部分地区为特旱，其中西部地区特旱持续到6月下旬，旱情为近年来偏重年。④大部分地区雨季开始期偏晚到特晚。全年全州雨季开始期为6月9日，较常年偏晚8天。最早南涧于5月下旬开始为正常，巍山、云龙、大理6月下旬到7月下旬开始为特晚，其余县6月上旬末开始为偏晚。⑤汛期降水正常略少，但降雨时段分布不均，短时强降水突出，山洪、泥石流灾害偏重发生。汛期6—10月降水总量偏少9%，其中主汛期6—8月降水量正常，汛后期9—10月偏少。汛期短时强降水突出，山洪、泥石流灾害偏重发生，6月30日剑川日降水量80.5毫米，突破该站日降水极值；8月9日夜间到10日，出现区域性大到暴雨，漾濞、巍山、南涧的部分乡（镇）出现大暴雨，漾濞县顺濞乡24小时雨量为186.5毫米，出现洪涝、泥石流灾害；9月12日夜间到13日上午，洱源县西部地区出现暴雨和大暴雨，乔后镇12小时雨量101.7毫米，强降水引发严重泥石流滑坡灾害。⑥大部地区雨季结束期偏早到特早。全年全州雨季结束期为10月4日，较常年偏早11天，其中洱源、大理、漾濞、永平、鹤庆、南涧结束于9月中、下旬，其余县于10月上、中旬结束，洱源、漾濞、大理、南涧属特早，祥云、弥渡、云龙属偏晚，其余5个县属正常到偏早。⑦雨季结束后降水特少，出现轻到中度秋旱和冬旱。全州有6个县（市）雨季结束在9月中、下旬，雨季结束后10—12月全州平均降水量58.3毫米，偏少48%，气象干旱发展，据11月下旬和12月下旬监测，大理州中北部有轻到中度气象干旱。

【气象灾害】 2021年，大理州发生干旱、暴雨洪涝、风雹、低温霜冻、泥石流滑坡、森林火灾等气象及其衍生灾害。根据大理州应急管理局年报统计，气象及其衍生灾害造成全州99.95万人受灾，紧急转移安置3872人，因灾死亡5人，房屋受损2016间，倒塌331间。农作物受灾6.47万公顷，成灾3.34万公顷，绝收0.35万公顷，直接经济损失15.98亿元。从灾害造成的直接经济损失占比看，地质灾害占68%，干旱灾害占20%，洪涝占7%，风雹占4%，低温冻害占1%。全年冬春初夏连旱严重，汛期暴雨引发的地质灾害偏重发生。①干旱。干旱造成全州12个县（市）100个乡（镇）74万人受灾，7万余人饮水困难，农作物受灾4.96万公顷，成灾2.26万公顷，绝收0.22万公顷，直接经济损失3.15亿元。②暴雨洪涝和地质灾害。全年暴雨洪涝灾害偏轻，但地质灾害较严重，主要表现在9月13日洱源县西部地区暴雨引发的严重地质灾害。年内暴雨洪涝造成全州10个县62个乡（镇）9.6万人受灾，因灾死亡1人，农作物受灾0.44万公顷，直接经济损失1.13亿元，是近年来洪涝灾害偏轻年份。6月8日，巍山县马鞍山乡局地暴雨造成一人身亡，冲毁公路10余千米；7月24日夜间洱源县城2小时降水量43.8毫米，县城积水明显，28日、29日永平持续2天暴雨，部分地区出现洪灾；8月9日夜间到10日出现区域性大到暴雨，漾濞、巍山、南涧的部分乡（镇）出现大暴雨，造成多地洪涝灾害，全州9个县44个乡（镇）6.51万人受灾，因灾死亡4人，紧急转移安置3861人，农作物受灾0.2万公顷，绝收687公顷，直接经济损失10.84亿元，是近10年来地质灾害较重年份。最严重的是9月12日夜间到13日凌晨，洱源县西部地区出现暴雨和大暴雨，造成乔后镇、凤羽镇、茈碧湖镇、炼铁乡、西山乡发生严重泥石流滑坡灾害，致使4人死亡，50231人受灾，转移安置3683人，房屋、农作物严重受灾。③风雹。全年风雹灾害造成全州12个县（市）46个乡（镇）7.45万人受灾，直接经济损失6165万元，其中农业损失5865万元，风雹灾害造成的损失为中等年份。风雹灾害主要发生在宾川、祥云、鹤庆、南涧。④低温、霜冻。全年低温冷害造成宾川、弥渡2个县20个乡（镇）2.77万人受灾，直接经济损失2373

2021年，州气象局为洱海保护治理及相关科学研究等工作提供更加科学的基础数据，新建两个洱海水上气象观测系统。图为挖色镇康廊村站点建成投入运行（州气象局　提供）

万元，低温冷害造成的损失为偏轻年份。1月11—12日大理州大部地区平均气温下降6℃～10℃，出现寒潮天气，1月17—21日再次出现低温阴雨天气，低温天气使宾川、弥渡的经济作物受害。

【洱海水上气象观测系统建设】2021年，州气象局与州洱海管理局综合考虑洱海水下地形、游客观光及数据代表性等情况，沿洱海东岸对项目建设选址进行实地勘察，确定大理市挖色镇康廊村、海东镇向阳村两个建设点。两个新建的观测系统与大理市银桥镇磻溪站点组成辐射洱海南部、中部、北部的气象、水环境综合观测网，为洱海保护治理及相关科学研究等工作提供更加科学的基础数据。4月，大理州气象局完成挖色、海东2个洱海水上气象观测系统建设并投入运行。

【气候与粮食生产】2021年，大理州夏秋两季气候影响大，秋季连阴雨，秋季高温少雨，对粮食栽种不利。①夏粮。全年夏粮播种期（2020年10月），秋季连阴雨明显，对夏粮栽种有不利影响；夏粮生长季，冬春无明显低温冷害，光热条件好，夏粮作物旺长，作物生育期提前，降水特少，干旱严重，灌溉条件差的地区作物灌浆成熟水分需求受抑制；夏粮收割期天气晴朗，对夏粮收晒有利。综合而言，全年夏粮作物生长季农业气象条件为中等偏下。②秋粮。全年秋粮作物生长季，高温少雨特征明显。3—5月全州大部地区维持特旱，6月降水略少，上旬末大部地区进入雨季，旱情得到有效缓解，但降水分布不均，西部地区严重干旱维持到6月末，干旱对秋粮作物播种、栽插、出苗、保苗极为不利，无灌溉条件地区秋粮作物未能在最佳节令满栽满插；7—8月降水量正常，洪涝、风雹灾害较常年偏轻，虽然8月中下旬寡照明显，但气温偏高，光温互补，寡照对作物生长总体影响不大，7—8月气候对水稻、玉米等作物的生长、授粉、灌浆、产量形成总体有利；秋季降水特少，气温偏高，热量条件好，有利作物成熟，10月中旬阴雨寡照天气明显，对北部地区秋粮收晒有一定影响。总体上看，全年秋粮作物生长季气候条件为中等年景。

【气候与烤烟生产】2021年，烤烟育苗期气温偏高，日照正常，气象条件有利于烟苗健壮生长；烤烟移栽期气温偏高，日照正常，无有效降水，气象干旱严重，灌溉条件较差的山地烟保苗成活困难；旺长期气温偏高，日照正常，光热条件好，但降水偏少，西部、南部地区不能满足烤烟正常水分需求；成熟采烤期气温偏高，日照偏少，降水正常，无明显连阴雨天气，风雹灾害轻，气象条件较适宜烟叶成熟采收。综合而言，全年烤烟气候条件为中等年景。

【气候与蓄水】2021年，全州年平均降水量657.5毫米，较常年偏少21%，同比偏少17%，其中剑川、弥渡降水量正常为正常年，祥云、南涧、宾川、大理降水特少为异常枯水年，其余6县降水偏少为枯水年。1—5月，全州平均降水量偏少79%，是有气象记录以来最少年，干旱缺水严重。汛期6—10月降水量偏少9%，其中主汛期6—8月降水正常，有利于蓄水，汛后期9—10月降水偏少33%，对蓄水十分不利。全年洱海流域降水量601.5毫米，偏少32%，是有气象记录以来第二少年，其中大理市638.2毫米，偏少40%，是历史最少年，洱源县564.7毫米，偏少21%，是历史第六少年。全年洱海流域降水量异常偏少，对洱海蓄水极为不利。综合而言，全年降水偏少明显，气候对水资源的影响为偏差年份。

【人工影响天气】2021年，大理州的人工影响天气工作总计投入资金912.14万元，其中上级投入180万元，参与人影指挥管理人员43人，作业人员124人，用于开展人工增雨、防雹作业的预选流动作业点26个、固定作业点34个，投入使用“三七”高炮29门、火箭发射装置34具、新一代天气雷达1部、作业指挥车辆13辆、电台55部，天翼对讲机26部，全年组织实施人工增雨防雹作业166点次，实现人工增雨目标区面积45万公顷，增加降雨量1.198亿吨，增加洱海和水库蓄水，目标区旱情得到有效缓解，受益林区森林火险等级得到有效降低；人工防雹保护面积约为12.59万公顷，防区外受灾面积约为6400公顷，防区内受灾面积约为193公顷。经济效益15000万元。

【气象防雷减灾】2021年，大理州气象局气象防雷减灾。①防雷减灾专项行动。5月28日，漾濞6.4级地震发生后，由云南省、大理州、漾濞县三级气象和应急管理等部门组成的工作组对漾濞震区应急避难场所开展防雷减灾专项行动，确保震区群众生命财产安全。经过现场勘查，工作组在漾濞一中高中部、苍山西镇中学操场各安装一个应急移动式避雷针。②农村防雷示范工程建设。年内，配合完成4个县农村防雷示范工程建设，实现12个县（市）全覆盖。③防雷安全检查。履行社会监管职能，对366家防雷安全重点监管单位进行全覆盖检查。

【森林防火气象服务】 2021年，大理州气象局发布16期《大理州森林火险气象分析》旬报，制作并通报15期大理州卫星热点，发布12期森林火险气象风险预警。大理凤仪、大理太邑、宾川拉乌、祥云米甸、大理湾桥发生火灾，及时将应急指挥车开到指挥部开展应急气象服务，制作6期火场专题天气预报，每小时发布火灾现场平均风速风向、极大风速风向及未来三小时天气预报35期。

【农业气象服务】 2021年，大理州制作发布农业气象月报9期，月季气候评价12期，各月及关键期短期气候趋势预测14期，在农业生产关键期开展春耕春播、夏收夏种和秋收秋种气象服务，制作发布大春粮食产量分析1期，春耕春播气象专题服务材料5期，夏收夏种气象服务专报5期，秋收秋种气象专题服务7期。分析气候对农业生产的影响，提出下月农业生产关键的生产措施和防灾减灾的注意事项，为全州农业生产做好气象保障服务。

【国家气象观测站迁建】 2021年，宾川、祥云国家气象观测站迁建申报工作得到云南省气象局审批，准予宾川、祥云县人民政府向云南省气象局提出的迁建宾川、祥云国家气象观测站行政许可申请。宾川、祥云等3个地面气象观测站于12月31日停止开展业务，迁至新址办公。

【气象服务领域拓展】 2021年，州气象局为州政府提供应对气候变化咨询服务，向州政府报送《大理州应对气候变化决策咨询报告》，分管副州长李洋对报告作书面批示。宾川县气象服务高原特色农业列入“一县一业”水果产业示范县创建项目。宾川县与中科院国家空间科学中心签署协议，联合建设运维子午工程二期宾川空间环境观测站。云龙县与水务局签署合作协议，开展全县山洪灾害监测预警系统维护。巍山县沿江农业热区自动气象站建设列入地方柠檬产业重点项目。弥渡县启动“中国天然氧吧”创建工作。

【气象科普活动】 2021年，州气象局开展气象科普宣传活动，结合“3·23世界气象日”，“5·12”全国防灾减灾日、科技宣传周，采取开展气象科普、防雷安全知识讲座，发放宣传手册、制作宣传展板、宣传单等形式，加强校园、社区等区域的气象科普宣传及农村、人员密集区和易燃易爆场所等雷电易发区域的防雷科普宣传，增强公众防灾减灾意识。

【气象灾害风险普查】 2021年，州气象局启动大理州气象灾害风险普查工作，主要通过调查和科学分析，获取大理州主要气象灾害的致灾信息；通过信息共享，掌握人口、经济、农业、房屋建筑、公路交通、基础设施等气象灾害重要承灾体信息及历史灾情等信息，开展全州气象灾害致灾因子调查和评估，气象灾害风险评估和区划。大理州气象灾害综合风险调查数据汇交工作被国务院第一次全国自然灾害综合风险普查领导小组办公室列入典型经验做法名单。

【洱海生态气象服务】 2021年，落实州委书记杨国宗全州洱海保护治理及流域转型发展工作推进会上提出的“加快建设监测预警体系，提升洱海流域生态气象监测能力”要求。①洱海生态气象研究型业务。“洱海生态气象服务系统开发研究”项目通过验收，项目综合评价为A+，成为云南基层研究型业务的示范。②业务成果转化应用。向州委、州政府制作报送洱海水环境专题服务26期，洱海入湖污染物防控专题服务17期，洱海蓝藻专题服务3期，洱海湖面流场预报专题服务1期。③定期提供高精度天气预报。年内起，定期向州洱海治理保护及流域转型发展指挥部提供洱海水环境趋势分析、洱海流域2524个格点7天高精度天气预报产品、高精度天气预报专题、洱海流域雨量径流预报等针对性服务，做好洱海保护应急气象服务。

2021年，祥云国家气象观测站迁建得到审批同意。图为观测站新址　　（州气象局　提供）

【气象科研合作】 2021年，大理州气象局参加国家自然科学基金委面上项目“千米级分辨模式中次网格地形动力效应参数化研究”、中国局气科院基本科研重点项目“苍山—洱海复杂山地精细化气象要素观测”“横断山区大气对流活动成因及其云降水物理过程特征”（“第二次青藏高原综合科学考察”第一任务“西风—季风协同作用及其影响”的委托项目）科学研究，均按质按量完成年度阶段性目标任务。完成中国局创新发展专项“生态气象联网监测技术开发”中承担的研究任务。完成中国局和省局科研所委托的4个气象技术服务项目。与中国局、中科院大气所、中科院遥感所等科研院所及复旦大学、成都信息工程大学、云南大学等高校开展合作交流。

【气候与森林防火】 2021年，冬季全州降水量偏少66%，气温偏高1.0℃，空气湿度小，土壤失墒明显，森林火险气象风险等级升高快，2月大理州东北部地区出现高危森林火险气象风险等级。春季（3—5月）全州平均降水量仅17.3毫米，偏少83%，为1962年以来春季最少年，同时，气温偏高1.8℃，为1962年以来同期最高年，少雨高温森林火险气象等级快速攀升到较高等级，3—5月大部地区较长时间森林火险维持在高危等级（4～5级）。大理湾桥、宾川拉乌、祥云米甸等地出现森林火灾，综合而言，全年气候对森林防火的影响为偏差年份。

（汪柯岐撰稿）

水　文

【概况】 2021年，大理州水文局完成州境内18个国家基本水文（位）站、1个专用站、60个基本雨量站及189个中小河流雨量站各水文要素的测验工作，收集各类水文数据3312万余组，其中施测流量测次1013次。完成常规水质监测任务731站次、质控实验6069项次，开展浮游动植物、底栖动物监测100站次和弥苴河、腊普河的生态调查及监测，完成桃源水库、长江经济带生态补偿机制等专项监测144站次，开展14个地下水监测站监测，参与编制《云南省重点水域水生态监测报告》《大理州江河湖库水资源监测简报》等报告80余期。全年累计签订16个对外服务项目，水文工作的公益性、技术服务的专业性更加凸显。

【防汛抗旱减灾】 2021年，州水文局投入80余万元更新维护遥测设备，做好州境内300余个遥测站点的运行维护工作。组织3次突发水事件应急演练，编制修订48个水文（位）站洪水预报方案。应对漾濞“5·21”6.4级地震、洱源县“9·13”暴雨山洪泥石流应急监测，凤羽、甸南、河西、洱源、鹤庆、灵泉溪6站次超警超保洪水与暴雨洪水调查，各测站发生超标洪水或大洪水时，迅速响应，启动Ⅲ级应急响应1次和Ⅳ级应急响应2次，及时发布水情预警信息，将雨水情监测信息上报地方党委政府和各级防汛部门，为防汛减灾第一时间提供水文技术支撑。

【水文洱海保护治理】 2021年，州水文局高质量按时完成洱海各项监测数据。①洱海流域水文监测。州水文局洱海流域有61个水文站、7个水位站、53个雨量站、1个蒸发站、4个地下水站、68个水质站、5个湖区水生态监测站，并与大理州洱海管理局签订“数据融合共享交换协议”，就洱海流域的水雨情、水质、视频监控等生态环境数据进行融合，成为“智慧洱海”建设数据的重要来源。②派员至洱海保护指挥部工作。派驻1名技术人员到大理州洱海保护治理及流域转型发展指挥部开展相关工作；加强九大高原湖泊（洱海）水质水量分析预测，配合省水文局编制《云南省九大高原湖泊水量水质分析预测》6期，编制《洱海水资源监测评价简报》10期；根据洱海保护治理工作需要适时提供洱海水位水资源量预测、洱海水资源实况及后期趋势预测等材料47份；编制及修改完成洱海流域19个水文（位）站超标洪水测报预案，提交各类分析报告方案12份。③水量监测。以27条主要入湖河流、2条西洱河支流、4个县（市）交界断面、4个洱海出湖断面为重点，并对20条较大入湖沟渠进行巡测；水质监测以洱海流域80个监测站点为重点，全年完成洱海流域水量监测970站次、水质监测580站次；每日向相关部门及领导报送洱海水位、西洱河发电流量及引洱入宾流量等数据。④系列报告意见建议编制。编制完成《2020年洱海健康评估报告》《洱海水资源监测评价简报》《云南省洱海水生态保护状况调查报告》《云南省洱海生态水位研究及保障措施》《云南省九大高原湖泊水量水质分析预测》等系列报告及有关意见建议。

【河（湖）长制工作】 2021年，州水文局支持推进大理测区“生态水文”建设，服务支撑测区河湖生态环境复苏。组织开展水生态监测工作，设立洱海湖区等6个监测点，6个点浮游植物监测频次均为每月1次，累计完成66站次；浮游动物监测频次为每季度1次，累计完成24站次；洱海湖区生态监测点位开展底栖动物监测2次10站次。按照《大理州长江经济带跨界河流水环境质量生态补偿水质水量监测工作实施方案》，完成长江经济带12个水质考核断面、10个水量考核断面的监测评价工作，报送相关部门《大理州长江经济带跨界河流水环境质量生态补偿水资源监测简报》10期。协同开展澜沧江流域“大型水库对河流氮磷再分布的作用机制及其环境生态效应”课题项目和冰川实验站点的建设工作。编制完成漾弓江、达旦河、渔泡江干流生态流量监测预警工作方案，编发生态流量预警简报8期，有效保障河流生态流量保障目标的落实及河湖健康。履行清碧溪州级河长联系部门职责，发挥监督协调作用，依据大理州洱海美丽河湖建设及入湖河流水质改善两年行动计划，协助州级河长2次部署年度重点工作，制定实施清碧溪水质改善两年行动计划、“一河（湖）一策”方案修编和美丽河湖建设评定工作，协助州级河长督促推进清碧溪“一河（湖）一策”修编工作。1—10月清碧溪水质均为Ⅱ类，达到水质目标。

【水文宣传及专项创建】 3月22日，州水文局组织开展“世界水日”“中国水周”暨首个“大理水文公众开放日”主题宣传活动，活动设置咨询和服务台，面向公众发放相关宣传资料，并通过洱海监测数据展示平台、水质监测实验室、水情值班室、大厅宣传展板、老旧水文物件展览及科普展示向有关部门和社会各界介绍水文工作，促使大家了解水文、关心水文、支持水文。宣传习近平生态文明思想及《中华人民共和国水法》、水文条例等涉水法律法规和节水、护水、管水、生态环境保护知识，丰富宣传载体和形式，竭力营造保护河湖良好生态环境的浓厚社会氛围。拓展后院水文实践体验中心和业务技能竞技场所建设，推动精神文明建设提质增效的同时，以创建促政治素质、文明素养、管理水平、工作环境及干部职工言行举止、精气神提升，以专项创建工作为抓手，优化提升管理治理能力，组织"清明祭英烈"、"5·10"洱海坠机悼念、"我们的节日"等一系列主题活动，组织和参加书画竞赛、演讲比赛，撰写宣传稿件95篇、微信57期。年内，获大理州委、州政府表彰为"2021年度洱海保护治理及流域转型发展先进集体"，连创大理州、大理市两级文明单位，获"第三批全省民族团结进步创建示范单位"称号和"大理州水利行业节水机关"。

【人才队伍建设】 2021年，州水文局完成定岗定责工作和两轮专业技术职称聘用，全面清理规范编外人员管理，争取支持、配齐配强领导班子成员。优化调整科室职能，新增4个水文巡测队，有序推进测区巡测工作，选优配齐科室队正副职。完成工青妇换届选举，团支部在大理州"青年大学习"中被通报表扬。重视培养用好人才，选派6名技术骨干分别到省水利厅河长办、大理州委办公室、省水文局及大理州水务局学习锻炼，组织汛前职业道德及业务贯标培训，举办首期干部管理能力素质提升培训班，从政治素质、管理能力和领导力、执行力、凝聚力等方面来培训锻炼干部能力素质。在云南省第十八届职工职业技能大赛水文情报预报技能竞赛中获个人第4名、集体排名前列的佳绩。

2021年，州水文局，做好州境内300余个遥测站点的运行维护工作。上图：西洱河泄洪应急监测；下图：开展洱源县"9.13"暴雨山洪泥石流应急监测

（州水文局　提供）

【水文改革创新】 2021年，州水文局累计完成投资约1123万元，推进"数字水文"等项目建设任务。完成历史数据库查缺补漏复核修订工作。引进应用自动蒸发系统、无人机测流系统和地形测量系统、卫星水准点安装等先进仪器及技术，洱海流域5G视频探索应用，投入近90万元全面升级机房、网络管理。获水文缆道钢丝索检查及上油维护装置—实用新型专利1项，在所属水文测站推广应用，并向水利学会投稿论文7篇。开展新技术新仪器的推广使用，完成炼城水文站新技术应用示范创建项目的建设，实现监测要素采集全自动、监测量程全覆盖、信息传输双备份、成果展示可视化、测站管理规范化。应对上级水文监测监督检查督查和问题整改，推进机关、测站规范化和安全生产标准化达标建设与管理，加强防范化解机关事务管理、水文测报、信息网络、平安建设、信访来访、财务管理、保密管理等方面的风险隐患，安全防控、治理能力和高质量发展根基更加牢固。

（申路撰稿）

地震科研

【概况】 2021年，大理州境内发生Ms≥3级地震55次，其中3.0≤M≤3.9级38次，4.0≤M≤4.9级13次，5.0≤M≤5.9级3次，6.0≤M≤6.9级1次，最大地震是5月21日漾濞6.4级，该地震结束云南省自2014年景谷Ms6.6级地震以来长达6.6年的6级地震平静，也是大理州1925年3月16日7.0级地震后发生的最大地震。全州地震活动与往年相比，强度和频度处于历史较高水平，地震活动较为活跃。年内，州地震局获云南省州、市防震减灾综合考核应急救援工作单项奖。应急管理部对在云南漾濞6.4级地震抗震救灾作出突出贡献和个人和集体给予奖励，州地震局李滔、郭和受到应急管理部的嘉奖和表彰，其中1人获三等功、1人获嘉奖。吕秋花被中共大理州委、州政府通报表扬为大理州"七五"普法工作先进个人。

5月21日，漾濞县发生6.4级地震，震源深度8千米。地震造成大理州6个县（市）42个乡（镇）、3个街道不同程度受灾，34人受伤，3人死亡，直接经济总损失32.71亿元。图为5月23日云南省地震局有关专家接受媒体记者采访

（州地震局　提供）

【漾濞县"5·21"地震】 5月21日21时48分34秒，云南省漾濞县（北纬25.67°，东经99.87°）发生6.4级地震，震源深度8千米。地震造成大理州漾濞县、大理市、洱源县、巍山县、云龙县、永平县6个县（市）42个乡（镇）、3个街道不同程度受灾，34人受伤，3人死亡，其中漾濞县2人、永平县1人，直接经济总损失32.71亿元。①地震破坏与伤亡情况。地震最高烈度为Ⅷ度（8度），Ⅵ度（6度）区及以上面积约6600平方千米（含洱海），涉及大理州6个县（市）；漾濞6.4级地震是大理州1925年7.0级地震以来发生的最大地震；至12月31日，漾濞地震序列记录到6.0～6.9级地震1次，5.0～5.9级地震3次，4.0～4.9级地震12次，3.0～3.9级地震33次，频度和强度在云南省历史上均属少见，与云南省同级别地震相比，虽然震级大，烈度高，中强震频发，但人员伤亡数相对较低，无直接因房屋倒塌致人员死亡。②启动应急预案和救援部署。地震发生后，州地震局全员集结，迅速上报震情，立即启动应急预案，并向州政府提出应急响应建议；大理州委副书记、代州长陈真永在州地震局会议室连夜主持召开两次漾濞"5·21"6.4级地震抗震救灾指挥部会议；会上，州地震局快速作出地震影响范围预估图，提出对策建议。③灾区救援与灾情调查。局长张启明带领由党员为主的骨干队伍连夜奔赴灾区，与先期处置的党员队伍会合，由省、州、县三级和省外支援漾濞地震现场队员99人组成地震系统"5·21"漾濞6.4级地震现场指挥部；工作队队员深入灾区一线，连续作战，行程1.5万千米，对灾区53个乡（镇）218个调查点展开实地调查，5月25日完成漾濞6.4级地震烈度评定工作。④辟谣保稳定与来电受理。州地震局联合州新闻办、州公安局做好涉震舆情监测，科学应对处置5月25日的地震谣言，通过微信、科普短信、大理市公安局发布情况通报等方式及时辟谣，确保社会秩序稳定；通过省、州两级短信推送平台发送震情信息41832条，其中州级平台发送8442条；后方工作组24小时全员值班值守，接受群众来电咨询300余次；接待运转国家局、其他省（市）地震局赴云南处置漾濞地震的专家团队。⑤信息收集处理汇报与后勤保障。局党组成员、副局长、党支部书记李泽红带队，全程参加抗震救灾后方指挥部综合协调组工作，开展信息收集处理汇报及后勤保障等工作，上报值班信息8期，编写宣传报道10条，前后方紧密配合，担当作为，有序地处置漾濞6.4级地震。

【抗震设防管理】 4月，州地震局完成基于遥感影像和经验估计的房屋抗震设防能力初判工作；6月，配合省地震局到漾濞县开展房屋抗震设防能力实地调研。年内，落实"放管服"改革要求，清理和规范行政审批事项和程序；研究制定大理州地震局年度工程建设项目审批制度改革工作任务；规范和承接政务服务事项，理顺精简行政审批事项；完成权责清单、三项制度、监管事项设定、监管事项检查实施清单设定和录入；参加全州重大建设项目规划审查会、项目论证会15次；重大建设工程项目执行《中国地震动参数区划图》《云南省建设工程场地地震安全性评价管理规定》《云南省隔震减震建筑工程促进规定》《中华人民共和国防震减灾法》相关规定选址或规划；督促祥云县万花溪水库开展地震安全性评价并完成整改工作；完成全州12个县（市）以行政村一级人口、户数及房屋的栋数统计，以乡（镇）为单位的异地扶贫搬迁户数、农危改房屋数据统计工作，组织各县（市）采集上报完成加固和新建各类房屋设施抗震设防信息数据。

【地震监测】 2021年，大理州地震局高度重视地震监测质量管理，每年给相关县（市）局安排监测运维工作经费，强化全州监测台网，FTP服务器，视频会商系统，州、县信息节点的管理维护，及时对地震监测设备和观测仪器进行标定和巡检，确保仪器正常运转，观测数据连续可靠。年末，全州已建成包含水位、地温、电磁波、气氡、气汞、地电等6类观测项目的地球物理观测网，另外有气压、气温、降雨3个辅助观测项目。辖区内还有4个国家级、省级专业地震台站，包含地下流体、测震、形变等十多个数字化监测项目，增强大理州的地球物理监测能力。年内，在云南省地震监测质量评比中，大理州地震局强震动台站获全省第二名，网络运行获2020年度第二名。

【震情跟踪】 2021年，大理州面临严峻复杂的震情形势，州地震局始终牢固树立"震情第一"观念，以服务州委、州政府决策为出发点，做好震情监视、观测资料跟踪分析、异常核实等工作。制定《大理州2021年度震情跟踪及应急准备工作方案》，分解震情跟踪工作职责和任务，做到领导到位、人员到位、措施到位、保障到位、责任到位，将震情监视跟踪工作措施落实到位。召开全州震情跟踪工

2021年，剑川县创建州级地震科普宣传基地。图为金华小学的学生到防震减灾科普馆学习参观　　（州地震局　提供）

作会4次、年度会商会1次，召开周、月、季、联合、紧急、加密和专题震情会商会92次，上报震情跟踪会商意见36期。执行宏微观异常零报告制度和异常核实工作规程，全年调查核实宏观异常15次，微观异常9次。对辖区地球物理观测的各项资料及时进行跟踪分析，对各类地震前兆异常进行动态跟踪分析处理，及时研究提出应对防范措施建议。完善州地震局值班制度，实行地震事件报备和“零报告”制度，24小时值班，节假日领导带班，保证有震情时领导在岗和有业务人员及时处理。3月25日，中国地震局震情短临跟踪督促指导组一行11人到大理州开展震情短临跟踪工作检查，州地震局对全州组织开展震情短临跟踪工作情况进行汇报。4月，局领导带队到12个县（市）开展震情监视跟踪工作检查，督促做好应急准备相关工作。5月20日，省、州联合工作组到漾濞县开展震情监视跟踪工作，州地震局对地震序列进行持续有效的跟踪分析，按照“长中短临”的预报思路在5月20日填报“地震预报卡”并上报省地震局，对漾濞6.4级地震做出较好的短临预报，在2021年度云南省地震预测效能评比（单位组）中被评为第三名。高考、中考期间，州县地震部门派出技术人员到州考试教务指挥中心协助开展工作，保障全州高考、中考安全工作。

【科普宣传教育】 2021年，创建剑川、巍山和南涧3个州级地震科普宣传基地，推进云龙科普基地建设和巍山县地震科普基地改扩建项目。在全国防灾减灾日、全国科普日、国际减灾日等重点时段开展防震减灾法律法规和防震减灾知识宣传，全州到社区、医院、学校、公园等人员密集场所开展地震科普宣传181场次，地震知识讲座70场，累计发放地震应急自救互救手册3万余份，播放防震减灾知识视频、防震减灾公益广告28次，展出展板1050块次，州地震局到州中医院、大理农林职业技术学院等4个单位开展地震科普知识讲座。通过短信、电视、微信等发送科普信息100余条，组织挂钩扶贫村开展农民科学素质网络知识竞赛，组织全州中小学校参加2021年云南省防震减灾知识竞赛和云南省防震减灾科普讲解大赛，州地震局获全省防震减灾科普知识小小讲解员比赛“优秀组织奖”。

【地震预警建设】 2021年，大理州地震预警项目有序推进，全州建成含有16个基准站、6个基本站、69个一般站组成的预警台网，完成64套Ⅱ型和3套Ⅰ型67套预警信息发布终端的安装。在漾濞6.4级地震时，基本建成的云南地震烈度速报与预警系统发出预警信息，为群众及时撤离避险提供安全保障，项目建设成效在漾濞6.4级地震中得到检验，取得一定的减灾实效，极大地保护了人民群众的生命财产安全。

【创建防震减灾示范】 2021年，大理州开展国家、省、州、县防震减灾示范单位创建。①创建国家级防震减灾示范州。年内，大理州国家级防震减灾示范州创建工作已完成。近4年来，创建工作经历近年数次大小地震的实践检验。全州各级政府、各成员单位高度重视，加强领导，落实责任，按照各自的职责任务，紧紧围绕防震减灾综合保障、防震减灾法治建设、地震监测、地震应急救援等11大项41中项92小项开展各项工作，防震减灾各项工作得到层层落实并有序、有力推进。②创建各级示范单位。年内，大理州推进防震减灾示范社（小）区、村、企业、防震减灾科普示范学

2021年，大理州开展各级防震减灾示范单位创建取得成效。图为大理市荣获2020年省级“防震减灾科普示范学校”荣誉单位集中授牌仪式
（州地震局　提供）

2021年大理州M≥3级地震统计表

表109

序号	发震时刻	纬度(°)	经度(°)	震级	震中
1	10月22日 17时19分	25.73	100.00	3.4	漾濞
2	9月15日 7时19分	25.73	99.99	3.3	漾濞
3	8月18日 0时23分	25.71	99.87	3.4	漾濞
4	7月10日 16时46分	25.80	100.48	3.2	宾川
5	6月29日 6时41分	25.75	99.98	3.6	漾濞
6	6月5日 6时12分12秒	25.59	99.98	3.4	漾濞
7	5月28日 20时43分18秒	25.56	99.92	3.4	漾濞
8	5月27日 23时12分35秒	25.69	99.89	3.6	漾濞
9	5月27日 19时52分46秒	25.74	99.95	4.1	漾濞
10	5月26日 6时37分24秒	25.65	99.89	3	漾濞
11	5月24日 8时43分10秒	25.59	100.01	3.1	漾濞
12	5月24日 8时10分58秒	25.59	100	3	漾濞
13	5月22日 22时30分05秒	25.6	99.93	3.2	漾濞
14	5月22日 20时14分36秒	25.61	99.93	4.4	漾濞
15	5月22日 17时24分16秒	25.66	99.9	3.3	漾濞
16	5月22日 9时48分00秒	25.67	99.9	4	漾濞
17	5月22日 8时36分46秒	25.68	99.9	3.4	漾濞
18	5月22日 4时10分57秒	25.62	99.95	3.4	漾濞
19	5月22日 2时28分43秒	25.62	99.91	3.9	漾濞
20	5月22日 2时24分27秒	25.66	99.88	3	漾濞
21	5月22日 1时50分17秒	25.61	100	3.3	漾濞
22	5月22日 1时36分06秒	25.62	99.94	3.5	漾濞
23	5月22日 0时56分07秒	25.63	99.91	3.2	漾濞
24	5月22日 0时53分31秒	25.65	99.91	3.2	漾濞
25	5月22日 0时51分41秒	25.7	99.87	4	漾濞
26	5月22日 0时24分05秒	25.69	99.87	3	漾濞
27	5月21日 23时23分34秒	25.6	99.98	4.5	漾濞
28	5月21日 23时22分49秒	25.66	99.88	3.5	漾濞
29	5月21日 23时18分09秒	25.62	99.98	3	漾濞
30	5月21日 23时13分53秒	25.64	99.94	3.8	漾濞
31	5月21日 23时08分57秒	25.61	99.98	3	漾濞
32	5月21日 22时59分37秒	25.63	99.94	3.5	漾濞
33	5月28日 20时43分18秒	25.59	99.97	5.2	漾濞
34	5月21日 22时3分27秒	25.65	99.9	3.1	漾濞
35	5月28日 20时43分18秒	25.6	99.95	3	漾濞
36	5月21日 22时15分16秒	25.59	99.96	4	漾濞
37	5月21日 22时03分36秒	25.57	99.93	3.9	漾濞
38	5月21日 22时02分00秒	25.66	99.89	4.1	漾濞
39	5月21日 21时56分37秒	25.64	99.95	4.9	漾濞
40	5月21日 21时55分28秒	25.67	99.89	5	漾濞
41	5月21日 21时53分47秒	25.62	99.98	4.1	漾濞
42	5月21日 21时48分34秒	25.67	99.87	6.4	漾濞
43	5月21日 21时23分43秒	25.66	99.97	4.5	漾濞
44	5月21日 21时21分25秒	25.63	99.92	5.6	漾濞
45	5月21日 20时56分02秒	25.63	99.93	4.2	漾濞
46	5月20日 1时58分59秒	25.67	99.9	3.2	漾濞
47	5月19日 21时13分07秒	25.68	99.89	3.2	漾濞
48	5月19日 20时05分56秒	25.66	99.92	4.4	漾濞
49	5月19日 3时27分56秒	25.65	99.92	3.1	漾濞
50	5月18日 21时39分35秒	25.65	99.93	4.2	漾濞
51	5月18日 20时56分46秒	25.65	99.93	3	漾濞
52	5月18日 18时49分30秒	25.65	99.93	3.2	漾濞
53	4月18日 11时35分39秒	26.14	100.01	3.3	洱源
54	3月1日 18时13分13秒	26.00	100.00	3.8	洱源
55	1月3日 2时40分25秒	25.63	99.92	3.2	漾濞

（州地震局　提供）

校的创建工作。创建27所省级示范学校、43所州级示范学校；至12月，大理州创建国家级防震减灾科普示范学校1所，省级94所，州级230所，县级329所。

【地震灾害风险普查】 2021年，州地震局实施地震灾害风险普查，将摸清全州地震灾害风险底数作为当前助力地方经济发展、提升地震服务能力的重点工作。全年召开3次全州地震风险普查工作推进会，1次普查业务培训会，组织县（市）地震局参加省地震局和中国地震局组织的4次地震灾害风险普查业务培训会。10月，完成全州62个工程场地地震地质钻孔资料的收集整理、数据录入和汇总入库工作，完成鹤庆、洱源2个县的钻孔作业。11—12月，完成9个县（市）1:50000地震活动断层分布图资料收集、编图；全州1:50000地震活动断层避让区划图编制和数据入库。

【地震应急准备】 2021年，州地震局坚持防大震、救大灾的底线思维，注重预案和指挥体系构建，强化防灾减灾规划。①制定相关工作方案和文件。3月，印发《2021年大理州防震减灾重点工作任务分解方案》。组织召开全州震情通报工作会议1次，州抗震救灾指挥部会议3次和州防震减灾工作联席会议1次。②地震应急准备检查。4月，由局领导带队对12个县（市）地震局的地震应急准备情况进行督促检查。③地震信息报送。依托云南省监测中心测震台网的地震速报信息共享服务系统（EQIM），以短信方式向全州12个县（市）党委、政府领导及有关负责人、大理州抗震救灾指挥部成员单位主要负责人推送地震速报信息，推送416人，发送短信5万余条，为震后准确的地震基本参数推送服务和抗震救灾做好准备。④地震风险调查评估。配合省地震局完成鹤庆县、大理市地震风险调查评估工作，全州分年度完成7个县（市）的地震风险预评估工作。⑤应急演练常态化。8—9月，分别在鹤庆、洱源、弥渡和漾濞，组织系统内分片区地震应急联动演练4次，对漾濞6.4级地震的经验教训进行总结与回顾，提高地震系统全体干部职工的应急处置能力。

（李凡撰稿）

文 化

Culture

◇ 责任编校　杨林柏

◇ 乡愁大理 · 黑白记忆 ◇　1984年的大理周城集市

综　述

【概况】2021年，大理州坚持文化乐民、育民、富民，基本公共文化服务标准化、均等化深入推进，大理州入围“东亚文化之都”2023年度候选城市。州级文化事业单位法人治理结构及县（市）图书馆、文化馆总分馆制改革全面完成，基层公共文化设施运行管理情况排查深入推进，公共图书馆、文化馆（站）、博物馆等公共文化设施免费开放扩大。围绕书香社会建设，完成大理州乡村书院建设实施方案初稿，推出线上名师讲坛、新书推荐等线上服务及全民阅读推广活动。实施“春雨工程”“阳光工程”等文化和旅游志愿服务项目和“戏曲进乡村”活动，成立云南省文化志愿者服务大理州支队。开展“彩云之南等你来”、“风花雪月·乡愁大理”中国当代美术名家大理采风作品展、“学党史·感党恩”大理州非遗歌舞乐展演、“永远跟党走·奋进新征程”庆祝中国共产党成立100周年歌咏比赛等群众活动。

【文化遗产保护利用】1月1日，《大理白族自治州非物质文化遗产保护条例》正式施行，白族吹吹腔、大本曲入选国家级非遗代表性项目名录，全州非遗四级名录体系建设健全。建成李小白银器工作室、董月畅黑陶、三道茶等一批非遗制作实践场所和研学旅行示范基地，打造“七彩云南文脉之旅”非遗研学旅游线路。年内，大理州130项革命文物被列入第一批云南省不可移动革命文物名录；大理天主教堂、鹤庆李宗黄故居、巍山含真楼、喜洲白族古建筑群赵府（一进院）文物修缮，巍山长春洞、南诏镇古建筑群防雷工程，水目寺塔古建筑群消防工程等文保单位修缮稳步推进。茶马古道永平县万马归槽段文物保护展示工程、巍山圆觉寺及双塔维修工程列入国家文物局2021年第二批文物专项资金项目库。

【文艺精品创作】2021年，大理州实施文艺作品质量提升工程，原创白剧《白子情怀》、花灯剧《王德三》在庆祝建党100周年期间面向社会公演，并在第十六届云南省新剧（节）目展演中获佳绩。新创白剧《白子情怀》、舞蹈《又见海菜花》等各类作品121个，推荐上报《周保中将军颂》等6首红色主题歌曲。深化实施“白剧保护传承”和“白剧名家带徒传艺”工程，推动白剧“进校园、进农村、进基层”。坚持线上线下相结合，广泛开展文化惠民演出活动，完成惠民演出活动741场次，观众为46.44万人次。结合中国共产党成立100周年和党史学习教育，完成春节线上惠民文艺演出、数字三月街民族节线上文艺展播、大理州庆祝中国共产党成立100周年文艺晚会等系列文艺活动，丰富广大人民群众的精神文化生活。

【产业结构调整】2021年，大理州编制完成大理州“十四五”文化旅游等5个专项规划，普德赋云南大理国际度假项目等一批重大项目签约落地，大理·鹤庆银器国家级文化产业示范园区、剑川木雕省级重点培育文化产业园建设快速推进，率先开展州博物馆、州图书馆、州群艺馆数字化场馆运用建设，推进国家方志馆南方丝绸之路分馆裸眼3D数字展厅等一批省内领先智慧化项目建设，推出大理变压工厂《幻境2099》等夜经济项目。

【美术名家大理采风作品展】2021年，大理州为留存大理乡愁记忆，向世界传播分享大理风花雪月之美，举办了“风花雪月·乡愁大理”中国当代美术名家采风创作活动，范迪安等27名知名画家会聚大理，创作了一批意境深远、气韵生动的精品佳作。1月20日，“风花雪月·乡愁大理”中国当代美术名家大理采风作品展在大理州群众艺术馆开展；5月28日，在中国美术馆开展。

【派对式戏剧《幻境2099》启幕】6月19日，“2021华侨城文化旅游节云南区域启动仪式暨派对式戏剧《幻境2099》启幕”活动在大理古城变压工厂园区举行。全新概念演艺作品派对式戏剧《幻境2099》正式上演。《幻境2099》集合戏剧、艺术、科技等行业优秀的创新创作力量共同打造而成，深层次地挖掘和体现大理深厚文化内涵和多元精神空间，打造文旅行业新业态和大理面向世界新名片。

【东亚文化之都创建】8月11日，大理州入选文化和旅游部2023年度“东亚文化之都”13座全国候选城市之一，也是云南省唯一入选城市。大理州推进东亚文化之都创建工作，成立创建“东亚文化之都”领导小组，编制《大理州创建“东亚文化之都”中长期发展规划》，全面展示大理深厚的文化底蕴和独特的文化魅力。通过一系列措施改善本地文化服务体系，提升群众满意度，让群众理解、了解、支持、参与东亚文化之都的创建，为“东亚文化之都”注入大理特色。策划与日本、韩国开展多种形式的文化交流活动，11月与韩国庆尚北道厅开展线上文化交流活动并签署战略合作协议，与大理大学外国留学生开展文化交流活动，向世界展示大理开放、包容、多元的城市基因。创建“东亚文化之都”对大理建设“世

2021年，大理州坚持文化乐民、育民、富民，基本公共文化服务标准化、均等化深入推进。图为剑川县沙溪镇石龙村白曲传承人集体弹唱白曲经典曲目《心肝票》（苏金泉　摄）

界旅游名城”起到了推动作用，提升了大理城市文化国际认知度，以文化国际化加快世界旅游名城建设。

【大型白剧创作演出】 2021年，大理州复排和新创两出大型白剧。①《望夫云》重登舞台。3月1日，大理州白剧团时隔41年后再度复排的大型神话白剧《望夫云》举行首场汇报演出。剧目入选文化和旅游部“庆祝中国共产党成立100周年舞台艺术精品工程”和“百年百部”传统精品复排重点扶持项目。②《白子情怀》新创公演。6月10日，由大理州白剧团新创排的本土红色题材大型白剧《白子情怀》在下关蝴蝶之梦剧场进行首场公演。该剧展现大理州早期白族共产党员、革命烈士施介在昆明组织学潮、在延安铸造信仰、在内蒙古为民献身等重要革命事迹，再现施介与其妻杜小年平凡而伟大的生命轨迹和细腻感人的情感事迹。7月19日，《白子情怀》在昆明剧院云南省第十六届新剧（节）目展演。

【曲艺艺术创作演出】 2021年，大理州新创两出曲艺，再现革命先烈大无畏精神和白州百年所取得的辉煌。①红色花灯大剧《王德三》。6月20日，云南省花灯剧院与祥云县彩云艺术团推出红色花灯大剧《王德三》，在英雄烈士王德三的故乡祥云县举行首演。《王德三》剧以艺术的手法生动再现王德三传播革命火种、组织武装斗争、团结少数民族、开展土地革命乃至狱中斗敌、壮烈牺牲等短暂而光辉的一生，表现出革命先烈质朴淳厚的家国情怀以及大无畏的献身精神。7月4日，在蝴蝶之梦剧场首演当天，大理州委书记杨国宗等领导到现场观看并慰问演出人员。7月16日，《王德三》剧入选参加云南省第十六届新剧（节）目展演。②白族大本曲《习总书记到我家》。6月30日，财政部举办“永远跟党走”庆祝中国共产党成立100周年文艺演出。大理州财政局选送的白族大本曲《习总书记到我家》作为全国唯一的地方财政部门参演节目。白族大本曲《习总书记到我家》以2015年1月20日习近平总书记到大理考察为背景，以白剧歌舞说唱表演的形式，叙述白州大地所发生的深刻变化，讴歌建党100年来大理州经济社会发展所取得的辉煌成就。

2021年大理州文化事业基本情况表

表110

单位	机构数（个）	演出数（场次）	观众数（万人）	图书馆藏书数（册）	借阅数（册）
州白剧团	1	58	21000	—	—
州图书馆	1	—	—	529793	210000
大理市	17	44	35000	125056	17273
漾濞县	12	38	120000	49865	39421
祥云县	14	58	24000	85438	15144
宾川县	13	52	31000	124687	11750
弥渡县	12	47	11000	92531	20828
南涧县	12	64	70000	67010	16279
巍山县	14	45	5400	104934	42676
永平县	10	73	45000	66442	50600
云龙县	14	70	35000	60723	28780
洱源县	12	63	25000	41264	10520
剑川县	12	110	30000	85262	18125
鹤庆县	13	19	12000	84858	20126

6月10日，大理州白剧团新创的本土红色题材大型白剧《白子情怀》在下关蝴蝶之梦剧场进行首场公演 （州文旅局 提供）

【建党100周年庆祝活动】 2021年，大理州举行建党百年歌咏赛和专题文艺演出。①庆祝建党100周年歌咏比赛。6月25日，“永远跟党走 奋进新征程”大理州在大理新世纪中学音体馆举行庆祝中国共产党成立100周年歌咏比赛，各级各部门的15支代表队，1700余人参加比赛，用最嘹亮、最真挚的歌声，向中国共产党的百年华诞献礼。②庆祝建党百年专题文艺演出。6月28日，大理州在大理市蝴蝶之梦艺术剧院举办“百年征程 光耀白州”庆祝中国共产党成立100周年专题文艺演出。演出由《曙光永照》《光辉岁月》《光耀苍洱》《幸福颂歌》《永跟党走》5个篇章构成，15个经过精心策划的节目以歌唱、舞蹈、朗诵、情景表演等形式回顾党的百年征程，歌颂党的丰功伟绩，深情表达白州儿女对党的感激之情。

【乡村文化振兴】 2021年，大理州多措并举，助力乡村文化振兴。①乡风文明建设。加强文明村镇创建，全州创建15个全国文明村镇、80个省级文明村。组织开展文化科技卫生“三下乡”等活动，倡导科学健康的生活方式，涵养文明乡风，营造守望相助、崇德向善的文明风尚。②乡村文化建设。全州有乡（镇、街道）综合文化站112个，村（社区）综合性文化服务中心1158个，州、县、乡、村各级文化活动广场1500余个，发挥农村公共文化服务设施作用，用科学、健康、向上的思想文化占领基层文化阵地。实施三批村级（社区）贫困地区“百县万村”文化服务中心示范点建设工程，全州村级综合性文化服务中心覆盖率为100%，实现行政村（社区）全覆盖。③民族文化传承保护利用。大理文化生态保护实验区建设工作接续推进，四级非遗项目和传承人总数居全省前列，四级非遗名录体系基本建成，文物维修保护工程全面实施。④文化惠民活动。多举措推进“深入生活、扎根人民”主题实践活动，组织引导广大文艺工作者深入基层一线采风，开展定点深入生活、“结对子、种文化”等帮扶基层工作，创作推出一大批人民群众喜闻乐见的优秀艺术作品，弘扬主旋律、传播正能量。组织开展“三下乡”“文化大篷车”“送戏下乡”“文艺轻骑兵”“洱海保护治理及流域转型发展宣传文艺演出”等文化惠民演出活动，丰富人民群众的精神文化生活。

【弥渡“五子”措施促文化发展】 2021年，弥渡县发挥文化底蕴深厚、文化资源丰富、文化基础广泛、文化品牌响亮四大优势，“五子”措施彰显文化底蕴、转化文化资源、巩固文化基础、提升文化品牌。①澄清家底子。弥渡县有不可移动文物登录点228项，县级以上文保单位83项；有各级非遗项目71项，其中国家级有花灯戏、弥渡民歌2项。②搭好戏台子。完成文化馆（一级）、图书馆（二级）、博物馆、体育馆建设，完成乡（镇）文化站和村文化活动室标准化建设；建成花灯民歌传承示范点100个、传习馆所17个、传习中心1个。③扶持戏班子。全县有传统花灯班100多个，在册文艺队为700多支。④培育戏苗子。扶持传统灯班，壮大农村文艺队伍，培养文艺骨干1000多名，命名县级传承人100名，开展花灯民歌进校园工程，形成学校＋专业剧团＋民间社团＋文艺队人才发展机制。⑤做精戏牌子，增强全民文化自信，提升弥渡文化影响力和知名度。狠抓传统文化整理挖掘保护，编辑出版《弥渡传统花灯剧目选》等专著。创作打造大型花灯戏《正月十五闹花灯》《山村医生》《山村小河月亮》《醋坛子》等一批文艺精品并获各级奖励。

【保护南涧跳菜助力文旅振兴】 2021年，南涧县抓住跳菜文化品牌效应日益凸显的优势，打好跳菜“保护牌”“人才牌”“创新牌”和“旅游牌”，实现跳菜文化由娱民、乐民向惠民、富民的转变。①跳菜“保护牌”。建立国家、省、州、县四级跳菜传承人体系，加强跳菜基础设施建设，投资3500万元建成3144平方米的南涧跳菜传承展示中心，投资24万元建成4个跳菜传习所，建成优秀民族民间传统文化、跳菜传承保护2个陈列室。②跳菜“人才牌”。强化对跳菜代表性传承人的培训管理，组织跳菜技艺传承人群集中培训和百名跳菜艺人培训，累计培养跳菜专业人才300多人。③跳菜“创新牌”。实施跳菜“五个一百”工程，分两批命名“跳菜名人”87人，“跳菜名队”33支，“跳菜名村”31个，“跳菜舞台”21座，“跳菜名店”21家。利用230支文艺队2000多名跳菜艺人的文化资源优势，拓展跳菜演艺市场，为南涧脱贫攻坚闯出一条新路。④跳菜“旅游牌”。举办“跳菜艺术节暨樱花节”等节庆活动，集中展示少数民族服饰、歌舞、美食、民间工艺等民族文化，加强民族文化交流与交融。研发“跳菜娃娃”文创IP系列产品，在推动跳菜传承保护的同时，推动“活着”的文化遗产与旅游产业融合发展，实现文化产品创收。开发跳菜T恤衫、跳菜挂包、跳菜钥匙扣、跳菜雨伞等深受群众喜爱的旅游文创伴手礼产品，为文旅融合发展，增收致富做出新的尝试。

2021年，大理州多措并举助力乡村文化振兴。图为大理市双廊镇白族农民画社王秉秀正在作画
（大理市志办　提供）

民族文化建设

【国家方志馆南方丝绸之路分馆建设】 4月19日，国家方志馆在大理召开国家方志馆南方丝绸之路分馆建设启动大会暨南方丝绸之路国际论坛筹备会议。国家方志馆南方丝绸之路分馆于2019年由大理州委、州政府在剑川古城启动建设前期工作，2020年12月30日，中国地方志指导小组办公室批准设立，是国家方志馆在全国设立的第6个国家分馆，也是中国西南地区首家国家级方志馆分馆，建成剑川历史文化博物馆、茶马古道博物馆、木雕博物馆、赵藩史实陈列馆、周钟岳故居陈列馆、张伯简纪念馆、剑川革命历史纪念馆等。这些馆群将纳入国家方志馆南方丝绸之路分馆管理体系，充实文献内容，丰富文化内涵。

【国际木文化作品展】 9月30日，“木与生活”国际木文化作品展在剑川县开展。国际木文化学会收藏的148件作品在中国首次展出，其中包括木雕作品126件，木设计作品8件，木家具作品14件。展览作品创作于2019年3月在奥地利举办的“世界木材日”活动，由来自中国、德国、意大利、新西兰等73个国家的105名艺术家和青年学生创作，曾在奥地利格拉茨市政厅和斯图宾露天博物馆面向公众展出。展览展出剑川木雕馆“和木而生”“星汉灿烂”“以木载道”“匠心独运”“木色添香”“匠心集萃”“户牖之美”“传承发展”8个部分的展陈内容。

【编导艺术人才培训班】 10月11日，大理州“深入生活、扎根人民”编导艺术人才培训班在下关开班。培训班邀请中国煤矿文工团一级编导念云华等省内外戏剧编导、作家、高校教授等专家为学员授课。全州12个县(市)文化旅游系统、州民族文化工作团、州群众艺术馆、州戏剧家协会，从事专业艺术创作的编导、演员，活跃在基层文化旅游战线的文艺骨干70余人参加培训。培训为期5天，采取理论与作品讲解剖析相结合的方式进行培训，课程内容包括《艺术的创作过程》《浅谈舞台导演艺术》《在创作中如何充分利用民间文化艺术资源》等。

【弥渡县历史文化挖掘】 2021年，弥渡县多举措挖掘、保护和利用历史文化。①文化旅游研讨。依托云岭银发专家工作站，组织开展文化旅游专题讲座培训，开展专题研讨，把脉文化旅游产业发展；深入乡(镇)开展文化旅游资源调研，组织编制《弥渡县2021年残危古建修复保护利用方案》《弥渡县博物馆展厅提升改造方案》；开展博物馆馆藏文物鉴定，新增三级以上文物26件(套)。②编辑出版历史文化书籍。组织编辑《九百年山河》《弥渡传统花灯》《弥渡匾额楹联书法作品集》《南诏铁柱祭祀文化历史流变研究》等历史文化书籍并公开出版发行。③地校合作。谋求与高等院校合作，借力深度挖掘弥渡历史文化，对接与大理大学民族文化研究院，按照弥渡文旅产业发展的现实需求和长远需要，对弥渡文化进行系统的深度研究，启动《行走弥渡》《行走密祉》《行走白崖城》《行走铁柱庙》《行走天生桥》5部书和《弥渡导游》的编撰工作；与云南省花灯剧院签署合作协议，完成云南省花灯剧院艺术创作采风基地挂牌。④州内文化学者指导。邀请州内文化学者深入弥渡指导文旅产业发展、开展调查研究工作，把脉文化弥渡建设。⑤乡贤文化挖掘。做好历史文化名人宣传，广泛收集挖掘乡贤文化，完成师范先生诞辰270周年书画邀请展。

【剑川县文化遗产宣传保护】 2021年，剑川县文物完成赵藩文化中心、中共滇西工委革命斗争史实馆的陈列布展，周钟岳故居、张伯简纪念馆的提升改造工作。以张伯简纪念馆为核心的红色宣教线路年内接待党史学习教育人员5.6万人次。争取中央预算内投资资金1600万元，实施石钟山石窟保护利用工程，总投资近490万元的石钟山石窟保护前期勘察研究项目列入国家文物局的重点项目。投入180万元推进国家历史文化名城申报中涉及的文物评估整改工作。完成以木雕为主题的宣传片《千年技艺手工匠作》的拍摄制作，参加CCTV-3《艺览天下·了不起的地方》节目录制，“雕刻时光静享剑川”沪滇协作“云南剑川·上海浦东”非遗作品展在上海开展。完成大理文化生态实验保护区非遗旅游示范点、剑川白曲传习所、剑川东山白族打歌传习所的挂牌，完成4期白曲、白族舞蹈培训。

（李膺宇撰稿）

白族文化研究

【概况】 2021年，大理州白族文化研究院结合党史学习教育和“大理之问大讨论”活动，重点开展乡村振兴、生态廊道沿线人文资源、大理红色文化资源3个课题调研，形成3个调研报告。与乡村振兴办一起对大理州37个乡村振兴示范村开展全方位的调研，从自然、社会、经济特征的地域以及生产、生活、生态、文化、人际等方面入手，对各个试点村固定产业、宜居的生态环境、有效的治理方式、村民生活等进行深入调研。

【课题研究】 2021年，州白族文化研究院对大理州12个县(市)37个乡村振兴示范点开展实地调研，形成《乡村振兴中乡村优秀传统文化的振兴与重塑》调研报告，为有效开展乡村振兴工作提供文化支撑。《白族文化载乡愁——洱海生态廊道沿线村落人文资源基本情况调研报告》对洱海生态廊道10个镇(街道)的76个自然村开展人文资源调查。《大理州红色文化资源服务全域旅游路径探索》课题，对大理州境内的红色文化资源进行梳理，提炼革命精神，将红色革命精神科学有效融入大理州全域旅游。课题在对大理州境内的红色文化资源进行收集、整理以及归类的基础上，以图、表等形式进行分析和展示；在点、面结合分析的基础上，提出以整体旅游资源为依托，以实际调查数据为依据，丰富大理州的旅游文化产业资源，重点从文化、旅游相结合的层面，将红色教育纳入文化旅游之中，让游客在旅游过程中体验革命的艰辛与新中国的来之不易，将爱国主义、艰苦奋斗、一切为人民服务的革命精神一代代传承下去。

【研究成果】 2021年，州白族文化研究院完成院刊《白族文化研究(2021)》编辑和出版会刊《南诏史论丛》第17辑，在《白族文化研究》常设栏目基础上增设“庆祝中国共产党成立100周年”“铸牢中华民族共同体意识”等专栏，刊载红色文化、民族团结等主题研究文章，促进党建与业务融合发展；编辑会刊《南诏史论丛》第17辑，以征稿和约稿相结合的方式，组稿50多篇，用稿39篇，近30万字，包括论文、调查报告、资料等。将会刊《南诏史论丛》逐渐办成“南诏学”主要研究刊物和平台阵地，将学术年会逐步办成“南诏学”交流讲坛和学术大舞台，建成“南诏学”重点特色研究领域，建成富有特色和成果的学术话语体系和学科体系，满足人民群众文化需求，为大理经济发展、社会进步贡献力量；出版赵润琴专著《大理照壁上的姓氏文化》、吴兰香专著《弥渡文化研究》；整理编辑出版《段伶文存》等。

【遗址古道调研】 11月，州白族文化研究院开展太和城遗址考古以及茶马古道凤阳邑段实地调研活动。参观太和城的内城金刚城遗址、北城墙的剖面发掘以及城墙延伸痕迹，随后又到正在发掘的太和城遗址参观，最后参观位于太和城遗址以北到凤阳邑村段的古道。作为古代大理尤其是南诏大理文化富集地，太和城遗址、羊苴咩城遗址区域宽广，出土遗迹遗物十分丰富，附近发现新的遗迹遗物。此次调研，结合单位工作实际，形成调研报告，为州委、州政府定位“建设成为历史文化名城、国际旅游名城、打造世界一流‘绿色食品牌’示范区”提供单位智慧。

【白族语言文字和艺术培训与保护传承】 2021年，州白研院、州白族学会和非遗的专家、学者和传承人应邀到贵州六盘水市钟山区和云龙县举办白族语言文字和歌舞培训班。①钟山区白族语言文字和艺术培训班。7月3—9日，州白研院专家、州白族学会白族文化专家和非遗传承人等一行5人，到贵州六盘水钟山区安乐希望学校为钟山区白族村寨部分中小学教师、白语文化传承人等80多人进行为期一个星期的专题培训。主要对白族语言文字、白族音乐(大本曲)、舞蹈、三弦等进行培训。②云龙县白族歌舞培训班。12月2—5日，组织干部职工一行6人到云龙县检槽乡文兴村开展双语宣讲活动、白族歌舞培训。大理州“苍洱双语宣讲团”成员就党的十九届六中全会精神、云南省第十一次党代会及大理州第九次党代会精神进行双语宣讲。在文兴村开展的白族歌舞培训，内容主要为集体舞、霸王鞭以及敬酒歌等项目，50位村民参加培训。③白族语言文字保护传承。参与《白汉大辞典》的编纂出版工作；开展白语言文字传承推广工作，录制白语文微视频15期，通过微视频为白语爱好者提供学习提升平台；协助白族学子备考中央民族大学白语文测试。

【举办座谈会和参加交流会】 2021年，州白族文化研究院举办纪念建院20周年座谈会和古籍文化遗产保护培训交流会。①纪念建院20周年座谈会。8月25日，大理州白族文化研究院举行建院20周年座谈会。州白研院作为白族文化研究的主阵地，自成立以来，历经二十载，在历届党委、政府的关心、重视、支持下，聚焦省、州中心工作，扎根大理州文化沃土，立足部门职责和职能，推进基础研究，编辑出版50多类、180部册，1.5亿多文字量，印发18万多册图书，为深化白族文化、大理文化乃至云南历史文化研究，发挥核心平台作用，为大理“文献名邦”的美誉提供坚实的奠基文化支撑。②古籍文化遗产保护培训交流会。8月30日至9月2日，州白研院专家学者一行4人参加在西双版纳州景洪市举行的“传承民族技艺铸牢中华民族共同体意识——云南少数民族古籍文化遗产巡展(西双版纳站)暨云南省少数民族古籍文化抢救保护工作培训交流会”。

【白族文化宣传】 2021年，州白族文化研究院组建双语宣讲团，开展线上、线下宣讲活动，年内到白族聚居区进行2期线下宣讲和15期线上宣讲。同时在公众号推出白语文微课堂系列视频课程12期；与州纪委、州广播电视台合作，在白族照壁文化讲解中弘扬大理好家风家训；开展“送文化下乡、进校园、进企业、进会展”等活动，拓宽研究成果转化途径，增强服务人民群众能力，对加强研究成果转化运用进行有益的探索实践；举办面向社会、公益性的“大理文化与旅游公益讲座”。年内举办公益讲座9讲，获得受众广泛好评，编辑出版《南诏大理历史文化专题讲座专辑》，以延伸公益讲座惠民效益。

12月2—5日，州白研院到云龙县检槽乡文兴村开展白族歌舞培训
（州白研院　提供）

【参与“2021乡愁中国·大理论坛”】 2021年，大理州白族文化研究院参与州人民政府、华中师范大学、大理大学共建的大理乡愁研究院相关工作，深入学习宣传贯彻习近平总书记考察云南考察大理重要指示批示精神，深化“乡愁·大理”话语体系和文化品牌建设。参与“2021乡愁中国·大理论坛”的组织筹备、专题片制作、会务、总结、成果选编等工作，编辑出版《在乡村振兴中记得住乡愁》一书。

【主题党日活动】 3月9日，州白研院组织全体党员开展“保护洱海·我们在行动”主题党日活动，沿生态廊道一路向北，清理路边、滩涂地的垃圾，并深入沿途村落调研特色文化资源；6月30日，以“传承红色基因·弘扬奋斗精神”为主题，组织全院党员干部职工赴洱源县开展“七一”主题党日活动。支部党员参观此碧湖镇施滉烈士事迹陈列馆各展室陈列文物，在施滉烈士浮雕像前庄重举行重温入党誓词仪式；在三营镇全国民族团结进步示范村郑家庄，深入学习郑家庄民族团结工作主要做法、取得的经验和成果；在牛街乡深情瞻仰牛街革命烈士纪念碑，缅怀革命先烈。支部对牛街乡眠龙洞、炼渡温泉、茶马古道历史文化进行调研。支部开展“微党课”和“党员科研先锋论坛”，党员结合各自研究方向，通过“微党课”和“党员科研先锋论坛”平台展示研究成果，将党建与业务融合在一起，达到党建、业务双促进，年内举办“微党课”和“党员科研先锋论坛”17期(总第55至71期)。

（李丽珠撰稿）

文学艺术

【概况】 2021年，州文联坚持把党的政治建设摆在首位，严明党的政治纪律和政治规矩，贯彻新时代党的建设总要求，强化全面从严治党，加强党对文联文艺工作的全面领导，增强“四个意识”，坚定“四个自信”，做到“两个维护”，领会党对文联文艺工作的新部署、新要求，学习全国第十一次文代会、第十次作代会精神，领会中国文联、省文联文件精神，加强对各县（市）文联、州级各文艺家协会、行业文联引导，加强意识形态工作，把好《大理文化》期刊的正确导向。团结和带领全州广大文艺工作者围绕中心、服务大局，积极作为，主动担当，以庆祝中国共产党成立100周年为主题主线，营造良好的文艺氛围。

【文艺展览】 1月，“风花雪月·乡愁大理”中国当代美术名家大理采风作品展开展仪式在州群艺馆举行，州文联协调配合做好展品制作和布展服务等工作。5月，州文联、州美协到北京参加“风花雪月·乡愁大理”中国当代美术名家大理采风作品展的展务服务工作；州委政法委和州文联主办州政法系统“政法铸剑·平安大理”书法美术摄影作品展，展出120件优秀作品。7月，州作协组织30余名州内知名作家到宾川鸡足山开展“美丽大理——走进鸡足山”采风创作活动。9月，州文联在洱源县文化馆为中国美术家协会会员、青年书画家苏毓举办“妙境生花——苏毓中国画作品展”，展出苏毓近年创作的百余幅代表性中国画作品。举办“心耕砚田——大理州书法家协会第六届理事会成员作品展”。

【文艺志愿服务】 1月，州文联组织部分书法家赴祥云县刘厂镇东甸村开展“文化下乡、写送春联”活动，为基层群众现场写送春联，送上新春祝福，同时走访慰问22户挂钩群众。春节前夕，州文联组织部分书法家开展为机关单位写送春联活动，根据疫情防控工作要求，州文联组织部分书法家集中写好春联后，分别赠送给相关机关单位。3月，州文联工会组织干部职工到洱海生态廊道开展“保护环境、健康生活”环保志愿服务活动。

【文艺交流】 3月，楚雄州文联一行到大理学习考察《大理丛书》编辑出版业务及开展地市文联工作交流，对文艺工作、精品打造、人才培养、文联建设等展开交流探讨。云南省书法家协会副主席普辉到大理开展书法创作交流活动。州书法家协会到洱源邓川举办书法创作笔会暨书法交流活动。4月，云南艺术学院教授、书画家寇元勋到州文联交流书画创作经验。10月，“上海浦东，云南大理、怒江，新疆莎车，西藏江孜四地书美影艺术交流展”在上海浦东金桥碧云美术馆展出，大理州选送40件书法、美术、摄影作品参加展览。澳门云南国际文化交流促进会陶鑫国会长、许庆常务副会长、原昆明画院院长胡晓幸率书画艺术家代表团10余人到大理开展文化观摩交流活动。四川省攀枝花市文联到大理考察调研和交流文艺工作。云南省“文艺轻骑兵基层行”分别到弥渡、鹤庆、剑川开展文艺演出和文艺培训。

【文艺人才队伍】 4月，州文联举办知识产权、著作权等知识培训，对县（市）文联主席、州级文艺家协会主席及州文联全体干部职工进行文艺工作法规培训。6月，由中国文联主办的“中华民族一家亲”2021年全国少数民族骨干作家培训班在大理开班，期间参训作家到古生村等地参观采访洱海保护治理和生态建设情况。11月，州评论家协会开展会员培训，邀请《边疆文学》主编潘灵、李骞等一批省内外名家到大理辅导授课。《边疆文学》2021年度年会在大理举行。《滇池》杂志社暨《大理文化》重点作者培训座谈会在下关召开，省作协副主席、《滇池》杂志主编张庆国为大理州12个县（市）30名重点作者授课辅导。州摄影家协会、州舞蹈家协会、州戏剧家协会分别举办会员培训班。李郁东加入中国作家协会，杨跃乐、杨艳鸿加入中国美术家协会。

【建党100周年系列文艺活动】 6月，在州群艺馆举办大理州庆祝中国共产党成立100周年“苍洱百年红”书法美术作品展，展出书法、美术作品100幅，精选《洱海相册》中100幅（组）摄影作品举办《洱海相册》图片展。举办“文艺两新”庆祝中国共产党成立100周年——“致敬初心·美在耕耘”书画作品展。组织100人的“文艺两新”合唱队，参加“永远跟党走·奋进新征程”——大理州庆祝中国共产党成立100周年歌咏比赛。与州委党史研究室共同编辑出版《碧血丹心》红色小故事集，26个小故事5.2万字，彩色插图52幅，包括周保中、王德三等贯穿百年党史的大理优秀共产党员和杰出人物。

【“文艺两新”调研普查】 8月，州委宣传部、州文联召开“文艺两新”调研普查动员会，全面启动“文艺两新”调研普查工作。至9月，全州有新文艺组织2135家，新文艺群体710家，新文艺从业人员5万余人。11月，云南省文联党组书记、主席李勇率省文联“文艺两新”调研组一行10余人到大理开展实地调研，召开工作座谈会。

【“大理之问”大讨论】 10月26日，州文联召开“大理之问”大讨论活动动员会议，安排“大理之问”大讨论活动。11月，下发《州文联“大理之问”大讨论活动实施方案》。州文联党组理论中心组开展2021年第6次集体学习暨“大理之问”大讨论活动集中研讨，3名党组成员作交流研讨，干

2021年，州文联广泛开展文艺交流。图为大理、楚雄、攀枝花三地文联工作交流 （州文联 提供）

2021年大理州文学艺术作品出版情况表

表111

书名	作者	出版社	作品简介
《面朝雪山》	何永飞	云南人民出版社	诗选集，分为"我的爱""春意闹""洗骨记""无字碑""妙香国""忧思录"六卷
《山河记》	左中美	作家出版社	散文集，收入20篇散文，主要展示了西南边地独特的自然景观与历史遗存
《彩月》	张焰铎	云南人民出版社	中短篇小说集，收录作品40篇
《多彩家园》	魏向阳	云南人民出版社	散文集，共分四辑，收录了游记、长短篇散文、随笔共50余篇
《他乡没有问候》	杨泽彪	德宏民族出版社	长篇历史纪实小说，计42万字，分为上篇《飘落边陲的族落》、中篇《神奇的"小三角"》、下篇《苦难与新生》、结尾《阳光总在风雨后》
《苍洱拾萃》	闫文聪	云南大学出版社	诗集，兼收古体诗、近体诗、词作、新诗，既充满感性的抒情，亦不乏知性的哲思
《西南边疆民间文学中的民间信仰研究》	纳张元、何永福	中国社会科学出版社	文学评论专著
《洱海相册》	中共大理州委宣传部 编著	云南美术出版社	摄影作品集，共收录六个板块420幅图片

（州文联 提供）

部职工结合各自岗位实际进行交流发言。12月，州文联组织干部职工传达学习习近平总书记在全国第十一次文代会、第十次作代会开幕式上的重要讲话精神。12月21日，州文联系统召开学习贯彻全国第十一次文代会、第十次作代会精神座谈会，12个县（市）文联主席、12个州级文艺家协会主席、州文联全体干部职工及部分基层文艺工作者参加座谈会。大理日报分别于12月22日、23日、24日刊发3位参加文代会作代会大理代表访谈、《答好"大理文艺之问"，开拓大理文艺新境界——大理州文艺界畅谈学习贯彻全国十一次文代会十次作代会精神》、全州文艺工作综述报道等文章。

【大理文化品牌】 2021年，州文联与州文旅局共同组织部分专家、文艺工作者赴12个县（市）采访创作，推出全面介绍和宣传大理州12个县（市）旅游文化资源的《导游大理》一书。3月，中国文联副主席、中国电视剧艺术家协会主席胡占凡一行到大理就电视剧《大理三月好风光》创作开展调研，州文联、州音乐家协会领导陪同调研。州社科联、州文联、州摄影家协会编印《洱海相册》摄影集，收录6个板块420幅精美图片，呈现大理洱海流域生物多样性的丰富与美丽。9月，大理州文联、大理市文联、大理大学艺术学院共同为中国著名词曲作家陈越先生为大理创作的歌曲《样样好》举行首发仪式。

【文艺精品创作】 2021年，白族青年诗人何永飞诗集《穿过一小块人间》和彝族青年女作家左中美散文集《山河记》分别由作家出版社出版发行，并入选中国作协2020年度"中国少数民族文学之星丛书"。纳张元散文《映象彝山》获"丽江古城杯"首届壹读文学奖。李达伟《记忆宫殿》获第三届"三毛散文奖"散文集"新锐奖"，为13部（篇）获奖散文作品之一。大理诗人郁东长诗《红船巨浪》成为入选云南省庆祝中国共产党成立100周年长篇作品选题的10部作品之一。李建永、赵育斌书法作品在第九届中国书坛新人新作展览中入展。赵渝摄影作品入选第28届全国摄影艺术展览。6件美术作品入选全国美展。白族大本曲《白子将军周保中》入选庆祝中国共产党成立100周年"百合花"杯2021云南省曲艺展演，并获优秀节目奖，大理州文联获组织奖。复排白剧《望夫云》入选文旅部"庆祝中国共产党成立100周年舞台艺术精品创作工程""百年百部"精品复排计划，白剧《白子情怀》赴昆明参加第十六届云南省新剧（节）目展演，斩获优秀导演（编导）奖、优秀音乐奖。

【《大理文化》期刊编辑出版】 2021年，州文联围绕州委、州政府中心工作，做好"洱海保护""乡村振兴""经济发展"等主题宣传，在散文、诗歌栏目刊发相关主题文学作品，在每期封面、封底和中心彩页刊登相关题材摄影作品和公益广告。《大理文化》彩页刊登党史学习教育和庆祝中国共产党成立100周年等的宣传内容。全年编辑出版《大理文化》12期，刊发各类文学艺术作品260余篇（件）160余万字。《大理文化》第7期推出庆祝中国共产党成立100周年专刊，精选17篇（组）反映建党100年以来大理州发生的深刻变化、个人的难忘经历和生活变迁、各条战线上先进党员代表人物感人故事的小说、散文、诗歌等文学作品。《大理文化》第11期以"生物多样性保护"为主题，集中推出一批反映大理生态保护建设及生物多样性的文学作品。

【党史学习教育】 2021年，州文联组织征订党史必学书目38套，采取党员领学、带学和交流研讨等模式开展"四史"学习，累计开展党史学习教育28次。集中观看党史人物视频资料3次，党组书记上党史学习专题党课1次，开展学习宣讲活动2次，开展现场学习教育活动2次，开展"党旗传递"活动，组织全体干部职工到周保中将军纪念馆和大理市烈士陵园瞻仰参观。6月29日至7月1日举办专题读书班，以专题辅导、观看视频、学习研讨、现场教学、心得交流等方式开展学习。党组理论中心组开展党史学习教育第二次集中学习暨"四史"专题学习研讨。7月1日，对2020年度5名优秀共产党员进行表彰。

【州文联及各文艺家协会活动】 2021年，州作协先后与大理市喜洲美坝庄园、宾川鸡足山管委会和南涧县委宣传部举行3次采风活动，组织州县两级会员作家120人次，深入基层采风创作，采风成果在《人民日报海外版》等报刊发表。州书协组织大理州首届正书作品网络展、2021年大理州迎新春楹联书法网络展。州美协承办"绘制锦绣大理—铸牢中华民族共同体意识"美术作品展。州摄协组织骨干会员开展“庆祝中国共产党成立100周年摄影展”业务培训，举办“艾摄卡——桂林大河《风光大片的诗与画》摄影”大理分享会。州音协完成电影《新五朵金花》选金花歌舞大赛评审工作。州剧协复排经典白剧《望夫云》，重新提升打造原创大型红色历史题材现代花灯剧《王德三》。州评协创办“滇西文艺评论”微信公众号和“大理艺苑”广播栏目，推出评论40期。州舞协开展为期1个月的舞蹈表现力强化培训，并制作培训成果视频送到12个县（市）舞蹈培训基地。州曲协推荐的白族大本曲《大理美食谱诗情》入选中国曲协喜迎中国共产党成立100周年第16届马街书会优秀曲艺节目展播。州民协推荐两个节目参加“山间铃响马帮来——茶马古道民歌节”，向中央电视台“探索发现”栏目推荐部分非遗传承人拍摄“匠人匠心”节目。

【基层文艺活动】 2021年，大理市文联创建官方微信公众号、视频号“苍洱文苑”，开通“大理市文联”抖音号及央视视频号。宾川县文联开展以“颂歌献给党”为主题的现代组诗、散文诗征集活动，创作歌曲《初心与梦想》MV。祥云县文联健全完善《关于新文学群体和网络文学发展的指导意见》等制度。弥渡县文联开展“我为山区群众照张相”活动，用镜头记录脱贫攻坚、乡村振兴、民族团结进步等方面取得的成就。南涧县文联开展“彩云之南·一涧倾心”主题文学创作和摄影采风活动。巍山县文联组织“庆建党百年”书画笔会、“百年辉煌”庆祝建党100周年书画展、“爱我家乡”生物多样性线上线下摄影展等活动。漾濞县文联编选优秀抗震救灾文艺作品，《核桃源》杂志2021年第5期推出抗震救灾主题专刊。永平县文联打造“博南文化”品牌，发布“永平八景”“永平县城八景”文化景观，开展“著名作家走南方丝绸之路”暨“永平景观”深度挖掘推介采风活动等。云龙县文联配合四川美术学院开展党的十九大主题木刻巡展，在天池万亩梨园开展摄影培训活动等。洱源县文联组织书画家到玉湖中学开展书画进校园活动。剑川县文联组织知名书画家举办“迎新春、送春联、赠年画”活动，送出700余副春联、1400余张年画，组织开展“携手兴乡村”2021年浦东新区结对帮扶剑川县文化艺术双向交流学习活动。鹤庆县文联举办“铸牢中华民族共同体意识书画展”等。

【服务州委、州政府中心工作】 2021年，州文联选派1名党员干部到祥云县东甸村担任乡村振兴驻村第一书记，单位按季度组织干部职工深入挂钩村走访调研。每月组织干部职工分批次到凤仪镇乐和村集中开展“三清洁”活动，组织党员干部参与党建联系点幸福社区、居住地“双服务双报到双报告”活动，组织干部职工深入幸福社区开展“我为群众办实事”志愿服务活动。参与社区卫生整治50人次，参与洱海保护“三清洁”活动30人次。

（张应军撰稿）

群众文化

【文化志愿者服务队成立】 3月5日，云南文化志愿者服务队成立视频会议召开，覆盖云南“省市县乡”四级文化志愿服务队正式成立。大理州设分会场，相关负责人及文化志愿者代表参加视频会议，会上进行文化志愿者宣誓，并向州群众艺术馆、州图书馆分别授旗。

【书法美术作品展】 6月22日，大理州群众艺术馆协办的大理州庆祝中国共产党成立100周年“苍洱百年红”书法美术作品展暨“永远的母亲湖”《洱海相册》图片展在州群艺馆开展。“苍洱百年红”书法美术作品展由全州书画家精心创作传承大理红色基因、融汇大理人文元素、展示大理发展成就的书法作品和美术作品各50幅，以“苍洱百年红”书法美术作品展的艺术表现形式，为党的百年华诞献上一份来自全州广大文艺工作者的礼赞。

【红色金曲音乐会】 7月2日晚，最美和声献给党《红色金曲》音乐会暨《苍洱之恋·最美和声赛歌会》启动仪式在大理州群众艺术馆剧场举行。音乐会以“最美和声献给党”为主题，用最美的歌声表达老艺术家对党的热爱、对党的敬仰，共同庆祝党的百年华诞。

【文艺培训班】 2021年，大理州群众艺术馆举办多个艺术种类培训班。①红歌广场舞培训班。3月15日起，大理州群众艺术馆以“感党恩、听党话、跟党走”为主题，组织文化志愿者开展10期红歌广场舞免费培训活动，庆祝中国共产党成立100周年，弘扬民族精神，激发和增强群众爱国热情。②文化馆馆长站长培训班。10月25—27日，大理州县（市）文化馆馆长、乡（镇、街道）文化站站长培训班在下关举办。培训邀请省内专家深入解读国家政策，以及法规对乡（镇、街道）综合文化站和村（社区）综合性文化服务中学建设管理使用、运行的新标准、新要求。12个县（市）文化馆、112个乡（镇、街道）综合文化站147名学员参加培训。③传统文化进校园公益培训班。11月1日，大理州群众艺术馆、大理州实验中学开展为期两天的传统文化进校园活动——白族“八

2021年，大理州群众艺术馆举办多个艺术种类培训班。图为3月15日起开展的“红歌广场舞”免费培训活动 （州文旅局 提供）

2021年大理州群众艺术馆群众文化活动开展情况表

表112

序号	日期	内容	举办单位
1	1月	承办"风花雪月乡愁大理"中国当代美术名家大理采风作品展	中国美术家协会、中央美术学院、中共云南省委宣传部、中共大理州委和大理州人民政府
2	3月	举办全民艺术普及大众美育系列活动之传统插花和非遗技艺"甲马"认知与体验公益培训班	大理州群众艺术馆
3	3—5月	组织10期"红歌广场舞"培训活动	大理州群众艺术馆
4	5月	联合大理市教育体党工委主办了大理市师生书画作品	大理市教育体党工委、大理州群众艺术馆
5	4—5月	数字三月街线上专场展演工作	大理白族自治州三月街民族街工作委员会
6	6月	承办"文化和自然遗产日"非遗歌舞乐展演晚会	大理州文化和旅游局
7	6月	参与承办"永远跟党走·奋进新征程"大理白族自治州庆祝中国共产党成立100周年歌咏比赛	中共大理宣传部、大理州文化和旅游局
8	6—7月	协办大理州庆祝中国共产党成立100周年"苍洱百年红"书法美术作品展暨"永远的母亲湖"《洱海相册》图片展	中共大理州委、大理州人民政府
9	7月	创作辅导大理特殊教育学校5个作品，代表大理州参加第九届云南省残疾人艺术会演，获一等奖2个、二等奖2个、三等奖1个。其中，两个节目参加全国第十届残疾人艺术会演获二等奖，受到大理州政府残疾人工作委员会通报表扬	省残联、省教育体育厅、省民政厅、省文化和旅游厅、省广播电视局
10	7月	文化和旅游部老艺术家文旅文创基地、国家开放大学老年学院大理研学基地"长者学堂"揭牌仪式	中共大理州委、大理州人民政府
11	7月	承办由文化和旅游部离退休干部局、云南省文化馆、州委宣传部、大理州文化和旅游局主办的最美和声献给党《红色金曲》音乐会暨《苍洱之恋　最美和声赛歌会》启动仪式	文化和旅游部离退休干部局、云南省文化馆、中共大理州委宣传部、大理州文化和旅游局
12	7月	完成大理州文化生态保护试验区传统歌舞乐保护成果展演晚会	大理州文化和旅游局
13	9—10月	协办大理州廉政书法美术摄影作品展	大理州纪委监委
14	10月	举办全州县(市)文化馆馆长、乡镇(街道)综合文化站站长培训班	大理州群众艺术馆
15	11月	在鸳浦社区组织开展6期中老年人智能手机生活应用公益培训，线上发布43期手机应用培训	大理州群众艺术馆
16	11月	开展传统文化进校园，到10所学校进行白族"八角鼓·霸王鞭"公益培训	大理州群众艺术馆
17	11月	创作白族大本曲《白子将军周保中》参加"百合花"2021年云南省曲艺展演获优秀节目奖，大理州文化和旅游局获优秀组织奖	省文联、省文旅厅、省民委
18	11—12月	承办庆祝建州65周年大理州第十七届洱海歌手大奖赛	中共大理宣传部、大理州文化和旅游局
19	11—12月	组织创作5个作品参加云南省第十二届民族民间歌舞乐展演，获金奖1个、铜奖2个、优秀奖2个	云南省文化和旅游厅、云南省民族宗教事务委员会
20	12月	完成云南省第六届农民工文化节作品征集工作，大理州4个作品获奖，其中1个作品参加全国展，州群艺馆获优秀组织奖	云南省农民工工作领导小组办公室、云南省文化厅、云南省人力资源和社会保障厅
21	12月	开展非遗进校园活动，到下关一中初中部开展5个非遗项目技艺体验劳技课	大理州群众艺术馆
22	12月	举办全州公共文化基层骨干(舞蹈专业)培训班	大理州群众艺术馆
23	6—12月	开展34集广场舞"慕课"线上教学活动，线下4期"大家乐"广场舞培训活动	大理州群众艺术馆

(州文旅局　提供)

角鼓·霸王鞭"大课间第一期公益培训。高一至高三近600名学生参加培训。④公共文化舞蹈专业骨干培训班。12月6日，全州公共文化基层骨干(舞蹈专业)培训班在永平县开班，全州12个县(市)文化馆、站，50名基层文化骨干参加培训。培训为期5天，对《云南民族民间舞创作探析》《舞蹈编导理论及课堂实践》《对民族文化的认知与创作》《舞蹈杂谈》及舞蹈编导实际操作等基础知识进行授课与讲解。

【文艺赛事与会演】 2021年，州群众艺术馆或组织，或参加多档文艺赛事和会演。①参加省残疾人艺术会演。7月，大理州残联协同大理州群众艺术馆、大理州特殊教育学校共同打造5个精品节目参加比赛。节目编排、创意主要由大理州群众艺术馆负责，参演学生由大理州特殊学校68名学生组成。大理州报送的声乐类《阿支咯咯》、戏曲类《童心童曲颂党恩》2个节目获表演一等奖；器乐类《彝乡之夜》、舞蹈类《犁·力·立》2个节目获表演奖二等奖；舞蹈类《春雨如酥》获表演奖三等奖。②举办洱海歌手大奖赛。12月14日，大理州第十七届"洱海歌手"大奖赛在州群众艺术馆举行颁奖晚会。大奖赛设置民族唱法、原生态唱法、美声唱法、流行唱法、少儿组、老年组6个类别，参赛人数600多人。6个组别分别角逐出金银铜奖36名，评选出5个优秀组织奖。历时28天。洱海歌手大奖赛是大理州群文艺术高规格赛事和群众文化知名品牌，两年一届，已历经34年。③参加省农民工文化节才艺展演季。12月15日，大理州选送节目参加云南省民族团结进步大舞台暨第六届农民工文化节才艺展演季展演，大理州4个作品获5个奖项，其中1个作品获参加全国展演，州群艺馆获优秀组织奖。④参加省歌舞乐展演。12月29日，云南省第十二届民族民间歌舞乐展演落下帷幕。大理州选送的传统性舞蹈《东山葫芦笙舞》获得金奖，创新性舞蹈《耍马金花霸王鞭》、传统性器乐《龙上天》获得铜奖，传统性声乐《柒巴嫩恩责(和谐美好生活)》、创新性器乐《月亮街》

获得优秀奖。展演评出传承奖5个、金奖10个、银奖12个、铜奖18个、优秀奖36个。

【**民族广场舞线上培训**】2021年，州群众艺术馆微信公众号开展《大理州民族广场舞慕课》线上教学活动，慕课线上教学同步上传到云南公共文化云。观众可通过观看慕课视频，参与学习、领略大理原汁原味的民族风情文化元素。慕课课程有34集，涵盖大理州近几年来广场舞比赛中获奖的优秀广场舞节目。每集分节目简介、舞蹈动作分解、完整舞蹈视频三部分，节目内容积极向上，坚持群众性，注重思想性，突出时代性，发挥本地区民族民间文化优势，将优秀的民族民间文化资源与群众文化活动融合，将新时代文艺创作成果与广场舞有机结合。

【**乡村文化服务**】2021年，大理州拓展贫困地区乡村综合文化服务中心功能，激发乡村文化振兴活力，全面压实各级建设责任，将贫困地区村综合文化服务中心建设工作放在乡村振兴战略规划全局中考虑，形成较为系统的州、县（市）、乡（镇、街道）、村（社区）四级文化网格。加快推进贫困地区村综合文化服务中心“自治州工程”项目建设步伐，全州涉及贫困地区村综合文化服务中心建设的村（社区）各项指标均达到标准。因地制宜创新文化服务内容，结合当地村（社区）的人口总量、年龄结构、需求等，确定综合文化活动中心的面积、功能和项目构成，探索新环境下的新活动。吸引社会文化艺术人才、社会组织为公益文化服务，彰显文化活动示范效应，提升百姓文化获得感和幸福感，激发当地开展文化扶贫工作的积极性、主动性和创造性。

文 博

【**概况**】2021年，大理州剑川县古城街区、西门外街区，巍山县府城街区、卫城街区4个街区经省人民政府批准，列入省级历史文化街区。由云南省文物局主办、云南省博物馆承办的“庆祝中国共产党成立100周年云南省博物馆讲解大赛”，大理州博物馆何七美、陈忆雯获全省讲解员大赛二等奖。

【**完成古代金石碑碣抢救传拓**】6月，巍山县文物部门结束为期近一年的巍山县古代金石碑碣田野调查，调查期间，对具有历史价值、艺术价值和科学价值的168通古代金石碑碣采取一系列抢救保护措施和传拓工作。巍山县境内所见明、清碑刻达数百余通，金石碑碣文化信息丰富，弥补了现存巍山史籍记载不足，充实巍山的历史记忆，对于文化资源的深度保护开发具有潜在价值和现实意义。这些金石碑碣拓片装裱后将在巍山南诏博物馆展出。

【**文物遗址调查勘探**】2021年，因建设用地等原因，大理州文物管理所举行多场次的文物遗址调查勘探，为政府和开发商提供依据。①南诏大理国遗址调查勘探。3月，大理州文物管理所牵头对大理颐老院二期建设区域开展文物调查勘探。专业人员根据地势布设探沟进行勘探，在颐老院二期项目建设北部区域发现的遗迹有石砌挡墙、建筑基础、房屋坍塌遗迹、绿釉砖等遗迹。遗物包含指环形金刚杵、有字瓦、瓦当、滴水、建筑构件等，初步确定遗址占地面积4831平方米，文物专家现场论证评审，一致认为此处为南诏大理国时期的建筑遗址，保存状况较好，建议原址保护。②大理智慧旅游数字综合体文物调查勘探。6月，大理州文物管理所牵头对大理智慧旅游数字综合体建设区域开展文物调查勘探，认为此处人类活动不频繁，最终由大理州文物局组织专家组对调查勘探成果进行现场评审，通过实地查看、专家评审，并给予专家评审意见，同意建设区域可以正常施工。③桃源水库文物调查勘探。6月15日，大理州文物管理所组成联合考古调查组进驻桃源水库开展文物勘探调查，提出对新松三圣宫、仁和赶街桥、锁江宝塔进行迁移保护，对香积寺、邑邦永定桥进行原址加固保护，对羊岑乡古驿道进行资料记录。青场青铜时代遗址部分处于水库淹没区边缘、部分处于香柏树至青场改复建公路建设范围内。建议项目建设单位对设计线路做适当调整以避让该遗址；若设计线路无法避让，则必须由文物部门对遗址进行考古发掘。联合调查组提交文物古迹影响评价报告，并通过省文物局同意批复。④宾川县光伏发电项目文物调查勘探。10—11月，大理州文物管理所组成联合考古调查组先后开展宾川县光伏发电项目的文物调查勘探，认为项目所处位置未影响到文物保护单位和古代遗迹。大理州文物管理所准时完成调查勘探，提交文物古迹影响评价报告，使建设项目得到及时推进。⑤崇圣寺三塔建设控制地带文物调查勘探。11月，调查勘探工作由云南省文物考古研究所统筹，大理州文物管理所具体实施，大理州文物管理所组成联合考古调查组进驻现场，半山酒店调勘区域内发现丰富的南诏大理国时期的遗存，部分新出土的遗物为研究南诏大理的考古研究提供了新资料，同时也为原崇圣寺的寺院布局提

2021年，州文管所举行多次文物遗址调查勘探，为政府和开发商提供依据。图为10—11月，大理州文物管理所对宾川光伏电站开展文物调查勘探

（州文旅局　提供）

2021年大理州博物馆展览举办情况表

表113

序号	展览名称	展览地点	展览时间	联合办展单位	参观人数（人次）
1	纳西族东巴文化展	大理州博物馆1号临时展厅	2020年12月23日至2021年2月23日	丽江市博物院	1.8万
2	中国的声音——聂耳与国歌爱国主义教育主题展	大理州博物馆1号临时展厅	2月26日至4月24日	玉溪市博物馆、玉溪市聂耳纪念馆	1.7万
3	玖秩凝萃—谢长辛先生捐赠书法、篆刻、美术作品展	大理州博物馆1号临时展厅	5月18日至6月4日	云南省美术协会、云南印社	0.8万
4	四渡赤水出奇兵	大理州博物馆1号临时展厅	6月10日至7月11日	贵州省四渡赤水纪念馆	1.7万
5	红军在黔西北	大理州博物馆1号临时展厅	7月13日至9月5日	贵州省毕节市博物馆	2.2万
6	建党百年书画展	大理州博物馆1号临时展厅	9月7日—15日	大理州老干部诗书画协会	0.3万
7	礼衣雅蕴——朝鲜族传统服饰展	大理州博物馆1号临时展厅	9月18日至10月18日	吉林省延边博物馆	1.1万
8	海风山骨——福建昙石山遗址与昙石山文化特展	大理州博物馆1号临时展厅	10月27至12月27日	福建省昙石山遗址博物馆	2.2万
9	蝴蝶泉边好梳妆——白族服饰精品展	贵州省遵义市博物馆	4月9日至6月5日	贵州省遵义市博物馆	1.7万
10	蝴蝶泉边好梳妆——白族服饰精品展	贵州民族博物馆	4月22日至5月24日	贵州民族博物馆	2.8万
11	蝴蝶泉边好梳妆——白族服饰精品展	贵州省毕节市博物馆	6月18日至9月19日	贵州省毕节市博物馆	1.4万

（州文旅局　提供）

供了新线索。⑥大理州粮食储备库搬迁用地文物调查勘探。12月，大理州文物管理所牵头对大理州国家粮食储备库整体搬迁项目用地开展文物调查勘探，并组织专家组对调查勘探成果进行现场评审，通过实地查看、专家评审，并给予专家评审意见。

【古籍修复方案编制与技术培训】 2021年，大理州重视古籍修复工作和人才培养，编制南涧县石洞寺古籍修复方案，在洱源举办第二期古籍修复技术培训班。①南涧石洞寺勘察设计维修方案。8月，大理州文物管理所对位于南涧县宝华镇虎街石洞寺村山麓的石洞寺进行勘察设计并编制维修方案。经过大理州文物管理所专业人员细致的勘察，保护修缮工程勘察维修设计方案编制完成。②省第二期古籍修复技术培训班。9月23日，云南省图书馆、云南省古籍保护中心在洱源举办2021年云南省第二期古籍修复技术培训班。培训班历时8天，来自省图书馆的古籍修复专家采取理论与实践相结合的教学方式，使学员在老师们的口授相传、操作示范中学到规范的操作技巧，在实练操作中获得更多经验。

【革命文物入选省名录】 2021年，大理州130项不可移动革命文物入选云南省第一批不可移动革命文物名录，文物名录包含全国重点文物保护单位10项，省级文物保护单位10项，县（市）级文物保护单位58项，一般不可移动文物52项，总数为全省第一。大理州以推进革命文物数据信息开放共享以及革命文物类文物保护单位对社会开放，提升革命文物保护管理利用水平，更好发挥革命文物在弘扬革命精神、传承红色基因中的作用，促进全州红色旅游、乡村振兴发展。

【州文博业务骨干培训班】 11月2—5日，大理州在州博物馆举行“大理州文博业务骨干培训班”。培训班邀请省内专家授课。专家们重点围绕博物馆公共服务管理、大理考古的新发现、从传世文物看云南古代佛教艺术、文物建筑修缮基础知识、文物博物馆消防安全等方面进行专题培训，内容涵盖业务工作各个方面，具有较强的针对性、实用性和操作性。

【祥云县历史文化博物馆揭牌】 1月22日，祥云县历史文化博物馆揭牌仪式在祥城镇王孝达烈士故居举行。祥云县历史文化博物馆（王孝达陈列馆）位于王孝达烈士故居，为省级文物保护单位。博物馆建筑面积1500平方米，展厅面积2层共900平方米，为走马转角楼中式土木结构；陈列内容主要由云南之源、云洱流韵、滇西炽土、彩焕南云、多彩非遗、陆港祥云六部分组成，其中在展的王孝达陈列馆由序厅、书香门第、革命家庭、历史回眸四部分组成。祥云县历史文化博物馆的成立，为祥云的历史文化、民族文化、考古发掘、田野调查、研究成果及文化遗产保护、研究和开发等工作提供权威、公开的宣传平台，为祥云文物古迹和文化遗产魅力的展示提供重要实体场景载体，是文物保护成果转化为旅游发展资源的重要体现。

【馆校共建实践基地】 3月27日，云南艺术学院艺术管理学院和巍山南诏博物馆馆校共建实践基地正式挂牌。馆校共建实践基地是双方互动交流的重要平台。实践基地的建立为学生开展校外学习提供理论结合实际的研究学习机会，为博物馆人才培养、教育课程、文创开发等搭建平台。

【志愿者金牌导游公益课程】 4月6日，大理州博物馆发扬志愿服务精神，加大文明旅游宣传力度，提升博物馆公共服务水平和能力，开展“金牌导游公益课程”活动，邀请大理州博物馆志愿者、国家金牌导游钱秀珍走进展厅进行示范讲解，并作题为《用数字化拥抱美丽中国》的课程分享。大理旅游集散中心15名导游、大理州博物馆部分志愿者参加活动。

【州博物馆开展社教活动】 2021年，大理州博物馆分别以《中国的声音——聂耳与国歌爱国主义教育主题展》、国际博物馆日、庆祝中国共产党成立100周年等为主题，组织中小学、幼儿园学生开展多期聂耳的小提琴、干栏式房屋、《品大理文化、赏博物风雅》社会教育活动、小小印章里的中国故事、祝党生日快乐、大理白族服饰中的风花雪月等社教活动，吸引更多的孩子们走进博物馆、走近文物、了解更多的历史文化知识，发挥出博物馆的社会教育功能。

【提供主题党日活动讲解服务】 2021年，大理州博物馆为多家单位党支部到大理州博物馆开展主题党日活动提供讲解服务。1996年9月，大理州博物馆被评为“全国中小学生爱国主义教育基地”，2009年8月，被评为“云南省爱国主义教育基地”，是传承热爱祖国、培养文化自信的重要教育阵地。大理州博物馆利用馆藏文物、展厅陈列和交流展览等展览形式和内容，开展爱国主义教育活动。依托庆祝主题、场馆条件，结合各单位开展党支部活动，以主题党日活动为契机，提供讲解服务，营造活动氛围。

【爱国主义教育主题展】 2021年，大理州举办多场爱国主义教育主题展。①聂耳与国歌爱国主义教育主题展。2月26日，大理州博物馆、玉溪市博物馆和玉溪市聂耳纪念馆在大理州博物馆联合举办《中国的声音—聂耳与国歌爱国主义教育主题展》。展览以“聂耳生平”与“永恒乐章”为主题，以翔实的文字史料和珍贵的历史图像，展现伟大的人民音乐家聂耳不平凡的一生和影响深远的音乐作品。②四渡赤水出奇兵专题展。6月10日，大理州博物馆和贵州省四渡赤水纪念馆在大理州博物馆联合举办《四渡赤水出奇兵》专题展。展览通过战略转移挺进赤水河、一渡赤水摆脱被动、二渡赤水避实击虚、三渡赤水调敌西进、四渡赤水跳出合围5个部分，以图文并茂的形式生动地展现红军四渡赤水在战略转移中取得的具有决定胜利意义的光辉历史。③大理州“苍洱丰碑”红色主题展。6月30日，大理州博物馆举办庆祝中国共产党成立100周年“苍洱丰碑”红色主题展，重温革命先辈英雄事迹，接受革命历史传统教育。

【艺术文化作品展】 2021年，大理州举办两场特别的艺术文化作品展。①谢长辛捐赠州博物馆书法篆刻美术作品展。5月18日，在大理州博物馆举行“玖秩凝萃—谢长辛先生捐赠书法、篆刻、美术作品展”。展览展出谢长辛的国画、书法、水彩、版画、篆刻151件，不少是国展、省展和州（市）各级参展的优秀作品。谢长辛此次展出的151件作品，将捐赠给大理州博物馆永久保存。②昙石山遗址与昙石山文化特展。10月27日，福建省昙石山遗址博物馆和大理州博物馆在大理州博物馆联合举办“海风山骨——福建昙石山遗址与昙石山文化特展”。展览展出精选文物111件（组），包括陶器，石器，骨器，贝器，以及史前时期贝类、动物骨骼等，其中珍贵文物81件。展览分为生态环境、生业形态、生活信仰、生灵血脉4个部分，采用实物和图文展出的方式，全面解读昙石山遗址和昙石山文化，展现福建新石器时代晚期经济、文化和技术等方面的情况，展现昙石山遗址丰富的文化内涵和鲜明的海洋文化特色。

【服饰文化展】 2021年，大理州打造白族服饰文化品牌，提高白族服饰美誉度，采取“走出去、请进来”的方式探索发展新模式，扩大白族服饰的影响力。①走出去——白族传统服饰贵州三地巡展。大理州博物馆将《蝴蝶泉边好梳妆——白族服饰展》送至贵州省遵义市博物馆、贵州省民族博物馆、贵州省毕节市博物馆等地展出，累计展出时间120多天。展览以美丽大理、白族简介、节庆大理、白族服饰、白族刺绣、大理扎染工艺6个部分为主题，以白族服饰为载体，累计展出白族服饰和绣件饰品近600件（套）。通过展览让收藏在博物馆里的文物活起来，促进滇贵两地之间的文化交流，实现馆藏文物资源共享，更好地宣传大理独具特色的白族文化。②请进来——朝鲜族传统服饰大理展。9月18日，由吉林省延边博物馆和大理州博物馆联合举办的“礼衣雅蕴——朝鲜族传统服饰展”在大理州博物馆开展。展览以朝鲜族传统服饰文化为主线，展出78套、156件近现代朝鲜族服饰、配饰、工具等展品，用服饰的历史变迁、服饰类型与装束两个部分全面展示朝鲜族服饰文化的演变过程，体现朝鲜族的民族特性、文化特性、美学特性、现实需求性。

【州博物馆开展志愿服务活动】 10月13日，大理州博物馆开展“弘扬文明新风，创建文明城市”志愿服务活动，在游客中心设立志愿者服务站。服务站设有游客休息设施、书籍阅览区域、宣传资料发放、便民服务箱、小件寄存、讲解接待服务、语音导览租借、婴儿车和轮椅设施、饮水设施等，为观众提供全方位、人性化的优质志愿者服务。志愿者们在博物馆安检处、游客服务中心、展厅等地，引导观众进行文明参观，主动为观众提供帮助和服务。

非物质文化遗产

【云南省非遗培训会】 2021年，省非物质文化遗产非遗工作培训会、非遗传承人培训会分别在大理举办。①云南省非遗工作培训会。4月22—24日，云南省2021年度非遗保护工作培训暨“非遗＋旅游”现场交流活动在大理举行。会议就云南省2021年度非遗工作、非遗消防安全工作、省级民族传统文化生态保护区建设管理工作、省第十二届民族民间歌舞乐展演工作等进行部署，为第六批省级非遗代表性传承人代表进行授牌，昆明市、红河州、大理州、丽江市、临沧市代表进行交流发言。②云南省非遗传承人培训会。12月8—10日，云南省非遗传承人培训会在大理举行。文化和旅游部专家出席开班仪式并为学员授课。培训为期3天，非遗专家从非遗的基本概念、传承人的研培计划、振兴传统工艺等方面展开论述，增强传承人开展非遗保护工作的责任意识。结合线下传承基地的实地考察、传承点的实地教学和传承人的经验交流，提高传承人的传承能力和传承活力。省文化和旅游厅、省非遗保护中心、各州（市）非遗工作人员以及省级非遗传承人133人参与培训。

【全省非遗保护工作者考察大理】 4月23日，为加强非遗保护工作，以文塑旅、以旅塑文，推动非遗深度融入旅游产业发展，加快云南省文化和旅游业转型升级，全省非遗保护工作者深入大理传统工艺工作站大理基地、剑川基地和鹤庆基地等地，进行考察和交流。考察团一行先后到喜洲周城璞真扎染博物馆，大理传统工艺工作站剑川基地、国家级剑川木雕生产性示范基地（剑川兴艺古典木雕家具厂）、中央美术学院驻传统工艺工作站剑川基地，鹤庆银器小镇、大理文化生态保护实验区鹤庆银器锻制技艺传习所（寸发标）、传统工艺工作站鹤庆基地（李小白工作室）等地进行实地考察。

【非遗传承人庆祝建党100周年活动】 4月30日，为庆祝中国共产党成立100周年，大理文化生态保护实验区非遗传承人群专题培训系列活动启动。活动紧扣“听党话、跟党走、强技能、谱新篇”主题，邀请专业老师针对非遗传承青年群体讲授《中国共产党辉煌百年及其中的云南故事》《红船精神》《无人机摄像理论及实操》《电子商务运营》等课程，将党史学习教育与传承人“强基础、拓眼界、增学养”技能培训有机结合。5月4日，在洱海生态廊道举行“传承经典·匠人献礼”主题展览展演活动。

【永平县非遗传习综合展厅揭牌】 5月8日，永平县非遗传习综合展厅揭牌开展。展厅位于新光街文化馆4楼，面积120平方米，投入资金23.4万元。展厅内陈列传统技艺、传统美术、传统舞蹈、传统体育、游艺与杂技等9类57项216件展品，是展示永平非遗特色，突出非遗活态传承，打造非遗保护、传承、互动为一体的传承场所。

2021年大理州新增国家级非物质文化遗产项目情况表

表114

序号	项目名称	项目类别	属地	保护单位
1	白族吹吹腔	传统戏剧	云龙县	云龙县非物质文化遗产保护中心
2	白族大本曲	曲艺	大理市	大理州非物质文化遗产保护所

1月1日，《大理白族自治州非物质文化遗产保护条例》正式施行，全州非遗四级名录体系建设健全。上图：剑川沙溪古镇的剑川木雕体验馆；下图：12月3日，大理州群艺馆到下关一中初中部开展非遗项目技艺体验劳技课

（苏金泉、州文旅局　提供）

【白族艺术入选国家级非遗名录】 5月24日，传统戏剧白族吹吹腔和曲艺“大本曲”获国务院批准入选第五批“国家级非物质文化遗产代表性项目名录”。

【非遗进校园成果展】 7月1日，“多彩非遗校园献礼建党百年”2021大理文化生态保护实验区非遗进校园教学成果展在大理州非遗博物馆开展。展出由大理州12个县（市）选送、包括13所非遗进校园示范学校在内的多所学校学生的上百件非遗作品，涵盖多项非遗项目。

【传统歌舞乐保护成果展演】 7月24日，“风情大理·多彩非遗——大理文化生态保护实验区传统歌舞乐保护成果展演”在大理州群众艺术馆举行。演出分为乡音、乡韵、乡情3个篇章，白族大本曲《习总书记到我家》、花灯歌舞《乐盛世》、吹吹腔古戏《李密投唐》等10余个国家级非遗项目大本曲、花灯戏、白族吹吹腔轮番上演，展现大理丰富多彩、充满活力和魅力的非遗资源。

【文化生态保护实验区建设】 2021年，大理州推进文化生态保护实验区建设。①制度保障“定盘子”。州、县（市）分别成立大理文化生态保护实验区建设领导小组，并于1月颁布施行《大理州非物质文化遗产保护条例》。全州有四级非遗项目719项，其中国家级项目18项；四级非遗项目代表性传承人2344人，其中国家级12人。建成大理传统工艺工作站、示范基地、非遗馆、传习所（点）、非遗进校园示范学校等非遗保护利用设施265个。②加大投入“金池子”。获得中央扶助经费7648万元，其中实验区专项经费4344万元，州、县（市）投入实验区配套建设资金6800多万元，主要用于传习所建设、非遗进校园、进社区和整体宣传保护工作，打造非遗活动场地、活动中心。建成大理州非遗博物馆、云龙白族吹吹腔艺术博物馆、南涧跳菜传承中心。③数字赋能“活路子”。全州各县（市）建立健全四级非遗代表性项目和代表性传承人资料档案。建成下关沱茶制作技艺数字化博物馆，大理文化生态保护实验区数据库建成上线。对以大理甲马文化及国家级非遗项目为代表的大理非遗古籍文献、乐谱、手稿、图片、雕版、拓片等版本全面进行收集整理。④文旅融合"结对子"。参加省内外各种旅游宣传推介会、非遗展会，宣传展示大理非遗文创产品。结合中国共产党成立100周年举办非遗歌舞乐展演、非遗购物节等系列宣传活动。⑤产业发展"挣票子"。探索"非遗+"发展路子，以白族扎染、鹤庆银器、剑川木雕等传统工艺项目为切入点，以代表性传承人为扶贫带头人，鼓励和支持优秀文创企业融入大理非遗传承保护，研发具有大理特色的非遗文化产品。鹤庆银器、剑川木雕带动当地4万多名白族群众脱贫致富。将非遗体验点融入旅游线路中，建设10处非遗旅游示范点，鹤庆银器年产值为百亿元，剑川木雕年产值2亿多元。

【非遗保护实验区系列活动】 2021年，大理文化生态保护实验区举办多场非遗宣传活动和培训班。①文化和自然遗产日系列活动。6月12日，在大理州群众艺术馆举行以"人民的非遗人民共享"为主题的大理州2021年"文化和自然遗产日"系列活动暨非遗购物节启动仪式。参加仪式的领导为大理州非遗志愿者、大理州第五批非遗代表性传承人分别颁发证书。众多非遗项目集中亮相非遗购物节，28名非遗代表性传承人现场展示非遗技艺。通过传承人讲故事、非遗作品展示和售卖等方式，让观众近距离体验非遗的独特魅力。全州各县（市）、125个非遗传习所也纷纷组织开展非遗展示展演活动，提高人民群众非遗保护意识，传承、弘扬中华优秀传统文化，深入宣传贯彻《大理白族自治州非物质文化遗产保护条例》，推动大理文化生态保护实验区建设取得新成效。②举办非遗影像展。6月26日，在大理古城床单厂艺术区举办"多彩非遗魅力大理——大理文化生态保护实验区非遗影像展"。展览征集106名摄影师的2600幅作品，有百年前的历史影像，有非遗项目中的代表性场景、整体流程、文化意义与传播方式，以及体现人文文化的人物肖像、历史影像、活动音频等。展览以大理文化生态保护实验区及大理州非遗项目为主线，通过纪实摄影的方式，展示大理丰富多彩、特色鲜明的非物质文化遗产。③举办非遗培训活动班。大理文化生态保护实验区举办3期培训班，围绕大理文化生态保护实验区工作解析、《关于加强非物质文化遗产保护工作的意见》及《大理州非遗保护条例》的解读与思考、大理文化生态保护实验区建设消防安全知识讲解等展开培训。

【非遗保护协会成立】 2021年，中国非物质文化遗产保护协会非遗数字专业委员会、大理州非物质文化遗产保护协会在大理市成立。①中国非遗协会非遗数字专业委员会成立。7月24日，由中国非遗保护协会主办，大理州人民政府、中国数字文化集团承办的中国非遗保护协会非遗数字专业委员会成立大会在大理召开。文化和旅游部党组成员、中国非遗保护协会会长王晓峰宣布中国非遗保护协会非遗数字专业委员会成立并讲话。中共大理州委书记杨国宗代表承办方致辞，表示大理将以此次会议的举办为契机，全面推动大理非遗数字化建设工作的开展。②大理州非物质文化遗产保护协会成立。11月12日，大理州非物质文化遗产保护协会成立大会暨第一届会员大会在大理州群艺馆召开。协会发展首批会员单位48家、个人会员90余名，涵盖大理州12个县（市）的国家级、省级、州级、县（市）级非遗传承人，非遗保护和产品制作企业，文旅企业以及热心非遗保护的社会各界人士。大会审议通过协会章程、选举办法，以无记名投票方式通过协会会费标准，选举产生协会第一届理事会、监事会，选举李建华为会长。

图书馆

【文献资源建设】 2021年，大理州图书馆开展文献资源建设，坚持专款专用，落实纸质文献、电子文献采购和订购工作。支出图书购置费70万元（含图书购置费和地方文献购置费等）。订购新书9452册（含借阅图书、地方文献、少儿图书、景点图书等），其中用于借阅服务的新书2123种4458册。少儿图书馆完成5万元的图书采购、9.98万元的数字连环画采购，订购期刊85种。投入150多万元完成总分馆和数字资源通借通还系统及设备等采购。完成年内期刊征订工作，征订期刊84种、343份；完成期刊装订合订本628册。

【借阅服务】 2021年，大理州图书馆做好借阅服务，坚持以边开放、边防范疫情的思路开展工作。为做好疫情防控工作，实行读者进馆时需佩戴口罩；借阅区坚持限制到馆人数，借阅活动中保持1米以上距离。坚持每天开展消毒防护措施，为职工和到馆群众提供必要防护保障。全年为武警大理支队勤务保障大队、大理州看守所、大理支队机动大队部、漾濞苍山西镇中学等流通点置换图书7批次，借阅人数2.13万人次，借阅图书88652册次；为特殊读者送书上门2次，送书700多册；给各个分馆和流通点赠送旧杂志4000册。在大理州强制隔离戒毒所开展2期"优秀电影推送"活动，推送20部优秀影视作品，组织强戒所各大队学员集体观看，观影35650人次。州图书馆读者总数有24869人，其中年内新增758人，自助借还读者732人次。全馆累计服务读者30.1万人次（含数字图书馆、少儿图书馆、馆外流通点等数据），流通图书38.7万册次（含少儿图书馆、馆外流通网点数据）。

【信息服务】 2021年，大理州图书馆做好信息服务，通过宣传引导，使无线网络全年用户为18615个，日平均用户达到51个。电子阅览室接待上网读者3287人次，咨询、自习人数为5320人次。开展微信公众号推广服务，用户数为6839人，比年初增加924人。运用微信公众号平台发布信息48期238篇推文，较好地满足广大读者的需求。举办主题线上展览12期，1126人次观展；推送线上名师讲坛30讲，1189人次点击。开展儿童绘本推荐、期刊推荐、新书推荐、中华连环画线上阅读；"新春阅喜"、"百年荣光星火相传"、"趣味文学"、阅读量测试、红色经典——阅读点亮爱心、浓情端午、百年华章铸辉煌、民法典、中秋诗词挑战答题、家国同庆、州庆大理文化之多等15次有奖答题活动，累计参加1533人次。

【宣传教育服务】 2021年，大理州图书馆发挥图书馆作为文化宣传阵地的功能，围绕文旅融合发展拓展宣传教育服务。设置"东亚文化图书专柜"，梳理馆藏文献中大理与日、韩文化交流的相关文献信息，提供专题文献书目39种，发挥地方文献为"东亚文化之都”注入大理特色方面的作用。探索文旅融合发展之路，投入经费10万多元，在大理古城南门、三塔公园、蝴蝶泉、海洋馆4个景区(点)设立流动图书点。各点统一配置书架、统一标识，根据景区(点)的特点和游客需求配置图书2983册，成为大理州图书馆推进文旅融合发展的新亮点，新实践，丰富旅游景区(点)的文化内涵，拓展图书馆的服务功能。

【县级图书馆总分馆制建设通过省考】 3月15—17日，由云南省考核验收组一行到大理对县级图书馆总分馆制建设进行考核，并通过验收。考核验收组对大理以州图书馆为中心馆、县级图书馆为总馆、乡(镇)图书馆文化站为分馆、社区图书馆为服务点的四级总分馆建设体系及相关工作成效给予肯定，认为大理州县级总分馆制建设措施有力，工作人员和志愿者队伍管理规范，在各地建设中亮点和特色突出，很好地发挥公共图书馆的作用。

【世界读书日活动】 4月19日，洱源县图书馆联合社会各界力量，线上线下同步开展以“读书丰富人生，享受阅读快乐”为主题的世界读书日全民阅读系列活动。4月22日，大理州图书馆举行主题为“我正在读的一本书”即兴演讲分享会，12位嘉宾作即兴演讲并分别推荐一本书。4月23日，第26个“世界读书日”，大理州各地纷纷举行丰富多彩的读书日系列活动，掀起全民“悦”读热潮。漾濞县在仁和广场向广大群众免费发放图书期刊500余册(本)。剑川县在古城赵藩文化园启动“书香剑川”系列活动，向全社会倡导崇尚阅读、热爱阅读，来自各行业的读书爱好者在赵式铭故居共同品读《剑湖儿女——记抗日战争时期及之前的剑川共产党员和中共滇西工委委员》。

4月23日第26个“世界读书日”，大理州各地纷纷举行丰富多彩的读书日系列活动，掀起全民“悦”读热潮。图为剑川县沙溪镇先锋书局开展的读书分享活动

（苏金泉　摄）

【共建图书流通点】 2021年，大理市下关街道宁和社区联合大理州图书馆以建立“图书流通点”的方式整合资源，对居家养老服务中心阅览室进行升级改造，延伸社区公共文化服务，建设读书学习阵地。首次为社区阅览室采编热门书籍1000册供居民免费借阅，并签订共建协议，定期对书籍进行更换、补充，以弥补阅览室原始书籍品种少、更新慢、内容旧、缺少吸引力的缺陷。

【公益展览和讲座】 2021年，大理州图书馆依托场馆优势，采取有效措施，组织公益展览活动。全年举办“奋斗百年路　启航新征程——大理州政协庆祝中国共产党成立100周年书画展”等7次展览，展览55天，26家单位参与主办，展出作品775件，7381人次参观。举办《大理州非物质文化遗产保护利用》《大理为什么这样红——中共大理历史简介》《大理书院文化探源溯流》《漫谈徐霞客游

2021年大理州图书馆展览情况表

表115

序号	时间	展览名称	举办单位	作品件数(件)	地点	参观人数(人)
1	5月15—22日	大理州人大常委会成立40周年书法美术摄影作品展	大理州人大常委会　大理州文学艺术界联合会　大理州文化和旅游局　大理州图书馆	180	图书馆一楼展厅	951
2	8月5—10日	大理市“清廉苍洱”—廉政文化作品展	大理市纪律检查委员会　大理市监察局　大理州图书馆	100	图书馆一楼展厅	2524
3	6月19—26日	在正道上行——庆祝中国共产党成立100周年大理民进开明画院书画展	民进中央开明画院　民进云南省委　民进大理州委　大理州图书馆	100	图书馆一楼展厅	1224
4	6月28日至7月7日	奋斗百年路　启航新征程——大理州政协庆祝中国共产党成立100周年书画展	政协大理州委员会　大理州政协书画室　大理州图书馆	100	图书馆一楼展厅	832
5	8月1—8日	退役不退色·礼赞新时代——大理市退役军人事务局“百名退役军人书法美术展”	大理市退役军人事务局　大理市文联　大理市图书馆　大理民进开明画院	100	图书馆一楼展厅	450
6	10月15—25日	苍洱丽水——大理丽江书画艺术联展	大理州图书馆　大理华宝堂　丽江古城画院　丽江阳光100艺术小镇	105	图书馆一楼展厅	650
7	12月8—17日	国家艺术基金——白沙壁画临摹精品展	丽江美术家协会　丽江师范高等专科学校　大理州图书馆　玉龙县文化馆　玉龙县文管所	70	图书馆一楼展厅	750

注：举办展览7次，展览55天，共有26家单位参与主办，展出作品775件，7381人次参观

（州文旅局　提供）

记》等10次文化和旅游公益讲座，聘请州内外专家学者就大理历史文化、自然风光、民族风情等方面进行讲解，对学习研究和宣传大理，推动大理旅游业转型升级，促进大理民族文化建设和经济社会发展发挥作用。开展红十字会活动、六一儿童节活动、红色家书阅读和宣传讲座6次，全年645人次听取讲座。开展图书进校园系列活动，与“云南省农民工文化节系列活动”相结合，图书馆、学校、家长学生三方共同配合，实现亲子阅读与VR科技的活动体验，让未成年人感受到阅读的乐趣。公益展览、讲座及各类活动满足了广大群众的需要，延续了公共文化服务品牌效应。

【巍山智慧图书馆建设】 2021年，巍山县完成智慧图书馆建设，在县图书馆配置智慧化设备设施和智慧化服务系统，建成2个24小时自助书房和1个微型图书馆，在全县范围内安装总分馆图书管理平台、建成县、乡、村三级服务网络体系，让读者借阅图书更加便捷，有效提高读者的借阅效率。在县图书馆内配置自助办证机、自助借还书机、查询机、移动盘点车以及大数据智慧显示平台等智慧化设备。在全县范围内建成以县图书馆为总馆，10个乡（镇）综合文化站为分馆，83个村（社区）为服务点的文化服务体系，搭建县、乡（镇）、村三级服务网络和统一服务平台。建成微信服务平台、手机借还书系统、身份证借阅系统、电子读者证系统。建立全县统一的总分馆制管理体制和运作机制，回溯建库23.7万多册。

【荣誉表彰】 2021年，先锋沙溪白族书局和洱源县图书馆分获表彰。①先锋沙溪白族书局获奖。2月，大理的先锋沙溪白族书局获中国书刊发行业协会主办的“新时代杯·中国书店年度致敬”活动“年度最美书店”奖、“年度主题书店”奖。先锋书店在该项活动连续四年获得“最美书店”称号，并连续两年摘得“年度主题书店”奖。沙溪白族书局2020年5月1日开始试营业，成为沙溪人文地标之一。②洱源县图书馆获省表彰。4月26日，云南省在保山市施甸县召开县级图书馆总分馆制建设总结培训会，洱源县图书馆被选为5个县级图书馆代表单位之一，与全省各州、县图书馆做总分馆制建设经验交流分享。总结培训会上，洱源县图书馆受到云南省文化和旅游厅及云南省图书馆的表彰，被评为“优秀单位”。

（李膺宇撰稿）

广播影视

【概况】 2021年，大理州广播电视局围绕中国共产党成立100周年、新冠肺炎疫情防控、COP15（《生物多样性公约》缔约方大会第15次会议）、乡村振兴、洱海保护、“扫黑除恶”斗争、爱国卫生“七个专项行动”等重大主题和州委州政府中心工作开展宣传报道；播出公益广告40多万条次，35万分钟。协调指导全州各级广电媒体开设《新时代 新作为 新篇章》《奋斗百年路·启航新征程——学党史 悟思想 办实事 开新局》等专栏，完成《百炼成钢：中国共产党的100年》、“名专家讲党史”百集短视频展播工作，累计播出70多集，1200多次，热情讴歌中国共产党成立100年来白州各族儿女凝心聚力、砥砺奋进的壮阔篇章，发挥广播电视新闻舆论宣传主阵地作用。坚决贯彻落实州委、州政府的各项决策部署，抓实广播电视和网络视听宣传舆论引导、安全播出、惠民工程和公共服务建设、行业监管等重点工作，提升阵地管理能力、文化服务能力、主题传播能力，为完成全州经济社会发展提供思想保证、舆论支持、精神动力和文化条件，为全州经济社会发展营造良好的舆论氛围。

【节目创优】 2021年，大理广播电视台电视消息《50分钟“超长待机”一场永不放弃的生命接力》和配合云南省广播电视台制作的系列报道《“两山论”的洱海实践》被评为第一季度优秀新闻作品，并作为精品节目报送总局参评。电视新闻《王瑶瑶穿着血衣跑了一夜》被评为第二季度优秀新闻作品。

【宣传管理】 2021年，大理州广电局制定《2021年全州广播电视宣传工作要点》《大理州广播电视局疫情防控宣传舆论工作方案》《大理州广播电视局常态化开展扫黑除恶斗争实施方案》，对全州广电媒体在庆祝中国共产党成立100周年、深化党史学习教育、新冠肺炎疫情防控、乡村振兴、洱海保护治理、COP15、扫黑除恶斗争、爱国卫生运动等宣传工作开展指导协调。召开3次宣传管理会议、1次庆祝中国共产党成立100周年宣传管理专题会议，发出35次宣传工作提示，审批群众参与的27场广播电视直播节目和134场网络视听直播节目，转发15期云南省广播电视局宣传预警提示，对全州广电媒体、新媒

2021年下关653台（大理实验台）播出情况表

表116

项目＼内容	频率（频道）名称	每天播出（转播）时长（小时）	全年播出（转播）时长（小时）	全年合计播出（转播）时长（小时）
中波	1359 kHz（中央台中国之声）	24	8514	45004
	576 kHz（云南新闻广播）	18	6388	
	1044 kHz（大理人民广播电台）	12	4326	
调频	88.7MHz（云南经济广播）	18	6444	
	91.8 MHz（云南交通之声）	18	6444	
	93.2 MHz（云南音乐广播）	18	6444	
	106.9 MHz（云南民族广播）	18	6444	

2021年苍山电视转播台节目转播情况表

表117

类型	名称	频道/频率	发射功率	播出时长（小时）
模拟电视节目	云南卫视	17CH	3kW	3757.6
	大理电视台1套	11CH	5kW	5492
地面数字电视节目	CCTV-1综合等8套电视节目	13CH	300W	7019
	CCTV-7军事农业等4套电视节目	14CH	300W	7019
模拟广播节目	中国之声	91MHz	1kW	6972
	经济之声	87.8MHz	1kW	6971.1
	云南新闻广播	101.2MHz	1kW	6971.1

（州广电局 提供）

①

2021年，大理州广电系统抓实广播电视和网络视听宣传舆论引导、安全播出、惠民工程和公共服务建设、行业监管等重点工作，提升阵地管理能力、文化服务能力、主题传播能力，为完成全州经济社会发展提供思想保证、舆论支持、精神动力和文化条件，为全州经济社会发展营造良好的舆论氛围。

②

①5月21日漾濞6.4级地震新闻发布②1月12日，记者对习近平总书记到大理六周年进行采访报道③10月，记者采访报道洱海保护治理成效④2021年春节前，记者到超市采访疫情防控工作⑤8月，记者采访报道大理市重点工程

（州广电局、大理广播电视台　提供）

体刊播节目进行24次监听监看和随机抽查，要求全州各级广电播出机构加强节目播前“三审”和“重播重审”制度的执行，杜绝虚假新闻、有偿新闻、不实报道，净化声频荧屏。

【行业监管】 2021年，大理州广播电视局对全州13个广播电视播出机构及其频率频道、12个广播电视传输机构、6家广播电视节目制作经营机构以及移动、电信、联通传输分销商的监管；完成3家合法接收境外卫星电视节目酒店变更申请的初审，完成大理广播电视台高标清同播及“公共频道”调整为“文化旅游频道”的初审，最终获得国家广电总局的批复。开展非法卫星地面接收设施治理联合执法50次，出动执法车辆129台次，出动执法人员505人次，查处拆除卫星地面接收设施62套，播出广播电视新闻、广告（含法规宣传）100条，发放宣传单50482份。对州内接收境外电视节目的用户进行全覆盖监管，未发现违规违法违规现象。加大对低俗、非法集资类等各类广播电视违法广告的整治力度，杜绝虚假违法广告播出。加强网络视听节目监管，加大对网络视听节目持证机构的监管力度，完成全州14家网络视听节目播出机构网络视听信息许可证申办工作。

【安全播出】 2021年，大理州广播电视局制定印发《迎接中国共产党成立100周年广播电视行业安全播出大检查实施方案》，组织开展安全播出大检查，发出整改通知20份，提出整改事项200余条，要求相关责任单位限时整改完成，并开展回头看，确保中国共产党成立100周年安全播出。完成《新闻联播》《新闻和报纸摘要》等栏目延时播出保障115次、1068分钟，确保节目完整转播。按照“字字千钧、秒秒政治、天天考试”的要求，完成春节、各级两会、庆祝中国共产党成立100周年、国庆及COP15、云南省第十一次党代会和大理州第九次党代会等14个重要保障期，50天的安全保障任务，值班5176人次，其中领导带班1275人次，实现安全播出无事故。

【惠民工程】 2021年，大理州广播电视局实施省级广播电视节目无线数字化覆盖工程一期建设项目，在大理市新增1部0.3kW数字发射机，播出云南卫视、云南都市、云南娱乐和云南公共4套省级电视节目，大理新闻综合和大理公共2套州级电视节目和大理市1套共7套电视节目。将省级4套电视节目插入大理州苍山广播电视发射台的原州级广播电视节目地面数字电视覆盖系统，覆盖山区广大群众，满足收听收看当地广播电视节目的需要；在全州中央广播电视节目无线数字化覆盖工程系统中增加传输12套中央数字广播节目，各县（市）地面无线广播覆盖达到15套以上；9月6日，大理广播电视台新闻综合和公共频道2套电视节目全面实现高标清同步，全州除祥云县外，电视节目全面实现高清播出；实施2021年民族地区有线高清交互数字电视机顶盒推广普及项目，为全州11个县符合条件地区的14500户群众更换高清交互机顶盒，满足群众多元化收看需求；6月，《国家广电总局办公厅、财政部办公厅关于实施老少边及欠发达地区县级应急广播体系建设有关事项的通知》，“十四五”期间国家支持大理州11个县级应急广播体系建设；完成祥云西山广播电视发射台基础设施建设，总投资171.87万元，其中中央补助160万元；完成县级融媒体中心省级验收工作。1—6月，云龙、永平、鹤庆3个县通过省级验收，至此，12个县（市）全部通过省级验收，其中大理市、漾濞、宾川和弥渡4个县（市）融媒体中心被评定为优秀，评优数居全省前列。

【公共服务建设】 2021年，大理州广播电视局做好“5·21”漾濞6.4级地震广播电视灾后重建工作。争取国家、省局支持，第一时间向漾濞县援助价值12万元的50套直播卫星地面接收设施、50台电视机、10套应急广播大喇叭，大理州广电局援助漾濞300台应急广播收音机设备；争取省局专项资金9.77万元，完成漾濞广播电视发射铁塔检测和修复工作，对大理州94台直播卫星户户通设备进行应急开锁。做好广播电视制播卫星接收设备的维护管理工作，购买必要的备品备件免费为用户更换，确保山区群众的基本收视需求。全州广播电视综合覆盖率为99.9%，基本建成覆盖全州的现代广播电视公共服务体

2021年大理州农村公益电影放映情况表

表118

县市名称	乡镇（个）	行政村（个）	放映队（个）	计划场次（场）	放映场次（场）	观影人次（人次）	完成计划率（%）
大理市	12	111	11	1332	1593	176302	119.59
漾濞县	9	65	5	780	967	103077	123.97
祥云县	10	132	8	1584	1734	187198	109.47
宾川县	10	81	5	972	1080	118460	111.11
弥渡县	8	85	7	1020	1140	125314	111.76
南涧县	8	79	6	948	1021	114338	107.70
巍山县	10	79	6	948	1022	112594	107.81
永平县	7	72	5	864	967	106246	111.92
云龙县	11	85	6	1020	1089	120840	106.76
洱源县	9	88	6	1056	1112	117981	105.30
剑川县	8	88	6	1056	1135	125726	107.48
鹤庆县	9	114	8	1368	1465	156789	107.09
合计	111	1079	79	12948	14325	1564865	110.63

（州委宣传部　提供）

2021年大理州城市影院情况表

表119

序号	影院名称	银幕数（块）	座位数（座）	放映场次（场）	观影人次（人次）	票房收入（元）
1	云南大理新建4D国际影城	3	413	4904	67324	2172889
2	云南大理好世界影城	7	720	3590	37306	1142741.5
3	云南大理完美世界影城	6	575	13187	95157	2868768.3
4	云南大理海上国际影城	5	417	5145	36243	1201899.8
5	云南大理华夏影院	2	118	4802	23605	701200
6	云南大理漾濞信步3D国际影城	1	116	1605	2896	115639
7	云南大理南涧阳光影城	3	290	5331	2410	88890
8	云南大理古城汽车影院	3	210	92	1	25
9	云南大理祥云方通云幕影城	4	312	7591	33923	1216756
10	云南大理鹤庆信步3D国际影城	1	79	1962	8588	335897
11	云南大理剑川红影电影院	1	60	1546	1483	45269
12	云南大理云龙信步3D国际影城	1	96	1991	3904	132197
13	云南大理永平信步3D国际影城	1	80	1954	3620	108438
14	云南大理巍山大通3D影城	3	387	5648	3093	117895
15	云南大理洱源中影3D影城	3	210	3712	7659	244953
16	云南大理凤仪红石影院	1	52	859	756	23035
17	云南大理下关红门影院	1	56	804	619	16845
18	云南大理祥云红石影院	1	50	837	513	13905
19	云南大理红光影院	1	51	858	520	14335
20	云南大理祥云金典国际影城	4	320	9212	66050	2378626
21	云南大理鹤庆红石影院	1	50	847	696	19240
22	云南大理漾濞彝家影院	1	50	842	540	14780
23	云南大理弥渡红石影院	1	51	842	544	14955
24	云南大理剑川红石影院	1	52	849	691	19055
25	云南大理南涧红石影城	1	53	847	711	19630
26	云南大理永平红石影院	1	52	853	673	18310
27	云南大理宾川红石影院	1	56	857	569	15695
28	云南大理横店电影城	9	972	15640	219507	8741178.6
29	云南大理博纳IMAX影院	7	1005	14654	177178	7312092.4
30	云南大理红牙影院	1	50	859	520	14260
31	云南大理洱源公安消防大队红门影院	1	50	841	636	17725
32	云南大理云龙县诺邓镇红石影院	1	54	849	656	18055
33	云南大理宾川横店电影城	5	673	10606	51873	2140866.9
34	云南大理国际大酒店影院	8	251	9392	26294	916279.9
35	云南大理巍山红石影院	1	54	855	635	17600
36	云南大理弥渡好来国际影城	5	506	8602	41018	1627121.79
37	云南大理榆都影城	5	505	9461	80842	3040695.59
38	云南大理星空影城	2	265	679	2663	72295
39	云南大理永平东聚影城	3	207	3963	15695	490295
40	云南大理剑川中影华艺国际影城	3	205	5096	14530	539827.9
41	云南大理弥渡华兴兄弟影院	3	240			
42	云南大理星光汽车电影院	3	210			
43	云南大理剑川星辉影院	3	262			
44	云南大理喜洲大禧汽车影院	3	210			
合计		122	10695	163064	1032141	38010161.68

（州委宣传部　提供）

系。广播电视通过无线、有线和卫星三种方式覆盖。①无线方式。全州县城及周边地区广大群众通过无线方式可以免费收听收看到15套数字电视和15套广播节目，提前达到国家基本公共服务标准。②卫星方式。全州用户为34.16万户，可免费收看54套电视节目、收听27套广播节目。③有线方式。全州有线电视用户为109.25万户，其中广电网络29.3万户，电信IPTV37.07万户，移动互联网电视42.88万户，有线广播电视信号已通达全州所有行政村和11945个自然村中的10379个自然村，覆盖率86.89%，为全州群众提供含州、县两级的近200套电视节目。

【传媒中心项目建设】 2021年，大理州广播电视局完成大理广播电视台的技术业务用房基础装修、模块化机房和UPS电源系统、广播制作播出系统和广播融媒系统、电视高清播出系统、演播室导播系统、广播直播间舞美及录音间装修及设备采购、演播室建设及设备采购、融媒体指挥调度中心一期8个项目施工并通过终验，报经国家广电总局、云南省广电局同意备案后，进入试运行阶段，大理广播电视台于9月6日全面实现高清化播出，12月底实现整体搬迁。

【电影事业和产业】 2021年，大理州电影工作围绕中心，服务大局，狠抓公共文化服务体系建设，实施农村电影放映工程，大力推进数字影院建设，全州电影事业和电影产业健康发展。实施农村电影放映工程，确保农村电影的公益性、基本性、均等化和标准化公共文化服务。编制年度放映计划并组织实施，全年在全州1079个村（居）委会放映农村公益数字电影14325场次，超额1377场次，观影群众为156万人次。按照“先放后补”原则和“大理州农村公益数字电影放映工程政府采购合同书”要求，足额拨付农村电影公益放映补助经费。年内投入20.2万元购置6套数字电影放映系统和2套放映服务器，加强放映基础设施建设和设备维护保养工作。贯彻落实《中华人民共和国电影产业促进法》，依托国家和省出台的影院建设发展政策，推进数字影院建设和发展。全州12个县（市）实现县城数字影院全覆盖。全年，大理州有40家影院开展放映经营活动，全州年度电影票房3801.01万元，同比增长152.93%，高于全国21.47个百分点，放映电影16.3万场次，观影为103.21万人次。大理州农村公益数字电影放映工作取得良好成绩，12月22日被中宣部公示为第九届全国服务农民、服务基层文化建设先进集体拟入选单位。

【大理广播电视台】 2021年，大理广播电视台开办电视频道2个、广播频率2个、综合视频网站1个、网络新媒体平台8个，倾力打造《大理新闻》《全州新闻联播》《县（市）新闻联播》《身边》《海思果秋》《曾说大理》等40多档广播电视节目，覆盖人口300万。结合各类重大会议、重要活动的举办，紧紧围绕中央和省、州党委政府的中心工作，唱响主旋律，传播正能量，精心组织策划，采取即时采编动态新闻、制作播出公益广告、开办广播电视新闻专栏、制作新媒体节目、加强对外宣传等方式，完成州委、州政府及州委宣传部交办的各类电视公益晚会的组织实施和宣传任务。全年，广播电视节目获第37届云南新闻奖三等奖4件，云南广播电视台季度好新闻三等奖1件，云南省广播电视局优秀广播电视新闻季度推优作品1件，云南省政法优秀新闻作品三等奖1件；新闻采访部主持人潘越华获“全国广播电视和网络视听行业青年创新人才”称号，民族语节目译制中心主持人曾丽霞获中国播音主持“金声奖”优秀奖。

重大主题宣传　2021年，大理广播电视台通过跨平台的矩阵宣传模式，紧紧围绕疫情防控、庆祝中国共产党成立100周年、党史学习教育、党的十九届六中全会精神宣传、洱海保护治理、乡村振兴、民族团结进步示范创建等中心工作，以及爱国卫生“七个专项行动”、州“两会”、新冠疫苗接种、漾濞“5·21”地震、省州党代会、洱海论坛、COP15、“大理之问”大讨论活动等重点工作进行宣传，并在内容、形式和手段上重组整合，实现跨平台、多层面、立体化的深度融合和聚合传播。①电视端。《大理新闻》《身边》等新闻栏目播出节目500多期，累计播发消息8000余条，全年在央视播出新闻近20条、在云南台播出550多条。《非遗大理行》《苍洱警视》《大理清风》等联办合办节目平稳运行。②广播端。《全州新闻联播》全年制作365期，播发新闻稿件4000多条。继续推进早、中、晚时段的大板块直播节目改版。发挥反应迅速、发布及时的广播优势，完成漾濞“5·21”地震全天候特别节目直播。制作完成《全国优秀共产党员先进事迹展播》和《红色经典·大理故事》大理本土人物及故事200集，总时长为1200余分钟。③新媒体端。大理广播电视台微信平台发布近2400条信息，微博发布7890多条信息，大理电视网推送4610条信息，云南通、七彩云客户端同步发送3600多条图文信息。官方抖音、快手、视频号发布短视频4600条次，其中官方抖音发布视频2464个，粉丝数23.9万人，

2021年，大理广播电视台全面完成全台电视高清播出系统等建设任务，于9月6日投入使用，提升了全台广播电视节目生产播出的技术保障能力，推动广播电视节目播出正式迈入高清时代

（大理广播电视台　提供）

2021年大理广播电视台播出各县（市）新闻情况表

表120

栏目 / 播出县市	电视平台播出新闻统计			广播平台播出新闻统计	融媒体平台播出新闻统计			合计（条）
	《大理新闻》（条）	《县市新闻联播》（期）	《身边》（条）	新闻综合频率FM102.7《全州新闻联播》（条）	云南通·大理州（条）	大理电视网（条）	官方微博、微信公众号（条）	
大理市	137	20	4	187	98	98	121	665
漾濞县	79	20	4	273	41	41	60	518
祥云县	169	20	3	103	356	356	400	1407
宾川县	93	20	4	154	65	65	88	489
弥渡县	23	0	1	13	88	88	101	314
南涧县	143	20	7	169	63	63	99	564
巍山县	76	20	3	187	344	344	450	1424
永平县	141	20	1	160	30	30	51	433
云龙县	158	20	5	192	34	34	49	492
洱源县	112	20	3	45	98	98	110	486
剑川县	145	20	2	138	55	55	81	496
鹤庆县	109	20	7	59	30	30	49	304
合计	1385	220	44	1680	1302	1302	1659	7592

2021年大理广播电视台作品获奖情况表

表121

作品名称	作者/主创人员	所获奖项名称	所获奖项级别
广播专题：《隔离病区内外的守护》	张迎秋 石晓晶 李利元 李润生 胡 杨 向丽明	第37届云南新闻奖	三等奖
文字通讯与深度报道：《隐于苍山13年，今天带你走近他们……》	宇 昕 黄振军	第37届云南新闻奖	三等奖
文字消息：《超帅！救护车高速路上被堵，三名摩托小哥暖心开道！》	李 玲	第37届云南新闻奖	三等奖
新媒体移动直播：《樱花如约至邂逅粉色季》	郭建辉 张银珍 邢雅丽 禹俊勋 施隽伟 史勇兵 崔恩铭 赵云贵	第37届云南新闻奖	三等奖
电视新闻专题：《李宏兴：用画笔记录“抗疫”故事》	李海星 段潇伟 柴 艳	2020年度云南省政法优秀新闻作品	三等奖
广播消息：《50分钟超长待机：一场永不放弃的生命接力》	柴 艳 熊志明 张 丽 高莱蔚	省广电局季度优秀广播电视新闻	优秀作品
电视消息：《海菜花开幸福来，洱海水质为近三年最好》	潘越华 刘 泉 张迎秋 李 虹	省广电局季度优秀广播电视新闻	优秀作品

（大理广播电视台 提供）

重度活跃粉丝占比83%，总阅读量超3亿次，获得点赞超260万个。至12月，官方全矩阵平台粉丝累计达到近150万人。

重大活动宣传 2021年，大理广播电视台组织实施“大理州青年创业州长奖”颁奖活动及直播、“5·15”烈士悼念活动网络直播、“红土地之歌”演讲比赛及网络直播、大理州庆祝中国共产党成立100周年专场文艺演出、大理州庆祝中国共产党成立100周年歌咏比赛及网络直播、州第九次党代会开幕式直播、大理州政法系统“平安法治大理建设十佳先进集体十大忠诚卫士”发布暨颁奖晚会等20余场重大活动，同时参与完成“2021推进全球生态文明建设（洱海）论坛”网络直播等重大活动。完成10余部大理州爱国卫生“七个专项行动”明察暗访系列专题片，以及洱海生态廊道纪录片、大理州党史学习教育工作专题片等20多部重点专题片拍摄制作任务。

民语节目生产播出 2021年，大理广播电视台白语电视栏目《海思果秋》，始终坚定正确的舆论导向，坚持以“民族团结和谐稳定”为核心，以白族语作为电视语言，讲述白族及大理世居民族的风土人情、民俗民风、人物故事、民族曲艺、民族语言、民族语译制片等，在宣传党的方针政策、发展区域经济文化、促进民族团结进步、维护边疆和谐稳定、满足少数民族群众精神文化需求中继续发挥着重要而独特的作用。栏目制作播出52期节目，节目内容丰富，形式多样，涉及宣传全民国家安全教育日精心创作的白族大本曲《国家安全为人民》，体现白族人民秋收喜悦的现场大本曲《农民日子比蜜甜》、鹤庆田埂调《鱼戏莲叶间》等民间曲艺11期；《回味深长的白族三道茶》《鹤庆铜之魂》《剑川门画》等非遗节目9期；《巍山扒肉饵丝》《剑川三道菜》《漾濞瓜拉板小月饼》《弥渡黄粉》《大理白族全鱼宴》《密祉豆腐》等美食文化10期；《剑川何家大院》《最美洱海卫士》《赵宏雁和她的白族服装》《田果田埂调是我生活的一部分》等人物故事4期。围绕庆祝中国共产党成立100周年“奋斗百年路·启航新征程”大型主题采访活动，精心策划制作白族大本曲“苍洱英华赤子心，白曲声声唱英雄”“建党百年人物史”等系列节目。“七一”期间，先后推出剑川白族调《建党百年怀先烈》、白族大本曲《颂党恩》《建党百年创辉煌》、白语节目《白族第一位共产党员——张伯简》《剑川“四二”武装暴动》等一系列主题宣传节目。此外，大理广播电视台还在FM90.2旅游文化广播中播出白语广播栏目《大事小情》，每天一期每期2分钟，节目用白族语言播报大理及周边发生的大事小情，目的是说白语、听新闻，保护白语文化，传承白族文化。节目涵盖头条资讯、热点新闻和惠民政策等。

融媒体节目产品　大理广播电视台发挥电视、广播、新媒体各平台不同的传播优势，实行一次性采集、全媒体生产、差异化传播。先后推出24小时景区景点实时"慢直播"、节假日实时路况直播等产品，做精做好《政风行风热线》《一起读吧》《大理州决战脱贫攻坚访谈录》《云游大理》《非遗大理》等多档全新的融媒体节目，融媒体聚合传播效应得到强化，主流媒体的社会影响力正在逐步提升。同时，根据州委宣传部要求，策划组织实施《政风行风热线》特别节目——"书记院坝（楼宇）协商会"12期，每期节目以主持人走进一个县（市）的书记院坝（楼宇）协商会现场，采用现场纪实方式对"三级书记"倾听民意、民情，与群众"面对面"沟通交流的情况进行现场直播。节目在大理广播电视台微赞直播间、官方抖音、快手、视频号等多平台同步进行直播发布，更大范围推广"我为群众办实事"的好经验和好做法，促进"大理之问"落地见效，推动党史学习教育走深走实，广受各界好评。

融媒体技术骨干平台建设　3月，启动实施"大理广播电视台新购设备、二次装修及搬迁项目"建设，全面完成总投资3000万元的全台电视高清播出系统、广播制播系统、应急电源系统等8个子项建设任务，全新技术平台经测试并验收合格后正式投入运行，提升了全台广播电视节目生产播出的技术保障能力，推动广播电视节目播出正式迈入高清时代。同时，投入30万元，组织实施"广播制播系统""UPS系统""电视导播系统"3个利旧搬迁项目建设；投入100万元，于7月起对团山发射机房实施"三化"美丽台站建设，全面提升无线台站发射技术保障水平和工作环境。

安全播出　2021年，大理广播电视台紧扣"安全播出是生命线、高压线"的原则，在技术建设任务繁重、新老技术系统并行的情况下，在加快推进广播电视播控系统建设的同时，抓好安全播出监控、运行、维护和管理各项工作，抓好综治和平安建设工作，完成元旦、省"两会"、州"两会"、春节、全国"两会"、清明、三月街、五一、端午、庆祝中国共产党成立100周年、州第九次党代会、COP15等重保期、重点时段和重要节目的安全播出任务，全年没有发生重大安播责任事故。

产业发展　2021年，大理广播电视台面对日新月异的媒体传播手段、日趋激烈的市场竞争、媒体融合步伐加快及受疫情影响，线下活动取消和广告客户撤单的现象较为突出，经营及创收工作面临的巨大压力，勇于直面问题，强化应变力、创新力、拓展力，紧紧围绕台工作重心，建立全台多方联动、宣传营销一盘棋的格局，拓展广告经营思路与手法，以多手段介入市场，增强各节目栏目与经营创收的协同，各节目栏目在改版、重大活动或重点宣传报道等工作的前期，做到宣传与经营创收同谋划、同组织、同实施，通过栏目冠名，广告适时插播等方式实现品牌价值，逐步探索出节目生产与广告营销互动的机制。在做好宣传服务，关注客户的成长和发展，关注客户品牌效益的同时，创新经营思路，调整经营策略，集思广益、群策群力，拓展线上线下媒体经营渠道，探索各类运营模式，拓展各类媒体平台。如开设"大理Volg"抖音账号，探索短视频运营，IPTV、微信公众号、视频号等运行，各媒体平台粉丝阅读量呈现增长趋势。年内，台累计实现营业收入1092.7万元，同比增加285.8万元，上升35.4%（含新增新媒体公司的部分收入），累计上缴税费91.2万元，上升25%。

（州委宣传部、州广电局、大理广播电视台供稿）

新闻出版

【概况】 2021年，大理州新闻出版工作以开局"十四五"、庆祝中国共产党成立100周年为主线，强化底线思维、增强风险意识、提高防范应对能力、零容忍重拳打击非法出版印刷发行行为，维护出版印刷发行安全，推动出版印刷业高质量发展。

【出版工作】 2021年，大理州新闻出版工作深入实施滇版精品出版工程，《南诏大理历史文化大辞典》等入选滇版精品出版工程项目库。策划主题出版，《"我们的小康之路"丛书之〈锤炼幸福〉》《大理守艺人》等一批以大理为题材的出版物陆续出版。

【全民阅读】 2021年，大理州组织开展书香大理·白州阅读月、新时代乡村阅读季、建党百年经典诵读、书香大理进校园、永远跟党走主题图书展暨惠民图书优惠等活动。大理州图书馆入选云南省全民阅读示范基地，宾川县拉乌完小教师谢红芬入围第30届全国图书交易博览会"十大读书人物"候选人，《大理巍山："自助书屋"让阅读24小时不打烊！》等在"书香云南全民阅读"公众号刊登、《大理：全民阅读打开孩子学史明理的大门》等在云报客户端刊登，"书香大理·阅享生活"品牌影响力扩大。

【农家书屋管理】 2021年，大理州对全州农家书屋建设运行情况进行全面摸底调查，深入部分县（市）开展农家书屋督促检查。及时完成农家书屋出版物补充更新，全年全州投入资金216.86万元，采购图书10.45万册，每个农家书屋平均补充图书96册。推动农家书屋与全民阅读活动深度融合，借助农家书屋平台开展党史学习教育、政策宣讲、技能培训等活动，全年全州开展活动5589场次，参与群众为131916人次，其中组织开展"我的书屋·我的梦"农村少年儿童阅读实践活动暨大理州中小学生暑期阅读活动，征集绘画、手抄报、书法、征文作品5000多件，对432名获奖师生进行表彰。

【印刷发行监管】 2021年，大理州梳理编制监管事项目录清单和检查实施清单，与具有出版物印刷资质的出版物印刷企业签订"大理州出版物印刷企业印刷安全责任书"对印刷发行企业信息进行动态管理，提高印刷发行监管科学化规范化水平。举办全州新闻出版工作业务暨农家书屋管理培训班，提高从业人员业务水平，增强印刷企业负责人守法经营意识。完成42家印刷企业、160家出版物发行单位年度核验，完成26种连续性内部资料性出版物初审，核准100件一次性内部资料性出版物，将2项行政许可事项下放至县级、153项行政处罚事项和2项行政强制事项调整行使主体至州文化和旅游局。紧紧围绕庆祝中国共产党成立100周年工作主线，对辖区内发行单位、印刷复制企业开展经常性检查。

【出版行业“扫黄打非”】 2021年，大理州“扫黄打非”战线统筹网上清理和网下打击，境内整治和境外斗争，专项治理和日常监管，稳妥处置敏感事件，严肃查处重点案件。①打击整治工作。全年组织相关成员单位执法力量出动2200余人（次），检查宗教活动场所、印刷复制企业、出版物经营单位、店档摊点、影院、网吧和物流寄递点位1870余家（次），对10批400余种境外有害出版物进行封堵。收缴非法出版物3200册，销毁非法（盗版）书刊、音像制品5万册（盘）；核处“扫黄打非”案件4起。②净化网络空间。坚持严打严控，深入开展“净网”系列集中行动，召开3次网上“扫黄打非”联席会议，利用“网络直通车”机制，依法整治网络直播、音视频、网络文学、网络游戏、搜索引擎等领域涉黄涉非的现象，处置网络有害信息3600余条。③未成年人保护。贯彻落实新修订的《中华人民共和国未成年人保护法》，开展“护苗2021”专项行动；开学季，在中小学组织安排播放《护苗·网络安全课》公益视频课件；集中整治危害青少年身心健康的出版物和信息，收缴非法出版物2000余册，封堵色情类信息300多条。④“扫黄打非”进基层。深入推进“扫黄打非”进基层工作，巩固深化1个全国“扫黄打非”进基层示范点、1个全省“扫黄打非”示范点示范和所有行政村（社区）“扫黄打非”工作站作用，强化“扫黄打非”工作与新时代文明实践中心（所、站）建设、基层综治中心建设、网格化服务管理建设的融合融入。

（州委宣传部供稿）

【大理日报社】 2021年，大理日报社围绕州委、州政府中心工作，主动作为，精心策划，凝心聚力办报纸、集思广益谋发展，为全州上下奋力谱写大理高质量发展新篇章、开启全面建设社会主义现代化新征程提供强大精神动力和舆论支持。

平台资源整合 1月1日，新闻客户端“指尖大理”全新上线，升级改版后的“指尖大理”搭建“新闻”“读报”“大理号”“互动”“我的”5大版块，其中“新闻”版块包含推荐、咨询、时政、党媒、图说、视觉、专题、视频、直播9个栏目，增强网络平台聚合能力，拓展政务、民生信息和服务、互动功能。在报道形式和传播途径上，报社始终保持“融”的势头，构建“精品化生产，多平台传播”的全媒体传播格局，报纸、网络、微信、微博、直播齐上阵，消息、通讯、特写、访谈、解读齐呈现，发出宣传报道的“最强音”。与此同时，报社巧用二维码联通“报网微端”的联动编辑方式，多次以扫二维码看全文的导读式编辑方式，全方位做好中央主流媒体重大宣传报道的转载转发。

重大主题宣传报道 2021年，大理日报社围绕党史学习教育、政法队伍教育整顿、中央生态环境保护督察、“四件大事”、重要讲话精神等重大主题宣传报道。①党史学习教育宣传。开设学党史 悟思想 办实事开新局、红色旅游集萃、大理重大党史事件、大理党史故事、重大历史瞬间、百年奋斗路·百城访初心、图说历史故事栏目，转发《建党百年·口述云南》融媒体专栏内容。②政法队伍教育整顿宣传。重点报道全州政法队伍教育整顿工作的时政新闻、各级政法部门的动态消息和工作成效等。③中央生态环境保护督察宣传。开设“中央生态环境保护督察”和“建设生态文明排头兵”专栏，每天在“报网微端”公布中央督察组的进驻信息，按要求发布举报问题32期、办理情况31期。④重点报道宣传。办好“牢记嘱托再出发 守好洱海再启程”“奋斗百年路 启航新征程·脱贫攻坚答卷”“大力实施乡村振兴战略 全力推进农业农村现代化”专栏，报社“报网微端”齐发力，在重点转载、刊发、推送中央主要媒体推出的新闻、消息的基础上，自主生产整版特别报道、反响性报道、大量动态消息；先后推出大理州推进河（湖）长制工作纪实、大理州推进洱海保护治理工作纪实等一系列重点报道。⑤重要讲话精神宣传。开办好“奋斗百年路 启航新征程”系列栏目，做好习近平总书记在庆祝大会上的讲话等，保持宣传声势、延续庆祝热度。⑥推出相关报道。开设“COP15·春城之邀”和“共建地球生命共同体”专栏，高频转载转发中央及省级主流媒体关于COP15的新闻报道和新媒体产品，推出“喜迎COP15·相约洱海论坛”特刊，通过具有代表性的图片，从生态系统类型、生物物种资源、物种特有现象、生物多样性保护工作等角度，展示大理州践行习近平生态文明思想的成效。

重要精神宣传报道 2021年，办好“沿着习近平总书记指引的方向——继续奋斗勇往直前”专栏，深入宣传习近平新时代中国特色社会主义思想、习近平总书记考察云南重要讲话精神。适时推出“沿着习近平总书记指引的方向——继续奋斗勇往直前”特刊，综合展示习近平总书记考察大理六年来，全州牢记习近平总书记考察大理重要讲话和对大理工作重要指示批示精神，努力奋斗的历程、取得的成就。办好“权威论”“领导谈”等专栏，深入宣传党的十九届五中全会、省委和州委全会、全国和全省两会、党史学习教育动员大会、全国脱贫攻坚总结表彰大会精神。开设《起步开局大理这样干》栏目，深入宣传云南省湖泊保护治理工作会议和省委、省政府大理现场办公会等其他重要会议精神，特别是4月6日推出采访部分县（市）委书记、县（市）长和部分州级部门负责人20名领导的两个整版特别报道，随后由新媒体平台分20次依序推送每位领导的采访内容。在重要版面、平台上集中推出全州学习贯彻党的十九届六中全会精神的相关报道，多角度阐释、深层次解读全会精神。

重大时政宣传报道 2021年，根据“常规动作做到位、自选动作求创新”的报道思路，从会前、会中、会后3个维度，通过报纸、网络、微信、微博、直播等方式报道好州两会、州委八届八次全会、州委八届九次全会、州第九次党代会。报道好中央机构和国家部委领导、省级领导到大理的时政活动，以及州委、州政府召开的全州性会议报道、州级领导时政活动报道等。及时转载转发全国两会、党史学习教育动员大会、脱贫攻坚总结表彰大会、党的十九届六中全会等重要会议相关报道、评论员文章。一如既往做好大理州党的建设、党风廉政建设和反腐败工作、民生保障和改

善、民主法治建设、社会文明建设等方面的成就报道。为深化对州委、州政府县(市)现场办公会精神的宣传，推出《深刻认识州委州政府召开县(市)现场办公会的重大意义——论州委州政府系列县(市)现场办公会精神》等6篇评论员文章，推出系列特别报道。开设“奋斗百年路 启航新征程——答好‘大理之问’推动‘大理之变’专栏”，对全州各级各部门开展“大理之问”大讨论活动情况进行报道，并推出本报评论员文章。

重大节庆宣传报道 2021年，抓住春节、端午节、中秋节、三月街民族节等节庆，营造浓郁的节庆氛围。春节期间，重点聚焦疫情防控形势下就地过年的情况，先后开设“就地过年暖在身边”“新春走基层”“我们的节日·春节”“各民族同唱共产党好”专栏，“网络中国节·春节”专题。在中秋节到来之际，《大理日报》7版(视觉)推出《火烤月饼“烤”出原汁原味的乡愁》。在第九届大理国际影会期间，大理日报微信公众号接入大理广播电视台的直播信号，对影会开幕式进行新媒体直播，并在新媒体和报纸上及时刊发影会开幕式消

2021年大理日报社优秀新闻报道一览表

表122

序号	时间	版面	体裁	标题	作者	编辑
1	1月5日	1版	通讯	大理市：废弃矿山复绿提升生态“颜值”	鲍亚颖	刘春兰
2	2月9日	1版	消息	大理洱海保护生态搬迁“1806”小镇项目首批安置房正式交房	关友芳 李百祥	刘 颖
3	6月9日	5版	通讯	板房里的高考	李灿美 廖利君 马 钰	马丽芳
4	6月21日	5版	消息	大理22株自主乳酸菌活菌登上中国空间站	陈星宇 董晓鹤	褚雪琴
5	8月10日	5版	消息	巍山小伙杨绍辉创中国男子马拉松奥运最好成绩	陆向荣 左希义	杨 磊
6	12月14日	微信公众号	通讯	不顾寒冷下河救人的勇士们，找到了！	杨若兰	马丽芳
7	1月1日	2版	通讯	动车驶进巍山站	杨若兰 马丽芳 褚雪琴	赵志坚
8	1月5日	5版	通讯	去年，我州6万多吨餐厨垃圾变废为宝	黑浩川 郭鹏昌	杨若兰
9	3月11日	5版	通讯	大理渐成全国体育运动队高原训练地	杨 磊	杨 磊
10	5月17日	5版	通讯	苍山肃立，洱海含悲！英雄走好！	张婧怡 朱 蕾 夏传武 赵子忠	褚雪琴
11	5月20日	1版	消息	大理市喜洲镇8000亩水稻灌溉不再依赖洱海水	李百祥	刘 颖
12	6月7日	5版	通讯	6年送教上门只为一个孩子的“课堂”	陆向荣 王 娟	马丽芳
13	6月22日	5版	通讯	七旬退休老教师和他的农村公益书屋	彭黎明 马 驿	褚雪琴
14	8月6日	4版	通讯＋评论	“红色＋”融出新庄好日子	褚雪琴 温昌盛	李 宝
15	8月9日	5版	消息	大理市全面推广“餐饮安心码”	张益秋 杨 阳	杨 磊
16	8月12日	5版	通讯	“城市书房”24小时不打烊 巍山智慧图书馆让群众尽享阅读时光	纳惠敏	杨 磊
17	9月6日	1版	通讯	云龙：一个“专家站” 带富一批人	段学兵 杨贵华	刘春兰
18	12月7日	5版	通讯	瘫痪白族青年用笔写出“直立”人生	杨艳玲	褚雪琴
19	1月9日	1版	消息	国家方志馆南方丝绸之路分馆落户剑川	赵春祺 杨宗明	刘春兰
20	2月4日	1版	通讯	洱源西湖：56户生态搬迁户喜迁新居	李雪梅 杨树章 罗新才	刘春兰
21	3月1日	2版	通讯	整族脱贫让南涧苗族布朗族同胞乘上幸福快车	余 霞 程 丽	赵志坚
22	3月2日	5版	消息	时隔41年 经典白剧《望夫云》再与观众见面	杨 磊	杨 磊
23	3月16日	1版	通讯	弥渡栗子园：告别小煤矿吃上“生态饭”	向晓英	刘春兰
24	3月31日	5版	通讯	何成林和24本荣誉证书背后的故事	陆向荣 杨 艳 冯 娟	杨若兰
25	3月31日	7版	散文	“南熏”的隐喻	杨亦嶒	赵丽花
26	4月3日	1版	通讯	光伏扶贫让巍山364户脱贫户有了“阳光存折”	郑增纲	刘春兰
27	6月28日	2版	通讯	不约而同 两代艺术家向革命先烈致敬	朱 蕾	张 杨
28	7月6日	1版	通讯	40年坚守让“麻风院”变“幸福村”——记全国“两优一先”表彰对象李桂科	施新弟	刘春兰
29	7月7日	1版	通讯	教育战线“老黄牛”——记全国“两优一先”表彰对象杨国旺	陈应国	刘春兰
30	7月20日	2版	消息	永平：“院坝协商”为基层治理添活力	王银兰	张 杨
31	7月22日	1版	消息	50万尾土著鱼放流金沙江	吴金勇	刘春兰
32	7月26日	5版	通讯	“95后”尿毒症患者宗亚娟：捐献遗体回馈社会	余秋亚	马丽芳
33	8月26日	3版	言论	“会干”永远强于“会晒”	吴 江	辛向东
34	10月19日	7版	组照	鹤庆草海——候鸟的天堂	林 海	王晓云
35	11月25日	2版	通讯	宾川鸡足山镇：618个“小网格”织成基层治理“一张网”	郑晓龙	张 杨
36	12月23日	2版	消息	大瑞铁路杉阳隧道最后200米遭遇Ⅵ级围岩突变	杜 伟 王光保 杨继红	张 杨

(大理日报社 提供)

息，推出侧记《从国际影会图片展中感受大理魅力》，宣传报道大理国际影会。

重大突发事件现场采访报道　2021年，大理日报社对重大突发事件迅速启动重大突发事件应急响应机制，先后派遣多批记者现场采访报道。①刘洪机组烈士牺牲报道。5月15日，报社派出记者团队赴悼念仪式现场采访报道，推出《刘洪机组烈士悼念仪式在大理举行》《苍山肃立，洱海含悲！英雄走好！》报道；大理日报微信公众号接入"悼念刘洪机组烈士"直播信号，进行网络直播。为深切表达悼念与哀思，5月17日《大理日报》调整为黑白色调，整版推出"悼念刘洪机组烈士"相关报道。②漾濞"5·21"地震报道。漾濞"5·21"地震发生后，报社第一时间派出记者当夜奔赴地震灾区开展实地采访；并在"报网微端"及时开设"抗震救灾进行时"专栏，全面运用文字、图片、视频、图示等形式，运用专版、专题、专栏等编辑方法，全方位、多形式报道中央和省、州领导到漾濞县指导抗震救灾工作的重要活动，以及大理州召开抗震救灾指挥部会议和新闻发布会的重要信息等。③洱源突发泥石流报道。大理日报新媒体及时编发《突发！洱源县发生泥石流，消防紧急救援！》《洱源县全力开展山洪泥石流灾害抢险救灾工作》，并在报纸上以图文形式综合报道《洱源县全力开展山洪泥石流灾害抢险救灾工作》，推出特别报道《不忘初心勇担当救灾一线党旗红——洱源县党群齐心抗击"9·13"大型山洪泥石流灾害纪实》。

亮点组织策划　2021年，报社发挥自身优势，全面加强组织策划，高质量完成重大活动报道。①推出系列成就通版。5月中下旬，《大理日报》向12个县（市）和经开区发出约稿函，并于6月11日起推出"奋斗百年路　启航新征程"系列成就宣传专版。专版均采用通版（二版和三版）的形式，紧扣庆祝中国共产党成立100周年主题，全面展示各县（市）和大理经济技术开发区在中国共产党的领导下所取得的辉煌成就。②推出文艺庆祝专版。从6月15日起，《大理日报》连续推出"庆祝建党百年书画"专版和"庆祝建党百年诗歌、散文"专版。③推出庆祝活动特别报道。"七一"前夕，报社推出《歌声祝福中国共产党百年华诞》《百年征程光耀白州》2个专版，对大理州庆祝中国共产党成立100周年歌咏比赛、中国共产党成立100周年专场文艺演出等做特别报道。④推出"七一"特刊。7月1日，《大理日报》推出"庆祝中国共产党成立100周年"特刊。特刊将8个版整合制作成4个通版，版面编排简洁大气，回顾中国各阶段主要领袖和建党以来重大事件，展现党带领全国各族人民群众站起来、富起来、强起来的光辉历程和辉煌成就；从历史的脉络，运用中国共产党大理地方史珍贵历史照片和文献，生动讲述中国共产党百年经验和历史启示。⑤推出"七一"庆祝大会特别报道。7月2日，《大理日报》用1~4版，及时转载刊登庆祝中国共产党成立100周年大会等重大活动相关新闻稿件；及时采写刊发《州四班子机关干部职工收看庆祝中国共产党成立100周年大会直播》《大理州各地干部群众收看庆祝中国共产党成立100周年大会直播》《习近平总书记在庆祝中国共产党成立100周年大会上的重要讲话在大理州党员干部中引起热烈反响》等当地稿件报道。⑥推出理论专版。报社新设《奋斗百年路　启航新征程牢记初心使命争取更大光荣》栏目，并于7月7日推出《习近平总书记在庆祝中国共产党成立100周年大会上的重要讲话精神在大理州宣传思想文化战线和社科理论界掀起学习热潮》专版，刊登全州宣传思想界和社科联专家学者学习心得；7月8日，推出《弘扬伟大建党精神奋力谱写大理高质量发展新篇章》专版，刊登大理州学习贯彻习近平总书记"七一"重要讲话精神座谈会代表学习心得。

公益广告刊登和新媒体平台运行情况　2021年，《大理日报》出版313期，其中刊发时代楷模、洱海保护、疫情防控、爱国卫生专项行动等公益广告87版。大理日报新闻网访问量378万多次，日均访问量1.03万次。大理日报微信公众号关注人数3.9万人次，累计阅读量300万次以上。大理日报新浪官方微博粉丝18.8万，累计发布3.5万条。指尖大理新闻客户端发布文章1440篇。大理日报抖音号累计推送内容345条，浏览量2873066次；大理日报快手号累计推送内容340条，浏览量448398次。

（张七霞撰稿）

档　案

【概况】 2021年，全州各级档案部门围绕州委、州政府的工作大局，按照全国和全省《"十四五"档案事业发展规划》要求，做实"收、管、用"三大职能，强化"治理、资源、利用、安全"四个体系建设，加强档案保管利用工作，"为党管档、为国守史、为民服务"的神圣职责有效履行。

【档案宣传】 6月9日前后，结合纪念第十四个"6·9"国际档案日，各级档案部门组织开展以"档案话百年"为主题的系列宣传活动，重点宣传新修订的档案法和涉及民生档案的相关知识，组织开展档案法知识公益大讲堂宣讲和档案法档案知识竞赛答题活动。8月27日，州委办公室与州法院到巍山县开展"党史学习教育暨民族团结进步创建普法宣传"主题党日活动，宣传宪法、档案法等法律法规条例。通过系列宣传活动，展现档案工作"记录历史、传承文明、服务社会、造福人民"的重要作用，展示档案工作者"忠诚、敬业、创新、奉献"的精神风貌，扩大档案工作的社会影响。

【领导调研】 8月19日，州委书记杨国宗、州委副书记赵国良到州档案馆调研，详细了解档案工作和州档案馆建设情况，肯定成绩，作出明确要求，寄予殷切期望。11月5日，州委常委、州委秘书长杨瑜到州档案馆调研，走访科室，详细了解全州档案工作情况，帮助协调解决有关困难问题。

【干部队伍建设】 11月23日和29日，全州档案系统200多名档案干部参加国家档案局"'十四五'全国档案事业发展规划"和云南省档案局"全省数字档案馆建设"视频会议和培训。年内组织12个县（市）档案馆馆长分期分批到省局馆进行为期1个月的业务轮训。组织州档案馆5名业务骨干到省局馆进行为期1周的跟班学习。组织各县（市）档案局馆业务骨干到州档案馆进行档案修裱培训和业务轮训。全年，全州各级档案部门以抓领导班子建设为重点，以加强思想政治建设为主线，以加强素质建设为主题，以推进"两学一做"学习教育常态化制度化、开展党史学习教育和

2021年大理州馆藏档案资料及利用情况表

表123

单位名称	馆藏档案		馆藏资料（册）	利用情况	
	卷	件		人次	卷(件)次
大理州档案馆	85157	169238	9650	323	1455
大理市档案馆	149832	207715	3233	3293	2470
漾濞县档案馆	27115	143758	6723	558	2029
祥云县档案馆	130996	190213	15661	2184	6879
宾川县档案馆	50429	308261	5097	2342	4452
弥渡县档案馆	87375	124650	4813	1521	2874
南涧县档案馆	43740	404878	8502	1356	2900
巍山县档案馆	43820	396163	10695	1817	3997
永平县档案馆	47343	204536	5332	864	1694
云龙县档案馆	35198	148731	6692	323	589
洱源县档案馆	39821	97821	3590	516	675
剑川县档案馆	33348	90142	2345	4052	6976
鹤庆县档案馆	48662	217526	5480	477	1492
合计	822836	2703632	87813	19626	38482

（州委办　提供）

“大理之问”大讨论活动为抓手，全面加强干部队伍建设，为档案事业健康发展提供人才保障。

【档案业务指导】 2021年，大理州完成州级各部门年度档案业务的指导，开展全州7个水库及洱海流域三库连通应急补水工程档案的业务指导和验收工作。组织大理州安可替代项目档案专项指导和验收。

【档案业务建设评价】 2021年，大理州指导全州11个县档案馆分别制定《业务建设评价工作实施方案》，并对照业务建设评价办法和标准开展档案馆业务建设各项工作。年内11个县档案馆通过省档案局组织的业务建设现场评价，达到以评促建、以评促改、以评促优的目的。

【档案规范化管理】 2021年，全州各级档案主管部门强化措施，精心指导，全州档案工作规范化管理认定、复查工作取得新成效。全州有48家单位通过档案工作规范化管理示范认定或复查，其中9个机关事业单位、2家企业、3个乡（镇）通过档案工作规范化管理示范认定，33个机关事业单位、1家企业通过复查。

【“两类档案”归集】 2021年，全州“两类档案”全部接收进馆，全州各级综合档案馆接收脱贫攻坚档案129441卷、376743件、照片26720张、音视频6763分钟，接收疫情防控档案21651件、照片1278张、音视频962分钟。

【馆藏档案和资料】 2021年，全州13个国家综合档案馆馆藏档案2283个全宗，822836卷、2703632件，排架长度20369米，馆藏资料87813册，其中州档案馆馆藏档案353个全宗，85157卷、169238件，排架长度2313米，馆藏资料9650册。

【档案接收和利用服务】 2021年，全州各级国家综合档案馆加强档案资源建设，接收各级党政机关、企事业单位和向社会征集能够代表大理白族历史、文化、艺术等特征的实物、照片、光盘、书籍等档案143896卷、475750件。接待利用者19626人次，查阅档案38482卷（件）次，为经济建设、编史修志、落实政策、办理退休、社会保险提供大量的档案资料，最大限度地满足社会各界对档案资料的利用需求，提高群众对档案利用服务的获得感和满足感。

【档案文化产品开发】 2021年，全州各级国家综合档案馆利用馆藏档案资源开发档案文化产品，完成《弥渡县清代房地契档案汇编》《弥渡县民国房地契档案汇编》等3部书籍的编撰工作。举办“铸牢中华民族共同体意识主题教育馆”等12个展览，接待参观9578人次。拍摄《凝心聚力齐创卫　碧水蓝天映彝乡》等2部专题片。

【档案安全工作】 2021年，全州各级档案部门落实档案安全工作领导机制，紧绷安全之弦，落实安全之要，务求安全之效，档案安全主体责任有效落实。各级国家综合档案馆对档案馆库、机房设备和水电管网等重点部位开展拉网式排查检修，对档案形成、接收入库、数字化、开放利用、编研开发等各环节逐一进行安全检查，对发现的隐患进行梳理，列出清单，明确整改措施和期限，确保整改实效。按照档案管理“十防”要求，提高档案库房的安全防灾标准，采用先进的安全技术、设备和材料，改善档案保管条件，确保档案馆库安全、档案实体安全和档案信息安全。

【数字档案馆及档案信息化建设】 2021年，启动大理州数字档案馆建设以来，项目按照“存量数字化、增量电子化、利用网络化”的要求，围绕“节约高效、国产化替代、档案云平台一体化管理和电子文件（电子档案单套制）归档”4个方面开展建设。项目总投资1880万元，分两年实施。大理州数字档案馆建成后，档案业务工作（收、管、用）将由线下迁移到线上，实现对档案全流程一体化管理。全年全州13个综合档案馆录入文件级目录67万条、档案数字化416万页，录入目录468万条、档案数字化1136万页。

【职称评审】 2021年，按照档案职称评审的有关政策规定，大理州档案中级职称评审委员会组织开展档案专业技术职称评审工作。9月10日，从专家库中随机抽取9位专家组成大理州档案专业中级职称评审委员会，开展2021年档案系列职称评审工作，对申报档案专业技术初、中级职称的人员进行评审，会议评审通过初级职称13人、中级职称8人。

（州委办供稿）

卫生与健康

Health and Wellness

◈ 责任编校　杨林柏

◈ 乡愁大理 · 黑白记忆 ◈　　1983 年洱源沙坪渔潭会赶集的白族妇女

综 述

【概况】 2021年，大理州卫生健康工作全面贯彻新发展理念，明确高质量发展路径，以新冠肺炎疫情防控、健康扶贫、爱国卫生“七个专项行动”、医疗服务、重大疾病和传染病防控、医疗卫生体制改革等为重点工作任务，完善相关机制和管理制度。宣传和科普医药卫生体制改革、健康扶贫、健康素养、健康促进、家庭医生签约等知识，将人民健康放在优先发展的战略地位，深入实施健康大理战略，深入学习推广三明市和“祥云模式”医改经验，坚持系统集成、协同高效，促进优质医疗资源均衡布局，统筹疫情防控与公共卫生体系建设，推进以治病为中心向以人民健康为中心转变，解决看病难、看病贵问题。全州卫生健康系统广大干部职工开拓进取、无私奉献，取得诸多成绩和荣誉。大理州被国家中医药管理局表彰为全国基层中医药工作先进单位；大理州卫生健康委员会被评为全省第七次人口普查优秀集体；大理州卫生健康委被州委、州政府表彰为扫黑除恶专项斗争先进集体、反恐怖工作责任制考核先进集体、政府系统政务信息工作先进集体；大理州—清华大学第一附属医院贫困家庭儿童先天性心脏病免费手术治疗“大理模式”在全国其他地方推广实施，并在全国优秀扶贫案例报告会上被评为“防止返贫”优秀案例，在人民网上刊登；祥云、宾川两县被列为全国紧密型县域医共体建设试点县，祥云县人民医院列为国家建立健全现代医院管理制度试点医院；州医院党委获省委表彰的“云南省先进基层党组织”称号，卫生健康系统4人被省委表彰为云南省优秀共产党员，1人获“中国好医生”、1人获“云南好人”称号、1人获评省级“七普”优秀个人、1人获评全省第七次人口普查先进个人。

【卫生事业经费执行情况】 2021年，全州医疗卫生单位总收入为80.73亿元，同比减少0.95亿元，减幅1.16%，其中财政拨款收入21.42亿元，同比减少13.43亿元，减幅38.54%，主要是新冠疫情防控专项资金投入同比减少，财政拨款占总收入的26.53%，其中公立医院财政拨款8.42亿元，占公立医院总收入57.64亿元的14.61%；基层医疗单位财政拨款5.55亿元，占基层医疗单位总收入10.24亿元的54.2%；卫生健康单位财政拨款7.44亿元，占卫生健康单位总收入12.86亿元的57.85%。全年全州医疗卫生单位费用总额78.9亿元，较上年增加10.01亿元，费用增幅为14.53%，其中行政支出3.92亿元，占总费用的4.97%；事业支出68.76亿元，占总费用的87.15%；其他支出6.22亿元，占总费用的7.88%。

医疗卫生体制改革

【公立医院改革】 2021年，全州加快推进紧密型县域医共体建设和县级公立综合医院提质达标。①县域医共体建设。祥云、宾川完成试点县第一轮试点工作。南涧县以五大中心和康复中心为载体，融合医疗资源，组建管理机构、完善管理体制，实现资源共建、共享。②公立医院绩效考核。全州二、三级公立医院全部纳入参加绩效考核，健全内部绩效考核评价机制，加强临床数据标准化、规范化管理和质控工作，将绩效管理责任落实到具体岗位，发挥绩效考核“指挥棒”和“助推器”作用，调动医院性，实现公立医院“三个转变三个提高”，推动全州公立医院高质量发展和公立医院薪酬制度改革。③调整和新增医疗服务价格项目。全年完成取消耗材加成调整医疗服务价格项目172项，报审20项新增医疗服务价格项目。④县级公立综合医院提质达标。全面启动县级公立综合医院第二阶段提质达标，组织大理市一院、祥云县医院、宾川县医院、永平县医院向省级申报验收“县医院医疗服务能力推荐标准”，大理市一院、祥云县医院通过验收。

【卫生健康信息化建设】 2021年，大理州初步建成标准统一、科学先进、安全可靠的大理州区域全民健康信息平台和卫生健康专网，形成以居民

2021年，大理州卫生健康工作全面贯彻新发展理念，以新冠肺炎疫情防控等为重点工作任务，完善相关机制和管理制度。图为4月1日，组织州级机关和事业单位工作人员接种新冠疫苗 （周应良 摄）

电子健康档案、电子病历和全员人口信息三大数据库为核心、链接家庭医生签约信息的卫生信息资源中心，实现跨区域和跨机构的信息共享和综合管理，促进大理州医疗卫生信息化水平发展。电子健康卡普及应用工作推进，全州完成受理环境改造的医疗机构27个，完成互联网端改造的医疗机构23个，其中二级以上医疗机构完成受理环境改造25个，完成互联网端改造23个，受理环境接入率92.59%，互联网端接入率85.19%，累计发码43.81万张，累计用码603.41万次。全州有31家医疗机构接入“一部手机办事通”省级预约挂号平台，其中三级医院6个，乡（镇）卫生院1个。全州有互联网医院2家。国家5G+医疗健康应用试点项目3项。

疾病预防

【重大疾病防治与管理】 2021年，州疾病预防控制中心对重大疾病发生、发展和分布规律进行流行病学监测。①传染病防治。全州甲类传染病无病例报告；乙类报告传染病报告15种5515例，死亡120例，发病率为11.35/10万，死亡率为3.29/10万，同比发病数下降11.70%，死亡数上升29.03%；发病数前5位的病种是肺结核、病毒性肝炎、梅毒、痢疾和淋病；丙类传染病报告9种6210例，无死亡病例，发病率为170.43/10万，发病数同比下降9.97%。②地方病防治。全州继续巩固消除疟疾成果，年内无本地感染病例；全州发现麻风病患者5例，均为新发病例，同比下降28.57%；12个县（市）碘缺乏病、克山病、饮水型砷中毒均维持消除状态，饮水型氟中毒维持控制状态。全州无人间、鼠间鼠疫疫情报告，无流行性出血热聚集性疫情报告，无动物及人间狂犬病疫情报告，无不明原因猝死疫情报告，无输入登革热病例和本地感染登革热病例的发生。③结核病防治。全州肺结核患者管理率为95.79%，治疗率为92.41%。④慢性病管理。全州65岁以上老年人健康管理率为64.65%。高血压患者规范管理率为89.67%；糖尿病患者规范管理率为82.7%；严重精神障碍患者规范管理率为86.52%。年内，弥渡县创慢工作通过省级现场复评，被命名为省级慢性病综合防控示范区。

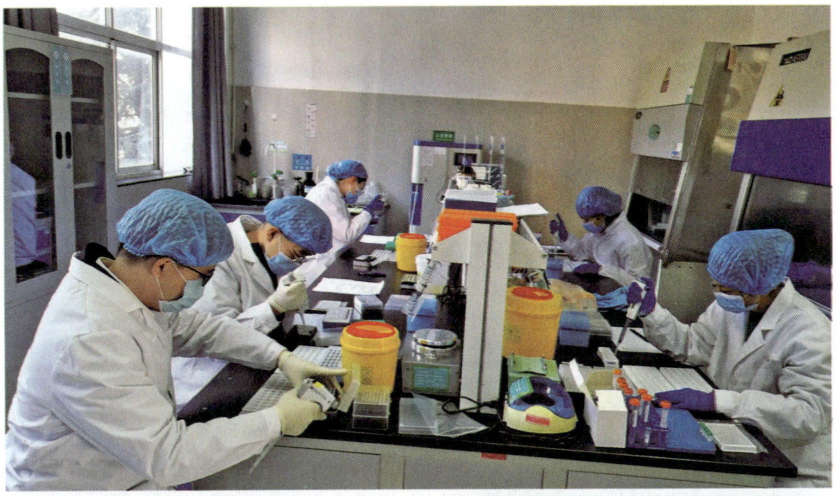

2021年，州疾病预防控制中心对重大疾病发生、发展和分布规律进行流行病学监测。上图：血吸虫病防治实验室诊断现场；下图：血吸虫病防治野外查螺现场
（州卫健委　提供）

【免疫规划】 2021年，全州常规免疫接种单位175个，经考核达到规范化接种单位39个，合格接种单位136个。设置新冠疫苗接种点144个，各县（市）“五苗”全程基础免疫接种率均在95%以上。按要求完成脊灰灭活疫苗、脊灰疫苗和含麻成分疫苗查漏补种工作，继续开展疫苗针对疾病监测和疑似预防接种异常反应监测处置工作。

【饮用水水质监测】 2021年，农村水质合格率为90%，同比上升1.25%；城市水合格率为93.09%，同比上升1.22%。城市饮用水监测结果每季度在大理州人民政府门户及各县（市）政府门户网站上进行公开。

【青少年儿童近视眼调查】 2021年，州疾病预防控制中心完成12个县（市）儿童青少年近视调查工作，调查学生25320人，近视率为46.74%，同比下降0.57%（2020年近视率为47.31%）。

【鼠防工作】 2021年，大理州鼠疫防控落实鼠疫疫情“三报”和零报告制度，较好完成鼠疫预防，鼠间鼠疫得到有效控制，人间鼠疫得到防止。①强化监测。年内累计开展鼠类检菌6270份，蚤类检菌2485份，均未检出鼠疫菌；鼠血清检验2917份，无阳性。②完善机制。完善以县为中心、乡（镇）为纽带、村级为基础的鼠疫三级疫情报告工作机制，执行鼠疫疫情“三报”和零报告制度，全州完成132次鼠疫“零”疫情各级报告。③统筹灭鼠。在全州卫生健康工作会上对年度鼠防工作作整体安排，下发《关于切实做好2021年大理州鼠疫防控工作的通知》。与丽江市同步开展

2021年，全州爱国卫生“7个专项行动”工作持续深入推进，大理州10个国家卫生县城创建成功，在全省考核中位列全省第一。图为6月，爱国卫生“7个专项行动”进学校宣传　（州卫健委　提供）

春季灭鼠工作，将鹤庆县、剑川县春季大规模灭鼠投药时间统一调整为3月25日。年内，对蚤密度较高的宾川县和鼠防工作重点县（鹤庆县、剑川县、洱源县）进行鼠防工作督导3次。

【自然灾害防范】 2021年，漾濞“5·21”地震发生后，州疾病预防控制中心组织人员连夜赶赴震中组织医疗救治、灾后防疫、信息上报、抗震救灾宣传等工作，上报伤员救治信息14期。组织制作宣传标语532条、发宣传资料90462份，报送抗震救灾信息27条、推送抗震救灾信息23条。组织48名疾控人员、18台电动喷雾器、900千克消毒灵、450千克氯氰菊酯支援漾濞县开展灾后防疫工作。完成州级医疗卫生健康机构的全国自然灾害综合风险普查工作，督导12个县（市）卫生健康局完成当地全国自然灾害综合风险普查工作，完成卫生健康行业的承灾体等调查成果数据质检核查工作。定期开展防灾减灾督查，2次组织防汛专家、公安干警对委属各单位开展防汛减灾、卫生应急、反恐怖等工作进行督导检查，对督查发现问题以现场指导和问题交办的形式推动工作。

【应急队伍建设】 2021年，全州实施县级卫生应急队伍建设项目，成立组织机构、建立专家指导组、倒排项目工期、强化督促指导，完成12支30人卫生应急队伍的培训、演练，省州级评估验收工作。

【突发公共卫生事件处置】 2021年，全州报告突发公共卫生事件22起，发病682例，死亡6例，其中一般事件14起，发病601例，死亡2例；较大事件4起，发病22例，死亡4例；未分级4起，发病59例，死亡0例。22起事件均报告及时、反应迅速、处置规范。

【爱国卫生工作】 2021年，全州爱国卫生“7个专项行动”工作持续深入推进，大理州10个国家卫生县城创建县全部达到国家卫生县城标准，在全省爱国卫生“7个专项行动”州（市）考核中，大理州位列全省第一。探索实施“爱卫钉”智慧化管理创新举措，制定“‘七个一’工作制度”“10条深化措施”等一批制度成果，大理州智慧化和长效机制建设经验成果在全省简报进行刊发交流。

医政药政管理

【疫情防控】 2021年，大理州推进发热门诊和定点医院建设管理，落实首诊负责制、预检分诊制度和发热病人闭环管理。压实医疗机构感染防控主体责任，强化医院感染管理组织架构，配齐建强院感防控队伍，完善感染防控相关制度、流程，定期不定期开展院感风险排查和安全评估，实现“零感染”。做好新冠病毒疫苗接种异常反应医疗救治保障工作，确保疫苗安全有序接种。

【应急处置】 2021年，大理州推进辖区医疗卫生机构核酸检测实验室建设，提升核酸检测能力，全州32家具备新冠病毒核酸检测能力的医疗卫生机构通过省级验收，依托大理州人民医院建设城市核酸检测基地，达到日单检1万份的检测能力，全州日单检能力达到9.2万份。

【支援瑞丽医疗】 2021年，大理州先后从全州各级医疗机构抽调医务人员934人次，支援德宏州瑞丽开展新冠病毒核酸检测、采样和医疗救治等疫情防控工作，为瑞丽取得疫情防控阶段性成果贡献大理力量。

【“三大中心”建设】 2021年，洱源县、漾濞县医院通过胸痛中心验收，南涧县、漾濞县医院通过卒中中心验收，漾濞县、剑川县、云龙县、巍山县、洱源县医院通过创伤中心验收，提升县级危急重症患者救治质量和效率。

【行风建设】 2021年，开展健康云南、健康大理行风整治持续提升行动，重点整治医疗机构重复检查、术中加价、过度诊疗以及药品耗材超范围使用，“院外配药”等加重群众看病就医经济负担问题，推进群众身边腐败和不正之风问题的整治。启动大理州医疗机构及其工作人员廉洁从业行动，持续推动行风好转。深入开展大型医院巡查工作，完成对16家综合医院和专科医院的巡查任务。

【平安医院建设】 2021年，加快推进全州医疗机构安防系统建设工作，建立健全医警联动机制，提升医院安防水平能力，推动形成医院安防工作齐抓共管的良好局面。全州无重特大医疗事故，无其他重大医闹、纠纷等事件。

【用血管理】 2021年，加强临床用血安全管理，全年采血39186人次，血量974.09万毫升，与2020年同期对比增长11.95%和12.37%，大理州先后5次被国家授予“全国无偿献血先进市”称号，献血办两次被国家表彰为“全国表现突出采血班组”。

【落实国家基本药物制度】 2021年，全州公立医院使用基本药物品种数和销售额在规定比例基础上同比增加，三级综合医院不低于30%，其中三级甲等综合医院不低于20%；二级综合医院不低于50%；专科医院不低于10%。加强日常的监督管理，强化基本药物“突出基本、防治必需、保障供应、优先使用、保证质量、降低负担”的功能定位。全年全州二级及以上医疗机构基药品种为13929种，占57.13%，基本药物收入为7.43亿元，占48.6%；基层医疗机构基药品种为48769种，占91.59%，基本药物收入为2.61亿元，占86.45%。

【药政工作】2021年，规范医疗机构用药目录，贯彻落实国家基本药物制度有关要求，推动全州各级医疗机构形成以基本药物为主导的“1+X”用药模式。完善短缺药品供应保障制度，做好短缺药品供应保障工作，提升监测预警和分级分类处置能力。加强医疗机构药事管理。加强药品安全管理，提高药师临床合理用药水平。加强医疗机构药学服务和合理用药监管，开展药品使用监测和临床综合评价。

基层卫生健康

【疫情防控】2021年，根据国家和省的安排，明确县、乡、村三级医疗卫生单位工作职责，以社区为网格，定人、定村、定岗，责任到人、联系到户，发挥基层医疗卫生机构的网底功能。全州自筹资金，完成9个标准化发热哨点诊室建设。累计建成45个标准化发热哨点诊室，64个乡（镇）卫生院、13个均建成一诊室一留观。每月两次到永平县、云龙县进行督导，处置云龙疫苗污染事件，全面完成6月30日前两县接种任务，适时加快推进第三针剂、3~18岁、60岁以上人员接种。加强对两县核酸检测能力、“双提升”建设项目、院感防控等涉医机构的疫情督导；对全州养老机构和儿童福利院进行重点督导。

【基层医疗卫生服务】2021年，大理州基层医疗卫生服务得到加强。①强化项目建设。全州创建32个慢性病管理中心、8个心脑血管救治站，并通过省级验收复核。祥云县下庄卫生院、巍山县永建卫生院创建云南省社区医院；3个乡（镇）卫生院（大理市凤仪、祥云县下庄、宾川县金牛）达到乡（镇）卫生等级评审国家推荐标准。②提高基本公共卫生服务能力。重点加强65岁以上老年人、高血压、糖尿病、孕产妇、儿童等重点人群及农村建档立卡户、计划生育特殊困难家庭、残疾人等特殊人群的健康管理，推行项目精细化管理。宾川县代表大理州接受省级第三方绩效评估，得到好评。③全面加强基层人才队伍建设。培训乡（镇）卫生院和社区卫生服务中心骨干全科医生5名、骨干人员32名、乡村医生137名；选派20名乡村医生到上海市浦东新区、奉贤区社区卫生服务中心进行为期2个月的学习培训。④开展乡村医生培养培训工作。依托大理卫校招收免费订单定向农村医学中医班学生34名，全州培养乡村医生325名。结合全州疫情防控工作重点，依托大理护理职业学院开展乡村医生集中脱产培训，分3期培训1000人。

【健康扶贫巩固】2021年，全州二级甲等综合医院20所；标准化乡（镇）卫生院106所，村卫生室1093个，全部达标。建成标准化村卫生室114个，其中新建32个、改扩建82个。全州有688个村卫生室达到180平方米、六室分开的州级标准。至10月31日，全州需大病集中救治34037人，集中救治33867人，达标率99.50%；需慢病签约服务49395人，签约救治49107人，达标率99.42%；需兜底救治保障10007人，救治保障10007人，达标率100%；常见多发病需救治102354人，实施救治102340人，达标率99.99%。

【紧密型县域医共体建设】2021年，祥云县、宾川县完成第一轮国家级试点县建设任务，在接受省级线下监测中，分别获得全省42个试点县第3名、第5名的成绩。洱源县基本完成县、乡、村一体化信息系统建设，南涧县成立居民健康管理中心，建成五大中心和康复中心，打通县乡一体信息化建议，规范全县医疗收费系统，实现医共体内信息共享。至12月20日，全州12个县（市）建立12个紧密型县域医共体。

【基本公共卫生服务】2021年，持续完善和更新“大理州人口健康信息平台”，重新入户梳理全州居民健康档案，重点加强65岁以上老年人、高血压、糖尿病、孕产妇、儿童等重点人群及农村建档立卡户、计划生育特殊困难家庭、残疾人等特殊人群的健康管理。对12个县（市）进行年度基本公共卫生服务和家庭医生签约服务项目绩效考核。接受省卫健委基层处组织，对宾川县2020年基本公共第三方绩效评估。及时下拨年度补助资金2.38亿元，并加强管理，3次对资金使用情况进行跟踪统计。

【家庭医生签约服务】2021年，在全省率先制定《大理州家庭医生签约服务绩效考核管理办法》，与医保部门加强工作对接，确保医保基金支付的人均12元签约服务全额到位。出台延伸处方、预约专家门诊、医保倾斜和互联网＋医疗等优惠政策。至12月25日，全州成立家庭医生签约团队2251个，常住人群签约146.40万

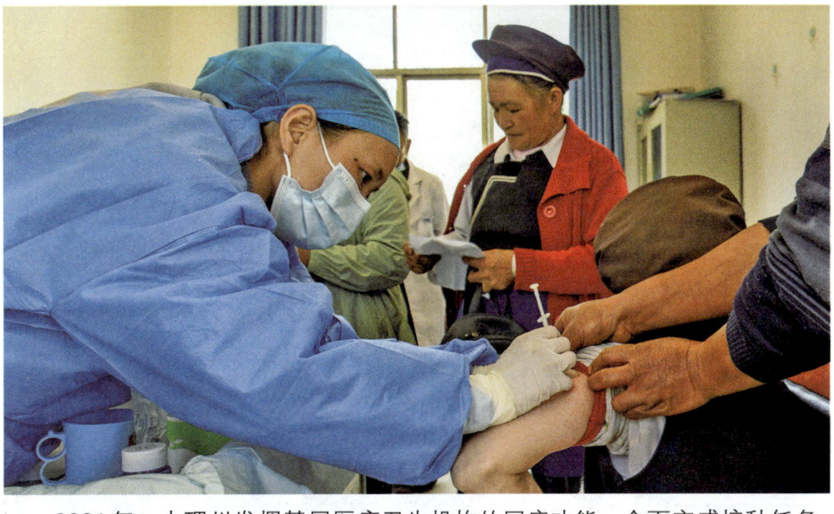

2021年，大理州发挥基层医疗卫生机构的网底功能，全面完成接种任务，适时加快推进第三针剂、3~18岁、60岁以上人员接种。图为9月2日，剑川县金华镇庆华村开展入村接种新冠疫苗
（苏金泉 摄）

①

②

2021年，大理州全面加强临床用血安全管理，全年采血39186人次，血量974.09万毫升，先后5次被国家授予“全国无偿献血先进市”称号，献血办两次被国家表彰为“全国表现突出采血班组”

③

④

① 1月26日，大理州首台移动单采献血车在宾川县正式启用

② 2021年大理州第二届“公务员、医务人员献血月”活动

③ 2021年大理州进大中专院校开展“大学生献血月”活动

④ 5月，南涧县少数民族群众积极参加团体无偿献血活动

（州卫健委 提供）

人，履约率97.16%。四种慢病履约情况分别为：高血压履约21.49万人，履约率99.82%；糖尿病履约52211人，履约率99.82%；重性精神病履约15455人，履约率99.20%；结核病患者履约2185人，履约率97.81%。建档立卡贫困人口签约40.14万，履约38.42万人，履约率95.71%。全面完成重点人群应签尽签和对签约居民的履约服务工作。

【乡村振兴试点】 2021年，州卫生健康委挂钩的鹤庆县草海镇板桥村、西邑镇西邑村、西邑镇奇峰村3个州级试点村，按照试点方案，组织实施，工程建设全面完成。被列入全州乡村振兴的25个试点村均建设有1所标准化的村卫生室，均能正常开展日常的诊疗和预防保健工作。根据州委农办、乡村振兴试点办和州农业农村局部署，结合工作职责，拟定乡村振兴工作计划，并做好工作衔接。

【民族团结进步示范单位创建】 2021年，大理州医院行政党总支被州委党建工作领导小组通报表扬为基层民族团结进步"双推进"先进基层党组织，大理州二院党委书记娄爱民被通报表扬为优秀基层党组织书记；祥云县医院被州政府命名为大理州第六次民族团结进步模范集体，永平县医院中医康复科主任余开云、鹤庆县龙开口镇龙旦村卫生室乡村医生罗顺珍被命名为模范个人；大理州二院被州委、州政府命名为第五批大理州民族团结进步示范单位。

职业健康与卫生监督

【"双随机"监督】 2021年，国家卫生健康随机监督抽查下达大理州"双随机"任务数11个专业1922家，其中公共场所1363家、生活饮用水31家、职业卫生4家、放射卫生29家、学校卫生233家、医疗卫生93家、消毒产品3家、传染病防治77家、餐饮具消毒5家、血液安全1家、妇幼健康83家。州卫生健康委制定全州2021年国家随机监督抽查工作方案，统筹协调辖区卫生监督机构和检验检测机构开展工作，全州随机监督抽查工作监督完成1914家，任务完成1688家，任务关闭234家，监督完成率99.58%，任务完成率87.83%，任务完结率100%，"双随机"案件查处121件。

【食品安全风险监测】 2021年，大理州制定《大理州贯彻落实2021年国家食品安全风险监测计划实施方案》，监测食品中化学污染物和有害因素、食品中微生物及其致病因子、寄生虫，完成国家级任务195件、省级任务338件样品采集、检测及送检，审核上报2698条监测数据。食源性疾病风险监测点覆盖全州12个县（市）所有乡（镇），哨点医院175家（3家为病原学监测哨点医院，其余医疗机构为病例监测哨点医院）。食源性疾病暴发监测系统上报食源性疾病报告57起，发病322人，住院197人，死亡4人，对发生的突发公共卫生事件进行有效处置，未发生事件蔓延扩散情况。全州96家食源性疾病监测哨点医院累计上报食源性疾病病例信息5692例，3家承担病原学检测的哨点医院完成实验室样本检验469例，累计检出阳性菌58株，样本阳性率为10.70%。

【食品安全企业标准备案】 2021年，大理州完成食品安全企业标准备案工作62份，备案标准及时上传网站进行公开，开展"蜜饯""坚果与籽类食品""酱腌菜""食用菌及其制品""蜜饯生产卫生规范""云南省餐具、饮具集中消毒服务单位卫生规范"等食品安全国家、地方标准跟踪评价及宣传工作，完成调查问卷14份。

【餐饮具集中消毒监督抽检】 2021年，全州组织开展餐饮具集中消毒服务单位专项检查，重点检查清洗消毒流程、出厂检验、包装标识等环节，对全州38家餐饮具集中消毒服务单位实现全覆盖检查和抽检，其中餐饮具抽样427份，合格423份，合格率99%，查处案件10件，罚款2.5万元。通过专项检查，检验室设置、外包装"投诉二维码"印制两项指标取得突破，全面落实。

【职业病防治】 2021年，对全州260家用人单位工作场所职业病危害因素现场监测。完成职业健康核心指标常规监测、尘肺病主动监测、尘肺病筛查、放射性危害监测等重点职业病监测工作。依法加强职业健康监督执法，全州办理职业卫生案件57件，罚款20.4万元。

老龄健康

【敬老月系列活动】 10月，在国家第12个"敬老月"，第9个法定"老年节"之际，大理州开展以"实施应对人口老龄化国家战略，乐享智慧老年生活"为主题的全州2021年"敬老月"活动。通过广播、电视、微信、抖音等多种宣传形式，广泛进行爱老、敬老、孝老的宣传。州老龄委对全州96名百岁老人、14名获得"光荣在党50年"纪念章的住院老党员、2个医养结合机构、5个基层老年组织进行慰问，开展现场宣传、咨询、义诊活动，各县（市）、各成员单位开展各具特色、丰富多彩的活动。

【人口老龄化应对】 2021年，大理州出台应对人口老龄化分工方案，协助州发改委申报应对人口老龄化重点联系城市，参与制定大理州养老托育实施方案和"一老一小"整体解决方案，开展"智慧助老"行动，创建全国老年友好型社区2个。

【老年友善医疗机构创建】 2021年，在全州综合性医院、康复医院、护理院和基层医疗机构开展老年友善医疗机构创建活动。通过机构自评和县（市）初评，州级收到71个医疗卫生机构的申报，经州级评审组评审，有9家医疗机构未通过州级评审，向省卫生健康委申报63家医疗机构，全部通过省级评审。

【医养结合工作】 2021年，对全州医养结合机构情况进行全面摸底调查，开展医养结合机构服务质量提升行动。在医疗机构开展为老年人提供看病就医便利服务活动，开展"关爱失能老人·共享生命尊严"项目，为235名贫困失能老人发放护理补助20万元。

妇幼健康

【母婴安全】 2021年，大理州人民医院、大理州妇幼保健院和11个县（市）级医疗保健机构通过省级危重孕产妇和危重新生儿救治中心验收，全州县级“两个中心”建设覆盖率为91.67%。各级助产机构执行“孕产妇首诊负责制度等12项工作制度”“云南省助产技术服务机构基本标准”等制度，做好妊娠风险筛查和风险评估，全州孕产妇死亡率12.71/10万，婴儿死亡率3.33‰，5岁以下儿童死亡率5.04‰，均在省下达的指标范围内。

【妇幼保健机构服务】2021年，全州13所妇幼保健院全面参加妇幼保健机构绩效考核工作，全部通过省级考核，其中州妇幼保健院（三级）全省排第4名，祥云县妇幼保健院（二级及以下）全省排第3名，取得较好的成绩。妇幼保健机构等级评审和能力达标工作持续推进，全州有7所妇幼保健院通过等级评审（三级甲等1所、二级甲等6所），通过二级甲等现场评审2所，通过能力达标现场评审2所。

【妇女儿童健康】2021年，全州建立居民电子健康档案326.10万人，电子建档率90.10%；孕产妇系统管理率91.95%，产后访视率97.73%；新生儿访视率为98.57%；0~6岁儿童健康管理率95.53%。全州农村妇女常见病筛查31.82万人次；农村妇女宫颈癌检查3.39万人、乳腺癌检查3.42万人婚前医学检查率95.51%，免费增补叶酸预防神经管缺陷2.58万人份，产前筛查率86.29%；孕前优生健康检查1.63万对，地中海贫血项目筛查0.15万对。新生儿疾病苯丙酮尿症和先天性甲状腺功能减退症筛查率99.36%，听力筛查率99.34%，0~6岁儿童眼保健和视力检查覆盖率96.01%、档案建档率97.77%；儿童营养包有效服用率96.87%，5岁以下儿童生长迟缓率1.3%。孕早期“三病”检测率87.82%，艾滋病母婴传播率为0，先天梅毒发病报告率4.34/10万，乙肝母婴传播率0.35%，妇女儿童重大疾病防治水平提高，城乡妇女儿童自我保健意识提升。

【妇幼健康职业技能竞赛】2021年，大理州卫生健康委、大理州总工会联合举办“大理州妇幼健康职业技能竞赛”，通过县选拔、州初赛的模式，开展行业大练兵，来自12个县（市）妇幼保健院和州妇幼保健院26名选手参加比赛，经过激烈角逐，选拔出优秀选手参加云南省第十八届职工技能大赛妇幼健康职业技能竞赛决赛，大理州获团体奖二等奖、优秀组织奖，集体奖新生儿窒息复苏二等奖，个人奖孕产保健一等奖2人、儿童保健三等奖1人，全州妇幼健康服务质量和水平得到提升。

人口监测与家庭发展

【年度全州出生情况】2021年，全州出生22075人，其中一孩出生10475人，二孩出生10574人，三孩出生983人，四孩及以上43人。

【三孩生育情况】2021年，州卫生健康委贯彻落实《中华人民共和国人口与计划生育法》，确保全州三孩生育政策落地落实。①三孩生育政策实施落地。8月23日，大理州按照新修订《中华人民共和国人口与计划生育法》迅速部署，落地落实。8月27日，全省三孩生育登记办证系统正式上线，家住宾川县宾居镇宾居社区四村七组的雷某某、王某某夫妇，在宾居镇政府为民服务中心登记领取全省第一本三孩“生育服务证”，标志着大理州三孩生育政策全面落地。至12月31日，全州已有500对夫妇领取三孩“生育服务证”。②生育登记办理服务。州卫生健康委推进“一部手机办事通”办理生育登记服务上线运行，至12月31日，全州通过“一部手机办事通”办理生育服务登记6517条，处理率为100%，列全省第1名。③全员人口信息系统运行。州卫生健康委全面推进全员人口信息系统建设应用，至12月31日，12个县（市）、所有乡（镇、街道）和村（社区）三级

2021年大理州医疗卫生事业情况表

表124

地区	机构数（个）	实有床位数（张）	在岗职工（人）							
			合计	卫生技术人员			其他技术人员	管理人员	工勤技能人员
					执业（助理）医师	注册护士			
大理白族自治州	2078	23042	34287	27707	9538	13011	1497	1379	1966
大理市	557	9571	13297	11146	3824	5662	522	759	927
漾濞彝族自治县	109	538	990	753	256	302	39	32	66
祥云县	210	2129	3642	2920	1024	1437	136	85	239
宾川县	182	2074	2745	2300	785	1032	131	70	104
弥渡县	148	1521	2172	1671	569	720	156	35	101
南涧彝族自治县	116	967	1658	1273	406	557	83	78	118
巍山彝族回族自治县	137	1332	2096	1700	611	696	103	50	85
永平县	98	1011	1534	1254	385	588	51	37	68
云龙县	118	829	1338	1028	336	452	90	41	17
洱源县	125	1199	1743	1302	476	516	85	86	78
剑川县	119	871	1283	953	345	422	53	39	48
鹤庆县	159	1000	1789	1407	521	627	48	67	115

（州卫健委　提供）

用户实现100%用户登录，全员人口信息系统入库率为98.04%，较年初提升0.14个百分点，出生医学证明匹配处理率为98.83%，较年初提升1.03个百分点。

【计划生育家庭奖励政策】 2021年，州卫生健康委落实各项计划生育家庭奖励扶助政策，规范申报和锁定符合享受计划生育专项奖励对象28.61万人（户），兑现专项资金8398.92万元；全州符合奖励扶助对象14795人，同比增加590人，兑现资金1506.5万元；全州符合特别扶助对象2550人，同比增加90人，兑现资金1300.44万元；全州符合特别扶助（其他家庭）对象68人，同比增加1人，兑现资金16.56万元；全州符合一次性奖励的农业人口家庭979户，同比增加15户，发放资金91.35万元；全州符合享受一次性抚慰金的特殊家庭58户，增加2户，发放资金25万元；全州符合城乡居民医保资助条件252541人，减少2103人，兑现资金4555.25万元；全州符合享受教育奖学金15067人，兑现资金903.82万元。

【婴幼儿照护服务工作】 2021年，大理州采取召开推进会、开展现场调研等形式推进3岁以下婴幼儿照护服务工作。①制定实施方案。印发《大理州促进3岁以下婴幼儿照护服务发展的实施方案》，明确婴幼儿照护服务发展工作的目标任务、具体措施，并从土地供给、政策支持、组织保障等方面制定工作保障体系。②婴幼儿照护服务项目储备。争取编报普惠托育服务专项行动2021年中央预算内投资项目，申报15个普惠性托育储备项目，“十四五”期间预计新增托位4145个。③托育机构备案。以县（市）为主，为托育机构备案提供全方位支持，做好托育机构备案工作，推动托育机构备案常态化、规范化运行。至12月31日，全州有托位数7081个，每千常住人口拥有托位数为2.12个，全州通过国家卫生健康委托育机构信息管理系统备案托育机构15个，均超过省级考核指标要求。

中医医疗管理与发展

【中医药工作先进单位创建】 2021年，大理州推进全国基层中医药工作先进单位创建。经大理州自评、云南省中医药主管部门初评、国家中医药管理局组织专家现场评审检查、社会公示等程序，大理州首次命名为市级全国基层中医药工作先进单位。全州10个县（市）创建为县级全国基层中医药工作先进单位。

【中医药政策机制和服务体系建设】 2021年，大理州制定出台《中共大理州委、大理州人民政府关于促进中医药传承创新发展的实施意见》《大理州人民政府办公室关于加强基层中医药工作规划暨实施方案》和《大理州中医重点专科建设管理办法（试行）》等文件，为加快中医药事业发展夯实政策支撑；大理州有1所三级甲等、9所二级甲等、1所二级乙等、2所二级未定等公立中医医院、3所一级民营中医医院、165所社会举办中医门诊部（诊所）和28家中医备案诊所和一技之长诊所。乡（镇）卫生院、社区卫生服务中心中医馆全覆盖，100%的社区卫生服务站和93.4%的村卫生室能提供中医药服务。100%的综合医院、92%的妇幼保健机构建有标准化中医科中药房。

【中医药综合服务能力建设】 2021年，大理州新增1个省级区域中医（专科）诊疗中心、6个省级中医特色专科、1个国家级和4个省级、4个州级名老中医药专家传承工作室及5个中医药治疗艾滋病试点。4所县中医医院通过省级提质达标建设，4所县中医医院完成中医医院巡查。至12月，全州建成1个中医重症医学科和1个国家级、21个省级、62个州级中医重点专科（专病）。建成7个国家级、7个省级、7个州级基层名老中医药专家传承工作室和8个国家级省级名老中医药专家传承工作室二级工作站、3个“白州名中医”专家工作站。建成2个省级中医药文化宣传教育基地。12所县级中医医院完成急诊急救能力建设项目。宾川等9所县（市）中医医院综合服务能力提升建设通过省级评审达标验收。祥云等9所县（市）中医医院完成县级公立中医医院巡查。年内，建设基层医疗机构示范中医馆27个、示范中医室20个，中医药健康文化知识角5个。开展经典病房建设试点工作，州中医医院、宾川、祥云、弥渡、永平、鹤庆县中医医院为试点建设单位，各试点单位遴选发布8个优势病种165个诊疗项目。

【中医药人才队伍建设】 2021年，大理州西学中骨干人才、中医药创新骨干人才、第五批中医药师带徒等人才培养工作稳步推进。至12月，全州培养国家级中医临床特色技术人才2名、中药特色技术传承人才2名、中医护理骨干人才4名、中医药创新骨干人才1名、西学中骨干人才4名、基层名老中医专家7名、沪滇合作中医临床技术骨干6名；省级高层次优秀中医药学科带头人1名、基层名老中医专家24名、优秀中医临床研修人才1名、中医药师带徒继承人11名、中医药临床骨干15名、中医药管理骨干15名；州级“苍洱霞光”中医人

2021年大理州各县市医疗卫生机构门诊、住院服务情况

表125

编号	地区	总诊疗人次数		入院人数	出院人数
			门、急诊人次		
1	大理白族自治州	23694229	23341710	589686	589609
2	大理市	6635581	6574629	252371	252362
3	漾濞彝族自治县	521204	515943	8096	8127
4	祥云县	3045317	2920343	63412	63051
5	宾川县	2134800	2118937	52008	51796
6	弥渡县	1829346	1848586	36617	36755
7	南涧彝族自治县	964317	952110	23701	23699
8	巍山彝族回族自治县	1889627	1873801	31329	31204
9	永平县	1034472	1005687	25880	25760
10	云龙县	1169204	1168198	23229	23284
11	洱源县	1249720	1190518	31007	30769
12	剑川县	1291379	1271905	15206	15969
13	鹤庆县	1929262	1901053	26830	26833

（州卫健委　提供）

才2名、白州名中医60名。基层中医药适宜技术骨干437名。年内，新增基层名老中医药专家传承工作室国家级1个、省级4个，传承人45人。至12月，全州培养传统医学师承人员51名，出师31名，通过加强7个国家级、7个省级、7个州级基层名老中医药专家传承工作室建设和引进国医大师张震、曾毅院士、国务院政府特殊津贴享受者沈国权教授等8名全国知名老中医专家，到大理州建立知名老中医专家二级工作站，培养传承人285名。举办2期大理州黄帝内针培训与实践带教活动，培养黄帝内针基层技术骨干40名，学员180名。设立黄帝内针实践带教基地3个，实践带教点7个。中医医术确有专长人员88人通过审核并参加省级考试，最终考核通过9人。至年末，全州培养黄帝内针基层技术骨干120名、学员796名，服务10余万人次。

【中医药突发应急能力建设】 2021年，大理州成立州中医应急医疗队和疫病防治队，修订完善《大理州新型冠状病毒感染的肺炎中医药防治方案（试行）》，广泛动员各族干部群众参与，及早、全程介入新冠肺炎的预防诊治工作。在疫情防控和漾濞地震中，采取预防性干预措施，免费发放大锅药和颗粒剂90余万人次、中药香囊7.5万个、使用中药烟熏消毒和中药制剂喷洒消毒医疗机构444家，中医药累计参与早期发热病人治疗率为37%，确保第一时间、全面使用中医中药来防止疫情扩散。确诊病例中医药全程救治参与率为100%。

健康产业发展

【重大项目建设实施】 2021年，大理州推进卫生健康领域补短板、强弱项、堵漏洞，推进基础设施建设。①滇西区域医疗中心建设。快速推进开工的3000床的施工建设，至10月完成施工4层，投资11.85亿元；心血管、骨科2个专科医院为一期工程项目34万平方米；肿瘤专科医院为二期工程项目17.5万平方米。②州医院医疗核心区建设。州医院医疗核心区建设项目裙楼完成地下室顶板模板和钢筋安装，住院楼15层土石方工程、基坑支护工程、工程桩工程全部完成。③“双提升”项目新建类。省第二传染病医院和大理州传染病医院项目，与云投社会事业发展有限公司合作，协调州、市相关部门以“疫情容缺”的方式，完成2个项目的建设工程规划许可证、施工许可证的办理手续；省第二传染病医院主楼10月22日封顶；州传染病医院主楼9月29日封顶。④“双提升”项目改造类。3月15日，26个核酸检测实验室项目通过省卫生健康委验收确认，全部开展新型冠状病毒核酸检测工作；4月，12个县（市）疾控中心实验室改造项目全部完成施工，等待云投30多台（套）设备配置，开展项目专项检测验收及移交；8月，11个县医院（负压及ICU）病房改造项目全部完成施工。⑤卫生补短板建设项目。鹤庆、宾川县医院和大理市第一人民医院海东分院3个卫生补短板建设项目全部验收。

【重点项目协调工作会议】 4月15日，州人民政府召开大理州卫生健康重点项目工作协调会议。会议听取州医院医疗核心区二期、州传染病医院、省第二传染病医院、大理览海妇产医院二期等项目建设情况汇报，逐一研究项目建设中存在的问题。①州医院医疗核心区项目。划转项目的1.9公顷土地由大理市按零地价划转给州人民医院，大理市片区旧城改造指挥部抓紧按程序与州医院完成相关手续办理及移交，州医院协助配合大理州医投管理有限公司加快项目建设手续办理，完善银行机构放款需求条件。②云南省“双提升”工程新建设类项目。州医院、大理大学附属医院、云投社会事业发展有限公司加强合作，向自然规划、住建部门申办工程许可等基础资料，确保项目依法依规实施。③大理览海妇产医院二期项目。由州卫生健康委牵头，大理览海妇产医院、州妇幼保健院、州建投集团参与，组建项目二期工作专班，拟订项目建设实施方案，保证大理览海妇产医院一、二期项目做到衔接。

【固定资产投资与地震灾后恢复重建】 2021年，全州围绕投资是当前拉动大理经济增长的第一动力和优势指标，克服新冠肺炎疫情和地震灾害等不利因素，推进卫生健康项目建设投资。①固定资产投资。全年，卫生健康行业完成固定资产投资31.69亿元，同比增长78%，排全省16个州（市）卫生健康系统第2位。②地震灾后恢复重建。漾濞县发生6.4级地震后，州卫生健康委制定印发《漾濞6.4级地震灾后卫生健康事业发展工程恢复重建实施方案》，将漾濞县人民医院搬迁重建项目、漾濞县中医医院修缮加固项目、漾濞县疾控中心恢复重建项目列入大理州医疗卫生事业发展灾后恢复重建工程5个项目中。5个项目计划总投资4.63亿元，配合州发改、州财政向上级争取地方政府专债1.85亿元，中央预算内5000万元，省级预算内1亿元，州级补助2500万元。通过抢抓机遇、化危为机、严格督促，5个灾后恢复重建项目全部开工建设。12月，巍山县人民医院修缮加固项目全面完成。

【“大理之问”大讨论活动】 2021年，“大理之问”大讨论活动开展后，州卫生健康委及时成立领导小组及办公室，立足实际，紧扣重点，对标短板，寻求突破，紧紧围绕“医疗综合服务能力不足，新阶段对卫生健康事业发展带来多重挑战”“医疗重点支撑项目推进不畅、固定资产投资任务较重”等短板，围绕滇西区域医疗中心、州医院医疗核心区、省“双提升”工程等项目，制定“四清单一方案”“一突破”，拟写《大理州大健康产业发展行动方案（2021—2025年）》，经州政府党组会、州委常委会审议通过并报省级备案后正式印发施行。方案坚持改革创新，强化政府、社会责任，完善保障措施，大幅提高大健康产业水平，构建特色鲜明、绿色持续、内涵丰富、层次多样的现代健康产业体系，打造世界一流“健康生活目的地牌”的大理新高地。经州委进行考核评价，州卫生健康委“大理之问”大讨论活动取得“优秀”等次。

【规划编制】 2021年，州卫生健康委开展《大理州“十四五”卫生健康事业发展规划》《大理州“十四五”大健康产业发展规划》2个重点专项规划和《大理州“十四五”医疗机构设置规划》《大理州“十四五”人才发展规划》等6个一般性专项规划编制工作，2个重点专项规划已形成初稿，其余6个一般性专项规划正在编制中。

【务工人员“稳岗留工”工作】 2021年，州卫生健康委为统筹推进疫情防控和经济社会发展，做好春节期间“稳岗留工”稳产工作，春节期间，将符合条件的州医院医疗核心区、州传染病医院建设项目22名外来务工春节期间未返乡人员报州政府，22名务工人员每人领取1000元稳岗留工补助，给他们送去党委、政府的温暖，体现对卫生健康建设项目外来务工人员的关心、关爱。

宣传科技教育

【健康科普宣传】 2021年，全州医疗系统围绕新冠疫情常态化防控、爱国卫生“7个专项行动”、健康大理建设、健康扶贫、乡村振兴、医疗卫生体制改革、漾濞县“5·21”地震卫生应急及抗震救灾、全省第一本三孩生育服务证落户大理宾川等主题，做好宣传报道及健康科普工作，向中央和省、州各级各类媒体及省卫生健康委推送相关信息；精心编印《健康大理》报全年编印发放12万份；通过州政府集约平台推送各类信息293条、州卫生健康委微信公众号发布推送信息251条、州卫生健康委新浪微博发布推送信息157篇。完成“让党旗在卫健一线高高飘扬”巡回宣讲18场次，完成“全国优秀共产党员”洱源县李桂科医生赴京参加中外记者见面会相关工作。

【健康教育宣传】 2021年，全州医疗系统围绕云南省健康素养促进行动、健康大理行动和“健康文明生活方式全参与行动”，深入开展全民健康教育工作，通过开展公众健康咨询活动、发放健康教育资料、举办健康知识讲座、开展个体化健康教育、做好基本公共卫生服务项目宣传等，大力普及卫生健康知识，全面倡导“六条新风尚”，倡导健康、文明、科学的生活方式，提高人民群众的卫生健康知识水平和自我保健能力，从而达到预防疾病、促进健康、提高居民健康素养水平、提升人民群众生活质量的目的。启动云南省社区健康倡导与行动干预项目工作，祥云、鹤庆、漾濞作为省级试点县开展先行先试。

【健康科技创新】 2021年，全州医疗系统主动协调科技部门，鼓励各级医疗卫生健康单位申报科教技术奖励项目。引进、开展、申报2021年度全州医疗卫生新技术新项目奖176项，评审表彰年度医疗卫生新技术新项目奖80项，其中一等奖12项、二等奖18项、三等奖50项。大理州人民医院《云南大理白族高同型半胱氨酸血症与代谢综合征相关性研究》《枕骨板在枕颈畸形及上颈椎骨折脱位中的临床应用》，大理大学第一附属医院《大理州二、三级应用外来医疗器械集中管理现况调研》《BRAF基因突变检测在实体恶性肿瘤诊断治疗中的应用》《改良的麻醉方法在尘肺灌洗中的应用》，大理州妇幼保健院《腹腔镜手术与开腹手术治疗小儿急性化脓性阑尾炎的效果对比分析》，大理州血吸虫病防治研究所《片形吸虫排泄分泌抗原酶联免疫吸附试验诊断人体片形吸虫病》，大理州中心血站《筛查建立大理州Rh（D）阴性血型献血者数据库及其应用》和大理市第一人民医院《住院成人患者血压测量袖带尺寸选择的证据转换项目》《全腹腔镜一体肾、输尿管及膀胱袖状切除术治疗上尿路肿瘤》《SuperPATH入路微创人工全髋关节置换术》《扫描式葡萄糖监测系统在糖尿病酮症患者中的临床应用》等12个项目获一等奖。

【学科人才培养】 2021年，全州医疗系统实施人才强医战略，调整医疗人才结构，注重医疗卫生人才培养，统筹推进各类卫生人才健康协调发展。①学科带头人培养。培养学科带头人15人，业务员骨干76人，提升医疗卫生机构临床、科研、教学能力及防病治病能力。组织实施沪滇合作项目等人员培训，选派人员参加住院医师规范化培训、心血管内科新进展培训班、适宜技术培训班、卫生健康科教管理干部能力提升培训班、传染病医护人员研修等培训学习。②基础人才培养。招收昆明医科大学、大理大学、昆明理工大学、云南中医学院等院校培养5年制本科农村订单定向免费医学生13名；卫健、人社、编办、发改、教体、财政六部门联文，对2020年、2021年毕业，且在服务期内的25名农村订单定向免费医学生，妥善做好编制内就业安置。

【规范培训管理】 2021年，全州招收住院医师规范化培训学员94人、助理全科医生培训学员83人，完成全科、康复科、麻醉科等紧缺专业和超声诊断专业县级医院骨干医师招录任务；接受省级住院医师规范化培训结业考核考点认定实地评审和助理全科医生培训基地评估工作；督促住院医师规范化培训/助理全科医生培训基地按照国家和省级要求开展人事、师资、考官、资金等管理，强化过程管理，落实培训期间学员待遇、确保培训质量。

【继续医学教育】 2021年，全州评审公布州级继续医学教育项目，举办年度继续医学教育项目109项，其中国家级8项、省级46项、州级55项，以此促进医学新理论新知识新实践在全州医疗卫生健康系统中的适应技术推广；州、县（市）、乡（镇、街道）、村（社区）医疗卫生机构全部进入云南省继续医学教育管理系统管理，全员培训参与率为99.95%，医疗卫生健康机构继续医学教育覆盖率为100%。审验通过并核发继续医学教育学分验证合格证16910人份，其中西医医疗机构15065人份，中医医疗机构1845人份，学分验证合格率为99.28%，并作为年度绩效考核、岗位聘用、聘任专业技术职务、申报评定上一级资格和定期考核的重要依据。

【专项医师培训】 2021年，全州依托大理州人民医院，综合统筹、遴选符合条件的临床医师或业务骨干参加省卫生健康委统一组织的住院医师规范化培训师资培训项目，形成一支数量适应、结构合理、能胜任住院医师规范化培训工作的骨干师资队伍。对2020级10名基层医师和2021级4名基层医师进行全科医生转岗培训。对2018级、2019级、2020级大理州基层卫生人员成人医学大专学历教育、中等职业学历教育临床实习工作进行安排布置、期末考试及毕业统考工作。

（州卫健委供稿）

医疗保障

【综述】 2021年，全州医疗保障系统持续践行以人民健康为中心理念，展现牢记初心使命、继往开来的担当，面对艰巨繁重的改革发展任务，按照“保基本、可持续、全覆盖、推改革、惠民生”的总体思路，围绕州委、州政府中心工作大局，推进改革攻坚，破解痛点难点，医疗保障各项工作取得明显成效，实现“十四五”良好开局。

【搭建医改“四梁八柱”】 9月6日，州委办公室、州政府办公室以任务交办单方式印发《大理州深化医疗保障制度改革任务分工方案》，《方案》围绕州委、州政府推进健康大理建设等重大决策部署，紧扣乡村振兴战略、深化“三医联动”改革等重要任务，提出6方面23项贯彻落实举措，搭建未来10年全州医保制度改革的“四梁八柱”，在贯彻省委改革上层设计的基础上，结合大理实际，明确县（市）党委政府、州级各职能单位的工作职责。

【居民医保实现州级统筹】 2021年，州政府办印发《大理州城乡医疗救助州级统筹实施意见》，自2021年起，大理州城乡医疗救助实行州级统筹，实现统筹区内待遇政策统一、资金管理统一、信息系统统一、一站式结算。通过实现医疗救助州级统筹，大幅度提高大理州医疗救助待遇水平，减轻困难群众就医负担，巩固脱贫攻坚成果同乡村振兴有效衔接。同时将医疗救助县级统筹提高到州级统筹，提高医疗救助资金使用效率，保障资金平稳运行和县（市）之间的平衡，强化对资金的监督管理。

【参保扩面】 2021年，全州医疗保障系统聚焦脱贫不稳定户、边缘易致贫户、突发严重困难户等农村低收入人群及外出务工人员、新生儿、灵活就业人员等群体，深入推进全民参保计划。全州基本医疗保险参保342.36万人，其中职工医保参保30.75万人、城乡居民医保参保311.61人，常住人口参保率102.58%。

【居民医保筹资标准】 2021年，全州医疗保障系统全面贯彻落实国家和省决策部署，印发《大理州医疗保障局大理州财政局国家税务总局大理州税务局关于做好2021年大理州城乡居民基本医疗保障工作的通知》，明确：2021年全州城乡居民医保人均财政补助标准新增30元，达到每人每年580元；同步提高居民医保个人缴费标准40元，达到每人每年320元。人均筹资标准达到900元。

【大病保险保障】 2021年，全州职工大病保险筹资标准提高到每人每年340元、年度支付限额从20万元调整为取消年度支付限额，居民大病保险筹资标准提高到每人每年80元，提高起付线到7000元，年度支付限额从17万元提高到30万元，调整分段及报销比例。通过调整提高保费和待遇报销水平，大理州待遇保障居全省中上水平，群众的幸福感和获得感增强。

【医保基金】 2021年，全州职工医保基金收入20.23亿元，支出16.77亿元，累计结余30.52亿元，其中统筹基金14.89亿元、个人账户15.63亿元，统筹基金累计结余可支付19.26个月；居民医保基金收入29.83亿元，支出27.91亿元，累计结余23.49亿元，累计结余（扣除预收收入8.99亿元）可支付6.23个月；医疗救助基金收入2.13亿元，支出1.36亿元，累计结余1.26亿元。在2020年全省医保基金运行试评价中，职工、居民医保基金运行双双排名全省第一。

【医保待遇】 2021年，全州城乡居民出院500696人次、符合报销住院费用30.19亿元、医保支付22.11亿元，城乡居民基本医疗保险政策范围内住院费用基金支付比例73.25%；全州城镇职工出院78301人次、符合报销住院费用6.88亿元、医保支付5.48亿元，城镇职工基本医疗保险政策范围内住院费用基金支付比例79.70%；重点救助对象符合规定的住院费用救助比例不低于70%。

【巩固脱贫攻坚】 2021年，全州保持政策的稳定性和连续性，健全多层次医疗保障体系和防范化解因病返贫致贫长效机制，夯实基本保障制度基础，完善基本医保、大病保险、医疗救助三重制度综合保障政策。全年全州有7.73万人次脱贫人口住院产生医疗费用4.29亿元，经过基本医疗保险、大病保险、医疗救助后政策范围内报销3.79亿元，政策范围内报销比例为91.53%，实际报销比例为88.33%；排查纳入动态监测预警因病就诊10013人次，符合条件纳入医疗救助帮扶531.38万元；“政府救助平台”受理申请315件，其中大病救助173件、异地就医27件、参保登记115件，办结率100%。4月，州医保局被省委、省政府评为云南省脱贫攻坚先进集体。

【疫苗及接种费用保障】 2021年，全州落实党中央全民免费接种新冠病毒疫苗的决策，履行疫苗及接种费用保障职责，做实做细做好疫苗接种费用预算、资金筹集、人数核实、费用拨付、政策宣传等工作，确保疫苗接种费用及时、足额拨付，年内上解省级新冠病毒疫苗费用专项资金3.49亿元，核拨各县（市）新冠疫苗接种费用3227万元，全程做到“钱等苗”，为疫情防控贡献医保力量。

【核酸检测价格再次下调】 2021年，全州再次下调新型冠状病毒核酸检测项目价格，12月10日起，各级公立医疗机构开展“新型冠状病毒核酸检测（单人单检）”项目检测费用最高限价标准调整为不超过30元/次，检测费用和单独收费的核酸检测试剂总费用不超过40元/次；开展“新型冠状病毒核酸检测（混检）”不再区分混合样本数量，最高限价标准调整为不超过10元/人次，减轻群众负担。

【漾濞“5·21”地震医疗保障】 2021年，全州医疗保障全面贯彻落实省、州党委、政府抗震救灾决策部署，应对漾濞“5·21”6.4级地震灾情，及时制定9条措施，特事特办、特事快办，做好因灾受伤群众医疗保障工作，确保受伤群众得到及时救治。协调爱心企业为灾区捐助价值为37万余元的抗震救灾物资，受到省医保局的高度赞扬。

【规范“两定”机构管理】 2021年，医疗保障局研究制定“大理州医疗保障定点医疗机构医保协议管理范本”“大理州医疗保障定点零售药店医保协议管理范本”，规范定点医疗机构、定点零售药店（简称“两定机构”）日常管理、加快医保工作法制化进程。对标国家和省医保局规范，统一确定样式、内容、材质、规格，制作2700块“定点医疗机构”“定点零售药店”标识牌，分发“两定机构”在醒目位置悬挂，规范医疗保障服务整体平面视觉，整体提升医疗保障新形象。

【医保支付方式改革】2021年，医疗保障建立普通门诊按人头打包付费，门诊特殊病慢性病和家庭医生签约服务人群实行按人头付费管理，住院按病种付费、按日间手术付费、按疾病诊断相关分组（DRGs）付费和医共体打包付费等复合型付费新模式，制定出台《大理州基本医疗保险住院费用按疾病诊断相关分组（DRGs）点数法付费实施细则（试行）》，组建第一批“DRGs+点数”付费改革技术指导专家组，出台配套政策、建立协商谈判和“结余留用、合理超支分担”机制、健全考核指标体系、探索病种下沉，在试点推行医共体打包付费中，实现医保基金收支平衡，运行效率显著提升。在10月22日召开的全省紧密型县域医共体建设和城乡居民医保资金打包付费改革现场推进会上，大理州作经验书面交流。

【基金监管】2021年，医疗保障通过线上线下宣传、走进群众、线索问题征集、曝光典型案例、业务培训等多种形式，组织开展以宣传贯彻《医疗保障基金使用监督管理条例》为重点的宣传月活动。坚持问题导向，对标对表，落实主体责任，全面完成2020年全国基本医疗保险基金审计移交的4类16个问题整改落实任务。创新医疗保障基金监管方式，依托第三方专业优势和大数据分析手段，对11个县21家定点医疗机构开展州内飞行检查，追回违规使用基金2723万元。全年，全覆盖检查定点医药机构，处理违规定点医药机构1370家，其中行政处罚3家，追回违规资金3649万元；处理参保人员违规84人次，追回资金81万元。在整治群众身边腐败和不正之风专项行动中，查实217家定点医疗机构存在不合规问题，清退、追回违规费用63.5万元。

【药品、医用耗材带量采购】2021年，大理州参与国家、区域联盟和省组织的药品、医用耗材集中采购并落实中选结果，鼓励民营医疗机构、药品零售药店踊跃加入集中带量采购行列，推进全州药品、医用耗材带量采购常态化、标准化、规范化。鼓励医疗机构优先使用中选产品，规范用药行为，开展第一批国家组织药品集中采购医保资金结余留用考核工作，拨付公立医疗机构结余留用资金888.39万元。

【公立医疗机构价格调整】2021年，医疗保障与医改职能部门沟通协调，根据取消医用耗材加成腾出的空间、药品耗材集中采购降价腾出的空间、医保基金实际运行情况和患者承受能力等因素确定医疗服务项目价格调整的空间和幅度。经州人民政府同意，自8月1日起，对全州公立医疗机构172项医疗服务项目价格进行动态调整，其中提高诊查、护理、化验、检查、治疗、手术类体现医务人员技术劳务价值的医疗服务项目价格129项，降低检查、放射、治疗、化验类医疗服务项目价格43项。

【慢特病患者购药结算机制】2021年，医疗保障将城镇职工和城乡居民医保门诊慢性病特殊病购药下沉至定点零售药店，解决慢特病患者购药远、购药难、购药贵等问题，确保国家“双通道”药品保障机制得以全面实施。通过申报和比选等程序，确定慢性病特殊病定点零售药店211家，确保县城所在地不低于5家，乡（镇）所在地不少于1家，解决慢特病患者购药远、购药难、购药贵等问题，确保“双通道”药品保障机制得以全面实施。

【医保电子凭证】2021年，医疗保障加强医保电子凭证激活应用宣传和培训，推进医保电子凭证激活应用工作，完善医保电子凭证在医药机构的应用，全州1028家医保定点药店、1205家医保定点医疗机构开通医保电子凭证上线结算。全年全州264.71万参保人激活医保电子凭证，激活率77.19%，列全省第1位，提前超额完成省医保局下达的年度激活目标任务，300.16万人次通过医保电子凭证结算医疗费用，方便参保人就医购药，增强群众的就医体验感。

【医疗保障信息平台】2021年，医疗保障发挥牵头抓总作用，按照时间表和路线图，严谨细致地组织开展15项医保编码贯标、信息平台接口改造、医保待遇政策梳理、核心业务系统测试、停机切换等各项上线准备工作。10月31日，大理州上线国家医疗保障信息平台，大理正式融入全国医保“一张网”，全州医保经办、医保治理、医保服务、医保协同迈入一体化发展新阶段。

【异地就医直接结算服务】2021年，医疗保障融入27个省（市、区）门诊异地联网结算范畴，持续扩大联网定点医药机构范围。年内，大理州实现154家定点医药机构异地就医住院费用联网结算，259家定点医药机构异地就医门诊费用联网结算，221家定点医药机构和812家定点零售药店开通全省异地持卡就医购药联网结算，让更多的参保人享受到异地医疗费用直接结算的便捷。乡（镇）卫生院全部接入国家平台，覆盖的区域、医疗机构、参保群众的范围和数量同步大幅提升。大理州州内参保人异地购药、就医386528人次、同比增长24.58%，结算总费用7.91亿元、增长25.5%；州外参保人在大理异地购药、就医639869人次、增长18.56%，结算总费用4.39亿元、增长24.51%。

【联合调研组到祥云县调研】8月18日，由省政协常委、提案委副主任张宽寿率队，省政协提案委、农工党省委、省红十字会、省政府办公厅、省财政厅、省卫生健康委、省医保局等单位组成的联合调研组到大理州祥云县，对省政协第十二届四次会议第120400357号重点提案《关于稳步推进县级医保打包付费改革工作的提案》开展联合调研。调研组一行到祥云县医院实地调研，走进慢病健康管理中心、县医共体远程影像诊断中心、医共体远程管理中心、急救中心等科室部门了解查看相关情况，听取相关情况汇报。

【黄宏伟赴漾濞县调研】8月21日，省医疗保障局党组书记、局长黄宏伟赴漾濞县调研，前往苍山西镇淮安村卫生室、淮安村安置点了解“5·21”地震灾后基层医疗保障工作情况，到县医疗保障局看望干部职工、查看办公场所搬迁情况、指导医疗保障重点工作，要求贯彻落实党中央、国务院和省委、省政府决策部署，加快推进灾后医疗保障工作，以实际行动服务和保障灾后恢复重建工作。

（刘品林撰稿）

人 物

Personages

◇ 责任编校　冯　燕

　1984年大理三月街白族群众舞龙迎客场景

年度人物

驻村期间心系果农，李春梅到果园实地走访调研产业发展

李春梅，1977年1月出生，女，白族，漾濞县平坡镇平坡村人。1997年12月参加工作，1999年7月加入中国共产党，2008年1月起任漾濞县残疾人联合会副理事长，2018年3月起任漾濞县苍山西镇美翕村驻村第一书记、工作队长。1998年1月被大理州委授予首届大理州"十大杰出青年"称号，12月被云南省授予第三届云南省"十大杰出青年"称号；2004年3月，分别被大理州妇联、云南省妇联、全国妇联授予大理州"三八红旗手"、云南省"三八红旗手"、全国"三八红旗手"称号；2007年5月被大理州人民政府授予"先进工作者"称号，11月被云南省委宣传部授予"云南省敬业奉献道德模范"称号；2008年3月被云南省妇联授予"云南十大女杰"提名奖，8月被选为北京奥运会的火炬传递手；2012年5月被云南省总工会授予云南省五一劳动奖章；2020年10月被漾濞县团委授予"漾濞十大最美追梦人"称号，11月被漾濞县委扶贫领导小组授予"漾濞县2020年度扶贫先进工作者"称号；2021年4月被云南省委、省人民政府授予"脱贫攻坚先进个人"称号，6月被云南省委授予"优秀共产党员"称号。

10岁时，因为一场意外，李春梅失去了右手小臂，但坚强的她在老师和家人的鼓励下，慢慢走出了悲伤，克服诸多不便，开始练习用左手写字、做事。14岁时，县残联到学校选拔运动员，老师发现她擅长跑步，便鼓励她试试，报名后，她每天六点多便起床训练，从家里跑步到大合江，再跑回来，然后才背书包去学校。经过寒来暑往的不懈坚持，她在1991年大理州首届残疾人运动会上，获得跳远、400米跑、100米跑3枚金牌，并先后入选省队、国家队。

1994年第六届远东及南太平洋残运会上，李春梅获得了女子田径T46级1500米的冠军，为中国队夺得第一枚金牌，受到了时任总书记的江泽民等党和国家领导人的接见。2006年12月，在第九届远东及南太平洋地区残运会上，她一人独揽了女子200米、400米、800米、1500米四项冠军，并以优异的成绩刷新了1500米世界纪录，打破了800米远南运动会纪录，为中国残疾人体育事业写下了辉煌的一笔，受到了时任国务院副总理回良玉的接见。她先后20多次参加州、省、全国和世界级的残疾人运动会，并8次打破世界纪录，捧回了34块金牌，其中45件实物（10块奖牌、匾，34本荣誉证书及1个奖杯）现保存于漾濞县档案馆，是李春梅于2014年无偿捐赠的。

李春梅在残疾人体育运动领域，成为包揽了州、省、全国及世界级奖项的"名人"，当大家都以为李春梅这个飞出大山的孩子会留在大城市发展的时候，1997年，她却选择了回到家乡，到漾濞县残疾人联合会工作。入职的那一刻，李春梅便暗暗下定决心：珍惜在残联工作的机会，为更多的残疾人士服务，为家乡的残疾人事业贡献更多力。她是这样想，也是这样做。她不仅是残联的一名普通职工，还是县政协委员。当看到县城街区没有盲道，医院、公共场所没有残疾人无障碍设施，一二级重度残疾人基本生活都十分困难时，她提出了"关于在县城主要街道安装盲道的建议"和"把单独立户的一二级重度残疾人纳入低保管理"等提案，得到县

不顾山高坡陡、道路崎岖，李春梅始终奔跑在访贫问苦的第一线。左图：为争取道路改建工程实地走访调研；右图：为提升群众人居环境质量进村入户

委、县政府的高度重视，最终在县城建设中纳入规划并得以实施。作为残疾人工作者，李春梅的提案、发言也始终没有离开残疾人的学习、就业、生活保障、关爱、权益。她依托残联平台，发挥自身优势，为漾濞县6000余名残疾人提供帮助。经她介绍联系，安排就业的残疾人士超过15名；她还帮助不少符合婚姻法规定的残疾人建立了家庭，收获了幸福；在她的鼓励和推荐下，10多名残疾人运动员走出漾濞小城，为省争光、为国争光。李春梅有假肢，但从没有戴过。她觉得戴上假肢虽然美观，但会让她和服务对象之间产生距离感，她希望他们能够把她当成朋友、亲人，她要用实际行动为他们解决实实在在的困难。她坦然展现自立自强和奋勇争先，激励了更多的残疾人乐观地面对生活，勇敢追求梦想。

2018年3月，李春梅主动申请到苍山西镇美翕村担任驻村扶贫工作队长、第一书记。美翕村位于大理苍山西坡的半山腰，这里山高坡陡，全村有16个村民小组，每个村民小组中都留满了她的脚印；美翕村有510户人家，每家院落都刻下了她的身影。久而久之，美翕村的村民都知道，村里来了一个"独臂"女工作队长，开不了车、骑不了摩托，全凭双脚走村入户，都非常心疼她。

访贫问苦的第一线，李春梅走得很执着、也很顽强。双脚走出了一个个血泡，她用热水泡泡，第二天继续。慢慢地，血泡磨成了老茧，人也瘦了一大圈。2018年隆冬，走访途中的她因为登山杖没有撑稳，摔得脸上、手上好几处都破了皮，资料扔得到处飞。坚持走到农户家中，看到她一身既伤又灰的狼狈样，女主人心疼地拉着她的手说："李队长，你放心，我们一定跟着你好好干，以后有什么困难我们去找你。"听到这样的话，李春梅忘掉了伤痛和劳累，开心地笑了。

这个"大管家""主妇"一般的李队长，与村"两委"班子一起，筑起了美翕村近2000名群众的幸福大堤，在全村实现高质量脱贫的道路上跑出了好成绩。她为美翕村修建、争取了马鞍山至碧么6.3千米道路改建工程、蚂蝗沟至中山9.4千米道路扩宽、九箐尾至田家坟8千米道路扩宽、窄门和田家坟两个村民小组的整村推进项目、196户群众的CD级危房改造、169户群众的人居环境质量提升、64户建档立卡户的产业分红等，关心美翕村集体经济、基层党建、教育、医疗、婚育、残疾群众的生产生活等。2019年春，美翕村贫困人口人均收入达到10993元，脱贫摘帽。2021年4月，原本可以回单位工作的李春梅再次提出申请，要求继续驻村开展工作。2021年5月21日，漾濞6.4级地震发生后，她心系群众安危，第一时间跑回美翕村，挨家挨户排查灾情，帮助受灾群众。

李春梅驻村的四年多，美翕村64户252名贫困人口脱贫，487户农户完成民房恢复重建，35户农户完成集中搬迁安置。在工作中遇到过很多困难，但她从不退缩、从不抱怨，和村组干部群众一起想办法，在脱贫攻坚、疫情防控、抗震救灾和灾后恢复重建、乡村振兴工作中克服了一个又一个困难、打赢了一场又一场硬仗。她把美翕村当作人生的又一个赛场，在持续的奔跑中，续写时代担当、使命担当、责任担当。

（漾濞县志办供稿）

先进模范人物

全国脱贫攻坚先进个人

吉向阳　彝族，中共南涧县委书记

刘　平　生前系祥云县普淜镇杨家屋村党总支原书记、村委会原主任

李连映　弥渡县德苴乡党委书记

李德琦　白族，大理州扶贫办党组书记、主任

杨吉昆　白族，洱源县牛街乡福和村党总支书记、村委会主任

杨福才　彝族，剑川县老君山镇新和村彝族社社长

赵神贵　白族，云龙县人民政府办公室二级主任科员，苗尾乡党委副书记、天灯村第一书记兼驻村扶贫工作队队长

全国三八红旗手

尹雪芬　女，白族，大理州农科院粮作所正高级农艺师

全国广播电视和网络视听行业青年创新人才

潘越华　女，大理广播电视台电视新闻主播记者

中央纪委国家监委新闻传播中心优秀记者

陈　军　男，汉族，大理州清苑管理中心负责人

全国司法行政系统疫情防控先进个人

范　劲　大理州强制隔离戒毒所政治处副主任（一级警长）

全国民委系统信息工作优秀个人

杨艳霞　女，白族，大理州民族宗教事务委员会民族宗教事务服务中心助理研究员

云南省脱贫攻坚先进个人

何　云　大理州财政局党组成员、副局长

杨崇元　大理州人民政府扶贫开发办公室党组成员、副主任

杨　健　普米族，中共大理州委政法委新闻宣传与信息化科科长

赵正安　彝族，大理州发展和改革委员会基础发展科科长

张　丽　女，大理广播电视台栏目采编部主任

赵冠雄　白族，大理市人民政府扶贫开发办公室党组成员、副主任

张国龙　白族，大理市公安局双廊派出所副所长、双廊镇伙山村第一书记

李春梅　女，白族，漾濞县残联副理事长，漾濞县苍山西镇美翕村第一书记、驻村扶贫工作队长

李向荣　佤族，云南省民族宗教事务委员会民语委办公室干部，漾濞县平坡镇高发村驻村扶贫工作队队员

苏常育　白族，漾濞县公安局禁毒大队教导员，漾濞县苍山西镇石钟村驻村扶贫工作队长

褚娇艳　女，中共祥云县委员会副书记

朱国全　祥云县人民政府扶贫开发办公室党组书记、主任

段朝章　祥云县人力资源和社会保障局党组书记、局长

左亚敏　女，祥云县云南驿镇人民政府扶贫开发办公室主任

紫映德　彝族，政协祥云县委员会人口资源环境委员会主任，祥云县东山乡小庄子村第一书记

杨　虎　彝族，宾川县拉乌乡新田村务监督委员会主任

张　源　宾川县农业农村局局长

蔡金波　傈僳族，宾川县交通运输局副局长

何继雄　白族，宾川县鸡足山镇江股村民委员会副主任

孙永斌　宾川县华侨庄园农业科技开发有限公司董事长

石世明　弥渡县地方志编纂委员会办公室主任、弥渡县密祉镇兴隆村第一书记、驻村扶贫工

作队队长
赵登银 女，中共弥渡县红岩镇委员会书记
自学映 弥渡县住房和城乡建设局局长
禹胜章 彝族，弥渡县人民政府扶贫开发办公室副主任
邹　平 弥渡县农业农村局副局长
曹庆源 国家税务总局弥渡县税务局四级高级主办
孔世崑 南涧县人民政府扶贫开发办公室党组书记、主任
张朝富 中共南涧县公郎镇委员会书记
关元章 南涧县住房和城乡建设局副局长
周国祥 中共南涧县无量山镇委员会书记
谢　鑫 大理州邮政管理局办公室副主任，南涧县宝华镇无量村委会驻村工作队队员
江永康 巍山县住房和城乡建设局助理工程师
左士尧 彝族，中共庙街镇委员会书记
高旋娅 女，巍山县就业局局长
史　斌 巍山县五印乡人民政府副乡长
阿光普 彝族，永平县财政局副局长、永平县国资委主任，永平县博南镇沙鲁村第一书记、驻村扶贫工作队队长
施显顺 永平县人民政府扶贫开发办公室党组书记、主任
周明武 彝族，中共永平县博南镇委员会书记
吕华荣 傈僳族，永平县厂街乡义路村党总支部副书记
杨芹芹 女，白族，云龙县卫生健康局党组成员、副局长
杨祥宣 白族，中共云龙县功果桥镇委员会书记
李永兵 白族，云龙县人民政府扶贫开发办公室副主任
石　峰 云龙县发展和改革局农经股股长
苏子峰 白族，大理大学实践教学基地主任，云龙县关坪乡高明村驻村扶贫工作队队员
龚红松 白族，洱源县人民政府副县长
段建勇 白族，中共洱源县委员会办公室常务副主任，洱源县三营镇石岩村第一书记，驻村扶贫工作队队长
何金平 白族，洱源县乔后镇人民政府项目办主任
何品烈 白族，原洱源县凤羽镇庄上村党总支书记
李新奇 白族，剑川县人民政府副县长
李寿全 白族，剑川县农业农村局副局长
刘珉宏 剑川县象图乡副乡长
龚德生 剑川县金华镇双河村驻村扶贫第一书记、工作队队长
赵永祥 白族，中共鹤庆县委员会副书记
董静海 白族，鹤庆县人民政府扶贫开发办公室党组书记、主任
郭向红 鹤庆县黄坪镇人民政府副镇长、镇扶贫办主任
施利民 白族，中国移动鹤庆分公司职工，鹤庆县松桂镇勤劳村驻村扶贫工作队队员
赵　刚 白族，鹤庆县松桂镇东坡村党总支书记、村民委员会主任
曾岸东 上海援滇干部，祥云县委常委、县人民政府副县长
金　军 上海援滇干部，巍山彝族回族自治县委常委、县人民政府副县长
冯　辉 上海援滇干部，大理州人民政府办公室干部
王　勇 上海浦东新区浦南医院选派大理州鹤庆县人民医院支医医生
肖翠金 上海市第十一批援滇干部，原剑川县沪滇办副主任（挂职）
丁　浩 上海市第十一批援滇干部，原祥云县沪滇办副主任（挂职）
黄联峰 上海市第十一批援滇干部，原云龙县沪滇办副主任（挂职）
周天佳 上海市第十一批援滇干部，原弥渡县沪滇办副主任（挂职）
马云海 上海市浦东新区选派大理州南涧县南涧镇中学支教教师
顾大伟 上海市浦东新区选派大理州剑川县南涧镇中学支教教师
唐　人 女，上海市浦东新区选派大理州宾川县南涧镇中学支教教师
沈李锋 上海市第十一批援滇干部，大理州政府副秘书长（挂职）
胡　漪 上海市第十一批援滇干部，漾濞县委常委、副县长（挂职）
赵洪路 上海市第十一批援滇干部，弥渡县委常委、副县长（挂职）
孙　峰 上海市第十一批援滇干部，宾川县委常委、副县长（挂职）
富庆云 上海市第十一批援滇干部，剑川县委常委、副县长（挂职）
张　磊 上海市第十一批援滇干部，洱源县委常委、副县长（挂职）
刘　文 上海市第十一批援滇干部，鹤庆县委常委、副县长（挂职）
文海涛 原大理州政府副秘书长，原洱源县委常委、副县长
徐　进 上海市第十一批援滇干部，原鹤庆县委常委、副县长（挂职）
董立强 上海市第十一批援滇干部，原云龙县委常委、副县长（挂职）
张晓阳 上海市第十一批援滇干部，原弥渡县委常委、副县长（挂职）
张　军 上海市第十一批援滇干部，原祥云县扶贫办副主任（挂职）
王　勇 上海市第十一批援滇干部，原宾川县扶贫办副主任（挂职）
李金雨 上海市第十一批援滇干部，原永平县扶贫办副主任（挂职）
刘　程 上海市第十一批援滇干部，原漾濞县扶贫办副主任（挂职）
姚中华 上海市第十一批援滇干部，原巍山县扶贫办副主任（挂职）
张文宇 上海市第十一批援滇干部，原南涧县扶贫办副主任（挂职）
陆晓蕾 上海市第十一批援滇干部，云龙县沪滇办副主任（挂职）
管立达 上海市第十一批援滇干部，宾川县扶贫办副主任（挂职）
沈晓成 上海市第十一批援滇干部，弥渡县沪滇办副主任（挂职）
周　波 上海市第十一批援滇干部，漾濞县沪滇办副主任（挂职）
沈天一 上海市第十一批援滇干部，剑川县沪滇办副主任（挂职）

云南省优秀工会工作者

潘巧云 女，云南洱海环保科技股份有限公司党委副书记、副总经理

云南省优秀共产党员

朱　炫 大理州农科院经作所推广研究员

云南省纪检监察机关案件首席主办人

马泽松 回族，洱源县委常委、县纪委书记、县监委主任

云南省纪检监察机关案件首席谈话人

徐　晖 白族，大理市纪委副书记、市监委副主任

云南省纪检监察机关监督能手

冉家艳 女，汉族，宾川县纪委监委党风政风监督室副主任

云南省纪检监察机关办案能手

陆玉华 祥云县纪委监委第一监督检查室主任

云南省普法法制宣传教育先进个人

王永伦 白族，大理州民族宗教事务委员会政策法规科科长

云南省政法工作先进个人

王　静 苗族，大理州强戒所生产技能培训科科长（一级警长）

大理州劳动模范

李永忠 大理恒源汽车集团董事长
赵 恩 白族，大理市公共汽车国有独资有限责任公司驾驶员
王小菊 女，大理州祥云大宇包装有限公司董事长
钱姝蓉 女，云南皇正实业集团有限公司总经理
尹 黔 布依族，中铁十八局集团有限公司滇中引水工程大理Ⅱ段施工3标项目经理部常务副经理
雷 俊 弥渡县德苴乡新和村委会北朝南村党支部书记
张 杰 彝族，云南南涧凤凰沱茶厂经理
苏兴荣 巍山县顺兴肉牛生猪规模养殖农民专业合作社理事长
杨志刚 白族，永平县鸿瑞农业科技开发有限责任公司董事长
杨娟花 女，白族，云龙县长新乡大岩场养殖专业合作社社长
陈代章 白族，大理千宿文化旅游发展有限责任公司总经理
李春喜 女，白族，洱源凤羽顺丰洱海环保畜禽粪便收集站畜禽粪便收集员
车立志 鹤庆溢鑫铝业有限公司党委书记、董事长
李江恒 白族，鹤庆北衙矿业有限公司工程师
张冠青 白族，大理旅游集团有限责任公司机械工程师
高梓瑞 大理供电局输电管理所技术员

大理州先进工作者

张社能 白族，大理市大理镇生态环境综合服务中心主任、高级工
杨映礼 彝族，漾濞县营林工作站高级工程师
李 锋 白族，祥云县人民医院全科医疗科主任、主治医师
姚宝芬 女，宾川县园艺站高级农艺师
张爱华 女，弥渡县寅街镇大庄完全小学校长、一级教师
张宽华 白族，剑川县农业技术推广站站长、农艺师
马洁民 回族，云南省大理市下关第一中学高级教师
陈晓明 大理州疾病预防控制中心副主任、副主任医师
张池美 女，大理州中医院副主任医师
杨继学 大理州扶贫办社会扶贫科科长
赵璐明 回族，大理州公安局禁毒支队查缉大队副大队长
马玉琳 女，回族，大理州检察院一级检察官

（各单位供稿）

逝世离退休干部

（75人）

张茂千 大理州科委，离休干部
王汝和 大理州委宣传部，离休干部
成继圣 大理州民政局，离休干部
周小鎏 大理州民政局，离休干部
叶耐冬 大理州交通局，离休干部
刘尔煊 大理州物资局，离休干部
张永淳 大理州汽车运输公司，离休干部
陈庆云 大理州妇幼保健院，离休干部
王泽槐 大理州人事局，离休干部
王建华 大理州财贸学校，离休干部
赵 鸿 大理州农业农村局，离休干部
刘继之 大理州动物卫生监督所，离休干部
张汝杏 大理市经委，离休干部
王永祥 大理市下关二中，离休干部
何 训 大理市血防站，离休干部
沈大定 大理市殡仪馆，离休干部
杨 斌 大理市蝴蝶泉公园，离休干部
沙宜泰 大理市下关百货站，离休干部
马兆庚 大理市制药厂，离休干部
胡克华 大理市蝴蝶泉酒厂，离休干部
冯保祥 大理市劳动保险公司，离休干部
秦书堂 大理市第一机械厂，离休干部
张玉萍 大理市粮果厂，离休干部
王 杰 云南省下关木业总公司，离休干部
邢治中 漾濞县供销社，离休干部
张 谦 宾川县农技站，离休干部
严仕杰 宾川县医药公司，离休干部
李美秀 祥云县人大常委会副主任，离休干部
杨啟贤 祥云县商务局，离休干部
陈洛先 祥云县卫健局，离休干部
欧阳培元 弥渡县苴力镇中心校，离休干部
张海仙 弥渡县供销社，离休干部
杨 俊 弥渡县人大常委会，离休干部
黄朝俊 弥渡县寅街镇中心校，离休干部
杨天德 弥渡县新街镇政府，离休干部
林 煦 弥渡县弥城镇中心校，离休干部
郭 华 巍山县文华中学，离休干部
保国兴 巍山县庙街酒厂，离休干部
封伟忠 云龙县县水电局，离休干部
杨 信 云龙一中，离休干部
罗学智 云龙县检槽乡，离休干部
姜永序 云龙县漕涧粮管所，离休干部
谢 铨 云龙县人民政府办公室，离休干部
陈芸英 永平县老街粮管所，离休干部
拨永平 永平县厂街粮管所，离休干部
徐承俊 洱源县防疫站，离休干部
肖国藩 洱源县邓川奶粉厂，离休干部
张清洁 洱源县食品公司，离休干部
曾恭武 剑川县民政局，离休干部
李德和 剑川县统战部，离休干部
杨嘉禄 剑川县粮食局，离休干部
李伯英 剑川县土产公司，离休干部
张永堂 剑川县进修学校，离休干部
杨精诚 剑川县甸南中心校，离休干部
李时辅 剑川县沙溪医院，离休干部
王正中 剑川县县档案馆，离休干部
赵朝栋 鹤庆县委老干部局（北衙铅矿），离休干部
屈善明 鹤庆县委老干部局，离休干部
杨德忠 鹤庆县六合彝族乡中心学校，离休干部
潘 曙 鹤庆县云鹤镇中心学校，离休干部
张之亮 云南省路桥一公司，退休干部
杨天培 大理州水利勘测院，退休干部
李绍孟 云南省路桥一公司，退休干部
王柏安 大理第一机械厂，退休干部
徐占友 大理市电影公司，退休干部
张邦良 大理市河尾完小，退休干部
何 柱 大理第一机械厂，退休干部
杨士缅 滇纺厂，退休干部
张恒敬 宾川县农机站，退休干部
白世钧 祥云四中，退休干部
欧阳杰 祥云县副食品公司，退休干部
黄文仙 南涧小学，退休干部
黄 儆 南涧县教体局，退休干部
杨兆泽 巍山县科技局，退休干部
赵梓香 洱源县凤羽中心校，退休干部

（说明：在职逝世的副县处级以上未统计，上划省属管理未统计）

（州委老干局供稿）

2021年大理州百岁老人表

表126

县(市)名称	姓名	性别	出生年月	年龄	民族
大理市	杨阿杰	女	1920-07	101	汉
	段洪光	男	1917-09	104	白
	蔡云仙	女	1920-03	101	汉
	郭炳秀	女	1921-04	100	汉
	杨立早	女	1921-06	100	白
	夏桂兰	女	1920-07	101	汉
	马情化	女	1921-10	100	汉
	刘莲达	女	1921-03	100	白
	杨　华	男	1921-09	100	汉
	李　洲	男	1921-05	100	汉
	杨一泉	男	1920-07	101	白
	自开珍	女	1919-11	101	白
	周　运	男	1920-09	101	白
	包小东	女	1919-04	102	汉
鹤庆县	何云汉	男	1919-07	102	汉
	徐会芳	女	1920-09	101	汉
	李晓贤	女	1920-02	101	汉
	徐发珍	女	1921-02	100	汉
	李中堂	男	1920-02	101	汉
	张际天	男	1921-01	100	白
弥渡县	丁有英	女	1921-05	100	汉
	毕润地	女	1920-05	101	彝
	吴开基	男	1918-09	103	汉
	吴　林	男	1921-01	100	汉
	普卫国	男	1919-11	101	汉
	王天锡	男	1915-05	106	汉
	禹定中	男	1921-01	100	汉
宾川县	苏会珍	女	1919-09	102	汉
	刘世芬	女	1920-10	101	汉
	李登兰	女	1920-08	101	汉
	王元武	男	1919-08	102	汉
	龚朝用	男	1919-08	102	汉
	董有娣	女	1918-02	103	汉
	姜文英	女	1921-02	100	汉
	赵双斗	男	1919-09	102	白
	张存富	女	1919-12	102	白
	赵庭标	男	1921-04	100	白
	毛忠兰	女	1921-08	100	汉
	魏兴加	男	1921-04	100	汉
巍山县	舒小洪	男	1919-09	102	彝
	凹开国	男	1921-11	100	彝
	代玉珍	女	1915-04	106	回
	段玉兰	女	1920-10	101	白
	茶阿凤	女	1920-03	101	彝
剑川县	李庆祥	女	1917-09	104	白
	段正元	男	1921-04	100	白
	史诺芝	女	1920-06	101	白
	李桧如	男	1920-10	101	白
	和福开	女	1921-07	100	白

县(市)名称	姓名	性别	出生年月	年龄	民族
永平县	马翠芝	女	1920-12	100	—
	马彦林	男	1921-08	100	—
	王福英	女	1920-10	100	—
	先发兰	女	1915-03	106	—
	方银召	女	1920-10	100	—
	刘如香	女	1919-05	102	—
	肖海青	男	1921-02	100	—
	杨会芝	女	1921-03	100	—
	张朝文	男	1920-08	101	—
	杜文兰	女	1920-08	101	—
	李阿金	女	1920-05	101	—
	叶阿枝	女	1921-04	100	—
	蔡学文	男	1921-07	100	—
	张桂芝	女	1919-10	101	—
	高才英	女	1918-08	103	—
	杨淑琴	女	1921-01	100	—
南涧县	马八生	男	1920-12	100	回
	张奇英	女	1919-05	101	汉
	李枝香	女	1921-04	100	汉
	曹　存	女	1921-05	100	汉
云龙县	何永林	男	1911-12	110	白
	张付润	女	1914-09	107	白
	赵喜正	女	1915-01	106	白
	王绍琴	女	1916-02	105	白
	李二妹	女	1918-07	103	白
	字二富	女	1918-09	103	白
	张女珍	女	1919-02	102	白
	杨阿匡	女	1920-08	101	白
	杨阿三	女	1920-12	101	白
	候银珍	女	1921-09	100	白
漾濞县	苏从妹	女	1919-10	102	汉
祥云县	杨发林	男	1920-04	101	汉
	梁小存	女	1920-11	100	汉
	杨花香	女	1919-04	102	汉
	张本道	男	1921-06	100	汉
	张顺珍	女	1920-07	101	汉
	赵焕英	女	1921-02	100	汉
洱源县	黄明清	男	1919-10	102	汉
	马春荣	男	1919-05	102	回
	张树育	女	1920-10	101	彝
	杨重富	男	1919-07	102	白
	赵白莲	女	1921-02	100	白
	张遇水	女	1915-02	106	白
	寸家妹	女	1921-03	100	白
	陈长秀	女	1916-03	105	白
	段开真	女	1920-04	101	白
	赵山凤	女	1921-10	100	白

（州卫健委　提供）

附 录

Appendices

◈ 责任编校　王超英

◈ 乡愁大理·黑白记忆 ◈　　1980 年大理海东风送船行场景

机构和负责人

（2021年）

·中共大理州委·

书　　记　杨国宗（白族，3月任）
　　　　　陈　坚（3月免）
副 书 记　陈真永（白族，4月任）
　　　　　赵国良（1月任，11月免）
　　　　　杨国宗（白族，任至3月）
常　　委　杨经德（回族）
　　　　　李　琰
　　　　　字德海（彝族，9月任）
　　　　　翁　斌（5月任）
　　　　　杨大赟（4月任）
　　　　　牛　燕（女）
　　　　　孙胜利（8月任）
　　　　　杨　瑜（9月任）
　　　　　郑新刚（挂职）
　　　　　唐定文（4月免）
　　　　　靳汝柏（5月免）
　　　　　魏　新（8月免）
　　　　　罗永斌（9月免）
秘 书 长　杨　瑜（9月任）
　　　　　靳汝柏（5月免）
副秘书长　张建荣（白族，12月任）
　　　　　陈学伟
　　　　　张建华
　　　　　张永建（白族）
　　　　　陈绍华（5月任）
　　　　　王振华（10月免）
　　　　　李世鼎（白族，12月免）

·大理州人大常委会·

主　　任　张剑萍（女，白族，2月任）
　　　　　李　雄（白族，1月免）
副 主 任　洪云龙（白族）
　　　　　王兆炜
　　　　　李　东
　　　　　王正林（白族）
　　　　　李跃兴（白族）
　　　　　许映苏（女，6月免）
秘 书 长　茶兴培（彝族）
副秘书长　鲁文红（白族）
　　　　　段跃红（12月免）

·大理州人民政府·

州　　长　陈真永（白族，6月任）
　　　　　杨国宗（白族，4月免）
常务副州长　李　琰
副 州 长　李泽鹏
　　　　　雪　琳（女）
　　　　　李　苏
　　　　　李　洋（白族）
　　　　　杨　坤（8月任）
　　　　　郑新刚（挂职）
　　　　　字德海（彝族，10月免）
　　　　　张尧贵（8月免）
　　　　　李　平（挂职，2月免）
秘 书 长　施双林（白族）
副秘书长　杨学泉（12月任）
　　　　　张云凯
　　　　　寸　力（兼，白族）
　　　　　左剑文（兼，阿昌族）
　　　　　褚娇艳（女，6月任）
　　　　　茶智锦（彝族）
　　　　　自清海
　　　　　赵丽琦（白族）
　　　　　沈李锋（挂职）
　　　　　李绍唐（12月免）
　　　　　廖光荣（兼，6月免）

·政协大理州委员会·

主　　席　朱建斌（白族）
副 主 席　陆　璐
　　　　　张　松（白族）
　　　　　沙伟风（回族）
　　　　　王　瑛（女，白族）
　　　　　陈绍明
　　　　　段　玠（7月免）
秘 书 长　杨赵义（彝族）
副秘书长　杨品阳（白族）
　　　　　李　明
　　　　　左学政（兼，彝族，7月任）
　　　　　赵茂盛（兼，白族）
　　　　　杨增铭（兼，白族）
　　　　　周国珍（兼，女）
　　　　　石宏麟（兼）
　　　　　罗金洪（兼，彝族）
　　　　　寸香妹（兼，女，白族）
　　　　　林曙盛（兼，阿昌族，7月免）
　　　　　杨益琨（兼，女，白族，4月免）
　　　　　宋万钧（兼，4月免）

·州纪委·

书　　记　杨大赟（4月任）
　　　　　唐定文（4月免）
副 书 记　马光平（回族）
　　　　　杜志红
　　　　　张　宏（白族，9月任）

杨永生（9月免）
常　　委　赵　莉（女，白族，9月任）
李光缘
钱晓辉
尹一杰（白族，9月任）
王华植（白族，8月免）
李耀芬（女，白族，9月免）
陈迤君（白族，12月免）

•州监委•

主　任　杨大赟（6月任）
唐定文（5月免）
副主任　马光平（回族）
杜志红
张　宏（白族，10月任）
杨永生（10月免）
委　员　赵　莉（女，白族，12月任）
李光缘
寸彦林（白族）
张　宏（白族，任至10月）
王华植（白族，8月免）
李耀芬（女，白族，12月免）

•州委各工作部门•

州委办公室（州档案局）
主　　任　张建荣（白族，12月任）
王振华（10月免）
副 主 任　赵　勋（白族）
杨泉伟（白族，12月任）
姚旺南（5月免）
纪检监察组组长　陈明烽
督 查 专 员　方银玲（女，12月免）
常委办主任　施光荣（12月免）
信息综合室主任　熊　彪（彝族）
州专用通信局局长　李志军（白族）
州关心下一代工作委员会秘书长　张利彪（白族，5月免）
州委国安委办公室
常务副主任　张建华
专职副主任　杨登云（白族）
州档案馆副馆长　张玉友

州委机要和保密局（州国家保密局、州国家密码管理局）
局　　长　李永光（8月免）
副 局 长　段志宏
何学忠（白族）
罗国林（彝族）
杨志鹏（白族）
专职密码督查员　杨瑞红（女，白族，12月免）

州委组织部（州公务员局）
部　　长　翁　斌（5月任）
赵国良（5月免）
常务副部长　王振华（10月任）
李增堂（白族，10月免）
副　部　长　肖云江（兼）
盛喜春（兼）
吕卫国（兼）
蒋文春（回族）
李　贵（白族）
孙丽娟（女，回族，5月免）
纪检监察组组长　李建华（白族）
部 务 委 员　李　兵
和栩灵（女，纳西族）
杨兴中（白族，5月任）
杨　斌（白族，5月免）
州公务员局局长　李　贵（兼，白族）
州非公有制经济和社会组织党工委书记
蒋文春（回族，8月任）
州委基层党建工作协调小组办公室主任
王灿辉（8月任）
尹　智（白族，5月免）

州委宣传部［州政府新闻办公室、州新闻出版（版权）局］
部　　长　牛　燕（女）
常务副部长　张志斌（白族）
副　部　长　杨海鸿（白族）
席　玲（女）
王华植（白族，8月任）
何尹全（白族，5月免）
纪检监察组组长　张进军（白族）
州精神文明建设指导委员会办公室
主　　任　席　玲（女，8月任）
何尹全（白族，5月免）
州政府新闻办公室
专职副主任　李建奇（白族，8月任）
董学智（5月免）
州新闻出版（版权）局
局　　长　王华植（白族，8月任）
席　玲（女，8月免）
州委网络安全和信息化委员会办公室
主　　任　杨海鸿（白族）
专职副主任　杨春锦（白族）
州社会科学界联合会
主　　席　尹丽萍（女，白族，12月任）
王峥嵘（白族，12月免）
副 主 席　黄　顺（11月任）
杨国琼（女，11月免）

州委统一战线工作部（州委台办、州政府台办、州政府侨办）
部　　长　赵国良（10月任，11月免）
常务副部长　左学政（彝族，5月任）
林曙盛（阿昌族，5月免）
副　部　长　张志坚
邱力为（兼）

赵茂盛（兼，白族）
王灿明（白族）
纪检监察组组长　高胜军（白族）
州委台办（州政府台办）
主　　任　王灿明（白族）
州政府侨办
主　　任　张志坚
副 主 任　朱江苇（回族）

州委政法委员会

书　　记　杨经德（回族）
副 书 记　杨　坤（7月任）
张　彤
王绍荣（回族）
刘　斌（白族，8月任）
张尧贵（7月免）
常耀辉（彝族，8月免）
办公室主任　赵　礼（白族，8月免）
政治部主任　刘佩书（白族）
执法监督室主任　苏巨池（白族）
州法学会
会　　长　杨经德（回族，9月任）
常务副会长　张　彤（9月任）
周本森（8月免）
副 会 长　张　彤（兼，任至9月）
张　霞
奚云程（兼，白族）
崔庆林（兼，9月任）
王盛天（兼，白族）
杨新华（兼，彝族）
李　兵（兼，壮族）
李成耀（兼，白族）
杨明芳（兼，女，白族）
秘 书 长　张　霞

州委政策研究室（州政府研究室）

主　　任　陈学伟
副 主 任　茶文诗（彝族，5月任）
施光荣（12月任）
杨子龙（白族）
李发顺（1月任）
孙绍斌（5月免）
余务洪（彝族，12月免）
州委全面深化改革委员会办公室
副 主 任　杨子龙（兼，白族）
李发顺（兼）

州委机构编制委员会办公室

主　　任　吕卫国
副 主 任　杜泽民（白族）
罗成武（彝族）
李鹤康（白族，12月任）

州委直属机关工作委员会

书　　记　孙丽娟（女，白族，5月任）
高雄飞（白族，5月免）
副 书 记　杨　越（白族）
施艳琴（女，白族）
李淑智
州直机关纪检监察工委
书　　记　杨金荣（白族，5月任）
李文德（5月免）
副 书 记　梁代军
王　玮

州委巡察工作领导小组办公室（州委巡视工作联络办公室）

主　　任　李光缘（11月任）
申顺云（11月免）
副 主 任　解桂华（女）
赵银军（白族）

州委巡察组

第一巡察组
组　　长　周智琴（女）
副 组 长　马汝军（回族）
第二巡察组
组　　长　李志祥（彝族）
副 组 长　王　江
第三巡察组
组　　长　马有才
副 组 长　杨镇川（11月任）
刘　晖（11月免）
第四巡察组
组　　长　李　棒
副 组 长　陶　兰（女）
第五巡察组
组　　长　赵剑雄（白族，5月任）
段直霞（白族，5月免）
副 组 长　杨家银（女）
第六巡察组
组　　长　代文喜（女）
副 组 长　李四铭（白，11月任）
黄维品（11月免）
第七巡察组
组　　长　蒋拓东
副 组 长　李春晖（白族）

州委老干部局

局　　长　盛喜春
副 局 长　张绍玺
段尉明（白族）
下关干休所所长　毕凤林（白族）
州干休所所长　苏　稷（8月任）
尹发旺（8月免）
老干部大学（老干活动中心）校长（主任）
张鹏鸣

［州委直属事业单位］

州委党史研究室

主　任　　董洪旺（白族）
副主任　　张运峰

州委党校（州行政学校、州社会主义学院、大理干部教育学院）

州行政学校校长　陈真永（白族，5月任）
　　　　　　　　杨国宗（白族，4月免）
党校校长、州社会主义学院院长
　　　　　　　　赵国良（8月任，12月免）
大理干部教育学院院长　翁　斌（5月任）
　　　　　　　　　　　赵国良（5月免）
党校党委书记、党校（州行政学校）常务副校长、州社会主义学院副院长　赵喜旺（白族）
党校党委副书记　杨　泽（白族）
党校（州行政学校）副校长　杨晓刚（白族）
　　　　　　　　　　　　　马云波（女，回族）
　　　　　　　　　　　　　赵　鳌（白族，11月任）
　　　　　　　　　　　　　马志翔（回族，5月免）
纪委书记　阮正德

大理日报社

党组书记、社长、总编辑　李成林（白族）
副社长、副总编辑　赵正琳（女）
　　　　　　　　　黑毅鹤（白族）

•州人大各工作机构•

［州人大常委会机关］

办公室

党组书记　李绍唐（12月任）
　　　　　茶兴培（彝族，任至12月）
主　　任　鲁文红（白族）
副 主 任　吴　航（彝族，12月任）
　　　　　连军才
　　　　　彭琪云（12月免）
纪检监察组组长　化晓燕（女）
研究室主任　　　常华敏（彝族）
研究室副主任　　刘利权

［州人大专门委员会］

民族与外事华侨委员会主任委员　廉子新（彝族）
副主任委员　杨绍东（白族）
财政经济委员会主任委员　胡江珑（白族）
副主任委员　侯　刚
　　　　　　赵鸿灿（白族）
法制委员会主任委员　曹劲鹄
副主任委员　　　　　杨明芳（女，白族）
　　　　　　　　　　李银政（白族，5月任）
环境与资源保护委员会主任委员　杨贵全（白族）
副主任委员　杨红屏（女）
监察与司法委员会主任委员　赵富春（白族）
副主任委员　段欣李

［州人大常委会工作委员会］

教育科学文化卫生工作委员会主任
　　　　　　　　　　吴家良（彝族，1月任）
　　　　　　　　　　张爱珍（女，白族，1月免）
　　　　　副主任　吴佐修
农业与农村工作委员会主任　杨　智（白族）
　　　　　副主任　杨志宾（白族）
选举联络工作委员会主任　曾　华
　　　　　副主任　张艳宏（女，白族，12月任）
　　　　　　　　　王兴顺（12月免）
预算工作委员会主任　侯　刚
　　　　　副主任　赵映宝（女，白族）
社会建设工作委员会主任　蔡文波
　　　　　副主任　薛元军

•州政府各工作部门•

州政府办公室

党组书记　施双林
主　　任　杨学泉（12月任）
　　　　　李绍唐（12月免）
副 主 任　王一新（白族）
　　　　　徐晓丽（女）
　　　　　曾星明（白族）
　　　　　杨柱生（白族，12月免）
纪检监察组组长　赵丽帆（女）
督查专员　鲍春和（哈尼族）
　　　　　陶志文（彝族）
州电子政务网络管理中心主任　杨德慧（女）
驻北京联络处主任　　尹　樱（女）
驻北京联络处副主任　盛　莉（女）
　　　　　　　　　　苗宝成（12月免）
驻上海联络处主任　　苗宝成（12月任）
驻上海联络处副主任　杨正彪（12月任）
驻昆办主任　　黄丽娟（女，白族）
驻昆办副主任　刘　斌
驻瑞丽办主任　茶加标（彝族，8月免）

［州政府组成部门］

州发展和改革委员会（州粮食局）

党组书记、主任　管金堂（白族，10月任）
　　　　　　　　杨　瑜（5月任，10月免）
　　　　　　　　舒　进（5月免）
副 主 任　杨晓忠
　　　　　彭建华
　　　　　李国才（12月任）
　　　　　张益儒（白族）
　　　　　李雪刚（白族）
　　　　　寸清华（白族，12月免）
纪检监察组组长　邹智菊（女）
州政府投资项目评审中心（州工程咨询中心）主任
　　　　　李爱萍（女，白族）
州粮食和物资储备局局长　李雪刚（兼，白族）

州滇中引水办公室主任　彭建华（兼）
州推进"一带一路"建设工作领导小组办公室专职副主任
李　燕（女）

州搬迁安置办公室
党组书记、主任　茶少斌（白族）
副 主 任　李　甸（白族）
赵劲松（白族）

州工业和信息化局（州无线电管理办公室）
党组书记、局长　姜　辉
党组副书记　王　军（女）
副 局 长　王　军（女）
李志方（白族，1月任）
李富川（彝族，6月任）
尚国志
自永康
熊冬良（6月免）
纪检监察组组长　杨晓冬（白族）
州无线电管理办公室主任　尚国志（兼）

州教育体育局
党组书记、局长　杨文泽（白族）
党组副书记　李　辉（彝族）
副 局 长　李　辉（彝族）
郭其云
马晓瑜（女，回族）
字有发
张宝明（白族，6月任）
高汉生（6月免）
纪检监察组组长　李　镜（女，白族）
州招生考试院院长　欧阳奋前（白族）
州政府教育督导办公室专职副主任
赵卓彬（白族）

州科学技术局（州外国专家局）
党组书记、局长　邵漾华（彝族，6月任）
阿怀聪（彝族，6月免）
副 局 长　范淘涛
董文煌（白族）
代洁文（彝族，12月任）
尹丽萍（女，白族，12月免）
州外国专家局局长　董文煌（兼，白族）

州民族宗教事务委员会
党组书记、主任　赵茂盛（白族）
副 主 任　吴文光（彝族）
马　杰（回族，6月任）
陈　泽（12月任）
赖益群（女，白族）
杨志国（6月任）
和秀娟（女，纳西族，6月免）
孙培正（壮族，6月免）
朱朋明（回族，12月免）

州公安局
党委书记、局长　杨　坤（8月任）
张尧贵（7月免）
党委副书记　易茂平（8月任）
王　洪（白族）
杨　坤（任至7月）
副 局 长　易茂平（9月任）
芮灿杰（白族）
王盛天（白族）
邓　明（白族）
禾汝林（白族）
杨云波（白族）
张嘉杰（12月任）
陈以刚（兼）
杨　坤（任至7月）
宝荣贵（白族，12月免）
纪检监察组组长　段志卿（白族）
政治部主任　杨燕彬（白族，1月免）
督 察 长　杨　坤（8月任）
张尧贵（8月免）
副督察长　张嘉杰（12月免）

州公安局交警支队
支 队 长　张嘉杰（12月任）
邓　明（白族，12月免）
政　委　赵　波（白族）
党委副书记　杨春林
副支队长　汤宇晴（女）
王燕珩
杨志杰（白族）
张　福（兼）
副 政 委　朱光瑜（白族）
政治处主任　吴建军

州民政局
党组书记　李宏才
局　长　高　康（6月免）
副 局 长　谢　莉（女）
李　阳（白族）
晁子清（白族）
张秉位（8月任）
施文妍（女，彝族，6月免）
纪检监察组组长　王子刚（纳西族）

州司法局
党委书记、局长　周本森
党委副书记　田　强（白族）
副 局 长　田　强（白族）
杨新华（彝族）
李兆龙（白族）
邹国仁（彝族）

窦　谦（彝族，6月任）
张詠萍（女，白族，6月免）
纪检监察组组长　张惠萍（白族，11月任）
李寿宁（白族，11月免）
政治处主任　邹劲松

州强制隔离戒毒所
所　　长　杨建武（白族，4月免）
政　　委　董海斌（白族）
副 政 委　和亮泽（普米族）
副 所 长　赵锦治（白族）
苏一宏（白族）
王　智（白族）
政治处主任　杨建昌

州财政局（州金融办）
党组书记、局长　杨越冰（白族，12月任）
管金堂（白族，10月免）
党组副书记　李耀红（女，白族）
副 局 长　李耀红（女，白族）
徐思锦
何　云
杨越冰（白族，任至11月）
杨春丽（女，12月免）
纪检监察组组长　饶以政（彝族）
州政府金融办公室
主 任　徐思锦
副主任　李　伟（白族）
李顺星（白族）

州人力资源和社会保障局
党组书记、局长　肖云江
副 局 长　赵育文（白族）
李联鹏（白族）
李建业（白族）
寸振林（白族）
纪检监察组组长　沈　越（5月任）
字宏兴（5月免）
州社会保险局局长　张忠海
州就业局局长　陈品义（白族，6月免）
州劳动人事争议仲裁院院长　杨　凌（白族）

州自然资源和规划局
党组书记　李　沛（白族）
局　　长　刘占华（女，白族）
副 局 长　周克熙（白族）
王文天
杨欣洪（白族）
胡舜红
王以恒
纪检监察组组长　栗兴才（傈僳族）
督查专员　李绍波

州土地储备交易中心
主　　任　陈朝聪
副 主 任　王全宗（白族）

州生态环境局
党组书记、局长　谭利强
副 局 长　段　彪
朱智云
李　廿（白族）
陈体韬
李月秋（白族）
纪检监察组组长　王春波
督 查 专 员　陈卫兴（白族）

州住房和城乡建设局（州人防办）
党组书记、局长　陈东发
副 局 长　木杏云（女，回族）
朱德才（彝族，8月任）
陈永志（白族，8月任）
周国鸿（12月任）
赵皖平（女，白族，6月免）
董建勋（12月免）
纪检监察组组长　杨永生
督 查 专 员　杨迎军（彝族）
州人民防空办公室
主　　任　陈东发（兼）
副 主 任　陈长举（兼）

州交通运输局（州地方民航发展局、州地方铁路发展局）
党组书记、局长　杨　发（彝族，6月任）
张　挺（白族，6月免）
副 局 长　张劲松（白族，6月任）
李国清（白族）
何太彪（12月任）
陈云吉（12月任）
李天峰（白族，8月任）
董　胤（兼，彝族）
张建锋（挂职，5月任）
杨永斌（6月免）
吴政兴（白族，8月免）
熊红兵（12月免）
李映星（女，白族，12月免）
纪检监察组组长　杨临伟
督 查 专 员　郑立茹（女，白族）
州地方民航发展局局长　熊红兵（兼，12月免）
州地方铁路发展局
局　　长　李天峰（白族，8月任）
吴政兴（兼，白族，8月免）
副 局 长　张建锋（挂职，5月任）
州交通运政管理处
处　　长　罗晓青
党支部书记　吴政兴（白族，8月任）
朱文秀（女，8月免）

州农业农村局(州畜牧兽医局)

党组书记、局长　赵栋新
副　局　长　赵成明(白族)
　　　　　　鲁学诗(彝族)
　　　　　　李　纯(白族)
　　　　　　张志勇
　　　　　　杨凤伟(回族，9月任)
　　　　　　杨泗瑶(女，白族，9月免)
纪检监察组组长　苏发高
督 查 专 员　张炳华(9月免)

州农业科学推广研究院

党委书记　赵栋新(兼)
党委副书记、常务副院长　李正坤(彝族)
党委副书记、纪委书记　张竹松
副 院 长　倪喜云
　　　　　赵宗福(白族)

州水务局(州河长制领导小组办公室)

党组书记、局长　王利伟(回族，6月任)
　　　　　　　　邵漾华(彝族，6月免)
副　局　长　王建春(女，12月任)
　　　　　　张志军(彝族)
　　　　　　张沛聪
　　　　　　杨荣福(白族，6月免)
　　　　　　马　倩(女，回族，12月免)
督 查 专 员　茶学伟(彝族)
州河长制领导小组办公室
主　　任　王利伟(回族，6月任)
　　　　　邵漾华(彝族，6月免)
专职副主任　张沛聪

州水利水电勘测设计院

院　　长　刘宇宽
党委书记　徐国成

州商务局

党组书记、局长　王会琴(女，傈僳族)
副　局　长　尹寿伟(白族)
　　　　　　郑巍黎
　　　　　　茶加标(彝族，8月任)
　　　　　　杨云开(女，白族)
　　　　　　汪长波(挂职)
　　　　　　周　敏(7月免)

州文化和旅游局(州文物局)

党组书记、局长　赵　薇(女，白族)
副　局　长　周丽玲(女，白族，8月任)
　　　　　　李志刚(白族)
　　　　　　田遇霖
　　　　　　杨　林(白族)
　　　　　　李建华(8月免)
　　　　　　杨益琨(女，白族，8月免)
　　　　　　李庆敏(白族，12月免)
督 查 专 员　徐　逵
纪检监察组组长　赵桂海(白族，12月任)
　　　　　　　　李全良(白族，12月免)
州文物局局长　杨正彪(12月免)

州卫生健康委员会(州中医药管理局、州防治艾滋病局)

州卫生健康党工委(州卫健委党组)书记　师尚琨
主　　任　高　康(6月任)
　　　　　雷家彬(女，6月免)
副 主 任　李桂瑞(女，白族)
　　　　　赵　琳(女，白族)
　　　　　杨全生(白族)
　　　　　王　敏(白族)
　　　　　苏志敏(白族，6月免)
纪检监察组组长　黄克明
督查专员　张学军
州中医药管理局局长　李桂瑞(兼，女，白族)
州防治艾滋病局局长　杨全生(兼，白族)
州卫生监督局局长　黄志刚

州退役军人事务局

党组书记、局长　王跃其(白族)
副　局　长　王建刚
　　　　　　赵　斌(白族)
　　　　　　马敏丽(女)

州应急管理局

党委书记、局长　何建雄(白族)
副　局　长　张连坤(白族，6月任)
　　　　　　许金海(白族)
　　　　　　段　辰(白族)
　　　　　　王建涛
　　　　　　尚　伟
　　　　　　冯　晖(回族，6月免)
　　　　　　李建宇(6月免)
纪检监察组组长　张海洲(白族)
政治部主任　朱继璋

州审计局

党组书记、局长　彭云宁
副　局　长　施　黄(白族)
　　　　　　梁育鸿
　　　　　　沈万炳
　　　　　　柴建荣(彝族)
总 审 计 师　段晓洋(女，白族)
州领导干部任期经济责任审计工作联席会议办公室主任
　　　　　　陈丽云(女)
州政府重点建设项目稽查特派员　李锦娣(女，白族)
　　　　　　　　　　　　　　彭红云(白族)
　　　　　　　　　　　　　　杨　序(白族)
　　　　　　　　　　　　　　陈乙荣(拉祜族)
　　　　　　　　　　　　　　张连坤(白族，6月免)

州政府外事办公室

党组书记、主任　杨锡彬
副　主　任　　李培英（女，白族）
　　　　　　　字　晶（女，彝族，12月免）

［**州政府其他工作部门**］

州政府国有资产监督管理委员会

党委书记、主任　黑尚锋（白族，6月任）
　　　　　　　任　敏（6月免）
副　主　任　　杨　洪（白族）
　　　　　　　郎沅龙
　　　　　　　袁春城（白族，12月任）
　　　　　　　朱兆兴（8月免）

州市场监督管理局（州政府食品安全委员会办公室、州知识产权局）

党组书记、局长　茶向金（彝族，12月任）
　　　　　　　杨建军（白族，12月免）
副　局　长　　赵永生（白族）
　　　　　　　张灿斌（傈僳族）
　　　　　　　罗占宇（白族）
　　　　　　　梁　静（女）
　　　　　　　杨　斌（白族）
　　　　　　　施　玲（女，白族）
纪检监察组组长　罗树英（女，彝族）
药品安全总监　马红涛（回族）
食品安全总监　朱戈迈（白族）
州知识产权局局长　张灿斌（兼，傈僳族）
州政府食品安全委员会办公室副主任　杨　斌（白族）
州食品检验检测院副院长　赵丽娟（女，回族）
州质量技术监督综合检测中心主任　舒　平

州广播电视局

党组书记、局长　阿苍洱（白族）
副　局　长　　李志尧（白族）
　　　　　　　李早华（白族，6月任）
　　　　　　　吴丽东（白族）
　　　　　　　杨才进
　　　　　　　杨　明（白族，6月免）

州能源局

党组书记、局长　彭建华（12月任）
　　　　　　　寸清华（白族，12月免）
副　局　长　　袁国良
　　　　　　　黎云松
　　　　　　　冯安梅（女，布朗族）

州林业和草原局

党组书记、局长　张　勇
副　局　长　　陈爱国
　　　　　　　陈鸿飞
　　　　　　　张炳华（9月任）
　　　　　　　张继彪
　　　　　　　段锡焕（白族）
　　　　　　　李奇彬（白族，9月免）

州统计局

党组书记、局长　杨　矗
副　局　长　　李永红（女，白族）
　　　　　　　张晓源（女，6月任）
　　　　　　　武　勇
　　　　　　　杨经红（女，回族，6月免）
督 查 专 员　　程莹莹（女）

州政府扶贫开发办公室

——调整重组为州乡村振兴局，为州政府工作部门

党组书记、主任　李德琦（白族，6月免）
副　主　任　　杨仁熙（任至6月）
　　　　　　　杨崇元（6月免）
　　　　　　　张荣贵（6月免）
　　　　　　　杨旭辉（白族，任至6月）

州乡村振兴局

局　　长　周　敏（6月任）
副 局 长　杨仁熙（6月任）
　　　　　张建国（6月任）
　　　　　李中正（白族，6月任）
　　　　　杨旭辉（白族，6月任，12月免）

州机关事务管理局

党组书记、局长　茶向华（彝族）
副　局　长　　杨红斌（白族）
　　　　　　　方银玲（女，12月任）
　　　　　　　施秀元（女，白族）
　　　　　　　张艳宏（女，白族，12月免）

州信访局

党组书记、局长　褚娇艳（女，6月任）
　　　　　　　廖光荣（6月免）
副　局　长　　李灿娥（女，白族）
　　　　　　　高胜康（白族，12月任）
　　　　　　　段　春（8月任）
　　　　　　　王灿光（傈僳族，6月免）
　　　　　　　曹　辉（白族，12月免）
州委、州政府正处级信访工作督查专员　查政朝（彝族）
州委、州政府副处级信访工作督查专员　李祖标（白族）

州医疗保障局

党组书记、局长　杨春丽（女，12月任）
　　　　　　　郭治中（12月免）
副　局　长　　张能勇（彝族）
　　　　　　　胡晓丽（女）
　　　　　　　钱　伟
　　　　　　　王　丽（女，6月任）
　　　　　　　李　晖（6月免）

州政务服务管理局（州公共资源交易管理局）
党组书记、局长　左剑文（阿昌族）
副　局　长　马正龙（白族）
李恒宣
杨　远
杨儒军（彝族，6月任）
程建云（女，6月免）
州公共资源交易管理局局长　李恒宣（兼）

［州政府派出机构］
州洱海管理局
党组书记、局长　赵国龙
党组副书记　宝澄然（白族）
副　局　长　宝澄然（白族）
熊仲华
李毅峰（白族）
赵　毅（白族）
杨学松（白族，8月任）
杨敏建（白族，6月免）

州苍山保护管理局（大理苍山洱海国家级自然保护区管护局）
党组书记、局长　赵　军（白族）
副　局　长　唐苍仁
沙　隽（回族）
王建国（回族）

［州政府直属事业单位］
州投资促进局
党组书记、局长　左廷水（女，彝族）
副　局　长　茶文亮（白族）
盛雪梅（女）

州地震局
党组书记、局长　张启明（白族）
副　局　长　李泽红（女）

州地方志编纂委员会办公室
党组书记　王超英（女，回族）
主　　任　雷家彬（女，6月任）
王超英（女，回族，任至6月）
副 主 任　杨林柏
陈以高

州住房公积金管理中心
党组书记、主任　单进园（女，白族）
副　主　任　张艳萍（女）
徐伶俐（女）

州接待处
党组书记、处长　黄艳芬（女，白族）
副　处　长　杨永奇
施　颖（女，白族）
孙何军（傈僳族）

大理广播电视台
党组书记、台长　何正春
副　台　长　张朝举
陈光然（彝族）
陈　静（女）
总　编　辑　洪长青（白族）

州地方经济协作发展中心
党组书记、主任　杨珏婵（女，6月免）
副　主　任　谢　立（回族）

［为农服务的合作经济组织］
州供销社
党组书记、主任　李重新
副　主　任　杨　燕（女，白族）
杨从顺
监事会主任　黄建萍（女，苗族）

•州政协各工作机构•

［州政协机关］
办公室
党 组 书 记　杨赵义
主　　　任　杨品阳（白族）
副　主　任　李军锋
杨蜡峰（白族）
纪检监察组组长　李灿松（白族）
研究室主任　杨锦春
研究室副主任　马　诚（回族）

［州政协专门委员会］
提案委员会主任　张德鹏（彝族）
副主任　薛　枚（女）
经济和农业农村委员会主任　陈智军
副主任　张丽艳（女）
人口资源环境委员会主任　杨学先
副主任　孙庆霖（女，彝族）
教科卫体委员会主任　李迎春（女，彝族）
副主任　熊添祥
社会和法制委员会主任　李玉梅（女，纳西族）
副主任　李成耀（白族）
民族和宗教委员会主任　王健丽（女）
副主任　茶建文（彝族）
文化文史和学习委员会主任　张爱珍（女，白族，1月任）
吴家良（彝族，1月免）
副主任　李进东
委员联络委员会主任　季　钧
副主任　张希斌

•州纪委（监委）各工作机构•

［州纪委（监委）机关］
办公室主任　尹一杰（白族）

组织部部长　段玉华（白族）
宣传部部长　杨　梁（白族）
党风政风监督室主任　杨海霞（女，白族，12月任）
　　　　　　　　　　彭　磊（白族，9月免）
案审室主任　黄柏琴（女，白族，11月任）
　　　　　　张惠萍（白族，11月免）
政策法规研究室主任　艾桂菊（女）
案件监督管理室主任　王宏光
纪检监察干部监督室主任　连仲林
信访室主任　吴　玲（女）

［州纪委（监委）各室］
第一监督检查室主任　王　琳
第二监督检查室主任　刘　晖（11月任）
　　　　　　　　　　赵海华（5月免）
第三监督检查室主任　杨志伟（白族）
第四监督检查室主任　赵云峰（白族）
第五监督检查室主任　罗政党（11月任）
　　　　　　　　　　杨银鉴（白族，11月免）
第六监督检查室主任　杨灿东（白族）
第七审查调查室主任　万　健（11月任）
　　　　　　　　　　李四铭（白族，11月免）
第八审查调查室主任　董卫泽（白族，11月任）
　　　　　　　　　　杨　镇（白族，5月免）
第九审查调查室主任　虞国彪
第十审查调查室主任　李福庆（女，彝族，11月任）
　　　　　　　　　　马泽松（回族，5月免）
第十一审查调查室主任　马卫平（回族）
第十二审查调查室主任　陈志勇

•州法院、检察院•

州中级人民法院
院　　长　童晓宁（女，2月任）
代理院长　童晓宁（女，任至1月）
常务副院长　奚云程（白族）
副 院 长　杨瑞东（白族）
　　　　　杨红英（女，白族）
　　　　　刘剑军（白族）
　　　　　王秀山（白族，12月任）
　　　　　刘　斌（白族，10月免）
政治部主任　赵　礼（白族，8月任）
　　　　　　杨金文（2月免）
纪检监察组组长　王以权（5月任）
　　　　　　　　李胜龙（白族，5月免）

州人民检察院
检 察 长　杨永华（8月免）
代理检察长　崔庆林（10月任）
常务副检察长　崔庆林（4月至9月任）
副检察长　杨著逵
　　　　　文润祥
　　　　　杨莉妮（女，白族，12月任）
　　　　　王　鸿（白族，12月任）
　　　　　杨玉奇（白族，4月免）
政治部主任　周　策（白族）
纪检监察组组长　李耀芬（女，白族，11月任）
　　　　　　　　赵　莉（女，白族，11月免）

•州级民主党派•

民革大理州委员会
主　　委　廖望科
专职副主委　寸香妹（女，白族）
副 主 委　王正祥（兼）
　　　　　孟　璟（兼，女）

民盟大理州委员会
主　　委　周国珍（女）
副 主 委　李忠木（兼）
　　　　　刘朝芹（兼，女）
　　　　　普建明（兼，彝族）

民建大理州委员会
主　　委　雷家彬（女）
专职副主委　杨绍艳（女）
副 主 委　施建锋（兼，白族）
　　　　　杨运星（兼，白族）

民进大理州委员会
主　　委　高　康（11月任）
　　　　　陆　璐（11月免）
专职副主委　石宏麟（11月免）
副 主 委　张惠香（兼，女，11月任）
　　　　　杨立红（兼，女，回族，11月任）
　　　　　杨云飞（兼，白族，11月免）
　　　　　杨春玉（兼，女，白族，11月免）

农工党大理州委员会
主　　委　王　瑛（女，白族）
专职副主委　陈古松（苗族，9月任）
副 主 委　何云长（兼）
　　　　　段彦红（兼，白族）

致公党大理州委员会
主　　委　董文浩（白族）
专职副主委　罗金洪（彝族）
副 主 委　孙永斌（兼）
　　　　　郑翠霞（兼，女）

九三学社大理州委员会
主　　委　杨增铭（白族）
专职副主委　陈冬梅（女）
副 主 委　张若鹏（兼）
　　　　　吴鹤松（兼）

州工商业联合会（总商会）
主席（总会长） 洪云龙（兼，白族）
常务副主席（常务副会长） 邱力为
副 主 席 熊应武（彝族，5 月任）
赵中柱（兼，白族）
施建锋（兼，白族）
彭金国（兼）
鲍祥尧（兼）
李 珍（兼）
杨旻全（兼）
赵体光（兼，白族）
罗 朝（兼，彝族）
马建国（兼）
魏红东（兼）
徐力进（5 月免）
副 会 长 熊应武（彝族，5 月任）
杨 龙（兼）
陈从文（兼）
杨金林（兼）
钟顺和（兼）
彭 怀（兼）
曾顺平（兼）
张光平（兼）
刘绍龙（兼）
赵佳彬（兼，白族）
孙永斌（兼）
邱洪平（兼）
刘泽云（兼）
林世杰（兼）
徐力进（5 月免）
秘 书 长 杨开旺

•州级人民团体•

州总工会
主 席 王正林（白族，10 月任）
王兆炜（10 月免）
党组书记、常务副主席 李福禧（白族）
副 主 席 郑 斌（彝族）
赵丽苗（女，白族，10 月任）
王建生（8 月免）
李建业（兼，白族，10 月任）
张建波（兼，回族，10 月任）
经费审查委员会主任 李保清（哈尼族，10 月任）

共青团大理州委（州青年联合会）
书 记 邓 娜（女）
副 书 记 代 磊（5 月任）
周子楠（5 月任）
张宝福（5 月免）
赵淑玲（女，白族，12 月免）
州青年联合会
主 席 邓 娜（女）
副 主 席 代 磊（12 月任）
马承东（兼）
王冬林（兼，白族）
字永光（兼，白族）
李忠木（兼）
赵婷婷（兼，女）
赵淑玲（女，白族，12 月免）

州妇联
党组书记、主席 文慧君（女）
副 主 席 凡 青（女）
蒋 新（女，纳西族）
高庆芳（兼，女，白族）
杨红英（兼，女，白族）

州侨联
党组书记、主席 张志坚
副 主 席 朱江苇（回族）
许红平（兼）
范廷栋（兼）
米赛伟（兼，回族）
朱加虎（兼，回族）
寸四平（兼，白族）

州文联
党组书记、主席 汤培德
副 主 席 蒙志李（彝族）

州残联
党组书记、理事长 王利言（白族）
副 理 事 长 李早兴（白族）
杨石联

州科协
党组书记、主席 杨静玲（女，白族）
副 主 席 杨崇斌（白族）
宋万钧

州红十字会
名 誉 会 长 陈 坚（任至 4 月）
会 长 雪 琳（女）
党 组 书 记 杨宗礼
常务副会长 徐润莲（女）
副 会 长 袁德馨
李桂瑞（兼，女，白族）
谢 莉（兼，女）
郭其云（兼）
尚 伟（兼）
监事会监事长 段晓洋（兼，女，白族）
监事会专职副监事长 杨琴珍（女）

州计生协
会 长 雪 琳（女）

党组书记、常务副会长　施少梅（女，白族）
副 会 长　杨立英（女）
苏志敏（白族）
徐晓丽（兼，女）
陈丕菊（女）

·其他事业单位·

州白族文化研究院
党组书记、院长　赵润琴（女，白族）
副 院 长　赵克选（白族）
李德忠（白族）

·医疗机构·

州人民医院
党委书记　刘琼芬（女）
党委副书记、院长　胡代军
党委副书记、纪委书记　许剑波
副 院 长　陶　相
刘朝芹（女）
胡　映
周建华
马顺高（回族）

州中医院
党委书记　石应聪
院　长　何云长
副 院 长　段　萍（女，白族）
邱　逊
周　标

州第二人民医院
党委书记　娄爱民
院　长　赵婷婷（女）

州中心血站
党总书记、站长　王　华（白族）

州疾控中心
党总支书记、主任　林灿松

州血吸虫病防治研究所
党总支书记、所长　刘榆华（回族）

州妇幼保健院
党总支书记　张祖康（白族）
院　长　杜　梅（女，白族，6月免）

·学校·

大理财校
党委书记　廖惠群（女）
党委副书记、校长　董　学（5月任）
李建昌（5月免）
党委副书记、纪委书记　章　振（白族）
副 校 长　李若冰
杨润柄

大理护理职业学院（大理卫校）
党委书记　王荣富
党委副书记、院长　蔡德周
党委专职副书记　字利鹏（白族）
副 院 长　李一忠（白族）
陈跃祥
石龙富
大理卫校
校　长　蔡德周
副 校 长　李一忠（白族）
陈跃祥

大理农林职业技术学院
党委书记　王显伟
党委副书记、院长　李汝刚（彝族）
党委专职副书记　李宏骏
纪委书记　罗红伟
副 院 长　郭向周（白族）
李运昌（白族）
熊春明

大理技师学院
党委书记　张银禄（白族）
党委副书记、院长　高庆芳（女，白族）
副 院 长　段润培（白族）
赵茂昌（白族）
王启忠（白族，8月任）
董　学（5月免）

州民族中学
校　长　孙有红（8月任）
杨文彪（白族，8月免）
党委书记　杨文彪（白族，8月任）
张正洪（8月免）
副 校 长　赵光利（白族，8月任）
董丽琼（女，白族）
施　铁（5月免）
李　文（白族，8月免）

下关一中
校　长　刘式良（彝族）
党委书记　张金禄（白族）
副 校 长　杨时标（白族）
环瑞才
杨凤丽（女，白族）
孙有红（8月免）

大理一中
校　　长　李　瑞
党总支书记　赵　新（白族）
副 校 长　杨捍军
　　　　　李春华
　　　　　赵光利（白族，8月免）

州实验中学
校　　长　赵红娥（女，白族）
党委书记　杨金华（彝族）
副 校 长　左洪奇（彝族）
　　　　　吴元生

•州属国有企业•

州国有资本投资运营（集团）有限公司
董 事 长　刘松涛（白族）
总 经 理　朱兆兴（8月任）
副总经理　刘明焱（女，白族）
　　　　　王世明（白族）
　　　　　张　伟
　　　　　唐重鸣（女，8月任）
　　　　　何元玛（白族，8月任）
财务总监　周兆恒
纪委书记　寸庆红（女，白族）

州城乡投资（集团）有限公司
董 事 长　杨　波

州建设投资（集团）有限公司
董 事 长　王锦海
总 经 理　杨春晓
副总经理　赵培松（白族）
　　　　　杨雪飞（白族）
　　　　　张华飞（回族，8月任）
纪委书记　张晓麟
财务总监　范　凌（女）

州工业投资（集团）有限公司
董 事 长　赵　云（任至8月）
总 经 理　唐仕新
副总经理　赵　云（8月任）
　　　　　贺子义（8月任）
　　　　　马绍涛
　　　　　张华飞（8月免）
　　　　　徐文辉（8月免）
财务总监　汪自云

州交通投资开发（集团）有限公司
董 事 长　杨　伟（回族）
总 经 理　赵伯廉（白族）
副总经理　单玉井（8月任）
　　　　　罗会军（彝族，8月任）
　　　　　揭光学（8月任）
财务总监　罗国森（彝族，8月任）

大理旅游集团有限责任公司
党委书记、董事长　李志刚（白族，12月任）
　　　　　　　　　马金钟（白族，12月免）
副董事长　罗群辉

•经开区和海开委•

——机构改革撤销大理省级旅游度假区

大理经济技术开发区
党工委书记　陈绍明（1月任）
管委会主任　陈绍明（2月任）
　　　　　　李继显（2月免）
党工委副书记　李志东（白族，12月任）
　　　　　　　黄瑞云（女，12月免）
纪检监察工委书记　杨红祥
纪检监察工委副书记　寸光彦（女，白族）
管委会副主任　寸　力（白族）
　　　　　　　李培钧（白族）
　　　　　　　李　涛（白族）
　　　　　　　杨桥枢（白族）
党群工作部部长　刘　旺
区域合作部部长　赵腾鹏（白族，12月免）
投资促进部部长　杨文瑾（女，白族）
经济发展部部长兼应急管理局局长　马　明（回族）
综合协调部部长　杨正楷（8月任）
　　　　　　　　段　春（8月免）
开发建设部部长　李天平（白族，8月任）
行政审批局局长　杨国文（9月任）
　　　　　　　　杨正楷（8月免）

大理海东开发管理委员会
副 主 任　杨章宏（白族）
　　　　　杨大白（白族）
　　　　　陈雄敏
　　　　　张秉位（白族，8月免）
纪检监察组组长　王贵泉（白族）
副总工程师　李　星（白族）
　　　　　　刘榆生

•县市•

大理市
中共大理市委
书　　记　字德海（9月任）
　　　　　罗永斌（9月免）
副 书 记　严启红
　　　　　李　欣（12月任）
　　　　　刘晓东（白族，5月免）
常　　委　李利彪（白族）

张　琮
时　荣
吴玉清
马晓玲（女，回族）
王选斗
施鹤松（白族，5月任）
杜利辉（白族，6月任）
张建国（5月免）

大理市人大常委会
主　　任　王梅芬（女，白族）
副 主 任　李金善（白族）
王庚明（女）
张晋芬（女，白族，5月免）
章　义（5月免）

大理市人民政府
市　　长　严启红
常务副市长　李利彪（白族）
副 市 长　芮灿杰（白族）
汤中国（11月任）
赵腾鹏（白族，12月任）
罗贵云（女）
周志明（6月任）
袁春城（白族，5月免）
周国鸿（11月免）
李学忠（白族，11月免）

政协大理市委员会
主　　席　薛伟民（12月免）
副 主 席　李曼青（女，白族）
钟益民（11月免）
杨晓涛（女，白族，11月免）
郑一川（12月免）

大理市纪委、监委
书记、主任　张　琮

大理市公安局
局　　长　芮灿杰（白族）

大理市法院
院　　长　张　宁（任至12月）

大理市检察院
检 察 长　王　蓉（女，任至12月）

漾濞县
中共漾濞县委
书　　记　张世伟（彝族，5月任）
杨　瑜（4月免）
副 书 记　李庚昌（彝族）
杨　娟（女，5月任）
左学政（彝族，5月免）
常　　委　王彩勋
李东海
常树标（彝族）
贺显云
王兆远
朱朋明（回族，11月任）
李住涛（白族，5月任）
杨吕彪（白族，5月任）
杨晓鹏（挂职）
骆　永（挂职，9月任）
杨　娟（女，任至5月）
杨家才（彝族，5月免）
陈　泽（11月免）
胡　漪（挂职，7月免）

漾濞县人大常委会
主　　任　杨志逵（白族，12月免）
副 主 任　张根发（彝族）
杨家才（彝族，6月任）
杨凤鹏（白族，6月免）
李如泰（12月免）
马漪丽（女，回族，12月免）

漾濞县人民政府
县　　长　李庚昌（彝族，6月任）
左学政（彝族，6月免）
常务副县长　常树标（彝族）
副 县 长　张　根
张宝福（6月任）
董建勋（12月任）
周云婷（女，哈尼族，6月任）
杨晓鹏（挂职）
骆　永（挂职，9月任）
徐志兴（挂职，5月任）
常继雄（彝族，12月免）
代洁文（彝族，12月免）
陶　云（彝族，6月免）
成信东（挂职，5月免）
胡　漪（挂职，7月免）

政协漾濞县委员会
主　　席　陈定伟（12月免）
副 主 席　赵清辉
吴绍斌
马艳华（女，回族，12月免）
刘文权（12月免）

漾濞县纪委、监委
书记、主任　李东海

漾濞县公安局
局　　长　张　根

漾濞县法院
院　　长　段炜炜（女，白族，任至12月）

漾濞县检察院
检 察 长　董加利（女，任至12月）

祥云县

中共祥云县委
书　　记　王　远（5月任）
　　　　　王正林（白族，4月免）
副 书 记　张　挺（白族，5月任）
　　　　　戴兴成（6月任）
　　　　　黑尚锋（白族，5月免）
　　　　　褚娇艳（女，5月免）
常　　委　张　伟
　　　　　熊冬良（5月任）
　　　　　罗之华（5月任）
　　　　　孙培正（壮族，5月任）
　　　　　蔡国跃（12月任）
　　　　　张振兴（5月任）
　　　　　段朝章（5月任）
　　　　　李　梅（女，12月任）
　　　　　杨　健（挂职，白族）
　　　　　赵洪路（挂职，9月任）
　　　　　戴兴成（任至5月）
　　　　　杨孝祥（5月免）
　　　　　段孔明（白族，5月免）
　　　　　梁启萍（女，12月免）
　　　　　李炳奇（白族，5月免）
　　　　　王云飞（5月免）
　　　　　王学帅（6月免）
　　　　　曾岸东（挂职，7月免）

祥云县人大常委会
主　　任　伍加光（11月免）
副 主 任　杨孝祥（6月任）
　　　　　徐素琼（女）
　　　　　杨　寿
　　　　　蒋吉富（3月任，12月免）

祥云县人民政府
县　　长　张　挺（白族，6月任）
　　　　　黑尚锋（白族，6月免）
常务副县长　熊冬良（6月任）
　　　　　段孔明（白族，5月免）
副 县 长　杨荣福（白族，6月任）
　　　　　赵皖平（女，白族，6月任）
　　　　　叶　植（12月任）
　　　　　杨红波
　　　　　施结品（白族，12月任）
　　　　　杨　健（挂职，白族）
　　　　　赵洪路（挂职，9月任）
　　　　　杨云波（白族，12月免）
　　　　　王　丽（女，6月免）
　　　　　汤中国（11月免）
　　　　　熊应武（彝族，6月免）
　　　　　曾岸东（挂职，7月免）

政协祥云县委员会
主　　席　姚曙光（11月免）
副 主 席　罗珍铧
　　　　　杨再文（12月免）
　　　　　张晓源（女，6月免）
　　　　　周婵媛（女，彝族，11月免）

祥云县纪委、监委
书记、主任　张　伟

祥云县公安局
局　　长　施结品（白族，12月任）
　　　　　杨云波（白族，12月免）

祥云县法院
院　　长　杨霄明

祥云县检察院
检 察 长　姚元龙

祥云财富工业园区
党工委书记　杨振富（白族）
管委会主任　赵　武

宾川县

中共宾川县委
书　　记　杨泽亮（白族）
副 书 记　高云磊（白族）
　　　　　周亚敏（回族，5月任）
　　　　　杨金荣（白族，5月免）
常　　委　周晓芳
　　　　　李　宇（白族）
　　　　　郭书杰
　　　　　彭　磊（白族，9月任）
　　　　　杨剑桥
　　　　　罗如钧（5月任）
　　　　　杨春祥（女，白族，5月任）
　　　　　周明武（彝族，5月任）
　　　　　孙　峰（挂职）
　　　　　李　毅（挂职）
　　　　　周亚敏（回族，任至5月）
　　　　　何　廷（6月免）
　　　　　史　强（6月免）
　　　　　苏　稷（9月免）

宾川县人大常委会
主　　任　张成良（12月免）
副 主 任　丁益军

张光鹏
张元龙（6月免）
王韶萍（女，12月免）

宾川县人民政府
县　　长　高云磊（白族）
常务副县长　周晓芳（6月任）
　　周亚敏（彝族，6月免）
副 县 长　赵柱钧
　　张　源（6月任）
　　罗　杰（6月任）
　　赵淑玲（女，白族，12月任）
　　李尚通（挂职）
　　李　毅（挂职）
　　孙　峰（挂职）
　　王建春（女，12月免）
　　陈云吉（12月免）
　　杨映红（6月免）
　　杨　武（6月免）

政协宾川县委员会
主　　席　陈　源（12月免）
副 主 席　王丽能（女）
　　陶玉斌（6月免）
　　王正龙（12月免）
　　李　兴（12月免）

宾川县纪委、监委
书记、代理主任　彭　磊（白族，9月任）
书记、主任　苏　稷（9月免）

宾川县公安局
局　　长　赵柱钧

宾川县法院
院　　长　陈永红（2月任）

宾川县检察院
检 察 长　马建萍（女，回族）

宾川县旅游局（鸡足山风景名胜区管理局）
局　　长　杨云峰

州海稍水库扩建工程建设管理局
局　　长　自汝涛

弥渡县
中共弥渡县委
书　　记　舒　进（5月任）
　　沙伟风（回族，4月免）
副 书 记　马志翔（回族，5月任）
　　张世伟（彝族，5月免）
　　何尹全（白族，5月任）
　　欧阳学礼（5月免）
常　　委　姚旺南（5月任）
　　罗荣发（彝族）
　　张丽娟（女）
　　白枝云
　　王知省（12月任）
　　郭永政
　　董云松（女，白族）
　　杨　镇（白族，5月任）
　　沈卫华（挂职，9月任）
　　叶履强（12月免）
　　袁学礼（5月免）
　　王以权（5月免）
　　赵洪路（挂职，7月免）

弥渡县人大常委会
主　　任　舒　平（12月免）
副 主 任　李开运
　　陈　永
　　马联生（回族，12月免）
　　奎凤美（女，12月免）

弥渡县人民政府
县　　长　马志翔（回族，6月任）
　　张世伟（彝族，6月免）
常务副县长　罗荣发（彝族，6月任）
　　袁学礼（6月免）
副 县 长　范云良
　　苏建军（白族）
　　杨旭辉（白族，11月任）
　　赵登银（女，6月任）
　　郭洪亮（挂职）
　　沈卫华（挂职，9月任）
　　陈贵兵（挂职，6月任）
　　李国才（12月免）
　　白儒君（11月免）
　　茶文诗（彝族，6月免）
　　王　菲（挂职，6月免）
　　赵洪路（挂职，7月免）

政协弥渡县委员会
主　　席　罗鸿文（12月免）
副 主 席　禹　富
　　段尚勤（12月免）
　　熊志远（11月免）
　　史建嫦（女，12月免）

弥渡县纪委、监委
书记、主任　杨　镇（白族，6月任）
　　王以权（5月免）

弥渡县公安局
局　　长　苏建军

弥渡县法院
院　　长　杨永章（12月免）

弥渡县检察院
检 察 长　孔宪府

南涧县

中共南涧县委
书　　记　王绍基（彝族，5月任）
　　　　　吉向阳（彝族，5月免）
副 书 记　施文妍（女，彝族，5月任）
　　　　　李炳奇（白族，5月任）
　　　　　王绍基（彝族，任至5月）
　　　　　张敬宗（彝族，5月免）
常　　委　杨敏建（白族，6月任）
　　　　　罗美玲（女，彝族）
　　　　　汪海凡
　　　　　何瑞祥（彝族）
　　　　　杨　辉（白族）
　　　　　字建伟（白族）
　　　　　李增发（彝族）
　　　　　张　虎（彝族，6月任）
　　　　　齐建蒙（挂职，蒙古族）
　　　　　宋　亮（挂职，9月任）
　　　　　张敬宗（彝族，任至7月）
　　　　　李晓华（5月免）
　　　　　字文源（彝族，6月免）
　　　　　潘　丹（挂职，7月免）

南涧县人大常委会
主　　任　沈文荣（12月免）
副 主 任　李文荣
　　　　　段家文
　　　　　杨发英（女，白族，11月免）
　　　　　茶绍荣（彝族，11月免）

南涧县人民政府
县　　长　施文妍（女，彝族，6月任）
　　　　　王绍基（彝族，6月免）
常务副县长　何瑞祥（彝族，6月任）
　　　　　字文源（彝族，6月免）
副 县 长　童莹莹（女，12月任）
　　　　　李胜元
　　　　　杨　光（6月任）
　　　　　茶学军（彝族，12月任）
　　　　　齐建蒙（挂职，蒙古族）
　　　　　瞿福平（挂职）
　　　　　何太彪（12月免）
　　　　　吴　航（彝族，12月免）
　　　　　吕亚新（女，11月免）
　　　　　赵　海（白族，6月免）
　　　　　宋　亮（挂职，9月任）
　　　　　潘　丹（挂职，7月免）

政协南涧县委员会
主　　席　黄希里（12月免）
副 主 席　阿金光（彝族）
　　　　　聂琼芬（女，11月免）
　　　　　李　典（彝族，12月免）
　　　　　童莹莹（女，12月免）

南涧县纪委、监委
书记、主任　杨　辉（白族）

南涧县公安局
局　　长　李胜元

南涧县法院
院　　长　刘灿辉

南涧县检察院
检 察 长　杨光荣

云南无量山国家级自然保护区南涧管护局
局　　长　段建伟

巍山县

中共巍山县委
书　　记　丁洪涛（5月任）
　　　　　常于忠（彝族，5月免）
副 书 记　字文源（彝族，6月任）
　　　　　杨柱生（白族，12月任）
　　　　　王利伟（回族，6月免）
　　　　　李　欣（白族，12月免）
常　　委　汪国武
　　　　　陈丽芬（女，彝族）
　　　　　左红才（彝族）
　　　　　王跃彪（5月任）
　　　　　马晓东（回族，5月任）
　　　　　李向珍（女，白族）
　　　　　官家富（6月任）
　　　　　黄毅强（12月任）
　　　　　季　涛（挂职，9月任）
　　　　　王俊清（挂职）
　　　　　张高鹏（12月免）
　　　　　茶向金（彝族，5月免）
　　　　　马　杰（回族，5月免）
　　　　　张绍平（5月免）
　　　　　金　军（挂职，7月免）

巍山县人大常委会
主　　任　彭　彬（12月免）
副 主 任　杨世新（彝族）
　　　　　王利鱼（女）
　　　　　王秉剑（5月免）
　　　　　罗林旺（回族，11月免）

巍山县人民政府

县　　长　字文源（彝族，6月任）
　　　　　王利伟（回族，6月免）
常务副县长　汪国武（6月任）
　　　　　茶向金（彝族，6月免）
副 县 长　李文华（白族，6月任）
　　　　　周婵媛（女，12月任）
　　　　　王晓龙（白族）
　　　　　左士尧（彝族，6月任）
　　　　　沙春雨（回族，12月任）
　　　　　王俊清（挂职）
　　　　　刘　航（挂职，满族）
　　　　　季　涛（挂职，9月任）
　　　　　张　彬（6月任）
　　　　　李早华（白族，6月免）
　　　　　袁　凡（回族，6月免）
　　　　　赵丽苗（女，白族，9月免）
　　　　　米爱敏（回族，11月免）
　　　　　金　军（挂职，7月免）

政协巍山县委员会

主　　席　马克伟（回族，12月免）
副 主 席　只廉清（彝族）
　　　　　杨春玉（女，白族）
　　　　　赫振伟（彝族，11月免）
　　　　　叶　植（11月免）

巍山县纪委、监委

书记、主任　李向珍（女，白族）

巍山县公安局

局　　长　李文华（白族，6月任）
　　　　　袁　凡（回族，6月免）

巍山县法院

院　　长　杨其云（白族）

巍山县检察院

检 察 长　王秀山（任至12月）

大理巍山青华绿孔雀省级自然保护区管护局

局　　长　卜晓卫（彝族）

永平县

中共永平县委

书　　记　字云飞（彝族，5月任）
　　　　　阿泽新（白族，5月免）
副 书 记　李建平
　　　　　方尔明（5月任）
　　　　　字云飞（彝族，任至5月）
常　　委　于胜忠
　　　　　尹　智（白族，5月任）
　　　　　董学智（5月任）
　　　　　黄克诚
　　　　　赵海华（5月任）
　　　　　赵　海（白族，5月任）
　　　　　杨　俊（白族，5月任）
　　　　　沙海燕（女，回族，5月任）
　　　　　孙瑞芬（挂职，女）
　　　　　曹慧群（挂职，9月任）
　　　　　万国萍（女，白族，5月免）
　　　　　李银政（白族，5月免）
　　　　　李富川（彝族，5月免）
　　　　　马永理（回族，5月免）
　　　　　陈绍华（5月免）
　　　　　窦　谦（彝族，5月免）
　　　　　陈俊斌（挂职，7月免）

永平县人大常委会

主　　任　马伟军（回族，11月免）
副 主 任　罗　李（彝族）
　　　　　王　瑛（女，11月免）
　　　　　赵国军（纳西族，12月免）
　　　　　茶正付（彝族，11月免）

永平县人民政府

县　　长　李建平（6月任）
　　　　　字云飞（彝族，6月免）
常务副县长　赵　海（白族，6月任）
　　　　　李富川（彝族，6月免）
副 县 长　罗晓波（彝族）
　　　　　蒋巧玲（女，回族，11月任）
　　　　　茶正付（彝族，11月任）
　　　　　高亮柏（白族）
　　　　　李云霞（女，彝族，6月任）
　　　　　孙瑞芬（挂职，女）
　　　　　曹慧群（挂职，9月任）
　　　　　王　珏（挂职，5月任）
　　　　　杨　乐（11月免）
　　　　　郭　洁（女，11月免）
　　　　　杨儒军（彝族，6月免）
　　　　　陈俊斌（挂职，7月免）
　　　　　徐宏波（挂职，3月免）

政协永平县委员会

主　　席　李　春（11月免）
副 主 席　杨　勋（回族，11月免）
　　　　　周志萍（女，苗族，12月免）
　　　　　蒋巧玲（女，回族，11月免）
　　　　　杨国军（白族，6月免）

永平县纪委、监委

书记、主任　赵海华（5月任）
　　　　　李银政（白族，5月免）

永平县公安局
局　　长　高亮柏（白族）

永平县法院
院　　长　董春林

永平县检察院
检 察 长　蒙绍锋（彝族）

永平金光寺省级自然保护区管理局
局　　长　张良碧

云龙县
中共云龙县委
书　　记　李郁华（5月任）
　　　　　段冬梅（女，白族，5月免）
副 书 记　任　敏（5月任）
　　　　　李世鼎（白族，12月任）
　　　　　李郁华（任至5月）
　　　　　张建荣（白族，5月任，12月免）
　　　　　李俊刚（白族，5月免）
常　　委　杨紫江（傈僳族）
　　　　　陈增雄
　　　　　冷春林
　　　　　程文华
　　　　　段跃红（11月任）
　　　　　杨国军（白族，5月任）
　　　　　祝天艳（女，白族，6月任）
　　　　　时　雷（白族，12月任）
　　　　　吴　瞳（挂职，9月任）
　　　　　黄　顺（6月任，11月免）
　　　　　张伯川（白族，12月免）
　　　　　成　磊（白族，5月免）
　　　　　赵　鳌（白族，11月免）
　　　　　季　涛（挂职，7月免）

云龙县人大常委会
主　　任　周武军（白族，12月免）
副 主 任　杨　雁（白族）
　　　　　成　磊（白族，6月任）
　　　　　杨奋中（白族，5月免）
　　　　　何正文（白族，8月免）
　　　　　解文玲（女，白族，12月免）

云龙县人民政府
县　　长　任　敏（6月任）
　　　　　李郁华（6月免）
常务副县长　杨紫江（傈僳族，12月任）
　　　　　黄　顺（6月任，12月免）
　　　　　张建荣（白族，5月免）
副 县 长　张志军（白族）
　　　　　杨跃峰
　　　　　杨祥宣（白族，6月任）
　　　　　李　冲（白族，6月任）
　　　　　吴　瞳（挂职，9月任）
　　　　　朱　江（挂职，白族）
　　　　　徐　迅（挂职，6月任）
　　　　　张劲松（白族，6月免）
　　　　　左瑞姬（女，阿昌族，11月免）
　　　　　季　涛（挂职，7月免）
　　　　　周　晔（挂职，6月免）

政协云龙县委员会
主　　席　张国雄（12月免）
副 主 席　何鹏川（白族）
　　　　　黄　毅（白族）
　　　　　杨利标（白族，12月免）
　　　　　张杰发（白族，12月免）

云龙县纪委、监委
书记、主任　陈增雄

云龙县公安局
局　　长　张志军

云龙县法院
院　　长　铁　虹（女，2月任）

云龙县检察院
检 察 长　徐　彬

云南云龙天池国家级自然保护区管护局
局　　长　董利斌（傈僳族）
副 局 长　李权张（白族）
　　　　　尹瑞何（白族）

洱源县
中共洱源县委
书　　记　李金灿（白族，11月免）
副 书 记　万　鹏（5月任）
　　　　　杨珏婵（女，5月任）
　　　　　丁洪涛（5月免）
　　　　　张洪军（3月免）
常　　委　李新奇（白族，12月任）
　　　　　那维东（白族）
　　　　　余利斌（彝族）
　　　　　马泽松（回族，5月任）
　　　　　赵正诚（5月任）
　　　　　李世泽（5月任）
　　　　　李伟琛（白族，6月任）
　　　　　敖秋萍（女，白族，6月任）
　　　　　张　磊（挂职）
　　　　　冯婷婷（挂职，女）
　　　　　李鹤康（白族，12月免）
　　　　　赵剑雄（白族，5月免）
　　　　　李灿文（白族，5月免）

赵栋葵（白族，5月免）
何家伟（5月免）
李中正（白族，5月免）

洱源县人大常委会

主　　任　杨代兴（白族，12月免）
副 主 任　赵　红（女，白族，12月免）
　　　　　李　强（白族）
　　　　　杜　金（白族，2月任）
　　　　　李映春（白族，2月任）

洱源县人民政府

县　　长　万　鹏（6月任）
　　　　　丁洪涛（6月免）
常务副县长　李新奇（白族，12月任）
　　　　　李鹤康（白族，6月任，12月免）
　　　　　李灿文（白族，6月免）
副 县 长　寸鹏基（白族，12月任）
　　　　　李继龙（白族）
　　　　　朱国荣（白族）
　　　　　项丽娟（女，白族）
　　　　　张　磊（挂职）
　　　　　冯婷婷（挂职，女）
　　　　　黄金贤（挂职，8月任）
　　　　　叶　勇（白族，12月免）
　　　　　龚红松（白族，12月免）
　　　　　李映春（白族，10月免）
　　　　　许文平（挂职，8月免）

政协洱源县委员会

主　　席　李国侯（白族，12月免）
副 主 席　杨益红（女，白族）
　　　　　王　强（白族）
　　　　　孙育才（白族）
　　　　　丁畅和（女，白族，12月免）

洱源县纪委、监委

书记、主任　马泽松（回族，5月任）
　　　　　赵剑雄（白族，5月免）

洱源县公安局

局　　长　寸鹏基（白族，12月任）
　　　　　叶　勇（白族，12月免）

洱源县法院

院　　长　黄章保（2月任，12月免）

洱源县检察院

检 察 长　杨志明（白族）

剑川县

中共剑川县委

书　　记　李增堂（白族，9月任）
　　　　　聂金辉（9月免）
副 书 记　李德琦（白族，5月任）
　　　　　王　远（5月免）
　　　　　苏生林（白族，6月任）
　　　　　颜寿红（白族，5月免）
常　　委　张　韬（彝族）
　　　　　杨梅秀（女，白族）
　　　　　鲁才旺（彝族，5月任）
　　　　　李建宇（5月任）
　　　　　毛金山（白族）
　　　　　严　浩
　　　　　赵子恒（白族，6月任）
　　　　　李能智（白族，12月任）
　　　　　富庆云（挂职）
　　　　　苏生林（白族，任至5月）
　　　　　方尔明（5月免）
　　　　　高胜康（白族，5月免）
　　　　　赵桂海（白族，12月免）

剑川县人大常委会

主　　任　张茂兴（白族，12月免）
副 主 任　苏育新（白族）
　　　　　赵文宝（白族）
　　　　　普丽硅（女，白族，6月任）
　　　　　张树华（白族，2月任）
　　　　　邵宝玉（女，5月免）

剑川县人民政府

县　　长　李德琦（白族，6月任）
　　　　　王　远（6月免）
常务副县长　张　韬（彝族）
副 县 长　王梧兴（白族，12月任）
　　　　　陈　绩（12月任）
　　　　　陈红丽（女，6月任）
　　　　　董静海（白族，6月任）
　　　　　富庆云（挂职）
　　　　　韩文超（挂职）
　　　　　陈贵标（挂职，白族，7月任）
　　　　　李新奇（白族，12月免）
　　　　　寸鹏基（白族，12月免）
　　　　　杨仕华（白族，12月免）
　　　　　普丽硅（女，白族，6月免）
　　　　　鲁才旺（彝族，6月免）
　　　　　牛　珣（挂职，7月免）

政协剑川县委员会

主　　席　颜寿红（白族，12月免）
副 主 席　王中华（白族）
　　　　　杨琳英（女，白族）
　　　　　赵立新（白族，6月免）
　　　　　王梧兴（白族，12月免）

剑川县纪委、监委
书记、主任　李能智（白族，12月任）
　　　　　　赵桂海（白族，12月免）

剑川县公安局
局　　长　陈　绩（12月任）
　　　　　寸鹏基（白族，12月免）

剑川县法院
院　　长　马　刚（2月任）

剑川县检察院
检 察 长　寸全青（白族）

大理剑川剑湖湿地省级自然保护区管护局
局　　长　李志军（白族）

鹤庆县

中共鹤庆县委
书　　记　段红丽（女，白族，1月任）
　　　　　陈绍明（1月免）
副 书 记　张洪军（3月任）
　　　　　字桂荣（彝族，5月任）
　　　　　段红丽（女，白族，任至1月）
　　　　　赵永祥（白族，5月免）
常　　委　王　剑（12月任）
　　　　　王　琳
　　　　　李锦泉
　　　　　罗欣平（彝族，5月任）
　　　　　王剑雄（白族，5月任）
　　　　　邓光海（傈僳族，5月任）
　　　　　杨建勋（白族，12月任）
　　　　　李兆敏（女，白族，12月任）
　　　　　刘　文（挂职）
　　　　　字桂荣（彝族，任至5月）
　　　　　杨金钊（白族，12月免）
　　　　　刘　宁（白族，12月免）
　　　　　杨学泉（12月免）
　　　　　张宝明（白族，5月免）
　　　　　施鹤松（白族，5月免）

鹤庆县人大常委会
主　　任　李六八（白族，12月免）
副 主 任　张银清（白族）
　　　　　龚富贵（彝族，11月免）
　　　　　周红梅（女，12月免）
　　　　　陈兆斌（白族，12月免）

鹤庆县人民政府
县　　长　张洪军（3月任）
　　　　　段红丽（女，白族，3月免）
常务副县长　王　剑（12月任）
　　　　　杨学泉（12月免）
副 县 长　杨宏伟（白族，12月任）
　　　　　张宝军（白族）
　　　　　陈兆斌（白族，12月任）
　　　　　张燕珍（女，白族，6月任）
　　　　　李隆银（白族，6月任）
　　　　　刘　文（挂职）
　　　　　屈　搏（挂职）
　　　　　李　勇（挂职）
　　　　　杜海荣（挂职，6月任）
　　　　　戴福勇（12月免）
　　　　　王　剑（任至11月）
　　　　　沈　越（6月免）
　　　　　杨志国（6月免）

政协鹤庆县委员会
主　　席　王　耀（12月免）
副 主 席　杨鸿斌（白族，12月免）
　　　　　段来凤（女，白族，12月免）
　　　　　赵作民（白族，12月免）
　　　　　施　磊（白族，11月免）

鹤庆县纪委、监委
书记、主任　邓光海（傈僳族，5月任）
　　　　　　字桂荣（彝族，任至5月）

鹤庆县公安局
局　　长　杨宏伟（白族，12月任）
　　　　　戴福勇（12月免）

鹤庆县法院
院　　长　李有乾

鹤庆县检察院
检 察 长　和卫增（白族）

鹤庆县兴鹤工业园区
党工委书记　张炳江（白族）
管委会主任　田冰元（白族）

（州委组织部供稿）

◇专　文◇

大理白族自治州人民代表大会常务委员会工作报告（摘要）

——2022年2月16日在大理白族自治州第十五届人民代表大会第一次会议上

大理州人大常委会主任　张剑萍

过去的四年，在州委的坚强领导下，全州各族人民奋力拼搏、勇毅前行，白州大地实现全面小康千年梦想。州人大常委会坚持以习近平总书记考察云南重要讲话和对大理工作重要指示批示精神为根本遵循，紧跟省委、州委贯彻落实党中央大政方针的决策部署，紧贴人民群众对美好生活的期盼，紧扣大理圆满实现全面小康目标和推进全面建设社会主义现代化，依法履职尽责，为全州经济社会发展和改革攻坚任务提供了强有力的支持和保障，交出了新时代大理人大工作优异答卷。

一、讲政治、学思想，坚持党的全面领导

常委会始终在思想上政治上行动上同以习近平同志为核心的党中央保持高度一致，坚持以习近平新时代中国特色社会主义思想统揽和指导人大工作，把坚持党的全面领导作为最高政治原则，认真执行党的领导各项制度。

始终旗帜鲜明讲政治。把拥护“两个确立”、增强“四个意识”、坚定“四个自信”、做到“两个维护”落实到具体行动中，切实提高政治判断力、政治领悟力、政治执行力。全面贯彻党的十九大和十九届历次全会精神，把深入学习贯彻习近平法治思想、习近平总书记关于坚持和完善人民代表大会制度的重要思想、中央人大工作会议精神作为基本功和必修课，推动党中央决策部署和省委、州委工作要求见行见效。全面落实“第一议程”制度，持续跟进学习习近平总书记重要讲话精神，常委会党组理论学习中心组集体学习33次。

始终坚持党的全面领导。对标对表党的基本理论、基本路线、基本方略，围绕州委贯彻落实习近平总书记考察云南重要讲话和对大理工作重要指示批示精神的决策部署推进人大工作。常委会党组就人大工作中的重大问题、重要事项、重点工作专题研究91次，向州委请示报告362次，保证常委会工作始终在州委领导下进行。

二、立良法、保善治，有效提升治理水平

州人大及其常委会聚焦促进发展保障善治，高质量推进立法工作，制定、修改地方法规6件。

修正自治条例。认真贯彻习近平总书记对民族工作的重要指示、党中央决策部署、宪法修正案精神及相关法规政策规定，贯彻省委、省人大常委会党组关于修正民族自治条例的部署要求，对《云南省大理白族自治州自治条例》进行修正，使条例更加规范精准，更好适应新时代发展要求。

加强生态环境保护立法。认真贯彻习近平生态文明思想和习近平总书记关于洱海保护治理的重要指示批示精神，推进苍山洱海一体化保护，修订了《云南省大理白族自治州洱海保护管理条例》和《云南省大理白族自治州苍山保护管理条例》，对两个条例进行集中宣讲，对相关内容作出解释答复，推动条例全面准确贯彻实施。两个条例的修订，细化国家和省相关法律法规要求，贯彻中央环保督察“回头看”及专项督察反馈意见，落实省委、省政府重大部署要求，充分吸纳近年来实践经验和各级各方面的意见建议，强化分级分区保护管理，用法治的力量守护苍山洱海，引领和推动新时代大理生态文明建设。

加强历史文化保护立法。制定地方性法规《大理白族自治州非物质文化遗产保护条例》，进一步规范和强化非物质文化遗产保护，推动我州优秀传统文化创造性转化、创新性发展。扎实推进《云南省大理白族自治州大理历史文化名城保护条例》修订工作，为建设名副其实的历史文化名城提供法治保障。

加强立法调研评估和规划制定。对修订《云南省大理白族自治州旅游条例》和制定相关单行条例、地方性法规进行立法前期调研，对《云南省大理白族自治州禁毒条例》《云南省大理白族自治州洱海保护管理条例》开展立法后评估。践行全过程人民民主，开展立法协商，精心制定《大理白族自治州第十五届人大常委会五年立法规划建议（2022—2026）》，编印了《大理州地方法规汇编》，为下届州人大常委会立法工作奠定良好基础。

加强立法能力建设。制定《大理白族自治州人民代表大会及其常务委员会立法条例》，将我州立法工作的成功经验与做法上升为地方性法规，健全完善立法制度，规范立法程序和立法工作。成立州人大常委会立法工作顾问组，建立地方立法研究院，立法工作水平不断提升。

三、围绕中心、服务大局，推动重大决策部署落地见效

常委会聚焦重大决策部署，着力增强监督实效，听取审议专项工作报告65个，开展工作视察11次、专题询问4次和专题调研48项，检查20件法律法规和2件决定的实施情况。

贯彻新发展理念推进高质量发展。做好“十三五”规划纲要及年度计划实施情况、“十四五”规划和二〇三五年远景目标纲要编制工作的审查监督，听取审议相关工作报告，推动年度计划、规划有序执行，助力科学编制好“十四五”规划。开展对全州经济运行、产业发展等15项重点工作的监督，为促进经济健康发展、推动“十三五”规划圆满收官、确保大理与全省全国同步全面建成小康社会提供了有力支持和重要保障。围绕州委各个阶段的中心工作，对全州产业发展情况、建设名副其实的历史文化名城、文化旅游产业发展、全州工业投资项目推进等59项工作开展专项调研，形成了一系列调研成果。《关于2021年全州工业投资项目推进情况的调查报告》《“大理之问”大讨论活动产业发展情况专题调研报告》等多件获州委主要领导批示，转发相关部门研究落实。

推动产业发展和重大项目落实。聚焦工业发展和重大项目落实，立足问清症结、问出进度、问出干劲，创新开展“三问一评”工作监督。分年度对全州重大工业投资项目、重点水利建设项目、综合交通网建设项目、工业投资项目进行全方位调研、全覆盖检查、全过程跟踪，形成针对性、操作性、前瞻性强的高质量调研、调查报告。通过随机暗访，征求业主意见，提振企业信心，协调解决问题，合力推进项目实施。常委会会议年初、年中、年末三次审议专项工作报告，开展专题询问、满意度测评，开展“回头看”和“二次督办”，打出“组合拳”，以务实有力的监督，助推工作落实，支持政府工作。在常态化、制度化、精准化开展“三问一评”监督中，有力推动工业发展制约问题破题破冰，促进综合交通网建设取得历史性突破，加快重点水利基础设施建设。

落实党中央和省州党委关于加强预算审查监督和国有资产监督的决策部署。扎实做好预决算审查工作，审查和批准本级决算，听取审议相关工作报告，连续两年对相关部门审计查出问题整改落实情况开展满意度测评，推动解决审计查出突出问题。全面落实人大预算审查监督重点向支出预算和政策拓展改革、国有资产管理情况报告制度，实现预算联网监督系统及预警跟踪反馈机制州县市全覆盖，“线上”发现问题、“线下”跟踪监督的工作机制不断完善。加强对预算调整、债务限额的审查监督，防范化解政府债务风险，依法废止11只政府类基金和6项政府购买服务资金纳入预算的决议决定。

推进重点工作落实。一是聚焦洱海高水平保护强化监督。对修订后颁布施行的洱海保护管理条例、苍山保护管理条例贯彻实施情况进行深入调研，两次对洱海保护管理条例贯彻实施情况进行执法检查；听取审议全州环境状况和环境保护目标完成情况的报告，对水污染防治法、大理州乡村清洁条例等6件法律法规实施情况进行执法检查，对洱海流域截污治污工程建设情况进行视察，对洱海水资源运行调度情况、全州森林保护情况等6项工作进行专题调研，加强河（湖）长制工作督察，有力推进以洱海保护治理为重点的污染防治攻坚战。二是聚焦决战脱贫攻坚强化监督。连续三年对脱贫攻坚工作进行监督，听取审议州人民政府关于全州脱贫攻坚工作情况的报告、关于实施贫困村整村推进项目情况的报告，对全州扶贫工作情况、移民后期扶持工作情况、健康扶贫工作情况进行调研，助推全州脱贫攻坚如期胜利收官。三是聚焦乡村振兴强化监督。对全州少数民族特色村寨保护与发展情况进行视察，对全州乡村振兴工作、“珍惜粮食、反对浪费”工作进行专题调研，听取审议全州养殖业发展工作情况报告，组织我州选举产生的省十三届人大代表对全州乡村振兴工作开展调研，着力促进巩固拓展脱贫攻坚成果推进乡村振兴工作。

落实惠民政策增进民生福祉。对全州民族团结进步示范区建设工作情况进行视察，对全州侨务工作、学前教育普及普惠发展等14项工作和未成年人保护法、消防法等7件法律法规贯彻实施情况开展监督，推动保障和改善民生，增进民生福祉。新冠肺炎疫情防控工作中，常委会及时作出决议决定，对全国人大常委会有关决定和野生动物保护法、传染病防治法等6件法律法规实施情况进行执法检查，强化法治保障，助力疫情防控取得重大战果。

贯彻实施宪法法律法规推进法治大理建设。通过多种方式，助力扫黑除恶专项斗争。加强对“七五”普法规划实施的监督，作出关于开展第八个五年法治宣传教育的决议，推动落实“八五”普法规划。对省人大常委会有关决定实施情况，州人民政府公安交通规范执法、州监察委员会工作开展、州中级人民法院一站式多元解纷和诉讼服务体系建设、州人民检察院服务保障民营经济发展等12项工作开展监督，促进司法为民，维护公平正义。修订州人大常委会规范性文件备案审查办法，建立听取备案审查工作报告制度，对州人民政府报送的洱海保护管理条例实施办法等25件文件进行了备案审查，纠正1件，切实维护法治统一。

四、依法决定、规范任免，促进经济社会发展

常委会围绕党中央决策部署和省州党委工作要求，依法依规按程序行使决定权和任免权，保障人民当家作主，助力全州经济社会发展和改革攻坚任务。

依法讨论决定重大事项。深入落实党中央和省州党委关于推动健全人大讨论决定重大事项、各级政府重大决策出台前向本级人大报告制度的决策部署，推进讨论决定重大事项制度化常态化，修订州人大常委会讨论决定重大事项规定，提高讨论决定工作实效，作出设立大理白族自治州民族团结进步日的决定等重大事项决定45项，确保党的主张通过法定程序成为国家意志，促进经济社会发展、民生改善和民主法治建设。

规范做好人事任免工作。坚持党管干部原则与人大依法行使选举权任免权相统一，保证党组织推荐的人选通过法定程序成为国家政权机关的领导人员。认真实施任前法律知识考试、投票表决、颁发任命书、任职发言、宪法宣誓、干部述职等制度，依法任免国家机关工作人员30批次308人次。

五、完善机制、强化保障，充分发挥代表作用

常委会把发挥代表主体作用作为人民当家作主的重要体现，加强和改进代表工作，支持和保障代表依法履职。

密切常委会同人大代表的联系。建立常委会领导与列席州人大常委会会议人大代表座谈交流机制，常委会主任、副主任主持召开列席代表座谈会7次，收集代表意见建议105条并交有关部门研究办理，推动解决基层群众关注的热点难点问题。邀请省、州人大代表560人次列席州

人大常委会会议，组织代表参加执法检查、代表视察、专题调研等活动，代表对常委会工作的参与进一步拓展，全过程人民民主进一步体现。

密切人大代表同人民群众的联系。州内各级人大代表9442名，直接联系人民群众31649户。全州112个乡镇（街道）、1153个村（居）委会实现活动阵地全覆盖。组织各级人大代表进站（室）开展活动，进行人大协商，听取意见建议，向选民述职，履行人大代表为人民的承诺，代表活动阵地“民意窗”“连心桥”的作用有效发挥。

支持保障代表依法履职。加强代表学习培训，通过举办培训班等多种形式，对州人大代表进行了全覆盖多层次培训。各县市人大常委会组织州人大代表开展集中视察和调研72次，推动代表了解群众呼声、反映基层诉求。支持“一府一委两院”向代表通报重要工作情况，邀请代表参加相关会议、活动等381人次。组织在大理的省人大代表参加培训68人次，开展视察调研221人次。建立完善了州人大代表活动经费使用相关制度。

提高代表议案建议办理工作质量。认真审议办理代表议案，及时会同州人民政府召开代表建议交办会，对做好代表建议办复工作提出具体要求。将40件代表建议确定为重点督办建议，以点带面推动落实。听取审议州人民政府关于代表提出的建议、批评和意见办理情况的报告，对州人民政府部门承办代表重点建议情况进行满意度测评。本届州人大代表提出议案3件、建议1225件，大理州选举产生的省人大代表和全国人大代表提出议案1件、建议402件。经过各方面的努力，州人大代表议案按时审议办结，建议解决率由2017年的77.69%提高到2021年的86.45%，办理质量明显提高。

完成代表换届选举。聚焦夯实基层政权，践行全过程人民民主，依法依规推进人大代表换届选举工作。报请州委转发换届选举工作意见，召开工作部署会，及时向州委请示报告重大问题和重要情况，作出相关决议决定。成立6个县乡两级人大换届选举工作指导组，加强工作指导，推动责任落实。在州委的正确领导下，在各级人大和各方面的共同努力下，圆满完成了人大代表换届选举工作，共选出州县乡人大代表10106名。

六、担当作为、奋勇争先，不断加强自身建设

常委会认真贯彻中央人大工作会议精神，聚焦新定位新要求，扎实推进自身建设，为依法履职提供坚强保证。

筑牢思想政治根基。通过党组理论学习中心组、专题讲座、专题培训、研讨交流等方式，抓实理论学习，强化理论武装。开展“不忘初心、牢记使命”主题教育、党史学习教育和“大理之问”大讨论活动，增强了担当作为的自觉性。常委会党组全面履行领导责任，认真落实全面从严治党主体责任，党建工作成效明显，得到州委充分肯定。增强依法履职观念，遵守法定程序和会议纪律，认真审议讨论，严格依法行使表决权。

提高依法履职能力。加强学习培训，举办立法、监督等专题培训班，州县市人大干部345人次参加培训学习。加强制度建设，修订了州人大常委会工作规则、“三问一评”工作监督办法、常委会及机关相关工作制度。坚持会前充分准备、会后跟踪监督，增强审议监督实效。完善议事制度和会议组织，科学确定州人代会、常委会会议和主任会议会期和日程安排，改进报告方式和审议形式，规范议案提出、审议表决等程序，提高议事质量和效率。开展纪念州人大设立常委会40周年系列活动。出台加强和改进人大宣传工作的意见，举办全州人大宣传工作培训，改版《大理人大》期刊、网站，刊载文章、资料4332篇；创办公报和微信公众号，登载会议材料691篇，推送信息2738条，阅读量82万次，宣传工作水平进一步提升。

推进模范机关建设。以创建全国文明单位和建设人大模范机关引领常委会机关建设，建立“人大讲坛”学习交流平台，举办专题讲座10期。建成机关信息中心，圆满完成机构改革，认真接受州委巡察，以强有力的巡视巡察整改推进机关建设。开展爱岗敬业教育，加强干部队伍建设，机关参谋助手和服务保障水平显著提升，为州人大及其常委会工作提供了有力保障。

四年来，我们奋力推进全州人大工作与时俱进、创新发展，干出了人大工作的新样子，闯出了人大工作的新路子，交出了新时代人大工作的新答卷，多项工作得到州委和省人大、全国人大的充分肯定：以洱海苍山保护为重点的生态环境保护立法走在全国前列，“以良法力促洱海更清更美”的做法入选《中国人大》，印发十三届全国人大四次会议代表；“三问一评”工作监督成为创新样本，在全省、全国人大相关会议上作了交流推广，录入《中国人大年鉴（2018年）》；人大代表建议办理的推动示范作用显著增强，有力助推了电力体制改革等一批重大改革事项的落地见效；州人大常委会机关被命名表彰为全国文明单位、云南省民族团结进步示范单位。

四年的实践，让我们深刻认识到，必须坚持党的创新理论的科学指引，坚持不懈用习近平新时代中国特色社会主义思想武装头脑、指导实践、推动工作；必须坚持党的全面领导，牢牢把握人大工作的正确政治方向；必须服从服务全州发展大局，认真履行宪法法律赋予的各项职责；必须坚持人民至上，充分发挥人大代表的主体作用；必须加强自身建设，推进人大工作高质量发展。

各位代表，常委会工作取得的成绩和进步，根本在于习近平新时代中国特色社会主义思想科学指引，是州委坚强领导的结果，是州人大代表和常委会组成人员担当尽责的结果，是州“一府一委两院”和全州各级人大大力支持的结果，是全州各族人民积极参与的结果。在此，我代表州人大常委会表示崇高的敬意和衷心的感谢！

同时，我们也清醒地认识到，常委会工作还有一些差距和不足，主要是：贯彻新发展理念、推进高质量发展“小切口”立法需要进一步加强；监督的刚性和实效需要进一步增强；代表作用发挥需要进一步改进；高效率推进人大工作、高水平履职尽责能力需要进一步提升。这些差距和不足需要在下一步的工作中认真研究解决。

中国人民政治协商会议大理白族自治州第十三届委员会常务委员会工作报告（摘要）

——2022年2月14日在政协大理白族自治州第十四届委员会第一次会议上

政协大理州委员会主席　朱建斌

政协大理州第十三届委员会任期的四年，是我州牢记嘱托、感恩奋进，全力以赴抗疫情、稳增长、护洱海、战贫困、保稳定、惠民生、强党建，各项事业全面发展，全面小康圆满实现的四年，也是全州政协事业在传承中发展、在发展中创新、在创新中前行的四年。四年来，政协大理州第十三届委员会以习近平新时代中国特色社会主义思想为指导，在中共大理州委的坚强领导下，全面深入贯彻中共十九大和十九届历次全会精神，认真学习贯彻习近平总书记在庆祝中国共产党成立100周年大会上的重要讲话、习近平总书记考察云南重要讲话和对大理工作重要指示批示精神，以习近平总书记关于加强和改进人民政协工作的重要思想为根本遵循，牢牢把握政协性质定位，围绕中心、服务大局，认真履行政治协商、民主监督、参政议政职能，着力在建言资政和凝聚共识上双向发力，为推动大理高质量发展作出了积极贡献。

一、坚持思想政治引领，确保人民政协的正确政治方向

四年来，常委会坚持以思想政治建设为统领，毫不动摇地坚持中国共产党的领导，增强“四个意识”，坚定“四个自信”，做到“两个维护”，始终与中共中央和省、州党委在思想上同心同德、目标上同心同向、行动上同心同行。

强化思想理论武装。坚持把学习贯彻习近平新时代中国特色社会主义思想作为首要政治任务常抓不懈，把理论学习摆在更加突出位置，以党组理论学习中心组学习为引领，构建了党组会议、主席会议、常委会议、委员培训、干部职工会议相配套的常态化学习体系。举行党组理论学习中心组集体学习26次，常委会集中学习20次，委员专题培训5次；举办全州政协系统干部综合能力提升培训班4期。推动学习往深里走、往实里走，进一步增强忠诚核心、拥戴核心、维护核心、捍卫核心的思想自觉和行动自觉，夯实政协事业行稳致远的思想基础。

坚持党的全面领导。全面贯彻落实中共中央和省、州党委决策部署，始终坚持党对政协工作的全面领导，做到重要精神迅速贯彻、重大事项及时请示报告，向州委请示、报告重要事项47次、汇报重要工作18次。州委高度重视政协工作，召开州委政协工作会议，出台《关于加强新时代人民政协党的建设工作的实施意见》《关于新时代加强和改进人民政协工作的实施意见》等系列文件，为加强和改进新时代政协工作提供了制度保障。州委、州政府主要领导多次到州政协调研、听取意见建议，对政协履职成果阅批62次，州委、州政府领导参加协商等活动200余人次，支持政协依章履职，为政协事业发展提供坚强保障。

加强政协党的建设。全面贯彻落实中共中央和省、州党委关于加强新时代人民政协党的建设的新要求，始终坚持把党的建设摆在首位。深入开展“两学一做”学习教育、“不忘初心、牢记使命”主题教育、党史学习教育、“大理之问”大讨论活动。充分发挥政协党组在政协工作中把方向、管大局、保落实的作用，健全机关党的组织体系，成立州政协机关党组、机关党委、机关纪委，压实党建工作主体责任。切实加强基层党组织建设，推动党的组织对中共党员委员、党的工作对政协委员的全覆盖，充分发挥党支部的战斗堡垒作用、党员委员的先锋模范带头作用，努力把党的主张转化为政协委员的思想共识和行动自觉，转化为各族各界的共同意志。

二、坚持围绕中心履职担当，全力助推大理高质量发展

四年来，常委会主动适应新常态，把推动大理高质量发展作为履职的第一要务，围绕州委、州政府中心工作献智力、添助力、增活力。

聚焦高质量发展协商议政。找准切入点，深入调研视察、广泛协商议政，为推动大理高质量发展建言献策。每年全会期间，组织召开界别联组会、“一府两院”工作报告协商会，州委、州政府领导面对面听取委员意见建议，回应委员关切，一大批协商成果得到采纳。紧紧围绕州委“强投资、强消费、稳工业、抓新基建”的部署，对全州综合交通网络规划建设推进情况开展调研，对全州铁路网络规划建设情况开展常委会视察；围绕综合交通建设、“县县通高”等工作对州交通运输局开展民主评议，积极助推全州综合交通建设。紧扣“六稳”“六保”工作任务，开展常委会议专题议政性协商，对提振社会消费、发展要素保障、工业经济发展、破解工业企业融资难、数字经济发展、知识产权保护、经开区高质量发展等工作开展调研协商。组织界别委员对全州营商环境开展视察监督、协商议政，州委、州政府对意见建议进行分解督办落实，有力助推发展软环境的提升。召开“十四五”规划专题议政性常委会议，深入开展协商议政，积极建言规划编制。对茶马古道、旅游市场监管、文化旅游产业转型升级、民宿业发展、沙溪国家新型城镇化建设试点项目实施情况开展调研，助推大理文化旅游融合发展、提质增效。每年组织州政协常委对州直部门履职情况进行民主测评，会同州人大常委会对全州12县市、106个州级部门“大理之问”大讨论活动成效开展评议，推动“大理之变”。

聚焦生态文明建设建言献策。始终牢记习近平总书记“一定要把洱海保护好”的殷殷嘱托，紧紧围绕洱海保护履职尽责，持续助力以洱海保护为重点的生态文明建设。组织住大理州省政协委员对生态廊道建设、河长制落实情

况开展专题视察，对截污治污工程提速行动推进情况开展重点视察。对洱海流域生态农业发展、农业结构调整、产业转型升级、森林资源管理和苍山保护利用等开展专题协商。对洱海流域人口疏解产业疏导和城镇空间布局调整、非煤矿山整治与全州砂石料生产、发挥生态廊道综合效益、国家级洱海保护绿色发展示范区创建开展专题调研。一大批履职成果得到州委、州政府主要领导的阅批，转化为各级、各部门推动洱海高水平保护治理的具体行动。全国政协副主席李斌、何维、邵鸿、高云龙等领导到大理调研考察期间，主动汇报洱海保护治理工作成效，争取国家层面对洱海保护治理工作的理解支持。

聚焦脱贫攻坚和乡村振兴献计出力。把坚决打赢脱贫攻坚战作为重大政治任务，组织住大理州省政协委员对精准脱贫工作开展监督性视察，围绕健康扶贫、产业扶贫、中草药产业发展、传统村落保护、休闲农业发展等开展专题调研，对全州高标准农田建设、大中型水库建设、世居少数民族聚居地区小康村建设情况开展协商。发挥政协组织人才荟萃、联系广泛优势，广泛动员全州政协系统以“六个助推”和“九个一活动”为着力点开展脱贫攻坚助推行动，2500余名政协委员积极响应，勇担社会责任，开展爱心义捐活动1486次，捐赠资金3346万元，为贫困户提供就业岗位24579个，开展义诊986次，受益群众57819人次，为助推全州高质量脱贫作出了政协贡献。在脱贫攻坚取得全面胜利之际，对巩固拓展脱贫攻坚成果和乡村振兴有效衔接开展专题调研，制定工作方案、强化工作举措，接续开展助推巩固拓展脱贫攻坚成果和乡村振兴“双助推”行动。围绕开展5项助推及助推漾濞地震恢复重建、为群众办好10件实事，组织委员围绕漾濞地震、洱源泥石流灾后恢复重建开展协商议政，深入开展传统文化进乡村、就业技能培训、医疗卫生下乡等助推行动。促成京东集团京喜农场直采“巍山红雪梨”、明日之星教育基金会向我州捐赠1500万元教学设备等一批实事好事，体现了新时代政协委员的使命担当和社会担当。

三、坚持以人民为中心，致力民生改善议政建言

四年来，常委会始终贯彻以人民为中心的发展思想，紧扣人民群众日益增长的美好生活需要，切实把反映民意、服务民生、维护民利贯穿履职全过程。

着力助推民生改善。践行履职为民理念，开展调研视察和协商议政，助推民生改善。围绕大理市全国文明城市创建开展常委会议视察，对全州美丽县城建设、老旧小区改造开展协商调研，直面问题，提出对策建议。围绕看病难、看病贵等现实需求，就食品药品监督管理行政执法、公立医院改革开展对口协商，为推进医疗体系改革提供决策参考。围绕学前教育开展专题协商，就义务教育均衡发展开展视察，推动教育事业发展。组织委员对优生优育、物业管理、家政服务、少数民族刺绣传承发展、公墓规划建设管理等群众关心关注的民生问题深入调研协商，形成调研视察报告报送州委、州政府作决策参考，提出的意见建议得到重视和采纳，有力推动相关工作的开展。关注民情民生，收集社情民意信息1560篇，转州级部门参考办理227篇，报州委、州政府领导参阅《社情民意》71期，州委、州政府高度重视民声民情，及时回应群众关切。

着力助推社会治理。充分发挥专门协商机构作用，全会期间召开法检两院工作报告协商会，常委会议每年专题听取法检两院专项工作情况通报。围绕市域社会治理现代化试点、律师行业发展、“七五”普法、公安监管医院建设等工作开展协商议政，组织委员开展立法协商，助推平安建设、法治大理建设。对州工信局、州财政局、州文化旅游局等9个部门开展民主评议，推动部门作风转变和工作落实。履职重心下沉，制定下发《关于开展“协商在基层”工作的实施意见》《“协商在基层”协商议事工作规则》，先试点探索，后全面铺开，扎实推进“协商在基层”工作，按照一室多用的原则，全州12县市112个乡镇（街道）全面建成协商议事室，并逐步向村（社区）延伸，积极探索“田边协商、广场协商、院坝协商、现场协商”等协商路径。围绕小区物业服务、停车难、移风易俗、产业发展等开展协商议事活动298场次，切实解决群众关心关注的民生问题，助力基层社会治理现代化。

着力助推疫情防控。面对突发疫情，闻令而动，第一时间发出倡议书，广泛动员全州各级政协组织、政协各参加单位、广大政协委员和机关干部职工，各展所长、各尽其能投身疫情防控、复工复产。广大政协委员带头生产保供、踊跃捐款捐物，累计捐赠款物1500余万元，汇聚了并肩“战疫”的强大合力。在疫情防控常态化的大背景下，聚焦统筹推进疫情防控和经济社会发展，围绕事关疫情防控和人民群众健康的重大民生问题广泛开展协商议政，组织住大理州省政协委员对疫情防控常态化工作开展专题协商，对公共卫生应急体系建设开展对口协商，对全州推进爱国卫生“7个专项行动”情况开展专题视察，持续助力疫情防控常态化工作。

四、坚持“双向”发力，合作共事基础更加坚实

四年来，常委会牢牢把握团结和民主两大主题，坚持建言资政和凝聚共识双向发力，为大理改革发展汇集智慧、凝聚力量。

凝聚共识渠道更加畅通。始终把凝聚共识贯穿政协履职全过程、各方面，紧扣“国之大者”、民生关切，引导委员认真履职，汇聚民智、反映民愿。把政协协商作为凝聚共识的重要抓手，把情况通报、发言讨论作为协商的重要环节，精心组织全会界别联组会、“一府两院”工作报告协商会10场次，常委会议政性协商8场次，专题协商会22场次，协商讨论236场次，认真组织委员开展大会发言320余人次，同时，开展对口协商、远程协商、“协商在基层”协商、界别小组协商、提案办理协商等协商议事活动。精心策划新年茶话会，组织社会各界人士共话大理改革发展成就，共谋跨越发展大计。州政协领导经常性参加界别小组活动、走访委员，听取意见建议。通过广泛协商议政，做到在交流中完善建议、集思广益，在共商中增信释疑、凝聚共识。

团结共事氛围更加浓厚。州委高度重视人民政协作为统一战线组织、多党合作和政治协商机构作用的发挥，州委统战部常务副部长兼任州政协党组成员，州委统战部、州民宗委、州级各民主党派领导兼任州政协副秘书长。建立了州政协领导联系州级各民主党派机制，多次到各民主党派、工商联调研座谈，广泛听取意见建议，积极为各民主党派参政议政搭建平台，组织各民主党派参与州政协重点调研视察等履职活动260余人次、会议发言80余人次。通过开展民主党派、工商联提案培育、社情民意征集，各民主党派、工商联共提出提案500余件，报送社情民意信

息114篇、转部门参阅办理57篇，采用报送25篇，汇聚起合作共事、共谋发展的强大合力。

联谊交流平台更加宽广。组织开展庆祝中华人民共和国和人民政协成立70周年系列活动，配合省政协开展“我为祖国自豪”参观考察活动。配合做好全国政协佛教道教商业化治理专题调研、中国宗教界和平委员会考察活动。加强与民族宗教界代表人士沟通联系，围绕《宗教事务条例》贯彻落实情况开展重点调研，对民族文化保护传承工作开展常委会议协商，对民族团结进步示范区建设开展专题视察，积极助力民族团结进步示范区建设。联合大理大学每年举办留学生中秋联谊活动，让留学生成为大理对外交流的使者。加强书画交流，组织“春风大雅”中国知名书画家画大理活动，与桂林市、攀枝花市等州市举办书画联展，促进文旅融合，宣传推介大理。认真做好全国政协、省政协到大理开展工作的服务保障，借上级政协资源助大理高质量发展。加强与省内外政协的横向联系交流，互促共进，推动工作提质增效。

五、坚持守正创新，政协经常性工作切实加强

四年来，常委会坚持以改革创新精神推进经常性工作，不断夯实工作基础。

提案工作提质增效。出台《关于提高提案工作质量的意见》《提案办理协商办法》等系列文件，创新提案“提、审、办、督、评”举措，积极探索建立提案培育工作机制，推动提案由数量型向质量型转变，共征集提案1758件，立案交办1628件。建立州委、州政府主要领导和州政协领导班子成员领衔督办重点提案机制，每年遴选出10件重点提案进行督办，以重点提案的办理，引领推动整体提案办理，提案办理解决率和落实率得到巩固提升。

文史工作成果丰硕。充分发挥政协文史资料“存史、资政、团结、育人”的重要作用，编撰出版《南诏二百年》《大理王朝三百年》《九百年山河》《小康之路》等一批史料，挖掘大理之魅，留存大理记忆。开展纪念徐霞客壮游大理380周年系列活动，出版发行《研讨会文稿集》和《大理·徐霞客未了之兴》散文集，弘扬徐霞客精神。完成州政协陈列室布展，编印《建言献策汇编》，充分展示州政协围绕中心、履职尽责的成就。发挥政协书画室优势，为书画界人士交流活动搭建平台，常态化开展书画笔会和采风活动，开展书画进基层、进校园、进企业活动13次，举办庆祝改革开放40周年、庆祝中国共产党成立100周年等5次书画展，弘扬中华传统文化，讴歌大理发展成就。

理论研究和宣传工作成效明显。在全州政协系统开展学习贯彻习近平总书记关于加强和改进人民政协工作的重要思想理论研讨会，认真开展政协履职能力建设、履职成果转化等工作研究，出台《关于进一步做好政协履职成果转化的通知》，有力推动政协履职成果转化。举办“乡愁·大理”座谈会，形成《座谈会征文汇编》，留存乡愁记忆。扎实推进全州政协新闻宣传工作，不断提升《大理政协》《大理政协信息》内刊质量，完成州政协门户网站改版升级、开通微信公众号，累计发布动态信息、宣传稿件6300余篇，在州级以上主流媒体刊播新闻稿件和理论文章500余篇。在大理电视台推出委员风采专栏，展现委员参政议政风采。

六、坚持强基固本，自身建设不断加强

四年来，常委会始终牢牢把握新时代对人民政协的新要求，不断加强自身建设，着力提升履职能力。

专委会基础作用进一步夯实。建立完善各专委会与党政有关部门对口联系和协商机制，把民主监督贯穿联系协商全过程，直面问题、直陈观点、直指堵点强化监督，提出对策建议，有力助推部门相关工作的开展。重视发挥界别作用，制定《关于加强界别工作的意见》、《专委会工作通则》，健全州政协领导、专委会联系委员活动小组、界别活动等机制，将全体委员编入专委会，使委员学习有阵地、联系有渠道、履职有平台。各专委会召开16次工作会议，向专委委员通报情况，加强工作交流。组织委员开展了13次视察、38次调研、32次协商，形成83份履职报告报送州委、州政府，专委会在政协工作中的基础性作用得到充分发挥。

委员主体作用进一步发挥。不断加强委员服务管理，发挥委员主体作用。制定出台《委员工作规则》《委员视察考察工作条例》等7个规章制度，建立委员履职档案，加强委员履职管理。坚持高质量服务和高标准要求相结合，开展“精细化服务、高质量履职”活动，建立常委提交年度履职报告制度，激励委员担当作为。履职工作中始终突出委员主体，尽力为委员履职搭建平台、创造条件，闭会期间组织委员参加州政协履职活动5100多人次，积极支持委员担任人民监督员、特邀监督员、行风评议员、考务监督员等，参与民主监督性活动450多人次。

机关自身建设进一步加强。始终把自身建设放在重要位置，围绕“打造一流政协机关、锻造一流干部队伍、干出一流工作业绩”目标，以加强机关履职能力和干部队伍建设为抓手，扎实开展“大理之问”大讨论活动，答好“政协答卷”。以制度建设为抓手，修订完善常委会议工作规则、主席会议工作规则等9项政协履职规则，以省委巡视、州委巡察为契机，健全完善机关管理、人文关怀等13项规章制度，推动政协履职、机关运行的制度化、规范化、科学化。州政协领导率先垂范，认真抓好挂钩县市、企业、河(湖)长制、乡村振兴等工作，机关持续抓好挂钩村(社区)乡村振兴、环境卫生整治、文明城市创建等工作。认真履行全面从严治党主体责任，严格落实中央八项规定及其实施细则精神，认真抓好巡察整改、支持驻州政协机关纪检监察组开展监督执纪工作，把纪律和规矩挺在前面，不断加强机关纪律和作风建设，机关全国文明单位示范引领作用进一步得到深化。

各位委员，十三届州政协取得的成绩，是习近平新时代中国特色社会主义思想科学指引的结果，是中共大理州委坚强领导的结果，是省政协指导帮助，州人大常委会、州人民政府和社会各界大力支持的结果，是全州各级政协组织、政协各参加单位和广大政协委员共同努力的结果。在此，我代表十三届州政协常委会，向大家致以崇高的敬意和衷心的感谢!

各位委员，在总结成绩的同时，我们也清醒地认识到，与新时代对人民政协的新要求，与中共大理州委和全州人民的重托，与全体委员的期望相比，工作中还存在一些差距。主要是：政协党的建设还需进一步加强；专门协商机构作用还需进一步发挥；凝聚共识渠道还需进一步拓展；建言资政质量还需进一步提高；委员主体作用还需进一步充分发挥。这些不足，我们将高度重视，切实加以改进。

大理白族自治州2021年国民经济和社会发展计划执行情况报告（摘要）

——2022年2月15日在大理白族自治州第十五届人民代表大会第一次会议上

大理白族自治州发展和改革委员会

2021年，面对严峻的形势和艰巨繁重的发展任务，在州委的坚强领导下，在州人大及其常委会的监督指导下，州人民政府带领全州各级政府及各部门以习近平新时代中国特色社会主义思想为指导，认真贯彻落实中央和省委、省政府以及州委各项决策部署，认真执行州人大审议批准的2021年国民经济和社会发展计划，坚持稳中求进工作总基调，沉着应对困难形势，努力克服疫情反复、能耗“双控”、要素短缺等影响，积极优存量、引增量，努力推进全州经济社会平稳发展。2021年全州地区生产总值完成1633亿元，按可比价计算同比增长7%，与人代会目标相差1个百分点；规上工业增加值同比增长4.2%，与人代会目标相差3.8个百分点；固定资产投资（不含农户）完成935.4亿元，同比增长7.6%，与人代会目标相差4.4个百分点；社会消费品零售总额完成651.5亿元，同比增长7.2%，与人代会目标相差0.8个百分点；一般公共预算收入完成111.78亿元，同比增长3%，完成人代会目标；一般公共预算支出按收付实现制计算完成302.67亿元，同口径增长0.8%，高于人代会目标0.8个百分点；城镇、农村常住居民人均可支配收入分别完成41740元、15023元，分别同比增长8.6%、10.1%，分别高于人代会目标3.6、3.1个百分点。全州如期打赢脱贫攻坚战，与全国、全省一道全面建成小康社会。经济保持平稳运行，空间布局优化调整、产业转型升级加快，民生保障进一步提升，社会事业取得进步，高质量发展成效初显，实现“十四五”良好开局。2021年的主要工作成效是：

一、重大项目有序推进。项目协调推进力度加大。成立大理州重大项目综合协调推进领导小组，建立重大项目问题定期协调解决机制。兑现2020年固定资产投资以奖代补资金2618万元。制定出台“十四五”重大项目前期工作两年行动计划，安排三批次71个项目前期工作经费8672万元。还清耕地占补平衡指标省级欠账，优先配置建设用地2.17万亩、林地1.18万亩，保障83个项目开工建设。争取到中央和省预算内资金42亿元，地方政府专项债券107.2亿元。举行四批次共659个重大项目集中开工。重大项目建设扎实推进。53个省级“四个一百”重点项目完成投资546.7亿元，完成率94.3%。130个“补短板、增动力”省级重点前期项目开工17个，完成投资13.5亿元。290个州级重大建设项目完成投资738.3亿元，完成率91%。南景高速建成通车，楚大扩容即将建成，大南、大漾云、云兰、鹤剑兰、宾南、宾鹤6个项目分段建成，云永、永昌2个“互联互通”项目控制性工程开工，在建高速和大瑞铁路（大保段）加快推进，大理铁路枢纽扩能改造、大理火车站站房提升改造地方配套工程启动实施，完成综合交通投资438.5亿元，创新中国成立以来新高，规模和增速均位居全省第一。鲁地拉水资源综合利用工程等重大水利工程项目进展顺利，滇中引水工程大理段首条隧洞贯通，51件在建水源工程稳步推进。宾川海稍水库、南涧拥政水库等15件水源工程开工建设，完成水利投资108.7亿元。列入省“保供给促投资”的11个光伏发电项目全面开工并顺利推进，鹤庆溢鑫铝业和祥云飞龙厂区各20兆瓦屋顶分布式光伏项目开工建设。一批城镇化、农业农村、社会事业、生态环保、文化旅游等项目有序推进。

二、农业经济较快发展。粮食播种面积、产量“双稳”。全州粮食播种面积445.53万亩，比上年增加0.3万亩；产量167万吨，比上年增加1.7万吨。“绿色食品牌”建设加快。制定出台打造世界一流“绿色食品牌”示范区工作方案、绿色食品保健食品产业园建设方案。认定“绿色食品牌”重点产业基地112个。宾川水果、漾濞核桃列入2021年度“一县一业”示范县，弥渡蔬菜、巍山肉牛列入“一县一业”特色县及全国优势特色产业集群，弥渡、祥云、鹤庆3县获得国家生猪调出大县奖励。5个万头奶牛牧场启动建设，皇氏来思尔自主乳酸菌成功搭载神十二太空舱航天育种。产业主体品牌培育成效显著，新增州级以上农业产业化龙头企业27户、农民合作社138个、家庭农场5542个。2户企业获评2021年云南省绿色食品“10强企业”，1户企业获评2021年云南省绿色食品“20佳创新企业”。6个品牌获评2021年云南省“10大名品”，48个企业、产品品牌和2个区域公共品牌进入云南省“绿色食品牌”品牌目录。完成农林牧渔业总产值679.4亿元，按可比价计算增长11.1%。全州第一产业增加值增长8.7%，达到历史较高水平。

三、工业经济平稳发展。工业发展统筹力度加大。出台关于加快构建现代产业体系的实施意见，实施制造业振兴行动计划，制造业对工业支撑增强。重大工业项目招商引资力度加大，一批绿色硅、绿色铝项目启动实施。重大工业项目稳步推进。实施重大工业项目50个，嘉士伯扩建9万罐智能化生产线、翰宇生物工业大麻深加工项目等22个项目竣工投产，鹤庆北衙多金属综合利用工程、金明动物药业兽药GMP制剂车间技术改造等17个项目开工。完成能源以外工业投资38.8亿元。开发区优化提升有序推进。鹤庆产业园区、祥云经济开发区、弥渡产业园区优化提升通过省级审核。祥云集中建园试点建设加快，成立大理创园产业投资有限公司，构建集中建园利益分配机制，规划修编、招商引资、土地收储及基础设施建设等工作同步推进。数字经济成效明显。“大理州城市大脑”项目荣获“2021年IDC未来运营领军者”优秀奖；入选中国标准化研究院发布2021年数标指数全国典型实践50强案例“试点示范，特色推广类案例”。基于全国信创体系，“苍洱云”平台一期完成建设。州理政中心建成运行，数据中枢建设完成，适配中心有序推进，工业互联网改造等数字应用项目启动，数字化智慧场景应用不断拓展。中国电子系统技术有限公司、科大讯飞股份有限公司等10家企业入驻信创产业园。

四、消费服务业有序复苏。努力稳住文化旅游市场。推出A级景区免票等优惠活动，大理州国家文化和旅游消费试点城市创建快速推进，大理古城景区被列为第一批国家级夜间文化和旅游消费集聚区。双廊民族文化街等3条街区被认定为省级旅游休闲街区。剑川千狮山（满贤林）被评为4A级景区，洱海生态廊道等A级景区创建加快，普德赋云南大理国际度假项目签约落地。鹤庆银器、剑川木雕国家级重点培育文化产业示范园建设快速推进。大理木田养山等50家半山酒店建成运营，评定最佳旅游民宿30家。洱海生态廊道智慧科普、智慧跑道等智慧化服务应用国内领先。全州接待海内外游客4451.8万人次，增长13.5%；完成旅游业总收入539.5亿元，下降10.8%。服务业平稳发展。以商旅文融合、家电汽车下乡、以旧换新等为重点，加大线上线下促销力度，稳住本地消费，扩大外来消费。开展车用燃料油品市场专项整治，促进成品油销量增长，新升限商贸流通企业114户。大理市、祥云县、鹤庆县获批2021年电子商务进农村综合示范项目，获批项目数居全省第一。金融服务实体经济能力提升，大理州金融服务平台建设持续推进，政银企合作进一步深化。延长普惠小微企业贷款延期支持工具和信用贷款支持计划两项直达货币政策工具实施期限至2021年底，全州中小微企业贷款风险补偿金规模达到2900万元，贷款风险补偿业务进入实操阶段。金融机构各项存贷款余额分别达2038.9亿元、1973.2亿元，分别增长4.7%、16.2%。

五、生态文明建设成效明显。推动苍山洱海一体化保护。深入贯彻落实云南省湖泊保护治理工作会议精神，苍山洱海国家级自然保护区勘界立标、整合优化工作加快推进。洱海流域一、二、三级保护区划定落地。实施洱海流域清水净湖巩固提升三年行动，“三库连通”工程向洱海直补清水5711万立方米，洱源县7件、大理市18件评定为2021年州级美丽河湖。“三禁四推”成果持续巩固，大理市洱海流域农业面源污染治理与监督管理项目纳入国家试点。流域除藻设施设备藻水处理能力达62.4万立方米/天。生态廊道环湖岸线生态进一步修复完善，“1806”小镇顺利交房。洱海湖泊生态系统野外科学观测研究站建成，智慧洱海监管服务体系提升完善。洱海被列入全国第二批流域水环境综合治理与可持续发展试点，国家绿色发展基金全国首个项目类投资落地大理。1—11月洱海国控断面水质综合评价为“优”，未发生规模化藻类水华。生态环境保护不断加强。完成水土流失治理面积372平方公里，治理河长87.8公里。启动“绿色革命”行动，完成营造林14.4万亩。全面推行州县乡村四级林长制，实现森林管护全覆盖。完成草原生态修复治理和有害生物防治23.4万亩，草原综合植被覆盖度达83.2%。全州畜禽粪污综合利用率达90%以上。金沙江“十年禁渔”扎实推进，中央第八生态环境保护督察组交办的353件信访举报件和反馈的22个问题整改落地见效。高水平举办2021推进全球生态文明建设（洱海）论坛，大理州两个案例入选“全球生物多样性100+案例”。南涧县成功创建国家生态文明建设示范区。

六、城乡统筹发展加快。区域协同发展有序推进。州委州政府县市现场办公会成功召开，“一城三区四单元”新型城镇化发展路径、措施进一步明确。《大理州国土空间总体规划》和《洱海流域国土空间保护和科学利用专项规划》形成阶段性成果。祥云县撤县设市、关巍新片区建设有序推进。城市承载能力稳步提升。完成12县市城市体检工作，“一组团一策”推进城市更新。大理市西洱河片区、祥云县彩云路片区城市更新试点项目加快推进。全州城镇老旧小区改造完成16530户、187.2万平方米。城镇棚户区改造基本建成5806套。新建城市燃气管网85公里、污水处理厂配套管网51公里，建成海绵城市0.5平方公里。新建公共充电桩387个，率先在全省实现乡镇政府驻地全覆盖。新建城镇天然气低压管网35公里，全州天然气消费量增长67%。永平县、鹤庆县获“云南省美丽县城”命名，10个县通过省级卫生县城技术评估。剑川沙溪古镇成为全省特色小镇智慧化建设新样板。《剑川历史文化名城保护规划》经省人民政府批准实施，9条街区申报为省级历史文化街区。巩固拓展脱贫攻坚成果同乡村振兴有效衔接。建立防止返贫风险预警、快速反应、动态监测和帮扶责任追溯三项机制，全州“三类”监测对象11100户37755人，消除风险6763户24166人，守住了不发生返贫的底线。新改建农村公路731公里，630个自然村通硬化路。有产业发展条件的10.2万户脱贫户实现产业全覆盖，6.9万户实现“双绑”带动，认定扶贫产品818个。脱贫人口100%参加基本医疗、大病保险。云龙、剑川、永平、南涧、巍山、洱源、弥渡7个县被列为省级乡村振兴重点帮扶县，6个州级试点村镇入选全国乡村振兴典型案例。“干部规划家乡行动”全面启动，农村人居环境整治三年行动任务全面完成，82个村被认定为美丽村庄。实施5个田园综合体建设，大理洱海海西国家级乡村振兴示范园高位推动。大理州成功申报成为全省唯一、全国10个传统村落集中连片保护利用示范州（市）之一，南涧公郎回营村申报为省级历史文化名村。

七、改革开放深入推进。重点领域改革持续深化。整合组建5大集团公司，州属国有企业法人治理结构基本健全完善，监管方式向管资本转变。国有企业国有资产保值增值率达104.6%，高于前三年平均水平。精简行政审批28项，州级行政审批时限再压减三分之一左右。政务服务“好差评”好评率100%，位居全省前列。“证照分离”改革直接取消审批1项、实现告知承诺2项、优化审批服务7项。每万人口发明专利拥有量0.82件，比上年增加0.07件。全州就地消纳电量比去年提高4.1个百分点，鹤庆、祥云和弥渡3县列入国家能源局整县（市、区）屋顶分布式光伏开发试点。电力市场化交易累计减少购电费12.9亿元。农村土地确权登记颁证工作基本完成，成立新型农村集体经济组织2755个。完成农业水价综合改革面积46.03万亩，大理市全国农村宅基地制度改革试点有序推进。义务教育教师"县管校聘"和基础教育校长职级制改革全面推行，城乡义务教育教师配置进一步优化。取消耗材加成调整医疗服务价格项目172项，祥云县、宾川县顺利完成紧密型县域医共体建设试点县第一轮试点工作。科技创新能力不断提升，认定省级高新技术企业19户，科技进步对经济贡献率达51.1%。对外开放上新台阶。大理机场口岸开放列入国家"十四五"口岸发展规划，经开区保税物流中心和智能物流园开工建设。中国（云南）自由贸易试验区联动创新区（大理经济技术开发区）建设稳步推进，"大理跨境电商新零售项目"投入运营。大理海关成功签发云南省首份中日两国间RCEP原产地证书。实施国内合作项目380项，引进州外到位资金718.9亿元，增长11.5%。新设立外商投资企业19户，普德赋亚洲首个国际度假项目、英国帝亚吉欧威士忌生产及游客体验中心项目落地大理。实际利用外资2200万美元，增长109倍，增幅位列全省第一。充分挖掘外贸进出口潜力，新增备案登记外贸企业62户，水果、核桃等优势农产品出口大幅增加，外贸进出口总额完成15.53亿元，增长27.6%。

八、民生和社会事业不断进步。兜实兜牢"三保"底线。建立县级"三保"预算编制审核机制，继续对州本级一般性支出压缩5%，统筹用于民生支出领域。就业形势平稳。全州农村劳动力转移就业135.24万人，新增城镇就业3.56万人，城镇登记失业率控制在4.2%以内。以创业带就业，大理州被人社部评为云南省3个创业城市之一。民生保障进一步加强。全州参加基本养老保险234.84万人、工伤保险29.04万人、失业保险18.05万人。养老机构与医疗卫生机构签约服务率100%，二级以上综合性医院设立老年医学科比例达50%。漾濞"5·21"地震、洱源"9·13"泥石流应急抢险救灾工作有力有序，完成民房修复加固29601户、原址拆除重建253户。严格落实各项疫情防控措施，累计接种新冠疫苗507.1万剂次，12县市实现核酸检测能力全覆盖，突发疫情应急处置预案不断完善。各项社会事业稳步发展。教育质量不断提升，学前教育"一乡一公办""一村一幼"建设加快，中小学"五项管理"和"双减""双升"工作积极推进，义务教育质量监测工作圆满完成。高中阶段集团化办学积极推进，高考一本上线率、本科上线率均大幅提升。大理大学获得博士学位授予权，滇西应用技术大学在校生规模突破万人。实施10个职业学校办学能力提升项目，启动建设20个州级优质专业。智慧教育示范区项目建设启动。医疗卫生服务能力提升，滇西区域医疗中心、州医院核心医疗区等项目快速推进，省第二传染病医院、州传染病医院项目等28个"双提升工程"建设项目有序推进。建成疾控机构实验室14个、县级卫生应急队伍12支，76个村卫生室完成提质达标。祥云县达到国家级健康促进县标准，大理、宾川、弥渡等6县市成功创建全国基层中医药工作先进单位。文化体育事业繁荣发展，大理州入围"东亚文化之都"2023年度候选城市。白族吹吹腔、大本曲入选国家级非遗项目名录，130项革命文物列入第一批云南省不可移动革命文物名录。大力实施体育补短板工程，常态化抓好公共体育场馆低免开放，"大理州体育后备人才基地"建设持续推进。科技创新取得进展，全州新增取得专业技术人员职业资格证书人数1300人，新增高技能人才2800人，"巍山县人民医院周泽平专家工作站"等5个工作站挂牌运行。漾濞县、永平县成功创建为全国民族团结进步示范县。退役军人服务、统计调查、侨务、保密、气象、地方志、红十字、妇女儿童等社会事业全面进步。

2021年，在全州经济社会发展极端困难的情况下，取得以上成果，十分来之不易。这是党中央、国务院和省委、省政府关心关怀及各方大力支持的结果，是州委、州政府坚强领导、科学决策的结果，是州人大及其常委会依法监督、大力支持的结果，是各县市、各部门担当作为、共同努力的结果，是全州各族人民同舟共济、团结奋斗的结果。在看到成绩的同时，我们也要正视全州经济社会发展面临的突出困难和挑战。对照年初人代会通过的2021年全州经济社会发展12类27项指标预期目标，完成情况仍然不理想，特别是地区生产总值、规上工业增加值、固定资产投资（不含农户）、社会消费品零售总额等主要经济指标均与人代会目标有不同程度的差距，究其原因，既有客观因素的影响，也有主观方面的不足。客观方面：一是空间布局优化调整阵痛持续。洱海流域重大项目、重点产业"停得快、转得慢"，突出问题长期得不到解决，负面影响持续。祥云、巍山等流域外各县承接能力不足，产业外转缓慢。文化创意、大健康、绿色制造等新产业、新业态尚未取得突破，发展动能急剧萎缩，导致流域内发展失速，对全州发展造成较大影响。二是产业新旧动能转换慢。传统支柱产业优势逐渐散失，支柱产业减少，新的产业正在培育，产业发展呈现"青黄不接"。能耗"双控"影响全州工业产值54亿元，烟电在工业中的占比高达53.8%，且增长困难，全部工业增加值仅增长3.8%。重大产业项目不足，能源以外工业投资下降23%。257户规上工业企业停产、负增长面达37%。建筑业遭遇瓶颈，对全州经济的支撑力减弱。三是重大投资项目少。全州投资靠高速公路为主的综合交通"单级支撑"，占比达46.9%。多个行业重大项目出现断档，投资大幅下滑，住建、生态环保、能源以外工业、文化旅游行业投资分别下拉全州投资增速9.5、2.2、2和1.5个百分点。受要素保障困难等影响，"十四五"项目转化率低，尚未形成有效支撑。四是服务业重点行业困难突出。全年跨省旅游因疫情反复中断时间达98天，旅游行业遭受较大冲击，与旅游关联的交通运输、餐饮、住宿、娱乐文化、商贸会展等服务业全面受挫。房地产行业下行明显，占GDP比重7%左右的房地产业增加值下降4.4%。五是重点县市支撑不足。大理市、祥云县GDP仅分别增长6%、4%，投资分别下降14.6%、7.6%。两县市经济、投资体量分别占全州的50%左右、40%左右，对全州增长造成影响。主观方面：主要是思想解放不够，政策研究不深，系统谋划不足、服务意识不强、开拓进取不够。特别是谋项目、引项目、推项目的意识不强、力度不大、氛围不浓。对项目工作研究不深入，项目工作水平不高，破解项目问题的办法不多。

大理白族自治州2021年地方财政预算执行情况报告（摘要）

——2022年2月15日在大理白族自治州第十五届人民代表大会第一次会议上

大理州财政局

在州委坚强领导下，在州人大及其常委会和州政协监督支持下，州人民政府及其财政部门坚持以习近平新时代中国特色社会主义思想为指导，全面贯彻党的十九大和十九届历次全会精神，全面贯彻习近平总书记考察云南重要讲话和对大理工作重要指示批示精神，全面贯彻省第十一次党代会和州第九次党代会精神，严格执行州十四届人大五次会议批准的财政预算，认真落实州人大及其常委会有关决议，有效发挥财政职能作用，统筹疫情防控和经济社会发展，扎实做好“六稳”“六保”工作，预算执行情况总体较好。

一、2021年预算收支完成情况

1. 一般公共预算。全州一般公共预算收入1117777万元，为预算1117400万元的100.03%，较上年决算数增长3%。全州一般公共预算支出3026666万元，同口径增长0.8%。财政收支圆满完成州十四届人大五次会议确定的法定目标。平衡情况是：一般公共预算收入1117777万元，返还性收入114395万元，一般性转移支付收入1793371万元，专项转移支付收入640804万元，调入资金345381万元（政府性基金调入95806万元，国有资本经营预算调入5632万元，其他调入243943万元），动用预算稳定调节基金48632万元，债务转贷收入242037万元（再融资债券240600万元，外债转贷收入1437万元），上年结转26543万元，收入总计4328940万元。一般公共预算支出3026666万元，上解上级支出75062万元，调出资金48271万元，债务还本支出241392万元，年终结转931689万元，安排预算稳定调节基金5860万元，支出总计4328940万元。收支平衡。

州本级一般公共预算收入203785万元，为预算199100万元的102.35%，较上年决算数增长8.5%。州本级一般公共预算支出371945万元，同口径增长3.9%。平衡情况是：一般公共预算收入203785万元，返还性收入114395万元，一般性转移支付收入1793371万元，专项转移支付收入640804万元，下级上解收入195036万元，调入资金9683万元（政府性基金预算调入1583万元，国有资本经营预算调入4700万元，其他调入3400万元），动用预算稳定调节基金26000万元，债务转贷收入242037万元（再融资债券240600万元，外债转贷收入1437万元），上年结转15559万元，收入总计3240670万元。一般公共预算支出371945万元，上解上级支出75062万元，税收返还县市73142万元，一般性转移支付补助县市1724098万元，专项转移支付补助县市684730万元，债务转贷支出213787万元，债务还本支出28263万元，调出资金10648万元，年终结转54310万元，安排预算稳定调节基金4685万元，支出总计3240670万元。收支平衡。

需要说明的是，根据中央和省深化预算管理改革有关要求，2021年起，一般公共预算支出不再采用权责发生制核算。为确保年度数据可比，2020年全州和州本级一般公共预算支出完成数同口径调整为3003276万元和357921万元。采用收付实现制核算后，财政已安排但年内未支出的指标全部形成年终结转，导致全州和州本级年终结转数额较大。

省对州转移支付情况：全州争取一般公共预算上级转移支付2548570万元，较上年增加41306万元，同比增长1.6%。其中：返还性收入114395万元，较上年增加4846万元，同比增长4.4%；一般性转移支付1793371万元，较上年减少43205万元，同比下降2.4%；专项转移支付640804万元，较上年增加79665万元，同比增长14.2%。

州对县市转移支付情况：州对县市转移支付2481970万元，较上年增加72376万元，同比增长3%。其中：税收返还73142万元，较上年增加65万元，同比增长0.1%；一般性转移支付1724098万元，较上年减少33705万元，同比下降1.9%；专项转移支付684730万元，较上年增加106016万元，同比增长18.3%。

省对州、州对县一般性转移支付下降原因是：为应对疫情冲击，支持基层做好“六稳”“六保”工作，2020年上级下达特殊转移支付144845万元。剔除一次性因素，2021年中央和省对大理州一般性转移支付较上年增加101640万元，同比增长6%。

2. 政府性基金预算。全州政府性基金预算收入306189万元，为预算346000万元的88.5%，较上年决算数下降38.6%。政府性基金预算支出1328656万元，为预算377600万元的351.9%，较上年决算数下降26.3%。平衡情况是：政府性基金预算收入306189万元，上级补助收入30909万元，调入资金59432万元，上年结转23116万元，债务转贷收入1102300万元（新增债券1072100万元，再融资债券30200万元），收入总计1521946万元。政府性基金预算支出1328656万元，调出资金95806万元，债务还本支出43800万元，年终结转53684万元，支出总计1521946万元。收支平衡。

州本级政府性基金预算收入11178万元，为预算7000万元的159.7%，较上年决算数增长20.1%。政府性基金预算支出177324万元，为年初预算29000万元的611.5%，为调整预算188448万元的95.1%，较上年决算数下降45.7%。平衡情况是：政府性基金预算收入11178万元，上级补助收入30909万元，债务转贷收入1102300万元（新增债券1072100万元，再融资债券30200万元），上年结转1363万元，收入总计1156398万元。政府性基金预算支出177324万元，补助下级支出35232万元，调出资金1583万元，债务转贷支出936400万元（新增债券907300万元，再融资债券29100万元），债务还本支出1100万元，年终结转4759万元，支出总计1156398万元。收支平衡。

全州政府性基金预算收入未完成年初预算、较上年大幅下降的主要原因是：土地出让价款收入227960万元，完成预算336000万元的67.8%，较上年减少167608万元，同比下降42.4%。全州政府性基金预算支出较年初预算大幅增加的原因是：年初预算未安排新增债券，预算执行中，省转贷大理州新增专项债券1072100万元，相关情况已向州第十四届人大常委会第四十次会议报告。

3. 国有资本经营预算。全州国有资本经营预算收入4768万元，为预算4305万元的111%，较上年决算数下降83%。国有资本经营预算支出2161万元，为预算2714万元的80%，较上年决算数下降89%。平衡情况是：国有资本经营预算收入4768万元，转移支付收入479万元，上年结转4047万元，收入总计9294万元。国有资本经营预算支出2161万元，调出资金（调入一般公共预算）5632万元，年终结转1501万元，支出总计9294万元。收支平衡。

州本级国有资本经营预算收入2927万元，为预算2264万元的129%，较上年决算数下降88%。其中投资服务企业利润收入1894万元，转制科研院所利润收入653万元，教育文化广播企业利润收入49万元。国有资本经营预算支出1500万元，为预算1500万元的100%，较上年决算数下降92%。平衡情况是：国有资本经营预算收入2927万元，转移支付收入479万元，上年结转3936万元，收入总计7342万元。国有资本经营预算支出1500万元，转移支付支出479万元，调出资金（调入一般公共预算）4700万元，年终结转663万元，支出总计7342万元。收支平衡。

需要说明的是：2020年州土投公司一次性上缴国有资本经营收益18000万元，2021年受疫情影响，国有企业上缴经营收益大幅减少，导致全州和州本级收入较上年下降。实行收付实现制核算后，年初预算安排的解决历史遗留问题及改革成本支出按要求结转2022年，导致全州支出未完成预算。因2020年一次性上缴国有资本经营收益形成较高的基数，本年度全州和州本级支出较上年下降。

4. 社会保险基金预算。全州社会保险基金预算收入1130810万元，为预算1024382万元的110.4%，较上年决算数增长18.4%。社会保险基金预算支出1007236万元，为预算967678万元的104.1%，较上年决算数增长14.1%。年末滚存结余1413312万元。

州本级社会保险基金预算收入543981万元，为预算525692万元的103.5%，较上年决算数增长14.1%。社会保险基金预算支出473041万元，为预算434492万元的108.9%，较上年决算数增长21.2%。年末滚存结余750075万元。

全州和州本级收入增长的原因是：2021年不再实施阶段性减免社保费政策，城镇职工基本养老、工伤、失业保险保费收入增长较大。全州和州本级支出增长的原因是：根据国家免费接种新冠病毒疫苗相关规定，从城镇职工基本医疗保险基金和城乡居民基本医疗保险基金中列支新冠病毒疫苗及接种费用（清算2021年上半年新冠病毒疫苗及接种费用）导致医疗保险基金支出增长较大。

二、其他需要报告的事项

1. 直达资金。中央和省共下达大理州直达资金826278万元。其中中央和省直达资金780446万元，参照直达资金45832万元。分级次看，省下达州级16201万元，下达县市级810077万元。资金量98%直达基层、惠企利民，用于“六稳”“六保”工作。

2. 地方政府债务限额。按照《云南省财政厅关于核定2021年政府债务限额的通知》（云财债〔2022〕10号）要求，经云南省十三届人大五次会议审查批准，核定大理州2021年政府债务限额6252845万元。其中一般债务限额2291045万元，专项债务限额3961800万元。分级次情况是：州本级政府债务限额854800万元（其中一般债务限额339000万元，专项债务限额515800万元），县市级政府债务限额合计5398045万元(其中一般债务限额1952045万元，专项债务限额3446000万元）。

3. 地方政府债务余额。全州政府债务余额5614319万元（一般债务1916828万元，专项债务3697491万元），较2020年的4563472万元增加1050847万元。其中州本级政府债务余额795460万元（一般债务309160万元，专项债务486300万元），比2020年的630691万元增加164769万元。全州地方政府债务余额未突破限额。

4. 州本级预算稳定调节基金。州本级预算稳定调节基金年初余额29878万元，年内动用26000万元，按规定将预算周转金余额16131万元和年末净结余4685万元安排预算稳定调节基金，年末余额为24694万元。

5. 预算调整。州政府提请审议大理州2021年州本级财政预算调整方案，已经州第十四届人大常委会第四十次会议审议通过。

6.州本级预备费。州本级预算安排预备费4600万元，年内动支1942万元。主要用于以下项目：漾濞“5·21”6.4级地震抗震救灾495万元，洱源“9·13”泥石流地质灾害抢险救灾550万元，抗旱救灾州级补助200万元，支援德宏、保山等地疫情防控697万元。

三、财政重点工作情况

州人民政府及其财政部门认真贯彻预算法及其实施条例，落实州人大及其常委会有关决议，紧紧围绕州委决策部署，全力克服财政经济下行压力，切实缓解县级财政困难，着力保障全州重大发展战略，强化预算管理，推动财政改革，统筹疫情防控和经济社会发展各项工作取得明显成效。

1.坚持人民至上，保障人民群众生命财产安全

支持常态化疫情防控。筹集新冠病毒疫苗采购费用3.49亿元、疫苗接种经费5091万元。完善重大疫情防控机制，投入财政资金20666万元，夯实疫情防控成效。州县自筹资金6124万元，支援瑞丽市防控疫情，展现“一方有难、八方支援”的大理担当。强化疫情防控资金跟踪问效，确保各类资金安全规范使用。

支持漾濞“5·21”6.4级地震抢险救灾和恢复重建。第一时间启动重大地震灾害财政应急机制，开通政府采购“绿色通道”，紧急拨付资金4233万元，支持漾濞“5·21”6.4级地震应急救援。协调国开行5000万元应急贷款授信。大理农房地震保险发挥积极作用，协调保险机构赔付资金4035万元。争取到位中央和省州资金13.89亿元，支持灾后恢复重建工作有序开展。

着力保障防灾减灾工作开展。及时下达中央和省州资金2150万元，全力保障洱源“9·13”泥石流地质灾害抢险救灾等工作。安排水利救灾资金3210万元，防汛物资储备州级资金270万元，森林防火应急州级资金682万元，有力保障防灾减灾各项工作有序开展。

2.坚持政令财行，服务全州产业转型和经济发展

着力强化财政要素保障。切实缓解制约经济发展的资金“瓶颈”问题，积极向中央和省级财政反映困难，争取上级政策、项目和资金支持。年内共计争取新增专项债券资金107.21亿元，争取中央和省预算内基建投资及专项资金42亿元，全力支持产业培植、综合交通、重大水利、医疗卫生等全州重点项目建设，发挥财政资金引领带动作用，助力经济稳定增长。

切实做好财源培植文章。健全完善财政激励机制，助项目、兴产业、强工业，夯实经济增长和财政增收基础。加倍安排全州重大项目前期工作经费1亿元。累计下达县市固定资产投资奖补资金2618万元。继续安排县市财源建设奖补资金5000万元。实施商贸流通企业培育奖补政策，下达奖补资金2023万元。紧扣“大理之问”大讨论活动，增强加快发展的紧迫感，累计安排各类工业发展资金9606万元。落实制度性和阶段性减税降费政策，支持企业轻装上阵、摆脱困境，累计新增减税降费8.05亿元。

支持重点产业绿色发展。安排资金6000万元，支持打造世界一流“绿色食品牌”“一县一业”和高原特色农业蓄力发展。拨付州级资金3512万元，落实鹤庆绿色水电铝优惠政策，推动绿色能源与先进制造业融合发展。支持历史文化名城和国际旅游名城打造，下达旅游发展专项经费9000万元，提升旅游产品品质；下达文旅企业补助资金5648万元，助力旅游业应对疫情、提质发展。安排州级资金5000万元，累计筹措资金9363万元，打造数字经济新高地，服务“数字大理”建设。安排科技支出17748万元，重点支持生物医药、大健康、大数据等产业发展。

支持综合交通建设。发挥财政稳定经济增长、扩大基础设施投资的关键作用，千方百计筹措资金，全力推动综合交通高质量发展，年内筹资47亿元，用于宾鹤、云永、永昌等高速公路建设。争取中央车购税补助资金及省级专项资金5.9亿元，用于农村公路建设及管护。下达资金1600万元用于永昌、弥昌、云泸等高速公路开展前期工作。筹资2.05亿元支持大瑞铁路漾濞站建设。积极参与大理铁路枢纽、大理站站房提升改造工程和大理机场三期改扩建筹融资研究，加速建设滇西综合交通枢纽。

3.坚持政策总体稳定，支持脱贫成果巩固同乡村振兴有效衔接

贯彻党中央和省州决策部署，强化支农资金调度，下达中央和省级支农资金34.04亿元，农业保险保费补贴1.07亿元，指导县级整合财政涉农资金19.56亿元。保持过渡期内主要帮扶政策总体稳定，下达中央和省级衔接资金11.55亿元、州级资金1.87亿元，巩固脱贫攻坚成果、有效衔接乡村振兴。健全完善扶贫项目资产后续监管机制，县市共清理项目资产200.2亿元。安排州级资金3000万元，支持打造大理洱海海西国家级乡村振兴示范样板。指导洱源县成功申报国家级农村综合性改革试点试验县，获中央财政1.5亿元资金支持。争取国际农发基金支持云南省乡村振兴示范项目贷款2141万美元，下达省级配套资金1719万元。

4.坚持生态优先，支持洱海高水平保护和“绿色革命”

支持洱海高水平保护和流域高质量发展。巩固洱海流域治理成效，强化洱海保护资金投入，多渠道投入洱海保护资金46亿元，其中财政及专项债券资金35亿元。积极争取国家绿色发展基金支持，基金成立以来的全国首个项目类投资成功落地大理洱海生态廊道。制定印发《大理州洱海流域水生态保护横向补偿办法(试行)》，激发流域上下游县市齐抓生态保护的积极性。扛牢政治责任，抓实抓细中央生态环境保护督察、省委高原湖泊治理机动巡视“回头看”以及各类督查检查和审计发现问题整改工作。

稳步推进美丽大理建设。下达省级奖补资金36000万元和州级奖补资金7000万元，支持爱国卫生“7个专项行

动”走深走实。到位省级美丽县城和特色小镇奖补资金5亿元，美丽幸福新大理建设迈出坚实步伐。积极指导申报山水林田湖草沙一体化保护修复工程项目，持续推动大理市国家海绵城市试点争取工作。

绿色金融助力发展成效显著。大理州绿色贷款余额268亿元，同比增长17%，增幅居全省前列，金融资源对清洁能源产业、基础设施绿色升级和节能环保产业的支持集中度进一步提高。成功发行绿色金融债券，支持风光水储一体化项目建设运营和绿色交通、污染防治等工作开展。

5. 坚持普惠共享，稳步推进各类民生事业向前发展

坚持以人民为中心的发展思想，压实基本民生财政保障责任，注重提升基本公共服务水平，2021年全州民生支出占比达75%。

坚定实施就业优先战略。统筹用好就业补助等各类资金，进一步加大重点群体就业帮扶，推动稳住就业基本盘。年内共下达就业补助资金24396万元，职业技能提升行动资金6713万元，安排失业保险支出11853万元，争取下达创业担保贷款贴息资金14720万元。落实全州应急周转金制度，切实保障农民工工资支付。

保持教育体育支出强度。落实教育投入“两个只增不减”要求，年内累计下达各类教育资金16.83亿元，落实农村义务教育学生营养改善计划，实施义务教育薄弱环节改善与能力提升工程，支持学前教育、义务教育、普通高中和职业教育提质发展。下达资金1552万元，支持大型公共体育场馆向社会免费或低收费开放。

推动医疗卫生事业发展。逐步提高医疗卫生补助标准，城乡居民医保财政补助标准提高30元、达到550元，基本公共卫生人均财政补助标准提高到79元。下达资金14646万元，补齐公共卫生事业“短板”，提升州、县、乡三级医疗卫生机构建设水平。下达资金2623万元，加强医疗卫生人才队伍建设。下达资金26153万元，深化医药卫生体制改革，提高基层医疗卫生机构管理能力，强化医疗服务与保障，开展重大传染病防治和中医药事业传承发展等工作。

有序实施保障性安居工程。安排中央和省基建预算投资52808万元、城镇保障性安居工程资金67459万元，落实老旧小区和棚户区改造等住房保障政策。下达农危改补助资金26854万元，确保农村居民住房达到“安全稳固、遮风避雨”的基本要求。

织密织牢社会保障网。继续落实社保扩面提标和优惠政策，连续17年调整企业退休人员基本养老金，连续15年调整提高工伤职工和供养亲属待遇。下达资金11001万元，推进全州养老服务体系建设。下达困难群众生活救助资金67156万元，兜牢兜实社会救助网。下达残疾人基本生活服务保障资金3282万元，保障残疾人基本生活，促进残疾人就业创业。下达补助资金32338万元，做好优抚对象待遇落实和退役军人安置等工作。

6. 坚持底线思维，从严防范化解财政金融领域各类风险

压实“三保”主体责任。组织开展2021年全州财政大调研，摸清县级财政家底，研究制定相关政策文件，着力化解县级财政运行风险；从严开展“三保”预算编审，强化预算执行监控，实行工资库款专项调度，确保国家和省定范围内的“三保”任务有效落实，不留缺口。全力化解财政暂付款风险。高度关注县级财政暂付款规模较大的问题，全面清查、锁定底数、制定计划、动态监控、严格奖惩，全年累计消化财政暂付款7.26亿元。从严防控到期债务违约风险。切实担负政府性债务归口管理责任，足额偿还2021年到期债务本息44.9亿元；争取再融资债券27.08亿元，稳妥处置存量债务。切实抓好隐性债务风险缓释工作，牢牢守住不发生系统性债务风险底线。强化PPP项目管理。清理入库满2年无实质性进展项目，减轻各级财政财承压力。督促指导相关县市制定绩效考核方案，对进入运营期的PPP项目按效付费。强化地方金融监管。建立地方金融业态监管风险处置机制、非法集资案件处置联络机制；常态化排查各类金融风险。

7. 坚持实业为本，着力提升金融服务实体经济能力

推动金融产业加快发展。全州金融机构贷款增量达267.82亿元，增速排名第2位；保险费增量达1.69亿元，高于全省平均增速；2021年全州金融产业增加值达80亿元以上，向百亿级金融产业不断迈进。政银企合作不断加强。筹备召开市场化融资项目推介会，金融机构支持重点项目贷款68笔、发放贷款215.92亿元，支持重点企业贷款143笔、发放贷款21.45亿元；与农发行、国开行等7家省级金融机构签订战略合作协议。加快构建政银企三方常态化信息交互平台。全面启动大理州数字金融综合服务平台建设，着力提升融资服务便利化、信息化水平。常态化开展融资对接协调服务。年内组织召开4场次专项融资对接会，重点推介全州文化旅游、环境保护等重大项目。

8. 坚持系统集成，协同高效做好财政管理改革各项工作

制定公共文化、国防、应急救援、自然资源、生态环境5个领域州以下财政事权和支出责任划分改革方案。推行预算单位差旅电子凭证网上报销改革，“公务之家”App全面普及使用。出台《大理州人民政府关于进一步深化预算管理制度改革的意见》，扎实推进预算管理一体化改革前期工作。调整完善财政管理体制，为大理市经济社会发展“松绑减负”。出台《大理州行政事业单位国有资产管理办法》以及资产配置、使用和处置“1+3”管理制度。全面实施预算绩效管理，实现项目资金、部门、四本预算“三覆盖”；选取2个州级部门开展部门整体绩效评价，选定洱海流域面源污染防治“三禁四推”等

8个项目开展重点项目绩效评价；印发《大理州州级预算绩效专家管理办法》。注重财政资金使用时效，全州累计盘活存量资金29.03亿元，统筹用于民生领域。强化预决算公开，组织部门所属单位预算公开试点。取消部门非税收入与成本性支出挂钩管理制度。推进新一轮乡镇财政公共服务能力建设。

2021年，面对艰巨繁重的改革发展任务和持续反复的新冠肺炎疫情，州人民政府及其财政部门锚定目标、攻坚克难，精准助力经济社会发展，较好地完成了年度目标任务。在看到成绩的同时，我们也深刻认识到当前财政工作面临的困难和问题。一是财政收入与高质量发展要求不匹配。绝大部分县市经济体量小、产业基础薄弱、重点纳税企业缺乏，财政增收十分困难。部分县市财政收入结构单一，非税收入占比过高，财政收入不可持续。二是财政对经济社会发展的保障能力不强。乡村振兴、洱海保护、产业发展、城市更新、基础设施“补短板”等重点支出需求旺盛，基本民生兜底保障任务繁重，财政支出压力逐年增长，预算“硬”和“紧”的特征明显，收支矛盾十分尖锐，基层财政困难在短期内难以得到根本解决。三是财政运行的风险隐患不断加大。政府存量债务规模快速增长，到期债务偿债高峰已然到来，县级政府偿债支出逐年增加，各级财政还本付息压力陡增。部分县市财经法纪意识淡漠，依法理财观念弱化，导致县级财政暂付款规模庞大，加快经济发展和保障财政安全任重道远。四是金融服务能力仍需提升。融资协调服务工作方式方法相对单一，实体经济融资难、融资贵问题依然存在，常态化、市场化融资渠道尚未建立，中小微企业的获得感不强，金融服务市场主体和地方经济发展的能力仍需提升。

大理白族自治州中级人民法院工作报告（摘要）

——2022年2月16日在大理白族自治州第十五届人民代表大会第一次会议上

大理州中级人民法院院长　童晓宁

2018年以来，在州委的领导下，在州人大及其常委会的监督下，在州政府、州政协及社会各界的大力支持下，全州法院坚持以习近平新时代中国特色社会主义思想为指导，全面贯彻落实党的十九大和十九届历次全会精神，认真贯彻落实习近平法治思想，习近平总书记考察云南重要讲话和对大理工作重要指示批示精神，坚持党对法院工作的绝对领导，以全面从严治党引领保障法院工作高质量发展，坚持服务大局、司法为民、公正司法，让人民群众切实感受到公平正义就在身边。

2018年至2021年，全州法院受理各类案件159625件，审执结158837件，平均结案率99.5%。2021年，全州法院收案53000件，同比2018年的29102件增长82%。其中，大理中院2021年收案5975件，同比2018年的4908件增长22%。

一、坚决维护社会发展稳定，建设更高水平平安大理

深入贯彻总体国家安全观，依法严惩各类刑事犯罪，切实维护国家安全、社会安定、人民安宁。全州法院审结刑事案件17864件。

完成扫黑除恶专项斗争审判执行任务。坚决贯彻落实中央决策部署，铁拳“打财断血”，铁腕“打伞破网”，铁规“常治长效”。审结涉黑涉恶犯罪案件133件1715人，结案率99.3%，判处财产刑651人，追缴、没收违法所得金额6.47亿元。以邓利勇、李军、张国胜等为首的黑恶势力犯罪依法受到严惩。

严厉打击跨境犯罪维护边疆安全稳定。认真贯彻习近平总书记重要指示，根据省委、省政府工作部署和省高院工作要求，全州法院高度重视、高位推动，依法严厉打击各类跨境违法犯罪。全州法院审结涉毒、涉恐、走私、跨境电信网络诈骗、跨境赌博、偷越国（边）境、破坏环境资源等跨境犯罪案件748件1178人。

坚决维护好人民群众的生命财产安全。审结故意杀人、抢劫、绑架、毒品、诈骗等刑事犯罪案件1708件。严惩涉众经济犯罪，审结相关案件32件，妥善审理曹虎等12人集资诈骗、非法吸收公众存款案，涉及21个省2.9万名集资参与人，涉案资金17.91亿元。审结许雷、孔彩梅、徐会良等贪污、贿赂、滥用职权等职务犯罪案件150件。祛除社会毒瘤，净化社会风气，维护人民群众生命财产安全。

贯彻罪刑法定原则加强人权司法保障。依法对57名刑事公诉和自诉的被告人判处无罪，确保无罪的人不受刑事追究，有罪的人受到公正惩罚。落实刑事诉讼“三项规程”，切实保障当事人各项诉讼权利。加强涉未成年人犯罪案件记录封存，推进刑事案件律师辩护全覆盖，指定律师为2824名被告人辩护。

二、充分发挥审判职能作用，服务大局彰显司法担当

贯彻新发展理念，坚持依法平等保护各类市场主体，营造法治化营商环境。全州法院审结民商事案件85846件，结案标的金额459.56亿元。

司法助力疫情防控大局。做好疫情防控司法应对，精准服务“六稳”“六保”工作，依法严厉打击妨害疫情防控违法犯罪行为，审结破坏野生动物资源类犯罪、口罩诈骗、疫情防控期间殴打堵卡人员的故意伤害案件等涉疫刑事案件129件，审结涉及口罩、体温枪等买卖合同纠纷案件79件。

依法审慎审理破产案件。服务州委州政府中心工作，建立“府院联动”机制，与中国银行大理州分行签订全省首例破产案件管理合作协议。审查破产申请案件41件，审理破产案件37件，其中云南第一公路桥梁工程有限公司及4家关联企业合并破产重整案，涉及债权人1287户，债权14.78亿元；云南腾峰投资有限责任公司破产重整案，是大理州首件执行案件移送破产审查案件，涉及54户债权人，债权9.46亿元。经过破产重整，全州19家企业重获新生。

加大知识产权司法保护。加大对知识产权侵权行为惩处力度，审结商标、专利、著作权、非物质文化遗产保护等案件1905件，激发企业自主创新和科研成果转化，保障市场主体创新驱动高质量发展。

妥善化解行政争议纠纷。受理包括涉洱海流域转型发展在内的行政案件2029件，行政非诉案件484件，依法促成行政调解、和解57件，审理各类国家赔偿案件546件。2020年10月中院挂牌成立行政争议、环资纠纷审前调解中心，为云南中级人民法院首家设立的行政争议审前调解专门机构，并在全州基层法院全面推广运行。

司法保障生态文明建设。注重生态环境司法保护，审结环境资源类案件1521件。妥善化解大理市、洱源县等环洱海流域生态搬迁、非煤矿山整治遗留问题。判令侵权人补种复绿400余亩，支付生态补偿金239.7万元。与云龙县委县政府和同济大学共同举办“生态环境司法保护（天池）论坛”，共建生态法治廊道，探索用预防引导性司法服务生态文明建设的可为路径。剑川县法院审结的环境行政公益诉讼案，入选保障长江经济带高质量发展十大典型案例，是全省首例入选最高法院指导性案例的案件。

三、努力践行司法为民宗旨，持续加强民生司法保障

始终坚持以人民为中心的新发展理念，依法保护人民群众合法权益。

妥善审理好涉民生案件。审结教育、医疗等民生案件6038件。保护人民群众“舌尖上的安全”，审结生产、销售有毒有害食品等案件13件。审结重大劳动安全事故案件10件和拒不支付劳动报酬案件10件，审执结农民工讨薪案件3286件，为农民工追回“血汗钱”7995万元。保护人民群众出行安全，审结危险驾驶、交通肇事案件4306件。保护人民群众信息安全，审结侵犯公民个人信息案件8件。减、缓、免困难当事人诉讼费514万元。在州委的领导下，与州政府建立烂尾楼清理整治专项行动工作府院联动机制，积极发挥职能作用，推动54个房地产项目盘活重组、复工复产。

维护婚姻家庭和谐稳定。将社会主义婚姻家庭观贯穿于案件审理全过程，审结婚姻关系、继承抚养等案件17085件。同公安、检察、司法、妇联等单位协调，开展家事审判改革试点，探索建立离婚案件冷静期、心理测评服务等制度。筑牢家庭暴力“隔离墙”，制定《关于人身安全保护令申请与执行的实施办法》，针对家庭暴力签发人身安全保护令20份。

多措并举强化执行工作。弘扬社会主义核心价值观，推动社会信用体系建设，依法保障当事人胜诉权益。持续开展“云岭总攻”“迅雷行动”“春风行动”“今冬执行会战”等执行攻坚专项活动，执结案件47858件，执行到位金额105.4亿元，实际执行到位率、执行完毕率等关键指标居全省前列，“3+1”核心指标高位运行。对拖欠农民工工资、“三养”等涉民生案件，集中执结5804件，执行到位2.99亿元。强力实施联合信用惩戒，纳入失信名单22990人次，限制消费34291人次，以拒不执行判决裁定罪判处罪犯11人。办理司法救助案件336件，向639名困难当事人发放司法救助金310.78万元。

助力脱贫攻坚和乡村振兴。累计向挂钩村派出驻村干部100余人，9000余人次深入挂钩村开展脱贫帮扶，推动挂钩村靠“外力输血”到实现“自身造血”的根本转变。中院以“红色引领乡村振兴”为理念，围绕“五治融合”，实现“五个振兴”，为挂钩帮扶的米家禄村量身打造集农、文、旅于一体的红兴集市，2021年11月开街以来，吸引了60余批2000余人次到村开展主题党日、调研学习活动，帮助村集体经济突破50万元。

加强特殊群体的司法保护。加大妇女儿童权益保护力度，坚决惩治强奸、猥亵、拐卖妇女儿童等犯罪行为，审结相关案件267件。加强未成年人司法保护，集中挂牌成立“少年庭”，审结未成年人刑事案件356件602人。维护军人军属合法权益，审结涉军案件84件。

四、全面深化司法体制改革，力求为民司法公正高效

贯彻中央全面深化改革战略布局要求，落实省、州关于政法领域深化改革部署，破除影响案件质效提升的机制因素。

深化综合配套改革。全州基层法院完成内设机构改革工作。落实法官会议机制，召开专业法官会议704次。优化庭审程序，召开庭前会议388次。落实司法责任制，2021年员额法官人均办案数同比上升28.57%，特别是案件数量激增的大理市法院，2021年员额法官人均结案数达到353件。强化以法定审限内结案率为重点的审判质效全程监督管理，推进类案检索，确保类案裁判标准统一。

推进繁简分流改革。全州法院成立速裁快审团队14个，2021年，全州法院速裁快审团队审结案件11004件，

其中成功调解5278件。2021年，中院快审中心受理了全院40%以上的民商事案件。大理市法院16%的刑事案件适用速裁程序，当庭宣判率和服判息诉率均为100%。通过执行指挥中心实体化运作，中院执行案件办理周期同比缩短近20天。

智慧法院提档升级。充分运用网上诉讼服务中心、云南移动微法院、12368诉讼服务热线等，实现立案、交退费、法律咨询一站通查、一网通办、一站式服务，让数据多跑路，群众少跑腿。自2020年开展网上立案以来，共实现网上立案3806件，网上审理3192件。逐步推进无纸化办案，完善电子档案管理。

五、扎实推进纠纷多元化解，主动融入社会治理格局

全州法院"坚持把非诉讼纠纷解决机制挺在前面"，助力基层治理体系和治理能力现代化。

拓展法庭功能推动诉源治理。推广"一院两中心、一庭三职能、诉讼服务站点全覆盖、自觉融入市域社会治理"诉讼服务新理念。拓展基层人民法庭职能，弘扬新时代"枫桥经验"，推进"无讼乡村"建设，法庭工作呈现"三升一降"势头。2021年，全州人民法庭共受理案件6420件，结案6245件，调撤案件3841件，调撤率为61.5%，高于全省平均水平。洱源县和漾濞县法院辖区多个乡镇实现"零诉讼"。

一站式多元解纷成效明显。全州法院设立第三方工作室19个、特邀调解组织154个，聘请特邀调解员324名。大理市法院与大理州房地产协会成立"大理市诉前委派调解服务中心房地产专业部"，合力化解物业服务合同纠纷和房屋买卖合同纠纷。以"一次办好"为目标，全州人民法庭前移关口，与640余个村委会、社区完成多元解纷网格化对接。2021年，全州法院诉前委派调解和立案后委托调解案件共7228件，调解成功4491件，调解率达62.13%；办结司法确认案件3170件，同比增长近26倍。

打造特色文化诉讼服务品牌。全州法院因地制宜，结合实际，打造了"金花调解""阿鹏解纷""银匠调解""双语服务"等苍洱特色诉讼服务品牌，建成一批具备"法的精神、文的品位、化的功能"的特色法庭及调解室，深受群众欢迎。喜洲法庭还探索建立了"博士调解室"，将社会学、心理学等专业人才引入多元解纷工作，为人民群众提供更为贴心的诉讼服务。

六、旗帜鲜明筑牢政治忠诚，全力打造过硬法院队伍

坚持以政治建设为统领，认真贯彻习近平总书记提出的"五个过硬"要求，深入落实《中国共产党政法工作条例》及省、州实施细则，建设德才兼备的高素质法院队伍。

认真开展主题教育实践活动。先后开展了"不忘初心、牢记使命""党史学习教育"等主题教育，深入学习"四本书"和习近平总书记"七一"重要讲话精神，开展"红色故事大家讲""永远跟党走""庆祝中国共产党成立100周年"等系列活动。开展党史专题学习30次，项目化推进"我为群众办实事"实践活动项目12个，推出《全州人民法庭10项便民利民举措》，设立老年人服务窗口、一站式执行服务窗口，解决群众急难愁盼问题。

扎实开展政法队伍教育整顿。坚持刀刃向内，坚决整治顽瘴痼疾。紧扣"三个环节"，对标对表"四项任务"，开展政治轮训34次，开展英模教育14次，开展以"孙小果"案、"乔氏家族"案、"开尔行贿"案等为内容的警示教育13次。聚焦"谢明"案，以案示警、以案为戒、以案促改。直面顽瘴痼疾，坚持标本兼治，围绕正风肃纪、顽疾整治、执法司法监督制约等方面，拟定整改方案，落实28项整改措施，制定23项制度机制。

深入开展"大理之问"大讨论活动。按照州委统一部署，从思想发动、对照讨论、深入调研、细化措施、长效推动五个方面，坚持问题导向，制定"四清单一方案一突破"，高标准完成"规定动作"，扎实开展"大理之问"大讨论活动。以"任务项目化、项目清单化、清单具体化"为思路推进工作，明确26项措施解题破局，重点围绕大理生态立州、基础固州、产业强州等战略部署，从优化营商环境、破产审判专业化、环境资源审判、自觉融入市域社会治理、非物质文化遗产司法保护、审判质效争先进位、司法助力乡村振兴等项目入手完成13项专题报告。切实答好"大理之问"，推动"大理之变"，为大理高质量发展贡献司法智慧。

切实提升队伍司法能力。以问题为导向抓调研，以素质提升为重点抓培训，开展政治轮训、业务培训、以会代训843次。4年来，全州法院11个集体受到国家级表彰，其中洱源县人民法院荣获"全国优秀法院"，大理中院刑一庭荣获"人民法院扫黑除恶专项斗争先进集体"，14名个人荣获"全国法院先进个人""基本解决执行难先进个人""全国法院新闻舆论工作先进个人""人民法院司法警察先进个人"等国家级表彰。37个集体和30名个人受到省部级表彰。

七、始终积极主动接受监督，不断优化全州法院工作

全州法院始终把主动接受监督作为一种政治自觉、行动自觉，增强责任担当，涵养清风正气。

自觉接受人大监督，认真落实州十四届人大历次会议人大代表提出的意见建议，6件建议全部办结。组织各级人大代表旁听重大敏感案件庭审、见证执行、座谈调研2341人次。认真接受民主监督，认真办理政协提案，16件政协提案全部办结。积极联络政协委员，走访接待政协委员1081人次。依法接受检察机关法律监督，进一步落实检察长列席人民法院审判委员会会议制度。自觉接受纪检监察监督，主动将"三重一大"等事项置于监督之下。广泛接受社会监督，主动发布重要工作安排和重大案件信息，开展"阳光司法"559次，在互联网直播庭审21551件，公布裁判文书119548篇，召开特约监督员、新闻媒体、律

师代表座谈会22次，广泛听取意见。

各位代表，四年来，全州法院取得的工作成绩，是州委坚强领导，州人大及其常委会有力监督，州政府、州政协大力支持，人大代表、政协委员、社会各界和人民群众关心支持的结果，在此，我谨代表全州法院表示衷心的感谢！

面对成绩的同时，我们清醒认识到，全州法院服务和保障全州经济社会高质量发展大局的能力还有待加强；司法能力现代化、专业化水平不能完全适应司法工作面临的新形势、新任务、新要求，与满足人民群众日益增长的多元司法需求之间还存在差距；干部队伍思想政治建设和法院党风廉政建设仍需持续推进；审判力量结构不合理等问题未得到根本解决。这些困难和问题，我们将努力加以解决。

大理白族自治州人民检察院工作报告

——2022年2月16日在大理白族自治州第十五届人民代表大会第一次会议上

大理州人民检察院代理检察长　崔庆林

过去的四年，遵循着习近平新时代中国特色社会主义思想和习近平法治思想的科学指引，铭记着习近平总书记对政法工作、检察工作和对云南对大理的重要指示，践行着党的十九大和十九届历次全会精神，全州检察机关讲政治、顾大局、谋发展、重自强，紧紧围绕州委和上级检察机关决策部署，认真落实州十四届人大历次会议决议，自觉接受人大、政协及社会各界的监督，服务大局主动作为，克难奋进勇担使命，共办理各类案件128817件、同比增长110%，追赃挽损8700余万元、增长100%，检察工作在落实稳进中有新提升，在担当作为中有新成效，公益诉讼检察工作、未成年人检察工作位居全省前列。

一、凝聚意志力量，在筑牢政治忠诚中强化责任担当

全面加强检察机关党的建设。认真开展“不忘初心、牢记使命”主题教育、党史学习教育，切实增强“四个意识”，坚定“四个自信”，忠诚拥护“两个确立”，坚决做到“两个维护”。始终坚持党对检察工作的绝对领导，严格执行《中国共产党政法工作条例》，主动向州委和省检察院党组请示报告重大事项218件，自觉接受巡视巡察和政治督察，做好整改落实“后半篇文章”。全面压实从严管党治检主体责任，不断深化检察机关党风廉政建设，坚决肃清余毒流毒影响，以“永远在路上”的韧劲持续推进作风建设。扎实开展检察队伍教育整顿，整治顽瘴痼疾117条，以“宾川县谢明案”等警示案例为镜鉴，以案促改建章立制281项，严格落实防止干预司法“三个规定”，记录填报494件，有力解决执法不严、作风不纯、司法不公等突出问题。大力弘扬英模精神，选树了全国模范检察干部段启功、全国检察机关扫黑除恶先进个人杨雪艳等先进模范典型。紧扣检察工作实际，以等不起的紧迫感、慢不得的危机感、坐不住的责任感答好“大理之问”检察答卷。

忠诚抒写服务白州发展检察新篇章。始终牢记习近平总书记“一定要把洱海保护好”的殷殷嘱托，主动融入苍洱一体化保护治理。全面推进“河（湖）长＋检察长”工作，2021年又在全省率先建立“林长＋检察长”协作机制，以“检察蓝”守护“生态绿”。起诉破坏环境资源类犯罪676人，办理生态环境领域公益诉讼案件1044件。积极向州委、州政府专题报告，推动建立苍山、洱海生物多样性公益诉讼保护基地，向相关单位发出检察建议督促实现苍山花甸坝全面禁牧、全域治理。弥渡县新庄村林业生态损害修复案被评为全国公益诉讼典型案例。坚决防范化解重大风险，不断筑牢金融安全司法“防护网”，起诉涉案金额达20亿元的“2·28”特大集资诈骗案、“善心汇”网络传销犯罪案等破坏金融管理秩序犯罪149人。深化反洗钱工作机制，办理洗钱犯罪案件2件，实现我州零突破。服务决战决胜脱贫攻坚、助力乡村振兴，起诉坑农害农犯罪59人、扶贫领域腐败犯罪19人，对因案致贫的483人发放司法救助金264万元。派出工作队队员94人次、投入经费630余万元，对口帮扶的18个贫困村如期脱贫出列。依法平等保护各类市场主体，起诉侵害民营企业和企业家合法权益犯罪76人。慎用查封、扣押、冻结、逮捕等强制措施，对涉民营企业轻犯罪、过失犯罪等依法不起诉21人，为企业发展营造审慎包容的司法环境。出台大理检察服务民营企业“二十条”，通过设立联系点、办公室，送法进企业、“检察开放日”等举措，常态化、多渠道开展联企服务，助力营造法治化营商环境。

奋力推进平安大理法治大理建设。坚决维护国家安全和社会稳定，批捕各类刑事犯罪9334人、同比增长23.8%，起诉17836人、增长42.9%。严厉打击危害国家安全、涉恐涉枪涉爆、利用邪教破坏法律实施等犯罪，批捕故意杀人、抢劫等严重暴力犯罪2819人、起诉3752人，批捕盗窃、诈骗、黄赌毒等影响群众安全感的多发性犯罪

6228人、起诉9013人。深入开展扫黑除恶专项斗争，批捕涉黑涉恶犯罪嫌疑人781人，对10个黑社会性质犯罪组织、72个恶势力犯罪团伙，1681人提起公诉，办理了“1·15”“8·23”“7·27”等一批影响重大的涉黑涉恶犯罪案件，起诉公职人员充当黑恶势力“保护伞”35人，结合办案发出检察建议83份，推动社会管理实现常治长效。积极投入疫情防控阻击战，起诉利用疫情诈骗、制假售假、发布虚假信息等涉疫犯罪50人，办理野生动物保护、医疗废弃物污染等涉疫公益诉讼案件76件。开展打击整治跨境违法犯罪专项行动，批捕涉恐、走私、偷越国（边）境等犯罪135人、起诉148人，派出精干力量支援德宏、保山等涉边地区案件办理，切实担当强边固防责任。

充分发挥职能作用坚决惩治腐败。深刻认识反腐败斗争是检察机关的重大政治责任，进一步完善监检衔接机制，落实好相互配合、相互制约要求，严格依法办理职务犯罪案件。提前介入监察机关调查案件114件，参与案件会商41件，受理监察机关移送起诉职务犯罪181件209人，决定逮捕156人，提起公诉136件165人，追缴赃款1341万元。自行补充侦查28件，向监察机关移送涉嫌违纪违法线索216条，向发案单位发出堵漏建制检察建议24件。审查起诉省交办的开尔公司行贿案、马林昆受贿案等重特大案件7件14人，审查起诉在全州有较大影响的徐会良贪污、受贿、滥用职权案，杨建武受贿案等大要案。立案侦查司法工作人员徇私枉法、滥用职权、玩忽职守等职务犯罪15件20人，坚决清除政法队伍害群之马。

二、坚持为民司法，在维护公平正义中保障民生民利

切实履行法律监督主责主业。刑事检察监督有力有效，监督立案307人、监督撤案304人，纠正漏捕249人、追诉漏犯318人，纠正侦查活动违法578件次，提出刑事抗诉88件，纠正审判活动违法28件次。全面排查1990年以来办理的32121件减刑、假释、暂予监外执行案件，监督纠正437件。督促对违规违法的43名社区矫正罪犯收监执行，纠正刑事执行活动违法1063件次。民事检察监督精准务实，办理民事监督案件3814件，提出纠正意见1900件，提出再审检察建议43件、已采纳36件，提出抗诉9件、已改判6件，对虚假诉讼案件提出监督纠正意见49件、已采纳43件。行政检察监督做实做细，办理行政监督案件1639件，发出检察建议1540件、采纳率为100%。开展土地执法领域行政非诉执行专项监督，办理案件63件，督促修复、清收被损毁、占有的国有、集体土地6038亩。建立健全与审判、行政机关联动机制，实质性化解行政争议案件88件，实现案结事了政和。公益诉讼检察担当有为，办理各类公益诉讼案件2507件，发出诉前检察建议2370件、回复整改率达99%，提起公益诉讼119件、已判决106件。紧盯人民群众关心的生态环境保护、食品药品安全、国有资产流失等热点问题，办理案件2317件，挽回惠农财政补贴资金和国有土地出让金5300余万元。围绕大理历史文化名城、国际旅游名城建设，办理古城古迹保护、旅游消费等领域案件349件，以公益诉讼检察建议督促完善城市无障碍环境建设，相关经验被最高人民检察院推广。

用心用情办好检察为民实事。紧扣“急难愁盼”，发挥检察职能，倾力开展“我为群众办实事”实践活动，办实事好事1438件。建成“12309”检察服务中心，全面推行办事预约制和律师“网上阅卷”，努力实现从“最多跑一次”到“一次不用跑”。针对农民工“讨薪难”问题，起诉拒不支付劳动报酬犯罪13件15人，帮助2000多名农民工追索“血汗钱”5000余万元。探索多元化救助机制，司法救助497件579人、发放救助金297万元，办理国家赔偿案件13件、依法赔偿92万元。联合住建、交通等部门开展“吃人”窨井盖专项整治，检察建议督促修复、更换窨井盖2514个，安装改进装置800个，切实守护群众“脚底下”安全。以督促落实“一号检察建议”为抓手，批捕侵害未成年人犯罪517人、起诉881人；立足教育、感化、挽救，对涉罪未成年人依法不批捕271人、不起诉217人；坚持“宽容不纵容”，对确需惩戒的批捕459人、起诉597人。切实履行好州预防未成年人违法犯罪领导小组办公室职能，擦亮“金花姐姐”未检品牌，共建青少年法治教育基地，134名检察官担任中小学法治副校长，推进法治进校园全覆盖，未成年人司法保护和犯罪预防工作提质增效。

全力提升治理能力增进和谐。落实“少捕慎诉慎押”刑事司法政策，不批捕2560人、不起诉1250人，通过羁押必要性审查改变强制措施137人，最大限度分化犯罪、减少社会对立面。深入推进市域社会治理现代化试点工作，加强诉源治理，针对行业管理漏洞发出检察建议309件。倾听群众诉求，受理控告、申诉、举报等信访案件2491件，做到件件有回复、事事有回应，立案复查刑事申诉案件91件、结案率97%，对确有错误的纠正2件。对首次信访案件实行检察长包案化解，上级交办的14件重大涉法信访案件全部办结。推动矛盾纠纷多元化解，公开听证疑难复杂案件388件，以公开促公正。

三、激发内生动力，在创新发展中夯实事业根基

全面深化改革释放检察活力。顺利完成人员分类管理、司法责任制、检察权监督制约、人财物省级统管等司法体制改革任务。检察长带头办案制度化、常态化，两级院入额院领导直接办案9986件。检察长列席审判委员会266次，对409件案件发表检察意见。坚持扁平化管理和专业化导向，按照“四大检察”“十大业务”的布局，完成机构改革和职能调整，实现流程再造和业务重组，全州检察机关内设机构总数由175个精减为83个。推进“捕诉一体”办案机制，实行案件繁简分流，落实认罪认罚从宽制度，适用认罪认罚从宽11591人，适用率高于全省平均水平。在公安机关执法办案中心设立13个派驻检察室，实现监督制约与支持配合并重。积极推进智慧检务建设，建成检察涉密专网、检察工作网及远程提讯、远

程案件会商、远程接访听证系统。全部案件实现网上流转、随机分配、在线审查、系统监管；充分挖掘运用检察大数据，定期开展业务数据分析会商，以数字赋能检察工作高质量发展。

加强队伍建设夯实基层基础。坚持好干部标准，选优配强两级院领导班子，对任职满五年的基层院检察长全部轮岗交流。加强人才队伍建设，开展业务培训、技能竞赛和岗位练兵1118期35763人次，27人入选全国、全省检察人才库，60人荣获省州“业务标兵”和“办案能手”称号。充分发挥考核“指挥棒”作用，对检察人员实施全员、全面、全时考核，用好“案－件比”评价标准，引导检察办案求极致。健全办案廉政风险防控体系，以追责问责倒逼司法责任制落实。大力加强基层院建设，实行领导联系帮扶、业务部门对口指导、基层院结对共建，推动基层院全面进步、整体提升。四年来，共有77个集体、216名干警荣获全国和省州表彰。

自觉接受监督提升司法公信。主动接受人大法律监督和政协民主监督，专题报告、通报检察工作152次，认真完成391件代表建议和委员提案办理。健全完善代表委员联络机制，邀请代表委员视察、参与检察工作2163人次，全国人大代表实地视察大理公益诉讼检察、未成年人检察工作后给予充分肯定。落实人民监督员制度，拓宽群众监督检察办案渠道，454名人民监督员同步监督办案391件次。公开案件信息22242条、法律文书9822份，依托“两微一端”等宣传阵地发布新闻信息17000余条，举办检察开放日79次，召开新闻发布会37场，主动将检察工作置于人民群众监督之下。

回首过往历程，我们深深体会到，做好新时期检察工作，必须始终坚持党对检察工作的绝对领导，必须牢固树立司法为民的宗旨意识，必须紧紧围绕中心服务大局，必须矢志追求公平正义的价值目标，必须全力锻造忠诚干净担当的过硬检察铁军。四年检察工作取得的成绩和进步，是州委和省检察院正确领导，州人大及其常委会法律监督，州政府大力支持，州政协民主监督，以及各位代表、委员和社会各界关心支持的结果。在此，我谨代表全州检察机关和全体检察人员表示衷心的感谢！

展望美好征程，我们清醒认识到，大理检察服务保障全州发展大局的思路还不够宽，实招硬招还不够多，答题破题能力还不够强；法律监督仍然存在薄弱环节，不敢监督、不善监督问题不同程度存在；队伍的整体素质和能力与新形势、新任务、新要求还不相适应。对此，我们将认真研究，切实加以解决。

重要文件

中共大理州委重要文件

2021年中共大理州委下发的重要文件一览表

表127

日期	文件名
5月20日	中共大理州委关于认真做好中国共产党大理白族自治州第九次代表大会代表选举工作的通知
6月2日	中共大理州委、大理州人民政府关于促进中医药传承创新发展的实施意见
6月25日	中共大理州委、大理州人民政府关于全面推进乡村振兴加快农业农村现代化的实施意见
6月28日	中共大理州委关于表彰大理州优秀共产党员、优秀党务工作者、先进基层党组织的决定
7月5日	中共大理州委关于向李桂科、杨国旺同志学习的决定
7月13日	中共大理州委、大理州人民政府关于加快构建现代产业体系的实施意见
7月20日	中共大理州委、大理州人民政府关于印发《大理洱海海西国家级乡村振兴示范园创建指导意见》及配套方案的通知
7月31日	中共大理州委、大理州人民政府关于印发《大理漾濞6.4级地震灾后恢复重建规划》的通知
8月4日	中共大理州委、大理州人民政府关于命名第六批大理州民族团结进步示范单位的决定
8月4日	中共大理州委、大理州人民政府关于命名大理州第一批民族团结进步教育基地的决定
9月17日	中共大理州委、大理州人民政府关于推进区域协同发展的实施意见
10月13日	中共大理州委、大理州人民政府关于推进绿色革命行动走一条以绿色为底色的高质量发展之路的实施意见
10月13日	中共大理州委关于认真学习宣传贯彻州第九次党代会精神的通知
10月13日	中共大理州委、大理州人民政府关于强化高位统筹高投入保障高质量发展导向三项机制推动工业振兴发展的意见
10月19日	中共大理州委关于印发《开展“大理之问”大讨论活动实施方案》的通知
11月14日	中共大理州委、大理州人民政府转发《州委宣传部、州司法局关于开展法治宣传教育的第八个五年规划（2021—2025年）》的通知
11月14日	中共大理州委关于印发《法治大理建设规划（2021—2025年）》和《大理州法治社会建设实施方案（2021—2025年）》的通知
12月11日	中共大理州委、大理州人民政府关于改革完善大理经济技术开发区体制机制的决定
12月13日	中共大理州委关于学习宣传贯彻省第十一次党代会精神的通知
12月17日	中共大理州委、大理州人民政府关于印发《大理州建设名副其实的历史文化名城国际旅游名城争创大滇西旅游环线示范区行动计划（2021—2023年）》的通知
12月31日	中共大理州委印发《关于全面加强新时代少先队工作的实施方案》的通知
1月15日	中共大理州委办公室、大理州人民政府办公室关于成立大祥巍一体化城镇发展推进工作领导小组的通知

续表127

日期	文件名	日期	文件名
1月15日	中共大理州委办公室、大理州人民政府办公室关于成立大理州重大综合交通基础设施建设攻坚会战工作领导小组的通知	8月4日	中共大理州委办公室、大理州人民政府办公室关于进一步发挥党员干部带头作用深入推进殡葬改革的通知
1月20日	中共大理州委办公室、大理州人民政府办公室政协大理州委员会办公室关于做好人民政协履职成果转化有关工作的通知	9月1日	中共大理州委办公室、大理州人民政府办公室关于印发《大理州会风会纪“十严禁”》的通知
1月22日	中共大理州委办公室、大理州人民政府办公室关于印发《加快集中建园促进开发区优化提升实施意见》的通知	9月4日	中共大理州委办公室关于认真学习贯彻习近平总书记给沧源县边境村老支书们重要回信精神的通知
2月9日	中共大理州委办公室、大理州人民政府办公室关于调整充实州委州政府应对新型冠状病毒感染肺炎疫情工作领导小组的通知	9月14日	中共大理州委办公室、大理州人民政府办公室关于命名大理州爱国主义教育基地的通知
3月2日	中共大理州委办公室、大理州人民政府办公室关于建立大理州重点工作推进和重点产业发展领导机制的通知	10月25日	中共大理州委办公室、大理州人民政府办公室印发《关于全面推行林长制的实施意见》的通知
3月19日	中共大理州委办公室印发《关于巩固深化“不忘初心、牢记使命”主题教育成果的实施意见》的通知	11月8日	中共大理州委办公室、大理州人民政府办公室关于严格规范村庄撤并工作的通知
3月31日	中共大理州委办公室、大理州人民政府办公室关于印发《州级有关部门贯彻落实〈中共大理州委关于制定大理白族自治州国民经济和社会发展第十四个五年规划和二〇三五年远景目标的建议〉重要举措分工方案》的通知	11月11日	中共大理州委办公室关于成立大理州县（市）、乡（镇）人大、政府和县（市）政协换届选举工作领导小组的通知
4月20日	中共大理州委办公室、大理州人民政府办公室关于印发《2021年大理州洱海保护治理及流域转型发展工作实施方案》的通知	12月13日	中共大理州委办公室、大理州人民政府办公室印发《关于建立“双绑”利益联结机制推进产业帮扶全覆盖的实施方案》《关于建立股份合作机制实现村级集体经济全覆盖的实施方案》《关于建立健全扶志扶智长效机制实现培训就业全覆盖的实施方案》的通知
4月25日	中共大理州委办公室、大理州人民政府办公室关于印发《大理州贯彻落实省委、省政府大理现场办公会议工作安排任务分解方案》的通知	12月13日	中共大理州委办公室、大理州人民政府办公室关于印发《大理州深化应急管理综合行政执法改革实施方案》的通知
5月6日	中共大理州委办公室、大理州人民政府办公室关于印发《大理州贯彻落实云南省湖泊保护治理工作会议部署工作方案》的通知	12月17日	中共大理州委办公室印发《关于抓党建促乡村振兴的实施方案》的通知
6月2日	中共大理州委办公室关于成立大理州县乡两级人大换届选举工作领导小组的通知	12月20日	中共大理州委办公室印发《关于贯彻落实〈云南省加强村干部管理激励若干规定（试行）〉的若干措施》的通知
6月16日	中共大理州委办公室、大理州人民政府办公室关于成立大理州推进国家方志馆南方丝绸之路分馆建设工作领导小组的通知	12月24日	中共大理州委办公室、大理州人民政府办公室关于印发《大理州深入开展爱国卫生运动实施方案》的通知
7月5日	中共大理州委办公室、大理州人民政府办公室关于印发《大理州州级有关部门和单位生态环境保护责任清单》的通知	12月28日	中共大理州委办公室、大理州人民政府办公室印发《关于进一步加强和改进国有资产监督管理的若干措施》的通知
7月16日	中共大理州委办公室、大理州人民政府办公室关于建立大理州县（市）党政“一把手”大抓招商工作机制（试行）的通知	12月31日	中共大理州委办公室关于成立州委科技创新委员会的通知
7月30日	中共大理州委办公室、大理州人民政府办公室关于印发《大理州县级“三保”工作方案》的通知	12月31日	中共大理州委办公室、大理州人民政府办公室关于印发《州委和州政府领导班子成员安全生产职责清单》的通知

（州委办　提供）

大理州人民政府重要文件

2021年大理州人民政府下发的重要文件一览表

表128

日期		文件名	日期		文件名
1月25日	大政发	关于统筹抓好2021年全州经济社会发展实现“十四五”良好开局的意见	8月13日	大政发	关于印发大理州全面推行“证照分离”改革进一步激发市场主体发展活力实施方案的通知
2月18日	大政发	关于印发2021年政府工作报告重点工作任务分解的通知	8月19日	大政发	关于加强2021年烟叶收购专卖管理的通告
3月1日	大政发	关于印发2021年政府系统党的建设工作要点的通知	9月8日	大政发	关于优化提升营商环境建立府院联动机制合力推进破产案件审判及行政争议和环资纠纷案件实质化解工作的实施意见
3月17日	大政发	关于下达大理州2021年国民经济和社会发展计划目标的通知			
3月17日	大政发	关于印发大理州国民经济和社会发展第十四个五年规划和二〇三五年远景目标纲要的通知	9月9日	大政发	关于通报表扬2021年优秀教师和教育工作者的决定
			9月9日	大政发	关于清理规范行政审批中介服务事项的决定
5月12日	大政发	关于表扬第四届“大理青年创业州长奖”的决定	10月20日	大政发	关于印发重大行政决策事项风险评估办法的通知
5月19日	大政发	关于加快推进应急避难场所建设提升工作的实施意见	10月22日	大政发	关于印发《大理州“三线一单”生态环境分区管控实施方案》的通知
6月11日	大政发	关于印发洱海保护管理范围分区划定方案的通知	11月9日	大政发	关于加快乳业高质量发展的意见
7月21日	大政发	关于推行绿色生态殡葬的指导意见	12月9日	大政发	关于印发大理州进一步优化营商环境促进市场主体倍增实施方案的通知
7月28日	大政发	关于建立防汛减灾工作“五包”责任制的通知			

2021年大理州人民政府上报的重要文件一览表

表129

日期		文件名
1月19日	大政专	关于请求给予洱海保护治理重点项目资金支持的请示
1月20日	大政专	关于请求审定《大理市洱海一级保护区范围相对集中行使部分行政处罚权实施方案》的请示
1月25日	大政专	关于大理州2020年深化“放管服”改革优化营商环境专项审计调查发现问题整改落实情况的报告
1月25日	大政专	关于请求批准大理市第二（海东）垃圾焚烧发电项目二期工程农用地转用及土地征收的请示
2月9日	大政专	关于贯彻落实州人大常委会《洱海保护管理条例》《苍山保护管理条例》实施情况调研建议情况的报告
2月10日	大政专	关于请求将云龙至兰坪等三个高速公路项目纳入2021年地方政府专项债发行计划的请示
2月18日	大政专	关于大理州争创大滇西旅游环线开发样板示范区的请示
2月26日	大政专	关于贯彻落实州人大常委会对全州重大经济建设项目推进情况视察报告审议意见的报告
3月1日	大政专	关于请求帮助争取将洱海流域山水林田湖草沙一体化保护和修复工程列为中央重点支持项目的请示
3月31日	大政专	关于请求对大理州2019年长江经济带生态环境问题和金沙江流域生态环境问题给予验收销号的请示
4月12日	大政专	关于请求帮助争取将大理市列为新一轮国家海绵城市试点的请示
4月20日	大政专	关于州人大常委会对制定《云南省大理白族自治州林业管理条例》立法调研报告落实情况的报告
4月23日	大政专	关于请求转报《大理国家级洱海保护绿色发展示范区创建方案》的请示
4月23日	大政专	关于发布禁止在桃源水库工程占地和淹没区新增建设项目和迁人人口通告的请示
5月6日	大政专	关于请求审定《洱海“一湖一策”方案（2021—2023年）》的请示
5月12日	大政专	关于请求审定森林消防局昆明航空救援支队CFR—02308机组烈士悼念仪式建议方案有关事宜的请示
6月1日	大政专	关于对云南省大理州漾濞“5·21”地震灾后恢复重建给予新增地方政府债券额度倾斜和支持的请示
6月30日	大政专	关于请求审定大理漾濞6.4级地震灾后恢复重建规划的请示
8月27日	大政专	关于将漾濞县石门河和漾濞江河道治理工程纳入中小河流治理实施规划的请示
9月22日	大政专	关于请予审核祥云县年产30万吨水泥熟料生产线项目土地手续的请示
9月30日	大政专	关于请求省人民政府给予国家方志馆南方丝绸之路分馆建设资金支持的请示
10月9日	大政专	关于洱海生态廊道线及环湖公路线“两线”划定工作情况的报告
10月15日	大政专	关于省人大常委会执法检查组对大理州贯彻实施“一法一条例”情况执法检查反馈意见整改工作落实情况的报告
10月25日	大政专	关于提前下达洱海保护治理省级专项补助资金的请示
10月28日	大政专	关于贯彻落实州人大常委会对2020年环境状况和环境保护目标完成情况审议意见情况的报告
10月29日	大政专	大理白族自治州人民政府关于给予大理州乳业高质量发展项目资金补助的请示
10月30日	大政专	关于贯彻落实省委、省政府领导同志批示精神的工作情况报告
11月26日	大政专	关于审核公告鹤庆溢鑫铝业有限公司绿色低碳水电铝加工一体化鹤庆项目三期产能置换方案的请示
12月9日	大政专	关于审核洱海生态廊道线及环湖公路线“两线”划定方案及管控措施的请示
12月24日	大政专	关于州人大常委会对2021年全州工业投资项目推进情况审议意见办理情况的报告

2021年大理州人民政府办公室下发的重要文件一览表

表130

日期		文件名
1月20日	大政办发	关于印发大理州突发公共卫生事件专项应急预案的通知
2月18日	大政办发	关于印发大理州突发环境事件应急预案的通知
3月10日	大政办发	关于印发大理州优化提升不动产登记营商环境改革方案的通知
3月12日	大政办发	关于进一步加强州政府驻外机构工作的意见
4月7日	大政办发	关于印发洱海保护治理六个两年行动计划的通知
5月11日	大政办发	关于印发大理州进一步优化提升金融信贷营商环境十条措施的通知
5月20日	大政办发	关于印发大理州2021年深化“放管服”改革优化营商环境工作要点的通知
5月24日	大政办发	关于印发《洱海流域2021年水资源调度运行方案》的通知
6月7日	大政办发	关于印发大理州贯彻落实省委、省政府大理现场办公会文化旅游工作安排任务细化责任清单的通知
6月25日	大政办发	关于印发大理州营商环境综合指标优化提升工作方案的通知
7月29日	大政办发	关于印发2021年大理州政务公开工作要点的通知
8月10日	大政办发	关于印发大理州营商环境政府采购与招标投标、劳动力市场监管、信用环境、法治环境指标优化提升工作方案的通知
11月26日	大政办发	关于印发大理州轨道交通线网规划的通知
12月3日	大政办发	关于印发《洱海流域水土保持规划报告（2021—2030年）》的通知
12月22日	大政办发	关于印发大理州洱海流域水生态保护横向补偿办法的通知
12月28日	大政办发	关于印发大理州打造名副其实的历史文化名城实施方案和大理州打造名副其实的历史文化名城五年行动方案（2021—2025）的通知
12月30日	大政办发	关于印发《洱海流域及其周边地区水资源配置规划报告》的通知

（州政府办 提供）

2020—2021年大理州国民经济主要指标一览表

表131

指标名称	计量单位	2021年	2020年
一、土地			
1. 土地面积	平方千米	29459	29459
二、人口			
1. 年末常住总人口	万人	332.1	333.76
#城镇人口	万人	145.49	143.11
乡村人口	万人	186.61	190.65
常住人口城镇化率	%	43.81	42.88
2. 年末户籍总人口	万人	364.54	364.36
#少数民族人口	万人	191.98	191.48
#白族人口	万人	124.99	124.78
人口自然增长率	‰	0.91	1.33
户籍人口城镇化率	%	37.23	37.11
三、地区生产总值（当年价）	万元	16329909	14859317
#非公经济增加值	万元	7902013	7124271
1. 第一产业	万元	3719152	3408228
2. 第二产业	万元	4612175	4107910
#工业	万元	3166649	2801815
3. 第三产业	万元	7998582	7343179
4. 人均地区生产总值	元	49046	44403
地区生产总值指数（各年以上年为100）	%	107	102
1. 第一产业	%	108.7	105.7
2. 第二产业	%	104.3	96.9
#工业	%	103.8	92.5
3. 第三产业	%	107.7	104
4. 人均地区生产总值指数	%	107.5	102.5
四、农业生产			
1. 农林牧渔业总产值（当年价）	万元	6794137	6183493
2. 主要农产品产量			
粮食	吨	166.96	165.31
油料	吨	29088	30878
甘蔗	吨	10650	6465
烤烟	吨	71013	70297
水果	吨	1233396	926831
茶叶	吨	12361	11040
猪牛羊肉	万吨	35.6	30.1
水产品	吨	48485	44021
五、农业生产条件			
1. 乡村从业人员	万人	171.14	175.77
#农林牧渔业从业人员	万人	112.2	114.94
2. 有效灌溉面积	公顷	171581	170166
3. 水库总数	座	726	686
4. 农业机械总动力	万瓦特	256323	264953
5. 农用化肥施用量（折纯）	吨	96942	103691
6. 农村用电量	万千瓦时	149493	123606
7. 农药作用量	吨	2506	2818
8. 农作物总播种面积	公顷	427955	423629
#粮食播种面积	公顷	297020	296821
甘蔗播种面积	公顷	131	137
烤烟播种面积	公顷	32666	31841
六、工业生产			
1. 规模以工业企业单位数	个	257	244
2、规模以上工业增加值	万元	2474810	2417576
#轻工业增加值	万元	828555	745098
重工业增加值	万元	1646255	1672478
3. 主要工业产品产量			
机制纸及纸板	吨	11005	7486
精制茶叶	吨	19141	1995
卷烟	箱	428320	419880
十种有色金属	吨	547485	502000
原煤	吨	68493	109009
发电量	万千瓦时	3128169	3343325
#水电	万千瓦时	2436393	2612712
水泥	万吨	1499	1467
七、运输邮电			
1. 年末公路通车里程	公里	24421	23761
2. 货运周转量	万吨公里	1588910	1249582
#公路	万吨公里	1504362	1168553
3. 客运周转量	万人公里	972144	900005
#公路	万人公里	712639	667890
4. 货运量	万吨	12663	10327
#公路	万吨	12433	10078
5. 客运量	万人	8580	8266
#公路	万人	7687	7507
6. 邮政业务总量	万元	67932	71856
7. 电信业务总量	万元	4133028	3233183
8. 函件	万件	20.4	23.4
9. 报刊期发数	万份	17.1	18.2
10. 本地固定电话用户数	户	150014	143974
11. 移动电话用户数	户	3377937	3734255
八、规模以上固定资产投资比上年增长			
1. 规模以上固定资产投资	%	7.6	9.0
按管理渠道分：			
（1）500万元以上项目投资	%	15.0	11.1
（2）房地产开发投资	%	−15.5	3.1
按国民经济行业分：			
（1）农林牧渔及水利业投资	%	44.9	37.5

续表131

指标名称	计量单位	2021年	2020年
#水利投资	%	54.1	44.8
（2）工业投资	%	0.7	-43.8
（3）交通运输邮电通信业投资	%	29.1	68.6
#交通运输业	%	29.5	68.6
（4）教育投资	%	-30.3	-11.4
2. 商品房销售情况：			
商品房屋销售面积	%	-37.9	36.8
商品房屋销售额	%	-39.1	37.5
九、建筑业			
1. 职工平均人数	%	-7.6	-9.7
2. 建筑业总产值（当年价）	%	16.2	19.4
3、全员劳动生产率	%	25.8	32.2
十、国内商业			
社会消费品零售总额	万元	6514997	6076338
十一、对外经济贸易和旅游			
1. 国际贸易进出口总额	万元	155272	121640
#出口额	万元	133232	117719
进口额	万元	22040	3920
2. 实际利用外商直接投资	万美元	2200	20
3. 入境旅游人数	万人次	0.876	4.4
4. 旅游外汇收入	万美元	424.49	3109.1
5. 国内旅游人数	万人次	4450.95	3916.8
6. 国内旅游收入	亿元	539.19	602.5
十二、财政金融			
1. 一般公共预算收入	万元	1117777	1084777
#增值税	万元	280186	149847
企业所得税	万元	41637	40599
个人所得税	万元	10000	10085
房产税	万元	23382	21700
土地增值税	万元	79945	77823
烟叶税	万元	48263	45406
2、一般公共预算支出	万元	3026666	3911897
#一般公共服务	万元	310953	361221
教育	万元	623863	728601
社会保障和就业	万元	453561	469253
卫生健康支出	万元	450708	507003
节能环保	万元	58130	195138
农林水支出	万元	484825	720553
3. 金融机构各项存款余额	亿元	2038.9	1946.8
4. 金融机构各项贷款余额	亿元	1973.2	1698.8
十三、物价（各年以上年价格为100）			
1. 居民消费价格指数	%	100.1	102.4
#城镇	%	99.8	102.1
农村	%	100.5	102.9
2. 商品零售价格指数	%	100.7	103.0
#城镇	%	100.5	103.2
农村	%	101.8	102.7
十四、职工工资与劳动保障			
1. 城镇全部非私营单位职工人数	万人	20.22	20.95
2. 城镇全部非私营单位职工工资总额	万元	1890974	1931684
3. 城镇全部非私营单位职工年平均工资	元	95343	92719
4. 社会保障			
参加城乡居民养老保险人数	万人	191.37	195.07
城镇职工参加基本养老保险人数	万人	43.47	41.95
参加工伤保险人数	万人	29.04	26.17
参加城镇失业保险人数	万人	18.05	17.18
城镇居民最低生活保障人数	万人	1.55	1.8
农村居民最低生活保障人数	万人	15.71	17.01
十五、城乡人民生活			
1. 城镇居民人均可支配收入	元	41740	38435
城镇居民人均消费性支出	元	31153	28244
#食品烟酒支出	元	6637	5951
2. 农村居民人均可支配收入	元	15023	13645
农民人均生活消费支出	元	13753	12379
#食品烟酒支出	元	3970	3316
3. 城镇人均住房建筑面积	平方米	61.1	51.5
4. 农村人均居住面积	平方米	48.2	43.8
十六、教育			
1. 普通高等学校在校学生数	人	36801	32637
2. 中等专业学校在校学生数	人	15754	14926
3. 普通中学在校学生数	人	178119	179884
#初中	人	113693	116894
4. 职业中学在校学生数	人	14954	17091
5. 小学在校学生数	人	234724	238222
6. 在园幼儿数	人	105565	99746
7. 普通高等学校专任教师	人	1697	1606
8. 中等专业学校专任教师	人	341	476
9. 普通中学专任教师	人	14411	14356
#初中	人	9086	9239
10. 职业中学专任老师	人	1101	1122
11. 小学专任教师	人	13813	13741
十七、文化广播			
1. 文化馆	个	14	14
2. 公共图书馆	个	13	13
3. 广播电视综合覆盖率	%	99.9	99.9
十八、卫生			
1. 卫生机构数	个	2078	2079
2. 卫生机构床位数	张	23077	22036
#医院床位数	张	17863	17024
卫生院床位数	张	3433	3463
3. 卫生技术人员	人	27614	26198
#执业医师及执业助理医师	人	9511	9418

2021年大理州分县市生产总值一览表

表132

单位：万元

地区	地区生产总值（万元）	第一产业	第二产业	第三产业	人均生产总值（元）	附记指标		
						农林牧渔业增加值	工业增加值	建筑业增加值
全州	16329909	3719152	4612175	7998582	49046	3807559	3166649	1448336
大理市	5174384	283608	1623773	3267003	66965	287730	1077479	546707
漾濞县	388044	125675	89517	172852	39799	130085	49123	40409
祥云县	2062991	512081	587199	963711	50900	533406	407039	180781
宾川县	1611941	714024	291761	606156	47354	719445	168876	123025
弥渡县	930949	337144	159355	434450	35820	341413	111122	48407
南涧县	882294	228749	248800	404745	45965	232001	122569	126293
巍山县	1017805	343046	241172	433587	38220	348315	126589	114709
永平县	711896	268617	148702	294577	43448	273143	103835	44921
云龙县	762526	184075	296161	282290	41817	206643	246414	49835
洱源县	857143	333858	151219	372066	34716	337215	98834	52487
剑川县	659636	134703	210991	313942	41279	139902	158659	52379
鹤庆县	1270300	253572	563525	453203	52438	258261	496110	68383

2021年大理州分县市户数与人口表

表133

地区	年末常住人口（万人）	常住人口城镇化率（%）	年末总户数（户籍人口）（户）	年末总人口（户籍人口）（人）	其中：户籍城镇人口（人）	户籍人口城镇化率（%）	总人口按性别分（人）	
							男	女
全州	332.1	43.81	1134989	3645395	1357302	37.23	1836943	1808452
大理市	77.4	72.25	222964	652708	382110	58.54	320888	331820
漾濞县	9.7	32.21	38994	106495	39157	36.77	54373	52122
祥云县	40.4	46.74	150249	482773	182179	37.74	243700	239073
宾川县	34.0	31.84	112659	367781	137788	37.46	186277	181504
弥渡县	25.9	37.69	94057	326581	101408	31.05	165923	160658
南涧县	19.1	33.59	64798	226767	66375	29.27	115986	110781
巍山县	26.5	44.57	99339	323600	127359	39.36	163835	159765
永平县	16.3	25.52	58324	184419	45092	24.45	93779	90640
云龙县	18.2	28.73	66444	207949	55599	26.74	107236	100713
洱源县	24.6	24.69	89798	299877	87769	29.27	150711	149166
剑川县	15.9	31.20	57229	185089	54577	29.49	93015	92074
鹤庆县	24.2	34.46	80134	281356	77889	27.68	141220	140136

备注：常住人口及常住人口城镇化率为省统计局根据人口抽样调查反馈数据，其他人口数据为州公安局提供数据。

2021年大理州人口变动情况表

表134

地区	出生人数（人）			死亡人数（人）			人口出生率（‰）	人口死亡率（‰）	人口自然增长率（‰）
	合计	男	女	合计	男	女			
全州	28958	14916	14042	25658	14289	11369	7.95	7.04	0.91
大理市	5771	2944	2827	3893	2072	1821	8.87	5.98	2.89
漾濞县	685	364	321	619	344	275	6.43	5.81	0.62
祥云县	3766	1939	1827	3134	1750	1384	7.80	6.49	1.31
宾川县	3006	1512	1494	3451	1839	1612	8.16	9.37	-1.21
弥渡县	2394	1266	1128	2512	1415	1097	7.32	7.68	-0.36
南涧县	1562	796	766	1530	877	653	6.88	6.74	0.14
巍山县	2620	1389	1231	2401	1374	1027	8.10	7.42	0.68
永平县	1350	691	659	1225	724	501	7.32	6.64	0.68
云龙县	1539	767	772	1534	911	623	7.40	7.37	0.02
洱源县	2408	1245	1163	2245	1242	1003	8.03	7.48	0.54
剑川县	1662	831	831	1178	664	514	8.98	6.37	2.62
鹤庆县	2195	1172	1023	1936	1077	859	7.80	6.88	0.92

2021年大理州住户调查人均主要调查指标表

表135

指标名称	单位	2021年	2020年	同比增长（%）
一、全体居民	元			
（一）人均可支配收入	元	26160	23856	9.7
工资性收入	元	15427	13964	10.5
经营净收入	元	5811	5461	6.4
财产净收入	元	1677	1384	21.2
转移净收入	元	3245	3047	6.5
（二）人均消费支出	元	21006	18914	11.1
食品烟酒	元	5082	4401	15.5
衣着	元	1167	920	26.8
居住	元	4845	4013	20.7
生活用品及服务	元	1057	876	20.7
交通通信	元	3167	2974	6.5
教育文化娱乐	元	3366	2763	21.8
医疗保健	元	1991	2660	-25.2
其他用品和服务	元	331	307	7.8
（三）恩格尔系数	%	24.2	23.3	0.9个百分点
（四）现住房建筑面积	平方米	53.6	47.0	14.0
二、城镇居民	元			
（一）人均可支配收入	元	41740	38435	8.6
工资性收入	元	29387	27022	8.8
经营净收入	元	4053	3825	6.0
财产净收入	元	3309	2688	23.1
转移净收入	元	4991	4900	1.9
（二）人均消费支出	元	31153	28244	10.3
食品烟酒	元	6637	5951	11.5
衣着	元	1753	1303	34.6
居住	元	7321	5260	39.2
生活用品及服务	元	1675	1382	21.2
交通通信	元	4963	4861	2.1
教育文化娱乐	元	5145	4073	26.3
医疗保健	元	3113	4901	-36.5
其他用品和服务	元	546	514	6.2
（三）恩格尔系数	%	21.3	21.1	0.2个百分点
（四）住房建筑面积	平方米	61.1	51.5	18.6
三、农村居民	元			
（一）人均可支配收入	元	15023	13645	10.1
工资性收入	元	5449	4818	13.1
经营净收入	元	7066	6607	6.9
财产净收入	元	510	470	8.5
转移净收入	元	1998	1750	14.2
（二）人均消费支出	元	13753	12379	11.1
食品烟酒	元	3970	3316	19.7
衣着	元	747	652	14.5
居住	元	3076	3139	-2.0
生活用品及服务	元	616	522	18.1
交通通信	元	1883	1652	14.0
教育文化娱乐	元	2094	1846	13.4
医疗保健	元	1190	1091	9.0
其他用品和服务	元	177	161	10.1
（三）恩格尔系数	%	28.9	26.8	2.1个百分点
（四）现住房建筑面积	平方米	48.2	43.8	10.0

2021年大理州分县市城乡居民收入情况表

表136　　单位：元

地区	全体居民人均可支配收入	城镇常住居民人均可支配收入	农村常住居民人均可支配收入
全州	26160	41740	15023
大理市	36136	44686	21054
漾濞县	21924	37353	14230
祥云县	27316	42811	15533
宾川县	28899	41890	20035
弥渡县	23808	39732	13263
南涧县	21575	39732	12143
巍山县	22300	39569	13350
永平县	22288	39672	13533
云龙县	21036	37344	12914
洱源县	22425	39758	13981
剑川县	20134	37461	11812
鹤庆县	22585	41062	13665

2021年大理州分县市年农林牧渔业总产值一览表

表137　　单位：万元

地区	合计	农业产值	林业产值	牧业产值	渔业产值	农林牧渔服务业
全州	6794137	3581267	270973	2627811	87773	226313
大理市	422515	273257	22904	101378	10582	14394
漾濞县	228266	142518	7781	70359	364	7244
祥云县	861694	321063	47703	430749	2178	60001
宾川县	1331900	1054462	26628	200596	13811	36403
弥渡县	656512	261420	15446	350742	17961	10943
南涧县	443698	234692	27630	158791	13029	9556
巍山县	573707	220663	43163	286206	11355	12320
永平县	419263	265209	18895	124517	1070	9572
云龙县	391163	170626	18171	189377	682	12307
洱源县	689776	325937	13041	329208	4926	16664
剑川县	265977	130556	13209	103341	3513	15358
鹤庆县	509666	180864	16402	282547	8302	21551

2021年大理州分县市规模以上工业增加值表

表138　　单位：万元

地区	规模以上工业增加值
全州	2474810
大理市	901292
漾濞县	19301
祥云县	328231
宾川县	160624
弥渡县	77895
南涧县	91500
巍山县	64819
永平县	46617
云龙县	196063
洱源县	69619
剑川县	82398
鹤庆县	436450

2021年大理州分县市固定资产投资完成情况表

表139

地区	固定资产投增幅（不含住户）±%	其中		能源以外工业投资增幅 ±%
		500万元以上固定资产投资增幅 ±%	房地产开发投资增幅 ±%	
全州	7.6	15.0	−15.5	−23.0
大理市	−14.6	−25.9	0.9	16.0
漾濞县	34.2	46.5	−49.3	57.8
祥云县	−7.6	−7.6	−7.4	−21.0
宾川县	47.6	74.3	−63.1	−66.3
弥渡县	20.8	33.1	−41.2	−37.7
南涧县	3.6	4.8	−7.4	−7.0
巍山县	23.0	25.6	−1.7	−59.3
永平县	30.0	92.1	−55.2	54.1
云龙县	30.5	32.6	−22.9	−53.1
洱源县	41.5	87.6	−65.0	−53.2
剑川县	20.7	40.9	−66.2	−34.1
鹤庆县	17.2	17.9	10.7	−42.8

2021年大理州分县市财政收入情况表

表140　　单位：万元

地区	公共财政预算收入															政府性基金收入
	收入合计	国内增值税	企业所得税	个人所得税	资源税	城市维护建设税	房产税	土地增值税	契税	烟叶税	专项收入	行政事业性收费收入	罚没收入	国有资源（资产）有偿使用收入经营收入	其他收入	
全州	1117777	280186	41637	10000	29862	62627	23382	79945	58332	48263	49014	46354	53023	203404	7265	306189
大理市	368517	85602	12586	4299	138	25003	15121	57730	38411	1844	17555	17904	9776	59980	246	184317
漾濞县	24440	1663	450	199	525	316	187	525	589	1677	1063	763	1175	14644	10	9591
祥云县	110360	21479	2570	665	4814	2542	2504	2827	5202	8224	3444	2131	5671	42599	0	8620
宾川县	60166	15809	2354	507	2501	1748	652	3105	1953	3389	1666	1841	4091	16656	130	13818
弥渡县	50466	9165	1256	405	3601	799	376	1697	1847	4795	1414	473	4693	5373	147	7353
南涧县	39089	6438	570	429	253	665	687	960	1079	4741	1456	1410	1781	12371	5539	16117
巍山县	44477	5817	1338	382	410	772	278	4896	1481	5784	2143	3665	2308	2080	262	445
永平县	30246	6220	917	236	1527	601	280	2238	1145	3323	1386	653	2911	6361	109	17694
云龙县	31989	12668	1096	302	1037	1313	315	262	379	3670	1694	722	2799	4907	64	7743
洱源县	41668	7545	2034	290	407	749	520	2090	865	4713	1211	593	1642	4039	335	1961
剑川县	35566	9959	1321	791	896	978	320	755	766	3649	3678	765	2854	8037	13	7464
鹤庆县	77008	20214	6439	745	13753	1650	1537	2860	1258	2454	3516	1789	3935	14291	123	19888
州本级	203785	77607	8706	750	0	25491	605	0	3357	0	8788	13645	9387	12066	287	11178

2021年大理州分县市公共财政预算支出情况表

表141　　单位：万元

地区	公共财政预算支出															
	支出合计	一般公共服务支出	公共安全支出	国防支出	教育支出	科学技术支出	文化旅游体育与传媒支出	社会保障和就业支出	卫生健康支出	节能环保支出	城乡社区支出	农林水支出	其中：农业农村	交通运输支出	商业服务业等支出	金融支出	其他支出
全州	3026666	310953	133717	3723	623863	17748	51236	453561	450708	58130	125633	484825	104293	39809	8181	408	124
大理市	450045	41877	25982	742	107407	2856	5546	47362	48230	21100	62061	27636	10009	3198	436	44	0
漾濞县	121664	15012	4192	230	19001	96	1183	18505	16673	892	1826	28109	5955	863	213	0	0
祥云县	293327	22835	10285	163	59659	363	2293	52010	47955	1206	11649	48230	9378	1995	795	0	122
宾川县	242626	23675	11125	115	63339	2472	2855	33211	36695	2166	5349	47472	13796	4089	405	43	0
弥渡县	221720	18237	8030	213	52737	462	2177	37219	34410	7587	1575	52268	6390	1061	392	0	0
南涧县	162595	15873	6222	205	38904	249	1754	30062	29095	678	2480	31082	6511	646	134	30	2
巍山县	225492	17657	8104	167	44049	4128	2017	40409	44886	1233	6207	41769	7285	1638	227	30	0
永平县	180260	18014	5173	286	31483	140	1752	28136	25406	1387	5309	37736	3216	3434	3810	0	0
云龙县	171528	15119	5383	269	35303	226	1373	32043	28222	2656	2224	35545	6872	1078	107	0	0
洱源县	158475	11265	5240	105	35011	446	1116	35435	36687	1228	610	24921	4648	397	116	-5	0
剑川县	190990	17690	5968	359	37757	233	7866	28133	21488	4314	11860	40134	8642	2182	96	0	0
鹤庆县	235999	24011	8323	232	57519	694	1910	28596	29762	3799	12463	50524	13150	3423	1130	16	0
州本级	371945	69688	29690	637	41694	5383	19394	42440	51199	9884	2020	19399	8441	15805	320	250	0

2021年大理州分县市社会消费品零售额及限额以上批发和零售业购进、销售、库存额情况表

表142　　单位：万元

地区	社会消费品零售总额	限额以上批发和零售业		
		购进总额	销售总额	期末商品库存额
全州	6514997	4400588	5679429	454207
大理市	2953237	2484838	3699215	387485
漾濞县	106370	34115	33640	3350
祥云县	780117	1415543	1447926	15153
宾川县	430781	127484	136709	24537
弥渡县	359104	60557	65583	2852
南涧县	297326	30177	33619	1532
巍山县	347800	38506	42163	2981
永平县	220433	34262	36546	2226
云龙县	223622	17221	18468	1018
洱源县	286130	22045	23441	4616
剑川县	221624	90092	92369	4488
鹤庆县	288453	45750	49750	3970

2021年大理州全州民用车辆及运输船舶年末拥有量表

表143

	计量单位	2020年	2021年
一、民用汽车	辆	537510	573475
1、载客汽车	辆	438998	469684
#大型载客汽车	辆	1853	1803
2、普通载货汽车	辆	95627	100692
#：重型载货汽车	辆	15547	16994
3、其他汽车	辆	2885	3099
二、摩托车	辆	635259	663738
#：普通摩托车	辆	601031	619349
三、拖拉机	辆	16245	8919
四、挂车	辆	3361	3669
五、机动运输船	艘	144	147
载客量	客位	7465	5407
总功率	千瓦	15414	15698
1、客船	艘	130	128
载客量	客位	7370	5316
2、客货船	艘	4	5
载客量	客位	95	91

2021年大理州分县市运输线路长度表

表144　　单位：千米

地区	公路通车总里程	一、等级公路						二、等外公路	三、高等级公路
			高速公路	#一级公路	#二级公路	#三级公路	#四级公路		
全州	24421	22019	873	303	1064	838	18941	2402	2240
大理市	1518	1502	138	111	142	70	1042	16	390
漾濞县	1639	1412	26	0	53	21	1312	227	79
祥云县	3060	2478	136	20	130	124	2068	582	286
宾川县	1988	1910	99	18	160	27	1605	78	278
弥渡县	1920	1564	15	46	53	41	1410	355	114
南涧县	2233	2132	72	5	75	88	1893	101	152
巍山县	1969	1410	50	27	39	20	1273	559	116
永平县	1942	1881	74	6	79	67	1655	62	159
云龙县	2177	2045	47	0	95	129	1774	131	142
洱源县	1828	1677	61	34	58	26	1498	151	153
剑川县	1910	1778	65	8	91	82	1531	132	165
鹤庆县	2236	2228	90	29	87	142	1880	8	206

2020—2021年大理州邮电通信网与业务量表

表145

	计量单位	2020年	2021年
邮政局所	处	139	139
#：乡村邮政所	处	110	111
邮路总长度	公里	10929	11694
农村投递路线长度	公里	23663	15484
邮政业务总量	万元	71856	67932
电信业务总量	万元	3233183	4133028
函件	万件	23.4	20.4
报刊期发数	万份	18.2	17.1
特快专递	万件	161.4	154.9
邮政储蓄	万元	1423420	1555489
固定电话年末用户	户	143974	150014
移动电话年末用户	户	3734255	3377937
互联网宽带接入用户	户	1036721	1050870

（州统计局　提供）